Detlef Leenen, Martin Häublein
BGB Allgemeiner Teil
De Gruyter Studium

Detlef Leenen, Martin Häublein

BGB
Allgemeiner Teil

3. neu bearbeitete Auflage

DE GRUYTER

Dr. *Detlef Leenen*, em. Professor an der Freien Universität Berlin
Dr. *Martin Häublein*, Professor an der Leopold-Franzens-Universität Innsbruck

ISBN 978-3-11-060286-9
e-ISBN (PDF) 978-3-11-060287-6
e-ISBN (EPUB) 978-3-11-075110-9

Library of Congress Control Number: 20211935981

Bibliografische Information der Deutschen Nationalbibliothek
Die Deutsche Nationalbibliothek verzeichnet diese Publikation in der Deutschen
Nationalbibliografie; detaillierte bibliografische Daten sind im Internet
über http://dnb.dnb.de abrufbar.

© 2021 Walter de Gruyter GmbH, Berlin/Boston
Einbandabbildung: Delmaine Donson / E+ / Getty Images
Datenkonvertierung und Satz: jürgen ullrich typosatz, Nördlingen
Druck und Bindung: CPI books GmbH, Leck

www.degruyter.com

Vorwort zur 3. Auflage

Bereits vor über sechs Jahren ist die letzte Auflage dieses Buches erschienen, sodass für die Neuauflage eine ganze Reihe wichtiger Entscheidungen und neue Literatur zu berücksichtigen waren. Auch der Gesetzgeber ist in dieser Zeit tätig geworden, wobei die Änderungen eher an der Peripherie der Themen angesiedelt sind, die den Kern dieses Buches ausmachen. Das betrifft etwa Regelungen zu bestimmten Vertragstypen, wie Miete oder Maklervertrag.

Bei einem Vergleich mit der Vorauflage treten zwei Unterschiede besonders hervor. Zum einen hat sich der Titel des Buches insofern verändert, als die Rechtsgeschäftslehre nicht mehr ausdrücklich in ihm erwähnt wird. Verlag und Autoren hatten die Befürchtung, dass die bewusst in Abweichung von anderen AT-Lehrbüchern gewählte ursprüngliche Bezeichnung „BGB Allgemeiner Teil: Rechtsgeschäftslehre" den unzutreffenden Eindruck erwecken könnte, der Allgemeine Teil werde nicht vollständig dargestellt. Tatsächlich werden in diesem Buch neben der Rechtsgeschäftslehre, die nach wie vor den Schwerpunkt des Werkes bildet, ebenso die übrigen Materien behandelt, die gemeinhin dem AT zugerechnet werden. Neben der Verjährung von Ansprüchen (6. Kapitel) sind damit vor allem die grundlegenden Erwägungen zur Privatautonomie unter Einschluss von Rechtssubjekten und -objekten gemeint (1. Kapitel). Beibehalten wurde ferner ein eigener Abschnitt zu den Schadensersatzansprüchen, die das BGB im Zusammenhang mit rechtsgeschäftlichem Handeln vorsieht. Dass diese im 5. Kapitel eigens dargestellt werden, hat seine Ursache in dem am Gutachten orientierten Aufbau dieses Buches (s. hierzu das Vorwort zur 1. Auflage). Er erleichtert es, das Erlernte in die Falllösung zu integrieren. Diesem Ziel dient gleichfalls der 2. Teil des Buches, der der Methodik der Fallbearbeitung gewidmet ist. Dieser AT bietet also weiterhin neben dem eigentlichen Stoff eine detaillierte Anleitung für dessen Umsetzung in der Klausur, wodurch er sich von den meisten klassischen Lehrbüchern unterscheidet.

Der zweite signifikante Unterschied zur Vorauflage besteht auf Seiten der Verfasser. Dem Wunsch des Begründers, dem dieses Buch nach wie vor sein Konzept und die wesentlichen inhaltlichen Aussagen verdankt, mich an dem Werk als Co-Autor zu beteiligen, bin ich gerne ohne zu zögern gefolgt. Die Vorzüge der Unterscheidung der Kategorien Willenserklärung und Rechtsgeschäft sowie der Ebenen des Tatbestandes/Zustandekommens und der Wirksamkeit haben mich nämlich bereits als Student in den Grundkursen *Detlef Leenens* an der Freien Universität überzeugt. Stets habe ich sie für mein juristisches Denken auch und gerade bei der Lösung komplexerer Rechtsfälle als hilfreich empfunden. Ich freue mich daher, sie auf diesem Wege an andere Juristinnen weitergeben zu können, was selbstverständlich unter Einschluss der Juristen gemeint ist, wie auch sonst in diesem Buch das verwendete maskuline Genus die feminine Form einschließt.

https://doi.org/10.1515/9783110602876-202

Für Hinweise und Fragen zum Inhalt unseres Buches sind die Autoren nach wie vor dankbar, entweder an detlef.leenen@fu-berlin.de oder martin. haeublein@uibk.ac.at.

Berlin im Sommer 2021   *Martin Häublein*

Inhaltsübersicht

ANHANG

Inhaltsverzeichnis

Inhaltsverzeichnis

Abgekürzt zitiertes Schrifttum

BeckOGK/*Bearbeiter*   *Gsell, Beate/Krüger, Wolfgang/Lorenz, Stephan/Reymann, Christoph (Hg.)*: beck-online.Großkommentar zum Zivilrecht (zitiert als: Beck-OGK/*Bearbeiter*, Bearbeitungsstand)

BeckOK BGB/*Bearbeiter*   *Hau, Wolfgang/Poseck, Roman (Hg.)*: Beck'scher Online-Kommentar zum Bürgerliches Gesetzbuch, 56. Edition, Stand: 1.11.2020.

Boecken AT   *Boecken, Winfried*: BGB – Allgemeiner Teil, 3. Aufl. 2019.

Boemke/Ulrici AT   *Boemke, Burkhard/Ulrici, Bernhard*: BGB Allgemeiner Teil, 2. Aufl. 2014.

Bork AT   *Bork, Reinhard*: Allgemeiner Teil des Bürgerlichen Gesetzbuchs, 4. Aufl. 2016.

Brehm AT   *Brehm, Wolfgang*: Allgemeiner Teil des BGB, 6. Aufl. 2008.

Brox/*Walker* AT   *Brox, Hans/Walker, Wolf-Dietrich*: Allgemeiner Teil des BGB, 44. Aufl. 2020.

Erman/*Bearbeiter*   *Erman, Walter*: Bürgerliches Gesetzbuch, herausgegeben von Harm Peter Westermann, 16. Aufl. 2020.

Faust AT   *Faust, Florian*: Bürgerliches Gesetzbuch Allgemeiner Teil, 7. Aufl. 2020.

Flume AT   *Flume, Werner*: Allgemeiner Teil des Bürgerlichen Rechts. Zweiter Band: Das Rechtsgeschäft, 4. unveränderte Aufl. 1992.

Hk-BGB/*Bearbeiter*   *Schulze, Reiner u. a.*: Bürgerliches Gesetzbuch Handkommentar, 10. Aufl. 2019.

HKK/*Bearbeiter*   *Schmoeckel, Mathias/Rückert, Joachim/Zimmermann, Reinhard (Hg.)*: Historisch-kritischer Kommentar zum BGB, Band I, Allgemeiner Teil, 2003.

Hübner AT   *Hübner, Heinz*: Allgemeiner Teil des Bürgerlichen Gesetzbuches, 2. Aufl. 1996.

Jauernig/*Bearbeiter*   *Stürner, Rolf* (Hg.): Kommentar zum BGB, 18. Aufl. 2021.

jurisPK-BGB/*Bearbeiter*   *Vieweg, Klaus* (Hg.), juris PraxisKommentar BGB, Band 1: Allgemeiner Teil, 9. Aufl. 2020.

Köhler AT   *Köhler, Helmut*: BGB Allgemeiner Teil, 44. Aufl. 2020.

Leipold AT   *Leipold, Dieter*: BGB I Einführung und Allgemeiner Teil, 10. Aufl. 2019.

Medicus/*Petersen* AT   *Medicus, Dieter/Petersen, Jens*: Allgemeiner Teil des BGB, 11. Aufl. 2016.

Medicus/*Petersen* Bürgerliches Recht   *Medicus, Dieter/Petersen, Jens*: Bürgerliches Recht. Eine nach Anspruchsgrundlagen geordnete Darstellung zur Examensvorbereitung, 27. Aufl. 2019.

MüKo/*Bearbeiter*   Münchener Kommentar, Bürgerliches Gesetzbuch, 8. Aufl. 2018 – 2021.

NK-BGB/*Bearbeiter*   *Heidel, Thomas/Hüßtege, Rainer/Mansel, Heinz-Peter/Noack, Ulrich*: BGB, Band 1, Allgemeiner Teil, 4. Aufl. 2021.

Palandt/*Bearbeiter*   *Palandt, Otto*: Bürgerliches Gesetzbuch, 80. Aufl. 2021.

Pawlowski AT   *Pawlowski, Hans*-Martin: Allgemeiner Teil des BGB – Grundlehren des Bürgerlichen Rechts, 7. Aufl. 2003.

Petersen Examinatorium BGB-AT   *Petersen, Jens*: Examinatorium Allgemeiner Teil des BGB und Handelsrecht, 2013.

https://doi.org/10.1515/9783110751109-205

PWW/*Bearbeiter*	*Prütting, Hanns/Wegen, Gerhard/Weinreich, Gerd*: BGB Kommentar, 15. Aufl. 2020.
Rüthers/*Stadler* AT	*Rüthers, Bernd/Stadler, Astrid*: Allgemeiner Teil des BGB, 20. Aufl. 2020.
Soergel/*Bearbeiter*	*Soergel, Hans Theodor*, Bürgerliches Gesetzbuch, Allgemeiner Teil Band 2, 13. Aufl. 1999.
Staudinger/*Bearbeiter*	*Staudinger, Julius von*: Kommentar zum Bürgerlichen Gesetzbuch (Jahr der Neubearbeitung).
Staudinger/Eckpfeiler	*Staudinger, Julius von*: Kommentar zum Bürgerlichen Gesetzbuch – Eckpfeiler des Zivilrechts (Jahr der Neubearbeitung).
Ulmer/Brandner/Hensen AGB-Recht	*Ulmer, Peter/Brandner, Erich/Hensen, Horst-Diether*: AGB-Recht, 12. Aufl. 2016 (zitiert als: *Bearbeiter*, in: Ulmer/Brandner/Hensen)
Wertenbruch AT	*Wertenbruch, Johannes*: BGB Allgemeiner Teil, 4. Aufl. 2017.
Neuner AT	*Neuner, Jörg*: Allgemeiner Teil des Bürgerlichen Rechts, 12. Aufl. 2020.

TEIL 1: Der Allgemeine Teil des BGB in systematischer Darstellung

Vorbemerkung

Im Mittelpunkt des Allgemeinen Teils des Bürgerlichen Gesetzbuchs (BGB) stehen **1**
Regelungen zu Rechtsgeschäften (Überschrift des 3. Abschnitts, §§ 104 bis 185
BGB), insbesondere zu Verträgen (§§ 145 bis 157 BGB), sowie zu Willenserklärungen (Überschrift des 2. Titels, §§ 116 bis 144 BGB). Sie bilden in ihrer Gesamtheit
die sog. Rechtsgeschäftslehre des BGB.

Diese Bezeichnung ist nicht ganz korrekt, weil Gesetze nicht Lehrmeinungen verkünden und eine **2**
Diskussion darüber eröffnen wollen, ob ihnen zuzustimmen ist oder nicht, sondern hoheitliche
Anordnungen darüber geben, was von Rechts wegen gilt. Die wissenschaftliche Aufarbeitung
dieser Vorschriften und deren Erläuterung ist Gegenstand der „Lehre" vom Rechtsgeschäft.

1. Kapitel:
Die Privatautonomie

§ 1 Begriff, Funktionen und rechtliche Verfassung der Privatautonomie

Die Rechtsgeschäftslehre des BGB ist dem Prinzip der Selbstbestimmung (**Privat-** **1**
autonomie) verpflichtet. Was immer zu den Regelungen des BGB über Willenserklärungen und Rechtsgeschäfte zu sagen ist, sind Erläuterungen dazu, wie das
BGB Privatautonomie begreift und ausgestaltet, wie es Privatautonomie gewährleistet, fördert und auch begrenzt.

I. Der Begriff der Privatautonomie

Eine auf Privatautonomie aufbauende Rechtsordnung gewährt – in den Worten **2**
der Verfasser des BGB – „dem Einzelnen die Möglichkeit, innerhalb gewisser,
durch höhere Rücksichten bedingter Schranken, seine rechtlichen Verhältnisse
frei zu gestalten".[1] Mit der „freien" Gestaltung der Rechtsverhältnisse ist gemeint,
dass jeder *nach seinem Willen* (also: nach „Willkür")[2] entscheiden kann, welche

---

[1] Mot. I, S. 190 = *Mugdan* I, S. 457. Zur Privatautonomie und deren Grenzen *Petersen* JURA 2011,
184.
[2] Zum Begriff der „Willkür" in diesem Zusammenhang *Looschelders* JZ 2012, 105 (106).

https://doi.org/10.1515/9783110602876-001

rechtlichen Regelungen er im Verhältnis zu anderen treffen oder nicht treffen will. Die Rechtsordnung fragt nicht danach, ob die Art und Weise, wie der Einzelne von seiner Privatautonomie Gebrauch macht, klug, vernünftig oder zu seinem Vorteil und Nutzen ist. Sie geht davon aus, dass dies Fragen sind, die sie nicht besser als jeder Einzelne selbst entscheiden kann, und sie setzt darauf, dass die Einzelnen in der Summe der Gestaltung von Rechtsverhältnissen nach ihrem Willen auch für das Gesamtwohl bessere Ergebnisse erzielen als dies ein System erreichen könnte, das hoheitlich vorschreibt, was die Privatrechtssubjekte (zu diesem Begriff unten § 2) zu tun oder zu unterlassen haben.

3   Freilich muss dieser Ausgangspunkt sofort mit Einschränkungen versehen werden. Eine auf Privatautonomie aufbauende Rechtsordnung *garantiert nicht* Selbstbestimmung, sondern *ermöglicht* sie.[3] Wer von dieser Möglichkeit Gebrauch machen will, muss sich der Instrumente bedienen, die die Rechtsordnung für die Ausübung der Privatautonomie bereit stellt (nämlich: Willenserklärungen und Rechtsgeschäfte, unten § 4), und die „Spielregeln" beachten, die die Rechtsordnung für den Einsatz dieser Instrumente im Rechtsverkehr entwickelt hat (hiervon handelt der größte Teil dieses Buches). Schließlich behält sich die Rechtsordnung vor, Regelungen, die die Einzelnen nach ihrem Willen treffen, ausnahmsweise nur unter besonderen Voraussetzungen anzuerkennen (unten § 9 Rdn. 10, 16 ff) oder diese Anerkennung beim Vorliegen bestimmter Umstände zu versagen (unten § 9 Rdn. 10, 143 ff). Der Respekt der Rechtsordnung vor der Selbstbestimmung der Einzelnen hat Grenzen. Privatautonomie kann sich – um die oben genannte Stelle aus den Motiven zum BGB noch einmal aufzugreifen – nur „innerhalb gewisser, durch höhere Rücksichten bedingter Schranken" entfalten.

II. Die Funktionen der Privatautonomie

4 Die Gewährung von Privatautonomie durch die Rechtsordnung hat eine **doppelte Zielrichtung und Funktion**.[4]

---

3 Deshalb wird hier vermieden, die Privatautonomie als das „Prinzip der Selbstgestaltung der Rechtsverhältnisse durch den einzelnen nach seinem Willen" (so *Flume* AT § 1, 1 [S. 1]) zu kennzeichnen. Schon in der Formulierung des Prinzips sollte zum Ausdruck kommen, dass es allein um die Gewährung der *Möglichkeit* der Selbstbestimmung geht. So z. B. *Schapp*, Grundfragen der Rechtsgeschäftslehre (1986) S. 51; *Franz Bydlinski*, Privatautonomie und objektive Grundlagen des verpflichtenden Rechtsgeschäftes (1967) S. 126 ff; HKK/*Schermaier* vor § 104 Rdn. 7.
4 *Bydlinski* JZ 1975, 1; *Köhler* AT § 5 Rdn. 1; *Kötz*, Vertragsrecht (2. Aufl. 2012) Rdn. 22 ff.

1. Selbstbestimmung der Einzelnen

Privatautonomie dient („individuell") der Selbstbestimmung jeder einzelnen Per- 5
son. Privatautonomie gewährt die Freiheit zur Selbstgestaltung rechtlicher Beziehungen nach eigenem Willen. Die wichtigsten Ausprägungen sind die Vertrags-
und die Testierfreiheit.

a. Vertragsfreiheit

Kraft der **Vertragsfreiheit** entscheidet jede(r) selbst darüber, *ob* sie/er eine ver- 6
tragliche Bindung mit einem anderen eingehen will (**Abschlussfreiheit**) sowie
welchen Inhalt der Vertrag haben soll (**Inhaltsfreiheit**). Zwischen beiden Aspekten besteht ein enger Zusammenhang. Bei den meisten Verträgen verfolgen die
Parteien gegenläufige Interessen: Der Verkäufer möchte einen möglichst hohen
Preis auch für qualitativ nicht erstklassige Ware erzielen, der Käufer möchte das
Beste auf dem Markt zum Schnäppchenpreis ergattern. Das einzige oder doch
wirksamste Druckmittel, das jede Seite hat, die andere zum Entgegenkommen zu
veranlassen, ist die Abschlussfreiheit. Stimmen die Konditionen nicht, schließt
man den Vertrag nicht. Die Abschlussfreiheit setzt einen Mechanismus in Gang,
der tendenziell dafür sorgt, dass die beiderseitigen Interessen im Vertrag ausgeglichen werden. Selbstbestimmung beim Vertrag bedeutet nicht, dass man erreicht, was man eigentlich am liebsten erreichen möchte. Die Selbstbestimmung
jedes Vertragspartners ist (von Sonderfällen abgesehen) gewahrt, wenn sich beide Seiten auf einen Kompromiss einigen können, mithin auf einen Vertragsinhalt,
der einen Ausgleich zwischen den je individuell verfolgten Zielen darstellt.

b. Testierfreiheit

Kraft der **Testierfreiheit** kann der/die Einzelne rechtsgeschäftliche Regelungen 7
auf den Todesfall treffen, insbesondere bestimmen, wer der Erbe sein soll (§ 1937
BGB), auf den das gesamte Vermögen beim Tod des Testierenden übergeht (§ 1922
Abs. 1 BGB), wem Ansprüche gegen den Erben auf Herausgabe bestimmter Gegenstände zustehen sollen (Vermächtnis, § 2174 BGB) und dgl. mehr.

2. Dezentrale Organisation des Güter- und Leistungsaustausches

Privatautonomie dient zugleich („über-individuell") der dezentralen Organisation 8
des Güter- und Leistungsaustauschs aller Verkehrsteilnehmer untereinander. Aus
der Fülle der Regelungen, die die einzelnen Mitglieder einer Rechtsgemeinschaft
untereinander nach ihrem Willen treffen, entsteht ein dezentral organisiertes Ver-
kehrssystem, das grundlegende Bedürfnisse aller Mitglieder der Gemeinschaft

nach der Versorgung mit Gütern und Leistungen abdeckt. Millionen und Aber-
Millionen von Verträgen werden täglich geschlossen, und zur Erfüllung jedes einzelnen dieser Verträge ist vielfach ein ganzes Netzwerk von Leistungen erforderlich, über deren Erbringung Verträge schon im Vorfeld geschlossen wurden oder
in der Folge noch geschlossen werden.[5] Wenn morgens unzählige Personen Land
auf Land ab in alle Himmelsrichtungen eilen, per PKW, mit dem Handwerker-
Transporter, mit dem „Brummi"-Laster, mit dem Fahrrad, mit der Bahn und mit
dem Flugzeug, dann sind die meisten von ihnen unterwegs, um Verträge zu erfüllen, die sie in Ausübung ihrer Privatautonomie eingegangen sind. Was als Chaos
miteinander nicht abgestimmter, weil nicht zentral geplanter Einzelvorgänge erscheint, fügt sich – wie von unsichtbarer Hand[6] gesteuert – zu einem geordneten
marktwirtschaftlichen System der bestmöglichen Versorgung aller mit Gütern
und Leistungen zusammen.

III. Die rechtliche Verfassung der Privatautonomie

1. Die Notwendigkeit einer rechtlichen Verfassung der Privatautonomie

9 Die Grundidee der Privatautonomie, dem einzelnen die Freiheit zur Selbstgestaltung seiner Rechtsverhältnisse nach seinem Willen zu gewähren, scheint auf den
ersten Blick schwer mit der Fülle von Vorschriften vereinbar zu sein, die die
Rechtsordnung zur näheren Ausgestaltung der Privatautonomie gibt. In der Tat
wären viele dieser Regelungen verzichtbar, ginge es allein darum, dass ein Einzelner einmalig nach seinem Willen eine rechtliche Regelung in Absprache mit
einem anderen Einzelnen treffen wollte. Die Rechtsordnung könnte es dann ge-
trost den Einzelnen überlassen, alle denkbaren Fragen, die ihre rechtliche Beziehung aufwerfen kann, einvernehmlich zu regeln und auch für den Fall vorzusor-
gen, dass sie Pflichten verletzen, die sie übernommen haben.

10   Solche vertraglichen Regelungen zu treffen, hat freilich nur Sinn, wenn gewährleistet ist, dass sich die Vertragspartner daran halten. Niemand wird sich allein auf die freiwillige Bereitschaft des anderen, zu seinem Wort zu stehen, verlassen wollen. Sollen Verträge ihre Funktion erfüllen, Planungssicherheit zwischen
den Beteiligten zu schaffen, muss sichergestellt sein, dass Verträge eingehalten
werden (**pacta sunt servanda**), und diese Sicherheit ist ohne Rechtsordnung

---

5 Dies verdeutlicht *Kötz*, Vertragsrecht (2. Aufl. 2012) Rdn. 25 anschaulich am Beispiel des Kaufs
eines Möbelstücks.
6 *Adam Smith*, Der Wohlstand der Nationen, deutsche Übersetzung von *Horst Claus Recktenwald*
(1974), Viertes Buch, Zweites Kapitel (S. 371). Zu Adam Smith als Rechtstheoretiker die gleichnamige Schrift von *Jens Petersen* (2012).

nicht zu erreichen:[7] Die Rechtsordnung stellt Zwangsmittel zur Verfügung, um die Erfüllung vertraglicher Pflichten zu gewährleisten, und sie sanktioniert die Verletzung vertraglicher Vereinbarungen, indem sie dem anderen Teil Ansprüche gewährt, die insbesondere dessen finanzielles Interesse an der ordnungsgemäßen Erfüllung des Vertrages abdecken. Eine solche drohende rechtliche Sanktion erhöht die Bereitschaft der Vertragspartner, das Vertragsprogramm vereinbarungsgemäß zu erfüllen.

Kommt also selbst eine einzelne Vertragsbeziehung nicht ohne Rechtsord- 11 nung im Hintergrund aus, so gilt dies umso mehr für ein Wirtschaftssystem, in dem Tag für Tag Millionen von Verträgen geschlossen und sonstige privatautonome Transaktionen (wie Rücktritte vom Vertrag, Kündigungen, Widerrufe, Anfechtungen etc.) vorgenommen werden. Hier wäre es sehr **ineffizient**, wenn die Vertragspartner für jede denkbare Störungssituation Vorsorge durch individuelle Vereinbarungen treffen müssten – dies umso mehr, als sich die Ergebnisse der unzähligen Einzelverhandlungen für typische Standardsituationen letztlich stark ähneln würden. Der Verkehr wird entlastet und gefördert, wenn die Rechtsordnung Regelungen zur Verfügung stellt, die einen gerechten Ausgleich zwischen den Interessen enthalten. Aber nicht nur dies. Die Parteien können schon im Vorfeld darüber streiten, ob zwischen ihnen überhaupt ein Vertrag zustande gekommen ist und welchen Inhalt dieser hat. Behinderungen des rechtsgeschäftlichen Verkehrs in unvorstellbarem Ausmaß entstünden, wenn potentielle Vertragspartner zunächst Regelungen zu diesen Fragen zu treffen hätten. Es kommt hinzu, dass es nicht ganz einfach ist, in einem Vertrag zu regeln, *wie* ein Vertrag zustande kommt, wenn diese Regelungen doch nur gelten, *falls* der Vertrag zustande gekommen ist.

In der rechtlichen Ausgestaltung der Privatautonomie sind daher zwei An- 12 forderungen untrennbar miteinander verbunden. Die Rechtsordnung muss (1) Selbstgestaltung nach dem Willen jedes Einzelnen ermöglichen *und* (2) die Selbstorganisation eines hierauf aufbauenden Verkehrssystems aller einzelnen untereinander fördern. Dies kann nur gelingen, wenn vielfältige Prozesse in Gang gesetzt werden, die dafür sorgen, dass ein Höchstmaß an Willensverwirklichung auf technisch elegante, und das heißt letztlich: einfache Weise erreicht wird. Wie geschickt das BGB diese Aufgabe bewältigt, wird im Laufe des Buches an vielen Beispielen verdeutlicht.

---

7 Staudinger/*Singer* (2017) Vorbem. zu §§ 116 ff Rdn. 9.

2. Die Ausgestaltung der Privatautonomie durch die Rechtsordnung
a. Die Verfassung

13 Die Privatautonomie ist als Teil der allgemeinen Handlungsfreiheit gemäß **Art. 2 Abs. 1 GG** verfassungsrechtlich abgesichert.[8] Auch wenn dem Gesetzgeber in der Ausgestaltung der Ausübung von Privatautonomie ein breiter Handlungsspielraum eingeräumt werden muss, weil die Interessen des Einzelnen an freier Willensverwirklichung mit den Interessen der anderen Verkehrsteilnehmer wie mit anderen übergeordneten Erfordernissen, insbesondere der Reibungslosigkeit und Sicherheit des rechtsgeschäftlichen Verkehrs abzustimmen sind, bleiben Kernbereiche der Ermöglichung von Selbstbestimmung, die nicht angetastet werden dürfen. Auch Gerichtsentscheidungen zur Auslegung von Vorschriften des BGB können die sich aus dem Prinzip der Privatautonomie ergebenden Anforderungen so grundlegend verkennen, dass sie vor der Verfassung keinen Bestand haben.[9]

14 Als verfassungsrechtliche Bestimmungen, die elementare Voraussetzungen der Privatautonomie betreffen, sind weiterhin Art. 14 GG und Art. 12 GG zu nennen. Von der Möglichkeit der Selbstgestaltung der eigenen Rechtsverhältnisse machen die meisten Menschen Gebrauch, um ihre elementaren Bedürfnisse zu befriedigen und (im weitesten Sinne) ihren Wohlstand zu mehren. Die Ergebnisse dieser rechtsgeschäftlichen Tätigkeiten fallen unter den Schutz der Garantie von Eigentum und Erbrecht im Sinne von Art. 14 GG.[10] Mit der Berufsfreiheit (Art. 12 GG) wird zudem eine der wichtigsten Grundlagen der Selbstgestaltung der eigenen Rechtsverhältnisse verfassungsrechtlich garantiert.

---

8 BVerfG vom 19.10.1993, BVerfGE 89, 214 (235) = NJW 1994, 36 (38) – „Bürgschaften vermögensloser Familienangehöriger" (Sachverhalt unten § 30); BVerfG vom 27.7.2005, NJW 2006, 596 (598); BGH vom 9.3.2012, NJW 2012, 1725 Rdn. 8; BGH vom 20.3.2014, NJW 2014, 1725 Rdn. 31; *di Fabio*, in: Maunz/Dürig, GG (90. Erg-Lfg. 2020) Art. 2 Rdn. 101; *Kunig/Kämmerer*, in: v.Münch/Kunig, Grundgesetz-Kommentar (7. Aufl. 2021) Art. 2 Rdn. 27.

9 BVerfG vom 19.10.1993, BVerfGE 89, 214 = NJW 1994, 36; dazu unten § 9 Rdn. 250.

10 Der Begriff des Eigentums in Art. 14 GG ist weiter als der zivilrechtliche Begriff, der sich allein auf Sachen bezieht (§§ 903, 90 BGB, dazu unten § 3 Rdn. 9). Es fallen darunter auch alle Rechte, insbesondere Forderungen (dazu unten § 3 Rdn. 26 ff). Das BVerfG hat in einer berühmten und viel diskutierten Entscheidung das auf dem Mietvertrag beruhende Recht des Mieters, die Gewährung des Gebrauchs an einer Wohnung zu verlangen, unter den Schutz der Eigentumsgarantie des Art. 14 GG gestellt (BVerfG vom 26.5.1993, BVerfGE 89, 1 [6] = NJW 1993, 2035).

b. Einfachgesetzliche Regelungen
aa. Das Bürgerliche Gesetzbuch (BGB)

Unter den einfachgesetzlichen Regelungen kommt dem BGB die größte Bedeu- **15**
tung für die Ausgestaltung der Privatautonomie zu.[11]

(1) Entstehungsgeschichte

Das BGB verdankt seine Entstehung der Gründung des Deutschen Reiches im Jah- **16**
re 1871. 1874 wurde eine **Erste Kommission** eingesetzt, die über einen Zeitraum
von dreizehn Jahren hinweg den **Ersten Entwurf** ausarbeitete und 1887 vorlegte.
Die Begründungen zu den vorgeschlagenen Regelungen (veröffentlicht als **Motive** der Ersten Kommission) setzen sich vielfach sehr sorgfältig mit Parallelrege-
lungen anderer Kodifikationen auseinander und erläutern die dem Entwurf zugrunde liegenden Abwägungen, Wertungen und systematischen Konzepte der
Ersten Kommission. Sie lesen sich gelegentlich geradezu wie ein Lehrbuch[12] und
stellen bis heute, ungeachtet der Frage, ob man den Begründungen der Kommission folgt, eine wertvolle Hilfe bei der Auslegung des BGB dar.

Trotz der gründlichen Ausarbeitung sah sich der Erste Entwurf heftiger Kritik **17**
ausgesetzt, und zwar sowohl in gesetzestechnischer als auch inhaltlicher Hinsicht.[13] Gesetzestechnisch wurde der hohe Abstraktionsgrad vieler Begriffe gerügt
und Anstoß genommen an den vielen Verweisungen[14] und Verweisungsketten,
die die Lesbarkeit erschwerten. Inhaltlich wurde gerügt, der Entwurf baue zu
stark auf römischrechtliche Quellen zu Lasten des deutschen Rechts auf und
nehme auf soziale Probleme zu wenig Rücksicht.[15] Eine zur Überarbeitung des
Entwurfs 1890 eingesetzte **Zweite Kommission** suchte der Kritik Rechnung zu
tragen; von ihr stammt der **Zweite Entwurf** zum BGB. Der wesentliche Inhalt der

---

11 Gut zugängliche und informative Einführungen zum BGB: *Köhler,* in: dtv-Textausgabe BGB
(87. Aufl. 2021); Palandt/*Grüneberg* Einleitung Rdn. 4–16; Staudinger/Eckpfeiler/*Baldus* (2020) A.
Rdn. 21 ff.
12 Beispiele unten § 6 Rdn. 21 (Zugangstheorien); § 9 Rdn. 147 (Formfreiheit/Formzwang).
13 Die Stellungnahmen zu den Entwürfen sind größtenteils im pdf-Format zugänglich: Max-
Planck-Institut für Europäische Rechtsgeschichte, Literaturquellen zum deutschen, österreichischen und schweizerischen Privat- und Zivilprozessrecht des 19. Jahrhunderts [http://dlib-pr.
mpier.mpg.de/]. Besonders berühmt: *Otto v. Gierke,* Der Entwurf eines bürgerlichen Gesetzbuchs
und das deutsche Recht, 1889; *Anton Menger,* Das bürgerliche Recht und die besitzlosen Volks-
klassen: Eine Kritik des Entwurfs eines bürgerlichen Gesetzbuches für das deutsche Reich, 1890.
14 Zu Verweisungen unten § 23 Rdn. 114 ff.
15 *Otto v. Gierke,* Die soziale Aufgabe des Privatrechts (1889, Neudruck 1948) mit der berühmten
Forderung (S. 10): „... unser Privatrecht muß ein Tropfen sozialistischen Öles durchsickern".

Beratungen ist in den sog. **Protokollen** der Zweiten Kommission festgehalten.[16] Das BGB wurde 1896 vom Reichstag verabschiedet und am 18. August 1896 von Kaiser *Wilhelm II.* ausgefertigt. Um der Praxis genügend Zeit für die Umstellung auf das neue Gesetz zu lassen, trat das BGB erst mehr als drei Jahre später am **1. Januar 1900** in Kraft.

---

16 Beide Entwürfe einschließlich der Motive der Ersten Kommission und der Protokolle der Zweiten Kommission sowie weitere Materialien sind am besten zugänglich bei *Mugdan*, Die gesammten Materialien zum Bürgerlichen Gesetzbuch für das Deutsche Reich, 5 Bände, Berlin 1899. Zur methodischen Bedeutung der Gesetzesmaterialien als Auslegungshilfe unten § 23 Rdn. 31 ff.

Reichs = Gesetzblatt.

№ 21.

Inhalt: Bürgerliches Gesetzbuch. S. 195. — Einführungsgesetz zum Bürgerlichen Gesetzbuche. S. 604.

(Nr. 2321.) Bürgerliches Gesetzbuch. Vom 18. August 1896.

Wir Wilhelm, von Gottes Gnaden Deutscher Kaiser, König von Preußen ꝛc.

verordnen im Namen des Reichs, nach erfolgter Zustimmung des Bundesraths und des Reichstags, was folgt:

Erstes Buch.
Allgemeiner Theil.

Erster Abschnitt.
Personen.

Erster Titel.
Natürliche Personen.

§. 1.

Die Rechtsfähigkeit des Menschen beginnt mit der Vollendung der Geburt.

§. 2.

Die Volljährigkeit tritt mit der Vollendung des einundzwanzigsten Lebensjahrs ein.

§. 3.

Ein Minderjähriger, der das achtzehnte Lebensjahr vollendet hat, kann durch Beschluß des Vormundschaftsgerichts für volljährig erklärt werden.

Durch die Volljährigkeitserklärung erlangt der Minderjährige die rechtliche Stellung eines Volljährigen.

Reichs-Gesetzbl. 1896.

Ausgegeben zu Berlin den 24. August 1896.

Titelseite des Reichsgesetzblatts v. 18. August 1896, in dem das BGB veröffentlicht wurde (Quelle: http://commons.wiki-media.org/wiki/File: Reichsgesetzblatt_1896_Seite_195.png).

(2) Regelungsinhalte des BGB

19 Das gesetzestechnische Markenzeichen des BGB ist der **Allgemeine Teil**, der als erstes Buch den weiteren vier Büchern – Recht der Schuldverhältnisse (§§ 241 ff BGB), Sachenrecht (§§ 854 ff BGB), Familienrecht (§§ 1297 ff), Erbrecht (§§ 1922 ff BGB) – vorangestellt ist. Der Allgemeine Teil umfasst Regelungen, die quer durch die übrigen Bücher in verschiedenen Zusammenhängen von Bedeutung sind und deshalb – mit einem Bild aus der Mathematik – „vor die Klammer gezogen" worden sind.[17] Hierzu gehören Bestimmungen zu natürlichen und juristischen Personen (unten § 2), zu Sachen und sonstigen Rechtsgegenständen (unten § 3) zu Willenserklärungen und Rechtsgeschäften (unten §§ 4–16), zur Verjährung von Ansprüchen (unten §§ 18 und 19), sowie zu Fristen und Terminen (§§ 186–193 BGB). Die Vorzüge dieses Ansatzes für den Rechtsanwender kann man gut ermessen, wenn man in das österreichische ABGB blickt, das von 1811 stammt, keinen Allgemeinen Teil hat und auch deswegen deutlich schwerer zugänglich ist.

20   Das Zweite Buch enthält das **Recht der Schuldverhältnisse**, kurz als **Schuldrecht** bezeichnet. Um Schuld im Sinne der Ethik oder des Strafrechts geht es nicht, sondern um Obligationen,[18] also um rechtliche Bindungen (Pflichten) zwischen zweien oder mehreren Personen, und um die hierauf beruhende Sonderbeziehung, wie sie privatautonom insbesondere durch schuldrechtliche (verpflichtende) Verträge geschaffen wird (unten § 4 Rdn. 26 ff). Auch hier findet sich die für das BGB kennzeichnende Technik, zunächst die allgemeinen Fragen zu regeln, die für alle oder eine Vielzahl von Schuldverhältnissen bedeutsam sind, wie insbesondere das Erlöschen von Schuldverhältnissen durch Bewirkung der Leistung (§ 362 BGB) oder durch den Eintritt von Unmöglichkeit (§ 275 BGB), der Inhalt der Verpflichtung zum Schadensersatz (§§ 249 ff BGB), die allgemeine Grundlage der Verpflichtung zum Schadensersatz bei Verletzung von Pflichten (§ 280 Abs. 1 BGB), oder die Voraussetzungen und Wirkungen der Aufrechnung von Forderungen, die zwei Personen wechselseitig gegeneinander haben (§§ 387 ff BGB). Erst im letzten (achten) Abschnitt des Zweiten Buches regelt das BGB „Einzelne Schuldverhältnisse" und gelangt zu so wichtigen Verträgen wie dem Kauf- (§ 433 BGB), Miet- (§ 535 BGB), Dienst- (§ 611 BGB), Werk- (§ 631 BGB) oder Geschäftsbesorgungsvertrag (§ 675 BGB). Spätere Ergänzungen haben Vorschriften über Finanzierungsverträge (§§ 488 ff BGB) und Zahlungsdienste (§ 675c BGB) und vieles weitere hinzugefügt. Ganz am Ende des Besonderen Teils des Schuldrechts regelt das BGB zwei besonders wichtige gesetzliche (nicht durch Vertrag oder sonst privatautonom begründete) Schuldverhältnisse, nämlich Schuldverhältnisse aus

---

17 Hierzu *Petersen* JURA 2011, 759 ff.
18 So das Schweizerische Zivilgesetzbuch, Fünfter Teil: Obligationenrecht.

„Ungerechtfertigter Bereicherung" (§§ 812 ff BGB) und aus „Unerlaubter Handlung" (§§ 823 ff BGB).

§ 812 Abs. 1 Satz 1 Var. 1 BGB ist schon für Anfänger wichtig, da sie eine Grundkonstellation ge- **21** scheiterter Verträge betrifft. Ist ein Vertrag wirksam, so begründet er einen Anspruch auf die vereinbarte Leistung. Ist die Leistung bewirkt, und stellt sich nun heraus, dass der Vertrag von Anfang an unwirksam (nichtig) war, so bestand dieser Anspruch in Wirklichkeit nicht. Der Empfänger hat die Leistung **ohne rechtlichen Grund** im Sinne von § 812 Abs. 1 Satz 1 Var. 1 BGB erhalten und ist zur Herausgabe des Erlangten an den Leistenden verpflichtet (näher unten § 4 Rdn. 38 und § 24 Rdn. 36 ff). Schaltstelle entweder für den vertraglichen Erfüllungsanspruch *oder* für den Herausgabeanspruch wegen ungerechtfertigter Bereicherung ist die Wirksamkeit des Vertrages, und diese Frage betrifft zentrale Regelungsmaterien des Allgemeinen Teils des BGB (unten § 9).

§ 823 Abs. 1 BGB gehört wie § 812 Abs. 1 BGB zu den wichtigsten Anspruchsgrundlagen des BGB **22** und wird deshalb schon in Anfängerveranstaltungen in Grundzügen behandelt. § 823 Abs. 1 BGB ist die Grundlage für Schadensersatzansprüche gegenüber jedermann. Wer z. B. beim Einparken nicht aufpasst und gegen das Auto eines anderen fährt, verletzt dessen Eigentum und ist ihm zum Schadensersatz verpflichtet. *Was* der Schädiger als Schadensersatz zu leisten hat, ergibt sich aus den §§ 249 ff BGB. Die Einzelheiten sind den Darstellungen zum Schuldrecht zu entnehmen.

Aus dem dritten Buch des BGB (**Sachenrecht**) sind vor allem die Vorschriften **23** über die Übereignung beweglicher Sachen (**§§ 929 ff BGB**) vom Anfang des Studiums an von erheblicher Bedeutung. Um das Grundwissen der Rechtsgeschäftslehre anhand von Beispielen zu erläutern, kommt man nicht ohne den Zugriff auf einen so alltäglichen Vorgang wie die Veräußerung einer Sache aus. Der Verkäufer muss seine Pflichten aus dem Kaufvertrag dadurch erfüllen, dass er die Kaufsache übereignet. Also muss das Rechtsgeschäft der Übereignung und dessen Unterscheidung vom Kaufvertrag möglichst bald beherrscht werden (dazu unten § 3 Rdn. 11 ff, § 4 Rdn. 19 ff, § 24). Ob eine Übereignung wirksam ist oder nicht, ist in der Methodik der Fallbearbeitung vielfach anhand des Herausgabeanspruchs des Eigentümers (**§ 985 BGB**) zu klären (dazu unten § 4 Rdn. 20 ff und 29 ff; § 24 Rdn. 8 ff). Für die Anwendung dieser Norm ist die Unterscheidung zwischen Eigentum (**§ 903 BGB**) und Besitz (**§ 854 BGB**) zentral (dazu unten § 3 Rdn. 9 ff).

Aus dem vierten Buch (**Familienrecht**) weisen die Vorschriften über das El- **24** tern-Kind-Verhältnis (§§ 1616 ff BGB) besondere Bezüge zu Regelungsmaterien des Allgemeinen Teils des BGB auf. Gemäß § 1626 Abs. 1 Satz 1 BGB haben grundsätzlich die Eltern „die Pflicht und das Recht, für das minderjährige Kind zu sorgen" (**elterliche Sorge**). Gemäß § 1629 Abs. 1 Satz 1 BGB umfasst die elterliche Sorge die **Vertretung des Kindes**. Hieran knüpfen die Regelungen der §§ 106 ff BGB über Rechtsgeschäfte Minderjähriger an (dazu unten § 2 Rdn. 13 ff, § 6 Rdn. 123 ff,

§ 9 Rdn. 17 ff). Darauf bezieht sich das vierte Buch teils auch dort, wo es um die Rechtsverhältnisse von **Erwachsenen** geht, die ihre Angelegenheiten **nicht (mehr) selbst regeln können** (z. B. § 1903 Abs. 1 S. 2 BGB).

25   Das fünfte Buch des BGB (**Erbrecht**) bestimmt in der Einleitungsnorm des **§ 1922 BGB**: „Mit dem Tode einer Person (Erbfall) geht deren Vermögen (Erbschaft) als Ganzes auf eine oder mehrere Personen (Erben) über". Die Norm enthält nicht nur gesetzliche Definitionen (sog. „Legaldefinitionen") wichtigster Begriffe des Erbrechts, sondern bringt zugleich das Prinzip der sog. Gesamtrechtsnachfolge (**Universalsukzession**) zum Ausdruck. Kraft der Testierfreiheit kann der Erblasser bestimmen, wer der Erbe sein soll, auf den gemäß § 1922 Abs. 1 BGB sein Vermögen als Ganzes übergeht. Diese Bestimmung kann der Erblasser „durch einseitige Verfügung von Todes wegen", insbesondere durch die Errichtung eines **Testaments** treffen (§ 1937 BGB), aber auch zum Gegenstand einer vertraglichen Vereinbarung (**Erbvertrag**, § 1941 BGB) machen. Fehlt es an einer Bestimmung des Erben durch den Erblasser (oder ist eine getroffene Bestimmung unwirksam), so kommt die **gesetzliche Erbfolge** (§§ 1924 ff BGB) zum Zuge.

(3) Sprache und Regelungsstil des BGB

26 Das BGB favorisiert einen generalisierenden Regelungsstil, sucht also mit abstrakten Begriffen eine Vielzahl von Erscheinungen zu erfassen, systematisch zu ordnen und voneinander abzugrenzen. Dies gilt besonders für den Allgemeinen Teil. Die Grundbegriffe der Willenserklärung und des Rechtsgeschäfts bilden die Spitze einer Begriffspyramide, an deren Basis sich erst konkrete Typen von Verträgen (Kauf-, Miet-, Dienstverträge) und Erklärungen (Antrag zum Abschluss eines Kaufvertrages, Annahmeerklärung, Kündigungserklärung etc.) finden. Schaut man sich die Basis näher an, wird man wiederum entdecken, dass auch die einzelnen Vertragstypen des besonderen Schuldrechts (§§ 433 ff BGB) sehr abstrakt anhand weniger Merkmale der Hauptleistungspflichten gekennzeichnet werden. Unter die vertragsspezifischen Pflichten eines Werkvertrages (§ 631 BGB) fallen so unterschiedliche Leistungen wie die Gesamtplanung eines neu zu errichtenden Flughafens, die Ausführung von Bauarbeiten, die Erstellung eines Gutachtens, die Reparatur eines Autos, die Anfertigung eines Passfotos oder ein Haarschnitt beim Friseur. Den Mittelbau der Pyramide bilden Einteilungen der Rechtsgeschäfte nach ihren Wirkungen (schuldrechtliche/dingliche Verträge), nach der Zahl der hieran Beteiligten (einseitige/mehrseitige Rechtsgeschäfte), nach der Entgeltlichkeit und weiteren Kriterien (unten § 4 Rdn. 13 ff), auf die die Regelungen des BGB Bezug nehmen.

Das BGB setzt sich damit bewusst ab von einer Gesetzestechnik, die möglichst konkret und detail- **27** reich die einer Regelung bedürftigen Erscheinungen zu erfassen sucht. Das abschreckende Beispiel einer solchen kasuistischen Regelungstechnik bildet das preußische Allgemeine Landrecht von 1794 mit annähernd 20.000 Vorschriften. Solche Gesetzgebungswerke streben Vollständigkeit an, die sie aber notwendig verfehlen müssen. Je mehr eine Regelung ins Detail geht, desto mehr Fragen wirft sie auf nach der rechtlichen Behandlung ähnlicher, aber nicht ausdrücklich angesprochener Erscheinungen.[19] Offen ist dann stets, ob das nicht geregelte Detail einem geregelten im Wege der Analogie gleichzustellen ist (unten § 23 Rdn. 85 ff), oder ob, weil es an einer Regelung fehlt, im Umkehrschluss (unten § 23 Rdn. 133 ff) anzunehmen ist, dass nicht die gleiche Rechtsfolge gelten soll.

Das BGB treibt den abstrakt-allgemeinen Regelungsstil noch auf die Spitze, in- **28** dem es auf **Definitionen** seiner Grundbegriffe **verzichtet**. Im Gesetz ist nirgends festgeschrieben, was unter einem „Rechtsgeschäft", einer „Willenserklärung", einem „Vertrag", einer „Verfügung", unter den „guten Sitten" oder „Treu und Glauben" zu verstehen ist. Die Verfasser des BGB wussten um die Gefahr, durch Definitionen zeitbedingte Erkenntnisse und dogmatische Positionen festzuschreiben, die sich für die weitere wissenschaftliche Aufarbeitung und praktische Handhabung des BGB eher als hinderlich denn als hilfreich erweisen könnten. Gelegentliche Erläuterungen zu bestimmten Begriffen in den Gesetzesmaterialien, insbesondere also: in den „Motiven" und „Protokollen" (oben Rdn. 17), können zwar als Erkenntnisquelle dienen, teilen aber nicht die Autorität des Gesetzes selbst und stehen einer abweichenden Auslegung nicht im Wege, wenn sich hierfür überzeugende Argumente anführen lassen (unten § 23 Rdn. 33 ff).

bb. Weitere gesetzliche Regelungen

Aus der Fülle der Gesetze, die zur Regelung und rechtlichen Ausgestaltung von **29** Teilgebieten des rechtsgeschäftlichen Verkehrs beitragen, ist an erster Stelle das Handelsgesetzbuch (**HGB**) zu nennen, das parallel mit dem BGB 1900 in Kraft trat. Zentralbegriff ist der Kaufmann (§ 1 HGB). Da der Handelsverkehr in besonderer Weise auf Schnelligkeit, Leichtigkeit und Sicherheit der Geschäftsvorgänge angewiesen ist, finden sich im HGB viele Vorschriften, die Rechtsfolgen an leicht erkennbare äußere Umstände anknüpfen oder die Rechtswirkungen von Rechtsgeschäften standardisieren. Eine wichtige Vorschrift dieser Art ist **§ 56 HGB**. Wer in einem Ladengeschäft angestellt ist, gilt danach als ermächtigt zu Verkäufen, die in einem solchen Laden gewöhnlich geschehen. Es kommt also für die

---

[19] MüKo/*Säcker* Einleitung BGB Rdn. 32; anschaulich *Neuner* AT § 7 Rdn. 22.

Wirksamkeit der Kaufverträge, die Ladenangestellte im Namen des Geschäfts-
inhabers abschließen, im Bereich des § 56 HGB nicht darauf an, ob ihnen Vertretungsmacht erteilt wurde („Bevollmächtigung", dazu unten § 13). **§ 49 HGB** gibt
der **Prokura** – einer besonders wichtigen, von einem Kaufmann rechtsgeschäftlich erteilten Vertretungsmacht – einen gesetzlich festgelegten Umfang (dazu unten § 9 Rdn. 100). Erteilung und Erlöschen einer Prokura sind zudem – wie viele
andere rechtsgeschäftliche Vorgänge von erheblicher Bedeutung – in das Handelsregister einzutragen (§ 53 HGB).

30   Für den Abschluss vieler wirtschaftlich besonders wichtiger Verträge gelten
Sondervorschriften. Ein Beispiel bilden die §§ 5, 6 des Versicherungsvertragsge-
setzes (**VVG**).

3. Selbstbestimmung und Verkehrsbedürfnisse

31 Aus der doppelten Funktion der Privatautonomie – nämlich: individuelle Selbstbestimmung zu ermöglichen und Grundlage eines dezentralisierten Systems der
Versorgung aller mit Gütern und Leistungen zu bilden (oben Rdn. 4 ff) – ergibt
sich für die Ausgestaltung eine doppelte Zielsetzung. Es muss zum einen durch
rechtliche Regelungen angestrebt werden, dass eine Selbstgestaltung von Rechtsverhältnissen nach dem Willen der Beteiligten stattfindet, im Rechtsgeschäft also
deren Wille zum Tragen kommt. Zugleich muss für die Leichtigkeit, Reibungslosigkeit und Sicherheit des auf Privatautonomie aufbauenden Verkehrssystems
gesorgt, also Verkehrsbedürfnissen Rechnung getragen werden.

32   **Zielkonflikte** liegen auf der Hand. Was jemand durch ein Rechtsgeschäft regeln will, betrifft innere Vorgänge, die schwer nachweisbar sind. Kommt es allein
auf den inneren Willen an, können Rechtsgeschäfte mit dem Argument (und
durch den Nachweis) in Frage gestellt werden, dass das Rechtsgeschäft nicht
dem wirklichen Willen dessen entspreche, der es vorgenommen hat. Das ist mit
Bedürfnissen des Verkehrs schwer verträglich. Der Verkehr will sich grundsätzlich an äußere Umstände halten, die einen Schluss auf den wirklichen Willen
dessen zulassen, der ein Rechtsgeschäft vornimmt. Hält man indessen für maßgeblich, wie das Verhalten eines anderen verstanden werden *darf*, kann rechtlich
eine Regelung gelten, die dem Willen des anderen nicht entspricht.

33   Das BGB sucht auf sehr differenzierte Weise in diesem Zielkonflikt optimale
Lösungen. Manche Vorschriften respektieren den Mangel im Willen (wie z. B. die
Regelungen zur Anfechtung von Rechtsgeschäften, §§ 119 ff BGB), andere setzen
sich darüber hinweg (Beispiel: § 164 Abs. 2 BGB). Auffällig ist, wie häufig dieser
Zielkonflikt in den Begründungen zu Einzelvorschriften des Allgemeinen Teils angesprochen wird, noch auffälliger, wie häufig in diesem Konflikt letztlich den Bedürfnissen des Verkehrs der Vorrang eingeräumt und insbesondere dem „Inte-

rese des Verkehrs an tunlichster Aufrechterhaltung der Rechtsgeschäfte"[20]
Rechnung getragen wird.

Eine einleuchtende (und ganz herrschende) Ausdeutung dieser Vorschriften **34**
geht dahin, dass die Haftung aus Rechtsgeschäft an den Willen geknüpft sei, aber
ergänzt werde durch die Notwendigkeit, das berechtigte Vertrauen zu schützen,
das der Verkehr aus bestimmten äußeren Umständen ableite und ableiten dürfe.
Die **Haftung aus Rechtsgeschäft** gründe sich auf die **Selbstbestimmung** des
einzelnen, die **Vertrauenshaftung** auf den mit Selbstbestimmung untrennbar
verbundenen Gedanken der **Selbstverantwortung**.[21] Ob eine solche kategoriale
Scheidung der Haftungsgrundlagen möglich und notwendig ist, kann freilich
zweifelhaft erscheinen. Wo das Gesetz Rechtsfolgen an äußere Umstände knüpft,
an die sich der Verkehr halten will und muss, werden durch die Haftungsfolgen
Verhaltensanreize für eine Vorwegnahme dieser Verkehrserwartungen gesetzt.
Wer nicht gewollte Geschäfte vermeiden will, wird seine Willenserklärung so formulieren, dass sie vom Gegner nur so, wie gewollt, verstanden werden kann
(unten § 5 Rdn. 56). Damit wird Druck auf die Verkehrsteilnehmer ausgeübt, der
dafür sorgt, dass die meisten Rechtsgeschäfte dem wirklichen Willen derer entsprechen, die sie vornehmen. Verkehrsbedürfnisse und Selbstbestimmung werden so auf geschickte Weise in Einklang gebracht.

Zur Zeit der Schaffung des BGB wurde heftig darüber gestritten, ob der Wille ("**Willenstheorie**") **35**
oder die Erklärung ("**Erklärungstheorie**") der Geltungsgrund der Willenserklärung sei.[22] Zur
Ausdeutung der Regelungen des BGB greift sowohl die eine als auch die andere Theorie zu kurz.
Die Alternative ist verfehlt.[23] Eine leistungsfähige Rechtsgeschäftsordnung kann nur geschaffen
werden, wenn jeder dazu angehalten wird, sein auf die Begründung von Rechtsfolgen gerichtetes
äußeres Verhalten mit dem in Einklang zu bringen, was seinem wirklichen Willen entspricht. Die
Regeln, nach denen die Erklärung so, wie der Adressat sie verstehen darf, den Vorrang vor dem
abweichenden Willen des Erklärenden hat, dienen nicht zuletzt diesem Ziel.

---

20 Mot. I, S. 197 = Mugdan I, S. 461; Mot. I, S. 202 = Mugdan I, S. 464 u. ö. (Rechtschreibung angepasst). Zur Berücksichtigung von Verkehrsinteressen durch die Privatrechtsordnung *Leuschner*,
Verkehrsinteresse und Verfassungsrecht (2005) S. 51 ff.
21 *Canaris*, Die Vertrauenshaftung im deutschen Privatrecht (1971) S. 440 ff; MüKo/*Armbrüster*
vor § 116 Rdn. 3; *Hübner* AT Rdn. 586 ff, 678 u. ö.; *Köhler* AT § 5 Rdn. 3 f.
22 Hierzu HKK/*Vogenauer* §§ 133, 157 Rdn. 34 ff; Staudinger/*Singer* (2017) Vorbem. zu §§ 116–144
Rdn. 15 f; MüKo/*Armbrüster* vor § 116 Rdn. 21; *Flume* AT § 4, 6 (S. 54 ff).
23 Palandt/*Ellenberger* Einf. vor § 116 Rdn. 2/3.

4. Schranken der Privatautonomie

36 Die Rechtsordnung setzt der Selbstbestimmung der Einzelnen auch Grenzen. Diese betreffen sowohl die vertragliche Abschlussfreiheit als auch die Inhaltsfreiheit.

a. Kontrahierungszwang

37 Ein deutlicher Eingriff in die Privatautonomie liegt in einer **Beschränkung der Abschlussfreiheit**. Wer unter bestimmten Umständen verpflichtet ist, mit bestimmten anderen Personen einen Vertrag zu schließen (**Kontrahierungszwang**), kann insoweit nicht nach seiner Willkür über die Gestaltung von Rechtsbeziehungen entscheiden.[24]

38 **Beispiele:** § 5 Abs. 2 des Gesetzes über die Pflichtversicherung für Kraftfahrzeughalter (PflVersG) verpflichtet **Kraftfahrzeug-Haftpflichtversicherer** grundsätzlich, Haltern von Kraftfahrzeugen Haftpflichtversicherungsschutz zu gewähren. Sie können also nicht nach Belieben entscheiden, mit wem sie einen Versicherungsvertrag schließen wollen. Sie können insbesondere nicht etwa jugendliche Fahranfänger oder ältere Personen wegen des besonders hohen Risikos als Vertragspartner ablehnen. Hintergrund ist die Regelung des § 1 PflVersG, wonach jeder Halter eines Kraftfahrzeugs verpflichtet ist, eine Haftpflichtversicherung zur Deckung der durch den Gebrauch des Fahrzeugs verursachten Schäden abzuschließen. Wer ein Fahrzeug betreiben will, ist also darauf angewiesen, einen Vertrag mit einem Versicherer zu schließen. Ähnliche Regelungen gelten zu Lasten von Unternehmen, die rechtlich geschützte Monopolstellungen in der Versorgung der Bevölkerung mit Transportleistungen (Bahn, Fluglinien, Taxi-Unternehmen) oder mit Energie (Strom, Erdgas etc.) wahrnehmen, aber auch für Banken (sog. Basiskonto gemäß § 31 Zahlungskontengesetz (ZKG)).[25]

39 Auch aus Vorschriften des Wettbewerbsrechts (§§ 19 Abs. 2 Nr. 1, 20 Abs. 1 und 2, § 33 Abs. 1 GWB) kann sich mittelbar ein Kontrahierungszwang, insbesondere eine Verpflichtung von marktstarken Herstellern ergeben, Händler mit ihren Produkten zu beliefern.[26]

40 **Beispiel:** Ein Sportfachgeschäft im bayerischen Voralpenland hat sich einen Namen als Preisbrecher bei Skiern gemacht. Einer der führenden Ski-Hersteller weigert sich daraufhin, den Händler weiter zu beliefern, falls er sich nicht an die Preisempfehlungen des Herstellers hält. Der Händler klagt mit Erfolg auf Belieferung, da die bekannten und beliebten Produkte des Herstellers in einem auf Wintersport spezialisierten Sportfachgeschäft in Oberbayern nicht fehlen dürfen.[27]

---

24 Umfassend: *Busche*, Privatautonomie und Kontrahierungszwang (1999).
25 Übersicht bei MüKo/*Busche* vor §§ 145 ff Rdn. 12 ff; BeckOK BGB/*Eckert* BGB § 145 Rdn. 14.
26 *Musielak* JuS 2017, 949 (950); Palandt/*Ellenberger* Einf. vor § 145 Rdn. 9.
27 BGH vom 20.11.1975, NJW 1976, 801 (802) – Rossignol (zum § 26 GWB a. F.).

Umstritten ist, ob Verstöße gegen die Benachteiligungsverbote des Allgemeinen 41
Gleichbehandlungsgesetzes (§ 19 AGG) dazu führen können, dass der Verletzte
den Abschluss eines Vertrages als Beseitigung der Diskriminierung (§ 21 Abs. 1
Satz 1 AGG)[28] oder als Naturalrestitution im Rahmen eines Anspruches auf Schadensersatz (§ 21 Abs. 2 AGG, § 280 Abs. 1 BGB, § 826 BGB) verlangen kann.[29]

b. Typenzwang von Rechtsgeschäften

Die vertragliche Inhaltsfreiheit (oben Rdn. 6) ist eingeschränkt, wenn die Parteien 42
ihren Willen nur in bestimmten, von der Rechtsordnung fixierten Mustern von
Rechtsgeschäften verwirklichen können, wenn sie sich also an das halten müssen, was die Rechtsordnung ihnen als Regelungsinhalt vorgibt. Insofern besteht
ein grundlegender Unterschied zwischen den im besonderen Teil des Schuldrechts geregelten Verträgen wie dem Kauf-, Miet-, Dienstvertrag etc. einerseits
und den sog. „dinglichen" Rechtsgeschäften des Sachenrechts (unten § 4
Rdn. 19 ff) wie z.B. der Übereignung, der Verpfändung einer beweglichen Sache,
der Bestellung einer Hypothek oder eines Nießbrauchs oder einer Grunddienst-
barkeit anderseits. Die Partner eines schuldrechtlichen Vertrages können sich auf
Verpflichtungen jeglichen Inhalts einigen. Sie können ihrer Phantasie freien Lauf
lassen und Verpflichtungen neu erfinden, die zuvor von niemandem je vereinbart
worden sind. Das versetzt sie in die Lage, auf neue Bedürfnisse des Marktes flexibel zu reagieren.[30] Die gesetzliche Regelung einiger besonders häufig vorkom-
mender Verträge im besonderen Schuldrecht (§§ 433 ff BGB) begründet keinen Typenzwang.

Ein **Beispiel** bildet das **Finanzierungsleasing**. Die Verpflichtungen, die Leasing-Geber und 43
Leasing-Nehmer vertraglich begründen, weisen zwar gewisse Ähnlichkeiten mit den vertragstypi-
schen Pflichten beim Mietvertrag (§ 535 BGB), aber auch erhebliche Abweichungen auf.[31] Insbesondere entspricht der Vertragszweck des Finanzierungsleasing nicht dem eines Mietvertrages.
Der Sache nach handelt es sich um eine Sonderform der Kreditgewährung, im Vergleich zur Miete
also um einen durchaus gesetzesatypischen Vertrag.

---

28 Grundsätzlich bejahend MüKo/*Thüsing* § 21 AGG Rdn. 17 ff mit ausf. Nachweisen; ebenso (zu
beiden Absätzen des § 21 AGG) *Stadler* AT § 3 Rdn. 12c.
29 Zu § 21 Abs. 2 AGG verneinend *Petersen* Jura 2011, 184 (186); restriktiv auch *Looschelders* JZ
2012, 105 (111). Zur Problematik vgl. die Kontroverse zwischen *Thüsing*/*v. Hoff* NJW 2007, 21 ff und
Armbrüster NJW 2007, 1494 ff.
30 Ein anschauliches Beispiel ist der Zuschauervertrag bei Sportereignissen; dazu *Schulze* Jura
2011, 481; weitere „neue" Vertragstypen bei Staudinger/Eckpfeiler/*Oechsler* (2020), M. Rdn. 41.
31 Näher *Leenen* AcP 190 (1990), 260 ff; *Canaris* AcP 190 (1990), 410 ff; zu den verschiedenen Er-
scheinungsformen MüKo/*Koch* Finanzierungsleasing (Anh. § 515) Rdn. 4 ff.

44 **Anders** im **Sachenrecht.** Hier gibt es eine geschlossene Zahl („**numerus clausus**") der Rechte, die an einer Sache „dinglich" begründet werden können. Im Interesse der Rechtssicherheit gilt ein Typenzwang. Die Parteien können die rechtlichen Wirkungen der gesetzlich geregelten sachenrechtlichen Verträge nicht oder nur in den vom Gesetz selbst zugelassenen Grenzen modifizieren.

45 Als **Beispiel** sei die Verpfändung einer Sache genannt. Das **Pfandrecht** gibt dem Pfandgläubiger (Pfandnehmer) das Recht, sich aus der Sache wegen einer ihm gegen einen Schuldner zustehenden Forderung zu befriedigen (§ 1204 Abs. 1 BGB). Ein Pfandrecht an einer beweglichen Sache (zum Begriff unten § 3 Rdn. 4) kann nur dadurch begründet werden, dass „der Eigentümer die Sache dem Gläubiger übergibt und beide darüber einig sind, dass dem Gläubiger das Pfandrecht zustehen soll (§ 1205 Abs. 1 Satz 1 BGB). Das deutsche Recht kennt **kein besitzloses Pfandrecht** an beweglichen Sachen. Damit ist vielfach den Interessen beider Seiten nicht gedient: Die dem Pfandnehmer übergebene Sache kann vom Pfandgeber nicht mehr genutzt werden und verursacht beim Pfandnehmer nutzlose Kosten für die sichere Aufbewahrung (§ 1215 BGB!). Beide Seiten können aber nicht auf die gesetzlich zur Bestellung eines Pfandrechts erforderliche Übergabe der Sache einvernehmlich verzichten. Dem steht der Typenzwang im Sachenrecht entgegen.

46 Stellt das BGB ein den wirtschaftlichen Bedürfnissen genau entsprechendes sachenrechtliches Rechtsgeschäft nicht zur Verfügung, bleibt gelegentlich der Ausweg, Schuld- und Sachenrecht zu kombinieren: Es wird ein über das wirtschaftlich Gewollte hinausgehendes sachenrechtliches Rechtsgeschäft vorgenommen und dem anderen Teil schuldrechtlich die Pflicht aufzuerlegen, von den so erlangten überschießenden Befugnissen nur in bestimmter, den wirtschaftlichen Interessen entsprechender (treuhänderischer) Weise Gebrauch zu machen. Das wichtigste Beispiel bildet die **Sicherungsübereignung** einer Sache.

47 **Beispiel:** Statt sie zu verpfänden, *übereignet* Kreditnehmer K die Sache, die als Sicherheit dienen soll, an die kreditgebende Bank B, was gemäß § 930 BGB im Unterschied zur Verpfändung auch ohne Übergabe der Sache möglich ist. Dadurch erlangt die Bank sachenrechtlich *mehr* als wirtschaftlich gewollt ist, nämlich die volle Verfügungsbefugnis über die Sache (§ 903 BGB). Es wird vereinbart, dass K die Sache besitzen darf und B von ihrem Herausgabeanspruch aus Eigentum (§ 985 BGB) erst und nur Gebrauch machen darf, wenn der Kredit notleidend ist.

48 Die Sicherungsübereignung, deren Einzelheiten in den Lehrveranstaltungen und Lehrbüchern zum Sachenrecht vertieft behandelt werden, ist geeignet, schon am Anfang des Studiums exemplarisch zwei grundlegende und stets zu unterscheidende Kategorien abzubilden, in denen (deutsche) Juristen denken: Es ist dies die Unterscheidung zwischen der „dinglichen" (sachenrechtlichen) und der „obligatorischen" (schuldrechtlichen) Ebene rechtlicher Fragestellungen. Diese Unterscheidung wird in diesem Buch immer wieder angesprochen werden. Hier ist zunächst festzuhalten: **Auf der dinglichen Ebene** herrscht **Typenzwang,** auf der **schuldrechtlichen** gilt **Typenfreiheit.** Daher kann man schuldrechtlich vereinbaren, dass jemand von den Befugnissen, die ihm „dinglich" zustehen, nur in bestimmter Weise Gebrauch machen *darf*. Diese schuldrechtliche Pflicht hindert den anderen freilich nicht, dagegen zu verstoßen und seine dingliche Rechtsposition pflichtwidrig voll auszunutzen. Er macht sich dann wegen der Pflichtverletzung möglicherweise gegenüber seinem Vertragspartner schadensersatzpflichtig (§ 280 BGB), die Wirksamkeit des dinglichen Geschäfts aber wird davon nicht berührt. Manchmal durchbricht der Gesetzgeber diese klare Struktur, z.B. um Schutzbedürfnissen Rechnung zu tragen (s. § 1192 Abs. 1a BGB), was als (regelungsbedürftige) Ausnahme die Regel nur bestätigt.

c. Inhaltskontrolle von Verträgen

Zum Kern der Privatautonomie gehört, dass die Rechtsordnung Verträge grundsätzlich nicht auf deren inhaltliche Angemessenheit oder gar Vernünftigkeit überprüft. Was die Angemessenheit betrifft, so vertraut sie darauf, dass der durch die Abschlussfreiheit jeder Seite in Gang gesetzte Mechanismus (oben Rdn. 6) tendenziell für einen Interessenausgleich und damit für ein Mindestmaß an materialer Vertragsgerechtigkeit sorgt. Die Rechtsordnung gewährt auch die Freiheit, objektiv unvernünftige Geschäfte zu schließen, sofern nur die Freiheit der Willensbildung gewahrt ist („*stat pro ratione voluntas*").[32] **49**

Die Zurückhaltung der Rechtsordnung in der Inhaltskontrolle von Verträgen gelangt an ihre Grenzen, wenn ein Vertrag (objektiv) durch ein auffälliges Missverhältnis von Leistung und Gegenleistung gekennzeichnet ist und der so Benachteiligte (subjektiv) durch Ausbeutung einer Zwangslage, seiner Unerfahrenheit, des Mangels an Urteilsvermögen oder einer erheblichen Willensschwäche zum Abschluss des Vertrages bestimmt worden ist (§ 138 Abs. 2 BGB, unten § 9 Rdn. 228 ff). Generell erkennt die Rechtsordnung Verträge nicht an, die gegen die guten Sitten verstoßen (§ 138 Abs. 1 BGB, unten § 9 Rdn. 242 ff). Bei einem Verstoß gegen ein gesetzliches Verbot versagt die Rechtsordnung dem Rechtsgeschäft die Anerkennung, sofern sich nicht aus dem Zweck des Verbotsgesetzes etwas anderes ergibt (§ 134 BGB, unten § 9 Rdn. 209 ff). **50**

In einer Fülle von Vorschriften ordnet das BGB die Nichtigkeit einzelner vertraglicher Vereinbarungen an. Diese Vorschriften sind **zwingend** („**ius cogens**"), können also von den Vertragsparteien nicht abbedungen werden und beschrän **51**

---

[32] *Flume* AT § 1, 5 (S. 6); Staudinger/*Singer* (2017) Vorbem. zu §§ 116 ff Rdn. 10. Als Beispiel vgl. BGH vom 13.1.2011, BGHZ 188, 71 = NJW 2011, 756 (hoch vergüteter Vertrag über Lebensberatung anhand von Kartenlegen); hierzu *Faust* JuS 2011, 359; *Schermaier* JZ 2011, 633; *Looschelders* JA 2011, 385; Medicus/*Petersen* AT Rdn. 53.

ken daher die inhaltliche Vertragsfreiheit beider Seiten. Als Variante kennt das BGB auch **einseitig-zwingende** Vorschriften, die vertragliche Abweichungen von gesetzlichen Vorschriften lediglich zu Lasten eines (schutzbedürftigen) Vertragsteils ausschließen.

52 **Beispiele** für **zwingende** Normen: § 248 Abs. 1 BGB (Zinseszins-Verbot); § 276 Abs. 3 BGB (Nichtigkeit eines im Voraus vereinbarten Ausschlusses der Haftung für vorsätzliche Schädigungen); §§ 305 ff BGB (Unabdingbarkeit des AGB-Rechts[33]; dazu auch unten § 20 Rdn. 13). Beispiele für **einseitig-zwingende** Normen: § 312k Abs. 1 Satz 1 BGB (Unzulässigkeit von Vereinbarungen, die zum Nachteil des Verbrauchers oder Kunden von den Vorschriften der §§ 312 ff BGB abweichen); § 476 Abs. 1 Satz 1 BGB (keine Bindung des Verbrauchers an Vereinbarungen, die zu seinem Nachteil von bestimmten kaufrechtlichen Vorschriften abweichen); § 536 Abs. 4 BGB, § 547 Abs. 2 BGB (Unwirksamkeit von Vereinbarungen, die bei einem Mietvertrag über Wohnraum von der gesetzlichen Regelung zum Nachteil des Mieters abweichen). Bemerkenswert sind die verschiedenen Formulierungen, die der Gesetzgeber in den aufgeführten Normen verwendet, nämlich „unwirksam", „kann sich nicht berufen", „darf nicht abgewichen werden". Teils scheint die Wortwahl einer „Mode" geschuldet. So sehr wir Vielfalt in der Mode oder in der literarischen Sprache auch schätzen, so deplatziert ist sie im Gesetz, weil abweichende Formulierungen ein Indiz für unterschiedliche Regelungsabsichten sind, die oft aber gar nicht bestehen.

53 Schließlich enthält das BGB Regelungen, die die vertraglichen Vereinbarungen ergänzen, sofern im Vertrag nichts anderes vereinbart ist (sog. „naturalia negotii"). Diese Regelungen erheben den Anspruch eines gerechten Ausgleichs der Interessen beider Vertragspartner. Sie stehen aber zur Disposition der Parteien, falls diese eine abweichende Regelung treffen wollen (**nachgiebige Vorschriften,** „**ius dispositivum**"). Die Bedeutung dieser Vorschriften erschöpft sich nicht darin, dass sie in einem frei ausgehandelten Individualvertrag verdrängt werden können. Sie bringen zugleich zum Ausdruck, was das Gesetz in der Masse der Fälle als sachgerecht ansieht und stellen insofern ein wichtiges Kriterium für die Kontrolle Allgemeiner Geschäftsbedingungen dar (unten § 21 Rdn. 37 ff).

---

33 BGH vom 20.3.2014, NJW 2014, 1725 Rdn. 31; hierzu *Kaufhold* NJW 2014, 3488. Zum spannenden Problem der „Flucht der Parteien" vor den strikten §§ 305 ff BGB durch Wahl einer ausländischen Rechtsordnung s. BeckOGK/*Lehmann-Richter*, 1.12.2020, § 305 BGB Rdn. 32 ff.

§ 2 Die Akteure der Privatautonomie: Rechtssubjekte (Personen)

Die Akteure der Privatautonomie sind Menschen, wer könnte es sonst sein? Das **1**
BGB sieht das auch so, aber doch etwas raffinierter. Es unterscheidet zwischen
„Natürlichen Personen" (§§ 1 ff BGB) und „Juristischen Personen" (§§ 21 ff BGB).

I. Natürliche Personen

Natürliche Personen sind alle Menschen. Die wichtigste Anordnung, die das BGB **2**
zu natürlichen Personen trifft, bildet den Einleitungsparagraphen zum gesamten
Gesetzbuch. § 1 BGB lautet: „Die Rechtsfähigkeit des Menschen beginnt mit der
Vollendung der Geburt". Von der Rechtsfähigkeit (unten Rdn. 3 ff) ist die Geschäftsfähigkeit (unten Rdn. 8 ff) zu unterscheiden. Um wieder andere Fragen
geht es bei der Verschuldensfähigkeit natürlicher Personen (unten Rdn. 20 ff).

1. Die Rechtsfähigkeit

Die Rechtsfähigkeit ist die Fähigkeit, Träger von Rechten und Pflichten zu sein.[1] **3**
Wie bei vielen anderen Grundbegriffen verzichtet das BGB auf eine Definition. Die
lapidare Vorschrift des § 1 BGB stellt klar, dass die Rechtsfähigkeit zum Wesen
des Menschen gehört, und zwar von der Geburt bis zum Tode. Über die Rechtsfähigkeit kann deren Träger nicht verfügen, sie kann ihm von niemandem entzogen werden.

Kraft der Rechtsfähigkeit können einer Person Rechte und Pflichten zugeord- **4**
net werden. Wer rechtsfähig ist, kann Eigentümer einer Sache, Inhaber eines
Rechtes, Schuldner einer Forderung sein. Da ein Mensch von der Vollendung der
Geburt an rechtsfähig ist (§ 1 BGB), kann ein gerade geborenes Baby Eigentümer
von Grundstücken, Inhaber von Patenten und Lizenzen sein und anderen etwas
schulden. Auch wer (noch) nicht durch eigenes Handeln Rechte erlangen und
Verpflichtungen eingehen kann, kann doch Träger von Rechten und Pflichten
sein, die er z. B. als Erbe oder durch Rechtsgeschäfte erlangt hat, die sein gesetzlicher Vertreter in seinem Namen abgeschlossen hat.

Die Rechtsfähigkeit fehlt **Tieren**. Werden Tiere durch besondere Vorschriften geschützt, kön- **5**
nen ihnen hieraus doch keine Rechte erwachsen. Ebenso wenig können sie als Erben eingesetzt

---

[1] Statt aller: MüKo/*Spickhoff* § 1 Rdn. 6.

werden. Wenn § 1922 BGB bestimmt, dass mit dem Tode einer Person deren Vermögen als Ganzes auf den Erben übergeht, so kann Erbe nur sein, wem die Rechte und Pflichten aus der Erbschaft zugeordnet werden können. Dies können nur (natürliche oder juristische) Personen sein.

6 Die Rechtsfähigkeit des Menschen beginnt mit der Vollendung der Geburt (§ 1 BGB) und endet (wie sich indirekt den §§ 1922 Abs. 1 BGB und 1923 Abs. 1 BGB entnehmen lässt) mit dem Tode, d.h. im Zeitpunkt des endgültigen Erlöschens von Hirnaktivität.[2]

7 Gemäß § 1923 Abs. 1 BGB kann Erbe nur werden, wer zur Zeit des Erbfalls lebt und also rechtsfähig ist. Wer noch nicht lebte, aber bereits gezeugt war (sog. **Nasciturus**), gilt gemäß § 1923 Abs. 2 BGB als vor dem Erbfall geboren und wird bei der Bestimmung der Erbfolge so berücksichtigt, als sei er bereits ein lebender Mensch.[3] Der Vermögensübergang selbst (der Anfall der Erbschaft) findet aber erst und nur (!) statt, wenn der Erbe lebend geboren wird und so die Rechtsfähigkeit erlangt.[4]

2. Die Geschäftsfähigkeit
a. Der Begriff der Geschäftsfähigkeit

8 Die Geschäftsfähigkeit ist (wörtlich!) „die Fähigkeit, Rechtsgeschäfte vorzunehmen".[5] Ein Rechtsgeschäft wird dadurch vorgenommen, dass Willenserklärungen abgegeben werden. Ein Vertrag kommt gemäß § 151 Satz 1 BGB „durch Annahme des Antrags" zustande, eine Anfechtung erfolgt „durch Erklärung" gegenüber einem anderen (§ 143 Abs. 1 BGB). Wer geschäftsfähig ist, kann durch eigene *wirksame Willenserklärungen* am Rechtsverkehr teilnehmen,[6] also insbesondere Verträge schließen oder z.B. die Anfechtung eines Vertrages erklären. Damit ist *noch nicht gesagt*, dass diese *Rechtsgeschäfte ebenfalls wirksam* sind. Das ist eine gesonderte Frage. Sie stellt sich nur, wenn immerhin überhaupt ein Rechtsgeschäft zustande gekommen ist. Voraussetzung hierfür ist die Geschäftsfähigkeit dessen, der die Willenserklärung abgibt.

---

2 Palandt/*Ellenberger* § 1 Rdn. 3 mit Rspr.-Nachweisen.
3 Gesetzestechnisch handelt es sich um eine Fiktion; hierzu unten § 23 Rdn. 121ff.
4 Näher zur Rechtsstellung des Nasciturus *Hähnchen* J URA 2008, 161ff.
5 Mot. I, S. 129 = Mugdan I, S. 423.
6 *Köhler* AT § 10 Definition vor Rdn. 1; *Boemke/Ulrici* AT § 9 Rdn. 2; *Wedemann* J URA 2010, 587.

Abweichend hiervon wird die Geschäftsfähigkeit in der Literatur vielfach als die Fähigkeit **9** definiert, *Rechtsgeschäfte* „wirksam" oder „vollwirksam" vornehmen zu können.[7] Damit werden die Fälle ausgegrenzt, in denen die Wirksamkeit von Rechtsgeschäften beschränkt Geschäftsfähiger an besondere Erfordernisse geknüpft wird (dazu sogleich unten Rdn. 16 ff). Würde man dieser Definition folgen (die die Motive wohlweislich nicht verwenden!), so müssten Minderjährige (im Sinne der §§ 106 ff BGB) insoweit als nicht geschäftsfähig angesehen werden, als die Wirksamkeit ihrer Rechtsgeschäfte von der Zustimmung des gesetzlichen Vertreters abhängt. Dies aber widerspricht, wie gleich zu zeigen ist, dem Gesetz.

b. Die Geschäftsunfähigkeit

Wer geschäftsunfähig ist, ist (ganz wörtlich!) nicht in der Lage, ein Rechtsgeschäft **10** vorzunehmen. Die Willenserklärung eines Geschäftsunfähigen ist nichtig (§ 105 Abs. 1 BGB) und kann daher nicht dazu führen, dass das Rechtsgeschäft zustande kommt, auf dessen Errichtung die Willenserklärung zielt (näher unten § 6 Rdn. 76 ff).

Geschäftsunfähig ist gemäß § 104 BGB, wer (1) nicht das siebente Lebensjahr **11** vollendet hat oder (2) wer sich in einem die freie Willensbildung ausschließenden Zustand krankhafter Störung der Geistestätigkeit befindet, sofern nicht der Zustand seiner Natur nach ein vorübergehender ist. Die Einzelheiten hierzu werden bei der Nichtigkeit von Willenserklärungen (unten § 6 Rdn. 76 ff) behandelt.

Das BGB sah ursprünglich einen weiteren Tatbestand der Geschäftsunfähigkeit vor. § 104 Nr. 3 BGB **12** a. F. bestimmte, dass geschäftsunfähig sei, wer wegen Geisteskrankheit entmündigt ist. Die Vorschrift wurde mit Wirkung zum 1. Januar 1992 aufgehoben, die **Möglichkeit der Entmündigung einer Person abgeschafft**. Stattdessen wurde das Rechtsinstitut der **Betreuung** volljähriger Personen geschaffen, die aufgrund einer psychischen Krankheit oder einer körperlichen, geistigen oder seelischen Behinderung ihre Angelegenheiten ganz oder teilweise nicht besorgen können (§ 1896 Abs. 1 Satz 1 BGB). Für Aufgabenbereiche, in denen eine Betreuung erforderlich ist (§ 1896 Abs. 2 BGB), kann das Betreuungsgericht[8] auf Antrag des Betroffenen oder von Amts wegen einen Betreuer bestellen. Die Anordnung der Betreuung hat keine Auswirkungen auf die Geschäftsfähigkeit des Betreuten.[9] Wichtigstes Instrument zum Schutze des Betreuten vor nachteiligen Rechtsgeschäften ist die Möglichkeit der gerichtlichen Anordnung eines Einwilligungsvorbehalts gemäß § 1903 BGB. Art. 12 Abs. 2 und 3 UN-Behindertenrechtskonvention gebieten es aber, bei der Interpretation von § 1903 Abs. 1 Satz 1 BGB („Soweit ... erforderlich") **die Selbstbestimmung** der Betroffenen so weit wie möglich zu achten.[10] Im Geltungsbereich eines angeordneten Einwilligungsvor-

---

7 Palandt/*Ellenberger* Einf. vor § 104 Rdn. 2; *Neuner* AT § 12 Rdn. 12; Brox/*Walker* AT § 12 Rdn. 1; *Bork* AT Rdn. 967; *S. Lorenz* JuS 2010, 11.
8 § 23a Abs. 1 Nr. 2 und Abs. 2 Nr. 1, § 23c Abs. 1 GVG.
9 *Köhler* AT § 10 Rdn. 7.
10 MüKo/*Schneider* § 1903 Rdn. 2f.

behalts finden gemäß § 1903 Abs. 1 Satz 2 BGB Bestimmungen des Rechts der beschränkten Geschäftsfähigkeit entsprechende Anwendung (dazu bereits § 1 Rdn. 24 unten § 9 Rdn. 63 ff).

c. Die beschränkte Geschäftsfähigkeit

13 Beschränkt geschäftsfähig sind Minderjährige, die das siebente Lebensjahr vollendet haben (§ 106 BGB). Minderjährig ist, wer nicht volljährig ist. Die Volljährigkeit tritt mit der Vollendung des achtzehnten Lebensjahres ein (§ 2 BGB).

14 Aber **wann** ist ein **Lebensjahr vollendet?** Die Regelung findet sich in den Bestimmungen des Allgemeinen Teils über Fristen und Termine (**§§ 186 ff BGB**). Die Frist, in der ein Lebensjahr vollendet wird, beginnt mit dem Tage der Geburt (§ 187 Abs. 2 Satz 2 BGB). Der Tag der Geburt ist der erste Tag im Ablauf der Frist, und dies hat zur Folge, dass die Jahresfrist mit dem Ende des Tages abläuft, „welcher dem Tage vorhergeht, der durch seine Benennung oder seine Zahl dem Anfangstag der Frist entspricht" (§ 188 Abs. 2 Hs. 2 BGB). Lebensjahre enden also vor dem nächsten Geburtstag um 24.00 Uhr, alle neuen beginnen mitten in der Nacht, nämlich am Geburtstag um 00.00 Uhr.

15 Kinder fragen ihre Eltern gerne, wann genau sie denn zur Welt gekommen sind, in der Vorstellung, dass sie auch erst um diese Uhrzeit am Geburtstag ein Jahr älter werden. Das ist klug gedacht und eigentlich richtig, für die Rechtsordnung aber zu kompliziert. Schließt jemand am 18. Geburtstag einen Vertrag, müsste man im Streitfall in der Geburtsurkunde nachsehen, ob der Zeitpunkt des Vertragsschlusses vor der genauen Uhrzeit der Geburt lag oder nicht (und man müsste wissen, wann genau der Vertrag geschlossen worden ist!). Zur Vereinfachung ordnet das BGB an, dass das Lebensjahr zum frühest denkbaren Zeitpunkt, nämlich um 00.00 Uhr des Tages der Geburt (oder der Wiederkehr des Tages der Geburt) beginnt.

16 Minderjährige (im Sinne der §§ 106 ff BGB, also Personen im Alter von sieben bis einschließlich siebzehn Jahren) sind nicht von der Teilnahme am rechtsgeschäftlichen Verkehr ausgeschlossen. Sie sind geschäftsfähig, lediglich in ihrer Geschäftsfähigkeit nach Maßgabe der §§ 107–113 BGB beschränkt (§ 106 BGB). Da sie geschäftsfähig sind, können sie durch ihre eigenen Willenserklärungen Rechtsgeschäfte vornehmen, also insbesondere Verträge schließen (unten § 6 Rdn. 123 ff, § 9 Rdn. 17). Für das Zustandekommen eines Vertrages genügt beschränkte Geschäftsfähigkeit, wie sich aus § 108 BGB ergibt. Das Gesetz macht die Wirksamkeit von Verträgen Minderjähriger, die rechtliche Nachteile für sie begründen, von der Zustimmung des gesetzlichen Vertreters abhängig, und setzt damit voraus, dass diese Verträge vom Minderjährigen selbst ohne Mitwirkung des gesetzlichen Vertreters geschlossen werden können. Minderjährigen wird die Welt der Rechtsgeschäfte eröffnet, damit sie die Erfahrungen sammeln können, die ihnen zunächst für einen selbstverantwortlichen und selbständigen Umgang mit den Instrumenten der Privatautonomie noch fehlen (unten § 6 Rdn. 129). Die erforderliche Einübung in die Welt der Rechts-

geschäfte findet unter dem Schutz der elterlichen Kontrolle der von dem Minderjährigen vorgenommenen Rechtsgeschäfte statt.

Die Schutzvorschriften der §§ 106 ff BGB beruhen auf dem Gedanken, dass es Heranwachsenden **17** noch an der nötigen geistigen Reife und Erfahrung fehlt, um selbstverantwortlich am rechtsgeschäftlichen Verkehr teilzunehmen.[11] Das ist für Jugendliche im Alter von sieben bis siebzehn Jahren *grundsätzlich* richtig. Freilich gibt es auch Minderjährige, die schon „mit allen Wassern gewaschen" sind, wie umgekehrt für manche über Siebzehnjährige der Schutz der §§ 107 ff BGB gar nicht falsch wäre. Das Gesetz stellt aber nicht auf die Schutzbedürftigkeit im Einzelfall ab, sondern auf das *leicht feststellbare* Merkmal der Zugehörigkeit zu einer bestimmten Altersgruppe.[12] Der Gesetzgeber hat diese Regelung im Interesse der Praktikabilität getroffen: „Es wäre bedenklich und würde die Rechtssicherheit gefährden, wenn man dem Richter die Feststellung im Einzelfalle überlassen wolle".[13] Daher darf die Anwendung der §§ 106 ff BGB nicht mit dem Argument abgelehnt werden, der konkret betroffene Minderjährige bedürfe des Schutzes nicht, wie auch eine entsprechende Anwendung der Vorschriften auf konkret unerfahrene Volljährige ausscheidet.[14]

d. Die Teilgeschäftsfähigkeit

Die §§ 112 und 113 BGB sehen vor, dass Minderjährige mit Ermächtigung ihres ge- **18** setzlichen Vertreters für bestimmte Teilbereiche des Rechtsverkehrs unbeschränkt geschäftsfähig sein können. Eine umfassende Gleichstellung mit dem Status eines Volljährigen ist damit selbst für diese Teilbereiche aber nicht verbunden, da bestimmte besonders gravierende Geschäfte (für die der gesetzliche Vertreter der Genehmigung des Familiengerichts bedarf), ausgenommen werden (§§ 112 Abs. 1 Satz 2, 113 Abs. 1 Satz 2 BGB).

§ 112 BGB soll einem Minderjährigen den selbständigen Betrieb eines Er- **19** werbsgeschäfts ermöglichen und erleichtern. Die entsprechende Ermächtigung wird der gesetzliche Vertreter nur erteilen, wenn er überzeugt ist, dass der/die Minderjährige den hiermit verbundenen Aufgaben gewachsen ist. Unter dieser Voraussetzung ergibt die Freistellung von den Beschränkungen des Minderjährigenrechts freilich durchaus Sinn, wären doch erhebliche Wettbewerbsnachteile gegenüber volljährigen Personen zu besorgen, wenn Minderjährige bei allen Rechtsgeschäften, die der Betrieb des Erwerbsgeschäfts mit sich bringt, an die Zustimmung des gesetzlichen Vertreters gebunden wären.

---

11 Mot. I, S. 131 = Mugdan I, S. 424.
12 Die §§ 106 ff BGB stellen – methodisch gesprochen – auf eine typische Schutzbedürftigkeit Heranwachsender und Unerfahrener ab, ersetzen die Typusmerkmale aber zum Zwecke eindeutiger Abgrenzungen durch das Alter. Näher *Leenen*, Typus und Rechtsfindung (1971), S. 102f.
13 Prot. I, S. 107 = Mugdan I, S. 583. Anschaulich Medicus/*Petersen* AT Rdn. 536: „Man kann nicht vor jedem Rechtsgeschäft eine Art ‚Reifeprüfung' für denjenigen veranstalten, mit dem oder dem gegenüber das Rechtsgeschäft vorgenommen werden soll."
14 Methodisch hierzu unten § 23 Rdn. 49f.

3. Die Verschuldensfähigkeit

20 Bei der Verschuldensfähigkeit geht es um die Frage, ob jemand für Schäden persönlich verantwortlich gemacht werden kann, die er/sie einem anderen zugefügt hat. Die einschlägigen Bestimmungen hierzu finden sich in den §§ 827 und 828 BGB, also im Recht der Unerlaubten Handlungen, und werden üblicherweise dort näher behandelt.

21 Innerhalb **schuldrechtlicher Sonderbeziehungen** finden diese Bestimmungen gemäß **§ 276 Abs. 1 Satz 2 BGB** Anwendung. Kommt es für eine Schadensersatzfrage also darauf an, ob der Schuldner eine Pflichtverletzung „zu vertreten" hat, so kann bei entsprechenden Anhaltspunkten im Sachverhalt die Verschuldensfähigkeit anhand der §§ 827, 828 BGB zu prüfen sein.

22 Von Interesse sind hier nur die Minderjährige betreffenden Unterschiede zwischen der Regelung der Geschäftsfähigkeit (§§ 106 ff BGB) und der Regelung der Verschuldensfähigkeit. Eckdaten sind auch hier die Vollendung des siebenten Lebensjahres einerseits (§ 828 Abs. 1 BGB), die des achtzehnten Lebensjahres andererseits (§ 828 Abs. 3 BGB). Bis zur Vollendung des siebenten Lebensjahres sind Kinder verschuldensunfähig. Den Ausschluss der Verantwortlichkeit erweitert das Gesetz für bestimmte nicht-vorsätzliche Schädigungen, die Minderjährige bei einem Unfall mit einem Kraftfahrzeug und in gleichgestellten Verkehrssituationen anderen zufügen, auf zehn Jahre (§ 828 Abs. 2 BGB). Wer das achtzehnte Lebensjahr noch nicht vollendet hat, ist für Schädigungen anderer nicht verantwortlich, „wenn er bei Begehung der schädigenden Handlung nicht die zur Erkenntnis der Verantwortlichkeit erforderliche Einsicht hat" (§ 828 Abs. 3 BGB). Das Gesetz stellt hier also – im Unterschied zu den §§ 106 ff BGB – auf die Schutzbedürftigkeit im Einzelfall ab, die sich *nach* dem schädigenden Ereignis ohne Beeinträchtigung von Verkehrsinteressen ermitteln lässt.

II. Juristische Personen

23 Die Kategorie der juristischen Person ist eine „Zweckschöpfung des Gesetzgebers".[15] Sie dient dazu, Personenverbände und andere organisatorische Einheiten als selbständige Rechtssubjekte anzuerkennen. Natürliche und juristische Personen haben als wichtigste Gemeinsamkeit die Fähigkeit, Träger von Rechten und Pflichten zu sein (Rechtsfähigkeit). Hierdurch kann eine juristische wie eine natürliche Person Vertragspartner sein, Vermögen erwerben und für Schulden haften. Nur eines kann die „blutlose" juristische Person nicht, was alle natürlichen Personen können: Sie

---

15 Palandt/*Ellenberger* Einf. vor § 21 Rdn. 1.

kann nicht selbst handeln. Die juristische Person braucht **Organe**, um handlungsfähig zu sein, d. h. sie braucht natürliche Personen, die für sie denken, entscheiden, Verträge schließen und erfüllen oder diese Aufgaben delegieren.

Das BGB regelt juristische Personen in den §§ 21 ff BGB. Als Grundmodell dient 24 der eingetragene Verein (§§ 21 ff BGB).[16] Die Verfassung eines rechtsfähigen Vereins wird durch die Vereinssatzung und die gesetzlichen Vorschriften bestimmt (§ 25 BGB). Das wichtigste Organ des Vereins ist die Mitgliederversammlung (§ 32 BGB). Sie entscheidet über Vereinsangelegenheiten durch Beschlussfassung. Der Beschluss der Mitgliederversammlung stellt eine besondere Form rechtsgeschäftlichen Handels dar (vgl. unten § 4 Rdn. 16). Der Verein muss als notwendiges weiteres Organ einen Vorstand haben (§ 26 BGB), der den Verein nach außen vertritt (§ 26 Abs. 2 Satz 1 BGB) und somit die Teilnahme des Vereins am rechtsgeschäftlichen Verkehr ermöglicht. Für Schäden, die der Vorstand oder ein anderer verfassungsmäßig berufener Vertreter des Vereins Dritten zufügt, haftet der Verein gemäß § 31 BGB.

Beispiel: Ein **Tennisclub** besteht aus einer wechselnden Zahl von Mitgliedern. Zur Verwirk- 25 lichung des Vereinszwecks ist eine Tennisanlage, also ein Grundstück erforderlich, auf dem Tennisplätze und ein Vereinsgebäude errichtet werden. Eigentümer des Grundstücks ist der Verein (nicht die Gesamtheit der wechselnden Mitglieder). Muss das Clubgebäude renoviert werden, schließt der Vorstand des Tennisclubs (oder ein vom Vorstand bevollmächtigter Vertreter des Vereins) die erforderlichen Verträge mit Handwerkern. Die Verträge kommen zwischen dem Tennisclub e. V. und den Handwerkern zustande, der Verein schuldet das vereinbarte Entgelt und haftet mit dem Vereinsvermögen für diese Schulden. Die einzelnen Mitglieder haften demgegenüber nicht für die Schulden des e. V.

Auf dem Vereinsrecht des BGB bauen andere Regelungen auf, etwa die des Rechts 26 der Aktiengesellschaft und der Gesellschaft mit beschränkter Haftung. Deshalb gehört das Vereinsrecht der Sache nach zum Gesellschaftsrecht und ist dort näher zu behandeln.

III. Verbraucher (§ 13 BGB) und Unternehmer (§ 14 BGB)

Mit Wirkung zum 30.6.2000 wurden in das BGB gesetzliche Definitionen der Be- 27 griffe „Verbraucher" (§ 13 BGB) und „Unternehmer" (§ 14 BGB) eingefügt. An die-

---

16 Einführende Darstellung: *Petersen* Jura 2002, 683 ff.

se Begriffsbestimmungen knüpfen viele dem Verbraucherschutz dienende Vorschriften an,[17] mit denen zumeist EU-Richtlinien umgesetzt werden.

28 Beispiele: § 241a Abs. 1 BGB (Unbestellte Leistungen, dazu unten § 8 Rdn. 65 ff); § 270a BGB (Vereinbarungen über Entgelte für die Nutzung bargeldloser Zahlungsmittel); § 310 Abs. 3 BGB (Verbraucherverträge); § 474 Abs. 1 Satz 1 BGB (Verbrauchsgüterkauf).

1. Verbraucher (§ 13 BGB)

29 **Verbraucher** im Sinne von § 13 BGB ist „jede natürliche Person, die ein Rechtsgeschäft zu Zwecken abschließt, die überwiegend weder ihrer gewerblichen noch ihrer selbständigen beruflichen Tätigkeit zugerechnet werden können". Hierunter fallen jedenfalls private Geschäfte wie die Buchung einer Urlaubsreise oder der Kauf einer Kamera für den persönlichen Gebrauch. Unter einer gewerblichen Tätigkeit ist das planmäßige Handeln mit Waren (Ankauf und Verkauf!) oder Anbieten von Dienst- und Werkleistungen (Handwerker!) gegen Entgelt zu verstehen.[18] Eine selbständige berufliche Tätigkeit üben insbesondere Angehörige der sog. freien Berufe aus (Anwälte, Steuerberater, Wirtschaftsprüfer, Ärzte, Architekten etc.). Da nur die selbständige berufliche Tätigkeit ausgegrenzt wird, liegen Geschäfte, die einer unselbständigen beruflichen Tätigkeit (Arbeitnehmer!) zuzurechnen sind, im Anwendungsbereich des Verbraucherbegriffs gemäß § 13 BGB.

30 Konkrete Konsequenz ist, dass der **Arbeitsvertrag** vom Arbeitgeber mit dem Arbeitnehmer als „Verbraucher" im Sinne von § 13 BGB geschlossen wird.[19] Das deutsche Recht geht insoweit über Richtlinien-Vorgaben hinaus, zu deren Umsetzung es genügt hätte, ein Verbrauchergeschäft bei einem beruflichen Bezug schlechthin zu verneinen. Die Erweiterung ist auch im Hinblick auf die vollharmonisierte (dazu unten § 23 Rdn. 66) Verbraucherrechte-Richtlinie (VRRL)[20] unschädlich, da es dem nationalen Gesetzgeber freisteht, den Anwendungsbereich der der Umsetzung der VRRL dienenden Vorschriften auf weitere Personen zu erstrecken.[21]

31 Umstritten ist, ob es für die Bestimmung der Zwecke des Rechtsgeschäfts in § 13 BGB auf die tatsächliche Absicht der Person oder auf die für den Geschäftsgegner

---

17 Zu schuldrechtlichen Vorschriften, die auf Verbraucher und Unternehmer Bezug nehmen, *Petersen* Jura 2007, 905 (906 ff).

18 BGH vom 18.10.2017 NJW 2018, 150 Rdn. 30 m.w.N.

19 BVerfG vom 23.11.2006, NJW 2007, 286 (287); BAG vom 25.5.2005, NJW 2005, 3305 (zu § 310 Abs. 3 BGB); Palandt/*Grüneberg* § 310 Rdn. 11.

20 Richtlinie 2011/83/EU vom 25.10.2011 über die Rechte der Verbraucher.

21 Erwägungsgrund 13 VRRL; BR-Drs. 817/12, S. 73; *Patrick Meier* JuS 2014, 777 (778).

erkennbaren Umstände ankommt. Der BGH entnimmt der negativen Formulierung des § 13 Hs. 2 BGB, dass „rechtsgeschäftliches Handeln einer natürlichen Person grundsätzlich als Verbraucherhandeln anzusehen" sei. Anderes gelte nur, „wenn Umstände vorliegen, nach denen das Handeln aus der Sicht des anderen Teils eindeutig und zweifelsfrei einer gewerblichen oder selbstständigen beruflichen Tätigkeit zuzurechnen ist".[22]

Beispiel: Eine Rechtsanwältin bestellt bei einer Händlerin drei Lampen. Diese sind für ihre Pri- **32** vatwohnung gedacht. Als Lieferadresse gibt die Käuferin ihre Kanzlei an („Kanzlei Dr. B"). Der BGH sieht hierin keinen Umstand, der für die Verkäuferin zweifelsfrei auf einen Zweck schließen lasse, der einer gewerblichen oder selbständigen beruflichen Tätigkeit der Käuferin zuzuordnen sei.

2. Unternehmer (§ 14 BGB)

Unternehmer im Sinne von § 14 BGB[23] ist „jede natürliche oder juristische Person **33** oder eine rechtsfähige Personengemeinschaft, die bei Abschluss eines Rechtsgeschäfts in Ausübung ihrer gewerblichen oder selbständigen beruflichen Tätigkeit handelt".

Beispiel: Wer in einem Baumarkt einkauft, schließt Verträge mit einem Unternehmer im Sinne **34** von § 14 BGB, da der Inhaber des Baumarktes beim Verkauf der Waren im Rahmen seines Gewerbes tätig wird. Handelt es sich bei dem Käufer um einen Handwerker, der Baumaterialien für seinen Handwerksbetrieb einkauft, ist auch er Unternehmer im Sinne von § 14 BGB.

3. Die Kurzbezeichnungen für Verträge: B2B, B2C, C2C

Im Einzelnen kann also zu unterscheiden sein zwischen einem Vertrag, an dem **35** auf beiden Seiten Verbraucher oder Unternehmer beteiligt sind, oder bei dem ein Verbraucher einem Unternehmer gegenübersteht. Für einen Vertrag zwischen Unternehmern wird das Kürzel **B2B**-Vertrag (*business to business*) verwendet. Entsprechend lautet die Abkürzung für einen Vertrag zwischen Verbrauchern **C2C** (*consumer to consumer*) und einer zwischen einem Unternehmer und einem Verbraucher wird **B2C**-Vertrag (*business to consumer*) genannt.

---

22 BGH vom 30.9.2009, NJW 2009, 3780. Hierzu *Faust* JuS 2010, 254 ff. m. zahlr. Nachw.
23 In ganz anderem Sinne spricht das Gesetz im Recht des Werkvertrages (§§ 631 ff BGB) von einem Unternehmer. Dort ist derjenige gemeint, der die Werkleistung erbringt.

§ 3 Die Gegenstände der Privatautonomie: Rechtsobjekte

1 Sind Rechtssubjekte die Akteure der Privatautonomie (oben § 2), so sind **Rechtsobjekte** die Gegenstände, die den Rechtssubjekten zugeordnet werden können, ihrer Beherrschung unterliegen und deren rechtliche Zuordnung sie durch Rechtsgeschäfte ändern können.[1] Im Einzelnen unterscheidet das Gesetz, wie sich aus § 90 BGB ergibt, zwischen körperlichen Gegenständen (**Sachen**) und unkörperlichen Gegenständen, wozu insbesondere **Rechte** gehören. Der Begriff **Gegenstand** umfasst als **Oberbegriff** Sachen (körperliche Gegenstände) und Rechte und sonstige unkörperliche Gegenstände.

I. Sachen

1. Begriff

2 **Sachen** im Sinne des BGB sind nur körperliche Gegenstände (§ 90 BGB). Sie bestehen aus Materie und haben eine gewisse räumliche Ausdehnung. Sachen kann man anfassen, wie z. B. Bücher, Autos, Grundstücke, Schiffe, Münzen und Geldnoten. Gase sind Sachen, wenn sie sich in Behältern befinden. Ein Gas, das in die Atmosphäre entweicht, kann keinem Rechtssubjekt mehr zugeordnet werden und hört somit auf, eine Sache im Sinne der Privatrechtsordnung zu sein, weil diese insofern eine ihrer wichtigsten Funktionen ohnehin nicht erfüllen könnte, nämlich Rechtsobjekte klar und eindeutig Personen zuzuweisen.

3 **Tiere** sind kraft gesetzlicher Anordnung keine Sachen (§ 90a Satz 1 BGB), doch gelten die Vorschriften über Sachen grundsätzlich entsprechend (§ 90a Satz 3 BGB).

4 Das Gesetz unterscheidet zwischen **unbeweglichen Sachen** (Grundstücken) und **beweglichen Sachen** (das sind alle körperlichen Gegenstände, die keine Grundstücke sind). Ein Grundstück ist ein abgegrenzter und vermessener Teil der Erdoberfläche, der im Grundbuch eine besondere Stelle (ein Grundbuchblatt) erhalten hat (§ 3 Abs. 1 Satz 1 GBO).[2] Für Rechtsgeschäfte, die sich auf Grundstücke beziehen, gelten wegen deren Bedeutung und Tragweite vielfach besondere Vorschriften. So ist die Übereignung beweglicher Sachen in den §§ 929 ff BGB geregelt, die von Grundstücken hingegen in den §§ 873, 925 BGB. Ein Vertrag, durch

---

1 Zu unveräußerlichen, verkehrsunfähigen Sachen *Armbrüster* GS Manfred Wolf (2011) 191 ff.

2 Genauer genügt, dass das Grundstück im Bestandsverzeichnis eines Grundbuchblattes unter einer bestimmten Nummer eingetragen ist (Palandt/*Ellenberger* Überbl. vor § 90 Rdn. 3). Gemäß § 3 Abs. 2 und 3 GBO bedürfen bestimmte Grundstücke (insbesondere: der öffentlichen Hand) nicht der Eintragung im Grundbuch.

den sich jemand verpflichtet, ein Grundstück zu übereignen oder das Eigentum an einem Grundstück zu erwerben, bedarf gemäß § 311b Abs. 1 Satz 1 BGB der notariellen Beurkundung (unten § 9 Rdn. 187).

Häufig sind Sachen aus einer Mehrzahl von Einzelteilen **zusammengesetzt.** 5 Grundsätzlich verlieren die Einzelteile hierdurch ihre Sacheigenschaft und werden zu Bestandteilen der einheitlichen neuen Sache. Insoweit unterscheidet das Gesetz zwischen „wesentlichen" und nicht wesentlichen (einfachen) Bestandteilen. „Wesentlich" sind nach der Legaldefinition des § 93 BGB Bestandteile einer Sache, „die voneinander nicht getrennt werden können, ohne dass der eine oder der andere zerstört oder in seinem Wesen verändert wird". Wesentliche Bestandteile einer Sache können nicht Gegenstand besonderer Rechte sein (§ 93 BGB), insbesondere also nicht einem anderen als dem Eigentümer der Sache selbst gehören. Damit will das Gesetz wirtschaftliche Verluste verhindern, die durch eine Entfernung des Bestandteils entstehen würden.

Der Begriff „wesentlicher Bestandteil" einer Sache kann als ebenso anschauliches wie wichtiges 6 Beispiel für den **Unterschied** zwischen nichtjuristischer **Alltagssprache** und juristischer **Fachsprache** dienen (dazu auch unten § 23 Rdn. 11 f, 26). Die vier Räder, auf und mit denen ein Auto fährt, werden im Alltag gewiss als „wesentliche" Teile angesehen, weil das Auto sonst funktionsuntüchtig wäre. Um „wesentliche Bestandteile" im Sinne von § 93 BGB geht es aber nicht. Es verursacht keine erheblichen Kosten, einen Satz Räder von einem Auto abzumontieren und gegen einen anderen Satz auszutauschen. Wer sich von einem Freund Winterreifen für eine Fahrt von Berlin ins Alpenland leiht, fährt also rechtlich auf fremden Reifen in die Berge. Dasselbe gilt für den Kfz-Motor, da auf die relativ geringen Kosten für den Einbau eines Austauschmotors abzustellen ist.[3]

In Erweiterung von § 93 BGB bestimmt § 94 BGB, dass zu den wesentlichen Be- 7 standteilen eines Grundstücks „die mit dem Grund und Boden fest verbundenen Sachen, insbesondere Gebäude" gehören.

Beispiele: Wird auf einem Grundstück ein **Wohnhaus** errichtet, so erstreckt sich das Eigentum 8 am Grundstück auf das Gebäude. Es gibt nach dem BGB kein isoliertes Eigentum an dem Gebäude.[4] Im Rechtssinne handelt es sich bei dem Wohnhaus nicht um eine selbständige Sache. Das Gebäude ist wesentlicher Bestandteil des Grundstücks. Genauer ist daher von einem „mit einem Wohnhaus bebauten Grundstück" zu sprechen. Entsprechendes gilt für ein mit **Bäumen** bewachsenes Grundstück (vgl. § 94 Abs. 1 Satz 2 BGB). Ein Baum ist wesentlicher Grundstücksbestandteil. Ein Autofahrer, der von der Straße abkommt und einen Baum auf dem angrenzenden Grund-

---

3 BGH vom 27.6.1973, BGHZ 61, 80 (81 für Neu-, 82 für Gebrauchtwagen) = NJW 1973, 1454.
4 Vorbehalten bleiben Sonderregelungen, die im Hinblick auf früheres Recht der DDR, wo es selbständiges Gebäudeeigentum gab (s. § 292 Abs. 3 ZGB-DDR), in einigen Bundesländern gelten. Diesen Ansatz verfolgen auch andere Rechtsordnungen, z. B. die japanische.

stück des N vernichtet, verletzt (im Sinne von § 823 Abs. 1 BGB) dessen Eigentum am *Grundstück* (nicht: am Baum!).[5]

2. Besitz und Eigentum

9 Auf Sachen – und nur auf Sachen – bezieht sich die Unterscheidung von Besitz und Eigentum. Der Besitz einer Sache wird gemäß § 854 Abs. 1 BGB durch Erlangen der „tatsächlichen Gewalt über die Sache" erworben. Den Gegenbegriff zur *tatsächlichen* Gewalt bildet die *rechtliche* Herrschaft über eine Sache. Sie steht dem Eigentümer zu. Der Eigentümer einer Sache kann, soweit nicht das Gesetz oder Rechte Dritter entgegenstehen, „mit der Sache nach Belieben verfahren und andere von jeder Einwirkung ausschließen" (§ 903 BGB). Befindet sich die Sache im Besitz eines anderen, so kann der Eigentümer von dem Besitzer die Herausgabe der Sache verlangen (§ 985 BGB), es sei denn, dass der Besitzer dem Eigentümer gegenüber zum Besitz berechtigt ist (§ 986 BGB).

10 **Beispiele**: D stiehlt das KFZ des E. E verliert durch den Diebstahl die tatsächliche Sachherrschaft (ist also nicht mehr Besitzer des KFZ), bleibt aber selbstverständlich Eigentümer und kann daher von D Herausgabe verlangen (§ 985 BGB). – M hat von V eine Wohnung gemietet. Mit deren Übergabe wird M Besitzer, da er nunmehr die tatsächliche Sachherrschaft innehat. Solange der Mietvertrag besteht, kann V nicht als Eigentümer vom Besitzer M Herausgabe der Wohnung gemäß § 985 BGB verlangen, da V dem M kraft des Vertrages den Gebrauch zu gewähren hat (§ 535 Abs. 1 Satz 1 BGB) und M somit dem V gegenüber zum Besitz der Wohnung berechtigt ist (§ 986 BGB).

3. Die Übereignung von Sachen

11 Eines der wichtigsten und praktisch bedeutsamsten Rechtsgeschäfte ist die Übereignung einer Sache. Sie bildet auch das Beispiel zur Erläuterung vieler *zentraler Fragen der Rechtsgeschäftslehre*. Grundkenntnisse der gesetzlichen Regelung sind daher auch für Studienanfänger unerlässlich. Die gesetzliche Regelung findet sich für bewegliche Sachen in den §§ 929 ff BGB und für Grundstücke in den §§ 873, 925 BGB.

12 Zur Übereignung einer beweglichen Sache ist gemäß § 929 Satz 1 BGB erforderlich, „dass der Eigentümer die Sache dem Erwerber übergibt und beide darüber einig sind, dass das Eigentum übergehen soll". Übergabe bedeutet Verschaffung der tatsächlichen Sachherrschaft, also des Besitzes (§ 854 BGB). Die

---

5 Zur Schadensberechnung bei Beschädigung von Bäumen BGH vom 25.1.2013, BGHZ 196, 111 = NZM 2013, 282.

Übergabe muss Ausdruck des Willens sein, dass das Eigentum an der Sache auf den Erwerber übergehen soll. Sind beide Seiten sich darüber einig, dass nach ihrem Willen eine bestimmte Rechtsfolge eintreten soll, so schließen sie einen Vertrag. Die Übereignung einer Sache erfolgt also durch einen tatsächlichen Vorgang (nämlich die Übergabe der Sache) *und* einen rechtsgeschäftlichen (den Abschluss eines Vertrages über den Eigentumsübergang). Beide muss man zwar in der Falllösung sauber trennen; historisch ist das Übergabeerfordernis aber wohl nichts anderes als die Manifestierung des auf den Eigentumsübergang gerichteten Willens.[6]

Hinweis zur Terminologie: Kurz spricht man in den Fällen des § 929 BGB von der Übereignung durch „Einigung und Übergabe". Der Vertrag über den Eigentumsübergang wird als „Einigung" bezeichnet. Da jedoch *jeder* Vertrag eine Einigung über die angestrebten Rechtsfolgen erfordert (dazu § 8 Rdn. 135ff), spricht man im Kontext des § 929 BGB von der *dinglichen Einigung*.[7]   **13**

Das Gesetz erfordert in § 929 Satz 1 BGB, dass *der Eigentümer* die Sache dem Er- **14** werber übergibt und den Vertrag über den Eigentumsübergang schließt. Das leuchtet ein: Wer ein Recht auf einen anderen übertragen will, sollte doch wohl Inhaber dieses Rechtes sein. So einfach ist es indessen nicht. Es kommt durchaus vor, dass eine Übereignung gemäß § 929 BGB (also: durch Einigung und Übergabe)[8] vorgenommen wird, ohne dass der Veräußerer Eigentümer der Sache ist. Der Erwerber mag nicht den geringsten Anlass haben, am Eigentum des Veräußerers zu zweifeln. Somit stellt sich das *Regelungsproblem*, ob der Erwerber das Risiko tragen soll, dass der Veräußerer nicht Eigentümer ist, oder ob er Schutz in seinem berechtigten Vertrauen auf das Eigentum des Veräußerers verdient.

Das Gesetz löst dieses Problem in § 932 BGB. Es ordnet an, dass bei einer **15** durch Einigung und Übergabe erfolgten Veräußerung der Erwerber auch dann Eigentümer wird, wenn die Sache nicht dem Veräußerer gehört, es sei denn, dass der Erwerber nicht in gutem Glauben ist (§ 932 Abs. 1 Satz 1 BGB), und definiert in § 932 Abs. 2 BGB: „Der Erwerber ist nicht in gutem Glauben, wenn ihm bekannt oder infolge grober Fahrlässigkeit unbekannt ist, dass die Sache nicht dem Veräußerer gehört". Darf der Erwerber den Veräußerer für den Eigentümer halten, so

---

6 S. Staudinger/*Wiegand* (2017) Vorbem. zu §§ 929ff Rdn. 21ff. Sieht man es so, lassen sich die Übergabesurrogate (s. Fn. 8) zwanglos als systemkonforme Lösung durch das BGB begreifen.
7 Der Begriff „dinglich" wird nicht einheitlich verwendet. Hier bedeutet er „sachenrechtlich".
8 Ohne Übergabe kann eine Sache gemäß §§ 930, 931 BGB übereignet werden (sog. Übergabesurrogate). Hierzu regeln die §§ 933, 934 BGB den gutgläubigen Erwerb von einem Nichteigentümer. Die Einzelheiten sind den Darstellungen des Sachenrechts zu entnehmen.

erwirbt er Eigentum vom Nicht-Eigentümer, und der (bisherige) Eigentümer verliert das Eigentum. Der Schutz des Erwerbers tritt erst dann gegenüber dem Schutz des Eigentümers zurück, „wenn die Sache dem Eigentümer gestohlen worden, verloren gegangen oder sonst abhanden gekommen" war (§ 935 BGB). Diese **Entscheidung für den Verkehrsschutz** bildet eine wichtige Weichenstellung der deutschen Privatrechtsordnung und auch ein Charakteristikum.

16 **Beispiel:** E leiht ihrer Nichte N ein Schmuckstück, damit N es bei festlichen Gelegenheiten tragen kann. N trägt das Schmuckstück stattdessen zum Juwelier J und bietet es ihm zum Kauf mit der Bemerkung an, es handle sich um ein Erbstück, das nicht ihrem Geschmack entspreche. J leuchtet dies ein. Beide einigen sich auf einen Preis und N übergibt das Schmuckstück an J. J ist gemäß §§ 929, 932 BGB Eigentümer geworden. § 935 BGB greift nicht ein, da N den Schmuck selbst aus der Hand gegeben und die Nichte N geliehen hat. Anders, wenn ein Dieb den Schmuck aus der Wohnung der E entwendet und unter unverdächtigen Umständen an J veräußert. § 932 BGB findet dann gemäß § 935 BGB keine Anwendung, E bleibt Eigentümerin. Übereignet später J das Schmuckstück an einen Kunden K, erwirbt auch K wegen der Sperre des § 935 BGB kein Eigentum.

17 Die Regelung der §§ 932, 935 BGB stellt Anforderungen an beide Seiten, sich vor drohenden Nachteilen zu schützen. Der Eigentümer wird dazu angehalten, seine Sachen nur vertrauenswürdigen Dritten zum Besitz zu überlassen, die den Besitz der Sache nicht unredlich zu einer Übereignung mit den Wirkungen der §§ 929, 932 BGB nutzen. Die Erwerber tragen das Risiko, dass es sich um eine gestohlene oder sonst dem Eigentümer abhanden gekommene Sache handelt und sie deshalb gemäß § 935 BGB nicht Eigentümer werden.

II. Rechte

1. Begriff
18 Die zweite große Gruppe der Rechtsobjekte bilden **Rechte**. Sie sind unkörperliche Gegenstände, ein reines Produkt der Rechtsordnung. Sie haben keine physische Existenz, man kann sie (um das oben Rdn. 2 gebrauchte Bild aufzugreifen) nicht „anfassen".

19 **Hinweis zur Terminologie:** Anders als an Sachen gibt es an Rechten weder „Eigentum" noch „Besitz". Derjenige, dem ein Recht zusteht, ist dessen „Inhaber". Man darf also nicht formulieren, A sei Eigentümer einer Forderung oder eines sonstigen Rechts. Dabei handelt es sich um eine sprachliche Festlegung des BGB, zu der das sog. „geistige Eigentum" im Widerspruch steht. In Österreich hingegen gibt es Eigentum an Rechten durchaus (s. § 353 i. V. m. § 285 österr. ABGB).

Rechte können gegenüber allen anderen bestehen (absolute Rechte, unten 2) oder **20**
ein rechtliches Band zwischen bestimmten Personen bilden (relative Rechte).

2. Absolute Rechte
a. Eigentum

Der Inbegriff eines absoluten Rechts ist das Eigentum. Hierzu bestimmt § 903 **21**
Satz 1 BGB: „Der Eigentümer einer Sache kann, soweit nicht das Gesetz oder
Rechte Dritter entgegenstehen, mit der Sache nach Belieben verfahren und andere von jeder Einwirkung ausschließen." Besteht die Einwirkung auf die Sache darin, dass ein Dritter sie besitzt, also die tatsächliche Sachherrschaft inne hat
(§ 854 BGB), so hat der Eigentümer das Recht, von dem Besitzer Herausgabe der
Sache zu verlangen (§ 985 BGB). Hiergegen kann sich der Besitzer nur wehren,
wenn ihm im Verhältnis zum Eigentümer ein Recht zum Besitz der Sache zusteht
(§ 986 BGB). S. dazu das Beispiel oben bei Rdn. 10.

Das Eigentum an Sachen gehört zu den wichtigsten Gegenständen des **22**
Rechtsverkehrs. Die Verkehrsfähigkeit des Eigentums und anderer veräußerlicher
Rechte ist für das BGB grundlegend. Die Verfügungsbefugnis des Rechtsinhabers
kann gemäß § 137 Satz 1 BGB mit „dinglicher" Wirkung (dinglich meint hier: mit
Wirkung Dritten gegenüber) nicht ausgeschlossen oder beschränkt werden (unten
§ 9 Rdn. 225).

Noch ein Hinweis zur Terminologie: Man muss gedanklich zwischen der Sache und dem **23**
Recht daran unterscheiden. Wird eine Sache verkauft, z.B. eine Uhr, dann ist die Sache selbst
Vertragsgegenstand und nicht allein das Eigentum. Folglich schuldet der Verkäufer nicht nur
Eigentumsverschaffung (s. § 433 Abs. 1 Satz 1 BGB: „... zu übergeben *und* das Eigentum ...")
und haftet auch für Sachmängel gemäß § 434 BGB. Wird ein Recht begründet, das inhaltlich
hinter dem Eigentum zurückbleibt (sog. beschränkt dingliches Recht), etwa ein Pfandrecht
oder eine Dienstbarkeit, dann wird nach dem BGB die Sache belastet und nicht das Eigentum
(vgl. den Wortlaut der §§ 1018, 1030 Abs. 1, 1068, 1090, 1113 Abs. 1, 1191 Abs. 1, 1204 Abs. 1
BGB). Trotzdem spricht man (verkürzend) von der Belastung des Eigentums; s. unten § 4
Rdn. 21.

b. Persönlichkeitsrechte

Zu den absoluten, gegen jedermann wirkenden Rechten gehören auch Persönlich- **24**
keitsrechte wie das in § 12 BGB geregelte **Namensrecht** oder das **Recht am eigenen Bild** gemäß § 22 Satz 1 KunstUrhG. Über diese einzelnen Ausprägungen spezieller Persönlichkeitsrechte weit hinausgehend erkennt die Rechtsprechung das
Allgemeine Persönlichkeitsrecht eines jeden Menschen als ein durch Art. 1 und

Art. 2 GG garantiertes absolutes Recht an,[9] das als sonstiges Recht im Sinne von § 823 Abs. 1 BGB geschützt wird.[10]

25 Persönlichkeitsrechte sind als solche grundsätzlich **nicht veräußerlich**, was letztlich Folge ihrer identitätsstiftenden Verbindung zur Person ist. So kann niemand seinen bürgerlichen Namen und das darauf bezogene Recht am eigenen Namen auf einen anderen übertragen. Dies wäre mit der identitätsbestimmenden Funktion des Namens unvereinbar. Auch lässt es die Würde einer Person (Art. 1 GG) nicht zu, dass jemand „namenlos" wird.[11] Wohl aber kann der Namensträger mit einem anderen vertraglich regeln, dass es diesem gestattet sein soll, seinen Namen in bestimmter Weise zu gebrauchen (etwa, um damit eine Produktlinie prominent zu kennzeichnen). Die Namen bekannter Persönlichkeiten haben einen kommerziellen Wert, der ebenfalls durch das Namensrecht geschützt wird[12] und den zu verwirklichen dem Namensträger möglich sein muss.

3. Relative Rechte

26 Relative Rechte begründen Rechtsbeziehungen nur im Verhältnis von bestimmten Personen zueinander, im einfachsten und zugleich häufigsten Fall zwischen zwei Personen.

a. Ansprüche

27 Die wichtigste Gruppe relativer Rechte bilden Ansprüche. Als **Anspruch** bezeichnet das BGB das Recht, von einem anderen ein Tun oder Unterlassen zu verlangen (§ 194 BGB). Durch den Anspruch auf eine Leistung entsteht zwischen den Beteiligten ein **Schuldverhältnis** im Sinne von § 241 Abs. 1 BGB. Der Inhaber des Anspruchs wird als **Gläubiger**, der Verpflichtete als **Schuldner** bezeichnet, der Gegenstand der Verpflichtung als **Leistung**. In Anlehnung an den Wortlaut des § 241 Abs. 1 BGB werden Ansprüche auf eine Leistung im Rahmen von Schuldverhältnissen als **Forderungen** genannt.

28 Ansprüche sind der **Motor unseres Wirtschaftssystems**. Sie bilden die Grundlage dafür, dass Güter und Leistungen am Markt getauscht werden. Wir gehen täglich Verpflichtungen ein,

---

9 BGH vom 25.5.1954, BGHZ 13, 334 (338: Allgemeines Persönlichkeitsrecht „verfassungsmäßig gewährleistetes Grundrecht") = NJW 1954, 1404; hierzu ausführlich *Germann* JURA 2010, 734 ff.

10 BGH vom 23.4.2009, NJW 2010, 104 (106), st. Rspr. Zum deliktsrechtlichen Schutz des Persönlichkeitsrechts *A. Diederichsen* JURA 2008, 1 ff.

11 MüKo/*Säcker* § 12 Rdn. 76.

12 BGH vom 1.12.1999, BGHZ 143, 214 (219) = NJW 2000, 2195 (2197) – *Marlene Dietrich*.

um Ansprüche gegen andere zu erwerben. Dies geschieht durch sog. **gegenseitige** oder **entgelt-liche** Verträge (unten § 4 Rdn. 40 ff) wie Kauf-, Miet-, Dienst-, Werkvertrag und viele andere mehr.

aa. Die Entstehung von Ansprüchen: Anspruchsgrundlagen

Ansprüche können sich aus gesetzlichen Vorschriften ergeben oder auf rechts- 29
geschäftlichen Regelungen beruhen. Derartige rechtliche Grundlagen für die Ent-stehung von Ansprüchen werden zusammenfassend als **Anspruchsgrundlagen** bezeichnet. Sie dienen in der Fallbearbeitung als Ausgangspunkt (unten § 22 Rdn. 11 ff) für die Erörterung der Frage, ob zwischen den an einem Sachverhalt be-teiligten Personen Ansprüche bestehen.

(1) Gesetzliche Anspruchsgrundlagen

Das Schulbeispiel einer Vorschrift, die einen **gesetzlichen Anspruch** begründet, 30
ist **§ 823 Abs. 1 BGB**. Die Vorschrift nennt zunächst die tatsächlichen Umstände, für die sie eine Regelung treffen will (Verletzung von bestimmten Rechtsgütern und Rechten eines anderen), und ordnet dann an, welche Rechtsfolge gelten soll, wenn diese Umstände verwirklicht sind (Verpflichtung zur Leistung von Scha-densersatz). Normen nach diesem Muster nennt man **vollständige Rechtssätze**. Sie gliedern sich in **Tatbestand** und **Rechtsfolge**. Weitere wichtige Normen, die diesem Muster entsprechen, sind § 280 Abs. 1 BGB (Schadensersatz wegen Verlet-zung von Pflichten aus einem Schuldverhältnis), § 812 Abs. 1 Satz 1 BGB (An-spruch auf Herausgabe einer ungerechtfertigten Bereicherung) und § 985 BGB (Herausgabeanspruch des Eigentümers einer Sache gegen den Besitzer). Der All-gemeine Teil des BGB enthält nur wenige Anspruchsgrundlagen. Die wichtigsten sind § 122 BGB und § 179 BGB (dazu unten §§ 15 und 16).

(2) Verträge als Anspruchsgrundlage

Zur Begründung eines Anspruches durch **Rechtsgeschäft** ist grundsätzlich ein 31
Vertrag zwischen den Beteiligten erforderlich (§ 311 Abs. 1 BGB). Wichtigstes Bei-spiel ist der **Kaufvertrag**. Im Kaufvertrag verpflichtet sich der Verkäufer, dem Käufer die Kaufsache zu übergeben und ihm das Eigentum an der Sache zu ver-schaffen (§ 433 Abs. 1 Satz 1 BGB). Der Käufer verpflichtet sich, den vereinbarten Kaufpreis zu bezahlen (§ 433 Abs. 2 BGB). Aus diesen Verpflichtungen ergeben sich jeweils Ansprüche der anderen Seite auf die versprochene Leistung. Der Kaufvertrag begründet einen Anspruch des Käufers gegen den Verkäufer auf Lie-ferung der Kaufsache (Übergabe und Verschaffung des Eigentums) und einen An-

spruch des Verkäufers gegen den Käufer auf Bezahlung des im Kaufvertrag vereinbarten Kaufpreises. Anspruchsgrundlage für die im Vertrag vereinbarten Ansprüche ist der Vertrag.[13]

bb. Die Übertragung von Ansprüchen und sonstigen Rechten

32 Die meisten Ansprüche und sonstigen Rechte sind übertragbar.[14] Für die rechtsgeschäftliche Übertragung eines Anspruchs (gleichbedeutend: einer Forderung) verlangt § 398 BGB einen Vertrag zwischen dem Anspruchsinhaber (Gläubiger) und dem anderen, auf den der Anspruch übergehen soll. Dieser Vertrag wird als „**Abtretung**" der Forderung (synonym: „**Zession**") bezeichnet, der Abtretende heißt auch „**Zedent**" und der Abtretungsempfänger (Erwerber der Forderung) „**Zessionar**".[15]

33 Die Abtretung von Forderungen (§ 398 BGB) bildet rechtstechnisch die *Parallele zur Übereignung von Sachen* (§ 929 BGB). In beiden Fällen ist Inhalt des Vertrages allein und unmittelbar die Änderung der Rechtszuständigkeit (unten § 4 Rdn. 22f). In beiden Fällen handelt es sich um „abstrakte" Rechtsgeschäfte, die von den ihnen zugrunde liegenden und sie rechtfertigenden Rechtsgeschäften zu unterscheiden und in ihrer Wirksamkeit von diesen unabhängig sind (unten § 4 Rdn. 29 ff).

cc. Der Fortfall von Ansprüchen

34 Ein Anspruch besteht, wenn er entstanden und nicht wieder fortgefallen ist. Dieses gedankliche Schema ist für die Anspruchsprüfung grundlegend (unten § 22 Rdn. 23). Ein Anspruch fällt insbesondere fort, wenn die geschuldete Leistung bewirkt wird (§ 362 Abs. 1 BGB) oder nicht mehr bewirkt werden kann (§ 275 Abs. 1 BGB). Ein vertraglicher Erfüllungsanspruch fällt darüber hinaus fort, wenn ein Vertragsteil berechtigterweise vom Vertrag zurücktritt, kündigt, oder wenn die Parteien die Aufhebung des Vertrages vereinbaren. Die meisten Gründe für den Fortfall von Ansprüchen sind im Schuldrecht geregelt.

35 **Hinweis:** Nicht bloß den Fortfall eines vertraglichen Erfüllungsanspruchs in diesem Sinne bewirkt die wirksame Anfechtung des Vertrages (unten § 14). Das Gesetz ordnet in § 142 Abs. 1 BGB an, dass der angefochtene Vertrag als von Anfang an nichtig anzusehen ist. Also ist die

---

13 Medicus/*Petersen* Grundwissen zum Bürgerlichen Recht (11. Aufl. 2019) § 4 Rdn. 1; Medicus/ *Petersen* Bürgerliches Recht Rdn. 14; *Köhler* AT § 18 Rdn. 6. Näher unten § 4 Rdn. 27 f.
14 Zu Ausnahmen vgl. §§ 399 f BGB.
15 Einführend zur Zession: *S. Lorenz* JuS 2009, 891; *Petersen* JURA 2014, 278.

wirksame Anfechtung ein Hindernis für die Entstehung vertraglicher Erfüllungsansprüche (vgl. auch unten § 14 Rdn. 135 und § 22 Rdn. 5). Was nie entstand, kann nicht fortfallen.

dd. Die Durchsetzbarkeit von Ansprüchen
(1) Die Unterscheidung zwischen dem Bestehen und der Durchsetzbarkeit von Ansprüchen

Ist ein Anspruch entstanden und nicht wieder fortgefallen, so steht fest, dass der **36** Anspruch besteht. Besteht ein Anspruch, ist die Leistung geschuldet. Dies bedeutet nicht in jedem Fall, dass die Erbringung der (geschuldeten!) Leistung vom Gläubiger verlangt und notfalls gerichtlich durchgesetzt werden kann. Das Gesetz gewährt unter bestimmten Voraussetzungen dem Schuldner ein Recht, die geschuldete Leistung (vorübergehend oder dauernd) zu verweigern. Besteht ein solches Leistungsverweigerungsrecht, ist der Anspruch nicht durchsetzbar (vorbehaltlich der Frage, ob der Schuldner sich auf das Leistungsverweigerungsrecht im Prozess berufen muss oder nicht).

(2) Leistungsverweigerungsrechte

Das praktisch wohl bedeutsamste Leistungsverweigerungsrecht dieser Art ist im **37** Allgemeinen Teil des BGB enthalten und betrifft verjährte Ansprüche (unten §§ 18 und 19). Gemäß § 214 BGB ist der Schuldner nach Eintritt der Verjährung eines Anspruchs (§ 194 BGB) „berechtigt, die Leistung zu verweigern". § 214 BGB gewährt dem Schuldner eine Einrede gegen den Anspruch, deren Geltendmachung dazu führt, dass im Prozess die Klage wegen Verjährung des Anspruchs abzuweisen ist.

Weitere Leistungsverweigerungsrechte ergeben sich z. B. aus § 273 BGB (Zu- **38** rückbehaltungsrecht), § 320 BGB (Zug-um-Zug-Leistung), § 771 Satz 1 BGB (Einrede der Vorausklage). Im Näheren ist auf die Darstellungen des Schuldrechts zu verweisen.

b. Gestaltungsrechte

In bestimmten Fällen gewährt die Rechtsordnung einer Person das Recht, einsei- **39** tig in das Rechtsverhältnis zu einem anderen einzugreifen, inhaltliche Veränderungen in diesem Rechtsverhältnis zu bewirken oder das Rechtsverhältnis ganz zu beenden. Die hoheitliche (gesetzliche) Gewährung dieser Befugnis tritt an die Stelle der zur Veränderung von Rechtsverhältnissen zwischen zwei Personen grundsätzlich erforderlichen gemeinsamen (vertraglichen) Regelung. Man spricht von „**Gestaltungsrechten**". Sie werden von den Berechtigten ausgeübt durch Vornahme einseitiger Rechtsgeschäfte (unten § 4 Rdn. 15). Wichtigste Beispiele sind der Rücktritt von einem Vertrag, die Kündigung eines Dauerschuldverhältnisses (Mietvertrag, Darlehensvertrag!), die Aufrechnung (§§ 387 ff BGB), die Anfechtung eines Rechtsgeschäfts (§ 142 Abs. 1 BGB, § 143 Abs. 1 BGB).

40   Rechtsdogmatisch ist das Gestaltungsrecht Voraussetzung für die Wirksamkeit der jeweiligen einseitigen Rechtsgeschäfte (unten § 11 Rdn. 29 f). Für das Entstehen von Gestaltungsrechten müssen typischerweise gesetzlich festgelegte Umstände verwirklicht sein (Anfechtungs-, Kündigungs-, Rücktrittsgrund, Aufrechnungslage). Zum Schutze des von der einseitigen Gestaltung Betroffenen, aber auch um klarer Verhältnisse willen, sieht das Gesetz vor, dass nicht ausgeübte Gestaltungsrechte oft nach kurzer Zeit entfallen (s. die Anfechtungsfristen in §§ 121 und 124 BGB, dazu unten § 14 Rdn. 121 ff).

41   Gestaltungsrechte sind funktional auf das jeweilige Rechtsverhältnis bezogen, auf das durch ihre Ausübung eingewirkt werden soll. Umstritten ist daher, ob sie losgelöst von diesem Rechtsverhältnis auf Dritte übertragbar (nämlich durch Zession gemäß §§ 398, 413 BGB; dazu unten § 4 Rdn. 23) und insofern selbständiger Gegenstand des Rechtsverkehrs sind. Die inzwischen wohl h. L. bejaht das auch bei vertragsbezogenen Gestaltungsrechten grundsätzlich.[16]

4. Anhang: Einwendungen und Einreden

42 Gegen Rechte jeglicher Art können **Einwendungen** bestehen, gegen Ansprüche darüber hinaus **Einreden** geltend gemacht werden. Einwendungen richten sich gegen den Bestand des Rechts, sei es, dass dieses aufgrund bestimmter Umstände nicht entstanden (**rechtshindernde Einwendung**) oder entfallen ist (**rechtsvernichtende Einwendung**). Einreden lassen den Bestand eines Anspruchs unberührt, beruhen auf Leistungsverweigerungsrechten und führen dazu, dass das Recht temporär oder dauerhaft nicht durchsetzbar ist.[17]

43   Die kategoriale Unterscheidung zwischen Einwänden, die sich gegen das Bestehen eines Rechts richten, und solchen, die nur die Durchsetzbarkeit von Ansprüchen betreffen, ist grundlegender Art und von jedem Juristen zu beherrschen. Dagegen ist der Begriff der Einwendungen für die Prüfung der Frage, ob ein Anspruch besteht, methodisch eher von untergeordneter Bedeutung. Umstände, die

---

16 Guter Überblick bei BeckOGK/*Lieder*, 1.1.2021, § 413 BGB Rdn. 23 ff; näher (und differenzierend) *Neuner* AT § 20 Rdn. 45; zur isolierten Übertragung von Gestaltungsrechten ausführlich *P. Bydlinski*, Die Übertragung von Gestaltungsrechten (1986), S. 45 ff, zusammenfassend S. 289 ff.
17 Zu Einwendungen und Einreden Medicus/*Petersen* AT Rdn. 91.

eine Einwendung gegen das Bestehen eines Anspruchs begründen, können in sehr verschiedenem Zusammenhang eine Rolle spielen, sind im Gutachten jeweils an diesem spezifischen Ort und in aller Regel nicht in einem gesonderten Gliederungspunkt mit der Überschrift „Einwendungen" zu behandeln.

Beispiele: Hat ein Minderjähriger M einen Kaufvertrag geschlossen, so kommt es für die Frage, **44** ob der Verkäufer V Zahlung des Kaufpreises fordern kann, vor allem darauf an, ob der Vertrag wirksam ist. Eine etwaige Unwirksamkeit des Vertrages ist zwar eine Einwendung gegen die Entstehung eines Kaufpreisanspruchs des V. Im Gutachten ist die Frage aber nicht unter dem Gliederungspunkt „Einwendungen", sondern bei den besonderen Voraussetzungen für die Wirksamkeit eines von einem Minderjährigen geschlossenen Vertrages (unten § 9 Rdn. 17 ff; § 26 Rdn. 14 ff) abzuarbeiten. – Die Geschäftsunfähigkeit des Käufers kann man als rechtshindernde Einwendung gegen das Bestehen eines Kaufpreisanspruchs ansehen. Im Gutachten ist hierauf unter dem Gliederungspunkt „Zustandekommen des Vertrages" als Problem der Wirksamkeit der Willenserklärung des Käufers (unten § 6 Rdn. 76 ff; § 25 Rdn. 18), nicht unter einem Gliederungspunkt „Einwendungen" einzugehen.

§ 4 Die Instrumente der Privatautonomie: Rechtsgeschäfte und Willenserklärungen

Wer von der Möglichkeit privatautonomer Gestaltung von Rechtsfolgen nach sei- **1** nem Willen Gebrauch machen will, muss sich der Instrumente bedienen, die die Rechtsordnung hierfür zur Verfügung stellt, und er muss sich dieser Instrumente richtig bedienen. Die vom BGB für die privatautonome Gestaltung von Rechtsfolgen vorgesehenen Mittel sind *Rechtsgeschäfte* und *Willenserklärungen*.[1] Rechtsgeschäfte dienen dazu, Privatrechtsfolgen kraft Willens herbeizuführen, Willenserklärungen dienen dazu, diese Rechtsgeschäfte zu schaffen. Prägnant und treffend sagt *Medicus*: „Die Willenserklärung ist das Mittel des Rechtsgeschäfts, dieses ist das Mittel der Privatautonomie".[2] Dies bedarf der Erläuterung.

---

1 Die Bedeutung von Rechtsgeschäften als eines Instruments zur Herbeiführung von Rechtsfolgen in Selbstbestimmung reicht weit über die nationalen Rechtsordnungen hinaus. Zur Relevanz der Rechtsgeschäftslehre für das Völkerrecht *Kunig*, Liber Amicorum Leenen (2012) 131 ff.
2 Medicus/*Petersen* AT Rdn. 175; ebenso *Petersen* Examinatorium BGB-AT § 1 Rdn. 3. Ähnlich *Jan Peter Schmidt*, Rechtsgeschäft, in: Jürgen Basedow, Klaus J. Hopt, Reinhard Zimmermann (Hg.), Handwörterbuch des Europäischen Privatrechts (2009) S. 1241; *Faust* AT § 2 Rdn. 1.

I. Rechtsgeschäfte

1. Das Rechtsgeschäft im Unterschied zu rechtlich relevantem Verhalten nicht rechtsgeschäftlicher Art
a. Wirkungen und Definition des Rechtsgeschäfts

2 Das Rechtsgeschäft führt nach der Rechtsordnung Rechtsfolgen herbei, die der Gestaltung in Selbstbestimmung zugänglich sind. Die Rechtsfolgen, die die Einzelnen in Ausübung ihrer Privatautonomie herbeiführen wollen, sind die Wirkungen von Rechtsgeschäften, die sie nach ihrem Willen vorgenommen haben. Das Rechtsgeschäft ist das von der Rechtsordnung vorgesehene Mittel (Instrument), um die in Willenserklärungen privatautonom bestimmten Rechtsfolgen herbeizuführen.

3 **Beispiele:** E ist Eigentümer einer Wohnung, die er als Kapitalanlage erworben hat, also nicht selbst bewohnen will. M sucht eine Wohnung. M schließt mit E einen **Mietvertrag**, der – wie jeder Vertrag – ein Rechtsgeschäft ist. Durch ihn wird E verpflichtet, M während der Mietzeit den Gebrauch der Wohnung zu gewähren (§ 535 Abs. 1 Satz 1 BGB). M ist aufgrund des Mietvertrages verpflichtet, E Miete zu bezahlen (§ 535 Abs. 2 BGB). M hat durch den Mietvertrag einen Anspruch gegen E auf Gewährung des Gebrauchs an der Wohnung erworben, E hat im Ausgleich dafür einen Anspruch gegen M auf die vereinbarte Miete erlangt. Das Entstehen dieser sog. vertraglichen Erfüllungsansprüche ist die Wirkung des zwischen E und M in Ausübung ihrer Privatautonomie geschlossenen Vertrages. – Nach erfolgreich abgelegtem Examen benötigt M die Wohnung nicht mehr, sie möchte den Vertrag beenden und kündigt deshalb zum nächst möglichen Termin. Die **Kündigung** ist ein Rechtsgeschäft, das ein auf Zeit angelegtes Rechtsverhältnis mit Wirkung für die Zukunft („ex nunc") beendet. Durch die Kündigung kann M erreichen, dass das Mietverhältnis unabhängig von einem etwa entgegenstehenden Willen des E mit Ablauf der vorgesehenen Frist (hierzu § 573c Abs. 1 Satz 1 BGB) endet. Sollte beiden Seiten daran gelegen sein, das Mietverhältnis schon vor Ablauf dieser Frist zu beenden, so können E und M dies durch den Abschluss eines Aufhebungsvertrages erreichen. Der **Aufhebungsvertrag** hat die Wirkung, dass die vertraglichen Erfüllungsansprüche beider Vertragspartner (und die sonstigen Rechte und Pflichten aus dem Vertrag) zu dem vereinbarten Termin entfallen.

b. Abgrenzungen

4 Das Rechtsgeschäft ist **abzugrenzen** von rechtlich relevanten Vorgängen, die zu einer Änderung der rechtlichen Verhältnisse einer Person führen, ohne dass diese Rechtsfolgen kraft des von der Rechtsordnung anerkannten Willens der Beteiligten eintreten.

aa. Realakte

5 Die wichtigste Gruppe solcher tatsächlichen Akte oder Geschehnisse, die keine Rechtsgeschäfte sind, bilden die sog. **Realakte**.

Beispiele: Zu Beginn des Mietverhältnisses übergibt der Vermieter der Mieterin die Schlüssel zu **6** der gemieteten Wohnung und verschafft ihr hierdurch den **Besitz** an der Wohnung. Die Besitzverschaffung ist Realakt, weil es allein darauf ankommt, dass die Mieterin die tatsächliche Sachherrschaft (§ 854 BGB) an der Wohnung erlangt. – Gemäß § 929 BGB erfolgt die Übereignung einer Sache durch Einigung und Übergabe. Die Einigung des Veräußerers mit dem Erwerber darüber, dass das Eigentum übergehen soll, ist ein Vertrag, also ein Rechtsgeschäft. Für die **Übergabe** kommt es dagegen allein darauf an, dass der Erwerber die tatsächliche Sachherrschaft (§ 854 BGB) erlangt. Die Übergabe ist kein Rechtsgeschäft, sondern ein Realakt.

Die Vorschriften des Gesetzes zu Rechtsgeschäften sind auf Realakte *nicht an-* **7** *wendbar.*

Beispiel: Händigt ein anderer als der Vermieter die Wohnungsschlüssel der Mieterin aus, oder **8** übergibt ein anderer als der Veräußerer die Sache an den Erwerber (§ 929 BGB), so sind die Regeln über die Stellvertretung (§§ 164 ff BGB) nicht anwendbar, weil sie sich nur auf Rechtsgeschäfte beziehen.

bb. Geschäftsähnliche Handlungen

Knüpft das Gesetz an bestimmte Erklärungen oder sonstige Verhaltensweisen mit **9** Erklärungswert bestimmte Rechtsfolgen, ohne dass diese kraft des Willens des Erklärenden eintreten, so wird hierdurch zwar kein Rechtsgeschäft geschaffen. In manchen Hinsichten kann die Interessenlage aber so ähnlich zur Abgabe von Willenserklärungen sein, dass es gerechtfertigt ist, Vorschriften über Willenserklärungen und Rechtsgeschäfte entsprechend anzuwenden. Man spricht insoweit von **geschäftsähnlichen Handlungen.**

Das wichtigste **Beispiel** ist die **Mahnung** (§ 286 BGB). Die Mahnung erinnert den Schuldner an **10** seine Verpflichtung zu einer Leistung (§ 241 Abs. 1 BGB). Die Mahnung ist – von Ausnahmen abgesehen (§ 286 Abs. 2 BGB) – Voraussetzung dafür, dass der Schuldner in Verzug gerät, ihn somit die Verzugsfolgen (§§ 287 ff BGB) treffen und der Gläubiger Schadensersatz wegen Verzögerung der Leistung verlangen kann (§ 280 Abs. 2 BGB). Insbesondere juristisch versierte Gläubiger verfolgen mit der Mahnung eines Schuldners typischerweise den Zweck, die Verzugsfolgen auszulösen, also bestimmte Rechtswirkungen herbeizuführen. Um ein Rechtsgeschäft handelt es sich dennoch nicht, weil die Verzugswirkungen nicht deshalb einsetzen, weil sie gewollt sind. Für die Frage aber, wann genau durch die Mahnung Verzug eintritt, ist es sachgerecht, die Regeln des Gesetzes über den Zugang von Willenserklärungen (unten § 6 Rdn. 9 ff) entsprechend heranzuziehen.

cc. Rechtlich relevantes Verhalten mit rechtsgeschäftsgleichen Wirkungen

Es steht in der Macht der Rechtsordnung, an ein Verhalten, das nicht auf die **11** rechtsgeschäftliche Begründung von Rechtsfolgen gerichtet ist, doch Rechtswirkungen „wie aus Rechtsgeschäft" zu knüpfen. Diese Rechtsfolgen sind dann deckungsgleich mit denen kraft Rechtsgeschäfts, ergeben sich aber aus Gesetz, nicht aus Rechtsgeschäft. Eine wichtige Konsequenz ist, dass derjenige, an dessen Verhalten die Rechtsordnung die rechtsgeschäftsgleichen Rechtswirkungen knüpft, sein Verhalten nicht mit der Begründung anfechten kann, er habe sich über die Folgen geirrt und diese nicht herbeiführen wollen.

12 Ein **Beispiel** bildet das kaufmännische Bestätigungsschreiben (unten § 8 Rdn. 204 ff).

2. Einteilung der Rechtsgeschäfte

13 Die Welt der Rechtsgeschäfte ist bunt. Rechtsgeschäfte können vielfältige Wirkungen herbeiführen, insbesondere Pflichten begründen (Kauf-, Miet-, Arbeitsvertrag) und beenden (Aufhebungsvertrag, Rücktritt, Kündigung), Gegenstände bestimmten Personen zuordnen (Übereignung einer Sache, Abtretung einer Forderung), Personen zu Verbänden verbinden (Gesellschaftsvertrag). Rechtsgeschäfte können sich in einem einmaligen kurzen Austausch erschöpfen (Kauf einer Zeitung am Kiosk) oder rechtliche Grundlage auf Dauer angelegter Beziehungen zwischen Personen sein (Eheschließung). Rechtsgeschäftliche Transaktionen können einen geringen oder gar keinen wirtschaftlichen Wert haben (altes Baby-Foto als Geschenk), aber auch „milliardenschwer" sein (Unternehmenskauf). Für die rechtliche Orientierung sind vor allem die nachfolgenden Einteilungen bedeutsam.

a. Einseitige Rechtsgeschäfte und mehrseitige Rechtsgeschäfte

14 Rechtsgeschäfte kommen durch Willenserklärungen zustande. Genügt hierfür eine einzige Willenserklärung, sprechen wir von einem „einseitigen Rechtsgeschäft". Sind die Willenserklärungen mehrerer Personen erforderlich, handelt es sich um ein „mehrseitiges Rechtsgeschäft". Das wichtigste mehrseitige Rechtsgeschäft ist der Vertrag. Er kommt durch die Willenserklärungen von zumindest (und: meist) zwei Personen zustande.

aa. Einseitige Rechtsgeschäfte

15 Ein einseitiges Rechtsgeschäft kommt durch lediglich eine Willenserklärung zustande. In der Sprache des BGB „erfolgt" ein einseitiges Rechtsgeschäft „durch Erklärung" (unten § 11 Rdn. 2). Dies bestimmt z. B. § 143 Abs. 1 BGB für die **Anfechtung** (unten § 14 Rdn. 5 ff), § 167 Abs. 1 BGB für die **Erteilung von Vollmacht** (unten § 13 Rdn. 4 ff), § 349 BGB für den **Rücktritt vom Vertrag**, § 388 Satz 1 BGB für die **Aufrechnung**, § 1945 Abs. 1 Hs. 1 BGB für die **Ausschlagung der Erb-**

schaft, § 2247 Abs. 1 BGB für die **Errichtung des Testaments**. Nichts anderes meint § 182 Abs. 1 BGB mit der Formulierung, eine für die Wirksamkeit eines Vertrages erforderliche **Zustimmung** (unten § 12) könne „sowohl dem einen als dem anderen Teil gegenüber erklärt werden". Dies impliziert, dass das Rechtsgeschäft durch diese eine Willenserklärung zustande kommt. Auch außerhalb des BGB gibt es wichtige einseitige Geschäfte, wie die Gründung einer Ein-Personen-GmbH (s. § 1 GmbHG; ebenso § 2 AktG für die AG) oder die Aufteilung eines Grundstücks in Wohnungseigentum durch den Alleineigentümer (§ 8 Abs. 1 WEG).

bb. Mehrseitige Rechtsgeschäfte, insbesondere Verträge

Mehrseitige Rechtsgeschäfte kommen durch Willenserklärungen verschiedener **16** Personen zustande, die damit ihre Interessen untereinander zum Ausgleich bringen. Das praktisch häufigste Beispiel ist ein **Vertrag**, in dem sich zwei Personen darauf einigen, dass zwischen ihnen eine bestimmte gemeinsam getroffene Regelung gelten soll. Eine solche vertragliche Regelung kann aber auch von mehr als zwei Parteien geschaffen werden,[3] so etwa, wenn sich mehrere Personen in einem **Gesellschaftsvertrag** zur Verfolgung eines gemeinsamen Zwecks zusammenschließen (vgl. § 705 BGB). Verfolgen die Gesellschafter das Ziel, ein kaufmännisches Unternehmen zu betreiben, so kommt in Betracht, dass sie durch den Gesellschaftsvertrag eine offene Handelsgesellschaft (oHG) oder eine Kommanditgesellschaft (KG) gründen. Sie können sich aber auch dafür entscheiden, eine juristische Person zu errichten, wie insbesondere eine GmbH oder eine AG. Sie müssen dann durch ihre Willenserklärungen eine **Satzung** errichten, die die Grundlagen der zu errichtenden juristischen Person regelt. Zu Änderungen der Satzung und vielen weiteren den Verband betreffenden Maßnahmen ist ein **Beschluss** der Gesellschafter oder der Mitglieder der entsprechenden Organe einer juristischen Person erforderlich. Der Beschluss ist nach h.A. ein mehrseitiges Rechtsgeschäft, das durch gleichgerichtete Willenserklärungen der an der Beschlussfassung beteiligten Personenmehrheit zustande kommt.

Die herrschende Auffassung zum Beschluss als einem mehrseitigen Rechtsgeschäft hat *Wolfgang* **17** *Ernst* grundlegender Kritik unterzogen.[4] Der Beschluss sei „ein Rechtsakt der Versammlung als ganzer, nicht nur der Abstimmungsmehrheit derjenigen, die für den Beschluss gestimmt haben" (a.a.O. S. 7). *Ernst* versteht den Beschluss als einen Organakt, der das Abstimmungsverhalten aller in der Versammlung Agierenden in sich aufnehme, und sieht die Beschlussfeststellung als Konstitutivakt an, der die Rechtswirkungen des Beschlusses erst herbeiführt (a.a.O. S. 11, 16). In

---

3 Umfassend *Zwanzger*, Der mehrseitige Vertrag (2013).
4 *Wolfgang Ernst*, Liber Amicorum Leenen (2012) S. 1ff.

der Konsequenz dieses Ansatzes liegt es, den Beschluss als einen eigenständigen einseitigen Rechtsakt zu begreifen (a. a. O. S. 39, 42), wobei offen bleibt, ob es sich überhaupt um ein Rechtsgeschäft handelt. So richtig es ist, dass der Beschluss nicht nur aus den zustimmenden Willenserklärungen (Ja-Stimmen) besteht (a. a. O. S. 18),[5] kann man jedenfalls von einem Rechtsgeschäft nur sprechen, wenn der Beschluss durch eine oder mehrere Willenserklärungen geschaffen wird.[6]

cc. Der Bezug der Unterscheidung „einseitig/mehrseitig" auf Rechtsgeschäfte, nicht auf Willenserklärungen

18 Das Begriffspaar „einseitig/mehrseitig" bezieht sich auf Rechtsgeschäfte. Es kann nicht gleichbedeutend auf Willenserklärungen angewendet werden. Kommt es nämlich für die Unterscheidung darauf an, ob eine einzige Willenserklärung für das Zustandekommen des Rechtsgeschäfts genügt oder hierfür mehrere Willenserklärungen erforderlich sind, so lässt sich dieses Kriterium auf Willenserklärungen nicht übertragen. Wenn in Rechtsprechung und Lehre von „einseitigen Willenserklärungen" gesprochen wird, so sind damit Willenserklärungen gemeint, die darauf gerichtet sind, ein einseitiges Rechtsgeschäft vorzunehmen, wie z. B. die Kündigungserklärung oder die Anfechtungserklärung.[7]

b. Verpflichtungsgeschäfte und Verfügungsgeschäfte

19 Die Unterscheidung zwischen Verpflichtungsgeschäften und Verfügungsgeschäften zu verstehen und bis in die Einzelheiten hinein zu beherrschen, gehört zu den wichtigsten Aufgaben, die es im juristischen Studium zu bewältigen gilt. Für die richtige Beantwortung zivilrechtlicher Fragen ist es vielfach grundlegend, sich zunächst klarzumachen, ob sie die „obligatorische" oder die „dingliche" Ebene betreffen. In der „obligatorischen Ebene" geht es darum, welche Verpflichtungen zwischen Personen bestehen, in der „dinglichen Ebene" geht es darum, wem bestimmte Rechte zugeordnet sind. Zwischen beiden Fragen ist genau zu trennen.

---

5 Das gilt allgemein für die Darstellung, ein Rechtsgeschäft bestehe aus den Willenserklärungen, die für dessen Vornahme erforderlich sind; hierzu *Leenen* FS Canaris Bd. 1 (2007) S. 699 (706, 726) und unten § 4 Rdn. 103.

6 Hierzu *Busche* FS Säcker (2011) S. 45 (53). Eine Einordnung des Beschlusses in die rechtsgeschäftlichen Kategorien von Abschluss, Zustandekommen und Wirksamkeit unternimmt *Skauradszun*, Der Beschluss als Rechtsgeschäft (2020), S. 65 ff.

7 Vgl. statt vieler BGH vom 21.2.2019, BGHZ 221, 181 Rdn. 89 = JZ 2019, 680 zur Kündigung; BGH vom 19.12.2019, MDR 2020, 478 Rdn. 28 zur Teilungserklärung nach § 8 WEG; BGH vom 17.6.2020, MDR 2020, 1173 Rdn. 29 zur Mieterhöhung nach § 559 BGB.

Ob jemand einen *Anspruch* darauf hat, dass ihm das Eigentum an einer Sache verschafft wird, betrifft die „obligatorische" oder „schuldrechtliche" Ebene. Das wichtigste Verpflichtungsgeschäft, das einen solchen Anspruch begründet, ist der **Kaufvertrag** (vgl. § 433 Abs. 1 Satz 1 BGB). Ob jemand *Eigentümer* einer Sache ist, betrifft dagegen die „dingliche" oder „sachenrechtliche" Ebene. Das häufigste Rechtsgeschäft, durch das Eigentum erworben wird, ist die **Übereignung** durch Einigung und Übergabe gemäß § 929 Satz 1 BGB (unten Rdn. 22).

aa. Verfügungsgeschäfte

Ein Verfügungsgeschäft (oder kurz: eine Verfügung) ist nach h. M.[8] ein Rechts- **20** geschäft, durch das unmittelbar auf ein bestehendes Recht eingewirkt wird, sei es, dass das Recht auf jemand anderen übertragen wird oder dass es inhaltlich verändert oder aufgehoben wird. Aber auch die *Belastung einer Sache* mit einem beschränkt dinglichen Recht (dazu oben § 3 Rdn. 23) zählt hierzu, obwohl man sie in der herrschenden Definition so nicht wiederfindet. Die Definition, die der BGH verwendet, ist gerade in dieser Hinsicht nicht einheitlich, wobei die Abweichungen vom Gericht selbst weder erläutert noch sonst thematisiert werden (zur näheren Erläuterung der Abweichung s. § 4 Rdn. 24):

Rechtsprechung des BGH zum Verfügungsbegriff   **21**
BGH vom 4.5.1987, BGHZ 101, 24 (26) = NJW 1987, 3177

„Unter einer Verfügung ist ein Rechtsgeschäft zu verstehen, durch das der Verfügende auf ein Recht unmittelbar einwirkt, es also entweder auf einen Dritten überträgt oder mit einem Recht belastet oder das Recht aufhebt oder es sonst wie in seinem Inhalt verändert."

Unter Hinweis darauf, aber *abweichend* formuliert hingegen
BGH vom 10.12.2009, MDR 2010, 523 Rn. 26

„Im allgemeinen Zivilrecht werden darunter (gemeint: unter Verfügungen; *Anm. d. Verf.*) solche Rechtsgeschäfte verstanden, durch die unmittelbar ein Recht begründet, übertragen, belastet, aufgehoben oder sonstwie in seinem Inhalt verändert wird (BGHZ 75, 221, 226; 101, 24, 26)."

Das wichtigste Beispiel einer Verfügung bildet die **Übereignung einer Sache.** **22** Den Grundfall regelt § 929 Satz 1 BGB, der neben der sog. dinglichen *Einigung* eine *Übergabe* erfordert (dazu bereits § 3 Rdn. 12ff). Das gilt aber nur für bewegliche

---

8 Palandt/*Ellenberger* Überbl. vor § 104 Rdn. 16; *Köhler* AT § 5 Rdn. 13; *Leipold* AT § 8 Rdn. 1.

Sachen, während bei Grundstücken § 873 Abs. 1 BGB) neben der Einigung (= Auflassung, s. § 925 Abs. 1 Satz 1 BGB) die *Grundbucheintragung* fordert. Als Publizitätsakt tritt sie bei der Verfügung über Immobilien an die Stelle der Übergabe. Die *„Einigung"* ist ein Vertrag, der durch Willenserklärungen des Veräußerers und des Erwerbers zustande kommt und die Willensübereinstimmung beider Seiten darüber enthält, dass unmittelbar hierdurch das Eigentum vom Veräußerer auf den Erwerber übertragen wird. Die Übergabe ist Realakt (oben Rdn. 5ff) und kein Rechtsgeschäft. Sie verlangt, dass der Erwerber die tatsächliche Sachherrschaft erlangt und der Veräußerer keinerlei Besitz mehr behält. Die Wirkung der Übereignung besteht im Übergang des Eigentums. Die Übereignung ändert unmittelbar die rechtliche Zuordnung der Sache und ist daher ein Verfügungsgeschäft.

23   Die Parallele zur Übereignung von Sachen bildet die **Abtretung einer Forderung** gemäß § 398 BGB[9] oder anderer Rechte, z.B. eines Gesellschaftsanteils (s. § 413 BGB). Erforderlich ist ein Vertrag zwischen dem Inhaber der Forderung (dem „Gläubiger", zugleich „Abtretender" = „Zedent") und demjenigen, auf den die Forderung übertragen werden soll (Abtretungsempfänger = „Zessionar" oben § 3 Rdn. 32). Hierdurch tritt der neue Gläubiger an die Stelle des bisherigen (§ 398 Satz 2 BGB): Es wird also unmittelbar auf ein bestehendes Recht (die Forderung) eingewirkt, indem das Recht von einer Person auf eine andere übertragen wird. Weitere Beispiele von Verfügungsgeschäften bilden die **Verpfändung** einer beweglichen Sache (§ 1205 BGB), die Belastung eines Grundstücks mit einer **Hypothek** (§ 1113 BGB) oder einer **Grundschuld** (§ 1191 BGB), die Bestellung eines **Nießbrauchs** (§ 1030 BGB) oder der **Erlass** einer Schuld (§ 397 Abs. 1 BGB). Letzteres ist nach dem BGB ein Vertrag und kein einseitiges Rechtsgeschäft, auch wenn das der umgangssprachlichen Verwendung des Begriffs Erlass widerspricht. Es gibt aber auch *einseitige Verfügungsgeschäfte*, wie die Aufgabe des Eigentums an einer Sache (**Dereliktion**, § 959 BGB) oder die Begründung von Wohnungseigentum nach § 8 WEG.

24   Ob die *Begründung* eines Rechts eine Verfügung ist, wie es in der bei § 4 Rdn. 21 aufgeführten zweiten Definition des BGH heißt, hängt davon ab, ob dieses Recht der Sache selbst anhaftet und das Rechtsgeschäft damit unmittelbar die sachenrechtliche Zuordnung verändert. Die Verpfändung einer beweglichen Sache ist Verfügung, weil die Sache selbst mit einem Verwertungsrecht belastet wird (s. § 1204 Abs. 1 BGB). Dass der Pfandnehmer durch das gleiche Rechtsgeschäft das Pfandrecht an der Sache erwirbt, ist für den Begriff der Verfügung dagegen irrelevant. Demgegenüber ist die Begründung eines schuldrechtlichen Anspruchs, der

---

9 Hierzu *Petersen* Jura 2014, 278.

ebenfalls ein Recht darstellt, auch dann keine Verfügung, wenn sich der Anspruch auf eine Sache bezieht. So führt der Kaufvertrag zu einem (obligatorischen) Recht *auf* die Sache, nicht aber zu einem (dinglichen) Recht *an* der Sache selbst.

> **Der Begriff der Verfügung** 24a
> Eine Verfügung ist ein Rechtsgeschäft, durch das der Verfügende *auf ein Recht oder eine Sache* unmittelbar einwirkt, diese also entweder auf einen Dritten überträgt oder mit einem Recht belastet oder ein bestehendes Recht aufhebt oder es sonst wie in seinem Inhalt verändert.

Die Wirksamkeit einer Verfügung hängt davon ab, ob der Verfügende **Ver-** 24b **fügungsmacht** über den Gegenstand (Recht oder Sache) hat. Die Rechtsordnung erkennt die Verfügung grundsätzlich nur an, wenn der Verfügende zu der Einwirkung auf den Gegenstand berechtigt ist. Die Verfügungsmacht steht grundsätzlich dem Inhaber des Rechts zu bzw. dem Eigentümer der Sache zu. In besonderen Fällen (Beispiel: Insolvenz des Schuldners) geht sie auf andere Personen über (Insolvenzverwalter, § 80 InsO).

Verfügt jemand, der nicht Inhaber des Rechts ist, im eigenen Namen über dieses fremde Recht, so 25 ist die Verfügung gemäß **§ 185 Abs. 1 BGB** wirksam, wenn sie mit Einwilligung des Berechtigten erfolgt. Terminologisch ist an § 185 Abs. 1 BGB auffällig, dass das Gesetz den Verfügenden als „Nichtberechtigten" ansieht, obwohl der Berechtigte in diese Verfügung eingewilligt hat, also schon vor[10] der Vornahme der Verfügung erklärt hat, dass er damit einverstanden sei. Im Sinne des § 185 Abs. 1 BGB ist „Nichtberechtigter", wer keine Verfügungsmacht hat,[11] und die bloße Einwilligung stellt aus der Sicht des Gesetzes keine Verleihung von Verfügungsmacht dar.

bb. Verpflichtungsgeschäfte
Verpflichtungsgeschäfte haben die Schaffung von Pflichten zum Inhalt. Sie be- 26 gründen hierdurch ein **Schuldverhältnis**, das dem einen Teil (dem **Gläubiger**) einen Anspruch auf eine Leistung (im Sinne des § 241 Abs. 1 BGB) gegen den anderen Teil (den **Schuldner**) gewährt. Hierzu ist, wie das Gesetz in § 311 Abs. 1 BGB klarstellt, grundsätzlich ein Vertrag zwischen den Beteiligten erforderlich. Verträge, die in dieser Weise Pflichten begründen, nennt man auch **obligatorische Verträge**. Die wichtigsten und häufigsten obligatorischen Verträge sind der Kaufvertrag (§§ 433 ff BGB), der Mietvertrag (§§ 535 ff BGB), der Dienstvertrag einschließlich Arbeitsvertrag (§§ 611 ff BGB), der Werkvertrag (§§ 631 ff BGB) und als

---

10 § 183 BGB. Näher zur Einwilligung unten § 12 Rdn. 5 ff.
11 Palandt/*Ellenberger* § 185 Rdn. 5; näher Staudinger/*Klumpp* (2019) § 185 Rdn. 38 ff.

dessen Abwandlung der Reisevertrag (§§ 651a ff BGB), sowie der Geschäftsbesorgungsvertrag (§ 675 Abs. 1 BGB), dessen praktische Bedeutung allein daraus erhellt, dass hierunter die Verträge von Rechtsanwälten, Steuerberatern und Wirtschaftsprüfern mit ihren Mandanten fallen.

27   Ansprüche auf die im Vertrag vereinbarten Leistungen werden als **vertragliche Erfüllungsansprüche** bezeichnet. Für sie bildet der **Vertrag** selbst die **Anspruchsgrundlage** (oben § 3 Rdn. 31).[12] Der Käufer hat gegen den Verkäufer kraft des Vertrages einen Anspruch auf Übereignung und Übergabe der Kaufsache, weil der Verkäufer sich im Vertrag zu dieser Leistung verpflichtet hat. Dasselbe gilt für den Verkäufer: Er kann vom Käufer die Zahlung des Kaufpreises verlangen, weil der Käufer sich hierzu verpflichtet hat. Anhand des Inhalts dieser wesentlichen, durch den Vertrag begründeten Pflichten definiert das Gesetz in § 433 BGB den Kaufvertrag (d. h.: grenzt ihn anhand dieser typischen[13] Pflichten von anderen Verträgen ab) und bestimmt damit den Anwendungsbereich der gesetzlichen Vorschriften über den Kauf. Bei § 433 BGB (und den anderen oben genannten Einleitungsnormen zu gesetzlich geregelten Schuldverträgen) handelt es sich also um Definitionsnormen,[14] die nicht etwa den Anspruch auf die im Vertrag vereinbarten Leistungen begründen. Das drückt das Gesetz auch selbst klar aus, wenn es formuliert, *„durch den Kaufvertrag"* werde der Verkäufer verpflichtet. Grundlage der Verpflichtung ist der Kaufvertrag,[15] nicht das Gesetz, und so sieht es auch § 311 Abs. 1 BGB, wonach zur Begründung eines Schuldverhältnisses durch Rechtsgeschäft ein Vertrag erforderlich ist.

28   **Abweichend** hiervon findet sich vielfach die Darstellung, Grundlage für den Anspruch des Käufers gegen den Verkäufer auf Übergabe und Übereignung sei nicht der Vertrag, sondern § 433 Abs. 1 Satz 1 BGB, Grundlage für den Zahlungsanspruch des Verkäufers § 433 Abs. 2 BGB. Dem kann nicht gefolgt werden. Versteht man nämlich § 433 Abs. 1 Satz 1 BGB als Rechtsfolgeanordnung, so müsste tatbestandliche Voraussetzung das Bestehen eines wirksamen Kaufvertrages sein. Ein Kaufvertrag liegt aber nur vor, wenn im Vertrag eine Seite (der Verkäufer) genau die Verpflichtung eingeht, die sich (erst) aus § 433 Abs. 1 Satz 1 BGB ergeben soll.

---

12 *Bork* AT Rdn. 89; *Köhler* AT § 18 Rdn. 6; *Hilbert* JZ 2013, 130 (133).

13 S. die amtliche Überschrift des § 433 BGB: „Vertragstypische Pflichten beim Kaufvertrag".

14 *Larenz*, Methodenlehre der Rechtswissenschaft (6. Aufl. 1991) S. 258 f; Larenz/*Canaris*, Methodenlehre der Rechtswissenschaft (3. Aufl. 1995) S. 79 f; Medicus/*Petersen* Bürgerliches Recht Rdn. 14; *Boecken* AT Rdn. 120 (bei und nach Fn. 165); *Zwanzger*, Der mehrseitige Vertrag (2013) S. 82.

15 *Petersen* JURA 2008, 180 (182); *ders.* Examinatorium BGB-AT § 3 Rdn. 12.

cc. Das Verhältnis von Verpflichtungs- und Verfügungsgeschäft zueinander am Beispiel des Erwerbs einer Sache

Das BGB unterscheidet genau zwischen obligatorischen und dinglichen Verträ- **29**
gen, also zwischen Verpflichtungs- und Verfügungsgeschäften. Selbst ganz all-
tägliche Vorgänge wie der Erwerb von Nahrungsmitteln und sonstigen Konsum-
gütern stellen sich daher in der rechtlichen Analyse als komplexe, aus mehreren
Rechtsgeschäften zusammengesetzte Akte dar. Der wirtschaftlich einheitliche
Vorgang wird in getrennte Rechtsgeschäfte zerlegt, nämlich aufgeteilt in einen
obligatorischen Vertrag (Kaufvertrag) und die zur Erfüllung der Pflichten aus diesem erforderlichen dinglichen Rechtsgeschäfte (**Trennungsprinzip**). Darüber
hinaus wird sogar die Wirksamkeit der dinglichen Rechtsgeschäfte von der des
ihnen zugrunde liegenden Kaufvertrages abgekoppelt (**Abstraktionsprinzip**).

Die Scheidung zwischen obligatorischem und dinglichem Vertrage **30**
Mot. I, S. 127 f = Mugdan I, S. 422)

„Von besonderer Bedeutung ist die im Entwurfe durchgeführte Scheidung zwischen obligatorischem und dinglichem Rechtsgeschäfte, insbesondere zwischen obligatorischem und
dinglichem Vertrage. Das dingliche Rechtsgeschäft kann zum Inhalte haben die Begründung,
Übertragung oder Aufhebung eines Rechtes an einer Sache oder an einem Rechte; immer ist
es, soweit sein Wesen entscheidet, ein vom Verpflichtungsgrunde losgelöstes, selbständiges
Geschäft. Die Partei en mögen bei einem dinglichen Vertrage verschiedene Rechtsgründe vorausgesetzt haben, oder der von ihnen vorausgesetzte Rechtsgrund mag nicht vorhanden oder
ungültig sein, die Wirksamkeit des dinglichen Vertrages wird dadurch nicht ausgeschlossen
[...]. Ein gleiches Verhältnis besteht bei der Abtretung von Forderungen. Auch hier steht dem
die Verpflichtung zur Abtretung begründenden Vertrage der den Übergang der Forderung be-
wirkende Übertragungsvertrag als etwas Selbständiges gegenüber, wenngleich beide Akte äu-
ßerlich vereint erscheinen mögen."

---

(1) Das Trennungsprinzip

Das Trennungsprinzip[16] besagt, dass der mit der Veräußerung einer Sache ange- **31**
strebte wirtschaftliche Erfolg rechtlich durch mehrere voneinander zu unterscheidende Verträge erreicht wird, nämlich durch einen Kaufvertrag, der lediglich
Pflichten begründet, und durch die zur Erfüllung dieser Pflichten vorgenommenen dinglichen Rechtgeschäfte (Übereignung der Kaufsache, Übereignung von
Geld zur Bezahlung des Kaufpreises). Das Verständnis des Trennungsprinzips

---

16 Hierzu *Larenz*, Lehrbuch des Schuldrechts, Bd. 2: Besonderer Teil, Halbband 1, 13. Aufl. 1986,
§ 39 II (S. 10 ff); Jauernig/*Berger* vor § 854 Rdn. 12.

wird erleichtert, wenn man sich zunächst an Erwerbsvorgängen orientiert, in denen faktisch und zeitlich zwischen verschiedenen Stadien eines Geschäftsablaufs unterschieden werden kann.

32 Beispiel: Im Selbstbedienungsmöbelhaus M erhält der Kunde K für einen von ihm ausgesuchten Schreibtisch zunächst einen Laufzettel, den er an der Kasse vorlegt. K bezahlt an der Kasse den Kaufpreis und geht dann mit dem Kassenbeleg zur Warenausgabe. Dort wird ihm der in einem großen Karton verpackte Schreibtisch ausgehändigt. Die Übereignung des Schreibtischs (§ 929 BGB) fand an der Warenausgabe statt. An der Kasse hat K einen Kaufvertrag über den Schreibtisch geschlossen (§ 433 BGB). Der Kaufvertrag begründete für M die Pflicht, einen Schreibtisch des von K ausgesuchten Modells an K zu übereignen und zu übergeben, und für K die Pflicht zur Bezahlung des Kaufpreises. Dieser Pflicht ist K sogleich durch Barzahlung an der Kasse (also durch die Übereignung von Geldnoten, § 929 BGB) nachgekommen.

(2) Das Abstraktionsprinzip

33 Auf dem Trennungsprinzip baut das – „weltweit geradezu als eines der Charakteristika der deutschen Kodifikation"[17] geltende – **Abstraktionsprinzip** auf. Es besagt, dass ein dingliches Rechtsgeschäft in seiner Wirksamkeit losgelöst ist von dem ihm (meist) zugrunde liegenden obligatorischen Geschäft. Die Wirksamkeit des dinglichen Rechtsgeschäfts wird nicht dadurch beeinträchtigt, dass das zugrunde liegende schuldrechtliche Rechtsgeschäft unwirksam ist oder dass es an einem solchen schuldrechtlichen Geschäft überhaupt fehlt. Die Wirksamkeit des dinglichen Rechtsgeschäfts beurteilt sich nur aus sich selbst heraus. Anzuwenden sind die allgemeinen Vorschriften über die Wirksamkeit oder Unwirksamkeit (Nichtigkeit) von Rechtsgeschäften, und unter diesen findet sich keine Norm, die zwischen der Wirksamkeit eines obligatorischen Geschäfts und der Wirksamkeit eines dinglichen Geschäfts eine Koppelung herstellen würde.

34 Auch **§ 139 BGB** besagt nichts anderes. § 139 BGB setzt voraus, dass ein Teil eines Rechtsgeschäfts nichtig ist, und sieht vor, dass diese Teilnichtigkeit grundsätzlich die Nichtigkeit des gesamten Rechtsgeschäfts nach sich zieht (unten § 9 Rdn. 264 ff). Mit dem Verhältnis von obligatorischem Grundgeschäft (z.B. ein Kaufvertrag) und dinglichem Erfüllungsgeschäft (Übereignung der Kaufsache) hat dies nichts zu tun. Kaufvertrag und Übereignung sind inhaltlich verschiedene, selbständige Rechtsgeschäfte. Die Übereignung hat keinerlei obligatorischen (verpflichtenden) Inhalt, der Kaufvertrag enthält keinerlei dingliche Regelung

---

17 *Reinhard Zimmermann* JR 1985, 48; vgl. auch *Stadler* AT § 16 Rdn. 22: „stilprägendes Merkmal der deutschen Zivilrechtsordnung". Aus chinesischer Sicht *Bu Yuanshi* JZ 2010, 26: „Das Abstraktionsprinzip hat als ein Alleinstellungsmerkmal die deutsche Rechtskultur geprägt". Den rechtsphilosophischen und rechtshistorischen Hintergrund erläutert *Strack* Jura 2011, 5 ff.

zum Übergang des Eigentums. Also ist der eine Vertrag nicht Teil des anderen. Die Frage kann nur sein, ob die Vertragspartner die nach dem Gesetz selbständigen Verträge kraft ihrer Privatautonomie zu Teilen eines umfassenden Veräußerungs-vertrages machen können, auf den § 139 BGB anzuwenden wäre. Die Antwort auf diese (umstrittene!) Frage hängt davon ab, ob die Vertragspartner sich über die hinter dem Abstraktionsprinzip stehende gesetzgeberische Wertung hinwegset-zen können, oder ob diese Wertung ihrerseits der Privatautonomie Schranken setzt.

Die Verfasser des BGB entschieden sich für Trennungs- und Abstraktionsprin- **35** zip, weil sie sich hiervon eine Erleichterung des Rechtsverkehrs und insbesondere eine Erhöhung der Rechtssicherheit versprochen haben.[18] Dingliche Rechts-geschäfte sind, für sich gesehen, nämlich weniger störungsanfällig als die ihnen zugrunde liegenden obligatorischen. Das folgt letztlich bereits aus der Fülle der Dinge, die in einem Verpflichtungsgeschäft geregelt werden können und oft auch geregelt werden sollen, wie z.B. die Fälligkeit der Leistungen, der Leistungsort, die Rechte bei Pflichtverletzungen, der Gerichtsstand usw. Demgegenüber be-schränkt sich die Verfügung oft auf den Übergang des Eigentums.

Beispiele: Irrtümer und Willensmängel, die ein Anfechtungsrecht gewähren (unten § 14 **36** Rdn. 27ff), betreffen typischerweise den Kaufvertrag, nicht die Übereignung der Kaufsache – so insbesondere, wenn sich Käufer oder Verkäufer bei der Angabe des Kaufpreises versprechen oder verschreiben. Die Vereinbarung des Kaufpreises erfolgt im Kaufvertrag, die Übereignung enthält hierzu kein Wort. – Die bloße Übertragung des Eigentums an einer Sache verstößt in aller Regel nicht gegen die guten Sitten.[19] Daher ist eine Übereignung grundsätzlich wirksam, auch wenn sie aufgrund eines gemäß § 138 Abs. 1 BGB nichtigen obligatorischen Vertrages erfolgt.[20]

Durch die Störungsunanfälligkeit dinglicher Rechtsgeschäfte werden nicht nur **37** die daran unmittelbar Beteiligten abgesichert. Geschützt werden vor allem Drit-te.[21] Ist eine Übereignung von A an B auch dann wirksam, wenn der der Übereig-nung zugrunde liegende obligatorische Vertrag unwirksam ist, so ändert die Un-wirksamkeit des obligatorischen Vertrages nichts daran, dass die Sache zur Haftungsmasse des B gehört. Hierdurch werden dessen Gläubiger geschützt.[22] Übereignet B die Sache weiter an C, so erwirbt C diese von deren Eigentümer. Der Erwerbsvorgang des C wird also nicht mit Risiken belastet, die aus der früheren

---

18 Mot III, S. 6f = Mugdan III, S. 4.
19 Hierzu eingehend und pointiert *Reinhard Zimmermann* JR 1985, 48 (50ff).
20 Palandt/*Ellenberger* § 138 Rdn. 20. Beispiel: Kaufvertrag über Radarwarngerät zur Verwen-dung im Inland; dazu unten § 9 Rdn. 255.
21 *Stadler* AT § 16 Rdn. 23.
22 *Petersen* JURA 2004, 98 (101).

Transaktion des B mit A stammen.[23] Zwar kann solchen Risiken auch anders begegnet werden, zu nennen ist insbesondere die Möglichkeit eines gutgläubigen Erwerbs einer dem Veräußerer nicht gehörenden Sache gemäß §§ 932ff BGB. Jedoch hat sich das BGB dafür entschieden, es bei bloßen Mängeln des Verpflichtungsgeschäfts gar nicht erst auf die Unwägbarkeiten eines Streits um die Gutgläubigkeit des Erwerbers ankommen zu lassen, und stattdessen durch die Anerkennung der Wirksamkeit des vorausgegangenen dinglichen Geschäfts einen Erwerb vom Berechtigten sicher zu stellen.

37a Sehr umstritten ist, inwieweit diese Entscheidung des BGB die Privatautonomie einschränkt. Können die Parteien das Verfügungsgeschäft von der Wirksamkeit des Verpflichtungsgeschäfts kraft ihres Willens abhängig machen, etwa indem sie es zu einer Geschäftseinheit im Sinne von § 139 BGB verbinden (dazu auch unten § 9 Rdn. 268)?[24] Jedenfalls für die Übereignung von Grundstücken scheidet eine gewillkürte Verbindung aus, weil § 925 Abs. 2 BGB, der eine dingliche Einigung (Auflassung) unter einer Bedingung ausschließt, deutlich macht, dass die Rechtsklarheit und damit vor allem der Verkehrsschutz Vorrang vor der Privatautonomie hat. Bei beweglichen Sachen hingegen wird die bedingte Einigung – sogar ohne ausdrückliche Erklärung der Bedingung – zugelassen.[25] Den wichtigsten Fall bildet der Eigentumsvorbehalt (dazu unten § 10 Rdn. 22). Wenn man aber die Einigung über den Eigentumsübergang unter die Bedingung der vollständigen Kaufpreiszahlung stellen kann, dann muss es auch möglich sein, sie vom Bestehen des zugrundliegenden Verpflichtungsgeschäfts abhängig zu machen, weshalb der Privatautonomie insoweit der Vorrang zukommt.

38 In der für die **Wirkungsweise des Abstraktionsprinzips** charakteristischen Konstellation (dazu unten § 24 Rdn. 3f) ist der Kaufvertrag nichtig. Die Übereignung der Kaufsache an den Käufer bleibt hiervon unberührt, ist also wirksam. Daher kann der Verkäufer die Sache nicht gemäß § 985 BGB herausverlangen. Der Verkäufer ist nicht (mehr) Eigentümer. Ihm bleibt nur ein Anspruch gegen den Käufer gemäß § 812 Abs. 1 Satz 1 Var. 1 BGB auf Herausgabe dessen, was der Käufer durch seine Leistung ohne rechtlichen Grund erlangt hat. Erlangt hat der Käufer das Eigentum und den Besitz an der Kaufsache. Dieser Erwerb des Käufers be-

---

23 Medicus/*Petersen* AT Rdn. 226.

24 Ablehnend *Flume* AT § 32, 2a (S. 571), *Stadler* AT § 27 Rdn. 3; *R. Zimmermann* JR 1985, 48; ebenso die Vorauflage; anders *Faust* AT § 12 Rdn. 6. Medicus/*Petersen* AT Rdn. 241 und 504 lehnen eine Geschäftseinheit „ohne konkrete Anhaltspunkte" ab, halten diese also grundsätzlich für zulässig. Der BGH lässt zu, dass das Abstraktionsprinzip „ausnahmsweise" durch den Parteiwillen durchbrochen werden könne, schließt aber die Zusammenfassung von Grundstückskaufvertrag und Auflassung zu einer Geschäftseinheit im Sinne des § 139 BGB aus: BGH vom 2.2.1967, NJW 1967, 1128 (1130); BGH vom 23.2.1979, NJW 1979, 1495 (1496); BGH vom 25.11.2004, BGHZ 161, 170 (175) = NJW 2005, 415.

25 Palandt/*Herrler* § 929 Rdn. 4.

ruht darauf, dass V Verpflichtungen aus dem Kaufvertrag nachkommen wollte. Hierin liegt eine Leistung im Sinne des § 812 Abs. 1 Satz 1 BGB. Der Rechtsgrund fehlt, weil der Kaufvertrag unwirksam ist und daher keine Pflicht des Verkäufers zur Übereignung und Übergabe der Sache begründet hat. Nähere Hinweise zum Abstraktionsprinzip in der Fallbearbeitung finden sich unten in § 24.

c. Entgeltliche und unentgeltliche Rechtsgeschäfte

Eine weitere wichtige Einteilung betrifft entgeltliche und unentgeltliche Rechts- **39** geschäfte.

aa. Entgeltliche Rechtsgeschäfte

Mit dem Begriff der Entgeltlichkeit ist eine wirtschaftlich ebenso bedeutsame wie **40** dogmatisch grundlegende Kategorie von Rechtsgeschäften angesprochen. Entgeltliche Rechtsgeschäfte sind in einer auf Privatautonomie gegründeten Rechtsordnung der Motor des gesamten rechtsgeschäftlichen Verkehrssystems. Es geht im Kern um schuldrechtliche Verträge, in denen jeder Teil eine Verpflichtung eingeht, um im Austausch hierfür die Verpflichtung des anderen Teils zu einer Gegenleistung zu erhalten. Die Kurzformel lautet (*lat.*): **do ut des**. Ich gebe, damit du gibst, oder genauer: Ich gebe dir das Versprechen meiner Leistung, damit du mir im Austausch das Versprechen deiner Leistung gibst. Das BGB nennt solche Verträge **gegenseitige Verträge** (§§ 320 ff BGB). Das Verhältnis der Gegenseitigkeit der Verpflichtungen zueinander wird auch als **Synallagma** bezeichnet. Statt von „entgeltlichen Verträgen" kann man also von „gegenseitigen Verträgen" oder von „synallagmatischen Verträgen" sprechen. Diese Begriffe meinen dasselbe.

Das Musterbeispiel, und der in der Praxis bei weitem wichtigste entgeltliche **41** Vertrag, ist der Kaufvertrag. Durch ihn verpflichtet sich der Verkäufer, dem Käufer eine Sache zu übereignen und zu übergeben (vgl. § 433 Abs. 1 Satz 1 BGB). Die Frage ist, warum der Verkäufer freiwillig diese Verpflichtung eingeht, die ihn ja als solche nur belastet. Die Antwort lautet: Der Verkäufer verspricht seine Leistung, weil er nur auf diesem Wege den Käufer dazu bewegen kann, sich zur Zahlung des Kaufpreises zu verpflichten (vgl. § 433 Abs. 2 BGB), und hieran ist der Verkäufer in erster Linie interessiert. Dasselbe gilt umgekehrt für den Käufer: Er geht die ihn belastende Zahlungspflicht ein, um dafür im Ausgleich das zu erhalten, worauf es ihm in erster Linie ankommt, nämlich die Verpflichtung des Verkäufers, ihm die Kaufsache zu übereignen und zu übergeben. Für jede Seite bildet die Eingehung der eigenen Verpflichtung das Mittel, um den Anspruch auf die Leistung des anderen Teils zu erwerben. Die von der Gegenseite versprochene

Leistung ist der Ausgleich oder das „Entgelt" für die eigene Leistung des Versprechenden.

42   Das Entgelt kann in der Zahlung von Geld oder in jeder anderen Leistung bestehen. Bei den meisten entgeltlichen Verträgen schuldet die eine Seite Geld, die andere Seite eine andere Leistung. Aber auch ein Vertrag, in dem keine Seite sich zu einer Geldleistung verpflichtet, wie z.B. ein Tauschvertrag (§ 480 BGB), ist ein entgeltlicher Vertrag.

bb. Unentgeltliche Rechtsgeschäfte

43   Unentgeltliche Rechtsgeschäfte haben die Begründung einer Verpflichtung oder die Gewährung eines anderen Vorteils zum Inhalt, ohne dass hierfür ein Ausgleich in Form einer Gegenleistung der anderen Seite vorgesehen ist.

(1) Die Schenkung

44   Das wichtigste **Beispiel** bildet die **Schenkung**. Sie wird definiert in § 516 Abs. 1 BGB als eine Zuwendung, durch die jemand aus seinem Vermögen einen anderen bereichert, wenn beide Teile darüber einig sind, dass die Zuwendung unentgeltlich erfolgt. Gesetzgebungstechnisch ist bemerkenswert, dass der zentrale Begriff der „Unentgeltlichkeit" nicht näher definiert, sondern als unter Juristen bekannt vorausgesetzt wird.[26] Rechtspolitisch beachtlich und für die liberale Grundhaltung des BGB kennzeichnend ist, dass die Schenkung einen Vertrag zwischen Schenker und Beschenktem erfordert: Beide müssen sich darüber einig sein, dass die Zuwendung unentgeltlich sein soll. Niemand muss sich gegen seinen Willen von einem anderen etwas schenken lassen.

45   Auch für die Schenkung gelten das Trennungs- und das Abstraktionsprinzip. Der Schenkungsvertrag verschafft dem Beschenkten also noch kein Recht an der Sache. Er muss von den dinglichen Rechtsgeschäften unterschieden werden, durch die die Zuwendung an den Beschenkten vollzogen wird (wie z.B. die Übereignung der verschenkten Sache oder der Erlass einer Schuld). Man unterscheidet zwei Arten von Schenkungsverträgen: Zum einen kann sich der Schenker zu einer Leistung verpflichten, die er unentgeltlich dem Beschenkten erbringen will und nach Vertragsschluss auch erbringen muss (**Versprechensschenkung**). Zum anderen kann sich die Schenkung im bloßen Einigsein darüber erschöpfen, dass eine Zuwendung unentgeltlich erfolgen soll, ohne eine

---

26 Zur Tendenz des BGB, auf gesetzliche Definitionen grundlegender Begriffe zu verzichten, oben § 1 Rdn. 28.

Pflicht des Schenkers zur Vornahme einer solchen Zuwendung zu begründen (**Handschenkung**).

(a) Die Versprechensschenkung

Eine Versprechensschenkung liegt vor, wenn der Schenker im Vertrag verspricht, **46** an den Beschenkten unentgeltlich eine Leistung zu erbringen. Da die Eingehung von Verpflichtungen, denen keine Gegenleistung gegenübersteht, objektiv ungewöhnlich und für den Schenker nachteilig ist, ist ein solcher Vertrag nur wirksam, wenn das Leistungsversprechen des Schenkers (also dessen vertragliche Willenserklärung) notariell beurkundet wird (§ 518 Abs. 1 Satz 1 BGB). Freilich hindert diese Vorsichtsmaßnahme des Gesetzgebers nicht, dass der Schenker die in einem formunwirksamen Schenkungsvertrag versprochene Leistung, zu der er nicht verpflichtet ist, doch erbringt, indem er z. B. eine Sache an den Beschenkten übereignet. Nach dem Abstraktionsprinzip steht die Unwirksamkeit des Schenkungsvertrages der Wirksamkeit der Übereignung nicht entgegen. Das Gesetz sieht sogar vor, dass mit der vollständigen Bewirkung der im unwirksamen Vertrag versprochenen Leistung der Formmangel des Grundgeschäfts, also der Versprechensschenkung, *geheilt* wird (§ 518 Abs. 2 BGB; dazu unten § 9 Rdn. 162). Das hat insbesondere zur Folge, dass der Schenker die erbrachte Leistung nicht gemäß § 812 Abs. 1 Satz 1 Var. 1 BGB mit der Begründung zurückfordern kann, die Leistung sei ohne Rechtsgrund erfolgt. Der formunwirksame Schenkungsvertrag begründet eine sog. Naturalobligation.

(b) Die Handschenkung

Einfacher liegen die Dinge bei einer bloßen Handschenkung. Hier verspricht der **47** Schenker nicht, dem Beschenkten zukünftig eine Leistung unentgeltlich zu erbringen. Es geht ihm nicht darum, dem Beschenkten einen Anspruch auf diese Leistung zuzuwenden. Er nimmt vielmehr unmittelbar das Verfügungsgeschäft vor (z. B. durch Übereignung einer Sache) und ist sich mit der anderen Seite gemäß § 516 Abs. 1 BGB darüber einig, dass diese Zuwendung unentgeltlich erfolgt. Diese der Verfügung zugrunde liegende Vereinbarung hat keinerlei verpflichtenden Inhalt. Sie schafft lediglich den Rechtsgrund dafür, dass dem Beschenkten die Zuwendung gebührt, dass er sie behalten darf und nicht gemäß § 812 Abs. 1 Satz 1 Var. 1 BGB wieder an den Schenker herausgeben muss. Grundlage des bei einer Handschenkung vorgenommenen Verfügungsgeschäfts ist also nicht ein Verpflichtungsvertrag, sondern eine bloße **Rechtsgrundabrede**.

48 **Beispiel:** S ist bei G zum Geburtstag eingeladen und bringt ihr als Geschenk eine CD mit. Wenn S der G die CD mit den Worten „Happy Birthday!" in die Hand drückt und G sich bedankt, sind zwei Verträge zustande gekommen. S hat G die CD gemäß § 929 BGB übereignet. Zugleich waren sich beide einig, dass diese Zuwendung unentgeltlich (nämlich: als Geburtstagsgeschenk) erfolgen soll.

49 Nicht selten wird in der Literatur die Handschenkung als eine Versprechensschenkung dargestellt, bei der die Unwirksamkeit des Schenkungsvertrages (§ 518 Abs. 1 BGB, § 125 Satz 1 BGB) durch die sofortige Bewirkung der Leistung geheilt werde (§ 518 Abs. 2 BGB). Dem ist nicht zu folgen. Wer einem Geburtstagskind als Geschenk eine CD in die Hand drückt, verspricht ihm nicht eine zukünftige Leistung, deren wirksame vertragliche Vereinbarung notarieller Beurkundung des Versprechens bedürfte (§ 518 Abs. 1 Satz 1 BGB, unten § 9 Rdn. 188). Das Geburtstagskind soll keinen Anspruch gegen den Schenker erwerben, sondern unmittelbar eine Zuwendung erhalten, auf die *kein Anspruch* besteht. Die Einigung hierüber bedarf, weil sie keine Verpflichtung enthält, keiner Form.

(2) Sonstige unentgeltliche Rechtsgeschäfte

50 Nicht jeder Vertrag über eine unentgeltlich zu erbringende Leistung ist eine Schenkung. Für die Schenkung verlangt das Gesetz, dass der Schenker etwas aus seinem *vorhandenen* Vermögen weggibt.[27] Der bloße Verzicht auf die *zukünftige* Möglichkeit, mit den eigenen Ressourcen und der eigenen Arbeitskraft etwas zu erwerben, stellt keine Schenkung dar. Das lässt Raum für eine Reihe von unentgeltlichen Verträgen, die nicht den Beschränkungen des Schenkungsrechts unterliegen.

51 Die Grundform eines solchen unentgeltlichen Vertrages bezeichnet das Gesetz als **Auftrag**. Der Beauftragte verpflichtet sich, „ein ihm von dem Auftraggeber übertragenes Geschäft für diesen unentgeltlich zu besorgen" (§ 662 BGB). Mit der „Besorgung eines Geschäfts" ist jegliche Tätigkeit im Interesse des anderen Teils gemeint. Der unmittelbare Anwendungsbereich der Vorschriften über den Auftrag ist dennoch nicht so groß, wie diese weit gefasste Definition des denkbaren Vertragsinhalts vermuten lässt. Wirtschaftlich bedeutende und arbeitsintensive Tätigkeiten für einen anderen werden am Markt in aller Regel nur gegen Entgelt angeboten, und damit handelt es sich bei vertraglichen Vereinbarungen dieses Inhalts nicht um einen Auftrag, sondern um Dienstverträge (§§ 611 ff BGB), Werkverträge (§§ 631 ff BGB), Geschäftsbesorgungsverträge (§ 675 BGB) oder andere entgeltliche Verträge. Am anderen Ende der Skala geht es um

---

27 Wortlaut des § 516 Abs. 1 BGB („aus seinem Vermögen").

wirtschaftlich relativ unbedeutende Hilfeleistungen für andere (Blumengießen während des Urlaubs des Nachbarn!), die als Gefälligkeit zugesagt werden, im rein gesellschaftlichen Bereich des Umgangs mit anderen verbleiben und keine rechtlichen Verpflichtungen begründen sollen (unten § 5 Rdn. 12ff). Damit fehlt es überhaupt an einer vertraglichen Regelung.

Kommt – in dem verbleibenden schmalen Bereich – wirklich ein Auftragsver- 52 trag zustande, so knüpft das Gesetz hieran Pflichten für beide Seiten. Den Beauftragten trifft nicht nur die vertraglich übernommene Pflicht zur Besorgung eines bestimmten Geschäfts, er hat auch gemäß § 667 BGB alles an den Auftraggeber herauszugeben, was er aus der Geschäftsbesorgung erlangt hat. Der Beauftragte kann seinerseits vom Auftraggeber Ersatz von Aufwendungen verlangen, die er zur Ausführung des Auftrags gemacht hat und für erforderlich halten durfte (§ 670 BGB). Aufgrund dieser gesetzlichen Regelung handelt es sich beim Auftrag um einen **zweiseitig verpflichtenden Vertrag**. Die beiderseitigen Pflichten stehen aber nicht im Verhältnis der Gegenseitigkeit (Entgeltlichkeit) zueinander. Der Beauftragte verpflichtet sich nicht zur Ausführung des Auftrags, um einen Anspruch auf Ersatz von Aufwendungen zu erhalten. Der gesetzlich gewährte Anspruch auf Ersatz der Aufwendungen ist kein Entgelt für die Tätigkeit des Beauftragten, sondern füllt lediglich dessen Kasse wieder mit einem Betrag auf, den der Beauftragte zuvor für den Auftragnehmer ausgegeben hat.

Der **Test** für die Frage, ob es sich um einen entgeltlichen oder unentgeltlichen Vertrag handelt, lautet also nicht, ob der Vertrag für beide Seiten Pflichten begründet. Der Auftrag zeigt, dass auch zweiseitig verpflichtende Verträge unentgeltliche Verträge sein können. Das entscheidende Kriterium ist, ob man durch den Abschluss von beiderseits verpflichtenden Verträgen auf Dauer sein Vermögen mehren kann. Wer Auftragsverträge schließt und dadurch gegen die Auftraggeber Ansprüche auf Ersatz von Aufwendungen erwirbt, verdient nichts hinzu. Wer als Verkäufer, Vermieter, Bauunternehmer, Verträge schließt, kalkuliert das von der Gegenseite zu bezahlende Entgelt so, dass alle Kosten abgedeckt sind und darüber hinaus ein Gewinn erzielt wird. Entgeltliche Verträge sind Verträge, durch die man reicher werden kann (nicht: muss!).

cc. Die Unanwendbarkeit des Kriteriums der Entgeltlichkeit auf Verfügungsgeschäfte

Vereinbarungen darüber, ob eine Leistung entgeltlich oder unentgeltlich erfolgen 54 soll, gehören nach dem dem BGB zugrunde liegenden Trennungs- und Abstraktionsprinzip der schuldrechtlichen Ebene an. Das Verfügungsgeschäft ist inhaltlich von solchen Fragen entlastet. Daher bezieht sich die Unterscheidung von Entgeltlichkeit und Unentgeltlichkeit nur auf schuldrechtliche Rechtsgeschäfte, die Verfügungsgeschäften zugrunde liegen, nicht aber auf diese Verfügungsgeschäfte selbst. Wenn das BGB gelegentlich darauf abstellt, ob eine „Verfügung unentgeltlich" erfolgt ist (§ 816 Abs. 1 Satz 2 BGB!), so liegt hierin eine sprachliche Verkürzung. Es geht um Verfügungen, denen ein unentgeltliches Rechtsgeschäft (also insbesondere eine Schenkung) zugrunde liegt.[28]

d. Kausale und abstrakte Rechtsgeschäfte

55 Eine weitere Einteilung orientiert sich daran, ob man Rechtsgeschäften ansieht, *warum* sie vorgenommen werden oder nicht.[29] Bei einem Kauf-, Miet-, Werk- oder Arbeitsvertrag und ähnlichen entgeltlichen schuldrechtlichen Verträgen geht es jeder Seite darum, durch das Versprechen der eigenen Leistung einen Anspruch auf die Leistung der Gegenseite zu erwerben. Solche Verträge, die den Rechtsgrund, warum sie vorgenommen werden, in sich tragen, nennt man (nach *lat.* „causa" = der Grund) **kausale Rechtsgeschäfte.**

56 Den kausalen Geschäften werden Rechtsgeschäfte gegenübergestellt, denen man nicht ansieht, warum sie vorgenommen werden. Das Musterbeispiel ist die Übereignung einer Sache. Die Übereignung kann erfolgen, weil ein Verkäufer seiner Verpflichtung nachkommen will, dem Käufer das Eigentum an der Kaufsache zu verschaffen (§ 433 Abs. 1 Satz 1 BGB), oder weil ein Käufer nach dem Rücktritt vom Kaufvertrag dem Verkäufer die von diesem erbrachte Leistung zurückzugewähren hat (§ 346 Abs. 1 BGB), oder weil jemand das Eigentum an der Sache ohne rechtlichen Grund erworben hat und deshalb gemäß § 812 Abs. 1 Satz 1 BGB zur Herausgabe des Eigentums verpflichtet ist, oder weil ein Erbe mit dem Vermächtnis belastet ist, eine bestimmte zum Nachlass gehörende Sache einem Vermächtnisnehmer zu übereignen (§ 2174 BGB), oder aus vielfältigen anderen Gründen. Einer Übereignung sieht man nicht an, warum sie vorgenommen wird. Sie ist von dem Rechtsgrund, warum sie vorgenommen wird, losgelöst und deshalb (von *lat.* „abstractus" = abgezogen) ein **abstraktes Rechtsgeschäft.**

II. Willenserklärungen

1. Definition der Willenserklärung

57 Rechtsgeschäfte werden durch Willenserklärungen geschaffen (oben Rdn. 1). Willenserklärungen lassen sich **definieren** als das von der Rechtsordnung vorgese-

---

28 Zutreffend *Neuner* AT § 29 Rdn. 83.
29 Einführend *S. Lorenz* JuS 2009, 489 ff.

hene Instrument, um privatautonom zu bestimmen, dass ein Rechtsgeschäft geschaffen werden und welche Rechtswirkungen es herbeiführen soll. Bei einem einseitigen Rechtsgeschäft genügt hierfür eine einzige Willenserklärung. Um einen Vertrag zu schaffen, sind zumindest zwei Willenserklärungen erforderlich.

2. Die Beschränkung der Wirkungen einer Willenserklärung auf das Zustandekommen des Rechtsgeschäfts

Die Wirkungen von Willenserklärungen bestehen darin und beschränken sich dar- **58** auf, zum Zustandekommen des Rechtsgeschäfts mit dem sich aus den Willenserklärungen ergebenden Inhalt zu führen (unten § 7 Rdn. 1). Ist durch wirksame Willenserklärungen der Tatbestand eines Rechtsgeschäfts geschaffen worden, so steht fest, welche Rechtsfolgen durch das Rechtsgeschäft herbeigeführt werden *sollen*. Nicht liegt hierin zugleich, *dass* die Rechtswirkungen des Rechtsgeschäfts eintreten.

Die im Rechtsgeschäft von den Beteiligten bestimmten Rechtsfolgen treten **59** kraft der Anerkennung des Rechtsgeschäfts durch die Rechtsordnung ein (unten § 9 Rdn. 2ff). Sache der Parteien ist es, die Voraussetzungen dafür zu schaffen, dass dessen Anerkennung durch die Rechtsordnung nichts im Wege steht. *Nicht* steht es in der Macht der an einem Rechtsgeschäft Beteiligten, in ihren Willenserklärungen zu bestimmen, dass das Geschäft wirksam sein soll. Hierüber entscheidet allein die Rechtsordnung. Die Wirkung der Willenserklärung darf also nicht darin gesehen werden, dass sie schon selbst die Rechtsfolgen herbeiführt, die nach dem Inhalt der Erklärung privatautonom begründet werden sollen. Willenserklärungen bestimmen allein, welchen Inhalt und somit welche Rechtswirkungen das Rechtsgeschäft haben soll, das durch die Willenserklärungen geschaffen wird.

Beispiele: Ist ein Vertrag gemäß § 151 BGB durch Annahme des Antrags zustande gekommen, so **60** ergibt sich aus dem Vertragsinhalt, welche Rechtsfolgen nach dem Willen der Kontrahenten geschaffen werden sollen. § 151 BGB besagt nicht, dass durch die Annahme des Antrags schon die Wirkungen des Vertrages eintreten. Entsprechendes gilt für einseitige Rechtsgeschäfte. Dass eine Anfechtung gemäß § 143 Abs. 1 BGB erfolgt ist, besagt nur, dass durch die Anfechtungserklärung das Rechtsgeschäft „Anfechtung" zustande gekommen ist. Ob damit auch die Wirkungen der Anfechtung eingetreten sind und also das angefochtene Rechtsgeschäft gemäß § 142 Abs. 1 BGB als von Anfang an nichtig anzusehen ist, ist eine weitere Frage. Die Antwort hierauf hängt insbesondere davon ab, ob ein Anfechtungsrecht besteht. Fehlt es an einem Anfechtungsrecht, ist die Anfechtung unwirksam, aber dennoch „erfolgt" im Sinne von § 143 Abs. 1 BGB (vgl. unten § 11 Rdn. 26f).

3. Die Abgabe von Willenserklärungen im eigenen Namen und im fremden Namen

61 Willenserklärungen können im eigenen Namen des Erklärenden oder in fremdem Namen (im Namen eines Dritten) abgegeben werden. Willenserklärungen sind das rechtliche Instrument zur Schaffung von Rechtsgeschäften, deren Wirkungen entweder den Erklärenden selbst oder eine von ihm bestimmte andere Person treffen sollen.

a. Erklärungen im eigenen Namen

62 Wird eine Willenserklärung im **eigenen** Namen abgegeben, so liegt darin die Bestimmung, dass die Rechtswirkungen des Rechtsgeschäfts auf den Erklärenden selbst bezogen sein sollen.

63 **Beispiel:** M und V unterschreiben einen Mietvertrag, und zwar M „als Mieterin", V „als Vermieter". Beide Seiten geben die auf den Abschluss des Vertrages gerichteten Willenserklärungen im eigenen Namen ab. Die Willenserklärungen besagen, dass M und V Vertragspartner sein sollen, der Vertrag also zwischen den Personen zustande kommen soll, von denen die auf den Abschluss des Vertrages gerichteten Willenserklärungen stammen.

64 Ob eine Erklärung im eigenen Namen erfolgt, ist eine Frage der Auslegung.[30] Die Verwendung des eigenen Namens bei Abgabe der Erklärung wird meist dahin zu verstehen sein, dass die Rechtsfolgen des Rechtsgeschäfts auf den Erklärenden selbst bezogen sein sollen. Das muss aber nicht so sein: Die Vorstandsmitglieder einer Aktiengesellschaft zeichnen mit dem eigenen Namen, aus den näheren Umständen (auf die Aktiengesellschaft bezogener Vertragstext, Geschäftsbriefbogen der Aktiengesellschaft) ergibt sich aber, dass die Erklärung in fremden Namen (unten Rdn. 66 ff) abgegeben wird. Umgekehrt kann trotz Verwendung eines fremden Namens eine Erklärung im eigenen Namen vorliegen. Wer ein Hotelzimmer unter einem erfundenen Namen mietet, um seine Identität zu verbergen, will doch in eigener Person Vertragspartner werden (unten Rdn. 98 f). Entscheidend ist, ob durch die Erklärung ein auf den Erklärenden bezogenes Rechtsgeschäft geschaffen werden soll. Ist dies der Fall, liegt eine Erklärung „im eigenen Namen" vor. Wird nicht deutlich, dass eine Willenserklärung in fremdem Namen abgegeben sein soll, so ist sie als eine im eigenen Namen abgegebene Erklärung anzusehen (§ 164 Abs. 2 BGB).

65 Im eigenen Namen werden vor allem Willenserklärungen im privaten Bereich abgegeben. Die meisten Verträge zwischen einem Verbraucher (§ 13 BGB) und

---

30 Näher zur Auslegung von Willenserklärungen unten § 5 Rdn. 36 ff.

einem Unternehmer (§ 14 BGB) kommen auf der Seite des Verbrauchers durch Willenserklärungen zustande, die im eigenen Namen abgegeben werden. Wer im Supermarkt Lebensmittel für den täglichen Bedarf einkauft, wer Kleidung zur Reinigung bringt, ein Paket bei der Post aufgibt, eine Zeitung am Kiosk kauft, gibt typischerweise Willenserklärungen im eigenen Namen ab.[31]

b. Erklärungen in fremdem Namen: Stellvertretung beim Rechtsgeschäft

Wird eine Willenserklärung in **fremdem** Namen abgegeben, so liegt hierin die Be- **66** stimmung, dass das Rechtsgeschäft, das durch diese Erklärung geschaffen wird, nicht auf den Erklärenden, sondern auf denjenigen bezogen sein soll, in dessen Namen die Erklärung erfolgt.

Beispiel: Die Kassenangestellten eines Supermarktes schließen Verträge mit den Kunden im Na- **67** men desjenigen, der den Markt betreibt. Die von den Angestellten geschlossenen Verträge kommen nicht mit ihnen persönlich, sondern mit dem Unternehmensträger zustande (näher unten § 8 Rdn. 151 ff).

aa. Das Handeln in fremdem Namen als Definitionsmerkmal der Stellvertretung

Das BGB bezeichnet denjenigen, der eine Willenserklärung in fremdem Namen **68** abgibt, als **Vertreter** und denjenigen, in dessen Namen die Willenserklärung abgegeben wird, als den **Vertretenen** (§ 164 Abs. 1 BGB). Der im Schrifttum eingeführte Begriff für die Abgabe von Willenserklärungen in fremdem Namen ist – leicht abweichend von der Terminologie des BGB – „Stellvertretung" beim Rechtsgeschäft.[32] Somit lässt sich definieren: **Stellvertreter ist, wer eine eigene Willenserklärung in fremdem Namen abgibt.**

(1) Abgrenzungen

Anhand der Definitionsmerkmale der Stellvertretung lassen sich einige wichtige **69** Abgrenzungen vornehmen.

(a) Abgrenzung zum Boten

Die Hervorhebung, dass es sich um eine *eigene* Willenserklärung des Stellver- **70** treters handle, dient der Abgrenzung zum Erklärungs-**Boten**, der lediglich eine

---

31 Zum Sonderfall von Geschäften für denjenigen, „den es angeht", unten Rdn. 94 f.
32 Es gibt keine Vorschrift des BGB, die den Begriff „Stellvertreter" verwendet.

fremde Erklärung überbringt. Der Bote reproduziert die Willenserklärung eines anderen, der Stellvertreter produziert eine eigene Erklärung. Das macht z. B. einen Unterschied für die Frage der Geschäftsfähigkeit. Für die Wirksamkeit einer von einem Boten überbrachten Willenserklärung ist dessen Geschäftsfähigkeit unerheblich, da es ja nicht seine Willenserklärung ist und § 105 Abs. 1 BGB (unten § 6 Rdn. 75 ff) deshalb auf ihn nicht anwendbar ist. Es kommt insoweit auf die Person an, deren Willenserklärung der Bote überbringt. Anders beim Stellvertreter. Der Stellvertreter gibt eine eigene Willenserklärung ab, die gemäß § 105 Abs. 1 BGB nichtig ist, wenn der Stellvertreter geschäftsunfähig ist. Keine Rolle spielt die Geschäftsunfähigkeit des Vertretenen, da dieser keine Willenserklärung abgibt. Die Geschäftsunfähigkeit des Vertretenen kann gerade der Grund sein, warum an seiner Stelle Vertreter handeln und Willenserklärungen abgeben.

71 **Beispiel:** Das fünfjährige Kind K holt für seine Eltern 6 Brötchen in der Bäckerei und bezahlt den Kaufpreis. K ist geschäftsunfähig (§ 104 Nr. 1 BGB), eigene Willenserklärungen des K sind daher gemäß § 105 Abs. 1 BGB nichtig. K kann aber als Bote fungieren und die auf den Abschluss von Verträgen gerichteten Willenserklärungen der Eltern überbringen (unten § 6 Rdn. 80).

(b) Abgrenzung zum mittelbaren Stellvertreter

72 Der Begriff des „mittelbaren Stellvertreters" ist unglücklich und irreführend, weil es sich dabei im Sinne des BGB gerade nicht um einen Vertreter handelt. Der mittelbare Stellvertreter gibt Willenserklärungen im eigenen Namen ab, schließt im eigenen Namen Verträge und wird selbst Vertragspartner. Diese Rechtsgeschäfte nimmt der mittelbare Vertreter im Interesse eines anderen (des Auftraggebers) vor, dem die Geschäfte im Ergebnis zugute kommen sollen. Aufgrund einer vertraglichen Absprache mit dem Auftraggeber ist der mittelbare Vertreter verpflichtet, das, was er aus den von ihm im eigenen Namen vorgenommenen Rechtsgeschäften erlangt, an den Auftraggeber herauszugeben.

73 Das wichtigste **Beispiel** mittelbarer Stellvertretung ist die **Kommission.** Der Einkaufskommissionär (§§ 383 ff HGB) steht in einer Vertragsbeziehung zu seinem Auftraggeber, dem Kommittenten. Er erwirbt nach den Weisungen und im Interesse des Kommittenten Waren, indem er im eigenen Namen Verträge mit Verkäufern schließt. Er lässt sich die gekauften Waren übereignen und überträgt dann das Eigentum weiter an den Kommittenten. Der Kommittent steht in keiner unmittelbaren vertraglichen Beziehung zu den Verkäufern. Er erhält das, worauf es ihm ankommt, nämlich: Eigentum und Besitz an bestimmten vom Verkäufer angebotenen Waren, in einem Dreieck von Vertragsbeziehungen auf dem Umweg über den Kommissionär.

(c) Aktive und passive Stellvertretung

Das Gesetz unterscheidet zwischen der Stellvertretung bei Abgabe von Willens- 74 erklärungen (§ 164 Abs. 1 BGB) und beim Empfang von Willenserklärungen (§ 164 Abs. 3 BGB). Im ersteren Fall spricht man von „aktiver", im letzteren Fall von „passiver" Stellvertretung. Die passive Stellvertretung ist von geringerer Bedeutung als die aktive; sie erleichtert lediglich den Zugang empfangsbedürftiger Willenserklärungen (unten § 6 Rdn. 12f).

(2) Die Ausgrenzung von Fragen der Vertretungsmacht aus dem Begriff der Stellvertretung

Auffällig (und äußerst wichtig!) ist, dass es für das Vorliegen von Stellvertretung 75 *allein* auf das Merkmal der Abgabe von Willenserklärungen in fremdem Namen ankommt. Gleichgültig ist insoweit, ob der Vertreter innerhalb einer ihm zustehenden Vertretungsmacht handelt. Das Vorliegen von Vertretungsmacht ist kein Definitionsmerkmal der Stellvertretung, wie insbesondere die vom BGB anerkannte Möglichkeit einer **Vertretung ohne Vertretungsmacht** belegt.

Hierzu bestimmt **§ 177 BGB**, dass ein Vertreter, ohne Vertretungsmacht zu 76 haben, in der Lage ist, im Namen des Vertretenen einen Vertrag zu schließen. Der Vertrag kommt zustande; die Wirksamkeit des Vertrages hängt (selbstverständlich!) von der Genehmigung des Vertretenen ab. Ergänzend sieht **§ 179 Abs. 1 BGB** vor, dass der Vertreter ohne Vertretungsmacht dem anderen Teil nach dessen Wahl auf Erfüllung oder auf Schadensersatz haftet, sofern der Vertretene die Genehmigung des Vertrages verweigert (unten § 16). Wer der andere Teil ist, was als Erfüllung geschuldet ist, richtet sich nach dem Inhalt des Vertrages, der durch die Willenserklärung des Vertreters ohne Vertretungsmacht zustande gekommen ist. Um vertragliche Vereinbarungen darüber zu treffen, welche Rechtswirkungen zwischen dem Vertretenen und dem anderen Teil begründet werden sollen, ist somit Vertretungsmacht nicht erforderlich. Für das Zustandekommen des Vertrages mit dem Vertretenen genügt das Handeln im fremden Namen. Vor den im Vertrag vereinbarten Rechtsfolgen wird der Vertretene durch die Unwirksamkeit des Vertrages geschützt. Gleichzeitig wird dem Vertretenen die Möglichkeit eröffnet, die fehlende Vertretungsmacht durch die Genehmigung des Vertrages zu kompensieren. Erscheint dem Vertretenen der Vertrag vorteilhaft, wird er sich für diese Möglichkeit entscheiden. Der von dem Vertreter ohne Vertretungsmacht geschlossene Vertrag wird dadurch wirksam (§ 177 BGB). Die Genehmigung wirkt auf den Zeitpunkt der Vornahme des Rechtsgeschäfts zurück (§ 184 Abs. 1 BGB).

Eine vom Vertreter ohne Vertretungsmacht abgegebene Willenserklärung ist 77 also nicht etwa wirkungslos. Auch der Formulierung des § 164 Abs. 1 BGB kann und darf dies nicht im Umkehrschluss entnommen werden. Welche Rechtsfolge es hat, wenn dem Vertreter Vertretungsmacht fehlt, ist für Verträge in § 177 BGB und für einseitige Rechtsgeschäfte in § 180 BGB geregelt. § 164 Abs. 1 BGB besagt, dass durch die in fremdem Namen abgegebene Erklärung ein Rechtsgeschäft zustande kommt, dessen Wirkungen unmittelbar auf den Vertretenen bezogen sind (Prinzip der **Unmittelbarkeit der Stellvertretung**).

78   Die Möglichkeit, Willenserklärungen in fremdem Namen abzugeben, ist Teil der Privatautonomie des Vertreters. Er bestimmt in seiner Erklärung nicht nur, welche Rechtsfolgen durch Rechtsgeschäft geschaffen werden sollen, sondern auch, wen diese Rechtsfolgen treffen sollen. Der „Aktionsradius" der Rechtssubjekte wird durch die Fähigkeit, kraft des eigenen Willens Rechtsgeschäfte für andere zu schaffen, erheblich erhöht. Es ist nicht etwa rechtswidrig, ohne Vertretungsmacht Willenserklärungen in fremdem Namen abzugeben. Tatsächlich geschieht dies in der Praxis täglich, und zwar sogar unter Mitwirkung von Notaren, die dann regelmäßig beauftragt werden, die Genehmigung des Vertretenen einzuholen. Das BGB erkennt an, dass der Vertreter mit einer ohne Vertretungsmacht in fremdem Namen abgegebenen Erklärung alles erreicht, was er kraft seines Willens erreichen kann. Das Rechtsgeschäft kommt mit dem vom Vertreter bestimmten Inhalt zustande, und zum Inhalt gehört zu bestimmen, wen die Wirkungen treffen sollen. Zwar ist das ohne Vertretungsmacht in fremdem Namen vorgenommene Rechtsgeschäft nicht wirksam. Niemals aber lässt sich die Wirksamkeit eines Rechtsgeschäfts durch Willenserklärung regeln. Hierüber befindet allein die Rechtsordnung (unten § 9 Rdn. 8).

bb. Die Repräsentationstheorie als Grundlage der gesetzlichen Regelung des Handelns in fremdem Namen

(1) Geschäftsherrntheorie und Repräsentationstheorie

79 Die dogmatische Konstruktion der Stellvertretung war zur Zeit der Schaffung des BGB heftig umstritten. Es standen sich vor allem zwei Sichtweisen gegenüber. Die eine ging davon aus, dass die eigentliche Willensbildung beim Vertretenen liege und der Vertreter nur wiedergebe, was dem Willen des Vertretenen als des Herren des Geschäfts entspreche (**Geschäftsherrntheorie**).[33] Die Gegenansicht betonte umgekehrt, die rechtsgeschäftliche Willensbildung liege beim Vertreter und lediglich die Wirkungen des vom Vertreter als Repräsentanten des Vertretenen vor-

---

[33] Hierzu *Beuthien* FS Medicus (1999) S. 1 ff, der nur eine im eigenen Namen abgegebene Erklärung als Willenserklärung des Erklärenden anerkennen will (a.a.O. S. 5). Dem liegt ein zu enges Verständnis von Privatautonomie zu Grunde.

genommenen Geschäfts seien auf den Vertretenen bezogen (**Repräsentations-theorie**). Letzteres liegt der Regelung des BGB zugrunde.[34]

Hieraus erklärt sich insbesondere **§ 166 Abs. 1 BGB.** Da die Willenserklärung 80 vom Vertreter stammt und auf dessen rechtsgeschäftlicher Willensbildung beruht, ist es konsequent, auf die Person des Vertreters (nicht: des Vertretenen) abzustellen, „soweit die rechtlichen Folgen einer Willenserklärung durch Willensmängel oder durch die Kenntnis oder das Kennenmüssen gewisser Umstände beeinflusst werden".

Beispiel zu **§ 166 Abs. 1 BGB**: S bietet im Namen des V dem K eine Sache zum Kauf an; das Ange- 81 bot nennt als Kaufpreis 690 Euro. K nimmt an. Nun klärt sich auf, dass S sich beim Abfassen des Angebots vertippt hat. Das Angebot sollte auf 960 Euro lauten, und S glaubte, diesen Betrag im Angebot ausgewiesen zu haben. V erklärt die Anfechtung des Vertrages. Das Anfechtungsrecht steht V zu, da er Vertragspartei geworden ist und ihn somit die Wirkungen des Vertrages treffen. V hat aber keine auf den Abschluss des Vertrages gerichtete Willenserklärung abgegeben, konnte sich daher nicht bei Abgabe der Erklärung in einem Irrtum (gemäß § 119 Abs. 1 BGB) befinden. Dieses Problem löst § 166 Abs. 1 BGB: Für die Frage des Vorliegens eines Willensmangels kommt es nicht auf die Person des Vertretenen, sondern auf die des Vertreters an. S handelte als Vertreter des V, da er das Angebot in dessen Namen abgab. Da S sich in dem Angebot vertippt hatte, befand er sich bei Abgabe der Erklärung in einem Erklärungsirrtum gemäß § 119 Abs. 1 Alt. 2 BGB.[35]

Die Regel des § 166 Abs. 1 BGB würde es ermöglichen, dass ein bösgläubiger Ver- 82 tretener gezielt einen gutgläubigen Vertreter einsetzt, um den rechtlichen Konsequenzen seiner eigenen Bösgläubigkeit zu entgehen. Dem beugt § 166 Abs. 2 Satz 1 BGB vor: Hat im Falle einer rechtsgeschäftlich erteilten Vertretungsmacht (die das Gesetz an dieser Stelle als „Vollmacht" definiert) der Vertreter nach bestimmten Weisungen des Vollmachtgebers gehandelt, so kann sich der Vollmachtgeber (= der Vertretene) „in Ansehung solcher Umstände, die er selbst kannte, nicht auf die Unkenntnis des Vertreters berufen". Gemäß § 166 Abs. 2 Satz 2 BGB gilt dasselbe hinsichtlich von Umständen, die der Vollmachtgeber kennen musste, sofern das Kennenmüssen der Kenntnis gleichsteht.

Beispiel zu **§ 166 Abs. 2 BGB**: V bietet ein Gemälde zum Verkauf an, dessen Eigentümer er zu 83 sein behauptet. K möchte das Bild erwerben, weiß aber, dass V nicht Eigentümer ist, sondern das Gemälde lediglich als Leihgabe vom E erhalten hat. K erteilt dem S, dem diese Zusammenhänge nicht bekannt sind und der hiervon auch keine Kenntnis haben muss, Vollmacht und weist ihn

---

34 Mot. I, S. 226 = Mugdan I, S. 477: Der Entwurf folgt der Ansicht, „dass das Rechtsgeschäft in der Person des Vertreters zustande kommt und nur die Wirkungen auf den Vertretenen bezogen werden". S. zu dieser Weichenstellung HKK/*Schmoeckel* §§ 164–181 Rdn. 28; MüKo/*Schubert* § 164 Rdn. 19; BeckOK BGB/*Schäfer* § 164 Rdn. 16; Soergel/*Leptien* vor § 164 Rdn. 10 und 12; Staudinger/*Schilken* (2019) Vorbem. zu §§ 164ff Rdn. 32; *Bork* AT Rdn. 1294.
35 Zum Erklärungsirrtum unten § 14 Rdn. 30ff.

an, das Bild in seinem Namen zu erwerben. Ein gutgläubiger Erwerb des Eigentums vom Nichteigentümer V (§ 932 BGB) ist möglich, da E das Bild dem V zu Besitz überlassen hat und somit § 935 BGB nicht eingreift (oben § 3 Rdn. 15). K könnte aufgrund eines in eigenem Namen geschlossenen Vertrages gemäß § 929 BGB aber nicht Eigentümer werden, da er die wahre Eigentumslage kennt und somit nicht in gutem Glauben ist (§ 932 Abs. 2 BGB). Erfolgt die Einigung gemäß § 929 BGB durch S im Namen des K, kommt es nach der Regel des § 166 Abs. 1 BGB (die auch hier gilt),[36] im Ausgangspunkt auf die Kenntnisse des S an, die einem gutgläubigen Erwerb nicht entgegenstehen. Hierauf kann sich K gemäß § 166 Abs. 2 BGB aber nicht berufen, da er bösgläubig ist. Genauer ist es nicht nur dem Vertretenen verwehrt, sich auf die Gutgläubigkeit des Vertreters zu berufen. Die Rechtslage ist vielmehr so anzusehen, als habe der Vertreter über die Kenntnisse des Vertretenen verfügt.

(2) § 166 Abs. 1 BGB als gesetzlich geregelter Fall einer Wissenszurechnung?

84 § 166 Abs. 1 BGB wird von der Rechtsprechung und der ganz h.L. als gesetzlich geregelter Fall einer **Wissenszurechnung** (so auch die amtliche Überschrift) angesehen.[37] Der Gedanke ist, dass sich der Vertretene, den die Rechtswirkungen des vom Vertreter vorgenommenen Geschäfts treffen, das Wissen des Vertreters zurechnen lassen müsse. Das ist aber nicht die Sicht des BGB. Um eine Zurechnung des Wissens des Vertreters an den Vertretenen geht es in § 166 Abs. 1 BGB nicht, weil der Vertretene keine Willenserklärung abgibt. Das Gesetz stellt in § 166 Abs. 1 BGB originär auf das Wissen des Vertreters ab, weil diesem die rechtsgeschäftliche Willensbildung obliegt und die Willenserklärung von ihm abgegeben wird.[38] Um eine Zurechnung fremden Wissens geht es allein in § 166 Abs. 2 BGB – dort freilich in umgekehrter Richtung. Das Wissen des Vertretenen wird unter besonderen Voraussetzungen dem Vertreter zugerechnet.

85 Fehlt es somit schon im unmittelbaren Anwendungsbereich des § 166 Abs. 1 BGB an einer Zurechnung des Wissens des Vertreters an den Vertretenen, ist die Norm denkbar ungeeignet, in **analoger Anwendung** auf andere Fälle übertragen zu werden, in denen es für die Anwendung von Normen auf die Kenntnis oder das Kennenmüssen bestimmter Umstände ankommt (wie z.B. in § 199 Abs. 1 Nr. 2 BGB, § 819 Abs. 4 BGB). Insofern vermag nicht zu befriedigen, dass die Rechtsprechung dem § 166 Abs. 1 BGB den allgemeinen Rechtsgedanken entnimmt, wonach sich „derjenige, der einen anderen mit der Erledigung bestimmter Angele-

---

36 *Faust* AT § 26 Rdn. 18.

37 BGH vom 10.2.1971, BGHZ 55, 307 (311) = NJW 1971, 1702 (1703); BGH vom 25.3.1982, BGHZ 83, 293 (296) = NJW 1982, 1585 (1586); BGH vom 2.2.1996, NJW 1996, 1339; Medicus/*Petersen* AT Rdn. 900; *Brehm* AT Rdn. 435.

38 *Wilhelm* AcP 183 (1983), 1 (19); *J. Prölss*, Liber Amicorum Leenen (2012) 229 (234); Staudinger/*Schilken* (2014) Vorbem. zu §§ 164 ff Rdn. 32 (3. Absatz).

genheiten in eigener Verantwortung betraut, das in diesem Rahmen erlangte Wissen des anderen zurechnen lassen muss".[39] Einleuchtend ist das Anliegen der Rechtsprechung: Arbeitsteilige Entlastung darf grundsätzlich nicht dazu führen, dass derjenige, der vom Einsatz anderer profitiert, sich hinter der eigenen Unkenntnis von Umständen verstecken kann, die denjenigen, die für ihn tätig wurden, bekannt sind. Die Umsetzung dieses Postulats bedarf aber wertungsmäßiger Ausdifferenzierungen, die anhand des dem § 166 Abs. 1 BGB zugrunde liegenden Konzepts nicht zu gewinnen sind.[40]

Beispiel: Der Beginn der regelmäßigen Verjährungsfrist (§ 194 BGB) hängt gemäß § 199 Abs. 1 **86** Nr. 2 BGB u.a. davon ab, dass der Gläubiger von den den Anspruch begründenden Umständen und der Person des Schuldners Kenntnis erlangt oder ohne grobe Fahrlässigkeit erlangen musste (unten § 19 Rdn. 13). Erlangt ein Rechtsanwalt im Rahmen der Betreuung eines allgemeinen Mandats von solchen Umständen Kenntnis, schadet dies dem Mandanten im Hinblick auf den Beginn der Verjährung seiner Ansprüche nicht. Der auf die Abgabe von Willenserklärungen bezogene § 166 Abs. 1 BGB ist, wie der BGH zu Recht betont, nicht anwendbar.[41] Anders entscheidet der BGH, wenn jemand einen anderen „mit der Tatsachenermittlung gerade zur Durchsetzung oder Abwehr unter anderem desjenigen Ersatzanspruchs, um dessen Verjährung es konkret geht, beauftragt hat". Dann müsse er „die Kenntnis dieses 'Wissensvertreters' nach dem § 166 BGB zugrunde liegenden Rechtsgedanken gegen sich gelten lassen".[42] Die Differenzierung mag zutreffen, ist aber aus § 166 Abs. 1 BGB nicht herzuleiten. Für § 166 Abs. 1 BGB kommt es im unmittelbaren Anwendungsbereich nicht darauf an, ob der Vertreter mit der Wahrnehmung bestimmter Aufgaben betraut worden ist.

(3) Rechtsgeschäft des Vertreters oder des Vertretenen?

Dogmatisch lässt sich fragen, ob das Rechtsgeschäft, das durch die in fremdem **87** Namen abgegebene Willenserklärung zustande kommt, ein solches des Vertreters oder des Vertretenen ist. Die Verfasser des BGB gingen von Ersterem aus: Es handle sich um ein Rechtsgeschäft des Vertreters, dessen Wirkungen den Vertretenen träfen.[43] Das ist auf dem Boden der Repräsentationstheorie gewiss richtig, hindert

---

39 BGH vom 25.3.1982, BGHZ 83, 293 (296) = NJW 1982, 1585 (1586); BGH vom 9.5.2000, NJW-RR 2001, 127 (128); BGH vom 23.1.2014, NJW 2014, 1294 Rdn. 11; *Bork* AT Rdn. 1662; *Köhler* AT § 11 Rdn. 49; a.A. MüKo/*Schubert* § 166 Rdn. 49: § 166 Abs. 1 BGB sei keine geeignete dogmatische Grundlage für eine Zurechnung.

40 Hierzu ausführlich *J. Prölss*, Liber Amicorum Leenen (2012) 229, 243 ff.

41 BGH vom 19.3.1997, NJW 1997, 2049 (2050) zu der dem heutigen § 199 Abs. 1 BGB vergleichbaren Vorschrift des § 852 BGB a.F.

42 S. BGH, ebenda (vorige Fn). Zur Anwendung des § 166 BGB auf sog. Wissensvertreter BGH vom 13.12.2012, NJW 2013, 448 Rdn. 19; BGH vom 23.1.2014, NJW 2014, 1294 Rdn. 17.

43 Siehe das Zitat aus Mot. I, S. 226 oben in Fn. 34.

aber nicht, bei Rechtsgeschäften, deren Wirkungen einen anderen treffen, verkürzt von einem Rechtsgeschäft dieses anderen zu sprechen. Schließt ein Vertreter einen Vertrag im Namen des Vertretenen, so treffen dessen Wirkungen nicht den Vertreter, sondern den Vertretenen. Das lässt sich gleichbedeutend dahin formulieren, dass durch die Willenserklärung des Vertreters ein Vertrag zwischen dem Vertretenen und dem anderen Teil zustande kommt. Von einem Vertrag des Vertretenen (als des Vertragspartners!) zu sprechen, ist nicht zu beanstanden.

cc. Die Voraussetzungen des Handels in fremdem Namen

88 Soll durch eine Willenserklärung ein Rechtsgeschäft geschaffen werden, das auf eine andere Person als den Erklärenden bezogen ist, so muss dies in der Erklärung erkennbar (§ 164 Abs. 2 Hs. 1 BGB) zum Ausdruck gebracht werden (Prinzip der **Offenkundigkeit der Stellvertretung**). Dies erfordert nicht zuletzt der Schutz der von dem Rechtsgeschäft Betroffenen. Sie müssen wissen, mit wem sie es zu tun haben. Bei Verträgen gehört die Bestimmung, wer Vertragspartner sein soll, zu den „essentialia negotii" (unten § 8 Rdn. 11), und daher ist ganz selbstverständlich, dass diejenigen, von denen die auf den Abschluss des Vertrages gerichteten Willenserklärungen stammen, eine Einigung darüber erreichen müssen, dass der Vertrag mit einem Dritten (dem Vertretenen) zustande kommen soll. Fehlt es an einer solchen Einigung über den Drittbezug, so gelten die Erklärungen als im eigenen Namen abgegeben und der Vertrag kommt zwischen den Personen zustande, von denen die Willenserklärungen stammen (§ 164 Abs. 2 BGB).

(1) Die Fremdbezogenheit der Erklärung

89 Gemäß § 164 Abs. 1 Satz 2 BGB macht es keinen Unterschied, ob die Erklärung ausdrücklich im Namen des Vertretenen erfolgt oder ob die Umstände ergeben, dass sie in dessen Namen erfolgen soll. Das entspricht allgemeinen Grundsätzen der Auslegung von Willenserklärungen (unten § 5 Rdn. 36ff). Ausdrücklich wird die Fremdbezogenheit der Erklärung insbesondere durch sog. Vertretungszusätze zum Ausdruck gebracht.

90 **Beispiele:** Vertragspartei soll nach dem Inhalt der schriftlichen Vertragsurkunde A werden. Für A unterschreibt „i. V." („in Vertretung") B. – Prokurist P erklärt den Rücktritt von einem Vertrag auf dem Briefbogen des Unternehmens und fügt seiner Unterschrift den Zusatz „ppa" („per procura") hinzu.

91 Als eine typische Situation, in der sich aus den Umständen ergibt, dass Willenserklärungen in fremdem Namen abgegeben werden, ist die Tätigkeit von Kassenangestellten zu nennen. Jedem Kunden ist klar, dass diese nicht persönlich Ver-

tragspartner der Kunden werden wollen, sondern dass sie für den handeln, der das Unternehmen betreibt. Auch der Kunde will einen Vertrag mit dem Unternehmer schließen (das ihm dann z. B. bei Mängeln der Kaufsache haftet). Es entspricht daher aller Lebenserfahrung anzunehmen, dass Kunden und Kassenangestellte in dem Willen übereinstimmen, Vertragspartner des Kunden solle der Träger des Unternehmens werden (näher unten § 8 Rdn. 152 ff).

Fehlt es an einer tatsächlichen Übereinstimmung im Willen darüber, dass eine Erklärung in fremdem Namen erfolgt, so kommt es darauf an, wie der Empfänger die Erklärung verstehen durfte (unten § 5 Rdn. 56 und 61). Hierfür sind die näheren Umstände, unter denen die Erklärung abgegeben wurde, die wesentliche Auslegungshilfe. **92**

Beispiel: E ist Eigentümerin einer Wohnung, die sie an M vermietet. Die Vertragsurkunde enthält **93** am Ende ein mit dem Namen der E und der Bezeichnung „Vermieterin" gekennzeichnetes Unterschriftsfeld. Die Urkunde unterschreibt an dieser Stelle nicht E, sondern deren Ehemann, ohne einen Vertretungszusatz hinzuzufügen. Da E die alleinige Vermieterin ist, kann die Unterschrift an der für E vorgesehenen Stelle nur bedeuten, dass Herr E im Namen seiner Frau handelt.[44] Anders wäre es, wenn die Wohnung Frau *und Herrn* E gehören würde und beide *gemeinsam* die Wohnung vermieten. Unterschreibt in diesem Fall Herr E allein, so ist dies dahin zu verstehen, dass er als einer der beiden Vermieter die Erklärung im eigenen Namen abgibt. Soll die Erklärung zugleich im Namen seiner Ehefrau erfolgen, muss dies gesondert zum Ausdruck gebracht werden.[45]

(2) Bezug auf „denjenigen, den es angeht"

Die Rechtsprechung lässt eine Modifizierung des Offenkundigkeitsprinzips zu bei **94** gewissen Geschäften des täglichen Lebens, bei denen es dem Erklärungsempfänger gleichgültig ist, wer genau sein Vertragspartner ist.[46] Das gilt insbesondere für den Erwerb von Alltagsgütern, bei denen der Kaufpreis sofort bar bezahlt wird. Hier wird es dem Veräußerer vielfach nicht wichtig sein, dass gerade der Kunde, der den Einkauf vornimmt, Partner des Kaufvertrages wie der Übereignung der Kaufsache wird. Im Fall von Mängeln der Kaufsache leistet der Verkäufer an denjenigen, der ihm den Kaufbeleg samt mangelhafter Sache vorlegt. Ob es sich um dieselbe Person handelt, die den Vertrag geschlossen hat, oder eine dritte, an die die Sache weitergegeben wurde, spielt für den Verkäufer keine Rolle. Also können die auf Abschluss des Kaufvertrages wie auf Vornahme der Übereig-

---

44 BGH vom 7.5.2008. NJW 2008, 2178 Rdn. 28.
45 BGH vom 7.5.2008, NJW 2008, 2178 Rdn. 26.
46 BGH vom 21.12.1954, NJW 1955, 587 (590); BGH vom 13.3.1991, BGHZ 114, 74 (79 f) = NJW 1991, 2283 (2285); hierzu MüKo/*Schubert* § 164 Rdn. 130 ff; BeckOK BGB/*Schäfer* § 164 Rdn. 27 ff; Brox/*Walker* AT § 24 Rdn. 11 f; *Faust* AT § 23 Rdn. 10 f.

nung gerichteten Erklärungen des Veräußerers dahin ausgelegt werden, dass sie sich an „denjenigen, den es angeht" richten. Soll nach dem Willen des Kunden unmittelbar eine dritte Person Partner dieser Verträge werden, so kommen die Verträge mit dieser Person zustande, auch wenn der Kunde nicht erkennbar im Namen des Dritten handelt. Ein solcher Wille des Kunden wird häufig gegeben sein, wenn er von dem Dritten zur Vornahme des Geschäfts bevollmächtigt ist, er es aber unterlässt, seine Erklärungen im Namen des Dritten abzugeben, weil, wie er richtig erkennt, dies den Veräußerer gar nicht interessiert.

95 **Beispiel:** A erwirbt im Auftrag und mit Vollmacht des K eine Kamera im Geschäft des V, ohne etwas von K zu erwähnen. Der Kaufvertrag kommt zwischen K und V zustande, die Übereignung der Kamera erfolgt unmittelbar von V an K.[47] Wenn A später die Kamera samt Kassenbeleg dem K aushändigt, liegt hierin keine Übereignung, sondern nur die Einräumung des (unmittelbaren) Besitzes.

dd. Die praktische Bedeutung der Stellvertretung beim Rechtsgeschäft

96 Die meisten Willenserklärungen werden in fremdem Namen abgegeben. Alle Verträge, die an der Kasse eines Lebensmittelmarktes, Baumarktes, Elektro- oder ähnlichen Supermarktes geschlossen werden, kommen durch Willenserklärungen zustande, die von den Kassenangestellten im Namen des jeweiligen Inhabers des Unternehmens abgegeben werden. Ist Unternehmensträger eine juristische Person (also etwa eine GmbH oder AG), so kann diese gar nicht anders Vertragspartner werden als durch Willenserklärungen, die Vertreter in ihrem Namen abgeben. Verträge zwischen Unternehmern (B2B-Verträge, oben § 2 Rdn. 35) werden in aller Regel auf beiden Seiten von Mitarbeitern geschlossen, die als Stellvertreter für ihr Unternehmen handeln.

97 In der **Fallbearbeitung** kann daher sogleich auf die Personen zugegriffen werden, die die auf den Abschluss des Vertrages gerichteten Willenserklärungen abgeben. Niemand, der in der Filiale eines Lebensmittel-Discounters A oder eines Drogerie-Markts A einkauft, erwartet, an der Kasse von seinem Vertragspartner A persönlich bedient zu werden. Jeder weiß, dass Vertragspartner in aller Regel ein Unternehmen „A" ist, dessen Träger nicht persönlich an der Kasse zu sitzen pflegt.

---

47 Zur Anwendung der Grundsätze des Geschäfts für den, den es angeht, auf die dingliche Einigung BGH vom 16.10.2015, NJW 2016, 1887 Rdn. 10 ff.

c. Erklärungen unter fremdem Namen

Gibt jemand eine Erklärung unter fremdem Namen ab, so sind zwei Fallgestaltun- **98** gen zu unterscheiden. Ist die Erklärung vom Empfänger so zu verstehen, dass die Wirkungen des Rechtsgeschäfts – trotz der Verwendung des „falschen" Namens – auf den Handelnden selbst bezogen sein sollen, wird die Erklärung rechtlich als eine im eigenen Namen des Handelnden abgegebene Erklärung angesehen. Handelt es sich aus der Sicht des Adressaten dagegen um eine Erklärung des Namensträgers, werden die Rechtswirkungen der Erklärung auf den Namensträger (nicht: den Handelnden) bezogen und es finden die Rechtsvorschriften und Grundsätze zur Stellvertretung entsprechende Anwendung.[48]

Bezug auf den Erklärenden persönlich: K erwirbt beim Gebrauchtwagenhändler H ein Wohn- **99** mobil. H hatte das Fahrzeug von E gemietet und unterschlagen. Die auf E lautenden Fahrzeugpapiere sind – für K nicht erkennbar – gefälscht. Der Händler unterschreibt die Verträge mit dem Namen des E, der von diesen Vorgängen keine Kenntnis hat. Der BGH hat entschieden, dass allein das Auftreten des Veräußerers unter dem aus den Fahrzeugpapieren ersichtlichen Namen nicht dazu führe, dass Kaufvertrag und Übereignung mit dem Namensträger zustande kommen, weil für den Erwerber die Person des Handelnden im Vordergrund stehe.[49]

Bezug auf den Namensträger: A unterhält einen Account bei eBay. Der Ehemann der A ver- **100** schafft sich auf ungeklärte Weise ohne deren Wissen die Zugangsdaten und bietet eine Gaststätteneinrichtung zum Verkauf an. Der Höchstbietende verlangt von A, die sich weigert, den Vertrag zu erfüllen, Schadensersatz. Der BGH hat entschieden,[50] dass es den Bietern darauf ankomme, einen Vertrag mit dem Inhaber des Accounts zu schließen, und dass die Bieter Auktionsgebote grundsätzlich als vom Inhaber des Accounts stammend verstehen dürfen. Handelt ein Dritter in unberechtigter Nutzung eines fremden Accounts, wird der Inhaber des Accounts somit Vertragspartner. Auf dieses Handeln unter fremdem Namen sind die Stellvertretungsregeln (§§ 164 ff BGB) entsprechend anwendbar (oben Rdn. 98). Der BGH verneint im konkreten Fall das Vorliegen einer Duldungs- oder Anscheinsvollmacht.[51] Der Vertrag ist somit unwirksam. A kann aus dem unter ihrem Namen geschlossenen Vertrag daher nicht in Anspruch genommen werden. Wohl aber kommt eine Haftung dessen, der unberechtigt den fremden Account benutzt, gemäß § 179 BGB analog in Betracht (unten § 16 Rdn. 26).

---

48 BGH vom 8.12.2005, NJW-RR 2006, 701 Rdn. 11; BGH vom 11.5.2011, BGHZ 189, 346 Rdn. 12 = NJW 2011, 2421.
49 BGH vom 1.3.2013, NJW 2013, 1946 Rdn. 9; dazu *Heyers* Jura 2013, 1038; *Schwab* JuS 2014, 265; *Vogel* Jura 2014, 419.
50 BGH vom 11.5.2011, BGHZ 189, 346 = NJW 2011, 2421; zustimmend *Borges* NJW 2011, 2400; *Oechsler* Jura 2012, 581 (582); kritisch *Herresthal* JZ 2011, 1171.
51 Wird dem Handelnden das eBay-Konto vom Account-Inhaber zur Nutzung überlassen, liegt hierin (zumindest) eine Duldungsvollmacht: OLG Celle vom 9.7.2014, MMR 2014, 663 Rdn. 11 ff.

III. Das Verhältnis von Willenserklärung und Rechtsgeschäft zueinander

101 Die Frage, wie sich Willenserklärung und Rechtsgeschäft zueinander verhalten,[52] ist im Ausgangspunkt einfach zu beantworten: Rechtsgeschäfte kommen durch Willenserklärungen zustande. Schulbeispiel ist der Vertrag. Antrag und Annahme sind die Willenserklärungen, durch die der Vertrag (also: das Rechtsgeschäft) zustande kommt (§ 151 BGB). Nichts anderes gilt für einseitige Rechtsgeschäfte. Die Anfechtung erfolgt durch Erklärung (§ 143 Abs. 1 BGB). Die Anfechtung ist das Rechtsgeschäft, das durch die Anfechtungserklärung zustande kommt.

102 Die eigentliche Frage, um die es beim Verhältnis von Willenserklärung und Rechtsgeschäft zueinander geht, ist eine andere. Sie lautet, ob in der Anwendung der Vorschriften des BGB genau zwischen Willenserklärungen und Rechtsgeschäften unterschieden werden kann und muss, oder ob es sich um weithin austauschbare Begriffe handelt mit der Folge, dass man Vorschriften, die das Gesetz zu Willenserklärungen gibt, vielfach gleichsetzen kann mit Vorschriften zu Rechtsgeschäften und umgekehrt. Diese letztere Frage wird im Schrifttum grundsätzlich bejaht und hier grundsätzlich verneint. Das hat erhebliche Konsequenzen für die Auslegung vieler Vorschriften des Allgemeinen Teils des BGB.

1. Herkömmliche Darstellungen: Die Willenserklärung als Bestandteil des Rechtsgeschäfts

103 Die fast einhellige Auffassung des Schrifttums geht dahin, dass Rechtsgeschäfte aus Willenserklärungen bestehen, und zwar ein einseitiges Rechtsgeschäft lediglich aus einer Erklärung, ein Vertrag aus zwei Erklärungen. Aus dieser Sicht liegt es nahe, die Wirkungen des Rechtsgeschäfts zugleich als Wirkungen der Willenserklärungen zu begreifen und Mängel der Willenserklärungen zugleich als Mängel des Rechtsgeschäfts. Teilt das Rechtsgeschäft das rechtliche Schicksal seiner Bestandteile, führt die Unwirksamkeit der Willenserklärungen zur Unwirksamkeit des Rechtsgeschäfts und es kommt nicht darauf an, zwischen der Unwirksamkeit von Willenserklärungen und der Unwirksamkeit von Rechtsgeschäften oder überhaupt zwischen Willenserklärung und Rechtsgeschäft in der Anwendung der Normen des BGB zu unterscheiden. Diese herrschende Sicht wird durch die Gesetzesmaterialien gestützt. Nach dem Zeugnis der Motive sind „die Ausdrücke Willenserklärung und Rechtsgeschäft ... der Regel nach als gleichbedeutend gebraucht".[53]

---

52 Hierzu auf die nachfolgende Darstellung verweisend Musielak/*Hau*, Grundkurs BGB (16. Aufl. 2019) Rdn. 45 Fn. 3.
53 Mot. I, S. 126 = Mugdan I, S. 426.

Die These, dass es sich bei Willenserklärung und Rechtsgeschäft im Wesentli- **104** chen um austauschbare Begriffe handle, lässt sich indessen dogmatisch nicht befriedigend umsetzen. Sie ist die Quelle vielfältiger Ungereimtheiten, die sich insbesondere in der Methodik der Fallbearbeitung störend bemerkbar machen (unten §§ 26–29).

2. Abweichender Standpunkt: Die Willenserklärung als das Mittel zum Rechtsgeschäft

Die Darstellung der Rechtsgeschäftslehre in diesem Buch baut auf einer strikten **105** Unterscheidung von Fragen auf, die die Willenserklärung einerseits, das Rechtsgeschäft andererseits betreffen.[54]

Die Willenserklärung ist das rechtliche Instrument, um zu bestimmen, welche **106** Rechtswirkungen kraft Rechtsgeschäfts herbeigeführt werden sollen. Die Willenserklärung schafft das Rechtsgeschäft und dieses die privatautonom bestimmten Rechtswirkungen.

Die Wirkungen der Willenserklärung und die Wirkungen des Rechtsgeschäfts **107** sind also nicht identisch, sondern stehen in einem *abgestuften Verhältnis* zueinander. Ist die Willenserklärung nichtig, kommt das Rechtsgeschäft nicht zustande. Die Frage, ob das Rechtsgeschäft wirksam ist, stellt sich dann nicht. Ist das Rechtsgeschäft nichtig, muss es doch immerhin dem Tatbestand nach geschaffen worden sein, sonst ließen sich die Vorschriften nicht anwenden, die dessen Nichtigkeit anordnen. Jedes unwirksame Rechtsgeschäft kommt durch wirksame Willenserklärungen zustande.

Die auf das Zustandekommen eines Rechtsgeschäfts gerichtete Willenserklä- **108** rung und das Rechtsgeschäft selbst können nicht zugleich unwirksam sein.[55] Für jede gesetzliche Regelung kann nur *entweder* die Willenserklärung *oder* das Rechtsgeschäft der angemessene Anknüpfungspunkt sein. Es ist selbstverständlich dem Gesetzgeber überlassen, welchen Anknüpfungspunkt er wählt. Ebenso selbstverständlich ist, dass der Gesetzgeber sich im Anknüpfungspunkt vergreifen kann und die getroffene Regelung somit dogmatische Kritik herausfordert. Nicht in Betracht kommt aber, die vom Gesetz gegebenen Regelungen für Willenserklärungen zugleich und gleichbedeutend auf Rechtsgeschäfte zu beziehen, und umgekehrt die Regelungen für Rechtsgeschäfte zugleich und gleichbedeutend als Regelungen zu Willenserklärungen zu verstehen.

---

54 Grundsätzlich zustimmend *Klocke*, Erklärungsbewusstsein und Rechtsbindungswille – Willenserklärung und Rechtsgeschäft (2014), S. 47.
55 Ebenso *Petersen* JURA 2010, 183; *Moussa*, Das Dogma vom formgerechten Zugang (2016) S. 30 ff.

109   Die Aussage der Motive, dass die Begriffe Willenserklärung und Rechtsgeschäft im Wesentlichen synonym verwendet würden, wird durch die gesetzlichen Regelungen nicht bestätigt.[56] Von Ausnahmen abgesehen ist es durchaus sinnvoll, dem Gesetz zu unterstellen, dass es zwischen Willenserklärung und Rechtsgeschäft unterscheidet und Willenserklärung meint, wo es von Willenserklärung spricht, und Rechtsgeschäft meint, wo es von Rechtsgeschäft spricht.

110   Die Erkenntnis, dass das Gesetz überall dort, wo es einem Rechtsgeschäft die Wirksamkeit versagt, von der Wirksamkeit der Willenserklärungen ausgeht, durch die das Rechtsgeschäft geschaffen worden ist, bildet eine wichtige Auslegungshilfe für dogmatisch schwer fassbare Regelungen wie etwa die §§ 106 ff BGB (Minderjährigenrecht) oder §§ 164 ff BGB (Recht der Stellvertretung). Dies im Einzelnen zu belegen, bleibt der nachfolgenden Darstellung vorbehalten.

111   Nicht zuletzt bewährt sich die genaue Unterscheidung von Fragen, die die Willenserklärung einerseits, das Rechtsgeschäft andererseits betreffen, in der Methodik der Fallbearbeitung. In der gedanklichen Ordnung des Gutachtens sind Willenserklärung und Rechtsgeschäft keine gegeneinander austauschbaren Begriffe. So lässt sich die in vielen Lehrdarstellungen anzutreffende Einordnung der Geschäftsfähigkeit als eines Grundes für die Nichtigkeit von Willenserklärungen wie von Rechtsgeschäften[57] im Gutachten nicht adäquat umsetzen: Stammt die auf den Abschluss eines Vertrages gerichtete Erklärung von einem Geschäftsunfähigen, so ist diese Erklärung nichtig und ein Vertrag kommt nicht zustande. Die Frage einer Nichtigkeit des Rechtsgeschäfts wegen Geschäftsunfähigkeit stellt sich nicht. Umgekehrt darf dort, wo das Gesetz die Nichtigkeit eines Rechtsgeschäfts anordnet, nicht schon die Willenserklärung, auf der das Rechtsgeschäft beruht, als nichtig angesehen werden.

112   Die nachfolgende Darstellung der Rechtsgeschäftslehre sucht das Verständnis dieser Zusammenhänge dadurch zu fördern, dass sie sich in Gliederung und Aufbau möglichst an der gedanklichen Ordnung des Gutachtens ausrichtet.

---

56 *Leenen* FS Canaris, Bd. 1 (2007), 699 ff; *Petersen*, Liber Amicorum Leenen (2012) 219 (220 f); *Fröde*, Willenserklärung, Rechtsgeschäft und Geschäftsfähigkeit (2012) S. 7, 12 f.

57 *Köhler* AT § 10 Rdn. 8 einerseits, § 5 Rdn. 6 andererseits; *Bork* AT Rdn. 404.

2. Kapitel:
Willenserklärungen

Vorbemerkung

Um die Regelungen des BGB über Willenserklärungen angemessen zu verstehen, **1** muss zwischen drei Fragen unterschieden werden.

Die **erste Frage** lautet: Wann sind die Vorschriften des BGB über Willens- **2** erklärungen *anwendbar*? Insoweit geht es um die Frage, welche Anforderungen erfüllt sein müssen, damit eine Willenserklärung im Sinne des BGB dem **Tatbestand** nach vorliegt (dazu § 5).

Die **zweite** Frage lautet: Ist die Willenserklärung *wirksam*? Hiervon hängt ab, **3** ob die Erklärung die Rechtsfolgen herbeiführt, auf die sie abzielt. Antwort auf diese Frage geben die Vorschriften des BGB über die **Wirksamkeit** von Willenserklärungen (unten § 6).

Die **dritte Frage** schließt sich an: Was sind die rechtlichen **Wirkungen** einer **4** Willenserklärung? Dazu unten § 7.

§ 5 Der Tatbestand der Willenserklärung

Die Willenserklärung eröffnet den Einstieg in die Welt der Rechtsgeschäfte. Sie **1** ist das Mittel, um Rechtsgeschäfte vorzunehmen und zu bestimmen, welche Rechtswirkungen durch das Rechtsgeschäft herbeigeführt werden sollen. Ausgangspunkt aller Überlegungen zur Frage, ob Rechtsfolgen durch Rechtsgeschäft geschaffen worden sind, ist daher die Frage, ob die erforderlichen Willenserklärungen dem Tatbestand nach vorliegen.

Im Schrifttum ist es üblich, insoweit zwischen **objektiven** und **subjektiven** **2** Tatbestandsmerkmalen einer Willenserklärung zu unterscheiden, wobei erstere auf die Erklärung ausgerichtet sind und letztere sich auf den Willen beziehen. Die objektiven Merkmale sind unverzichtbar (unten Rdn. 3ff). Ob es daneben noch subjektiver Elemente für das tatbestandliche Vorliegen einer Willenserklärung bedarf, ist umstritten (unten Rdn. 21ff).

https://doi.org/10.1515/9783110602876-002

I. Der objektive Tatbestand der Willenserklärung

1. Definitionsmerkmale des objektiven Tatbestandes einer Willenserklärung
a. Die Vornahme eines Rechtsgeschäfts als Sinn der Erklärung
aa. Ausgangspunkt

3 Der objektive Tatbestand einer Willenserklärung liegt vor, wenn es der einem verständigen Empfänger erkennbare Sinn einer Äußerung (oder eines sonstigen Verhaltens mit Erklärungswert) ist, hierdurch ein Rechtsgeschäft zu schaffen, das die in der Erklärung bestimmten, willentlicher Gestaltung zugänglichen Rechtsfolgen herbeiführt.[1]

4 Der **Unterschied** dieser Definition zu anderen Darstellungen liegt in der Klarstellung, dass die angestrebten Rechtsfolgen sich *aus* dem *Rechtsgeschäft* ergeben, das *mithilfe* der *Willenserklärung* geschaffen wird. Nichts anderes meint aber wohl der BGH, wenn er – sachlich übereinstimmend mit weiten Teilen der Lehre[2] – formuliert: „Willenserklärung im Sinne der Vorschriften des Allgemeinen Teils des BGB ist die Äußerung eines Willens, der unmittelbar auf die Herbeiführung einer Rechtswirkung gerichtet ist; sie bringt einen Rechtsfolgewillen zum Ausdruck, das heißt einen Willen, der auf die Begründung, inhaltliche Änderung oder Beendigung eines privaten Rechtsverhältnisses abzielt".[3]

bb. Erweiterung

5 Unabhängig von dem nach außen erkennbaren Sinn einer Erklärung oder des sonstigen Verhaltens mit Erklärungsbedeutung liegt eine Willenserklärung vor, wenn nach dem Willen dessen, der sich so verhält, ein Rechtsgeschäft geschaffen werden soll und der Adressat dies ebenso versteht (unten Rdn. 52). Ob die Worte, die gebraucht worden sind, für Dritte das Gleiche signalisieren, spielt dann keine Rolle. Wenn der Erklärende und der Erklärungsempfänger ein Verhalten so verstehen, dass bestimmte rechtsgeschäftliche Rechtsfolgen begründet werden sollen, ist das Ziel einer Willenserklärung erreicht, und die Rechtsordnung hat keinen Anlass, daran herumzumäkeln, dass die Erklärung den rechtsgeschäftlichen Sinn der Äußerung für Dritte nicht erkennen lassen.

6 **Beispiel:** Ein Vertrag kann dadurch zustande kommen, dass A dem B eine E-Mail mit dem kurzen Text schreibt: „Schwimmen ist der gesündeste Sport der Welt" und B antwortet: „Das sehe ich

---

1 Ebenso *Härting*, Internetrecht (6. Aufl. 2017) Rdn. 637; *Faust* AT § 2 Rdn. 1.
2 *Palandt/Ellenberger* Einf. vor § 116 Rdn. 1; Brox/*Walker* AT § 4 Rdn. 14 f; *Köhler* AT § 6 Rdn. 1; *Leipold* AT § 10 Rdn. 9; *Bork* AT Rdn. 566.
3 BGH vom 17.10.2000, BGHZ 145, 343 (346) = NJW 2001, 289 (290).

auch so". Hintergrund: A und B haben zuvor den Inhalt eines Vertrages gemeinsam ausgehandelt, wollten sich aber noch die Entscheidung offen halten, ob sie den Vertrag mit diesem Inhalt wirklich abschließen.[4] Sie wollten nicht, dass Dritte erkennen können, ob sie die den Vertrag wirklich schließen. Also verabredeten sie eine Ersatzsprache.

cc. Einschränkung

Eine Willenserklärung liegt nicht vor bei einem Verhalten, das zwar als Ausdruck des Willens, ein Rechtsgeschäft zu schaffen, verstanden werden kann (oben Rdn. 3), so aber nicht gemeint ist und auch vom Adressaten so nicht verstanden wird. Diese Einschränkung ist nichts anderes als die negative Formulierung der oben Rdn. 5 genannten Erweiterung der Definition einer Willenserklärung. Das gemeinsame Verständnis beider Seiten setzt sich gegen jede andere denkbare Interpretation des Verhaltens der Beteiligten durch. **7**

Beispiel:[5] K gibt gegenüber V am 4. Mai ein notariell beurkundetes Angebot zum Kauf einer Wohnung ab. Mit notarieller Urkunde vom 22. Juni erklärt V gegenüber K die Annahme. Daraufhin zahlt K den Kaufpreis an V. Der BGH hält die Annahme für verspätet (§ 147 Abs. 2 BGB, dazu unten § 8 Rdn. 46 und § 21 Rdn. 50); sie gelte deshalb als neuer Antrag (§ 150 Abs. 1 BGB). Dies war den Parteien aber nicht bewusst. V und K gingen übereinstimmend davon aus, durch die Erklärungen vom 4. Mai und 22. Juni den Vertrag geschlossen zu haben. Daher kann die Zahlung des Kaufpreises nicht als Annahmeerklärung des neuen Angebots vom 22. Juni angesehen werden.[6] K hat die Zahlung so nicht gemeint und V hat sie so nicht verstanden. Also liegt hierin keine Willenserklärung. **8**

Im Sinne dieser gebotenen Einschränkung des Begriffes der Willenserklärung erscheint es dogmatisch richtiger, in den Fällen des § 116 Satz 2 BGB (unten § 6 Rdn. 91f) und des § 117 Abs. 1 BGB (unten § 6 Rdn. 94ff, 98) schon das tatbestandliche Vorliegen einer Willenserklärung zu verneinen,[7] da der Erklärende kein Rechtsgeschäft schaffen will und der Empfänger dies weiß. Das Gesetz arbeitet stattdessen einheitlich mit dem Ausgangsbegriff der Willenserklärung (oben Rdn. 3), der sich als Anknüpfungspunkt zur Festlegung des Anwendungsbereiches der Vorschriften über Willenserklärungen am besten eignet. **9**

---

4 Zu dieser Technik des Abschlusses von Verträgen unten § 8 Rdn. 97 ff.

5 BGH vom 11.6.2010, NJW 2010, 2873 – „Verspätete Annahme" (Sachverhalt unten § 30).

6 BGH, ebenda (vorige Fn.) Rdn. 18.

7 Ebenso zu § 117 Abs. 1 BGB Palandt/*Ellenberger* § 117 Rdn. 1; *Köhler* JuS 2010, 665 (667).

b. Die Ausklammerung von Fragen der Wirksamkeit der Erklärung

10 Die Frage, ob eine Willenserklärung vorliegt, muss streng von der Frage getrennt werden, ob die Erklärung wirksam ist. Auch eine nichtige Willenserklärung ist eine Willenserklärung. Das Urteil über die Nichtigkeit lässt sich nur anhand von Vorschriften treffen, die unter bestimmten Voraussetzungen Willenserklärungen für nichtig erklären (unten § 6). Damit diese Normen anwendbar sind, muss immerhin eine Willenserklärung dem Tatbestand nach vorliegen.[8] Die Definitionsmerkmale der Willenserklärung dienen dazu, den Anwendungsbereich der Vorschriften über Willenserklärungen festzulegen, und sie müssen deshalb durchlässig sein für alle Störungsfälle, die das Gesetz als Problem der Wirksamkeit der Erklärung behandelt. Da das Gesetz innerhalb der Willenserklärungen zwischen wirksamen und unwirksamen unterscheidet, da also beim bloßen Vorliegen einer Willenserklärung noch offen bleibt, ob durch die Erklärung ein Rechtsgeschäft zustande kommt, das die in der Willenserklärung bestimmten Rechtsfolgen herbeiführt, darf man die Frage nach den *Definitionsmerkmalen* der Willenserklärung nicht mit der nach dem *Geltungsgrund* von Willenserklärungen belasten und vermengen. Umstände, die das Gesetz als Grund für die Nichtigkeit einer Erklärung ansieht, hindern nicht, dass eine Willenserklärung dem Tatbestand nach vorliegt.[9] Das ist von besonderer Bedeutung für die Frage, ob in die Definition der Willenserklärung auch subjektive, d.h. auf den Willen des Erklärenden abstellende, Merkmale einzubeziehen sind (dazu sogleich unten Rdn. 21 ff).

2. Ausgrenzungen

11 Mithilfe der oben 1 gegebenen Definitionsmerkmale einer Willenserklärung lassen sich wichtige Ausgrenzungen vornehmen.

a. Verabredungen im außerrechtlichen Bereich, insbesondere: Gefälligkeiten

12 Eine Willenserklärung liegt nicht vor, wenn kein Rechtsgeschäft geschaffen werden soll, vielmehr lediglich rechtlich nicht bindende Verabredungen im gesellschaftlichen Bereich, unter Freunden, auf Ehrenwort und dgl. getroffen werden sollen. An der erkennbaren Zielsetzung, eine rechtliche Regelung zu schaffen,

---

8 *Bork* AT Rdn. 610: „Für eine schon dem Tatbestand nach nicht existente Willenserklärung stellt sich die Frage ihrer Wirksamkeit gar nicht."

9 Vorbehaltlich der oben Rdn. 9 erläuterten dogmatischen Korrektur (zu § 116 Satz 2 BGB und § 117 Abs. 1 BGB).

fehlt es insbesondere bei der Zusage bloßer **Gefälligkeiten**.[10] Eine Verrechtlichung durch Schaffung vertraglicher Beziehungen wäre hier zwar möglich, aber kontraproduktiv, weil sie die Bereitschaft, Tätigkeiten für andere zu übernehmen, herabsetzen oder ganz ausschließen würde.

Beispiel:[11] Mehrere Lottospieler verabreden, einen gemeinsamen Spielschein auszufüllen, und **13** ein Teilnehmer der Spielgemeinschaft übernimmt es, den Spielschein jeweils bei der Lottoannahmestelle einzureichen. Später versäumt er es einmal, dies rechtzeitig zu tun – und prompt fällt ein hoher Gewinn auf eine Zahlenfolge der Spielgemeinschaft. Die anderen Mitglieder der Spielgemeinschaft verlangen anteiligen Schadensersatz von dem vergesslichen Mitglied der Spielgemeinschaft. Der BGH verneint die Übernahme einer rechtlichen Verpflichtung und betont zu Recht, dass eine etwaige Schadensersatzpflicht geradezu existenzvernichtende Folgen haben könnte und daher kein Mitspieler ein solches Risiko selbst eingehen oder einem anderen zumuten würde.

Die Testfrage lautet in solchen Fällen, ob die Bereitschaft, eine bestimmte Hand- **14** lung vorzunehmen, von der anderen Seite als Ausdruck des Willens verstanden werden darf, eine *rechtliche Verpflichtung* einzugehen, also ein Vertragsverhältnis zu schaffen. Der eingeführte Begriff für dieses entscheidende Kriterium lautet **Rechtsbindungswille** – ein unglücklicher Begriff, weil er zu dem Missverständnis Anlass geben kann, es komme auf den wirklichen Willen des Erklärenden an, sich zu binden, während für das Vorliegen des objektiven Tatbestandes einer Willenserklärung entscheidend ist, ob die andere Seite das Verhalten des Erklärenden als Ausdruck eines solchen Bindungswillens verstehen darf.[12] Das kann insbesondere bei Absprachen über Verhaltensweisen zu verneinen sein, die rechtlich nicht einschränkbare Freiheitsräume der Beteiligten betreffen.

Beispiel:[13] M und F leben unverheiratet zusammen. Da sie keine Kinder möchten, vereinbaren **15** sie, dass F empfängnisverhütende Medikamente einnimmt. Nach einiger Zeit setzt F diese ab, ohne mit M zu sprechen, und wird schwanger. M verklagt F auf Schadensersatz in Höhe der Unterhaltsleistungen, die er an sein Kind zu erbringen hat. Der BGH verneint zu Recht derartige Ansprüche. M habe die Zusage der F nicht als Ausdruck des Willens verstehen dürfen, eine rechtsgeschäftliche Bindung einzugehen, und daher sei keine vertragliche Regelung zustande gekommen. Die auf Besonderheiten nichtehelicher Lebensgemeinschaften abstellenden Ausfüh-

---

10 BGH vom 21.6.2012, NJW 2012, 3366 Rdn. 14; BGH vom 26.4.2016, NJW-RR 2017, 272 Rdn. 8; ausführlich Medicus/*Petersen* AT Rdn. 184 ff.
11 BGH vom 16.5.1974, NJW 1974, 1705.
12 BGH vom 21.6.2012, NJW 2012, 3366 Rdn. 14; *M. Schwab* Iurratio 2010, 73 (74). Siehe auch unten § 8 Rdn. 23 ff zum Rechtsbindungswillen als Kriterium für das Vorliegen eines Antrags im Sinne von § 145 BGB.
13 BGH vom 17.4.1986, BGHZ 97, 372 = NJW 1986, 2043.

rungen der Urteilsbegründung[14] überzeugen aber nicht, kann doch für entsprechende Vereinbarungen unter Eheleuten nichts anderes gelten. Absprachen zwischen den Partnern einer intimen Beziehung über empfängnisverhütende Maßnahmen betreffen, wie der BGH darüber hinaus zutreffend hervorhebt, einen engsten Bereich persönlicher Entscheidungen, der einer Verrechtlichung durch vertragliche Regelungen nicht zugänglich ist.[15] Wo grundlegende Wertentscheidungen der Verfassung es erfordern, der Privatautonomie in dieser Weise Grenzen zu setzen, kann schon die Frage zu verneinen sein, ob die Erklärungen als Ausdruck eines rechtsgeschäftlichen Regelungswillens verstanden werden dürfen.

b. Äußerungen im Vorfeld rechtsgeschäftlicher Erklärungen

16 Eine Willenserklärung liegt nur vor, wenn es der Sinn der Erklärung ist, dass *unmittelbar hierdurch* das Rechtsgeschäft geschaffen werden soll. Ausgegrenzt werden damit alle Erklärungen, die lediglich der Vorbereitung der Abgabe von Willenserklärungen dienen.

17 **Beispiel:** Wer in ein Elektronikfachgeschäft geht und der Angestellten erklärt, er wolle ein Telefon kaufen, gibt keine Willenserklärung im Rechtssinne ab, weil es ersichtlich nicht der Sinn dieser Äußerung ist, dass allein hierdurch von Seiten des Kunden alles getan sein soll, was zum Abschluss eines Vertrages erforderlich ist. Das „letzte Wort", das unmittelbar auf den Abschluss des Vertrages gerichtet ist, wird erst später, (meist) erst an der Kasse gesprochen.

18 Soll nach dem Willen auch nur einer Seite ein Vertrag schriftlich geschlossen werden, so ist gemäß § 154 Abs. 2 BGB grundsätzlich davon auszugehen, dass der Vertrag **erst mit der Unterzeichnung der Vertragsurkunde** zustande kommt. Bekundungen der Bereitschaft zum Vertragsschluss, die dem vorausgehen, sind im Zweifel noch keine Willenserklärungen.

19 **Beispiel:** Aufgrund einer Zeitungsanzeige bewirbt sich M um eine von V zu vermietende Wohnung. V zeigt die Wohnung verschiedenen Interessenten und ruft schließlich M an: „Sie bekommen die Wohnung! Kommen Sie morgen um 10 Uhr noch einmal vorbei, dann unterschreiben wir den Vertrag". Gemäß der Auslegungsregel des § 154 Abs. 2 BGB kommt der Vertrag nicht schon dadurch zustande, dass M sich als Mieterin bei V beworben hat und V ihr am Telefon erklärt, sie bekomme die Wohnung. Die auf Abschluss des Mietvertrages gerichteten Willenserklärungen werden erst am nächsten Morgen mit den Unterschriften unter den schriftlich fixierten Vertragstext abgegeben.

---

14 Das Argument des BGH lautet, dass die Partner einer nichtehelichen Lebensgemeinschaft eine Verrechtlichung ihrer Beziehung nicht wünschten und deshalb auch Absprachen über Maßnahmen der Empfängnisverhütung grundsätzlich nicht als rechtsverbindlich verstehen dürften.
15 Selbst wenn derartige Absprachen mit Rechtsbindungswillen getroffen werden und also das Vorliegen entsprechender Willenserklärungen zu bejahen ist, ist ein solcher Vertrag nicht wirksam, BGH vom 17.4.1986, BGHZ 97, 372 (379) = NJW 1986, 2043 (2045); dazu unten § 9 Rdn. 257.

Auch in diesen Fällen spricht man kurz davon, es fehle noch am Rechtsbindungs- **20**
willen. Gemeint ist, dass die Erklärungen nicht als das letzte Wort verstanden
werden können, durch das jede Seite – der anderen Seite erkennbar – alles getan
haben will, was zum Abschluss des angestrebten Vertrages erforderlich ist.

II. Subjektive Tatbestandsmerkmale?

Fraglich und umstritten ist, ob es für das Vorliegen einer Willenserklärung allein **21**
auf die geschilderten objektiven Merkmale ankommt oder zusätzliche subjektive
(den Willen des Erklärenden betreffende) Merkmale erfüllt sein müssen.[16]

1. Die herkömmliche Sicht

Nach überwiegender Ansicht besteht die Willenserklärung – wie schon aus der **22**
sprachlichen Bezeichnung hervorgehe[17] – aus einem objektiven Element, der Erklärung, und einem subjektiven, dem Willen.[18] Daher wird zwischen dem objektiven (äußeren) Tatbestand der Erklärung (im Sinne von oben I.) und subjektiven
(inneren) Tatbestandsmerkmalen der Erklärung unterschieden.[19] Als subjektive
Tatbestandsmerkmale der Willenserklärung gelten **Handlungswille, Erklärungsbewusstsein** und **Geschäftswille.**[20]

Der *Handlungswille* fehlt nach dieser Lehre bei unbewusstem, nicht willens- **23**
gesteuertem Verhalten, das dennoch als Ausdruck rechtsgeschäftlichen Willens
erscheint.

Das kommt in der Lebenswirklichkeit kaum je vor. In einem Beispiel von *Bork*[21] ist nach langen **24**
und zähen Vertragsverhandlungen eine Seite eingeschlafen und murmelt, als die andere Seite
schließlich ein Vertragsangebot unterbreitet, im Schlaf „Ja, ja". *Leipold*[22] rechnet hierzu den Fall,
dass einem willenlosen Betrunkenen im Schlaf die Hand zur Unterschrift unter einen Bestell-

---

16 Die nachfolgende Darstellung beruht auf *Leenen* JuS 2008, 577 (579 ff).
17 *Faust* AT § 2 Rdn. 3; *Boecken* AT Rdn. 164.
18 *Neuner* AT § 30 Rdn. 1 und § 31 Rdn. 1; *Brox/Walker* AT § 4 Rdn. 15; *Leipold* AT § 10 Rdn. 13;
S. Lange JA 2007, 687; ausführlich *Musielak* AcP 211 (2011) 769 ff.
19 *Faust* AT § 2 Rdn. 4 ff; *Boecken* AT Rdn. 165, 167 ff; *Wertenbruch* AT § 6 Rdn. 7. Zur Dogmen-
geschichte des Verhältnisses von Wille und Erklärung *Musielak* AcP 211 (2011) 769 ff.
20 Vgl. *Brox/Walker* AT § 4 Rdn. 16 ff; *Brehm* AT Rdn. 130 ff; *Bork* AT Rdn. 588 ff; *Eisenhardt* JZ
1986, 875 (876 ff mit ausführlichen Nachweisen zur älteren Literatur). Zur Entstehungsgeschichte
dieser Willensbegriffe *Werba*, Die Willenserklärung ohne Willen (2005), S. 19 ff.
21 *Bork* AT Rdn. 590.
22 *Leipold* AT § 10 Fall 2 vor Rdn. 17. Ebenso *Boecken* AT Rdn. 168.

schein geführt wird.[23] *Wertenbruch*[24] lässt einen vom Psychotherapeuten hypnotisierten Patienten im Trancezustand eine erhöhte Honorarvereinbarung unterschreiben. Als modernes Beispiel für eine nicht willensgesteuerte, reflexhafte Reaktion ist denkbar, dass jemand, der gerade den Mauspointer auf das Bestätigungsfeld einer online-Bestellung gerichtet hat, infolge einer heftigen Explosion in der Nähe mit dem Zeigefinger zuckt und so die Bestellung auslöst.[25]

25 Das *Erklärungsbewusstsein* fehlt, wenn der Erklärende mit seinem Verhalten nicht den Willen und das Bewusstsein verbindet, im rechtsgeschäftlichen Raum zu agieren.

26 Auch diese Fälle sind nicht eben häufig. Das Lehrbuchbeispiel ist die „Trierer Weinversteigerung" (Sachverhalt unten § 30), bei der ein Ortsunkundiger die Hand hebt, um einem Freund zuzuwinken, und prompt den Zuschlag für ein Fass Wein erhält. Aus der Rechtsprechung des BGH ist der „Sparkassenfall" (Sachverhalt unten § 30) zu nennen: Auf Anfrage eines Gläubigers will der Filialleiter einer Bank lediglich mitteilen, dass die Bank in der Vergangenheit einmal eine Bürgschaft für einen bestimmten Schuldner übernommen habe. Das Schreiben ist so formuliert, dass es vom Gläubiger als Bürgschaftsübernahme verstanden wurde und nach Ansicht des BGH auch so verstanden werden durfte.

27 Der *Geschäftswille* schließlich fehlt demjenigen, der zwar weiß, dass er rechtsgeschäftlich handelt, aber sich über den Text seiner Erklärung irrt oder doch seinen Worten oder seinem sonstigen Handeln eine andere als die rechtlich maßgebliche Bedeutung beimisst.[26]

2. Kritik

28 Würde es sich insoweit um Tatbestandsmerkmale einer Willenserklärung handeln, so müsste beim Fehlen einer der genannten Willenskomponenten verneint werden, dass überhaupt eine Willenserklärung vorliegt. Die Folge wäre, dass die Vorschriften des Gesetzes über Willenserklärungen nicht anwendbar wären. Dies ergibt aber keinen Sinn, da das Gesetz in diesen Vorschriften gerade Fragen regelt, die sich aus Störungen in der Willensbildung oder sonstigen Willensmängeln ergeben.

---

23 Die Frage lautet, wessen Unterschrift dies ist. Vieles spricht dafür, von einer unter fremdem Namen abgegebenen Willenserklärung (oben § 4 Rdn. 100) dessen auszugehen, der dem willenlosen Schlafenden die Hand führt (*Löwisch/Neumann* Allgemeiner Teil des BGB, 7. Aufl. 2004, Rdn. 290; vgl. auch *Boemke/Ulrici* AT § 5 Rdn. 4), und diesen mangels Vertretungsmacht gemäß § 179 BGB (unten § 16) haften zu lassen.
24 *Wertenbruch* AT § 6 Rdn. 8 Fall 1.
25 Dieses Beispiel auch bei Staudinger/*Singer* (2017) Vorbem. zu §§ 116 ff Rdn. 27; *Neuner* AT § 32 Rdn. 4 f.
26 Dies sind die in § 119 Abs. 1 BGB geregelten Irrtumsfälle. Hierzu unten § 14 Rdn. 30 ff, 47 ff.

Die erstaunlichste dieser Vorschriften, nämlich **§ 105 Abs. 2 BGB**, besagt, eine Willenserklärung, **29** die im Zustande der Bewusstlosigkeit abgegeben wird, sei nichtig. Da eine Erklärung nur nichtig sein kann, wenn es sie immerhin gibt, setzt das Gesetz also voraus, dass selbst im willenlosen Zustand der Bewusstlosigkeit der Tatbestand einer Willenserklärung geschaffen werden kann.[27] Hieraus entsteht das Regelungsproblem, ob der Bewusstlose mit den Folgen seiner Erklärung belastet werden darf. Das BGB löst das Problem, indem es (selbstverständlich!) der Erklärung die Wirksamkeit versagt. **§ 116 BGB** geht davon aus, dass eine Willenserklärung auch dann dem Tatbestand nach vorliegt, wenn der Erklärende „sich insgeheim vorbehält, das Erklärte nicht zu wollen". Wird eine Erklärung im Sinne von **§ 117 Abs. 1 BGB** „nur zum Schein" abgegeben, so fehlt dem Erklärenden der Wille, hierdurch ein Rechtsgeschäft zu schaffen. Dies hindert das Gesetz nicht, von einer Willenserklärung zu sprechen. Das Gesetz kennt die „nicht ernstlich gemeinte" Willenserklärung (**§ 118 BGB**) und Willenserklärungen, die der Erklärende „überhaupt nicht abgeben wollte" (**§ 119 Abs. 1 BGB**). In allen diesen Fällen geht das Gesetz davon aus, dass das tatbestandliche Vorliegen einer Willenserklärung nicht dadurch berührt wird, dass jemand nicht erklären wollte, was er erklärt hat.

Sieht man auf diese gesetzlichen Regelungen, so fällt es schwer, irgendeine Wil- **30** lenskomponente ausfindig zu machen, von der das tatbestandliche Vorliegen einer Willenserklärung abhinge.[28] Gewiss werfen Willensmängel die Frage auf, ob die Erklärung wirksam ist und zum Zustandekommen des Rechtsgeschäfts führen kann (dazu unten § 6). Gewiss ist die „Willenserklärung ohne Willen"[29] auch ein Grenzfall, der über das Wesen der Willenserklärung als des rechtlichen Instruments zur Gestaltung von Rechtverhältnissen nach dem Willen wenig aussagt. Gewiss entspricht schließlich die von Willensmängeln beeinträchtigte Willenserklärung nicht dem Idealbild einer Willenserklärung.[30] Die Tatbestandsmerkma-

---

27 *Kellmann* JuS 1971, 609 (614); *Leenen* JuS 2008, 577 (579); *M. Schwab* Iurratio 2009, 142 (143 f); zu diesem Argument auch Staudinger/*Singer* (2017) Vorbem. zu §§ 116 ff Rdn. 27. – Anders die h. M., die bei „echter" Bewusstlosigkeit mangels Handlungswillens das tatbestandliche Vorliegen einer Willenserklärung verneint (MüKo/*Spickhoff* § 105 Rdn. 37; Palandt/*Ellenberger* § 105 Rdn. 2; Erman/*H. F. Müller* § 105 Rdn. 5); hierzu unten § 6 Rdn. 89.
28 Etwas anderes ergibt sich auch nicht aus § 116 Satz 2 BGB. Zwar lässt sich hier mit guten Gründen annehmen, dass es schon am tatbestandlichen Vorliegen einer Willenserklärung fehle (oben § 5 Rdn. 9). Dies folgt aber nicht daraus, dass der Erklärende nicht will, was er sagt (wie § 116 Satz 1 BGB zeigt: dieser Mangel des Willens für sich genommen hindert nicht einmal die Wirksamkeit der Erklärung!), sondern dass der Empfänger der Erklärung diesen Mangel des Willens kennt (dazu oben § 5 Rdn. 7). Entsprechendes gilt für § 117 Abs. 1 BGB.
29 So der pointierte Titel der Schrift von *Werba*, Die Willenserklärung ohne Willen (2005).
30 Nach Jauernig/*Mansel* (vor § 116 Rdn. 2f) ist die Diskrepanz von Wille und Erklärung ein pathologischer Fall. Daher sei es bedenklich, hieran das Wesen der normalen Willenserklärung zu demonstrieren. *Flume* AT § 4, 3 (S. 49) fordert, dass man vom Normalfall der vollgültigen Willenserklärung ausgehen müsse, wenn man das Wesen der Willenserklärung erfassen wolle (ähnlich *Musielak* AcP 211 [2011], 769 [772]) Darum geht es indessen nicht bei der Festlegung des Anwendungsbereiches der Vorschriften des BGB über Willenserklärungen.

le einer Willenserklärung haben aber nicht die Aufgabe, Wesen und Vollform einer idealtypischen Willenserklärung zu beschreiben. Sie müssen notwendig so gebildet werden, dass sie wirksame *wie nichtige Erklärungen* umfassen. Dieser Aufgabe wird eine Definition der Willenserklärung am besten gerecht, die sich auf das Vorliegen der oben Rdn. 3 ff genannten *objektiven* Tatbestandsmerkmale beschränkt.[31]

3. Die Irrelevanz subjektiver Tatbestandsmerkmale in der Anwendung der gesetzlichen Vorschriften zu Willenserklärungen

31 Sieht man darauf, wann nach der h.M. der Anwendungsbereich der Vorschriften über Willenserklärungen eröffnet ist, zeigt sich eine weitgehende Annäherung an eine rein objektive Bestimmung der Tatbestandsmerkmale einer Willenserklärung.

a. Geschäftswille

32 Unstreitig hindert der Mangel des sog. Geschäftswillens nicht, dass eine Willenserklärung gegeben ist. Das BGB sieht derartige Willenserklärungen als wirksam an und gewährt lediglich ein Anfechtungsrecht (unten § 14 Rdn. 30 ff, 47 ff). Eine im Sinne der §§ 119 BGB anfechtbare Willenserklärung ist jedenfalls eine Willenserklärung.

b. Erklärungsbewusstsein

33 Nach der Rechtsprechung des BGH,[32] der das ganz überwiegende Schrifttum folgt,[33] hindert das Fehlen des Erklärungsbewusstseins nicht den Tatbestand einer Willenserklärung.[34] Die Erklärung ist wirksam, der Willensmangel begründet

---

31 Ebenso *M. Schwab* Iurratio 2009, 142 (144); *Härting*, Internetrecht (6. Aufl. 2017) Rdn. 651. Für einen rein objektiven Begriff der Tatbestandsmerkmale einer Willenserklärung auch *Kellmann* JuS 1971, 609 (612 ff); *Brehmer* JuS 1986, 440 (443); *ders.*, Wille und Erklärung (1992), S. 29, 65 f, 240 ff; HKK/*Schermaier* §§ 116–124 Rdn. 14; *Werba*, Die Willenserklärung ohne Willen (2005), S. 106 f, 164; ; *de la Durantaye*, Erlärung und Wille (2020) 42 ff; vgl. auch *Häublein*, Liber Amicorum Leenen (2012) 59 (74).
32 BGH vom 7.6.1984, BGHZ 91, 324 (329) – „Sparkasse" (Sachverhalt unten § 30) = NJW 1984, 2279 (2280); BGH vom 2.11.1989, BGHZ 109, 171 (177) = NJW 1990, 454 (456); BGH vom 7.11.2001, BGHZ 149, 129 (136) = NJW 2002, 363 (364).
33 Palandt/*Ellenberger* Einf. vor § 116 Rdn. 2/3; MüKo/*Armbrüster* vor § 116 Rdn. 27; § 119 Rdn. 96 ff; Medicus/*Petersen* AT Rdn. 607; *Bork* AT Rdn. 596; Brox/*Walker* AT § 4 Rdn. 17, § 6 Rdn. 16. Bedenken bei Staudinger/*Singer* (2017) Vorbem. zu §§ 116 ff Rdn. 37.
34 A.A. *Neuner* AT § 41 Rdn. 48 und § 32 Rdn. 23.

lediglich ein Anfechtungsrecht gemäß § 119 Abs. 1 BGB (unten § 14 Rdn. 46). Damit gilt für das Fehlen des Erklärungsbewusstseins dasselbe wie für das Fehlen des Geschäftswillens (oben Rdn. 32).

Der BGH fügt einschränkend hinzu, eine Willenserklärung liege „bei fehlendem Erklärungs- **34** bewusstsein nur vor, wenn sie als solche dem Erklärenden zugerechnet werden" könne. Dies setze voraus, dass „der Erklärende bei Anwendung der im Verkehr erforderlichen Sorgfalt hätte erkennen und vermeiden können, dass seine Äußerung nach Treu und Glauben und der Verkehrssitte als Willenserklärung aufgefasst werden durfte".[35] Schon die auffällige Formulierung, eine Willenserklärung sei nur gegeben, wenn sie (also: die Willenserklärung!) „als solche dem Erklärenden zugerechnet werden" könne, zeigt, dass es bei der vom BGH genannten Einschränkung nicht um eine Frage des tatbestandlichen Vorliegens einer Erklärung gehen kann. Kriterien der Zurechenbarkeit können nicht zugleich darüber entscheiden, ob überhaupt ein Tatbestand vorliegt, der Zurechnungsfragen aufwirft. Das BGB behandelt Zurechnungsfragen der vom BGH angesprochenen Art als Problem der Wirksamkeit der Erklärung. Ist die Erklärung mangels Zurechenbarkeit nichtig (Paradigma: § 105 Abs. 2 BGB), ändert dies nichts daran, dass dem Tatbestand nach eine Willenserklärung vorliegt. Ganz in diesem Sinne hat der BGH die Ansicht, dass das Erklärungsbewusstsein ein konstitutives Erfordernis der Willenserklärung sei, dahin interpretiert, dass fehlendes Erklärungsbewusstsein zur Nichtigkeit (!) der Erklärung führe.[36] Dann aber ist es terminologisch verfehlt, von einem „konstitutiven" oder „existentiellen Erfordernis" oder einem subjektiven Tatbestandsmerkmal zu sprechen.

c. Handlungswille

In den seltenen und eher skurrilen Fällen, die als Beispiele für fehlenden Hand- **35** lungswillen angeführt werden (oben Rdn. 24), fehlt es teilweise nach allgemeinen Grundsätzen der Auslegung (unten Rdn. 50 ff) schon am objektiven Tatbestand einer Willenserklärung (so, wenn eine Erklärung im Schlaf oder unter Hypnose im Trancezustand abgegeben wird und der Adressat dies erkennt oder erkennen muss). Wird einem Bewusstlosen die Hand zur Unterschrift unter einen Bestellschein geführt, wird der objektive Tatbestand einer Willenserklärung willentlich geschaffen, nämlich von demjenigen, der sich der Hand des Bewusstlosen bedient (oben Fn. 24), nicht anders als in Fällen, in denen der Täter den Bestellschein selbst mit der gefälschten Unterschrift eines anderen versieht. Im Falle der Reflex-Bewegung am Computer ist der objektive Tatbestand einer Willenserklärung gegeben, da (und insoweit) der Erklärung nicht angesehen werden kann, wie sie zustande gekommen ist.[37] Die Frage ist allein, ob die Erklärung in

---

35 BGH vom 7.6.1984, BGHZ 91, 324 (330) – NJW 1984, 2279 (2280).
36 BGH vom 7.6.1984, BGHZ 91, 324 (329) = NJW 1984, 2279 (2280) sub I 1a der Gründe.
37 Ebenso *Härting*, Internetrecht (6. Aufl. 2017) Rdn. 650.

entsprechender Anwendung des § 105 Abs. 2 BGB nichtig ist,[38] oder ob sie wie eine ohne Erklärungsbewusstsein abgegebene Erklärung (oben Rdn. 33) wirksam und lediglich nach § 119 Abs. 1 Var. 2 BGB (unten § 14 Rdn. 46) anfechtbar ist.[39] Den Vorzug verdient die letztere Ansicht, da das Risiko des reflexartigen Mausklicks, der die für die Abgabe der Bestellung vorgesehene Fläche trifft, von demjenigen geschaffen worden ist, der den pointer dorthin geführt hat.[40] Daher ist im Falle einer Anfechtung durch den Erklärenden auch dessen Haftung auf einen dem Empfänger etwa entstandenen Vertrauensschaden gemäß § 122 BGB sachgerecht.

III. Die Ermittlung des rechtlich maßgeblichen Inhalts der Erklärung durch Auslegung

36   Mit der Bestimmung der Tatbestandsmerkmale einer Willenserklärung steht nur fest, was allgemein erforderlich ist, damit eine Willenserklärung im Sinne des Privatrechts vorliegt. Die nächste Frage ist, ob eine *konkrete* Erklärung oder ein *bestimmtes* sonstiges Verhalten – bis hin zum bloßen Schweigen – den Tatbestandsmerkmalen einer Willenserklärung genügt. Hierfür kommt es darauf an, welchen Inhalt die Erklärung, welchen rechtlich relevanten Aussagegehalt das betreffende Verhalten hat. Dabei geht es im Näheren um zwei Fragen, nämlich *erstens*, ob es der Sinn des Erklärungsverhaltens ist, ein Rechtsgeschäft zu schaffen, und *zweitens*, welche Rechtsfolgen dieses Rechtsgeschäft begründen soll. Die Antwort auf beide Fragen wird im Wege der Auslegung gefunden.

1. Die Notwendigkeit der Auslegung

37   Durch Auslegung wird in Zweifelsfällen ermittelt, ob eine Willenserklärung vorliegt und welchen rechtlich maßgeblichen Inhalt sie hat. In der größten Zahl der Rechtsgeschäfte, die täglich geschlossen werden, kommt es hierüber nicht zum Streit. Empfangsbedürftige Erklärungen (also insbesondere: Vertragserklärungen) werden vom Empfänger meist genau in dem Sinne verstanden, wie sie vom

---

38 So Staudinger/*Singer* (2017) Vorbem. zu §§ 116 ff Rdn. 50; Medicus/*Petersen* AT Rdn. 606; *Neuner* AT § 32 Rdn. 4 f.

39 *Härting*, Internetrecht (6. Aufl. 2017) Rdn. 660.

40 Ebenso *de la Durantaye*, Erklärung und Wille (2020) 43; *Petersen* Examinatorium BGB-AT § 10 Rdn. 19. Insoweit besteht wertungsmäßig eine Parallele zu den Fällen, in denen eine Person das Risiko schafft, dass eine von ihr schriftlich abgefasste Willenserklärung ohne ihren Willen in den Verkehr gelangt (dazu unten § 6 Rdn. 70 ff).

Erklärenden gemeint sind. Geht es um Worte der Umgangssprache, werden sie vom Erklärenden im üblichen Sinne verwendet und vom Empfänger im üblichen Sinne verstanden. Geht es um schwierige technische Fachausdrücke, die umgangssprachlich kaum bekannt sind, ist es doch in aller Regel so, dass zwei Parteien, die hierüber einen Vertrag schließen, die einschlägigen Fachkenntnisse haben und daher genau wissen, was gemeint ist.

Doch gibt es auch Fälle, in denen zweifelhaft sein kann, was der Erklärende **38** meint. Diese Fälle sind es, die – obwohl aufs Ganze gesehen eher selten – im Vordergrund des juristischen Interesses stehen.

Beispiele: (1) Zum Nachlass der F gehören zwei Teeservices, eines in klassisch strengem Stil, das **39** andere bunt und verspielt. Im Testament hat F angeordnet: „Das Schönere der beiden Teeservices soll meine Nichte N bekommen". Welches Service ist gemeint? – **(2)** Witwer W setzt seine Kinder zu Erben ein und vermacht seine „festverzinslichen Papiere" seiner Lebensgefährtin. Zum Nachlass gehören Schuldverschreibungen mit festem Zinssatz und Anteile an Geldmarktfonds mit über die Jahre hinweg minimal schwankenden Erträgen. Die Kinder machen geltend, Geldmarktfonds hätten keinen festen Zinssatz. Die Lebensgefährtin legt dar, dass W ihr gegenüber stets die Geldmarktfondsanteile als „festverzinsliche Papiere" bezeichnet habe. – **(3)** V und K schließen einen Kaufvertrag; der Kaufpreis wird in „Dollar" angegeben. – **(4)** V hat an einem nördlichen Nebenfluss der Donau zwei Ferienhäuser zu vermieten. Das kleinere Haus liegt am westlichen Ufer und kostet pro Tag 100 Euro. Das mehr als doppelt so große Haus liegt am östlichen Ufer und kostet pro Tag 200 Euro. M bestellt für drei Tage „das Haus links am Fluss". – **(5)** Ein Gast G bestellt in einem Hotel „zwei Zimmer mit drei Betten" für zwei Nächte. Der Hotelier reserviert zwei Dreibettzimmer. Als der Gast eintrifft, stellt sich heraus, dass G ein Doppelzimmer und ein Einzelzimmer meinte.[41]

2. Ziele und Zielkonflikte der Auslegung von Willenserklärungen

Im Ausgangspunkt muss es bei der Auslegung von Willenserklärungen darum ge- **40** hen, den wirklichen Willen des Erklärenden zu ermitteln. Da die Willenserklärung das rechtliche Instrument zur Gestaltung von Rechtsverhältnissen nach dem Willen des Erklärenden ist, muss die Auslegung darauf ausgerichtet sein, die Verwirklichung von Selbstbestimmung des Erklärenden zu fördern. Diesen Ausgangspunkt und Grundgedanken der Auslegung von Willenserklärungen formuliert § 133 BGB treffend dahin, dass „der wirkliche Wille zu erforschen und nicht an dem buchstäblichen Sinne des Ausdrucks zu haften" ist.

Willenserklärungen sind aber nicht nur das Instrument zur Selbstbestim- **41** mung des Einzelnen. In aller Regel dienen sie der Gestaltung von Rechtsver-

---

41 Fallbeispiel aus *Larenz*, Allgemeiner Teil des deutschen Bürgerlichen Rechts (7. Aufl. 1989) § 19 II (S. 337); *Neuner* AT § 35 Rdn. 18; Sachverhalt unten § 30 „Zwei Zimmer mit drei Betten".

hältnissen mit anderen, Paradigma ist der Vertrag. Im Vertrag soll sich der rechtsgeschäftliche Wille beider Seiten verwirklichen. Gälte auch für Vertragserklärungen der Grundsatz uneingeschränkt, dass durch Auslegung der wirkliche Wille der Kontrahenten zu ermitteln ist, kann dies zur Folge haben, dass die Kontrahenten zwar dieselben Worte gebraucht, diese aber in einem unterschiedlichen Sinne verstanden und deshalb eine wirkliche Übereinstimmung im Willen nicht erzielt haben. Ein solches Ergebnis ist unerwünscht, wie immer die Rechtsordnung hierauf reagiert: Kommt der Vertrag nicht zustande, weil keine Willensübereinstimmung erzielt wurde, ist die Transaktion gescheitert, aller Aufwand war umsonst. Was mit dem Vertrag gemeinsam hätte erreicht werden können, wird verfehlt, eine Chance vertan. Lässt die Rechtsordnung zu, dass der Vertrag dennoch zustande kommt und in dem Sinne gilt, der dem wirklichen Willen lediglich der einen *oder* anderen Seite entspricht, verwirklicht sich im Vertrag nur „halbe Selbstbestimmung", nämlich nur der Wille einer Seite.

42   **Ziel der Rechtsordnung** muss es sein, möglichst zu vermeiden, dass es zu solchen Fällen verfehlter Willensübereinstimmung kommt. Die Erreichung dieses Ziels wird gefördert, wenn jeder Vertragspartner seinen rechtsgeschäftlichen Willen so formuliert, dass der *andere Teil* diesen Formulierungen zweifelsfrei entnehmen kann, was gemeint ist.[42] Hierzu werden die Kontrahenten angehalten, wenn ihre Erklärungen, falls eine Willensübereinstimmung nicht erreicht wird, in dem Sinne gelten, in dem der *andere Teil die Erklärung verstanden hat und verstehen durfte*. Für Vertragserklärungen und sonstige empfangsbedürftige Willenserklärungen ist der Ausgangspunkt des § 133 BGB daher durch eine Zusatzregel für den Fall zu ergänzen, dass der wirkliche Wille beider Seiten nicht übereinstimmt. Es setzt sich dann diejenige Erklärung durch, die immerhin den Verständnis*möglichkeiten* der anderen Seite entspricht. Hierdurch wird zugleich das Vertrauen des Erklärungsempfängers darauf geschützt, dass die Erklärung in dem Sinne gilt, den er den Worten entnehmen kann und darf. Ausdruck findet diese Ergänzung des § 133 BGB, die für alle empfangsbedürftigen Erklärungen gilt, in § 157 BGB. Danach sind Verträge „so auszulegen, wie Treu und Glauben mit Rücksicht auf die Verkehrssitte es erfordern". Mit „Treu und Glauben" und der „Verkehrssitte" sind die wichtigsten Kriterien angesprochen, die darüber befinden, wie empfangsbedürftige Erklärungen verstanden werden *dürfen*.

---

42 Hierzu *de la Durantaye*, Erklärung und Wille (2020) 12, 48 ff., 110 ff.; *Leenen*, Liber Amicorum Jürgen Prölss (2009) 153, 170 f.

3. „Natürliche" und „normative" Auslegung

Es ist üblich, die Ermittlung des wirklichen Willens des Erklärenden als **natür-** liche Auslegung zu bezeichnen.[43] Wird dagegen darauf abgestellt, wie der Empfänger die Erklärung verstehen *darf* oder *muss*, orientiert sich die Auslegung also an wertenden Maßstäben, spricht man von **normativer** Auslegung.[44] Im Sinne dieser Unterscheidung geht es in § 133 BGB um natürliche Auslegung, in § 157 BGB um normative Auslegung. Beide Vorschriften dürfen aber – wie auch die Auslegungsverfahren selbst – nicht in einem strengen Gegensatz zueinander gesehen werden. Auch die normative Frage, wie eine Willenserklärung vom Empfänger verstanden werden darf, hat nämlich damit zu tun, ob der Empfänger den wahren Willen des Erklärenden erkennen konnte oder gar erkannt hat.

Um die Ermittlung des wirklichen Willens des Erklärenden (natürliche Auslegung) geht es bei **nicht-empfangsbedürftigen** Erklärungen. Ist für die Wirksamkeit einer Willenserklärung deren Zugang nicht erforderlich, kann kein Empfänger in seinem Vertrauen auf den Wortlaut der Erklärung zu schützen sein. Das sind freilich in der Rechtswirklichkeit eher Ausnahmefälle; das wichtigste Beispiel bildet die Testamentserrichtung.

Die rechtlich maßgebliche Bedeutung **empfangsbedürftiger** Willenserklärungen (unten § 6 Rdn. 10) wird durch eine Kombination von natürlicher und normativer Auslegung bestimmt.[45] Im ersten Schritt ist zu fragen, ob der Empfänger tatsächlich erkannt hat, welche rechtsgeschäftliche Regelung der Erklärende treffen wollte. Ist dies (wie meist!) der Fall, gilt die Erklärung gemäß dem wirklichen Willen des Erklärenden. Hat dagegen der Empfänger den wirklichen Willen des Erklärenden nicht erkannt und die Erklärung anders als vom Erklärenden gemeint verstanden, so kommt es darauf an, ob der Empfänger die Erklärung in *seinem* Sinn verstehen *durfte*. Dies ist nur dann zu bejahen, wenn der Empfänger sich immerhin (mit zumutbaren Anstrengungen) Mühe gegeben hat herauszufinden, was der Erklärende (im Sinne von § 133 BGB!) mit den von ihm gebrauchten Worten regeln wollte, und dem Empfänger dabei nicht auffallen musste und konnte, was der Erklärende wirklich meint. Auch in die normative Auslegung sind also Anstrengungen des Empfängers zur Ermittlung des wirklichen Willens des Erklärenden einbezogen.

43

44

45

---

43 Palandt/*Ellenberger* § 133 Rdn. 7; Erman/*Arnold* § 133 Rdn. 15; *Bork* AT Rdn. 511, 512ff; *Boemke*/*Ulrici* AT § 8 Rdn. 12ff; abw. PWW/*Ahrens* § 133 Rdn. 16: „empirische Auslegung".

44 Vgl. Palandt/*Ellenberger* § 133 Rdn. 7; Erman/*Arnold* § 133 Rdn. 19; Brox/*Walker* AT § 6 Rdn. 13; *Bork* AT Rdn. 512ff und 525ff.

45 Gegen dieses ganz herrschende "dualistische" Konzept der Auslegungsmethoden zugunsten einer alleinigen Relevanz der normativen Auslegung *Mittelstädt*, Die Auslegung empfangsbedürftiger Willenserklärungen (2016) 6 und durchgehend. Zur Kritik an *Mittelstädt* unten § 8 Rdn. 145.

4. Die Auslegungsregeln im Einzelnen

46 Die weithin anerkannten Grundsätze der Auslegung von Willenserklärungen lassen sich in drei Regeln zusammenfassen. Zu unterscheiden ist zwischen nichtempfangsbedürftigen und empfangsbedürftigen Erklärungen.

a. Nicht empfangsbedürftige Willenserklärungen

47   Regel 1: Bei nicht empfangsbedürftigen Willenserklärungen ist der wirkliche Wille des Erklärenden gemäß § 133 BGB zu ermitteln.[46]

48 Die Regel 1 gilt insbesondere für Willenserklärungen, durch die ein Testament errichtet wird oder sonstige Verfügungen von Todes wegen getroffen werden.

49 Im **Beispielsfall (1)** (oben Rdn. 39) ist gemäß § 133 BGB zu erforschen, ob die Erblasserin selbst ein Service als das Schönere angesehen hat und es auf ihren Geschmack ankommen soll, oder ob sie bewusst die sehr subjektiv gefärbte Bezeichnung gewählt hat, um es der Nichte zu überlassen, die Auswahl zu treffen. Im **Beispielsfall (2)** (oben Rdn. 39) ist „nicht an dem buchstäblichen Sinne" des Ausdrucks „festverzinslich" zu haften (§ 133 BGB). Es kommt nicht darauf an, was im bankwirtschaftlichen Sinne hierunter verstanden wird oder ob es eine rechtliche Definition festverzinslicher Papiere gibt. Entscheidend ist der Sprachgebrauch des Erblassers. Sah er in seinen Kapitalmarktfonds „festverzinsliche" Papiere, sind sie der Lebensgefährtin vermacht.

b. Empfangsbedürftige Willenserklärungen

50 Bei empfangsbedürftigen Willenserklärungen geht es um die Frage, ob die Erklärung (wie meist) so gilt, wie der **Erklärende** sie gemeint hat (dazu Regel 2), oder (hilfsweise) so, wie der **Empfänger** sie verstanden hat (dazu Regel 3).[47]

51   Regel 2: Empfangsbedürftige Willenserklärungen gelten in dem vom **Erklärenden** gewollten Sinn, wenn der Erklärungsempfänger erkennt oder erkennen muss, was der Erklärende meint.[48]

---

46 BGH vom 10.7.2013, NJW 2013, 3306 Rdn. 11 (sog. „Bierkönig"-Fall; hierzu *Heyers* JURA 2014, 11; *Bergmann* MittBayNot 2014, 2201); Palandt/*Ellenberger* § 133 Rdn. 13; Brox/*Walker* AT § 6 Rdn. 8; Medicus/*Petersen* AT Rdn. 322 (jeweils zu letztwilligen Verfügungen).

47 Auf diese Alternative beziehen sich auch die Auslegungsregeln bei Schwab/*Löhnig*, Einführung in das Zivilrecht (20. Aufl. 2016) Rdn. 567.

48 Die Regel findet sich positivrechtlich ausformuliert in Art. 8 Abs. 1 CISG. Danach sind „Erklärungen ... einer Partei nach deren Willen auszulegen, wenn die andere Partei diesen Willen

Auch bei empfangsbedürftigen Willenserklärungen ist in erster Linie gemäß § 133 **52** BGB der wirkliche Wille des Erklärenden zu ermitteln.[49] Das ist deshalb wichtig, weil der Wille des Erklärenden – ungeachtet der objektiven Bedeutung seiner Worte! – für die Auslegung maßgeblich ist, wenn der Erklärungsempfänger erkennt, was wirklich gemeint ist.

> BGH vom 7.12.2001, NJW 2002, 1038 (1039): „Nach § 133 BGB ist der wirkliche – möglicherwei- **53** se ungenau oder sogar unzutreffend geäußerte – Wille des Erklärenden als eine so genannte innere Tatsache zu ermitteln. Wird der tatsächliche Wille des Erklärenden bei Abgabe einer empfangsbedürftigen Willenserklärung festgestellt, und hat der andere Teil die Erklärung ebenfalls in diesem Sinne verstanden, dann bestimmt dieser Wille den Inhalt des Rechtsgeschäfts, ohne dass es auf Weiteres ankommt." (Zitat um die vom BGH angeführten Nachweise gekürzt)

Erkennt der Empfänger, was der Erklärende sagen will, dann ist das primäre Ziel **54** erreicht, dem die Willenserklärung dienen soll, wie immer schlecht oder missverständlich die Erklärung formuliert ist.[50] Selbst objektiv falsche oder gar unsinnige Formulierungen schaden nicht, wenn der Empfänger dennoch erkennt, was wirklich gemeint ist („**falsa demonstratio non nocet**", unten § 8 Rdn. 144 ff). Der Adressat weiß dann, welche rechtsgeschäftlichen Wirkungen der Erklärende schaffen will, und es ist nun seine Sache, sich hierauf einzustellen oder seinen eigenen abweichenden Willen deutlich zu machen. Der Empfänger darf nicht auf den objektiven, buchstäblichen Sinn eines Ausdrucks vertrauen, wenn er weiß, dass der Erklärende dies nicht meint.[51]

Im **Beispielsfall (3)** (oben Rdn. 39) möge der Käufer australische Dollar meinen und der Verkäu- **55** fer dies erkennen: Der Vertrag lautet auf australische Dollar. Im Fall **(4)** kann dahin stehen, was „links vom Fluss" in der deutschen Sprache objektiv bedeutet (in Fließrichtung des Flusses links, oder auf der Landkarte links?), wenn M das kleinere Haus am westlichen Ufer meint und V dies erkennt.

Die empfangsbedürftige Erklärung gilt auch dann so, wie sie vom Erklärenden **56** gemeint ist, wenn der Empfänger zwar nicht erkennt, was der wirkliche Wille des Erklärenden ist, er den Willen aber doch **erkennen musste**, sofern er sich die gemäß § 133 BGB gebotene Mühe gibt, diesen herauszufinden. Welche Mühe gebo-

---

kannte oder darüber nicht in Unkenntnis sein konnte". Zur allgemeinen Geltung dieses Grundsatzes *Neuner* AT § 35 Rdn. 26 ff.
49 MüKo/*Busche* § 133 Rdn. 29; Staudinger/Eckpfeiler/*Schiemann* (2020) D. Rdn. 44.
50 *Hübner* AT Rdn. 750.
51 Erman/*Arnold* § 133 Rdn. 18; *Bork* AT Rdn. 518; *Boecken* AT Rdn. 240.

ten ist, muss anhand der Wertungen der Rechtsordnung ermittelt werden. Da der Erklärende es in den Händen hat, sich möglichst klar auszudrücken (und auch dazu angehalten werden soll, dies zu tun; s. Rdn. 42), muss der Empfänger den Worten nicht grundsätzlich misstrauen und nachforschen, wie sie gemeint sind. Drängt sich die Abweichung zwischen objektiv Erklärtem und *Gewolltem unter den konkreten Umständen* aber auf, verdient das vom erkennbaren Willen des Erklärenden abweichende eigene Verständnis des Empfängers keinen Schutz.

57   Durch diese Auslegung des Gesetzes wird der Erklärende angehalten, seinen rechtsgeschäftlichen Willen so zu formulieren, dass der Empfänger das entnehmen kann und muss, was der Erklärende sagen will. Richtet der Erklärende die Formulierung seines Willens von vornherein am **Empfängerhorizont** aus, fördert dies die rechtsgeschäftliche Verständigung in hohem Maße. Die Regel stellt aber auch Anforderungen an den Empfänger. Sie kann dazu führen, dass sich der wirkliche Wille gegen missverständliche oder objektiv falsche Formulierungen der Erklärung durchsetzt. Ist nach den Umständen für einen redlichen Empfänger *ohne weiteres* erkennbar, was der Erklärende wirklich meint, darf der Empfänger nicht am „buchstäblichen Sinne des Ausdrucks ... haften" (§ 133 BGB).

58 **Beispiele:** Ein Verkäufer vertippt sich im Angebot und nennt einen zu niedrigen Preis. War dies für den Angebotsempfänger (z.B. aufgrund der Vorverhandlungen) erkennbar, hat das Angebot den vom Verkäufer gemeinten Inhalt. – B erhielt von K aufgrund seiner Bestellung vom 4.11.1986 die Zeitschrift Juristische Schulung (JuS). Eine weitere Zeitschrift hatte B nicht bestellt. Anfang August 1987 kündigte er die Zeitschrift Jura. Da B eine entsprechende Zeitschrift nicht bezog, reagierte K auf die Kündigung nicht. K meint, B habe auch noch die für die Zeit von Januar bis einschließlich Juni 1988 gelieferten Hefte zu bezahlen. Das Gericht entschied, dass K erkennen konnte, die Kündigung betreffe die „JuS", da B ja nur diese Zeitschrift bei ihr abonniert habe.[52]

59 Durch die Anforderungen, die sie an den Empfänger gestellt werden, wird verhindert, dass er dem Erklärenden etwas in den Mund legt, was dieser ersichtlich nicht sagen will.

60 **Beispiel:** Im Fall „Mr. Noch unbekannt" (Sachverhalt unten § 30) hat der Kl. bei der Buchung einer Flugreise als zweite Person im Formular der Bekl. die Worte „Noch unbekannt" eingesetzt. Die bekl. Fluggesellschaft durfte dies nicht als Buchung für einen zweiten Passagier mit dem Vor- und Nachnamen „Noch Unbekannt" verstehen, weil es einen solchen Namen nicht geben kann und der Buchende ersichtlich den Mitreisenden erst später benennen wollte. Der Kl. erhielt eine gleichlautende vom Computersystem der Bekl. generierte Buchungsbestätigung. Da die Bekl. auf ihrem Buchungsformular ausdrücklich darauf hingewiesen hatte, dass „eine Namensänderung nach erfolgter Buchung nicht mehr möglich" sei, durfte der Kl. die automatisierte Buchungsbestätigung nicht in dem Sinne verstehen, dass die Bekl. durch die wörtliche Übernahme seines

---

52 AG Wedding vom 20.2.1990, NJW 1990, 1797.

Buchungstextes ihm das Recht einräumen wollte, nachträglich die Person des zweiten Reisenden zu bestimmen.[53]

Regel 3: Eine Willenserklärung hat die vom **Empfänger** verstandene Bedeutung, wenn dieser **61** den abweichenden wirklichen Willen des Erklärenden weder kannte noch kennen musste und sein eigenes Verständnis für richtig halten durfte.

Unter der Regel 3 weicht die rechtlich maßgebliche („normative") Bedeutung vom **62** wirklichen Willen des Erklärenden ab; die Erklärung gilt so, wie der Empfänger sie verstehen durfte und musste.[54] Ist die Erklärung auf den Abschluss eines Vertrages gerichtet, kommt der Vertrag mit einem anderen als dem vom Erklärenden gewollten Inhalt zustande.

Beispiele: Im Fall "E-Bike" (BGH vom 15.2.2017, NJW 2017, 1660; Sachverhalt unten § 30) wollte **63** der Käufer ein Angebot annehmen, das seiner Ansicht nach auf einen Sofort-Kauf Preis von 100 Euro zuzüglich Versandkosten lautete. Angesichts der hiervon abweichenden unmissverständlichen Erläuterungen des Verkäufers, dass durch die Betätigung des Sofortkauf-Buttons ein Kaufvertrag zum Preis von 2600 Euro geschlossen werde, durfte der Verkäufer aber die Erklärung in dem von ihm gemeinten Sinne verstehen. Die Erklärung ist – abweichend vom wirklichen Willen des Käufers – normativ dahin auszulegen, dass der Kaufpreis 2600 Euro beträgt. – Bestellt in einem Reisebüro eine Kundin aus Sachsen telefonisch einen Flug nach „Porto" und verstehen die Mitarbeiter des Reisebüros „Bordeaux" als Reiseziel, so kommt eine Flugbuchung mit dem Ziel „Bordeaux" zustande, wenn die Mitarbeiter des Reisebüros angesichts des sächsischen Dialekts der Kundin versucht haben herauszufinden, ob ihr Verständnis richtig ist.[55]

Führt die Auslegung nach den Verständnismöglichkeiten des Empfängers dazu, **64** dass die Erklärung eine rechtlich maßgebliche Bedeutung hat, die vom wirklichen Willen des Erklärenden abweicht (Regel 3), so liegt ein Irrtum des Erklärenden im Sinne des § 119 Abs. 1 BGB vor, der zur Anfechtung berechtigt (unten § 14 Rdn. 30 ff, 50). Die Regelung des § 119 Abs. 1 BGB bestätigt daher die Grundsätze der normativen Auslegung empfangsbedürftiger Willenserklärungen. Hätten Willenserklärungen stets die Bedeutung, die dem wirklichen Willen des Erklärenden

---

53 BGH vom 16.10.2012, NJW 2013, 598 Rdn. 20 – „Mr. Noch unbekannt" (Sachverhalt unten § 30); zustimmend *Palzer* Jura 2013, 934 (941); kritisch *Stadler* JA 2013, 465 (466f); *Sutschet* NJW 2014, 1041 (1046); siehe auch unten § 8 Rdn. 166.
54 BGH vom 24.8.1988, NJW 1988, 1378 (1379); BGH vom 7.6.2001, NJW-RR 2002, 20 (22 sub III 2a der Gründe); BGH vom 21.5.2008, NJW 2008, 2702 Rdn. 30; st. Rspr.
55 AG Stuttgart – Bad Cannstatt vom 16.3.2012, BeckRS 2012, 17508; s. dazu die Klausur von *Bayer/Sarakinis/Unglaube* JuS 2018, 871.

entspricht, könnte es zu der in § 119 Abs. 1 BGB vorausgesetzten Divergenz von Wille und Erklärung nicht kommen.[56]

5. Auslegungshilfen

65 Nähere Bestimmungen über die bei der Auslegung zu berücksichtigenden Umstände und die anzuwendenden Kriterien zu treffen, hielten die Verf. des BGB nicht für angebracht, da „die Aufzählung aller möglicherweise maßgebenden Umstände im Gesetze geradezu ausgeschlossen" sei.[57] Hier können nur kurze Hinweise zu einigen in der Praxis wichtigen Auslegungshilfen gegeben werden.

a. Entstehungsgeschichte der Willenserklärung[58]

66 Willenserklärungen werden häufig auf der Grundlage von Produktinformationen, Werbematerialien und sonstigen Maßnahmen der Absatzförderung abgegeben, durch die ein Anbieter Kunden zu gewinnen sucht. Alles, was als eine Aufforderung zur Abgabe von Angeboten (invitatio ad offerendum, unten § 8 Rdn. 24 f) anzusehen ist, ist Interpretationshilfe für die Willenserklärung dessen, der dieser Aufforderung nachgekommen ist.

67 Das einfachste **Beispiel** ist die **Speisekarte** in einem Restaurant. Wenn der Gast „ein Wiener Schnitzel und ein Helles" bestellt, darf das Schnitzel aus Schweinefleisch sein, falls dies so in der Speisekarte (abweichend von dem Original „Wiener Schnitzel") steht ist. Aus der Speise- und Getränkekarte ergibt sich auch, ob das „Helle" Flaschenbier oder Fassbier meint, ob 0,5 oder 0,33 Liter bestellt sind, und aus welcher Brauerei das Bier kommt.

68 Im Fall „**Weinsteinsäure**"[59] (Sachverhalt unten § 30) hat das RG zu Unrecht angenommen, es lasse sich durch Auslegung der Erklärungen nicht feststellen, wer Käufer und wer Verkäufer sein sollte. Da die Klägerin zunächst dem Beklagten ein Preisverzeichnis der von ihr geführten Waren zugeschickt hatte, durfte sie das Telegramm des Beklagten als Kaufofferte verstehen.[60] Die Formulierung „Erbitten Limit ..." bedeutet aus der Sicht der Klägerin, dass die Bekl. im Hinblick auf die Bestellung von 100 kg einen Preisnachlass erhalten möchte.

---

56 Methodisch handelt es sich um eine systematische Auslegung des § 133 BGB im Lichte des § 119 Abs. 1 BGB; dazu unten § 23 Rdn. 43.

57 Mot. I, S. 155 = Mugdan I S. 437.

58 Zur Bedeutung der Entstehungsgeschichte der Willenserklärung für deren Auslegung Palandt/*Ellenberger* § 133 Rdn. 16; Staudinger/*Singer* (2017) § 133 Rdn. 49.

59 RG vom 4.2.1922, RGZ 104, 265.

60 *Flume* AT § 34, 5 Fn. 22; Medicus/*Petersen* AT Rdn. 438; Staudinger/*Singer* (2017) § 133 Rdn. 49.

Die Beschreibung eines KFZ im **Internet-Portal** eines Händlers oder eines von ihm mit der Inter- **69** net-Darstellung beauftragten Dritten stellt eine *invitatio ad offerendum* dar. Ist darin ein gebrauchtes Fahrzeug mit eingebauter Standheizung abgebildet, so hat die Bestellung des Fahrzeugs beim Händler den sich aus den Abbildungen ergebenden Inhalt, auch wenn der Händler das Fahrzeug ohne Standheizung verkaufen wollte und der von ihm beauftragte Dritte lediglich versehentlich Bilder ins Internet eingestellt hat, auf denen die Standheizung zu erkennen ist. Nimmt der Händler den Antrag des Kunden an, ist Vertragsinhalt das Fahrzeug mit Standheizung.[61]

Wird im Verkaufsprospekt einer im Ausbau befindlichen Maisonette-Dachwohnung im oberen **70** Geschoß Mobiliar eingezeichnet (Doppelbett mit Nachtschränkchen), und beruht die Entscheidung des Erwerbers für diese Wohnung – für den Veräußerer erkennbar – auf der hierdurch geweckten Vorstellung, die obere Etage als Wohnfläche nutzen zu können, ist dies für die Vertragsauslegung maßgeblich, auch wenn im notariellen Vertrag von „Spitzboden" und „Abstellraum" die Rede ist.[62]

Sind dem Abschluss eines Vertrages Verhandlungen vorausgegangen, sind die **71** Erklärungen im Lichte des Ergebnisses oder der nicht erreichten Ergebnisse der Verhandlungen zu interpretieren.[63]

b. Zweck der Willenserklärung und zugrunde liegende Interessenlage

Die meisten Willenserklärungen werden von Personen abgegeben, die juristische **72** Laien sind. Daher muss damit gerechnet werden, dass sie juristisch besetzte Fachausdrücke verwenden, ohne deren rechtliche Bedeutung zu kennen (Eigentum/ Besitz; oben § 3 Rdn. 9 f), oder ihren rechtsgeschäftlichen Willen in Alltagssprache formulieren, die der rechtlichen „Übersetzung" bedarf. Das wichtigste Kriterium zur Bestimmung dessen, was sie mit ihrer Erklärung wirklich sagen wollen, ist dann der Zweck der Erklärung, d. h. das Ziel, das der Erklärende mit der Erklärung erkennbar erreichen wollte.[64]

Beispiel: Die Rechtsprechung stellt strenge Anforderungen an das Vorliegen einer Anfechtungs- **73** erklärung (unten § 14 Rdn. 6 f). Selbstverständlich kann aber nicht erwartet werden, dass Laien den Fachausdruck „Anfechtung" verwenden, wie umgekehrt die Verwendung dieses Ausdrucks

---

61 BGH vom 12.1.2011, NJW-RR 2011, 462 Rdn. 12; hierzu *Faust* JuS 2011, 457.
62 BGH vom 25.10.2007, NJW-RR 2008, 258 (259 Rdn. 18). Zum Formproblem, das in solchen Fällen entsteht, weil der Vertrag das Vereinbarte nicht (vollständig) wiedergibt, § 9 Rdn. 192 f.
63 BGH vom 21.2.1986, NJW-RR 1986, 1019; BGH vom 8.7.1999, NJW 1999, 3191; BGH vom 7.2.2002, BGHZ 150, 32 (38 f) = NJW 2002, 3248 (3250); BGH vom 22.2.2006 – VIII ZR 219/04, MDR 2006, 861.
64 Zu Zweck und Interessenlage als Auslegungshilfen BGH vom 10.10.1989, BGHZ 109, 19 (22) = NJW 1990, 441 (sub II 2 a, aa der Gründe).

durch Laien nicht bedeuten muss, dass eine Anfechtung im Sinne von § 143 Abs. 1 BGB gemeint ist. Entscheidend ist, ob der Erklärende ersichtlich den Zweck verfolgt, ein bestimmtes Rechtsgeschäft gerade wegen eines Willensmangels nicht gelten lassen zu wollen.[65]

74 Neben dem Zweck einer Erklärung kommt der Würdigung der **Interessenlage** erhebliche Bedeutung für die Auslegung von Willenserklärungen zu. Rechtsgeschäfte werden vorgenommen, weil die Beteiligten bestimmte Ziele verfolgen und Interessen miteinander zum Ausgleich bringen, und hieran hat sich die Auslegung der Erklärungen auszurichten. Zu den allgemein anerkannten Auslegungsregeln gehört der „Grundsatz einer nach beiden Seiten hin interessengerechten Auslegung".[66]

75 **Als Beispiel**[67] kann die Abwandlung des Falles „Unterverbriefung" (Sachverhalt unten § 30) dienen. Sehr lebensnah erläutert der BGH, dass die Aufhebungsvereinbarung dem Notar, dem Finanzamt und dem Verwalter der Wohnungseigentümergemeinschaft abschriftlich mitzuteilen war und „das Interesse der Parteien kaum dahin gehen konnte, diesen Beteiligten Kenntnis von ihrer Schwarzgeldabrede zu verschaffen". Das vermöge zu erklären, warum die Parteien nicht ausdrücklich die Verpflichtung des V zur Rückgewähr der „Anzahlung" in den Text der Vereinbarung aufgenommen hätten. Dass der Verzicht auf „Ausgleichszahlung- oder Regressansprüche" auch den Anspruch des Käufers auf Rückzahlung der „Anzahlung" erfassen sollte, sei nicht interessengerecht, da es aller Lebenserfahrung widerspreche anzunehmen, eine Partei wolle ohne Grund auf eine offensichtlich begründete Forderung in erheblicher Höhe verzichten.

c. Selbstinterpretation durch nachträgliches Verhalten

76 Das Verhalten der Parteien nach Vertragsschluss kann zwar, wie der BGH zu Recht betont, „den bei Vertragsschluss zum Ausdruck gebrachten objektiven Gehalt der wechselseitigen Vertragserklärungen nicht mehr beeinflussen", wohl aber „Anhaltspunkte für den tatsächlichen Vertragswillen enthalten".[68] Das nachvertragliche Verhalten vermag also Hinweise darauf zu geben, wie die Kon-

---

65 BGH vom 7.6.1984, BGHZ 91, 324 (331) = NJW 1984, 2279 (2280) – „Sparkasse" (Sachverhalt unten § 30).
66 BGH vom 30.10.1995, BGHZ 131, 136 (138) = NJW 1996, 248; BGH vom 18.10.2001, NJW 2002, 669; BGH vom 7.2.2002, NJW 2002, 3248 (3250); BGH vom 13.10.2004, NJW-RR 2005, 34 (36).
67 In Anlehnung an BGH vom 9.7.1999, NJW-RR 2000, 130.
68 BGH vom 16.10.1997, NJW-RR 1998, 259. Siehe auch BGH vom 26.11.1997, NJW-RR 1998, 801 (803); BGH vom 7.2.2002, BGHZ 150, 32 (39) = NJW 2002, 3248 (3250); BGH vom 23.03.2004, NJW 2004, 924 (sub II 1 d der Gründe); BGH vom 22.6.2005, NJW-RR 2005, 1323 (1324); BGH vom 7.12.2006, NJW-RR 2007, 529 Rdn. 18; BGH vom 1.2.2007, NJW 2007,1581 (1582f); BGH vom 11.10.2012, NJW-RR 2013, 51 Rdn. 14.

trahenten die Erklärungen beim Abschluss des Vertrages *tatsächlich* verstanden haben, welchen *wirklichen Willen* sie mit den Erklärungen verfolgt haben (natürliche Auslegung).[69] Für die Frage, wie sie die Erklärungen beim Abschluss des Vertrages verstehen *durften und mussten* (normative Auslegung), kann es dagegen keine spätere Selbstinterpretation geben.[70]

§ 6 Die Wirksamkeit der Willenserklärung

I. Grundlagen

1. Der Begriff der Wirksamkeit der Willenserklärung

Eine Willenserklärung ist wirksam, wenn die Rechtsordnung anerkennt, dass 1 dem Eintritt der Rechtswirkungen, auf die sie abzielt, nichts entgegensteht. Die Wirkung von Willenserklärungen besteht darin und beschränkt sich darauf, den Tatbestand von Rechtsgeschäften zu schaffen (oben § 4 Rdn. 106, unten § 7 Rdn. 1). Also geht es bei der Frage der Wirksamkeit einer Willenserklärung allein darum, ob die Erklärung (als solche oder – beim Vertrag – zusammen mit der Erklärung des anderen Teils) die Wirkung haben soll, dass das Rechtsgeschäft zustande kommt. Das ist eine sehr begrenzte Fragestellung. Sie hat noch nicht damit zu tun, ob die Wirkungen des Rechtsgeschäfts eintreten, das durch die Willenserklärung(en) geschaffen werden soll. Ob die Wirkungen des Rechtsgeschäfts eintreten, unterliegt gesonderter Kontrolle durch die Rechtsordnung anhand der Vorschriften über die Wirksamkeit oder Unwirksamkeit/Nichtigkeit von Rechtsgeschäften. Zwischen beiden Fragen ist genau zu trennen.[1] Das fordert auch der BGH:

> BGH vom 14.12.1995, NJW 1996, 1062, 1064 (sub II 2b):
> "Die Wirksamkeit einer Willenserklärung ist von der Wirksamkeit des Geschäfts, auf das die Willenserklärung abzielt, zu unterscheiden."

Beispiel: V hat mit K einen Kaufvertrag geschlossen. Wochen später schreibt K an V, er trete von 2 dem Vertrag zurück, da V die Kaufsache immer noch nicht geliefert habe. In diesem Brief erklärt K den Rücktritt (§ 349 BGB). Für die Wirksamkeit der Rücktritt*serklärung* ist deren Zugang erfor-

---

69 Staudinger/*Singer* (2017) § 133 Rdn. 50; MüKo/*Busche* § 133 Rdn. 64; BeckOK BGB/*Wendtland* § 133 Rdn. 25; *Flume* AT § 16, 1 d (S. 300) und § 16, 3c (S. 310); *Bork* AT Rdn. 549.
70 BGH vom 24.6.1988, NJW 1988, 2878 (2879); *Flume* AT § 16, 3c (S. 310); Staudinger/*Singer* (2017) § 133 Rdn. 51.
1 Ebenso *Petersen* JURA 2009, 183; *ders.* Examinatorium BGB-AT § 10 Rdn. 2 mit § 12 Rdn. 2.

derlich (§ 130 Abs. 1 BGB). Das ist eine Frage der Wirksamkeit der *Willenserklärung*. Ist die Rücktrittserklärung wirksam, ist der Rücktritt vom Vertrag „erfolgt" im Sinne von § 349 BGB, d. h. es ist das einseitige Rechtsgeschäft „Rücktritt" zustande gekommen. Darin liegt noch nicht, dass die Rechtsfolgen des Rücktritts eingetreten sind (also: die beiderseitigen Pflichten aus dem Kaufvertrag aufgehoben worden sind). Dies hängt vielmehr davon ab, ob der *Rücktritt* (das heißt: *das Rechtsgeschäft*) wirksam ist. Voraussetzung hierfür ist, dass K ein Recht zum Rücktritt hat. Ein solches kann sich, wenn der Verkäufer die Sache nicht liefert, aus § 323 Abs. 1 BGB ergeben. Das BGB verlangt jedoch grundsätzlich, dass der Käufer dem säumigen Verkäufer zunächst eine angemessene Frist zur Leistung setzt. Erst wenn diese erfolglos abgelaufen ist, ist der Käufer zum Rücktritt berechtigt. Da hier keine Fristsetzung erfolgt ist, ist der Rücktritt nicht wirksam (vgl. unten § 11 Rdn. 28 ff).

3 Im Beispiel ist die Rücktrittserklärung (Willenserklärung) wirksam, der Rücktritt (Rechtsgeschäft) dagegen unwirksam. Das liegt daran, dass sich die Wirksamkeit von Willenserklärungen nach anderen Vorschriften richtet als die Wirksamkeit von Rechtsgeschäften. Für die Wirksamkeit der Rücktritts*erklärung* ist völlig unerheblich, ob ein Recht zum Rücktritt besteht. Die Frage, ob ein Rücktrittsrecht besteht, betrifft allein die Wirksamkeit des Rücktritts (also: dieses Rechtsgeschäfts). Sie hat deshalb bei der Prüfung der Wirksamkeit der Rücktritts*erklärung* unberücksichtigt zu bleiben. Entsprechend spielt es für die Wirksamkeit der auf den Abschluss eines Vertrages gerichteten Willenserklärungen keine Rolle, ob der Vertrag etwa wegen Verstoßes gegen die guten Sitten (§ 138 BGB) oder aus sonstigen Gründen (§§ 125, 134, 142 BGB und andere Vorschriften) nichtig ist.

4 Da sich die Rechtsordnung vorbehält, die Wirksamkeit des *Rechtsgeschäfts* einer gesonderten Prüfung zu unterziehen, von deren Ergebnis abhängt, ob die Rechtsfolgen des Rechtsgeschäfts eintreten, kann die Rechtsordnung großzügig sein in der Bejahung der Wirksamkeit von *Willenserklärungen*. Das bloße Zustandekommen von Rechtsgeschäften muss nur in seltenen Fällen verhindert werden. Das BGB sucht das Zustandekommen von Rechtsgeschäften zu fördern, und dieses Ziel wird durch eine sehr **störungsunanfällige Ausgestaltung der Willenserklärung** (unten § 6 Rdn. 116 ff) erreicht.[2]

2. Die Unterscheidung zwischen Wirksamkeitserfordernissen und Wirksamkeitshindernissen der Willenserklärung

5 Die Vorschriften des BGB über die Wirksamkeit von Willenserklärungen lassen sich in zwei Gruppen einteilen. Das BGB stellt entweder besondere Erfordernisse auf, die erfüllt sein müssen, damit die Erklärung wirksam ist („Wirksamkeitserfor-

---

2 Näher *Leenen* FS Canaris, Bd. 1 (2007), 699 (716 ff).

dernisse", unten Rdn. 9 ff), oder ordnet an, dass eine Erklärung beim Vorliegen bestimmter Umstände schlechterdings unwirksam, d. h. nichtig ist („Wirksamkeitshindernisse", unten Rdn. 74 ff). Ist ein Wirksamkeitserfordernis gegeben, liegt darin noch kein abschließendes Urteil über die Wirksamkeit der Erklärung; vorbehalten bleibt, dass ein Nichtigkeitsgrund eingreift.

Beispiel: § 130 Abs. 1 BGB formuliert, dass eine empfangsbedürftige Willenserklärung mit Zu- **6** gang beim Empfänger „wirksam wird". Ersichtlich liegt darin nicht, dass jede empfangsbedürftige Erklärung, die zugegangen ist, allein deshalb wirksam *ist*. Trotz des Zugangs ist die Erklärung nichtig, wenn sie von einem Geschäftsunfähigen stammt (§ 105 Abs. 1 BGB). § 130 Abs. 1 BGB stellt ein Wirksamkeits*erfordernis* auf. § 105 Abs. 1 BGB regelt ein Wirksamkeits*hindernis*.

Die Unterscheidung ist nicht bloß theoretischer Natur. Sie hat Bedeutung für die **7** Verteilung der *Darlegungs- und Beweislast* im Prozess und – damit zusammenhängend – für die Methodik der Fallbearbeitung. Wer aus der Wirksamkeit einer Willenserklärung Rechte ableiten will (wer also z. B. geltend macht, es sei durch diese Willenserklärung ein Rechtsgeschäft zustande gekommen), muss darlegen und nötigenfalls beweisen, dass allen Wirksamkeitserfordernissen der Willenserklärung genügt ist. Sache der anderen Seite ist es, Wirksamkeitshindernisse (Nichtigkeitsgründe) darzulegen und ggf. zu beweisen.

Hinweis zur **Methodik der Fallbearbeitung**: Ist zweifelhaft, ob eine Wirksamkeitsvorausset- **8** zung der Willenserklärung vorliegt, so *muss* in der Fallbearbeitung hierauf eingegangen werden. Dagegen sind Nichtigkeitsgründe nur bei entsprechenden Hinweisen im Sachverhalt zu behandeln. Fehlen solche Hinweise, sollte auch nicht „vorsichtshalber" gesagt werden, dass mangels solcher Hinweise (z. B. auf fehlende Geschäftsfähigkeit) davon auszugehen sei, dass sie nicht vorliegen (Überflüssiges gilt als falsch). Müssen sowohl Wirksamkeitserfordernisse als auch Wirksamkeitshindernisse behandelt werden, ist mit den Erfordernissen zu beginnen.

II. Wirksamkeitserfordernisse

1. Zugang empfangsbedürftiger Erklärungen

Das wichtigste Wirksamkeitserfordernis wurde schon genannt: Es ist für Erklärun- **9** gen, die einem anderen gegenüber abzugeben sind, der **Zugang**, § 130 Abs. 1 BGB.

a. Die einem anderen gegenüber abzugebenden Erklärungen
aa. Die Empfangsbedürftigkeit

10 Einem anderen gegenüber abzugeben (**empfangsbedürftig**) ist die große Masse der Willenserklärungen.[3] Vielfach ergibt sich die Empfangsbedürftigkeit von Erklärungen klar aus dem Gesetzeswortlaut. So sagt § 349 BGB: „Der Rücktritt erfolgt durch Erklärung gegenüber dem anderen Teil", und entsprechend sind die §§ 143 Abs. 1 BGB (Anfechtung) und 388 BGB (Aufrechnung) formuliert. Selbstverständlich sind die auf Vertragsschluss gerichteten Erklärungen empfangsbedürftig: Der Antrag wird „einem anderen" gemacht (§ 145 BGB) und der Zugang der Annahmeerklärung kann nur ausnahmsweise unter den Voraussetzungen des § 151 Satz 1 Hs. 2 BGB entbehrlich sein (unten § 8 Rdn. 89 ff).

bb. Der andere

11 Das führt zu der Frage, wer der **andere** ist, demgegenüber die Erklärung abzugeben ist (und dem sie somit zugehen muss).

12 Schließen A und B jeweils im eigenen Namen miteinander einen Vertrag, so muss die Erklärung des A dem B zugehen und umgekehrt. A und B können auch bestimmen, dass andere Personen berechtigt sein sollen, für sie Willenserklärungen entgegenzunehmen (§ 164 Abs. 3 BGB, **passive Stellvertretung**; oben § 4 Rdn. 74). Dann werden die Erklärungen gemäß § 130 Abs. 1 BGB wirksam, wenn sie dem Empfangsvertreter zugehen.

13 **Beispiele: Versicherungsagenten** sind vielfach berechtigt, Versicherungsanträge mit Wirkung für ein Versicherungsunternehmen gemäß § 164 Abs. 3 BGB entgegenzunehmen. Der Antrag des Kunden wird dann mit Aushändigung an den Versicherungsagenten wirksam. – Bei sog. **Internet-Auktionen** (unten § 8 Rdn. 126 ff) fungiert der **Betreiber der Plattform** als Empfangsvertreter für die auf den Abschluss von Verträgen gerichteten Willenserklärungen der Mitglieder. Die Erklärungen werden mit Eingang beim Betreiber der Plattform wirksam.

14 Schließt S *im Namen des A* (also: als dessen *Stellvertreter*, oben § 4 Rdn. 66 ff) einen Vertrag mit B, so stammen die auf den Abschluss des Vertrages gerichteten Erklärungen von S und B. Die Erklärung des S wird wirksam, wenn sie B zugeht, die Erklärung des B, wenn sie S zugeht. Für den Zugang der Erklärung des B kommt es nicht darauf an, ob S passive Vertretungsmacht für A hat. Dies belegt § 177 Abs. 1 BGB. Schließt ein Vertreter ohne Vertretungsmacht einen Vertrag, so

---

3 Es fällt geradezu schwer, Willenserklärungen zu finden, die nicht empfangsbedürftig sind. Zu nennen ist vor allem die Erklärung, durch die ein Testament errichtet wird (vgl. § 2247 Abs. 1 BGB). Niemand muss zu Lebzeiten des Testators wissen, was dieser als letzten Willen verfügt.

kommt der Vertrag zustande, und nur die Wirksamkeit des Vertrages hängt von der Genehmigung des Vertretenen ab. Kommt der Vertrag zustande, müssen die auf den Abschluss des Vertrages gerichteten Erklärungen wirksam sein. Für die Wirksamkeit der Erklärungen ist deren Zugang erforderlich. Also genügt für den Zugang der Erklärung des anderen Teils der Zugang beim Vertreter ohne Vertretungsmacht.[4]

Beispiel: S schließt im Namen des K einen Kaufvertrag über ein gebrauchtes Kfz mit Verkäufer V. **15** S weist den V ausdrücklich darauf hin, dass er keine Vertretungsmacht habe, K sei an unbekanntem Ort in Urlaub und habe von diesem ganzen Vorgang keine Kenntnis. Es fehlt S an aktiver *wie* an passiver Vertretungsmacht. Das hindert nicht, dass ein Vertrag zwischen V und K zustande kommt, dessen Wirksamkeit von der Genehmigung des K abhängt.

Was für Vertreter ohne Vertretungsmacht gilt, gilt erst recht für Vertreter mit ak- **16** tiver Vertretungsmacht: Die auf den Abschluss des Vertrages gerichtete Erklärung des anderen Teils wird wirksam mit Zugang an den Vertreter, ohne dass diesem passive Vertretungsmacht im Sinne von § 164 Abs. 3 BGB erteilt sein muss.

Hinweis zur **Methodik der Fallbearbeitung:** Beim Vertragsschluss durch Stellvertreter muss **17** also nicht darauf eingegangen werden, ob eine dem Vertreter erteilte aktive Vertretungsmacht zugleich mit passiver Vertretungsmacht verbunden ist (unten § 27 Rdn. 12). Wir werden später sehen, dass es für die Wirksamkeit der Erklärungen des Vertreters auch auf das Vorliegen aktiver Vertretungsmacht *nicht* ankommt, wie § 177 BGB zeigt (unten Rdn. 130 ff). *Jede* Form von Vertretungsmacht ist für das Zustandekommen eines von einem Vertreter (also: in fremdem Namen) abgeschlossenen Vertrages unerheblich.[5]

b. Der Zugang

Das Gesetz verlangt lapidar, dass die empfangsbedürftige Erklärung dem anderen **18** „zugeht". Insoweit ist zwischen dem Zugang unter *Anwesenden* und unter *Abwesenden* zu unterscheiden. Dabei geht es aber weniger um die physisch-räumliche Präsenz als um die Mittel, die typischerweise zur Abgabe der Erklärungen verwendet werden, nämlich mündliche (und daher „flüchtige") Erklärungen einerseits, schriftliche (oder in sonstiger Weise „verkörperte") Erklärungen andererseits.

---

4 *Häublein* Jura 2007, 728 (729).
5 *Häublein* Jura 2007, 728 ff.

aa. Zugang unter Abwesenden

19 Die für die Praxis wichtigsten Fragen des Zugangs werfen verkörperte Erklärungen auf, die einem Abwesenden gegenüber abgegeben werden, daher an den Empfänger übermittelt werden müssen und ihm schließlich zur Kenntnis gelangen sollen.

(1) Die Entscheidung des Gesetzgebers zugunsten der „Empfangstheorie"

20 Der Gesetzgeber hat sich eingehend damit auseinandergesetzt, ob für das Wirksamwerden von Erklärungen einem Abwesenden gegenüber auf deren Abfassung („Äußerungstheorie"), Abgabe („Übermittlungstheorie"), Eintreffen beim Empfänger („Empfangstheorie") oder Kenntnisnahme durch den Empfänger („Vernehmungstheorie") abzustellen ist.

21 „Äußerungs-", „Übermittlungs-", „Empfangs-" und „Vernehmungstheorie":
Mot. I, S. 156f = Mugdan I, S. 438f zu § 130 BGB[6]

Wird eine Willenserklärung, zu deren Wirksamkeit erforderlich ist, dass sie gegenüber einem Beteiligten abgegeben wird, in Abwesenheit desselben abgegeben, so können vier verschiedene Zeitpunkte für den Eintritt der Wirksamkeit als maßgebend in Betracht kommen: a) der Zeitpunkt, in welchem der Willensentschluss äußere Gestalt gewinnt, b) der Zeitpunkt der Absendung der Willensäußerung (durch Aufgabe des Schreibens zur Post, durch Entsendung eines mit der Überbringung des Schreibens oder mit mündlicher Bestellung beauftragten Boten), c) derjenige, in welchem die Willensäußerung dem Adressaten zukommt (durch Ablieferung des Briefes, des Telegrammes, durch Ausrichtung von Seiten des Boten), d) derjenige, in welchem der Empfänger Kenntnis von der zugekommenen Willensäußerung genommen hat. Diesen verschiedenen Möglichkeiten entsprechen ebenso viele **Theorien**; man kennt eine **Äußerungs-**, eine **Übermittelungs-**, eine **Empfangs-**, eine **Vernehmungstheorie**. [...]
Die allgemeinen Grundsätze legen nahe, eine gegenüber einem Abwesenden abgegebene ausdrückliche Willenserklärung erst dann wirken zu lassen, wenn der Abwesende von ihr Kenntnis erhalten hat. Soviel in grundsätzlicher Hinsicht indessen auch für die hierauf abstellende **Vernehmungstheorie** sprechen mag: den Bedürfnissen des Verkehrs wird die Theorie nicht gerecht. Sie hat gegen sich, dass in der Mehrzahl der Fälle es völlig im Belieben des anderen Teiles stehen würde, ob und wann er die Willenserklärung wirksam werden lassen will; er braucht nur der Kenntnisnahme des Inhalts des die Erklärung enthaltenden Briefes bzw. Telegramms oder dem Anhören des Boten sich zu verschließen, und die Erklärung ist wirkungslos. Ferner würde nach dieser Theorie derjenige, welcher eine Willenserklärung abgegeben hat, im Streitfalle zu dem Beweise genötigt sein, dass der Empfänger die Erklärung in sein Bewusstsein aufgenommen habe, – ein Beweis, der nur in seltenen Fällen gelingen könnte, da es sich um einen inneren, aus den begleitenden Umständen für den Urheber der Willenserklä-

---

6 Kürzungen sind durch [...] gekennzeichnet. Die Schreibweise wurde aktualisiert. Die Hervorhebungen sind hinzugefügt.

rung nicht unmittelbar erkennbaren Vorgang handelt. Ungleich annehmbarer als die Vernehmungstheorie erweist sich die der letzteren zunächst stehende und nahe verwandte **Empfangstheorie,** der zufolge eine Willenserklärung in dem Zeitpunkte wirksam wird, in welchem sie in die Hände oder zu Gehör desjenigen gelangt, an den sie gerichtet ist. Diese Theorie vermeidet die angedeuteten Schwächen der Vernehmungstheorie und teilt doch zugleich deren Vorzüge vor den **übrigen Theorien.** Die letzteren legen das Gewicht allzu sehr auf die Willenserklärung als Rechtsakt des Erklärenden; es wird nicht genügend berücksichtigt, dass die Erklärung zu ihrem bezweckten vollen rechtlichen Erfolge erheischt, dass der andere Teil sie in Erfahrung bringt oder doch bringen kann. Jene Theorien führen außerdem in ihrer Anwendung zu Ergebnissen, die mit den Verkehrsanschauungen und den Anforderungen der materiellen Gerechtigkeit schwer in Einklang zu bringen sind. [...]

Den Ausschlag gaben für den Gesetzgeber zu Recht nicht doktrinäre Erwägungen, **22** sondern überzeugend herausgearbeitete Bedürfnisse des Rechtsverkehrs, die dafür sprechen, auf den Zeitpunkt des „Empfangs" der Erklärung abzustellen (unten Rdn. 40 ff). Den Begriff des „Empfangs" hat das Gesetz gegen den treffenderen Begriff des „Zugangs" ausgewechselt, ohne freilich zu definieren, was genau darunter zu verstehen ist.

(2) Die Definition des Zugangs

Eine Willenserklärung ist – in den Worten des BGH – zugegangen, „sobald sie **23** derart in den Machtbereich des Empfängers gelangt, dass bei Annahme gewöhnlicher Verhältnisse damit zu rechnen ist, er könne von ihr Kenntnis erlangen".[7] Dies entspricht auch der im Schrifttum ganz herrschenden Ansicht.[8]

(a) Der Machtbereich des Empfängers

Ein **Brief** gelangt in den Machtbereich (synonym: Herrschaftsbereich, Organisati- **24** onsbereich, oder einfach: Bereich) des Empfängers mit Einwurf in dessen Briefkasten oder Postschließfach, oder durch Aushändigung an ihn selbst oder an eine Person, die mit Billigung des Empfängers Briefe und sonstige Sendungen entgegennimmt (sog. „**Empfangsbote**"). Im privaten Bereich entspricht es der Verkehrssitte, dass Familien- und Haushaltsmitglieder untereinander Postsendun-

---

7 BGH vom 3.11.1976, BGHZ 67, 271 (275) = NJW 1977, 194 (194); der Sache nach ebenso BGH vom 21.1.2004, NJW 2004, 1320 (sub II 2 a); BGH vom 21.6.2011, NJW-RR 2011, 1184 Rdn. 15; BGH vom 14.2.2019, NJW 2019, 1551 Rdn. 11; st. Rspr.
8 Palandt/*Ellenberger* § 130 Rdn. 5; *Bork* AT Rdn. 619; *Köhler* AT § 6 Rdn. 13; Brox/*Walker* AT § 7 Rdn. 9.

gen und sonstige Schreiben entgegennehmen.[9] Sind in einem Unternehmen Angestellte für die Entgegennahme von Willenserklärungen eingesetzt (ohne dass ihnen passive Stellvertretungsmacht im Sinne von § 164 Abs. 3 BGB verliehen ist), so gelangt die Erklärung mit Aushändigung an diese Empfangsboten in den Machtbereich des Empfängers.[10]

25   Eine **E-Mail** geht zu, wenn sie auf dem vom Empfänger vorgesehenen Rechner (in aller Regel: der Server eines „E-Mail-Providers") für den Empfänger bereitgestellt (abgespeichert) wird, so dass es nur noch am Empfänger liegt, die E-Mail abzurufen.[11] Verwendet der Empfänger ein **Faxgerät** mit Zwischenspeicher, so gelangen Faxsendungen mit der Abspeicherung durch das Gerät in seinen Machtbereich, während es bei speicherlosen Geräten auf den Ausdruck ankommt.[12]

(b) Der maßgebliche Zeitpunkt

26 Für die Frage, wann eine Willenserklärung durch Zugang wirksam wird, ist zu unterscheiden zwischen dem Zeitpunkt, zu dem der Empfänger die Erklärung tatsächlich zur Kenntnis genommen hat (unten Rdn. 27), und dem Zeitpunkt, zu dem mit einer Kenntnisnahme der Erklärung durch den Empfänger gerechnet werden konnte (unten Rdn. 28 ff). Fallen beide Zeitpunkte auseinander, so ist der frühere maßgeblich (unten Rdn. 31 ff).

(aa) Der Zeitpunkt der tatsächlichen Kenntnisnahme

27 Die Erklärung wird durch Zugang wirksam, wenn der Empfänger sie zur Kenntnis nimmt, also das Kündigungsschreiben liest, sich die Offerte vorlesen lässt usw.[13]

---

9 BAG vom 9.6.2011, BAGE 138, 127 Rdn. 15 f = NJW 2011, 2604; zu Recht kritisch (wegen der Aushändigung des Schreibens an den Ehemann an dessen Arbeitsplatz) *Faust* JuS 2012, 68 (70); Medicus/*Petersen* Bürgerliches Recht Rdn. 46. Fallbearbeitung bei *Petersen* Examinatorium BGB-AT § 10 Rdn. 8 ff.

10 Als Beispiel siehe den „Teuerungszuschlag"- Fall, RG vom 12.7.1923, RGZ 107, 240.

11 Palandt/*Ellenberger* § 130 Rdn. 7 a; Staudinger/Eckpfeiler/*Schiemann* (2020) D. Rdn. 31; *Härting*, Internetrecht (6. Aufl. 2017) Rdn. 662 ff (Rdn. 675 ff zu Zugangsstörungen).

12 BGH vom 21.6.2011, NJW-RR 2011, 1184 Rdn. 15; Palandt/*Ellenberger* § 130 Rdn. 7; Spindler/Schuster/*Spindler*, Recht der elektronischen Medien, 4. Aufl. 2019, BGB § 130 Rdn. 20.

13 Palandt/*Ellenberger* § 130 Rdn. 5; *Neuner* AT § 33 Rdn. 18; näher unten Rdn. 31 ff.

(bb) Der Zeitpunkt der zumutbaren Kenntnisnahme

Die Erklärung wird, ohne dass der Empfänger sie tatsächlich zur Kenntnis genom- **28** men hat, zu dem Zeitpunkt wirksam, zu dem der Empfänger die *Möglichkeit* der Kenntnisnahme hat und mit dieser nach der Verkehrsanschauung auch *zu rechnen ist*. Die Rechtsprechung geht beim Einwurf eines Briefes in den Briefkasten des Empfängers vom Zugang aus, sobald nach der Verkehrsanschauung mit der nächsten Entnahme zu rechnen ist.[14] Nach verbreiteter Ansicht[15] fällt das mit dem Zeitpunkt der üblichen Postzustellung zusammen. Bei Sendungen, die ein Absender danach im Briefkasten des Empfängers deponiert, darf er also keine Kenntnisnahme am selben Tag mehr erwarten. Ist der Empfänger ein Unternehmen, kommt es auf die üblichen[16] Geschäftszeiten an. Bei Erklärungen durch Fax oder E-Mail kann grundsätzlich erwartet werden, dass sie ganztägig während der Geschäftszeiten (nicht nur einmalig am Morgen) zur Kenntnis genommen werden.

Teile der Lehre wenden sich gegen die Maßgeblichkeit des Zeitpunkts der zumutbaren Kenntnis- **28a** nahme im Hinblick auf die *veränderten Kommunikationstechniken und -gewohnheiten*. Zugang sollte demnach „stets bereits zu dem Zeitpunkt bejaht werden, zu dem der Empfänger technisch die Möglichkeit hatte, die schriftliche oder auch elektronische Erklärung zur Kenntnis zu nehmen, ohne dass es darauf ankommt, wann nach der Verkehrsanschauung mit der Kenntnisnahme zu rechnen war".[17] Dem wird hier nicht gefolgt. Die technische Möglichkeit zur Kenntnisnahme besteht insbesondere bei elektronischen Erklärungen zunehmend rund um die Uhr. Eine daran anknüpfende Obliegenheit des Empfängers, sich diese Kenntnis auch permanent zu verschaffen – nichts anderes statuieren die Autoren – hat aber keine angemessene Verteilung des Zugangsrisikos zur Folge. Bei **Unternehmen** erscheint eine solche Obliegenheit nur während der Geschäftszeiten angemessen, außerhalb dieser aber selbst dann nicht, wenn die technische Möglichkeit hierzu ohne weiteres besteht. Betrifft die elektronische Erklärung (zum Brief oben Rdn. 28) hingegen den **privaten Bereich** des Empfängers, wird man diesem nur die Obliegenheit auferlegen können, seine E-Mails täglich einzusehen, und auch das nur dann, wenn er mit dem Eingang von Erklärungen rechnen muss. Da es anders als bei der herkömmlichen Briefpost hier keine übliche Postzustellung gibt, spricht einiges für die Ansicht, die von einer zu erwartenden Kenntnisnahme binnen 24 Stunden ausgeht.[18]

---

14 BGH vom 14.2.2019, NJW 2019, 1151 Rdn. 11 m.w.N.

15 BAG vom 22.8.2019, NJW 2019, 3666 Rdn. 15; *Wertenbruch* JuS 2020, 481 (484f.).

16 Durch diesen Zusatz soll der maßgeblicher Zeitraum objektiv bestimmt und nicht von der individuellen Situation des Empfängers abhängig gemacht werden; *Wertenbruch* JuS 2020, 481 (485 i.V.m. 484); BAG vom 22.8.2019, NJW 2019, 3666 Rdn. 12. Hat der Unternehmer aber Geschäftszeiten kommuniziert, die über die üblichen hinausgehen, ist er daran festzuhalten.

17 *Leipold* FS Medicus (2009), 251 (263); ähnlich *Härting*, Internetrecht (6. Aufl. 2017) Rdn. 683: „Das Internet kennt keinen Ladenschluss".

18 BeckOGK/*Gomille*, 1.4.2020, § 130 BGB Rdn. 75; NK-BGB/*Faust* § 130 Rdn. 59; *Wertenbruch* JuS 2020, 481 (486).

29 Für die Beantwortung der Frage, ob und wann die zumutbare Möglichkeit der Kenntnisnahme besteht, ist ein generalisierender Maßstab anzulegen und von individuellen Umständen in der Person des Empfängers wie Krankheit, urlaubsbedingter Abwesenheit, Verbüßung einer Freiheitsstrafe, abzusehen.[19] Nach der Rechtsprechung gilt dies selbst dann, wenn dem Erklärenden bekannt ist, dass der Empfänger sich zum Zeitpunkt der Zustellung der Erklärung aus den genannten Gründen nicht am Wohnsitz aufhält.[20] Es sei Sache des Empfängers, die notwendigen Vorkehrungen zu treffen, um von Erklärungen Kenntnis zu erhalten, die ihm während seiner Abwesenheit am Wohn- oder Geschäftssitz zugestellt werden. Anders entscheidet die Rechtsprechung, wenn *generell* bei Angehörigen des Verkehrskreises, dem auch der Empfänger zugehört, zu bestimmten (besonderen) Zeiten eine tatsächliche Kenntnisnahme nicht erwartet werden kann.

30 **Beispiel:**[21] M mietet 1999 von V eine Lagerhalle in Köln auf fünf Jahre fest bis zum 30. Juni 2004 zum monatlichen Mietzins von 200 DM (102,26 Euro). Der Vertrag gewährt M das Recht, spätestens sechs Monate vor Ablauf der vereinbarten Mietzeit die Verlängerung des Mietverhältnisses um fünf Jahre zu beantragen. Von diesem Recht macht M mit Schreiben vom **31. Dezember** 2003 Gebrauch. Das Schreiben wird durch einen Boten am gleichen Tag um **15.50 Uhr** in den Briefkasten der Grundstücksverwaltungsgesellschaft G geworfen, von der V vertreten wurde. Die Parteien streiten darüber, ob das Schreiben rechtzeitig zugegangen und der Mietvertrag daher um fünf Jahre verlängert worden sei. Der BGH hat lebensnah entschieden: In Köln sei allgemein bekannt, dass in Bürobetrieben wie dem einer Grundstücksverwaltungsgesellschaft am Silvesternachmittag nicht gearbeitet werde. Daher habe M nicht damit rechnen können, dass bei G noch nach 15.50 Uhr der Postkasten geleert werde. Hieran ändere auch die Angabe der üblichen werktäglichen Geschäftszeiten auf den Briefbögen der G nichts, da sie ersichtlich nicht auf den Sonderfall des Silvesternachmittags zugeschnitten seien. Die Erklärung des M, den Mietvertrag um fünf Jahre verlängern zu wollen, sei daher erst am 2. Januar 2004 und somit verspätet zugegangen.[22]

(cc) Die rechtliche Maßgeblichkeit des früheren Zeitpunkts

31 Der Grund für die Maßgeblichkeit des jeweils früheren Zeitpunkts und die Wirkungsweise dieser Regel lassen sich am besten an Beispielen erläutern.

---

19 BGH vom 21.1.2004, NJW 2004, 1320 (1321).
20 BAG vom 16.3.1988, NJW 1989, 606 (607).
21 BGH vom 5.12.2007, NJW 2008, 843.
22 Eine Verlängerung der Frist gemäß § 193 BGB schied aus, da Silvester kein staatlich anerkannter allgemeiner Feiertag ist und der 31.12.2003 auch nicht auf einen Sonnabend oder Sonntag fiel.

Beispiel: Malermeister A wirft abends um 23 Uhr ein von B erbetenes Angebot über die Ausfüh- **32** rung von Malerarbeiten in den Briefkasten des B. B kommt um Mitternacht von einer Einladung nach Hause, leert seinen Briefkasten und schreibt A sofort eine E-Mail: „Einverstanden!". Sollte A selbst noch zufällig am Rechner sitzen und diese E-Mail lesen, kommt der Vertrag mitten in der Nacht zustande, obwohl mit der Kenntnisnahme *beider* Erklärungen gewiss erst am nächsten Morgen gerechnet werden konnte.

Die frühere *tatsächliche* Kenntnisnahme hat Vorrang vor dem späteren Zeitpunkt **33** einer *zumutbaren* Kenntnisnahme, weil mit der tatsächlichen Kenntnisnahme alles erreicht ist, was die Rechtsordnung letztlich erreichen will: Empfangsbedürftige Willenserklärungen sollen zur Kenntnis genommen werden. Ist dies geschehen, gibt es keinen Grund, die Willenserklärung erst zu einem späteren Zeitpunkt wirksam werden zu lassen.[23] Freilich kann man nicht allein und einzig auf den Zeitpunkt der Kenntnisnahme abstellen, weil es dann der Empfänger in der Hand hätte, sich „tot zu stellen" und dadurch das Wirksamwerden von Willenserklärungen zu verhindern. Dem beugt die Rechtsordnung vor, indem sie die Erklärung *spätestens* in dem Zeitpunkt wirksam werden lässt, in dem unter normalen Umständen mit einer Kenntnisnahme gerechnet werden *kann*. Ungelesene Post anzuhäufen hilft dem Empfänger also nicht. Zugleich wird er davor geschützt, mitten in der Nacht seinen Briefkasten kontrollieren zu müssen.

Fälle, in denen es auf diese Regeln ankommt, betreffen insbesondere § 130 **34** Abs. 1 Satz 2 BGB. Danach wird eine Willenserklärung nicht wirksam, wenn dem Empfänger „vorher oder gleichzeitig ein **Widerruf** zugeht" (der rechtzeitige Widerruf ist *Wirksamkeitshindernis* im Sinne der Ausführungen zu Rdn. 7; dazu auch unten Rdn. 39b). Zunächst die Ausgangssituation des § 130 Abs. 1 Satz 2 BGB:

Beispiel (= 1. Abwandlung des „Malermeister"-Falles aus Rdn. 32): A hat das Angebot um 23 Uhr **35** bei B eingeworfen. Um Mitternacht ruft A dann aber ein früherer Auftraggeber C an: Er benötige kurzfristig Malerarbeiten für ein termingebundenes Projekt und biete 150 % der üblichen Vergütung. A sagt zu, widerruft sein Angebot an B und wirft dieses Schreiben um 1 Uhr morgens bei B in den Briefkasten. B findet am Morgen beide Schreiben in seinem Briefkasten. Angebot und Widerruf sind dem B gleichzeitig zugegangen; das Angebot ist somit nicht wirksam geworden.

Zu beachten ist wiederum der Vorrang einer früheren tatsächlichen Kenntnisnah- **36** me.[24]

---

23 *Medicus/Petersen* AT Rdn. 276; Staudinger/Eckpfeiler/*Schiemann* (2020) D. Rdn. 30.
24 *Bork* AT Rdn. 649 (am Ende).

37 **Beispiel** (= 2. Abwandlung des Malermeister-Falles): B kam um Mitternacht von einer Einladung nach Hause, leerte noch den Briefkasten, las das Angebot des A und legte es auf seinen Schreibtisch, um die Sache erst einmal zu überschlafen. Am nächsten Morgen findet er bei der Leerung des Briefkastens zur üblichen Zeit den Widerruf, den A um 1 Uhr morgens bei ihm eingeworfen hat. Der Widerruf ist verspätet und damit wirkungslos, da das Angebot schon um Mitternacht durch die tatsächliche Kenntnisnahme wirksam geworden war.

38 Die Vorrang-Regel findet dort ihre Grenze, wo ihre starre Handhabung zu reinen Zufallsergebnissen führen würde.

39 **Beispiel** (= 3. Abwandlung des Malermeister-Falles): A hat um 23 Uhr sein Angebot bei B in den Briefkasten geworfen, um 1 Uhr morgens seinen Widerruf. Um 3 Uhr morgens kommt B nach Hause, leert den Briefkasten und öffnet noch seine Post. Hier ist gleichgültig, ob B zufällig zuerst den Widerruf und dann das Angebot liest oder umgekehrt.[25] Der Widerruf ist rechtzeitig erfolgt.

39a Man kann rechtspolitisch darüber streiten, ob die Vorrang-Regel mit Bezug auf den Widerruf angemessen ist. Ist der Empfänger eines Vertragsangebots wirklich allein deswegen schutzwürdig, weil er Kenntnis vom Angebot erlangt hat? Das UN-Kaufrecht stellt anders als § 130 BGB im Grundsatz darauf ab, ob der Widerruf der Vertragserklärung dem Empfänger zugeht, bevor dieser *eine Annahmeerklärung abgesandt* hat (Art. 16 Abs. 1 CISG). Zwar liegt auch dieses Verhalten in der Sphäre des Erklärungsempfängers und kann vom Widerrufenden weder gesteuert noch verlässlich festgestellt werden (dazu Rdn. 39b). Jedoch erscheint das Abstellen auf das Absenden der Annahmeerklärung weniger anfällig für Manipulationen und Schutzbehauptungen seitens des Empfängers als die nach § 130 Abs. 1 S. 2 BGB wegen der Vorrang-Regel relevante tatsächliche Kenntnisnahme.

39b Damit ist man bei einer weiteren Frage, die für die Praxis äußerst wichtig ist: Wer muss darlegen und ggf. beweisen, dass die Willenserklärung infolge des rechtzeitigen Widerrufs nicht wirksam geworden ist? Der Widerruf ist ein *Hindernis für das Wirksamwerden* der widerrufenen Erklärung (vgl. oben Rdn. 7 und 34), weshalb an sich der Widerrufende den rechtzeitigen Zugang der Widerrufserklärung beim Empfänger darlegen und ggf. beweisen muss.[26] Da er aber keinen Einblick in die Interna des Empfängers hat, muss man dem Widerrufenden helfen.[27] Den Parteien darf man auch im Prozess nichts Unmögliches abverlangen. Es muss daher genügen, wenn der Widerrufende vorträgt und ggf. auch beweist, dass der Widerruf zu einer Zeit in den Machtbereich des Empfängers gelangte, zu der unter gewöhnlichen Umständen mit der Kenntnisnahme der widerrufenen Erklärung durch den Empfänger noch nicht zu rechnen war. Die Abweichung vom Gewöhnlichen (hier: das nächtliche Lesen von Willenserklärungen) muss dann der Empfänger vortragen und ggf. auch beweisen.

---

25 Statt vieler *Wertenbruch* JuS 2020, 481 (487).
26 Zu dieser Beweislastverteilung etwa BeckOK BGB/*Wendtland* § 130 Rdn. 35.
27 S. in diesem Zusammenhang auch die Überlegungen, die BGH vom 19.2.2014, MDR 2014, 470, zur sog. sekundären Darlegungslast eines Erklärungsempfängers anstellt.

(3) Die Risikoverteilung

Zu Fragen des Zugangs gibt es eine reiche Kasuistik,[28] und es ergeben sich immer **40** wieder neue Situationen, die mithilfe des § 130 BGB zu lösen sind. Anfänger sollten sich nicht in Details verlieren. Wichtig sind die Grundgedanken der gesetzlichen Regelung und die sich hieraus ergebenden Risikoverteilungen. Zu Recht wird das Zugangsproblem bei Willenserklärungen als ein „Lehrstück differenzierter Interessenabwägungen" bezeichnet.[29]

(a) Das Risiko verspäteter Kenntnisnahme

Ist die Erklärung in den Machtbereich des Empfängers gelangt, so sind zwar immer noch viele Gründe denkbar, die den Empfänger hindern, sich tatsächlich **41** Kenntnis von der Erklärung zu verschaffen: Er mag auf Reisen sein, oder sich in einem Krankenhaus aufhalten, oder den Schlüssel zum Briefkasten nicht mehr finden. Dies alles geht zu Lasten des Empfängers. Er trägt das Risiko, von der Möglichkeit der Kenntnisnahme aus tatsächlichen Gründen keinen Gebrauch machen zu können. Es ist Sache des Empfängers, seinen Bereich so zu organisieren, dass er von der ihm zugegangenen Erklärung Kenntnis erlangt.

(b) Das Transportrisiko

Angemessen verteilt wird zugleich das *Transportrisiko*: Geht die Erklärung auf **42** dem Weg zum Empfänger verloren, ohne in dessen Machtbereich zu gelangen, so wird sie nicht wirksam. Der *Erklärende* wird dadurch angehalten, für einen zuverlässigen Transport der Erklärung zum Empfänger zu sorgen, und er ist hierzu bevorzugt in der Lage, da er die Erklärung auf den Weg bringt und den Beförderungsweg und die Beförderungsart bestimmt. Nicht beherrschbar ist für den Erklärenden dagegen, was im Machtbereich des Empfängers mit der Erklärung geschieht: Insoweit hat der *Empfänger* die Organisationsgewalt, und es geht zu seinen Lasten, wenn in seinem Machtbereich die wirksame Erklärung verloren geht und daher nicht zu seiner Kenntnis gelangt. Also wird der Empfänger diesen Bereich so organisieren, dass dieses Risiko minimiert wird.

---

28 Hierzu ausführlich Palandt/*Ellenberger* § 130 Rdn. 6 ff; MüKo/*Einsele* § 130 Rdn. 17 ff; *Stadler* AT § 17 Rdn. 42 ff; *Wertenbruch* AT § 8 Rdn. 10 ff.
29 Staudinger/Eckpfeiler/*Schiemann* (2020) D. Rdn. 39. Nach BAG vom 9.6.2011, NJW 2011, 2604 Rdn. 12 ergeben sich aus der gesetzlichen Wertung des § 130 BGB „die Grundsätze für die Risikoverteilung beim Zugang von Willenserklärungen".

(c) Das Verfälschungsrisiko

43 Geregelt ist auch das *Verfälschungsrisiko*. Dass die Erklärung mit Zugang wirksam wird, besagt zugleich, dass sie *mit dem Inhalt* wirksam wird, den sie hat, wenn sie in den Machtbereich des Empfängers gelangt, und zwar auch dann, wenn der Empfänger erst später die zumutbare Möglichkeit der Kenntnisnahme erhält. Gerade bei einem solchen zeitlich gestreckten Verlauf besteht das Risiko, dass die Erklärung noch im Organisationsbereich des Empfängers verfälscht oder sonst beeinträchtigt wird, auf den der Erklärende keine Einwirkungsmöglichkeit hat, und deshalb muss der Empfänger dieses Risiko von dem Moment an tragen, in dem die Erklärung in seinen Machtbereich gelangt. Dies wird dadurch erreicht, dass die Erklärung mit dem Inhalt rechtlich festgeschrieben wird, den sie beim Übergang in den Machtbereich des Empfängers hat.

44 Werden für die Übermittlung einer Erklärung Boten eingesetzt, kommt es darauf an, ob die Erklärung von einem **Erklärungs-** oder einem **Empfangsboten** verfälscht wird.

(aa) Verfälschung durch Erklärungsboten

45 Setzt der *Erklärende* einen Boten ein, der die Erklärung unrichtig übermittelt, so gelangt sie mit diesem unrichtigen Inhalt in den Machtbereich des Empfängers und wird mit dem vom Erklärenden nicht gewollten Inhalt wirksam. Der Erklärende trägt also das Risiko, dass der von ihm ausgesuchte Übermittler die Erklärung unrichtig überbringt.[30]

46 Die h.M. begrenzt dieses Risiko des Erklärenden auf dem Boten unbewusste Veränderungen der Erklärung. Im Falle einer vorsätzlichen Verfälschung übermittle der Bote nicht eine fremde Erklärung, sondern setze eine andere Erklärung an deren Stelle. Diese Einschränkung ist indessen wertungsmäßig nicht gerechtfertigt: Bewusste Verfälschungen gehören durchaus zum Risiko einer Weitergabe von Erklärungen durch Dritte, und dieses Risiko kann am ehesten von demjenigen beherrscht werden, der die Übermittlungsperson auswählt und einsetzt.[31]

(bb) Verfälschung durch Empfangsboten

47 Setzt der *Empfänger* Boten zur Entgegennahme von Erklärungen ein, so vermögen Veränderungen der Erklärung durch diese Empfangsboten am rechtlich maßgeblichen Inhalt der Erklärung nichts zu ändern.[32] Da eine verkörperte Erklärung

---

30 Zum Anfechtungsrecht des Erklärenden (§ 120 BGB) unten § 14 Rdn. 59 ff.
31 Näher unten § 14 Rdn. 62 f.
32 *Marburger* AcP Bd. 173 (1973), 137 (140 ff); MüKo/*Armbrüster* § 120 Rdn. 7.

durch Aushändigung an den Empfangsboten in den Machtbereich des Empfängers gelangt, eine mündlich übermittelte Erklärung in den Machtbereich des Empfängers wechselt, wenn der Empfangsbote sie vernimmt, ist zugleich der rechtlich maßgebliche Inhalt der Erklärung „fixiert". Bei einer Veränderung des Textes der Erklärung durch Personen, die dem Organisationsbereich des Empfängers zugehören, trägt der Empfänger das Risiko, einen anderen Inhalt der Erklärung als den rechtlich maßgeblichen zur Kenntnis zu nehmen und daher in seiner eigenen Reaktion auf die Erklärung Fehldispositionen zu treffen.

Ein **Beispiel** bildet der Sachverhalt der „Teuerungszuschlag"-Entscheidung des RG.[33] Der Hersteller muss den Antrag des Kunden mit dem Inhalt gegen sich gelten lassen, den die Erklärung hatte, als sie in seinen Machtbereich gelangte (§ 130 Abs. 1 BGB).[34] Dies war mit Aushändigung an den Angestellten der Verkaufsniederlassung als Empfangsboten des Herstellers geschehen, und zu diesem Zeitpunkt enthielt der Bestellschein des Kunden die Preisklausel nicht. Die Auftragsbestätigung, in der der Hersteller ausdrücklich auf die Teuerungszuschlag-Klausel Bezug nahm, wurde von der Filiale nicht weitergeleitet. Die Erklärung blieb im Organisationsbereich des Herstellers „hängen", hat dessen Machtbereich nicht verlassen. Sie ist daher dem Kunden nicht zugegangen und somit nicht wirksam geworden. Dadurch entstand eine Situation, in der der Kunde die an ihn weiter gereichte Quittung über die Anzahlung als Ausdruck des Willens des Herstellers ansehen durfte, den Vertrag mit dem sich aus seiner Bestellung ergebenden Inhalt zu schließen – also ohne Teuerungsklausel. Der Vertrag kam somit zu den vom Kunden unterzeichneten Bedingungen, d.h. ohne die Abänderungsklausel, zustande und verpflichtete den Kunden nur zur Zahlung des im noch unveränderten Bestellformular ausgewiesenen Preises.

48

Das Gesetz (oder genauer: dessen Auslegung) setzt starke Anreize für die Beteiligten, innerhalb der jeweils beherrschbaren Sphären im eigenen Interesse dafür zu sorgen, dass Fehler im Ablauf des rechtsgeschäftlichen Verständigungsprozesses vermieden werden. Das wird erreicht, indem die Wirksamkeit empfangsbedürftiger Erklärungen nicht von dem Umstand abhängig gemacht wird, auf den die Empfangsbedürftigkeit der Erklärung letztlich zielt,[35] nämlich Kenntnisnahme und Verständnis durch den Empfänger. Die Rechtsordnung begnügt sich vielmehr mit der bloßen *Möglichkeit* der Kenntnisnahme durch den Empfänger. Diese Anknüpfung ersetzt überdies eine schwer beweisbare innere Tatsache (Kenntnis-

49

---

33 RG vom 12.7.1923, RGZ 107, 240.
34 Wenn RG vom 12.7.1923, RGZ 107, 240 (242) stattdessen auf eine Verletzung vorvertraglicher Sorgfaltspflichten durch den Angestellten abstellen will, für die der Hersteller und Verkäufer gemäß § 278 BGB einzustehen habe, so wird übersehen, dass sich daraus nur eine Verpflichtung zum Schadensersatz ergeben könnte. Ein Schaden ist dem Besteller aber nicht entstanden, wenn der Vertrag aufgrund von § 130 Abs. 1 BGB mit dem Inhalt zustande kommt, den die Bestellung des Käufers bei Aushändigung an den Angestellten (also: unverfälscht) hatte.
35 Dazu *Flume* AT § 14, 1 (S. 225).

nahme; dazu bereits Rdn. 39af) durch einen objektiven, einfacher feststellbaren und zu beweisenden Umstand, was die Rechtsanwendung und Rechtssicherheit fördert und damit auch Verkehrsinteressen entgegenkommt.[36]

(d) Die Sonderproblematik des Sprachrisikos

50 Zweifelhaft und umstritten ist, ob sich mithilfe der Zugangskriterien auch die Problematik empfangsbedürftiger fremdsprachlicher Erklärungen lösen lässt, die vom Empfänger inhaltlich nicht verstanden werden.[37] Dass der Zugang hieran nicht scheitert, folgt aus der Entscheidung des BGB, bei verkörperten Erklärungen nicht auf deren Vernehmung, sondern auf die Möglichkeit von deren Kenntnisnahme abzustellen, und diese Möglichkeit besteht auch für einen der Sprache nicht mächtigen Empfänger, da die verkörperte Erklärung einer Übersetzung in die Sprache des Empfängers zugänglich ist. Die Erklärung wird zu dem Zeitpunkt wirksam, zu dem eine Übersetzung unter gewöhnlichen Umständen zu erlangen ist,[38] es sei denn, der Empfänger konnte die rechtliche Relevanz der ihm zugegangenen verkörperten Erklärung nicht erkennen.[39]

50a Davon zu unterscheiden ist die Frage, ob der Empfänger verpflichtet ist, auf eigene Kosten für eine Übersetzung zu sorgen. Hier kommt es darauf an, ob der Erklärende das Verstehen der Sprache seitens des Empfängers erwarten durfte, wofür insbesondere die Umstände des Vertragsschlusses heranzuziehen sind (Ort des Vertragsschlusses oder der vorausgegangenen Verhandlungen, bisher von den Parteien verwendete Sprache usw.).

(4) Die Zugangsvereitelung

51 Versucht der Adressat einer Willenserklärung zu verhindern, dass diese in seinen Machtbereich gelangt (durch Beseitigen der Empfangseinrichtung, durch Umzug ohne die neuen Adresse zu hinterlassen etc.), so darf dies nicht zu Nachteilen für den Erklärenden führen. Sachgerecht ist es, den Rechtsgedanken des § 162 Abs. 1 BGB anzuwenden:[40] Der Zugang wird fingiert, die Erklärung wird zu dem Zeitpunkt wirksam, zu dem sie ohne die Machenschaften des Empfängers wirksam geworden wäre.

---

36 Siehe dazu Mot. I, S. 156f (abgedruckt oben Rdn. 21).

37 Hierzu *Dehler*, Die Zurechnung des Sprachrisikos bei Willenserklärungen (2003); *Kling*, Sprachrisiken im Privatrechtsverkehr (2008).

38 LAG Hamm vom 4.1.1979, NJW 1979, 2488; *Bork* AT Rdn. 629.

39 OLG Hamm vom 8.2.1995, NJW-RR 1996, 1271 (1272); *Brehm* AT Rdn. 174.

40 Medicus/*Petersen* Bürgerliches Recht Rdn. 51; *Wertenbruch* JuS 2020, 481 (488).

Wird der Adressat eines **Übergabe-Einschreibens**[41] über einen erfolglosen Zustellungsversuch **52** benachrichtigt,[42] und unterlässt er es daraufhin, die hinterlegte Sendung abzuholen, so kommt ein Verstoß gegen Treu und Glauben (§ 162 Abs. 1 BGB!) nur in Betracht, wenn der Adressat mit dem Eingang rechtlich relevanter Schreiben rechnen musste.[43] Streitig ist, ob und ggf. unter welchen Voraussetzungen der Absender einen erneuten Zustellungsversuch machen muss,[44] oder ob die Sendung als zugegangen gilt, wenn sie nicht unverzüglich nach der Benachrichtigung abgeholt wird.[45] Letzteres bedeutet einen fiktiven Zugang und nimmt dem Empfänger die Möglichkeit der Kenntnisnahme. Demgegenüber fordert die erstgenannte Ansicht, dass die Erklärung tatsächlich in den Machtbereich des Empfängers gelangt, fingiert dann aber den Zeitpunkt des Zugangs auf den ersten Zustellversuch.

bb. Zugang unter Anwesenden

Verkörperte, insbesondere schriftliche Erklärungen gelangen mit der Übergabe **53** in den Machtbereich des Empfängers und können sofort zur Kenntnis genommen werden. Ob der Erklärende mit dieser Kenntnisnahme auch sofort rechnen darf, hängt von den Umständen des Falles ab, vor allem vom Umfang der Erklärung und den äußeren Umständen der Übergabe.[46] Wird eine empfangsbedürftige Erklärung **mündlich** gegenüber einer anwesenden Person abgegeben, geht sie grundsätzlich der anderen Person im gleichen Moment zu, da der Empfänger sie sofort vernimmt. Rechtlich gleichgestellt sind akustische Erklärungen, die über Telefon oder andere Telekommunikationsmittel von Person zu Person ausgetauscht werden (vgl. § 147 Abs. 1 Satz 2 BGB). Unter Anwesenden und in den gleichgestellten Fällen eines unmittelbaren sprachlichen Austauschs gilt im Ausgangspunkt die „Vernehmungstheorie", die freilich gewisser Modifizierungen bedarf, um die Risiken rechtsgeschäftlicher Verständigung angemessen zu verteilen („**eingeschränkte Vernehmungstheorie**").[47] Kann der Adressat die Erklärung akustisch nicht verstehen (Bsp.: Schwerhörigkeit), so scheitert hieran der Zugang nur, wenn die Hörbehinderung dem Erklärenden bekannt oder doch erkennbar

---

41 Zu den Unterschieden zwischen Übergabe- und Einwurfeinschreiben instruktiv BGH vom 27.9.2016, BGHZ 212, 104 = NJW 2017, 68 Rdn. 22 ff.

42 Der Zugang des Benachrichtigungsscheins ersetzt den Zugang der Sendung nach st. Rspr. des BGH nicht; statt vieler BGH vom 27.9.2016, BGHZ 212, 104 = NJW 2017, 68 Rdn. 23.

43 OLG Brandenburg vom 3.11.2004, NJW 2005, 1585 (1586); *Leipold* AT § 12 Rdn. 20.

44 BGH vom 26.11.1997, BGHZ 137, 205 (209 f) = NJW 1998, 976 (977).

45 Hierfür Palandt/*Ellenberger* § 130 Rdn. 18 (übernächster Werktag ab Benachrichtigung); *Neuner* AT § 33 Rdn. 12; LG Freiburg vom 1.7.2004, NJW-RR 2004, 1377 (regelmäßig nächstfolgender Werktag); so auch *Wertenbruch* JuS 2020, 481 (485).

46 Zum Erfordernis einer Übergabe s. *Wertenbruch* JuS 2020, 481 (486).

47 Palandt/*Ellenberger* § 130 Rdn. 14; Brox/*Walker* AT § 7 Rdn. 21; *Köhler* AT § 6 Rdn. 19 (jeweils m.w.N.); die Einschränkungen ablehnend *Neuner* AT § 33 Rdn. 30.

ist.[48] Mündliche Erklärungen in einer dem Empfänger fremden Sprache, die dieser zwar akustisch vernehmen, inhaltlich aber nicht verstehen kann, gehen dem Adressaten nicht zu, wenn der Erklärende erkennt oder erkennen kann, dass der Empfänger der Sprache nicht mächtig ist. Insofern besteht ein Unterschied zu verkörperten Erklärungen (oben Rdn. 50f), der deshalb gerechtfertigt ist, weil die unverstandene mündliche Erklärung dem Empfänger endgültig entgeht, während die schriftliche noch durch Übersetzung verständlich gemacht werden kann.

c. Geschäftsunfähigkeit und beschränkte Geschäftsfähigkeit des Empfängers (§ 131 BGB)

aa. Geschäftsunfähigkeit des Erklärungsempfängers (§ 131 Abs. 1 BGB)

54 Der Schutzzweck des § 131 Abs. 1 BGB ist ohne weiteres einsichtig: Wer geschäftsunfähig, also: zu selbstverantwortlicher rechtsgeschäftlicher Willensbildung nicht in der Lage ist, muss auch davor geschützt werden, dass andere ihm gegenüber Rechtsgeschäfte vornehmen, weil der Geschäftsunfähige hierauf selbst nicht angemessen reagieren kann. Deshalb werden derartige Erklärungen erst mit Zugang beim gesetzlichen Vertreter wirksam (§ 131 Abs. 1 BGB).

55 **Beispiel**: Der 5-jährige E ist Eigentümer eines Grundstücks, das mit einem Wohn- und Bürogebäude bebaut ist. Er erhält von einem seiner Mieter ein Kündigungsschreiben. Die an E gerichtete Kündigungserklärung wird erst wirksam, wenn sie dem gesetzlichen Vertreter des E zugeht.

bb. Beschränkte Geschäftsfähigkeit des Erklärungsempfängers (§ 131 Abs. 2 BGB)

56 Für Willenserklärungen, die gegenüber einem beschränkt Geschäftsfähigen abgegeben werden, gilt im Ausgangspunkt das Gleiche (§ 131 Abs. 2 Satz 1 BGB), aber mit einer wichtigen Erleichterung für Willenserklärungen, durch die der Minderjährige rechtlich nur einen Vorteil (genauer: keinen rechtlichen Nachteil, unten § 9 Rdn. 24) erlangt (§ 131 Abs. 2 Satz 2 Var. 1 BGB). Satz 1 ist insbesondere für einseitige Rechtsgeschäfte, Satz 2 für Verträge bedeutsam.

---

48 Anders *Wertenbruch* JuS 2020, 481 (487), der der Vernehmungstheorie folgt und dem Erklärenden das Risiko zuweisen möchte, dass der Empfänger die Erklärung nicht richtig versteht.

(1) Einseitige Rechtsgeschäfte

Ein einseitiges Rechtsgeschäft, das einem Minderjährigen gegenüber vorgenom- 57
men wird, ist meist[49] darauf gerichtet, zu einem Rechtsverlust oder sonstigem
rechtlichen Nachteil des Minderjährigen zu führen (so dass die Ausnahmeregelung des § 131 Abs. 2 Satz 2 BGB nicht eingreift).[50] Dann bedarf der Minderjährige
in gleicher Weise des Schutzes wie ein Geschäftsunfähiger, und das Gesetz erreicht diesen Schutz durch das Erfordernis, dass die dem Minderjährigen gegenüber abgegebene Erklärung erst mit Zugang beim gesetzlichen Vertreter wirksam
wird (§ 131 Abs. 2 Satz 1 BGB).

Abwandlung des **Beispiels** von oben Rdn. 55: E ist 15 Jahre alt. Die Kündigungserklärung des 58
Mieters wird nicht wirksam, bevor sie dem gesetzlichen Vertreter des E zugeht.[51]

(2) Verträge

Anders verhält es sich mit Willenserklärungen, die auf den Abschluss eines Ver- 59
trages gerichtet sind und gegenüber Minderjährigen abgegeben werden. Handelt
es sich um ein **Angebot** zum Abschluss eines Vertrages, so erlangt er die Möglichkeit, über die Annahme zu entscheiden (unten § 8 Rdn. 40), was ihm nur günstig
ist. Wird gegenüber dem Minderjährigen die **Annahme** eines Antrags erklärt, so
kommt hierdurch ein Vertrag zustande, was ihn selbst dann nicht belastet, wenn
der Inhalt des Vertrages für ihn rechtlich nachteilig ist. In diesem Fall nämlich
hängt die Wirksamkeit des Vertrages von der Genehmigung des gesetzlichen Vertreters ab (§ 108 BGB, dazu unten § 9 Rdn. 34 ff). Das Zustandekommen eines
genehmigungsbedürftigen Vertrages belastet den Minderjährigen nicht. Das Gesetz verwirklicht den Schutz des Minderjährigen vor rechtlichen Nachteilen auf
der Ebene der Wirksamkeit des Vertrages, nicht durch eine Kontrolle der Voraussetzungen für den Zugang der an den Minderjährigen gerichteten Willenserklärung.

Die notwendige Abstimmung mit § 108 BGB wird erreicht, wenn man in § 131 Abs. 2 Satz 2 Var. 1 **60**
BGB – dem Wortlaut der Norm entsprechend, aber abweichend von § 107 BGB (dazu unten § 9
Rdn. 25 ff) – den "rechtlichen Nachteil" auf die Willenserklärung (nicht: auf das Rechtsgeschäft)
bezieht.[52] Der unterschiedliche Bezugspunkt ergibt sich daraus, dass die §§ 107 ff BGB die Wirk-

---

49 Ausnahme: Die Erteilung von Vollmacht (unten § 13) an einen Minderjährigen.
50 Zum Begriff der rechtlich nicht lediglich vorteilhaften Geschäfte unten § 9 Rdn. 23 ff, 29 ff.
51 Zum Zugang einer Kündigungserklärung gegenüber einem Minderjährigen BAG vom
8.12.2011, NZA 2012, 495 Rdn. 22 (Einwurf in den gemeinsamen Hausbriefkasten der Familie).
52 So überzeugend *Boecken* AT Rdn. 208; *Hackenbroich* JURA 2019, 136, 140 f; abw. die Vorauflage.

samkeit von *Rechtsgeschäften* betreffen (vgl. §§ 108, 111 BGB), während § 131 BGB wie § 130 BGB das Wirksamwerden von *Willenserklärungen* regelt.[53]

d. Formwahrung als Zugangsvoraussetzung?
aa. Die herrschende Ansicht zum Zugang formgebundener Erklärungen

61 Besteht für eine Willenserklärung ein Formerfordernis, so ist nach ganz herrschender Ansicht die Beachtung der Form Voraussetzung für den Zugang der Erklärung.[54] Die Erklärung muss danach in der vorgeschriebenen Form in den Machtbereich des Empfängers gelangen, um wirksam zu werden. Handelt es sich um ein Vertragsangebot, das nicht in der vorgeschriebenen Form dem Empfänger übermittelt wird, so ist das Angebot nach h.A. mangels Zugangs nicht wirksam. Erklärt der Empfänger die Annahme des Angebots, geht diese Erklärung „ins Leere", der Vertrag kommt nicht zustande.[55] Vorbehalten bleibt nach h.A., dass die Vertragspartner eine Vereinbarung über die Erleichterung der Zugangsvoraussetzungen getroffen haben. Solche Vereinbarungen sind nach der Rechtsprechung zulässig und können grundsätzlich auch stillschweigend getroffen werden.

62 **Beispiel:**[56] Eine Vereinbarung, in der sich der Gesellschafter einer GmbH zur Veräußerung seines Gesellschaftsanteils verpflichtet, bedarf gemäß § 15 Abs. 4 Satz 1 GmbHG der notariellen Beurkundung. A bietet dem B in einer notariell beurkundeten Erklärung an, dessen GmbH-Anteil zu einem bestimmten Preis zu erwerben. Dem B wird nicht eine Ausfertigung dieser notariellen Urkunde (die im Rechtsverkehr die Urschrift ersetzt, § 47 BeurkG), sondern lediglich eine beglaubigte Abschrift zugestellt. Der BGH lässt dies für die Erfüllung der gesetzlichen Erfordernisse des Zugangs nicht genügen und verweist an das Berufungsgericht zurück zur Klärung der Frage, ob sich dem Verhalten der Beteiligten eine zumindest konkludent getroffene Vereinbarung darüber entnehmen lasse, für den Zugang des Angebots solle eine beglaubigte Abschrift der notariellen Urkunde genügen.

---

53 Näher *Hackenbroich* JURA 2019, 136, 141.
54 Palandt/*Ellenberger* § 130 Rdn. 10; MüKo/*Einsele* § 130 Rdn. 33; Jauernig/*Mansel* § 126 Rdn. 11; *Neuner* AT § 33 Rdn. 22; *Köhler* AT § 6 Rdn. 20; *Elzer/Jacoby* ZIP 1997, 1821 (1826); *Armbrüster* NJW 1996, 438; *Regenfus* JA 2008, 161 (164). – **Anders** zu Recht Staudinger/*Singer* (2017) § 130 Rdn. 93: Es gehe um ein Formproblem, nicht um ein Zugangsproblem.
55 So zutreffend zu den Konsequenzen, die die Unwirksamkeit der Erklärung mangels Zugangs nach sich ziehen muss, *Armbrüster* NJW 1996, 438 (439 m.w.N.). *Armbrüster* geht es darum zu zeigen, dass es zu einem solchen Ergebnis in der Regel aufgrund von Vereinbarungen über Zugangserleichterungen nicht kommen wird.
56 BGH vom 7.6.1995, BGHZ 130, 71 = NJW 1995, 2217.

bb. Kritik

Die h.A. vermag nicht zu überzeugen.[57] Als Sanktion der Nichtbeachtung von **63** Formvorschriften sieht das Gesetz grundsätzlich die Nichtigkeit des Rechtsgeschäfts vor (§ 125 Satz 1 BGB) und setzt somit voraus, dass das nichtige Rechtsgeschäft durch wirksame Willenserklärungen zustande kommt (unten Rdn. 119 ff). Wäre wegen des Formmangels schon der Zugang der Erklärungen und damit deren Wirksamkeit zu verneinen, hätte § 125 Satz 1 BGB keinen Anwendungsbereich – ein ganz unsinniges Ergebnis, das nirgends vertreten wird. In allen Fällen, in denen ein Rechtsgeschäft gemäß § 125 Satz 1 BGB nichtig ist, sind die auf die Vornahme des Rechtsgeschäfts gerichteten Erklärungen wirksam und somit trotz des Formmangels zugegangen. Dem wird die Rechtsprechung zum Zugang formbedürftiger Erklärungen nicht gerecht. Diese Einsicht ist nicht zuletzt von Bedeutung für die im Gesetz verschiedentlich vorgesehene Möglichkeit der Heilung des Formmangels (unten § 9 Rdn. 162). Die Anwendung der Heilungsvorschriften setzt voraus, dass der wegen des Formmangels nichtige Vertrag zustande gekommen ist.

Abwandlung des obigen Beispiels (Rdn. 62): A und B senden sich Antrag und Annahme schrift- **64** lich zu. Die Formvorschrift des § 15 Abs. 4 Satz 1 GmbHG ist nicht gewahrt, der Vertrag gemäß § 125 Satz 1 BGB nichtig. Überträgt B in einer § 15 Abs. 3 GmbHG entsprechenden Form seinen Anteil auf A, wird der Mangel des der Übertragung des Gesellschaftsanteils zugrunde liegenden Kaufvertrages gemäß § 15 Abs. 4 Satz 2 GmbHG geheilt. Die ohne Beachtung der Form des § 15 Abs. 4 Satz 1 GmbHG getroffene Vereinbarung über die Verpflichtung des B zur Übertragung seines Anteils an A wird durch die wirksame Übertragung des Anteils gültig. Das Gesetz sieht in dem Formmangel somit keinen Grund, an dem schon das Zustandekommen des Kaufvertrages scheitern soll.

Die Grundsätze der Rechtsprechung beziehen sich, trotz der zu weiten Formulie- **65** rung des Anwendungsbereichs, in Wirklichkeit allein auf durchaus besondere Fallgestaltungen, die dadurch gekennzeichnet sind, dass eine Beurkundung der Erklärung zwar stattgefunden hat, die Erklärung dem Empfänger aber nicht in dieser dem Formerfordernis entsprechenden Verkörperung übermittelt worden ist (vgl. das Beispiel oben Rdn. 62).

Auch für diese Fallgruppe sind die Grundsätze der Rechtsprechung zum Zu- **66** gang formbedürftiger Erklärungen nicht anzuerkennen.[58] Man muss sich schon fragen, was es rechtfertigt, an den Zugang strengere Anforderungen zu stellen, wenn immerhin eine ordnungsgemäße Beurkundung der Erklärung stattgefun-

---

57 Zum Folgenden eingehend *Moussa*, Das Dogma vom formgerechten Zugang (2016) S. 109 ff.
58 Richtig Staudinger/*Singer* (2017) § 130 Rdn. 93: Gehe dem Empfänger nur eine Abschrift zu, so sei diese Erklärung gemäß § 130 BGB „zweifellos wirksam geworden".

den hat, während von vornherein formwidrige Erklärungen durch Zugang wirksam werden können. Der Unterschied kann nur darin zu sehen sein, dass die Rechtsprechung hier annimmt, den Formerfordernissen werde durch die beurkundeten Erklärungen genügt,[59] so dass eine Nichtigkeit gemäß § 125 Satz 1 BGB (sollte der Vertrag zustande kommen) ausscheide. Deshalb versucht die Rechtsprechung den Empfänger, dem die ordnungsgemäß beurkundete Erklärung nicht formgerecht übermittelt wird, vor den Wirkungen des Vertrages zu schützen, indem durch die besonderen Zugangserfordernisse schon das Zustandekommen des Vertrages (vorbehaltlich abweichender Vereinbarungen der Parteien) verhindert wird.

67   Diese Sanktion ist aber von den Zwecken nicht gedeckt, mit denen die Rechtsprechung die besonderen Zugangserfordernisse rechtfertigt. Geht es insoweit darum, den Empfänger vor Beweisnöten hinsichtlich des Zustandekommens eines wirksamen Vertrages zu schützen, so hilft es ihm wenig, wenn beim Nichtvorliegen der ihn schützenden Zugangserfordernisse das Zustandekommen des Vertrages überhaupt scheitert.[60] Der Erklärungsempfänger dürfte eine Beweisschwierigkeiten eröffnende wirksame Erklärung einer wegen dieser Beweisschwierigkeiten unwirksamen Erklärung vorziehen.[61]

68   Auch der von der Rechtsprechung eröffnete Ausweg, Zugangserleichterungen vertraglich zu vereinbaren, wird häufig nicht zu dem Ziel führen, die von der h. M. aufgestellten besonderen Zugangserfordernisse zu überwinden. Dieser Ausweg ist jedenfalls denen versperrt, die die Anforderungen der Rechtsprechung nicht kennen. Sie übermitteln die Abschrift, Kopie oder sonstige Vervielfältigung der formgerecht erstellten Erklärung in der Überzeugung, dass dadurch ihr Wille, den Vertrag zu schließen, dem Empfänger hinreichend dokumentiert wird und der Vertrag also auf der Grundlage dieser Erklärung zustande kommen kann. Dies schließt aus, ihr Verhalten zugleich als stillschweigende Erklärungen zum Abschluss einer gesonderten Vereinbarung über Zugangserleichterungen zu deuten. Beide Seiten haben weder den Willen, eine solche Vereinbarung zu treffen, noch haben sie Anlass, das Verhalten der anderen Seite in diesem Sinne zu verstehen.[62]

69   Eine andere Frage ist, ob die Nichteinhaltung eines Formerfordernisses den fehlenden Rechtsbindungswillen ausdrückt und die Erklärung dem Empfänger le-

---

59 Vgl. BGH vom 7.6.1995, BGHZ 130, 71 (74) = NJW 1995, 2217 (zu § 15 Abs. 4 GmbHG, oben Rdn. 62).

60 Scharf formulierte Ablehnung der Rechtsprechung bei *Kanzleiter* DNotZ 1996, 931 (938 f): „In diesen Fällen anzunehmen, es sei kein Vertrag zustande gekommen, ist absurd".

61 So treffend (bezogen auf die Anerkenntniserklärung gemäß § 781 Satz 1 BGB) *Schippers* DNotZ 2006, 726 (744).

62 Dazu oben § 5 Rdn. 7 f.

diglich zur Information übermittelt wird. Ist dies zu bejahen, fehlt es schon am Tatbestand einer Willenserklärung (vgl. dazu § 5 Rdn. 18f).[63] Um ein Zugangsproblem geht es auch dabei nicht.

2. Abgabe als Wirksamkeitserfordernis?

Kehren wir noch einmal zu dem Auszug aus den Motiven zu § 130 BGB zurück **70** (oben Rdn. 21) Dort heißt es im unmittelbaren Anschluss an die abgedruckte Textpassage:

Der auf dem Schreibtisch liegen gebliebene Brief   **71**
Mot. I, S. 156f = Mugdan I, S. 438f zu § 130 BGB

„Selbstverständlich ist, dass die Willenserklärung dem anderen Teile in Folge des Willens des Erklärenden zugekommen sein muss; es genügt nicht, dass ein Unberufener den auf dem Schreibtisch liegen gebliebenen Brief befördert".

In Übereinstimmung hiermit geht die h. M. davon aus, dass zur Wirksamkeit einer **72** empfangsbedürftigen Willenserklärung die Abgabe der Erklärung im Sinne einer bewussten und willentlichen Entäußerung in Richtung auf den Empfänger erforderlich sei.[64]

Die „Selbstverständlichkeit" der Motive wird fragwürdig, wenn man sich ihr **73** von § 119 Abs. 1 BGB her nähert: War in dem „liegen gebliebenen Brief" eine Willenserklärung enthalten, die so (noch) nicht in Geltung gesetzt werden sollte, so wollte der Schreiber *„eine Erklärung dieses Inhalts überhaupt nicht abgeben"*. Mängel einer Erklärung, die zur Anfechtung berechtigen, stellen deren Wirksamkeit nicht in Frage. Gewährt selbst fehlendes Erklärungsbewusstsein, wie dies richtiger und heute herrschender Ansicht entspricht (dazu oben § 5 Rdn. 33 und unten Rdn. 132ff), nur ein Anfechtungsrecht, kann der ohne Willen des Erklärenden in den Verkehr gelangte Brief kaum anders zu behandeln sein.[65] Wer einen Bestellschein unterschreibt, hat immerhin willentlich den Tatbestand einer Wil-

---

63 *Armbrüster* NJW 1996, 438 (439).
64 *Canaris* JZ 1976, 132 (134); *Singer*, Selbstbestimmung und Verkehrsschutz im Recht der Willenserklärungen (1995) S. 197; *Brehm* AT Rdn. 158f; *Bork* AT Rdn. 615; *Köhler* AT § 6 Rdn. 12; *Leipold* AT § 12 Rdn. 8. BGH vom 10.7.2013, BGHZ 198, 32 Rdn. 17 = NJW 2013, 3306.
65 *Flume* AT § 14, 2 Fn. 10 (S. 226) in Verb. mit § 23, 1; *Medicus/Petersen* AT Rdn. 266f; *Staudinger/Singer* (2017) Vorbem. zu §§ 116ff Rdn. 49; *Staudinger/Eckpfeiler/Schiemann* (2020) D. Rdn. 28; *Moussa*, Das Dogma vom formgerechten Zugang (2016) 115ff.

lenserklärung geschaffen.[66] Der Empfänger sieht der Erklärung nicht an, dass sie ohne Abgabewillen in den Verkehr gelangt ist. Das Risiko, dass die versandfertig gemachte Erklärung ohne Willen des Erklärenden durch Unbefugte, die Zutritt zu dessen Sphäre haben, auf den Weg gebracht wird und somit der Eindruck einer willentlichen Abgabe entsteht, kann allein vom Erklärenden, nicht vom Empfänger gesteuert werden. Der Erklärende wird systemkonform durch § 119 Abs. 1 Var. 2 BGB geschützt, weshalb – entgegen der Vorauflage – nicht an die Wertung des § 935 Abs. 1 BGB anzuknüpfen ist. Sieht man es so, ergibt sich im Falle einer Anfechtung die Haftung aus § 122 BGB unmittelbar.[67] Aus Gründen des Verkehrsschutzes wird der Erklärende dafür in die Verantwortung genommen, dass er den Tatbestand einer Erklärung geschaffen hat.[68]

III. Wirksamkeitshindernisse (Nichtigkeitsgründe)

74 Das BGB sucht das Zustandekommen von Rechtsgeschäften nach dem Willen der Beteiligten zu fördern.[69] Es kann in der Anerkennung von Willenserklärungen großzügig sein, weil das durch die Willenserklärung geschaffene Rechtsgeschäft einer eigenen Wirksamkeitskontrolle unterliegt, von der erst der Eintritt der Wirkungen des Rechtsgeschäfts abhängt (oben Rdn. 4). Deshalb versagt es nur in wenigen Fällen der Willenserklärung die Wirkung, wenigstens den Tatbestand eines Rechtsgeschäftes zu schaffen. Die Nichtigkeit oder Unwirksamkeit von Willenserklärungen ist vorgesehen,
- wo es an der Fähigkeit zu rechtsgeschäftlicher Willensbildung fehlt (unten Rdn. 75 ff);
- wo es an dem Willen zur Schaffung eines Rechtsgeschäftes fehlt und keine schutzwürdigen Belange Dritter die Anerkennung des objektiv Erklärten erfordern (unten Rdn. 90 ff);

---

66 *Bork* AT Rdn. 610, einschränkend allerdings Rdn. 611: Für die „rechtliche Existenz" (im Unterschied zur „tatsächlichen Existenz", Rdn. 610) sei Abgabe erforderlich. A.M. *Werba*, Die Willenserklärung ohne Willen (2005), S. 142.
67 Gegen eine solche Haftung wohl BGH vom 8.3.2006, NJW-RR 2006, 847 Rdn. 30.
68 Anders bei „unbefugtem Hinzutreten eines Dritten" *de la Durantaye*, Erklärung und Wille (2020) 48 m. Fn. 165, was auf Basis ihres verkehrsschützenden Ansatzes nicht konsequent erscheint. Überzeugend ist aber ihre Kritik an einem Rekurs auf § 935 BGB, der hier zu keiner angemessenen Risikoverteilung führt.
69 *Leenen* FS Canaris, Bd. 1 (2007), 699 (718 ff).

– wo nach dem Willen des Erklärenden ein Rechtsgeschäft mit rechtlichen Wirkungen geschaffen werden soll, die ihrer Art nach durch ein solches Rechtsgeschäft nicht begründet werden können (unten Rdn. 112ff).

1. § 105 BGB

§ 105 BGB ordnet die Nichtigkeit von Willenserklärungen in Fällen an, in denen es **75** deren Urheber nach der Wertung des Gesetzes an jeglicher Fähigkeit zu einer verantwortlichen Willensbildung fehlt.

a. Nichtigkeit wegen Geschäftsunfähigkeit (§ 105 Abs. 1 BGB)
aa. Regelungsgehalt und Problematik des § 105 Abs. 1 BGB

Wer geschäftsunfähig ist, ist unfähig, ein Rechtsgeschäft vorzunehmen, kann **76** also nicht erreichen, dass durch seine Willenserklärung der Tatbestand eines Rechtsgeschäfts geschaffen wird (oben § 2 Rdn. 10). Genau dies besagt § 105 Abs. 1 BGB. Da die Willenserklärung des Geschäftsunfähigen nichtig ist, kommt das Rechtsgeschäft nicht zustande.[70]

Abweichend hiervon wird im Schrifttum zum Teil gelehrt, das *Rechtsgeschäft* **77** des Geschäftsunfähigen sei nichtig. Dem liegt die verbreitete Gleichstellung von Willenserklärung und Rechtsgeschäft zu Grunde (oben § 4 Rdn. 103ff), die aber – wie sich auch hier zeigt – vom Gesetz nicht durchgeführt wird. Ein Rechtsgeschäft kann nur nichtig sein, wenn es zustande gekommen ist. Könnte ein Geschäftsunfähiger erreichen, dass das Rechtsgeschäft zustande kommt,[71] müsste seine Willenserklärung wirksam sein. Das widerspricht nicht nur dem Wortlaut des § 105 Abs. 1 BGB, sondern auch dem Grundgedanken der Geschäftsunfähigkeit. Das Gesetz spricht dem Geschäftsunfähigen die Fähigkeit ab, den Tatbestand eines Rechtsgeschäfts zu schaffen.

Beispiel: Ein sechs Jahre altes Kind K kauft sich im Geschäft des V eine Tüte Gummibärchen, be- **78** zahlt mit seinem Taschengeld und verlässt glücklich mit der Tüte in der Hand den Laden. Alle auf den Abschluss von Verträgen gerichteten Willenserklärungen des K sind gemäß § 105 Abs. 1 BGB nichtig. Durch Willenserklärungen des K sind daher keine Verträge zustande gekommen. Dies gilt für den Kaufvertrag wie für die beiden Übereignungen.[72]

---

70 *Boecken* AT Rdn. 211, Rdn. 213 a.E.; Rdn. 221.
71 So *Köhler* AT § 5 Rdn. 6; anders zutreffend § 10 Rdn. 8.
72 Zu diesen *drei* Verträgen oben § 4 Rdn. 29ff.

79 Die Regelung der §§ 105 Abs. 1, 104 Nr. 1 BGB ist hart. Die Konsequenzen vermögen praktischen Bedürfnissen vielfach nicht zu genügen. Es sollte für ein Kind zumindest möglich sein, mit Zustimmung der Eltern Kleinigkeiten des täglichen Lebens zu erwerben (so in Österreich sogar ohne Zustimmung der Eltern § 170 Abs. 3 ABGB). Hierzulande ist das aber nur auf recht lebensfernen und konstruktiv aufwendigen Umwegen zu erreichen.

80 Im **Gummibärchen-Beispiel** (oben Rdn. 78) wird angenommen, dass K nicht eigene Willenserklärungen abgibt, sondern Willenserklärungen *der Eltern* als Bote überbringt und daher nicht geschäftsfähig sein muss. Von untergeordneter Bedeutung ist, ob die Erklärung der Eltern im eigenen Namen oder im Namen des Kindes erfolgt, da der Kaufpreis sofort entrichtet wird und es V daher auf die Person des Vertragspartners nicht ankommt (oben § 4 Rdn. 94). Zugleich ist K Empfangsbote (der Eltern!)[73] für die Willenserklärungen des V.

81 Die Frage ist angebracht (und, wenn es um Grundstücksgeschäfte und ähnliche Transaktionen geht, auch wirtschaftlich relevant), ob das Gesetz nicht über das hinausgeht, was zur Erreichung der Schutzziele des § 104 BGB erforderlich und unter Berücksichtigung auch aller Dritt- und Verkehrsinteressen geboten ist. Besonders deutlich wird das bei rechtlich lediglich vorteilhaften Geschäften, vor denen man die Begünstigten nicht schützen muss (vgl. § 107 BGB), die Geschäftsunfähige hierzulande aber dennoch nicht zustande bringen können (anders seit dem Jahr 2018 konsequent § 865 Abs. 2 ABGB für Österreich).

82 *Canaris* hält die in § 105 Abs. 1 BGB vorgesehene Nichtigkeitssanktion für verfassungswidrig; die Regelung verstoße gegen das Übermaßverbot und sei durch eine analoge Anwendung der §§ 107 ff BGB zu ersetzen.[74] Dabei geht es freilich weniger um die Rechtsfolgeanordnung des § 105 Abs. 1 BGB als vielmehr um das Rechtsinstitut der Geschäftsunfähigkeit, um die Frage also, ob und, wenn ja, unter welchen Voraussetzungen einer Person die Geschäftsfähigkeit schlechthin aberkannt werden darf. Ersetzt man § 105 Abs. 1 BGB durch die für beschränkt Geschäftsfähige geltenden Vorschriften der §§ 107 ff BGB, bedeutet dies der Sache nach die Abschaffung der Kategorie der Geschäftsunfähigkeit, denn die Regelungen der §§ 107 ff BGB beziehen sich auf Personen, die geschäftsfähig sind, ledig-

---

73 Wenn die Eltern die Verträge namens des K schließen, sind sie die Adressaten für die Vertragserklärungen des V (dazu oben Rdn. 14), und die Eltern können sich des K als ihres Empfangsboten bedienen. Es geht insoweit also nicht um ein Problem des § 131 Abs. 1 BGB (oben Rdn. 54).
74 *Canaris* JZ 1987, 993 (996 ff, 998). Ein solcher Vorschlag war schon im Gesetzgebungsverfahren eingebracht worden, wurde aber von der II. Kommission abgelehnt. Zur Entstehungsgeschichte des § 105 Abs. 1 BGB und zu der anhaltenden Reformdiskussion *Wedemann* AcP Bd. 209 (2009) 668 (670 ff) m. ausf. Nachweisen.

lich in der Geschäftsfähigkeit in bestimmter Weise beschränkt sind.[75] Es kann also nicht darum gehen, an der Kategorie der Geschäftsunfähigkeit (und damit an der Regelung des § 104 BGB) festzuhalten und an die Stelle der Rechtsfolgen der Geschäftsunfähigkeit (§ 105 Abs. 1 BGB) die Rechtsfolgen der beschränkten Geschäftsfähigkeit zu setzen.

Am **Beispiel** von § 104 Nr. 1 BGB: Wird an ein sechsjähriges Kind ein Schulbuch übereignet, und **83** sind – wie von *Canaris* gefordert – anstelle des § 105 Abs. 1 BGB die §§ 107 ff BGB entsprechend anzuwenden, so ist die Erklärung des Kindes wirksam, die Einigung im Sinne von § 929 BGB kommt zustande und ist (da der Erwerb von Eigentum an dem Schulbuch rechtlich lediglich vorteilhaft ist, § 107 BGB) ohne Zustimmung des gesetzlichen Vertreters wirksam. Angesichts dieser Rechtsfolgen lässt sich nicht von einer Geschäftsunfähigkeit des Kindes sprechen.

Die Frage, ob an der Kategorie der Geschäftsunfähigkeit festzuhalten ist, bedarf **84** gewiss der Diskussion. Zur Korrektur des geltenden Rechts bieten sich sehr verschiedene Ansatzpunkte und Lösungen an (so ist rechtspolitisch zu überlegen, die Altersgrenze des § 104 Nr. 1 BGB abzusenken). An der Kategorie der Geschäftsunfähigkeit festzuhalten, liegt innerhalb des dem Gesetzgeber zustehenden Beurteilungsspielraums.[76] Eine generelle Beseitigung der Rechtsfolgeanordnung des § 105 Abs. 1 BGB unter gleichzeitiger Beibehaltung des Rechtsinstituts der Geschäftsunfähigkeit kommt aber nicht in Betracht.

bb. Die Sonderregelung des § 105a BGB
Der Gesetzgeber hat für Geschäfte des täglichen Lebens, die von volljährigen Ge- **85** schäftsunfähigen vorgenommen werden, mit **§ 105a BGB** eine Sonderregelung geschaffen, die einerseits daran festhält, dass Willenserklärungen Geschäftsunfähiger gemäß § 105 Abs. 1 BGB nichtig sind,[77] andererseits im Wege einer Fiktion vorsieht, dass Verträge über den Erwerb alltäglicher Bedarfsgüter von relativ geringem Wert als wirksam gelten, wenn die beiderseitigen Leistungen erbracht sind. Hintergrund der Norm ist der Schutz des Selbstbestimmungsrechts von Menschen mit geistigen Einschränkungen, denen die Teilhabe und eine autonome Lebensführung eröffnet werden soll, soweit dies vertretbar erscheint. Um die Wirksamkeit des Vertrages anzuordnen, hätte der Gesetzgeber sich freilich nicht einer Fiktion bedienen müssen – es ist seine Sache zu bestimmen, unter welchen Voraussetzungen Verträge wirksam oder nicht wirksam *sind*. Fingiert wird in ers-

---

75 Oben § 2 Rdn. 16; unten Rdn. 123 ff.
76 *Bork* AT Rdn. 989; *Wedemann* AcP 209 (2009) 668 (674) mit ausf. Nachweisen.
77 BT-Drs. 14/9266, S. 43. Zur dogmatischen Einordnung des § 105a BGB in die Rechtsgeschäftslehre *Franzen* JR 2004, 221 ff; *Löhnig/Schärtl* AcP Bd. 204 (2004), 25 ff.

ter Linie, dass in diesen Fällen aufgrund einer nichtigen Willenserklärung ein Vertrag zustande kommt.[78]

86 **Beispiel:** K ist volljährig und gemäß § 104 Nr. 2 BGB geschäftsunfähig. Sie kauft bei V ein Paar Winterhandschuhe, bezahlt an der Kasse den Preis von 15 Euro und nimmt an der Warenausgabe die Handschuhe entgegen. Zu keinem Zeitpunkt bestand eine Pflicht der K zur Bezahlung des Kaufpreises und eine Pflicht des V zur Übereignung und Übergabe der Handschuhe, da der Kaufvertrag erst wirksam wurde, als Leistung und Gegenleistung bewirkt waren. Trotz der Geschäftsunfähigkeit der K fingiert das Gesetz, dass durch die Willenserklärungen der K der Kaufvertrag und die für die Übereignungen (des von K bar bezahlten Kaufpreises wie der von V an K ausgehändigten Handschuhe) erforderlichen Einigungen (§ 929 Satz 1 BGB) zustande kommen. Diese Fiktionen sind erforderlich, da sich zum einen erst aus dem von der geschäftsunfähigen K geschlossenen Kaufvertrag ergibt, was Leistung und was Gegenleistung ist, und das Gesetz zum anderen nur die Wirksamkeit von Verträgen anordnen kann, die immerhin zustande gekommen sind (oben § 4 Rdn. 107).

cc. Die Modifizierung des § 105 Abs. 1 BGB durch § 4 Abs. 2 WBVG

87 Eine weitere Regelung, die vorsieht, dass durch die Willenserklärung eines Geschäftsunfähigen ein Vertrag zustande kommt, enthält das Wohn- und Betreuungsvertragsgesetz (WBVG).[79] Ist ein volljähriger Verbraucher bei Abschluss eines Vertrages über Wohnraum mit Pflege- und Betreuungsleistungen im Sinne von § 1 WBVG geschäftsunfähig, so hängt gemäß § 4 Abs. 2 WBVG die Wirksamkeit des Vertrages von der Genehmigung eines Bevollmächtigten oder eines Betreuers ab. Es handelt sich – wie in den Gesetzesmaterialien festgehalten wird[80] – um eine Durchbrechung des § 105 Abs. 1 BGB. Die Willenserklärung des Geschäftsunfähigen ist unter den Voraussetzungen des § 4 Abs. 2 WBVG nicht nichtig und führt zum Zustandekommen des schwebend unwirksamen Vertrages.[81]

b. Nichtigkeit wegen Störungen der Geistestätigkeit (§ 105 Abs. 2 BGB)

88 Gemäß § 105 Abs. 2 BGB ist eine Willenserklärung nichtig, „die im Zustand der Bewusstlosigkeit oder vorüber gehender Störung der Geistestätigkeit abgegeben wird". Dass das Gesetz es für möglich hält, im Zustand der Bewusstlosigkeit könne der Tatbestand einer Willenserklärung geschaffen werden, ist eher theoretisch interessant (oben § 5 Rdn. 29). In der Praxis geht es bei § 105 Abs. 2 BGB um Fälle,

---

78 *Leenen* FS Canaris, Bd. 1 (2007), 699 (723).
79 Wohn- und Betreuungsvertragsgesetz vom 29. Juli 2009 (BGBl. I S. 2319).
80 BT-Drs. 16/12409, S. 18: § 4 Abs. 2 WBVG „modifiziert die Vorschrift des § 105 Abs. 1 BGB".
81 Näher zu § 4 WBVG *Wedemann* Jura 2010, 587 (591 f.).

in denen die Fähigkeit zu verantwortlicher Willensbildung durch Alkohol („Vollrausch"), Drogen oder sonstige Narkotika ausgeschlossen ist, oder in denen eine geistige Erkrankung vorüber gehender Art vorliegt (die also nicht zu Geschäftsunfähigkeit gemäß § 104 Nr. 2 BGB führt). Einschlägig ist insoweit die zweite Variante des § 105 Abs. 2 BGB („vorüber gehende Störung der Geistestätigkeit").

Die h. M. hält im Falle echter Bewusstlosigkeit § 105 Abs. 2 Var. 1 BGB nicht **89** für anwendbar, da es dann schon am Tatbestand einer Willenserklärung fehle (oben § 5 Rdn. 29 Fn. 27). Es genüge daher eine hochgradige Bewusstseinstrübung, die z. B. bei starker Trunkenheit, Drogeneinfluss oder im Fieberdelirium vorliegen könne.[82] Da diese Fälle indessen von der 2. Variante des § 105 Abs. 2 BGB erfasst werden, nimmt die h. M. der gesetzlichen Regelung hinsichtlich der „Bewusstlosigkeit" jeglichen Anwendungsbereich.[83] Dies vermag methodisch nicht zu überzeugen.[84]

2. §§ 116–118 BGB (Willensvorbehalte)

Die §§ 116–118 BGB gehören zu den dogmatisch umstrittensten Normen des All- **90** gemeinen Teils des BGB. Die praktische Bedeutung ist gering. Die Vorschriften dienen vor allem als Belege für die pragmatische Haltung des BGB im Streit zwischen „Willenstheorie" und „Erklärungstheorie" (oben § 1 Rdn. 35).

a. § 116 Satz 2 BGB (dem Empfänger bekannter innerer Vorbehalt)

In § 116 Satz 2 BGB versagt das Gesetz einer empfangsbedürftigen Willenserklä- **91** rung die Anerkennung, wenn der Erklärende sich insgeheim vorbehält, das Erklärte nicht zu wollen und der Empfänger den Vorbehalt kennt. Hier wird meist nach den Grundsätzen der natürlichen Auslegung schon das tatbestandliche Vorliegen einer Willenserklärung zu verneinen sein.[85] Praktische Konsequenzen sind hieran nicht geknüpft. Fehlt es schon am Tatbestand einer Willenserklärung, kommt hierdurch ein Rechtsgeschäft nicht zustande. Dasselbe gilt, wenn die Erklärung nichtig ist.

Das Gesetz muss diese dogmatische Frage nicht entscheiden. Wesentlich ist die Klarstellung, **92** dass unter den Voraussetzungen des § 116 Satz 2 BGB das Rechtsgeschäft nicht zustande kommt. Das Gesetz arbeitet in den §§ 116 ff BGB mit dem Ausgangsbegriff der Willenserklärung (oben § 5

---

82 Statt aller Palandt/*Ellenberger* § 105 Rdn. 2; zu Recht ablehnend *Neuner* JuS 2007, 881 (884).
83 *Leenen* JuS 2008, 577 (579 Fn. 29).
84 Ebenso *M. Schwab* Iurratio 2009, 142 (144). Vgl. auch unten § 23 Rdn. 138.
85 Oben § 5 Rdn. 9.

Rdn. 3), der am besten geeignet ist, den Anwendungsbereich der Vorschriften zu Willenserklärungen abzustecken. Der Sachverhalt des § 116 Satz 2 BGB wird von der Einschränkung erfasst, die gegenüber dem Ausgangsbegriff der Willenserklärung zu machen ist (oben § 5 Rdn. 7).

b. § 117 BGB (Scheinerklärung und Scheingeschäft)

93 Für ein angemessenes Verständnis der in § 117 BGB geregelten Fragen ist genau zwischen den beiden Absätzen der Vorschrift zu unterscheiden. In den Fällen des Absatzes 1 ist die Willenserklärung nichtig, unter den Voraussetzungen des Absatzes 2 ist die Willenserklärung wirksam. Da beide Fälle nicht zugleich gegeben sein können, geht es in beiden Absätzen um verschiedene Probleme.

aa. Die Scheinerklärung gemäß § 117 Abs. 1 BGB

94 § 117 *Abs. 1* BGB ordnet die Nichtigkeit einer empfangsbedürftigen Willenserklärung an, die vom Erklärenden mit Einverständnis des Empfängers nur zum Schein abgegeben wird. Die Betonung liegt auf dem Wort „*nur*": Die Beteiligten müssen davon ausgehen, dass es für die Erreichung der von ihnen verfolgten Ziele genügt, wenn der bloße Schein eines Rechtsgeschäfts entsteht; sie wollen mit der Erklärung daher kein Rechtsgeschäft schaffen und keinerlei rechtsgeschäftliche Folgen herbeiführen.[86]

95 **Beispiel:** Das Gesetz selbst erwähnt in § 405 BGB den Fall, dass die Anerkennung eines Schuldverhältnisses nur zum Schein erfolgt, so etwa, wenn A dem B ein Schuldanerkenntnis im Sinne von § 781 BGB aushändigt, damit B für die Gewährung eines Bankkredits kreditwürdiger erscheint.[87]

96 Sind sich – umgekehrt – die Parteien bewusst, dass zur Erreichung des angestrebten Erfolges der bloße Schein eines Rechtsgeschäfts nicht genügt, es vielmehr gerade auf die Begründung rechtsgeschäftlicher Rechtsfolgen ankommt, so ist § 117 Abs. 1 BGB nicht anwendbar.[88] Dasselbe gilt, wenn die Beteiligten ein Rechtsgeschäft vornehmen, das ihnen zwar nicht genau die Rechtswirkungen bringt, auf die es ihnen eigentlich ankommt. Immerhin aber wissen sie, dass sie ihre Ziele nicht besser als auf diesem Wege erreichen können, und deshalb wollen sie

---

[86] Zur Frage, ob es somit nicht schon am Tatbestand einer Willenserklärung fehlt, unten Rdn. 98.

[87] Näher zu diesem Beispiel *Köhler* AT § 7 Rdn. 11; *Petersen* Jura 2006, 426 (428).

[88] BGH vom 20.7.2006, NJW-RR 2006, 1155 (1156); BGH vom 28.10.2011, NJW-RR 2012, 18 Rdn. 9; BGH vom 12.12.2012, NJW-RR 2013, 687 Rdn. 14 f; BGH vom 22.9.2016, NJW 2016, 3525 Rdn. 13; Jauernig/*Mansel* § 117 Rdn. 3; BeckOK BGB/*Wendtland* § 117 Rdn. 11 m.w.N.

durchaus, dass die Wirkungen dieses („Ersatz"-)Rechtsgeschäfts eintreten. Damit liegt kein Fall von § 117 Abs. 1 BGB vor.

Beispiele: Möchte eine Partei eines abzuschließenden Vertrages, aus welchen Gründen auch im- **97** mer, nicht als Vertragsbeteiligter auftreten, kann sie eine andere Person für sich handeln lassen (sog. **Treuhänder;** umgangssprachlich: „Strohmann/-frau"). Selbstverständlich handelt diese Person nicht als Stellvertreter im Namen des Prinzipals, weil die Identität ja verborgen bleiben soll (ein Geschäft für den, den es angeht, oben § 4 Rdn. 94, liegt in solchen Sachverhalten, bei denen es oft um den Erwerb von Grundstücken oder Gesellschaftsanteilen geht, regelmäßig nicht vor). Handelt der Treuhänder aus diesem Grund im eigenen Namen, erwirbt er die Rechte aus dem Vertrag und in aller Regel wird auch an ihn übereignet. Dadurch erlangt er zwar Rechte, die wirtschaftlich dem Prinzipal gebühren, jedoch nehmen die Parteien das bewusst in Kauf, um die wirtschaftlichen Verhältnisse zu verbergen. Ein Fall des § 117 Abs. 1 BGB liegt nicht vor.[89]

Ein weiteres Beispiel bildet die **Sicherungsübereignung:** Soll eine Sache als Sicherheit für eine Forderung eingesetzt werden, die Sache aber dennoch beim Sicherungsgeber verbleiben, z. B. damit er mit dieser weiterhin produzieren kann soll, scheidet eine Verpfändung wegen § 1205 BGB (Übergabeerfordernis!; s. hierzu auch § 1253 BGB) aus. Vereinbaren die Parteien deswegen die Übertragung des Vollrechts (Eigentum), gehen sie (ungeachtet getroffener schuldrechtlicher Absprachen, die regeln, wie der Sicherungsnehmer mit der Sache verfahren darf) über das hinaus, was wirtschaftlich angestrebt wird (hier: die Besicherung der Forderung). Die Rechtsfolgen der Sicherungsübereignung sind aber zweifellos gewollt, weshalb § 117 Abs. 1 BGB nicht einschlägig ist.

Als Rechtsfolge sieht § 117 Abs. 1 BGB die Nichtigkeit der nur zum Schein ab- **98** gegebenen Erklärung vor. Das lässt sich dogmatisch kritisieren: Soll nach dem Willen des Erklärenden wie nach dem Verständnis des Empfängers kein Rechtsgeschäft geschaffen werden, fehlt es schon am Tatbestand einer Willenserklärung (oben § 5 Rdn. 9). Eine solche dogmatische Festlegung zu treffen (die zudem gesetzestechnisch schwer zu formulieren ist), ist aber nicht Aufgabe des Gesetzgebers (vgl. oben Rdn. 92 zu § 116 Satz 2 BGB). Entscheidend ist, dass in den Fällen des § 117 Abs. 1 BGB kein Rechtsgeschäft zustande kommt, was das Gesetz dadurch ausdrückt, dass die Erklärung nichtig sei. Verneint man schon den Tatbestand einer Willenserklärung, führt dies zum selben Ergebnis.

bb. Das verdeckte Rechtsgeschäft gemäß § 117 Abs. 2 BGB

Abweichend von § 117 Abs. 1 BGB geht es in den Fällen des § 117 Abs. 2 BGB da- **99** rum, dass nach dem Verständnis der Beteiligten durch die Willenserklärung durchaus ein Rechtsgeschäft zustande kommen soll – nur mit *anderem Inhalt* als aus der Erklärung nach außen ersichtlich ist. § 117 Abs. 2 BGB bezeichnet dieses

---

89 Zur treuhänderischen GmbH-Beteiligung s. BGH vom 22.9.2016, NJW 2016, 3525 Rdn. 13.

Rechtsgeschäft daher als „verdeckt". Das wichtigste Beispiel ist die „**Unterver-briefung**" eines Grundstückskaufvertrages:[90] Bei der notariellen Beurkundung eines Grundstückskaufvertrages geben beide Vertragspartner den Kaufpreis niedriger als übereinstimmend gewollt an.

100   § 117 Abs. 2 BGB enthält ausdrücklich Aussagen zum Zustandekommen wie zur Wirksamkeit des verdeckten Rechtsgeschäfts, indirekt damit aber auch über die Wirksamkeit der dem verdeckten Geschäft zugrunde liegenden Willenserklärung(en). Geht es, wie im Fall der „Unterverbriefung", um einen Vertrag, so stellt § 117 Abs. 2 BGB klar, dass der Vertrag mit dem Inhalt zustande kommt, der von beiden Seiten in Wirklichkeit gewollt ist. § 117 Abs. 2 BGB enthält insoweit nur eine gesetzliche Bestätigung des Grundsatzes, dass der übereinstimmende tatsächliche Wille sich gegen jeden anders lautenden Inhalt der Erklärungen durchsetzt („falsa demonstratio non nocet").[91] Kommt das Rechtsgeschäft mit dem wirklich gewollten Inhalt zustande, so bedeutet das, die Wirksamkeit der Willenserklärung(en) wird nicht dadurch beeinträchtigt, dass objektiv etwas anderes erklärt wird als das, was subjektiv gewollt ist. § 117 Abs. 1 BGB ist nicht anwendbar, weil die Erklärungen nach dem beiderseitigen Verständnis nicht ausschließlich („*nur*") zum Schein abgegeben werden. Beide Seiten wollen durch die vor dem Notar abgegebenen Erklärungen rechtsgeschäftliche Rechtsfolgen in Geltung setzen. Bei einer „Unterverbriefung" kommt durch wirksame Willenserklärungen ein Kaufvertrag über das Grundstück zu dem von beiden Seiten übereinstimmend gewollten („verdeckten") Preis zustande.

101   Hieran schließt sich die Frage an, ob der Vertrag mit diesem Inhalt wirksam ist. Die Antwort auf diese Frage richtet sich – wie § 117 Abs. 2 BGB formuliert – nach den „für das verdeckte Rechtsgeschäft geltenden Vorschriften". Handelt es sich um einen Grundstückskaufvertrag, ist insbesondere § 311b Abs. 1 Satz 1 BGB zu beachten. Das verdeckte Rechtsgeschäft – also der Kaufvertrag zum übereinstimmend gewollten Preis – bedarf der notariellen Beurkundung. Diesem Formerfordernis wird durch die Beurkundung eines Vertragstextes, der bewusst einen übereinstimmend nicht gewollten Kaufpreis ausweist, nicht genügt.[92] Der Vertrag ist daher wegen des Verstoßes gegen die Formvorschrift des § 311b Abs. 1 Satz 1 BGB gemäß § 125 Satz 1 BGB nichtig.[93]

---

90 Dazu der gleichnamige Sachverhalt unten § 30.

91 HK-BGB/*Dörner* § 117 Rdn. 1; *Neuner* AT § 40 Rdn. 17; *Brehm* AT Rdn. 193. Zum Grundsatz „falsa demonstratio non nocet" oben § 5 Rdn. 54 (zu Regel 2) und unten § 8 Rdn. 145 ff.

92 Das ist für die Fälle einer den Parteien bewussten inhaltlich unrichtigen Beurkundung ganz h. M.; dazu unten § 9 Rdn. 194. Abweichend BeckOGK/*Rehberg*, 1.12.2020, § 117 BGB Rdn. 52.1.

93 Hierin sieht Brox/*Walker* AT § 17 Rdn. 14 einen Widerspruch zum Grundsatz, dass eine falsche Bezeichnung des übereinstimmend Gewollten nicht schade. Nach diesem Grundsatz müsse

Im Schrifttum wird meist angenommen, in den Fällen des § 117 Abs. 2 BGB **102** bestehe das verdeckte Geschäft „neben" oder „hinter" einem Scheingeschäft gemäß § 117 Abs. 1 BGB. Dafür lässt sich zwar der Wortlaut des § 117 Abs. 2 BGB anführen, dennoch ist dem nicht zu folgen. Der gemeinsame Wille, dass das Erklärte nicht gelten solle (§ 117 Abs. 1 BGB), schafft kein Rechtsgeschäft.[94] Vielmehr kommt durch die Abgabe der notariell beurkundeten Erklärungen nur ein einziger Vertrag mit dem von beiden Seiten übereinstimmend gewollten Inhalt zustande.[95]

Beispiel: Im Fall „**Unterverbriefung**"[96] nehmen Rechtsprechung[97] und Literatur[98] an, der beur- **103** kundete Vertrag sei als Scheingeschäft gemäß § 117 Abs. 1 BGB und der verdeckte Vertrag wegen Formmangels gemäß § 125 Satz 1 BGB nichtig. Dies impliziert, dass vier Willenserklärungen (nämlich zwei "beurkundete" und zwei "verdeckte" Erklärungen) abgegeben werden und zwei Verträge zustande kommen,[99] was nicht einleuchtet.[100] Die "verdeckten" Erklärungen haben genau den Inhalt, der dem übereinstimmend von beiden Seiten Gewollten entspricht. Zu diesem Ergebnis führt aber schon die gebotene Auslegung der notariell beurkundeten Erklärungen nach dem Grundsatz "falsa demonstratio non nocet" (dazu oben § 5 Rdn. 54, unten § 8 Rdn. 144 ff). Die Parteien müssen nicht konkludent gesonderte Erklärungen abgeben, um eine Vereinbarung über das gemeinsam Gewollte (hier: Geltung eines höheren Kaufpreises als vor dem Notar angegeben) zu erreichen.[101]

Gelegentlich wird im Schrifttum der Sachverhalt der „Unterverbriefung" so dargestellt, dass die **104** Parteien zunächst einen schriftlichen oder mündlichen Vertrag zum wirklich gewollten Kaufpreis schließen und dann einen Vertrag mit abweichendem Kaufpreis notariell beurkunden lassen. Der schriftliche bzw. mündliche Vertrag wird dann als das verdeckte Rechtsgeschäft im Sinne des

---

eigentlich der Vertrag mit dem übereinstimmend gewollten Inhalt (also: mit dem „verdeckten" Kaufpreis) *gültig* sein. Dies leuchtet nicht ein. Der Grundsatz der „falsa demonstratio" (hierzu oben § 5 Rdn. 54 f; unten § 8 Rdn. 144 ff) betrifft die Frage, welchen *Inhalt* der Vertrag hat. Ob der Vertrag mit diesem Inhalt (form)wirksam ist, ist eine andere Frage.
94 *Larenz/Wolf*, Allgemeiner Teil des Bürgerlichen Rechts (9. Aufl. 2004) § 35 Rdn. 18: „Das beiderseitige Einverständnis mit der Nichtgeltung ist ... kein rechtsgeschäftlicher Wille".
95 *Brehm* AT Rdn. 193.
96 Sachverhalt unten § 30.
97 BGH vom 15.5.1970, BGHZ 54, 56 (62 f) = NJW 1970, 1541 (1542 f); BGH vom 26.10.1979, NJW 1980, 451; BGH vom 11.11.1983, BGHZ 89, 41 (43 ff) = NJW 1984, 973; BGH vom 21.9.1994, NJW 1994, 3227 (3228); BGH vom 13.5.2016, NJW-RR 2017, 114 Rdn. 15 ff – „Eigenprovisionsvereinbarung" (Sachverhalt unten § 30).
98 Staudinger/*Singer* (2017) § 117 Rdn. 27; Medicus/*Petersen* AT Rdn. 595; *Neuner* AT § 40 Rdn. 19 f; *Köhler* AT § 7 Rdn. 12; *Stadler* AT § 25 Rdn. 8 f; *Wertenbruch* AT § 7 Rdn. 3 f.
99 Eingehend hierzu BGH vom 13.5.2016, NJW-RR 2017, 114 Rdn. 15 ff – „Eigenprovisionsvereinbarung" (Sachverhalt unten § 30).
100 Zustimmend *Faust* AT § 18 Rdn. 4; *Boecken* AT Rdn. 230.
101 Zu den Folgerungen für die Methodik der Fallbearbeitung unten § 28 Rdn. 33 ff.

§ 117 Abs. 2 BGB angesehen. So ist die Vorschrift indessen nicht gemeint. Dass der ohne Mitwirkung des Notars vorab geschlossene[102] Vertrag bei einer solchen Fallgestaltung gemäß §§ 125 Satz 1, 311b Abs. 1 Satz 1 BGB nichtig ist, ist selbstverständlich und ergibt sich nicht erst aus § 117 Abs. 2 BGB. § 117 Abs. 2 BGB verweist in den Unterverbriefungsfällen nicht auf einen Vertrag, der möglicherweise durch andere als die vor dem Notar abgegebenen Erklärungen zustande gekommen ist.[103]

105 Keine Anwendung findet § 117 BGB, wenn es an dem Einverständnis beider Seiten darüber fehlt, dass durch eine Erklärung in Wirklichkeit gar keine oder doch nicht die Rechtsfolgen herbeigeführt werden sollen, die der objektiven Bedeutung des Erklärten entsprechen. Geht die eine Seite zu Unrecht von einem solchen Einverständnis der anderen Seite aus, spricht man von einem „misslungenen Scheingeschäft", auf das nach Rechtsprechung und h.L. § 118 BGB entsprechend anzuwenden ist (sogleich unten c).

c. § 118 BGB (Mangel der Ernstlichkeit)

106 Nichtig ist gemäß § 118 BGB eine „nicht ernstlich gemeinte Willenserklärung, die in der Erwartung abgegeben wird, der Mangel der Ernstlichkeit werde nicht verkannt werden", wenn der Empfänger sie entgegen den Erwartungen des Erklärenden doch ernst nimmt.

107 Die Anwendung der Vorschrift setzt voraus, dass die Erklärung immerhin als Ausdruck eines Rechtsfolgewillens verstanden werden kann, also der Tatbestand einer Willenserklärung vorliegt. Hieran fehlt es, wenn Schauspieler ihre Rolle sprechen und in dieser Rolle einem anderen den Abschluss eines Vertrages antragen. Dasselbe gilt für Professoren, die ihre Vorlesung zum Vertragsrecht dadurch anschaulich zu machen suchen, dass sie ihre Uhr oder dgl. an Studierende im Saal „verkaufen" oder „verschenken". Wenn rechtsgeschäftliches Handeln lediglich zu Lehrzwecken an Beispielen verdeutlicht werden soll, fehlt es schon am objektiven Tatbestand einer Willenserklärung.[104]

---

102 Unterstellt sei, dass die Kontrahenten trotz des ihnen bekannten Beurkundungserfordernisses für Grundstückverträge und trotz der Verabredung eines Notartermins die Preisabsprache mit Rechtsbindungswillen treffen. Da den Kontrahenten bewusst ist, dass im notariellen Vertrag noch viele ergänzende Regelungen zu treffen sind, ergeben sich Bedenken gegen einen Vertragsschluss im Vorfeld der notariellen Beurkundung auch aus § 154 Abs. 1 BGB.

103 Der BGH geht davon aus, dass die verdeckten Willenserklärungen zeitgleich mit den beurkundeten Erklärungen abgegeben werden: BGH vom 13.5.2016, NJW-RR 2017, 114 Rdn. 16 und 18 – „Eigenprovisionsvereinbarung" (Sachverhalt unten § 30).

104 Medicus/*Petersen* AT Rdn. 596; *Neuner* AT § 40 Rdn. 9; BeckOK BGB/*Wendtland* § 118 Rdn. 1. Konsequenz ist insbesondere, dass § 122 BGB (unten § 15) nicht gilt.

Überzeugende Beispiele für Fallgestaltungen, die in den unmittelbaren An- **108** wendungsbereich des § 118 BGB fallen, fehlen. Die praktische Bedeutung des § 118 BGB liegt in dessen entsprechender Anwendung auf das sog. **misslungene Scheingeschäft.**

Beispiel:[105] B erwirbt von A ein Grundstück zum Preis von 40.000 Euro. Ein Jahr später kommt B **109** mit V, der die Erwerbsverhandlungen für C führt, überein, dass B das Grundstück für 350.000 Euro an C verkauft, beim Notar aber aus steuerlichen Gründen nur der gleiche Preis angegeben werden soll, zu dem B das Grundstück ein Jahr zuvor von A erworben hat. Den notariellen Vertrag schließt B mit C persönlich. C weiß von der Absprache mit V nichts und hält den notariell beurkundeten Kaufpreis von 40.000 Euro für den auch von B gewollten Kaufpreis. B verlangt Rückabwicklung des Vertrages mit der Begründung, der Vertrag sei nichtig.

Schulmäßig ist hier zunächst zu fragen, ob aufgrund wirksamer Willenserklärungen ein Kaufver- **110** trag über das Grundstück (und wenn: mit welchem Inhalt) zustande gekommen ist. Fraglich kann nur die Wirksamkeit der Erklärung des B sein. Insoweit kommt es zunächst darauf an, welchen rechtlich maßgeblichen Sinn diese Erklärung hat. Da C in Unkenntnis der zugrunde liegenden Absprachen mit V die Erklärung des B nicht so verstanden hat, wie B sie gemeint hat (nämlich: Kaufpreis 350.000 Euro), wohl aber davon ausgehen durfte, der beurkundete Kaufpreis sei auch der von B gewollte, hat die Erklärung des B den normativ maßgeblichen Inhalt, dass er das Grundstück für 40.000 Euro verkaufe.[106] Diese Erklärung ist nicht nach § 117 Abs. 1 BGB nichtig, da es an der Willensübereinstimmung mit C fehlt, dass das Erklärte nicht gelten solle.[107] Sowohl nach dem Willen des B als nach dem Verständnis des C soll die Erklärung (wenn auch: unterschiedliche) Rechtsfolgen begründen. § 118 BGB ist unmittelbar nicht einschlägig, weil die Erklärung des B durchaus ernstlich gemeint ist. B geht lediglich fälschlicherweise davon aus, dass C weiß, was B wirklich sagen will. Immerhin rechtfertigt die Ähnlichkeit mit der in § 118 BGB geregelten Fallgestaltung eine entsprechende Anwendung (unten § 23 Rdn. 85 ff) der Norm auf die Fälle des misslungenen Scheingeschäfts. Die Erklärung des B ist somit gemäß § 118 BGB nichtig.

Was die *Rechtsfolge* des § 118 BGB betrifft, so fällt auf, dass das Gesetz die Nichtig- **111** keit der Erklärung anordnet und nicht lediglich ein Anfechtungsrecht wie in den §§ 119 ff, 142 BGB vorsieht. Dies ist insbesondere deshalb auffällig, weil das Gesetz dem Empfänger der gemäß § 118 BGB nichtigen Erklärung in § 122 BGB in gleicher Weise einen Anspruch auf Ersatz des Vertrauensschadens gewährt, wie wenn die Nichtigkeit Folge einer Anfechtung wäre.[108] Der Grund dürfte darin liegen, dass

---

105 Nach BGH vom 26.5.2000, BGHZ 144, 331 = NJW 2000, 3127; hierzu *Thiessen* NJW 2001, 3025 ff.

106 Zur normativen Auslegung empfangsbedürftiger Willenserklärungen oben § 5 Rdn. 43, 56 ff, 61 ff.

107 BGH vom 26.5.2000, BGHZ 144, 331 (333 f) = NJW 2000, 3127.

108 Konstruktiv ist fragwürdig, warum das Gesetz in der dogmatischen Ebene der *Willenserklärung* ansetzt (statt, wie in § 142 BGB, dem *Rechtsgeschäft* die Wirksamkeit zu versagen). Doch dürf

das Gesetz in § 118 BGB dem Erklärenden kein Wahlrecht einräumen will, ob er die Erklärung gelten lassen wolle oder nicht.[109] Das Gesetz sieht keinen Anlass, dem Erklärenden die Chance eines unerwartet günstigen Geschäftes zu belassen, wenn er selbst das Erklärte nicht wollte und davon ausging, dies werde auch dem Erklärungsempfänger nicht verborgen bleiben.[110]

3. § 388 Satz 2 BGB (Bedingte Aufrechnungserklärung)

112 Gemäß § 388 Satz 1 BGB erfolgt die Aufrechnung durch Erklärung gegenüber dem anderen Teile. § 388 Satz 2 BGB ordnet an, dass diese Erklärung unwirksam ist, wenn sie unter einer Bedingung oder Zeitbestimmung abgegeben wird (s. auch § 925 Abs. 2 BGB).

113 Auffällig ist, dass die Unwirksamkeit der Erklärung, nicht die Unwirksamkeit der Aufrechnung als Rechtsgeschäft angeordnet wird (während in § 925 Abs. 2 BGB an die Auflassung, mithin an das Geschäft angeknüpft wird). Der Gedanke des Gesetzes ist nur vor dem Hintergrund der Besonderheiten **einseitig-gestaltender Rechtsgeschäfte** (unten § 11 Rdn. 6 ff) verständlich. Die Aufrechnung bewirkt, dass die Forderungen, soweit sie sich decken, als in dem Zeitpunkt erloschen gelten, in welchem sie zur Aufrechnung geeignet einander gegenübergetreten sind (§ 389 BGB). Diese einschneidende Folge im Rechtskreis des Aufrechnungsgegners soll der Aufrechnende einseitig nicht modifizieren können. Er kann kraft seiner Willenserklärung nicht bestimmen, dass die Wirkungen der Aufrechnung von einem zukünftigen ungewissen Ereignis abhängen oder einen Anfangs- oder Endtermin haben sollen. Hat die Aufrechnungserklärung dennoch diesen Inhalt, zielt sie darauf, ein Rechtsgeschäft mit Rechtswirkungen zu schaffen, die einseitig[111] nicht geschaffen werden können. Also erkennt die Rechtsordnung die Erklärung nicht an, sie ist unwirksam. Freilich bedarf diese konstruktive Deutung des § 388 Satz 2 BGB stets der teleologischen Kontrolle im Hinblick auf etwaige weitere Konsequenzen wie insbesondere der Möglichkeit einer Umdeutung (§ 140 BGB) und § 925 Abs. 2 BGB zeigt wohl, dass der Gesetzgeber diesen konstruktiven Fragen jedenfalls nicht durchweg Bedeutung zugemessen hat (dazu bereits oben § 4 Rdn. 103).

114 Dem § 388 Satz 2 BGB wird zu Recht ein **allgemeiner Rechtsgedanke** entnommen, der für alle Willenserklärungen gilt, durch die ein einseitiges gestaltendes

---

te sich insoweit nur dasselbe Abstimmungsproblem wieder finden, das auch den §§ 119 ff BGB im Verhältnis zu § 142 BGB zugrunde liegt (dazu sogleich § 6 Rdn. 135 ff).

109 BGH vom 7.6.1984, BGHZ 91, 324 (329) = NJW 1984, 2279 (2280) – „Sparkasse" (Sachverhalt unten § 30). Dagegen *Canaris* NJW 1984, 2281; *Singer* JZ 1989, 1030 (1034 f).

110 Zur umstrittenen Frage, ob § 118 BGB wegen seiner starken Betonung der Bedeutung des tatsächlichen Willens des Erklärenden ein Fremdkörper im an sich auf Verkehrsschutz ausgerichteten System des BGB ist, BeckOGK/*Rehberg*, 1.12.2020, § 118 BGB Rdn. 2 ff m. w. N.

111 Grundsätzlich zulässig ist dagegen ein aufschiebend bedingter Aufrechnungs*vertrag*, vgl. nur Palandt/*Grüneberg* § 387 Rdn. 20.

Rechtsgeschäft vorgenommen wird.[112] § 388 Satz 2 BGB ist daher entsprechend anzuwenden auf die Erklärung der Anfechtung (§ 143 Abs. 1 BGB), auf die Erklärung des Rücktritts (§ 349 BGB) und die Erklärung der Kündigung.[113]

§ 388 Satz 2 BGB ist nicht einschlägig, wenn die Aufrechnung (wie häufig im **115** Prozess) nur für den Fall erklärt wird, dass die Forderung des Aufrechnungsgegners besteht (sog. „**Eventualaufrechnung**"), da es sich insoweit um eine gesetzliche Voraussetzung des Rechts zur Aufrechnung handelt. Entsprechendes gilt für die Fälle einer analogen Anwendung des § 388 Satz 2 BGB. Die Einzelheiten werden näher bei der sog. „**Eventualanfechtung**" behandelt (unten § 14 Rdn. 19 ff).

IV. Ausgrenzung von Fragen, die nicht die Wirksamkeit von Willenserklärungen betreffen

Für ein angemessenes Verständnis der Kategorie der „Wirksamkeit einer Willens- **116** erklärung" ist es wichtig, Fragestellungen auszugrenzen, die *nicht* die Wirksamkeit von Willenserklärungen betreffen.

Normen, die die Wirksamkeit von *Rechtsgeschäften* regeln, sind streng von **117** solchen über die Wirksamkeit von *Willenserklärungen* zu unterscheiden (oben § 4 Rdn. 105 ff). Wo das Gesetz Regelungen über die Wirksamkeit oder Unwirksamkeit/Nichtigkeit von *Rechtsgeschäften* trifft, muss das Rechtsgeschäft immerhin dem Tatbestand nach geschaffen worden sein, und diese Wirkung können nur wirksame Willenserklärungen haben. Alle Normen des Gesetzes, die Anordnungen über die Unwirksamkeit oder Nichtigkeit von Rechtsgeschäften treffen, besagen daher zugleich, dass der die Unwirksamkeit des Rechtsgeschäfts begründende Umstand die Wirksamkeit der Willenserklärung nicht berührt, durch die das Rechtsgeschäft zustande gekommen ist. Die Unwirksamkeit eines Rechtsgeschäftes ist niemals Folge oder Fortsetzung der Unwirksamkeit der Willenserklärung (oben § 4 Rdn. 108). Rechtsprechung und Schrifttum verkennen das häufig.[114]

---

112 Medicus/*Petersen* AT Rdn. 849; *Neuner* AT § 20 Rdn. 39.
113 Hierzu etwa BGH vom 21.3.1986, BGHZ 97, 264 (267) = NJW 1986, 2245 (2246); BeckOK BGB/ *S. Lorenz* § 314 Rdn. 22; MüKo/*Gaier* § 314 Rdn. 29;
114 BGH vom 7.11.2001, BGHZ 149, 129 (136: Gründe „für eine Unwirksamkeit der Willenserklärung *und damit* des Vertrages").

1. Sittenwidrigkeit, Gesetzeswidrigkeit

118 Gelegentlich ist zu lesen, eine *Willenserklärung*, die gegen die guten Sitten oder Gesetze verstoße, sei gemäß §§ 138, 134 BGB nichtig.[115] Das ist nicht die Sicht des BGB. Es gibt, jedenfalls im Rechtssinne, kein „unsittliches Angebot", sondern nur ein gegen die guten Sitten verstoßendes Rechtsgeschäft. Auch dort, wo sich das rechtliche Verdikt nur gegen das Verhalten einer Seite richtet, wie etwa gegen den Wucherer in § 138 Abs. 2 BGB, ist nicht dessen Willenserklärung, sondern das wucherische Rechtsgeschäft nichtig. Auch die auf den Vertragsabschluss gerichtete Erklärung des Bewucherten, in der dieser sich aufgrund seiner Unerfahrenheit, Willensschwäche etc. zu unverhältnismäßigen Leistungen verpflichtet, ist wirksam. Durch die wirksamen Willenserklärungen beider Seiten kommt das wucherische Rechtsgeschäft dem Tatbestand nach zustande. Das Zustandekommen des (gemäß § 138 Abs. 2 oder 1 BGB nichtigen) Vertrages ermöglicht es der Rechtsordnung insbesondere, an den Inhalt der Vereinbarungen in der Abwicklung des nichtigen Vertrages anzuknüpfen (unten § 9 Rdn. 275 f). Nach dem grundlegenden Beschluss des Großen Senats für Zivilsachen des Reichsgerichts[116] schuldet der Bewucherte zwar keinen Zins, kann aber das Kapital für die *im nichtigen Vertrag vereinbarte* Zeit behalten. Bei einem Ratenzahlungskredit gilt der *vereinbarte* Tilgungsplan des nichtigen Vertrages für die vom Kreditnehmer nach Bereicherungsrecht geschuldete Rückzahlung des Kapitals.[117] Die vertraglichen Vereinbarungen sind durch die wirksamen Willenserklärungen beider Seiten geschaffen worden. Daran ändert die Nichtigkeit des Vertrages nichts.

2. Verstoß gegen Formvorschriften

119 Schon oben (Rdn. 63 ff) wurde dargelegt, dass die Wahrung einer gesetzlich bestimmten Form – abweichend von der ganz h. M. – für den Zugang empfangsbedürftiger Erklärungen nicht erforderlich ist. Auch eine dem Formerfordernis nicht genügende Willenserklärung kann durch Zugang wirksam werden (§ 130 Abs. 1 BGB) und zum Zustandekommen des Rechtsgeschäfts führen. Das trotz des Formmangels der Erklärung zustande gekommene Rechtsgeschäft ist Bezugspunkt der Nichtigkeitssanktion des § 125 Satz 1 BGB.

120 In einer Reihe von Fällen sieht das BGB vor, dass die auf den Abschluss des Vertrages gerichtete Willenserklärung eines Vertragspartners, nicht der Vertrag

---

115 BayObLG vom 4.2.1993, NJW-RR 1993, 612 (613 sub 2b der Gründe).
116 RG vom 30.6.1939, RGZ 161, 52 (56f).
117 BGH vom 2.12.1982, NJW 1983, 1420 (1422); BGH vom 15.1.1987, BGHZ 99, 333 (338f); BGH vom 15.6.1989, NJW 1989, 3217; zustimmend Palandt/*Sprau* § 817 Rdn. 21; Jauernig/*Stadler* § 817 Rdn. 13.

selbst, einer besonderen Form[118] bedarf. So ist beim Schenkungsvertrag gemäß § 518 Abs. 1 Satz 1 BGB die notarielle Beurkundung des Schenkungs*versprechens* erforderlich. Schriftform ist insbesondere angeordnet für die Bürgschafts*erklärung* (§ 766 Satz 1 BGB), für das abstrakte Schuld*versprechen* (§ 780 BGB) und die Anerkenntnis*erklärung* im Sinne des § 781 Satz 1 BGB. Die Einhaltung der auf die Willenserklärung beschränkten Form ist, wie das Gesetz jeweils formuliert, zur „Gültigkeit des Vertrages" erforderlich, was mit der „Wirksamkeit" des Vertrages gleichzusetzen ist. Sanktionsebene für die Nichteinhaltung der Form ist also nicht die Wirksamkeit der Willenserklärung; auch die formwidrige Erklärung ist wirksam[119] und führt zum Zustandekommen des (unwirksamen) Vertrages.

Hierin liegt nicht etwa ein Konstruktionsfehler des Gesetzes. Die Beschrän- **121** kung des Formerfordernisses auf die Willenserklärung lediglich eines Vertragsteils rechtfertigt sich daraus, dass bei den genannten Verträgen nur eine Seite eines besonderen Schutzes bedarf. Die Annahme eines Schenkungsversprechens begründet für den Beschenkten keine Gefahren, und daher wäre es nicht gerechtfertigt, die Abgabe der Annahmeerklärung durch ein Formerfordernis zu erschweren. Dasselbe gilt für die übrigen oben genannten, nur eine Seite in besonderer Weise belastenden Verträge.

Wird die Form nicht beachtet, so muss der Geschützte nicht etwa davor be- **122** wahrt werden, dass ein Vertrag zustande kommt, sondern lediglich davor, dass ihn Verpflichtungen aus diesen Verträgen treffen. Das lässt sich rechtstechnisch dadurch erreichen, dass der Formmangel die Wirksamkeit der formwidrigen Erklärung nicht berührt und lediglich die Unwirksamkeit des Vertrages nach sich zieht. Im Falle der Versprechensschenkung und bei der Bürgschaft geht das Gesetz sogar noch einen Schritt weiter. Hat der Geschützte die im unwirksamen Vertrag vereinbarte Leistung erbracht, so sieht § 518 Abs. 2 BGB vor, dass der Mangel der Form durch die Bewirkung der versprochenen Leistung **geheilt werde**, und ganz entsprechend ordnet § 766 Satz 3 BGB die Heilung des Formmangels an, wenn der Bürge die Hauptverbindlichkeit erfüllt. Beide Vorschriften nehmen Bezug auf den Inhalt des formunwirksamen Vertrages und bestätigen damit, dass der Vertrag durch wirksame Willenserklärungen zustande gekommen ist.

Auch § 311b Abs. 1 BGB, der nicht nur die Erklärung einer Partei der Form un- **122a** terwirft, verfolgt nicht das Ziel, die Parteien eines Grundstückskaufvertrages vor dessen Zustandekommen zu schützen. Satz 1 bezieht das Formerfordernis notarieller Beurkundung **auf den Vertrag.** Wird dieser nicht notariell beurkundet, ist der (zustande gekommene!) Vertrag gemäß § 125 Satz 1 BGB nichtig. § 311b Abs. 1

---

118 Näher zu den gesetzlichen Formen unten § 9 Rdn. 163 ff.
119 Anders vielfach das Schrifttum, vgl. Palandt/*Weidenkaff* § 518 Rdn. 7.

Satz 2 BGB ergänzt, dass ein ohne Beachtung der Form geschlossener Vertrag durch Auflassung und Eintragung „seinem ganzen Inhalt nach wirksam" wird. Dies setzt voraus, dass trotz des Formmangels immerhin ein Vertrag besteht, da nur ein geschlossener Vertrag wirksam werden kann.[120] Darin liegt zugleich, dass die auf den Abschluss des Vertrages gerichteten Willenserklärungen nicht wegen des Formmangels nichtig sind, sonst hätte § 311b Abs. 1 Satz 2 BGB keinen Anwendungsbereich, da durch nichtige Erklärungen kein Vertrag zustande kommt. Hiermit stimmt überein, dass es keine Norm gibt, die wegen des Formmangels des Vertrages oder einer Erklärung eine Nichtigkeit der auf den Vertragsschluss gerichteten Erklärungen anordnet, wie auch § 311b Abs. 1 Satz 2 BGB keine Heilungsvorschrift für Willenserklärungen ist.[121] Wird ein Grundstückskaufvertrag im Wege von Antrag und Annahme ohne Beachtung der Form des § 311b Abs. 1 BGB geschlossen, so sind somit Antrag und Annahme wirksam, der Vertrag kommt zustande, ist aber gemäß § 125 Satz 1 BGB nichtig.

122b Dies vereinfacht die Handhabung des § 311b Abs. 1 BGB erheblich, wie sich am **Beispiel** von BGH vom 13.5.2016, NJW-RR 2017, 114 – „**Eigenprovisionsvereinbarung**" (Sachverhalt unten § 30) demonstrieren lässt. Hier enthielt der notariell beurkundete Antrag des Käufers eine Vertragsabschlussklausel, die gegen § 308 Nr. 1 BGB (dazu unten § 21 Rdn. 49f) verstieß, weshalb der Antrag erloschen war, als der Verkäufer die Annahme erklärte. Da somit kein Vertrag zustande gekommen war, stellte sich die Frage einer Formunwirksamkeit an sich nicht (vgl. unten § 9 Rdn. 156). Der BGH hielt jedoch wegen der verdeckten Eigenprovisionsvereinbarung Antrag und Annahme für nichtig[122] und musste nun klären, ob eine Klausel in einer seiner Ansicht nach nichtigen Willenserklärung der AGB-Kontrolle unterliegt und ggf. für unwirksam erklärt werden kann. Der BGH bejaht dies mithilfe der Grundsätze zu sog. „Doppelwirkungen im Recht" (zu den „Doppelwirkungen" unten § 9 Rdn. 273f). So richtig das Ergebnis ist, so aufwendig und kompliziert erscheint die Begründung. Erkennt man an, dass ein Verstoß gegen die Formvorschrift des § 311b Abs. 1 Satz 1 BGB die Wirksamkeit der auf den Abschluss des Vertrages gerichteten Willenserklärungen unberührt lässt, ist der Weg frei für eine direkte Anwendung des § 308 Nr. 1 BGB, die hier dazu führt, dass ein Vertrag nicht zustande gekommen ist und somit § 311b Abs. 1 BGB nicht anwendbar ist.

---

120 So im Ergebnis auch BGH vom 13.5.2016, NJW-RR 2017, 114 Rdn. 15 ff – „Eigenprovisionsvereinbarung" (Sachverhalt unten § 30); leider unterscheidet der BGH aber nicht durchgehend genau zwischen den Kategorien Willenserklärung und Rechtsgeschäft sowie zwischen dem Zustandekommen und der Wirksamkeit.

121 Abweichend zu beiden Punkten BGH vom 13.5.2016, NJW-RR 2017, 114 Rdn. 19, 20 – "Eigenprovisionsvereinbarung" (Sachverhalt unten § 30).

122 BGH, a.a.O., Rdn. 19.

3. Beschränkte Geschäftsfähigkeit

§ 107 BGB lautet: „Der Minderjährige bedarf zu einer Willenserklärung, durch die **123** er nicht lediglich einen rechtlichen Vorteil erlangt, der Einwilligung seines gesetzlichen Vertreters." Wann der Minderjährige „nicht lediglich einen rechtlichen Vorteil erlangt", ist im Einzelnen erst später zu behandeln (unten § 9 Rdn. 23 ff). Es genügt hier festzuhalten, dass § 107 BGB jedenfalls einschlägig ist, wenn der Minderjährige Verträge schließt, die darauf gerichtet sind, Pflichten des Minderjährigen zu begründen (Beispiel: Kaufvertrag) oder zu einem Verlust von Rechten zu führen (Beispiel: Übereignung einer Sache durch den Minderjährigen).

Hier interessiert die Frage, welche rechtliche Folge es hat, wenn der Minder- **124** jährige ohne eine im Sinne von § 107 BGB erforderliche Einwilligung eine Willenserklärung abgibt. § 107 BGB scheint nahe zu legen, dass die Einwilligung *zur Wirksamkeit der Erklärung* erforderlich ist und die ohne erforderliche Einwilligung vom Minderjährigen abgegebene Erklärung somit unwirksam ist. In der Tat wird die Vorschrift von weiten Teilen des Schrifttums so verstanden,[123] ohne dass dies jedoch zu überzeugen vermag.[124] § 107 BGB besagt schon dem **Wortlaut** nach nicht, dass der Minderjährige „zur Wirksamkeit" seiner Erklärung der Einwilligung des gesetzlichen Vertreters bedürfe. Gegen eine solche Interpretation des § 107 BGB spricht auch die **Systematik** des Gesetzes. § 107 BGB enthält keine Sanktion für den Fall, dass der Minderjährige Willenserklärungen ohne eine gemäß § 107 BGB erforderliche Einwilligung abgibt. Diese Sanktionen ergeben sich erst aus den §§ 108 und 110 BGB für Verträge, aus § 111 BGB für einseitige Rechtsgeschäfte des Minderjährigen. Schließt der Minderjährige einen Kaufvertrag ohne Einwilligung des gesetzlichen Vertreters, so hängt gemäß § 108 Abs. 1 BGB die Wirksamkeit dieses Vertrages von der Genehmigung (d. h. der nachträglichen Zustimmung, § 184 Abs. 1 BGB) des gesetzlichen Vertreters ab (unten § 9 Rdn. 43). Da ein Vertrag nur genehmigt werden kann, wenn er immerhin zustande gekommen ist, und da ein Vertrag nur zustande kommt, wenn die auf den Abschluss des Vertrages gerichteten Willenserklärungen wirksam sind, zeigt § 108 BGB, dass die Einwilligung für die Wirksamkeit der Willenserklärung des Minderjährigen nicht erforderlich ist. Nicht die Wirksamkeit der Willenserklärung des Minderjährigen (und damit: das Zustandekommen des Vertrages), son-

---

123 Soergel/*Hefermehl* § 107 Rdn. 1; Erman/*H. F. Müller* § 106 Rdn. 2; NK-BGB/*Kunz/Baldus* § 107 Rdn. 3; jurisPK-BGB/*Nalbach* § 107 Rdn. 38; MüKo/*Spickhoff* vor § 104 Rdn. 7 (wie hier aber noch die Vorauflage: MüKo/*Schmitt* vor § 104 Rdn. 2); *Bork* AT Rdn. 996; *Stadler* § 23 Rdn. 8 und 22; *Hornbrecher* JURA 2004, 250 (251); *Hähnchen* JURA 2001, 668.
124 Zum Folgenden *Leenen* FS Canaris, Bd. 1 (2007), 699 (707 ff); wie hier *Boecken* AT Rdn. 558.

dern allein die Wirksamkeit des Vertrages hängt von der Zustimmung des gesetzlichen Vertreters ab.[125]

125   Hiermit übereinstimmend heißt es in den **Gesetzesmaterialien**, dass mit der „Schließung des Vertrages durch den Minderjährigen die zur Gültigkeit des rechtsgeschäftlichen Tatbestandes[126] erforderlichen Voraussetzungen gegeben sind", daher nicht erst die Genehmigung den Vertrag zustande bringt, vielmehr die für das Zustandekommen des Vertrages erforderliche Willenserklärung „schon im Vertragsabschlusse durch den Minderjährigen liegt und die Genehmigung nur die ... Gesetzesbedingung für die Wirksamkeit des Vertrages bildet".[127] Für den Abschluss des Vertrages durch den Minderjährigen (und damit für die Wirksamkeit von dessen Willenserklärung) ist die Einwilligung des gesetzlichen Vertreters aus Sicht der Gesetzesverfasser nicht erforderlich.

126   Das überzeugt auch **teleologisch**. Minderjährige müssen nicht vor dem bloßen Zustandekommen von Verträgen geschützt werden, da allein dies keine Nachteile erzeugt.[128] Rechtliche Nachteile (Entstehung von Pflichten, Verlust von Rechten) drohen ihnen erst durch die Wirkungen des Vertrages. Vor diesen rechtlichen Nachteilen aber werden Minderjährige durch die Unwirksamkeit von Verträgen geschützt, die sie ohne Einwilligung des gesetzlichen Vertreters geschlossen haben (§ 108 BGB, unten § 9 Rdn. 34 ff).

127   Entsprechendes gilt für einseitige Rechtsgeschäfte eines Minderjährigen. Ist das einseitige Rechtsgeschäft für den Minderjährigen rechtlich nicht lediglich vorteilhaft, bedarf er gemäß § 107 BGB der Einwilligung des gesetzlichen Vertreters. Fehlt die Einwilligung, ist das einseitige Rechtsgeschäft gemäß § 111 BGB unwirksam.[129] Das Gesetz versagt dem ohne Einwilligung vom Minderjährigen vorgenommenen Rechtsgeschäft die Wirksamkeit und erkennt damit an, dass der Minderjährige den Tatbestand dieses Rechtsgeschäfts durch seine Willenserklärung geschaffen hat.

128   Insgesamt zeigt sich damit, dass für die Wirksamkeit von Willenserklärungen beschränkt geschäftsfähiger Minderjähriger keine anderen Anforderungen gelten

---

125 Ebenso *Armbrüster* JURA 2007, 321; *Häublein* JURA 2007, 728 (729); *Petersen* JURA 2009, 183; *ders.* Examinatorium BGB-AT § 20 Rdn. 15; *Boecken* AT Rdn. 558; *Fröde*, Willenserklärung, Rechtsgeschäft und Geschäftsfähigkeit (2012) S. 180.

126 In der Sprache der Gesetzesverfasser ist mit der „Gültigkeit des rechtsgeschäftlichen Tatbestandes" das tatbestandliche Zusammenkommen des Vertrages gemeint.

127 Mot. I, S. 135 = Mugdan I, S. 426.

128 *Häublein*, Liber Amicorum Leenen (2012) 59 (67); *Petersen* Examinatorium BGB-AT § 20 Rdn. 15.

129 Die Möglichkeit einer Genehmigung ist hier – anders als beim Vertrag – nicht vorgesehen (unten § 11 Rdn. 32).

als für Willenserklärungen voll geschäftsfähiger Personen. Sie sind geschäftsfähig, und das heißt, sie sind fähig, durch ihre Willenserklärungen Rechtsgeschäfte zu schaffen (oben § 2 Rdn. 16). Die Wirksamkeit der Willenserklärungen
hängt in keiner Weise von der Einwilligung des gesetzlichen Vertreters ab. Selbst
wenn eine gemäß § 107 BGB erforderliche Einwilligung erteilt ist, ist die Willenserklärung nicht infolge der Einwilligung, sondern unabhängig hiervon wirksam.[130] Die Beschränkungen, denen Minderjährige gemäß den §§ 106 ff BGB unterliegen, betreffen nicht die Wirksamkeit ihrer Willenserklärungen, sondern
allein die Wirksamkeit der von ihnen vorgenommenen Rechtsgeschäfte.

Diese Regelungstechnik ist in hohem Maße mit den Zielsetzungen abge- **129**
stimmt, die das Gesetz mit den Sondervorschriften zur beschränkten Geschäftsfähigkeit Minderjähriger verfolgt.[131] Primär geht es darum, Minderjährigen die
Welt der Rechtsgeschäfte zu eröffnen, damit sie lernen, sich in dieser Welt zu bewegen, deren Gefahren zu erkennen und deren Chancen zu nutzen. Dieses Ziel erreicht das BGB, indem es den Zustand der Geschäftsunfähigkeit und deren Folgen
mit Vollendung des siebenten Lebensjahres beendet (§§ 104 Nr. 1, 105 Abs. 1 BGB)
und Minderjährigen nun die Möglichkeit gewährt, durch wirksame Willenserklärungen nach eigenem Willen den Tatbestand von Rechtsgeschäften zu schaffen.
Sie können Verträge schließen, den Rücktritt von einem Vertrag oder die Anfechtung eines Vertrages erklären. Gefahren können den Minderjährigen erst aus den
Wirkungen dieser Rechtsgeschäfte erwachsen. Vor diesen Gefahren werden Minderjährige dadurch geschützt, dass die Wirksamkeit von Rechtsgeschäften, durch
die Minderjährige Verpflichtungen eingehen oder sonstige rechtliche Nachteile
erleiden, von der Zustimmung des gesetzlichen Vertreters abhängt (dazu unten
§ 9 Rdn. 17 ff; § 11 Rdn. 32).

4. Fehlen von Vertretungsmacht

Schließt jemand einen Vertrag im Namen eines anderen (des „Vertretenen"), oh- **130**
ne hierzu autorisiert zu sein („ohne Vertretungsmacht"), so hängt gemäß § 177
BGB die Wirksamkeit des Vertrages von der Genehmigung des Vertretenen ab.
§ 177 BGB ist in bewusster dogmatischer Parallele zu § 108 BGB formuliert,[132] und
daher lassen sich alle Überlegungen, die soeben zur Wirksamkeit von Willens-

---

130 Ist die Erklärung des Minderjährigen auch dann wirksam, wenn eine erforderliche Einwilligung im Sinne des § 107 BGB fehlt, kann die Einwilligung, wo sie vorliegt, nicht der Grund für
die Wirksamkeit der Erklärung sein.
131 Zu den Zielsetzungen der §§ 106 ff BGB Staudinger/*Klumpp* (2017) Vorbem. zu §§ 104–115
Rdn. 16 ff; MüKo/*Spickhoff* vor § 104 Rdn. 2 ff; *Leenen* FamRZ 2000, 863 (867).
132 Mot. I, S. 131 = Mugdan I, S. 424.

erklärungen beschränkt geschäftsfähiger Minderjähriger angestellt wurden, auf Willenserklärungen eines Vertreters ohne Vertretungsmacht übertragen. Die vom Vertreter ohne Vertretungsmacht abgegebene Vertragserklärung ist nicht etwa unwirksam oder wirkungslos, sondern ebenso wirksam[133] wie eine ohne erforderliche Einwilligung abgegebene Vertragserklärung eines Minderjährigen. Sie bewirkt, dass ein Vertrag zwischen dem Vertretenen und dem Dritten zustande kommt.[134] Hierin liegt für den Vertretenen kein Nachteil. Das Gesetz sichert ihm die Möglichkeit, die im Vertrag vereinbarten Rechtsfolgen durch Genehmigung des Vertrages für und gegen sich gelten zu lassen. Es schützt ihn vor den im Vertrag vereinbarten Rechtsfolgen, indem es die Wirksamkeit des Vertrages von seiner Genehmigung abhängig macht. Die Wirksamkeit der auf den Abschluss des Vertrages gerichteten Willenserklärung des Vertreters wird durch das Fehlen von Vertretungsmacht daher nicht berührt.

131   Nichts anderes gilt für Willenserklärungen, die auf das Zustandekommen eines einseitigen Rechtsgeschäfts gerichtet sind. Zwar ist, wie § 180 Satz 1 BGB formuliert, bei einem einseitigen Rechtsgeschäft „Vertretung ohne Vertretungsmacht unzulässig". Damit soll aber nichts anderes gesagt sein als in der Parallelvorschrift des § 111 BGB. Das von einem Vertreter ohne Vertretungsmacht vorgenommene einseitige Rechtsgeschäft ist grundsätzlich unwirksam. Dass das Zustandekommen des einseitigen Rechtsgeschäfts nicht verhindert werden soll, zeigen die Ausnahmeregelungen des § 180 Satz 2 BGB. Unter den dort genannten Voraussetzungen können einseitige Rechtsgeschäfte, die von einem Vertreter ohne Vertretungsmacht vorgenommen worden sind, wirksam werden. Basis ist stets, dass das einseitige Rechtsgeschäft durch eine wirksame Willenserklärung des Vertreters ohne Vertretungsmacht dem Tatbestand nach geschaffen worden ist.

5. Fehlendes Erklärungsbewusstsein, mangelnder Geschäftswille

132 Wie oben (§ 5 Rdn. 32f) erläutert, hindert ein Mangel des Erklärungsbewusstseins wie des Geschäftswillens nicht, dass der Tatbestand einer Willenserklärung vorliegt. Fraglich kann nur sein, ob diese Willensmängel die Nichtigkeit der Erklärung zur Folge haben. Ohne weiteres zu verneinen ist dies für den Mangel des Geschäftswillens, wie sich aus § 119 Abs. 1 BGB ergibt. Das Gesetz geht von der Wirksamkeit der Erklärung aus und gewährt dem Irrenden lediglich ein Anfechtungsrecht (unten § 14 Rdn. 30ff, 47ff).

---

133 Staudinger/*Schilken* (2019) Vorbem. zu §§ 164ff Rdn. 18 a.E.; *Boecken* AT Rdn. 601.
134 *Leenen* FS Canaris, Bd. 1 (2007), 699 (711f); *Häublein* Jura 2007, 728 (729f); Staudinger/*Schilken* (2019) § 177 Rdn. 8; *Boecken* AT Rdn. 603; *Petersen* Jura 2010, 904 (904); *ders.* Examinatorium BGB-AT § 36 Rdn. 1.

Problematisch sind somit allein die Fälle fehlenden Erklärungsbewusstseins. **133**
Eine Mindermeinung im Schrifttum hält die ohne Erklärungsbewusstsein abgegebene Willenserklärung für nichtig und führt hierfür positivrechtlich insbesondere einen Erst-recht-Schluss aus § 118 BGB an (unten § 23 Rdn. 130, 132).[135]
Demgegenüber treten die h. L.[136] und die Rechtsprechung[137] für eine Gleichbehandlung mit den Fällen fehlenden Geschäftswillens ein: Wer – wie im Schulfall
der „Trierer Weinversteigerung" (oben § 5 Rdn. 26, Sachverhalt unten § 30) – sich
nicht bewusst war, durch das Winken rechtlich ein Auktionsgebot abzugeben, habe im Sinne des § 119 Abs. 1 Alt. 2 BGB „eine Erklärung dieses Inhalts nicht abgeben" wollen. Dies aber stehe nicht der Wirksamkeit der Willenserklärung entgegen, sondern begründe gemäß § 119 Abs. 1 BGB lediglich ein Anfechtungsrecht.

Den Vorzug verdient die h. M. Der gegen sie angeführte Erst-recht-Schluss aus **134**
§ 118 BGB vermag nicht zu überzeugen, weil die in § 118 BGB vorgesehene Nichtigkeit der Erklärung, wie § 122 BGB zeigt, vom Gesetz in Parallele zu den Fällen der
Nichtigkeit aufgrund Anfechtung (lediglich unter Ausschluss des Wahlrechts,
oben § 6 Rdn. 111) gesehen wird, was eine Gleichbehandlung mit den Fällen fehlenden Geschäftswillens (zuvor Rdn. 132) nahe legt. Das Fehlen des Erklärungsbewusstseins führt ebenso wie das Fehlen des Geschäftswillens nicht zur Unwirksamkeit der fehlerhaften Willenserklärung.

6. Anfechtung

In der Formulierung der §§ 119, 120, 123 BGB ist unter bestimmen Voraussetzun- **135**
gen (unten § 14 Rdn. 29), eine *„Willenserklärung* anfechtbar". Andererseits bestimmt § 142 Abs. 1 BGB: „Wird ein *anfechtbares Rechtsgeschäft* angefochten, so
ist es als von Anfang an nichtig anzusehen." Ersichtlich sind diese Vorschriften
terminologisch nicht miteinander abgestimmt.[138]

a. Rechtslage nach Zustandekommen des Rechtsgeschäfts

Ist aufgrund einer Willenserklärung, die im Sinne der §§ 119, 120, 123 BGB anfecht- **136**
bar ist, ein Rechtsgeschäft zustande gekommen, so stellt sich die Frage, ob die
Willenserklärung anzufechten ist oder das hierauf beruhende Rechtsgeschäft, sowie, ob die Anfechtung zur Nichtigkeit der Willenserklärung oder zur Nichtigkeit

---

135 *Canaris* NJW 1984, 2281; *Singer* JZ 1989, 1030 (1034); *Brehm* AT Rdn. 133.
136 *Bydlinski* JZ 1975, 1ff; *Flume* AT § 23, 1 (S. 449f); Medicus/*Petersen* AT Rdn. 607; Palandt/*Ellenberger* Einf. vor § 116 Rdn. 17; Jauernig/*Mansel* vor § 116 Rdn. 5.
137 BGH vom 7.6.1984, BGHZ 91, 324 = NJW 1984, 2279 – „Sparkasse" (Sachverhalt unten § 30).
138 Hierzu *Leenen* JURA 1991, 393.

des Rechtsgeschäfts führt. Bezogen auf das praktisch besonders wichtige Beispiel des Vertrages geht es darum, ob die fehlerhafte auf den Abschluss des Vertrages gerichtete Willenserklärung anzufechten ist mit der Folge, dass diese Erklärung als von Anfang an nichtig anzusehen ist, oder ob der aufgrund der fehlerhaften Willenserklärung zustande gekommene Vertrag Gegenstand der Anfechtung wie der Nichtigkeitssanktion des § 142 BGB ist.

137   Im Schrifttum findet sich unter Hinweis auf den Wortlaut der §§ 119 ff BGB weit überwiegend die Darstellung, dass Gegenstand der Anfechtung die fehlerhafte Willenserklärung sei. Die Anfechtung der Erklärung habe gemäß § 142 BGB deren Nichtigkeit zur Folge. Handelt es sich um eine der Erklärungen, durch die ein Vertrag geschlossen worden ist, so fehle es durch die Nichtigkeit der Erklärung nun an einer der für den Vertrag erforderlichen Erklärungen. Damit sei zugleich der Vertrag hinfällig oder nichtig.[139]

138   Hiergegen sind eine Reihe von Einwänden zu erheben. Was zunächst die Berufung auf den Wortlaut der §§ 119 ff BGB betrifft, so steht dem ebenso klar der Wortlaut des § 142 BGB entgegen, der nun einmal die Nichtigkeit des angefochtenen *Rechtsgeschäfts, nicht*: der Willenserklärung, vorsieht. Die wortgetreue Anwendung der §§ 119 ff BGB führt also dazu, dass es an einer hiermit kompatiblen Sanktionsnorm für die Willenserklärung fehlt. Angesichts dieses Patts der Wortlautargumente kommt systematischen Überlegungen zum Verhältnis der §§ 119 ff und 142 ff BGB untereinander wesentliches Gewicht zu. Insofern haben die §§ 119, 120, 123 BGB ersichtlich die Funktion, die *Voraussetzungen* des Anfechtungsrechts zu bestimmen. Das Anfechtungsrecht gründet sich auf die Abgabe einer infolge eines Willensmangels fehlerhaften Willenserklärung. Die nähere *Ausgestaltung* und die *Rechtsfolgen* der Ausübung des Anfechtungsrechts sind dagegen in den §§ 142 ff BGB geregelt. Daher kommt für die Frage, was *Gegenstand* der Anfechtung ist, § 142 BGB größeres Gewicht zu als den §§ 119, 120, 123 BGB.

139   Im Übrigen hätte eine Nichtigkeit der Erklärung zur Folge, dass infolge der Anfechtung davon auszugehen ist, es sei kein Vertrag zustande gekommen. Damit aber hätte der Anfechtende es in der Hand, die gemeinsam im Vertrag getroffenen Vereinbarungen zu vernichten, also auch den Beitrag ungeschehen zu machen, den der andere Teil in Ausübung seiner Privatautonomie zum Zustandekommen des Vertrages beigesteuert hat. Dies sucht das BGB in aller Regel zu vermeiden.[140] Wer infolge eines Willensmangels der in den §§ 119 ff BGB bezeichne-

---

139 *Bork* AT Rdn. 915; *Neuner* AT § 41 Rdn. 141; BeckOK BGB/*Wendtland* § 142 Rdn. 3; *Coester-Waltjen* Jura 2006, 348. Differenzierend Staudinger/*Roth* (2020) § 142 Rdn. 15: Angefochten werde die Willenserklärung mit der Folge der Nichtigkeit des auf dieser Willenserklärung beruhenden Rechtsgeschäfts gemäß § 142 Abs. 1 BGB.
140 Näher *Leenen* FS Canaris, Bd. 1 (2007), 699 (716 ff).

ten Art einen Vertrag geschlossen hat, will durch die Anfechtung verhindern, dass ihn die Wirkungen des so nicht gewollten Vertrags treffen. Dieses Ziel wird mit der in § 142 Abs. 1 BGB vorgesehenen Rechtsfolge der Unwirksamkeit des Vertrages genau erreicht. Das Abstimmungsproblem zwischen den §§ 119ff BGB und § 142 Abs. 1 BGB ist also von § 142 Abs. 1 BGB her zu lösen. Ist aufgrund einer fehlerhaften Willenserklärung ein Rechtsgeschäft zustande gekommen, ist dieses Rechtsgeschäft anzufechten mit der Folge der Nichtigkeit des Rechtsgeschäfts.[141]

b. Rechtslage vor Zustandekommen des Rechtsgeschäfts

Es bleibt die Frage, ob eine fehlerhafte Willenserklärung dann Gegenstand der **140** Anfechtung ist, wenn sie (noch) nicht zum Zustandekommen des Rechtsgeschäfts geführt hat. Beim einseitigen Rechtsgeschäft kann es zu einer solchen Divergenz nicht kommen. Denkbar ist eine solche Situation aber bei Verträgen, die im Wege von Antrag und Annahme geschlossen werden. Eine ganz parallele Problemstellung existiert übrigens beim Verbraucherwiderruf (dazu sogleich Rdn. 143).

Beispiel: V hat K ein Angebot zum Verkauf einer Sache mit einer Annahmefrist von 4 Wochen ge- **141** macht. Nach 2 Wochen entdeckt V, dass sein Angebot infolge eines Schreibfehlers auf 18.900 Euro statt 19.800 Euro lautet. Er erklärt sofort gegenüber K, dass er sein Angebot wegen dieses Schreibfehlers so nicht gelten lassen könne (zur Darstellung in der Fallbearbeitung unten § 28 Rdn. 31).[142]

Hier muss V zur Anfechtung der Willenserklärung berechtigt sein. Zwar möchte **142** man einwenden, dass unerwünschte vertragliche Verpflichtungen dem V erst entstünden, wenn K das Angebot annehme, und V dann immer noch die Entstehung dieser Pflichten durch die Anfechtung des Vertrages verhindern könne. Es geht V aber auch darum, so bald als möglich zu verhindern, dass K aus dem Vertrauen auf die Gültigkeit des Angebots ein Schaden entsteht, und es liegt auch im Interesse der Sicherheit des Rechtsverkehrs, wenn V, um die Frist des § 121 BGB zu wahren, unverzüglich nach Entdeckung des Schreibfehlers die Anfechtung er-

---

141 *Leenen* Jura 1991, 393 (396ff); *ders.* FS Canaris, Bd. 1 (2007), 699 (714ff); *ders.* Jura 2007, 721 (727f); Staudinger/*Singer* (2017) Vorbem. zu §§ 116–144 Rdn. 5; *Köhler* AT § 7 Rdn. 69; *Boecken* AT Rdn. 443; *Petersen* Jura 2010, 183; *ders.* Liber Amicorum Leenen (2012) 219 (220); *Faust* AT § 21 Rdn. 9 („vorzugswürdig"). **Anders** NK-BGB/*Feuerborn* § 142 Rdn. 3; MüKo/*Busche* § 142 Rdn. 9; Brox/*Walker* AT § 18 Rdn. 38; *Bork* AT Rdn. 915; *Coester-Waltjen* Jura 2006, 348 (349).
142 Zu derartigen Situationen kann es insbesondere bei Ausschreibungsverfahren kommen; vgl. dazu BGH vom 7.7.1998, BGHZ 139, 177 = NJW 1998, 3192 – „Kalkulationsirrtum" (Sachverhalt unten § 30). – Ein weiteres Beispiel bildet die Abgabe eines Gebots im Zwangsversteigerungsverfahren, das das Meistgebot bleibt, vor Erteilung des Zuschlags; hierzu BGH vom 5.6.2008, BGHZ 177, 62 = NJW 2008, 2442.

klärt.[143] Fehlt es an einem anfechtbaren Rechtsgeschäft, und ist deshalb die Willenserklärung anfechtbar, so hat die Anfechtung in *entsprechender* Anwendung (unten § 23 Rdn. 85 ff) des § 142 Abs. 1 BGB die Nichtigkeit der Willenserklärung zur Folge. Handelt es sich um einen Antrag auf Abschluss eines Vertrages, kommt durch eine später abgegebene Annahmeerklärung ein Vertrag nicht zustande.[144]

7. Verbraucherwiderruf gemäß § 355 Abs. 1 Satz 1 BGB

143 Zu den praktisch wichtigen Instrumenten des Verbraucherschutzes gehört das Widerrufsrecht gemäß § 355 BGB, das nicht mit dem Widerruf nach § 130 Abs. 1 Satz 2 BGB (dazu oben Rdn. 34 ff) zu verwechseln ist und daher auch als „Verbraucherwiderruf" bezeichnet wird. Es besteht insbesondere gemäß § 312g Abs. 1 BGB bei außerhalb von Geschäftsräumen geschlossenen Verträgen (§ 312b BGB) und Fernabsatzverträgen (§ 312c BGB), gemäß § 485 BGB bei Teilzeit-Wohnrechteverträgen, Verträgen über ein langfristiges Urlaubsprodukt, hierauf bezogenen Vermittlungsverträgen oder Tauschsystemverträgen, gemäß § 495 Abs. 1 BGB bei Verbraucherdarlehensverträgen, gemäß § 510 Abs. 2 BGB bei Ratenlieferungsverträgen sowie gemäß § 650l BGB bei Verbraucherbauverträgen. Hinsichtlich der Auswirkungen des Widerrufs auf die zum Abschluss des Vertrages führenden Willenserklärungen des Verbrauchers ist – wie bei der Anfechtung[145] – zwischen der Rechtslage nach und vor Zustandekommen des Vertrages zu unterscheiden.

a. Rechtslage nach Zustandekommen des Vertrages

144 § 355 Abs. 1 Satz 1 BGB bezieht den Widerruf auf die Willenserklärung des Verbrauchers und sieht als Rechtsfolge eines fristgerecht erklärten Widerrufs vor, dass „der Verbraucher und der Unternehmer an ihre auf den Abschluss des Vertrages gerichteten Willenserklärungen nicht mehr gebunden" sind. Wie aus der Begründung zum Vorläufer der jetzigen Fassung des § 355 Abs. 1 BGB hervorgeht,[146] ist die (ursprünglich allein auf die Willenserklärung des Verbrauchers bezogene[147]) Regelung nach der Vorstellung des Gesetzgebers im Sinne einer

---

143 Ebenso *Boecken* AT Rdn. 444.

144 BGH vom 7.7.1998, BGHZ 139, 177 – „Kalkulationsirrtum" (Sachverhalt unten § 30) = NJW 1998, 3192 (3193 sub IV 1 der Gründe).

145 Zu diesen Parallelen *Petersen,* Liber Amicorum Leenen (2012) 219 (219 f).

146 BT-Drs. 14/2658, S. 47.

147 Die Erweiterung der Wirkungen des Widerrufs auf die Willenserklärung des Unternehmers hat nach der Begründung zur Neufassung des § 355 BGB nur klarstellende Funktion ohne inhaltliche Änderung der Vorschrift: BT-Drs. 17/12637, S. 59 f.

„schwebenden Wirksamkeit" der Willenserklärung zu verstehen: Die Willenserklärung des Verbrauchers sei vorläufig wirksam und führe zum Zustandekommen des Vertrages. Mache der Verbraucher von seinem Widerrufsrecht fristgerecht Gebrauch, werde die vorläufig wirksame Erklärung unwirksam mit der
Folge, dass auch der Vertrag unwirksam sei. Werde der Widerruf nicht erklärt,
werde die Erklärung mit Fristablauf voll wirksam; dasselbe gelte für den Vertrag.

Diese Gesetzestechnik des § 355 BGB findet keine Entsprechung in der Verbrau- **145**
cherrechte-RL,[148] deren Umsetzung die Vorschrift dient. Die Richtlinie spricht
durchgängig von einem Recht des Verbrauchers zum Widerruf des *Vertrages*,[149]
nicht vom Widerruf der auf den Abschluss des Vertrages gerichteten Willenserklärungen des Verbrauchers. Dem folgen die Umsetzungsgesetze anderer EU-Mit-
gliedsstaaten.[150]

Die Gesetzestechnik des § 355 Abs. 1 Satz 1 BGB ist zudem in den herkömm- **146**
lichen dogmatischen Kategorien des BGB nicht darstellbar. Eine Umkehrung zur
schwebenden Unwirksamkeit scheidet aus, weil das Gesetz eine schwebende Unwirksamkeit von *Willenserklärungen* nicht kennt. Schwebend unwirksam ist gemäß § 108 BGB der *Vertrag*, nicht die Willenserklärung des Minderjährigen (oben
§ 6 Rdn. 124 ff). In Umkehrung der Regelung des § 108 BGB müsste also gelten,
dass der vorläufig wirksame Vertrag durch den Widerruf unwirksam werde. Dies
ist gewiss einsichtig, würde aber nichts an der (nicht nur vorläufigen) Wirksamkeit der Willenserklärungen ändern, durch die der Vertrag zustande gekommen
ist. Dass der Widerruf zur Unwirksamkeit der Willenserklärung des Verbrauchers
führe, ist mit der Begründung der Gesetzesmaterialien nicht zu erklären.

Zudem bedarf es keiner dem BGB unbekannten Konstruktion, um Gegenstand **147**
und Wirkungen eines nach Zustandekommen des Vertrages erklärten Widerrufs
dogmatisch zu erfassen. Durch den Widerruf soll nicht das Zustandekommen des
Vertrages rückgängig gemacht, sondern allein erreicht werden, dass der Vertrag
unwirksam wird oder jedenfalls dessen Wirkungen entfallen.[151] Es sollen keine
Erfüllungsansprüche bestehen und es sollen bereits erbrachte Leistungen zurück-

---

148 Richtlinie 2011/83/EU vom 25.10.2011.
149 Richtlinie 2011/83/EU Erwägungsgrund 37 Satz 4, Erwägungsgrund 44 Satz 4, Art. 9 Abs. 1,
Art. 11 Abs. 1. In der englischen Fassung der Richtlinie: „Right to withdraw from the *contract*".
Frankreich: „Rétractation du *contrat*"; Italien: „Diritto di recesso dal *contratto*".
150 In Österreich: Recht des Verbrauchers, von seinem Vertragsantrag oder vom Vertrag zurückzutreten (so u. a. § 3 Abs. 1 KonsumentenschutzG).
151 Ob die Ausübung des Widerrufsrechts zur Unwirksamkeit des Vertrages führt oder zur Um-
gestaltung des Vertragsinhalts in ein Rückgewährschuldverhältnis bei fortbestehender Wirksamkeit, ist umstritten. Im einen wie im anderen Falle ist die Sanktionsebene jedenfalls der Vertrag,
nicht die auf den Abschluss des Vertrages gerichtete Willenserklärung.

gewährt werden. Das BGB sieht in einer Reihe von Bestimmungen vor, dass durch den Widerruf eines Vertrages diese Rechtsfolgen herbeigeführt werden.[152] Zu nennen sind insbesondere § 109 Abs. 1 BGB, § 178 BGB, § 1366 Abs. 2 BGB, § 1427 Abs. 2 BGB, § 1830 BGB. In keiner dieser Vorschriften sagt das Gesetz, dass der Berechtigte seine auf den Abschluss des Vertrages gerichtete Willenserklärung widerrufen könne. In den §§ 109 BGB, 178 BGB und 1830 BGB ergibt sich aus dem Kontext, dass Gegenstand des Widerrufs der (im Text der Norm jeweils zuvor genannte) Vertrag ist. § 1427 Abs. 2 BGB und § 1366 Abs. 2 Satz 1 BGB sehen ausdrücklich vor, dass der Dritte *den Vertrag* widerrufen könne. § 355 Abs. 1 BGB selbst hält die Sprachregelung von den Willenserklärungen nicht durch und schreibt in Abs. 1 Satz 3 vor, dass im Wege der Auslegung der Wille des Erklärenden zum „Widerruf des *Vertrags*" zu ermitteln sei. In dem amtlichen Muster für die Widerrufsbelehrung[153] ist ausschließlich vom Widerruf *des Vertrages* die Rede. In dem Muster-Widerrufsformular wird dem Verbraucher die Formulierung in den Mund gelegt, er widerrufe hiermit den von ihm abgeschlossenen *Vertrag*.[154]

148   Der somit im Gesetz zumindest partiell ausgedrückte und der Richtlinie entsprechende Bezug des Widerrufs auf den Vertrag statt auf die zum Vertragsabschluss führende Willenserklärung des Verbrauchers verdient in der Auslegung des § 355 Abs. 1 BGB den Vorzug. Der Widerruf lässt die Wirksamkeit der auf den Abschluss des Vertrages gerichteten Willenserklärungen unberührt und ändert nichts am Zustandekommen des Vertrages. Nach dem Zustandekommen des Vertrages richtet sich der Widerruf allein gegen die Rechtswirkungen des Vertrages.

b. Rechtslage vor Zustandekommen des Vertrages

149 Die Verbraucherrechte-RL hat zutreffend gesehen, dass schon vor Zustandekommen des Vertrages ein Bedürfnis des Verbrauchers zur Ausübung des Widerrufsrechts anzuerkennen sein kann. Art. 12 regelt die Wirkungen des Widerrufs getrennt für den Fall, dass bereits ein Vertrag zustande gekommen ist (Art. 12 lit. a) oder der Verbraucher lediglich ein Angebot zum Abschluss des Vertrages gemacht hat (Art. 12 lit. b). Im letzteren Fall „enden die Verpflichtungen der Vertragsparteien zum Abschluss des Fernabsatz- oder außerhalb von Geschäftsräumen abgeschlossenen Vertrages". Das ist gewiss keine Rechtsfolgeanordnung,

---

152 Zum Folgenden eingehend und überzeugend *Petersen,* Liber Amicorum Leenen (2012) 219 (221 ff).
153 Anlage 1 zu Art. 246a § 1 Abs. 2 Satz 2 EGBGB, abgedruckt in BGBl 2013 Teil I, S. 3663 f.
154 Anlage 2 zu Art. 246a § 1 Abs. 2 Satz 1 Nummer 1 und § 2 Abs. 2 Nummer 2 EGBGB, abgedruckt in BGBl 2013 Teil I, S. 3665.

die man wörtlich nehmen darf: Durch den Antrag entsteht keine Verpflichtung zum Abschluss eines Vertrages, weder für den Antragenden noch für den Antragsempfänger. Also kann eine solche Pflicht nicht durch den Widerruf enden. Hiervon abgesehen ist die Verpflichtung zum Abschluss eines abgeschlossenen Vertrages eine ganz missglückte Formulierung. Was die Richtlinie sagen will, ist, dass mit fristgerechtem Widerruf die *Wirkung des Antrags endet*, dem Antragsempfänger den Abschluss des Vertrages durch die Annahme des Antrags zu ermöglichen. Der Widerruf bezieht sich in dieser Konstellation also auf die Willenserklärung des Verbrauchers und beendet die „annahmefähige Position" (unten § 8 Rdn. 40) für den Empfänger.

§ 7 Die Wirkungen der Willenserklärung

I. Das Zustandekommen des Rechtsgeschäfts als Wirkung der Willenserklärung(en)

Die Wirkungen der Willenserklärung sind von den Wirkungen des Rechtsge- **1** schäfts zu unterscheiden (oben § 4 Rdn. 105 ff). Die Willenserklärung ist das von der Rechtsordnung ausgestaltete Instrument, um in Selbstbestimmung Rechtsgeschäfte zu schaffen. Aus der Willenserklärung ergibt sich, *dass* ein Rechtsgeschäft vorgenommen werden soll, sowie, *welche Rechtsfolgen* dieses Rechtsgeschäft herbeiführen soll. Die Wirkungen der Willenserklärung beschränken sich darauf, das Rechtsgeschäft mit dem sich aus der Willenserklärung ergebenden Inhalt dem Tatbestand nach zu schaffen. Die angestrebten Rechtswirkungen führt nicht die Willenserklärung als solche, sondern erst das hierdurch geschaffene Rechtsgeschäft herbei.[1] Bei einseitigen Rechtsgeschäften (oben § 4 Rdn. 15) genügt eine einzige Willenserklärung, um den Tatbestand des Rechtsgeschäfts zu schaffen. Bei Verträgen (oben § 4 Rdn. 16 ff) sind hierfür zumindest zwei Willenserklärungen erforderlich (vgl. die Grafiken unten vor § 8 Rdn. 4 zum Vertrag, § 11 Rdn. 12 zum einseitigen Rechtsgeschäft).

Dass sich die Wirkungen der Willenserklärung darauf beschränken, das **2** Rechtsgeschäft dem *Tatbestand* nach zu schaffen, ist die entscheidende Schaltstelle für das systematische Verständnis der Regelungen des BGB zur Rechtsgeschäftslehre. Hierin liegen zwei wichtige **Ausgrenzungen**:

Zu den Wirkungen der Willenserklärung gehört nicht die Wirksamkeit des **3** Rechtsgeschäfts. Die Wirksamkeit des Rechtsgeschäfts ist keine Wirkung oder

---

1 *Zwanzger*, Der mehrseitige Vertrag (2013) S. 212 f.

Folge der Wirksamkeit der Willenserklärung. Die Willenserklärung kann nicht bestimmen, dass das Rechtsgeschäft wirksam sein soll. Hierüber entscheidet allein die Rechtsordnung, nicht der privatautonome Wille.[2]

4   Die Wirkungen des Rechtsgeschäfts sind nicht identisch mit den Wirkungen der Willenserklärung(en). Die Rechtsfolgen, die mithilfe der Willenserklärungen privatautonom geschaffen werden sollen, treten nicht schon durch die Willenserklärung(en) als solche, sondern erst vermittelt durch das Rechtsgeschäft ein, das aufgrund der Willenserklärung(en) zustande kommt.

5   Weil die Wirkungen der Willenserklärung sich von den Wirkungen des Rechtsgeschäfts unterscheiden, sind die Kriterien, nach denen sich die Wirksamkeit von Willenserklärungen richtet, andere als die Kriterien der Wirksamkeit von Rechtsgeschäften. Die Wirksamkeit der Willenserklärung ist von allen Problemen entlastet, die den Eintritt der Wirkungen des Rechtsgeschäfts betreffen. Dadurch kann das BGB die Willenserklärung sehr störungsunanfällig ausgestalten, in weitem Umfang sicherstellen, dass die Wirkungen von Willenserklärungen eintreten, und somit das Zustandekommen von Rechtsgeschäften fördern (oben § 6 Rdn. 4).

II. Die Bindung an den Antrag im Unterschied zur Bindung an den Vertrag

6   Wer einem anderen die Schließung eines Vertrages anträgt, ist gemäß § 145 BGB grundsätzlich an den Antrag für gewisse Zeit gebunden. Diese Bindung lässt sich somit als eine rechtliche Wirkung des Antrags bezeichnen (unten § 8 Rdn. 49).

7   Die Bindung an den Antrag darf nicht mit der Frage verwechselt werden, warum die Vertragspartner an die *im Vertrag vereinbarten Rechtsfolgen* gebunden sind.[3] Das folgt schon daraus, dass die Bindung im Sinne des § 145 BGB nur den Antragenden erfasst, während die Folgen des Vertrages beide Seiten gleichermaßen treffen. Zudem besteht die Bindung an den Antrag im Sinne des § 145 BGB grundsätzlich nur für relativ kurze Zeit (Annahmefrist, unten § 8 Rdn. 43), während die Bindung an die Wirkungen des Vertrages Jahrzehnte überdauert und letztlich nur mit der Berufung auf die Verjährung der Ansprüche (unten §§ 18 und 19) bekämpft werden kann. Hinzu kommt, dass die Bindung an den Antrag ausgeschlossen werden kann (§ 145 Hs. 2 BGB), ohne dass der Antrag hiermit die Wirkung verliert, angenommen werden zu können und zum Zustandekommen eines Vertrages zu führen (unten § 8 Rdn. 50).

---

2 Mot. I, S. 217 = Mugdan I, S. 472; vgl. unten § 9 Rdn. 8.
3 *Moussa*, Das Dogma vom formgerechten Zugang (2016) S. 136.

III. Die Gebundenheit an die Erklärungen in § 355 Abs. 1 Satz 1 BGB

§ 355 Abs. 1 Satz 1 BGB nennt als Rechtsfolge eines fristgerecht erklärten Wider- **8** rufs, dass „der Verbraucher und der Unternehmer an ihre auf den Abschluss des Vertrages gerichteten Willenserklärungen nicht mehr gebunden" sind. Welche Bindung an die jeweilige Willenserklärung damit aufgehoben werden soll, bleibt dunkel. Um die Bindung an den Antrag im Sinne von § 145 BGB kann es nicht gehen, denn diese Bindung des Antragenden hat sich mit der Annahme des Antrags erledigt und eine entsprechende Bindung des Annehmenden kennt das Gesetz nicht. Gebunden sind beide Seiten mit dem Zustandekommen des Vertrages an die darin vereinbarten Rechtsfolgen. Diese Rechtsfolgen aber beruhen auf der Einigung, die beide Seiten in ihren Erklärungen erzielt haben (unten § 8 Rdn. 135 ff), sind also Rechtswirkungen des durch die Willenserklärungen geschaffenen Vertrages. Da sich der Widerruf nach dem Zustandekommen des Vertrages gegen dessen Rechtswirkungen richtet, während das Zustandekommen des Vertrages selbst nicht in Frage gestellt werden soll (dies allein deshalb, weil sich aus dem Vertrag ergibt, welche Leistungen gemäß § 355 Abs. 3 Satz 1 BGB zurückzugewähren sind), hilft es nichts, eine wie immer verstandene Gebundenheit der Vertragsparteien an die auf den Abschluss des Vertrages gerichteten Willenserklärungen aufzuheben. An den Wirkungen der Erklärungen, die zum Zustandekommen des Vertrages geführt haben, ändert sich nichts.

Etwas anderes gilt dann, wenn es sich bei der auf den Abschluss des Vertra- **9** ges gerichteten Willenserklärung des Verbrauchers um einen Antrag (§ 145 BGB) handelt, der vom anderen Teil *noch nicht angenommen* worden ist. Hier ist es sinnvoll, durch den Widerruf die „annahmefähige Position" (unten § 8 Rdn. 40 ff) zu beseitigen und somit zu verhindern, dass der Vertrag noch durch eine vom anderen Teil erklärte Annahme zustande kommt (oben § 6 Rdn. 144). Nur in diesem Fall richtet sich der Widerruf gemäß § 355 Abs. 1 Satz 1 BGB also gegen die Wirkungen der Willenserklärung des Verbrauchers.

3. Kapitel: Verträge

Vorbemerkung

Wie bei der Willenserklärung (oben vor § 5) ist auch beim Vertrag zwischen Fra- 1
gen zu unterscheiden, die den **Tatbestand**, die **Wirksamkeit** und die **Wirkungen** betreffen.[1]

Wenn zwei Personen einen Vertrag schließen, geht es ihnen darum, bestimm- 2
te Rechtsfolgen privatautonom herbeizuführen. Im Vordergrund stehen für die
Kontrahenten also die Wirkungen des Vertrages (z. B. die Entstehung der vertraglichen Erfüllungsansprüche, der Übergang des Eigentums an einer Sache). Damit
diese Wirkungen eintreten, muss ein Vertrag **zustande kommen** (unten § 8) und
der Vertrag muss **wirksam** sein (unten § 9).[2] Sollte im Vertrag der Eintritt der **Wirkungen** von besonderen Umständen abhängig gemacht worden sein, so müssen
auch diese eingetreten sein (unten § 10).

Diese Dreiteilung der den Vertrag betreffenden Fragen entspricht zugleich 3
der gedanklichen Ordnung des Gutachtens. Verlangt K von V aus Kaufvertrag
Übereignung und Übergabe einer Sache, so ist zu klären, ob zwischen K und V
ein Kaufvertrag zustande gekommen ist, ob dieser wirksam ist, sowie, ob die
Wirkungen des Vertrages eingetreten sind (hieran fehlt es z. B., wenn die Parteien eine aufschiebende Bedingung vereinbart haben, die noch nicht eingetreten
ist).

---

1 Mit diesen Kategorien arbeiten auch verschiedene europäische Richtlinien, die vorsehen, dass
Bestimmungen des nationalen Rechts über "das Zustandekommen, die Wirksamkeit, die Nichtigkeit oder die Wirkungen eines Vertrags" unberührt bleiben: Art. 3 Abs. 6 RL 2019/771/EU (Warenkauf); Art. 3 Abs. 10 RL 2019/770/EU (Digitale Inhalte); vgl. auch Art. 3 Abs. 5 RL 2011/83/EU
(Verbraucherrechte); Art. 3 Abs. 2 RL 2005/29/EG (unlautere Geschäftspraktiken).
2 Zur Unterscheidung zwischen Zustandekommen und Wirksamkeit von Verträgen *Leenen* AcP
188 (1988), 381 (386 ff); *Armbrüster* JURA 2007, 321; *Zwanzger*, Der mehrseitige Vertrag (2013)
S. 132 f; *Moussa*, Das Dogma vom formgerechten Zugang (2016) 31 ff. Die häufig anzutreffende Formel vom „wirksamen Zustandekommen eines Vertrages" verwischt diese Unterscheidung und ist
ungenau (*Stöhr* AcP 214 (2014), 425 Fn. 2).

https://doi.org/10.1515/9783110602876-003

4

| Antrag | | Vertrag | | Annahme |

Tatbestand				Tatbestand
Wirksamkeit				Wirksamkeit
Wirkung	→	Tatbestand	←	Wirkung
		Wirksamkeit		
		Wirkungen		

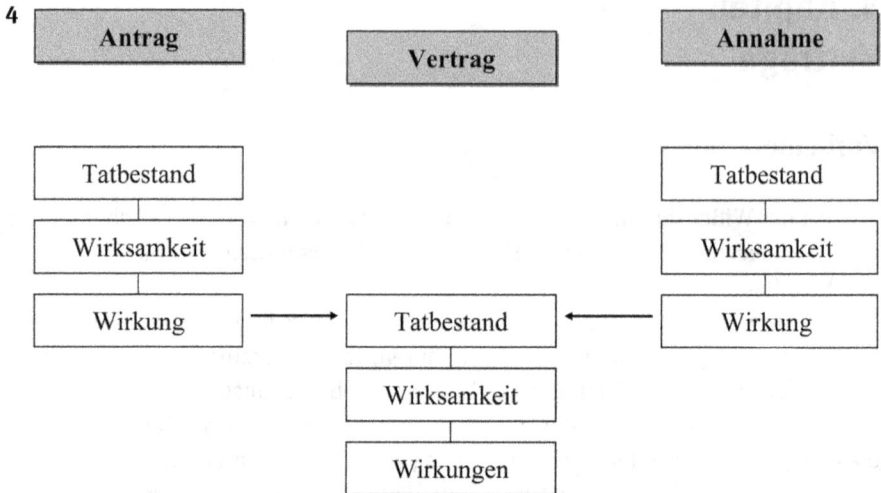

Der Vertrag (Grundmodell)

§ 8 Das Zustandekommen von Verträgen

1 Den Tatbestand des Vertrages bilden die Vereinbarungen darüber, welche Rechtswirkungen im Verhältnis der Vertragspartner zueinander herbeigeführt werden
sollen. Dass es sich bei den Vertragspartnern um verschiedene Personen handeln
muss, also im Grundsatz niemand mit sich selbst einen Vertrag schließen kann,
setzt das Gesetz als selbstverständlich voraus. Es folgt dies schon aus der Funktion des Vertrages und findet z. B. Ausdruck in der Formulierung des § 145 BGB,
wonach „einem anderen" die Schließung eines Vertrages angetragen wird.[1] Das
rechtliche Instrument, um diese Vereinbarungen zu treffen und gleichzeitig anzuordnen, dass diese Regelung fortan zwischen den Vertragspartnern gelten soll,
sind die auf den Abschluss des Vertrages gerichteten Willenserklärungen (unten
Rdn. 2ff). In diesen Erklärungen müssen die Kontrahenten Konsens über das Regelungsprogramm erzielen (unten Rdn. 136ff). Wird dieser Konsens verfehlt, liegt
ein „Dissens" vor und das Zustandekommen des Vertrages kann scheitern (unten
Rdn. 165ff).

---

1 Zum Erfordernis der Personenverschiedenheit BGH vom 24.8.2017, BGHZ 211, 331 Rdn. 21 = NJW
2017, 468 – „Shill Bidding" (Sachverhalt unten § 30)

I. Die auf den Abschluss des Vertrages gerichteten Willenserklärungen

Ausführlich im Gesetz geregelt ist die Technik, einen Vertrag im Wege von Antrag **2** und Annahme zu schließen (§§ 145 ff BGB, unten Rdn. 5 ff). Kennzeichnend für diese Technik ist ein arbeitsteiliges Verfahren: Die eine Seite legt einseitig das gesamte Regelungsprogramm fest, der anderen Seite bleibt vorbehalten, zu diesem Regelungsprogramm „ja" zu sagen und damit zu bewirken, dass der Vertrag zu den aus dem Antrag ersichtlichen Bedingungen zustande kommt.[2] Antrag und Annahme sind also aufeinander bezogene, *inhaltlich nicht identische* Willenserklärungen. Der Antrag enthält das Regelungsprogramm, die Annahme erschöpft sich in der bloßen Zustimmung des anderen Teils.

Selbstverständlich können die Partner eines in Aussicht genommenen Vertra- **3** ges auch anders vorgehen. Sie können insbesondere zunächst das Regelungsprogramm *gemeinsam* ausarbeiten oder von einem Dritten, z. B. einem Notar, ausarbeiten lassen, und dann diese Regelung durch die beiderseitige Zustimmung zu dem erarbeiteten Vertragstext in Geltung setzen (unten Rdn. 97 ff). Bei diesem Verfahren kommt der Vertrag *durch identische Erklärungen* beider Kontrahenten zustande.

Darüber hinaus kennt das Gesetz den Vertragsschluss im Wege der Versteige- **4** rung (§ 156 BGB, unten § 8 Rdn. 112 f). In der Praxis finden sich vielfältige Abwandlungen und Mischformen der genannten Grundtechniken des Vertragsschlusses. Das Gesetz legt die Vertragsschlusstechniken nicht abschließend fest (unten § 8 Rdn. 110 ff).

1. Der Abschluss des Vertrages durch Annahme des Antrags (§§ 145 ff BGB)

Beim Abschluss im Wege von Antrag und Annahme[3] werden die für das Zustande- **5** kommen des Vertrages erforderlichen Einzelschritte zwischen den Kontrahenten aufgeteilt. Die Festlegung des für beide Seiten verbindlichen Regelungsprogramms erfolgt durch den Antragenden (s. Rdn. 2). Die Entscheidung über die In-Geltung-Setzung dieses Programms liegt beim Antragsempfänger, dem Akzeptanten. Der Akzeptant kann das Regelungsprogramm nur so, wie ihm angetragen, in Geltung setzen. Die Rechtsmacht, durch seine Erklärung den Vertrag in Geltung zu setzen, erlangt er aufgrund des Antrags.

---

2 Zum Teil wird das Regelungsprogramm auch vom Annehmenden dadurch festgelegt, dass er dem Angebotssteller die Bedingungen für das Angebot z. B. auf einem Formular vorgibt. Ähnlich liegt es in den unten bei Rdn. 24 behandelten Fällen der invitatio ad offerendum.
3 Hierzu rechtsvergleichend und umfassend *Jessica Schmidt*, Der Vertragsschluss (2013).

a. Der Antrag

6 § 151 BGB formuliert, der Vertrag komme durch Annahme des Antrags zustande. Der Antrag geht grundsätzlich der Annahme voraus.[4] Es gelten für ihn die Grundsätze und Regeln für Willenserklärungen (oben §§ 5–7), ergänzt um **Besonderheiten**, die sich aus der Zielsetzung und Funktion des Antrags ergeben, durch die bloße Zustimmung der anderen Seite (Annahme des Antrags) das Zustandekommen des Vertrages zu ermöglichen.

> **Hinweis zur Terminologie:** Das Gesetz spricht von „**Antrag**". Verbreitet wird gleichbedeutend der Begriff „**Angebot**" verwendet. Im Gesetz findet sich der Begriff „Angebot" nur in anderem Zusammenhang (nämlich: als Angebot der Leistung, §§ 293 ff BGB). Dennoch ist es ganz unschädlich, statt von „Antrag und Annahme" von „Angebot und Annahme" zu sprechen, da sich aus dem Zusammenhang ergibt, was gemeint ist. Manchmal ist auch von „Offerte" die Rede.

aa. Der Tatbestand des Antrags

7 Ein Antrag zum Abschluss eines Vertrages liegt dem Tatbestand nach vor, wenn (1) der Inhalt des abzuschließenden Vertrages bestimmt wird und (2) es der vom Empfänger erkannte oder doch für ihn erkennbare Sinn der Erklärung ist, ihn hierdurch in die Lage zu versetzen, durch seine Zustimmung den Vertragsschluss zu bewirken.

(1) Inhaltliche Bestimmtheit

8 Zu den inhaltlichen Anforderungen eines Antrags heißt es in den Motiven:

> **Der Inhalt des Antrags**
> Mot. I, S. 167 = Mugdan I, S. 444
>
> „Der Antrag muss ... alle wesentlichen Bestandteile des in Aussicht genommenen Vertrages enthalten, nicht nur diejenigen, welche nach dem Gesetze zum Wesen des Vertrages gehören, sondern auch diejenigen, bezüglich deren nach der Absicht des Antragenden überhaupt Bestimmungen getroffen werden sollen."

9 Diese Erläuterung bezieht sich primär auf den Standardfall, dass ein Vertrag geschlossen werden soll, der einem der im BGB geregelten Verträge (insbesondere

---

4 Zwingend erforderlich ist dies nicht, vgl. unten Rdn. 131.

also einem der typischen Schuldverträge im Sinne der §§ 433, 488, 535, 611, 631, 675 etc. BGB) entspricht. Die genannten Anforderungen lassen sich aber verallgemeinern.

(a) Vertragswesentliche Bestimmungen (essentialia negotii)

Bestimmungen, welche „zum Wesen des Vertrages gehören" (sog. **essentialia** 10 **negotii**) bilden das Mindestregelungsprogramm, das im Antrag festgelegt werden muss.

(aa) Vertragsparteien

Bei jedem Vertrag muss bestimmt werden, wer die Vertragspartner sein sollen, 11 d. h. wen die Wirkungen des Vertrages treffen sollen. Wenn aus dem Antrag nichts anderes hervorgeht, werden der Antragende und der Antragsempfänger Vertragspartner. Wird der Antrag in fremdem Namen (also: im Namen des Vertretenen, oben § 4 Rdn. 66 ff) abgegeben, so soll der Vertrag zwischen dem Vertretenen und dem Antragsempfänger zustande kommen.

(bb) Entgeltlichkeit

Aus dem Antrag muss hervorgehen, ob es sich um einen entgeltlichen oder unent- 12 geltlichen Vertrag (zu dieser Unterscheidung oben § 4 Rdn. 39 ff) handelt. Soll ein entgeltlicher Vertrag zustande kommen, muss das Entgelt grundsätzlich im Antrag bestimmt werden oder doch aufgrund des Antrags bestimmbar sein.

Beispiel: Es genügt für einen Antrag auf Abschluss eines Kaufvertrages nicht zu schreiben: „Ich 13 biete Ihnen meinen Oldtimer ... zum Kauf an". Wenn der Empfänger mit „Einverstanden" antwortet, gibt es keine Vereinbarung über den Kaufpreis, und ohne eine solche Vereinbarung kann ein Kaufvertrag nicht zustande kommen. Anders, wenn der Verkäufer zuvor in einer einschlägigen Zeitschrift ein Inserat geschaltet hatte, aus dem hervorging, dass er seinen genau beschriebenen Oldtimer zu einem genau bestimmten Festpreis verkaufen möchte. Wenn sich auf diese Anzeige zehn Interessenten melden und der Verkäufer dann dem Interessenten Nr. 7 schreibt: „Sie sind der Glückliche: Ich biete Ihnen meinen Oldtimer zum Kauf an", kann der Interessent Nr. 7 dies nur so verstehen, dass der im Inserat genannte Festpreis gelten soll (vgl. oben § 5 Rdn. 66 ff).

Gelegentlich unterstellt das Gesetz, dass über die Entgeltlichkeit eine stillschwei- 14 gende Vereinbarung getroffen wurde und eine bestimmte Höhe der Vergütung als vereinbart anzusehen ist (dazu unten Rdn. 163 f). Das steht vor dem Hintergrund, dass viele Menschen mit manchen Vertragspartnern, wie Ärzten oder Rechtsanwälten, typischerweise nicht über den Preis sprechen. Das BGB zielt an dieser Stelle nicht darauf, die Parteien zu „erziehen", sondern trägt ihren Gepflogenheiten Rechnung. Entsprechend reduzieren sich in diesen Fällen die Anforderungen an die Bestimmtheit des Antrags.

(cc) Vertragsspezifische Pflichten

15 Zu den wesentlichen Bestimmungen eines obligatorischen Vertrages gehören Festlegungen, wen welche Pflichten treffen sollen. Beim Kaufvertrag gehört zu den essentialia negotii die Bestimmung, ob der Antragende verkaufen oder kaufen will. Der genaue Inhalt der Pflichten des Verkäufers (vgl. hierzu § 433 Abs. 1 BGB) muss nicht genannt werden; die bloßen Bezeichnungen „verkaufen", „kaufen" werden im Verkehr als völlig ausreichend angesehen. Genauer Bestimmung bedarf die Kaufsache. Die Bestimmung erfolgt beim Kauf neuer Serienprodukte anhand von Gattungsmerkmalen (Gattungskauf, Beispiel: ein Laptop Marke x, Modell y, Ausstattungsmerkmale z). Bei Einzelstücken (wie z. B. einem gebrauchten Kfz) werden Angaben gemacht, die die Identifizierung der Sache ermöglichen (bei einem Gebrauchtwagen: Fahrzeug-Identifizierungsnummer, Tag der Erstzulassung, derzeitiges Kennzeichen etc.). Entsprechendes gilt für Mietverträge. So ist bei Hotelzimmern die Vermietung anhand von Gattungsmerkmalen üblich (Hotel x, Zimmer mit Balkon und Meeresblick), bei Wohnungen ist Gegenstand des Vertrages in aller Regel ein genau individualisiertes Objekt (Adresse, Etage, links/rechts).

(dd) Sonstige essentialia

16 Für die Übereignung (§§ 929 ff BGB, dazu oben § 3 Rdn. 11 ff) ist die genaue Bestimmung der Sache(n) wesentlich, deren Eigentum übertragen werden soll.[5]

(b) Ergänzende Bestimmungen (accidentalia negotii)

17 Soll sich der Vertrag nach dem Willen des Antragenden nicht auf das notwendige Mindestprogramm beschränken, so muss der Antrag Bestimmungen zu allen weiteren Punkten enthalten, die geregelt werden sollen. So wird beim Verkauf von Gebrauchtwagen typischerweise eine Verkürzung der Verjährungsfrist für Mängelansprüche vorgesehen (hierzu unten § 21 Rdn. 48 und 59). Derartige zusätzliche (also: nicht vertragsnotwendige) Bestimmungen werden als **accidentalia negotii** bezeichnet.

---

5 Zu den Anforderungen an die Bestimmtheit bei Auflassung eines Grundstücks im Unterschied zum Grundstückskaufvertrag instruktiv BGH vom 18.1.2008, NJW 2008, 1658 Rdn. 15 ff.

(c) Ausräumen von Unklarheiten des Antrags durch Auslegung

Ob dem Bestimmtheitserfordernis genügt ist, ist im Wege der Auslegung des An- **18** trags zu klären. Selbst noch so unklare Angaben sind unschädlich, wenn der Empfänger dem Antrag genau das entnimmt, was der Antragende als vertragliche Regelung vereinbaren wollte (oben § 5 Rdn. 51). Darf der Empfänger einen objektiv unklaren Antrag in einem bestimmten Sinne verstehen, so gilt der Antrag mit diesem Inhalt, auch wenn es an einem entsprechenden Willen des Antragenden fehlt (oben § 5 Rdn. 61). Daher darf man nicht vorschnell das tatbestandliche Vorliegen eines Antrags mit dem Argument verneinen, zu einem vertragswesentlichen Punkt fehle es an bestimmten Angaben.

Beispiel: Im Fall „Zwei Zimmer mit drei Betten" (Sachverhalt unten § 30) hätte der Gast seine Be- **19** stellung kaum unglücklicher formulieren können: Sind zwei Zimmer mit insgesamt drei Betten gemeint, oder zwei Dreibettzimmer? Diese Unklarheit ist rechtlich aber unerheblich, wenn der Gast insgesamt drei Betten meint und der Hotelier die Bestellung im gleichen Sinne versteht, oder wenn der Gast insgesamt sechs Betten meint und der Hotelier zwei Drei-Bett-Zimmer reserviert. Die Bestellung kann also durchaus taugliche Grundlage für das Zustandekommen eines Vertrages sein, und deshalb genügt sie den tatbestandlichen Anforderungen an einen Antrag.[6]

Selbst das völlige Fehlen ausdrücklicher Angaben zu vertragswesentlichen Punk- **20** ten kann durch Auslegung zu überwinden sein. Der Antrag kann dem Sinne nach auf Bestimmungen und Daten verweisen, die dem Empfänger (besser als dem Antragenden) bekannt sind, oder es soll dem Empfänger überlassen sein, die fehlende Bestimmung zu treffen.[7] Es genügt, dass die essentialia negotii anhand des Antrags durch Auslegung bestimmbar sind.

Beispiele: Wer ein Hotelzimmer ohne Preisangabe bestellt, nimmt auf die üblichen Preise Bezug, **21** die in dem Hotel gelten. Die Bestellung an der Theke „ein Pils bitte" meint: „Ein Pils zu dem in der Karte ausgewiesenen üblichen Preis". Selbst die Bestimmung des Umfangs einer zu erbringenden Leistung kann dem Angebotsempfänger überlassen werden.[8]

(2) Eröffnung einer annahmefähigen Position für den Empfänger („Rechtsbindungswille")

Ein Antrag im Sinne der §§ 145 ff BGB liegt nur vor, wenn die Erklärung so be- **22** schaffen ist, „dass sofort mit der Zustimmung des Adressaten der Vertrag zu Stan-

---

6 *Leenen,* Liber Amicorum Jürgen Prölss (2009), 153 (162f).
7 *Faust* AT § 3 Rdn. 3.
8 Beispiel: Auftanken an einer Selbstbedienungstankstelle. Näher hierzu unten Rdn. 32.

de kommt".[9] Ausgegrenzt werden damit vor allem die schon oben (§ 5 Rdn. 12 ff) erörterten Bereiche rein gesellschaftlicher oder freundschaftlicher Absprachen, die ihrer Art nach nicht zu einer vertraglichen, also: rechtlichen Bindung führen sollen, sowie Erklärungen, die im Vorfeld des Vertragsschlusses gemacht werden, also *noch nicht* zu einer rechtlichen Gebundenheit führen sollen (oben § 5 Rdn. 16 ff). Kann die Erklärung nicht als Ausdruck des Willens verstanden werden, das Zustandekommen eines Vertrages allein von der Zustimmung des Empfängers abhängig zu machen, handelt es sich nicht um einen Antrag im Sinne der §§ 145 ff BGB.

23 Herkömmlich wird dieses für den Antrag wesentliche Kriterium als **Rechtsbindungswille** bezeichnet. Der Ausdruck ist wenig glücklich. Zum einen nämlich kommt es nicht darauf an, ob der Erklärende den wirklichen Willen hat, rechtliche Bindungen einzugehen, sondern darauf, ob die Erklärung als Ausdruck eines solchen Willens zu verstehen ist.[10] Darüber hinaus verwendet der BGH die Bezeichnung „Rechtsbindungswille" synonym zu „Erklärungsbewusstsein" und gar „Geschäftswille",[11] was zusätzlich verwirrt.[12] Der Begriff ist aber so etabliert, dass man daran nicht vorbei kommt.

24 Beispiele von Äußerungen, die Vertragsabschlüsse nur **vorbereiten** sollen, bilden Verkaufskataloge, Werbeprospekte („Sonderangebote – nur kurze Zeit!"), Zeitungsinserate („Zwei-Zimmer-Wohnung zu vermieten!"), Schaufensterauslagen, Internetseiten von online-Verkaufshäusern mit mehr oder weniger detaillierten Produktbeschreibungen.[13] Es handelt sich hierbei um Informationen über Produkte und Leistungen, durch die das Interesse der Adressaten geweckt und deren Bereitschaft zu einem Vertragsschluss gefördert werden soll. Eine solche bloße Information enthält nicht schon das Angebot im Rechtssinne, sondern lädt die Adressaten dazu ein, Angebote zu machen (**invitatio ad offerendum**).[14] Der Verbreiter dieser verkaufsfördernden Informationen will damit noch nicht die Kontrolle über das Zustandekommen von Verträgen aus der Hand geben; er will sich

---

9 Mot. I, S. 166 = Mugdan I, S. 444.

10 BGH vom 18.12.2008, NJW 2009, 1141 Rdn. 7; BGH vom 21.6.2012, NJW 2012, 3366 Rdn. 14; vgl. auch oben § 5 Rdn. 14.

11 BGH vom 7.6.1984, BGHZ 91, 324 = NJW 1984, 2279 – „Sparkasse" (Sachverhalt unten § 30). Zu den Begriffen Erklärungsbewusstsein und Geschäftswille oben § 5 Rdn. 25 und 27.

12 Zur Unterscheidung der Begriffe Erklärungsbewusstsein und Rechtsbindungswille *M. Schwab* Iurratio 2010, 73 ff.

13 Zu Waren- und Dienstleistungspräsentationen im Internet näher *Härting*, Internetrecht (6. Aufl. 2017) Rdn. 691 ff.

14 BGH vom 4.2.2009, NJW 2009, 1337 (1338 Rdn. 12). Vgl. auch schon Mot. I, S. 166 f = Mugdan I, S. 444.

nicht zuletzt vor der Gefahr schützen, mehr vertragliche Verpflichtungen einzugehen als er erfüllen kann.

Beispiel: Eine **Schaufensterauslage** stellt in aller Regel kein Angebot im Rechtssinne dar.[15] Eine **25** falsche (zu niedrige) Preisauszeichnung hat daher nicht die Folge, dass ein Kunde darauf bestehen kann, die Sache zu diesem Preis zu erhalten. Erklärt er, die Sache zu dem im Schaufenster ausgewiesenen Preis kaufen zu wollen, liegt darin nicht die Annahme eines Angebots, sondern ein Angebot des Kunden, das der Verkäufer annehmen oder ablehnen kann.

Vielfach ergeben sich aus der betrieblichen Organisation der Geschäftsvorgänge **26** mit Kunden Hinweise darauf, welche Vorgänge sich im Vorfeld rechtsgeschäftlicher Erklärungen abspielen und wo und wann die für das Zustandekommen des Vertrages erforderlichen Erklärungen abgegeben werden. Der Einsatz moderner Computersysteme in Verbindung mit Scanner-Kassen, die dem Verkäufer eine genaue Kontrolle jedes einzelnen Geschäftsvorgangs erlauben, spricht dafür, dass er sich diese Kontrollmöglichkeit vorbehalten will und die auf den Abschluss des Vertrages gerichtete Erklärung daher erst von den Kassenangestellten nach Eingabe des vom Kunden ausgesuchten Artikels in das System abgegeben wird.

Das ist insbesondere für den Abschluss von Kaufverträgen in **Selbstbedienungsgeschäften** be- **27** deutsam. Der Kunde, der Waren aus den Regalen nimmt und in seinen Korb legt, kann und darf es sich noch anders überlegen und Artikel wieder zurückstellen. Daher kommt allein durch die Entnahme von Waren aus den Regalen noch kein Kaufvertrag zustande.[16] Der Kunde legt sich erst an der Kasse fest und gibt erst dort die auf den Vertragsschluss gerichtete Erklärung ab. Ein Teil des Schrifttums deutet dies so, dass der Kunde durch das Vorweisen der Ware an der Kasse Angebote annehme, die der Verkäufer durch das Befüllen der Regale mit Waren gemacht habe.[17] Eine solche frühe Bindung des Verkäufers widerspricht indessen vielfach dessen erkennbarem Interesse, durch die Kassenangestellten anhand der dort verfügbaren Daten und ggf. spezieller Anweisungen und Listen noch eine letzte Überprüfung des Geschäftsvorgangs vorzunehmen.[18] Würde der Kunde an der Kasse das Angebot annehmen, das bereits in der Bereitstellung der Ware in den Regalen liegt, hätten die Kassenangestellten keinerlei Einfluss mehr auf das Zustandekommen des Vertrages. Sie müssten nicht einmal Vertretungsmacht zum Abschluss von Verträgen im Namen des Unternehmensträgers haben, da bei dieser Konstruktion keine der für das Zustandekommen von Verträgen mit den Kunden erforderlichen Willenserklärungen von den Kassenangestellten stammt. Diese Konsequenz widerspräche eklatant den Anschauungen des Verkehrs, denen nicht zuletzt § 56 HGB Rechnung zu tragen sucht. Daher ist regelmäßig davon auszugehen, dass

---

15 Jauernig/*Mansel* § 145 Rdn. 3; Medicus/*Petersen* AT Rdn. 360; *Köhler* AT § 8 Rdn. 10.
16 BGH vom 4.5.2011, NJW 2011, 2871 Rdn. 15.
17 Palandt/*Ellenberger* § 145 Rdn. 8; BeckOK BGB/*Eckert* § 145 Rdn. 43; Medicus/*Petersen* AT Rdn. 363, Staudinger/*Bork* (2020) § 145 Rdn. 7; Staudinger/Eckpfeiler/*Schiemann* (2020) D. Rdn. 67.
18 *Stadler* AT § 19 Rdn. 5a.

(erst) die Kassenangestellten die auf den Abschluss des Vertrages gerichteten Erklärungen im Namen des Verkäufers abgeben.[19]

28 Schließlich kann es sein, dass der Vertrag überhaupt nicht in der Technik von Antrag und Annahme, sondern durch die beiderseitigen Unterschriften unter einen vollständigen Vertragstext zustande kommen soll (unten Rdn. 97 ff). Dann soll durch die im Vorfeld der Unterzeichnung der Vertragsurkunde abgegebenen Erklärungen typischerweise keine „annahmefähige Position" (unten Rdn. 40) für die andere Seite geschaffen werden. Hierzu bestimmt § 154 Abs. 2 BGB: „Ist eine Beurkundung des beabsichtigten Vertrages verabredet worden, so ist im Zweifel der Vertrag nicht geschlossen, bis die Beurkundung erfolgt ist". Die auf den Abschluss des Vertrages gerichteten Erklärungen werden also erst mit der Unterzeichnung der Vertragsurkunde abgegeben.[20]

29 **Beispiel „Schriftlicher Mietvertrag":** V hat eine 2-Zimmer-Wohnung zu vermieten, um die sich viele Interessenten bewerben, darunter S. Zur persönlichen Vorstellung und Wohnungsbesichtigung lädt V fünf Bewerber/innen ein, darunter S. Schließlich ruft V S an und erklärt ihr: „Sie bekommen die Wohnung, ich habe mich für Sie als neue Mieterin entschieden. Bitte kommen Sie morgen vorbei zur Unterzeichnung des Vertrages". Am nächsten Tag bespricht V mit S noch einige Details eines Vertragsformulars, das er schon vorbereitend weitgehend ausgefüllt hat, schließlich setzen beide ihre Unterschriften unter diese Urkunde. Weder die Bewerbung der S noch die Zusage des V, S bekomme die Wohnung, hatten den Sinn, bereits eine annahmefähige Position für die andere Seite zu schaffen.

(3) Ausdrückliche/konkludente Erklärung

30 Ein Vertragsschluss kann dem anderen ausdrücklich oder konkludent angetragen werden. Ausdrückliche Angebote werden typischerweise von Handwerkern erstellt, enthalten eine genaue Leistungsbeschreibung (vgl. § 650j BGB), den Preis der Leistungen, und werden für eine bestimmte Zeit bindend (unten Rdn. 49 ff) abgegeben. Die Verkäufer von neuen Kraftfahrzeugen lassen sich vielfach eine „verbindliche Bestellung" unterschreiben, nachdem alle Details des Antrags mit dem Kunden besprochen worden sind.

31 Sehr viele Verträge kommen ohne ausdrückliche Erklärungen durch eine Abfolge von Handlungen zustande, die als Ausdruck des Willens zu verstehen sind, einen Vertrag zu schließen (konkludente Erklärungen). Klärungsbedürftig (und durch Auslegung zu ermitteln) ist dann vielfach, welcher Vorgang als Antrag,

---

19 Erman/*Armbrüster* § 145 Rdn. 10; MüKo/*Busche* § 145 Rdn. 12; *Faust* AT § 3 Rdn. 4.
20 *Bork* AT Rdn. 776.

welcher als Annahme zu deuten ist. Wichtigster Anhaltspunkt ist, zu welchem Zeitpunkt der Vertrag nach der Interessenlage als geschlossen anzusehen, also durch die Annahme des Antrags zustande gekommen ist. Von der Annahmeerklärung wird dann auf den Antrag „zurückgerechnet".[21]

Beispiel „Selbstbedienungstankstelle": Dem Betreiber der Tankstelle ist daran gelegen, mög- **32** lichst früh einen vertraglichen Anspruch auf Bezahlung des Kraftstoffs zu erwerben, mit dem der Kunde sein Fahrzeug befüllt (dies schon deshalb, um der Gefahr vorzubeugen, keine vertraglichen Ansprüche gegen Kunden zu haben, die nach dem Tanken „vergessen", den Weg zur Kasse zu gehen). Der Kunde hat kein schützenswertes Interesse daran, den Vertrag erst an der Kasse zu schließen, da er es sich ohnehin nicht anders überlegen und den Kraftstoff zurückgeben kann. Der Vertrag wird daher an der Zapfsäule durch das Befüllen des Tanks (oder der Batterie) geschlossen.[22] Der Kunde nimmt durch das Auftanken des Fahrzeugs ein Angebot des Betreibers der Tankstelle an.[23] Das Angebot liegt in der Bereitstellung der Säule zur Selbstbedienung durch die Kunden. Das Angebot überlässt es den Kunden, die genaue Menge Kraftstoff zu bestimmen, über die der Vertrag geschlossen wird.

Weit verbreitet finden sich konkludente Angebote durch die tatsächliche Be- **33** reitstellung einer Leistung, deren Inanspruchnahme zum Vertragsschluss führt. Derartige **„Realofferten"** liegen nach der Rechtsprechung insbesondere in der Bereitstellung von Energie durch Stromversorgungsunternehmen an hierfür vorgesehenen Übergabepunkten.[24] Die Realofferte richtet sich an denjenigen, der die tatsächliche Verfügungsgewalt über die Entnahmevorrichtung hat,[25] und sie wird von dem Nutzer als Angebot zum Abschluss eines Stromversorgungsvertrages verstanden.[26]

bb. Die Wirksamkeit des Antrags

Die Wirksamkeit des Antrags richtet sich nach den allgemeinen Bestimmungen **34** über empfangsbedürftige Willenserklärungen.

---

21 Ein Beispiel zu dieser Vorgehensweise findet sich auch bei Medicus/*Petersen* AT Rdn. 362. Zur Bedeutung für die Methodik der Fallbearbeitung unten § 25 Rdn. 14 f.
22 BGH vom 4.5.2011, NJW 2011, 2871 Rdn. 13.
23 Erman/*Armbrüster* § 145 Rdn. 10; Staudinger/*Bork* (2020) § 145 Rdn. 8; *Neuner* AT § 37 Rdn. 7; *Köhler* AT § 8 Rdn. 12; *S. Lorenz* LMK 2011, 319864.
24 BGH vom 2.7.2014, BGHZ 202, 17 = NJW 2014, 3148 Rdn. 10 mit ausführlichen Rspr.-Nachweisen; BGH vom 22.7.2014, BGHZ 202, 158 = NJW 2014, 3150 Rdn. 12.
25 BGH vom 27.11.2019, MDR 2020, 277 Rdn. 11 ff.
26 Zur Rechtslage, falls der Nutzer ausdrücklich erklärt, keinen Vertrag schließen zu wollen, unten Rdn. 60 f.

(1) Wirksamkeitserfordernisse

35 Wichtigstes Erfordernis für die Wirksamkeit des Antrags ist dessen Zugang (§ 130 BGB, oben § 6 Rdn. 9 ff) beim Empfänger, also bei demjenigen, dem die Schließung des Vertrages angetragen wird. Werden Dritte beim Vertragsschluss im Namen des vorgesehenen Vertragspartners (also: als dessen Stellvertreter) tätig, so genügt der Zugang bei diesen Personen (oben § 6 Rdn. 14), ohne dass es auf das Vorliegen von aktiver oder passiver Vertretungsmacht ankommt.[27] Durch Zugang wirksam werden kann auch eine verkörperte Erklärung, die ohne Willen des Erklärenden auf den Weg zum Empfänger gebracht worden ist (oben § 6 Rdn. 70 ff). Es genügt insoweit, dass sie den Empfänger in einer Weise erreicht, die auf einen Willen des Erklärenden zur Abgabe der Erklärung schließen lässt, auch wenn dieser Schluss in Wirklichkeit nicht berechtigt ist.

36 **Schulbeispiel** ist der „auf dem Schreibtisch liegen gebliebene Brief" (oben § 6 Rdn. 71): Student S unterschreibt einen Bestellschein für das Abonnement einer Ausbildungszeitschrift, lässt den frankierten Brief dann aber auf dem Schreibtisch liegen, um sich noch einmal mit Kommilitonen zu beraten. Ein Familienmitglied sieht den Brief und bringt ihn zur Post, um S den Weg abzunehmen. Der Empfänger schickt S umgehend das erste Heft der Zeitschrift und besteht auf Zahlung der Abonnementsgebühr für ein Jahr. – Der Antrag des S ist wirksam, der Vertrag zustande gekommen.[28]

(2) Wirksamkeitshindernisse (Nichtigkeitsgründe)

37 Der Antrag ist nichtig, wenn er von einem Geschäftsunfähigen abgegeben wird (§§ 104, 105 Abs. 1 BGB, oben § 6 Rdn. 76 ff). Eine Nichtigkeit gemäß §§ 116 Satz 2, 117 Abs. 1, 118 BGB ist denkbar, jedoch ohne erhebliche praktische Bedeutung.

(3) Umstände, die die Wirksamkeit des Antrags nicht beeinträchtigen

38 Wie die knappe Zusammenstellung oben zeigt, sind es nur wenige Störungen, die der Wirksamkeit eines Antrags entgegenstehen können. Darin kommt das Bestreben des Gesetzes zum Ausdruck, das Zustandekommen von Verträgen zu fördern (oben § 6 Rdn. 74). Abweichend von vielen Darstellungen im Schrifttum können insbesondere auch Minderjährige ohne Einwilligung des gesetzlichen Vertreters anderen einen Vertragsschluss antragen, der ihnen rechtlich nicht lediglich vorteilhaft ist. Der Antrag ist wirksam (oben § 6 Rdn. 123 ff) und führt, wenn er angenommen wird, zum Zustandekommen des Vertrages (§ 108 BGB).

---

27 *Häublein* Jura 2007, 728 (729).
28 Zum Recht des S, den Vertrag gemäß § 119 Abs. 1 Alt. 2 BGB anzufechten, unten § 14 Rdn. 46.

Dasselbe gilt für einen Antrag, den jemand in fremdem Namen (also: als Stellvertreter) abgibt. Vertretungsmacht ist nicht Voraussetzung für die Wirksamkeit der auf den Abschluss eines Vertrages gerichteten Willenserklärung des Vertreters, wie sich aus § 177 BGB ergibt (oben § 6 Rdn. 130 ff). Wegen weiterer Gründe, die die Wirksamkeit eines Antrags nicht beeinträchtigen, wird auf oben § 6 Rdn. 116 ff verwiesen.

cc. Die Wirkungen des Antrags

Grundsätzlich führt eine wirksame Willenserklärung dazu, dass ein Rechts- **39** geschäft zustande kommt. Der Antrag allein kann diese Wirkung nicht haben, da der Vertrag erst durch die Annahme zustande kommt, § 151 BGB. Die Wirkungen des Antrags bestehen darin, die Annahme durch den Empfänger vorzubereiten und zu ermöglichen.

(1) Die annahmefähige Position für den Empfänger

Durch einen Antrag wird der Empfänger in die Lage versetzt, die Annahme zu er- **40** klären und damit zu bewirken, dass der Vertrag zustande kommt. Dem Antragsempfänger wird also eine recht günstige Position eingeräumt: Ob der Vertrag zu den Bedingungen des Antragenden zustande kommt, hängt nunmehr allein von seinem Willen ab.

Für diese Rechtsmacht, die der Empfänger durch den Antrag erwirbt, steht kein allgemein einge- **41** führter Begriff zur Verfügung. Es besteht zwar eine gewisse Ähnlichkeit mit einem Gestaltungsrecht (oben § 3 Rdn. 39 ff), da der Antragsempfänger es in der Hand hat, durch die Erklärung der Annahme Rechtswirkungen auch im Rechtskreis des Antragenden auszulösen.[29] Die Annahme eines Antrags stellt aber kein eigenständiges (einseitiges) Rechtsgeschäft dar;[30] sie ist wie der Antrag eine Willenserklärung, die darauf gerichtet ist, zum Zustandekommen des Vertrages zu führen. Es entsteht durch den Antrag kein Annahmerecht, sondern lediglich eine „annahmefähige Position" für den Empfänger.[31] Sie gehört immerhin zum Vermögen des Empfängers und ist grundsätzlich vererblich.

---

29 Teilweise wird die Auffassung vertreten, es handle sich um ein Gestaltungsrecht: so z.B. Palandt/*Ellenberger* § 145 Rdn. 5; dagegen zu Recht *Bork* AT Rdn. 723.
30 *Köhler* AT § 8 Rdn. 14.
31 MüKo/*Busche* § 145 Rdn. 26: „Annahmeposition"; *Köhler* AT § 8 Rdn. 14: „Annahmemöglichkeit". Der von *Leenen* AcP 188 (1988), 381 (395) verwendete Begriff der „Gestaltungsposition" birgt die Gefahr von Missverständnissen in sich.

42 Entsteht durch eine Erklärung keinerlei Möglichkeit für den Empfänger, durch Zustimmung einen Vertragsschluss zu bewirken, liegt kein Antrag, sondern eine bloße invitatio ad offerendum (oben Rdn. 24) vor.

43   Die durch den Antrag für den Gegner geschaffene annahmefähige Position bedarf zeitlicher Begrenzung; denn solange der Antragende gebunden ist (Rdn. 49), muss er mit der Annahme rechnen und leistungsbereit sein. Der Zeitraum, innerhalb dessen die Annahme erfolgen kann (**Annahmefrist**) ergibt sich in erster Linie aus dem Antrag selbst (§ 148 BGB). Lässt sich dem Antrag hierzu nichts entnehmen, gelten die Fristen des § 147 BGB.

44 Wo die Möglichkeit zu einer Kommunikation von Person zu Person besteht – also: unter Anwesenden (§ 147 Abs. 1 Satz 1 BGB), am Telefon (§ 147 Abs. 1 Satz 2 BGB) oder beim Chatten im Internet – sieht das Gesetz vor, dass ein Antrag nur sofort angenommen werden kann. Das ist vor allem in alltäglichen Situationen wie beim Kauf einer Zeitung am Kiosk oder der telefonischen Bestellung einer Pizza zur Lieferung ins Haus sinnvoll. Entscheidend ist aber stets, ob der Antragende erkennbar eine unmittelbare Entscheidung über die Annahme des Antrags erwartet. Vielfach ergibt sich aus dem Antrag ausdrücklich oder konkludent, dass dem anwesenden Antragsempfänger eine ausreichende Annahmefrist zugebilligt werden soll, und dann gilt gemäß § 148 BGB diese längere Frist.

45 Wird der Antrag einem Abwesenden gemacht – per Brief, Fax, E-Mail – und ergibt sich aus dem Antrag keine besondere Annahmefrist (§ 148 BGB), so sieht § 147 Abs. 2 BGB vor, dass der Antrag bis zu dem Zeitpunkt angenommen werden kann, „in welchem der Antragende den Eingang der Antwort unter regelmäßigen Umständen erwarten darf". Zu berücksichtigen ist die Zeit, die die Übermittlung des Antrags an den Empfänger[32] und die Übermittlung der Annahme- oder Ablehnungserklärung an den Antragenden erfordert, sowie eine je nach Art des Geschäfts angemessene Überlegungs- und Bearbeitungsfrist für den Angebotsempfänger.

46 **Beispiele:** Für die elektronische Bestellung eines Kunden bei einem online-Versandhändler gelten sehr kurze Fristen, da der Händler anhand seines Datenbanksystems die Verfügbarkeit der Ware und damit seine Bereitschaft zum Vertragsschluss rasch klären und seine Annahmeerklärung auf elektronischem Wege übermitteln kann. – Anderes gilt für das Angebot zum Kauf einer Eigentumswohnung. Hier wird der Verkäufer die Bonität des Käufers prüfen wollen, die Annahmeerklärung bedarf notarieller Beurkundung, schließlich erfordert die postalische Übermittlung von Ausfertigungen notariell beurkundeter Erklärungen Zeit. Der BGH hat entschieden, dass der Eingang der Annahmeerklärung unter diesen Umständen regelmäßig innerhalb von vier Wochen erwartet werden könne.[33]

---

32 Die Frist beginnt daher mit Abgabe der Erklärung, nicht erst mit deren Zugang: BGH vom 11.6.2010, NJW 2010, 2873 Rdn. 11 – „Verspätete Annahme" (Sachverhalt unten § 30).

33 BGH vom 11.6.2010, NJW 2010, 2873 Rdn. 12 – „Verspätete Annahme" (Sachverhalt unten § 30); BGH vom 24.2.2016, NZM 2016, 356: 58 Tage zu lang, selbst wenn in die Frist Weihnachten/Neujahr fällt.

Das Gesetz geht so weit, die Annahmefähigkeit des Angebots noch über den Tod 47
des Antragenden hinaus aufrecht zu erhalten (§ 153 BGB).

Beispiel: K bestellt schriftlich bei einem Versandhaus V einen handelsüblichen Werkzeugkasten. 48
Kurz nachdem er den Brief in den Briefkasten geworfen hat, stirbt er bei einem Verkehrsunfall.
Der Antrag wird trotz des Todes des K mit Zugang bei V wirksam (§ 130 Abs. 2 BGB) und bleibt annahmefähig (§ 153 BGB). Da der Werkzeugkasten nicht auf persönliche Bedürfnisse des K zugeschnitten ist („handelsüblich"), fehlt es an Anhaltspunkten für einen abweichenden Willen des
K (§ 153 BGB: „es sei denn, dass ...").[34] Der Vertrag kommt gemäß § 151 Satz 1 Hs. 2 BGB (dazu unten Rdn. 89) mit dem Versenden des Werkzeugkastens durch V zustande. Vertragspartner des V
ist, wer K beerbt (§ 1922 BGB).

(2) Die Bindung an den Antrag

Zur Absicherung der annahmefähigen Position des Empfängers sieht das Gesetz 49
vor, dass der Antragende grundsätzlich während der Annahmefrist an den Antrag
gebunden ist, § 145 BGB. Bindung in diesem Sinne bedeutet, dass dem Empfänger die Möglichkeit, durch die Annahme zum Vertragsschluss zu kommen, nicht
durch einen Widerruf oder eine Rücknahme des Antrags entzogen werden kann.[35]
Dadurch soll der Empfänger in die Lage versetzt werden, etwa erforderliche Er-
kundigungen einzuholen und die Entscheidung über den Vertragsschluss sachgerecht vorzubereiten. Dieser Prozess kann mit nennenswerten Kosten und Mühen
verbunden sein, die ihren Zweck verfehlen würden, wenn der Antragende jederzeit einfach seinen Antrag zurückziehen könnte. Daher ist es sinnvoll, dass das
Gesetz die Bindung an den Antrag als Regel setzt.

Die Bindung an den Antrag ist kein notwendiges Merkmal eines Antrags, son- 50
dern kann, wie § 145 Hs. 2 BGB ausdrücklich klarstellt, ausgeschlossen werden.
Oft hat derjenige, der seine Erklärung mit dem Zusatz „unverbindlich", „ohne ob-
ligo", „freibleibend" etc. versieht, allerdings etwas anderes im Sinn: Es soll nicht
nur die Bindung an den Antrag ausgeschlossen sein, sondern erreicht werden,
dass der Vertragsschluss nicht allein vom Willen des Adressaten abhängt, für diesen soll also gar keine „annahmefähige Position" entstehen („invitatio ad offerendum"; oben Rdn. 42, 24). Diesen Fall meint § 145 Hs. 2 BGB, der ja gerade von der
Existenz eines Antrags ausgeht, aber nicht. Ebenfalls regelt die Norm nicht den
Fall, dass der Antragende die Bindung an den Vertrag ausschließen wollte. Die

---

34 Streitig ist, ob es insoweit auf den hypothetischen Willen des Verstorbenen ankommt (so z.B.
Erman/*Armbrüster* § 153 Rdn. 2) oder ob die allgemeinen Grundsätze der Auslegung nach den
Verständnismöglichkeiten des Empfängers (oben § 5 Rdn. 50 ff) gelten (so vorzugswürdig Medi-
cus/*Petersen* AT Rdn. 377; *Faust* AT § 3 Rdn. 11).
35 Palandt/*Ellenberger* § 145 Rdn. 3; *Bork* AT Rdn. 724. Dazu auch oben § 7 Rdn. 6 f.

Bindung an den Antrag ist nämlich von der an den Vertrag zu unterscheiden. Was der (vermeintlich) Antragende will, muss durch Auslegung ermittelt werden.[36]

50a   Bei dieser Auslegung spielen die erkennbaren Interessen des Erklärenden, insbesondere die für den Empfänger erkennbaren Gründe der Einschränkung der Bindung, eine zentrale Rolle, aber auch die Rechtsfolgen, die die jeweilige Deutung seines Verhaltens nach sich zieht. Soll die Entscheidung über den Abschluss des Vertrages beim Erklärenden liegen, ist von einer bloßen invitatio ad offerendum auszugehen. Der BGH hat angenommen, dass es sich bei einem freibleibenden Angebot im Regelfall nicht um ein Vertragsangebot, sondern lediglich um eine Aufforderung zur Abgabe eines Angebots handelt.[37] Wird aber tatsächlich i.S. von § 145 Hs. 2 BGB die Gebundenheit an den Antrag ausgeschlossen, kann der Empfänger diesen, solange er nicht widerrufen wird, annehmen.[38] Die Frage lautet dann, wie lange der Antragende sich von seinem Angebot lösen kann.

51 Nach hier vertretener Ansicht endet die Widerrufbarkeit des Antrages mit Zugang der Annahme beim Antragenden. Soll das Lösungsrecht des Antragenden nach Zugang der Annahmeerklärung fortbestehen, z.B. weil der Antragende sich die Möglichkeit erhalten wollte, die angebotene Ware anderweitig zu veräußern, bedarf es eines Rechts, vom Vertrag zurückzutreten, weil mit Zugang der Annahme das Angebot als solches nicht mehr besteht, sondern im Vertrag aufgegangen ist.[39] Es sollte nicht daran gerüttelt werden, dass die Annahme eines annahmefähigen Antrags zum Zustandekommen des Vertrages führt. Viel wichtiger als diese konstruktive Frage ist aber in der Praxis, dass der Antragende nach allen Ansichten gehalten ist, sich unverzüglich nach Zugang der Annahme zu äußern, wenn er keinen Vertrag (mehr) möchte. Das gilt nicht nur für Widerruf/ Rücktritt, sondern regelmäßig auch, wenn die erste Erklärung nur eine invitatio ad offerendum war; denn der andere Teil wird das Schweigen desjenigen, von dem die Initiative zum Vertragsschluss ausging, als Annahme deuten dürfen.[40] Ein Unterschied besteht insofern allein in Bezug auf den Zeitpunkt des Vertragsschlusses: Das Schweigen desjenigen, der die invitatio erklärt hat, führt erst nach Ablauf der – vom Gesetz nicht näher bestimmten – Frist, binnen derer er die Ablehnung des Antrags hätte erklären müssen, zum Vertrag. War demgegenüber bereits seine erste Erklärung als Angebot zu verstehen, so kommt der Vertrag mit Zugang der Annahme zustande.

52 Am anderen Ende der Skala finden sich Angebote, die dem Empfänger sehr langfristig eine gesicherte annahmefähige Position einräumen. Unwiderruflich erteilte Angebote mit langer Annahmefrist können einen selbständigen wirtschaftlichen

---

36 S. Erman/*Armbrüster* § 145 Rdn. 16 ff; BeckOGK/*Möslein*, 1.5.2019, § 145 BGB Rn. 113 f.
37 BGH vom 2.11.1995, NJW 1996, 919 (920); für ein Lösungsrecht aber BGH vom 25.3.2015, NJW 2015, 2584 Rdn. 28 zu der Klausel „subject to prior sale" (Zwischenverkauf vorbehalten).
38 *Faust* AT § 3 Rdn. 9.
39 Wie hier *Faust* AT § 3 Rdn. 9; s. auch Palandt/*Ellenberger* § 145 Rdn. 4; für Widerrufbarkeit auch nach Zugang der Annahme *Flume* AT § 35 I 3c (S. 642 f); Erman/*Armbrüster* § 145 Rdn. 16.
40 S. Palandt/*Ellenberger* § 145 Rdn. 4 mit Hinw. auf RG JW 1926, 2674.

Wert verkörpern, wird es dem Empfänger doch möglich, mit dem Angebot in der Tasche spekulativ die weitere Marktentwicklung zu beobachten und zu seinen Gunsten auszunutzen. Solche längerfristigen Angebote werden **Option** genannt. Vielfach wird der Optionsgeber nur gegen ein Entgelt dazu bereit sein, dem Optionsnehmer eine derart vorteilhafte Position einzuräumen. Dann besteht die Möglichkeit, einen **Optionsvertrag** (synonym: Angebotsvertrag) zu schließen.[41] Die eine Seite macht der anderen auf bestimmte Zeit ein unwiderrufliches Angebot zum Abschluss eines Vertrages über einen bestimmten Vertragsgegenstand, die andere Seite bezahlt dafür ein Entgelt als Ausgleich für das vom Optionsgeber getragene Risiko. Große praktische Bedeutung haben Optionen beim Handel von Wertpapieren, Rohstoffen und Währungen, aber als sog. Verlängerungsoptionen auch im gewerblichen Mietrecht.

dd. Das Erlöschen des Antrags

Gemäß § 146 BGB erlischt der Antrag, wenn er gegenüber dem Antragenden abge- 53
lehnt oder wenn er diesem gegenüber nicht innerhalb der Annahmefristen gemäß §§ 147 bis 149 BGB angenommen wird. Ein weiterer Erlöschensgrund ist der Widerruf oder die Rücknahme eines Antrags, für den der Antragende im Sinne von § 145 Hs. 2 BGB die Gebundenheit ausgeschlossen hat. Was genau mit dem „Erlöschen" des Antrags gemeint ist, kann zweifelhaft sein. Jedenfalls endet die Annahmefähigkeit,[42] was manche dahin interpretieren, dass der Antrag rechtlich nicht mehr existiere.[43]

b. Die Annahmeerklärung

Durch die Erklärung der Annahme macht der Empfänger von der ihm durch den 54
Antrag eingeräumten Rechtsmacht Gebrauch, durch seine Zustimmung zum Antrag das Zustandekommen des Vertrages zu bewirken.

---

41 *Neuner* AT § 36 Rdn. 7.
42 BGH vom 1.6.1994, NJW-RR 1994, 1163 (1164): Angebot mit Ablauf der Frist „erloschen und nicht mehr annahmefähig"; s. ferner BGH vom 26.2.2016, NJW 2016, 2173 Rdn. 21; BGH vom 13.5.2016, NJW-RR 2017, 114 Rdn. 2 – „Eigenprovisionsabrede" (Sachverhalt unter § 30).
43 Jauernig/*Mansel* § 146 Rdn. 3; Erman/*Armbrüster* § 146 Rdn. 4; MüKo/*Busche* § 146 Rdn. 6. So auch BGH vom 11.6.2010, NJW 2010, 2873 – „Verspätete Annahme" (Sachverhalt unten § 30) Rdn. 15: Antrag nach Ablauf der Annahmefrist „nicht mehr existent".

aa. Der Tatbestand der Annahmeerklärung

55 Der objektive Tatbestand einer Annahmeerklärung liegt nur vor, wenn die Erklärung für den Empfänger erkennbar auf dessen Antrag bezogen ist und es der Sinn der Erklärung ist, dass unmittelbar hierdurch der Vertrag zustande kommen soll.

(1) Ausgrenzungen

56 Die Annahmeerklärung ist insbesondere zu unterscheiden von bloßen Mitteilungen, in denen der Empfänger eines Antrags dessen *Eingang bestätigt*. Solche Mitteilungen dienen lediglich der Information, nicht der Herbeiführung einer rechtsgeschäftlichen Rechtsfolge.

57 Besondere Bedeutung hat dies für den online-Abschluss von Verträgen mit einem Unternehmer. Hier ist der Unternehmer gemäß **§ 312i Abs. 1 Satz 1 Nr. 3 BGB** verpflichtet, den Zugang einer online erhaltenen Bestellung des Kunden „unverzüglich auf elektronischem Wege zu bestätigen". Üblich sind automatisch erzeugte E-Mails, die den Kunden innerhalb von Sekunden oder wenigen Minuten zugehen.[44] Wird die Eingangsbestätigung korrekt formuliert,[45] bringt sie deutlich zum Ausdruck, dass hierin noch keine Entscheidung über die Annahme des Antrags zu sehen ist. Wird aber die Eingangsbestätigung als „Auftragsbestätigung" überschrieben, ist das im Zweifel eine Annahme.[46]

(2) Ausdrückliche/konkludente Erklärung

58 Die Annahme kann ausdrücklich („Hiermit nehmen wir Ihren Antrag vom 17. dieses Monats an") oder **konkludent** erfolgen. Die häufigste Form einer konkludenten Annahmeerklärung liegt in einem Verhalten, mit dem der Antragsempfänger von der ihm vertraglich angebotenen Leistung Gebrauch macht (**Willensbetätigung**) oder seinerseits die vertragsmäßige Leistung erbringt.

59 **Beispiele:** S füllt sich in der Cafeteria eine Tasse Kaffee aus der Kaffeemaschine ab. – Der hungrige Gast nimmt in einer Gaststätte mehrere Brezeln aus dem auf dem Tisch bereitgestellten Brotkorb, während er auf das Essen wartet. – Der Erwerber oder Mieter einer Eigentumswohnung ent-

---

44 So z. B. im Fall BGH vom 26.1.2005, NJW 2005, 976 – „Notebook" (Sachverhalt unten § 30); näher unten § 14 Rdn. 43 und 52.

45 Die Schwierigkeiten veranschaulicht ein Vergleich der Entscheidungen AG Hamburg vom 21.11.2003, NJW-RR 2004, 1284; AG Hamburg vom 3.12.2003, NJW-RR 2004, 412; LG Hamburg vom 9.7.2004, NJW-RR 2004, 1568. Ausführliche weitere Nachweise zur Rechtsprechung und zu den jeweiligen Formulierungen der automatisch generierten E-Mails bei *Bodenstedt* MMR 2004, 719 ff und in OLG Nürnberg vom 10.6.2009, MMR 2010, 31.

46 OLG Düsseldorf vom 19.5.2016, MDR 2016, 873.

nimmt Strom aus dem Anschluss zum Leitungsnetz des Stromversorgers.[47] – Der Empfänger eines Darlehensangebots erbringt die im Vertrag vorgesehenen Ratenzahlungen.[48]

Ein viel diskutiertes Sonderproblem ergibt sich, wenn der Empfänger eines An- **60** trags von der Leistung des Antragenden tatsächlich Gebrauch macht, dabei aber ausdrücklich erklärt, den Antrag nicht anzunehmen. Das berühmteste Beispiel bildet der sog. **Hamburger Parkplatzfall** (Sachverhalt unten § 30).[49] Zwar hat das Abstellen eines Kfz auf einem als entgeltpflichtig gekennzeichneten Parkplatz grundsätzlich den Erklärungswert, dass der Benutzer des Parkplatzes das Angebot des Parkplatzbetreibers zum Vertragsschluss annehme. Doch handelt es sich dabei lediglich um einen Schluss vom tatsächlichen Verhalten des Benutzers auf dessen rechtsgeschäftlichen Willen. Die Frage, ob dieser Schluss berechtigt ist, kann aber nicht besser als durch die ausdrückliche entgegenstehende Erklärung des Benutzers geklärt werden. Die ausdrückliche Erklärung lässt für eine anders geartete Interpretation des Verhaltens keinen Raum.[50]

Der **BGH** teilt im Ausgangspunkt die Auffassung, es fehle an einer konkludenten Willenserklä- **61** rung, wenn das Verhalten einer Person zwar an sich den Schluss auf einen rechtsgeschäftlichen Willen zulasse, die Person dabei aber ausdrücklich erkläre, diesen Willen nicht zu haben. Wirkungslos sei dieser Vorbehalt aber, wenn aus dem Verhalten der Person *notwendigerweise* auf einen bestimmten rechtsgeschäftlichen Willen geschlossen werden müsse, wenn also deren Handlungsweise eine andere Deutung nicht zulasse (sog. **protestatio facto contraria**).[51] Die Unterscheidung ist verführerisch einleuchtend, argumentativ dennoch nicht überzeugend, weil es an einer Begründung dafür fehlt, *warum* in den Fällen der behaupteten Wirkungslosigkeit des ausdrücklichen Vorbehalts „notwendigerweise" auf einen rechtsgeschäftlichen Willen geschlossen werden müsse, *warum* das Verhalten trotz des ausdrücklichen Vorbehalts eine „andere Deutung" nicht zulasse. Die andere Deutung folgt daraus, dass derjenige, der ausdrücklich einen Vertragsschluss ablehnt, von seiner negativen Vertragsfreiheit Gebrauch macht.[52] Wer einen Vertragsschluss ablehnt und dennoch die angebotene Leistung in Anspruch nimmt, mag sich rechtswidrig verhalten und unterliegt den hierfür geltenden Sanktionen (insbesondere des Bereiche-

---

47 BGH vom 2.7.2014, NJW 2014, 3148 Rdn. 10. Zur Realofferte des Versorgers oben § 8 Rdn. 33.

48 BGH vom 18.12.2007, NJW-RR 2008, 1436 (1438 Rdn. 38) zu einem verbundenen Kredit, bei dem die Darlehensvaluta der Tilgung einer Kaufpreisschuld des Darlehensnehmers dient und unmittelbar an den Verkäufer ausgekehrt wird.

49 BGH vom 14.7.1956, BGHZ 21, 319 = NJW 1956, 1475; dazu *Petersen* Jura 2011, 907 (907f).

50 Eindringlich *Köhler* JZ 1981, 464 (465ff) – Zur Gegenposition *Flume* AT § 5, 5 (S. 76); MüKo/ *Armbrüster* vor § 116 Rdn. 10; MüKo/*Busche* § 133 Rdn. 57 („Taten können Worte Lügen strafen").

51 BGH vom 2.7.1986, NJW-RR 1986, 1496 (1497).

52 Staudinger/*Singer* (2017) § 133 Rdn. 59f; abweichend (Einschränkung der Privatautonomie) Medicus/*Petersen* Bürgerliches Recht Rdn. 191.

rungs- und Deliktsrechts),[53] äußert aber nicht den Willen, einen Vertrag zu schließen, der diese Sanktionen außer Kraft setzt.[54]

(3) Schweigen als Annahme?

62 Erhebliche praktische Bedeutung hat die Frage, ob bloßes Schweigen auf einen Antrag als Zustimmung zum Vertragsschluss gewertet werden kann.

(a) Der Grundsatz: Schweigen gilt nicht als Zustimmung

63 Ausgangspunkt ist der Grundsatz: Schweigen hat nicht die Bedeutung einer rechtsgeschäftlichen Zustimmung (**qui tacet consentire non videtur**). Dies folgt aus der negativen Vertragsfreiheit. Bloßes Nichts-Tun darf grundsätzlich nicht zu rechtsgeschäftlichen Rechtsfolgen führen. Insbesondere darf niemand einseitig unter Erklärungszwang gesetzt werden, indem ihm mitgeteilt wird, durch Schweigen nehme er ein Angebot an.

64 **Beispiel:** „Wenn ich von Ihnen nicht binnen zwei Wochen ausdrücklich etwas anderes höre, gehe ich davon aus, dass Sie mein einmalig günstiges Angebot angenommen haben." – „Dieses Angebot gilt als angenommen, wenn es nicht innerhalb von zwei Wochen schriftlich abgelehnt wird". Derartige einseitige Zuschreibungen des Offerenten können an der Rechtslage nichts ändern. Wenn der Empfänger schweigt, ist das Angebot grundsätzlich nicht angenommen.

65 Dieser Grundsatz gilt auch in den Fällen der **Zusendung unbestellter Waren** und der **Erbringung unbestellter Leistungen**. Geschieht dies durch einen Unternehmer (§ 14 BGB) an einen Verbraucher (§ 13 BGB), so ordnet § 241a Abs. 1 BGB an, dass hierdurch „ein Anspruch gegen den Verbraucher nicht begründet" wird. Die sehr weite Fassung der Norm soll nach dem Willen des Gesetzgebers klar stellen, dass keinerlei Anspruch gegen den Verbraucher entsteht. Selbst Aneignungshandlungen des Verbrauchers sollen nicht als konkludente Annahme des Vertragsangebots gewertet werden. Gesetzliche Ansprüche auf Herausgabe (§ 985 BGB) oder Wertersatz (§§ 812, 818 BGB) sollen – wie sich im Umkehrschluss aus § 241a Abs. 2 BGB ergibt – ausgeschlossen sein.

---

53 *Köhler* JZ 1981, 464 (467); *ders.* AT § 8 Rdn. 29; *Jauernig/Mansel* vor §§ 145–157, Rdn. 20; *Faust* AT § 3 Rdn. 2 (am Ende); *S. Lorenz* GS Unberath (2015) 293 (295).
54 Anders BGH vom 9.5.2000, NJW 2000, 3429 (Verbleiben eines den Vertragsschlusses ablehnenden Patienten in stationärer Behandlung); BGH vom 30.4.2003, NJW 2003, 3131 (Wasserversorgungsvertrag); BGH vom 2.7.2014, BGHZ 202, 17 Rdn. 10 = NJW 2014, 3148 (Stromversorgungsvertrag); BGH vom 22.7.2014, BGHZ 202, 158 Rdn. 12ff = NZM 2014, 702 (Gaslieferungsvertrag).

Beispiel: S erhält von Hersteller H unaufgefordert ein Wellenschliff-Brotmesser zugeschickt, das **66** 19,95 Euro kostet. Im Anschreiben bittet H „für den unwahrscheinlichen Fall, dass Sie bei diesem einmaligen Angebot nicht zugreifen wollen", um Rücksendung binnen zwei Wochen; andernfalls gehe er davon aus, dass S das Angebot angenommen habe, und bitte um Überweisung des Kaufpreises auf das Konto x bei der y-Bank. S, immer knapp bei Kasse, findet es schade, das Messer, wenn es nun schon mal in seinem Haushalt ist, nicht zu verwenden. Bezahlen will er dafür aber nicht.

Gegen diese Interpretation des § 241a BGB wird der Einwand erhoben, sie sei mit **67** der VerbraucherrechteRL[55], deren Umsetzung die Vorschrift nunmehr dient,[56] nicht zu vereinbaren, da die Richtlinie **vollharmonisiert** sei[57] und somit nicht zulasse, dass der nationale Gesetzgeber im Verbraucherschutz über die Richtlinie hinausgehe.[58] Für den Ausschluss *gesetzlicher* Ansprüche ist dieser Einwand indessen nicht anzuerkennen, da die Richtlinie nur vertragsrechtliche Folgen der Zusendung unbestellter Waren regelt und somit auch die Vollharmonisierung auf diesen Bereich beschränkt ist (vgl. unten § 23 Rdn. 66 a).[59] Ob die *Ingebrauchnahme* unbestellt zugesandter Waren den Erklärungswert einer Annahme hat, ist dagegen eine vertragsrechtliche Frage, die in den Regelungsbereich der Richtlinie fällt. Daher kann § 241a BGB eine Auslegung der Ingebrauchnahme der Sache durch den Verbraucher im Sinne einer konkludenten Annahme nicht schlechterdings ausschließen.[60]

§ 241a Abs. 2 BGB ist ein Paradebeispiel für die verhaltenssteuernden Ziele privatrechtlicher Nor- **67a** men. Der Verlust der gesetzlichen Herausgabeansprüche des Unternehmers ist allein vor dem Hintergrund der erstrebten **Präventionswirkung** plausibel. Wer sich der unerwünschten Geschäftspraktik des Zusendens unbestellter Ware bedient, muss damit rechnen, dass die Ware für ihn verloren ist. Wenn es also manchmal heißt, das Strafen sei nicht Sache des Privatrechts, ist das zu pauschal. Prävention gehört zu den erklärten Zwecken vieler privatrechtlicher Normen, die Anreize für gewünschtes Verhalten setzen und damit Selbststeuerungsprozesse auslösen (dazu bereits § 1 Rdn. 34, § 5 Rdn. 42 sowie § 21 Rdn. 57 zum Verbot geltungserhaltender Reduktion).

---

55 Richtlinie 2011/83/EU vom 25.10.2011 – VRRL.
56 Der anders lautende amtliche Hinweis zu § 241a BGB in der seit 13.6.2014 geltenden Fassung beruht auf einem Redaktionsversehen.
57 Art. 4 VRRL. Zum Begriff der Vollharmonisierung unten § 23 Rdn. 66.
58 *Köhler* FS Gottwald (2014) 363 ff; *ders.* JuS 2014, 865 (868).
59 Staudinger/Eckpfeiler/*Gsell* (2020) K. Rdn. 48; *Jessica Schmidt* GPR 2014, 73 (78).
60 In der Wertung ähnlich Rüthers/*Stadler* § 17 Rdn. 25: Der Empfänger, der die Sache behalte und nutze, sei „kaum schutzwürdig gegenüber der Kaufpreisforderung des Unternehmers".

(b) Die Ausnahmen

68 Schweigen hat ausnahmsweise die Bedeutung einer Zustimmung zum Vertragsschluss, wenn die Parteien dies vereinbart haben oder das Gesetz dies anordnet.

(aa) Verabredete Erklärungsbedeutung des Schweigens

69 Personen, die miteinander in Geschäftsbeziehungen stehen und regelmäßig die Angebote der anderen Seite annehmen, mögen es als einfacher empfinden, wenn sie nur im Ausnahmefall Angebote ablehnen, während im Übrigen Schweigen als Annahme gelten soll. Das kann selbstverständlich vereinbart werden.[61] Ein Verstoß gegen die Grundsätze der Privatautonomie liegt hierin nicht, da die Erklärungsbedeutung des Schweigens auf dem gemeinsamen Willen beider Seiten beruht.

(bb) Gesetzlich normierte Erklärungsbedeutung des Schweigens

70 Das BGB enthält nur eine einzige Vorschrift, nach der Schweigen als Zustimmung zu einem Vertragsantrag gilt, nämlich § 516 Abs. 2 Satz 2 BGB. Der Anwendungsbereich der Norm ist äußerst klein.

71 Nach dem BGB muss niemand sich etwas gegen seinen Willen schenken lassen. Eine unentgeltliche Zuwendung erfordert nach § 516 Abs. 1 BGB eine vertragliche Einigung zwischen Schenker und Beschenktem. Nun kann man aber einem anderen eine als unentgeltlich gedachte Zuwendung machen, ohne sich zuvor mit ihm über die Unentgeltlichkeit zu einigen. Man überweist z. B. 1.000 Euro auf dessen Konto oder bezahlt für ihn eine Schuld. Hierin liegt dann zugleich ein (konkludenter) Antrag auf Abschluss eines Schenkungsvertrages.[62] Der Zuwendende kann gemäß § 516 Abs. 2 Satz 1 BGB den anderen zur Erklärung über die Annahme des Schenkungsangebots binnen bestimmter Frist auffordern. Äußert sich der andere in der Frist nicht, gilt das Schweigen gemäß § 516 Abs. 2 Satz 2 BGB als Zustimmung. Der Gesetzgeber ließ sich von der Erwägung leiten, dass Schenkungen im Leben nur selten nicht angenommen werden.[63]

72 Außerhalb des BGB ist insbesondere § 362 HGB zu nennen. Die Tatbestandsvoraussetzungen dieser Norm sind den Darstellungen des Handelsrechts zu entnehmen. Hier ist nur der regelungstechnische Unterschied zu § 663 BGB hervorzuheben: § 362 HGB ordnet an, dass Schweigen als Zustimmung zum Antrag gilt,

---

61 Medicus/*Petersen* AT Rdn. 393.

62 So die dem § 516 Abs. 2 BGB zugrunde liegende Konstruktion, die sich freilich nur durchhalten lässt, wenn man annimmt, dass die §§ 147 ff BGB durch § 516 Abs. 2 BGB als Sonderregelung verdrängt werden. Näher mit Nachweisen Staudinger/*Chiusi* (2013) § 516 Rdn. 62.

63 Prot. II, S. 8 = Mugdan II, S. 739.

fingiert also die für das Zustandekommen des Vertrages notwendige Annahmeerklärung. § 663 BGB stellt dagegen eine Pflicht auf, im Falle der Ablehnung den
Antragenden unverzüglich hierüber zu informieren. Die Verletzung dieser Pflicht
verpflichtet gemäß § 280 Abs. 1 BGB zum Schadensersatz.

Gemäß § 5 Abs. 3 Satz 1 PflVG gilt ein Antrag auf Abschluss eines Kfz-Haft- 73
pflichtversicherungsvertrages als angenommen, wenn der Versicherer ihn nicht
binnen zwei Wochen seit Eingang ablehnt. Die Vorschrift ist im Zusammenhang
mit dem Abschlusszwang zu sehen, dem der Versicherer unterliegt (§ 5 Abs. 2
PflVG, oben § 1 Rdn. 38).

(cc) Ausgrenzung: Das Schweigen auf ein kaufmännisches Bestätigungsschreiben

Im Schrifttum werden gelegentlich die von der Rechtsprechung entwickelten 74
Grundsätze zum Schweigen auf ein kaufmännisches Bestätigungsschreiben (unten Rdn. 204 ff) als Beispiel dafür genannt, dass das Schweigen kraft gesetzlicher
Anordnung die Bedeutung der Annahme eines Antrags haben könne.[64] Dem ist
nicht zu folgen.

Die Grundsätze zum Bestätigungsschreiben knüpfen an die Tatsache oder zu- 75
mindest die subjektive Vorstellung der Parteien an, dass ein Vertrag geschlossen
worden ist. Also kann das Bestätigungsschreiben nicht den Sinn eines Antrags
auf Abschluss des Vertrages haben, der Gegenstand der Bestätigung ist, und dementsprechend kann das Schweigen auf das Schreiben nicht den Sinn der Annahme eines Antrags auf Abschluss dieses Vertrages haben.[65] Es bleibt nur, in einem
Bestätigungsschreiben den Antrag auf Abschluss eines Änderungsvertrages für
den Fall zu sehen, dass der Inhalt des Bestätigungsschreibens vom Inhalt der getroffenen Vereinbarungen abweicht. So ist das Bestätigungsschreiben aber nicht
gemeint. Es zielt nicht auf die rechtsgeschäftliche Begründung anderer Rechtsfolgen als derjenigen, die sich aus dem bestätigten Vertrag ergeben, vielmehr teilt
der Bestätigende darin dem Empfänger seine Auffassung über das Zustandekommen und den Inhalt des geschlossenen Vertrages mit.[66] Da das Bestätigungsschreiben somit nicht als ein Angebot angesehen werden kann, ist eine Deutung
des Schweigens als Annahme ausgeschlossen (Einzelheiten zum Bestätigungsschreiben unten Rdn. 204 ff).

---

64 *Fezer*, Klausurenkurs im Handelsrecht (6. Aufl. 2013) Rdn. 164.
65 Abweichend (und insoweit nicht überzeugend) *de la Durantaye*, Erklärung und Wille (2020)
S. 172 Fn. 357, S. 178.
66 BGH vom 27.1.1965, NJW 1965, 965; *Petersen* JURA 2003, 687 (691).

(4) Annahme durch „sozialtypisches Verhalten"?

76 Im „**Hamburger Parkplatzfall**" (oben Rdn. 60 f; Sachverhalt unten § 30) hat der BGH die Auffassung vertreten, für die Entstehung vertraglicher Ansprüche sei bei der tatsächlichen Inanspruchnahme von Leistungen, die einem breiten, anonymen Publikum zugänglich gemacht werden, eine Willenserklärung des Nutznießers der Leistung nicht erforderlich. Der BGH ließ es genügen, dass der „sozialtypische Sinn" der Inanspruchnahme solcher Leistungen darin liege, die Vertragsbedingungen des Anbieters zu akzeptieren.[67] Die Begründung wird zu Recht im Schrifttum abgelehnt, da sie mit elementaren Grundsätzen der Privatautonomie nicht zu vereinbaren ist.[68]

(5) Verspätete und modifizierte Annahme

77 § 150 BGB regelt zwei Fälle, in denen der Antragsempfänger zwar erklärt, den Antrag anzunehmen, die Erklärung aber nicht die Wirkung hat, dass der Vertrag zustande kommt.

(a) Verspätete Annahme (§ 150 Abs. 1 BGB)

78 Geht die Annahmeerklärung dem Antragenden erst nach Ablauf der Annahmefrist zu, ist der Antrag erloschen (oben Rdn. 53). Die Annahme geht also in dem Sinne „ins Leere", dass sie keinen Vertrag zustande bringen kann. Bei diesem negativen Ergebnis lässt es das Gesetz aber nicht bewenden. Es will das Zustandekommen von Verträgen fördern und beschleunigen und sieht deshalb vor, dass die als solche wirkungslose Annahmeerklärung als neuer Antrag gilt, § 150 Abs. 1 BGB. Immerhin zeigt die verspätete Annahmeerklärung, dass der Antragsempfänger zum Vertragsschluss kommen möchte. Hat der (ursprüngliche) Antragende noch nicht anders disponiert, wird er hierauf gerne eingehen.

79 § 150 Abs. 1 BGB kann zu problematischen Konsequenzen führen, wenn den Kontrahenten die Verspätung der Erklärung der Annahme nicht bewusst ist, etwa, weil sie eine bestimmte Annah-

---

67 BGH vom 14.7.1956, BGHZ 21, 319 (333 ff) = NJW 1956, 1475 (1476). In späteren Entscheidungen formuliert der BGH, dass die normierende Kraft der Verkehrssitte einem sozialtypischen Verhalten den Sinn einer echten Willenserklärung zumessen könne: BGH vom 16.12.1964, NJW 1965, 387 (388); BGH vom 26.1.2005, NJW-RR 2005, 639 (640); BGH vom 2.7.2014, NJW 2014, 3148 Rdn. 10; BGH vom 22.7.2014, NJW 2014, 3150 Rdn. 12.

68 *Flume* AT § 8, 2 (S. 97 ff); *Neuner* AT § 37 Rdn. 47; *Stadler* AT § 19 Rdn. 34; *Brehm* AT Rdn. 534 („widerspricht den fundamentalen Grundsätzen der Rechtsgeschäftslehre"); Jauernig/*Mansel* Vorbem. §§ 145–157 Rdn. 20 („mit dem BGB unvereinbar").

mefrist vereinbart hatten, die einer rechtlichen Überprüfung nicht standhält.[69] Die Kontrahenten, die nicht wissen, dass die vereinbarte Frist für die Bindung an den Antrag zu lang und die gesetzliche Frist (§ 147 Abs. 2 BGB; dazu oben Rdn. 45) zum Zeitpunkt der Annahme bereits abgelaufen war, sehen den Vertrag als geschlossen an. Der ursprüngliche Antragende erkennt nicht, dass er Empfänger eines neuen Antrags ist und die Annahme erklären muss, um zum Vertragsschluss zu kommen. Die Überzeugung der Kontrahenten, es sei „alles in Ordnung", steht jeglicher Interpretation des Verhaltens des Empfängers eines gemäß § 150 Abs. 1 BGB neuen Antrags im Sinne einer konkludenten Annahme entgegen (oben § 5 Rdn. 7 f). Der BGH hat es auch abgelehnt, § 150 Abs. 1 BGB dahin zu interpretieren, dass mit dem Ablaufe der Annahmefrist nur die Gebundenheit des Antragenden, nicht aber die Annahmefähigkeit des Antrags ende.[70] Im Ergebnis bedeutet das: Es fehlt bereits an einem Vertragstatbestand. Wer das erkennt und sauber zwischen Fragen des Zustandekommens und der Wirksamkeit des Vertrages unterscheidet, kommt gar nicht erst in die Versuchung, bei einem auf diese Art gescheiterten Grundstückskauf über eine Heilung durch Grundbucheintragung des Käufers nachzudenken; denn § 311b Abs. 1 Satz 2 BGB setzt einen zustande gekommenen Vertrag voraus.[71]

(b) Modifizierte Annahme (§ 150 Abs. 2 BGB)

Eine ähnliche Regelungstechnik liegt auch § 150 Abs. 2 BGB zugrunde. Wird die **80** Annahme „unter Erweiterungen, Einschränkungen oder sonstigen Änderungen" erklärt, so ordnet das Gesetz im ersten Schritt an, dass eine solche modifizierte Annahme als Ablehnung des Antrags gilt. Der Antrag erlischt somit (§ 146 Var. 1 BGB). Im zweiten Schritt sieht das Gesetz vor, dass die modifizierte Annahme als neuer Antrag gilt. Die Rollen werden getauscht,[72] das Spiel geht weiter.

Beispiel: A übersendet B ein schriftliches Angebot zur Durchführung bestimmter Malerarbeiten **81** zum Gesamtpreis von 7.500 Euro. B streicht die Entgeltangabe aus, setzt „6.000 Euro" an deren Stelle, unterschreibt und schickt das Schreiben so zurück an A.

§ 150 Abs. 2 BGB ist nicht einschlägig, wenn im Rahmen von Vertragsverhandlun- **82** gen beide Seiten noch darum ringen, sich auf einen gemeinsamen Vertragsentwurf zu einigen. Werden hier einzelne Bestimmungen von einer Seite vorgeschlagen und von der anderen Seite verworfen, macht nicht jede Seite der anderen

---

69 BGH vom 11.6.2010, NJW 2010, 2873 – „Verspätete Annahme" (Sachverhalt unten § 30). Bedenken gegen das Ergebnis der Entscheidung des BGH auch bei *Faust* JuS 2010, 1106 (1108).
70 BGH (vorh. Fn.) Rdn. 15. Jedoch meint BGH vom 24.2.2016, BGHZ 209, 105 = NJW 2016, 1441 Rdn. 39, im Einzelfall könne nach Treu und Glauben von einem Vertrag auszugehen sein; das ist dogmatisch zweifelhaft, die Ergebnisse ohne diese Korrektur sind es aber nicht minder.
71 So ausdrücklich BGH vom 13.5.2016, NJW-RR 2017, 114, Rdn. 29 – „Eigenprovisionsvereinbarung" (Sachverhalt unten § 30): Bereits aus dem Wortlaut des § 311b Abs. 1 Satz 2 BGB folge, dass "nur ein geschlossener Vertrag wirksam werden kann".
72 *Flume* AT § 35 II 1 (S. 650).

jeweils ein Angebot zum Abschluss eines Vertrages. Über den Vertragsschluss wird erst entschieden, wenn der gesamte Vertragstext ausgehandelt ist. Dies stellt § 154 Abs. 1 Satz 2 BGB klar (unten Rdn. 97 ff).

83   § 150 Abs. 2 BGB ist nur anwendbar, wenn die Erklärung den Sinn hat, gerade die **Abweichung** vom Antrag zum Ausdruck zu bringen, indem sie das „**Ja**" zum Vertragsschluss mit einem „**aber**" verbindet. Nur dann nämlich vermag derjenige, der den ursprünglichen Antrag abgegeben hat, zu erkennen, dass sein Antrag nicht angenommen worden ist und er sich nun seinerseits in der Rolle des Empfängers eines neuen Antrags befindet, der die Entscheidung über dessen Annahme zu treffen hat. Die Rechtsprechung fordert deshalb zu Recht, dass der Wille zur Abweichung vom ursprünglichen Antrag in der modifizierten Annahme klar und eindeutig zum Ausdruck kommen müsse.[73]

84   Selbst wenn die Annahme im Wortlaut vom Antrag abweicht, kann deshalb eine Anwendung des § 150 Abs. 2 BGB ausscheiden. Wenn der Antragende (aufgrund von Vorverhandlungen o.ä.) weiß oder wissen muss, dass der Antragsempfänger mit der vom Antrag abweichenden Formulierung der Annahmeerklärung nur das zum Ausdruck bringt, was er, der Antragsempfänger, als Inhalt und Sinn des Antrags versteht, hat die vom Antrag abweichende Formulierung der Annahme nicht den Sinn zu erklären, dass der Antragsempfänger den Vertrag zu vom Antrag abweichenden Bedingungen schließen wolle. Vielmehr kommt aufgrund normativen Konsenses (unten Rdn. 157 ff) ein Vertrag mit dem Inhalt zustande, den der Empfänger dem Antrag entnommen hat und entnehmen durfte.

85 Beispiel: Im Fall „**Original-IBM-Druckkassetten**" (Sachverhalt unten § 30) betraf die Ausschreibung der Bekl. nicht irgendwelche Druckkassetten, die in IBM-Druckern verwendet werden können, sondern ausdrücklich nur Originalware des Herstellers IBM. Hierauf nahm die Kl. Bezug, indem sie „das gewünschte Angebot" unterbreitete, dabei alle Eckdaten der Ausschreibung wiederholte, zwar das Wort „Original" wegließ, aber doch den Rücksendungsumschlag mit dem aufgedruckten „Originalware"-Text verwendete. Die Bekl. erteilte ihr daraufhin den Auftrag zur Lieferung von „Original-IBM-Druckkassetten" lt. Ausschreibung. Obwohl die Annahmeerklärung verbal sich nicht mit dem Angebot deckte, durfte die Kl. dies nicht als eine modifizierte Annahme im Sinne von § 150 Abs. 2 BGB und somit als Ablehnung ihres Angebots verstehen.[74] Sie musste vielmehr davon ausgehen, dass die Bekl. die versteckte Abweichung des Angebots gar nicht bemerkt hatte und die auf „Original-IBM-Druckkassetten" lautende Annahme Ausdruck dieses Verständnisses des Angebots war.

---

73 BGH vom 18.11.1982, WM 1983, 313 (314); BGH vom 14.5.2014, NJW 2014, 2100 Rdn. 17.
74 Anders OLG Hamm vom 8.9.1997, NJW-RR 1998, 1747 (1748: Bejahung sowohl des § 150 Abs. 2 BGB als auch eines Dissenses).

Im Übrigen kann die Auslegung des Antrags ergeben, dass die Modifizierung in- 86
nerhalb des rechtsgeschäftlichen Willens des Antragenden liegt. Dann bedarf es
nicht einer Anwendung des § 150 Abs. 2 BGB, um die Selbstbestimmung des Antragenden zu wahren. Dies wird vielfach bei Abweichungen *zugunsten* des Antragenden anzunehmen sein.

Beispiel: K macht kurz vor Geschäftsschluss im Lebensmittelmarkt ihre Wochenendeinkäufe. Sie 87
nimmt u. a. zwei Schalen frische Früchte mit, die mit 1,99 Euro ausgezeichnet sind. Zuhause stellt
sie fest, dass ihr für die Schalen nur jeweils 0,99 Euro berechnet worden sind. Die Scannerkasse
hat eine kurzfristige Preisherabsetzung berücksichtigt, obwohl die Preisschilder an der Ware
nicht korrigiert worden waren. Hier wird man ohne weiteres davon ausgehen können, dass K die
Früchte zu dem im Laden ausgezeichneten *oder* einem etwaigen günstigeren Preis erwerben wollte. Nimmt man an, dass K den Antrag macht, indem sie die Ware auf den Kassentisch legt,[75] so
deckt ihr so ausgelegter Antrag die Annahme zu 0,99 Euro durch die Kassenangestellte.

bb. Die Wirksamkeit der Annahmeerklärung

Auf die Wirksamkeit der Annahmeerklärung ist hier nur einzugehen, soweit sich 88
Besonderheiten gegenüber der Wirksamkeit von Willenserklärungen allgemein
(oben § 6 Rdn. 9 ff und 74 ff) und der Wirksamkeit des Antrags (oben Rdn. 34 ff) ergeben.

Die wichtigste Abweichung gegenüber den allgemeinen Vorschriften ist, dass 89
die Annahme unter bestimmten Voraussetzungen schon mit *Abgabe* der Erklärung (und nicht erst mit deren Zugang, § 130 BGB) wirksam werden kann. Dies
folgt aus § 151 Satz 1 Hs. 2 BGB. Die Vorschrift verzichtet nicht etwa auf das Erfordernis einer Annahme, sondern nur darauf, dass die Annahme *„dem Antragenden
gegenüber erklärt"* wird, wenn eine solche Erklärung nach der Verkehrssitte nicht
zu erwarten ist oder der Antragende hierauf verzichtet hat. Unter den vom Gesetz
genannten Voraussetzungen bedarf es „lediglich der Annahme als solcher, d.h.
eines als Willensbetätigung zu wertenden, nach außen hervortretenden Verhaltens des Angebotsempfängers, aus dem sich dessen Annahmewille unzweideutig
ergibt".[76] Die Annahmeerklärung gemäß § 151 Satz 1 Hs. 2 BGB ist *nicht empfangsbedürftig,*[77] Zugang für deren Wirksamkeit somit nicht erforderlich.

---

75 Hierzu oben Rdn. 27.
76 BGH vom 28.3.1990, BGHZ 111, 97 (101) = NJW 1990, 1655 (1656).
77 Ganz h.M.: BGH vom 21.10.2004, NJW 2004, 3699; MüKo/*Busche* § 151 Rdn. 3; *Bork* AT
Rdn. 749; Medicus/*Petersen* AT Rdn. 382. Abweichend *Flume* AT § 35 II, 3 (S. 655: Annahmeerklä-
rung entbehrlich); ebenso die h.M. zum § 151 BGB stark ähnelnden § 864 Abs. 1 ABGB in Österreich, wo strikt zwischen Willensbetätigung und Willenserklärung unterschieden wird.

90 **Beispiel „Larenz AT antiquarisch":** K schreibt V, er wolle das von V in einer Zeitungsanzeige inserierte antiquarische Buch „Larenz, Allgemeiner Teil des deutschen Bürgerlichen Rechts, 7. Aufl. 1989, mit handschriftlicher Widmung des Autors" zu dem von V inserierten Preis und Lieferung per Nachnahme kaufen. Im Verkehr wird nicht erwartet, dass V zunächst in einem gesonderten Schreiben oder auf andere Weise dem K gegenüber die Annahme des Antrags erklärt. Es genügt, dass V die Bestellung ausführt. Macht V das Buch aufgrund der Bestellung des K versandfertig,[78] liegt hierin die Erklärung der Annahme. In diesem Moment kommt der Vertrag mit K zustande.

91 Die Vorverlagerung des Vertragsschlusses, die durch § 151 Satz 1 Hs. 2 BGB erreicht wird, ist insofern sinnvoll, als dadurch bei einem Distanzkauf die Versendung der Ware schon unter dem Schutz des Vertragsrechts erfolgt. Dieses regelt insbesondere, wer den wirtschaftlichen Verlust zu tragen hat, falls die Ware auf dem Transport zerstört wird.

92 Im **Beispiel „Larenz AT antiquarisch"** (oben Rdn. 90) wird das an K verkaufte Exemplar des „Larenz AT" durch einen Paketdienst in einem LKW befördert. Bei einem Unfall werden alle Paketen zerstört. Hierdurch wird der Verkäufer von seiner Verpflichtung frei, den „Larenz AT" dem Käufer zu übereignen und zu übergeben (§ 275 Abs. 1 BGB).[79] Zugleich verliert der Verkäufer grundsätzlich den Anspruch auf den Kaufpreis (§ 326 Abs. 1 BGB). Anders, wenn die Voraussetzungen des § 447 Abs. 1 BGB vorliegen: Ist die Gefahr übergegangen,[80] trägt der Käufer den wirtschaftlichen Verlust aus dem Untergang der Sache. Technisch geschieht dies dadurch, dass der Käufer (abweichend von § 326 Abs. 1 BGB) zur Zahlung des Kaufpreises verpflichtet bleibt, obwohl er die (nicht mehr existente) Kaufsache nicht erhält. § 447 BGB gilt freilich bei einem Verbrauchsgüterkauf im Sinne des § 474 Abs. 1 BGB nur, wenn der Verbraucher den Paketdienst eingeschaltet hat (§ 475 Abs. 2 BGB). Andernfalls ist § 447 BGB nicht anzuwenden, wenn K das antiquarische Buch als Verbraucher von einem Unternehmer (§§ 13, 14 BGB, oben § 2 Rdn. 27 ff) erwirbt, und K wird von der Verpflichtung zur Zahlung des Kaufpreises durch den Untergang des Buches gemäß § 326 Abs. 1 Satz 1 BGB frei.

93 Der abgekürzte Vertragsschlussmechanismus des § 151 Satz 1 Hs. 2 BGB kann Gefahren für den Antragsempfänger begründen, die der Antragende zudem einseitig auslösen kann, indem er auf den Zugang einer Annahmeerklärung verzichtet.

94 **Beispiel „Erlassfalle":**[81] S schuldet G eine beträchtliche Summe Geldes, deren genaue Höhe zwischen beiden streitig ist. Er bietet in einem Schreiben dem G an, einen (kleinen) Teil der Schulden

---

78 Zu Recht stellt *Faust* AT § 3 Rdn. 20 auf dieses Kriterium ab, da schon hierin zum Ausdruck kommt, dass V die Bestellung des K ausführt, also dem Antrag entsprechen will. Die überwiegende Gegenmeinung hält die Versendung der bestellten Sache für maßgeblich.

79 Ein antiquarisches Buch mit persönlicher Widmung des Autors stellt ein Einzelstück dar, das durch kein anderes Exemplar ersetzt werden kann.

80 Zum Begriff des Übergangs der Gefahr *Leenen* JuS 2008, 577 (581 ff).

81 Vorlage: BGH vom 28.3.1990, BGHZ 111, 97 = NJW 1990, 1655; hierzu Medicus/*Petersen* AT Rdn. 393; *Faust* AT § 3 Rdn. 21.

in mehreren Raten zu begleichen, wenn die Sache damit auch für G erledigt sei, und fügt einen Verrechnungsscheck über die erste Rate bei. Zugleich verzichtet er in dem Brief auf eine Rückäußerung von G; er wolle nur noch seinen Frieden haben. G, der endlich einen Scheck von S in den Händen hält, reicht den Scheck sofort seiner Bank zum Einzug ein und antwortet S schriftlich, sein Vorschlag sei eine Zumutung, auf die er selbstverständlich nicht eingehe. S meint, G habe durch die Scheckeinreichung seinen Vergleichsvorschlag gemäß § 151 Satz 1 Hs. 2 BGB angenommen.

Die Rechtsprechung stellt in solchen Fällen zu Recht hohe Anforderungen an ein **95** Verhalten des Antragsempfängers, das den Willen zum Abschluss des für ihn ausschließlich nachteiligen Erlassvertrages zum Ausdruck bringt. Die bloße Einziehung des beigefügten Schecks (zu der ein Gläubiger ja berechtigt ist) genügt nicht, wenn das Gesamtverhalten des Gläubigers eine andere Sprache spricht.[82] Allerdings kommt es auf die gesamten Umstände des Falles an, u.a. auf die Höhe der angebotenen Zahlung.[83]

cc. Die Wirkung der Annahmeerklärung

Die rechtliche Wirkung der Annahme scheint sich ganz unmissverständlich aus **96** dem ersten Halbsatz des § 151 Satz 1 BGB zu ergeben: Durch die Annahme des Antrags kommt der Vertrag zustande. Dies ist der Grundsatz, doch bleibt ein Vorbehalt zu machen. In seltenen Fällen zeigt sich, dass die Parteien in ihren Erklärungen keine Einigung erzielt haben, und hieran kann das Zustandekommen des Vertrages scheitern (unten Rdn. 165 ff).

2. Der Abschluss des Vertrages durch gemeinsame Zustimmung zu einem Vertragstext

Häufig werden Verträge nicht durch Antrag und Annahme geschlossen. Statt es **97** *einer* Seite zu überlassen, das gesamte Vertragsprogramm zu entwerfen, und dann die *andere* Seite darüber entscheiden zu lassen, ob diese Regelung gelten soll, setzen sich die Partner eines in Aussicht genommenen Vertrages *gemeinsam* an einen Tisch, handeln miteinander aus, welche Regelung sie treffen wollen, halten die gefundenen Vereinbarungen schriftlich fest, und unterzeichnen dann

---

82 BGH vom 28.3.1990, BGHZ 111, 97 (102) = NJW 1990, 1655 (1656); BGH vom 10.5.2001, NJW 2001, 2324 (2324 f) mit Besprechung *Kleinschmidt* NJW 2002, 346; OLG Celle vom 9.1.1992, NJW-RR 1992, 884; Thüringer OLG vom 12.7.2000, OLG-NL 2000, 193; OLG Koblenz vom 21.11.2002, NJW 2003, 758 (759).
83 Lesenswert hierzu österr. OGH vom 18.12.2003, 8 Ob 131/03b (abrufbar unter https://www.ris. bka.gv.at/Jus/), wo bei Zahlung von rund 60 % der Schuld ein Erlass des Restbetrags bejaht wird.

eine Vertragsurkunde mit diesem Text.[84] Das Verfahren bringt besonders sinnfällig zum Ausdruck, worum es beim Vertrag eigentlich geht: Beide Seiten müssen versuchen, ihre unterschiedlichen Interessen zum Ausgleich zu bringen („sich vertragen"), und wenn sie schließlich gemeinsam einen Kompromiss gefunden haben, bleibt ihnen die Entscheidung, ob sie diese Regelungen auch in Geltung setzen wollen.

98　　Wirtschaftlich bedeutende Verträge mit komplexem Inhalt werden typischerweise in dieser Technik geschlossen.[85] Aber auch im alltäglichen Leben ist diese Technik des Vertragsschlusses verbreitet. Der Ablauf dieser Vertragsschlusstechnik gliedert sich (wie bei Antrag und Annahme) in zwei Phasen, an der aber (anders als bei Antrag und Annahme) typischerweise *beide* Seiten beteiligt sind. Zunächst muss das Vertragsprogramm dem Inhalt nach ausgearbeitet werden, dann kann es in Geltung gesetzt werden.

99　　Die §§ 145–153 BGB, denen als Leitbild der Vertragsschluss unter Abwesenden zugrunde liegt, passen für den Abschluss derartiger gemeinsam ausgehandelter oder im Einverständnis beider Seiten von einem Dritten ausgearbeiteter Verträge grundsätzlich nicht.[86] So lässt sich die für Verhandlungen typische Ablehnung von Regelungsvorschlägen der Gegenseite verbunden mit dem Vorbringen eigener Positionen nicht mit § 150 Abs. 2 BGB erfassen.[87] Wichtige Regelungen für diese Vertragstechnik lassen sich aber den §§ 154 und 155 BGB entnehmen.[88]

---

84 Hierzu *U. Huber* RabelsZ Bd. 43 (1979), 412 (445 f); *Flume* AT § 34, 2 (S. 619 f); *Leenen* AcP 188 (1988), 381 (399 ff); *Bischoff*, Der Vertragsschluss beim verhandelten Vertrag (2001) S. 189 ff; Medicus/*Petersen*, Grundwissen zum Bürgerlichen Recht (11. Aufl. 2019) § 6 Rdn. 22; *Kötz*, Vertragsrecht (2. Aufl. 2012) Rdn. 80; Staudinger/Eckpfeiler/*Schiemann* (2020) D. Rdn. 63; Palandt/*Ellenberger* § 145 Rdn. 6; jurisPK-BGB/*Otto* § 145 Rdn. 10; *Hellgardt* AcP 213 (2013), 760 (766).

85 Eine treffende Würdigung dieser Technik findet sich bei *Rudolf B. Schlesinger*, Formation of Contracts (1968), Bd. 2, S. 1584 f: „In the usual negotiation of a large-scale transaction there is no room for offer and acceptance".

86 Nach *Bork* AT Rdn. 701 (a. E.) sind die §§ 145 ff BGB „für diesen Fall nicht gedacht, können aber, wo es passt, im Einzelfall analog herangezogen werden". Nach *Bischoff*, Der Vertragsschluss beim verhandelten Vertrag (2001) S. 207 können die §§ 145–153 BGB auf Verträge, die durch gemeinsame Zustimmung zu einem Vertragstext geschlossen werden, keine Anwendung finden. Die Gegenposition (unmittelbare Anwendbarkeit der §§ 145 ff auf den Abschluss von Verträgen im Wege gemeinsamer Zustimmung zu einem Vertragstext) vertritt NK-BGB/*Rademacher/G. Schulze* vor §§ 145–157 Rdn. 17.

87 PWW/*Brinkmann* vor §§ 145 ff BGB Rdn. 45.

88 Hierzu *Leenen* AcP 188 (1988), 382 (404 ff).

a. Die Festlegung des Inhalts der vertraglichen Regelung

Die Ausarbeitung des Inhalts der vertraglichen Regelung erfolgt oft in der Wei- **100**
se, dass beide Seiten sich von einem Dritten einen Entwurf erstellen lassen,
den sie dann gemeinsam mit dem Dritten erörtern und eventuell in einigen
Punkten modifizieren. Geradezu typisch ist diese Vorgehensweise beim Abschluss von Grundstückskaufverträgen, die gemäß § 311b Abs. 1 Satz 1 BGB notarieller Beurkundung bedürfen. Der Notar klärt mit den Parteien die wichtigsten Eckdaten des Vertrages, greift zu den Details auf Vertragsmuster zurück,
und erarbeitet so einen Vertragstext, den er in der Verhandlung den Parteien
vorliest und erläutert, wobei stets noch Änderungen vorgenommen werden
können (unten § 9 Rdn. 187 ff). Beim Abschluss von Mietverträgen oder von
Kaufverträgen über gebrauchte Kraftfahrzeuge bedienen sich die Kontrahenten
vielfach der hierzu im Handel und bei Verbänden erhältlichen Formulare, die
nur noch in einigen Punkten ergänzt werden müssen. Alle diese Vertragsmuster
sind nicht nach dem Schema von Antrag und Annahme aufgebaut, sondern
enthalten den Text des Vertrages, der zwischen den Beteiligten geschlossen
werden soll.

Bei manchen Transaktionen werden Verträge Schritt für Schritt erarbeitet. Hat man sich zu einem **101**
Punkt auf eine bestimmte Regelung geeinigt, wird der Text festgehalten und von beiden Seiten
mit einem Namenskürzel versehen („**Punktation**"). Damit wird lediglich das Verhandlungs-
ergebnis zu diesem Punkt festgestellt, nicht aber schon etwa als Regelung in Geltung gesetzt – die
Parteien befinden sich ja noch in der Phase der Vorbereitung des Gesamttextes des Vertrages.
Eine gesetzliche Regelung hierzu findet sich in **§ 154 Abs. 1 Satz 2 BGB**. Dass die Verständigung
über die einzelnen Punkte nicht „bindend" ist, bedeutet auch, dass die Klausel erneut aufgegriffen und abgeändert werden kann. Das kann sich als notwendig erweisen, wenn zwischen den
Kontrahenten ein schwieriger Kompromiss erreicht werden muss, und eine Seite nur bereit ist, zu
einer Frage nachzugeben, wenn eine schon festgestellte andere Klausel noch zu ihren Gunsten
geändert wird.

Werden die Verhandlungen erfolgreich abgeschlossen, ist am Ende ein Vertrags- **102**
text erarbeitet, auf den sich beide Delegationen geeinigt haben. Selbstverständlich gilt damit diese vertragliche Regelung noch nicht. Vielfach werden die Ver-
handlungsdelegationen zum Abschluss des Vertrages gar nicht berechtigt sein.
Der Abschluss des Vertrages erfordert einen weiteren Schritt und bleibt deshalb
noch vorbehalten.

b. Die In-Geltung-Setzung der vertraglichen Regelung

Die meisten Verträge, die in dieser Technik abgeschlossen werden, sind entweder **103**
von Gesetzes wegen formbedürftig, oder es ist doch Schriftform zwischen den Vertragsschließenden vereinbart worden. Die Einhaltung der Form dient dann typi-

scherweise als „Stempel des fertigen juristischen Willens",[89] sie hat konstitutive Bedeutung für das Zustandekommen des Vertrages.[90] Für die gewillkürte Schriftform gilt dies gemäß § 154 Abs. 2 BGB als Auslegungsregel: Haben die Kontrahenten Beurkundung (also in aller Regel: Schriftform) vereinbart, so ist der Vertrag im Zweifel nicht geschlossen, bis die Beurkundung erfolgt ist.[91]

104 Bei der **notariellen Beurkundung** eines Grundstückskaufs geben beide Seiten ihre auf den Abschluss des Vertrages gerichteten Willenserklärungen dadurch ab, dass sie die Niederschrift des Notars über die Verhandlung unterzeichnen (unten § 9 Rdn. 189). Diese Niederschrift enthält den Vertragstext, der ihnen vom Notar verlesen und erläutert wurde.

105 Gilt für den Vertrag **Schriftform** (kraft Gesetzes oder kraft Verabredung der Parteien), so muss gemäß § 126 Abs. 2 BGB „die Unterzeichnung der Parteien auf derselben Urkunde erfolgen". Werden über den Vertrag mehrere gleich lautende Urkunden aufgenommen, so genügt es, wenn jede Partei die für die andere Partei bestimmte Urkunde unterzeichnet (§ 126 Abs. 2 Satz 2). Dass „über den Vertrag" Urkunden aufgenommen werden, entspricht der Technik der gemeinsamen Zustimmung zu einem Vertragstext. Zwar kann für die Einhaltung einer vereinbarten Schriftform gemäß § 127 Abs. 2 Satz 1 BGB auch ein Briefwechsel genügen, doch ist das nur für Verträge sinnvoll, die im Wege von Antrag und Annahme geschlossen werden. Ist der Vertragstext zunächst gemeinsam ausgehandelt worden und Schriftform für den Abschluss des Vertrages vorgesehen, manifestiert sich der Rechtsbindungswille der Parteien in der Beurkundung gemäß § 126 BGB.

106 Die Funktion einer solchen „Abschlusssperre"[92] kann auch **gesetzlichen Formerfordernissen** zukommen, wenn die Vertragsschließenden (erst) die Beachtung der gesetzlichen Form als Ausdruck des gegenseitigen Rechtsbindungswillens ansehen. So ist es typischerweise bei einem Grundstückskaufvertrag, der nach dem Verständnis der Parteien erst mit der notariellen Beurkundung (§ 311b Abs. 1 Satz 1 BGB, dazu unten § 9 Rdn. 187 ff) zustande kommen soll, auch wenn die Einzelheiten des Vertrages zuvor ausgehandelt und festgelegt werden.[93] An-

---

89 Mot. I, S. 179 = Mugdan I, S. 154 in Kennzeichnung eines typischen Formzweckes. Dazu unten § 9 Rdn. 147.

90 MüKo/*Busche* § 154 Rdn. 10.

91 Palandt/*Ellenberger* § 154 Rdn. 4: Die Einhaltung der Form sei im Zweifel Abschlussvoraussetzung, der Vertrag komme im Zweifel erst mit der Beurkundung zustande. Ebenso *Petersen* Jura 2009, 419 (420).

92 Diesen Begriff verwendet auch *Bischoff*, Der Vertragsschluss beim verhandelten Vertrag (2001) S. 210, 223, 230; s. ebenfalls NK-BGB/*Rademacher/G. Schulze* § 154 Rdn. 2.

93 Instruktiv dazu BGH vom 13.10.2017, MDR 2018, 205: Bis zum Abschluss des Vertrages vor dem Notar bestehe keinerlei Bindung des Verkäufers an den genannten Kaufpreis, eine kurzfristige Erhöhung von 376 000 Euro auf 472 400 Euro sei daher keine Pflichtverletzung.

ders, wenn die Parteien – was freilich praktisch kaum vorkommt – verabreden, dass sie sich mit einem schriftlichen Grundstückskaufvertrag begnügen wollen. Dann soll die Unterzeichnung der privatschriftlichen Urkunde abschließender Ausdruck des Rechtsbindungswillens sein. Der Vertrag kommt mit der Einhaltung der von den Kontrahenten verabredeten Form gemäß § 154 Abs. 2 BGB zustande, ist aber wegen des Mangels der gesetzlich vorgeschriebenen Form nichtig (§§ 311b Abs. 1 Satz 1, 125 BGB). Der Formmangel, und nur dieser (s. Rdn. 79 a. E.),[94] kann gemäß § 311b Abs. 1 Satz 2 BGB geheilt, der Vertrag hierdurch noch wirksam werden.

Wird ein **mündlicher Vertrag** in dieser Technik geschlossen, so kann ein **107** symbolischer Akt als Ausdruck des Rechtsbindungswillens dienen: Berühmt ist der Handschlag, mit dem noch heute mancher Pferdekauf zustande kommt.[95]

c. Die Wirksamkeit der auf den Abschluss des Vertrages gerichteten Erklärungen

Die Wirksamkeit der Erklärungen richtet sich nach den allgemeinen Vorschriften. **108** Die Erklärungen sind empfangsbedürftig (§ 130 BGB), doch liegt hier in aller Regel kein Problem. Da der Vertrag durch identische Erklärungen beider Seiten zustande kommt, kennt jede Seite den Vertragsinhalt. Der Vertrag kommt mit der gemeinsamen Unterzeichnung der Urkunde(n) zustande, für den Zugang der Erklärungen ist nicht noch die (mehr rituell bedeutsame) gegenseitige Überreichung der Vertragsurkunden erforderlich.

Die Vertragsparteien können (und werden meist) vereinbaren, dass ein aus- **109** gehandelter Vertragstext nur binnen bestimmter Frist in Geltung gesetzt werden kann. Stimmt eine Seite dem Vertrag innerhalb der Frist nicht zu, fehlt es an einer der beiden für den Abschluss des Vertrages erforderlichen Erklärungen und der Vertrag kommt deshalb nicht zustande. Nichts aber hindert die Parteien, auch nach Ablauf der Frist die Vertragsurkunde zu unterzeichnen. Sind sie sich einig, dass sie sich nunmehr vertraglich binden wollen, kommt der Vertrag zustande.

---

94 Anders, wenn § 154 Abs. 2 BGB eingreift und es somit überhaupt an einem Vertrag fehlt, der wegen Formmangels nichtig sein könnte: Hierzu das Beispiel bei *Brehm* AT Rdn. 542.
95 *Lorenz Neumann*, Das Pferdekaufrecht nach der Schuldrechtsmodernisierung (2006), S. 71; NK-BGB/*Rademacher/G. Schulze* § 154 Rdn. 3 Fn. 11.

3. Mischformen und Abwandlungen der Grundtechniken des Vertragsschlusses

110 Ein Vertrag kann in jeder Weise geschlossen werden, die den gemeinsamen Regelungswillen beider Seiten zum Ausdruck bringt.[96] Die Parteien sind nicht auf eine bestimmte Technik des Vertragsschlusses festgelegt.[97]

111 Im Ersten Entwurf zum BGB war noch vorgesehen, dies als einleitenden Grundsatz den Vorschriften über den Abschluss von Verträgen voranzustellen. § 77 E I lautete: „Zur Schließung eines Vertrages wird erfordert, dass die Vertragschließenden ihren übereinstimmenden Willen sich gegenseitig erklären." Die Vorschrift wurde nicht Gesetz, weil es der Zweiten Kommission nicht notwendig erschien, die zum Vertragsschlusse wesentlichen Erfordernisse aufzustellen.[98] Was den Verfassern des BGB selbstverständlich erschien, wird in der Kodifikation des US-amerikanischen Kaufrechts ausdrücklich festgehalten. Uniform Commercial Code (UCC) § 2–204 bestimmt: „(1) A contract for sale of goods may be made in any manner sufficient to show agreement, including conduct by both parties which recognizes the existence of such a contract. (2) An agreement sufficient to constitute a contract for sale may be found even though the moment of its making is undetermined."

112 Das BGB selbst regelt eine Abwandlung der Technik von Antrag und Annahme in § 156 BGB: Bei einer **Versteigerung** erlischt ein Gebot, wenn ein höheres Gebot abgegeben wird (§ 156 Satz 2 BGB). Der Vertrag kommt mit dem Zuschlag[99] durch den Versteigerer zustande (§ 156 Satz 1 BGB).[100]

113 § 156 BGB betrifft die „klassische" Versteigerung, bei der ein Auktionator (der Versteigerer) die ihm eingelieferten Sachen „aufruft" und Gebote der (typischerweise: anwesenden) Teilnehmer anfordert. Der Höchstbietende hat keinen Anspruch auf den Zuschlag. Die Versteigerung im Sinne des § 156 BGB führt also nicht automatisch dazu, dass der Vertrag mit dem Höchstbietenden zustande kommt. Hierin liegt ein wesentlicher Unterschied zu den heute üblichen „Versteigerungen" im Internet (dazu sogleich unten Rdn. 126 ff).

114 Die Partner eines in Aussicht genommenen Vertrages können die vom Gesetz geregelten Grundtechniken des Vertragsschlusses ihren besonderen Bedürfnissen anpassen. Sie können beispielsweise den Preisfindungsmechanismus, der einer

---

96 *Neuner* AT § 37 Rdn. 2; *Jessica Schmidt*, Der Vertragsschluss (2013) S. 29 m. w. N.

97 *Bischoff*, Der Vertragsschluss beim verhandelten Vertrag (2001) S. 193; *Neuner* AT § 37 Rdn. 2; *Hellgardt* AcP 213 (2013), 760 (insbesondere zu Vertragsschlussregeln auf privaten Marktplätzen 773 ff, 803 ff); *Zwanzger*, Der mehrseitige Vertrag (2013) S. 146 f.

98 Prot I, S. 156 = *Mugdan* I, S. 688.

99 Für die Wirksamkeit des Zuschlags ist Zugang beim Bieter nicht erforderlich (BGH vom 24.4.1998, BGHZ 138, 339 (342) = NJW 1998, 2350): Der Vertrag ist im Moment des dritten Hammerschlages geschlossen, auch wenn der Bieter inzwischen den Saal verlassen haben sollte.

100 Ob der Vertrag mit dem *Versteigerer* oder mit dem *Einlieferer* zustande kommt, hängt davon ab, ob der Versteigerer im eigenen Namen oder im Namen des Einlieferers den Zuschlag erteilt.

Versteigerung zugrunde liegt, auch ohne Auktionator in ihrem Verhältnis zueinander ausnutzen. Sie müssen sich nur auf „Spielregeln" einigen, die dies ermöglichen.

Beispiel: A und B sind je zur Hälfte Eigentümer eines Gemäldes, das sie vor langer Zeit gemein- **115** sam erworben haben und an dem sie sehr hängen. Es kommt zu einem Zerwürfnis zwischen den beiden. Jeder möchte dem anderen dessen Miteigentumsanteil abkaufen. Unklar ist der Marktwert des Bildes, nicht abzuschätzen ist die Bereitschaft beider Seiten, wegen ihres besonderen Interesses gerade an diesem Bild einen über den Marktwert hinausgehenden Preis zu akzeptieren. Sie vereinbaren Folgendes: Bei persönlicher Anwesenheit beider macht A zunächst dem B ein Angebot zum Kauf von dessen Anteil. Nimmt B dieses Angebot nicht binnen einer Minute an, liegt darin die Ablehnung des Angebots verbunden mit einem Angebot des B an A, dessen Anteil zu einem um 1.000 Euro höheren Preis zu erwerben. Nimmt A nicht an, gilt dies als neues Angebot des A an B zu einem wiederum um 1.000 Euro erhöhten Kaufpreis. Das Verfahren wird so lange mit einer Erhöhung des Angebots in Schritten von 1.000 Euro fortgesetzt, bis eine Seite das Angebot der anderen Seite annimmt. A setzt bei 20.000 Euro ein. Nach 37 „Runden" gibt A auf und nimmt das Angebot des B an, ihm 57.000 Euro für den Erwerb seines Miteigentumsanteils zu zahlen. Zwischen A und B ist ein Kaufvertrag zustande gekommen, der A verpflichtet, seinen Miteigentumsanteil an B zu übertragen, und B, hierfür 57.000 Euro an A zu zahlen.

Im Beispielsfall mag es umständlich erscheinen, dass beide Seiten so lange brau- **116** chen, bis das Ergebnis feststeht. Man muss nur die Spielregel ändern, und es geht schneller.

Abwandlung: A und B vereinbaren, dass eine Seite, die durch Los bestimmt wird, den Kaufpreis **117** festlegt und die andere Seite dann entscheidet, ob sie zu diesem Preis den gegnerischen Anteil *kauft* oder den eigenen Anteil *verkauft*.

In den herkömmlichen Kategorien des Vertragsschlusses durch Antrag und An- **118** nahme wirft ein solches Verfahren viele Fragen auf. Wer macht hier das Angebot, wer erklärt die Annahme? Ist das Angebot „bestimmt", wenn es offen lässt, wer kauft und wer verkauft? Es lohnt nicht, konstruktiv aufwendige Wege zu suchen, die eine solche Technik in das Schema von Antrag und Annahme einfügen könnten. Das Verfahren führt dazu, dass am Ende feststeht, welche Regelung nach dem gemeinsamen Willen beider Seiten gelten soll, sowie, *dass* diese Regelung zwischen ihnen gelten soll. Mehr ist nicht erforderlich.

Im Vorfeld eines Vertragsschlusses ist auch stets ein Wechsel der Technik des **119** Vertragsschlusses möglich. Parteien, die mit der Zusendung von Anträgen, Ablehnungen und neuen Gegenanträgen nicht weiter kommen, können das Verfahren wechseln und erst einmal miteinander sprechen, verhandeln und einen Vertragstext erarbeiten, dem sie dann gemeinsam zustimmen. Parteien, die miteinander verhandeln und einen gemeinsamen Vertragstext zu erarbeiten suchen, können das Verfahren wechseln und der anderen Seite ein letztes Angebot machen.

4. Anhang: Der Vertragsschluss im Internet

120 Verträge, die unter Verwendung der Kommunikationstechniken des Internets geschlossen werden, kommen in aller Regel im Wege von Antrag und Annahme zustande. Es gelten die §§ 145 ff BGB.[101] Für die Auslegung dieser Erklärungen (oben § 5 Rdn. 46 ff) ist nicht auf die zu erwartende automatisierte Reaktion des Computersystems abzustellen, sondern auf den Verständnishorizont der Person, die das Computersystem als Kommunikationsmittel einsetzt.[102] Die Vorschriften der §§ 145 ff BGB werden im Verhältnis von Unternehmern (§ 14 BGB) zu Verbrauchern (§ 13 BGB) ergänzt durch die Bestimmungen zu Fernabsatzverträgen (§ 312c ff BGB) einschließlich der Sondervorschriften zu Verträgen im elektronischen Geschäftsverkehr (§ 312j BGB); hierzu zusammenfassend unten § 8 Rdn. 217 ff.

a. Der gewöhnliche Vertragsschluss

121 Im einfachsten Falle ersetzen lediglich E-Mails herkömmliche Techniken wie Briefpost oder Telefax.

122 **Beispiel:** Das Verkaufshaus V unterhält Internet-Seiten mit Darstellungen seines gesamten Warensortiments. Auf einem vorbereiteten Formular, das vom Kunden im Einzelnen ausgefüllt wird, kann der Kunde eine Bestellung durch E-Mail an V senden. Hierin liegt das Angebot, das V entweder mit einer ausdrücklichen Erklärung (wiederum durch E-Mail) oder durch Ausführung der Bestellung gemäß § 151 Satz 1 Hs. 2 BGB annehmen kann. Im elektronischen Geschäftsverkehr mit online-Versandhäusern findet sich auch eine Kombination beider Modalitäten: Die Annahmeerklärung liegt in der Mitteilung durch E-Mail, dass die bestellte Ware versandt worden ist.[103]

123 Besonderheiten gelten lediglich insofern, als V bei der Ausgestaltung seiner Internetseiten und insbesondere des Formulars, mit dessen Hilfe Kunden ihre Bestellungen machen, eine Reihe von Pflichten und sonstigen Anforderungen zu beachten hat, die der Information des Kunden dienen (§ 312d Abs. 1 BGB, Art. 246a EGBGB) und ihn vor Pannen und Fehlern im Umgang mit der Kommunikationstechnologie schützen sollen (§ 312i Abs. 1 BGB, Art. 246c EGBGB). Das Grundkonzept des Vertragsschlusses durch Annahme des Antrags wird hierdurch aber nicht berührt.

---

101 BGH vom 16.10.2012, BGHZ 195, 126 Rdn. 13 = NJW 2013, 598 – „Mr. noch unbekannt" (Sachverhalt unten § 30). Ausführlich *Oechsler* Jura 2012, 422 ff, 497 ff, 581 ff.
102 BGH vom 16.10.2012, BGHZ 195, 126 Rdn. 17 = NJW 2013, 598 – „Mr. noch unbekannt" (Sachverhalt unten § 30).
103 Zur Bedeutung des § 151 Satz 1 Hs. 2 BGB im online-Versandhandel auch *Härting*, Internetrecht (6. Aufl. 2017) Rdn. 707.

Wie auch sonst kann gelegentlich fraglich sein, welche Erklärungen noch **124** dem Vorfeld des Vertragsschlusses zuzurechnen, welche Ausdruck des Rechtsbindungswillens sind. Insbesondere kann ein online-Anbieter seine Internet-Technik so ausgestalten, dass das Angebot von ihm ausgeht und der Kunde die Annahme erklärt. Technisch ist es ohne weiteres möglich, den jeweils vorhandenen Warenbestand so genau in Datenbanken zu erfassen, dass das System ein Produkt aus dem Angebot nimmt, wenn es nicht mehr vorrätig ist. Insofern bestehen durchaus Unterschiede zu Prospekten und Katalogen, die in gedruckter Form einem breiten Publikum zugänglich gemacht werden und grundsätzlich noch kein Angebot im Rechtssinne enthalten (oben Rdn. 24). Eine andere Frage ist, ob der Anbieter sich nicht trotz dieser technischen Möglichkeiten die letzte Kontrolle des Vertragsschlusses vorbehalten will, was vielfach anzunehmen sein wird.

Geht der Antrag vom Kunden aus, so hat beim Vertragsschluss im elektronischen Geschäftsver- **125** kehr (Definition in § 312i Abs. 1 Satz 1 BGB) ein Unternehmer (§ 14 BGB, oben § 2 Rdn. 33) „den Zugang von dessen Bestellung unverzüglich auf elektronischem Wege zu bestätigen" (§ 312i Abs. 1 Satz 1 Nr. 3 BGB). Typischerweise geschieht dies durch eine automatisch vom Datenverarbeitungssystem des Unternehmers generierte E-Mail an den Kunden. Diese Eingangsbestätigung dient lediglich der Information des Kunden, stellt also – wenn sie sich auf den gesetzlich vorgeschriebenen Inhalt beschränkt[104] – keine Willenserklärung und insbesondere nicht schon eine Annahmeerklärung dar. Anders, wenn die Eingangsbestätigung mit einer Annahmeerklärung verbunden wird, indem z.B. zugleich die vorbehaltslose Ausführung der Bestellung angekündigt wird.[105]

b. Der Vertragsschluss bei sog. Internet-Auktionen

Die Internet-Auktion ist kein rechtlich genau bestimmter Begriff. In aller Regel ist **126** damit nicht etwa eine Versteigerung gemeint, bei der ein Auktionator den Zuschlag erteilt, und die Besonderheit lediglich darin besteht, dass Gebote über Internet ohne physische Anwesenheit der Bieter untereinander abgegeben werden. Vielmehr geht es um eine Versteigerung ohne Auktionator, bei der der Vertrag mit demjenigen zustande kommt, der bei Ablauf einer im Voraus bestimmten Zeit das höchste „Gebot" abgegeben hat.[106]

Das bekannteste Beispiel sind Auktionen, die über „**eBay**" abgewickelt werden. eBay versteht **127** sich als ein virtueller Marktplatz, auf dem sich online Anbieter und Nachfrager begegnen. eBay

---

104 Zu Problemen der Praxis, hier die richtigen Formulierungen zu treffen, oben § 8 Rdn. 57.
105 BGH vom 16.10.2012, BGHZ 195, 126 Rdn. 19 = NJW 2013, 598 – „Mr. noch unbekannt" (Sachverhalt unten § 30).
106 Zur Technik einer „umgekehrten Versteigerung" im Internet, bei der der Preis in regelmäßigen Zeitabständen sinkt, BGH vom 13.11.2003, NJW 2004, 852.

stellt die Spielregeln auf, nach denen die Versteigerungen ablaufen, und stellt die elektronische Plattform zur Verfügung, über die die Verträge geschlossen werden. Die nähere Ausgestaltung des Verfahrens ergibt sich aus den Allgemeinen Geschäftsbedingungen, die eBay den Verträgen mit seinen Mitgliedern zugrunde legt. Nur Mitglieder können sich an den Auktionen beteiligen.

128 In aller Regel werden auf diese Weise Kaufverträge geschlossen. Der (spätere) Verkäufer ist derjenige, der die Auktion dadurch eröffnet, dass er die zu verkaufende Sache beschreibt, den Zeitraum der Auktion und das Mindestgebot festlegt. Die Gebote stammen von denjenigen, die sich für den Erwerb der Sache interessieren. Da es an einem Auktionator fehlt, der mit eigenem Entscheidungsspielraum darüber entscheiden kann, ob dem Höchstbietenden der Zuschlag erteilt wird, kommt der Vertrag nicht gemäß § 156 BGB durch Gebot und Zuschlag, sondern gemäß §§ 145 ff BGB durch Antrag und Annahme zustande.[107] Für den Zugang dieser Erklärungen ist dem Betreiber der Plattform von den Mitgliedern passive Vertretungsmacht (§ 164 Abs. 3 BGB; oben § 6 Rdn. 13) erteilt.

129 Die Frage ist, von wem der Antrag ausgeht und wer annimmt. Im Hinblick auf die rechtliche Bedeutung der vom Verkäufer mit der Eröffnung der Auktion (Freischalten der Webseite) abgegebenen Erklärung lassen sich konstruktiv zwei Modelle unterscheiden.

130 **Angebotsmodell:** Mit der Eröffnung einer Auktion macht V ein unwiderrufliches **Angebot** zum Abschluss eines Kaufvertrages. Das Angebot richtet sich an denjenigen, der bei Beendigung der Auktion den höchsten Preis für die Sache bewilligt hat. Dass das Angebot den Kaufpreis noch nicht endgültig beziffert, sondern die nähere Bestimmung oberhalb des Mindestgebots dem Annehmenden überlässt, schadet nicht, da die Kriterien genau festgelegt sind, nach denen am Ende der Auktion jedenfalls ein genauer Kaufpreis feststeht. Entsprechendes gilt für die Person des Angebots-Empfängers, die ebenfalls bei Beendigung der Auktion bestimmt ist. Verwirrend ist bei diesem Modell, dass diejenigen, die in der Sprache der online-Auktionen als „Bieter" bezeichnet werden und die „Gebote" abgeben, sich rechtlich in der Rolle des Annehmenden wiederfinden.

131 **Annahmemodell:** Mit der Eröffnung einer Auktion erklärt V unwiderruflich die **Annahme** des Antrags desjenigen, der bei Auktionsende der Höchstbietende ist. Die „Bieter" geben in diesem Modell also Angebote im Rechtssinne ab. Verwirrend ist, dass die zeitlich erste auf den Abschluss des Vertrages gerichtete Erklärung in diesem Modell die Annahme ist, die nachfolgenden Erklärungen erst die Angebote darstellen. Doch schreiben die §§ 145 ff BGB die zeitliche Abfolge der Erklärungen nicht zwingend vor; es ist daher ohne weiteres zulässig, dass die Annahme vorab erklärt wird.[108]

---

107 BGH vom 3.11.2004, NJW 2005, 53 (54); BGH vom 11.5.2011, BGHZ 189, 346 Rdn. 8 = NJW 2011, 2421; BGH vom 24.8.2016, BGHZ 211, 331 Rdn. 19 = NJW 2017, 468 – „Shill Bidding" (Sachverhalt unten § 30).
108 BGH vom 7.11.2001, BGHZ 149, 129 (134) = NJW 2002, 363 (364); a. A. NK-BGB/*Rademacher/ G. Schulze* vor §§ 145–157 Rdn. 19.

Welches Modell im konkreten Fall einem Vertragsschluss zugrunde liegt, richtet **132** sich nach dem Willen der Beteiligten, ist also durch Auslegung zu ermitteln. Hierbei ist davon auszugehen, dass die Beteiligten sich an die Regeln halten wollen, die ihnen der Betreiber der Plattform vorgibt. Insofern kommt es also auf dessen Allgemeine Geschäftsbedingungen an.[109] Die grundlegende Entscheidung des BGH zum Vertragsschluss im Internet[110] betraf eine Auktion bei einem Auktionshaus, das das Annahmemodell verwendete.[111] Seither geht es meist um Auktionen bei eBay, denen nach den AGB dieses Auktionshauses eine Variante des Angebotsmodells zugrunde liegt. Hierzu ein Auszug aus den Allgemeinen Geschäftsbedingungen dieses Auktionshauses:

Allgemeine Geschäftsbedingungen für die Nutzung der **133**
deutschsprachigen eBay-Websites[112]

§ 7 Angebotsformate und Vertragsschluss (Auszüge)
2. Stellt ein Verkäufer mittels der eBay-Dienste einen Artikel im Auktions- oder Festpreisformat ein, so gibt er ein verbindliches Angebot zum Abschluss eines Vertrags über diesen Artikel ab. Dabei bestimmt er einen Start- bzw. Festpreis und eine Frist, binnen derer das Angebot angenommen werden kann (Angebotsdauer). Legt der Verkäufer beim Auktionsformat einen Mindestpreis fest, so steht das Angebot unter der aufschiebenden Bedingung, dass der Mindestpreis erreicht wird.
5. Bei Auktionen nimmt der Käufer das Angebot durch Abgabe eines Gebots an. Die Annahme erfolgt unter der aufschiebenden Bedingung, dass der Käufer nach Ablauf der Angebotsdauer Höchstbietender ist. Ein Gebot erlischt, wenn ein anderer Käufer während der Angebotsdauer ein höheres Gebot abgibt.
6. Bei vorzeitiger Beendigung des Angebots durch den Verkäufer kommt zwischen diesem und dem Höchstbietenden ein Vertrag zustande, es sei denn der Verkäufer war dazu berechtigt, das Angebot zurückzunehmen und die vorliegenden Gebote zu streichen.
7. Käufer können Gebote nur zurücknehmen, wenn dazu ein berechtigter Grund vorliegt. Nach einer berechtigten Gebotsrücknahme kommt zwischen dem Nutzer, der nach Ablauf der Auktion aufgrund der Gebotsrücknahme wieder Höchstbietender ist, und dem Verkäufer kein Vertrag zustande.

---

109 BGH vom 7.11.2001, BGHZ 149, 129 (134) = NJW 2002, 363 (364); BGH vom 8.6.2011, NJW 2011, 2643 Rdn. 15; BGH vom 28.3.2012, NJW 2012, 2723 Rdn. 29; BGH vom 8.1.2014, NJW 2014, 1292 Rdn. 18. Anders NK-BGB/*Kremer* Anhang zu § 156 Rdn. 21: Ungeachtet der AGB des Betreibers der Plattform gehe der Antrag stets vom Verkäufer aus.
110 BGH vom 7.11.2001, BGHZ 149, 129 = NJW 2002, 363 (ricardo.de). Ebenso aus neuerer Zeit die Vertragsschlusstechnik von hood.de; dazu *Sutschet* NJW 2014, 1041 (1041).
111 Siehe §§ 3 und 4 der in der Entscheidung des BGH (vorige Fn.) mitgeteilten Geschäftsbedingungen.
112 http://pages.ebay.de/help/policies/user-agreement.html (abgerufen am 11.12.2020).

134 Da die Abgabe eines Gebots durch den Bieter als Annahme des Antrags angesehen wird, muss verhindert werden, dass mit jedem Bieter schon während der Laufzeit der Auktion ein Vertrag zustande kommt. Deshalb sehen die AGB vor, dass die Annahme durch den Bieter unter der aufschiebenden Bedingung erfolgt, dass er beim Ende der Auktion der Höchstbietende ist.[113] Darüber hinaus erfolgt das Angebot unter dem Vorbehalt einer berechtigten Rücknahme gemäß § 6 Nr. 5 der AGB. Der Vorbehalt führt nach der Rechtsprechung des BGH zu einer Einschränkung der Bindungswirkung des Antrags,[114] was grundsätzlich möglich ist, da die Bindung an einen Antrag sogar gänzlich ausgeschlossen werden kann (oben § 8 Rdn. 49).

II. Konsens und Dissens

135 Sinn und Ziel der auf den Abschluss des Vertrages gerichteten Erklärungen ist es, die Regelung zu schaffen, die kraft des übereinstimmenden Willens der Kontrahenten gelten soll. Die für das Zustandekommen dieser Regelung erforderliche Willensübereinstimmung wird als Konsens bezeichnet. Im Einzelnen ist zu fragen, worauf sich dieser Konsens beziehen muss, wann er erreicht ist, sowie, welche rechtlichen Folgen es hat, wenn der Konsens verfehlt wird, also ein Dissens vorliegt.

1. Der Umfang des erforderlichen Konsenses

136 Konsens muss zumindest über die „essentialia negotii" erzielt werden; das sind die für das Zustandekommen des Vertrages unverzichtbaren Punkte. Sie wurden schon beim Erfordernis der „Bestimmtheit" des Antrags dargestellt (oben Rdn. 10 ff). Hervorzuheben ist erneut, dass zu den essentialia eines Vertrages insbesondere eine Bestimmung darüber gehört, wer die Vertragspartner sein sollen, wen also die Wirkungen des Vertrages treffen sollen. Im Übrigen ist es Sache der Kontrahenten, den Umfang des zusätzlichen Regelungsprogramms („accidentalia negotii") und damit des erforderlichen Konsenses zu bestimmen.

137 Von der Frage, zu welchen Punkten überhaupt eine Einigung erzielt werden muss, ist die Frage zu unterscheiden, worauf sich im Einzelnen zu diesen Punkten die Einigung beziehen muss. Vielfach muss die Einigung nicht darin liegen, dass

---

113 Hierzu *Sutschet* NJW 2014, 104 (1042).

114 BGH vom 8.6.2011, NJW 2011, 2643 Rdn. 17; BGH vom 8.1.2014, NJW 2014, 1292 Rdn. 20; BGH vom 10.12.2014, MMR 2015, 167 mit Anm. *T. Wagner/Zenger*; kritisch *Hellgardt* AcP 213 (2013), 760 (806).

der zu regelnde Punkt selbst exakt bestimmt wird, es kann Bestimmbarkeit genügen. Dann muss nur über die Kriterien Einigung erzielt werden, nach denen sich die Bestimmung des zu regelnden Punktes richten soll.

Beispiel: Beim Kaufvertrag muss Konsens über den Kaufpreis erzielt werden. Es genügt aber z. B. **138** die Vereinbarung, dass der Kaufpreis eines Gebrauchtwagens 10 % unter dem DAT-Schätzwert für Händler-Einkaufspreise eines bestimmten Fahrzeugtyps an einem bestimmten Stichtag liegen soll.

2. Die Erreichung des Konsenses

Die entscheidende Frage lautet somit, wann der erforderliche Konsens erzielt ist. **139** Bezugspunkt dieser Frage sind die auf den Abschluss des Vertrages gerichteten Willenserklärungen. Gegenstand der Frage ist, ob die Kontrahenten, die diese Willenserklärungen abgegeben haben, die erforderliche Übereinstimmung erzielt haben. Insoweit ist zwischen der tatsächlichen Übereinstimmung im Willen (unten a, Rdn. 140 ff) und der im Wege der „normativen" Auslegung gefundenen Übereinstimmung der Erklärungen (unten b, Rdn. 157 ff) zu unterscheiden.[115]

a. Der faktische Konsens
aa. Terminologie

Im einfachsten (und praktisch häufigsten!) Fall verstehen beide Seiten das, was **140** sie mit ihren Erklärungen sagen und regeln wollen, im gleichen Sinne. Diese tatsächliche Übereinstimmung im Willen wird meist als **natürlicher**[116] oder **innerer**[117] **Konsens** bezeichnet. Der Begriff des „natürlichen" Konsenses macht deutlich, dass es um die Fälle geht, in denen die Willensübereinstimmung der Kontrahenten anhand einer „natürlichen" Auslegung (oben § 5 Rdn. 43) der auf den Abschluss des Vertrages gerichteten Erklärungen ermittelt wird. Der Begriff des „inneren" Konsenses stellt auf die Übereinstimmung im Willen im Gegensatz zu einer bloß äußeren Übereinstimmung der Erklärungen ab. Hier wird der Begriff **„faktischer Konsens"** bevorzugt, da er sich besser als Gegenbegriff zu dem „nor-mativen" Konsens eignet. In der Sache ist dasselbe gemeint.

---

115 Zum Folgenden *Leenen*, Liber Amicorum Jürgen Prölss (2009) S. 153 ff.
116 *E. A. Kramer*, Grundfragen der vertraglichen Einigung (1972) S. 175 f; *ders.* FS Canaris, Bd. 1 (2007) 665 (669).
117 *Neuner* AT § 37 Rdn. 72.

bb. Die Ermittlung des faktischen Konsenses

141 Ob die Kontrahenten eine tatsächliche Übereinstimmung im Willen erreicht haben, ist durch Auslegung der auf den Abschluss des Vertrages gerichteten Erklärungen zu ermitteln. Der faktische Konsens erfasst die Fälle, in denen eine natürliche Auslegung beider Erklärungen (oben § 5 Rdn. 43) zu einem übereinstimmenden Ergebnis führt. Das ist primär dann der Fall, wenn beide Seiten mit ihren Erklärungen den gleichen Regelungswillen verbunden haben: Das, was A regeln will, entnimmt B der Erklärung des A. Es entspricht dem, was er selbst regeln will, und so versteht auch A die Erklärung des B.

142 Für die Erzielung einer tatsächlichen Übereinstimmung im Willen genügt nach den Regeln der natürlichen Auslegung, dass ein Vertragspartner den wirklichen Willen des anderen *kennt*; nicht erforderlich ist, dass er sich diesen Willen zu eigen macht.[118]

143 **Beispiel:** K erkennt, dass das Angebot des V infolge eines Tippfehlers auf 109 Euro statt 190 Euro lautet, und nimmt dieses Angebot an. Der Vertrag kommt zu 190 Euro zustande, da V zu diesem Preis verkaufen wollte und K dies erkannt hat. Dass K lieber zu 109 Euro, weil für ihn günstiger erworben hätte, spielt keine Rolle.

cc. Der Vorrang des faktischen Konsenses gegenüber dem Wortlaut der Erklärungen: „falsa demonstratio non nocet"

144 Ist eine tatsächliche Übereinstimmung im Willen erzielt, hat die vertragliche Vereinbarung diesen Inhalt, selbst wenn die Erklärungen dem Wortsinn nach etwas anderes besagen, missverständlich oder gar unsinnig sind.[119] Die tatsächliche Übereinstimmung im Willen geht jeder anderweitigen Auslegung der Erklärungen vor.[120] Im Prozess ist es dem Richter verwehrt, die Erklärungen in einem anderen Sinne zu deuten, wenn die Parteien übereinstimmend vortragen, welchen Inhalt ein zwischen ihnen abgeschlossener Vertrag haben sollte.[121] Gleichgültig ist inso-

---

118 BGH vom 25.10.1983, NJW 1984, 721; BGH vom 13.2.1989, NJW-RR 1989, 931 (932); BGH vom 20.11.1992, NJW-RR 1993, 373; BGH vom 7.12.2001, NJW 2002, 1038 (1039); BGH vom 19.5.2006, NJW 2006, 3139 Rdn. 13 (insoweit in BGHZ 168, 35 nicht abgedruckt); anders *de la Durantaye*, Erklärung und Wille (2020) 114 f.

119 BGH vom 23.2.1956, BGHZ 20, 109 (110) = NJW 1956, 665; BGH vom 26.10.1983, NJW 1984, 721; BGH vom 20.11.1994, NJW 1994, 1528 (1529); BGH vom 13.8.1996, NJW 1996, 1458; BGH vom 20.11.1997, NJW 1998, 746 (747); BGH vom 7.12.2001, NJW 2002, 1038 (1039); Palandt/*Ellenberger* § 133 Rdn. 8; *Flume* AT § 16, 1 d (S. 299).

120 BGH vom 30.4.1992, NJW 1992, 2489; BGH vom 14.1.1993, NJW 1993, 1325 (1326); BAG vom 11.12.2013, NJW 2014, 1198 Rdn. 17; *Neuner* AT § 35 Rdn. 27 und § 37 Rdn. 72.

121 BGH vom 26.4.1978, BGHZ 71, 243 (247); BGH vom 6.11.1997, NJW 1998, 1388 (1389); BGH vom 14.3.2013, BGHZ 197, 52 Rdn. 14 = NJW 2013, 2423.

weit, ob die Abweichung des Wortlauts der Erklärungen den Parteien verborgen geblieben ist oder ob es sich um eine bewusste Falschbezeichnung des übereinstimmend Gewollten handelt.[122]

Der Grund für diese Regel liegt in Folgendem:[123] Die Erklärungen sind nicht **145** Selbstzweck, sondern Mittel zum Zweck. Durch sie soll der Tatbestand eines Vertrages geschaffen werden, der aus den gemeinsamen Vereinbarungen über die gewollten Rechtswirkungen besteht. Ist dieses Ziel durch die tatsächliche Willensübereinstimmung erreicht, kommt es auf Unzulänglichkeiten in den Erklärungen nicht an: die bloße falsche Bezeichnung des übereinstimmend Gewollten schadet nicht (**falsa demonstratio non nocet**).[124] Diese Regel ist universell anerkannt. Sie gilt für das US-amerikanische Vertragsrecht[125] ebenso wie für das UN-Kaufrecht.[126] Die Unidroit Principles of International Commercial Contracts (2004) stellen diesen Grundsatz an die Spitze der Regeln zur Vertragsauslegung.[127]

Beispiele: Im Fall „**Haakjöringsköd**" (RG vom 8.6.1920, RGZ 99, 147; Sachverhalt unten § 30) **146** gingen beide Vertragspartner davon aus, Gegenstand des Kaufvertrages sei „Walfleisch". Deshalb spielt es keine Rolle, dass das norwegische Wort „Haakjöringsköd" an sich Haifischfleisch bezeichnet. Der Vertrag hat den Inhalt, den beide Seiten mit dem Wort „Haakjöringsköd" verbunden haben. Die auf dem Dampfer „Jessica" verladene Partie, die Gegenstand des Kaufvertrages war, hatte nach dem Inhalt des Vertrages also aus Walfleisch zu bestehen. – Objektiv mehrdeutig und gewiss missverständlich ist die Bestellung von „**zwei Zimmern mit drei Betten**" in einem Hotel (Sachverhalt unten § 30). Verstehen beide Seiten die Bestellung zufällig im gleichen Sinne, kommt der Vertrag mit dem übereinstimmend gewollten Inhalt zustande.

Die Regel „falsa demonstratio non nocet" gilt auch für formbedürftige Geschäfte **147** wie insbesondere Grundstückskaufverträge: Der Vertrag hat den von beiden Seiten übereinstimmend gewollten, nicht einen hiervon etwa abweichenden aus der

---

122 Jauernig/*Mansel* § 133 Rdn. 9. Zur Bedeutung dieser Unterscheidung für die Frage eines Formmangels unten § 9 Rdn. 194 f.

123 Näher *Leenen*, Liber Amicorum Jürgen Prölss (2009) 153, 161 f; *de la Durantaye*, Erklärung und Wille (2020) 48 f; 111 ff; ablehnend *Mittelstädt*, Die Auslegung empfangsbedürftiger Willenserklärungen (2016) 115 ff, 177 ff., gegen ihn überzeugend *de la Durantaye*, a.a.O., S. 112 ff.

124 Staudinger/*Singer* (2017) § 133 Rdn. 13; *de la Durantaye*, Erklärung und Wille (2020) 105 f.

125 Restatement 2 d of Contracts, § 201 (1): „Where the parties have attached the same meaning to a promise or agreement or a term thereof, it is interpreted in accordance with that meaning."

126 Art. 8 Abs. 1 CISG: „Für die Zwecke dieses Übereinkommens sind Erklärungen und das sonstige Verhalten einer Partei nach deren Willen auszulegen, wenn die andere Partei diesen Willen kannte oder darüber nicht in Unkenntnis sein konnte."

127 PICC Art. 4.1: „A contract shall be interpreted according to the common intention of the parties".

Urkunde ersichtlichen Inhalt.[128] Eine andere Frage ist, ob hinsichtlich des übereinstimmend Gewollten die Formvorschrift gewahrt ist. Hierauf ist später zurückzukommen.[129]

dd. Der faktische Konsens beim Vertragsschluss durch Vertreter

148 Die meisten Verträge werden (zumindest auf einer Seite, im Bereich B2B auf beiden Seiten) in fremdem Namen geschlossen. Diejenigen, die die auf den Abschluss des Vertrages gerichteten Willenserklärungen abgeben, stimmen in dem Willen überein, dass (auf einer Seite oder auf beiden Seiten) ein Unternehmen Vertragspartei werden soll.

(1) Die Maßgeblichkeit des Willens des Vertreters (§ 166 Abs. 1 BGB)

149 Für die Frage, ob eine tatsächliche Übereinstimmung im Willen vorliegt, kommt es auf die Personen an, von denen die auf den Abschluss des Vertrages gerichteten Erklärungen stammen. Wird ein Vertrag in fremdem Namen geschlossen, ist entscheidend, wie die Vertreter die Erklärungen verstanden haben (§ 166 Abs. 1 BGB).[130] Was die Vertretenen wollten, ist insoweit unerheblich.[131]

150 Im **Fall „Toilettenpapier en gros"** (LG Hanau vom 30.6.1978, NJW 1979, 721; Sachverhalt unten § 30) wurde der Kaufvertrag von der Konrektorin der Schule und von den Außendienstmitarbeitern der Verkäuferin in fremdem Namen geschlossen. Also ist für die Frage, wie jede Seite die Erklärung der anderen verstanden hat oder verstehen durfte, auf diese Personen und deren Kenntnisse der gesamten Umstände, unter denen der Vertrag zustande kam, abzustellen. Insofern spricht vieles dafür, dass die Mitarbeiter der Verkäuferin das von der Konrektorin unterschriebene Bestellformular nicht im Wortsinne dahin verstehen durften, die Konrektorin wolle für die Schule 25 „Gros" Rollen (= 25 × 144 = 3.600 Rollen) bestellen.[132] Warum sollte die Konrektorin – für die mit den Verhältnissen der kleinen Schule vertrauten Außenmitarbeiter der Verkäuferin erkennbar – ihre Vertretungsmacht überschreiten, um einen riesigen, in der Schule kaum zu lagernden Vorrat zu bestellen, ohne den geringsten Rabatt eingeräumt zu bekommen? Da die ganz unpassende und ungewöhnliche Mengeneinheit „Gros" (ein Dutzend mal ein Dutzend) zudem nicht aus eigener Initiative von der Konrektorin verwendet wurde, sondern sich auf dem Bestell-

---

128 BGH vom 25.3.1983, BGHZ 87, 150 (152f) = NJW 1983, 1610; BGH vom 7.12.2001, NJW 2002, 1038 (1039); BGH vom 18.1.2008, NJW 2008, 1658 (1659).

129 Unten § 9 Rdn. 192ff.

130 BGH vom 1.10.1987, NJW 1988, 200 (202); *Flume* AT § 46, 3 (S. 795).

131 BGH vom 14.1.1993, NJW 1993, 1325 (1326).

132 Zutreffend *Plander* BB 1980, 133 (134f); vgl. auch Medicus/*Petersen* AT Rdn. 745; *Cziupka* JuS 2009, 887. Die spärlichen Sachverhalts-Angaben in der veröffentlichten Fassung des Urteils lassen eine genauere Würdigung dieser Frage nicht zu.

formular der Verkäuferin fand, das deren Mitarbeiter für die Konrektorin ausfüllten, drängte sich der Schluss geradezu auf, dass die Konrektorin die mathematische Bedeutung der Mengeneinheit „Gros" nicht verstanden und somit nicht den Willen hatte, 3.600 Rollen Toilettenpapier zu bestellen. Sollten die Außenmitarbeiter der Verkäuferin erkannt haben, dass die Konrektorin 25 „große" Rollen im Sinne von 25 „Doppelpack-Rollen" meinte, kam der Vertrag mit diesem Inhalt zustande, auch wenn die Außendienstmitarbeiter den Willen gehabt haben sollten, 3.600 Rollen an die Schule zu verkaufen (und damit ein für die Verkäuferin ungemein günstiges Geschäft zu tätigen). Dieser Wille ist nämlich für den ins Auge gefassten Adressaten, die Konrektorin, nicht hinreichend deutlich erkennbar geworden. Im praktischen Ergebnis erzeugt die Rechtsordnung auf diese Weise eine Obliegenheit desjenigen, der sich eines Fachausdrucks (hier: „Gros") einem Laien gegenüber bedient, diesen zu erläutern.

(2) Die Grundsätze der Rechtsprechung zu unternehmensbezogenen Geschäften

Zum Problem, ob die Kontrahenten (also: die Personen, die die auf den Abschluss **151** des Vertrages gerichteten Willenserklärungen abgeben) einen Konsens über eine andere Person als Vertragspartei erzielt haben, hat die Rechtsprechung wichtige Auslegungsregeln bei sog. **unternehmensbezogenen Geschäften** entwickelt. Sie betreffen zwei Fragen.[133] Zunächst geht es darum, ob die auf den Abschluss des Vertrages gerichtete Erklärung im eigenen Namen oder im Namen des Unternehmens abgegeben wird (unten Rdn. 152f). Soll das Unternehmen Vertragspartner werden, bedarf der Klärung, wer genau mit dem Unternehmen gemeint ist (unten Rdn. 154f).

(a) Das Unternehmen als Vertragspartner

Für die Klärung der Frage, ob der Vertrag in fremdem Namen geschlossen wird **152** oder der Handelnde selbst Vertragspartei wird, gilt nach der Rechtsprechung uneingeschränkt der Offenheitsgrundsatz.[134] Wer geltend macht, ein Vertrag sei nicht mit demjenigen, der die Willenserklärung abgegeben hat, persönlich, sondern mit einem anderen zustande gekommen, trägt hierfür die Darlegungs- und Beweislast.[135] Hat jemand nicht ausdrücklich im Namen eines Unternehmens gehandelt, so wird sich aber doch häufig aus den Umständen gemäß § 164 Abs. 1 Satz 2 Alt. 2 BGB ergeben, dass die Vertragserklärung nicht auf den Erklärenden persönlich, sondern auf ein Unternehmen bezogen sein soll. Als insoweit relevante Umstände kommen insbesondere der Ort des Vertragsschlusses (Geschäftsräu-

---

133 *Bork* AT Rdn. 1390.
134 BGH vom 18.1.1992, NJW 1992, 1380 (1381).
135 BGH vom 4.4.2000, NJW 2000, 2984 (2985).

me eines Unternehmens), der Inhalt des Vertrages (Leistungen, die im Geschäfts-
bereich des Unternehmens liegen), der Aufgabenbereich des Handelnden (Vertragsabschluss durch die Kassenangestellten eines Unternehmens) und die Tatsache in Betracht, dass der Vertrag von der dem Handelnden für das Unternehmen
erteilten Vertretungsmacht gedeckt ist (§ 56 HGB!). Hieraus kann sich mangels
entgegen stehender anderer Anhaltspunkte eindeutig oder zumindest mit hinrei-
chender Deutlichkeit der Wille der Beteiligten ergeben, dass der Vertrag mit dem
Unternehmen zustande komme.[136] Unter diesen Voraussetzungen kann also von
einem faktischen Konsens der Beteiligten über das Unternehmen als Vertragspartner ausgegangen werden.

153 Anschaulichstes **Beispiel** ist der **Vertragsschluss mit den** Kassenangestellten **eines Super-**
marktes. Alle Umstände sprechen für den Unternehmensbezug. Alle Lebenserfahrung bestätigt,
dass Kassenangestellte und Kunde den Willen haben, das Unternehmen (nicht der/die Kassenangestellte persönlich) solle Vertragspartner werden. Allein dies entspricht auch der Interessenlage. Daher darf – ja: muss! – der Vertragsschluss mangels entgegenstehender Anhaltspunkte in
dem Sinne verstanden werden, dass Kassenangestellte und Kunden eine tatsächliche Übereinstimmung im Willen über das Unternehmen als Vertragspartner erzielt haben.

(b) Der Unternehmensträger als „das Unternehmen"

154 Im nächsten und fast noch wichtigeren Schritt überwinden die Auslegungsregeln
zu unternehmensbezogenen Geschäften die Probleme, die sich ergeben können,
wenn sich eine Seite (der Kunde) zwar bewusst ist, mit einem Unternehmen zu
kontrahieren, sich aber keine oder gar falsche Vorstellungen darüber macht, wer
im Rechtssinne das Unternehmen ist, wer also genau Vertragspartner werden soll.
Insoweit ist nach der Rechtsprechung anzunehmen, dass beide Seiten den Willen
haben, den Inhaber oder **Träger des Unternehmens** zur Vertragspartei zu machen.[137] Dies gilt auch dann, wenn sich der Kunde falsche Vorstellungen über den
Unternehmensträger macht oder den Handelnden irrigerweise für den Inhaber
des Unternehmens hält.[138] Das Unternehmen selbst ist kein Rechtssubjekt, sondern ein Rechtsobjekt, genauer gesagt: die *Gesamtheit* (der „Inbegriff"; vgl. § 1035
BGB) von Sachen, Rechten und sonstigen Vermögenswerten, die zu einem unter-

---

136 BGH vom 13.10.1994, NJW 1995, 43 (44); BGH vom 11.12.1996, NJW 1997, 527 (528).
137 BGH vom 15.1.1990, NJW 1990, 2678 („geht bei unternehmensbezogenen Geschäften der Wille der Beteiligten im Zweifel dahin, dass Vertragspartei der Inhaber des Unternehmens ... werden
soll"); BGH vom 18.1.1992, NJW 1992, 1380 (1381: „wird der tatsächliche Inhaber Vertragspartner
ohne Rücksicht darauf, wen der Abschließende für den Inhaber gehalten hat"); BGH vom
31.7.2012, NJW 2012, 3368 Rdn. 10; st. Rspr.
138 BGH vom 15.1.1990, NJW 1990, 2678; BGH vom 18.5.1998, NJW 1998, 2897.

nehmerischen Zweck in einer selbständigen organisatorischen Einheit zusammengefasst sind (Details gehören in das Gesellschaftsrecht, das den Begriff etwa in § 2 HGB, § 3 Abs. 1 AktG verwendet). Das Unternehmen bildet daher einen Gegenstand der Privatautonomie (dazu oben § 3) und ist strikt von seinem Zuordnungssubjekt zu unterscheiden.

Beispiele: K bestellt sich in einem Fastfood-Lokal einen Cheeseburger. Der Angestellte an der **155** Theke nimmt die Bestellung gerne entgegen. Der Vertrag kommt zwischen K und dem Träger des Unternehmens zustande, obwohl K keinerlei Kenntnis davon hat, um wen es sich bei dem Träger des Unternehmens handelt. – A gibt bei dem Handwerker H Malerarbeiten in Auftrag. A hält H für den Alleininhaber des Handwerkbetriebes. In Wirklichkeit handelt es sich um eine GmbH, deren alleiniger Gesellschafter und Geschäftsführer H ist. Vertragspartner des A wird die GmbH.

ee. Faktischer Konsens und Irrtumsanfechtung

Ein Vertrag, dem ein faktischer Konsens zugrunde liegt, kann nicht wegen eines **156** Erklärungs- oder Inhaltsirrtums gemäß § 119 Abs. 1 BGB angefochten werden, und zwar auch dann nicht, wenn die Vertragserklärungen der einen oder der anderen Seite dem Wortlaut nach etwas anderes besagen als das, was die jeweilige Seite sagen wollte.[139] § 119 Abs. 1 BGB setzt voraus, dass der wirkliche Wille des Erklärenden von der rechtlich maßgeblichen Bedeutung der Erklärung abweicht (unten § 14 Rdn. 30 ff, 47 ff). Zu dieser Situation kann es bei einem faktischen Konsens nicht kommen, da der Vertrag den Inhalt hat, der dem wirklichen Willen der Vertragspartner entspricht. Somit fehlt es an einem Irrtum im Sinne des § 119 Abs. 1 BGB (unten § 14 Rdn. 34, 48).

b. Der normative Konsens

Fehlt es an einer tatsächlichen Übereinstimmung im Willen, kann im Rechtssinne **157** dennoch ein Konsens gegeben sein. Für den Konsens genügt es nämlich, dass der tatsächliche Wille eines Vertragsteils mit dem übereinstimmt, was er der Erklärung des anderen Teils entnehmen darf. Wie ein Vertragsteil die Erklärung der anderen Seite verstehen darf, richtet sich nach den Grundsätzen über die normative Auslegung empfangsbedürftiger Willenserklärungen (oben § 5 Rdn. 61 ff). Ein Konsens, der nicht auf der tatsächlichen Übereinstimmung des Willens beider Seiten, sondern darauf beruht, dass der wirkliche Wille der einen Seite mit der

---

139 Brox/*Walker* AT § 11 Rdn. 5; Medicus/*Petersen* Bürgerliches Recht Rdn. 124.

normativen Bedeutung der Erklärung der anderen Seite übereinstimmt, wird als **normativer Konsens** bezeichnet.[140]

158 Kennzeichnend für den normativen Konsens ist, dass sich im Vertrag nur der wirkliche Wille eines der Kontrahenten verwirklicht. Der Vertrag kommt mit einem Inhalt zustande, den der andere Kontrahent so nicht wollte. Da die Erklärung in einem anderen Sinne gilt, als es dessen Willen entspricht, ist die Erklärung fehlerhaft im Sinne von § 119 Abs. 1 BGB. Die andere Seite befindet sich bei Abgabe der Erklärung in einem (grundsätzlich) zur Anfechtung des Vertrages berechtigenden Erklärungs- oder Inhaltsirrtum gemäß § 119 Abs. 1 BGB (näher unten § 14 Rdn. 30 ff, 47 ff).

159 Konsequenzen für die **Methodik der Fallbearbeitung**: Die Weichen für die Beantwortung der Frage, ob ein Vertragspartner ein **Anfechtungsrecht gemäß § 119 Abs. 1 BGB** hat, werden bei der Entscheidung über den dem Vertrag zugrunde liegenden Konsens gestellt: Liegt ein faktischer Konsens vor, befindet sich keine Seite im Irrtum gemäß § 119 Abs. 1 BGB. Nur bei normativem Konsens kann ein Erklärungs- oder ein Inhaltsirrtum gemäß § 119 Abs. 1 BGB gegeben sein.[141]

160 Der Begriff „normativer Konsens" darf nicht dahin verstanden werden, als könne sich eine objektive Bedeutung der vertraglichen Vereinbarungen gegen das faktische Verständnis *der einen wie der anderen* Seite durchsetzen. Was von keiner Seite gewollt ist, darf nicht im Wege der Auslegung der auf den Abschluss des Vertrages gerichteten Willenserklärungen zum Gegenstand des Konsenses gemacht werden.[142] Verwirklicht sich im normativen Konsens immerhin der Wille der einen Vertragspartei, mag man von „halber Privatautonomie" sprechen[143] und sich damit begnügen, dass wenigstens die wirtschaftliche Zielsetzung eines Kontrahenten hinter dem Vertrag steht. Einem Vertrag einen Inhalt zu geben, den beide Seiten nicht wollen, ermangelt dagegen privatautonomer Rechtfertigung wie ökonomischer Vernunft.[144]

---

140 *E. A. Kramer*, Grundfragen der vertraglichen Einigung (1972), S. 176 ff; *ders.* FS Canaris, Bd. 1 (2007), 665 (669); BeckOGK/*Möslein*, 1.2.2018, § 155 BGB Rn. 15; *Neuner* AT § 37 Rdn. 73.

141 Näher zum Recht der Anfechtung in der Methodik der Fallbearbeitung unten § 28.

142 *Franz Bydlinski*, Privatautonomie und objektive Grundlagen des verpflichtenden Rechtsgeschäftes (1967) S. 40; a. A. *Faust* AT § 2 Rdn. 10 (bei Fn. 5).

143 *Franz Bydlinski* (vorige Fn.) S. 10; zustimmend *E. A. Kramer*, Grundfragen der vertraglichen Einigung (1972) S. 150, ablehnend *Singer*, Selbstbestimmung und Verkehrsschutz im Recht der Willenserklärungen (1995) S. 87 ff, 109 ff.

144 Ablehnend *Mittelstädt*, Die Auslegung empfangsbedürftiger Willenserklärungen (2016), S. 208 ff auf der Grundlage der von ihm vertretenen alleinigen Relevanz der "objektiven" Auslegung (oben § 5 Rdn. 45 Fn. 45).

Beispiel: Lautet ein Vertrag auf „Dollar" und meint A kanadische, B australische Dollar, sind US- **161** amerikanische Dollars als Vertragsinhalt ausgeschlossen, und zwar auch dann, wenn ein objektiver Beobachter unter den gegebenen Umständen die Vereinbarung zwischen A und B im Sinne von US-Dollars verstehen würde.

Autoren, die es zulassen, einen Vertrag so auszulegen, dass der Vertragsinhalt **162** weder dem wirklichen Willen der einen noch der anderen Seite entspricht, sehen, dass sich hieraus ein Anfechtungsrecht jeder Seite ergeben muss. Dies wird als nicht sachgerecht empfunden, weil es dann vom Zufall abhängt, wer die Anfechtung (zuerst) erklärt und dadurch dem anderen schadensersatzpflichtig (§ 122 BGB) wird. Deshalb wird teilweise eine Korrektur mithilfe des § 242 BGB,[145] teilweise eine entsprechende Anwendung des § 155 BGB statt der §§ 119, 122 BGB vorgeschlagen.[146]

c. Gesetzliche Fiktionen rechtsgeschäftlichen Konsenses

In einigen Fällen sieht das Gesetz vor, dass eine bestimmte Regelung als verein- **163** bart gilt, wenn eine vertragliche Bestimmung fehlt. Hierdurch wird verhindert, dass das Zustandekommen des Vertrages am Fehlen einer notwendigen vertraglichen Regelung scheitert, und es wird der Vertragsinhalt in einer für beide Seiten interessengerechten Weise ergänzt.

Beispiel: Wird beim Abschluss eines Dienstvertrages (§ 611 BGB), eines Werkvertrages (§ 631 **164** BGB) oder eines Maklervertrages (§ 652 BGB) die Höhe der Vergütung nicht bestimmt, „so ist bei dem Bestehen einer Taxe die taxmäßige Vergütung, in Ermangelung einer Taxe die übliche Vergütung als vereinbart anzusehen" (§ 612 Abs. 2 BGB, § 632 Abs. 2 BGB; ganz entsprechend § 653 Abs. 2 BGB für den Maklerlohn). Die Anwendung dieser Vorschriften setzt voraus, dass die Parteien immerhin eine Einigung über die Entgeltlichkeit der zu erbringenden Leistungen erzielt haben, weil dies ein „essentiale" von Dienst- wie Werkvertrag ist (oben Rdn. 10, 12). Auch insoweit hilft das Gesetz: Eine Vergütung „gilt als stillschweigend vereinbart", wenn die Erbringung der vereinbarten Leistungen „den Umständen nach nur gegen eine Vergütung zu erwarten ist" (§ 612 Abs. 1 BGB, § 632 Abs. 1 BGB, § 653 Abs. 1 BGB).

3. Der Dissens

Fehlt es am Konsens, liegt ein Einigungsmangel vor, der als „Dissens" bezeichnet **165** wird. Ein Dissens scheidet somit aus, wenn die Parteien eine tatsächliche Übereinstimmung im Willen erzielt haben („faktischer Konsens") oder wenn trotz unterschiedlichem Willen ein „normativer Konsens" gegeben ist. Da die Grundsätze

---

145 Erman/*Armbrüster* § 155 Rdn. 8; MüKo/*Busche* § 155 Rdn. 6.
146 Palandt/*Ellenberger* § 155 Rdn. 3.

über den faktischen und normativen Konsens tendenziell das Vorliegen einer Einigung im Rechtssinne sehr fördern, sind Einigungsmängel die seltene Ausnahme.[147]

166 **Beispiele:** Im Fall **„Original-IBM-Druckkassetten"** (Sachverhalt unten § 30) hat das OLG Hamm einen Dissens über den Kaufgegenstand bejaht und deshalb die Klage auf Zahlung des Kaufpreises abgewiesen.[148] Hier hätte es näher gelegen, das Zustandekommen des Vertrages aufgrund eines normativen Konsenses mit dem von der Beklagten (Käuferin) gemeinten Inhalt (also: „Originalware IBM") zu bejahen (oben Rdn. 85). Die Beklagte konnte dann die Lieferung der nicht vertragsgemäßen Ware ablehnen und durch Rücktritt vom Vertrag (nach damaligem Recht: „Wandelung") den Kaufpreisanspruch der Klägerin zum Erlöschen bringen. Hätte die beklagte Käuferin umgekehrt Klage gegen die Verkäuferin auf Lieferung von „Original-IBM-Druckkassetten" oder auf Schadensersatz statt der Leistung (nach damaligem Recht: „Schadensersatz wegen Nichterfüllung") erhoben, könnte eine Klageabweisung wegen Dissenses kaum befriedigen. – Im Fall **„Mr. Noch Unbekannt"** (Sachverhalt unten § 30; dazu oben § 5 Rdn. 60) geht der BGH von einem (Teil-)Dissens hinsichtlich der Buchung eines zweiten Passagiers aus.[149] Im Schrifttum sind hiergegen Einwände erhoben und Möglichkeiten aufgezeigt worden, wie sich das Zustandekommen eines Vertrages auch hinsichtlich des zweiten Passagiers hätte bejahen lassen.[150]

a. Die Unterscheidung von „offenem" und „verstecktem" Dissens

167 Das BGB enthält zwei Vorschriften, die als Regelung von Fragen des Dissenses angesehen werden, nämlich § 154 Abs. 1 BGB und § 155 BGB. Es ist seit langem üblich, in den Fällen des § 154 Abs. 1 BGB von einem „offenem Einigungsmangel" und bei § 155 BGB von einem „versteckten Einigungsmangel" zu sprechen, je nachdem, ob den Parteien der Einigungsmangel bewusst ist oder nicht. So lauten nunmehr auch die amtlichen Überschriften. Ob (oder: in welchem Sinne) es in beiden Vorschriften dogmatisch um Fragen des Dissenses geht, ist indessen zweifelhaft.[151]

aa. § 154 Abs. 1 BGB („offener Dissens")

168 § 154 Abs. 1 BGB betrifft nicht den Fall, dass die Kontrahenten *in ihren Erklärungen* Einigung verfehlen, sondern regelt die gedanklich vorgelagerte Frage, ob die Kontrahenten schon die auf den Abschluss des Vertrages gerichteten Erklärungen abgegeben haben, solange sie noch keine Vereinbarungen zu Punkten getroffen

---

147 Das betont zu Recht *Bork* AT Rdn. 766.
148 OLG Hamm vom 8.9.1997, NJW-RR 1998, 1747. Zustimmend *Bork* AT Rdn. 765.
149 BGH vom 16.10.2012, BGHZ 195, 126 Rdn. 21 = NJW 2013, 598.
150 *Stadler* JA 2013, 465 (467); *Sutschet* NJW 2014, 1041 (1046f).
151 Hierzu *Leenen* AcP 188 (1988), 381 (404, 411ff).

haben, die nach der Erklärung einer Seite im Vertrag geregelt werden sollen.[152] Nun kann man gewiss davon sprechen, dass Verhandlungspartner noch „keine Einigung" erreicht haben, solange es regelungsbedürftige Punkte gibt, die noch nicht verhandelt oder in den Verhandlungen kontrovers geblieben sind. Dem liegt dann ein „weiter" Begriff der Einigung und des Einigungsmangels zugrunde, der auch die Frage erfasst, ob überhaupt schon ein Vertrag abgeschlossen worden ist.[153] Diese Frage wird herkömmlich als Problem des „Rechtsbindungswillens" bei den einzelnen Erklärungen behandelt. § 154 Abs. 1 BGB nennt insoweit wichtige Indizien dafür, dass es den Kontrahenten (noch) am Rechtsbindungswillen fehlt und der Vertrag daher (noch) nicht geschlossen ist. Behält man den Begriff des „Dissenses" in einem engeren Sinne der Frage vor, ob die Kontrahenten *in ihren Erklärungen* eine Willensübereinstimmung erzielt haben, regelt § 154 Abs. 1 BGB keine Dissensprobleme.

Ein solches enges Verständnis des Dissenses liegt allen Darstellungen zugrunde, die den Dissens als Gegenbegriff zum Konsens verstehen und den Konsens auf die Frage beziehen, ob die Kontrahenten *in ihren Erklärungen* die für das Zustandekommen des Vertrages erforderliche Einigung erzielt haben. Hiermit übereinstimmend wird in der Fallbearbeitung auf die Frage, ob ein Dissens das Zustandekommen des Vertrages hindert, erst eingegangen, nachdem geklärt ist, dass die auf den Abschluss des Vertrages gerichteten Erklärungen vorliegen. Probleme des § 154 BGB werden **im Rahmen der Falllösung** nicht beim „Dissens", sondern bei der Erörterung der auf den Abschluss des Vertrages gerichteten Erklärungen abgearbeitet. **169**

bb. § 155 BGB („versteckter Dissens")
§ 155 BGB lässt Raum für verschiedene Interpretationen. **170**

(1) § 155 als Aufhebung der Abschlusssperre des § 154 BGB
Man kann in § 155 BGB eine einfache Ergänzung zu § 154 BGB sehen. Wie bei § 154 **171** BGB haben die Parteien zu einem Punkt, der nach dem Wunsch wenigstens einer Seite geregelt werden sollte, keine Vereinbarung getroffen. Anders als bei § 154 BGB sehen sie selbst den Vertrag aber als geschlossen an, weil ihnen die Unvollständigkeit entgeht. Ist anzunehmen, dass die Parteien den Vertrag bei Kenntnis der Sachlage auch ohne die fehlende Vereinbarung geschlossen hätten, dann passt die Auslegungsregel des Abs. § 154 Abs. 1 BGB nicht. Die „Abschlusssperre"

---

152 *Neuner* AT § 38 Rdn. 9.
153 Hierzu *Leenen*, Liber Amicorum Jürgen Prölss (2009), 153 (154 ff.).

des § 154 Abs. 1 BGB (oben Rdn. 106) ist zur Wahrung der Selbstbestimmung der Beteiligten in diesem Falle nicht erforderlich. Deshalb soll der Vertragsschluss hier nicht an der Unvollständigkeit der Regelungen scheitern. Bei dieser Interpretation[154] geht es in § 155 BGB um die gleiche Frage wie in § 154 BGB, nämlich: ob der Vertrag geschlossen ist, nur mit umgekehrter Rechtsfolge. Ein Dissens-Problem betrifft § 155 BGB bei dieser Auslegung so wenig wie § 154 BGB.

(2) § 155 BGB als Regelung des Dissenses in den Erklärungen

172 Die ganz herrschende Meinung sieht in § 155 BGB darüber hinaus den (praktisch wesentlich bedeutsameren) Fall geregelt, dass die für das Zustandekommen des Vertrages erforderlichen Willenserklärungen abgegeben wurden, die Parteien zu einem nach dem Willen wenigstens eines Teiles regelungsbedürftigen Punkt eine Vereinbarung getroffen, in diesem Punkt aber in Wirklichkeit keinen Konsens erzielt haben. Die Parteien übersehen also nicht einen Punkt, den sie an sich regeln wollten, vielmehr ist ihnen nicht bewusst, sich in einer getroffenen Regelung „in Wirklichkeit nicht geeinigt" zu haben.

173 Diese Frage betrifft ein Dissens-Problem im engeren Sinn, zu dessen Lösung allerdings § 155 BGB wenig hergibt. Die vorgesehene Rechtsfolge, dass trotz des Dissenses das Vereinbarte gilt, taugt nicht als Regelrechtsfolge eines Dissenses, und daher ist anerkannt, dass § 155 BGB als *Ausnahme* zu einem gedanklich vorausgesetzten Grundsatz verstanden werden müsse, der das Gegenteil von § 155 BGB besagt.[155] Hinzu kommt, dass § 155 BGB nur Regelungen erfasst, die „accidentalia negotii" betreffen, denn nur insoweit hängt die Regelungsbedürftigkeit von den Wünschen der Vertragsschließenden ab (oben Rdn. 10, 17). Schließlich ergibt das Erfordernis keinen Sinn, dass die Parteien selbst den Vertrag „als geschlossen ansehen". Haben sie nämlich zu allen Punkten, die geregelt werden sollten, Bestimmungen getroffen, ohne zu merken, dass sie in einem Punkt keinen Konsens erzielt haben, ist es ganz selbstverständlich, dass sie den Vertrag als geschlossen ansehen, wenn sie die auf den Abschluss des Vertrages gerichteten Willenserklärungen abgegeben haben. Für die Frage, ob der Vertrag trotz des *unbemerkten* Dissenses in einem regelungsbedürftigen Punkt zustande kommt, ergibt sich nichts daraus, dass die Parteien den Vertrag als geschlossen ansehen. Das alles spricht gegen ein Verständnis des § 155 BGB als der zentralen Vorschrift zur Regelung des Dissenses in den Erklärungen. Die Rechtsfolgen des Dissenses

---

154 So *Leenen* AcP 188 (1988), 381 (411 ff); wohl auch Jauernig/*Mansel* § 155 Rdn. 2.
155 Erman/*Armbrüster* § 155 Rdn. 5.

im engeren Sinn müssen weithin unabhängig von § 155 BGB aus allgemeinen Grundsätzen gewonnen werden.

b. Rechtsfolgen des Dissenses
aa. Grundsatz: Der Dissens als Hindernis für das Zustandekommen des Vertrages

Ein Dissens hindert grundsätzlich das Zustandekommen des Vertrages.[156] Das **174** wird im BGB nicht ausdrücklich gesagt, ergibt sich aber für die „essentialia negotii" schon aus deren Definition. Sind die „essentialia negotii" die für das Zustandekommen des Vertrages notwendig erforderlichen Vereinbarungen, kommt der Vertrag nicht zustande, wenn hierüber eine Einigung nicht erzielt wird.[157] Ein Kaufvertrag kann ohne Konsens darüber, was der Kaufpreis sein oder wie er ermittelt werden soll, nicht zustande kommen.

Beispiel:[158] Bei einer Internet-Auktion hatte der Verkäufer einen Verkaufspreis von 13.000 Euro **175** in das Formular des Auktionshauses eingegeben. Das Eingabeprogramm wandelte den Punkt in eine Dezimalstelle um und reduzierte die anschließenden Ziffern auf zwei Stellen. Daher erschien auf der Internetseite ein Sofortkauf-Preis von 13,00 Euro, und zu diesem Preis nahm der Käufer das Angebot des Verkäufers an. Der wirkliche Wille des Verkäufers war auf 13.000 Euro gerichtet. Dass der Käufer dies erkannt hat, ist dem Sachverhalt nicht zu entnehmen. Also fehlt es an einem faktischen Konsens über den Preis 13.000 Euro. Es lässt sich aber auch nicht sagen, dass der Käufer die Angabe im Internet im Sinne von „13.000 Euro" verstehen *musste*. Sicher war nur, dass der genannte Kaufpreis von 13,00 Euro für ein Fahrzeug mit der detailliert aufgeführten Ausstattung schlechterdings nicht stimmen konnte. Was aber stattdessen gemeint war, lässt sich angesichts vielfältiger denkbarer Tippfehler und sonstiger Ursachen für den Fehler aus der Sicht der Leser der Internetseite nicht sagen. Also liegt ein Dissens über den Kaufpreis vor, an dem das Zustandekommen des Vertrages scheitert.

Entsprechendes gilt für alle anderen vertragswesentlichen Punkte. **176**

Beispiel:[159] A, ein Schallplattenvertrieb, vereinbart mit B, einem Musikverlag, dass B eine „**Best-** **177** **of-CD**" der „*Kelly Family*" zum Vertrieb durch A produzieren solle. Die Parteien haben, wie sich herausstellt, völlig unterschiedliche Vorstellungen darüber, welche Titel enthalten sein sollen oder nach welchen Kriterien sich die Auswahl richten soll. A meint, die Bezeichnung „Best-of CD" impliziere eine Auswahl der in den Charts erfolgreichsten Titel, ungeachtet von deren Erscheinungsdatum. B meint, eine „Best-of-CD" enthalte jedenfalls keine aktuellen Hits. Also fehlt

---

156 BGH vom 14.10.1991, NJW 1992, 1501 (1502).
157 *Neuner* AT § 38 Rdn. 3.
158 LG Konstanz vom 2.9.2003, BeckRS 2003, 09923.
159 OLG Köln vom 11.6.1999, NJW-RR 2000, 1720.

es an einem faktischen Konsens. Es lässt sich auch nicht feststellen, dass die von A begehrte Auswahl dem entspricht, was in der Branche als typischer Inhalt einer „Best-of-CD" gilt. Also durfte A die Erklärung des B nicht in seinem Sinne verstehen. Es fehlt auch an einem normativen Konsens. Ohne Einigung darüber, welche Titel auf einer „Best-of-CD" enthalten sein sollen, kann ein Vertrag über die Produktion einer „Best-of-CD" nicht zustande kommen.

178 Der Grundsatz gilt auch für ergänzende Vereinbarungen (*accidentalia negotii*), ist insoweit aber für Ausnahmen (unten bb) offen. Ein Vertrag kommt dann nicht zustande, wenn der Dissens eine vertragliche Bestimmung betrifft, von der ein Vertragspartner schlechterdings seine Vertragsbereitschaft abhängig machen wollte.[160]

179 **Beispiel:** A hat gegenüber B in den Verhandlungen keinen Zweifel gelassen, dass seine Vertragsbereitschaft von einer Haftungsfreistellung für bestimmte Risiken abhängt. A und B treffen eine solche Vereinbarung, erzielen darin aber keinen Konsens.

bb. Ausnahmen

180 Betrifft der Dissens eine zusätzliche Vereinbarung (oben Rdn. 17), so muss das Zustandekommen des Vertrages hieran nicht scheitern. Vielfach liegt es im Interesse (und entspricht dem hypothetischen Willen) beider Vertragsparteien, trotz der Verfehlung von Konsens in einem solchen Punkt immerhin überhaupt eine vertragliche Regelung untereinander geschaffen zu haben.[161] Dann kommt ausnahmsweise trotz des Einigungsmangels in diesem Punkt der Vertrag zustande. Dies liegt insbesondere dann nahe, wenn sich die durch den Dissens entstandene Lücke der vertraglichen Regelung durch dispositives Gesetzesrecht oder im Wege einer ergänzenden Auslegung des Vertrages schließen lässt.[162]

III. Der Inhalt des Vertrages

181 Die Aussage, dass ein Vertrag *zustande gekommen* ist, ist *identisch* mit der Feststellung, dass das Rechtsgeschäft „Vertrag" *dem Tatbestand nach geschaffen* worden ist. Den Tatbestand des Vertrages bilden die von den Vertragsschließenden getroffenen Vereinbarungen darüber, welche Rechtswirkungen kraft des gemeinsamen Willens geschaffen werden sollen. Für die Bestimmung des Inhalts des Vertrages kommt es daher in erster Linie auf den dem Vertrag zugrunde liegenden

---

160 Erman/*Armbrüster* § 155 Rdn. 5.
161 MüKo/*Busche* § 155 Rdn. 14; Staudinger/Eckpfeiler/*Schiemann* (2020) D. Rdn. 85; *Leenen* AcP 188 (1988), 381 (417).
162 Hierzu MüKo/*Busche* § 155 Rdn. 14.

Konsens an (unten Rdn. 182 ff). Fehlen im Vertrag Regelungen zu Punkten, die nach der „inneren Logik" des Vertrages an sich einer Regelung bedürfen, so kommt in Betracht, solche Lücken des Vertrages im Wege einer „ergänzenden Vertragsauslegung" zu schließen (unten Rdn. 187 ff). In einigen Fällen schließlich greift das Gesetz in den Inhalt eines Vertrages ein und trifft ergänzende oder die Vereinbarungen der Parteien abändernde Bestimmungen (unten Rdn. 195 ff).

1. Die Bestimmung des Inhalts des Vertrages anhand des Konsenses der Vertragsschließenden

Der rechtlich maßgebliche Inhalt eines Vertrages ist durch Auslegung zu ermit- **182** teln. Dies bedarf freilich der Präzisierung. Zum einen ist zu fragen, was genau Gegenstand der Auslegung ist: Ist es der Vertrag, oder sind es die auf den Abschluss des Vertrages gerichteten Willenserklärungen? Zum anderen kann zweifelhaft sein, ob es bei der Bestimmung des Inhalts der vertraglichen Vereinbarungen stets um eine Auslegung im Sinne der Verdeutlichung des Sinnes der von den Vertragsschließenden verwendeten Sprache geht.

a. Auslegung der Willenserklärungen

Welchen Inhalt ein Rechtsgeschäft hat, wird durch die Willenserklärung(en) be- **183** stimmt. Es ist die Funktion der Willenserklärung, Anordnungen darüber zu treffen, welche Rechtswirkungen durch Rechtsgeschäft herbeigeführt werden sollen. Also wird der Inhalt eines Rechtsgeschäfts grundsätzlich durch Auslegung der Willenserklärung bestimmt, die abgegeben wurde, um ein bestimmtes Rechtsgeschäft zu errichten. Bei einem Vertrag sind dies die beiden auf den Abschluss des Vertrages gerichteten Erklärungen. Dass auf die Willenserklärungen abgestellt werden muss, nicht unmittelbar „das Rechtsgeschäft" auszulegen ist, wird beim Vertrag besonders deutlich. Es kann ja sein, dass die Willenserklärungen das Ziel, zum Zustandekommen eines Vertrages zu führen, verfehlt haben (Dissens!), und ob dies der Fall ist, lässt sich nicht durch Auslegung des Vertrages ermitteln.

b. Auslegung des Vertrages

Der Inhalt eines Vertrages wird in erster Linie durch die Vereinbarungen be- **184** stimmt, über die die Vertragsschließenden in ihren Erklärungen Konsens erzielt haben. Insoweit gilt, dass eine tatsächliche Übereinstimmung im Willen („faktischer Konsens") sich gegen jede anderweitige Auslegung der von den Parteien verwendeten Sprachzeichen durchsetzt (oben Rdn. 140 ff). Man kann sich fragen, ob die rein empirische Ermittlung eines tatsächlich übereinstimmenden Willens überhaupt verdient, als *Auslegung des Textes der Erklärungen* bezeichnet zu werden, doch mag dies als rein terminologische Frage dahinstehen. Wesentlich ist sich klarzumachen, dass die Ermittlung des tatsächlichen Konsenses nicht an den Wortlaut der Erklärungen gebunden ist.

185   Anders verhält es sich in den Fällen eines „normativen Konsenses". Hier fehlt es an einer tatsächlichen Übereinstimmung im Willen, und es ist im Wege der Auslegung zu ermitteln, ob der eine Vertragsteil die Erklärung der andern Seite so verstehen durfte, wie dies seinem eigenen tatsächlichen Willen entspricht (oben Rdn. 157 ff). Ist dies der Fall, kommt der Vertrag in diesem Punkt mit diesem sich aus der normativen Auslegung der Willenserklärung des anderen Teils ergebenden Inhalt zustande. Um eine Auslegung *des Vertrages* geht es also auch hierbei nicht. Hervorhebung verdient die Tatsache, dass diese normative Auslegung ein wertender Vorgang ist, dessen Ergebnis seine Rechtfertigung daher nicht allein im Willen des Erklärenden findet. In noch stärkerem Maß gilt das für die ergänzende Auslegung, die sogleich in Rdn. 187 ff. behandelt wird.

186   Es bleiben die Fälle, in denen beide Seiten mit Regelungen, die sie gemeinsam in Geltung gesetzt haben, keine konkrete Vorstellung verbinden. Das kommt vor allem bei Verwendung umfangreicher Formularverträge vor, die sich die Kontrahenten nur in den entscheidenden Eckdaten durchsehen. Für die Bestimmung des rechtlich maßgeblichen Sinnes solcher Klauseln kann nicht auf die Willenserklärungen der Kontrahenten zurückgegriffen werden, weil sich ein tatsächlicher Wille nicht feststellen lässt und somit auch nicht danach gefragt werden kann, ob eine Seite ihre Erklärung normativ im Sinne des Verständnisses der anderen Seite gelten lassen muss. Handelt es sich um Klauselwerke, die eine Seite der anderen im Sinne des AGB-Rechts gestellt hat (§ 305 Abs. 1 Satz 1 BGB, § 310 Abs. 3 Nr. 1 BGB; unten § 20 Rdn. 2 ff), so ergibt sich der rechtlich maßgebliche Sinn solcher Regelungen im Zweifel aus einer Auslegung gegen den Verwender (§ 305c Abs. 2 BGB; unten § 21 Rdn. 35 f). Haben sich beide Seiten einverständlich auf die Verwendung des ihnen in den Einzelheiten nicht näher bekannten Formulars geeinigt, wird man unklare Bestimmungen des Vertrages gemäß § 157 BGB so auszulegen haben, wie dies Treu und Glauben unter Berücksichtigung der Verkehrssitte entspricht.

2. Die Schließung von Lücken des Vertrages im Wege der ergänzenden Vertragsauslegung

187 Sehr schwierige Fragen wirft die Bestimmung des Inhalts eines Vertrages auf, wenn es zu einem Punkt, der nach dem Gesamtplan des Vertrages, nach dessen „innerer Logik" oder auch nur nach den erkennbaren Intentionen beider Seiten in bestimmter Weise geregelt werden sollte, an einer (wirksamen) Regelung fehlt. Diese Situation kann insbesondere dadurch entstehen, dass die Parteien übersehen haben, die erforderliche, dem Regelungsplan des Vertrages entsprechende Bestimmung in den Vertragstext aufzunehmen, oder dass sie zwar im Hinblick auf die Besonderheiten des Vertrages eine Regelung getroffen haben, diese Regelung aber unwirksam ist. Die Frage ist dann, ob dem Vertrag im Wege der „ergänzenden" Auslegung die fehlende Bestimmung hinzugefügt werden darf oder die unwirksame Bestimmung durch eine andere Bestimmung ersetzt werden darf, die die Regelungsabsichten der Parteien bestmöglich verwirklicht, ohne unwirksam zu sein.[163]

Beispiele: (1) Ein niedergelassener Arzt in Baden-Württemberg vereinbart mit einem Kollegen in **188** Hamburg vertraglich einen **Praxistausch.** Kurz nach Vollzug des Tausches will der nach Hamburg gewechselte Arzt an seinen alten Tätigkeitsort in Baden-Württemberg zurückkehren und in unmittelbarer Nähe der von dem Hamburger Kollegen übernommenen Praxis wieder eine eigene Praxis eröffnen. Er beruft sich darauf, dass der Vertrag keine Regelung zu einem Rückkehrverbot enthalte.[164] – (2) Ein Neuwagenhändler nennt in seinen Kfz-Lieferverträgen als Kaufpreis den „derzeit gültigen Listenpreis" und ergänzt diese Regelung durch eine AGB-Bestimmung, nach der bei einem länger als vier Monate entfernten Liefertermin des Fahrzeugs der zum Zeitpunkt der Lieferung gültige Listenpreis des Verkäufers geschuldet sei. Der BGH erklärt diese (zum damaligen Zeitpunkt weit verbreitete) **Tagespreisklausel** wegen unbilliger Benachteiligung der Käufer für unwirksam.[165] Ein Kunde verlangt daraufhin, dass ihm der Händler die Differenz zwischen dem bei der Bestellung vereinbarten Listenpreis und dem bei der Lieferung des Neuwagens berechneten und von ihm bezahlten Kaufpreis zurückzahle. Da die vom Händler verwendete Tagespreisklausel unwirksam sei, fehle es für die Berechnung dieses Differenzbetrages an einer Rechtsgrundlage.

Die ergänzende Auslegung des Vertrages setzt eine „Lücke", d. h. eine planwid- **189** rige Unvollkommenheit der getroffenen Regelung voraus.[166] Was planwidrig ist, bestimmt sich in erster Linie nach den Regelungsabsichten der Kontrahenten. Zu vielen denkbaren Streitfragen, die bei der Durchführung eines Vertrages entstehen können, verzichten die Kontrahenten auf eigene Regelungen und überlassen die Lösung dieser Konflikte dem Gesetz. Das Fehlen vertraglicher Regelungen ist dann nicht planwidrig, vielmehr machen die Kontrahenten planmäßig von der Entlastungsfunktion des dispositiven Rechts Gebrauch.

---

163 Zum Nachfolgenden ausführlich *Finkenauer* AcP 213 (2013), 619 ff.
164 BGH vom 18.12.1954, BGHZ 16, 71 = NJW 1955, 337.
165 BGH vom 7.10.1981, BGHZ 82, 21 (25) = NJW 1982, 331 (332).
166 BGH vom 12.10.2012, NJW-RR 2013, 494 Rdn. 9; BGH vom 15.11.2012, NJW 2013, 678 Rdn. 15; BGH vom 26.6.2014, BB 2014, 2259 Rdn. 13; Palandt/*Ellenberger* § 157 Rdn. 3; *Bork* AT Rdn. 533.

190 **Beispiel:** A bestellt bei B Waren, „spätestens zu liefern am Freitag der kommenden Woche". B sagt dies zu, liefert aber nicht rechtzeitig. Dieser Fall ist im Vertrag nicht geregelt: Es wurde nicht vereinbart, welche Folgen es haben soll, wenn B seinen Verpflichtungen nicht rechtzeitig nachkommt. Die Parteien mussten hierzu keine eigene Regelung treffen, da es sich um eine „Standardsituation" der Verletzung von Vertragspflichten handelt, die eingehend im Gesetz behandelt ist (insbesondere § 280 Abs. 2 BGB i. V. m. § 286 BGB, § 280 Abs. 3 BGB i. V. m. § 281 BGB, § 323 BGB[167]).

191 Die typische Situation, in der eine Ergänzung zulässig und angebracht ist, ist gegeben, wenn (1) ohne die Ergänzung der „fehlenden" Regelung die Erreichung des Vertragszwecks gefährdet wird, (2) an dem (besonderen) Vertragszweck orientiertes, sachgerechtes dispositives Recht nicht zur Verfügung steht, und (3) anzunehmen ist, dass die Parteien es nicht beim Wortlaut der getroffenen Vereinbarungen belassen hätten, wenn sie den konkreten, nicht geregelten Konfliktfall vorhergesehen hätten.

192 **Beispiele:** Mit dem **Praxistausch** (oben Rdn. 188) wird bezweckt, dass jeder der beiden Ärzte möglichst den Patientenstamm des anderen übernimmt und weiter betreut. Mit diesem spezifischen Vertragszweck ist die Rückkehr eines der beiden an den alten Ort und die Wiedereröffnung einer Praxis in unmittelbarer Nähe zur früheren Praxis nicht vereinbar. Zu Recht hat der BGH daher die vertraglichen Vereinbarungen der Ärzte ergänzend dahin ausgelegt, dass jeder Tauschpartner zumindest für bestimmte Zeit einem Rückkehrverbot unterliege. – Ist eine **Tagespreisklausel** (oben Rdn. 188) in einem Neufahrzeug-Kaufvertrag unwirksam, kann sie doch Ausdruck eines legitimen Regelungsbedürfnisses sein, das im Vertrag erfasst werden sollte. Kann der Händler nämlich im Falle von Preiserhöhungen des Herstellers seine Verkaufspreise nicht flexibel anpassen, muss er bei Verträgen mit längeren Lieferzeiten von vornherein auf den jeweils geltenden Listenpreis Aufschläge erheben, um das Risiko von etwaigen zukünftigen Preiserhöhungen des Herstellers abzudecken, und diese erhöhten Preise gelten dann auch dann, wenn es bis zur Auslieferung des Fahrzeugs zu gar keinen Preiserhöhungen durch den Hersteller kommt. Dies liegt nicht im Interesse des Kunden. Soll somit eine flexible Anpassung an Preiserhöhungen möglich sein, entspricht eine Festschreibung des ursprünglichen Listenpreises nicht dem vertraglich angestrebten Äquivalenzverhältnis. Daher entsteht durch die Unwirksamkeit der Tagespreisklausel eine planwidrige Unvollständigkeit in der vertraglichen Regelung, die der Ausfüllung durch eine ergänzende Auslegung zugänglich und bedürftig ist.[168]

---

167 Einzelheiten werden in den Lehrbüchern zum Allgemeinen Teil des Schuldrechts dargestellt.
168 BGH vom 1.2.1984, BGHZ 90, 69 (74 ff) = NJW 1984, 1177 (1178). Nach Ansicht des BGH ist die Lücke „durch eine Regelung zu ersetzen, die den Käufer zwar grundsätzlich zur Zahlung des bei Auslieferung des Fahrzeugs gültigen Listenpreises verpflichtet, soweit dieser Preis einer nach billigem Ermessen zu treffenden Leistungsbestimmung durch den Verkäufer entspricht, die ihm aber andererseits ein Rücktrittsrecht einräumt, wenn die Preiserhöhung den Anstieg der allgemeinen Lebenshaltungskosten in der Zeit zwischen Bestellung und Auslieferung nicht unerheblich übersteigt" (BGH, a. a. O., Leitsatz 2).

Die Entscheidung über die Gewährung oder Versagung einer ergänzenden Ver- **193**
tragsauslegung kommt einer Gratwanderung gleich. Die Gewährung der ergänzenden Auslegung eines Vertrages darf nicht dazu führen, dass Verträge, die sich
für eine Seite als unvorteilhaft erweisen, durch Regelungen korrigiert werden, die
die benachteiligte Seite bei den Verhandlungen gerade nicht zu ihren Gunsten
durchsetzen konnte.[169] Da die ergänzende Auslegung an den immanenten Regelungsplan des Vertrages gebunden ist, darf sie nicht zur Abänderung oder Erweiterung des Vertragsgegenstandes führen.[170] Die Versagung einer ergänzenden
Auslegung darf andererseits nicht zur Folge haben, dass ein Vertragstorso aufrechterhalten wird, dessen Risikoverteilung den erkennbaren Zwecken der (wenn
auch: unvollständigen oder durch die Unwirksamkeit einer Klausel unvollständig
gewordenen) vertraglichen Regelung schlechterdings widerspricht.

Die gefestigte Rspr. des BGH zur ergänzenden Vertragsauslegung **194**
Auszug aus BGH vom 17.4.2002, NJW 2002, 2310 (2311)

„Nach gefestigter Rechtsprechung des *BGH* ist bei der ergänzenden Auslegung darauf abzustellen, was die Parteien bei einer angemessenen Abwägung ihrer Interessen nach Treu und
Glauben als redliche Vertragspartner vereinbart hätten, wenn sie den von ihnen nicht geregelten Fall bedacht hätten. Dabei ist zunächst an den Vertrag selbst anzuknüpfen; die darin enthaltenen Regelungen und Wertungen, sein Sinn und Zweck sind Ausgangspunkt der Vertrags-
ergänzung. Handelt es sich ... um einen so genannten Austauschvertrag, so besteht die
Vermutung, dass nach dem Geschäftswillen der Parteien Leistung und Gegenleistung der Parteien in einem ausgewogenen Verhältnis standen. Lassen sich nach diesen Kriterien hinreichende Anhaltspunkte für den hypothetischen Parteiwillen nicht finden, etwa weil mehrere
gleichwertige Auslegungsmöglichkeiten in Betracht kommen, scheidet eine ergänzende Vertragsauslegung aus. Im Übrigen findet die ergänzende Auslegung ihre Grenze an dem im –
wenn auch lückenhaften – Vertrag zum Ausdruck gekommenen Parteiwillen; sie darf daher
nicht zu einer Abänderung oder Erweiterung des Vertragsgegenstands führen."

---

3. Gesetzliche Eingriffe in den Inhalt eines Vertrages

Gelegentlich greift das Gesetz in den Inhalt eines Vertrages ein und ersetzt die von **195**
den Parteien getroffene Vereinbarung durch eine andere Regelung. Ein Beispiel
mit äußerst hoher praktischer Relevanz bildet § 550 Satz 1 BGB.[171] Wollen die Par-

---

169 *Finkenauer* AcP 213 (2013), 619 (627).
170 BGH vom 10.2.2009, NJW 2009, 1482 Rdn. 24; BGH vom 26.6.2014, BB 2014, 2259 Rdn. 13;
BGH vom 17.10.2019, MDR 2020, 177 Rdn. 37.
171 Seit 2001 musste allein der BGH Dutzende Fälle zu dieser Vorschrift entscheiden. Dabei geht
es fast ausschließlich um Geschäftsräume, wo befristete Verträge dominieren.

teien einen Mietvertrag mit einer Laufzeit von mehr als einem Jahr schließen (oder abändern; s. Rdn. 198), ist dies nur in schriftlicher Form möglich. Wird die Form nicht beachtet, ist der Vertrag nicht gemäß § 125 Satz 1 BGB nichtig.[172] Das BGB gibt dem Vertrag vielmehr einen *anderen Inhalt* und ordnet an, dass er „für unbestimmte Zeit" gilt. Dadurch wird erreicht, dass der Vertrag unter Beachtung gesetzlich bestimmter Fristen gekündigt werden kann (§ 542 Abs. 1 BGB). Für das Eingehen langfristiger Bindungen ohne vorzeitige Möglichkeit einer solchen ordentlichen Kündigung soll das Schriftformerfordernis ein Warnsignal sein. Überdies soll das Schriftformerfordernis des § 550 Satz 1 BGB sicherstellen, dass ein späterer Erwerber des Grundstücks zuverlässige Kenntnis von den Verpflichtungen erlangen kann, die gemäß § 566 Abs. 1 BGB auf ihn übergehen.[173]

196   Die Rechtsprechung des BGH zu § 550 BGB ist ein herausragendes Beispiel für die Bedeutung des Normzwecks bei der Auslegung (dazu unten § 23 Rdn. 47). Historischer Zweck der Norm ist der Schutz des Erwerbers des vermieteten Grundstücks. Legt man das zugrunde, liegt es nahe anzunehmen, dass die ursprünglichen Parteien sich jedenfalls nicht unter Hinweis auf den Formmangel durch ordentliche Kündigung vorzeitig vom Vertrag lösen können. Warum auch, sie kennen den Vertragsinhalt ja. Der BGH hat der Norm aber auch den Zweck beigelegt, die Parteien bei Eingehung des Vertrages vor einer unbedachten langfristigen Bindung zu schützen und daneben führt er auch die Dokumentation des Vereinbarten (Beweissicherung) ins Feld. Sieht man es so, können auch die ursprünglichen Parteien bei Formverstößen kündigen – und davon wird in der Praxis reichlich Gebrauch gemacht, vor allem, wenn sich ein Standort für Mieter als unrentabel erweist. Das hat gravierende Auswirkungen auf den Immobilienmarkt; denn niemand, der in Deutschland eine dauerhaft vermietete Gewerbeimmobilie kauft, kann sicher sein, dass der Vertrag nicht vorzeitig beendet werden kann, weil immer die Möglichkeit besteht, dass mündliche Abreden zwischen dem Mieter und dem alten Vermieter bestehen.[174]

197   Ist geklärt, dass der Vertrag zustande gekommen ist, hängt die Geltung der vereinbarten festen Laufzeit des Vertrages von mehr als einem Jahr davon ab, ob dem Schriftformerfordernis genügt ist. Erforderlich ist hierfür, dass die für das Zustandekommen des Vertrages wesentlichen Vereinbarungen aus der Urkunde ersichtlich oder zumindest anhand der Urkunde bestimmbar sind. Das Gleiche gilt sinngemäß für Änderungen des Vertrages, die bei langfristigen Mietverhältnissen

---

172 Zu § 125 BGB unten § 9 Rdn. 145ff.
173 Zu den Zwecken des § 550 Satz 1 BGB BGH vom 7.5.2008, BGHZ 176, 301 Rdn. 17 = NJW 2008, 2178; BGH vom 27.9.2017, BGHZ 216, 68 = NJW 2017, 3772.
174 Für eine ausführliche und kritische Analyse dieser Rechtsprechung und des (verfehlten) § 550 BGB überhaupt s. *Häublein* JZ 2018, 755.

häufig vorkommen. Voraussetzung ist aber, dass auch die vereinbarten Änderungen für längere Zeit als ein Jahr gelten sollen.[175]

In der Praxis geht es oft um die Frage, ob dem Schriftformerfordernis genügt ist, wenn eine für **198** das Zustandekommen des Vertrages erforderliche Erklärung in fremdem Namen, aber ohne einen dieses Handeln in fremdem Namen kennzeichnenden Zusatz abgegeben worden ist (dazu das Beispiel in Rdn. 199). Zu Recht hält der BGH einen solchen **Vertreterzusatz** für entbehrlich, wenn nach dem Text der Vertragsurkunde eine einzelne natürliche Person Mieter/Vermieter sein soll und eine dritte Person als „Mieter" oder „Vermieter" den Vertrag unterzeichnet. Es ist dann aus der Urkunde ersichtlich, dass der Dritte die Erklärung im Namen des Mieters/Vermieters abgegeben hat.[176] Ob die Vertretungsmacht tatsächlich bestand, ist im Rahmen von § 550 BGB irrelevant (unten Rdn. 200).

Beispiel: Die Vertragsurkunde weist A und B als Mieter eines dem V gehörenden Geschäftslokals **199** aus; die Dauer des Mietverhältnisses beträgt 10 Jahre. Nach dem Rubrum eines Nachtrags zum Vertrag wird B, eine GmbH, durch zwei gesamtvertretungsberechtigte Geschäftsführer vertreten. Unterzeichnet hat aber nur einer der beiden unter Beifügung des Firmenstempels. Ein zweites Feld, das für die Unterschrift des zweiten Geschäftsführers der B vorgesehen war, blieb darunter leer. Das Fehlen der zweiten Unterschrift führt nach der Rechtsprechung des BGH zu einem Formverstoß, weil aus der Urkunde nicht hervorgehe, ob alle für den Vertragsschluss (s. § 154 Abs. 2 BGB!) erforderlichen Erklärungen vorliegen. Wenn aber nach dem Erscheinungsbild der Urkunde der Unterzeichner für sich allein die Berechtigung zum Abschluss des fraglichen Rechtsgeschäfts in Anspruch nimmt, z. B. weil ihn der andere Geschäftsführer hierzu ermächtigt hat (vgl. § 125 Abs. 2 S. 2 HGB, § 78 Abs. 4 S. 1 AktG), soll das ausreichen. Dafür müsse das Alleinhandeln aber durch einen die alleinige Vertretung der GmbH anzeigenden Zusatz kenntlich gemacht werden. In einer früheren Entscheidung hatte der BGH im Hinzusetzen des Stempels zur Unterschrift einen solchen hinreichenden Zusatz erblickt.[177] Gleichwohl genügte ihm der Stempel hier nicht, weil das zweite, leer gebliebene Unterschriftsfeld Zweifel an der Vollständigkeit der Urkunde wecke.[178] Der Fall macht deutlich, wie schwer es ist, den Bestand eines langfristigen Mietvertrages verbindlich festzustellen.

Andererseits setzt § 550 Satz 1 BGB auch *nicht mehr* als das Zustandekommen ei- **200** nes Mietvertrages mit einer Laufzeit von mehr als einem Jahr voraus. Unerheblich ist für die inhaltliche Abänderung des Vertrages gemäß § 550 Satz 1 BGB, ob der Vertrag wirksam ist. § 550 Satz 1 BGB hat allein mit dem Inhalt des Vertrages, nichts mit dessen Wirksamkeit zu tun. Alle Fragen, die allein die Wirksamkeit des zustande gekommenen Vertrages betreffen, sind daher auch für die Einhaltung

---

175 S. dazu BGH vom 20.4.2005, BGHZ 163, 27 = NZM 2005, 456. Diese Ausnahme hat vor allem dann praktische Bedeutung, wenn sich die Parteien unter Missachtung der Schriftform über eine temporäre Mieterabsetzung einigen, wie es während der COVID 19-Pandemie vielfach geschah.
176 Zur Frage, wann sich ein solches Vertreterhandeln aus den Umständen ergibt, hat sich eine facettenreiche Judikatur ergeben, die die Zweifel an der Sinnhaftigkeit des § 550 BGB verstärkt.
177 BGH vom 23.1.2013, NJW 2013, 1082 Rdn. 14.
178 S. hierzu BGH vom 26.2.2020, BGHZ 224, 370 = NJW 2020, 1507 Rdn. 25.

des Schriftformerfordernisses irrelevant. Insbesondere muss also, falls eine der auf den Abschluss des Vertrages gerichteten Erklärungen in fremdem Namen abgegeben wurde, aus der Urkunde nicht hervorgehen, ob der Vertreter Vertretungsmacht hat, da hiervon allein die Wirksamkeit, nicht das Zustandekommen des Vertrages abhängt.

201 Der BGH gelangt zum gleichen Ergebnis, allerdings mit der verwirrenden Begründung, dass das Bestehen von Vertretungsmacht beim Abschluss des Vertrages durch Stellvertreter keine Frage der Schriftform des § 550 Satz 1 BGB sei, weil sich dieser Umstand „schon auf das Zustandekommen des Vertrages" auswirke,[179] während § 550 Satz 1 BGB „den Erwerber lediglich über den Inhalt eines gesetzlich auf ihn übergehenden Vertrages informieren [wolle] und nicht darüber, ob überhaupt ein Vertrag besteht".[180] Dem liegt das hier abgelehnte Konzept des „wirksamen Zustandekommens" von Verträgen zugrunde, das zwischen dem tatbestandlichen Zustandekommen und der Wirksamkeit nicht trennt.[181] Unterscheidet man, wie erforderlich, zwischen diesen beiden Fragen, sind selbstverständlich Umstände, die das tatbestandliche Zustandekommen des Vertrages betreffen, für die Einhaltung des Schriftformerfordernisses des § 550 Satz 1 BGB relevant. Auch der BGH sieht das nicht anders, wenn er fordert, die Urkunde müsse erkennen lassen, dass eine Einigung über die für das Zustandekommen des Vertrags erforderlichen „essentialia"[182] erzielt wurde, und es dürfe nicht offen bleiben, ob die auf den Vertragsschluss gerichtete Willenserklärung eines Vertragspartners abgegeben wurde, sei es im eigenen oder im fremden Namen.[183] Irrelevant sind Fragen, die – wie das Vorliegen von Vertretungsmacht – allein die Wirksamkeit des Vertrages betreffen.

4. Die Bestimmung des rechtlich maßgeblichen Inhalts beurkundeter Verträge

202 Ist ein Vertrag beurkundet worden (Schriftform, notarielle Beurkundung), so hat die Urkunde die tatsächliche **Vermutung der Vollständigkeit und Richtigkeit** für sich.[184] Es besteht eine tatsächliche Vermutung, dass keine Vereinbarungen getroffen wurden, die in der Urkunde nicht enthalten sind („Vollständigkeit" der Urkunde), und alle Vereinbarungen, die in der Urkunde enthalten sind, getroffen wurden („Richtigkeit" der Urkunde).

---

179 BGH vom 7.5.2008, BGHZ 176, 301 Rdn. 15 = NJW 2008, 2178; ebenso Rdn. 29 zum Vertragsschluss durch einen Vertreter ohne Vertretungsmacht.
180 BGH vom 7.5.2008, BGHZ 176, 301 Rdn. 29 m.w.N. = NJW 2008, 2178.
181 Dazu oben § 4 Rdn. 105ff; vor § 8 Rdn. 1ff.
182 BGH vom 7.5.2008, BGHZ 176, 301 Rdn. 18 = NJW 2008, 2178.
183 BGH vom 7.5.2008, BGHZ 176, 301 Rdn. 24f = NJW 2008, 2178.
184 BGH vom 19.6.1998, NJW-RR 1998, 1470; BGH vom 5.7.2002, NJW 2002, 3164 (3164f); BGH vom 10.6.2016, NJW 2017, 17 Rdn. 6ff; Palandt/*Ellenberger* § 125 Rdn. 21; MüKo/*Einsele* § 125 Rdn. 39; Soergel/*Hefermehl* § 125 Rdn. 24. Zum Begriff der tatsächlichen Vermutung unten § 23 Rdn. 112f.

Die Vermutung ist widerlegbar. Wer die Vollständigkeit oder Richtigkeit be- **203** streitet, trägt die Darlegungs- und Beweislast.[185] Die Unvollständigkeit oder Unrichtigkeit kann anhand von Umständen außerhalb der Urkunde nachgewiesen werden.[186] An diesen Beweis sind strenge Anforderungen zu stellen.[187] Die Vermutung ist widerlegt, wenn beide Vertragspartner übereinstimmend erklären (oder sich ihrem Verhalten anderweitig entnehmen lässt), dass sie eine vom Text der Urkunde abweichende tatsächliche Übereinstimmung im Willen erzielt haben.

IV. Die Bedeutung eines kaufmännischen Bestätigungsschreibens für Zustandekommen und Inhalt eines Vertrages

1. Grundlagen und Regelungstechnik
Im Handelsverkehr ist es seit langem üblich, nach dem mündlichen Abschluss **204** eines Vertrages der anderen Partei ein Bestätigungsschreiben zu Abschluss und Inhalt des Vertrages zu schicken. Der Sinn dieser Übung liegt darin, späteren Streitigkeiten darüber vorzubeugen, ob es zum Vertragsschluss gekommen ist und was vereinbart wurde; es dient der Rechtssicherheit und -klarheit.[188] Nun kann es freilich sein, dass das Bestätigungsschreiben unrichtig ist, also die „eigentliche" Rechtslage nicht korrekt wiedergibt. Könnte hierüber später uneingeschränkt gestritten werden, ginge die Funktion des Bestätigungsschreibens weithin verloren. Ob das Bestätigungsschreiben dem wirklich Vereinbarten aus der Sicht des Empfängers entspricht, muss daher möglichst rasch unter den Beteiligten geklärt werden. Will der Empfänger geltend machen, dass der Inhalt des Bestätigungsschreibens die getroffenen Vereinbarungen nicht richtig wiedergibt, so muss er unverzüglich dem Bestätigungsschreiben widersprechen. Unterlässt er dies, so ist von Rechts wegen – vorbehaltlich gewisser Ausnahmen und Einschränkungen (unten Rdn. 212f) – anzunehmen, dass zwischen Absender und Empfänger des Schreibens ein Vertrag mit dem sich aus dem Bestätigungsschreiben ergebenden Inhalt abgeschlossen worden ist.[189]

---

185 BGH vom 5.2.1999, NJW 1999, 1702 (1703).
186 BGH vom 5.7.2002, NJW 2002, 3164 (3165).
187 Palandt/*Ellenberger* § 125 Rdn. 21.
188 Es geht nicht um Vertrauensschutz, sondern um objektiven Verkehrsschutz, zutr. MüKoHGB/*K. Schmidt* § 346 Rdn. 143; ausf. *Häublein* Österr. Bankarchiv (ÖBA) 2014, 601, 602ff.
189 BGH vom 24.9.1952, BGHZ 7, 187 (189) = NJW 1952, 1369; BGH vom 27.1.2011, BGHZ 188, 128 Rdn. 22f = NJW 2011, 1965.

205   Die von der Judikatur entwickelten Grundsätze zu den Rechtsfolgen des Schweigens auf ein kaufmännisches Bestätigungsschreiben werden allgemein anerkannt und stellen **Gewohnheitsrecht** dar.[190] Sehr umstritten ist dagegen die dogmatische Einordnung dieser Rechtssätze.[191] Vielfach wird angenommen, dass das Schweigen des Empfängers sich als Genehmigung des Inhalts des Schreibens darstelle oder doch dieser Sinn des Schweigens unwiderleglich vermutet werde.[192] Indessen bedarf es einer solchen Genehmigung nicht, wenn der Inhalt des Schreibens mit den getroffenen Vereinbarungen übereinstimmt (sog. **deklaratorisches Bestätigungsschreiben**), und eine Beschränkung dieses dogmatischen Ansatzes auf den Fall von Abweichungen (sog. **konstitutives Bestätigungsschreiben**) befriedigt nicht, weil die Grundsätze unstreitig beide Fälle erfassen und die Unterscheidung zwischen deklaratorischem und konstitutivem Bestätigungsschreiben entbehrlich machen. Doch mag dies dahinstehen. Kraft der gewohnheitsrechtlichen Anerkennung ist Geltungsgrund der Rechtssätze das objektive Recht.[193] Ordnet ein Satz des objektiven Rechts an, dass unter bestimmten Voraussetzungen ein Vertrag als mit einem bestimmten Inhalt abgeschlossen gilt, handelt es sich rechtstechnisch um eine unwiderlegliche Vermutung oder um eine Fiktion (unten § 23 Rdn. 121 ff).[194] Es wird rechtlich verbindlich festgelegt, dass die Parteien die für das Zustandekommen des Vertrages erforderlichen Willenserklärungen abgegeben und hierdurch „einen Vertrag des Inhalts begründet haben, wie er im Bestätigungsschreiben niedergelegt worden ist".[195]

206   Von den Rechtsfolgen des Schweigens auf ein Bestätigungsschreiben geht ein erheblicher Druck auf den Empfänger aus, das Bestätigungsschreiben schnellstmöglich auf Abweichungen zu überprüfen und ggf. dem Schreiben zu widersprechen, um der Fiktion die Grundlage zu entziehen. Widerspricht der Empfänger nicht, dürfte dies in aller Regel daran liegen, dass er das Bestätigungsschreiben

---

190 Palandt/*Ellenberger* § 147 Rdn. 8; *Karsten Schmidt*, Handelsrecht (6. Aufl. 2014) § 19 Rdn. 66; *Canaris*, Handelsrecht (24. Aufl. 2006) § 23 Rdn. 10; Medicus/*Petersen* AT Rdn. 440; *Neuner* AT § 4 Rdn. 18 und § 37 Rdn. 48 (mit Einschränkungen); *Lettl* JuS 2008, 849 (850).

191 Hierzu *Canaris*, Handelsrecht (24. Aufl. 2006) § 23 Rdn. 9 f; *Karsten Schmidt*, Handelsrecht (6. Aufl. 2014) § 19 Rdn. 70 f; *ders.* FS Heinrich Honsell (2002), 99 (104 ff).

192 *Leipold* AT § 14 Rdn. 28. Für eine (dogmatisch nicht recht einleuchtende) Kombination von fingierter Willenserklärung und unwiderleglicher Vermutung *Hartmann*, Handelsrecht (2008) Rdn. 540 und 547.

193 *Karsten Schmidt*, Handelsrecht (6. Aufl. 2014) § 19 Rdn. 67 mit Nachweisen zu abw. Ansichten.

194 So für die Rechtsfolgen des Schweigens auf ein Bestätigungsschreiben *Petersen* Jura 2003, 687 (690: „Fiktionswirkung"); Medicus/*Petersen* Bürgerliches Recht Rdn. 59. Von einer rechtlichen Fiktion spricht auch BGH vom 27.10.1953, BGHZ 11, 1 (5) = NJW 1954, 105 (106).

195 BGH vom 26.6.1963, BGHZ 40, 42 (46) = NJW 1963, 1922 (1923).

für vereinbarungsgemäß hält. Wird dann im Prozess über Abschluss und Inhalt des Vertrages allein nach dem Bestätigungsschreiben entschieden,[196] vereinfacht dies die Streitentscheidung erheblich, ohne dass es zu einer Abweichung von dem kommt, was die Parteien wirklich vereinbart haben. Wo es zu einer Abweichung kommt, lag es in der Macht des betroffenen Empfängers des Bestätigungsschreibens, dies zu verhindern. Hat der Empfänger nicht widersprochen, verdient der Absender des Schreibens in seinem Vertrauen darauf geschützt zu werden, die getroffenen Vereinbarungen korrekt wiedergegeben zu haben.

2. Einzelheiten
a. Die Rechtsfolgeanordnung

Die Fiktionswirkung kann nur Umstände erfassen, die einer Klarstellung oder Ab- **207** klärung durch den Mechanismus von Bestätigungsschreiben und Widerspruch zugänglich sind. Hierzu gehört insbesondere die Frage, ob überhaupt die auf den Abschluss des Vertrages gerichteten Willenserklärungen abgegeben worden sind, sowie, welche Vereinbarungen in diesen Erklärungen getroffen wurden. Scheitert das Zustandekommen des Vertrages an einem Dissens (oben Rdn. 174 ff), lässt sich der Einigungsmangel durch den Inhalt des Bestätigungsschreibens in diesem Punkt überwinden. Kommt ein Vertrag dagegen deshalb nicht zustande, weil ein Partner bei Abgabe der Erklärung geschäftsunfähig war (mit der Folge des § 105 Abs. 1 BGB), ändert sich hieran selbstverständlich nichts, wenn die andere Seite dem Geschäftsunfähigen ein Bestätigungsschreiben schickt.

Die Rechtsfolge des Schweigens auf ein Bestätigungsschreiben ist einer **An-** **208** **fechtung** durch den Empfänger mit der Begründung, er sei sich der Bedeutung des Schweigens nicht bewusst gewesen, **nicht zugänglich**.[197] Das ergibt sich dogmatisch schon daraus, dass die Rechtsfolge des Schweigens nicht auf willentlicher Gestaltung durch den Schweigenden beruht, sondern sich aus dem objektiven Recht ergibt („Rechtsfolgenirrtum"). Vor allem aber würde es funktional der Klarstellungs- und Rechtssicherheitsfunktion des Bestätigungsschreibens zuwiderlaufen, wenn die durch das Schweigen ausgelöste Fiktionswirkung durch Anfechtung wieder beseitigt werden könnte.

---

196 S. hierzu MüKoHGB/*K. Schmidt* § 346 Rdn. 145 a. E.: „Der Vertrag wird so abgewickelt, wie er in dem Schreiben fixiert ist. Vorbehaltlich der ... Ausnahmen wird deshalb im Prozess kein Beweis über die Richtigkeit oder Unrichtigkeit des Bestätigungsschreibens erhoben."
197 BGH vom 27.10.1953, BGHZ 11, 1 (5) = NJW 1954, 105 (106); Palandt/*Ellenberger* § 147 Rdn. 8.

b. Der Anwendungsbereich der Grundsätze

209 Die von der Rechtsprechung entwickelten Grundsätze zum Bestätigungsschreiben gelten im Verhältnis von Kaufleuten (§ 1 HGB) zueinander (mit einigen vorsichtigen Erweiterungen auf Personen, die Kaufleuten gleichzustellen sind).[198]

c. Voraussetzungen für das Eingreifen der Fiktion

210 Es muss der anderen Seite ein Bestätigungsschreiben zugegangen sein. Ein **Bestätigungsschreiben** nimmt in engem zeitlichen Zusammenhang Bezug auf vorangegangene Vertragsverhandlungen und deren Ergebnis, nämlich den Abschluss des Vertrages zu bestimmten Bedingungen. Um eine Willenserklärung handelt es sich nicht, weil die Rechtsfolgen nicht kraft des Willens des Bestätigenden, sondern kraft objektiven Rechts eintreten (oben Rdn. 205). Dogmatisch ist das Bestätigungsschreiben eine **geschäftsähnliche Handlung** (dazu oben § 4 Rdn. 9). Für den **Zugang** gilt § 130 BGB aber entsprechend. Hat aber der Schweigende einen Vertragsschluss von einer schriftlichen Bestätigung des Verhandelten abhängig gemacht, darf der Absender des Bestätigungsschreibens trotz des Schweigens nicht von einem Vertragsschluss ausgehen, vgl. § 154 Abs. 2 BGB.[199]

d. Hindernisse
aa. Unverzüglicher Widerspruch

211 Das Bestätigungsschreiben führt **nicht** dazu, dass der Vertrag zu den aus dem Schreiben ersichtlichen Bedingungen als abgeschlossen gilt, wenn der Empfänger **unverzüglich** (im Sinne von § 121 Abs. 1 Satz 1 BGB)[200] **widersprochen** hat. Ob der Widerspruch „richtig" ist, das heißt, ob das Bestätigungsschreiben in den gerügten Punkten objektiv von dem Vereinbarten abweicht, ist unerheblich. Durch den Widerspruch wird nicht die Auffassung des Widersprechenden in irgendeiner Weise für den Inhalt des Vertrages maßgeblich. Es wird nur erreicht, dass die Fiktionswirkung nicht eintritt und die Auseinandersetzung über die wirk-

---

198 Es genügt, dass der Bestätigende zwar nicht Kaufmann ist, „aber ähnlich einem Kaufmann am Geschäftsleben teilnimmt und erwarten kann, dass der Empfänger ihm gegenüber nach kaufmännischer Sitte verfährt": BGH vom 26.6.1963, BGHZ 40, 42 (45) = NJW 1963, 1922; zur Anwendung auf Freiberufler OLG Düsseldorf vom 16.1.2003, ZMR 2005, 943 (Rechtsanwalt).
199 Dazu BeckOK HGB/*Lehmann-Richter* § 346 Rn. 54 m.w.N.
200 In der Regel muss innerhalb von ein oder zwei Tagen widersprochen werden, ausnahmsweise genügen drei Tage: RG vom 24.11.1922, RGZ 105, 389 (390), BGH vom 20.11.1961, NJW 1962, 246; Palandt/*Ellenberger* § 147 Rdn. 17; BeckOK HGB/*Lehmann-Richter* § 346 Rn. 58.

lich getroffenen Vereinbarungen in gleicher Weise zu führen ist, wie wenn ein Bestätigungsschreiben nicht eingesetzt worden wäre.[201]

bb. Vorsätzliche Abweichung von den getroffenen Vereinbarungen

Hat der Empfänger **nicht widersprochen**, gilt die Fiktion gleichwohl nicht, wenn 212
der Bestätigende die getroffenen Vereinbarungen **vorsätzlich unrichtig** wiedergegeben hat.[202] Umstritten ist, ob die Wirkungen des Bestätigungsschreibens ausnahmsweise gleichwohl dann eintreten, wenn der Bestätigende erstmals auf die Geltung seiner Vertragsbedingungen (AGB) verweist. Weiß er, dass diese bislang nicht in den Vertrag einbezogen wurden, handelt er zwar vorsätzlich mit Blick auf die Divergenz zum verhandelten Vertragsinhalt. Jedoch wird eine Bindung des Vertragspartners auf diese Weise gleichwohl verbreitet zugelassen, wenn die AGB sich auf Nebenpunkte des Vertrages mit untergeordneter Bedeutung beziehen oder einen branchenüblichen Inhalt haben.[203]

cc. Grobe Abweichung von den getroffenen Vereinbarungen

Dem Vorsatz stellt die h.M. den Fall einer **objektiven Abweichung** gleich, die so 213
erheblichen ist, dass der Bestätigende mit einer Genehmigung durch den Empfänger nicht rechnen konnte.[204] Das Kriterium beruht auf der (hier nicht geteilten) dogmatischen Prämisse, das Schweigen des Empfängers stelle sich als Genehmigung dar. Selbst von diesem Ansatz aus bleibt aber bedenklich, dass der Absender den Grad der Abweichung vom Vereinbarten nur beurteilen kann, wenn ihm die Abweichung bewusst ist. Wer die Abweichung aber kennt, handelt vorsätzlich und kommt schon deshalb nicht in den Genuss der Fiktionswirkungen. **Abzulehnen** ist die h.M. vor allem, weil man, wenn man den Einwand der erheblichen Abweichung zulässt, die Ziele des Rechtsinstituts des Bestätigungsschreibens gefährdet; denn selbst gutgläubige Absender könnten nie sicher sein, ob sich der Schweigende später auf erhebliche Abweichungen beruft. Deutlich wird das Manko, wenn ein Vertreter der h.M. feststellt, für die Anwendung der Regeln über das kaufmännische Bestätigungsschreiben sei „bei echten Widersprüchen gegenüber

---

201 *Fest*, in: Ebenroth/Boujong/Joost/Strohn, HGB (4. Aufl. 2020) § 346 Rdn. 313: Es verbleibt also bei dem Ergebnis der formlosen Vertragsverhandlungen.
202 BGH vom 23.6.1955, WM 1955, 1284; *Karsten Schmidt*, Handelsrecht (6. Aufl. 2014) § 19 Rdn. 103 ff.; *Fest*, in: Ebenroth/Boujong/Joost/Strohn, HGB (4. Aufl. 2020) § 346 Rdn. 342 ff.
203 Statt vieler *Fest*, in: Ebenroth/Boujong/Joost/Strohn, HGB (4. Aufl. 2020) § 346 Rdn. 270.
204 BGH vom 24.9.1952, BGHZ 7, 189 (190) = NJW 1952, 1369; BGH vom 26.6.1963, BGHZ 40, 42 (44) = NJW 1963, 1922 (1923); BeckOK HGB/*Lehmann-Richter* § 346 Rn. 53.

dem ursprünglichen Vertragsinhalt nur in seltenen Ausnahmefällen Raum."[205]
Die grobe Abweichung spielt daher nach hier vertretener Ansicht nur als Indiz für
den bewussten Missbrauch des Rechtsinstituts eine Rolle. Da aber eine vorsätzliche Entstellung des Vereinbarten durch den Bestätigenden nur sehr schwer nachgewiesen werden kann, erscheint es gerechtfertigt, diesem bereits dann einen
Missbrauch vorzuwerfen, wenn ihn angesichts der vorgetragenen Umstände der
Vorwurf trifft, er habe sich der Einsicht verschlossen und damit grob fahrlässig
gehandelt. Das muss aber nicht bei jeder groben Abweichung der Fall sein.

213a **Beispiel:** In einem Bestätigungsschreiben wird ein telefonisch geschlossener Vertrag über Wer-
beleistungen für zwei Veranstaltungsreihen zu je 14.000 DM festgehalten. Der Empfänger des
Schreibens berief sich später darauf, man habe diese Summe zwar vereinbart, aber für beide Veranstaltungsreihen zusammen, weshalb das Schreiben um 100 % vom vereinbarten Entgelt abweiche. Der BGH hat diesen Einwand als solchen zu Recht nicht als durchgreifend erachtet.[206] Dies
deswegen, weil ein Missverständnis darüber, ob das Entgelt für eine oder für beide Veranstaltungsreihen geschuldet sein soll, durchaus vorkommen kann. Genau um solche Fragen außer
Streit zu stellen, gibt es das Institut des Bestätigungsschreibens. Es wäre daher Sache des Schweigenden gewesen, solche Umstände vorzutragen, aus denen hervorgeht, dass der vom späteren
Schreiben abweichende tatsächliche Inhalt der Vereinbarung dem Bestätigenden schlicht nicht
habe verborgen bleiben dürfen.

3. Das Bestätigungsschreiben in der Methodik der Fallbearbeitung

214 Ist ein Sachverhalt zu begutachten, in dem ein kaufmännisches Bestätigungsschreiben eingesetzt wurde, so kommen zwei Möglichkeiten der Bearbeitung in
Betracht:

a. Historische Methode

215 Man kann („historisch", unten § 22 Rdn. 4) bei den tatsächlich getroffenen Vereinbarungen einsetzen, diese klären und dann fragen, ob sich Änderungen im
Hinblick auf die Grundsätze der Rechtsprechung zum kaufmännischen Bestätigungsschreiben ergeben, insbesondere, ob durch das Schweigen des Empfängers
der Inhalt des Vertrages im Sinne des Bestätigungsschreibens abgeändert worden
ist. Dieses Verfahren ermöglicht es, im Gutachten sowohl die sich aus den Vereinbarungen selbst ergebende Rechtslage abzuarbeiten als auch auf die Sonderpro-
blematik des Bestätigungsschreibens einzugehen. Dem steht freilich das Beden-

---

205 *Canaris*, Handelsrecht (24. Aufl. 2006) § 23 Rdn. 25.
206 BGH vom 7.7.1969, NJW 1969, 1711; dagegen *Canaris*, Handelsrecht (24. Aufl. 2006) § 23
Rdn. 25 mit Fn. 42: unzutreffend.

ken entgegen, dass dort, wo die Rechtsfolgeanordnung der Grundsätze zum kaufmännischen Bestätigungsschreiben eingreift, „die Frage nach dem ursprünglichen Inhalt des Vertrages und einer späteren Änderung abgeschnitten"[207] ist. Auch die Praxis verfährt nicht so, dass sie vorab klärt, was wirklich vereinbart wurde. Beruft sich der Absender auf das Bestätigungsschreiben, geht es allein um die Frage, „ob und in welchen Grenzen eine angebliche Abweichung des vereinbarten Vertragsinhalts von diesem Bestätigungsschreiben geltend gemacht werden kann".[208]

b. Konstruktive Methode

Die andere Möglichkeit besteht darin, in der „konstruktiven" Methode (unten § 22 **216** Rdn. 4) bei der Rechtsfolgeanordnung der Grundsätze zum kaufmännischen Bestätigungsschreiben anzusetzen und zunächst zu klären, ob diese eingreifen oder nicht. Im ersten Fall ergibt sich die Existenz des Vertrages und dessen rechtlich maßgeblicher Inhalt aus dem Bestätigungsschreiben, und nur (und: erst) im zweiten Fall aus den wirklich getroffenen Vereinbarungen. Die methodische Rechtfertigung dieser Vorgehensweise liegt darin, dass die Grundsätze zum Bestätigungsschreiben dem wirklich Vereinbarten vorgehen, da in ihrem Anwendungsbereich die Fiktionswirkung an die Stelle des tatsächlich Vereinbarten tritt. Dieses Verfahren entspricht zudem der Funktion des Bestätigungsschreibens, beim Ausbleiben eines Widerspruchs den Streit über die in Wirklichkeit getroffenen Vereinbarungen abzuschneiden (oben Rdn. 204). Ein denkbarer Einwand ist, dass zur Klärung der Frage, ob die Grundsätze eingreifen, ein Rückgriff auf das tatsächlich Vereinbarte erforderlich sein kann und somit Inzidentprüfungen (unten § 22 Rdn. 20) notwendig werden können. Dieser Einwand kommt indessen nicht zum Zuge, wenn der Sachverhalt Vorgaben zu den tatsächlich getroffenen Vereinbarungen enthält. Macht der Empfänger geltend, dass das Bestätigungsschreiben so erheblich von dem Vereinbarten abweiche, dass die Fiktionswirkung nicht eingreife, und ergibt sich schon aus dem Vortrag des Empfängers selbst, dass die Abweichung als rechtlich nicht erheblich anzusehen ist, so kommt es ebenfalls nicht darauf an, welche Vereinbarung in Wirklichkeit getroffen worden war.

---

207 Medicus/*Petersen* AT Rdn. 442.
208 *Karsten Schmidt* FS Heinrich Honsell (2002) 99 (106).

V. Der Verbraucherschutz beim Zustandekommen von Verträgen

217 Die herkömmlichen Vorschriften des BGB über das Zustandekommen von Verträgen werden mehr und mehr ergänzt und überlagert durch Regelungen, die Richtlinien der EU umsetzen und das Ziel verfolgen, Verbraucher (§ 13 BGB) beim Abschluss von Verträgen mit Unternehmern (§ 14 BGB) zu schützen (oben § 2 Rdn. 36 ff). Viele dieser Regelungen sind dem sog. Informationsmodell verpflichtet, d. h. sie wollen sicherstellen, dass der Verbraucher vor Vertragsschluss die notwendigen Informationen erhält, um eine seinen Interessen dienliche Entscheidung zu treffen.[209] Die wichtigste einschlägige Richtlinie ist die Verbraucherrechte-Richtlinie (VRRL) 2011/83/ EU vom 25.10.2011, die durch Gesetz vom 20.9.2013 (BGBl. I S. 3642) mit Wirkung zum 13.6.2014 in das deutsche Recht umgesetzt wurde.[210] Die für das Zustandekommen von Verträgen relevanten Neuregelungen zum Schutze von Verbrauchern finden sich insbesondere in den §§ 312 ff BGB.[211]

1. Der Anwendungsbereich der Verbraucherschutzvorschriften der §§ 312 ff BGB

218 Die §§ 312–312k BGB sind auf Verträge zwischen einem Unternehmer und einem Verbraucher („Verbrauchervertrag", § 310 Abs. 3 BGB) anwendbar, die auf eine entgeltliche Leistung des Unternehmers gerichtet sind (§ 312 Abs. 1 BGB). Dieser (insbesondere auch Verträge im stationären Handel umfassende) Ausgangspunkt wird durch einen langen und heterogenen Katalog von Ausnahmen modifiziert (§ 312 Abs. 2 BGB), für die lediglich wenige Vorschriften gelten sollen (nämlich § 312a Abs. 1, 3, 4 und 6 BGB). Die §§ 312 b–312 h BGB betreffen außerhalb von Geschäftsräumen geschlossene Verträge (Definition in § 312b Abs. 1 BGB) und Fernabsatzverträge (Definition in § 312c Abs. 1 BGB). § 312j BGB erweitert die allgemeinen Pflichten im elektronischen Geschäftsverkehr des § 312i BGB um besondere Pflichten gegenüber Verbrauchern.

---

209 Dieser Ansatz ist freilich nur sinnvoll, soweit die Aufnahmebereitschaft und -fähigkeit der Adressaten nicht durch überbordende Informationskataloge überfordert wird. Berechtigte Kritik an Informationspflichten als einem „Allheilmittel des Verbraucherschutzes" bei *Kieninger*, Verhandlungen des 69. DJT 2012, Zivilrechtliche Abt. Bd. II/1, Sitzungsberichte – Referate und Beschlüsse, S. I 29 ff. Zum „information overload" auch *Wiedemann/Wank* JZ 2013, 340 (345).

210 Näher hierzu *Wendehorst* NJW 2014, 577; *Möller* BB 2014, 1411; *Wendelstein/Zander* Jura 2014, 1191 ff; *M. Stürner* Jura 2015, 30 ff, 341 ff; *B. Raue* Jura 2015, 326 ff.

211 Zur Neufassung des § 13 BGB (Verbraucher) siehe oben § 2 Rdn. 29; zur Neufassung des § 355 BGB (Widerrufsrecht) siehe oben § 6 Rdn. 143 ff.

2. Verbraucherschützende Informationspflichten des Unternehmers

Im Stadium der Vertragsanbahnung ist der Unternehmer verpflichtet, dem Ver- **219** braucher vielfältige Informationen zu geben. Die Pflichtenkataloge sind so umfangreich, dass der Gesetzgeber sie aus dem BGB ausgelagert und in das EGBGB gestellt hat; hierauf wird dann in Einzelvorschriften des BGB verwiesen (§ 312a Abs. 2 Satz 1 BGB; § 312d Abs. 1 Satz 1 und Abs. 2 BGB; § 312j Abs. 2 BGB). Art. 246 Abs. 1 EGBGB enthält allgemeine Informationspflichten beim Verbrauchervertrag, Art. 246a EGBGB betrifft außerhalb von Geschäftsräumen geschlossene Verträge und Fernabsatzverträge, Art. 246b EGBGB ist hierzu Sondervorschrift für Finanzdienstleistungen. Für Verträge im elektronischen Geschäftsverkehr finden sich allgemeine, auf jegliche Kunden des Unternehmers bezogene Regelungen in Art. 246 EGBGB und § 312i BGB, die für Verbraucherverträge über entgeltliche Leistungen des Unternehmers durch § 312j Abs. 2–4 BGB ergänzt werden. Die formalen Anforderungen an die Bereitstellung dieser Informationen sind für außerhalb von Geschäftsräumen geschlossene Verträge und Fernabsatzverträge in Art. 246a § 4 EGBGB geregelt.

3. Sonderregelungen zum Zustandekommen und Inhalt
von Verbraucherverträgen

Anknüpfend an diese vorvertraglichen Informationspflichten enthalten die **220** §§ 312ff BGB wichtige Sonderregelungen für Zustandekommen und Inhalt von Verbraucherverträgen.

a. Einbeziehung vorvertraglicher Angaben des Unternehmers in den Vertrag
(§ 312d Abs. 1 Satz 2 BGB)

§ 312d Abs. 1 Satz 1 BGB verpflichtet den Unternehmer bei außerhalb von Ge- **221** schäftsräumen geschlossenen Verträgen und Fernabsatzverträgen, den Verbraucher nach Maßgabe des Art. 246a EGBGB zu informieren. Die Pflichtangaben beziehen sich u. a. auf die wesentlichen Eigenschaften der Waren oder Dienstleistungen (Art. 246a § 1 Abs. 1 Satz 1 Nr. 1 EGBGB) und deren Gesamtpreis einschließlich aller Steuern und Abgaben (Art. 246a § 1 Abs. 1 Satz 1 Nr. 4 EGBGB), auf die Identität des Unternehmers (Art. 246a § 1 Abs. 1 Satz 1 Nr. 2 EGBGB), die Zahlungs-, Liefer- und Leistungsbedingungen (Art. 246a § 1 Abs. 1 Satz 1 Nr. 7 EGBGB) und vieles mehr. Die Angaben, die der Unternehmer in Erfüllung dieser vorvertraglichen Pflichten macht, werden gemäß § 312d Abs. 1 Satz 2 BGB *Inhalt des Vertrages*, wenn die Vertragsparteien nicht ausdrücklich etwas anderes vereinbart haben. Auch wenn vorvertragliche Angaben auf diesem Wege Inhalt des Vertrages werden, kann es einer Auslegung der Vertragserklärungen im Lichte der vorvertraglichen Verhandlungen (oben § 5 Rdn. 66 ff) bedürfen. Ein Beispiel bildet der (wohl seltene) Fall, dass die gemäß § 312d Abs. 1 Satz 2 BGB in den Vertrag einbezogenen Angaben des Unternehmers von den Vertragserklärungen selbst abweichen. Dann muss im Wege der Auslegung versucht werden, den Konflikt zu lösen.[212]

b. Verneinung des Zustandekommens des Vertrages (§ 312j Abs. 4 BGB)

222 Im elektronischen Geschäftsverkehr mit Verbrauchern trifft das Gesetz besondere Vorsorge, dass dem Verbraucher die Entgeltlichkeit eines Vertrages klar und eindeutig vor Augen geführt wird. Gemäß § 312j Abs. 3 BGB Satz 1 hat der Unternehmer die Bestellsituation so zu gestalten, dass der Verbraucher mit seiner Bestellung ausdrücklich bestätigt, dass er sich zu einer Zahlung verpflichtet. Erfolgt die Bestellung über eine elektronische Schaltfläche („button"), muss diese Schaltfläche gut lesbar mit nichts anderem als den Wörtern „zahlungspflichtig bestellen" oder einer entsprechend eindeutigen Beschriftung versehen sein (§ 312j Abs. 3 Satz 2 BGB).[213] Der Verbrauchervertrag über die entgeltliche Leistung kommt gemäß § 312j Abs. 4 BGB nur zustande, wenn der Unternehmer den genannten Verpflichtungen nachkommt.[214] Damit wird insbesondere sog. „Kostenfallen" im Internet ein Riegel vorgeschoben (unten § 21 Rdn. 26).[215]

223 Sehr zweifelhaft ist allerdings, ob die Rechtsfolgeanordnung des § 312j Abs. 4 BGB mit Art. 8 Abs. 2 Unterabs. 2 Satz 3 VRRL in Verb. mit Art. 4 VRRL vereinbar ist,[216] da die Richtlinie als Sanktion eines Verstoßes gegen die den Unternehmer treffenden Pflichten lediglich vorsieht, dass der Verbraucher an den Vertrag bzw. an seine Bestellung nicht gebunden ist. Kommt dagegen der Vertrag nicht zustande, so entstehen für beide Seiten keine Pflichten. Diese Sanktion geht zu Lasten des Verbrauchers über die Richtlinie hinaus. Zur Korrektur wird vorgeschlagen, § 312j Abs. 4 BGB dahin auszulegen, dass „nur der Verbraucher nicht gebunden

---

212 *Wendelstein/Zander* Jura 2014, 1191, 1201: Rückgriff auf die allgemeine Rechtsgeschäftslehre.

213 Die Beschriftung der Schaltfläche mit den Worten „Mitgliedschaft beginnen kostenpflichtig nach Gratismonat" entspricht dem nicht; KG vom 20.12.2019, MMR 2020, 480.

214 Im Schrifttum wird vielfach gleichbedeutend angenommen, der Vertrag sei unwirksam. Die Regierungsbegründung zu § 312j Abs. 4 BGB verwendet diese Formulierung nicht, sondern erwähnt die „allgemeinen Grundsätze über das Zustandekommen und die Wirksamkeit von Verträgen" und erläutert, dass es „zu keinem Vertragsschluss" komme (BT-Drs. 17/7745, S. 12).

215 Eingehend *Alexander* NJW 2012, 1985 (zu § 312g BGB a. F.).

216 Verneinend *Alexander* NJW 2012, 1985 (1989); *B. Raue* MMR 2012, 438 (442f); BeckOGK/ *Busch*, 1.1.2021, § 312j BGB Rdn. 48; Jauernig/*Stadler* § 312j BGB Rdn. 3 a. E.; Hk-BGB/*Schulte-Nölke* § 312j Rdn. 3; für richtlinienkonforme Fortbildung auch Medicus/*Petersen* AT Rdn. 49.

ist, der Unternehmer dagegen schon".[217] Da diese Einschränkung mit dem Wortlaut des § 312j Abs. 4 BGB schwerlich zu vereinbaren ist, erscheint es methodisch richtiger, § 312j Abs. 4 BGB im Wege einer der richtlinienkonformen Rechtsfortbildung an den Wortlaut von Art. 8 Abs. 2 Unterabsatz 2 Satz 3 VRRL anzupassen.[218] Im Ergebnis wird hierdurch dem Verbraucher ein Wahlrecht eingeräumt, das es ihm ermöglicht, bei Interesse an der Leistung den Unternehmer gegen Bezahlung des Entgelts auf die Leistung in Anspruch zu nehmen.[219]

c. Verneinung der Entstehung vertraglicher Ansprüche (§ 312a Abs. 2 Satz 2 BGB)

Gemäß § 312a Abs. 2 Satz 2 BGB kann der Unternehmer vom Verbraucher im sta- **224** tionären Handel Fracht-, Liefer- oder Versandkosten und sonstige Kosten nur verlangen, soweit er den Verbraucher über diese Kosten gemäß Art. 246 Abs. 1 Nr. 3 EGBGB informiert hat. Eine entsprechende Regelung für außerhalb von Geschäftsräumen geschlossene Verträge und Fernabsatzverträge enthält § 312e BGB. Sanktion der Pflichtverletzung ist die Versagung von Ansprüchen aus vertraglichen Bestimmungen. Darin liegt ein wirkungsvolles Instrument, um den Unternehmer – dem es nicht versagt ist, derartige Kosten dem Verbraucher aufzuerlegen – dazu anzuhalten, den Verbraucher hierüber klar und eindeutig zu informieren. Zugleich wird damit der Weg zu wesentlich schwerfälligeren Schadensersatzansprüchen des Verbrauchers gemäß § 280 Abs. 1 BGB abgeschnitten, da dem Verbraucher aus der vorvertraglichen Pflichtverletzung kein Schaden entsteht, soweit Ansprüche des Unternehmers aus den Vereinbarungen gesetzlich ausgeschlossen sind.[220]

d. Erfordernis ausdrücklicher Vereinbarungen

Die auf einen Vertragsschluss gerichteten Erklärungen können grundsätzlich aus- **225** drücklich oder konkludent erfolgen (oben § 8 Rdn. 30ff). Beim Abschluss von Verbraucherverträgen wird dieser Grundsatz verschiedentlich modifiziert und eine ausdrückliche Erklärung verlangt. Damit soll sichergestellt werden, dass dem Verbraucher bewusst ist, eine bestimmte Verpflichtung einzugehen. So kann

---

217 Hk-BGB/*Schulte-Nölke* § 312j Rdn. 3.
218 *Rudkowski/Werner* MMR 2012, 711 (714 f).
219 BeckOK BGB/*Maume* § 312j Rdn. 31; *Paulus/Matzke* ZfPW 2018, 431 (459); Medicus/*Petersen* AT Rdn. 49.
220 Abweichend Hk-BGB/*Schulte-Nölke* § 312a Rdn. 3.

ein Unternehmer eine Vereinbarung, die auf eine über das vereinbarte Entgelt für die Hauptleistung hinausgehende Zahlung des Verbrauchers gerichtet ist, gemäß § 312a Abs. 3 Satz 1 BGB nur ausdrücklich treffen. Weitere Vorschriften sind § 312d Abs. 1 Satz 2 Hs. 2 BGB; § 312j Abs. 3 Satz 1 BGB.

226   In der Auslegung des § 312a Abs. 3 Satz 1 BGB ist die Frage entstanden, ob die ausdrückliche Erklärung des Verbrauchers, er sei mit der Geltung der Allgemeinen Geschäftsbedingungen des Unternehmers einverstanden, genügt, wenn darin Verpflichtungen des Kunden zur Zahlung von Nebenentgelten enthalten sind.[221] Die Frage ist zu verneinen.[222] Ein wichtiger Grundsatz des AGB-Rechts besteht darin, dass der Kunde das Klauselwerk nicht lesen muss, um sich vor überraschenden oder ihn unbillig benachteiligenden Klauseln zu schützen (unten § 21 Rdn. 10 und 21). Die ausdrückliche Einverständniserklärung des Kunden zur Geltung der AGB des Unternehmers stellt also nicht sicher, dass ihm bewusst ist, sich zur Zahlung von Nebenentgelten zu verpflichten.

e. Ausschluss von „opt-out"-Regelungen (§ 312a Abs. 3 Satz 2 BGB)

227 Eine für den Verbraucher gefährliche Modalität des Zustandekommens von Verträgen kann darin liegen, dass der Unternehmer auf dem Bestellformular Voreinstellungen für bestimmte Vereinbarungen vorsieht, die der Verbraucher zwar durch ein Abwählen der voreingestellten Option ausschließen kann, aber auch ausschließen muss, um zu verhindern, dass die voreingestellte Bestimmung Vertragsbestandteil wird (sog. „Opt-out"). Hiergegen richtet sich § 312a Abs. 3 Satz 2 BGB. Danach wird im elektronischen Geschäftsverkehr eine Vereinbarung über Nebenentgelte (im Sinne von § 312a Abs. 3 Satz 1 BGB) nur dann Vertragsbestandteil, wenn der Unternehmer sie nicht durch eine Voreinstellung herbeiführt. Damit wird eine Lücke geschlossen, die das in § 312a Abs. 3 Satz 1 aufgestellte Erfordernis einer ausdrücklichen Vereinbarung eröffnet.[223]

228   Die Beschränkung der Vorschrift des § 312a Abs. 3 Satz 2 BGB auf Verträge im elektronischen Geschäftsverkehr verstößt gegen Art. 22 VRRL. Die Vorschrift ist richtlinienkonform auf alle Verbraucherverträge zu erstrecken, also z.B. auf

---

221 Bejahend wohl eine Bemerkung in den Gesetzesmaterialien: BT-Drs. 17/12637, S. 53 linke Spalte unten / rechte Spalte oben.

222 *Wendehorst* NJW 2014, 577 (579); *Möller* BB 2014, 1411 (1412); *Schomburg* VuR 2014, 18, 20; MüKo/*Wendehorst* § 312a Rdn. 62f.; BeckOGK/*Busch*, 1.1.2021, § 312a BGB Rdn. 19; s. auch OLG Koblenz vom 14.6.2019, NJW-RR 2019, 1140.

223 Ohne die Klarstellung in § 312 a Abs. 3 Satz 2 BGB läge eine inhaltsgleiche Auslegung von § 312 a Abs. 3 Satz 1 BGB nahe, die eine vom Unternehmer durch Voreinstellung herbeigeführte Vereinbarung nicht als ausdrückliche Erklärung des Verbrauchers gelten lässt.

schriftliche Verträge, bei denen entsprechende Vereinbarungen vorab mit einem Kreuzchen versehen sind.[224]

§ 9 Die Wirksamkeit des Vertrages

I. Grundlagen

1. Der Begriff der Wirksamkeit eines Vertrages

Ob ein Vertrag (oder allgemein: ein Rechtsgeschäft) wirksam ist, gehört zu den **1** wichtigsten Fragen der Rechtsgeschäftslehre. Was aber bedeutet „Wirksamkeit eines Vertrages" eigentlich? Wann ist – allgemein gesprochen – ein Vertrag wirksam? Wer entscheidet darüber, ob ein Vertrag wirksam ist oder nicht? Der Schlüssel zur Antwort auf diese Fragen findet sich in den Motiven zum BGB. Dort heißt es:

> **„Der Spruch der Rechtsordnung"** **2**
> Mot. I, S. 126 = Mugdan I, S. 421
>
> „Das Wesen des Rechtsgeschäfts wird darin gefunden, dass ein auf die Hervorbringung rechtlicher Wirkungen gerichteter Wille sich betätigt, und der Spruch der Rechtsordnung in Anerkennung dieses Willens die gewollte rechtliche Gestaltung in der Rechtswelt verwirklicht."

Das bedarf der Erläuterung. Hat sich „ein auf die Hervorbringung rechtlicher Wir- **3** kungen gerichteter Wille ... betätigt", so ist durch eine Willenserklärung ein Rechtsgeschäft vorgenommen worden, aus dem sich ergibt, welche rechtlichen Wirkungen kraft Willens geschaffen werden sollen. Ob diese Wirkungen eintreten, entscheidet der „Spruch der Rechtsordnung". Erkennt die Rechtsordnung den privaten Willen an, so steht dem Eintritt der Wirkungen des Rechtsgeschäfts nichts im Wege. Das Rechtsgeschäft ist wirksam. Versagt der Spruch der Rechtsordnung dem privaten Willen die Anerkennung, treten die Wirkungen des Rechtsgeschäfts nicht ein, das Rechtsgeschäft ist unwirksam.

Ein Vertrag ist danach wirksam, wenn die Rechtsordnung anerkennt, dass **4** dem Eintritt der vereinbarten Rechtswirkungen nichts entgegensteht.[1] Sollen nach dem Inhalt des Vertrages dessen Wirkungen sofort entstehen, so führt die

---

224 Hk-BGB/*Schulte-Nölke* § 312 a Rdn. 5 mit dem Beispiel des Versandhandels.
1 Zur Anerkennung des Rechtsgeschäfts durch die Rechtsordnung Staudinger/*Singer* (2017) Vorbem zu §§ 116 ff Rdn. 9. Zu einer Einschränkung dieser Definition sogleich unten Rdn. 6 f.

Anerkennung dieser Regelung durch die Rechtsordnung dazu, dass die Wirkungen sofort einsetzen. Sollen die Wirkungen nach dem Vertragsinhalt aber erst später oder nur unter bestimmten Voraussetzungen entstehen, deren Eintritt noch ungewiss ist, so steht dies – von ganz wenigen Ausnahmen abgesehen[2] – einer Anerkennung durch die Rechtsordnung nicht im Wege. Der Vertrag ist wirksam, und somit können zum vorgesehenen Zeitpunkt dessen Wirkungen einsetzen.

5   **Beispiel:** Ein Mietvertrag wird am 12. Juni mit Wirkung zum 1. Oktober geschlossen. Auch wenn die beiderseitigen Erfüllungsansprüche erst ab 1. Oktober entstehen sollen, hindert das nicht, dass im Juni ein wirksamer Mietvertrag mit diesem Inhalt geschlossen worden ist (unten § 10 Rdn. 13f).

6   Gelegentlich sieht das Gesetz vor, dass die im Vertrag vereinbarten Rechtsfolgen nicht eintreten, der Vertrag aber dennoch wirksam ist. Damit soll insbesondere der Zugang zu Ersatzansprüchen eröffnet werden, die an die Stelle der nicht geschuldeten Primärleistung treten, oder es soll einer Rückabwicklung von Verträgen nach Erbringung der nicht geschuldeten Leistungen vorgebeugt werden.

7   **Beispiele:** Gemäß § 311a Abs. 1 BGB sind Verträge wirksam, die auf eine Leistung gerichtet sind, die der Schuldner gemäß § 275 Abs. 1–3 BGB nicht zu erbringen braucht. Der wirksame Vertrag ist Grundlage der in § 311a Abs. 2 BGB geregelten Sekundäransprüche. – Aus sog. **„unvollkommenen Verbindlichkeiten"** (unten § 10 Rdn. 46) entstehen keine Erfüllungsansprüche. Die Wirksamkeit des Vertrages dient dazu, Bereicherungsansprüche (§ 812 Abs. 1 Satz 1 Var. 1 BGB) auf Rückgewähr von Leistungen auszuschließen, die – obwohl nicht geschuldet – erbracht worden sind (§ 762 Abs. 1 Satz 2 BGB, § 656 Abs. 1 Satz 2 BGB).

8   Über die Wirksamkeit eines Vertrages entscheidet allein die Rechtsordnung. Vertragspartner können nicht kraft Willens bestimmen, dass ihr Vertrag wirksam oder unwirksam sein soll (oben § 7 Rdn. 3).[3] Sie können nur die Voraussetzungen dafür schaffen, dass die Rechtsordnung ihre Verträge anerkennt.

9   Aus der Möglichkeit, Verträge unter bestimmten Voraussetzungen anzufechten mit der Wirkung, dass der Vertrag als von Anfang an nichtig anzusehen ist (§ 142 Abs. 1 BGB), ergibt sich nichts anderes. Die Nichtigkeit beruht auf der gesetzlichen Anordnung des § 142 Abs. 1 BGB, deren tatbestandliche Voraussetzungen durch die Anfechtung des Vertrages geschaffen werden (unten § 14 Rdn. 1).

---

2 Beispiele: Eheschließung (§ 1311 S. 2 BGB); Annahme eines Wechsels (§ 26 Abs. 1 WG).

3 „Die mangelnde Anerkennung seitens der Rechtsordnung kann nicht durch einen Privatwillensakt ersetzt werden": Mot. I, S. 217 = Mugdan I, S. 472. Vgl. auch *Petersen* JURA 2009, 183 (183).

2. Die Unterscheidung zwischen Wirksamkeitserfordernissen und Wirksamkeitshindernissen des Vertrages

Wie schon bei der Wirksamkeit von Willenserklärungen (oben § 6 Rdn. 5ff) ist **10** auch bei Verträgen zwischen Wirksamkeitserfordernissen und Wirksamkeitshindernissen zu unterscheiden. Macht das Gesetz die Wirksamkeit des Vertrages vom Vorliegen bestimmter Umstände abhängig, handelt es sich um ein Wirksamkeitserfordernis. Ist einem Wirksamkeitserfordernis genügt, so liegt darin kein endgültiges Urteil über die Wirksamkeit des Vertrages. Vorbehalten bleibt, dass der Vertrag aus bestimmten Gründen nichtig ist. Ordnet das Gesetz an, dass ein Vertrag (Rechtsgeschäft) beim Vorliegen bestimmter Umstände nichtig ist, so handelt es sich um ein Wirksamkeitshindernis.

Die Unterscheidung ist vor allem wichtig für die **Verteilung der Beweislast 11** im Prozess. Wer Ansprüche aus einem Vertrag geltend macht, für den besondere Wirksamkeits*erfordernisse* gelten, muss darlegen und ggf. beweisen, dass diese Erfordernisse im konkreten Fall erfüllt sind,[4] da der Vertrag *nur* bei deren Vorliegen wirksam ist. Hiervon abgesehen muss der Kläger keinesfalls stets den positiven Nachweis der Wirksamkeit des Vertrages führen. Das Gesetz geht vielmehr von dem **Grundsatz der Wirksamkeit zustande gekommener Verträge** aus und sieht nur in besonderen Fällen deren Nichtigkeit vor.[5] Sache des Beklagten ist es also, sich gegen einen vertraglichen Anspruch mit dem Einwand zur Wehr zu setzen, der Vertrag sei nichtig. Die Beweislast für Tatsachen, die zu Wirksamkeits*hindernissen* führen, liegt beim Beklagten.

Die Unterscheidung wirkt sich ganz entsprechend für die **Methodik der Fall- 12 bearbeitung** aus. Gilt für einen Vertrag ein Wirksamkeitserfordernis, so muss im Gutachten nachgewiesen werden, dass diesem Erfordernis genügt ist. Im Übrigen muss im Gutachten die Wirksamkeit eines Vertrages nicht positiv dargelegt werden, sondern es muss lediglich bei Vorliegen entsprechender Anhaltspunkte im Sachverhalt erörtert werden, ob ein Wirksamkeits*hindernis* eingreift, der Vertrag also ausnahmsweise *nichtig* ist. Fehlt es im Sachverhalt sowohl an Anhaltspunkten für Wirksamkeitserfordernisse wie an Hinweisen auf Wirksamkeitshindernisse, gilt der Grundsatz der Wirksamkeit zustande gekommener Verträge und es ist daher (ohne Erörterung!) von der Wirksamkeit des Vertrages auszugehen.

All dies gilt freilich nur, wenn man den Begriff der „Wirksamkeitserfordernisse" als Gegenbegriff **13** zu „Wirksamkeitshindernissen" versteht und beide Begriffe strikt für Fragen reserviert, die die

---

4 Beispiel: Wer Rechte aus einem Vertrag mit einem Minderjährigen herleitet, trägt die Beweislast für das Vorliegen von Einwilligung oder Genehmigung (Palandt/*Ellenberger* § 108 Rdn. 8).
5 Zur normativen Festlegung von Regel-/Ausnahmeverhältnissen durch das Gesetz unten § 23 Rdn. 99f.

Wirksamkeit von Verträgen betreffen. Abweichend hiervon findet sich in der Literatur verbreitet die Unterscheidung zwischen den „Bestandteilen" eines Rechtsgeschäfts und dessen „Wirksamkeitsvoraussetzungen".[6] Unter „Wirksamkeitsvoraussetzungen des Rechtsgeschäfts" in diesem Sinne wird eine Vielzahl von Umständen verstanden, von denen letztlich abhängt, ob die von den Parteien intendierten Wirkungen eintreten. So wird hierzu z. B. die Geschäftsfähigkeit gerechnet,[7] bei formbedürftigen Rechtsgeschäften die Einhaltung der Form,[8] beim Testament gar der Tod des Testators.[9] Dogmatisch geht es vom hier vertretenen Standpunkt aus um recht unterschiedliche Fragen. Die Geschäftsunfähigkeit hindert schon das Zustandekommen des Rechtsgeschäfts; man kommt deshalb gar nicht erst zu der Frage, ob das Rechtsgeschäft wirksam ist. Formmängel betreffen zwar die Wirksamkeit des Rechtsgeschäfts (§ 125 Satz 1 BGB), doch wird man der Regelungstechnik des BGB besser gerecht, wenn man nicht die Einhaltung der Form als „Wirksamkeitsvoraussetzung", sondern den Formmangel als „Wirksamkeitshindernis" ansieht (oben Rdn. 10). Soweit schließlich der Beginn der Wirkungen eines Rechtsgeschäfts vom Eintritt zukünftiger Umstände abhängt (unten § 10), ändert dies nichts daran, dass das Rechtsgeschäft wirksam ist. Der Tod des Testators ist nicht Voraussetzung für die Wirksamkeit eines Testaments, vielmehr hängt hiervon allein der Eintritt der Wirkungen des Testaments ab.[10] Um Verwechslungen mit dem überlieferten Konzept der „Wirksamkeitsvoraussetzungen eines Rechtsgeschäfts" zu vermeiden, ist hier von „Wirksamkeitserfordernissen" als Gegenbegriff zu „Wirksamkeitshindernissen" eines Rechtsgeschäfts die Rede.

14 Der Begriff der Wirksamkeitserfordernisse eines Vertrages im hier verwendeten Sinn ist insbesondere hilfreich für das Verständnis der sog. **schwebenden Unwirksamkeit** eines Vertrages – ein Begriff, den das Gesetz nicht verwendet. Die schwebende Unwirksamkeit eines Vertrages kann sich nur dort ergeben, wo das Gesetz für den Vertrag besondere Wirksamkeitserfordernisse aufstellt (dazu sogleich unten Rdn. 16 ff). Ist einem solchen Erfordernis bei Abschluss des Vertrages nicht genügt, sieht das Gesetz aber vor, dass das fehlende Erfordernis noch nach Vertragsabschluss beigebracht oder durch ein anderes ersetzt werden kann, so ist der Vertrag zunächst unwirksam, kann aber noch wirksam werden, und genau dies ist mit der „schwebenden" Unwirksamkeit des Vertrages gemeint.

15 Hinweis zur **Terminologie**:[11] Das Gesetz ordnet in manchen Fällen an, dass ein Rechtsgeschäft **unwirksam** ist, in anderen Fällen wird ein Rechtsgeschäft als **nichtig** bezeichnet, ohne dass sich eine strenge Regel erkennen ließe, an der die Verwendung des einen oder anderen Begriffes ausgerichtet wäre. Immerhin lässt sich sagen, dass beim Fehlen besonderer Wirksamkeitserfordernisse (unten Rdn. 16 ff) das Rechtsgeschäft meist als „unwirksam" be-

---

6 *Flume* AT § 2, 3c (S. 26 f): *Neuner* AT § 28 Rdn. 5 f; *Brehm* AT Rdn. 101; *Bork* AT Rdn. 404.

7 *Bork* AT Rdn. 404.

8 *Bork* AT Rdn. 404.

9 *Flume* AT § 2, 3c (S. 27).

10 Näher *Leenen* JuS 2008, 577 (578); insoweit zustimmend *Neuner* AT § 28 Rdn. 6 Fn. 12; vgl. auch unten § 11 Rdn. 46.

11 Hierzu auch Palandt/*Ellenberger* Überblick vor § 104 Rdn. 29; *Flume* AT § 30, 2 (S. 548 f).

zeichnet wird, während allgemeine Wirksamkeitshindernisse (unten Rdn. 143 ff) zur „Nichtigkeit" des Rechtsgeschäfts führen. Wird einem Rechtsgeschäft die Anerkennung aus Gründen versagt, die noch behebbar sind, ist typischerweise von Unwirksamkeit die Rede, während schwer wiegende Mängel, die eine Anerkennung des Rechtsgeschäfts endgültig ausschließen, die „Nichtigkeit" des Rechtsgeschäfts zur Folge haben. Auch dies gilt freilich nur im Grundsatz. So führt ein Verstoß gegen die Formvorschrift des § 311b Abs. 1 Satz 1 gemäß § 125 Satz 1 BGB zur *Nichtigkeit* des Grundstücksvertrages (unten Rdn. 187 ff), obwohl der Formmangel heilbar ist (§ 311b Abs. 1 Satz 2 BGB) und der Vertrag somit noch wirksam werden kann (unten Rdn. 162).

II. Wirksamkeitserfordernisse

Wirksamkeitserfordernisse sieht das Gesetz insbesondere vor für   **16**
– Verträge, die ein Minderjähriger (im Sinne von § 106 BGB) schließt (unten Rdn. 17 ff),
– Verträge, die jemand in fremden Namen (also: als Vertreter) schließt (unten Rdn. 66 ff),
– Verfügungen eines Nichtberechtigten (unten Rdn. 126 ff),
– und in einigen weiteren Fällen (unten Rdn. 141 ff).

1. Verträge Minderjähriger
a. Überblick über die gesetzliche Regelung
Wir hatten oben (§ 6 Rdn. 123 ff) gesehen, dass die Minderjährigkeit eines Kontra- **17** henten, der das 7. Lebensjahr vollendet hat, keine Besonderheiten für das *Zustandekommen* von Verträgen mit sich bringt. Das Gesetz verwirklicht den erforderlichen Schutz der Minderjährigen allein durch die besondere Kontrolle der *Wirksamkeit* der von ihnen abgeschlossenen Verträge. Der einzige Unterschied zu Verträgen, die von Volljährigen geschlossen werden, besteht darin, dass in der dogmatischen Ebene der Wirksamkeit des Vertrages besondere Wirksamkeitserfordernisse zu beachten sind.

18

Antrag

Vertrag

Annahme

Tatbestand
Wirksamkeit
Wirkung

Tatbestand
Wirksamkeit
Wirkung

Wirkung ⟶ | Tatbestand | ⟵ Wirkung

Wirksamkeit
(1) Besondere W.-Erfordernisse
(2) Allgemeine W.-Hindernisse

Wirkungen

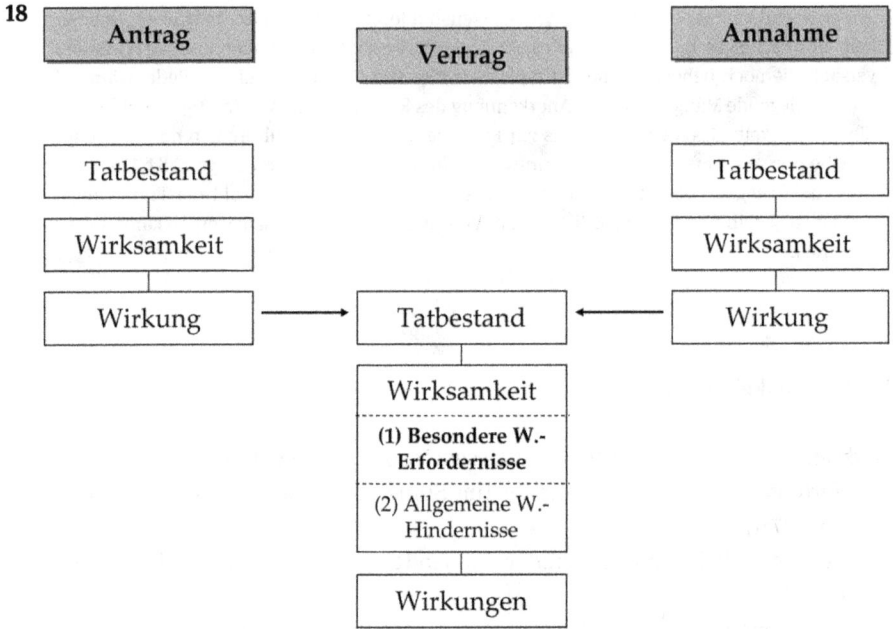

Verträge Minderjähriger

19 Dabei steckt das Gesetz zunächst einen Bereich ab, in dem der Minderjährige eines besonderen Schutzes nicht bedarf, weil der Vertrag für den Minderjährigen mit keinerlei Belastungen verbunden ist (§ 107 BGB, dazu unten Rdn. 23 ff).

20 Ist der Vertrag seinem Inhalt nach darauf gerichtet, rechtliche Nachteile für den Minderjährigen zu begründen, so ist zur Wirksamkeit des Vertrages die Zustimmung des gesetzlichen Vertreters erforderlich, sei dies in der Form der Einwilligung, sei es in der Form der Genehmigung (§ 108 BGB, dazu unten Rdn. 34 ff).

21 Schließlich sieht das Gesetz unter besonderen Voraussetzungen die Möglichkeit vor, dass ein ohne erforderliche Zustimmung von einem Minderjährigen geschlossener Vertrag durch Bewirken der vertragsgemäßen Leistung wirksam wird (§ 110 BGB, unten Rdn. 51 ff). Es ergibt sich also folgendes Schema:

22

```
┌──────────────┐
│  Nur Vorteil │
│ (§ 107 BGB) ?│
└──────────────┘
   │      │
┌────┐ ┌─────┐     ┌─────────────────────────────────────┐
│ ja │ │nein │ ──→ │  Besondere Wirksamkeitserfordernisse │
└────┘ └─────┘     └─────────────────────────────────────┘
                              │
                   ┌──────────────┐
                   │ Einwilligung │
                   │ (§ 108 BGB) ?│
                   └──────────────┘
                      │      │
                   ┌────┐ ┌─────┐     ┌───────────────┐
                   │ ja │ │nein │ ──→ │  Genehmigung  │
                   └────┘ └─────┘     │ (§ 108 BGB) ? │
                                      └───────────────┘
                                         │      │
                                      ┌────┐ ┌─────┐     ┌───────────────┐
                                      │ ja │ │nein │ ──→ │   Bewirkung   │
                                      └────┘ └─────┘     │ (§ 110 BGB) ? │
                                                         └───────────────┘
                                                            │      │
                                                         ┌────┐ ┌─────┐     ┌───────────────┐
                                                         │ ja │ │nein │ ──→ │  Unwirksamkeit│
                                                         └────┘ └─────┘     └───────────────┘
```

┌───┐
│ Allgemeine Wirksamkeitshindernisse (Nichtigkeitsgründe, §§ 125, 134, 138, 142 etc) │
└───┘

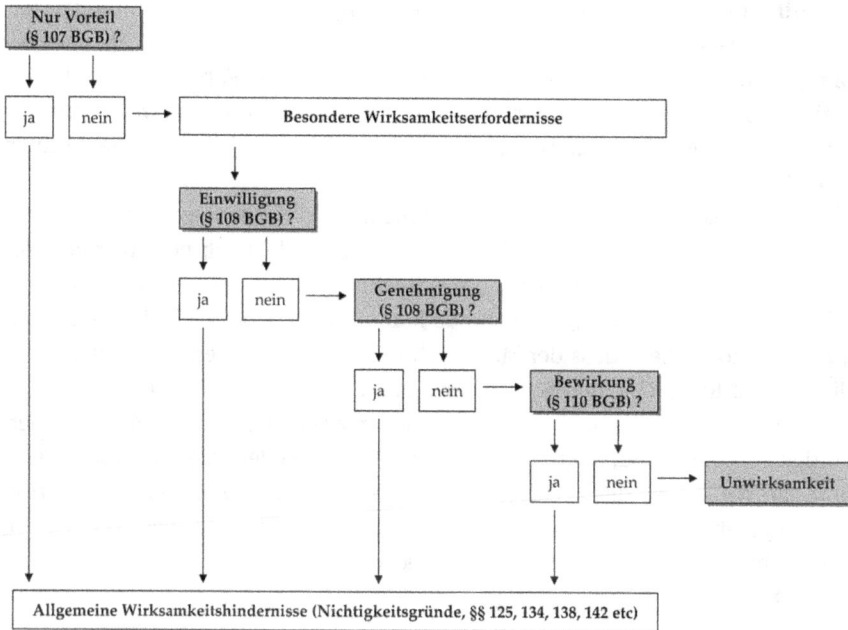

Besondere Wirksamkeitserfordernisse bei Verträgen Minderjähriger

b. Der Anwendungsbereich der besonderen Wirksamkeitserfordernisse (§ 107 BGB)

Keine besonderen Wirksamkeitserfordernisse gelten für Verträge, die Minderjäh- 23 rigen rechtlich lediglich vorteilhaft sind. Das sagt das Gesetz so nicht, ergibt sich aber daraus, dass § 107 BGB den Anwendungsbereich der Sondervorschriften auf Rechtsgeschäfte beschränkt, durch die der Minderjährige „nicht lediglich einen rechtlichen Vorteil erlangt".

aa. Der missverständliche Wortlaut des § 107 BGB

Freilich bedarf die sprachliche Fassung des § 107 BGB in verschiedenen Hinsich- 24 ten der Erläuterung und Korrektur. Der Begriff des *rechtlichen* Vorteils wird als Gegenbegriff zu *wirtschaftlichen* Vorteilen verwendet. Insofern kann es aber nicht sein, dass ein Geschäft der Zustimmung des gesetzlichen Vertreters bedarf, wenn es dem Minderjährigen einen rechtlichen Vorteil und zusätzlich wirtschaftliche Vorteile (also: „nicht lediglich einen rechtlichen Vorteil"!) bringt. Was das Gesetz sagen will, ist: Zustimmungsbedürftig sind Geschäfte, durch die Minderjährige

„**rechtlich nicht lediglich einen Vorteil**" erlangen,[12] wie immer vorteilhaft das Geschäft ansonsten sein mag. Im Übrigen kommt es weniger darauf an, dass der Minderjährige durch das Geschäft (positiv) rechtlich einen *Vorteil* erlangt, als vielmehr darauf, dass er (negativ) rechtlich keine *Nachteile* erleidet, weil er nur vor rechtlichen Nachteilen zu schützen ist. Hierauf ist zurückzukommen (unten Rdn. 32).

25　　Dogmatisch fällt auf, dass § 107 BGB nicht auf das **Rechtsgeschäft**, sondern auf die **Willenserklärung** des Minderjährigen abstellt. Nach dem Wortlaut des § 107 BGB geht es nicht darum, ob das Rechtsgeschäft, das durch die Willenserklärung des Minderjährigen zustande kommt, rechtliche Nachteile begründet. § 107 BGB formuliert, dass der Minderjährige „zu einer Willenserklärung, durch die er nicht lediglich einen rechtlichen Vorteil erlangt", der Einwilligung seines gesetzlichen Vertreters bedürfe. Die rechtlichen Nachteile, vor denen der Minderjährige geschützt wird, sind aber nicht die Wirkungen der *Willenserklärung*, sondern die Wirkungen des *Rechtsgeschäfts*. Das wird schon von den Motiven zum BGB so gesehen, die in der Erläuterung des § 107 BGB ganz selbstverständlich von den Rechtsfolgen des *Rechtsgeschäfts* sprechen:

26　　**Mot. I, S. 133 = Mugdan I, S. 425** (Hervorhebungen hinzugefügt): „Der Entwurf scheidet im Einklange mit der Mehrheit der Rechte zwischen **Rechtsgeschäften** der Minderjährigen, durch welche diese lediglich Rechte erwerben oder von Verbindlichkeiten befreit werden, und **Rechtsgeschäften**, welche diesen Charakter nicht haben. In der Vornahme der ersteren sind die Minderjährigen unbeschränkt (...). Zu **Geschäften** der letzteren Art bedürfen Minderjährige der Einwilligung des gesetzlichen Vertreters."

27　　Auch die Literatur zu § 107 BGB stellt zu Recht auf die Wirkungen des *Rechtsgeschäfts*, nicht auf die der Willenserklärung des Minderjährigen ab, die lediglich das Zustandekommen dieses Rechtsgeschäfts bewirkt.[13] Bei der Frage des rechtlichen Vorteils oder Nachteils geht es um das Rechtsgeschäft, auf dessen Vornahme die Willenserklärung des Minderjährigen gerichtet ist.

28　　**§ 107 BGB ist zu lesen:** „Der Minderjährige bedarf zu einem Rechtsgeschäft, durch das er rechtlich nicht lediglich einen Vorteil erlangt, der Einwilligung seines gesetzlichen Vertreters".

---

12 *Bork* AT Rdn. 997; *Faust* AT § 16 Rdn. 15; *Boecken* AT Rdn. 560 Fn. 2117.
13 Medicus/*Petersen* AT Rdn. 560; *Köhler* AT § 10 Rdn. 10 ff; *Hähnchen* Jura 2001, 668 (669 f); *Coester-Waltjen* Jura 1994, 668; s. auch Staudinger/*Klumpp* (2017) § 107 Rdn. 3 ff, der zwar zunächst explizit auf die Willenserklärung abstellt, sich dann letztlich aber doch auf das Rechtsgeschäft bezieht (passim, etwa a.a.O. in Rdn. 6 und Rdn. 87).

bb. Rechtlich lediglich vorteilhafte Geschäfte

Nach den Motiven zum BGB sind zwei Gruppen von Rechtsgeschäften für Minder- **29** jährige rechtlich lediglich vorteilhaft, nämlich solche, durch die Minderjährige „lediglich Rechte erwerben oder von Verbindlichkeiten befreit werden".[14] Unter den Erwerb von Rechten fällt die Übereignung von Sachen (§§ 929 ff BGB) an Minderjährige oder die Übertragung von Forderungen (§ 398 BGB) an Minderjährige. Wird dem Minderjährigen eine Leistung schenkweise versprochen, so ist der Vertrag grundsätzlich[15] rechtlich lediglich vorteilhaft, da der Minderjährige eine Forderung erwirbt, ohne seinerseits eine Verpflichtung einzugehen (zur Versprechensschenkung oben § 4 Rdn. 46). Hat der Minderjährige mit Zustimmung seines gesetzlichen Vertreters eine Sache wirksam übereignet, so führt eine Anfechtung der Übereignung dazu, dass das Eigentum an ihn zurückfällt, was für ihn rechtlich lediglich vorteilhaft ist. Minderjährige werden von Verbindlichkeiten befreit, wenn ihnen eine Forderung erlassen wird, was nach § 397 BGB einen Vertrag erfordert.

Aus Gründen der Rechtssicherheit stellt das Gesetz allein auf die *rechtlichen* **30** Wirkungen des Rechtsgeschäfts ab und blendet damit die Frage aus, ob das Geschäft *wirtschaftlich* für den Minderjährigen vorteilhaft ist oder nicht. Gelingt es einem Minderjährigen, bei „*eBay*" zum Mindestgebot von 1 Euro eine Sache zu ersteigern, die 50 Euro wert ist, so ist der Vertrag zwar wirtschaftlich vorteilhaft und bringt dem Minderjährigen auch rechtlich einen Vorteil (nämlich: den Anspruch gegen den Verkäufer auf Übereignung und Übergabe der Sache). Entscheidend ist aber, dass der Vertrag darauf gerichtet ist, auch eine Verpflichtung des Minderjährigen zu begründen, nämlich den Kaufpreis in Höhe von 1 Euro zu bezahlen. Deshalb ist der Vertrag (wie jeder Vertrag, der eine Verpflichtung des Minderjährigen zum Inhalt hat) rechtlich nicht lediglich vorteilhaft. Es ist dann Sache des gesetzlichen Vertreters, dem Minderjährigen die Vorteile durch Genehmigung des Geschäfts (dazu unten Rdn. 43 ff) zu sichern.

Im Kern der Problematik der zustimmungsfreien Geschäfte eines Minderjäh- **31** rigen steht somit das Erfordernis, dass das Geschäft rechtlich lediglich vorteilhaft ist. Ist der Erwerb von Eigentum an einem Hamster für einen Minderjährigen rechtlich lediglich vorteilhaft, wenn das Tierchen in Zukunft doch gefüttert und gepflegt werden muss? Ist der Erwerb des Eigentums an einem Grundstück rechtlich lediglich vorteilhaft, wenn aufgrund des Eigentums öffentlich-rechtliche Las-

---

14 Mot I, S. 133 = Mugdan I, S. 425, oben Rdn. 26.

15 Wird dem Minderjährigen die Übereignung einer vermieteten Immobilie versprochen, so enthält der Schenkungsvertrag zugleich die schuldrechtliche Grundlage der Vertragsübernahme (§ 566, § 578 Abs. 1 BGB) und ist deshalb rechtlich nicht lediglich vorteilhaft; näher *Joh. Hager*, Liber Amicorum Leenen (2012) 43 (46 ff).

ten (Steuern, Abgaben) zu tragen sind? Im Falle des Hamsters sind die Futterkosten als wirtschaftliche Folge des Erwerbs, nicht aber als ein rechtlicher Nachteil anzusehen, der schon unmittelbar in dem Rechtsgeschäft der Übereignung des Hamsters an den Minderjährigen liegt.[16] Für den Erwerb eines Grundstücks hat der BGH entschieden, dass Belastungen, für die der Minderjährige allein mit dem erworbenen Grundstück haftet, keine rechtlichen Nachteile im Sinne des § 107 BGB darstellen, weil hierdurch das Vermögen, das der Minderjährige unabhängig von dem Erwerb hat, nicht angetastet werde.[17] Dem ist zuzustimmen. Für öffentlich-rechtliche Abgaben haftet der Grundstückseigentümer zwar auch persönlich. Der BGH sieht diese Belastungen dennoch als rechtlich nicht nachteilig an, weil sie im Umfang begrenzt und in der Regel aus den laufenden Erträgen des Grundstücks zu erwirtschaften seien.[18] Entscheidend dürfte sein, dass vernünftig in den Interessen des Kindes denkende Eltern ihre Zustimmung zum Erwerb eines Grundstücks durch ihr Kind nicht allein deshalb verweigern würden, weil dafür in Zukunft Abgaben zu entrichten sind, deren Höhe im Vergleich zum Grundstückswert in aller Regel ganz unbedeutend ist.[19] Der Erwerb von Wohnungseigentum – das dingliche Geschäft also – ist für den Minderjährigen dagegen rechtlich stets nachteilig, da er Mitglied der Wohnungseigentümergemeinschaft mit den sich hieraus ergebenden persönlichen Verpflichtungen (vgl. insbesondere § 16 Abs. 2 WEG) wird.[20] Infolge des Mehrheitsprinzips (§ 25 Abs. 1 WEG) ist der Minderjährige insofern deutlich größeren Risiken ausgesetzt als beim Erwerb von Alleineigentum.

---

16 *Joh. Hager*, Liber Amicorum Leenen (2012) 43 (52); zweifelnd *Boecken* AT Rdn. 563 („nicht ohne weiteres rechtlich lediglich vorteilhaft"). *Timme* JA 2010, 174 (175f) hält die Schenkung eines Tieres an einen Minderjährigen stets für zustimmungsbedürftig, da die Entscheidung, ob ein Minderjähriger ein Tier erhalten solle, den Kernbereich elterlicher Sorge betreffe. Hierzu Erwiderung *Scholl/Claeßens* JA 2010, 765 und wiederum *Timme* JA 2010, 848. In den praktisch wichtigsten Fällen ist die Mitwirkung der Erziehungsberechtigten dadurch sichergestellt, dass ohne deren Einwilligung Wirbeltiere an Personen bis zum vollendeten 16. Lebensjahr gemäß § 11c TierSchG nicht abgegeben werden dürfen; hierzu Staudinger/*Klumpp* (2017) § 107 Rdn. 44.
17 BGH vom 25.11.2004, BGHZ 161, 170 (176) = NJW 2005, 415 (418).
18 BGH vom 25.11.2004, BGHZ 161, 170 (179) = NJW 2005, 415 (418).
19 Ebenso *Joh. Hager*, Liber Amicorum Leenen (2012) 43 (51). Obwohl damit wirtschaftliche Erwägungen ins Spiel kommen, sieht der BGH darin keine Gefährdung der Rechtssicherheit, weil eine klar abgegrenzte Gruppe von Rechtsnachteilen aus dem Anwendungsbereich des § 107 BGB ausgenommen werde, die nach ihrer abstrakten Natur typischerweise den Minderjährigen nicht gefährde, BGH vom 25.11.2004, BGHZ 161, 170 (179) = NJW 2005, 415 (418).
20 BGH vom 30.9.2010, BGHZ 187, 119 Rdn. 13 = NJW 2010, 3643; zustimmend *Medicus* JZ 2011, 159f; Staudinger/*Klumpp* (2017) § 107 Rdn. 57.

cc. Indifferente (neutrale) Geschäfte

Es bleibt die Frage, wie Rechtsgeschäfte zu behandeln sind, die dem Minderjäh- **32** rigen rechtlich keinen Vorteil, aber auch keinen Nachteil bringen. Zu Recht wird überwiegend davon ausgegangen, dass derartige **indifferente** oder **neutrale Geschäfte** zustimmungsfrei sind. Das Zustimmungserfordernis schränkt die rechtsgeschäftliche Freiheit des Minderjährigen ein, und diese Beschränkung darf nicht weiter gehen, als zum Schutz des Minderjährigen erforderlich ist. Schutzbedürftig ist der Minderjährige aber nur im Hinblick auf Rechtsgeschäfte, die für ihn rechtliche Nachteile begründen. Also ist der Wortlaut[21] § 107 BGB dahin zu korrigieren, dass der Minderjährige einer Einwilligung des gesetzlichen Vertreters nur für Rechtsgeschäfte bedarf, die ihm rechtliche Nachteile bringen. Rechtsgeschäfte, die rechtlich nicht nachteilig sind, sind zustimmungsfrei.

Wesentliche praktische Bedeutung kommt dieser Korrektur des § 107 BGB **33** freilich nicht zu. Rechtlich neutral sind Verträge, die der Minderjährige in fremden Namen als Stellvertreter abschließt, da die Wirkungen des Vertrages dann nicht den Minderjährigen, sondern den Vertretenen treffen. Hierzu stellt das Gesetz in § 165 BGB klar, dass die Wirksamkeit des Vertrages[22] durch die Minderjährigkeit des Stellvertreters nicht berührt wird. Nicht gesondert geregelt sind die Fälle, in denen der Minderjährige im eigenen Namen eine ihm nicht gehörende Sache einem anderen übereignet. Ist der Erwerb wirksam, wird der andere also Eigentümer (was entweder aufgrund des § 185 BGB oder gemäß § 932 BGB[23] möglich ist), so tritt der korrespondierende Verlust des Eigentums doch nicht beim Minderjährigen, sondern beim bisherigen Eigentümer ein.

c. Einwilligung und Genehmigung als besondere Wirksamkeitserfordernisse rechtlich nicht lediglich vorteilhafter Verträge (§ 108 BGB)

§ 108 BGB betrifft die Wirksamkeit von Verträgen, die dem Minderjährigen recht- **34** lich nicht lediglich vorteilhaft oder – in der korrigierten Formulierung – rechtlich nachteilig sind, und sieht als Voraussetzung für die Wirksamkeit derartiger Verträge die **Einwilligung** oder **Genehmigung** des gesetzlichen Vertreters vor. Hängt nämlich die Wirksamkeit eines ohne erforderliche Einwilligung geschlos-

---

21 Methodisch handelt es sich um eine teleologische Reduktion des § 107 BGB; dazu Larenz/*Canaris*, Methodenlehre der Rechtswissenschaft (3. Aufl. 1995) 218 und unten § 23 Rdn. 91f.
22 § 165 BGB spricht zwar von der *Willenserklärung* des minderjährigen Vertreters, doch kann es nur um die Wirksamkeit des vom Minderjährigen in fremdem Namen geschlossenen *Rechtsgeschäfts* gehen.
23 Bedenken gegen die Möglichkeit des gutgläubigen Erwerbs einer Sache, die von einem nichtberechtigten Minderjährigen übereignet wird, bei Medicus/*Petersen* AT Rdn. 568.

senen Vertrages von der Genehmigung ab, dann liegt darin zugleich, dass der mit Einwilligung geschlossene Vertrag wirksam ist. Insofern ist § 108 BGB (nicht § 107 BGB) die Rechtsgrundlage für die Wirksamkeit eines mit Einwilligung geschlossenen Vertrages und auch die Grundlage für die Wirksamkeit des Vertrages aufgrund der Genehmigung.[24] Unter Einwilligung versteht das BGB die im Vorhinein (also: vor Abschluss des Vertrages) erteilte Zustimmung (§ 183 Satz 1 BGB), unter Genehmigung die nachträgliche Zustimmung (§ 184 Abs. 1 BGB). Einwilligung und Genehmigung sind einseitige Rechtsgeschäfte (zu den Einzelheiten s. unten §§ 11 und 12).

35   **Gesetzlicher Vertreter** eines minderjährigen Kindes im Sinne der §§ 107 ff BGB sind grundsätzlich dessen Eltern (§ 1629 Abs. 1 BGB). Dies gilt auch, wenn die Eltern nicht miteinander verheiratet sind, sofern sie gemäß § 1626a Abs. 1 Nr. 1 BGB erklärt haben, dass sie die elterliche Sorge gemeinsam übernehmen wollen oder aber das Familiengericht die gemeinsame Sorge nach § 1626a Abs. 1 Nr. 3, Abs. 2 BGB beiden übertragen hat. Fehlt es an diesen Voraussetzungen, steht die elterliche Sorge und damit die Vertretung des Kindes der Mutter allein zu (§ 1626a Abs. 3 BGB in Verbindung mit § 1629 Abs. 1 Satz 1 BGB; der Grund für diese Regel: Mater semper certa est.).

aa. Die Einwilligung

36 Die Einwilligung erfolgt durch Erklärung entweder gegenüber dem Minderjährigen oder gegenüber demjenigen, mit dem der Minderjährige einen Vertrag schließen will (§ 182 Abs. 1 BGB). Die Erklärung kann ausdrücklich oder konkludent erteilt werden. Im Umfang kann sie sich entweder auf einen einzelnen Vertrag beschränken, oder ganze Gruppen von Verträgen und sonstigen Rechtsgeschäften umfassen; insoweit besteht eine Parallele zur Bevollmächtigung (dazu unten Rdn. 98). Lediglich eine Generaleinwilligung in alle Rechtsgeschäfte eines Minderjährigen, durch die der Minderjährige rechtlich einem Volljährigen gleich gestellt würde, ist als unwirksam anzusehen.

37   Eltern überlassen ihren minderjährigen Kindern häufig Geldbeträge zu bestimmten Zwecken (Urlaubsreise, Anschaffung von Büchern, Kleidung etc) oder zu freier Verfügung, damit die Minderjährigen daraus ihre täglichen Bedürfnisse bestreiten und lernen, mit diesen Mitteln selbständig zu wirtschaften. Streitig ist, inwieweit in der Überlassung solcher Mittel, die in § 110 BGB eine gesonderte Regelung erfahren hat (dazu unten Rdn. 51ff), eine Einwilligung in die Rechtsgeschäfte zu sehen ist, die der Minderjährige unter Verwendung dieser Mittel vor-

---

24 *Schreiber* Jura 1991, 24 (27).

nimmt. Insoweit ist zwischen der Übereignung des Geldes und (im typischen Fall) dem Kaufvertrag zu unterscheiden, der der Übereignung der Geldmittel zum Zwecke der Bezahlung des vereinbarten Kaufpreises zugrunde liegt.

Bezahlt der Minderjährige Anschaffungen mit diesen Mitteln, so ist die **Über-** 38 **eignung des Geldes** an den Verkäufer von der Einwilligung des gesetzlichen Vertreters gedeckt, da ihm ja das Geld zu diesem Zweck oder zur freien Verfügung überlassen worden ist. Die Übereignung der Geldmittel ist gemäß § 108 BGB wirksam, weil sie mit der gemäß § 107 BGB erforderlichen Einwilligung des gesetzlichen Vertreters vorgenommen wird.[25]

Eine andere Frage ist, ob die in der Überlassung des Geldes liegende Einwil- 39 ligung auch die Kaufverträge oder sonstigen Verpflichtungsverträge des Minderjährigen umfasst, die der Bezahlung des Entgelts zugrunde liegen. Man möchte das auf den ersten Blick bejahen, doch zeigt folgendes Beispiel, dass dies keineswegs selbstverständlich ist:

Der **Radiokauf:**[26] M erhält von seinen Eltern 200 Euro für den Erwerb eines Radios. Da im Ge- 40 schäft des A das gewünschte Gerät nicht vorrätig ist, unterschreibt M einen Bestellschein. Wenig später entdeckt er im Geschäft des B das gesuchte Radio und erwirbt es gegen Barzahlung. – Haben die Eltern mit der Überlassung der 200 Euro auch in den für den Erwerb des Radios erforderlichen Kaufvertrag eingewilligt, so ist ein wirksamer Kaufvertrag mit A zustande gekommen und A kann von M Bezahlung der 200 Euro verlangen. Dieses Geld aber hat M nicht mehr, da er mit den ihm von seinen Eltern überlassenen 200 Euro das bei B erworbene Radio bar bezahlt hat. Diese Übereignung ist wirksam, weil die Eltern in die Übereignung des Geldes zum Zwecke der Bezahlung des Kaufpreises für das Radio eingewilligt hatten. Ein solches Ergebnis vermag nicht zu befriedigen, weil der Minderjährige nunmehr mit seinem sonstigen Vermögen gegenüber A auf den Kaufpreis haftet, was die Eltern mit der Überlassung der 200 Euro gerade verhindern wollten.

Die h.L. sieht in der Überlassung von Mitteln im Sinne von § 110 BGB zugleich ei- 41 ne konkludente Einwilligung in das obligatorische Geschäft, das der Verfügung über die Mittel zugrunde liegt, beschränkt diese Einwilligung aber auf solche Kausalgeschäfte, die der Minderjährige mit diesen Mitteln tatsächlich erfüllt.[27] Diese Konstruktion führt zwar zum richtigen Ergebnis (im Beispielsfall des Radiokaufs oben ist nur der mit B geschlossene Kaufvertrag wirksam), sie ist aber mehreren Einwänden ausgesetzt.[28] Hat der Minderjährige den Vertrag durch wirksame

---

25 Die Wirksamkeit der *Übereignung* folgt aus 108 BGB, nicht aus § 110 BGB: Jauernig/*Mansel* § 110 Rdn. 2; *Faust* AT § 16 Rdn. 34; Medicus/*Petersen* AT Rdn. 579; vgl. unten § 9 Rdn. 51.
26 *Köhler* AT § 10 Rdn. 25. Das Beispiel greift auch *Brehm* AT Rdn. 296 auf.
27 Palandt/*Ellenberger* § 110 Rdn. 1; *Köhler* AT § 10 Rdn. 25; *Faust* AT § 18 Rdn. 30; *Neuner* AT § 34 Rdn. 42, 44; *Veit* FS Otto (2008) 589 (597ff); Staudinger/*Klumpp* (2017) § 110 Rdn. 9f; Darstellung der h.M. und der hier vertretenen Gegenansicht bei MüKo/*Spickhoff* § 110 Rdn. 3ff.
28 Näher *Leenen* FamRZ 2000, 863 (865ff).

Übereignung der Geldmittel vollständig erfüllt, kann dieser Vertrag keine Verpflichtung zur Bezahlung des Kaufpreises mehr begründen, und die Frage ist, warum der Vertrag dann überhaupt noch einwilligungsbedürftig sein soll. Zum anderen hat diese Konstruktion den „Schönheitsfehler", die gesetzliche Regelung dieses Problems in § 110 BGB (unten Rdn. 51ff) überflüssig zu machen. Die Einwilligung gemäß § 107 BGB wird auf eine Fallgestaltung bezogen, die genau den tatbestandlichen Voraussetzungen des § 110 BGB entspricht, mit dem Erfolg, dass für die Rechtsfolgeanordnung des § 110 BGB kein Anwendungsbereich mehr verbleibt, weil sich die Wirksamkeit des erfüllten Vertrages (schon) aus § 108 BGB, nicht (erst) aus § 110 BGB ergibt. Ist das Verhältnis zweier Normen zueinander zu bestimmen, so spricht es gegen eine bestimmte Auslegung der einen, wenn dadurch der anderen Norm der Anwendungsbereich entzogen wird (unten § 23 Rdn. 137f). Erkennt man den eigenständigen Anwendungsbereich des § 110 BGB (unten Rdn. 51ff), so bedarf es keiner Einwilligung des gesetzlichen Vertreters um zu erreichen, dass der schuldrechtliche Vertrag wirksam wird, wenn der Minderjährige die im Vertrag vereinbarte Leistung mit den ihm überlassenen Mitteln bewirkt. Einem Verhalten (Überlassung von Mitteln) den Sinn einer rechtsgeschäftlichen Erklärung (Einwilligung) zu geben, die zur Erreichung des angestrebten Zwecks nicht erforderlich ist, stehen anerkannte Grundsätze der zweckorientierten Auslegung von Willenserklärungen (oben § 5 Rdn. 72ff) entgegen.

42   Daher ist in der Überlassung von Mitteln zu einem bestimmten Zweck oder zu freier Verfügung grundsätzlich nur eine Einwilligung in die Übereignung der Geldmittel, nicht auch eine Einwilligung in den Abschluss des der Übereignung zugrunde liegenden obligatorischen Vertrages zu sehen.[29] Eine Einwilligung in das Verpflichtungsgeschäft ist nur ausnahmsweise mit der Überlassung von Barmitteln verbunden, wenn das Interesse des Minderjährigen es erfordert, dass der obligatorische Vertrag sofort mit Abschluss wirksam ist, wie z.B. bei der Anmietung von Wohnraum.[30]

bb. Die Genehmigung

43   Wir hatten oben (§ 6 Rdn. 123ff) gesehen, dass Minderjährige ohne eine im Sinne des § 107 BGB erforderliche Einwilligung Verträge schließen können, die ihnen rechtlich nachteilig sind. Aus § 108 BGB ergibt sich, dass der Vertrag zustande kommt, aber unwirksam ist. Der Vertrag wird wirksam, wenn der gesetzliche Ver-

---

29 *Schilken* FamRZ 1978, 642 (643); *Nierwetberg* JURA 1984, 127 (131); *Brehm* AT Rdn. 296; *Leenen* FamRZ 2000, 863 (869); jurisPK-BGB/*Hansen* § 110 Rdn. 6; *Boemke/Ulrici* AT § 9 Rdn. 44; *Rodi*, Die Rechtsnatur des § 110 BGB (2021) 146.
30 jurisPK-BGB/*Hansen* § 110 Rdn. 6.

treter ihn genehmigt, also nachträglich seine Zustimmung erteilt (§ 184 Abs. 1 BGB, unten § 12 Rdn. 29 ff). Insoweit sind drei Fallgestaltungen zu unterscheiden:

(1) Erteilung der Genehmigung durch den gesetzlichen Vertreter

Die Genehmigung kann (wie die Einwilligung) gegenüber dem Minderjährigen 44 oder gegenüber dem Vertragspartner des Minderjährigen erklärt werden (§ 182 Abs. 1 BGB).[31] Die Erteilung der Genehmigung kann durch ausdrückliche Erklärung oder konkludent erfolgen. Wird sie erteilt, wirkt sie auf den Zeitpunkt des Abschlusses des Vertrages zurück (§ 184 Abs. 1 BGB). Der Vertrag ist also im Hinblick auf die Minderjährigkeit des Vertragsschließenden als von Anfang an wirksam anzusehen.

(2) Untätigkeit des gesetzlichen Vertreters

Es kann sein, dass der Vertreter einfach untätig bleibt: Er erklärt nicht, dass er den 45 Vertrag genehmige, erklärt aber auch nicht, dass er die Genehmigung verweigere. Das führt zu einer unerfreulichen Hängepartie, die insbesondere dem Vertragspartner des Minderjährigen nicht zumutbar ist. Er muss sich, solange über die Wirksamkeit des Vertrages nicht entschieden ist, darauf einstellen, die Leistung doch noch erbringen zu müssen. Da aber auch die Möglichkeit einer Verweigerung der Genehmigung besteht, kann er nicht damit rechnen, dass er die vereinbarte Gegenleistung erhalten wird. Deshalb gewährt ihm das Gesetz verschiedene Möglichkeiten, den Schwebezustand zu beenden.

War dem Vertragspartner die Minderjährigkeit unbekannt, und ist ihm an der 46 Durchführung des Vertrages mit einem Minderjährigen nicht gelegen, so kann er nach § 109 BGB seine Erklärung widerrufen. Der Widerruf im Sinne von § 109 Abs. 1 BGB ist ein einseitiges Rechtsgeschäft (unten § 11) und erfolgt durch Erklärung gegenüber dem gesetzlichen Vertreter oder gegenüber dem Minderjährigen selbst (§ 109 Abs. 1 Satz 2 BGB). Dass für die Erklärung des Widerrufs Zugang beim Minderjährigen genügt, wird als Ausnahme zu § 131 Abs. 2 BGB verstanden,[32] kann aber auch damit erklärt werden, dass der Minderjährige wegen der Unwirksamkeit des Vertrages durch den Widerruf keine Ansprüche oder sonstigen Rechte verliert. § 109 Abs. 2 BGB stimmt das Widerrufsrecht eng mit der Schutzbedürftigkeit des Vertragspartners des Minderjährigen ab.

---

31 Einzelheiten zu dem einseitigen Rechtsgeschäft der Genehmigung unten § 12 Rdn. 29 ff.
32 Palandt/*Ellenberger* § 109 Rdn. 2; *Faust* AT § 16 Rdn. 46.

47   Will der Vertragspartner am Vertrag festhalten und lediglich bald Klarheit hinsichtlich der Wirksamkeit des Vertrages haben, so wird er gemäß § 108 Abs. 2 BGB den gesetzlichen Vertreter zur Erklärung über die Genehmigung auffordern. Dadurch wird, falls der gesetzliche Vertreter inzwischen gegenüber dem Minderjährigen die Genehmigung erteilt oder verweigert hatte, der ursprüngliche Zustand eines ungenehmigten, schwebend unwirksamen Vertrages wieder hergestellt (§ 108 Abs. 2 Satz 1 Hs. 2 BGB). Die Erklärung über die Genehmigung kann nur noch ihm gegenüber erfolgen (§ 108 Abs. 2 Satz 1 Hs. 1 BGB). Äußert sich der gesetzliche Vertreter nicht innerhalb von zwei Wochen (gerechnet ab Zugang der Aufforderung), so gilt die Genehmigung als verweigert (§ 108 Abs. 2 Satz 2 BGB). Das mag nicht das Ergebnis sein, das sich der Vertragspartner des Minderjährigen bei der Aufforderung an den gesetzlichen Vertreter erhofft hat. Immerhin aber hat er nun Klarheit und kann über den Vertragsgegenstand neu disponieren. Zugleich wird die Sicherheit des rechtsgeschäftlichen Verkehrs durch die Beendigung der schwebenden Unwirksamkeit des Vertrages gefördert.

48   Ein weiteres Problem, das durch die Untätigkeit des gesetzlichen Vertreters entstehen kann, löst **§ 108 Abs. 3 BGB**. Wird der Minderjährige volljährig, während der Vertrag noch genehmigungsfähig ist, so tritt die Genehmigung des nunmehr Volljährigen an die Stelle der Genehmigung des bisherigen gesetzlichen Vertreters. Dem ehemaligen Minderjährigen stehen alle Optionen offen, die der gesetzliche Vertreter hatte. Er kann nach Erreichung der Volljährigkeit sich gegen den Vertrag entscheiden und die Genehmigung verweigern. Vielfach wird sein weiteres Verhalten freilich als konkludente Genehmigung zu deuten sein, so insbesondere, wenn er eine als Minderjähriger erworbene Sache nach Erreichung der Volljährigkeit weiter benutzt.

(3) Verweigerung der Genehmigung durch den gesetzlichen Vertreter

49 Die Verweigerung der Genehmigung ist ein eigenes einseitiges Rechtsgeschäft (unten § 12 Rdn. 38 ff). Die Verweigerung bedeutet also nicht lediglich, dass die Genehmigung nicht erteilt wird. Das würde ja nicht ausschließen, dass der gesetzliche Vertreter später doch noch genehmigt, und also würde der Schwebezustand andauern. Die Verweigerung der Genehmigung ist ein Rechtsgeschäft, das den Schwebezustand beendet. Es führt dazu, dass der Vertrag des Minderjährigen endgültig unwirksam ist. Vorbehalten bleibt, dass der Vertrag noch auf andere Weise als durch Zustimmung – nämlich gemäß § 110 BGB – wirksam werden kann (unten Rdn. 51 ff und § 26 Rdn. 17 f).

50   **Hinweis zur korrekten Formulierung im Gutachten:** Haben die Eltern erklärt, dass sie den Vertrag nicht genehmigen, darf man im Gutachten nicht schreiben: „Die Eltern haben den Vertrag nicht genehmigt". Korrekt muss es vielmehr lauten: „Die Eltern haben die Genehmigung des Vertrages verweigert". Die erste Formulierung besagt nämlich nur, dass die Eltern

das Rechtsgeschäft der Genehmigung *nicht vorgenommen* haben, zielt also auf die Situation oben Rdn. 45. In Wirklichkeit haben die Eltern mehr getan, als einfach nichts zu tun. Sie sind aktiv geworden und haben die Genehmigung *verweigert*. Im Gutachten muss zum Ausdruck kommen, dass dies ein Rechtsgeschäft ist, das eine Wirksamkeit des Vertrages infolge Zustimmung endgültig ausschließt.

d. Die Heilung fehlender Zustimmung durch vollständige Bewirkung der vertragsmäßigen Leistung (§ 110 BGB)

§ 110 BGB geht davon aus, dass ein Minderjähriger einen obligatorischen Vertrag 51 *ohne Zustimmung* des gesetzlichen Vertreters geschlossen hat. Dieser Vertrag ist somit gemäß § 108 BGB unwirksam, wird aber gemäß § 110 BGB wirksam,[33] wenn der Minderjährige die in dem Vertrag vereinbarte („vertragsmäßige") Leistung vollständig bewirkt. Wie sich schon aus dem klaren Wortlaut des § 110 BGB („ohne Zustimmung") ergibt, ist die Wirksamkeit des obligatorischen Vertrages gemäß 110 BGB keine Folge einer vom gesetzlichen Vertreter durch die Überlassung der Mittel zugleich konkludent erteilten Einwilligung in den Abschluss des obligatorischen Vertrages.[34] § 110 BGB ergänzt die §§ 107, 108 BGB vielmehr um einen eigenständigen Weg, auf dem ein zustimmungsbedürftiger obligatorischer Vertrag ohne Zustimmung wirksam werden kann.[35]

---

33 Die Rechtsfolgeanordnung des § 110 BGB („Vertrag ... wird wirksam"), bezieht sich allein auf den obligatorischen Vertrag des Minderjährigen; näher *Leenen* FamRZ 2000, 863 (zu I 2), ebenso Musielak/*Hau*, Grundkurs BGB (16. Aufl. 2019) Rdn. 352; *Kalscheuer* Jura 2011, 44 (45); *Lettl* WM 2013, 1245 (1248); *Piras/Stieglmeier* JA 2014, 893 (893f); jurisPK-BGB/*Hansen* § 110 Rdn. 9 und 35; ausführlich *Rodi*, Die Rechtsnatur des § 110 BGB (2021) 20ff, 32; abweichend *Bork* AT Rdn. 1018 Fn. 72; *Neuner* AT § 34 Rdn. 48. Die Monographie von *Rodi*, ebenda, behandelt mit eindringlicher Genauigkeit alle Fragen, die die Interpretation des § 110 BGB im Lichte des hier vertretenen Konzepts wie nach dem Gegenkonzept aufwirft. *Rodi* kommt zu dem Ergebnis, dass der Interpretation des § 110 BGB als eigenständiger Grundlage für eine Wirksamkeit schuldrechtlicher Verträge von Minderjährigen zu folgen ist (*Rodi*, a.a.O., S. 145f).

34 So aber seit jeher die Rechtsprechung (RG vom 29.9.1910, RGZ 74, 234 – „Lotterielos", Sachverhalt unten § 30) und die im Schrifttum h.M. (oben Rdn. 41).

35 *Nierwetberg* Jura 1984, 127ff; *Boecken* AT Rdn. 587; *Brehm* AT Rdn. 296; *Leenen* FamRZ 2000, 863ff; *Franzen* JR 2004, 221 (223); jurisPK-BGB/*Hansen* § 110 Rdn. 1, 3 und 5; *Boemke/Ulrici* AT § 9 Rdn. 44; Medicus/*Petersen* AT Rdn. 579; *Kalscheuer* Jura 2011, 44 (46); *Kalscheuer/Bünger* Jura 2012, 874; *Modrzyk* JA 2012, 407 (407); *Fröde*, Willenserklärung, Rechtsgeschäft und Geschäftsfähigkeit (2012) S. 79; *Piras/Stieglmeier* JA 2014, 893; BeckOGK/*Duden*, 1.9.2020, § 110 BGB Rdn. 8; *Rodi*, Die Rechtsnatur des § 110 BGB (2021) 145; AG München vom 17.3.2011, NJW 2012, 2452 – „Tattoo" (Sachverhalt unten § 30). Eine ähnliche Gesetzestechnik liegt der österreichischen Regelung des § 170 Abs. 3 ABGB zugrunde, doch ist die Vorschrift komplizierter als § 110 BGB, da sie auch Geschäftsunfähige einbezieht. Hierzu *Häublein*, Liber Amicorum Leenen (2012) 59 (67f, 75ff).

aa. Der Geltungsgrund des obligatorischen Vertrages: Konvaleszenz durch Erfüllung

52 Die Technik, einen zunächst unwirksamen Vertrag wirksam werden zu lassen, wenn die vertragsmäßige Leistung erbracht ist (sog. „**Konvaleszenz durch Erfüllung**"),[36] findet sich im BGB auch in den Heilungsvorschriften der §§ 311b Abs. 1 Satz 2 BGB, § 518 Abs. 2 BGB, § 766 Satz 3 BGB. Das Gesetz will damit primär verhindern, dass der Geschützte auf die vertragliche Leistung verklagt werden kann. Das wird durch die Unwirksamkeit des Vertrages erreicht. Erbringt der Geschützte die (nicht geschuldete!) Leistung dennoch, so sollen ihm andererseits alle Rechte aus dem Vertrag zustehen und es soll einer Rückabwicklung der erbrachten Leistungen aufgrund des § 812 Abs. 1 Satz 1 Var. 1 BGB vorgebeugt werden. Dies wird durch die Anordnung der Wirksamkeit des Vertrages nach Erbringung der Leistung erreicht.

53 Dass der Vertrag als von Anfang an wirksam gilt (§ 110 BGB), kann nicht dazu führen, dass der Minderjährige auf die Leistung in Anspruch genommen wird. Ist der Vertrag als von Anfang an wirksam anzusehen, so wird aus der bloß „vertragsmäßigen" zwar rückwirkend eine „geschuldete" Leistung; diese Leistung ist aber im Sinne des § 362 Abs. 1 BGB (mit dessen Formulierung § 110 BGB genau abgestimmt ist) bereits bewirkt und die Verpflichtung zur Leistung somit erloschen. Ist auch nur der geringste Teil der vertragsmäßigen Leistung noch nicht erbracht, fehlt es an den tatbestandlichen Voraussetzungen für eine auf § 110 BGB gestützte Wirksamkeit des Vertrages.

54 Diese – raffinierte! – Gesetzestechnik ist hervorragend geeignet, die oben (Rdn. 40) am **Beispiel** des „**Radiokaufs**" beschriebenen Probleme zu lösen. Beide Kaufverträge, die M geschlossen hat, sind mangels Zustimmung des gesetzlichen Vertreters unwirksam und begründen daher keine Verpflichtung des M zur Bezahlung des vereinbarten Kaufpreises. Der mit B geschlossene Vertrag wird aufgrund der Barzahlung mit den 200 Euro, die M von seinen Eltern zu diesem Zweck erhalten hat, gemäß § 110 BGB wirksam. M hat nunmehr einen Anspruch gegen B auf Übereignung und Übergabe des Radios (es sei denn, dies ist schon vor der Barzahlung geschehen). Erweist sich die Kaufsache als mangelhaft, stehen M aufgrund des wirksamen Vertrages Mängelansprüche gegen B zu (§ 437 BGB). Schließlich wird durch die Wirksamkeit des Vertrages erreicht, dass die Leistungen beider Seiten nicht „ohne rechtlichen Grund" im Sinne des § 812 Abs. 1 Satz 1 Var. 1 BGB erbracht wurden. Eine Rückabwicklung des Vertrages nach Bereicherungsrecht wird damit ausgeschlossen.

---

36 Zur Interpretation des § 110 BGB als eines Anwendungsfalles der Konvaleszenz durch Erfüllung v. *Tuhr*, Der Allgemeine Teil des Deutschen Bürgerlichen Rechts, Bd. II/1 (1914) S. 351 ff; *Leenen* FamRZ 2000, 863 (868 f); *Boecken* AT Rdn. 587; jurisPK-BGB/*Hansen* § 110 Rdn. 5 und 10; Medicus/*Petersen* Bürgerliches Recht Rdn. 173; *ders.* AT Rdn. 579; *Lettl* WM 2013, 1245 (1248).

bb. Die Bewirkung der vertragsmäßigen Leistung

In der Handhabung des § 110 BGB liegt das Schwergewicht auf der Frage, ob der **55** Minderjährige die vertragsmäßige Leistung bewirkt hat. Die Bewirkung der Leistung setzt voraus, dass das dingliche Verfügungsgeschäft wirksam, also von der gemäß § 107 BGB erforderlichen Einwilligung des gesetzlichen Vertreters gedeckt ist. Damit rückt die Zweckbestimmung der dem Minderjährigen überlassenen Mittel ins Zentrum des § 110 BGB. Sind die Geldmittel dem Minderjährigen zum Zwecke der Anschaffung einer bestimmten Sache überlassen, so ist die Übereignung der Mittel zur Bezahlung des Kaufpreises für diese Sache von der Einwilligung des gesetzlichen Vertreters gedeckt (oben Rdn. 38). Die Übereignung der Geldmittel für Anschaffungen jeglicher Art wäre von der Einwilligung erfasst, wenn die Mittel dem Minderjährigen uneingeschränkt zu freier Verfügung überlassen wäre. Dies kommt in der Praxis aber kaum vor, und so versteht ein Minderjähriger die Gewährung von Taschengeld auch nicht. Weiß der Minderjährige, dass er das Taschengeld für den Erwerb bestimmter Gegenstände oder Leistungen nach dem Willen des gesetzlichen Vertreters nicht verwenden darf, oder muss er dies erkennen, so sind ihm insoweit die Mittel nicht zu freier Verfügung überlassen.[37] Es gelten die allgemeinen Regeln über die Auslegung empfangsbedürftiger Willenserklärungen (oben § 5 Rdn. 51 ff).[38]

Beispiele: In einem vom AG Freiburg entschiedenen Fall[39] war sich der 14-jährige Kläger beim **56** Kauf einer **„Airsoftgun Baretta"** bewusst, dass die Überlassung des Taschengeldes sich nicht auf die Bezahlung des Kaufpreises für eine solche zu Unrecht als bloßes Spielzeug bezeichnete Waffe erstreckte. Der Kaufvertrag ist durch die Bezahlung des Kaufpreises nicht gemäß § 110 BGB wirksam geworden, weil die Übereignung der Geldmittel unwirksam war und der Minderjährige die vertragsmäßige Leistung somit nicht bewirkt hat. – Im **„Tattoo"**-Fall (Sachverhalt unten § 30) hat das AG München die Bezahlung des Entgelts für die Tätowierung der der Klägerin von den Eltern

---

37 Den Erziehungsberechtigten verbleiben also – entgegen der Kritik von *Neuner* AT § 34 Rdn. 43 – nicht nur die „schroffen Alternativen", die Mittel dem Minderjährigen entweder „strikt zweckgebunden" oder „zur völlig beliebigen Verfügung" zu überlassen. Nach *Piras/Stieglmeier* JA 2014, 893 (895) lässt sich über eine weite Auslegung der „zu diesem Zweck" überlassenen Mittel eine stufenlose Zweckbindung bis hin zur freien Verfügung erzielen. Vgl. auch juris-PK/*Hansen*, § 110 Rdn. 3; *Rodi*, Die Rechtsnatur des § 110 BGB (2021) 93 (Steuerungsfunktion der in der Überlassung der Mittel liegenden Einwilligung).
38 Unerheblich ist, ob der Vertragspartner des Minderjährigen diese Einschränkungen der Einwilligung erkennen kann. Zutreffend AG Freiburg vom 24.10.1997, NJW-RR 1999, 637 (638); *Bork* AT Rdn. 1023; *Mankowski* MMR 2007, 405 (406) m.w.N.
39 AG Freiburg vom 24.10.1997, NJW-RR 1999, 637 (vgl dazu die vorherige Fn.).

eingeräumten freien Verfügung über ihre Einkünfte zugeordnet.[40] Der ohne Einwilligung der Eltern abgeschlossene Vertrag mit dem Tätowierer war somit wirksam.

cc. Die Irrelevanz des § 110 BGB für die Entstehung vertraglicher Erfüllungsansprüche gegen den Minderjährigen

57 Da § 110 BGB vom Tatbestand her voraussetzt, dass der Minderjährige die vertragsmäßige Leistung vollständig bewirkt hat, kann die sich aus § 110 BGB ergebende Wirksamkeit des Vertrages niemals dazu führen, dass der andere Vertragsteil einen Anspruch auf die vertragsmäßige Leistung des Minderjährigen erhält. Ein vertraglicher **Erfüllungsanspruch** gegen einen Minderjährigen kann sich nur aus einem durch Zustimmung des gesetzlichen Vertreters (also gemäß § 108 BGB) wirksamen Vertrag, nicht aus einem ohne Zustimmung des gesetzlichen Vertreters geschlossenen Vertrag (§ 110 BGB) ergeben.

58 Daher lassen sich im **Gutachten** lange Ausführungen zu § 110 BGB bei der Prüfung der Frage, ob ein Anspruch gegen den Minderjährigen auf Bezahlung des vereinbarten Entgelts besteht, nicht rechtfertigen. Auf § 110 BGB kommt es in der Praxis (und in der Fallbearbeitung) vor allem an, wenn der Minderjährige den von ihm bezahlten Kaufpreis (oder ein sonstiges Entgelt) gemäß § 812 Abs. 1 Satz 1 Var. 1 BGB mit der Begründung zurückfordert, der Kaufvertrag (oder sonstige obligatorische Vertrag) sei nicht wirksam (unten § 26 Rdn. 18).

dd. Ratenzahlungsverträge Minderjähriger

59 Verträge, die vorsehen, dass der Minderjährige das von ihm geschuldete Entgelt in mehreren **Raten** entrichtet, werden wirksam, wenn der Minderjährige die letzte Rate bezahlt und somit die vertragsmäßige Leistung vollständig mit Mitteln bewirkt hat, die ihm zu diesem Zweck oder zu freier Verfügung überlassen worden sind.

60 Fraglich kann immerhin sein, ob in der Überlassung von Mitteln an den Minderjährigen die Einwilligung zu Verfügungen liegt, die der Minderjährige zum Zwecke der Abzahlung von Ratenverträgen erbringt. Da Minderjährige lernen sollen, mit den ihnen überlassenen Mitteln selbständig zu wirtschaften, sollte die Frage im Zweifel bejaht werden. So wird erreicht, dass Minderjährige, die alle Raten bezahlen, in den Genuss der Wirksamkeit des Vertrages kommen. Gelingt es dem Minderjährigen nicht, die Raten vollständig zu bezahlen, ist der Vertrag nach Bereicherungsrecht abzuwickeln.

---

40 AG München vom 17.3.2011, NJW 2012, 2452; dazu *Kalscheuer/Bünger* JURA 2012, 874; *Mäsch* JuS 2012, 748; abl. *Hauck* NJW 2012, 2398.

ee. Surrogate überlassener Mittel

Eine berühmte Problematik betrifft die Frage, ob § 110 BGB auf Mittel anzuwenden ist, die der Minderjährige mithilfe von Mitteln erworben hat, die ihm gemäß § 110 BGB überlassen worden waren (sog. **Surrogate**). Die hiermit verbundenen Fragen lassen sich durch eine genaue Besinnung auf die einzelnen Voraussetzungen des § 110 BGB lösen. **61**

Im Fall „**Lotterielos**" (RG vom 29.9.1910, RGZ 74, 234; Sachverhalt unten § 30) hat der Minderjähige zur Bezahlung des Kaufpreises für den Sportwagen Geld verwendet, das er als Gewinnauszahlung von der Lotteriegesellschaft erhalten hatte. Auch wenn die Bezahlung des Kaufpreises für das Lotterielos innerhalb der Zweckbestimmung der dem Minderjährigen überlassen Mittel lag, folgt daraus doch nicht, dass auch ein etwaiger erheblicher Gewinn dem Minderjährigen zu freier Verfügung überlassen sein soll. Die Geldmittel aus dem Gewinn waren dem Minderjährigen auch nicht mit Zustimmung des gesetzlichen Vertreters von der Lotteriegesellschaft als „Drittem" im Sinne des § 110 BGB zur Anschaffung eines Sportautos oder zu freier Verfügung überlassen worden.[41] Damit war die Übereignung der Geldmittel durch den Minderjährigen an den Verkäufer des Sportwagens nicht von der gemäß § 107 BGB erforderlichen Einwilligung gedeckt. Die Übereignung der Geldmittel war somit unwirksam (§ 108 BGB). Der Minderjährige hat die vertragsmäßige Leistung nicht bewirkt. Der Kaufvertrag über den Sportwagen ist daher nicht gemäß § 110 BGB wirksam geworden. **62**

e. Anhang: Die entsprechende Anwendung der §§ 108ff BGB beim Einwilligungsvorbehalt im Recht der Betreuung (§ 1903 BGB)

Ist gemäß § 1896 BGB für einen Volljährigen ein Betreuer bestellt und ein Einwilligungsvorbehalt gemäß § 1903 Abs. 1 Satz 1 BGB angeordnet worden (oben § 2 Rdn. 12), so gelten gemäß § 1903 Abs. 1 Satz 2 BGB die §§ 108–113, 131 Abs. 2 und 210 BGB entsprechend. **63**

In Übereinstimmung mit § 107 BGB sind Verträge des Betreuten trotz des Einwilligungsvorbehalts zustimmungsfrei, wenn sie ihm rechtlich lediglich vorteilhaft sind (§ 1903 Abs. 3 Satz 1 BGB). Abweichend von § 107 BGB gilt dies im Zweifel auch für Verträge, die eine „geringfügige Angelegenheit des täglichen Lebens" betreffen (§ 1903 Abs. 3 Satz 2 BGB); hinter dieser Erweiterung des rechtlichen Könnens steht das Selbstbestimmungsrecht behinderter Personen, dem auch die ähnlich gelagerte Vorschrift in § 105a BGB dient (dazu oben § 6 Rdn. 85).[42] Ein Vertrag, den der Betreute ohne die erforderliche Einwilligung des Betreuers schließt, ist entsprechend § 108 BGB schwebend unwirksam, kann aber durch Genehmigung des Betreuers rückwirkend (§ 184 Abs. 1 BGB) Wirksamkeit erlangen. **64**

---

41 Hierzu auch Musielak/*Hau*, Grundkurs BGB (16. Aufl. 2019) Rdn. 353.
42 Zum rechtspolitischen Ziel der Norm s. die Begründung BT-Drs. 11/4528, S. 139.

Der Vertragspartner des Betreuten kann den Betreuer entsprechend § 108 Abs. 2 BGB zur Erklärung über die Genehmigung auffordern, um den Schwebezustand binnen kurzer Zeit (zwei Wochen: § 108 Abs. 2 Satz 2 BGB) zu beenden.

65   Entsprechend anwendbar ist auch § 110 BGB. Nimmt ein Betreuer ein Geschäft vor, das eine geringfügige Angelegenheit des täglichen Lebens im Sinne von § 1903 Abs. 3 Satz 2 BGB betrifft, so ist § 110 BGB allerdings nicht einschlägig, da der Vertrag ohne Einwilligung wirksam ist und es somit an der tatbestandlichen Voraussetzung des § 110 BGB fehlt, dass der Vertrag ohne eine erforderliche Zustimmung geschlossen wurde.[43] § 1903 Abs. 3 Satz 2 BGB ist insofern spezieller, was ein Vergleich mit § 105a BGB bestätigt. Nach § 105a BGB hängt die Wirksamkeit von geringfügigen Alltagsgeschäften geschäftsunfähiger Volljähriger vom Bewirken der versprochenen Leistungen ab. Ein solches Erfordernis stellt § 1903 Abs. 3 Satz 2 BGB gerade nicht auf, sondern behandelt den Betreuten insofern grundsätzlich wie jeden anderen volljährigen Geschäftsfähigen.

2. In fremdem Namen geschlossene Verträge
a. Dogmatische Grundlagen

66 Wir hatten oben (§ 4 Rdn. 96) festgehalten, dass die meisten Verträge nicht persönlich durch die Vertragspartner geschlossen werden. Die Verträge werden in deren Namen von anderen Personen geschlossen, die das BGB als Vertreter bezeichnet (zur Terminologie oben § 4 Rdn. 68). Die Vertreter erklären in ihren Willenserklärungen, dass die Wirkungen des Vertrages die vertretenen Personen treffen sollen. Dadurch kommt der von den Vertretern abgeschlossene Vertrag zwischen den Vertretenen zustande.

67   Auf der Hand liegt, dass die Rechtsordnung diese Verträge nur dann als wirksam anerkennen kann, wenn es eine besondere Rechtfertigung dafür gibt, dass Vertreter durch Rechtsgeschäfte Rechtswirkungen zugunsten und zulasten der Vertretenen herbeiführen. Diese Rechtfertigung kann sich daraus ergeben, dass der Vertreter Vertretungsmacht für den Vertretenen hat und das Rechtsgeschäft (hier: der Vertrag) im Rahmen dieser Vertretungsmacht liegt. Schließt der Vertreter einen Vertrag, ohne hierfür Vertretungsmacht zu haben, so hängt die Wirksamkeit des Vertrages von der Genehmigung des Vertretenen ab, § 177 BGB. Zusammengefasst ergibt sich aus § 177 BGB, dass **Vertretungsmacht** oder

---

[43] Zum bewussten Abweichen vom Modell des § 110 BGB s. BT-Drs. 11/4528, S. 139. In diesem Kontext lehnt der Gesetzgeber auch die Lösung des österr. Rechts, das den Fall inzwischen in § 242 Abs. 3 ABGB regelt, ab und begründet dies damit, dass eine Erfüllung seitens des Betreuten eine wirksame Verfügung voraussetze, für die es wieder auf die Zustimmung des Betreuers ankomme. Diese Abhängigkeit widerspreche der bezweckten Stärkung der Selbstbestimmung.

(alternativ) **Genehmigung** besondere Erfordernisse für die Wirksamkeit von Verträgen bilden, die von Stellvertretern (also: im Namen des Vertretenen) abgeschlossen werden.

In der dogmatischen Struktur entspricht die Wirksamkeitskontrolle von in **68** fremdem Namen geschlossenen Verträgen der Wirksamkeitskontrolle von Verträgen Minderjähriger (oben Rdn. 17 ff). Als Ausgangspunkt kann daher dieselbe Graphik dienen, die oben (Rdn. 18) zu Verträgen Minderjähriger verwendet wurde.

69

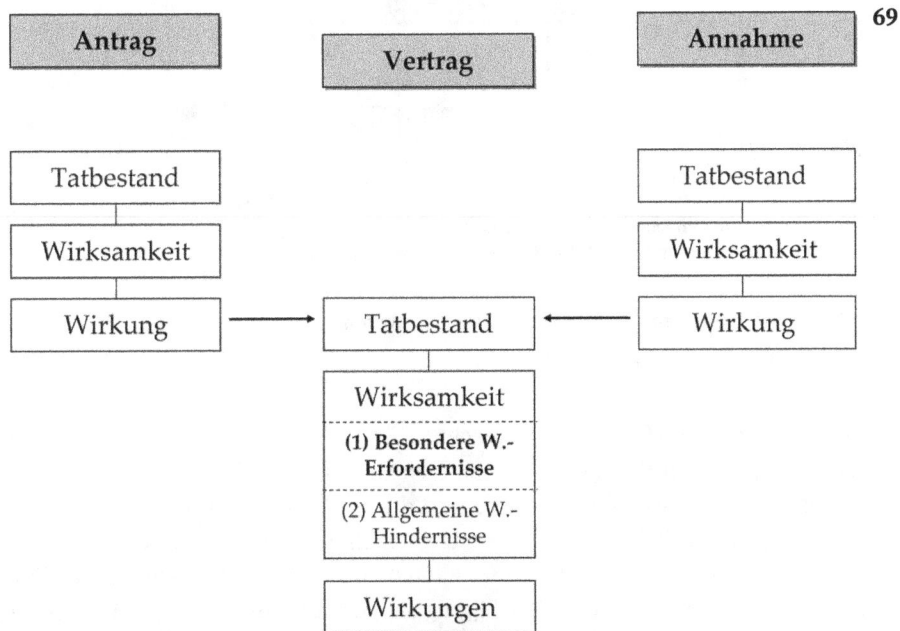

In fremdem Namen geschlossene Verträge

Der Unterschied liegt allein in den sachlichen Kriterien, von denen die Rechtsord- **70** nung die Wirksamkeit der Verträge abhängig macht. Auch insoweit ergeben sich freilich Parallelen.

71

```
┌─────────────────────────────────────────┐
│   Besondere Wirksamkeitserfordernisse    │
└─────────────────────────────────────────┘
                    │
                    ▼
┌──────────────────────┐
│  Vertretungsmacht ?  │
└──────────────────────┘
     │           │
     ▼           ▼
┌────────┐  ┌────────┐        ┌─────────────────────┐
│   ja   │  │  nein  │ ─────▶ │    Genehmigung      │
└────────┘  └────────┘        │    (§ 177 BGB) ?    │
                              └─────────────────────┘
                                  │           │
                                  ▼           ▼
                              ┌───────┐  ┌───────┐       ┌──────────────────┐
                              │  ja   │  │ nein  │ ────▶ │   Unwirksamkeit  │
                              └───────┘  └───────┘       └──────────────────┘
     │
     ▼
┌──────────────────────────────────────────────────────────┐
│  Allgemeine Wirksamkeitshindernisse                       │
│  (Nichtigkeitsgründe, §§ 125, 134, 138, 142 Abs. 1 BGB etc.)│
└──────────────────────────────────────────────────────────┘
```

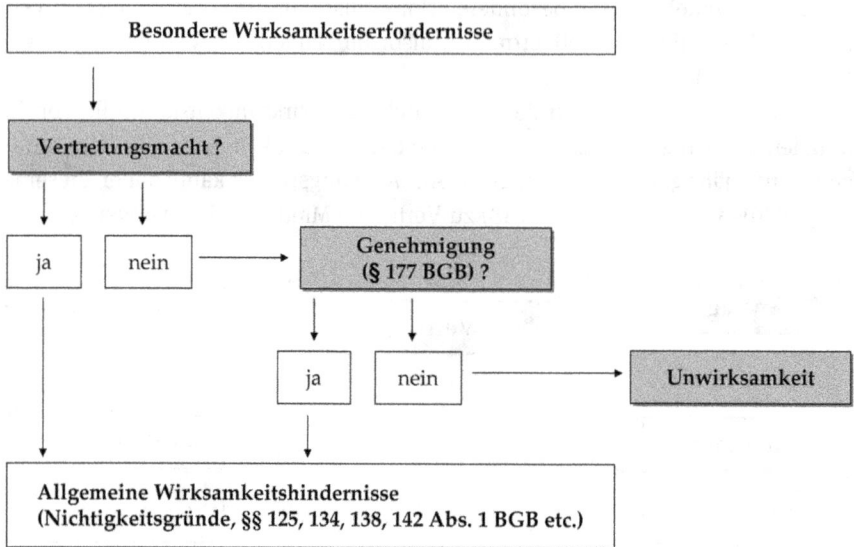

Wirksamkeit von in fremdem Namen geschlossenen Verträgen

b. Wirksamkeit kraft Vertretungsmacht

72 Wie das Gesetz im Recht der beschränkten Geschäftsfähigkeit (§§ 106 ff BGB) an erster Stelle die Einwilligung regelt (oben Rdn. 36 ff), so steht im Recht der Stellvertretung (§§ 164 ff BGB) das mit Vertretungsmacht vorgenommene Rechtsgeschäft im Vordergrund. Dogmatisch und funktional entspricht die Vertretungsmacht im Recht der Stellvertretung der Einwilligung des gesetzlichen Vertreters im Recht der beschränkten Geschäftsfähigkeit. Wie beim Vorliegen einer Einwilligung führt das Bestehen von Vertretungsmacht dazu, dass der Vertrag von Anfang an wirksam ist; jeder Schwebezustand wird vermieden, die Rechtssicherheit gefördert.

aa. Begriffsklärungen: Was ist Vertretungsmacht?

73 Vertretungsmacht ist ein Erfordernis für die Wirksamkeit eines in fremdem Namen vorgenommen Rechtsgeschäfts, nicht mehr und nicht weniger. Vertretungsmacht im Sinne der §§ 164 ff BGB stellt **kein Recht** des Vertreters dar.[44] Vertre-

---

44 *Flume* AT § 45 II 1 (S. 784): „Vertretungsmacht ist nichts weiter als Legitimation [...]. Die Legitimation der Vertretungsmacht ist ohne Substanz für den Vertreter." Zum Verständnis der Vertretungsmacht als Legitimation auch Staudinger/*Schilken* (2019) Vorbem. zu §§ 164 ff Rdn. 17; MüKo/*Schubert* § 164 Rdn. 182 m. w. N.; *de la Durantaye*, Erklärung und Wille (2020) 195 ff.

tungsmacht kann nicht vererbt werden. Umgekehrt belastet Vertretungsmacht den Vertreter nicht. Vertretungsmacht begründet **keine Verpflichtungen**. Deshalb erfordert die rechtsgeschäftliche Erteilung von Vertretungsmacht keinen Vertrag mit dem Vertreter. Man kann Vertretungsmacht für einen anderen erlangen, ohne hiervon auch nur zu wissen: Es genügt, dass der Vertretene demjenigen, *dem gegenüber die Vertretung stattfinden soll*, erklärt, dass eine bestimmte Person berechtigt sei, Rechtsgeschäfte in seinem Namen vorzunehmen (§ 167 Abs. 1 BGB; dazu unten § 13 Rdn. 4, 8). Die rechtsgeschäftliche Erteilung von Vertretungsmacht bildet die Parallele zur Einwilligung im Recht der beschränkten Geschäftsfähigkeit. Das Gesetz erkennt das in fremdem Namen vorgenommene Rechtsgeschäft an, weil der Vertretene sein Einverständnis damit erklärt hat, dass die Rechtswirkungen des vom Vertreter vorgenommenen Rechtsgeschäfts ihn treffen sollen.

Die Vertretungsmacht betrifft das **Außenverhältnis**, beim Abschluss von 74 Verträgen also das Verhältnis zwischen dem Vertreter und dem anderen Vertragsteil. Die Frage, ob und inwieweit der Stellvertreter verpflichtet oder berechtigt ist, Verträge mit Dritten abzuschließen, betrifft das **Innenverhältnis**, also das Rechtsverhältnis zwischen dem Vertreter und dem Vertretenen. Zwischen beiden ist **strikt zu unterscheiden**. Ein Vertreter kann im Außenverhältnis Vertretungsmacht haben, im Innenverhältnis aber verpflichtet sein, von dieser nur eingeschränkt Gebrauch zu machen. Verletzt der Vertreter diese Verpflichtung, ist der von ihm mit dem Dritten geschlossene Vertrag grundsätzlich[45] wirksam, weil von Vertretungsmacht gedeckt. Die Frage des Umfangs der Vertretungsmacht richtet sich nach dem Außenverhältnis. Selbst wenn der das Innenverhältnis regelnde Vertrag unwirksam ist, berührt das eine dem Vertreter erteilte Vertretungsmacht nicht. Das die Vertretungsmacht begründende Rechtsgeschäft ist losgelöst von dem zugrunde liegenden obligatorischen Verhältnis, im Verhältnis zu diesem also **abstrakter** Natur.[46]

bb. Entstehung und Fortfall von Vertretungsmacht

Vertretungsmacht besteht, wenn sie entstanden und nicht wieder fortgefallen ist. 75 Entstehung wie Fortfall können auf **Gesetz** oder auf **Rechtsgeschäft** beruhen. Soweit eine Vertretungsmacht kraft Rechtsscheins in Rechtsprechung und Schrifttum anerkannt wird (unten Rdn. 89 ff), beruht diese auf Gesetz, nicht auf Rechts-

---

45 Anders in den Fällen des sog. „Missbrauchs der Vertretungsmacht", dazu unten Rdn. 104.
46 Zu Trennung und Abstraktion im Recht der Stellvertretung ausführlich *Lieder* JuS 2014, 393.

geschäft. Freilich ist in den wichtigsten Fällen zu fragen, ob es der Begründung über die Haftung für zurechenbaren Rechtsschein bedarf.

(1) Vertretungsmacht kraft Gesetzes

76 Der für den Studienanfänger wichtigste Fall einer gesetzlichen Vertretungsmacht ist in § 1629 Abs. 1 BGB geregelt. Gesetzlicher Vertreter eines nicht volljährigen Kindes sind im Regelfall dessen Eltern (oben Rdn. 35). Die gesetzliche Vertretungsmacht der Eltern entsteht mit der (Vollendung der) Geburt des Kindes und endet an dem Tag, der dem 18. Geburtstag des Kindes vorausgeht um 24 Uhr (§§ 2, 187 Abs. 2 Satz 2 BGB).

77 Eine dogmatisch umstrittene Sonderbestimmung enthält § 1357 Abs. 1 BGB. Danach ist jeder Ehegatte „berechtigt, Geschäfte zur angemessenen Deckung des Lebensbedarfs der Familie mit Wirkung auch für den anderen Ehegatten zu besorgen". Da der Ehegatte im eigenen Namen handelt und (auch) selbst verpflichtet wird, geht es nicht um Stellvertretung.[47]

78 Juristische Personen werden gesetzlich durch ihre Organe vertreten (oben § 2 Rdn. 23f). Für den Verein bestimmt § 26 Abs. 2 BGB: „Der Vorstand vertritt den Verein gerichtlich und außergerichtlich; er hat die Stellung eines gesetzlichen Vertreters".

79 Gelegentlich ordnet das Gesetz an, dass unter bestimmten Voraussetzungen rechtsgeschäftliche Vertretungsmacht als erteilt „gilt". Die wichtigste Vorschrift ist **§ 56 HGB** (sog. Ladenvollmacht): Wer in einem Laden oder in einem offenen Warenlager angestellt ist, gilt als ermächtigt zu Verkäufen und Empfangnahmen, die in einem derartigen Laden oder Warenlager gewöhnlich geschehen. Daraus ergibt sich, dass Kassenangestellte in Supermärkten und sonstigen Ladenlokalen Vertretungsmacht[48] zur Veräußerung der zum Verkauf an Kunden bestimmten Ware haben, ohne dass es darauf ankäme, ob ihnen vom vertretenen Unternehmensträger Vollmacht erteilt wurde oder Kunden aus der Art der vom Angestellten wahrgenommenen Tätigkeit darauf schließen dürfen, dass die Angestellten vertretungsbefugt sind. Die Vertretungsmacht umfasst nicht nur den Abschluss von „Kaufverträgen" im Sinne des § 433 BGB, sondern auch die zur Erfüllung dieser Verträge erforderlichen dinglichen Rechtsgeschäfte (insbesondere: die Übereignung verkaufter Sachen an den Erwerber), nicht jedoch den *Ankauf* von Sachen.[49]

---

47 MüKo/*Roth* § 1357 Rdn. 10.
48 Die Formulierung „gilt als ermächtigt" meint: „gilt als bevollmächtigt", vgl. unten Rdn. 136.
49 BGH vom 4.5.1988, NJW 1988, 2109; methodische Erläuterung unten § 23 Rdn. 23.

(2) Vertretungsmacht kraft Rechtsgeschäfts (Vollmacht)

Vertretungsmacht kann durch Rechtsgeschäft begründet und beendet werden. **80** Die durch Rechtsgeschäft erteilte Vertretungsmacht bezeichnet das Gesetz als **Vollmacht** (Legaldefinition in § 166 Abs. 2 BGB). Das Rechtsgeschäft, durch das Vollmacht erteilt wird, heißt **Bevollmächtigung**. Die Bevollmächtigung ist ein *einseitiges Rechtsgeschäft*, dessen Einzelheiten unten (§ 13) näher dargestellt werden.

(a) Entstehung der Vertretungsmacht

Durch die Erteilung von Vertretungsmacht erklärt der Vertretene sein Einver- **81** ständnis damit, dass der Vertreter Rechtsgeschäfte tätigt, deren Wirkungen ihn – also: den Vertretenen – treffen. Hat der Vertretene dieses Einverständnis durch die Bevollmächtigung erklärt, so erlangt der Vertreter hierdurch Vertretungsmacht.

Die Vertretungsmacht kann dem Vertreter durch weitere Erklärungen des **82** Vertretenen an sich nicht erneut verliehen werden. Bringen diese weiteren Erklärungen aber zum Ausdruck, dass der Vertreter vertretungsbefugt sei, so können auch diese Erklärungen Grundlage rechtsgeschäftlicher Vertretungsmacht sein. Eine gesetzliche Regelung hierzu findet sich in den §§ 171 Abs. 1 und 172 Abs. 1 BGB. § 171 Abs. 1 BGB betrifft den Fall, dass der Vertretene „durch besondere Mitteilung an einen Dritten oder durch öffentliche Bekanntmachung kundgegeben (hat), dass er einen anderen bevollmächtigt habe", und das Gesetz knüpft hieran die Rechtsfolge, dass der andere „aufgrund der Kundgebung ... zur Vertretung befugt" sei. § 172 Abs. 1 BGB stellt der besonderen Mitteilung im Sinne des § 171 Abs. 1 BGB den Fall gleich, dass der Vertretene dem Vertreter eine Vollmachtsurkunde ausgehändigt hat und der Vertreter diese dem Dritten vorlegt. Die Vertretungsbefugnis ergibt sich aus der Vorlage dieser Urkunde.

Die dogmatische Einordnung dieser Vorschriften ist umstritten. Im Schrifttum wird überwiegend **83** angenommen, dass die Vertretungsbefugnis gemäß §§ 171 Abs. 1, 172 Abs. 1 BGB nicht rechtsgeschäftlicher Natur sei, sondern auf dem dem Vertretenen zurechenbaren Rechtsschein rechtsgeschäftlich erteilter Vertretungsmacht beruhe.[50] Die „Mitteilung" oder „Kundgabe" im Sinne des § 171 Abs. 1 BGB sei nämlich nicht (konstitutiv) darauf gerichtet, den Vertreter mit Vertretungsmacht auszustatten, sondern besage nur (deklaratorisch), dass das Rechtsgeschäft der Bevollmächtigung stattgefunden habe. Es fehle also – für die Adressaten der Mitteilung oder Kundgebung erkennbar – am Willen, durch die Mitteilung die schon vorhandene Vertretungsmacht

---

50 *Canaris*, Die Vertrauenshaftung im deutschen Privatrecht (1971) S. 32 f; Palandt/*Ellenberger* § 170 Rdn. 1; BeckOGK/*Deckenbrock*, 1.11.2020, § 173 BGB Rdn. 3; *Bork* AT Rdn. 1522; *Faust* AT § 24 Rdn. 23 ff.

erst zu begründen. Dem ist entgegenzuhalten, dass die Kundgabe im Sinne der §§ 171 f BGB der Funktion nach genau das zum Ausdruck bringt, worum es bei der rechtsgeschäftlichen Verleihung von Vertretungsmacht geht: Der Vertretene erklärt sein Einverständnis damit, dass ihn die Wirkungen des vom Vertreter vorgenommenen Rechtsgeschäfts treffen. Schon die Motive betonen zu Recht, es stehe „nichts entgegen, dass die Ermächtigung zur Vertretung auch in dieser Weise wirksam erteilt" werde.[51] Die Vertretungsbefugnis gemäß §§ 171 Abs. 1 und 172 Abs. 1 BGB lässt sich daher rechtsgeschäftlich erklären; einer „externen" Begründung mithilfe der Lehre vom Rechtsschein bedarf es nicht.[52]

(b) Fortfall der Vertretungsmacht

84 Die rechtsgeschäftlich begründete Vertretungsmacht fällt fort, wenn sie sich nur auf ein einziges Geschäft bezieht und der Vertreter dieses Geschäft im Namen des Vertretenen abgeschlossen hat, die Vollmacht also „verbraucht" ist. Die Vollmacht ist grundsätzlich frei widerruflich. Sie kann daher auch bei fortbestehendem Innenverhältnis, soweit darin nichts Abweichendes bestimmt ist, **jederzeit widerrufen** werden (§ 168 Satz 2 BGB). In aller Regel endet sie mit dem ihrer Erteilung zugrunde liegenden Rechtsverhältnis. Auch insoweit kommt es aber entscheidend auf die im Innenverhältnis getroffenen Vereinbarungen an (§ 168 Satz 1 BGB).

85 In einigen Fällen ordnet das Gesetz an, dass eine Vollmacht (generell oder bestimmten Personen gegenüber) bis zum Eintritt bestimmter Umstände **fortbesteht**, obwohl sie widerrufen worden ist oder in anderen Hinsichten beendet ist. Liegt der Erteilung der Vollmacht ein Auftrag (§ 662 BGB) oder ein Vertrag zugrunde, auf den Auftragsrecht entsprechend anzuwenden ist (Geschäftsbesorgungsvertrag, § 675 BGB), so sieht § 674 BGB unter bestimmten Voraussetzungen vor, dass ein beendetes Innenverhältnis zugunsten des Beauftragten als fortbestehend gilt, mit der Wirkung, dass auch eine dem Beauftragten erteilte Vollmacht (in den Grenzen des § 169 BGB) fortbesteht.

86 Eine Vollmacht, die durch Erklärung gegenüber einem Dritten (dem Geschäftsgegner) erteilt worden ist (sog. „Außenvollmacht"), kann durch Erklärung gegenüber dem Stellvertreter widerrufen werden (sog. „Innenwiderruf").[53] Geschieht dies, so bleibt die Vollmacht doch gemäß § 170 BGB dem Dritten gegenüber in Kraft, bis ihm das Erlöschen von dem Vollmachtgeber angezeigt wird. In den Fällen des § 171 Abs. 1 BGB (oben Rdn. 82f) bleibt die Vertretungsmacht bestehen, bis die Kundgebung in derselben Weise, wie sie erfolgt ist, widerrufen

---

51 Mot. I, S. 237 = Mugdan I, S. 484.
52 So *Flume* AT § 49, 2c (S. 825ff); *Pawlowski* JZ 1996, 125 (127); grundsätzlich auch Staudinger/ *Schilken* (2019), vgl. § 170 Rdn. 1; § 171 Rdn. 3; § 172 Rdn. 2.
53 Einzelheiten unten § 13 Rdn. 31ff.

wird (§ 171 Abs. 2 BGB). In den Fällen des § 172 Abs. 1 BGB (Aushändigung einer Vollmachtsurkunde) bleibt die Vertretungsmacht bestehen, bis die Vollmachtsurkunde dem Vollmachtgeber zurückgegeben oder für kraftlos erklärt wird. Alle drei Vorschriften gelten gemäß § 173 BGB nicht, wenn der Dritte das Erlöschen der Vertretungsmacht bei der Vornahme des Rechtsgeschäfts kennt oder kennen muss.

Beachte: § 173 BGB bezieht sich ausdrücklich nur auf die genannten drei Fälle des Fortbestehens **87** der Vollmacht (§§ 170, 171 *Abs. 2*, 172 *Abs. 2* BGB) trotz Erlöschens der Vollmacht im Übrigen. Auffällig ist, dass die §§ 171 *Abs. 1* und 172 *Abs. 1* BGB nicht erwähnt werden. Dies wird von manchen als ein korrekturbedürftiger Fehler des Gesetzes angesehen.[54] Das überzeugt nicht. Das Gesetz geht davon aus, dass die in §§ 171 Abs. 1, 172 Abs. 1 BGB genannten Umstände die rechtsgeschäftliche Begründung von Vertretungsmacht zur Folge haben (oben Rdn. 83), also kommt es auf eine etwaige Kenntnis, dass zuvor Vertretungsmacht nicht oder nicht wirksam erteilt worden ist, nicht an.

Die §§ 170, 171 Abs. 2, 172 Abs. 2 BGB verfolgen eine doppelte Zielsetzung. Sie die- **88** nen zum einen dem **Schutze Dritter**, die aufgrund der ihnen bekannten oder erkennbaren Umstände darauf **vertrauen dürfen**,[55] dass eine Person noch Vertretungsmacht hat. Erreicht wird dieser Vertrauensschutz durch die Belastung des Vertretenen mit einer von ihm so nicht oder nicht mehr gewollten Haftung aus Rechtsgeschäften, die in seinem Namen vorgenommen werden. Unter den in den §§ 170, 171 Abs. 2, 172 Abs. 2 BGB genannten Voraussetzungen ist das vom Vertreter vorgenommene Rechtsgeschäft von Vertretungsmacht gedeckt, obwohl der Vertretene die Vollmacht widerrufen hat oder ein anderer Grund für das Erlöschen der Vollmacht vorliegt.[56] Dies setzt **Anreize für den Vertretenen**, dafür zu sorgen, dass die von ihm gewollten Vertretungsbefugnisse mit dem übereinstimmen, was Dritte den ihnen erkennbaren Umständen entnehmen dürfen. Der Vertretene wird also das Erlöschen der Vollmacht dem Dritten anzeigen (§ 170 BGB), die Kundgebung in gleicher Weise, wie sie erfolgt ist, widerrufen (§ 171 BGB), sich die Vollmachtsurkunde zurückgeben oder sie für kraftlos erklären lassen (§ 172 BGB). Tendenziell führt dies dazu, dass gar nicht erst die Situation ent-

---

54 MüKo/*Schubert* § 173 Rdn. 2; Medicus/*Petersen* AT Rdn. 946; *Faust* AT § 24 Rdn. 32; *Neuner* AT § 50 Rdn. 75 m. w. N.
55 Diese Voraussetzungen liegen nicht vor, wenn die Dritten das Erlöschen von Vertretungsmacht kennen oder kennen müssen, deshalb die Vorschrift des § 173 BGB.
56 So der klare Wortlaut des Gesetzes (§ 170 BGB: Vollmacht „bleibt diesem gegenüber in Kraft"; § 171 Abs. 2 und 172 Abs. 2 BGB: „Vertretungsmacht bleibt bestehen"). Die Frage ist dogmatisch sehr umstritten; abweichend MüKo/*Schubert* § 170 Rdn. 2f; *Bork* AT Rdn. 1522, 1525.

steht, die Vertrauensschutz erfordert, und ein Höchstmaß an Willensverwirklichung erreicht wird (oben § 1 Rdn. 31 ff).

(3) Die richterrechtlich entwickelten Rechtssätze zu „Duldungsvollmacht" und „Anscheinsvollmacht"

89 Nach der Rechtsprechung kann Vertretungsmacht auch auf einer sog. „Duldungsvollmacht" oder einer sog. „Anscheinsvollmacht" beruhen.

(a) Duldungsvollmacht

90 Eine **Duldungsvollmacht** liegt vor, „wenn der Vertretene es willentlich geschehen lässt, dass ein anderer für ihn wie ein Vertreter auftritt, und der Geschäftspartner dieses Dulden nach Treu und Glauben dahin versteht und auch verstehen darf, dass der als Vertreter Handelnde zu den vorgenommenen Erklärungen bevollmächtigt ist".[57]

91 **Beispiel:** A betreibt einen Gasthof. Ihre Schwiegertochter S hat schon öfter für besondere Anlässe Blumenarrangements im Blumengeschäft des B bestellt, die von B zum vereinbarten Termin bei A angeliefert und von A stets anstandslos bezahlt wurden. Bei einer weiteren Lieferung dieser Art verweigert A Abnahme und Bezahlung mit der Begründung, sie habe S keine Vertretungsmacht erteilt.

92 Im Schrifttum ist streitig, ob es sich bei der sog. Duldungsvollmacht um eine rechtsgeschäftlich erteilte Vertretungsmacht[58] oder um eine Haftung des Vertretenen nach Rechtsscheinsgrundsätzen handelt.[59] Die Gegner einer rechtsgeschäftlichen Einordnung tragen vor, der Erklärungswert des Verhaltens gehe nicht (konstitutiv) dahin, dass Vollmacht erteilt *werde*, sondern besage nur (deklaratorisch), dass Vollmacht erteilt *sei*; deshalb fehle es am Tatbestand einer Willenserklärung.[60] Dem Geschäftsgegner (auf dessen Sicht es für die normative Auslegung des Verhaltens des Vertretenen ankommt, oben § 5 Rdn. 61) dürfte

---

57 BGH vom 11.5.2011, BGHZ 189, 346 Rdn. 15 = NJW 2011, 2421; Palandt/*Ellenberger* § 172 Rdn. 8.

58 Palandt/*Ellenberger* § 172 Rdn. 8 und 10; Jauernig/*Mansel* § 167 Rdn. 8; Staudinger/*Schilken* (2019) § 167 Rdn. 29 a; *Flume* AT § 49, 3 (S. 828); *Pawlowski* AT Rdn. 727; *Brehm* AT Rdn. 466; *Merkt* AcP 204 (2004), 638 (653 ff).

59 *Canaris*, Die Vertrauenshaftung im deutschen Privatrecht (1971) S. 40 ff; *ders.*, Handelsrecht (24. Aufl. 2006) § 14 Rdn. 13; *Neuner* AT § 50 Rdn. 84; Medicus/*Petersen* AT Rdn. 930; *Bork* AT Rdn. 1550.

60 Medicus/*Petersen* AT Rdn. 930; *Canaris*, Die Vertrauenshaftung im deutschen Privatrecht (1971) S. 41.

diese subtile dogmatische Unterscheidung freilich kaum geläufig sein. Er versteht das Dulden dahin, dass der Vertretene mit der Vornahme der Rechtsgeschäfte durch den Vertreter einverstanden sei, und um nichts anderes geht es bei der rechtsgeschäftlich begründeten Vertretungsmacht.[61] Dass dem Duldenden möglicherweise das Bewusstsein fehlt, sein Verhalten habe den konkludenten Erklärungswert der Erteilung von Vertretungsmacht, ist unerheblich, da es für das tatbestandliche Vorliegen einer Willenserklärung auf ein Erklärungsbewusstsein nicht ankommt.[62]

(b) Anscheinsvollmacht

Anscheinsvollmacht ist gegeben, „wenn der Vertretene das Handeln des Schein- **93** vertreters nicht kennt, er es aber bei pflichtgemäßer Sorgfalt hätte erkennen und verhindern können, und wenn der Geschäftspartner annehmen durfte, der Vertretene kenne und billige das Handeln des Vertreters".[63] Im Unterschied zur Duldungsvollmacht hat der Vertretene **keine Kenntnis** vom Auftreten des angeblichen Vertreters. In der Regel muss das Verhalten des Vertretenen, aus dem der Geschäftsgegner auf die Bevollmächtigung des Scheinvertreters glaubt schließen zu können, „von einer gewissen Dauer und Häufigkeit" sein.[64]

Beispiel: X bestellt auf Briefbögen und unter Verwendung von Geschäftsstempeln der Firma F **94** Büromaterial bei V. F hätte die nicht gestattete Verwendung der Briefbögen und Stempel erkennen können. Die Vorgänge werden aber bei F nicht überprüft, die Rechnungen bezahlt.

Nach h. A. beruht die Anscheinsvollmacht auf einer Haftung für zurechenbar ge- **95** setzten Rechtsschein.[65] In ihrer Wirkung steht sie nach der Rspr. einer rechtsgeschäftlich erteilten Vollmacht gleich.[66] Das Schrifttum beschränkt diese Rechtswirkung teilweise auf den kaufmännischen Verkehr[67] und lehnt sie im Übrigen

---

61 *Pawlowski* AT Rdn. 718, 723; *Merkt* AcP 204 (2004), 638 (656); Staudinger/*Schilken* (2019) § 167 Rdn. 29 a.

62 BGH vom 7.6.1984, BGHZ 91, 324 = NJW 1984, 2279 – „Sparkasse" (Sachverhalt unten § 30). Zur Geltung der dort entwickelten Grundsätze bei konkludentem Verhalten BGH vom 2.11.1989, BGHZ 109, 171 (177) = NJW 1990, 454 (456). Näher oben § 5 Rdn. 33.

63 BGH vom 11.5.2011, BGHZ 189, 346 Rdn. 16 = NJW 2011, 2421; Palandt/*Ellenberger* § 172 Rdn. 11.

64 BGH vom 11.5.2011, BGHZ 189, 346 Rdn. 16 = NJW 2011, 2421; BGH vom 26.1.2016, BGHZ 208, 331 = NJW 2016, 2024 Rdn. 61 (zum einmaligen Missbrauch beim Online-Banking.

65 Palandt/*Ellenberger* § 172 Rdn. 11; *Köhler* AT § 11 Rdn. 44; *Bork* AT Rdn. 1560; *Faust* AT § 24 Rdn. 38.

66 BGH vom 20.1.1983, BGHZ 86, 273 (275) = NJW 1983, 1308 (1309).

67 *Canaris*, Handelsrecht (24. Aufl. 2006) § 14 Rdn. 17 f; Medicus/*Petersen* AT Rdn. 972.

ab: Es komme nur eine Haftung aus culpa in contrahendo auf das negative Interesse in Betracht.[68]

96   Gegen eine Haftung auf Schadensersatz aus culpa in contrahendo spricht indessen, dass das BGB keine Pflicht kennt, sich so zu verhalten, dass nicht für Dritte der Eindruck entstehen kann, jemand habe Vollmacht.[69] Wo dieser Eindruck entsteht, führt er nach der Rechtsprechung bei Duldungs- wie Anscheinsvollmacht unter *objektiv* gleichen Umständen[70] zur Begründung von Vertretungsmacht. Ob der Unterschied in den *subjektiven* Voraussetzungen (Kenntnis/keine Kenntnis) eine unterschiedliche dogmatische Einordnung erfordert und rechtfertigt, erscheint angesichts der Entbehrlichkeit des sog. Erklärungsbewusstseins für Tatbestand und Wirksamkeit von Willenserklärungen zweifelhaft. Nach dem heutigen Stand der Lehre vom objektiven Tatbestand einer Willenserklärung (oben § 5 Rdn. 33f) kann die sog. Anscheinsvollmacht wie die Duldungsvollmacht grundsätzlich als rechtsgeschäftlich begründete Vollmacht erfasst werden.[71] Die sachlich notwendigen Einschränkungen lassen sich über die Frage der Zurechenbarkeit erreichen.[72]

cc. Der Umfang der Vertretungsmacht

97 Für die Wirksamkeit eines von einem Stellvertreter abgeschlossenen Vertrages genügt es nicht, dass der Stellvertreter Vertretungsmacht hat. Der Vertrag muss auch innerhalb des Umfangs der Vertretungsmacht liegen, also von der Vertretungsmacht gedeckt sein. Hier zeigt sich, wie überzeugend es ist, zunächst das Zustandekommen des Vertretergeschäfts zu prüfen und sich erst dann zu fragen, ob der vom Vertreter und der anderen Vertragspartei geschaffene Vertragstatbestand von der Vertretungsmacht gedeckt ist (dazu oben Rdn. 67 ff). Prüft man hingegen zuerst das Bestehen von Vertretungsmacht, wie es in manchen Darstellungen der Fall ist, fehlt der Maßstab, an dem die Vertretungsmacht gemessen wird.

---

68 Medicus/*Petersen* AT Rdn. 971; Staudinger/*Schilken* (2019) § 167 Rdn. 31 mit ausf. Nachw.

69 *Bork* AT Rdn. 1564.

70 Staudinger/*Schilken* (2019) § 167 Rdn. 32, spricht zutreffend von insoweit „deckungsgleichen Voraussetzungen"; ebenso *de la Durantaye*, Erklärung und Wille (2020) 240.

71 *Pawlowski* AT Rdn. 728 mit Rdn. 727.

72 *Pawlowski* JZ 1996, 125 (128).

(1) Rechtsgeschäftliche Bestimmung des Umfangs der Vertretungsmacht
Welchen Umfang eine durch Rechtsgeschäft erteilte Vertretungsmacht (Voll- **98**
macht) hat, bestimmt grundsätzlich der Vollmachtgeber. Er kann Vertretungsmacht für den Abschluss eines einzigen Vertrages erteilen (**Einzelvollmacht**),
oder für eine allgemein gekennzeichnete Gruppe von Rechtsgeschäften (**Art- oder
Gattungsvollmacht**; Beispiel: Kassenangestellte eines Supermarktes), oder Vertretungsmacht für sämtliche Rechtsgeschäfte erteilen, bei denen Stellvertretung
überhaupt zulässig ist (**Generalvollmacht**). Die Vertretungsmacht kann auf
rechtsgeschäftliche Verpflichtungen bis zu einer bestimmten Höhe beschränkt
werden, oder es können bestimmte Arten von Verträgen (oder sonstigen Rechtsgeschäften) aus einer umfassend formulierten Vollmacht ausgenommen werden.
Der Phantasie des Vollmachtgebers sind hier kaum Grenzen gesetzt. Zur Privatautonomie jedes Einzelnen gehört, darüber zu bestimmen, in welchem Umfang
andere rechtsgeschäftliche Rechtsfolgen mit Wirkung für und gegen ihn begründen können.

Welchen *genauen* rechtsgeschäftlichen Inhalt eine Vollmacht hat, ist durch **99**
Auslegung der Willenserklärung des Vollmachtgebers zu ermitteln. Soweit der
Empfänger der Erklärung (beachte dazu die beiden Varianten des § 167 Abs. 1
BGB!) die Erklärung nicht im gleichen Sinne wie der Vollmachtgeber, sondern in
einem anderen Sinne verstanden hat, kommt es darauf an, ob er die Erklärung in
diesem Sinne verstehen durfte, wenn er sich redlich bemüht hat zu erkennen, was
der Vollmachtgeber sagen wollte (dazu oben § 5 Rdn. 61).

(2) Gesetzliche Bestimmung des Umfangs der Vertretungsmacht
In einigen Fällen legt das Gesetz im Interesse der Rechtssicherheit fest, welchen **100**
Inhalt und Umfang eine rechtsgeschäftlich erteilte Vollmacht hat. Wichtigstes
Beispiel ist die **Prokura**.[73] Die Prokura ist eine sehr weit reichende Vollmacht, die
nur von einem Vollkaufmann erteilt werden kann. Hierzu bestimmt **§ 49 HGB**:

(1) Die Prokura ermächtigt zu allen Arten von gerichtlichen und außergerichtlichen Geschäften
und Rechtshandlungen, die der Betrieb eines[74] Handelsgewerbes mit sich bringt.

(2) Zur Veräußerung und Belastung von Grundstücken ist der Prokurist nur ermächtigt, wenn ihm
diese Befugnis besonders erteilt ist.

---

73 Hierzu *Petersen* JURA 2012, 196.
74 Beachte den unbestimmten Artikel! Die Vertretungsmacht des Prokuristen ist also nicht auf
das Handelsgewerbe des Vertretenen beschränkt. Anschaulich *Faust* AT § 26 Rdn. 23: „Der Prokurist eines Galeristen hat Vertretungsmacht für den Kauf von 20 t Kabeljau".

101 Im Außenverhältnis kann der Umfang der Vertretungsmacht eines Prokuristen nicht abweichend von § 49 Abs. 1 HGB bestimmt werden (§ 50 Abs. 1 HGB). Dem Kaufmann, der sich bestimmte von der Prokura gedeckte Geschäfte selbst vorbehalten möchte, bleibt nur, im Innenverhältnis (Dienstvertrag) den Prokuristen zu verpflichten, insoweit von der Prokura keinen Gebrauch zu machen. Verstößt der Prokurist gegen diese Pflichtbindung, ist das Geschäft dennoch von der Prokura gedeckt und somit wirksam.[75] Dem Kaufmann stehen gegen den Prokuristen nur Ansprüche im Innenverhältnis wegen der Verletzung vertraglicher Pflichten (vor allem: Schadensersatzansprüche gemäß § 280 Abs. 1 BGB) zu.

102 Eine andere Regelungstechnik liegt der **Ladenvollmacht** nach **§ 56 HGB** zugrunde.[76] Hier muss es dem Vertretenen möglich sein, die Vertretungsmacht seiner Verkaufsangestellten enger auszugestalten.[77] Auf derartige Beschränkungen der Vertretungsmacht von Ladenangestellten ist § 54 Abs. 3 HGB analog anzuwenden. Die Beschränkungen sind einem Kunden gegenüber also nur wirksam, wenn dieser sie kannte oder infolge Fahrlässigkeit nicht kannte (Legaldefinition des „Kennenmüssens" in § 122 Abs. 2 BGB).[78]

dd. Generelle Schranken der Vertretungsmacht

103 Das objektive Recht kennt einige generelle, für jede Art von Vertretungsmacht geltende Schranken.

(1) Missbrauch der Vertretungsmacht

104 Der Grundsatz der Trennung von Vertretungsmacht (*Außenverhältnis*) und zugrunde liegendem Schuldverhältnis (*Innenverhältnis*) hat zur Folge, dass es für die Wirksamkeit eines Vertrages nur auf den Umfang der Vertretungsmacht, nicht aber darauf ankommt, ob der Vertreter im Innenverhältnis zum Vertretenen diesen Vertrag mit dem Dritten D schließen *durfte*. Dieser Grundsatz wird durchbrochen, wenn der Dritte weiß, dass der Vertreter mit dem Abschluss des Vertrages

---

75 Vorbehaltlich der Fälle eines sog. „Missbrauchs der Vertretungsmacht", dazu sogleich unten Rdn. 104 ff.

76 Hierzu *Petersen* Jura 2012, 683 f.

77 Als Fallbeispiel vgl. LG Bremen vom 24.5.1991, NJW 1992, 915 – „Papagenos" (Sachverhalt unten § 30).

78 Sehr genaue und treffende Unterscheidungen zum Bezugspunkt des Kennenmüssens finden sich in der „Papagenos"-Entscheidung (vorige Fn.). Methodische Hinweise hierzu unten § 22 Rdn. 39.

Pflichten gegenüber dem Vertretenen verletzt,[79] oder wenn diese Pflichtverletzung so evident ist, dass der Dritte die Augen hiervor gar nicht verschließen konnte.[80] Der Schutz des Geschäftsgegners, der mit der Abkopplung des Außenverhältnisses von Bindungen im Innenverhältnis erreicht werden soll, ist dann nicht angebracht.[81] Das rechtfertigt es, in diesem Sonderfall, für den sich die Bezeichnung **Missbrauch der Vertretungsmacht** eingebürgert hat, die Vertretungsmacht des Vertreters anhand der Pflichtbindung des Vertreters zu beschränken: Der konkrete, pflichtwidrig abgeschlossene Vertrag ist dann nicht von Vertretungsmacht gedeckt.[82]

Beispiel „Kontovollmacht": Der Hausarzt einer 70-jährigen Patientin überredet diese, ihm eine **105** Kontovollmacht für ihr Sparkonto zu erteilen. Er verwendet die Kontovollmacht dazu, das Sparkonto der Patientin in ersichtlich verdächtiger Weise aufzulösen und damit erhebliche eigene Schulden gegenüber der Bank zu tilgen.[83]

Die Regel, dass es bei einem Missbrauch der Vertretungsmacht an Vertretungs- **106** macht fehlt, muss auch (ja: erst recht!) gelten, wenn ein Dritter D und der Stellvertreter S zum Schaden des Vertretenen zusammenarbeiten.

Beispiel „Erfolgsprämie": S kauft im Namen des V Waren von D zu einem um 10 % überhöhten **107** Kaufpreis. Nach dem gemeinsamen Plan von S und D soll der verdeckte Aufschlag als „Erfolgsprämie" von D an S weitergegeben werden.

In Fällen einer solchen **Kollusion** wird angenommen, dass der Vertrag gemäß **108** § 138 Abs. 1 BGB nichtig sei und es daher auf die Frage einer bloßen Unwirksamkeit mangels Vertretungsmacht nicht ankomme.[84] Vorzugswürdig erscheint, es bei den Regeln des Missbrauchs der Vertretungsmacht zu belassen und den Ver-

---

79 Es genügt der objektive Pflichtverstoß, ein Verschulden (Vorsatz, Fahrlässigkeit) des Vertreters ist nicht erforderlich, da die (mangelnde) Schutzwürdigkeit des Dritten hiervon nicht abhängt: *Flume* AT § 45 II 3 (S. 791); *Medicus/Petersen* AT Rdn. 968; *Neuner* AT § 49 Rdn. 104.
80 Der BGH verlangt eine „massive Verdachtsmomente voraussetzende objektive Evidenz des Missbrauchs", BGH vom 19.4.1994, NJW 1994, 2082 (2083); BGH vom 9.5.2014, NJW 2014, 2790 Rdn. 18 (st. Rspr). Nach BGH vom 29.6.1999, NJW 1999, 2883 ist die objektive Evidenz des Missbrauchs insbesondere zu bejahen, wenn sich „nach den gegebenen Umständen die Notwendigkeit einer Rückfrage des Geschäftsgegners bei dem Vertretenen geradezu aufdrängt".
81 Staudinger/*Schilken* (2019) § 167 Rdn. 95.
82 *Flume* AT § 45 II 3 (S. 789); Brox/*Walker* AT § 26 Rdn. 4; Medicus/*Petersen* AT Rdn. 967; *Bork* AT Rdn. 1578 (mit Nachweisen zu abw. Ansichten); *Pawlowski* JZ 1996, 125 (129).
83 BGH vom 29.6.1999, NJW 1999, 2883.
84 BGH vom 17.5.1988, NJW 1989, 26 (27); BGH vom 14.6.2000, NJW 2000, 2896 (2897); BGH vom 13.9.2011, DStR 2011, 2159 Rdn. 9; BGH vom 28.1.2014, DStR 2014, 755 Rdn. 10; *Stadler* AT § 30 Rdn. 65; *Faust* AT § 26 Rdn. 24.

trag als nicht von Vertretungsmacht gedeckt anzusehen.[85] Hierdurch kann einem etwaigen Interesse des Vertretenen an der Wirksamkeit des Vertrages Rechnung getragen werden.

(2) Insichgeschäfte (§ 181 BGB)

109 § 181 BGB schließt aus einer im Übrigen bestehenden Vertretungsmacht Rechtsgeschäfte aus, an denen der Vertreter auf beiden Seiten beteiligt ist (**Insichgeschäfte**).

(a) Selbstkontrahieren und Mehrvertretung

110 Dies ist insbesondere der Fall, wenn ein Stellvertreter einen Vertrag im Namen des Vertretenen mit sich selbst schließt (**Selbstkontrahieren**) oder auch für den anderen Vertragsteil als dessen Stellvertreter tätig wird (**Mehrvertretung**). Die Gemeinsamkeit besteht darin, dass ein- und dieselbe Person (pointiert: ein- und dasselbe Gehirn!) die Willensbildung für beide Vertragsparteien leistet.

111 Beispiel „Selbstkontrahieren": Die Kassenangestellte S des Lebensmittelmarktes V geht in einem ruhigen Moment selbst mit dem Einkaufskorb durch den Laden, kehrt an ihre Kasse zurück, gibt alle Posten ein, bezahlt mit einem Geldschein aus ihrem Portemonnaie und gibt sich Wechselgeld aus der Kasse heraus.

112 Im wirklichen Leben wird man einen solchen Vorgang kaum je beobachten: Kassenangestellte gehen mit ihren Eigeneinkäufen zur Kasse einer Kollegin oder eines Kollegen. Dies nicht nur, weil sie damit meist sehr genaue Anweisungen des Arbeitgebers befolgen. Es geht auch um § 181 BGB: Da ihnen das Selbst-Kassieren nicht gestattet ist, wären alle in eigener Person an der Kasse geschlossenen Verträge (der Kaufvertrag, die Übereignung der eigenen Banknote, die Übereignung des Wechselgeldes) nicht von Vertretungsmacht gedeckt und daher unwirksam.

113 Beispiel „Mehrvertretung": S hat Vertretungsmacht sowohl für V als auch für K. S schließt einen Vertrag zwischen V und K, indem er für die eine wie für die andere Seite Willenserklärungen in fremdem Namen abgibt.

---

85 *Bork* AT Rdn. 1575; *Neuner* AT § 49 Rdn. 107; *Singer* Anm. zu BGH LM H. 10/99 § 166 BGB Nr. 6; *Lieder* JuS 2014, 681 (685).

(b) Gesetzlich geregelte Ausnahmen

Das Gesetz nennt zwei **Ausnahmen.** Die Beschränkung der Vertretungsmacht für **114**
Insichgeschäfte gilt nicht, wenn deren Vornahme dem Vertreter vom Vertretenen
gestattet ist, oder das Rechtsgeschäft ausschließlich in **Erfüllung einer Verbindlichkeit** besteht. Diese Ausnahmen ermöglichen Rückschlüsse auf den
Zweck der Beschränkung der Vertretungsmacht bei Insichgeschäften: Das Gesetz
nimmt offensichtlich nicht so sehr Anstoß an der potentiellen Heimlichkeit eines
Geschäfts, das eine Person mit sich selbst vornimmt (insoweit unterscheidet sich
der Ausnahmebereich nicht von der Regel),[86] sondern an dem potentiellen **Interessenkonflikt**, dem der auf beiden Seiten der Transaktion tätige Vertreter ausgesetzt ist. Die Gefahr, dass der Vertreter diesen Interessenkonflikt zu Lasten des
Vertretenen löst, muss den Gesetzgeber aber nicht bekümmern, wenn der Vertretene seinem Vertreter Insichgeschäfte gestattet hat. Die Gefahr besteht auch dann
nicht, wenn das Insichgeschäft des Stellvertreters ausschließlich der Erfüllung einer Verbindlichkeit des Vertretenen dient, der Vertretene bei pflichtgemäßem
Verhalten das Rechtsgeschäft also gleichermaßen in eigener Person vorgenommen hätte.

Beispiel „Gestattung": Der einzige Gesellschafter einer GmbH, der zugleich deren alleiniger Ge- **115**
schäftsführer ist, wird vielfach durch die Satzung der GmbH von den Beschränkungen des § 181
BGB befreit. Da man hier zweifeln kann, ob ein Interessenkonflikt zwischen der GmbH und deren
Ein-Mann-Gesellschafter persönlich überhaupt denkbar ist, stellt § 35 Abs. 3 Satz 1 GmbHG ausdrücklich klar, dass auf Rechtsgeschäfte des Geschäftsführers mit der GmbH § 181 BGB anzuwenden ist.[87] Dadurch wird insbesondere erreicht, dass die Gestattung von Insichgeschäften im Handelsregister einzutragen ist.

Beispiel „Erfüllung einer Verbindlichkeit": Geschäftsführer G einer GmbH hat gegen die **116**
GmbH einen Anspruch auf Auslagenersatz. G kann im Namen der GmbH die Auszahlung an sich
bewirken. – Bei **Grundstücksschenkungen der Eltern an minderjährige Kinder** entsteht die
Frage, ob die Eltern den obligatorischen Vertrag im Wege des Selbstkontrahierens abschließen
können, weil der Minderjährige durch das Schenkungsversprechen nur einen rechtlichen Vorteil
erlangt, und die Übereignung des Grundstücks durch die Eltern von § 181 letzter Hs. BGB gedeckt
ist, weil die Eltern lediglich Verpflichtungen aus dem Schenkungsvertrag nachkommen. Hier besteht die Gefahr einer Verkürzung des Minderjährigenschutzes insbesondere in Fällen, in denen
die Übereignung des Grundstücks rechtlich nicht lediglich vorteilhaft ist (wie bei der Übertragung
einer Eigentumswohnung, dazu oben § 9 Rdn. 31 a. E.). Zur Lösung dieses Problems gibt es viel-

---

86 BGH vom 19.4.1971, BGHZ 56, 97 (103) = NJW 1971, 1355 (1357 sub III 3b der Gründe).
87 Der BGH hatte, weil ein Interessenkonflikt in dieser Konstellation ausscheide (dazu sogleich
unten Rdn. 117 ff), § 181 BGB nicht anwenden wollen: BGH vom 19.4.1971, BGHZ 56, 97 (100 ff) =
NJW 1971, 1355. Dieser Rechtsprechung trat der Gesetzgeber mit der Einfügung des § 35 Abs. 3
Satz 1 GmbHG entgegen.

fältige Ansätze.[88] Nach der neueren Rechtsprechung des BGH ist § 181 letzter Hs. BGB nicht anwendbar, wenn das in der Erfüllung einer Verbindlichkeit bestehende Rechtsgeschäft zu rechtlichen Nachteilen für den Vertretenen führt.[89] Methodisch handelt es sich um eine teleologische Reduktion des § 181 letzter Hs. BGB, da in diesen Fällen ein Interessenkonflikt zwischen Vertreter und Vertretenem denkbar ist, während die Ausnahme des § 181 letzter Hs. BGB auf der Vorstellung beruht, dass die bloße Erfüllung von Verbindlichkeiten zu keinem Interessenkonflikt mit dem Vertretenen führen könne. Das leuchtet bei Verbindlichkeiten *des Vertretenen* ein, erweist sich aber – wie die genannten Fälle zeigen – bei der Erfüllung von Verbindlichkeiten *des Vertreters* nicht immer als zutreffend. Entscheidend ist insofern, dass den Beschenkten keine Pflicht trifft, das Geschenkte auch anzunehmen. Das unterscheidet die Situation von den Fällen, die § 181 letzter Hs. BGB vor Augen hat. Weil insofern also Handlungsoptionen für den Beschenkten bestehen, ist er vor dem Insichgeschäft zu schützen.

(c) Teleologische Reduktion des § 181 BGB

117 § 181 BGB will Interessenkonflikten vorbeugen, macht den Interessenkonflikt im Interesse der Rechtssicherheit aber nicht zum Tatbestandsmerkmal der Norm. Dies wirft die Frage auf, ob ihr Anwendungsbereich durch die Hinzufügung weiterer Ausnahmen eingeschränkt werden darf, wenn ein Interessenkonflikt zwischen Vertreter und Vertretenem nicht zu besorgen ist (Problem der sog. **teleologischen Reduktion** des § 181 BGB).[90]

118 **Beispiel:** Die alleinvertretungsberechtigte Mutter eines 14-jährigen Kindes schenkt und übereignet diesem durch Selbstkontrahieren drei wertvolle Orientteppiche.[91]

119 Zu Recht hat der BGH § 181 BGB nicht angewendet. Der Erwerb von Eigentum an den Teppichen ist rechtlich für das Kind lediglich vorteilhaft, also ist ein Konflikt mit Kindesinteressen generell ausgeschlossen. Auch die weitere Zielsetzung des § 181 BGB, den Anwendungsbereich der Beschränkung der Vertretungsmacht so auszugestalten, dass die Rechtssicherheit nicht beeinträchtigt wird, steht einer teleologischen Reduktion des § 181 BGB in den Fällen eines rechtlich für den Minderjährigen lediglich vorteilhaften Geschäfts nicht im Wege. Das Gesetz selbst verwendet dieses Kriterium in den §§ 107 ff BGB, um auf rechtssichere Weise die zustimmungsfreien von den zustimmungsbedürftigen Rechtsgeschäften ab-

---

88 Hierzu *Joh. Hager*, Liber Amicorum Leenen (2012), 43; *Lobinger* AcP 213 (2013), 366.

89 BGH vom 3.2.2005, BGHZ 162, 137 (142) = NJW 2005, 1430 (1431); dazu *Staudinger* JURA 2005, 547; BGH vom 30.9.2010, BGHZ 187, 119 Rdn. 6 = NJW 2010, 3643; hierzu Medicus/*Petersen* Bürgerliches Recht Rdn. 172 a; ausf. Staudinger/*Klumpp* (2017) § 107 Rdn. 21 ff.

90 Staudinger/*Schilken* (2019) § 181 Rdn. 30 ff mit ausf. Nachweisen. Zu Begriff und Voraussetzungen der teleologischen Reduktion einer Norm unten § 23 Rdn. 75 f, 91 f.

91 Sachverhalt (vereinfacht) aus BGH vom 25.4.1985, BGHZ 94, 232 = NJW 1985, 2407.

zugrenzen (oben Rdn. 23 ff). Also ist § 181 BGB im Wege einer teleologischen Reduktion nicht auf Insichgeschäfte des gesetzlichen Vertreters eines Minderjährigen anzuwenden, die dem Minderjährigen rechtlich lediglich vorteilhaft sind.[92]

(d) Analoge Anwendung des § 181 BGB

Ferner fragt sich, ob der Anwendungsbereich des § 181 BGB über dessen Wortlaut **120** hinaus um Fallgruppen erweitert werden darf, wenn zwar mangels Personenidentität formal kein Insichgeschäft im Sinne des § 181 BGB vorliegt, die Gefahr eines Interessenkonfliktes aber in gleicher Weise besteht (Problem der **analogen Anwendung** des § 181 BGB).[93]

Beispiel: Der alleinige Geschäftsführer G einer GmbH veräußert ein der GmbH gehörendes **121** Grundstück an sich selbst, indem er seiner Ehefrau E Vollmacht erteilt, das Grundstück in seinem Namen zu erwerben.[94] Die erforderlichen Willenserklärungen geben also G im Namen der GmbH und E im Namen des G ab.

Es besteht keine Personenidentität im Sinne des § 181 BGB, aber doch die gleiche **122** Gefahr eines Interessenkonfliktes, wie wenn G selbst die auf der Erwerberseite erforderlichen Willenserklärungen abgeben würde. § 181 BGB ist analog anzuwenden.[95]

c. Wirksamkeit kraft Genehmigung (§ 177 BGB)

Schließt jemand ohne Vertretungsmacht einen Vertrag in fremdem Namen, so **123** hängt die Wirksamkeit des Vertrages von der Genehmigung des Vertretenen ab, § 177 BGB. Dies gilt für alle oben erörterten Gründe des Fehlens von Vertretungsmacht, insbesondere also auch für die Fälle des „Missbrauchs der Vertretungsmacht" oder Verträge, für die dem Vertreter wegen der allgemeinen Schranken des § 181 BGB Vertretungsmacht fehlt. Der Vertrag ist schwebend unwirksam. Der

---

92 BGH vom 27.9.1972, BGHZ 59, 236 (240) = NJW 1972, 2264 (Schulderlass); BGH vom 25.4.1985, BGHZ 94, 232 (235) = NJW 1985, 2407 (Übereignung wertvoller Teppiche); hiergegen Jauernig/*Mansel* § 181 Rdn. 7. Zu Grundstücksschenkungen durch Eltern an minderjährige Kinder oben Rdn. 116; *Christoph Keller* JA 2009, 561 ff.
93 Staudinger/*Schilken* (2019) § 181 Rdn. 34 ff mit ausf. Nachweisen. Zu Begriff und Voraussetzungen der analogen Anwendung einer Norm unten § 23 Rdn. 85.
94 Sachverhalt aus OLG Hamm vom 2.10.1980, NJW 1982, 1105.
95 OLG Hamm vom 2.10.1980, NJW 1982, 1105; KG vom 16.12.1997, NJW-RR 1999, 168 (169). So auch die h. L.: *Köhler* AT § 11 Rdn. 64 („teleologische Extension") Medicus/*Petersen* Bürgerliches Recht Rdn. 113; ausf. BeckOGK/*Fröhler*, 1.10.2020, § 181 BGB Rn. 281 ff.

Vertretene kann durch die Genehmigung erreichen, dass der Vertrag mit Wirkung ex tunc (§ 184 Abs. 1 BGB: Rückwirkung auf den Zeitpunkt der Vornahme des Rechtsgeschäfts) wirksam wird.

124 Die Genehmigung ist ein einseitiges Rechtsgeschäft, das im Einzelnen unten (§ 12 Rdn. 29 ff) dargestellt wird.

125 Schließt ein Vertreter einen Vertrag, ohne hierzu Vertretungsmacht zu haben und ohne dies offen zu legen, so kann nach der Rechtsprechung das **Schweigen auf ein Bestätigungsschreiben** (oben § 8 Rdn. 204 ff) der anderen Seite dazu führen, dass der Vertrag als genehmigt gilt, und zwar selbst dann, wenn das Schreiben nicht an den Vertretenen, sondern an den Vertreter gerichtet ist.[96] Zu Recht wird dagegen eingewandt, die Genehmigungsfiktion dürfe nicht eingreifen, wenn das Schreiben zu Händen des Vertreters adressiert ist, da vom Vertreter ohne Vertretungsmacht ein Widerspruch nicht zu erwarten ist.[97]

3. Verfügungen im eigenen Namen über fremdes Recht (§ 185 BGB)

126 Mit der Technik, die Wirksamkeit eines Rechtsgeschäfts von der Zustimmung eines Dritten abhängig zu machen, arbeitet das Gesetz auch in § 185 BGB.

a. Wirksamkeit kraft Einwilligung (§ 185 Abs. 1 BGB)

127 § 185 Abs. 1 BGB lautet: „Eine Verfügung, die ein Nichtberechtigter über einen Gegenstand trifft, ist wirksam, wenn sie mit Einwilligung des Berechtigten erfolgt."

128 Juristische Laien können diese Norm schlechterdings nicht verstehen, weil sie lauter juristisch (fachsprachlich) festgelegte Begriffe verwenden („Verfügung", „Nichtberechtigter", „Gegenstand", „wirksam", „Einwilligung", „Berechtigter"). Anfänger tun sich hiermit schwer, weil ihnen kein anschauliches Beispiel zur Verfügung eines Nichtberechtigten einfällt. Fortgeschrittene fragen sich gelegentlich erschrocken, wie denn jemand, der „mit Einwilligung des Berechtigten" verfügt, dennoch „Nichtberechtigter" sein kann. Da sich dieses Buch primär an Anfänger wendet, beginnen wir mit einem alltäglichen Beispiel. Es betrifft den wichtigsten Anwendungsbereich des § 185 Abs. 1 BGB, nämlich die Weiterveräußerung einer unter **Eigentumsvorbehalt** bezogenen Sache durch einen Händler.

129 **Fall „Haartrockner":** Kundin K braucht einen Haartrockner. Sie geht zu „Elektro-B", Inhaberin Nicola B (NB), findet, was sie sucht, bezahlt, und geht mit dem neuen Gerät nach Hause.

---

96 BGH vom 27.9.1989, NJW 1990, 386.
97 *Fest*, in: Ebenroth/Boujong/Joost/Strohn, HGB, Bd. 2 (4. Aufl. 2020) § 346 Rdn. 288 ff; *Canaris*, Handelsrecht (24. Aufl. 2006) § 23 Rdn. 30.

NB hatte den Haartrockner unter Eigentumsvorbehalt von H bezogen. Ist K Eigentümerin geworden? Wie?

K kann das Eigentum nur gemäß § 929 BGB durch Einigung und Übergabe erwor- **130** ben haben. Insoweit ist aber fraglich, ob NB Eigentümerin des Haartrockners war, den sie[98] der K übereignet hat. Da NB die Haartrockner unter Eigentumsvorbehalt bezogen hat, ist gemäß § 449 Abs. 1 BGB davon auszugehen, dass E die Geräte an NB unter der aufschiebenden Bedingung vollständiger Bezahlung des Kaufpreises übereignet hat (dazu unten § 10 Rdn. 22). Gemäß § 158 Abs. 1 BGB tritt die Wirkung der Übereignung (= der Übergang des Eigentums auf NB) also erst mit der Überweisung des Rechnungsbetrages und der Gutschrift auf dem Konto des E ein. Da der Rechnungsbetrag typischerweise erst nach einiger Zeit (bis zu drei Monate) fällig ist und Händler meist erst dann bezahlen, übereignen sie in der Zwischenzeit Sachen, die ihnen nicht gehören.

Nun sieht zwar § 932 BGB die Möglichkeit eines *gutgläubigen Erwerbs* des Ei- **131** gentums vom Nicht-Eigentümer vor (oben § 3 Rdn. 14 f). Dieser Ausweg vermag aber nicht zu befriedigen, weil auch Kunden, die den Eigentumsvorbehalt kennen, in der Lage sein müssen, Eigentum vom Händler zu erwerben. Im Übrigen wird man den Eigentumserwerb nicht mit der Frage belasten wollen, ob Kunden angesichts der ungemeinen Verbreitung des Eigentumsvorbehalts damit rechnen müssen, dass der Händler nicht Eigentümer ist, und die Unkenntnis des Kunden etwa auf grober Fahrlässigkeit beruht (§ 932 Abs. 2 BGB). Diese Unsicherheiten würden vermieden, wenn Händler die noch unter Eigentumsvorbehalt stehenden Sachen *im Namen des Eigentümers (Herstellers, Lieferanten)* an Kunden übereignen würden und der Eigentümer ihnen hierzu *Vertretungsmacht* erteilen würde. Diese Lösung über das Recht der Stellvertretung (§§ 164 ff BGB) gefällt Händlern aber nicht, weil sie offen legen müssen, dass die Ware ihnen nicht gehört.

Händler wollen im eigenen Namen Sachen übereignen, die ihnen nicht gehö- **132** ren, Kunden ist daran gelegen, dass ihr Eigentumserwerb nicht von § 932 BGB abhängt. Genau dies ermöglicht § 185 Abs. 1 BGB: Die Übereignung ist eine Verfügung (oben § 4 Rdn. 22). Der Händler verfügt als Nichtberechtigter, weil er nicht Eigentümer der übereigneten Sache ist. Eine solche Übereignung ist wirksam, wenn sie mit Einwilligung (= vorheriger Zustimmung, § 183 Satz 1 BGB) des Eigentümers als des Berechtigten erfolgt. Werden Sachen, die zur Weiterveräußerung bestimmt sind, unter Eigentumsvorbehalt an einen Händler geliefert, so er-

---

98 Zur Vereinfachung ist von NB persönlich die Rede. Für die rechtliche Problematik, um die es hier geht, spielt es keine Rolle, ob NB persönlich übereignet oder ihre Angestellten in ihrem Namen diese Verträge mit den Kunden schließen (siehe dazu sogleich unten Rdn. 135).

teilt der Lieferant in aller Regel die Einwilligung, dass der Händler die Ware im normalen Geschäftsgang an seine Kunden weiter übereignet (und es wird vereinbart, dass der Händler die Forderungen, die er aus dem Verkauf der Ware an seine Kunden erwirbt, im Voraus an den Lieferanten abtritt, sog. „verlängerter Eigentumsvorbehalt"[99]). Die Kunden erwerben Eigentum an den dem Händler unter Eigentumsvorbehalt gelieferten Sachen gemäß §§ 929, 185 Abs. 1 BGB.

133 **Beispiele** für Verfügungen im Sinn von § 185 BGB, die durch Vertrag erfolgen,[100] sind die Übereignung einer beweglichen Sache (§ 929 BGB), die Bestellung eines Pfandrechts an einer beweglichen Sache (§ 1205 BGB), die Übereignung eines Grundstücks durch Auflassung und Eintragung (§§ 925, 873 BGB), die Bestellung von Grundpfandrechten (§§ 1113, 1191, 873 BGB), die Abtretung einer Forderung (§ 398 BGB), die Bestellung eines Pfandrechts an einer Forderung (§ 1274).

134 **Berechtigter** im Sinne des § 185 Abs. 1 BGB ist der Inhaber des Rechts, das Gegenstand der Verfügung ist, bei einer Übereignung (§ 929 BGB) also der Eigentümer der übereigneten Sache, bei der Abtretung einer Forderung (§ 398 BGB) deren Inhaber.[101]

135 § 185 Abs. 1 BGB ist nur einschlägig, wenn ein Nichtberechtigter **im eigenen Namen** über ein fremdes Recht verfügt, der Nichtberechtigte also Partner des Vertrages ist, durch den auf das fremde Recht unmittelbar eingewirkt wird. Dieser Fall ist auch gegeben, wenn ein Stellvertreter im Namen des Nichtberechtigten handelt (so, wenn im Beispielsfall oben Rdn. 129 nicht die NB persönlich, sondern in ihrem Namen die Kassenangestellte A den Haartrockner an K übereignet hätte[102]), da der Verfügungsvertrag (die Übereignung) dann zwischen dem Nichtberechtigten und dem Erwerber zustande kommt. **Anders,** wenn eine Sache von einem Nicht-Eigentümer **im Namen des Eigentümers** übereignet wird: Die Wirksamkeit eines solchen Vertrages richtet sich nicht nach § 185 Abs. 1 BGB, da der Verfügungsvertrag (die Übereignung) zwischen dem Eigentümer und dem Erwerber zustande kommt. Für die Wirksamkeit dieses Vertrages kommt es vielmehr darauf an, ob der Vertreter Vertretungsmacht hat (dazu oben Rdn. 66 ff.)

---

99 Hierzu BeckOK BGB/*Faust* § 449 Rdn. 26; Jauernig/*Berger* § 929 Rdn. 28.

100 Beispiele zu Verfügungen durch einseitiges Rechtsgeschäft (Kündigung, Aufrechnung) unten § 11 Rdn. 7.

101 Fehlt dem Rechtsinhaber die Verfügungsmacht, so ist Berechtigter derjenige, dem die Verfügungsmacht übertragen ist, z. B. ein Insolvenzverwalter; näher BeckOK BGB/*Bub* § 185 Rdn. 8.

102 In diesem Fall sind mehrere Wirksamkeitserfordernisse zu beachten: Die Übereignung ist nur wirksam, wenn A Vertretungsmacht (§§ 164 ff BGB) für NB hat *und* die Einwilligung des Eigentümers gemäß § 185 Abs. 1 BGB vorliegt.

Hinweis zur **Terminologie**: Die Einwilligung des Berechtigten in die Verfügung eines Nicht- **136** berechtigten gemäß § 185 Abs. 1 BGB wird „**Verfügungsermächtigung**" oder kurz „**Ermächtigung**" genannt.[103] Der Ermächtigte verfügt **im eigenen Namen** über ein fremdes Recht. Darin unterscheidet er sich vom Vertreter: Der **Vertreter** gibt Willenserklärungen **in fremdem Namen** ab. Wie die Bevollmächtigung ist auch die Ermächtigung ein einseitiges Geschäft, das der Annahme durch den Ermächtigten, dessen Rechtsmacht sie ausschließlich erweitert, nicht bedarf.

Zur Wirksamkeit der in fremdem Namen vorgenommenen Geschäfte ist **Vertretungsmacht** erforderlich. Verwirrend ist die Formulierung des **§ 56 HGB** („gilt als ermächtigt"). Da Ladenangestellte Verträge in fremdem Namen schließen, ist zu lesen: „**gilt als bevollmächtigt**" (oben Rdn. 79). Um eine Ermächtigung im Sinne von § 185 Abs. 1 BGB geht es in § 56 HGB nicht.

b. Wirksamkeit kraft Genehmigung (§ 185 Abs. 2 BGB)

Verfügungen Nichtberechtigter ohne Einwilligung gemäß § 185 Abs. 1 BGB sind **137** unwirksam, können aber noch gemäß § 185 Abs. 2 BGB wirksam werden. Hierzu ein Beispiel:

Fall „**Rasenmäher**": Der Dieb D stiehlt einen Rasenmäher vom Grundstück des E und veräußert **138** ihn für 100 Euro an den gutgläubigen A. A veräußert den Rasenmäher kurz darauf im Internet an B und erzielt einen Erlös von 125 Euro.

Da an gestohlenen Sachen Eigentum nicht gutgläubig erworben werden kann **139** (§ 935 BGB!), richtet sich sowohl die Wirksamkeit der Übereignung von D an A wie die Wirksamkeit der Übereignung von A an B allein nach § 185 BGB. Der Dieb hat als Nichtberechtigter ohne Einwilligung des Berechtigten E an A übereignet. Da A hierdurch kein Eigentum erworben hat, hat A seinerseits als Nichtberechtigter den Rasenmäher an B übereignet. Beide Übereignungen sind unwirksam. E ist also weiterhin Eigentümer des Rasenmähers und kann vom Besitzer B Herausgabe nach § 985 BGB verlangen.[104] Vielleicht aber wollte E sich demnächst sowieso einen neuen Rasenmäher anschaffen, so dass er mehr an dem von A erzielten Erlös als an der Herausgabe des alten Gerätes durch B interessiert ist. Dann wird er die Übereignung von A an B gemäß § 185 Abs. 2 BGB genehmigen, und zwar im Hinblick auf § 816 Abs. 1 BGB (bitte lesen!). Die vom Nichtberechtigten A vorgenommene Übereignung wird durch die Genehmigung gemäß § 185 Abs. 2 BGB dem Be-

---

103 BeckOK BGB/*Bub* § 185 Rdn. 7; *Neuner* AT § 49 Rdn. 65; *Brehm* AT Rdn. 501.
104 B wird nicht durch § 986 Abs. 1 BGB geschützt, da der mit A geschlossene Kaufvertrag ihm kein Recht zum Besitz *gegenüber E* gewährt.

rechtigten E gegenüber wirksam. Die Rechtsprechung sieht als das „durch die Verfügung Erlangte" den erzielten Veräußerungserlös an.[105] Geht E so vor, verliert er durch die Genehmigung gemäß § 185 Abs. 2 BGB seinen Herausgabeanspruch (§ 985 BGB) gegen B[106] und erlangt stattdessen einen Anspruch gegen A auf Zahlung von 125 Euro gemäß § 816 Abs. 1 BGB.

140 Aus § 185 Abs. 2 BGB ergibt sich, dass der Verfügungsvertrag eines Nichtberechtigten, der ohne Einwilligung des Berechtigten vorgenommen wird, in gleicher Weise **schwebend unwirksam** ist wie der von einem Minderjährigen ohne die gemäß § 107 BGB erforderliche Einwilligung geschlossene Vertrag (§ 108 BGB) oder der von einem Vertreter ohne Vertretungsmacht geschlossene Vertrag (§ 177 BGB). Die Genehmigung ist ein einseitiges Rechtsgeschäft, deren Einzelheiten unten in § 12 Rdn. 29 ff dargestellt werden. Einer Genehmigung bedarf es nicht, wenn der Verfügende selbst Eigentümer der Sache wird (§ 185 Abs. 2 Satz 1 Var. 2 BGB), sei es, dass der Berechtigte sie ihm übereignet, sei es, dass er Alleinerbe des Berechtigten wird (§ 1922 BGB!).

4. Sonstige Fälle besonderer Wirksamkeitserfordernisse eines Vertrages

141 Zustimmungen (Einwilligung oder Genehmigung) statuiert das Gesetz im Übrigen noch als besondere Wirksamkeitserfordernisse von Rechtsgeschäften in verschiedenen Vorschriften des ehelichen Güterrechts (§§ 1364–1369, 1423–1427, 1453 BGB). Vereinbart ein Schuldner mit einem Dritten, dass dieser die Schuld übernehme, so hängt die Wirksamkeit des Vertrages gemäß § 415 BGB von der Genehmigung des Gläubigers ab; die im Gesetz nicht genannte Einwilligung des Gläubigers ist als alternatives Wirksamkeitserfordernis zu ergänzen.[107] Gelegentlich hängt die Wirksamkeit eines Vertrages auch von einer öffentlich-rechtlichen Genehmigung ab. Dies ist z. B. im GrdstVerkG vorgesehen.[108]

142 Eine schwebende Unwirksamkeit von Verträgen kann nicht auf Parteivereinbarung beruhen.[109] Über die Wirksamkeit entscheidet allein die Rechtsordnung.

---

105 Das ist insofern nicht ganz korrekt, als A den Kaufpreis von B aufgrund des mit B geschlossenen *Kaufvertrages*, nicht durch die Übereignung der Kaufsache an B erlangt hat. Näher zu dieser Problematik MüKo/*Schwab* § 816 Rdn. 39 ff, 44; Medicus/*Petersen* Bürgerliches Recht Rdn. 723; *Röthel* JURA 2012, 844 (847 f).

106 Da die Übereignung des Rasenmähers an B hierdurch wirksam wird und somit E nicht mehr Eigentümer ist.

107 Palandt/*Grüneberg* § 415 Rdn. 3.

108 Weitere Fälle bei Palandt/*Grüneberg* § 275 Rdn. 35 ff.

109 *Flume* AT § 54, 2 (S. 886 f); *Neuner* AT § 55 Rdn. 13; Brox/*Walker* AT § 22 Rdn. 2. – Vorbehalten bleibt, dass das Gesetz selbst die Befugnis gewährt, ein Zustimmungserfordernis durch Vereinbarung zu begründen. So kann gemäß § 12 Abs. 1 WEG als Inhalt des Sondereigentums verein-

Die Parteien können durch Vereinbarung einer aufschiebenden Bedingung oder eines Anfangstermins den Eintritt der *Wirkungen* des Vertrages von bestimmten Umständen abhängig machen. Dies hat aber nicht eine schwebende Unwirksamkeit des Vertrages zur Folge.[110]

III. Wirksamkeitshindernisse (Nichtigkeitsgründe)

1. Regelungsprobleme und -techniken

Ist ein Rechtsgeschäft nichtig, führt es die darin kraft Willens bestimmten Rechts- **143** folgen nicht herbei. Die Vorschriften über die Nichtigkeit von Rechtsgeschäften stecken insoweit die Grenzen der Privatautonomie ab.[111] Der Respekt der Rechtsordnung vor der Macht und Freiheit der Personen, ihre rechtlichen Verhältnisse zueinander nach ihrem Willen zu ordnen, hat Grenzen. Verstoßen Verträge insbesondere gegen grundlegende Werte der Rechtsordnung, kann der Staat nicht die ihm vorbehaltenen Zwangsmittel zur Durchsetzung solcher Verträge einsetzen. Aber auch im Vorfeld solcher groben Verstöße muss die Rechtsordnung darauf achten, dass der durch Rechtsvorschriften gesteckte Rahmen von den Kontrahenten eingehalten wird, und auch die „Spielregeln" beachtet werden, die sich die Parteien selbst für den Abschluss vertraglicher Vereinbarungen gegeben haben.

Die Gefahr, dass eine vertragliche Regelung sich als nichtig erweisen könnte, **144** hält die Kontrahenten von vornherein dazu an, die Grenzen ihrer Regelungsmacht nicht zu überschreiten. Andererseits steht das strikte Verdikt der Nichtigkeit im Konflikt mit dem in den Materialien zum BGB vielfach betonten „Interesse des Verkehrs an tunlichster Aufrechterhaltung der Rechtsgeschäfte" (oben § 1 Rdn. 33). Diesem Ziel dienen Regelungen, die die Nichtigkeitsfolgen auf Teile des Rechtsgeschäfts beschränken oder lediglich gegenüber bestimmten (geschützten) Personen eintreten lassen.[112] Das BGB geht in der Verfolgung dieses Zieles so weit, selbst die Umdeutung eines nichtigen Rechtsgeschäfts zuzulassen, um es mit die-

---

bart werden, dass ein Wohnungseigentümer zur Veräußerung seines Wohnungseigentums der Zustimmung anderer Wohnungseigentümer oder eines Dritten, in der Praxis ist das meistens der Wohnungseigentumsverwalter, bedarf. Die Rechtsfolge des Fehlens einer danach erforderlichen Zustimmung ist wiederum durch das Gesetz selbst angeordnet (§ 12 Abs. 3 WEG). Die Norm bildet eine dogmatisch sehr interessante Ausnahme zu § 137 BGB.

110 Anders Medicus/*Petersen* AT Rdn. 491. Näher unten § 10 Rdn. 7 ff.

111 Zur Anordnung der Nichtigkeit eines Rechtsgeschäfts als Grundrechtseingriff, der dem Grundsatz der Verhältnismäßigkeit unterliegt, *Köhler* JuS 2010, 666 ff.

112 Zu Einschränkungen der Nichtigkeit von Rechtsgeschäften *Köhler* JuS 2010, 666 ff.

sem Inhalt aufrechtzuerhalten (§ 140 BGB, unten Rdn. 278 ff). Das führt weiter zu der Frage, ob es zulässig oder gar geboten ist, das Rechtsgeschäft auf einen Inhalt zurückzuführen, der mit dem Gesetz vereinbar ist, um zu erreichen, dass die Nichtigkeitsnorm nicht eingreift und das Rechtsgeschäft mit diesem reduzierten Inhalt aufrechterhalten wird (Problem der sog. **geltungserhaltenden Reduktion** von Rechtsgeschäften).

2. § 125 BGB: Nichtigkeit wegen Formmangels

145 Gemäß § 125 Satz 1 BGB ist ein Rechtsgeschäft nichtig, das der durch Gesetz vorgeschriebenen Form ermangelt. Gemäß § 125 Satz 2 BGB gilt das Gleiche im Zweifel für den Mangel einer durch Rechtsgeschäft bestimmten Form.

a. Grundlagen
aa. Formfreiheit als Grundsatz, Formzwang als Ausnahme

146 Das BGB geht vom **Grundsatz der Formfreiheit** der Rechtsgeschäfte aus. In der Regel ist weder für das Zustandekommen von Verträgen noch für deren Wirksamkeit die Einhaltung bestimmter Formen (insbesondere: Schriftform, notarielle Beurkundung) erforderlich. Millionen von Verträgen werden in Deutschland täglich durch bloße mündliche Vereinbarung geschlossen. Nur in besonderen Fällen stellt das BGB Formerfordernisse auf. Diese Zurückhaltung beruht, wie die Motive zum BGB belegen, auf einer sorgfältigen Abwägung der für und gegen einen Formzwang sprechenden Gründe.

147   Für und wider Formzwang: eine „Lebensfrage für den Verkehr"
Mot. I, S. 179 f = Mugdan I, S. 451[113]

Die Frage, ob für Rechtsgeschäfte die Formfreiheit oder der Formzwang als Regel den Vorzug verdiene, ist bis auf die neueste Zeit Gegenstand von Erörterungen gewesen. (...) Die Gründe für und wider bedürfen einer umso ernsteren Prüfung, als es sich um eine Lebensfrage für den Verkehr handelt (...).

Die Vorteile, welche **für den Formzwang** in Anspruch genommen werden, lassen sich dahin zusammenfassen: die Notwendigkeit der Beobachtung einer Form ruft bei den Beteiligten eine geschäftsmäßige Stimmung hervor, weckt das juristische Bewusstsein, fordert zur besonnenen Überlegung heraus und gewährleistet die Ernstlichkeit der gefassten Entschließung. Die beobachtete Form ferner stellt den rechtlichen Charakter der Handlung klar, dient, gleich dem

---

113 Kürzungen sind durch (...) gekennzeichnet. Die Schreibweise wurde aktualisiert, Hervorhebungen sind hinzugefügt.

Gepräge einer Münze, als Stempel des fertigen juristischen Willens und setzt die Vollendung des Rechtsaktes außer Zweifel. Die beobachtete Form sichert endlich den Nachweis des Rechtsgeschäfts seinem Bestande und Inhalte nach für alle Zeit; sie führt auch zur Verminderung oder doch zur Abkürzung und Vereinfachung der Prozesse. (...)

Der Hauptgrund, der **gegen den Formzwang** spricht, ist die damit verbundene Verkehrserschwerung. Der Verkehr erfordert gegenwärtig mehr denn je Bewegungsfreiheit (...). Die mit der Handhabung der Form verknüpfte Unbequemlichkeit bringt mit sich, dass des Gebotes ungeachtet von der Form vielfach abgesehen wird und abgesehen werden muss; die Parteien sind nicht immer in der Lage, zur Feder zu greifen. (...) Je lästiger der Formzwang bei einzelnen Arten von Geschäften empfunden wird, um so mehr wird die Nichtbeobachtung der vorgeschriebenen Form zur Verkehrsgewohnheit. Damit schlägt aber die durch den Formzwang bezweckte Rechtssicherheit in ihr Gegenteil um (...).

bb. Formarten und Formzwecke

Die wichtigsten gesetzlichen Formarten sind die **Schriftform** und die **notarielle** **148** **Beurkundung.** „Unterhalb" der Schriftform kennt das BGB die **Textform**; als Ersatz für die Schriftform sieht es, soweit nichts anderes bestimmt ist, die **elektronische Form** vor. „Unterhalb" der notariellen Beurkundung, die sich auf den Inhalt wie den Urheber eines Rechtsgeschäfts bezieht, steht die **öffentliche Beglaubigung**, die sich auf die Identität des Ausstellers einer Urkunde beschränkt. Nicht nur Laien, sondern auch Studienanfänger verwechseln notarielle Beglaubigung und notarielle Beurkundung oft. Dabei könnte der Unterschied kaum größer sein: Während sich der Notar bei der Beglaubigung einer Unterschrift um den Inhalt der Urkunde nicht kümmern muss, hat er bei Beurkundungen dafür sorgen, dass der Inhalt der Urkunde dem Parteiwillen entspricht (dazu unter Rdn. 186).

Folgende **Formzwecke** werden unterscheiden:[114] (1) Schutz vor übereilten **149** und unüberlegten Geschäften (**Warnfunktion**); (2) Erleichterung der Feststellung des Inhalts des Rechtsgeschäfts und der Person dessen, der es vorgenommen hat (**Klarstellungs- und Beweisfunktion**); (3) Sicherstellung einer fachkundigen Beratung über die rechtlichen Wirkungen besonders schwer wiegender Rechtsgeschäfte (**Beratungsfunktion**); (4) Förderung der **Rechtssicherheit**.

Auf der Klarstellungs- und Beweissicherungsfunktion beruht die von der **150** Rechtsprechung entwickelte **Vermutung der Vollständigkeit und Richtigkeit**

---

114 Ausführlicher *Bork* AT Rdn. 1046 ff; *Neuner* AT § 44 Rdn. 3 ff. Eine umfassende Zusammenstellung und Würdigung von nicht weniger als vierzehn (!) Formzwecken findet sich bei *Mankowski* JZ 2010, 662 ff; s. auch *Moussa*, Das Dogma vom formgerechten Zugang (2016) 161 ff.

einer schriftlichen Urkunde.[115] Ist über einen Vertrag eine Urkunde aufgenommen worden, so wird vermutet, dass alles, was die Parteien vereinbart haben, in der Urkunde enthalten ist und alles, was darin enthalten ist, auch vereinbart worden ist (oben § 8 Rdn. 202f).

151 Je strenger die Form ist, desto umfassender kommen die Formzwecke zum Tragen. So wird durch das Erfordernis der notariellen Beurkundung von Grundstücksgeschäften (§ 311b Abs. 1 Satz 1 BGB) verhindert, dass jemand Haus und Hof zu später Stunde am Tresen einer Kneipe veräußert. Zugleich wird der Inhalt des Rechtsgeschäfts festgeschrieben und sichergestellt, dass die Parteien des Vertrages sich bewusst sind, welche Bindungen sie eingehen und welche weiteren Wirkungen der Vertrag begründet. Der Gesetzgeber hat ein breites Ermessen in Bezug auf die Frage, welche Rechtsgeschäfte er einem Formzwang unterwirft. In Österreich etwa, wo es ebenfalls Notare gibt, deren Aufgaben denen ihrer deutschen Kollegen stark ähneln, sind Grundstückskäufe grundsätzlich formfrei und nur für die Grundbucheintragung kommt der Notar ins Spiel.

152 Eine andere Frage ist, ob der angesichts der Gefahren eines bestimmten Rechtsgeschäfts rechtspolitisch erwünschte und notwendige Schutz des Gefährdeten durch das vom Gesetz gewählte Formerfordernis sichergestellt ist und erreicht wird. Erhebliche Bedenken sind insoweit gegenüber dem bloßen Schriftformerfordernis für die Abgabe von Bürgschaftserklärungen gemäß § 766 Satz 1 BGB angebracht.[116]

b. Die Rechtsfolgeanordnung (§ 125 Satz 1 und Satz 2 BGB)

153 Gemäß § 125 Satz 1 BGB ist ein Rechtsgeschäft nichtig, das der durch Gesetz vorgeschriebenen Form ermangelt.

154 Ausgenommen sind einige wenige Fälle, in denen das Gesetz bei Nichtbeachtung einer bestimmten Form in den Inhalt der vertraglichen Regelung eingreift und diese abändert. Hierzu gehören insbesondere § 550 Satz 1 BGB und § 494 Abs. 2ff BGB (oben § 8 Rdn. 195ff). Diese Vorschriften setzen voraus, dass der Vertrag (mit dem abgeänderten Inhalt) wirksam ist, und stellen daher hinsichtlich der Rechtsfolge **Sonderregelungen mit Vorrang** vor § 125 Satz 1 BGB dar. § 550 BGB soll schon durch die (von § 566 BGB a.F. abweichende) sprachliche Fassung klarstellen, dass die

---

115 BGH vom 5.7.2002, NJW 2002, 3164 (3165); Palandt/*Ellenberger* § 125 Rdn. 21.
116 Das belegen die zahllosen Urteile zu Bürgschaftserklärungen naher Familienangehöriger zur Sicherung von Bankkrediten; dazu unten Rdn. 249ff. Bedenken gegenüber der tatsächlichen Erreichung der Warnzwecke bloßer Schriftformerfordernisse auch bei *Mankowski* JZ 2010, 662 (666); *Neuner* AT § 44 Rdn. 10 Fn. 16.

Rechtsfolge des § 125 Satz 1 BGB nicht einschlägig ist.[117] Ob der Vertrag „in schriftlicher Form" geschlossen ist oder nicht, bestimmt sich dagegen nach § 126 BGB.

Als Grundsatz bestimmt § 125 Satz 2 BGB, dass der Mangel einer durch Rechts- **155** geschäft bestimmten Form im Zweifel gleichfalls die Nichtigkeit des Rechtsgeschäfts zur Folge habe, doch bildet die Nichtigkeit hier die seltene Ausnahme (unten Rdn. 199 ff).

aa. Der Bezugspunkt der Nichtigkeitssanktion

Bezugspunkt der Nichtigkeitssanktion des § 125 BGB ist das **Rechtsgeschäft,** **156** **nicht** die auf das Zustandekommen des Rechtsgeschäfts gerichtete **Willenserklärung.** Für die Anwendung des § 125 BGB auf Verträge bedeutet dies: Der Formmangel lässt die Wirksamkeit der auf den Abschluss des Vertrages gerichteten Erklärungen unberührt, und dies gilt auch dann, wenn sich die Formvorschrift nur auf die Willenserklärung eines Vertragsteils bezieht.[118] Andererseits müssen immerhin die auf den Abschluss des Vertrages gerichteten Erklärungen abgegeben worden sein. Man kommt also gar nicht erst zu der Rechtsfolgeanordnung des § 125 BGB, wenn ein Fall des § 154 Abs. 2 BGB vorliegt. Haben die Parteien die Beurkundung eines beabsichtigten Vertrages verabredet, so kann dies bedeuten, dass die Einhaltung der Form (in der Sprache der Motive[119]) „als Stempel des fertigen juristischen Willens" dienen und „die Vollendung des Rechtsaktes außer Zweifel" setzen, also Ausdruck des Rechtsbindungswillens sein soll. Ist dem so, was gemäß § 154 Abs. 2 BGB im Zweifel anzunehmen ist, hindert der Mangel der verabredeten Form schon das Zustandekommen des Vertrages, und damit fehlt es an dem Bezugspunkt der Rechtsfolgeanordnung des § 125 Satz 2 BGB. Am Zustandekommen eines formbedürftigen Vertrages fehlt es auch, wenn das Angebot zum Zeitpunkt der Annahme bereits erloschen ist. Der BGH[120] zieht daraus die Konsequenz, dass die Heilungsvorschrift des § 311b Abs. 1 Satz 2 BGB (unten Rdn. 162) nicht eingreift, da nur ein geschlossener Vertrag wirksam werden kann. Doch ist im ersten Schritt schon zu fragen, ob ein Vertrag, der nicht zustande gekommen ist, überhaupt gemäß § 311b Abs. 1 Satz 1 formbedürftig und gemäß § 125 BGB nichtig sein kann. Die Frage ist zu verneinen (s. oben § 6 Rdn. 122b).

---

117 Palandt/*Weidenkaff* § 550 Rdn. 1.
118 Dazu oben § 6 Rdn. 120.
119 Vgl. den oben Rdn. 147 abgedruckten Auszug aus den Motiven.
120 BGH vom 13.5.2016, NJW-RR 2017, 114 Rdn. 29 – „Eigenprovisionsvereinbarung" (Sachverhalt unten § 30), zur Kritik am dogmatischen Vorgehen des BGH bereits oben § 6 Rdn. 122a f.

bb. Die rigide Rechtsfolgenanordnung des § 125 BGB

157 Liegen die Voraussetzungen des § 125 Satz 1 BGB vor, ist das Rechtsgeschäft nichtig. Dies kann insbesondere bei Grundstücksverträgen zu sehr harten Ergebnissen führen, wenn der Verkäufer (z. B. als großes Unternehmen) gegenüber dem Käufer überlegene Sachkunde hinsichtlich der einschlägigen Rechtsvorschriften hat (oder zumindest haben muss) und den Käufer, der sich auf die rechtliche Expertise des Verkäufers verlässt, dazu veranlasst, sich mit dem Abschluss eines lediglich schriftlichen Vertrages zu begnügen.[121]

(1) Das Verbot einer Aufweichung von Formvorschriften

158 Andererseits ist die rigide Sanktion des § 125 Satz 1 BGB erforderlich, um die Einhaltung der Formvorschriften sicherzustellen und deren Ziele zu erreichen. Jede „Aufweichung" von Formvorschriften führt zu erheblicher Rechtsunsicherheit. Deshalb hat der BGH stets daran festgehalten, dass Formverstöße die Nichtigkeit des Rechtsgeschäfts nach sich ziehen, die Rechtsfolgeanordnung des § 125 Satz 1 BGB als solche also keiner Korrektur unter Billigkeitsgesichtspunkten zugänglich ist.[122]

(2) Korrektive

159 Das schließt nicht aus, dass (in sehr seltenen Fällen) schlechterdings unerträgliche Härten dieses Ansatzes auf anderen Wegen vermieden oder zumindest abgemildert werden.

(a) Unzulässigkeit der Berufung auf den Formmangel gemäß § 242 BGB

160 Unter sehr restriktiven Voraussetzungen kann es einer Vertragspartei zur Vermeidung eines schlechthin untragbaren[123] Ergebnisses gemäß § 242 BGB (Treu und Glauben) verwehrt sein, sich der anderen Seite gegenüber auf die sich aus § 125 Satz 1 BGB ergebende Formnichtigkeit zu berufen.[124] Das ist insbesondere an-

---

121 So die Fallgestaltungen in BGH vom 18.2.1955, BGHZ 16, 334; BGH vom 29.1.1965, NJW 1965, 812; hierzu sogleich unten Rdn. 161.

122 BGH vom 25.2.1966, BGHZ 45, 179 (182) = NJW 1966, 1067; BGH vom 20.9.1984, BGHZ 92, 164 (172) = NJW 1985, 1778; BGH vom 14.6.1996, NJW 1996, 2503 (2504); BGH vom 16.7.2004, NJW 2004, 3330 (3331).

123 BGH vom 3.12.1958, BGHZ 29, 6 (10) = NJW 1959, 626; BGH vom 24.4.1998, BGHZ 138, 339 (348) = NJW 1998, 2350 (2352); BGH vom 16.7.2004, NJW 2004, 3330 (3331).

124 Hierzu eingehend *Armbrüster* NJW 2007, 3317 ff.

zunehmen, wenn die Auswirkungen der Formnichtigkeit für einen Vertragspartner geradezu existenzvernichtend wären, sowie, wenn demjenigen, der sich auf die Formwidrigkeit beruft, eine besonders schwere Treupflichtverletzung gegenüber dem anderen Vertragsteil zur Last fällt.[125] Es bleibt in diesen Fällen bei der sich aus § 125 BGB ergebenden Nichtigkeit des Vertrages wegen des Formmangels. Da sich die andere Seite hierauf aber nicht berufen darf, kann sie die sich aus der Nichtigkeit des Vertrages ergebenden Rechte (insbesondere Ansprüche auf Rückabwicklung des Vertrages) nicht durchsetzen.[126] Der Geschützte kann sogar Erfüllung des Vertrages (gegen Angebot der von ihm selbst im Vertrag versprochenen Leistung) verlangen. Der Einwand, eine Verpflichtung zur Leistung bestehe nicht, weil der Vertrag unwirksam sei, ist der anderen Seite abgeschnitten.[127]

(b) Schadensersatzansprüche wegen schuldhafter Verletzung vorvertraglicher Pflichten (§§ 280 Abs. 1, 241 Abs. 2, 311 Abs. 2 BGB)

Täuscht ein Vertragsteil den anderen arglistig darüber, dass der Vertrag formbedürftig ist, oder musste er doch infolge seiner überlegenen Sachkunde und aufgrund seines Auftretens am Markt (etwa: als große Wohnungsbaugesellschaft) die Formbedürftigkeit kennen und auf die Einhaltung der Form achten, so kann sich hieraus ein **Schadensersatzanspruch** des anderen Teils gemäß §§ 280 Abs. 1, 241 Abs. 2, 311 Abs. 2 BGB (**Verschulden beim Vertragsschluss**) ergeben, kraft dessen er verlangen kann, so gestellt zu werden, wie er stünde, wenn er über die Formbedürftigkeit aufgeklärt worden wäre (unten § 17 Rdn. 27, 56 f). Ist anzunehmen, dass der Erwerber eines mit einem Eigenheim bebauten Grundstücks bei pflichtgemäßem Verhalten des Verkäufers mit diesem oder (bei dessen Weigerung) mit einem anderen Verkäufer eines gleichartigen Grundstücks einen formgültigen Vertrag geschlossen hätte, so kann der Käufer als Schadensersatz denjenigen Geldbetrag verlangen, den er nunmehr aufwenden muss, um ein gleichartiges anderes Eigenheim am Markt zu erwerben.[128] Besteht ein solcher

161

---

125 BGH vom 19.11.1982, BGHZ 85, 315 (319) = NJW 1983, 563 (564); BGH vom 14.6.1996, NJW 1996, 2503 (2504).

126 Das gleiche Prinzip wird auch im Rahmen von § 550 BGB (dazu oben § 8 Rdn. 195 ff) angewendet. Im Leitsatz des Urteils BGH vom 27.9.2017, BGHZ 216, 68 = NJW 2017, 3772 heißt es etwa, es verstoße gegen Treu und Glauben, wenn eine Mietvertragspartei eine nachträglich getroffene Abrede, die lediglich ihr vorteilhaft ist, allein deshalb, weil sie nicht die schriftliche Form wahrt, zum Anlass nimmt, sich von einem ihr inzwischen lästig gewordenen langfristigen Mietvertrag zu lösen.

127 *Armbrüster* NJW 2007, 3317 (3320).

128 BGH vom 29.1.1965, NJW 1965, 812 (814).

Anspruch auf Schadensersatz, werden hierdurch die harten Folgen der Nichtigkeit des Vertrages wirtschaftlich im Wesentlichen ausgeglichen. Die Formnichtigkeit führt dann nicht zu einem „schlechthin untragbaren" Ergebnis. Im Übrigen dürfte der dem Käufer zustehende Schadensersatzanspruch den Verkäufer vielfach davon abhalten, die Nichtigkeit des Kaufvertrages geltend zu machen und Herausgabe des Grundstücks zu verlangen, da ihm eine Weiterveräußerung des Grundstücks nicht mehr bringt als er selbst dem Käufer als Ersatz zu leisten hat.

cc. Die (gelegentliche) Möglichkeit der Heilung eines Formmangels

162 In einigen Normen sieht das Gesetz die Möglichkeit einer späteren Heilung des Formmangels vor (vgl. schon oben § 6 Rdn. 122). Ein wegen Verstoßes gegen die Formvorschrift des § 311b Abs. 1 Satz 1 BGB unwirksamer Grundstückskaufvertrag wird gemäß § 311b Abs. 1 Satz 2 BGB „seinem ganzen Inhalt nach gültig, wenn die Auflassung und die Eintragung erfolgen", der Erwerber also das Eigentum an dem Grundstück erlangt. Hat jemand eine Leistung schenkweise versprochen, ohne dass seine Erklärung notariell beurkundet wurde (§ 518 Abs. 1 Satz 1 BGB), wird der Mangel der Form geheilt, wenn der Schenker die im unwirksamen Vertrag versprochene Leistung bewirkt (§ 518 Abs. 2 BGB). Entsprechendes ordnet das Gesetz in § 766 Satz 3 BGB für den Fall an, dass ein Bürge an den Gläubiger leistet, obwohl der Bürgschaftsvertrag wegen Nichtbeachtung der Form des § 766 Satz 1 BGB unwirksam war und eine Leistungspflicht des Bürgen somit nicht bestand. Durch die nachträgliche Heilung des Formmangels will das Gesetz vor allem erreichen, dass die Verträge nicht nach dem Recht der ungerechtfertigten Bereicherung (§§ 812ff BGB) rückabgewickelt werden. Der eingetretene Rechtserwerb soll bestehen, obwohl eine Verpflichtung zur Leistung nicht bestand. Durch die Formvorschrift will das Gesetz in diesen Fällen lediglich vor der Eingehung einer Verpflichtung zur Erbringung der Leistung schützen, nicht verhindern, dass die Leistung als solche erbracht wird (sog. Naturalobligation; dazu bereits § 4 Rdn. 46). § 311b Abs. 1 BGB geht es also nicht darum zu verhindern, dass Personen über ein Grundstück verfügen, ohne von einem Notar belehrt worden zu sein. Und § 766 BGB nimmt in Kauf, dass derjenige, der eine Bürgschaft mündlich übernommen und in Unkenntnis der Unwirksamkeit des Vertrags auch geleistet hat, sich verpflichtet fühlte, die Leistung zu erbringen, und letztlich doch durch sein übereiltes Handeln geschädigt wird. Wenn es also im Schrifttum heißt, mit Erfüllung des unter Missachtung der Form geschlossenen Geschäfts würden die Ziele der Formvorschrift „obsolet",[129]

---

[129] *Musielak* JuS 2017, 949 (954).

ist das nur vor dem Hintergrund des hier formulierten, beschränkten Ziels des Gesetzes (Vermeidung einer Leistungspflicht) plausibel.

c. Der Verstoß gegen gesetzliche Formvorschriften (§ 125 Satz 1 BGB)

Gesetzlich geregelte Formen, die für die Wirksamkeit von Verträgen relevant sind, **163** sind vor allem die **Schriftform** und die **notarielle Beurkundung**. Die Schriftform kann, soweit gesetzlich nichts anderes bestimmt ist, durch die **elektronische Form** (§ 126 Abs. 3 BGB), stets durch die notarielle Beurkundung (als der strengeren Form) ersetzt werden (§ 126 Abs. 4 BGB). Bei einem **gerichtlichen Vergleich** wird die notarielle Beurkundung „durch die Aufnahme der Erklärungen in ein nach den Vorschriften der Zivilprozessordnung errichtetes Protokoll[130] ersetzt" (§ 127a BGB).

aa. Schriftform
(1) Der Bezugspunkt des Formerfordernisses

Ein für die Wirksamkeit von Verträgen relevantes Schriftformerfordernis kann **164** sich auf den **Vertrag** oder auf eine einzelne, auf den Abschluss des Vertrages gerichtete **Willenserklärung** beziehen. Ersteres ist die Regel. Beispiele sind: § 492 Abs. 1 Satz 1 BGB (Verbraucherdarlehensvertrag), § 510 Abs. 1 Satz 1 BGB (Ratenlieferungsvertrag), §§ 557a Abs. 1, 557b Abs. 1 BGB (Vereinbarung einer Staffelmiete oder Indexmiete), § 655b Abs. 1 Satz 1 BGB (Darlehensvermittlungsvertrag). Dagegen verlangt § 766 Satz 1 BGB lediglich, dass die auf den Abschluss eines Bürgschaftsvertrages gerichtete *Willenserklärung des Bürgen* in Schriftform erteilt wird. Das ist richtig, da der andere Vertragsteil (der Gläubiger des Hauptschuldners) vor der Eingehung des ihn ausschließlich begünstigenden Bürgschaftsvertrages nicht gewarnt werden muss. Entsprechende Regelungen, die nur für eine der auf den Vertragsabschluss gerichteten Willenserklärungen Schriftform vorsehen, finden sich u.a. in § 761 Satz 1 BGB (Leibrentenversprechen), § 780 Satz 1 BGB (Schuldversprechen) und § 781 Satz 1 BGB (Schuldanerkenntnis).

(2) Die Formmerkmale
(a) Die allgemeinen Merkmale der Schriftform (§ 126 Abs. 1 BGB)

Die allgemeinen Merkmale der Schriftform sind in § 126 Abs. 1 BGB geregelt.   **165**

---

130 Hierzu §§ 159 ff ZPO.

(aa) Die Urkunde

166 **Urkunde** im Sinne des § 126 Abs. 1 BGB ist ein körperliches Dokument, das einen in Sprachzeichen abgefassten Text enthält und diesen auf Dauer festzuhalten geeignet ist.[131] Die meisten Urkunden im Sinne des § 126 Abs. 1 BGB bestehen aus einem Blatt oder mehreren Blättern Papier, auf denen handschriftlich oder maschinenschriftlich, als Computerausdruck oder im Buchdruck der Inhalt von Willenserklärungen oder von vertraglichen Vereinbarungen wiedergegeben wird. Umfasst die Wiedergabe des Textes mehrere Seiten, so muss erkennbar sein, dass es sich um ein einheitliches Dokument handelt (Grundsatz der **Einheitlichkeit** der Urkunde). Eine körperliche Verbindung der einzelnen Seiten ist nicht erforderlich, wenn sich deren Einheit aus sonstigen Merkmalen wie fortlaufender Paginierung, einheitlicher graphischer Gestaltung oder dem inhaltlichen Zusammenhang der Seiten ergibt.[132] Als Material, auf dem der Sprachtext festgehalten wird, kommt nicht nur Papier in Betracht. Das Lehrbuchbeispiel ist ein auf dem Boden einer Zigarrenkiste geschriebener und unterzeichneter Wechsel oder Scheck.

167 Keine Urkunde im Sinne des § 126 Abs. 1 BGB ist ein **elektronischer Datensatz**, der mithilfe eines geeigneten Leseprogramms als Text ausgedruckt werden kann, da der Datensatz als solcher weder in Normalsprache verfasst, noch als Sprachtext auf einem Dokument festgehalten ist, noch eigenhändig unterschrieben werden kann.[133] Ein mithilfe eines Textverarbeitungsprogramms erstellter Ausdruck des Datensatzes ist eine Urkunde.

(bb) Der Aussteller

168 **Aussteller** der Urkunde ist derjenige, dessen rechtsgeschäftliche Erklärung die Urkunde wiedergibt. Bei einer in fremdem Namen abgegebenen Erklärung ist dies der Vertreter, nicht der Vertretene.[134] Zeichnet der Vertreter mit seinem Namen, muss er einen Vertreterzusatz hinzufügen, damit aus der Urkunde ersichtlich ist, dass die Wirkungen des Rechtsgeschäfts auf einen anderen (den Vertretenen) bezogen sein sollen.[135]

---

131 Der BGH versteht unter einer Urkunde im Sinne des § 126 BGB eine „schriftlich verkörperte und vom Aussteller unterzeichnete Gedankenerklärung", BGH vom 24.9.1997, BGHZ 136, 357 (362) = NJW 1998, 58 (59). Die Unterschrift ist aber nicht für den Begriff der Urkunde im Sinne von § 126 BGB, sondern für die Einhaltung der Schriftform erforderlich.

132 BGH vom 24.9.1997, BGHZ 136, 357 (361 ff) = NJW 1998, 58 (59 ff).

133 *Neuner* AT § 44 Rdn. 25.

134 MüKo/*Einsele* § 126 Rdn. 12.

135 BGH vom 16.7.2003, NJW 2003, 3053 (3054).

Die Rechtsprechung – gefolgt von der h. L. – lässt es zu, dass der Vertreter **169** stattdessen **mit dem Namen des Vertretenen** unterschreibt.[136] Zu folgen ist dem nicht.[137] Im Verkehr wird der Namensträger, auf den die Unterschrift verweist, als Aussteller der Urkunde angesehen, und daher ist die Zeichnung mit dem Namen des Vertretenen in hohem Maße geeignet, Irrtümer darüber hervorzurufen, dass die Erklärung in Wirklichkeit nicht von dem Namensträger, sondern von dessen Vertreter stammt. Der Erklärungsgegner hat ein schützenswertes Interesse daran, ohne weiteres aus der Urkunde ersehen zu können, dass sie von einem Vertreter stammt und wer der Vertreter ist. Hiervon kann im Hinblick auf § 166 Abs. 1 BGB abhängen, welchen Inhalt der Vertrag hat (oben § 8 Rdn. 149), sowie, ob der Vertrag wirksam ist (Bestehen von Vertretungsmacht) oder Ansprüche gemäß § 179 BGB gegen einen Vertreter ohne Vertretungsmacht in Betracht kommen. Dem Erklärungsempfänger zuzumuten, durch Schriftprobenvergleiche mit der Handschrift von Personen, die der Vertretene als Vertreter benennt, herauszufinden, wer der Urheber der Erklärung ist,[138] ist mit dem Zweck des § 126 BGB, die „eindeutige Identifizierbarkeit des Ausstellers einer Urkunde"[139] zu gewährleisten, nicht zu vereinbaren.

(cc) Die Namensunterschrift

Als **Namensunterschrift** genügt die Zeichnung mit dem Nachnamen;[140] auch bei **170** weit verbreiteten Familiennamen ist eine Hinzufügung des Vornamens nicht erforderlich, da sich die Individualisierung aus dem Schriftzug der Unterschrift ergibt. Mit einem Künstlernamen oder einem Pseudonym kann unterschrieben werden, wenn der Aussteller dadurch eindeutig identifiziert wird. Ausgeschlossen werden durch dieses Erfordernis Verwandtschafts- oder Funktionsbezeichnungen („Dein Vater", „Der Vereinsvorsitzende"). Auf die Lesbarkeit des Namens kommt es nicht an.[141] Die (sehr großzügige) Rechtsprechung lässt es genügen, dass An-

---

136 RG (Vereinigte Zivilsenate) vom 27.6.1910, RGZ 74, 69, (72ff), hierzu *Werner Schubert* FS Reuter (2010) 365ff; BGH vom 3.3.1966, BGHZ 45, 193 (195f) = NJW 1966, 1069; Palandt/*Ellenberger* § 126 Rdn. 9.

137 Ebenso *Holzhauer*, Die eigenhändige Unterschrift (1973), S. 115ff; *Köhler* FS Schippel (1996), S. 209 (212); *ders.* AT § 12 Rdn. 8. Bedenken äußern *Larenz*, Allgemeiner Teil des Deutschen Bürgerlichen Rechts, 7. Aufl. 1989, § 21 I a (S. 410: „bedauerlich"); MüKo/*Einsele* § 126 Rdn. 12; zweifelnd Jauernig/*Mansel* § 126 Rdn. 3.

138 So *Neuner* AT § 44 Rdn. 29; kritisch MuKo/*Einsele* § 126 Rdn. 12.

139 BGH vom 25.10.2002, BGHZ 152, 255 (257) = NJW 2003, 1120.

140 Die Unterzeichnung lediglich mit dem *Vornamen* genügt grundsätzlich nicht: BGH vom 25.10.2002, NJW 2003, 1120 (1121 zu § 126 BGB).

141 Palandt/*Ellenberger* § 126 Rdn. 10 mit Rspr.-Nachweisen.

deutungen von Buchstaben erkennbar sind,[142] sofern sie als Ausdruck des Willens einer vollen Unterschriftsleistung und nicht als bloßes Handzeichen oder Paraphe erscheinen.[143]

171 Der Aussteller muss die Urkunde **eigenhändig** unterschreiben. Das Erfordernis der Eigenhändigkeit soll „zur Vereinfachung der Anerkennung der Echtheit" dienen,[144] also Fälschungen erschweren. Daher sind mechanisch vervielfältigte Signaturen ausgeschlossen, auch wenn sie mit Vorrichtungen erstellt werden, die eine als Vorlage dienende Originalunterschrift bis ins kleinste Detail imitieren. Dasselbe gilt für Unterschriftsstempel, Foto- und Telefaxkopien,[145] sowie für Computerausdrucke von Texten mit „eingescannter" Unterschrift und ähnliche Reproduktionen eigenhändig geleisteter Unterschriften.

172 Zweifelhaft kann sein, ob die originalgetreue **Nachahmung der** Unterschrift eines Dritten (also im Klartext: eine gefälschte Unterschrift) die Schriftform zu wahren vermag.

173 Die Frage stellt sich insbesondere im Hinblick auf die von der Rechtsprechung anerkannte Möglichkeit, dass ein Vertreter mit dem Namen des Vertretenen unterschreibt (oben Rdn. 169). Für die entsprechende Anwendung des Vertretungsrechts (§§ 164 ff, 177 ff BGB) lässt der BGH eine gefälschte Unterschrift genügen.[146] Als *formwahrend* kann eine gefälschte Unterschrift u. E.[147] jedenfalls dann nicht angesehen werden, wenn das Formerfordernis Klarstellungs- und Beweiszwecken dient, was der BGH etwa für die Schriftform des § 550 BGB (dazu § 8 Rdn. 195 ff.) annimmt. Im Übrigen ist es in sich widersprüchlich, dem Erfordernis der „eigenhändigen" Unterschrift die Funktion zuzuweisen, die Überprüfung der Identität des Ausstellers zu ermöglichen, und gleichzeitig die bewusste Täuschung über dessen Identität durch Fälschung der Unterschrift als formwahrend anzusehen.

174 Schließlich muss es sich um eine **„Unter"schrift** handeln. Der Schriftzug muss also am Ende des Textes stehen und diesen abschließen (**„Abschlussfunktion"**). Eine Unterzeichnung in einem oberhalb des Textes vorgesehenen besonderen Feld (**„Oberschrift"**) genügt dem § 126 BGB nicht.[148] Dies gilt auch dann, wenn

---

142 BGH vom 29.10.1986, NJW 1987, 1333 (1334). Was der BGH im konkreten Fall als „Andeutung von Buchstaben" gelten ließ, ähnelte nach Auffassung der Vorinstanz „einem Gebilde, welches entsteht, wenn der Käufer eines Kugelschreibers die Mine ausprobieren möchte."

143 BGH vom 10.7.1997, NJW 1997, 3380 (3381).

144 Vgl. Mot. I, S. 185 = Mugdan I, S. 454.

145 BGH vom 28.1.1993, BGHZ 121, 224 (228) = NJW 1993, 1126; BGH vom 30.7.1997, NJW 1997, 3169 (3170).

146 BGH vom 3.3.1966, BGHZ 45, 193 (195 f) = NJW 1966, 1069.

147 Anders *Flume* AT § 15 II 1 (S. 254): Bei der Fälschung werde grundsätzlich die gesetzliche Form durch den Fälscher erfüllt.

148 BGH vom 20.11.1990, BGHZ 113, 48 (51) = NJW 1991, 487 = JZ 1991, 406 mit Anm. *Köhler* S. 408; *Musielak* JuS 2017, 949 (953). Hierzu auch unten § 23 Rdn. 22.

auf dem Formular ausdrücklich darauf hingewiesen wird, dass sich die oberhalb des Textes angebrachte Unterschrift auf den gesamten nachfolgenden Text der Urkunde beziehen soll.

(b) Die Schriftform bei Verträgen (§ 126 Abs. 2 BGB)

Schreibt das Gesetz Schriftform für einen Vertrag vor (oben Rdn. 164), so genügt **175** es grundsätzlich nicht,[149] dass Antrag und Annahme je für sich die in § 126 Abs. 1 BGB genannten Schriftformerfordernisse erfüllen, vielmehr muss „die Unterzeichnung der Parteien auf derselben Urkunde erfolgen" (§ 126 Abs. 2 BGB). Gemeint ist damit, dass die Urkunde den gesamten Inhalt des Vertrages wiedergibt,[150] und die Vertragspartner ihre Unterschriften abschließend unter die von ihnen gemeinsam getroffenen Vereinbarungen setzen. Diesem Erfordernis ist ohne weiteres genügt, wenn der Vertrag in der Technik der gemeinsamen Zustimmung zu einem Vertragstext geschlossen wird (oben § 8 Rdn. 97 ff). Dies ist bei Verträgen, für die das Gesetz ein Schriftformerfordernis aufstellt, die Regel. Dabei werden meist (zumindest) zwei gleichlautende Urkunden (je nach der Zahl der Vertragspartner) erstellt, die von beiden (allen) Seiten unterschrieben werden. § 126 Abs. 2 Satz 2 BGB lässt es in diesem Fall auch genügen, dass jede Partei lediglich die für die andere Partei bestimmte Urkunde unterzeichnet.

Zu Recht hat der BGH zu § 550 BGB entschieden, dass die Schriftform eines langfristigen Miet- **176** vertrages gewahrt ist, wenn „die Vertragsbestimmungen in einem unterzeichneten Schreiben der einen Partei niedergelegt sind, das die andere – mit oder ohne einen das uneingeschränkte Einverständnis erklärenden Zusatz – ihrerseits unterzeichnet hat.[151] Eine nochmalige Unterzeichnung durch die erste Seite, wie sie vom RG gefordert worden war, weil sonst die Unterschrift der ersten Partei nur ihr eigenes Angebot decke,[152] sei nicht erforderlich. Dass die Unterschriften beider Seiten unter einem Dokument, das den Wortlaut der zu treffenden Vereinbarungen enthält, zur Wahrung der Schriftform genügen, ist selbstverständlich und entspricht § 126 Abs. 2 Satz 1 BGB. Würde ein Vermieter also sein Schreiben mit dem Satz einleiten: „Zwischen den Parteien werden folgende Vereinbarungen getroffen ..." und unter den Text der Vereinbarungen seine Unterschrift setzen, wäre deutlich, dass ein Vertrag im Wege gemeinsamer Zustimmung zu einem vorbereiteten Vertragstext geschlossen werden soll und hierfür lediglich noch die Hinzufügung der Unterschrift des anderen Teils erforderlich ist. Treffend bemerkt der BGH, es sei „juristisch nicht geschulten Vertragsparteien ... nicht zu vermitteln",

---

149 Anders § 492 Abs. 1 Satz 2 BGB.

150 Palandt/*Ellenberger* § 126 Rdn. 13

151 BGH vom 14.7.2004, BGHZ 160, 97 (Leitsatz a) = NJW 2004, 2962 unter Aufgabe von RG vom 19.6.1922, RGZ 105, 60 (62). Das BAG folgt dem für die Wahrung der Schriftform befristeter Arbeitsverträge (s. § 14 Abs. 4 TzBfG): BAG vom 26.7.2006, NZA 2006, 1402.

152 RG (vorige Fn.) S. 62.

dass beim Fehlen eines solchen Einleitungssatzes „lediglich der Mieter den gesamten Vertrag unterschrieben habe, der Vermieter hingegen lediglich ein Angebot bzw. einen Vertragsentwurf".[153] Übersendet der Vermieter die von ihm unterschriebenen Vereinbarungen an den Mieter mit dem Vermerk, er bitte den Mieter im Falle des Einverständnisses mit der Regelung die Urkunde seinerseits zu unterschreiben, ist deutlich, dass es nicht um einen unverbindlichen Vertragsentwurf geht, sondern um die Bereitstellung eines vorbereiteten Vertragstextes, der schon die Zustimmungserklärung des Vermieters enthält und nur noch der Zustimmung des Mieters bedarf. Unterschreibt der Mieter auf derselben Urkunde, ist die Schriftform des § 126 Abs. 2 Satz 1 BGB gewahrt.

(3) Der Verstoß gegen die Formvorschrift

177 Die Einhaltung der in § 126 BGB bestimmten Merkmale der Schriftform garantiert noch nicht, dass die tatbestandlichen Voraussetzungen der Norm erfüllt sind, aus der sich das Schriftformerfordernis ergibt. Dies ist insbesondere dann bedeutsam, wenn zwar eine dem Schriftformerfordernis genügende Willenserklärung erstellt wird, dem Empfänger aber nur eine Kopie oder sonstige Reproduktion der Erklärung (Telefax etc.) übermittelt wird.

178 **Beispiel zu § 766 BGB:** A erstellt eine eigenhändig unterschriebene Bürgschaftserklärung und sendet diese per Fax dem Gläubiger G. Danach wird sie anderen Sinnes, zerreißt ihre Erklärung und wirft die Papierschnitzel weg. G erklärt gegenüber A unverzüglich sein Einverständnis zum Abschluss des Bürgschaftsvertrages. Kann G die A aus dem Bürgschaftsvertrag in Anspruch nehmen?

179 Oben (§ 6 Rdn. 61ff) wurde dargelegt, dass eine dem Gläubiger per Fax übermittelte Erklärung für das *Zustandekommen* des Bürgschaftsvertrages genügt. Da A die Bürgschaftserklärung eigenhändig unterschrieben hat, ist die Schriftform gemäß § 126 Abs. 1 BGB gewahrt. Dies genügt aber nach h.M. nicht. Für die Wirksamkeit des Vertrages ist gemäß § 766 Satz 1 BGB die „schriftliche Erteilung der Bürgschaftserklärung" erforderlich. Der BGH legt das Merkmal der schriftlichen Erteilung gemäß § 766 Satz 1 BGB dahin aus, dass der Bürge dem Gläubiger die eigenhändig unterzeichnete Urkunde übermitteln muss: Erforderlich ist „eine Entäußerung gegenüber dem Gläubiger, indem die schriftliche Erklärung diesem – und sei es nur vorübergehend – zur Verfügung gestellt wird".[154] § 766 Satz 1 BGB soll den Bürgen vor leichtfertiger Eingehung einer Bürgschaftsverpflichtung warnen. Ob die bloße schriftliche *Errichtung* einer Bürgschaftserklärung diesem

---

153 BGH vom 14.7.2004, BGHZ 160, 97 (104) = NJW 2004, 2962 (2964).
154 BGH vom 28.1.1993, BGHZ 121, 224 (229) = NJW 1993, 1126; vgl. auch BGH vom 30.7.1997, NJW 1997, 3169 (3170).

Zweck genügt, lässt sich mit guten Gründen bezweifeln, weil der Erklärende die Urkunde vor deren Übermittlung noch einfach vernichten kann. Die Hemmschwelle, die § 766 BGB aufstellt, wird nach dieser Ansicht erst überschritten, wenn der Bürge die von ihm eigenhändig unterschriebene Urkunde auf den Weg zum Empfänger bringt. Allerdings hat auch die Ansicht, die eine Übermittlung der unterzeichneten Urkunde per Telefax oder als Scan per E-Mail genügen lässt,[155] gute Argumente auf ihrer Seite. Denn auch diese Entäußerungsakte sind geeignet, dem Bürgen zu verdeutlichen, dass es jetzt „ernst wird".

(4) Die Ersetzung der Schriftform durch die elektronische Form

Die elektronische Form (§ 126a BGB) ist von der Textform (§ 126b BGB) zu unter- **180** scheiden. Beide sind gesetzlich definierte Fachbegriffe, was unbedingt zu beachten ist.

(a) Die elektronische Form

Die elektronische Form hat die Funktion, die gesetzlich bestimmte Schriftform zu **181** ersetzen. § 126 a BGB ermöglicht es, dem Schriftformerfordernis auf rein elektronischem Wege (ohne „manuellen" Abschluss) zu genügen. Die Anforderungen an eine solche Signatur enthält seit dem 1.7.2016 die Verordnung (EU) Nr. 910/2014 des Europäischen Parlaments und des Rates v. 23.7.2014 über elektronische Identifizierung und Vertrauensdienste für elektronische Transaktionen im Binnenmarkt und zur Aufhebung der Richtlinie 1999/93/EG (eIDAS-VO), die insofern das Signaturgesetz (SigG) Mitte 2017 abgelöst hat. Der Aussteller erstellt ein elektronisches Dokument (Beispiel: E-Mail), das seine Erklärung und seinen Namen enthält, und versieht dieses mit einer **qualifizierten elektronischen Signatur** gemäß der Begriffsbestimmung in Art. 3 Nr. 12 eIDAS-VO. Bei Verträgen muss jede Partei je ein gleichlautendes Dokument erstellen, das den Vertragstext enthält, und jeweils mit ihrer elektronischen Signatur versehen (§ 126 a Abs. 2 BGB)

Die elektronische Form setzt ein „qualifiziertes Zertifikat" von einem „qualifi- **182** zierten Vertrauensdiensteanbieter" voraus (Art. 3 Nr. 12 eIDAS-VO). Angesichts des technischen Aufwands und der hiermit verbundenen Kosten stellt sie gegenwärtig in der Regel nur für Wirtschaftsunternehmen eine attraktive Alternative zur Schriftform dar. Ferner wird die praktische Bedeutung der elektronischen Form dadurch verringert, dass der Gesetzgeber in weitem Umfang von dem in

---

155 So zur Parallelvorschrift des § 1346 Abs. 2 ABGB der österr. OGH vom 31.7.2013, 9 Ob 41/12p und vom 19.9.2013, 1 Ob 161/13b (abrufbar unter https://www.ris.bka.gv.at/Jus/).

§ 126 Abs. 3 BGB vorgesehenen Vorbehalt Gebrauch gemacht hat, die Ersetzung der Schriftform durch die elektronische Form auszuschließen. Dies gilt u. a. für die Erteilung einer Bürgschaft (§ 766 Satz 2 BGB) sowie für Schuldversprechen (§ 780 Satz 2 BGB) und Schuldanerkenntnis (§ 781 Satz 2 BGB).

182a Teils besteht auch Unsicherheit darüber, ob die elektronische Form zum Einsatz kommen kann. So ist es etwa in den Fällen, wo das Gesetz eine „Niederschrift" über ein Rechtsgeschäft und deren Unterzeichnung vorsieht (s. § 24 Abs. 6 WEG oder § 48 Abs. 3 GmbHG für Eigentümer- bzw. Gesellschafterbeschlüsse). Es wird angenommen, dies impliziere Schriftlichkeit,[156] und weiter wird daraus gefolgert, dass die Niederschrift „auf Papier" zu erstellen ist.[157] Diese Auffassung wirkt, um es vorsichtig zu formulieren, nicht sehr zukunftsorientiert. Allenfalls dort, wo die Niederschrift auch der Legitimation dient und bei den betreffenden Institutionen, z. B. dem Grundbuchamt, die elektronische Form nicht akzeptiert wird, muss es (bis auf weiteres) bei der „analogen" Lösung bleiben.

(b) Abgrenzung: Textform

183 Die Textform (§ 126b BGB) ist als computertaugliche einfachste Form gleichzeitig mit der Einführung der elektronischen Form geschaffen worden. Die Vereinfachung liegt darin, dass weder eine eigenhändige Unterschrift noch deren Ersatz durch eine elektronische Signatur, noch die Verkörperung der Erklärung in einer Urkunde erforderlich ist. Es genügt, dass die Erklärung „auf einem dauerhaften Datenträger abgegeben" (§ 126b Satz 1 BGB) wird, der es dem Empfänger ermöglicht, die auf dem Datenträger befindliche Erklärung „so aufzubewahren oder zu speichern, dass sie ihm während eines für ihren Zweck angemessenen Zeitraums zugänglich" ist und der „geeignet ist, die Erklärung unverändert wiederzugeben" (§ 126b Satz 2 BGB). Beispiele sind Papier, USB-Stick, CD-ROM, Speicherkarten, Festplatten und – praktisch am bedeutsamsten – **E-Mails**, während herkömmliche Internetseiten den Erfordernissen der Textform nicht genügen.[158]

184 **Anwendungsbeispiele** sind die Modernisierungsankündigung des Vermieters gemäß § 555c Abs. 1 BGB, die Erklärung der Mieterhöhung aufgrund von Modernisierungsmaßnahmen des Vermieters (§ 559b Abs. 1 Satz 1 BGB), die Unterrichtung des von einem Betriebsübergang betroffenen Arbeitnehmers gemäß § 613a Abs. 5 BGB, der Verbraucherbauvertrag (§ 650i Abs. 2 BGB), die Schadensanzeige des Versicherungsnehmers (vgl. § 30 Abs. 1 Satz 1 VVG), dagegen **nicht** mehr der Widerruf des Verbrauchers gemäß § 355 Abs. 1 Satz 2 BGB (s. aber § 356a Abs. 1 BGB).

---

156 OLG Köln vom 9.2.2006, ZMR 2006, 711 zum WEG.
157 Jennißen/*Schultzky*, WEG, 6. Aufl. 2019, § 24 Rdn. 140; a. A. Staudinger/*Häublein*, WEG (2018), § 24 Rdn. 234.
158 BT-Drs. 17/12637, S. 44; BGH vom 15.5.2014, NJW 2014, 2857 Rdn. 19.

Meist handelt es sich um Erklärungen und Informationen, die im Rahmen einer **185** vertraglichen Sonderbeziehung oder bei der Anbahnung einer solchen relevant sind, nicht aber um die auf den Abschluss eines Vertrages gerichteten Erklärungen. Es geht dann nicht um Übereilungsschutz, sondern um die Dokumentation bestimmter Inhalte des Geschäfts und der hierzu (vorab)[159] zu erteilenden Informationen sowie um deren Klarheit. Eher selten macht das Gesetz die Wirksamkeit eines Vertrages von der Einhaltung der Textform abhängig (§ 650i Abs. 2 BGB; § 656a BGB; § 675 Abs. 3 BGB; § 3a Abs. 1 Satz 1 RVG[160]). Die Zahl dieser Fälle wächst aber, weil der Gesetzgeber die Textform inzwischen auch mit dem Ziel einsetzt, den Parteien klar vor Augen zu führen, dass sie rechtsverbindlich handeln (s. § 2 Abs. 1 S. 2 WoVermRG[161] für Maklerverträge über Wohnraum[162]). An sich ist genau diese Warnfunktion (oben Rdn. 149) die Aufgabe der Schriftform, die aber als Hemmnis im modernen Geschäftsverkehr wirken kann, weshalb die Textform insofern ein Kompromiss ist. Ausnahmsweise regelt der Gesetzgeber die Folgen des Formverstoßes nicht über § 125 BGB, sondern gesondert (vgl. § 640 Abs. 2 Satz 2 BGB).

bb. Notarielle Beurkundung

Die notarielle Beurkundung wird vom Gesetz für bestimmte Rechtsgeschäfte mit **186** besonders gewichtigen Folgen vorgesehen und ist nicht mit der Beglaubigung zu verwechseln.

(1) Anwendungsfälle

Wichtigster Anwendungsfall ist gemäß § 311b Abs. 1 BGB „ein Vertrag, durch **187** den sich der eine Teil verpflichtet, das Eigentum an einem Grundstück zu übertragen oder zu erwerben", also insbesondere ein **Kaufvertrag über ein Grundstück**. Der Schutzzweck trifft nicht nur auf Vereinbarungen zu, die unmittelbar

---

159 Zum Teil werden solche Informationen aber auch im laufenden Vertragsverhältnis geschuldet; s. § 556g Abs. 4 BGB zur zulässigen „gebremsten" Miethöhe bei Wohnraum.

160 Zu § 3a Abs. 1 Satz 1 RVG siehe BGH vom 3.11.2011, NJOZ 2012, 926 Rdn. 7.

161 Gesetzes zur Regelung der Wohnungsvermittlung vom 4.11.1971, BGBl. I, S. 3214.

162 Nach der Begründung zu dieser 2015 erfolgten Änderung des WoVermRG soll Wohnungssuchendem und Vermieter vor Augen geführt werden, dass ein vergütungspflichtiger Vertrag eingegangen wird; s. BT-Drs. 18/3121, S. 35 f. Anders wird überraschender Weise der Ende 2020 in Kraft getretene § 656a BGB, der die Vermittlung eines Kaufvertrages über eine Wohnung oder ein Einfamilienhaus durch Makler regelt, begründet: die Textform soll hier allein der Dokumentation dienen, um Transparenz über den Vertragsinhalt zu schaffen; s. BT-Drs. 19/15827, S. 18 f.

diese Verpflichtung begründen. Es reicht aus, dass der Vertrag Regelungen enthält, welche an die Nichtveräußerung oder den Nichterwerb des Grundeigentums wesentliche wirtschaftliche Nachteile knüpfen, die mittelbar zur Veräußerung oder zum Erwerb des Grundeigentums zwingen.[163]

188 Weiter sind zu nennen: ein Vertrag, durch den sich der eine Teil verpflichtet, sein **gegenwärtiges Vermögen** oder einen Bruchteil seines gegenwärtigen Vermögens zu übertragen oder mit einem Nießbrauch zu belasten (§ 311b Abs. 3 BGB); bei einem Vertrag, durch den eine Leistung schenkweise versprochen wird, das **Schenkungsversprechen** (§ 518 Abs. 1 Satz 1 BGB); eine Vereinbarung, die Ehegatten während eines Verfahrens, das auf die Auflösung der Ehe gerichtet ist, für den Fall der Auflösung der Ehe über den **Ausgleich des Zugewinns**[164] treffen (§ 1378 Abs. 3 Satz 2 Hs. 1 BGB); eine Vereinbarung, die Ehegatten vor der Rechtskraft der Scheidung über die **Unterhaltspflicht** für die Zeit nach der Scheidung treffen (§ 1585c Satz 2 BGB); ein Vertrag, durch den ein **Miterbe** über seinen **Anteil verfügt** (§ 2033 Abs. 1 Satz 2 BGB); ein Vertrag, durch den der Erbe die ihm angefallene **Erbschaft verkauft** (§ 2371 BGB); der **GmbH-Gesellschaftsvertrag** (§ 2 Abs. 1 Satz 1 GmbHG); eine Vereinbarung, durch welche die **Verpflichtung** eines GmbH-Gesellschafters zur **Abtretung eines Geschäftsanteils** begründet wird (§ 15 Abs. 4 Satz 1 GmbHG) sowie der **Abtretungsvertrag** selbst (§ 15 Abs. 3 GmbHG).

(2) Das Verfahren der notariellen Beurkundung

189 § 128 BGB lässt (abweichend von der für die Schriftform von Verträgen geltenden Regel des § 126 Abs. 1 BGB) eine sukzessive Beurkundung von Antrag und Annahme zu. In der notariellen Praxis ist dies ein seltener Ausnahmefall. In der Regel bereitet der Notar aufgrund von Besprechungen mit den Beteiligten einen Vertragsentwurf vor, der Gegenstand der gemäß § 8 BeurkG vorgeschriebenen „Verhandlung" ist. Die Niederschrift über diese Verhandlung enthält gemäß § 9 Abs. 1 Nr. 2 BeurkG „die Erklärungen der Beteiligten". Diese Erklärungen sind aber nicht nach Antrag und Annahme aufgeteilt, sondern auf die Vereinbarungen bezogen, auf die die Beteiligten sich geeinigt haben (oben § 8 Rdn. 100). Durch die Genehmigung und Unterzeichnung der Niederschrift wird der Vertragstext von den Beteiligten gemeinsam in Geltung gesetzt (oben § 8 Rdn. 104).

189a § 17 Abs. 1 BeurkG beschreibt die Pflichten des Notars wie folgt: „Der Notar soll den Willen der Beteiligten erforschen, den Sachverhalt klären, die Beteiligten über die rechtliche Tragweite des Geschäfts belehren und ihre Erklärungen klar und unzweideutig in der Niederschrift wiedergeben. Dabei soll er darauf achten, dass Irrtümer und Zweifel vermieden sowie unerfahrene und ungewandte Beteiligte nicht benachteiligt werden." Der Notar hat also unparteiisch zu sein und vertritt, anders als ein Rechtsanwalt, nicht die Interessen einer Partei.

---

163 BGH vom 25.1 2008, NJW-RR 2008, 824 Rdn. 7 (zu einer Reservierungsvereinbarung).
164 §§ 1371 ff BGB.

(3) Der Mangel der Form

Wann ein der notariellen Beurkundung bedürfender Vertrag wegen Formmangels **190** gemäß § 125 Satz 1 BGB nichtig ist, ist anhand der jeweiligen Formvorschrift zu klären. Hier können nur einige Fragen der Formunwirksamkeit eines Grundstückskaufvertrages exemplarisch angesprochen werden.

(a) Fehlende notarielle Beurkundung

Die Nichtigkeit eines Grundstückkaufvertrages gemäß §§ 125 Satz 1, 311b Abs. 1 **191** BGB kann sich daraus ergeben, dass es überhaupt an einer notariellen Beurkundung fehlt; so in den oben (Rdn. 161) genannten Fällen, in denen Siedlungsbauunternehmen Eigenheimerwerber dazu veranlasst haben, sich mit einem schriftlichen Kaufvertrag zu begnügen.

(b) Unrichtige Beurkundung

Ist eine notarielle Beurkundung an sich erfolgt, kommt als Grund für eine Form- **192** nichtigkeit insbesondere in Betracht, dass der Vertrag unrichtig beurkundet worden ist.[165] Ob dies der Fall ist, ist durch Auslegung des Vertrages auch anhand von Umständen außerhalb der Urkunde zu ermitteln (oben § 8 Rdn. 203). Haben die Parteien zu einem beurkundeten Punkt des Vertrages tatsächlich eine abweichende Übereinstimmung im Willen erzielt, hat der Vertrag den sich aus dem faktischen Konsens ergebenden, vom Text der Urkunde abweichenden Inhalt (oben § 8 Rdn. 144). Ob dies zur Formunwirksamkeit führt, weil das wirklich Gewollte nicht beurkundet ist, richtet sich nach den mit der Formvorschrift verfolgten Zwecken,[166] deren Verletzung einer Gewichtung und Abwägung gegen das „Interesse des Verkehrs an tunlichster Aufrechterhaltung der Rechtsgeschäfte" (oben § 1 Rdn. 33) bedürfen kann.

Nach der Rechtsprechung steht der anhand externer Umstände ermittelte Inhalt des Vertrages der **193** Formwirksamkeit nicht entgegen, wenn das tatsächlich Gewollte im Urkundentext wenigstens unvollkommen zum Ausdruck kommt, also immerhin angedeutet wird (**„Andeutungstheorie"**).[167] Es geht aber nicht um ein Problem der sprachlichen Vereinbarkeit des wirklich Gewollten mit dem Text des beurkundeten Vertrages, sondern darum, ob selbst sprachlich nicht angedeutete Abweichungen teleologisch in der Abwägung der Formzwecke gegen das Interesse des Ver-

---

165 Hierzu Palandt/*Grüneberg* § 311b Rdn. 36.
166 Medicus/*Petersen* AT Rdn. 331; *Köhler* AT § 9 Rdn. 15; Beispiele bei *Neuner* AT § 35 Rdn. 39.
167 BGH vom 20.12.1974, BGHZ 63, 359 (362) = NJW 1975, 536; BGH vom 23.3.1979, BGHZ 74, 116 (119) = NJW 1979, 1350; BGH vom 25.3.1983, BGHZ 87, 150 (154) = NJW 1983, 1610; BGH vom 22.4.2010, NJW 2011, 219 Rdn. 15.

kehrs an der Aufrechterhaltung der Verträge anerkannt werden können. So verfährt auch die Rechtsprechung und durchbricht die Andeutungstheorie, wo sie zu teleologisch nicht akzeptablen Ergebnissen führen würde (wie in den Fällen einer den Parteien *unbewussten* Abweichung des wirklich Gewollten von dem beurkundeten Text des Vertrages, dazu sogleich unten). Besser sollte auf das Kriterium der sprachlichen Andeutung völlig zugunsten teleologischer Kriterien verzichtet werden.[168]

194 Haben die Beteiligten **bewusst** eine unrichtige Beurkundung herbeigeführt, indem sie z.B. einvernehmlich einen zu niedrigen Kaufpreis angeben (Fall **Unterverbriefung**, Sachverhalt unten § 30), so ist der Vertrag[169] wegen Formmangels nichtig.[170]

195   **Anders** entscheidet die Rechtsprechung bei einer den Beteiligten **nicht bewussten Falschbezeichnung** des gemeinsam Gewollten,[171] so insbesondere in Fällen, in denen das verkaufte Grundstück versehentlich mit einer falschen Parzellen-Nummer angegeben wird (**Parzellenverwechslung**). Die Rechtsprechung sieht hier die Beurkundung des falsch Bezeichneten als formwahrend für den Vertrag mit dem übereinstimmend gewollten Inhalt an.[172] Es genügt, dass nach der Vorstellung der Kontrahenten das Erklärte dem Gewollten entspricht.[173]

196   Die unterschiedliche Behandlung beider Fälle beruht auf einer Abwägung zwischen dem hohen Wert, der dem tatsächlichen Konsens in einer auf Privatautonomie gegründeten Rechtsordnung zukommt, und dem Gewicht der Verletzung von Formvorschriften und der daraus resultierenden Verfehlung der Formzwecke. Diese Abwägung fällt bei einer bewussten Verletzung von Form-

---

168 MüKo/*Einsele*, § 125 Rdn. 37 (Andeutungstheorie „im Ansatz verfehlt"); MüKo/*Busche* § 133 Rdn. 61 („entschieden abzulehnen"); Staudinger/*Singer* (2017) § 133 Rdn. 32f; Jauernig/*Mansel* § 126 Rdn. 7; *Köhler* AT § 9 Rdn. 15; *Häsemeyer* JuS 1980, 1 (7).

169 Nach hier vertretener Ansicht (oben § 6 Rdn. 99ff, 103) kommt *nur* der dissimulierte Vertrag mit dem übereinstimmend gewollten Inhalt zustande. Der beurkundete Vertrag hat (trotz des abweichenden Wortlauts!) den von beiden Seiten übereinstimmend gewollten Inhalt („faktischer Konsens", oben § 8 Rdn. 140ff) und kann nicht als gesonderter Vertrag dem dissimulierten Vertrag gegenübergestellt werden.

170 So für den „dissimulierten" Vertrag BGH vom 15.5.1970, BGHZ 54, 56 (62f) = NJW 1970, 1541 (1542f); BGH vom 26.10.1979, NJW 1980, 451; BGH vom 11.11.1983, BGHZ 89, 41 (43ff) = NJW 1984, 973; BGH vom 13.5.2016, NJW-RR 2017, 114 Rdn. 19 – „Eigenprovisionsvereinbarung" (Sachverhalt unten § 30); Palandt/*Grüneberg* § 311b Rdn. 36; *Köhler* AT § 7 Rdn. 12; abweichend mit beachtlichen Argumenten BeckOGK/*Rehberg* § 117 BGB Rdn. 52.1.

171 Ausführlich zu den Auswirkungen unbewusster Falschbezeichnungen auf Grundstücksverträge *Bergermann* RNotZ 2002, 557ff.

172 BGH vom 25.3.1983, BGHZ 87, 150 (153ff) = NJW 1983, 1610; BGH vom 7.12.2001, NJW 2002, 1038 (1039); BGH vom 18.1.2008, NJW 2008, 1658 (1659).

173 Jauernig/*Mansel* § 126 Rdn. 7.

vorschriften zu Lasten der Beteiligten aus, dies nicht zuletzt deshalb, weil andernfalls geradezu Anreize gesetzt würden, sich über Formvorschriften hinwegzusetzen. Anders, wenn die Beteiligten sich um die Einhaltung der Formvorschrift bemühen, dabei aber unbemerkt einen Fehler machen.[174] Die Anerkennung der Wirksamkeit des Vertrages birgt hier nicht die Gefahr einer Aushöhlung der Formvorschrift in sich, da beide Seiten die Beurkundung des übereinstimmend Gewollten anstreben und die Mitwirkung des Notars an der Formulierung des Vertragstextes *in aller Regel* sicherstellt, dass es zu Pannen wie der einer Parzellenverwechslung nicht kommt.

(c) Unvollständige Beurkundung

Unvollständig ist eine Beurkundung, wenn die Urkunde nicht alle Vereinbarun- **197** gen wiedergibt, die in Wirklichkeit getroffen worden sind. Bei der Veräußerung eines Grundstücks erstreckt sich der Formzwang gemäß § 311b Abs. 1 BGB auf alle Vereinbarungen, aus denen sich nach dem Willen der Parteien das schuldrechtliche Veräußerungsgeschäft zusammensetzt.[175] Hierzu gehören alle Vereinbarungen, mit denen das Geschäft stehen oder fallen soll; nicht erforderlich ist, dass hieran dieselben Parteien beteiligt sind.[176] Wird in einem Grundstückskaufvertrag zugleich die Verpflichtung des Verkäufers zur Errichtung eines Hauses aufgenommen und dabei auf eine Baubeschreibung Bezug genommen, so muss diese dem Vertrag beigefügt und mitbeurkundet werden.[177] Vereinbarungen, die der Beurkundung bedurften, aber nicht beurkundet wurden, sind nichtig; die Folgen für den gesamten Vertrag richten sich nach § 139 BGB.[178]

(4) Der Verstoß gegen die Formvorschrift

Bedarf ein Vertrag notarieller Beurkundung, so kommt es gelegentlich vor, dass **198** die auf den Abschluss des Vertrages gerichteten Erklärungen zwar ordnungsgemäß beurkundet, dem Empfänger aber nur in einer dem Formerfordernis nicht

---

174 *Häsemeyer* JuS 1980, 1 (6); *Brox* JA 1984, 549 (557); Staudinger/*Singer* (2017) § 133 Rdn. 36.
175 BGH vom 20.6.1980, NJW 1981, 222; BGH vom 11.11.1983, BGHZ 89, 41 (43) = NJW 1984, 973 (975); BGH vom 14.10.1988, NJW 1989, 898 (899); Palandt/*Grüneberg* § 311b Rdn. 25.
176 BGH vom 16.9.1988, NJW-RR 1989, 198 (199).
177 BGH vom 23.9.1977, BGHZ 69, 266 (268f) = NJW 1978, 102 (insoweit abweichend von BGH vom 20.12.1974, BGHZ 63, 359 = NJW 1975, 536).
178 BGH vom 20.6.1980, NJW 1981, 222; BGH vom 17.3.2000, NJW 2000, 2100 (2101); Palandt/*Grüneberg* § 311b Rdn. 38; Jauernig/*Stadler* § 311b Rdn. 32. Zu § 139 BGB unten Rdn. 264ff.

genügenden Abschrift, per Fax oder dgl. übermittelt werden. Die h. A. sieht hierin ein Problem des Zugangs der Erklärungen (oben § 6 Rdn. 61) mit der Folge, dass bei einer Verneinung des Zugangs schon das Zustandekommen des Vertrages und damit die Anwendbarkeit des § 125 Satz 1 BGB zu verneinen wäre. Nach der hier vertretenen Ansicht hindert ein Formmangel der Erklärungen nicht das Zustandekommen des Vertrages (oben § 6 Rdn. 63 ff). Ob der Vertrag trotz der formgerechten Beurkundung der Erklärungen wegen der Übermittlung nicht formgerechter Reproduktionen dieser Urkunden zum Zwecke des Vertragsschlusses gemäß § 125 Satz 1 BGB nichtig ist, richtet sich nach den Zwecken der jeweiligen Formvorschrift (entsprechend oben Rdn. 179).

d. Der Verstoß gegen gewillkürte Formerfordernisse (§ 125 Satz 2 BGB)

199   Für Formerfordernisse, die durch Rechtsgeschäft bestimmt worden sind („gewillkürte" Formerfordernisse) verweist das Gesetz zwar im Grundsatz auf die Vorschriften über gesetzliche Formerfordernisse (§ 125 Satz 2 BGB), sieht aber doch eine Reihe von Erleichterungen vor (unten Rdn. 208). In der Praxis steht als gewillkürte Form die Schriftlichkeit eines Vertrages ganz im Vordergrund.

aa. Die Rechtsfolgeanordnung

200   Gemäß § 125 Satz 2 BGB hat der Mangel der durch Rechtsgeschäft bestimmten Form im Zweifel gleichfalls die Nichtigkeit des Rechtsgeschäfts zur Folge.

201   Hierin liegt zunächst, dass trotz der Nichtbeachtung der von den Parteien bestimmten Form immerhin das Rechtsgeschäft zustande gekommen sein muss. Daran fehlt es, wenn nach dem Verständnis der Beteiligten die Einhaltung der vereinbarten Form Ausdruck des Rechtsbindungswillens sein soll, also ein Fall von § 154 Abs. 2 BGB vorliegt (hierzu oben Rdn. 156).

202   Wollen die Parteien es zulassen, dass Vereinbarungen formlos zustande kommen, und zugleich die Wirksamkeit dieser Vereinbarungen an die Wahrung der verabredeten Form knüpfen, so ist die formlos getroffene Abrede gemäß § 125 Satz 2 BGB nichtig. Die Einhaltung der Form hat **konstitutive Bedeutung**. Nehmen die Vertragspartner trotz des vereinbarten konstitutiven Formerfordernisses formlos Änderungen oder Ergänzungen des Vertrages vor, kann dies aber als (konkludente) Aufhebung des konstitutiven Formerfordernisses zu deuten sein (unten Rdn. 205 ff).

203   Geht es den Parteien allein darum, die Beweisbarkeit ihrer Vereinbarungen zu erleichtern und zu sichern, hat die Form nur **deklaratorische Bedeutung**. Die formlose Vereinbarung ist wirksam, jede Partei hat gegen die andere Seite einen

Anspruch auf Nachholung der Form (d. h. auf nachträgliche Beurkundung der getroffenen Vereinbarung).[179]

Der Weg zur Nichtigkeit einer vertraglichen Vereinbarung wegen Verstoßes **204** gegen ein gewillkürtes Formerfordernis ist also ausgesprochen „steinig". Dennoch ist § 125 Satz 2 BGB nicht etwa überflüssig, weil es allein darauf ankomme, welche Rechtsfolge der Verstoß gegen eine vereinbarte Form nach dem Willen der Parteien nach sich ziehen solle. Die Vertragspartner können nicht darüber bestimmen, ob ein Vertrag wirksam ist (oben § 7 Rdn. 3). Das BGB ist in diesem Punkt sehr konsequent und sieht deshalb von Gesetzes wegen die Nichtigkeit des Vertrages vor, wenn dies dem Willen der Parteien entspricht.

bb. Die vertragliche Begründung und Aufhebung von Formerfordernissen

Soll für einen Vertrag ein gesetzlich nicht vorgesehenes Formerfordernis gelten, **205** so muss dies „durch Rechtsgeschäft bestimmt" werden (vgl. den Wortlaut des § 125 Satz 2 BGB). Tatbestandliche Voraussetzung für die Anwendung des § 125 Satz 2 BGB ist also ein wirksamer Vertrag, der ein Formerfordernis aufstellt. Dieses bezieht sich in aller Regel auf Änderungen und Ergänzungen des Vertrages. Zur Vereinfachung der Darstellung soll im Folgenden von einer vereinbarten Schriftform ausgegangen werden.

Kraft ihres Willens können Vertragsparteien nicht nur ein Schriftformerfor- **206** dernis aufstellen; sie können es auch wieder aufheben. Die Frage ist, ob sie dabei an die von ihnen für Vertragsänderungen vereinbarte Form gebunden sind. Sie sind es nicht, wenn sie sich kraft ihrer Privatautonomie über die frühere Vereinbarung hinwegsetzen können. Das ist grundsätzlich zu bejahen. Haben die Parteien übereinstimmend den Willen, dass trotz der Schriftformklausel eine lediglich mündlich getroffene Änderung des Vertrages zwischen ihnen gelten soll, so liegt hierin zugleich, dass sie die Schriftformklausel für diese Vereinbarung aufheben. Die „übereinstimmend gewollte mündliche Absprache macht", wie die Rechtsprechung seit langem anerkennt, „das gewillkürte Formerfordernis hinfällig".[180]

Damit entsteht die weitere Frage, ob Parteien sich kraft ihrer Privatauto- **207** nomie strengeren Anforderungen an die spätere Aufhebung einer vertraglich vereinbarten Schriftformklausel unterwerfen können. Hieran können sie ein erhebliches Interesse haben um sicherzustellen, dass die zwischen ihnen geltenden vertraglichen Regelungen allein aus dem Inhalt der schriftlichen Verein-

---

179 Palandt/*Ellenberger* § 125 Rdn. 17; MüKo/*Einsele* § 125 Rdn. 69 (mit Hinweis auf die Schwierigkeit, zur Begründung des Anspruchs das formwidrig Vereinbarte zu beweisen).
180 RG vom 23.11.1910, JW 1911, 94; BGH vom 2.6.1976, BGHZ 66, 378 (381) = NJW 1976, 1395; ablehnend *Faust* AT § 8 Rdn. 17.

barungen ersichtlich sind. Deshalb hat der BGH zu Recht entschieden, dass eine lediglich mündliche Aufhebung eines Schriftformerfordernisses ausscheidet, wenn die Parteien zusätzlich zu dem Schriftformerfordernis für Vertragsänderungen vereinbart haben, dass auch die Aufhebung des Schriftformerfordernisses der Schriftform bedarf (sog. doppelte Schriftformklausel).[181] Ist die doppelte Schriftformklausel aber Gegenstand einer AGB, hat eine (formfreie) Individualvereinbarung nach § 305b BGB den Vorrang und ist nicht nach § 125 Satz 2 BGB unwirksam.[182]

cc. Gesetzliche Modifikationen der gewillkürten Schriftform gegenüber der gesetzlich bestimmten Schriftform

208   Haben die Parteien ein Schriftformerfordernis vereinbart, so ist durch Auslegung der Vereinbarung zu bestimmen, ob die gleichen Anforderungen wie im Falle einer gesetzlich bestimmten Schriftform oder hiervon abweichende Anforderungen gelten sollen. Hilfsweise lässt das Gesetz in § 127 Abs. 2 BGB eine Reihe von Erleichterungen gegenüber der gesetzlich bestimmten Schriftform zu. Im Zweifel genügen für die Erfüllung des Formerfordernisses bei Verträgen ein Briefwechsel und sogar die „telekommunikative Übermittlung" (Telefax, E-Mail) der Willenserklärungen. Auf das für die gesetzliche Schriftform so zentrale Erfordernis der eigenhändigen Unterschrift wird für die Wirksamkeit des auf diese Weise geschlossenen Vertrages verzichtet. Als Ausgleich sieht § 127 Abs. 2 Satz 2 BGB vor, dass die Vertragspartner nachträglich eine dem § 126 BGB entsprechende Beurkundung (oben Rdn. 164 ff, 175 ff) verlangen können.

3. § 134 (Gesetzesverstoß)
a. Die Rechtsfolgeanordnung

209   § 134 BGB ordnet im Hauptsatz zwar die Nichtigkeit eines Rechtsgeschäfts an, das gegen ein gesetzliches Verbot verstößt, setzt aber hinzu, dass dies nur gilt, wenn sich nicht aus dem Verbotsgesetz ein anderes ergibt. Entscheidend kommt es also darauf an, ob nach Ziel und Zweck des Verbotsgesetzes ein Verstoß die zivilrechtliche Nichtigkeit des verbotswidrig vorgenommenen Rechtsgeschäfts nach sich ziehen soll oder nicht[183] (dazu unten Rdn. 210 ff). Überschreitet ein Rechts-

---

181 BGH vom 2.6.1976, BGHZ 66, 378 (381 f) = NJW 1976, 1395 (zu einer Individualvereinbarung unter Kaufleuten); BAG vom 24.6.2003, NJW 2003, 3725 (3727); zustimmend Palandt/*Ellenberger* § 125 Rdn. 19; Jauernig/*Mansel* § 125 Rdn. 11.
182 BGH vom 25.1.2017, NJW 2017, 1017 Rdn. 16 ff.
183 BGH vom 4.4.1966, BGHZ 45, 322 (326) = NJW 1966, 1265 (1266).

geschäft das rechtlich zulässige Maß, wirft der Verstoß gegen das Verbotsgesetz auf der Rechtsfolgenseite die schwierige Frage auf, ob das Geschäft mit „reduziertem" Inhalt aufrecht erhalten werden kann (unten Rdn. 215 ff).

b. Das Verbotsgesetz

Gesetz im Sinne des § 134 BGB ist jede Rechtsnorm (Art. 2 EGBGB), also auch eine **210** Verordnung. Wendet sich eine gesetzliche Vorschrift lediglich gegen die Art und Weise der Anbahnung oder des Zustandekommens von Verträgen (zu bestimmter Zeit, an bestimmtem Ort etc.), nicht aber gegen deren wirschaftlichen Erfolg, so fordert der Zweck der Verbotsnorm grundsätzlich nicht die Nichtigkeit des unter Verstoß gegen die Verbotsnorm zustande gekommenen Vertrages.

Beispiel:[184] Eine Immobilienmaklerin benennt einem Wohnungsinteressenten eine Wohnung, **211** die dieser mietet. Es stellt sich heraus, dass die Maklerin vom Vermieter nicht autorisiert war, die Wohnung zu vermitteln. Der Mieter verweigert die Zahlung des Maklerlohnes mit der Begründung, der Vertrag sei wegen Verstoßes gegen das Verbot des § 6 Abs. 1 WoVermRG[185] gemäß § 134 BGB nichtig. Zu Unrecht: Das Verbot will das wohnungssuchende Publikum vor nutzlosen Besichtigungen schützen, nicht aber verhindern, dass es zu einer erfolgreichen Vermittlung kommt (und somit auch der Zeit- und Kostenaufwand für eine Besichtigung nicht vergeblich war). Die generalpräventive Erwägung allein, dass eine Nichtigkeit des Maklervertrages dem Makler jeden Anreiz nehme, Wohnungen ohne Vermieterauftrag Dritten nachzuweisen, lässt der BGH nicht genügen, da diese Abschreckungswirkung ähnlich durch die Bußgeldbewehrung der Verbotsnorm erzielt werde.[186]

Anders ist zu entscheiden, wenn sich die Verbotsnorm gegen den wirtschaftlichen **212** Erfolg des Vertrages richtet und dessen Nichtigkeit erforderlich ist, um den Eintritt des gesetzlich bekämpften Erfolges zu verhindern. Hierum geht es bei der Bekämpfung von **Schwarzarbeit** durch das SchwarzArbG.[187] Es will den auf Schwarzarbeit beruhenden Leistungsaustausch verhindern. Dies wird am wirkungsvollsten durch die Nichtigkeit eines verbotswidrigen Vertrages erreicht. Eine Nichtigkeit gemäß § 134 BGB ist anzunehmen, wenn beide Vertragspartner gegen das Verbot verstoßen oder doch – bei nur einseitigem Verstoß – die andere

---

184 BGH vom 25.7.2002, BGHZ 152, 10 = NJW 2002, 3015.
185 § 6 Abs. 1 des Gesetzes zur Regelung der Wohnungsvermittlung vom 4.11.1971, BGBl. I, S. 3214, lautet: „Der Wohnungsvermittler darf Wohnräume nur anbieten, wenn er dazu einen Auftrag von dem Vermieter oder einem anderen Berechtigten hat."
186 BGH vom 25.7.2002, BGHZ 152, 10 (13) = NJW 2002, 3015 (3016).
187 Gesetz zur Bekämpfung der Schwarzarbeit und illegalen Beschäftigung vom 23.7.2004, BGBl. I S. 1842. Das Gesetz erweitert die Definition der Schwarzarbeit um bestimmte Tatbestände der Steuerhinterziehung (§ 1 Abs. 2 Nr. 2 SchwarzArbG).

Seite den Verstoß kennt und bewusst zum eigenen Vorteil ausnutzt.[188] Infolge der Nichtigkeit des Vertrages, die auch eintritt, wenn die Parteien ihren wirksamen Vertrag durch eine Schwarzarbeitsabrede abändern,[189] werden keine vertraglichen Erfüllungsansprüche begründet und dem Auftraggeber stehen keine Mängelansprüche zu.[190] Etwaigen bereicherungsrechtlichen Wertersatzansprüchen des Unternehmers gegen den Auftraggeber steht § 817 Satz 2 BGB entgegen.[191] Wird der Vereinbarung und Ausführung von Schwarzarbeit derart umfassend der Schutz der Rechtsordnung versagt, schreckt dies von der wissentlichen Eingehung solcher Vertragsverhältnisse ab und fördert damit die Erreichung der Zwecke des Gesetzes zur Bekämpfung der Schwarzarbeit.

213 **Beispiel:**[192] A schließt mit dem Unternehmer U einen Vertrag über die Bepflasterung der zu ihrem Grundstück gehörenden Einfahrt. Beide Seiten vereinbaren, dass die Bezahlung in bar „**ohne Rechnung**" und ohne Abführung der Umsatzsteuer erfolgen solle. U führt die Arbeiten mangelhaft aus; A macht Mängelansprüche geltend. Der BGH lässt offen, ob nicht nur U, sondern auch A gegen das Verbot des § 1 Abs. 2 Nr. 2 SchwarzArbG verstoßen habe,[193] da A jedenfalls den vorsätzlichen Verstoß des U gekannt und bewusst zu ihrem Vorteil ausgenutzt habe. Da das Gesetz sich gegen den Abschluss von Verträgen richte, die der Steuerhinterziehung dienende Regelungen enthielten, führe der Verstoß zur Nichtigkeit des Vertrages insgesamt (nicht nur zur Unwirksamkeit der „ohne-Rechnung"-Abrede).[194] A stehen daher keine Mängelansprüche (§ 634 BGB) gegen U zu.

214 Verstößt allein der Auftragnehmer gegen das Verbot, ohne dass dies dem Auftraggeber bekannt ist,[195] sieht die Rechtsprechung den Vertrag zum Schutze gutgläubiger Auftraggeber (Erhaltung von Erfüllungs- und ggf. Mängelansprüchen) als wirksam an.[196] Dass der Vertrag nicht gemäß § 134 BGB nichtig ist, überzeugt. Die

---

188 BGH vom 1.8.2013, BGHZ 198, 141 Rdn. 13 = NJW 2013, 3167 (hierzu *S. Lorenz* NJW 2013, 3132); BGH vom 10.4.2014, NJW 2014, 1805 Rdn. 13; BGH vom 11.6.2015, BGHZ 206, 69 Rdn. 10 = NJW 2015, 2406; BGH vom 16.3.2017, BGHZ 214, 228 = NJW 2017, 1808 Rdn. 15.
189 Gegen eine Beschränkung der Nichtigkeitsfolge auf die Änderungsabrede dezidiert BGH vom 16.3.2017, BGHZ 214, 228 = NJW 2017, 1808 Rdn. 19 m. N. zur Gegenansicht.
190 BGH vom 1.8.2013, BGHZ 198, 141 Rdn. 27 = NJW 2013, 3167.
191 BGH vom 10.4.2014, NJW 2014, 1805 Rdn. 17 ff.
192 BGH vom 1.8.2013, BGHZ 198, 141 = NJW 2013, 3167; hierzu ausführlich *Liauw* Jura 2014, 211 (214 ff); *Heyers* Jura 2014, 936.
193 BGH vom 1.8.2013, BGHZ 198, 141 Rdn. 22 = NJW 2013, 3167. Einen Verstoß auch der Auftraggeberin bejaht *Mäsch* JuS 2014, 355 (356); vgl. auch *Spickhoff/Ranke* JZ 2014, 465 (466).
194 BGH vom 1.8.2013, BGHZ 198, 141 Rdn. 29 = NJW 2013, 3167; anders aber vor Inkrafttreten des SchwarzArbG BGH vom 24.4.2008, BGHZ 176, 198 Rn. 7 f. = MDR 2008, 910.
195 Was vorkommen mag, wenn der Unternehmer handwerkliche Leistungen ausführt, ohne in die Handwerksrolle eingetragen zu sein (§ 1 Abs. 2 Nr. 5 SchwarzArbG).
196 BGH vom 20.12.1984, NJW 1985, 2403 (2404); BGH vom 25.1.2001, NJW-RR 2002, 557.

Gewährung von Ansprüchen auf Leistungen, durch deren Erbringung der Schuldner gegen ein gesetzliches Verbot verstößt, vermag aber nicht zu befriedigen. Einen überzeugenden Vorschlag zur Lösung dieser Problematik hat *Köhler* vorgelegt.[197] Seit der Schuldrechtsreform 2002 ergibt sich aus § 311a Abs. 1 BGB, dass ein Vertrag wirksam ist, auch wenn die Leistungspflicht des Schuldners infolge Unmöglichkeit gemäß § 275 Abs. 1 BGB ausgeschlossen ist. Steht der Leistung ein gesetzliches Verbot entgegen, liegt ein Fall der rechtlichen Unmöglichkeit vor. Ein Anspruch auf die Leistung entsteht nicht. Der Gläubiger ist gemäß § 326 Abs. 1 Satz 1 BGB nicht zur Gegenleistung verpflichtet und kann eine bereits erbrachte Leistung gemäß § 326 Abs. 4 BGB zurückfordern. Im Falle einer vom Schuldner mangelhaft erbrachten Leistung hat der Gläubiger zwar keinen Anspruch auf Nacherfüllung (Mängelbeseitigung), da es an einem primären Anspruch auf mangelfreie Leistung fehlt und der Schuldner durch die Nacherfüllung in gleicher Weise wie beim Erfüllungsanspruch gegen das ihn treffende gesetzliche Verbot verstoßen würde. Der Gläubiger kann aber gemäß § 311a Abs. 2 Satz 1 BGB Schadensersatz statt der Leistung oder Ersatz von Aufwendungen zur Mängelbeseitigung verlangen. Hierdurch wird das durch den wirksamen Vertrag begründete Interesse des Gläubigers an einer mangelfreien Leistung abgedeckt, ohne dass es zu einem Verstoß gegen das gesetzliche Verbot kommt.

c. Geltungserhaltende Reduktion

Eine weitere Fallgruppe weist die Besonderheit auf, dass das Verbotsgesetz ausschließlich eine Seite des Vertragsverhältnisses schützen soll. Dieser Schutzzweck schließt es aus, bei einem Verstoß durch die andere Seite Nichtigkeit des Vertrages eintreten zu lassen. Der Vertrag muss wirksam sein. Es bleibt nur, den Vertrag inhaltlich so zu modifizieren, dass er mit dem Verbotsgesetz kompatibel ist („**geltungserhaltende Reduktion**"). Insoweit aber kommen mehrere Lösungen in Betracht. **215**

Beispiel: Gemäß § 556d Abs. 1 BGB darf bei einem Mietvertrag über Wohnraum, der in einem **216** „angespannten Wohnungsmarkt" (dazu Abs. 2 leg. cit.) liegt, die Miete zu Beginn des Mietverhältnisses die ortsübliche Vergleichsmiete (s. § 558 Abs. 2 BGB) höchstens um 10 Prozent übersteigen. Angenommen, V vereinbart mit M eine Monatsmiete von 1.500 Euro, obwohl nur 1.000 Euro ortsüblich sind, kommt selbstverständlich nicht in Betracht, dass der Mietvertrag nichtig ist; denn diese Rechtsfolge würde dem vor zu hoher Miete geschützten Mieter die Wohnung ganz nehmen. Die Frage kann daher nur sein, ob die Miete wegen des Verstoßes auf die ortsübliche Vergleichsmiete herabzusetzen ist (dies wären im Beispielsfall 1.000 Euro) oder ob

---

197 *Köhler* JZ 2010, 767 (770); zustimmend MüKo/*Armbrüster* § 134 Rdn. 126.

nur der Teil der Vereinbarung über die Miethöhe „gekappt" wird, der den höchstzulässigen Wert (im Beispielsfall: 1.100 Euro) überschreitet.

217 Sieht man allein auf die **Anreizwirkungen**, die von der einen oder anderen Lösung auf die Beteiligten ausgehen, wird man eine Herabsetzung auf 1.000 Euro der Aufrechterhaltung des Vertrages mit einer Miete von 1.100 Euro vorziehen. Beschränkt sich nämlich der Mietanspruch des Vermieters bei einer Überschreitung der gesetzlich zulässigen Höhe auf die ortsübliche Vergleichsmiete, so geht ihm der Zuschlag von 10 Prozent verloren, den er bei Einhaltung der gesetzlichen Vorgaben wirksam hätte vereinbaren können. Gibt man ihm trotz des Gesetzesverstoßes einen Anspruch auf die höchstzulässige Miete, wirkt das nicht gerade der Versuchung entgegen, zunächst einmal zu viel zu fordern.[198] Die Rechtsordnung möchte aber gerade erreichen, dass sich die Partei, die typischerweise in einer stärkeren Verhandlungsposition ist, von sich aus an die rechtlichen Vorgaben hält, was dafür spricht, einer präventiv wirkenden Rechtsfolge den Vorzug zu geben.

218 Dem stehen freilich andere Erwägungen entgegen. Gesetzeswidrig ist die Mietvereinbarung nur insoweit, als sie die Vergleichsmiete um mehr als 10 Prozent übersteigt. Außerdem ist die Ermittlung der zulässigen Miete für die Vermieter nicht einfach, weil die Höhe der ortsüblichen Vergleichsmiete als Bezugsgröße oft ungewiss ist. Der Gesetzgeber hat sich vor diesem Hintergrund ganz bewusst für eine Reduktion der Miete auf das (noch) zulässige Maß entschieden (s. § 556g Abs. 1 Satz 2 BGB: „soweit").[199]

4. §§ 135–137 (Verfügungsverbote)

219 Die §§ 135 bis 137 BGB enthalten eine Reihe von speziellen Vorschriften zur Wirksamkeit von Verfügungsgeschäften.[200] Die amtlichen Überschriften zu den §§ 135 und 136 BGB, die von „Veräußerungsverboten" sprechen, sind zu eng, können doch auch andere Verfügungen als eine „Veräußerung" unter das Verbot fallen (Beispiel: Verpfändung).[201]

---

198 Vgl. MüKo/*Armbrüster* § 134 Rdn. 124 zu § 5 WiStG, der aber kaum noch Bedeutung hat.
199 Ebenso zu § 5 WiStG, der früher als „Mietpreisbremse" (heute: §§ 556d ff BGB) diente, BGH vom 11.1.1984, BGHZ 89, 316 (323f) = NJW 1984, 722, 723 (sub III 2c, cc).
200 Zum Begriff der Verfügungsgeschäfte oben § 4 Rdn. 20f.
201 *Schreiber* JURA 2008, 261 (261f) mit Nachweisen.

a. § 135 BGB

§ 135 BGB entspricht dem durchgehenden Anliegen des BGB, die Anordnung der **220** Nichtigkeit eines Rechtsgeschäfts auf das vom Schutzzweck der Nichtigkeitsnorm her notwendige Maß zu beschränken. Stellt das Gesetz daher ein Verfügungsverbot auf, das nur dem Schutz bestimmter Personen dient, so ordnet § 135 BGB an, dass eine unter Verstoß gegen das Verbot vorgenommene Verfügung nur diesen Personen gegenüber unwirksam ist (sog. **relative Unwirksamkeit**). Konstruktiv verdient diese Verbindung von Unwirksamkeit gegenüber bestimmten Personen und Wirksamkeit gegenüber allen anderen Personen gewiss Bewunderung, in den praktischen Konsequenzen kann sie indessen zu sehr unübersichtlichen Rechtslagen und unangemessenen Rechtsfolgen führen. Insofern ist es wohl kein Zufall, dass man im BGB vergeblich nach überzeugenden Beispielen für gesetzliche Verfügungsverbote sucht, auf die § 135 BGB angewendet werden könnte. Verfügungsverbote mit absoluter Wirkung (die sich also gegen alle richten und dem Schutz der Allgemeinheit dienen[202]), fallen nicht unter § 135 BGB, sondern unter § 134 BGB. Um Fälle des § 135 BGB handelt es sich auch nicht, wenn die Verfügungsmacht nur mehreren Personen zusteht und ein einzelner Verfügender daher der Mitwirkung der anderen oder deren Zustimmung zu der Verfügung bedarf. Dies gilt insbesondere für die §§ 1365f BGB.[203] Die Rechtsfolgen fehlender Mitwirkung oder Zustimmung richten sich dann nach den §§ 182ff BGB (schwebende Unwirksamkeit der Verfügung).

b. § 136 BGB

Praktische Bedeutung erlangt § 135 BGB über § 136 BGB, der ein Verfügungsver- **221** bot, das von einem Gericht oder einer Behörde erlassen wird, einem gesetzlichen Verbot im Sinne des § 135 BGB gleichstellt. Gerichtliche Veräußerungsverbote können insbesondere aufgrund der §§ 935, 938 ZPO (einstweilige Verfügung), §§ 829, 857 ZPO (Pfändung von Geldforderungen und sonstigen Rechten) ergehen. Verstöße gegen diese Verbote führen zu der in § 135 BGB vorgesehenen relativen Unwirksamkeit der Verfügung.

Beispiel „Doppelverkauf":[204] V hat seinen mehrfach preisgekrönten, sehr gut erhaltenen Oldti- **222** mer-PKW für 60.000 Euro an K verkauft. Bevor es zur Übereignung und Übergabe an K kommt,

---

202 Beispiel: Veräußerung von Betäubungsmitteln im Sinne von § 1 BtMG, dazu §§ 3 Abs. 1 Nr. 1 und 29 Abs. 1 Satz 1 Nr. 1 BtMG.

203 Die genauere dogmatische Einordnung der §§ 1365, 1369 BGB ist umstritten; Nachweise bei MüKo/*Armbrüster* § 135 Rdn. 22.

204 Zu dieser Konstellation auch Brox/*Walker* AT § 14 Rdn. 34; *Neuner* AT § 55 Rdn. 40; *Faust* AT § 11 Rdn. 3; *Boecken* AT Rdn. 434ff.

bietet D dem V 80.000 Euro für den Wagen und V geht auf dieses Angebot ein. K beantragt und erhält eine einstweilige Verfügung gemäß §§ 935, 938 ZPO, durch die es zugunsten des K dem V untersagt wird, das Fahrzeug an D zu übereignen. Übereignet V dennoch den Wagen an D, ist diese Übereignung im Verhältnis von V zu K unwirksam. V ist K gegenüber Eigentümer geblieben und insoweit auch weiterhin in der Lage, seiner Verpflichtung aus dem Kaufvertrag nachzukommen, dem K das Eigentum an dem Fahrzeug zu verschaffen. Die genaue rechtliche Konstruktion ist umstritten. Eine Übereignung gemäß § 929 BGB durch Einigung und Übergabe ist nicht möglich, da D das Fahrzeug in Besitz hat. Eine Übereignung gemäß § 931 BGB durch Einigung und Abtretung eines Herausgabeanspruchs des V gegen D ist nicht unproblematisch, da die Übereignung im Verhältnis V zu D wirksam ist. Man muss annehmen, dass wegen der relativen Unwirksamkeit der Übereignung im Verhältnis von K zu V letzterer der Inhaber des Herausgabeanspruchs gemäß § 985 BGB ist, falls sich die Sache im Besitz eines Dritten (D) befindet, dass V diesen Anspruch an K abtreten kann[205] und es dem D trotz des Kaufvertrages mit V verwehrt ist, sich auf ein Recht zum Besitz (§ 986 BGB) zu berufen.[206] Nach Ansicht des BGH, der diese Konstruktion ablehnt, kann V die ihm aufgrund des Veräußerungsverbots im Verhältnis zu K verbliebene, nicht näher spezifizierte „Rechtsmacht" auf K übertragen und hierdurch K das Eigentum an der Sache verschaffen.[207] Es fehlt nicht an weiteren Lösungsvorschlägen,[208] die insgesamt nur zeigen, dass die Rechtsfigur der „relativen Unwirksamkeit" eine „Anomalie"[209] ist, die dogmatisch schwer bewältigt werden kann.

223   Die Begünstigung des durch ein relatives Veräußerungsverbot Geschützten bedarf der Abwägung gegen die Interessen des benachteiligten Partners des Verfügungsgeschäfts. Deshalb ordnet § 135 Abs. 2 BGB die entsprechende Anwendung der Vorschriften zugunsten derjenigen an, welche Rechte von einem Nichtberechtigten herleiten. Für den Eigentumserwerb an beweglichen Sachen bedeutet dies, dass die relative Unwirksamkeit nicht eintritt, wenn der Erwerber das Veräußerungsverbot nicht kennt und die Unkenntnis auch nicht auf grober Fahrlässigkeit beruht (§ 932 BGB analog).

224   Die Rechtsprechung erkennt (als „Spiegelbild" zum gesetzlich geregelten Veräußerungsverbot) die Möglichkeit eines gerichtlichen oder behördlichen **Erwerbsverbotes** an und wendet hierauf die Rechtsfolgen des § 135 BGB entsprechend an.[210] Sieht man im Erwerb eines Rechtes keine Verfügung, schließt das ei-

---

205 Hiergegen Palandt/*Herrler* § 985 Rdn. 1, Jauernig/*Berger* § 985 Rdn. 10; zur „Auslegung" einer unzulässigen Abtretung als Ermächtigung, den Anspruch aus § 985 BGB im Wege der Prozessstandschaft zu erheben, BGH vom 29.9.2017, BGHZ 216, 83 Rdn. 30 = MDR 2018, 225.

206 So die im Schrifttum wohl h.M., vgl. Brox/*Walker* AT § 14 Rdn. 34; *Bork* AT Rdn. 1132. Die Einzelheiten dieses Lösungsweges gehören ins Sachenrecht und können hier nicht vertieft werden.

207 BGH vom 7.6.1990, BGHZ 111, 364 (369) = JZ 1991, 40 mit abl. Anm. *Mayer-Maly.*

208 Staudinger/*Kohler* (2017) § 135 Rdn. 122ff; MüKo/*Armbrüster* § 135 Rdn. 39: Obligatorischer Herausgabeanspruch des V gegen D analog §§ 326 Abs. 4, 283 Satz 2, 281 Abs. 5 BGB.

209 Mot. II, S. 615 = Mugdan II, S. 344.

210 RG vom 20.6.1917, RGZ 90, 335 (338); BayObLG vom 31.1.1977, NJW-RR 1997, 914.

ne *unmittelbare* Anwendung des § 135 BGB aus. Doch ist es wertungsmäßig sachgerecht, den Begünstigten eines Erwerbsverbots durch eine relative Unwirksamkeit des Verfügungsgeschäfts ihm gegenüber nach dem Vorbild des § 135 BGB zu schützen.

c. § 137 BGB

§ 137 BGB beruht auf der für das BGB grundlegenden Unterscheidung von ding- 225 licher und obligatorischer Ebene (oben § 4 Rdn. 30 ff). In der dinglichen Ebene ordnet § 137 Satz 1 BGB an, dass die Verfügungsmacht über ein veräußerliches Recht durch Rechtsgeschäft nicht mit Außenwirkung ausgeschlossen oder beschränkt werden kann. Dadurch sollen Verfügungen störungssicher ausgestaltet werden, was der Sicherheit des Rechtsverkehrs dient (eine Ausnahme davon macht § 12 Abs. 3 WEG). Gleichzeitig lässt es das Gesetz zu, dass durch Rechtsgeschäft eine schuldrechtliche Verpflichtung des Verfügungsberechtigten begründet wird, über das veräußerliche Recht nicht zu verfügen (§ 137 Satz 2 BGB).[211] Wird einer solchen Verpflichtung zuwider gehandelt, berührt das die Wirksamkeit der Verfügung nicht. Aus der Verletzung der schuldrechtlichen Verpflichtung kann sich aber ein Schadensersatzanspruch (§ 280 Abs. 1 BGB) ergeben.

Beispiel: V verkauft und übereignet eine bewegliche Sache an K mit der Vereinbarung, dass K die 226 Sache auf keinen Fall an X weiterveräußern dürfe. Eine gegen diese Vereinbarung verstoßende Übereignung der Sache von K an X ist wirksam, X wird also Eigentümer. Kraft des Schadensersatzanspruchs (§ 280 Abs. 1 BGB) kann V zwar verlangen, so gestellt zu werden, wie wenn K die Sache nicht an X veräußert hätte (§ 249 Abs. 1 BGB). Sollte X aber – selbst wenn K ihm einen deutlich höheren Preis bietet, weil er V gegenüber zum Rückerwerb verpflichtet ist – zu einer Rückveräußerung an K nicht bereit sein, schuldet K Schadensersatz in Geld gemäß § 251 Abs. 1 BGB, falls dem V durch die Veräußerung der Sache an X überhaupt ein Vermögensschaden entstanden ist.

5. § 138 (Verstoß gegen die guten Sitten)

§ 138 BGB enthält eine Generalklausel in Abs. 1 (unten Rdn. 242 ff) und regelt in 227 Abs. 2 einen tatbestandlich näher gefassten Fall eines sittenwidrigen Rechtsgeschäfts, nämlich den Wucher (unten Rdn. 228 ff). Im Verhältnis der beiden Absätze zueinander ist bei § 138 Abs. 2 BGB als der spezielleren Vorschrift einzusetzen, sofern in Betracht kommt, dass die tatbestandlichen Voraussetzungen eines wucherischen Vertrages vorliegen.

---

211 Zur zeitlich unbefristeten Dauer BGH vom 6.7.2012, NJW 2012, 3162 Rdn. 13.

a. Wucher (§ 138 Abs. 2 BGB)

228 Der Tatbestand des § 138 Abs. 2 BGB setzt sich aus objektiven und subjektiven Merkmalen zusammen.

aa. Die objektiven Tatbestandsmerkmale
(1) Rechtsgeschäft

229 § 138 Abs. 2 BGB spricht ganz allgemein von einem Rechtsgeschäft. Wie sich aus dem Weiteren ergibt, können aber nur *Verträge* gemeint sein. In erster Linie geht es um schuldrechtliche Verträge, in denen sich jemand „für eine Leistung Vermögensvorteile versprechen" lässt. Das sind alle gegenseitigen (entgeltlichen) Verträge (oben § 4 Rdn. 40 ff).[212] Hinzu kommen Verträge, durch die sich der Wucherer solche Vorteile gewähren lässt. Damit sind die Erfüllungsgeschäfte des Bewucherten gemeint, also insbesondere dingliche Rechtsgeschäfte (§ 4 Rdn. 20 ff), die darauf gerichtet sind, den Wucherer zum Eigentümer einer Sache oder zum Inhaber einer Sicherheit oder eines sonstigen Rechts zu machen.[213]

230 **Beispiel:** Der bewucherte Darlehensnehmer bestellt eine Grundschuld zur Sicherung des Darlehensgebers.[214]

231 Das Gesetz (genauer: diese Auslegung des § 138 Abs. 2 BGB[215]) durchbricht insofern das Abstraktionsprinzip (oben § 4 Rdn. 33), als es die Nichtigkeit des obligatorischen Vertrages (der die Festsetzung des Äquivalenzverhältnisses von Leistung und Gegenleistung enthält) auf das dingliche Rechtsgeschäft erstreckt, das der Bewucherte zur Erfüllung des wegen Wuchers nichtigen Vertrages vornimmt.

(2) Auffälliges Missverhältnis von Leistung und Gegenleistung

232 Ob ein Missverhältnis vorliegt, bestimmt sich nach dem objektiven Wert der Leistungen.[216] Das muss so sein, weil die andere Seite typischerweise aufgrund einer Zwangslage, Unerfahrenheit, Willensschwäche (dazu unten Rdn. 234 ff) *subjektiv*

---

212 Mangels eines Leistungsaustausches können Bürgschaftsverträge nicht nach § 138 Abs. 2 BGB nichtig sein, BGH vom 7.6.1988, NJW 1988, 2599 (2602); BGH vom 26.4.2001, NJW 2001, 2466 (2467).
213 BGH vom 8.7.1982, NJW 1982, 2767 (2768); BGH vom 8.2.1994, NJW 1994, 1275.
214 BGH vom 8.7.1982, NJW 1982, 2767 (2768 sub II 1).
215 Hierzu kritisch *R. Zimmermann* JR 1985, 48 (49 f).
216 BGH vom 19.1.2001, BGHZ 146, 298 (303) = NJW 2001, 1127 (1128) m. w. N.

der von ihr begehrten Leistung einen überhöhten Wert beimisst und gerade hierauf ihr Schutzbedürfnis beruhen kann.

Die praktische Handhabung des § 138 Abs. 2 BGB würde sehr erleichtert, **233** wenn sich das „auffällige Missverhältnis" an absoluten Zahlen festmachen ließe. So gewährt § 934 des österreichischen ABGB demjenigen ein Anfechtungsrecht, der bei einem gegenseitigen Vertrag nicht einmal die Hälfte dessen erhält, was er selbst dem anderen leistet. Ein rechtlich relevantes Missverhältnis zu bejahen, wenn die eine Leistung nur die Hälfte der anderen wert ist, oder wenn – aus umgekehrter Sicht – die empfangene Leistung den Wert der eigenen Leistung um 100 % übersteigt (sog. *laesio enormis*), hat eine lange Tradition.[217] Das BGB hat sich aber gegen die Anerkennung einer solchen starren Grenze entschieden.[218] Der BGH orientiert sich an dieser „100-Prozent-Grenze", ohne sie jedoch absolut zu setzen.[219] *Unterhalb* dieser Schwelle kann ein auffälliges Missverhältnis aufgrund sonstiger die andere Seite belastender Regelungen des Vertrages anzunehmen sein, *oberhalb* dieser Schwelle kann es an einem auffälligen Missverhältnis aufgrund der besonderen Risikostruktur des Vertrages oder ähnlicher Umstände fehlen.

bb. Die subjektiven Tatbestandsmerkmale

In subjektiver Hinsicht verlangt § 138 Abs. 2 BGB, dass der Vertrag unter „Ausbeu- **234** tung der Zwangslage, der Unerfahrenheit, des Mangels an Urteilsvermögen oder der erheblichen Willensschwäche" des anderen Teils zustande kommt. An das Vorliegen dieser Merkmale stellt die Rechtsprechung sehr strenge Anforderungen. Sie sind so streng, dass § 138 Abs. 2 BGB als Nichtigkeitsgrund für Verträge in der Praxis eine recht untergeordnete Rolle spielt. Das ist grundsätzlich richtig. Die Verbindlichkeit von Verträgen kann nicht dadurch in Frage gestellt werden, dass eine Seite geltend macht, noch nie ein Eigenheim erworben zu haben oder der Versuchung, die neuesten Designer-Jeans zu kaufen, schlechterdings nicht widerstehen zu können.[220]

---

217 *Mayer-Maly* FS Larenz (1983), 395 ff; *Finkenauer* FS H. P. Westermann (2008), 183 (185 ff).
218 Mot. II, S. 321 = Mugdan II, S. 178.
219 BGH vom 12.3.1981, NJW 1981, 1206; BGH vom 18.12.2007, NJW-RR 2008, 1436 (1437 Rdn. 31), jeweils zu § 138 Abs. 1 BGB. Näher zur Rechtsprechung zu sittenwidrigen Kaufverträgen *Finkenauer* FS H. P. Westermann (2008), 183 (188 ff).
220 Vgl. BT-Drs. 7/529, S. 20 (zu den Verlockungen der Werbung).

(1) Mangel an Urteilsvermögen

235 Ein **Mangel an Urteilsvermögen** liegt nicht vor, wenn der Betroffene nach seinen Fähigkeiten in der Lage ist, Inhalt und Folgen eines Rechtsgeschäfts sachgerecht einzuschätzen, diese Fähigkeiten aber nicht oder nur unzureichend einsetzt und deshalb ein unwirtschaftliches Rechtsgeschäft abschließt.[221]

236 **Beispiel:**[222] Der Diplom-Betriebswirt K erwirbt von V ein verfallenes, unter Denkmalsschutz stehendes 400 Jahre altes Herrenhaus in Mecklenburg-Vorpommern für 250.000 DM. Die Kosten der erforderlichen Renovierung betragen 1.500.000 DM. Ein Konzept für eine wirtschaftlich rentable Nutzung der Immobilie hat der Käufer nicht. Später findet er heraus, dass der Verkäufer das Grundstück zwei Jahre zuvor zu 21.000 DM erworben hatte. K fordert Rückzahlung des Kaufpreises, da der Vertrag gemäß § 138 Abs. 2 BGB nichtig sei. Seine Kritiklosigkeit bei dem Kauf, das Fehlen eines wirtschaftlichen Konzepts, die Außerachtlassung von Warnungen wegen des hohen Sanierungsbedarfs belege seinen Mangel an Urteilsvermögen. Der BGH lässt das zu Recht nicht gelten: Der Käufer habe das nötige Urteilsvermögen besessen, davon aber nicht angemessen Gebrauch gemacht.

(2) Erhebliche Willensschwäche

237 Eine **erhebliche Willensschwäche** ist anzunehmen, wenn der Betroffene die Tragweite des Geschäfts zwar durchschaut, sich aber wegen einer verminderten psychischen Widerstandsfähigkeit nicht sachgerecht verhalten kann.[223]

(3) Unerfahrenheit

238 Unter **Unerfahrenheit** ist ein auf besonderen Gründen beruhender Mangel an Lebens- oder Geschäftserfahrung zu verstehen. Er konnte in der Zeit nach der Wiedervereinigung bei Bürgern der ehemaligen DDR vorliegen, die sich plötzlich manch ruppigen, ihnen bislang unbekannten Methoden einer Übervorteilung ausgesetzt sahen. Auch insoweit haben die Gerichte freilich von § 138 Abs. 2 BGB nur sehr zurückhaltend Gebrauch gemacht.[224]

(4) Zwangslage

239 Eine **Zwangslage** setzt (anders als der früher vom BGB verwendete Begriff der „Notlage") keine existenzielle Gefährdung voraus. Es genügt, dass der Betroffene

---

221 BGH vom 23.6.2006, NJW 2006, 3054; zustimmend MüKo/*Armbrüster* § 138 Rdn. 151.
222 Sachverhalt nach der in der vorigen Fußnote zitierten BGH-Entscheidung.
223 BGH vom 23.6.2006, NJW 2006, 3054 (3056 Rdn. 28).
224 Ein Beispiel für die Anwendung des § 138 Abs. 2 BGB bildet immerhin BGH vom 16.2.1994, NJW 1994, 1476.

aufgrund besonderer Umstände zur Abwehr drohender Schäden zwingend auf eine Leistung angewiesen ist.[225] Auslöser können auch vorübergehende Bedrängnisse wie ein Wasserrohrbruch oder ein Stromausfall am Wochenende[226] sein.

(5) Ausbeutung durch die andere Seite

Für die **Ausbeutung** einer Zwangslage im Sinne von § 138 Abs. 2 BGB ist die 240
Kenntnis vom objektiven Missverhältnis von Leistung und Gegenleistung und das Wissen erforderlich, dass der Bewucherte zur Behebung seiner Notsituation auf die Leistung des Wucherers angewiesen ist. Eine Ausbeutungs*absicht* ist nicht erforderlich, es genügt, dass der Wucherer sich die die Schwäche des anderen begründenden Umstände zunutze macht. Entsprechendes gilt für die unter (1) bis (3) genannten Merkmale.

cc. Das Verhältnis der objektiven und subjektiven Merkmale zueinander

Nach der Rechtsprechung und der auch im Schrifttum ganz h.M. setzt die Anwen- 241
dung des § 138 Abs. 2 BGB voraus, dass die objektiven *und* die subjektiven Tatbestandsmerkmale je für sich erfüllt sind. Dem ist in einer berühmten und viel diskutierten Entscheidung das OLG Stuttgart entgegen getreten mit der Forderung, die Erfüllung der objektiven und der subjektiven Merkmale im Einzelfall quantitativ zu gewichten: Lägen einzelne Merkmale nur weniger ausgeprägt vor, könne dies durch besonders gravierende andere Umstände im Verhältnis der subjektiven und der objektiven Tatbestandsmerkmale des § 138 BGB Abs. 2 BGB zueinander kompensiert werden.[227] Zu Recht hat sich dieses sog. **„Sandhaufentheorem"** nicht durchgesetzt, widerspricht es doch der mit § 138 Abs. 2 BGB angestrebten Vertatbestandlichung bestimmter Fälle eines Verstoßes gegen die guten Sitten. Dies schließt nicht aus, unterhalb der Schwelle der subjektiven Anforderungen des § 138 Abs. 2 BGB auf die Generalklausel des § 138 Abs. 1 BGB zurückzugreifen.

b. Die Generalklausel (§ 138 Abs. 1 BGB)
aa. Funktion und Handhabung des § 138 Abs. 1 BGB

§ 138 Abs. 1 BGB versagt Rechtsgeschäften die Anerkennung, die die Grenzen der 242
Privatautonomie überschreiten und diese letztlich missbrauchen, weil das

---

225 Palandt/*Ellenberger* § 138 Rdn. 70.
226 AG Langenfeld vom 5.6.1998, NJW-RR 1999, 1354.
227 OLG Stuttgart vom 24.4.1979, NJW 1979, 2409 (2412). Dagegen BGH vom 12.3.1981, BGHZ 80, 153 (159) = NJW 1981, 1206 (1207); BeckOK BGB/*Wendtland* § 138 Rdn. 56.

Rechtsgeschäft „nach seinem aus Inhalt, Beweggrund und Zweck zu entnehmenden Gesamtcharakter mit den grundlegenden Wertungen der Rechts- und Sittenordnung unvereinbar ist".[228] Anders als der Wortlaut des § 138 Abs. 1 BGB vermuten lässt, geht es keineswegs allein oder auch nur in erster Linie darum, das Rechtsgeschäft an außerrechtlichen Maßstäben zu messen, die in einer Rechtsgemeinschaft als sittliche Anforderungen anerkannt sind. In aller Regel ergibt sich die Sittenwidrigkeit eines Rechtsgeschäfts aus dem Verstoß gegen Wertungen und Prinzipien, die der Rechtsordnung selbst zu entnehmen sind.[229] Oberster Rang kommt dabei der Verfassung zu.[230] Das BVerfG verlangt eine Konkretisierung des § 138 Abs. 1 BGB „am Maßstab von Wertvorstellungen, die in erster Linie von den Grundsatzentscheidungen der Verfassung bestimmt werden".[231] Für das Verständnis dessen, was unter den guten Sitten im Sinne von § 138 Abs. 1 BGB zu verstehen ist, kommt „der Wertordnung des Grundgesetzes, wie sie insbesondere in den Grundrechten niedergelegt ist, wesentliche Bedeutung zu".[232] § 138 Abs. 1 BGB dient als „Einbruchsstelle" für die im Grundrechtskatalog der Verfassung enthaltene Wertordnung.[233]

243 Die überragende Bedeutung innerrechtlicher Bewertungsmaßstäbe für die Anwendung des § 138 Abs. 1 BGB wird verfehlt von der viel zitierten Definition, sittenwidrig sei ein Rechtsgeschäft, das gegen das **„Anstandsgefühl aller billig und gerecht Denkenden"** verstößt.[234] Das Anstandsgefühl wird nicht dadurch zu einem rechtlich greifbaren Maßstab, dass man es auf alle billig und gerecht Denkenden bezieht, weil die Frage, *wer* billig und gerecht denkt, und somit: *was* billig und gerecht ist, nicht minder ungeklärt ist als die Frage, was gegen gute Sitten verstößt. Die Behauptung, ein Rechtsgeschäft verstoße gegen das Anstands-

---

228 BGH vom 25.1.1990, BGHZ 110, 156 (174) = NJW 1991, 287 (291); BGH vom 17.1.2008, NJW 2008, 982 (983) – „Bea".

229 *Pawlowski* AT Rdn. 498 a; Staudinger/*Sack*/*Fischinger* (2017) § 138 Rdn. 96; vgl. auch die Übersicht der Wertungskriterien bei MüKo/*Armbrüster* § 138 Rdn. 27 ff, 33 ff.

230 Staudinger/*Sack*/*Fischinger* (2017) § 138 Rdn. 97.

231 BVerfG vom 19.10.1993, BVerfGE 89, 214 (229) = NJW 1994, 36 (38) – „Bürgschaften vermögensloser Familienangehöriger" (Sachverhalt unten § 30); BVerfG vom 22.3.2004, NJW 2004, 2008 (2009); zu diesem Fall (und seiner Prozessgeschichte) *Otte* JURA 2014, 549.

232 BGH vom 2.12.1998, BGHZ 140, 118 (128) = NJW 1999, 566 (568) – „Ebenbürtig".

233 Grundlegend BVerfG vom 15.1.1958, BVerfGE 7, 198 = NJW 1958, 257 – Lüth.

234 Diese sog. „Anstandsformel" wurde ursprünglich vom RG zu § 826 BGB entwickelt, dann auf § 138 BGB übertragen (RG vom 15.10.1912, RGZ 80, 219, 221) und findet sich in höchstrichterlichen Entscheidungen bis in jüngste Zeit, vgl. BGH vom 20.11.2012, NJW-RR 2013, 550 Rdn. 25; BGH vom 15.10.2013, NJW 2014, 1380 Rdn. 8; BGH vom 19.11.2013, NJW 2014, 383 Rdn. 9; BGH vom 03.12.2013, NJW 2014, 1098 Rdn. 23; BGH vom 28.6.2016, NJW 2017, 250 Rdn. 16; BGH vom 30.7.2020, NJW 2020, 2798 Rdn. 29.

gefühl aller billig und gerecht Denkenden, ist nicht nachprüfbar und löst damit Mindestanforderungen an rational nachvollziehbare Rechtsfindung nicht ein.

bb. Beispiele

Die kaum zu überblickende Rechtsprechung lässt sich unter verschiedenen Ge- **244** sichtspunkten ordnen und in Fallgruppen aufteilen. Verbreitet wird danach unterschieden, ob sich das sittenwidrige Verhalten gegen den Geschäftspartner (bei einem Vertrag also gegen den anderen Teil) oder gegen die Allgemeinheit richtet.[235] Im ersteren Fall genügt ein einseitiger Sittenverstoß, im letzteren Fall muss beiden Vertragspartnern ein Verstoß zur Last fallen. Andere Einteilungen knüpfen an die Wertungsgesichtspunkte an, die dem Urteil über den Sittenverstoß zugrunde liegen, insbesondere also an die sich aus dem Grundrechtskatalog der Verfassung ergebenden Wertungsprinzipien wie Schutz der Persönlichkeit, Verstoß gegen die Würde des anderen, Unvereinbarkeit eines Vertrages mit dem verfassungsrechtlich abgesicherten Schutz von Ehe und Familie.[236] Die praktische Orientierung wird durch Rechtsprechungsübersichten nach Lebensbereichen erleichtert (Beispiele: Verträge mit Banken, Verträge über familienbezogene Inhalte, Verträge mit sexuellem Bezug etc.). Vielfach ergänzen in den Kommentaren alphabetisch nach Stichworten gegliederte Zusammenstellungen die systematischen Einteilungen. Im Folgenden werden lediglich beispielhaft einige Fallgruppen sittenwidriger Rechtsgeschäfte dargestellt, denen besondere praktische und methodische Bedeutung zukommt.

(1) *Wucherähnliche Rechtsgeschäfte*

Die Rechtsprechung erkennt an, dass Darlehensverträge, die objektiv durch ein **245** auffälliges Missverhältnis von Leistung und Gegenleistung gekennzeichnet sind, aber nicht die strengen subjektiven Voraussetzungen des Wuchers gemäß § 138 Abs. 2 BGB erfüllen, unter erleichterten Anforderungen wegen Sittenwidrigkeit im Sinne von § 138 Abs. 1 BGB nichtig sein können. Der BGH lässt es hierfür genügen, dass die Bank erkennt (oder die Augen vor der Erkenntnis verschließt), der Schuldner lasse sich nur infolge seiner wirtschaftlichen Unterlegenheit auf die drückenden Bedingungen des Kreditvertrages ein.[237] Entsprechendes gilt für alle

---

235 Palandt/*Ellenberger* § 138 Rdn. 24 ff, 40 ff; *Faust* AT § 10 Rdn. 3 ff, 8.

236 Ein umfassendes bewegliches System von wertungsorientierten Sittenwidrigkeitskriterien findet sich bei MüKo/*Armbrüster* § 138 Rdn. 27 ff.

237 BGH vom 12.3.1981, BGHZ 80, 153 (160); BGH vom 11.1.1995, BGHZ 128, 255 (257) = NJW 1995, 1019 (1020).

anderen Verträge, die ein auffälliges Missverhältnis von Leistung und Gegenleistung aufweisen, ohne gemäß § 138 Abs. 2 BGB nichtig zu sein. Man spricht insoweit von „wucherähnlichen Rechtsgeschäften".

246 Dieser Ansatz ist **methodisch** nicht unproblematisch, da man sich fragen muss, warum das Gesetz für die Nichtigkeit eines Vertrages, der durch ein auffälliges Missverhältnis von Leistung und Gegenleistung gekennzeichnet ist, in § 138 Abs. 2 BGB hohe subjektive Hürden errichtet, wenn Abs. 1 es zulässt, das Ziel auch unterhalb dieser Hürden zu erreichen. Dennoch ist der Judikatur zu folgen. § 138 Abs. 2 BGB greift einige besonders eklatante Fälle eines sittenwidrigen Verhaltens gegenüber dem Vertragspartner heraus, ohne damit eine abschließende Spezialregelung im Verhältnis zu § 138 Abs. 1 BGB zu geben. Sähe man dies anders, müsste man sich fragen, was es rechtfertigt, den Wucherer so zu privilegieren, dass seine Verträge *nur* unter den strengen Voraussetzungen des § 138 Abs. 2 BGB nichtig sind, während ein Verhalten, das nach der Generalklausel des § 138 Abs. 1 BGB als sittenwidrig anzusehen ist, sanktionslos gestellt würde. Eine Auslegung des § 138 Abs. 2 BGB als abschließende Sondervorschrift führte also zu untragbaren Wertungswidersprüchen.

247 Das Vorliegen der subjektiven Voraussetzungen der Sittenwidrigkeit ist nach der Rechtsprechung grundsätzlich zu vermuten, wenn das Missverhältnis von Leistung und Gegenleistung die 100-Prozent-Grenze (oben Rdn. 233) übersteigt, oder bei Grundstücksgeschäften knapp unter dieser Grenze liegt. Bei einem derart groben Missverhältnis entspreche es der Lebenserfahrung, dass der Begünstigte in verwerflicher Gesinnung handle.[238] Dieser Erfahrungssatz gilt aber nicht uneingeschränkt. So rechtfertigt bei einer eBay-Auktion ein grobes Missverhältnis zwischen höchstem Gebot und objektivem Wert der Sache grundsätzlich nicht die Annahme, der Bieter handle in verwerflicher Gesinnung.[239]

248 **Terminologisch** verwirrt, dass der BGH hinsichtlich der Voraussetzungen der Vermutung zwischen einem „besonders groben" und einem lediglich „auffälligen" Missverhältnis unterscheidet und in diesem Zusammenhang die Überschreitung der 100-Prozent-Grenze dem „besonders groben" Missverhältnis zuordnet, für ein „auffälliges Missverhältnis" (das die Vermutung nicht auslöst) deutlich niedrigere Wertrelationen genügen lässt, die schon bei einer 60%igen Überschreitung erfüllt sein können.[240]

---

238 BGH vom 19.1.2001, BGHZ 146, 298 (302) = NJW 2001, 1127 (1128); BGH vom 29.6.2007, NJW 2007, 2841 Rdn. 16; BGH vom 10.2.2012, NJW 2012, 1570 Rdn. 8. Bei Grundstückskaufverträgen verlangt der BGH eine Verkehrswertüberschreitung um mindestens 90 % (BGH vom 24.1.2014, NJW 2014, 1652 Rdn. 8).
239 BGH vom 28.3.2012, NJW 2012, 2723 Rdn. 20 („Vertu-Handy"); dazu *Kulke* NJW 2012, 2697; *M. Schwab* JuS 2012, 839; *Artz* ZJS 2012, 268. Fortführung: BGH vom 12.11.2014, NJW 2015, 548 (hierzu *Oechsler* NJW 2015, 665; *Dastis* Jura 2015, 376); BGH vom 24.8.2016, BGHZ 211, 331 Rdn. 43 = NJW 2017, 468 – „Shill Bidding" (Sachverhalt unten § 30).
240 BGH vom 2.7.2004, BGHZ 160, 8 (16 ff) = NJW 2004, 2671 (2673).

(2) Wirtschaftlich nicht werthaltige Bürgschaften naher Familienangehöriger[241]

Bei der Gewährung von Betriebsmittelkrediten an Unternehmer bestehen Kredit- **249** geber vielfach darauf, dass nahe Familienangehörige des Darlehensschuldners (Ehefrau, Kinder) sich für die Rückzahlung des Kredites ganz oder bis zu einer gewissen Höhe verbürgen oder in anderer Weise eine Mithaftung übernehmen,[242] und zwar auch dann, wenn die Familienangehörigen über kein eigenes Vermögen verfügen und keine nennenswerten Einnahmen aus beruflicher Tätigkeit erzielen. Dies hat zur Folge, dass die Familienangehörigen bei einem Versagen des Darlehensschuldners ihren Verpflichtungen aus den Bürgschaften nicht nachkommen können, in Zahlungsverzug geraten, so dass hohe Verzugszinsen den Umfang der Schuld rasch weiter ansteigen lassen. Nicht selten besteht für diese Familienangehörigen keine Chance, den stetig anwachsenden Schuldenberg jemals abarbeiten zu können.[243]

Der IX. Senat des BGH hat diese Verträge lange unter Berufung auf die Privatautonomie an- **250** erkannt. Die Vertragsfreiheit als Teil der Privatautonomie lasse es zu, auch risikoreiche Geschäfte abzuschließen und sich zu Leistungen zu verpflichten, die nur unter besonders günstigen Bedingungen, ggf. unter dauernder Inanspruchnahme des pfändungsfreien Einkommens, erbracht werden können.[244] Dass Bürgschaften erhebliche Risiken in sich bergen, sei allgemein bekannt; der Gläubiger könne davon ausgehen, dass derjenige, der eine Bürgschaftsverpflichtung übernimmt, sich über die Tragweite seines Handelns im Klaren sei und sein Risiko abschätze.[245] Die Übernahme von Bürgschaften zugunsten von Angehörigen sei weithin üblich und rechtlich nicht zu beanstanden. Der Umstand, dass familiäre Hilfsbereitschaft Angehörige dazu bewege, sich zu verbürgen, mache die Verträge nicht sittenwidrig.[246] Von einem unbeschränkt Geschäftsfähigen müsse erwartet werden, dass er wisse, was er tue, wenn er solche Pflichten eingehe.[247] Methodisch ist an dieser Rechtsprechung auffällig, dass der BGH die für das Sittenwidrigkeitsurteil in Frage kommenden Aspekte je isoliert würdigt und infolgedessen unbedenklich findet. Das ist im Ansatz verfehlt, da das Sittenwidrigkeitsurteil eine **Gesamtwürdigung aller Umstände** verlangt und sich der Verstoß gegen die guten Sitten gerade aus dem Zusammenwirken verschiedener je

---

241 Hierzu Palandt/*Ellenberger* § 138 Rdn. 38 ff; MüKo/*Armbrüster* § 138 Rdn. 92 ff; *Nobbe/Kirchhoff* BKR 2001, 5 ff.

242 Auf welchem Wege eine Mithaftung begründet wird, ist rechtlich gleichgültig: Palandt/*Ellenberger* § 138 Rdn. 38a.

243 Die Möglichkeit einer Restschuldbefreiung (§§ 286 ff InsO) hat nicht den Zweck, erleichterte Voraussetzungen dafür zu schaffen, dass Schuldner in die Situation einer finanziellen Überforderung geraten, und ändert daher an der rechtlichen Beurteilung gemäß § 138 BGB nichts. BGH vom 16.6.2009, NJW 2009, 2671 Rdn. 30 ff; *Homann/Maas* JuS 2011, 774 (776 ff).

244 BGH vom 28.2.1989, BGHZ 107, 92 (98) = NJW 1989, 1276 (1277).

245 BGH vom 19.1.1989, BGHZ 106, 269 (271 f) = NJW 1989, 830 (831).

246 BGH vom 19.1.1989, BGHZ 106, 269 (272) = NJW 1989, 830 (831).

247 BGH vom 16.3.1989, NJW 1989, 1605 (1606).

für sich das Sittenwidrigkeitsurteil nicht tragender Umstände ergeben kann.[248] Zu Recht hat das BVerfG dieser Judikatur des IX. Senats den Vorwurf einer Verkennung der grundrechtlich gewährleisteten Privatautonomie gemacht.[249]

251 Bürgschaftsverträge naher Familienangehöriger sind gemäß § 138 Abs. 1 BGB nichtig, wenn sie in *objektiver* Hinsicht den Bürgen finanziell krass überfordern, daher einem berechtigten Sicherheitsbedürfnis der Bank nicht dienen können und somit wirtschaftlich sinnlos sind. Eine **krasse finanzielle Überforderung** ist insbesondere anzunehmen, wenn die pfändbaren Einkünfte des Bürgen aus beruflicher Tätigkeit einschließlich etwaiger Erträge aus vorhandenem Vermögen zur Zeit der Eingehung der Verbindlichkeit nicht ausreichen, um auch nur die laufenden Zinsen der Hauptschuld zu begleichen.[250] Soll die Bürgschaft vor der Gefahr von Vermögensverschiebungen zulasten des Gläubigers schützen, muss dieser Zweck im Bürgschaftsvertrag so zum Ausdruck kommen, dass eine entsprechende Haftungsbegrenzung sichergestellt ist.[251] In *subjektiver* Hinsicht spricht der Umstand, dass Ehefrauen, Kinder oder sonstige dem Schuldner emotional nahe stehende Personen Bürgschaftsversprechen abgeben, die sie finanziell krass überfordern, dafür, dass der Kreditgeber die sich aus den Bindungen zum Hauptschuldner ergebende Schwäche und strukturelle Unterlegenheit des Bürgen in anstößiger Weise zu seinen Gunsten ausnutzt.[252] Insbesondere die vor dem BVerfG vorgetragene Erwägung, dass „Kreditnehmer bei Einbeziehung ihres Ehepartners sorgfältiger und zielstrebiger wirtschafteten",[253] instrumentalisiert Angehörige zu Druckmitteln, um den Schuldner zur Erfüllung seiner Vertragspflichten anzuhalten. Dies ist im Hinblick auf grund-

---

248 Staudinger/*Sack/Fischinger* (2017) § 138 Rdn. 95, 117; MüKo/*Armbrüster* § 138 Rdn. 27 ff; *Bork* AT Rdn. 1183, 1196.

249 BVerfG vom 19.10.1993, BVerfGE 89, 214 (231) = NJW 1994, 36 (38), Sachverhalt unten § 30 „Bürgschaften vermögensloser Familienangehöriger". Die Verfassungsbeschwerde richtete sich u.a. gegen BGH vom 16.3.1989, NJW 1989, 1605. Nach Aufhebung der Entscheidung durch das BVerfG: BGH vom 24.2.1994, NJW 1994, 1341.

250 BGH vom 27.1.2000, NJW 2000, 1182 (1183); BGH vom 14.11.2000, NJW 2001, 815 (816); MüKo/*Armbrüster* § 138 Rdn. 92.

251 BGH vom 14.5.2002, BGHZ 151, 34 = NJW 2002, 2228; BGH vom 14.5.2002, NJW 2002, 2230.

252 BGH vom 4.12.2001, NJW 2002, 744 (745). Zu besonderen Umständen, die eine Widerlegung dieser Vermutung rechtfertigen können BGH vom 14.11.2000, NJW 2001, 815 (817); *Nobbe/Kirchhof* BKR 2001, 5 (10 f).

253 BVerfG vom 19.10.1993, BVerfGE 89, 214 (225 sub III 3 b; insoweit in NJW 1994, 36 nicht abgedruckt) – „Bürgschaften vermögensloser Familienangehöriger" (Sachverhalt unten § 30).

legende Werte der Verfassung (Schutz der Familie, Handlungsfreiheit und Würde der Person) nicht hinnehmbar.[254]

(3) Knebelungsverträge

Verträge können deshalb gegen die guten Sitten im Sinne von § 138 Abs. 1 BGB **252** verstoßen, weil sie die wirtschaftliche Bewegungsfreiheit des Vertragspartners übermäßig einengen. Das bekannteste Beispiel sind langfristige Verträge, die den Pächter einer Gaststätte verpflichten, Bier und sonstige Getränke ausschließlich von seinem Vertragspartner, einer Brauerei, zu beziehen. Sieht der Vertrag eine Bindung von mehr als 15 – in Ausnahmefällen 20 – Jahren vor, ist nach Ansicht des BGH die Grenze überschritten, die durch die Interessen der Brauerei an einer langfristigen Sicherung ihres Absatzes gedeckt ist.[255] Die wirtschaftliche Betätigungsfreiheit des Pächters wird bei einer längeren Bindung übermäßig eingeengt, weil es ihm z. B. verwehrt wäre, den Charakter seiner Gaststätte in einer Weise zu ändern, die ein breiteres oder anderes Getränkeangebot erfordert.

Verträge, die die Obergrenze einer zulässigen zeitlichen Bindung überschrei- **253** ten, sieht die Rechtsprechung nicht als insgesamt nichtig an, da dann auch die Rechte und Ansprüche, die der Vertrag dem Pächter gegenüber der Brauerei gewährt, hinfällig wären. Vielmehr zerlegt die Rechtsprechung die im Vertrag vorgesehene zeitliche Bindung in entsprechender Anwendung des § 139 BGB in einen bis zur Höchstgrenze reichenden und einen darüber hinausgehenden Teil und bezieht die Nichtigkeitssanktion des § 138 Abs. 1 BGB nur auf die die zeitliche Obergrenze überschreitende Vereinbarung.[256] Methodisch handelt es sich um eine **geltungserhaltende Reduktion** der Laufzeitabrede, die nicht unbedenklich ist, da sie den an der langfristigen Bindung der anderen Seite interessierten Vertragsteil von der Notwendigkeit entlastet, sich durch die Einhaltung der rechtlichen Grenzen die Wirksamkeit des Vertrages zu sichern.[257] Für die Ansicht des BGH spricht aber der hypothetische Parteiwille; denn in Kenntnis der zulässigen Höchstgrenze hätten die Parteien ziemlich sicher diese und keine geringere Laufzeit vereinbart.

---

254 Die ehewidrigen Auswirkungen einer Mithaftung des Ehegatten als Voraussetzung für die Gewährung von Eigenkapitalhilfedarlehen zur Existenzgründung kritisiert zu Recht BGH vom 11.3.1997, BGHZ 135, 66 (71) = NJW 1997, 1773 (1774).
255 BGH vom 7.10.1970, NJW 1970, 2243; BGH vom 27.2.1985, NJW 1985, 2693 (2695 sub III 2); BGH vom 8.4.1992, NJW 1992, 2145 (2145 f).
256 BGH vom 14.6.1972, NJW 1972, 1459; zu § 139 BGB unten Rdn. 264 ff.
257 *Faust* AT § 12 Rdn. 9.

(4) Verstoß gegen wesentliche Gemeinschaftsinteressen

254 Verträge können gemäß § 138 Abs. 1 BGB nichtig sein, wenn sie ein Verhalten fördern, das in besonderem Maße gegen Belange der Gemeinschaft verstößt.

255 Ein **Beispiel** bildet der Vertrieb von **Radarwarngeräten** zum Zwecke der verbotenen[258] Verwendung im Inland. Die Rechtsordnung will verhindern, dass Verkehrsüberwachungsmaßnahmen, die der Erhöhung der Sicherheit des Straßenverkehrs dienen, unterlaufen werden. Der Schutz der Verkehrsteilnehmer vor Gefahren, die aus der Überschreitung der zulässigen Geschwindigkeit entstehen, ist ein wichtiges, rechtlich abgesichertes Gemeinschaftsgut. Kaufverträge über Radarwarngeräte, die zum Einsatz im Inland bestimmt und geeignet sind, gefährden dieses Gemeinschaftsgut und können daher von der Rechtsordnung nicht anerkannt werden. Rechtliche Grundlage der Nichtigkeit[259] ist ein beiderseitiger Verstoß gegen die guten Sitten im Sinne von § 138 Abs. 1 BGB.[260]

(5) Beschränkungen eines Kernbereichs persönlicher Entscheidungsfreiheit

256 § 138 Abs. 1 BGB setzt vertraglichen Regelungen Grenzen, die in einen Kernbereich persönlicher Entscheidungsfreiheit eingreifen.

257 Sittenwidrig und deshalb nichtig sind Vereinbarungen in einem Arbeitsvertrag, in denen sich eine Arbeitnehmerin zur **Einnahme empfängnisverhütender Medikamente** verpflichtet.[261] Dasselbe gilt für entsprechende Absprachen zwischen den Partnern einer intimen Beziehung, sofern solche Vereinbarungen überhaupt mit Rechtsbindungswillen getroffen werden (oben § 5 Rdn. 15).[262] **Gewissens- und Glaubensentscheidungen** entziehen sich grundsätzlich einer Verrechtlichung durch Vertrag. Unwirksam ist daher eine vertragliche Verpflichtung zu einem **Konfessionswechsel**.[263] Auch die Möglichkeit einer **Scheidung** kann vertraglich nicht wirksam ausgeschlossen werden.[264]

---

258 § 23 Abs. 1c StVO.

259 § 134 BGB (oben Rdn. 209 ff) versagt als Grundlage einer Nichtigkeit der Verträge, weil § 23 Abs. 1c StVO nicht den Vertrieb, sondern lediglich die Verwendung des Gerätes durch den Führer eines Kraftfahrzeuges untersagt.

260 BGH vom 23.2.2005, NJW 2005, 1490 (hierzu *Singer* LMK 2005, 159254); BGH vom 25.11.2009, BGHZ 183, 235 Rdn. 13 = NJW 2010, 610. Zu dieser Entscheidung auch unten Rdn. 274.

261 MüKo/*Armbrüster* § 138 Rdn. 69.

262 BGH vom 17.4.1986, BGHZ 97, 372 (379) = NJW 1986, 2043 = JZ 1986, 1011 mit Anm. *Ramm*; zu der Entscheidung auch *Dunz* VersR 1986, 819 und *Schlund* JR 1986, 455.

263 Staudinger/*Sack*/*Fischinger* (2017) § 138 Rdn. 731; MüKo/*Armbrüster* § 138 Rdn. 69; *Neuner* AT § 46 Rdn. 35 f. („Schutz vor Identitätsverlust").

264 BGH vom 9.4.1986, BGHZ 97, 304 (306 f) = NJW 1986, 2046.

cc. Ausgrenzungen

§ 138 BGB bedarf der Abstimmung mit gesetzlichen Vorschriften, deren tat- **258** bestandliche Voraussetzungen sich überschneiden.

(1) § 123 Abs. 1 BGB

Wer einen anderen durch arglistige Täuschung zum Abschluss eines Vertrages **259** bestimmt, verstößt gegen die guten Sitten. § 123 Abs. 1 BGB zeigt jedoch, dass nach dem Gesetz nicht Nichtigkeit des Vertrages ex lege eintreten soll, es vielmehr dem Getäuschten überlassen bleiben soll, ob er durch Anfechtung die Nichtigkeit des Vertrages herbeiführen will oder nicht.[265] Eine Nichtigkeit des Vertrages aus § 138 Abs. 1 BGB kann sich daher nur ergeben, „wenn weitere Umstände als die unzulässige Willensbeeinflussung hinzutreten, die das Geschäft seinem Gesamtcharakter nach als sittenwidrig erscheinen lassen".[266] Entsprechendes gilt für die widerrechtliche Drohung.[267]

(2) ProstitutionsG

Nicht gemäß § 138 Abs. 1 BGB nichtig ist ein entgeltlicher Vertrag, der auf die Vor- **260** nahme sexueller Handlungen im Sinne von § 1 ProstG[268] gerichtet ist. Nach dieser Vorschrift begründet der Vertrag *nach Vornahme* der sexuellen Handlungen einen Anspruch auf Zahlung des vereinbarten Entgelts. Diese Wirkung kann nur ein wirksamer Vertrag haben. Aus der Fassung des § 1 ProstG ergibt sich zugleich, dass ein Anspruch auf Vornahme der sexuellen Handlung nicht entsteht.

Die dem ProstG zugrunde liegenden gesetzgeberischen Wertungen strahlen **261** auf andere Verträge mit sexuellen Bezügen aus. So hat der BGH seine ältere Rechtsprechung zur Unwirksamkeit von Telefonsexverträgen[269] zu Recht nicht aufrecht erhalten.[270] Wenn nämlich die Erbringung körperlicher sexueller Handlungen von Prostituierten zu Entgeltansprüchen führt, kann für Telefonsexleistungen nichts anderes gelten.

---

265 *Köhler* JuS 2010, 665 (667).
266 BGH vom 17.1.2008, NJW 2008, 982 (983) – Bea.
267 BGH vom 7.2.2013, NJW 2013, 1591 Rdn. 8.
268 Gesetz zur Regelung der Rechtsverhältnisse der Prostituierten vom 20.12.2001, BGBl. I S. 3983.
269 BGH vom 9.6.1998, NJW 1998, 2895 (2896).
270 Zutreffend BGH vom 8.11.2007, NJW 2008, 140.

dd. Die Rechtsfolgeanordnung

262 § 138 Abs. 1 BGB sieht als Sanktion die (Total-)Nichtigkeit des gegen die guten Sitten verstoßenden Geschäfts vor. Die Nichtigkeit erfasst das **ganze Rechtsgeschäft**. Eine Beschränkung der Nichtigkeitsfolge kommt nur in Betracht, wenn sich die Sittenwidrigkeit auf einen ausgrenzbaren Teil des Rechtsgeschäfts im Sinne des § 139 BGB (dazu unten Rdn. 264 ff) beschränkt. Freilich bejaht die Rechtsprechung die Teilbarkeit eines Vertrages recht großzügig, wenn sich der Verstoß aus einer übermäßig langen Vertragsdauer ergibt (oben Rdn. 253). Betrifft die Sittenwidrigkeit allein eine einzelne Vereinbarung, wird diese gemäß § 138 Abs. 1 BGB als nichtig angesehen und gemäß § 139 BGB entschieden, welche Auswirkungen dies für den Vertrag im Übrigen hat.

6. § 142 Abs. 1 BGB (Nichtigkeit infolge Anfechtung)

263 Ein Vertrag ist als von Anfang an nichtig anzusehen, wenn er wirksam angefochten worden ist, § 142 Abs. 1 BGB. Bezugspunkt der Nichtigkeitssanktion des § 142 Abs. 1 BGB ist „das Rechtsgeschäft", also der Vertrag, nicht die auf den Abschluss des Vertrages gerichtete Willenserklärung (oben § 6 Rdn. 136 ff). Die Einzelheiten zur Anfechtung sind unten in § 14 dargestellt.

7. § 139 BGB (Teilnichtigkeit und Gesamtnichtigkeit)

264 Ist eine vertragliche Regelung unwirksam, so bedarf der Klärung, ob deren Unwirksamkeit auch die Unwirksamkeit anderer Regelungen oder gar des gesamten Geschäfts zur Folge hat. Eine Antwort gibt § 139 BGB. Danach hat die Nichtigkeit eines Teils eines Rechtsgeschäfts die des ganzen Geschäfts zur Folge, wenn nicht anzunehmen ist, dass es auch ohne den nichtigen Teil vorgenommen sein würde.

a. Tatbestandliche Voraussetzungen

265 Ist das Rechtsgeschäft im Sinne von § 139 BGB ein Vertrag, so kommen als Teil dieses Rechtsgeschäfts nur einzelne vertragliche Vereinbarungen in Betracht. In aller Regel geht es bei der Anwendung des § 139 BGB auf Verträge um die Frage, ob die Unwirksamkeit einzelner vertraglicher Bestimmungen auf den Vertrag insgesamt durchschlägt.

aa. Geschäftseinheit

266 Gelegentlich kann schon die Vorfrage klärungsbedürftig sein, ob die nichtigen und die übrigen Vereinbarungen als Teile eines einheitlichen Rechtsgeschäfts

oder als zwei selbständige Verträge anzusehen sind, die nicht zu einer Geschäftseinheit im Sinne des § 139 BGB zusammengefasst werden. Die Antwort auf diese
Frage richtet sich in erster Linie nach dem Willen der Kontrahenten. Haben diese
die Regelungen gleichzeitig getroffen und in eine einheitliche Vertragsurkunde
aufgenommen, kann dies ein Indiz dafür sein, dass sie die Vereinbarungen als
„ein Rechtsgeschäft" im Sinne des § 139 BGB verstehen. Doch können auch mit
zeitlichem Abstand getroffene Regelungen, die selbst in verschiedenen Vertragsurkunden festgehalten sind, so in einem inneren Zusammenhang stehen, dass sie
nach dem Parteiwillen ersichtlich ein einheitliches Rechtsgeschäft bilden.[271]

Beispiel: Im Fall „Papagenos" (LG Bremen vom 24.5.1991, NJW 1992, 915; Sachverhalt unten § 30) **267**
kann man darüber streiten, ob die Kundin einen Kaufvertrag über den Erwerb der Graphik und einen Werkvertrag über deren Rahmung abgeschlossen hat, oder ob beide Vereinbarungen im Rahmen eines einzigen Vertrages getroffen wurden, der verschiedene Verpflichtungen zur Leistung
enthält. Für die Frage, welche Auswirkungen eine etwaige Nichtigkeit der kaufvertraglichen Vereinbarung auf die werkvertragliche Vereinbarung hat, kann es auf diese Unterscheidung nicht
ankommen. Die Vereinbarung über die Rahmung verliert ihren Sinn, wenn die Kundin keinen Anspruch auf Übereignung und Übergabe der Graphik hat. Wegen dieses engen inneren Zusammenhanges bilden beide Vereinbarungen ein einheitliches Rechtsgeschäft im Sinne des § 139 BGB.[272]

Die Frage, welche vertraglichen Regelungen ein einheitliches Rechtsgeschäft im **268**
Sinne des § 139 BGB bilden, richtet sich nicht allein nach dem Parteiwillen, sondern auch nach systematischen und wertungsmäßigen Vorgaben der Rechtsordnung. Das ist insbesondere für das Verhältnis von Kaufvertrag und Übereignung
bedeutsam, oder allgemeiner gesprochen, für das Verhältnis von Verpflichtungs-
und Erfüllungsgeschäft. Nach dem für die innere Systematik des BGB grundlegenden Trennungs- und Abstraktionsprinzip (oben § 4 Rdn. 31 ff) handelt es sich dabei um selbständige Verträge, deren Wirksamkeit durch die Unwirksamkeit des je
anderen Vertrages nicht berührt wird. Diese Wertung des Gesetzes spricht gegen
die Annahme, Verpflichtungs- und Verfügungsgeschäft seien Teile eines einheitlichen Rechtsgeschäfts im Sinne des § 139 BGB, schließt eine solche Verknüpfung
aber nicht schlechthin aus (oben § 4 Rdn. 37a).

---

271 BGH vom 26.10.1990, BGHZ 112, 376 = NJW 1991, 917 (Geschäftseinheit von Grundstückskaufvertrag und Bierbezugsvertrag).
272 Zu Recht weist *Faust* (AT § 12 Rdn. 5) darauf hin, dass sich die Frage, ob eine Regelung Teil
eines einheitlichen Rechtsgeschäfts ist, weitgehend mit der Frage überschneidet, ob die eine Regelung nicht ohne die andere vorgenommen worden wäre.

bb. Teilbarkeit

269 Die Anwendbarkeit des § 139 BGB setzt weiter voraus, dass der von dem Nichtigkeitsgrund nicht betroffene Teil selbständiger Gegenstand einer rechtsgeschäftlichen Regelung sein kann. Nur dann lässt sich nämlich die Frage stellen, ob diese restliche Regelung ebenfalls nichtig ist oder für sich wirksam bleibt. Deshalb können die für den Abschluss eines zweiseitigen Vertrages erforderlichen Willenserklärungen des einen und des anderen Teils keine „Teile" eines Rechtsgeschäfts im Sinne des § 139 BGB darstellen: Ist eine Erklärung nichtig, kommt der Vertrag nicht zustande, und damit fehlt es an einer (restlichen) Regelung, die aufrechterhalten werden könnte.[273] Sind **mehr als zwei Personen** an einem Vertrag beteiligt, so hat die Unwirksamkeit der auf den Abschluss des Vertrages gerichteten Willenserklärung eines Beteiligten zur Folge, dass er nicht Vertragspartner wird. Der Vertrag kommt mit den übrigen Beteiligten zustande. Ob dieser Vertrag wirksam ist, richtet sich nach § 139 BGB.

270 Nicht unproblematisch ist die von der Rechtsprechung praktizierte quantitative Aufteilung vertraglicher Vereinbarungen über die Laufzeit von Verträgen. § 139 BGB setzt voraus, dass die rechtsgeschäftlichen Regelungen so, wie sie getroffen worden sind, sich aufteilen lassen in Vereinbarungen, die von dem Nichtigkeitsgrund erfasst werden, und solche, die hiervon unberührt bleiben. Darum aber geht es nicht, wenn die Rechtsprechung z.B. einen auf 25 Jahre Laufzeit abgeschlossenen Bierbezugsvertrag in zwei zeitliche Abschnitte (bis zu 15 Jahren, über 15 Jahren) zerlegt (oben Rdn. 253). § 139 BGB ermächtigt nicht zur Aufteilung einzelner Vereinbarungen, sondern nur zur Aufrechterhaltung oder Verwerfung der von dem Nichtigkeitsgrund nicht betroffenen vertraglichen Vereinbarungen. Immerhin kann sich die Rechtsprechung aber darauf stützen, dass es sich bei der Zerlegung und Aufrechterhaltung eines Teiles einer einzelnen Vereinbarung um einen Vorgang handelt, der wertungsmäßig den in § 139 BGB geregelten Fällen nahe steht, weshalb man § 139 BGB entsprechend anwenden (unten § 23 Rdn. 85ff) kann. Zu dem gleichen Resultat (Aufrechterhaltung des Vertrages mit der noch zulässigen Laufzeit) gelangt man, wenn man zwar § 139 BGB nicht für einschlägig hält, sich aber im Rahmen der ergänzenden Vertragsauslegung (dazu oben § 8 Rdn. 187ff), die wie § 139 BGB beim hypothetischen Parteiwillen ansetzt, fragt, was die Parteien vereinbart hätten, wenn ihnen die Unzulässigkeit der vereinbarten Bindungsdauer bekannt gewesen wäre.

---

[273] Medicus/*Petersen* AT Rdn. 505; *Petersen* Jura 2010, 419 (420).

b. Die Rechtsfolgeanordnung

§ 139 BGB ordnet als Grundsatz an, dass die Nichtigkeit eines Teiles eines Rechts- **271**
geschäfts die Nichtigkeit des gesamten Rechtsgeschäfts zur Folge hat, und sieht
als Ausnahme vor, dass das Rechtsgeschäft im Übrigen wirksam bleibt, wenn anzunehmen ist, dass die Parteien das Rechtsgeschäft auch ohne den nichtigen Teil
vorgenommen hätten. Die Ausnahmeregelung entspricht vielfach den Interessen
der Parteien besser als der Grundsatz. Erweist sich eine Vereinbarung eines Vertrages als unwirksam, wollen sie nicht selten so viel wie möglich von dem Vertrag
retten, und nicht etwa den Vertrag rückabwickeln müssen. Vorsorglich enthalten deshalb viele Verträge sog. **salvatorische Klauseln**, die ausdrücklich vom
Grundsatz des § 139 BGB abweichen und vorsehen, dass im Falle der Nichtigkeit
einer Vertragsklausel der Vertrag im Übrigen wirksam bleiben soll (**Erhaltungsklausel**) und die nichtige Klausel durch eine rechtlich zulässige Regelung ersetzt
werden soll, die im wirschaftlichen Erfolg der ersetzten Klausel möglichst nahe
kommt (**Ersetzungsklausel**[274]). Erhaltungsklauseln führen nach der Rechtsprechung lediglich zu einer von § 139 BGB abweichenden Verteilung der Beweislast.
Wer geltend macht, der Vertrag solle ohne den nichtigen Teil aufrechterhalten
bleiben, kann sich hierfür auf die Erhaltungsklausel stützen. Der anderen Seite
bleibt aber möglich, darzulegen und zu beweisen, dass die Parteien den Vertrag
ohne die konkret betroffene nichtige Vereinbarung nicht geschlossen hätten und
er deshalb im Ganzen unwirksam sei.[275]

IV. Rechtliche Erheblichkeit nichtiger Verträge

Ein nichtiger Vertrag ist kein „rechtliches nullum", also nicht etwas rechtlich **272**
„nicht Existentes", sondern tatbestandlich ein Rechtsgeschäft.[276] Der Vertrag ist
zustande gekommen, aber nicht wirksam. Die vertraglich vereinbarten Wirkungen des Vertrages treten nicht ein. Die Vereinbarungen als solche aber bleiben bestehen. Hieran kann die Rechtsordnung in verschiedener Weise anknüpfen.

---

274 Zu den Formulierungsvarianten von Ersetzungsklauseln und zu deren (sehr komplexer)
rechtlicher Problematik *Michalski* ZGR 1998, 7 ff.
275 BGH vom 24.9.2002, NJW 2003, 347; BGH vom 25.7.2007, NJW 2007, 3202 (3203); BGH vom
15.3.2010, NJW 2010, 1660 (1661 Rdn. 8); *Flume* AT § 32, 3 (S. 575); Erman/*Arnold* § 139 Rdn. 10;
BeckOK BGB/*Wendtland* § 139 Rdn. 7.
276 Palandt/*Ellenberger* Überbl. vor § 104 Rdn. 28; *Flume* AT § 30, 1 (S. 547 f); *Hübner* AT
Rdn. 929; *Boemke/Ulrici* AT § 14 Rdn. 42.

1. „Doppelwirkungen im Recht"

273 Es ist anerkannt, dass ein Vertrag, der aus bestimmten Gründen nichtig ist, angefochten werden kann (näher unten § 14 Rdn. 137 ff).[277] Die Anfechtung ist zwar zur Herbeiführung der Nichtigkeit des Vertrages entbehrlich, kann aber wegen sonstiger Rechtswirkungen für den Anfechtenden (insbesondere: Anwendbarkeit des § 142 Abs. 2 BGB) sinnvoll sein. Dass die Rechtsordnung aus mehreren Gründen rechtsgeschäftlichen Vereinbarungen die Anerkennung versagen kann, ist nicht nur teleologisch geboten, sondern auch dogmatisch gut nachvollziehbar. Die Nichtigkeit vernichtet nicht die Vereinbarungen als solche, die Vereinbarungen bleiben dem Tatbestand nach erhalten und können sich unter mehreren rechtlichen Aspekten als unwirksam erweisen.

274 Die Rechtsprechung geht noch einen Schritt weiter. Schließt ein Verbraucher einen Vertrag, der einem Widerrufsrecht unterliegt, so kann der Verbraucher dieses Widerrufsrecht sogar dann ausüben, wenn der Vertrag gemäß § 138 Abs. 1 BGB nichtig ist.[278] Erreicht wird damit, dass der Verbraucher den bereits geleisteten Kaufpreis gemäß § 357 Abs. 1 BGB (oben § 2 Rdn. 38) zurückfordern kann, während einem Rückforderungsanspruch aus Bereicherungsrecht (§ 812 Abs. 1 Satz 1 Var. 1 BGB) grundsätzlich die Sperre des § 817 Satz 2 BGB entgegensteht.

2. Der Zugriff auf den Inhalt nichtiger Verträge

275 Die in einem nichtigen Vertrag getroffenen Vereinbarungen können für die Rückabwicklung des Vertrages infolge der Nichtigkeit rechtlich relevant sein.

276 **Beispiel:**[279] Bei einem wucherischen (§ 138 Abs. 2 BGB) oder wucherähnlichen sittenwidrigen (§ 138 Abs. 1 BGB) Darlehensvertrag (oben Rdn. 245 ff) muss der Darlehensgeber das Kapital dem Darlehensnehmer für die im nichtigen Vertrag vereinbarte Zeit belassen, da dem Rückforderungsanspruch des Darlehensgebers aus § 812 Abs. 1 Satz 1 Var. 1 BGB die Kondiktionssperre des § 817 Satz 2 BGB entgegensteht.[280] Da die Überlassung des Kapitals für die vertraglich vereinbarte Zeit die „Leistung" des Darlehensgebers ist, deren Rückforderung gemäß § 817 Satz 2 BGB wegen des sittenwidrigen Handelns des Darlehensgebers ausgeschlossen ist, kann der Darlehensgeber

---

277 BGH vom 2.10.2009, BGHZ 182, 307 Rdn. 23 = NJW 2009, 3655; BGH vom 13.5.2016, NJW-RR 2017, 114 Rdn. 22 – „Eigenprovisionsvereinbarung" (Sachverhalt unten § 30); BAG vom 12.5.2010, NZA 2010, 1250 Rdn. 51; Palandt/*Ellenberger* § 142 Rdn. 1; MüKo/*Busche* § 142 Rdn. 12; BeckOK BGB/*Wendtland* § 142 Rdn. 4.

278 BGH vom 25.11.2009, BGHZ 183, 235 Rdn. 12 = NJW 2010, 610 (Radarwarngerät). Hierzu *M. Möller* NJW 2010, 612; *Petersen* JZ 2010, 315; *Faust* JuS 2010, 442; *S. Lorenz* GS Wolf (2011) 77 (80 ff); *Würdinger* JuS 2011, 769 (771 ff); *Oechsler*, Vertragliche Schuldverhältnisse (2. Aufl. 2017) Rdn. 539; *Boemke/Ulrici* AT § 14 Rdn. 42; Staudinger/*Roth* (2020) § 142 Rdn. 30.

279 Hierzu BGH vom 17.1.1995, NJW 1995, 1152 (1153).

280 Grundlegend RG vom 30.6.1939, RGZ 161, 52 (56 f); hierzu oben § 6 Rdn. 118.

Rückzahlung des Kapitals gemäß § 812 Abs. 1 Satz 1 Var. 1 BGB erst nach der im nichtigen Vertrag vereinbarten Laufzeit des Kredites verlangen. Bei einem Ratenkreditvertrag, der vorsieht, dass der Darlehensnehmer während der Kreditlaufzeit mit festen monatlichen Raten sowohl Zinszahlungen als auch Kapitaltilgung in variablem Verhältnis zueinander erbringt, bestimmt sich die Höhe der monatlich gemäß § 812 Abs. 1 Satz 1 Var. 1 BGB an den Darlehensgeber zu leistenden variablen Zahlungen wegen des ohne Rechtsgrund erhaltenen Kapitals nach dem im nichtigen Vertrag vereinbarten Tilgungsplan (oben § 6 Rdn. 118).

Das Gesetz bezieht sich in einigen Vorschriften ausdrücklich auf den Inhalt nich- **277** tiger Rechtsgeschäfte. Zu nennen sind aus dem Allgemeinen Teil insbesondere §§ 140 BGB und 141 BGB.

3. Die Umdeutung nichtiger Verträge gemäß § 140 BGB

Entspricht ein nichtiges Rechtsgeschäft den Erfordernissen eines anderen Rechts- **278** geschäfts, so gilt gemäß § 140 BGB dieses andere Rechtsgeschäft, wenn anzunehmen ist, dass dessen Geltung bei Kenntnis der Nichtigkeit gewollt sein würde. In § 140 BGB kommt das durchgängige Prinzip des BGB zum Ausdruck, die Versagung der Anerkennung von Rechtsgeschäften auf das geringste Ausmaß zu beschränken und privatautonom getroffenen Regelungen in möglichst weitem Umfang Wirkung zu verschaffen.

a. Das nichtige Rechtsgeschäft

Die Umdeutung gemäß § 140 BGB knüpft an ein *nichtiges Rechtsgeschäft* an. Vo- **279** rausgesetzt wird also, dass das Rechtsgeschäft immerhin dem Tatbestand nach geschaffen worden ist. Die Umdeutung eines *Vertrages* gemäß § 140 BGB erfordert somit, dass der Vertrag durch wirksame Willenserklärungen zustande gekommen ist.[281] Hieran fehlt es, wenn einer der Kontrahenten bei Abgabe der Erklärung geschäftsunfähig war (oben § 6 Rdn. 76). Im Falle der Geschäftsunfähigkeit eines Beteiligten liegen somit die tatbestandlichen Voraussetzungen des § 140 BGB nicht vor,[282] und dies ist vollkommen folgerichtig, wo es – nach der gesetzlichen Wertung (dazu oben § 6 Rdn. 79 ff) – an jeglicher Fähigkeit zu rechtsgeschäftlicher Willensbildung fehlt.

Umstritten ist, ob ein gemäß § 142 Abs. 1 BGB infolge Anfechtung nichtiges **280** Geschäft gemäß § 140 BGB umdeutbar ist. Nicht zu überzeugen vermag das Be-

---

281 Zur Unterscheidung zwischen dem Zustandekommen und der Wirksamkeit des Vertrages oben vor § 8.
282 MüKo/*Busche* § 140 Rdn 12; Staudinger/*Roth* (2020) § 140 Rdn. 17 m. w. N.

denken, die Anfechtung vernichte jeglichen rechtsgeschäftlichen Willen, der als Anknüpfungspunkt für das andere Rechtsgeschäft im Sinne des § 140 BGB dienen könne.[283] Die wirksame Anfechtung eines Vertrages ändert nichts daran, dass ein Vertrag mit dem von den Kontrahenten (normativ) konsentierten Inhalt zustande gekommen ist (oben § 6 Rdn. 138f). Die Anfechtung führt lediglich dazu, dass der (trotz des Willensmangels zustande gekommene!) Vertrag als von Anfang an nichtig anzusehen (§ 142 Abs. 1 BGB) ist. Damit sind die Voraussetzungen eines „nichtigen" Rechtsgeschäfts im Sinne des § 140 BGB erfüllt.

281 Die in § 140 BGB vorausgesetzte *Nichtigkeit* des Rechtsgeschäfts ist von der bloß *schwebenden Unwirksamkeit* eines Vertrages in den Fällen der §§ 108, 177 BGB zu unterscheiden. Über die Wirksamkeit des Vertrages soll hier nach der Wertung des Gesetzes die Erteilung oder Verweigerung der Genehmigung entscheiden. Erst wenn die Genehmigung verweigert wird, ist der Vertrag endgültig unwirksam, d. h. nichtig. Eine Umdeutung in eine zustimmungsfreie Regelung ist dann aber praktisch schwer vorstellbar, da jegliche „Ersatzregelung" den gleichen Wirksamkeitserfordernissen wie die tatsächlich getroffene Vereinbarung unterliegen würde.

b. Das andere Rechtsgeschäft

282 Das andere Rechtsgeschäft, dessen Geltung § 140 BGB anstelle des nichtigen anordnet, darf nicht über das hinausgehen, was die Parteien in dem nichtigen Vertrag vereinbart haben. Einem nichtigen Vertrag im Sinne von § 140 BGB kann nur ein Vertrag entsprechen, der sich innerhalb der Grenzen der Vereinbarungen des nichtigen Vertrages hält.

283 **Beispiel:** Die Bestellung eines Pfandrechts, die mangels Übergabe der Sache unwirksam ist (§ 1205 Abs. 1 BGB), kann nicht in eine Sicherungsübereignung umgedeutet werden. Zwar bedarf es für die Sicherungsübereignung keiner Übergabe der Sache an den Sicherungsnehmer (§ 930 BGB), doch geht die Übertragung des Eigentums über die bloße Begründung eines Pfandrechts an der Sache (§ 1204 BGB) hinaus.

284 Meist bleibt das andere Geschäft in den Rechtswirkungen hinter den Vereinbarungen im nichtigen Vertrag zurück, kommt aber immerhin dem von den Kontrahenten angestrebten wirtschaftlichen Erfolg nahe. Raum für die Umdeutung eines Vertrages ist insbesondere, wenn gegen den von den Kontrahenten angestrebten

---

283 So aber *Flume* AT § 32, 9 (S. 592f); ihm folgend Medicus/*Petersen* AT Rdn. 518. Dagegen zu Recht Staudinger/*Roth* (2020) § 140 Rdn. 15.

Erfolg von Rechts wegen nichts einzuwenden ist, der Erfolg aber auf dem gewähl-
ten Weg nicht zu erreichen ist.

Beispiel: Ein Wechselakzept wird mit dem Zusatz versehen „Für Lieferung xx vom yy".[284] Dies **285**
kann dahin zu verstehen sein, dass die wechselmäßige Verpflichtung nur bestehen soll, wenn die
genannte Lieferung tatsächlich erfolgt ist. Eine solche Einschränkung verstößt gegen Art. 26
Abs. 1 WG mit der Folge, dass das Wechselakzept nichtig ist. Möglich ist aber eine Umdeutung in
ein abstraktes Schuldversprechen gemäß § 780 BGB, das nicht bedingungsfeindlich ist.[285] Die
Einschränkung gegenüber der Wechselverbindlichkeit liegt u.a. darin, dass der Anspruch aus
dem Schuldversprechen nicht im (vereinfachten) Wechselprozess (§§ 592 ff ZPO) geltend gemacht
werden kann.

c. Der hypothetische Geltungswille der Kontrahenten
Das andere Rechtsgeschäft gilt nur, wenn anzunehmen ist, dass sich die Kontra- **286**
henten auf diese Regelung geeinigt hätten, wenn sie gewusst hätten, dass die von
ihnen getroffene Regelung nichtig ist. Diese Einschränkung ist erforderlich, da
§ 140 BGB die Geltung des anderen Rechtsgeschäfts anordnet, ohne dass es irgendeiner willentlichen Äußerung der Beteiligten bedürfte, diese Rechtswirkungen ersatzweise herbeiführen zu wollen. Die Privatautonomie der Beteiligten wird
durch den Rekurs auf deren hypothetischen rechtsgeschäftlichen Willen gewahrt.
Bei Verträgen entspricht es aller Lebenserfahrung, dass die Kontrahenten eher die
Geltung eines im Sinne des § 140 BGB umgedeuteten anderen Vertrages als die er-
satzlose Nichtigkeit der von ihnen getroffenen Vereinbarungen wünschen.

d. Der Vorbehalt der Schutzzwecke der Nichtigkeitsnorm
§ 140 BGB tauscht den Inhalt des nichtigen Rechtsgeschäfts gegen einen anderen **287**
Inhalt aus, der hilfsweise dem Willen der Beteiligten entspricht. Wäre ein von den
Beteiligten mit diesem anderen Inhalt vorgenommenes Rechtsgeschäft ebenfalls
nichtig, bleibt es bei dieser Sanktion. Andernfalls bedarf sorgfältiger Prüfung, ob
die Geltung des anderen Rechtsgeschäfts mit den Schutzzielen der Norm vereinbar ist, die die Nichtigkeit des primären Rechtsgeschäfts begründet.

Beispiele: Ein Bürgschaftsvertrag ist nur wirksam, wenn das Bürgschaftsversprechen schriftlich **288**
erteilt wurde (§ 766 Satz 1 BGB; oben Rdn. 179). Der mit dem Formerfordernis erstrebte Schutz vor
Übereilung steht grundsätzlich der Umdeutung einer nichtigen Bürgschaft in einen (formfreien)

---

284 Vgl. BGH vom 30.11.1993, BGHZ 124, 263 = NJW 1994. 447. Hierzu *Petersen* J URA 2001, 596 ff.
285 BGH vom 30.11.1993, BGHZ 124, 263 (269) = NJW 1994, 447 (449).

Schuldbeitritt entgegen.[286] – *Anders*, wenn die die Nichtigkeit begründende Norm Schutzzielen dient, die das gemäß § 140 BGB umgedeutete Rechtsgeschäft nicht betreffen. So ist die Bedingungsfeindlichkeit eine Besonderheit wechselmäßiger Verpflichtungen. Die Wechselstrenge dient der Verkehrsfähigkeit des Wechsels und der erleichterten Durchsetzbarkeit wechselmäßiger Verpflichtungen. Die Umdeutung in schuldrechtliche Verpflichtungen, die diesen Privilegien nicht unterliegen, ist daher gemäß § 140 BGB möglich (oben Rdn. 285).

4. Die Bestätigung eines nichtigen Vertrages (§ 141 BGB)

289 Die Bestätigung eines nichtigen Vertrages (§ 141 BGB) unterscheidet sich von dessen Neuvornahme dadurch, dass die Regelungen, die in Geltung gesetzt werden sollen, nicht erneut getroffen werden müssen. Sie ergeben sich vielmehr aus dem nichtigen Vertrag, auf den die Bestätigung Bezug nimmt.[287] Unterliegt der Vertrag einem Schriftformerfordernis, muss daher der Vertragstext in der die Bestätigung enthaltenden Urkunde nicht wiedergegeben werden, sofern der nichtige Vertrag formgerecht abgeschlossen worden ist.[288] Im Übrigen aber ist die Bestätigung rechtlich als erneute Vornahme des Geschäfts zu beurteilen. Bestehen die Gründe fort, die zur Nichtigkeit des Vertrages geführt haben, kann auch dessen Bestätigung zu keinem anderen Ergebnis führen.

290 Der Bestätigung zugänglich ist auch ein Vertrag, der infolge der Verweigerung der Genehmigung (unten § 12 Rdn. 38 ff) endgültig unwirksam ist.[289] Wurde der Vertrag von einem Vertreter ohne Vertretungsmacht geschlossen und haben die Vertretenen die Genehmigung verweigert, so können weitere Erklärungen des Vertreters, die nur im Hinblick auf den Vertrag sinnvoll sind, als Bestätigung des Vertrages aufzufassen sein, dessen Wirksamkeit dann erneut von der Genehmigung der Vertretenen abhängt.[290]

§ 10 Die Wirkungen des Vertrages

1 Die Rechtswirkungen eines Vertrages sind die Rechtsfolgen, auf die der Vertrag seinem Inhalt (= Tatbestand) nach abzielt. Obligatorische Verträge zielen auf die Begründung von Ansprüchen auf die vertraglich vereinbarten Leistungen. Das

---

286 OLG Hamm vom 15.1.1988, NJW 1988, 3022; BeckOK BGB/*Wendtland* § 140 Rdn. 7.
287 Die Bestätigung setzt voraus, dass die Parteien den Grund der Nichtigkeit des Vertrages kennen oder zumindest Zweifel an dessen Wirksamkeit haben: BGH vom 10.2.2012, NJW 2012, 1570 Rdn. 21.
288 BGH vom 1.10.1999, NJW 1999, 3704 (3705).
289 BGH vom 1.10.1999, NJW 1999, 3704.
290 BGH vom 1.10.1999, NJW 1999, 3704 (3705).

Entstehen der vertraglichen Erfüllungsansprüche ist die rechtliche Wirkung dieser Verträge. Das Rechtsgeschäft der Übereignung (§§ 929 ff BGB) zielt auf die Übertragung von Eigentum. Die Wirkung dieses dinglichen Vertrages ist der Übergang des Eigentums.

Sache der Parteien ist es nicht nur zu bestimmen, *welche* Wirkungen eintreten 2 und wen sie treffen sollen. Die Vertragspartner können im Vertrag zugleich auch nähere Regelungen über Eintritt und Ende dieser Wirkungen vereinbaren.

I. Der gesetzliche Regelfall

Ist im Vertrag nichts über den Eintritt und Fortfall der verabredeten Rechtsfolgen 3 gesagt, so treten die rechtlichen Wirkungen des Vertrages grundsätzlich mit dessen Abschluss ein, sofern – selbstverständlich – der Vertrag wirksam ist.

Mit dem Nachweis, dass ein Kaufvertrag zustande gekommen und wirksam ist, ist in aller Regel 4 die Frage beantwortet, ob der Verkäufer Bezahlung des vereinbarten Kaufpreises, der Käufer Übergabe und Übereignung der Sache verlangen kann. Diese Ansprüche entstehen mit Abschluss des Vertrages und unterliegen keinen weiteren Voraussetzungen. Zu unterscheiden vom **Entstehen** dieser Ansprüche (um die es in der Fallbearbeitung typischerweise geht) ist deren **Durchsetzbarkeit**. Insoweit gilt, dass (vorbehaltlich abweichender Vereinbarungen), die Leistungen nur „Zug-um-Zug" zu erbringen sind (§ 320 BGB). Ergibt sich aus dem Vertrag, dass der Verkäufer die Sache noch beschaffen muss, wofür möglicherweise eine Lieferzeit vereinbart worden ist, so ist die Fälligkeit des Anspruchs gegen den Verkäufer hinausgeschoben (§ 271 Abs. 2 BGB). Das alles ändert aber nichts daran, dass die beiderseitigen Ansprüche mit Abschluss des Kaufvertrages entstanden sind.

Ist neben der Willenseinigung der Parteien noch ein Realakt erforderlich, so muss 5 auch dieser vorliegen.

Zur **Übertragung des Eigentums** an einer beweglichen Sache ist gemäß § 929 Satz 1 BGB erforderlich, „dass der Eigentümer die Sache dem Erwerber übergibt und beide Seiten darüber einig sind, dass das Eigentum übergehen soll." Zu der rechtsgeschäftlichen Einigung über den Eigentumsübergang muss der Realakt der Übergabe hinzukommen, damit die Rechtswirkung des Übergangs des Eigentums eintritt.

II. Vertragliche Vereinbarungen über Beginn und Ende der Wirkungen des Vertrages

1. Überblick und Terminologie
Regelungen über Beginn und Ende der Wirkungen des Vertrages können die Parteien auf zweierlei Weise treffen: 7

a. Anknüpfung an zukünftige Ereignisse, deren Eintritt gewiss ist

8 Die Parteien können die Wirkungen des Vertrages an ein Ereignis knüpfen, dessen **Eintritt gewiss** ist (auch wenn der Zeitpunkt, zu dem das Ereignis eintritt, möglicherweise noch unbestimmt ist). Man spricht dann von einer **Zeitbestimmung**. Bezieht sie sich auf den *Eintritt* der Wirkungen des Rechtsgeschäfts, handelt es sich um einen **Anfangstermin** (§ 163 Var. 1 BGB), bezieht sie sich auf den *Fortfall* der Wirkungen des Rechtsgeschäfts, handelt es sich um einen **Endtermin** (§ 163 Var. 2 BGB). In Parallele zur Terminologie des § 158 BGB (Bedingung) kann man bei der Vereinbarung eines Anfangstermins von einer **aufschiebenden Befristung**, bei der Vereinbarung eines Endtermins von einer **auflösenden Befristung** sprechen. Wird die Entstehung einer Forderung an einen Anfangstermin geknüpft, handelt es sich um eine aufschiebend befristete Forderung. Sie ist zu unterscheiden von einer „betagten" Forderung, die sogleich entsteht, deren Fälligkeit aber auf einen späteren Termin hinausgeschoben ist.[1]

b. Anknüpfung an zukünftige Ereignisse, deren Eintritt ungewiss ist

9 Die Parteien können die Wirkungen des Vertrages auch mit einem zukünftigen **ungewissen Ereignis** verknüpfen. Man spricht dann von einer **Bedingung**. Wird der *Eintritt* der Wirkungen eines Rechtsgeschäfts von einer Bedingung abhängig gemacht, handelt es sich um eine **aufschiebende** Bedingung (§ 158 Abs. 1 BGB), wird das *Ende* der Wirkungen des Rechtsgeschäfts von einer Bedingung abhängig gemacht, handelt es sich um eine **auflösende** Bedingung (§ 158 Abs. 2 BGB).

c. Ausgrenzung von Rechtsbedingungen

10 **Nicht anwendbar** sind die §§ 158 ff BGB auf ungewisse Ereignisse, die von Rechts wegen Voraussetzung für die Wirksamkeit eines Rechtsgeschäfts sind (sog. **Rechtsbedingungen**, lat. *condiciones iuris*).

11 **Beispiel:** Ein Minderjähriger schließt einen Kaufvertrag „unter der Bedingung der Genehmigung durch seine Eltern". Die Wirksamkeit des Vertrages richtet sich von Gesetzes wegen nach § 108 BGB, hängt also unter den dort genannten Voraussetzungen von der Genehmigung des Vertrages durch den gesetzlichen Vertreter ab. Zusätzliche Erfordernisse für den Eintritt der Wirkungen des Vertrages werden durch die Klausel nicht geschaffen, die §§ 158 ff BGB sind nicht anzuwenden.[2]

---

1 Palandt/*Ellenberger* § 163 Rdn. 2; Staudinger/*Bork* (2020) § 163 Rdn. 2.

2 Palandt/*Ellenberger* Einf. vor § 158 Rdn. 5.

In der Fallbearbeitung geht es entweder um die Frage, ob die Wirkungen des 12
Rechtsgeschäfts (schon) eingetreten oder (wieder) fortgefallen sind. Demgemäß
ist zwischen Vereinbarungen über den *Beginn* der Wirkungen des Vertrages (unten 2) und Vereinbarungen über den *Fortfall* der Wirkungen des Vertrages (unten 3) zu unterscheiden.

2. Regelungen über den Beginn der Wirkungen des Vertrages
a. Vereinbarung eines Anfangstermins

Durch die Festlegung eines Anfangstermins kann vorgesehen werden, dass die 13
vertraglich vereinbarten Wirkungen nicht sogleich mit dessen Abschluss (gesetzlicher Normalfall, dazu oben Rdn. 3f), sondern erst zu einem bestimmten oder bestimmbaren späteren Zeitpunkt einsetzen sollen. Bei einem schuldrechtlichen
Vertrag wird also die Entstehung der vertraglichen Erfüllungsansprüche auf den
vereinbarten Termin hinausgeschoben.

Ein wichtiges **Beispiel** bildet ein Wohnungsmietvertrag, der Wochen oder Monate vor dem vor- 14
gesehenen Bezugstermin der Wohnung – also z. B. im Juni zum 1. Oktober – abgeschlossen wird.
Dadurch wird erreicht, dass die Verpflichtung des Vermieters, dem Mieter den Gebrauch der
Wohnung zu gewähren, und die Verpflichtung des Mieters, hierfür die vereinbarte Miete zu bezahlen, erst zu dem vereinbarten Bezugstermin entsteht.[3] Folglich stört es nicht, wenn die Wohnung zum Zeitpunkt des *Abschlusses* des Vertrages noch gar nicht fertig gestellt oder noch von
einem anderen Mieter bewohnt ist, der erst demnächst aus der Wohnung ausziehen wird.[4] Andererseits haben Vermieter und Mieter schon mit Abschluss des Vertrages die Sicherheit, dass ihnen
zum vorgesehenen Zeitpunkt die im Vertrag vereinbarten Ansprüche zustehen werden: Der Vertrag ist sofort bindend, auch wenn die Ansprüche erst später entstehen.

Die Vereinbarung eines Anfangstermins bezieht sich nur auf die rechtsgeschäft- 15
lich bestimmten Wirkungen des Vertrages. Sie hindert nicht, dass mit Abschluss
des Vertrages gesetzliche Pflichten entstehen, kraft deren die Parteien zur Vertragstreue und zur Rücksichtnahme auf die Interessen des anderen Teils gehalten
sind (§ 241 Abs. 2 BGB).

Im **Beispiel oben** hat sich der Vermieter also rechtzeitig vor dem mit dem Mieter vereinbarten 16
Einzugstermin darum zu kümmern, dass die Wohnung termingerecht bezugsfertig ist, insbesondere ein bisheriger Mieter die Wohnung rechtzeitig räumt.

---

3 BGH vom 25.4.2013, NJW 2013, 2429 Rdn. 28; Erman/*Armbrüster* § 163 Rdn. 4; *Neuner* AT § 53
Rdn. 7. Näher nimmt die Rechtsprechung an, dass der Anspruch auf die Miete zum Anfangstermin
des jeweiligen Zeitraums der Nutzungsüberlassung entsteht: BGH vom 17.9.2009, BGHZ 182, 264
Rdn. 10 = NJW 2010, 444 mit ausf. Nachweisen.
4 Hierzu *Leenen/Fleischhauer* JuS 2005, 709 ff.

b. Vereinbarung einer aufschiebenden Bedingung

17 Durch die Vereinbarung einer aufschiebenden Bedingung wird der Eintritt der vertraglich bestimmten Wirkungen des Vertrages vom Eintritt eines zukünftigen ungewissen Ereignisses abhängig gemacht (§ 158 Abs. 1 BGB).

18 **Beispiel:** Kauf einer Solarheizungsanlage unter der aufschiebenden Bedingung der Gewährung von Solarförderungsmitteln durch das Bundesamt für Wirtschaft und Ausfuhrkontrolle.[5]

19 Die Bindung, die schon durch den Abschluss eines aufschiebend bedingten Vertrages eintritt, verpflichtet nach der Rechtsprechung beide Seiten, „sich während des Schwebezustandes vertragstreu zu verhalten und dafür zu sorgen, dass den Belangen des anderen Teils Rechnung getragen wird".[6] Grundlage dieser Treuepflichten ist § 241 Abs. 2 BGB.

20 Die Vereinbarung einer aufschiebenden Bedingung kann ausdrücklich erfolgen oder sich konkludent aus Sinn und Zweck des Vertrages ergeben. Häufig ist eine interessengerechte Auslegung des Vertrages gefordert.

21 Umstritten ist, ob die Barzahlung mit einem Geldschein, der den Schuldbetrag erheblich übersteigt, als Übereignung unter der aufschiebenden Bedingung der Aushändigung des Wechselgeldes zu verstehen ist. Dies wurde (in einem freilich sehr besonders gelagerten Fall und als Vorfrage für strafrechtliche Konsequenzen) in der Rechtsprechung bejaht.[7] Für die Normalsituationen in Warenhäusern, Supermärkten und an Tankstellen vermag dies nicht zu überzeugen, da der Kunde eines solchen Schutzes nicht bedarf:[8] Dass einem Kunden das Wechselgeld nicht herausgegeben werden kann und dennoch die Rückgabe des Geldscheins verweigert wird, kommt kaum vor. Sollte dieser Fall je eintreten, genügt der schuldrechtliche Rückgabeanspruch des Kunden.

22 Das praktisch bedeutsamste aufschiebend bedingte Rechtsgeschäft ist die Übereignung einer Sache unter **Eigentumsvorbehalt**. Behält sich der Verkäufer einer beweglichen Sache bei deren Übereignung an den Käufer das Eigentum bis zur Bezahlung des Kaufpreises vor, so ist gemäß § 449 Abs. 1 BGB im Zweifel anzunehmen, dass das Eigentum unter der aufschiebenden Bedingung vollständiger Zahlung des Kaufpreises übertragen wird. Die Übereignung durch Einigung und Übergabe (§ 929 BGB) wird also vorgenommen, das Eigentum an der verkauften Sache bleibt aber noch beim Veräußerer (Verkäufer) und geht – ohne jede

---

5 BGH vom 13.6.2007, NJW 2007, 3057.

6 BGH vom 14.3.1984, BGHZ 90, 302 (308) = NJW 1984, 2034 (2035); BGH vom 30.4.1992, NJW 1992, 2489 (2490).

7 OLG Saarbrücken vom 16.10.1975, NJW 1976, 65 (66); zustimmend Palandt/*Ellenberger* § 158 Rdn. 4; Staudinger/*Bork* (2020) § 158 Rdn. 5.

8 Erman/*Armbrüster* § 158 Rdn. 8.

weitere Mitwirkung beider Seiten – in dem Moment auf den Erwerber (Käufer) über, in dem der Kaufpreis vollständig bezahlt ist.

Die Vereinbarung einer aufschiebenden Bedingung hat nicht etwa zur Folge, **23** dass bis zum Eintritt des Ereignisses das Rechtsgeschäft (schwebend) unwirksam wäre und erst bei Eintritt der Bedingung wirksam würde.[9] Die Bedingung bezieht sich allein auf den Eintritt der Wirkungen des (wirksamen!) Rechtsgeschäfts.[10]

Dies lässt sich wiederum am **Beispiel** des **Eigentumsvorbehalts** veranschaulichen. Nach all- **24** gemeiner Ansicht entsteht mit Übergabe der Sache und aufschiebend durch die Zahlung des Kaufpreises bedingter Übereignung eine gesicherte Rechtsposition des Erwerbers, die als „**Anwartschaft**" bezeichnet wird.[11] Voraussetzung für das Entstehen der Anwartschaft ist die Wirksamkeit der Übereignung. Eine unwirksame Übereignung kann solche Rechtsfolgen nicht begründen.

In seltenen Fällen erlaubt die Rechtsordnung nicht, einen Vertrag unter einer Be- **25** dingung vorzunehmen. Dies gilt z. B. für die Auflassung (§ 925 Abs. 2 BGB) oder – naheliegenderweise – für die Eheschließung (§ 1311 Satz 2 BGB). Hier ordnet das Gesetz zugleich an, welche Rechtsfolgen ein Verstoß hat. Diese Rechtsfolgen betreffen den Vertrag insgesamt, nicht nur die Vereinbarung der Bedingung (Unwirksamkeit der Auflassung, § 925 Abs. 2 BGB, Aufhebbarkeit der Ehe, § 1314 Abs. 1 BGB).

3. Regelungen über das Ende der Wirkungen des Vertrages
a. Vereinbarung eines Endtermins

Die Vereinbarung eines Endtermins (§ 163 BGB) kommt insbesondere vor bei Ver- **26** trägen, die ein Dauerschuldverhältnis begründen (Beispiel: Anmietung eines Zimmers vom 1. bis 15. August: Kombination von Anfangs- und Endtermin). Solche Vereinbarungen unterliegen z. T. besonderer rechtlicher Kontrolle, die verhindern soll, dass zwingende Kündigungsschutzbestimmungen (s. für Zeitmietverträge § 575 BGB,[12] zur Befristung von Arbeitsverträgen § 620 Abs. 3 BGB, § 14 Abs. 1 TzBfG) umgangen werden. Auch eine „Ehe auf Zeit" ist rechtlich nicht möglich:

---

9 Näher *Leenen* JuS 2008, 577 mit Nachweisen zu abw. Darstellungen in der älteren Literatur.
10 Palandt/*Ellenberger* Einf. v. § 158 Rdn. 8; Jauernig/*Mansel* § 158 Rdn. 7 und vor § 104 Rdn. 20; Erman/*Armbrüster* § 158 Rdn. 3; NK-BGB/*Wackerbarth* § 158 Rdn. 56 f; Brox/*Walker* AT § 21 Rdn. 10; *Petersen* Jura 2011, 275 (275 f).
11 Palandt/*Herrler* § 929 Rdn. 37 ff; Staudinger/*Bork* (2020) Vorbem. zu §§ 158 ff Rdn. 53 ff; Jauernig/*Berger* § 929 Rdn. 43.
12 Zum Zweck dieser Norm ausführlich *Häublein* ZMR 2004, 1.

§ 1311 Satz 2 BGB. In den Rechtsfolgen erklärt § 163 BGB die Vorschriften über die auflösende Bedingung für entsprechend anwendbar.

b. Vereinbarung einer auflösenden Bedingung

27 Durch die Vereinbarung einer auflösenden Bedingung erreichen die Vertragspartner, dass die (sogleich eintretenden) Wirkungen des Vertrages beim Eintritt eines zukünftigen ungewissen Ereignisses wieder fortfallen. In den Worten des § 158 Abs. 2 BGB endigt mit diesem Zeitpunkt die Wirkung des Rechtsgeschäfts und es tritt der frühere Rechtszustand wieder ein. Wird also z. B. eine Übereignung auflösend bedingt vorgenommen, so geht das Eigentum sofort auf den Erwerber über, fällt aber bei Eintritt der Bedingung an den Veräußerer zurück.

28 Aus dem Inhalt des Rechtsgeschäfts kann sich ergeben, dass die Parteien der Veränderung der Rechtslage bei Bedingungseintritt **Rückwirkung** beimessen, also im Beispiel der auflösend bedingten Übereignung erreichen wollten, dass die Rechtslage so anzusehen ist, als sei eine Übereignung nicht erfolgt und somit das Eigentum nicht auf den Erwerber übergegangen. **§ 159 BGB** stellt (im Interesse der Rechtssicherheit) klar, dass die Parteien eine solche dingliche Rückwirkung nicht wirksam vereinbaren können, der Rückwirkungsabrede aber schuldrechtlich die Bedeutung zukommt, dass die Parteien einander so zu stellen haben, wie sie stünden, wenn die auf dem Eintritt der Bedingung beruhende Rechtsänderung zu dem früheren Zeitpunkt eingetreten wäre. § 159 BGB zeigt somit einmal mehr, wie wichtig es für das Verständnis des BGB ist, genau zwischen der „dinglichen" und der „schuldrechtlichen" Ebene zu unterscheiden (oben § 4 Rdn. 19 ff).

29 Auflösenden Bedingungen kommt besondere praktische Bedeutung bei Dauerschuldverhältnissen zu, bei denen die Parteien ein hohes Interesse daran haben, nicht vorhersehbare künftige Entwicklungen zu erfassen. Unterliegt die Befristung von Dauerschuldverhältnissen besonderer rechtlicher Kontrolle (oben Rdn. 26), gelten diese Maßstäbe in aller Regel ebenso für die Vereinbarung einer auflösenden Bedingung.

30 **Beispiel:**[13] Ein Sportverein, der eine Profi-Fußballabteilung unterhält, schließt mit einem renommierten **Fußballtrainer** einen Vertrag mit der Klausel: „Dieser Vertrag gilt für die Teilnahme des Vereins am Spielbetrieb der 1. und 2. Bundesliga". Dem Verein wird während der (hier üblichen und zulässigen befristeten) Laufzeit des Vertrages die Lizenz für die Teilnahme am Profi-Fußball entzogen. Die Vereinbarung der auflösenden Bedingung kann hier sachlich gerechtfertigt sein, wenn auch der Trainer angesichts seines Renommee's (und damit der Möglichkeiten seiner „Vermarktung") ein Interesse daran hat, nur als Bundesliga-Trainer tätig zu sein.

---

13 BAG vom 4.12.2002, BAGE 104, 110 = NZA 2003, 611.

Auflösende Bedingung und aufschiebende Bedingung sind in der rechtlichen 31
Konstruktion zwar klar unterschieden, können aber je nach Fallgestaltung im
wirtschaftlichen Erfolg nahezu austauschbar sein. Kommt es auf die unterschiedlichen Folgen für den Eintritt/Fortfall der Wirkungen eines Vertrages an, muss
durch Auslegung anhand der Interessenlage und der von den Parteien mit der
Vereinbarung der Bedingung verfolgten Zwecke entschieden werden, welche
Form der Bedingung vorliegt. Kommt es im Ergebnis auf diese Unterscheidung
nicht an, kann dies dargelegt und auf eine Entscheidung zugunsten der einen
oder anderen Alternative verzichtet werden.

Beispiel: Ein Kaufvertrag wird unter der Bedingung geschlossen, dass dem Käufer zur Finanzie- 32
rung des Kaufpreises von dritter Seite ein Darlehen (zu bestimmten Bedingungen) gewährt wird.
Derartige **Finanzierungsklauseln** können aufschiebende oder auflösende Bedingung des Kaufvertrages sein.[14] Geht es allein darum, ob nach dem Scheitern der Finanzierung der Verkäufer auf
Abnahme und Bezahlung der Kaufsache bestehen kann, kommt es auf diesen Unterschied nicht
an.[15]

III. Eintritt und Ausfall von Bedingungen

Das Wort „Bedingung" bezeichnet in den §§ 158ff BGB sowohl die Vereinbarung, 33
durch die die Wirkungen eines Rechtsgeschäfts von unbestimmten zukünftigen
Ereignissen abhängig gemacht werden, wie dieses Ereignis selbst.[16] Der „Eintritt
der Bedingung" im Sinne von § 158 BGB ist also als „Eintritt des Ereignisses" zu
lesen. Steht fest, dass das Ereignis nicht mehr eintreten kann, ist die Bedingung
„ausgefallen". Handelt es sich um eine aufschiebende Bedingung, ist der Vertrag
damit auf Dauer wirkungslos. Geht es um eine auflösende Bedingung, sind die
Wirkungen des Vertrages endgültig eingetreten.

Ob eine Bedingung eingetreten oder ausgefallen ist, ist eine Frage tatsäch- 34
licher Feststellungen. Sie wird überlagert durch die Regelungen des § 162 BGB für
Fälle, in denen Eintritt oder Ausfall der Bedingung manipuliert werden. Wird der
Eintritt einer Bedingung von demjenigen, zu dessen Nachteil er sich auswirken
würde, wider Treu und Glauben verhindert, so gilt die Bedingung als eingetreten
(§ 162 Abs. 1 BGB). Im umgekehrten Fall – der Eintritt der Bedingung wird von der
hieran interessierten Partei treuwidrig herbeigeführt – gilt der Eintritt der Bedingung als nicht erfolgt (§ 162 Abs. 2 BGB). Methodisch handelt es sich um „**Fiktio-**

---

14 Palandt/*Ellenberger* § 158 Rdn. 4.
15 OLG Düsseldorf vom 11.5.2005, DAR 2005, 625.
16 Hierzu Larenz/*Canaris*, Methodenlehre der Rechtswissenschaft (3. Aufl. 1995) 269.

nen" (unten § 23 Rdn. 121 ff). Die Rechtsordnung kann zwar daran nichts ändern, dass die Bedingung tatsächlich eingetreten oder nicht eingetreten ist, sie kann den treuwidrigen Manipulatoren aber das Spiel verderben, indem sie anordnet, dass die Rechtslage so anzusehen ist, als sei nicht manipuliert worden.

35   Ob die Fiktionen des § 162 BGB eingreifen, ist eine Wertungsfrage, zu deren Entscheidung das Gesetz auf den Maßstab von „Treu und Glauben" (§ 242 BGB) verweist. Wichtigstes Kriterium ist der Sinn und Zweck der vereinbarten Bedingung. Streitig ist, ob die Treuwidrigkeit ein subjektiv vorwerfbares Verhalten (Verschulden) voraussetzt. Die Frage ist grundsätzlich zu verneinen, doch kann gerade die Zielrichtung des Verhaltens ein für (oder gegen) die Treuwidrigkeit wichtiges Indiz sein.

36 **Beispiel:** Nimmt der Vorbehaltsverkäufer die ihm angebotene Restzahlung des Käufers nicht an, um den Eigentumsübergang zu verhindern, so gilt die Bedingung als eingetreten.[17] Anders im Fall im Fall BGH vom 13.6.2007, NJW 2007, 3057 (oben Rdn. 18): Hier haben die Käufer den Eintritt der aufschiebenden Bedingung zwar dadurch verhindert, dass sie die Fördermittel nicht beantragt haben. Dieses Verhalten verstieß aber nicht gegen Treu und Glauben, da die Käufer wegen des Beratungsfehlers des Verkäufers das Recht hatten, sich vom Vertrag zu lösen.[18]

37 Dem § 162 BGB wird der **allgemeine Rechtsgedanke** entnommen, dass niemand aus eigenem treuwidrigen Verhalten soll Vorteile schöpfen können. Dieser allgemeine Rechtsgedanke reicht weit über die Einflussnahme auf den Eintritt von Bedingungen hinaus.

38 **Beispiel:**[19] Der Gläubiger G einer Forderung, für die B sich verbürgt hat, wirkt auf den Schuldner S ein und bestimmt ihn dazu, die Schuld nicht zu bezahlen, weil G den B in Anspruch nehmen will. Nach dem Rechtsgedanken des § 162 BGB gilt für die Zwecke einer Haftung aus der Bürgschaft die Forderung als bezahlt.

IV. Rechtliche Regelungen zur Schwebezeit

39 Das Gesetz sichert in den §§ 160, 161 BGB während der „Schwebezeit" die rechtliche Stellung dessen ab, der durch ein bedingtes Rechtsgeschäft beim Eintritt der Bedingung begünstigt wird.

---

17 Palandt/*Ellenberger* § 162 Rdn. 4; MüKo/*Westermann* § 162 Rdn. 7; a.A. Medicus/*Petersen* Bürgerliches Recht Rdn. 464: Die Regeln über den Annahmeverzug (§§ 372, 378 BGB) seien vorrangig gegenüber § 162 Abs. 1 BGB.
18 BGH vom 13.6.2007, NJW 2007, 3057 Rdn. 34.
19 BGH vom 7.2.1966, BB 1966, 305; Erman/*Armbrüster* § 162 Rdn. 7; Staudinger/*Bork* (2020) § 162 Rdn. 15.

1. Schadensersatzansprüche (§ 160 BGB)

§ 160 BGB gewährt insbesondere Schadensersatzansprüche bei aufschiebend **40**
oder auflösend bedingten Übereignungen, falls die Sache in der Schwebezeit
durch die andere Seite zerstört oder beschädigt wird.[20] Wer eine Sache unter auf-
schiebender Bedingung übereignet hat, beschädigt vor Eintritt der Bedingung
zwar noch seine eigene Sache, haftet aber dem anderen Teil, der von vornherein
nur Eigentum an einer beschädigten Sache erwirbt,[21] auf Ersatz des diesem hieraus entstehenden Schadens. Der Anspruch entsteht mit Eintritt der aufschiebenden Bedingung. Entsprechendes gilt mit umgekehrter Rollenverteilung im Falle
einer auflösend bedingten Übereignung.

2. Relative Unwirksamkeit von Zwischenverfügungen (§ 161 BGB)

Wer unter einer aufschiebenden Bedingung übereignet hat, ist vor Eintritt der Be- **41**
dingung weiterhin Eigentümer und somit in der Lage, als „Berechtigter" über die
Sache weitere Verfügungen zu treffen. Dadurch kann der Rechtserwerb des Partners der aufschiebend bedingten Übereignung gefährdet werden. Deshalb ordnet
§ 161 BGB an, dass die weitere Verfügung „im Falle des Eintritts der Bedingung insoweit unwirksam (ist), als sie die von der Bedingung abhängige Wirkung vereiteln oder beeinträchtigen würde".

Am **Beispiel** einer unter **Eigentumsvorbehalt** veräußerten Sache: Eine weitere Übereignung **42**
durch V an einen Dritten D ist grundsätzlich wirksam, und dabei bleibt es, wenn die aufschiebende Bedingung der Übereignung an K ausfällt (etwa, weil K berechtigterweise den Rücktritt vom
Kaufvertrag erklärt, somit den Kaufpreis nicht mehr schuldet). Tritt die Bedingung dagegen ein (K
bezahlt den von ihm geschuldeten Kaufpreis vollständig), verhindert die Übereignung an D nicht,
dass K Eigentümer wird. – Es muss hinzugefügt werden, dass eine solche Konstellation in der
Praxis selten vorkommen wird. Da die Übereignung unter Eigentumsvorbehalt nämlich in aller
Regel gemäß § 929 BGB erfolgt und die Sache also dem Erwerber K übergeben wird, kann V die
weitere Übereignung an D nicht mehr nach § 929 BGB vornehmen, da er die Sache dem D nicht
übergeben kann. Dass V die Sache (etwa: zur Beseitigung von Mängeln) von K zurückerhalten hat

---

20 MüKo/*Westermann* § 160 Rdn. 5; *Boemke/Ulrici* AT § 15 Rdn. 31 (Beispiel 1). Bei Zwischenver-
fügungen über das Recht verhindert grundsätzlich § 161 BGB, dass es zu einer Beeinträchtigung
des bedingt Berechtigten kommt (dazu sogleich unten Rdn. 41f). Näher zu § 160 BGB als einer Anspruchsgrundlage des Allgemeinen Teils des BGB *Petersen* Jura 2002, 743 (748). Gegen die Anwendung des § 160 BGB auf bedingte Verfügungsgeschäfte trotz des Wortlauts des § 160 BGB *Son-
ja Meier* RabelsZ Bd. 76 (2012) S. 732ff.
21 Weshalb dem Erwerber kein Schadensersatzanspruch aus § 823 Abs. 1 BGB wegen Eigentumsverletzung zusteht: BGH vom 30.5.1963, BGHZ 39, 366 (367) = NJW 1963, 1827.

und diese Gelegenheit zu einer Weiterübereignung nutzt,[22] ist denkbar, aber doch eher ein seltener Ausnahmefall.

43 Immerhin gehört § 161 Abs. 1 BGB zu den Rechtsvorschriften, die den durch eine aufschiebend bedingte Übereignung Begünstigten absichern und somit die Grundlage dafür schaffen, dass dessen Rechtsstellung schon als rechtlich geschützte Anwartschaft auf den Erwerb des Eigentums angesehen wird (oben Rdn. 24). Eine Einschränkung ergibt sich aus § 161 Abs. 3 BGB. Das Gesetz ordnet die entsprechende Anwendung der Vorschriften über den gutgläubigen Erwerb des Eigentums vom Nichteigentümer (§§ 932 ff BGB) an. Die weitere Verfügung, die der Eigentümer während der Schwebezeit trifft, ist also auch gegen denjenigen, dem die Sache zuvor aufschiebend bedingt übereignet wurde, wirksam, wenn der Zweiterwerber die frühere aufschiebend bedingte Übereignung nicht kannte und seine Unkenntnis auch nicht auf grober Fahrlässigkeit beruht (§ 932 Abs. 2 BGB).

44 Für **methodisch** Interessierte: Um eine lediglich „entsprechende" Anwendung der §§ 932 ff BGB geht es, weil V vor Eintritt der aufschiebenden Bedingung weiterhin Eigentümer ist und der Zweiterwerber somit vom Berechtigten erwirbt. Wertungsmäßig ist die entsprechende Anwendung der § 932 ff BGB geradezu zwingend geboten. Wenn nämlich der Erwerber, der in gutem Glauben ist, sogar dann geschützt wird, wenn er von einem Nicht-Eigentümer erwirbt (§ 932 BGB), dann muss dies „erst recht" (unten § 23 Rdn. 129 ff) gelten, wenn er von einem Veräußerer erwirbt, der Eigentümer ist, lediglich über dieses Eigentum schon aufschiebend bedingt verfügt hat.

V. Die Wirkungen des Vertrages als Sanktionsebene gesetzlicher Regelungen

45 Das geltende Recht sieht gelegentlich vor, dass ein wirksamer Vertrag die vertraglich vereinbarten Wirkungen nicht hat, sei es, dass dem Vertrag die vereinbarten Wirkungen ganz abgesprochen werden, sei es, dass die vereinbarten Wirkungen modifiziert werden.

1. Unvollkommene Verbindlichkeiten

46 § 762 Abs. 1 Satz 1 BGB lautet: „Durch Spiel oder durch Wette wird eine Verbindlichkeit nicht begründet." Ebenso formuliert § 656 Abs. 1 Satz 1 BGB für den Ehemaklervertrag: „Durch das Versprechen eines Lohnes für den Nachweis der Gele-

---

22 So Brox/*Walker* AT § 21 vor Rdn. 1 Beispiel e).

genheit zur Eingehung einer Ehe wird eine Verbindlichkeit nicht begründet." Das Gesetz verneint nicht etwa die Wirksamkeit dieser Verträge, sondern beschränkt sich darauf, deren vereinbarte Wirkungen nicht eintreten zu lassen. Der BGH kennzeichnet den Ehemaklervertrag als „wirkungsgemindertes vertragliches Schuldverhältnis".[23] Der Streit, ob vertragliche Leistungspflichten nicht entstehen, oder vertragliche Erfüllungsansprüche lediglich nicht durchsetzbar sind, sollte mit *Larenz* klar im ersten Sinne entschieden werden: „Das Gesetz sagt in diesen Fällen eindeutig, dass eine Verbindlichkeit nicht begründet werde. Es besteht daher keine rechtliche Verpflichtung zur Leistung …".[24]

Die Beschränkung der Rechtsfolgen darauf, dass die vereinbarten Wirkungen **47** des Vertrages nicht eintreten, wird verständlich vor dem Hintergrund der sich jeweils anschließenden Regelungen über den **Ausschluss der Rückforderung erbrachter Leistungen** (§ 762 Abs. 1 Satz 2 BGB, § 656 Abs. 1 Satz 2 BGB). Das Gesetz lässt den wirksamen Vertrag als Rechtsgrund für den Ausschluss von Bereicherungsansprüchen genügen.

Die Vorschriften über den Ausschluss von Rückforderungsansprüchen hinsichtlich erbrachter **48** Leistungen sind nicht etwa angesichts der Wirksamkeit des Vertrages entbehrlich. Werden Leistungen zum Zwecke der Erfüllung von Verbindlichkeiten („solvendi causa") erbracht, so fehlt der Rechtsgrund, wenn die Verbindlichkeit nicht besteht. Die Leistungskondiktion gemäß § 812 Abs. 1 Satz 1 Var. 1 BGB müsste also ungeachtet der Wirksamkeit des Vertrages durchgreifen. Genau diese Konsequenz wird durch die §§ 656 Abs. 1 Satz 2, 762 Abs. 1 Satz 2 BGB ausgeschlossen. Es bedarf einer ausdrücklichen Anordnung des Gesetzes, dass der wirksame Vertrag die Funktion einer Rechtsgrundabrede hinsichtlich erbrachter, aber nicht geschuldeter Leistungen haben soll.

2. Fehlen/Wegfall der Geschäftsgrundlage (§ 313 BGB)

Unter sehr restriktiven, in § 313 Abs. 1 BGB allgemein umschriebenen Vorausset- **49** zungen sieht das Gesetz die Möglichkeit der Anpassung eines Vertrages an veränderte, beim Abschluss des Vertrages nicht vorhersehbare Umstände vor.[25] Da grundsätzlich eine Anpassung des Vertrages an die tatsächlichen Umstände vorzunehmen ist, bleibt die *Wirksamkeit* des Vertrages unberührt. Nur die vereinbarten *Wirkungen* des Vertrages sind Gegenstand der Anpassung.

---

23 BGH vom 25.5.1983, BGHZ 87, 309 (314).

24 *Larenz*, Lehrbuch des Schuldrechts, Band 1: Allgemeiner Teil (14. Aufl. 1987), § 2 III (S. 20); abw. *Götz Schulze* JuS 2011, 193 (197 f.).

25 Ein sehr aktuelles Beispiel bildet die von den meisten Vertragsparteien bestehender Verträge nicht vorgesehene COVID 19-Pandemie; ausführlich zur umstrittenen Anpassung von Mietverträgen, insbesondere über Geschäftsräume *Häublein/Müller*, NZM 2020, 481.

3. Die inhaltliche Modifikation der Wirkungen eines Verbraucherdarlehensvertrages gemäß § 494 BGB

50 § 494 BGB sieht beim Verbraucherdarlehensvertrag für Verletzungen der Formerfordernisse des § 492 BGB ein abgestuftes Sanktionensystem vor. Ausgangspunkt ist die Nichtigkeit des Vertrages, wenn die Schriftform, die hier auch für eine entsprechende Vollmacht gilt, insgesamt nicht eingehalten ist oder wenn eine der in Artikel 247 §§ 6 und 9 bis 13 EGBGB für den Verbraucherdarlehensvertrag vorgeschriebenen Angaben fehlt. Diese Nichtigkeit wird unter den Voraussetzungen des § 494 Abs. 2 Satz 1 BGB geheilt. Diese Heilung wiederum verbindet das Gesetz mit einer inhaltlichen Modifizierung der vereinbarten Wirkungen des Vertrages. So ermäßigt sich gemäß § 494 Abs. 2 Satz 2 BGB der dem Verbraucherdarlehensvertrag zugrunde gelegte Sollzinssatz auf den gesetzlichen Zinssatz, wenn die Angabe des Sollzinssatzes, des effektiven Jahreszinses oder des Gesamtbetrags fehlt. Weitere Vertragsänderungen können sich aus § 494 Abs. 3 bis 6 BGB ergeben. Das Gesetz greift in den Inhalt des Vertrages ein, indem es dessen Wirkungen zugunsten des Darlehensnehmers modifiziert.

4. Kapitel:
Einseitige Rechtsgeschäfte

§ 11 Überblick

I. Definition und Beispiele einseitiger Rechtsgeschäfte

Einseitige Rechtsgeschäfte sind definiert als Rechtsgeschäfte, zu deren Zustande- **1** kommen nur *eine* Willenserklärung erforderlich ist. Hierin unterscheiden sie sich von mehrseitigen Rechtsgeschäften, insbesondere vom Vertrag.

Den Unterschied illustrieren Vorschriften des BGB, die das Zustandekommen der jeweiligen **2** Rechtsgeschäfte regeln. In der Formulierung des § 151 BGB kommt der Vertrag „durch die Annahme des Antrags" zustande, also durch zwei Willenserklärungen. Die Vertragspartner wirken entweder durch eigene Willenserklärungen am Zustandekommen des Vertrages mit, oder es geben Vertreter Erklärungen in deren Namen ab. Die **Anfechtung** (unten § 14) hingegen „erfolgt durch Erklärung gegenüber dem Anfechtungsgegner" (§ 143 Abs. 1 BGB), also durch eine einzige Willenserklärung. Ganz entsprechend formuliert § 349 BGB: „Der **Rücktritt** erfolgt durch Erklärung gegenüber dem anderen Teil". Ebenso erfolgt die **Aufrechnung** „durch Erklärung gegenüber dem anderen Teil" (§ 388 Satz 1 BGB). Der andere Teil wird von den Wirkungen des einseitigen Rechtsgeschäfts betroffen, ohne durch eigene Willenserklärung an der Herbeiführung dieser Wirkungen beteiligt zu sein. Die Erteilung von **Vollmacht** (unten § 13) erfolgt gemäß § 167 Abs. 1 BGB „durch Erklärung gegenüber dem zu Bevollmächtigenden oder dem Dritten, dem gegenüber die Vertretung stattfinden soll". Für die **Einwilligung**, die **Genehmigung** und die **Verweigerung der Genehmigung** (unten § 12) findet sich eine ganz parallele Regelung in § 182 Abs. 1 BGB. Weitere Beispiele einseitiger Rechtsgeschäfte bilden die **Kündigung** eines Dauerschuldverhältnisses, der **Widerruf eines Verbrauchervertrags** (§ 355 BGB) und schließlich das **Testament** (§ 2247 Abs. 1 BGB).

Die Definition des einseitigen Rechtsgeschäfts verlangt nur, dass das Rechts- **3** geschäft durch eine einzige Willenserklärung *zustande kommen* kann. Hiermit darf man nicht die Frage vermengen oder verwechseln, ob die Willenserklärung einer einzigen Person für die *Wirksamkeit* des konkreten einseitigen Rechtsgeschäfts genügt. Für die Wirksamkeit eines einseitigen Rechtsgeschäfts kann erforderlich sein, dass es von mehreren Personen vorgenommen wird, also auf mehreren Willenserklärungen beruht. Das ändert nichts daran, dass es sich um ein einseitiges Rechtsgeschäft handelt, weil für das *Zustandekommen* des Geschäfts eine einzige Willenserklärung genügt.

Beispiel: A und B sind Vermieter einer Wohnung. Wegen anhaltenden Zahlungsverzuges des **4** Mieters M erklären A und B gegenüber M die Kündigung des Mietvertrages. Die Erklärungen beider Vermieter sind für die *Wirksamkeit* der Kündigung erforderlich, da das Kündigungsrecht gemäß § 543 Abs. 2 Nr. 3 BGB bzw. § 573 Abs. 2 Nr. 1 BGB nur A und B gemeinsam zusteht (dazu so-

https://doi.org/10.1515/9783110602876-004

gleich unten). Erklärt A allein die Kündigung, so ist die Kündigung zwar „erfolgt", weil hierfür eine einzige Willenserklärung genügt, aber nicht wirksam.[1] Dass die von A allein vorgenommene Kündigung nicht wirksam ist, ändert nichts an der Rechtsnatur der Kündigung als einseitigem Rechtsgeschäft.

5 **Kein einseitiges Rechtsgeschäft** ist die Schenkung. Sie erfordert eine vertragliche Einigung zwischen Schenker und Beschenktem darüber, dass die Zuwendung unentgeltlich erfolgen soll (§ 516 Abs. 1 BGB). Nach der Wertung des BGB muss sich niemand eines anderen Großzügigkeit („Liberalität" in der Sprache der Verfasser) aufzwingen lassen. Das Gleiche gilt für den Erlass einer Forderung (s. § 397 Abs. 1 BGB).

II. Arten einseitiger Rechtsgeschäfte

1. Einseitig-gestaltende Rechtsgeschäfte

6 Die meisten einseitigen Rechtgeschäfte sind auf ein anderes Rechtsgeschäft (insbesondere auf Verträge) bezogen. Sie wirken auf dieses andere Rechtsgeschäft (oder allgemeiner: auf ein anderes Rechtsverhältnis) gestaltend ein und werden deshalb als **einseitig-gestaltende Rechtsgeschäfte** bezeichnet.

7 **Beispiele:** Die **Anfechtung** führt dazu, dass das angefochtene Rechtsgeschäft als von Anfang an nichtig anzusehen ist (§ 142 Abs. 1 BGB). Die **Kündigung** beendet ein Dauerschuldverhältnis. Der **Rücktritt** vom Vertrag führt, wenn die vertraglich vereinbarten Leistungen noch nicht erbracht sind, zum Fortfall dieser Pflichten;[2] sind die Leistungen schon erbracht, wird das Vertragsverhältnis in ein Rückgewähr-Schuldverhältnis umgestaltet (§ 346 BGB). Der **Widerruf** eines Verbrauchervertrages (§ 355 BGB in Verbindung mit den ein Widerrufsrecht begründenden Vorschriften) hat ähnliche Rechtsfolgen wie ein Rücktritt (§ 355 Abs. 3 Satz 1 BGB; zu § 355 Abs. 1 Satz 1 BGB oben § 6 Rdn. 144 ff). Die **Aufrechnung** bewirkt u. a., dass eine Forderung des Aufrechnungsgegners gegen den Aufrechnenden erlischt (§ 389 BGB).

8 Dass jemand auf die Rechtsverhältnisse anderer Personen einseitig, ohne deren Mitwirkung, einwirken kann, stellt eine rechtfertigungsbedürftige Ausnahme dar. Da die Einwirkung nicht, wie beim Vertrag, durch die Zustimmung der anderen Seite gerechtfertigt wird, legt die Rechtsordnung fest, welche Wirkungen durch

---

1 So etwa auch die Formulierung bei Schmidt-Futterer/*Blank*, Mietrecht, 14. Aufl. § 568 Rdn. 15.
2 Hierzu die Begründung zum Schuldrechtsmodernisierungsgesetz, BT-Drs. 14/6040, S. 194: „Der Rücktritt hat zugleich die Wirkung, dass die durch den Vertrag begründeten primären Leistungspflichten, soweit sie nicht erfüllt sind, erlöschen. Es erscheint allerdings ... nicht erforderlich, diese Befreiungswirkung im Gesetzeswortlaut ausdrücklich hervorzuheben."

einseitige Rechtsgeschäfte herbeigeführt werden können und unter welchen Voraussetzungen derartige Geschäfte von ihr anerkannt werden. Für einseitig gestaltende Rechtsgeschäfte ist kennzeichnend, dass deren Wirksamkeit an besondere Erfordernisse geknüpft wird (unten Rdn. 29 ff).

2. Sonstige einseitige Rechtsgeschäfte

Zu einer ganz anderen Gruppe von einseitigen Rechtsgeschäften gehört das **Tes-** 9 **tament.** Dass es dem Testator möglich sein muss, ohne jede rechtsgeschäftliche Mitwirkung anderer Personen seine Erben zu bestimmen und andere letztwillige Verfügungen zu treffen, ist verfassungsrechtliche Vorgabe (Art. 14 Abs. 1 GG).[3] Da es bis zum Tode des Testators niemanden etwas angeht, was der Testator als letzten Willen verfügt, ist für die Wirksamkeit der Willenserklärung, durch die das Testament errichtet wird, Zugang nicht erforderlich. Das Testament ist ein einseitiges Rechtsgeschäft, das durch eine nicht-empfangsbedürftige Willenserklärung zustande kommt.

Um ein einseitiges Rechtsgeschäft handelt es sich nach heute ganz h. M. auch 10 bei der **Auslobung** im Sinne von § 657 BGB.[4] Der Auslobende wendet sich an einen unbestimmten Personenkreis durch öffentliche Bekanntmachung und verspricht für die Vornahme einer Handlung, insbesondere die Herbeiführung eines Erfolges (Beispiel: Auffinden und Herausgabe eines entlaufenen Haustieres) eine Belohnung zu leisten. Die auf die Vornahme einer Auslobung gerichtete Willenserklärung ist, weil sie sich an einen unbestimmten Adressatenkreis richtet, nicht empfangsbedürftig.

III. Die Dogmatik einseitiger Rechtsgeschäfte

Die Dogmatik der einseitigen Rechtsgeschäfte unterscheidet sich nicht grund- 11 sätzlich von der Dogmatik der Verträge und der sonstigen mehrseitigen Rechtsgeschäfte. Gewiss weist die rechtliche Regelung einseitiger Geschäfte manche Besonderheiten auf, doch lassen sich diese Regelungen mit denselben dogmatischen Kategorien erfassen, die oben (vor § 8 Rdn. 4) der Darstellung des Vertrages zugrunde gelegt wurden.

---

3 Näher Brox/*Walker*, Erbrecht (28. Aufl. 2018) § 2 Rdn. 6 f.
4 BGH vom 1.12.2005, NJW 2006, 230 Rdn. 27; BGH vom 23.9.2010, NJW 2011, 139 Rdn. 12; Palandt/*Sprau* § 657 Rdn. 1; Jauernig/*Mansel* § 657 Rdn. 1; BeckOGK/*Lohsse*, 1.12.2020, § 657 BGB Rn. 13 ff; a. A. Staudinger/*Bergmann* (2016) § 657 Rdn. 13 f.

12

Willens- erklärung		Einseitiges Rechtsgeschäft

Tatbestand
Wirksamkeit

Wirkung	→	Tatbestand

Wirksamkeit
Wirkung(en)

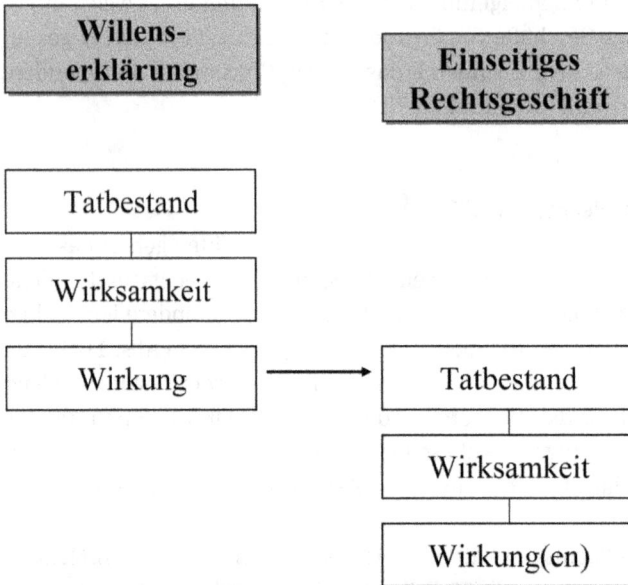

Das einseitige Rechtsgeschäft (Grundmodell)

1. Das Zustandekommen des einseitigen Rechtsgeschäfts durch eine einzige Willenserklärung

13 Die Willenserklärung ist das Mittel zum Rechtsgeschäft (oben § 4 Rdn. 1). Also muss eine Willenserklärung eingesetzt werden, um ein einseitiges Rechtsgeschäft vorzunehmen. Hinsichtlich dieser Willenserklärung kann im Näheren zwischen Fragen unterschieden werden, die deren Tatbestand (dazu allgemein: oben § 5), deren Wirksamkeit (oben § 6) und deren Wirkungen (oben § 7) betreffen.

a. Der Tatbestand der Willenserklärung

14 Die Willenserklärungen werden anhand der einseitigen Rechtsgeschäfte, auf deren Vornahme sie gerichtet sind, als Anfechtungserklärung, Aufrechnungserklärung, Rücktrittserklärung, Kündigungserklärung, Widerrufserklärung etc. bezeichnet. Ob eines dieser Rechtsgeschäfte (und wenn: welches!) geschaffen werden soll, muss aus dem Inhalt der Erklärung ersichtlich, also zumindest durch Auslegung zu ermitteln sein.

15 **Beispiele:** Kommt es während der Schwangerschaft einer Arbeitnehmerin A zu einer erregten Auseinandersetzung über die von der A auszuführenden Arbeiten, die A mit den Worten „Das

mache ich nicht weiter!" beendet, so kann dies vom Arbeitgeber nicht ohne Weiteres als Kündigungserklärung verstanden werden.[5] – Schreibt A seinem Vertragspartner B, er lasse den Vertrag „nicht gelten" oder er erkläre hiermit den „Widerruf" des Vertrages, so wird hinreichend deutlich, dass A sich von dem Vertrag einseitig lösen will. Die Frage ist, *welches* einseitige Rechtsgeschäft gemeint ist. Will A von einem Widerrufsrecht im Sinne von § 355 BGB Gebrauch machen, oder vom Vertrag zurücktreten (§ 349 BGB), oder gar den Vertrag anfechten (§ 143 Abs. 1 BGB)? Die Gerichte verlangen insoweit gerne, es müsse der Erklärung „unzweideutig" zu entnehmen sein, welches einseitige Geschäft geschaffen werden solle. Ob dem zu folgen ist, wird bei den einzelnen einseitigen Rechtsgeschäften, insbesondere bei der Anfechtung (unten § 14 Rdn. 6 ff), zu erörtern sein. Hier genügt es festzuhalten, dass es sich insoweit jedenfalls um ein Problem des *Tatbestands* der Willenserklärung handelt.

Die Begriffe Anfechtungserklärung, Aufrechnungserklärung, Rücktrittserklärung **16** etc. sind **keine Synonyme** für das jeweilige einseitige Rechtsgeschäft (Anfechtung, Aufrechnung, Rücktritt etc.). Willenserklärung und Rechtsgeschäft sind **nicht identisch** (oben § 4 Rdn. 105 ff). Das gilt für einseitige Rechtsgeschäfte nicht anders als für Verträge.[6] Die strikte Unterscheidung ist insbesondere deshalb wichtig, weil alle Vorschriften zur Wirksamkeit oder Unwirksamkeit des einseitigen Rechtsgeschäfts nicht auf die zu dessen Vornahme erforderliche Willenserklärung angewendet werden können, und umgekehrt.

b. Die Wirksamkeit der Willenserklärung

Die Wirksamkeit der Willenserklärung richtet sich grundsätzlich nach den für alle **17** Willenserklärungen geltenden Vorschriften.

aa. Wirksamkeitserfordernisse

Zur Wirksamkeit der Willenserklärung ist in aller Regel Zugang erforderlich (§ 130 **18** Abs. 1 BGB, oben § 6 Rdn. 9 ff). Die Formulierungen der §§ 143 Abs. 1 BGB, 167 Abs. 1 BGB, 182 Abs. 1 BGB, 349 BGB, 388 Satz 1 BGB etc. bringen deutlich zum Ausdruck, dass die jeweiligen Willenserklärungen einem anderen gegenüber abzugeben sind.

Eine Ausnahme macht das Gesetz beim Testament und bei der Auslobung **19** (dazu oben Rdn. 9 f). Die zur Errichtung eines Testaments erforderliche Willenserklärung wird, da sie niemandem zugehen muss, mit der tatbestandlichen Voll-

---

5 LAG Hessen vom 19.7.1989, DB 1989, 1288 = BeckRS 1989, 30450599. Zum Rechtsbindungswillen als objektivem Tatbestandsmerkmal einer Willenserklärung oben § 5 Rdn. 16 ff.
6 Wie hier *Boecken* AT Rdn. 156; anders für einseitige Rechtsgeschäfte *Flume* AT § 2, 3 a (S. 25 f.); *Wertenbruch* AT § 6 Rdn. 5.

endung wirksam. Ein zusätzlicher Akt, aus dem sich ergibt, dass der Testator hiermit seinen auf die Testamentserrichtung zielenden Willen abschließend zum Ausdruck bringen wollte, ist nicht erforderlich, weil anhand dieses Kriteriums schon über den Rechtsbindungswillen und somit über das tatbestandliche Vorliegen der Willenserklärung zu entscheiden ist (oben § 5 Rdn. 16 ff).

20 **Beispiel:** Hat der Testator zwar den Text seiner Erklärung formuliert, aber diesen Text nicht unterschrieben, lässt dies in aller Regel nur den Schluss zu, dass der Testator die von ihm formulierte Regelung (noch) nicht in Kraft setzen wollte. Es fehlt also am Rechtsbindungswillen und somit am Tatbestand der Willenserklärung. Umgekehrt ist die Unterschrift typischerweise Ausdruck des Rechtsbindungswillens und entscheidet insofern über das tatbestandliche Vorliegen der Erklärung. Die Unterschrift ist aber keine Voraussetzung für die Wirksamkeit *der Erklärung.*[7]

bb. Wirksamkeitshindernisse

21 Es gelten die allgemeinen Vorschriften zur Nichtigkeit von Willenserklärungen (oben § 6 Rdn. 74 ff). Ist der Erklärende geschäftsunfähig, ist die Erklärung nichtig (§ 105 Abs. 1 BGB) und das einseitige Rechtsgeschäft kommt schon dem Tatbestand nach nicht zustande. Vorschriften zur Wirksamkeit oder Unwirksamkeit des einseitigen Rechtsgeschäfts sind daher nicht anwendbar.

22 **Beispiel:** Will ein Arbeitnehmer die Unwirksamkeit einer vom Arbeitgeber ausgesprochenen Kündigung geltend machen, so muss er gemäß § 4 Kündigungsschutzgesetz (KSchG) binnen drei Wochen nach Zustellung der schriftlichen Kündigung Klage beim Arbeitsgericht auf Feststellung erheben, dass das Arbeitsverhältnis durch die Kündigung nicht beendet worden sei. Unterbleibt dies, so gilt die Kündigung als von Anfang an rechtswirksam (§ 7 KSchG). Ist der Arbeitgeber bei Abgabe der Kündigungserklärung geschäftsunfähig, so verlangt dessen Schutz zwingend, dass eine Genehmigungsfiktion gemäß § 7 KSchG ausscheidet. Dieses teleologisch gebotene Ergebnis lässt sich darauf stützen, dass das Gesetz dem Geschäftsunfähigen schon die Fähigkeit abspricht, überhaupt den Tatbestand eines Rechtsgeschäfts zu schaffen. Es geht also bei Geschäftsunfähigkeit des Kündigenden nicht um die Unwirksamkeit der Kündigung. Es fehlt infolge der Nichtigkeit der Kündigungserklärung schon an der Kündigung als Rechtsgeschäft.[8]

23 Eine Sondervorschrift enthält **§ 388 Satz 2 BGB.** Danach ist die Erklärung der Aufrechnung unwirksam, wenn sie unter einer Bedingung oder einer Zeitbestimmung (dazu oben § 10 Rdn. 8 ff) abgegeben wird. Das Gesetz will verhindern, dass die einschneidenden Rechtswirkungen der Aufrechnung (für den Aufrechnungs-

---

[7] Abweichend *Bork* AT Rdn. 617.

[8] Bei dieser Interpretation sind die §§ 4, 7 KSchG im Falle der Geschäftsunfähigkeit des Kündigenden schon dem Wortlaut nach nicht anwendbar. Daher muss diesen Vorschriften nicht erst – wie von *Fornasier/Werner* NJW 2007, 2729 (2731) vorgeschlagen – im Wege einer teleologischen Reduktion (dazu unten § 23 Rdn. 91) ein Ausnahmetatbestand hinzugefügt werden.

gegner: das Erlöschen seiner Forderung in Höhe der Forderung des Aufrechnenden, § 389 BGB!) in der Schwebe bleiben oder, wie im Falle einer Bedingung, möglicherweise niemals eintreten werden (zum Parallelproblem bei Vertragserklärungen oben § 9 Rdn. 25). Die Norm betrifft unmittelbar die Aufrechnungserklärung, wird aber zu Recht auf alle Willenserklärungen analog angewendet, die darauf gerichtet sind, ein einseitig-gestaltendes Rechtsgeschäft zu schaffen.[9]

Auffällig ist, dass das Gesetz die Unwirksamkeit der Aufrechnungs*erklärung* (nicht: die Unwirk **24** samkeit der Aufrechnung als Rechtsgeschäft; so aber § 925 Abs. 2 BGB für die Auflassung) anordnet. Man mag das damit erklären, dass die Verfasser des BGB davon ausgingen, es handle sich bei „Willenserklärung" und „Rechtsgeschäft" um weitgehend austauschbare Begriffe (oben 4 Rdn. 103f). Und doch ergibt es auch im Lichte einer strikten Trennung beider Begriffe, wie hier vertreten, guten Sinn, dass das Gesetz die Unwirksamkeit der *Willenserklärung* vorsieht und dadurch verhindert, dass ein Rechtsgeschäft zustande kommt, dessen Rechtswirkungen nach der Wertung des Gesetzes einer Modifizierung in den genannten Punkten nicht zugänglich sind.[10]

Vorschriften, die unter bestimmten Voraussetzungen die Unwirksamkeit eines **25** einseitigen *Rechtsgeschäfts* anordnen (wie z.B. § 111 BGB, § 180 BGB), dürfen nicht auf die *Willenserklärungen* angewendet werden, durch die dieses einseitige Geschäft errichtet wird. Verneint das Gesetz die Wirksamkeit des Rechtsgeschäfts, erkennt es implizit an, dass eine wirksame Willenserklärung zum Zustandekommen des einseitigen Rechtsgeschäfts geführt hat (oben § 6 Rdn. 124 und Rdn. 131). Vorschriften über die Unwirksamkeit einseitiger Rechtsgeschäfte ist also zu entnehmen, dass die zur Unwirksamkeit des *Rechtsgeschäfts* führenden Umstände die Wirksamkeit der *Willenserklärung* nicht in Frage stellen.

c. Die Wirkung der Willenserklärung

Die für die Errichtung eines einseitigen Rechtsgeschäfts erforderliche Willens **26** erklärung (also: die Anfechtungserklärung, die Rücktrittserklärung, die Aufrechnungserklärung etc.) hat die Wirkung, dass das jeweilige einseitige Rechtsgeschäft dem Tatbestand nach zustande kommt. Aus dem Tatbestand des einseitigen Rechtsgeschäfts ergibt sich, welche Rechtswirkungen einseitig herbeigeführt werden sollen. Ob die Rechtswirkungen des Rechtsgeschäfts eintreten, ist

---

9 Näher oben § 6 Rdn. 112ff. Zur entsprechenden Anwendung des § 388 Satz 2 BGB auf die Anfechtungserklärung unten § 14 Rdn. 17f.
10 Vgl. BGH vom 21.3.1986, BGHZ 97, 264 (267) = NJW 1986, 2245 (2246): „Der Erklärungsempfänger soll nicht im Ungewissen über den durch die Willenserklärung des Berechtigten neu zu schaffenden Rechtszustand sein".

keine Frage der Wirksamkeit der Willenserklärung (oben § 7 Rdn. 4), sondern eine solche der Wirksamkeit des Rechtsgeschäfts.

27 **Beispiel:** Ist durch eine wirksame Willenserklärung die Anfechtung eines Vertrages erklärt, steht nicht etwa schon fest, dass der angefochtene Vertrag als von Anfang an nichtig anzusehen ist (§ 142 Abs. 1 BGB). Die wirksame Anfechtungserklärung führt lediglich dazu, dass die Anfechtung im Sinne des § 143 Abs. 1 BGB „erfolgt" ist, also dem Tatbestand nach zustande gekommen ist. Der Eintritt der Rechtswirkungen der Anfechtung hängt davon ab, ob die Anfechtung wirksam ist, insbesondere also davon, ob dem Anfechtenden ein Anfechtungsrecht zur Seite steht.

2. Die Wirksamkeit des einseitigen Rechtsgeschäfts

28 Wie bei Verträgen (oben § 9 Rdn. 10 ff) ist auch bei einseitigen Rechtsgeschäften zwischen Wirksamkeits*erfordernissen* und *-hindernissen* zu unterscheiden. Dem besonderen Schutzbedürfnis derer, die von einseitigen Rechtsgeschäften betroffen werden, tragen sehr ausdifferenzierte besondere Wirksamkeitserfordernisse (unten Rdn. 29 ff) und in Einzelfällen auch besondere Wirksamkeitshindernisse (unten Rdn. 35 ff) Rechnung. Fernen gelten die allgemeinen Nichtigkeitsgründe für Rechtsgeschäfte (unten Rdn. 38 ff).

a. Wirksamkeitserfordernisse
aa. Gestaltungsrechte als besondere Wirksamkeitserfordernisse einseitig-
gestaltender Rechtsgeschäfte

29 Für einseitige Rechtsgeschäfte, die gestaltend in die Rechtsverhältnisse anderer eingreifen, ist es kennzeichnend, dass die Rechtsordnung besondere Anforderungen aufstellt, die erfüllt sein müssen, damit die Rechtsordnung anerkennt, dass diese Rechtswirkungen ohne Mitwirkung des Betroffenen eintreten sollen. Die fehlende privatautonome (rechtsgeschäftliche) Mitwirkung des Betroffenen wird kompensiert durch die besondere gesetzliche Kontrolle des einseitig-gestaltenden Rechtsgeschäfts. Das Gesetz macht die Wirksamkeit des einseitig gestaltenden Rechtsgeschäfts davon abhängig, dass dessen Vornahme von einem Recht zur einseitigen Gestaltung der Rechtsverhältnisse des Betroffenen (**Gestaltungsrecht**, oben § 3 Rdn. 39 f) gedeckt ist.

30 **Beispiele:** Rechtsgeschäfte können nicht nach Belieben angefochten werden, wenn ein Beteiligter sich nachträglich von deren Wirkungen lösen will. Ein besonderes Wirksamkeitserfordernis der Anfechtung ist das **Anfechtungsrecht** des Anfechtenden (unten § 14 Rdn. 27 ff), dessen Entstehung und Erlöschen vom Gesetz festgelegt wird. Ebenso wenig gibt es ein freies **Recht zum Rücktritt** vom Vertrag: Der Rücktritt ist nur wirksam, wenn ein Rücktrittsrecht besteht, das seinerseits vertraglich vereinbart werden kann (und also auf dem Willen beider Seiten beruht) oder unter besonderen Voraussetzungen von der Rechtsordnung gewährt wird (§ 323 Abs. 1 BGB, § 326

Abs. 5 BGB, § 437 Nr. 2 BGB, § 634 Nr. 3 BGB u. a.). Das **Widerrufsrecht bei Verbraucherverträ-**
gen (§ 355 BGB) bedarf stets besonderer gesetzlicher Anordnung (dazu oben § 6 Rdn. 143).

Steht das Gestaltungsrecht mehreren Personen gemeinschaftlich zu, kann es **31**
grundsätzlich nur durch alle gemeinsam ausgeübt werden,[11] was dadurch geschehen kann, dass eine schriftliche Erklärung durch alle Berechtigten (oder durch
Vertreter in deren Namen) unterzeichnet wird. Rechtstechnisch enthält die Urkunde dann mehrere Willenserklärungen, die auf die Begründung desselben einseitigen Rechtsgeschäfts gerichtet sind.

bb. Sonstige Wirksamkeitserfordernisse

Bei einseitigen Rechtsgeschäften sucht das Gesetz eine schwebende Unwirksam- **32**
keit zu vermeiden, weil es die hiermit verbundene Unsicherheit den Betroffenen,
die an dem Rechtgeschäft nicht mitwirken, nicht zumuten möchte. Daher schließt
§ 111 Satz 1 BGB (abweichend von der Regelung für Verträge, § 108 BGB, oben § 9
Rdn. 43 ff) die Möglichkeit aus, dass ein zustimmungsbedürftiges einseitiges
Rechtsgeschäft eines Minderjährigen durch Genehmigung wirksam wird. Ein einseitiges Rechtsgeschäft, das dem Minderjährigen einen rechtlichen Nachteil
bringt, ist danach nur mit Einwilligung des gesetzlichen Vertreters wirksam. Ausnahmsweise ist dennoch die Möglichkeit einer Genehmigung anzuerkennen,
wenn das einseitige Geschäft einem anderen gegenüber vorgenommen wird und
dieser damit einverstanden ist, dass es an einer gemäß § 107 BGB erforderlichen
Einwilligung fehlt, da die Ungewissheit über den Eintritt der Wirkungen des einseitigen Rechtsgeschäfts dann dem Betroffenen zumutbar ist.[12]

Entsprechend bestimmt § 180 Satz 1 BGB, dass bei einem einseitigen Rechts- **33**
geschäft Vertretung ohne Vertretungsmacht „unzulässig" sei, womit gesagt sein
soll, dass das unter Verstoß gegen § 180 Satz 1 BGB vorgenommene Rechtsgeschäft unwirksam und einer Genehmigung nicht zugänglich ist. Eine Ausnahme sieht § 180 Satz 2 BGB vor, wenn der andere, dem gegenüber das einseitige
Rechtsgeschäft vorgenommen worden ist, die vom Vertreter behauptete Vertretungsmacht nicht beanstandet hat oder gar mit der Vornahme des Rechtsgeschäfts durch einen Vertreter ohne Vertretungsmacht einverstanden war. Es

---

11 Einen Fall dieser Art regelt § 351 BGB (Unteilbarkeit des vertraglichen Rücktrittsrechts). Wird
der Rücktritt nicht von allen oder gegenüber allen erklärt, die auf der einen oder anderen Seite an
einem Vertrag beteiligt sind, so ist der Rücktritt unwirksam (Jauernig/*Stadler* § 351 Rdn. 1).
12 Palandt/*Ellenberger* § 111 Rdn. 3; *Köhler* AT § 10 Rdn. 29. Zur Rechtfertigung einer solchen teleologischen Reduktion des § 111 Satz 1 BGB *Joachim Münch* FS Leipold (2009), S. 1109 (1123 ff).
Zur teleologischen Reduktion allgemein unten § 23 Rdn. 91 i. V. m. Rdn. 75.

gelten dann die Vorschriften über Verträge (insbesondere also: § 177 BGB!) entsprechend.

b. Wirksamkeitshindernisse

34 Zu unterscheiden ist zwischen spezifischen Gründen der Unwirksamkeit, die das Gesetz nur für bestimmte einseitige Rechtsgeschäfte aufstellt (unten aa) und den allgemeinen Gründen der Nichtigkeit jeglicher Rechtsgeschäfte (unten bb).

aa. Besondere Wirksamkeitshindernisse einseitiger Rechtsgeschäfte

35 Zum Schutzbedürfnis dessen, dem gegenüber ein einseitiges Rechtsgeschäft vorgenommen wird, gehört nach der Wertung des Gesetzes auch, dass der Betroffene soll beurteilen können, ob die besonderen Voraussetzungen erfüllt sind, von denen die Wirksamkeit des Rechtsgeschäfts abhängt. Dem dienen § 111 Satz 2 BGB (im Anwendungsbereich erweitert durch § 182 Abs. 3 BGB) und § 174 Satz 1 BGB.

36 **§ 111 Satz 2 BGB** regelt Fällen, in denen die zur Wirksamkeit des einseitigen Rechtsgeschäfts gemäß §§ 107, 111 Satz 1 BGB erforderliche Einwilligung (dazu oben Rdn. 32) erteilt ist. Das einseitige Rechtsgeschäft ist dennoch unwirksam, wenn es einem anderen gegenüber vorzunehmen ist, der Minderjährige die Einwilligung nicht in schriftlicher Form (unten Rdn. 37a) vorlegt und der andere aus diesem Grunde das Rechtsgeschäft unverzüglich (Legaldefinition des § 121 Abs. 1 BGB!) zurückweist. Die Zurückweisung ist gemäß § 111 Satz 3 BGB ausgeschlossen, wenn der gesetzliche Vertreter des Minderjährigen den anderen von der Einwilligung in Kenntnis gesetzt hat. Dann fehlt es an dem Schutzbedürfnis, dem § 111 Satz 2 BGB Rechnung zu tragen sucht. – **§ 182 Abs. 3 BGB** erklärt die Regelungen des § 111 Satz 2 und Satz 3 BGB darüber hinaus auf alle zustimmungsbedürftigen einseitigen Rechtsgeschäfte, die mit Einwilligung vorgenommen werden, für anwendbar.

37 Ganz parallel geht es in **§ 174 Satz 1 BGB** darum, dass ein Stellvertreter einem anderen gegenüber ein einseitiges Rechtsgeschäft vornimmt, das von der ihm erteilten Vollmacht (= rechtsgeschäftlich erteilte Vertretungsmacht; für gesetzliche Vertreter gilt § 174 BGB nicht) erfasst wird und somit von Vertretungsmacht gedeckt ist. Das einseitige Rechtsgeschäft ist dennoch unwirksam, wenn der Bevollmächtigte **keine Vollmachtsurkunde** vorlegt und der andere das Geschäft aus diesem Grunde unverzüglich zurückweist.[13] Mangels Schutzbedürftigkeit ist die Zurück-

---

13 Zur unverzüglichen Zurückweisung im Sinne von § 174 Satz 1 BGB näher BAG vom 8.12.2011, NZA 2012, 495 Rdn. 32f = JuS 2012, 641 (*Boemke*). Zum Verhältnis von § 174 Satz 1 BGB zu § 180 Satz 2 BGB näher BGH vom 25.10.2012, NJW 2013, 297.

weisung ausgeschlossen, wenn der Vollmachtgeber den anderen von der Bevollmächtigung in Kenntnis gesetzt hatte (§ 174 Satz 2 BGB).

„Vollmachtsurkunde" i. S. des § 174 Satz 1 BGB ist **nur die Originalurkunde,** nicht aber eine Fo- **37a**
tokopie oder sonstige Reproduktion der Vollmachtsurkunde;[14] nicht einmal die Vorlage einer öffentlich beglaubigten Abschrift genügt.[15] Damit hat es folgende Bewandtnis: Nach § 172 BGB wird
der Empfänger der Vertretererklärung bei Vorlage der Vollmachtsurkunde in seinem guten Glauben in das (Fort-)Bestehen der Vollmacht geschützt (s. § 173 BGB). Dieser Schutz ist aber nur gerechtfertigt, wenn sich der Empfänger vom Vertreter das Original der Vollmachtsurkunde vorlegen lässt. Würde man auch den guten Glauben in Vervielfältigungen schützen, wäre das
Risiko für den Vertretenen nicht beherrschbar. Dieser kann im Falle des Vollmachtswiderrufs nur
überwachen, ob ihm der Vertreter das Original zurückgibt, während er nicht wissen kann, wie
viele Kopien gefertigt wurden.

bb. Allgemeine Wirksamkeitshindernisse von Rechtsgeschäften (Nichtigkeitsgründe)

Für einseitige Rechtsgeschäfte gelten die allgemeinen Vorschriften über die Nich- **38**
tigkeit von Rechtsgeschäften (§§ 134, 138, 125 BGB etc.). Bei einseitig gestaltenden
Rechtsgeschäften, deren Wirksamkeit vom Bestehen eines Gestaltungsrechts abhängt (oben Rdn. 29), bleibt freilich für § 138 BGB ein nur geringer Anwendungsbereich. Gewährt die Rechtsordnung in einer bestimmten Situation das Recht,
durch ein einseitig gestaltendes Rechtsgeschäft in die Rechtsverhältnisse eines
Dritten einzugreifen, so wird die Ausübung dieser Befugnisse nur unter besonderen Umständen gegen die guten Sitten verstoßen.[16]

---

14 Ganz h. M.; statt vieler BGH vom 10.10.2017, NJW-RR 2018, 116 Rdn. 26; Jauernig/*Mansel* § 174
Rdn. 1; Palandt/*Ellenberger* § 174 Rdn. 5.
15 BGH vom 4.2.1981, NJW 1981, 1210.
16 BAG vom 24.4.1997, NZA 1998, 145 (146 f): „Macht der Arbeitgeber von einem Kündigungsrecht Gebrauch, das ihm nach den gesetzlichen Vorschriften zusteht, so wird regelmäßig das Un-
werturteil nicht gerechtfertigt sein, die Kündigung verstoße gegen das Anstandsgefühl aller billig
und gerecht Denkenden".

39

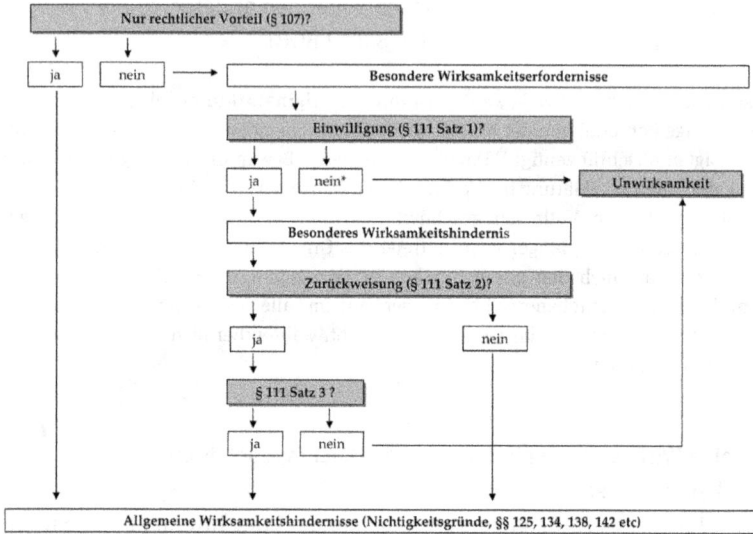

```
Nur rechtlicher Vorteil (§ 107)?

  ja      nein  ──→   Besondere Wirksamkeitserfordernisse

                         Einwilligung (§ 111 Satz 1)?

                    ja      nein*  ──────────────→   Unwirksamkeit

                      Besonderes Wirksamkeitshindernis

                         Zurückweisung (§ 111 Satz 2)?

                    ja                      nein

                    § 111 Satz 3 ?

                    ja      nein  ───────────────────

  Allgemeine Wirksamkeitshindernisse (Nichtigkeitsgründe, §§ 125, 134, 138, 142 etc)
```

(zu * vgl. oben Rdn. 32)

Die Wirksamkeit einseitiger Rechtsgeschäfte Minderjähriger

40

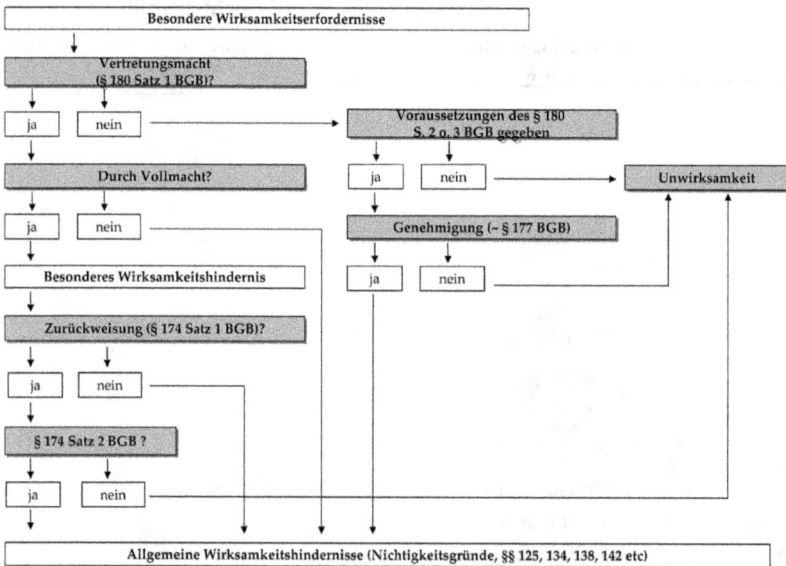

```
Besondere Wirksamkeitserfordernisse

  Vertretungsmacht
  (§ 180 Satz 1 BGB)?

  ja      nein  ──────→   Voraussetzungen des § 180
                          S. 2 o. 3 BGB gegeben

  Durch Vollmacht?            ja      nein  ──────→   Unwirksamkeit

  ja      nein  ──────         Genehmigung (~ § 177 BGB)

  Besonderes Wirksamkeitshindernis    ja      nein  ──────

  Zurückweisung (§ 174 Satz 1 BGB)?

  ja      nein  ──────

  § 174 Satz 2 BGB ?

  ja      nein  ──────

  Allgemeine Wirksamkeitshindernisse (Nichtigkeitsgründe, §§ 125, 134, 138, 142 etc)
```

Wirksamkeit einseitiger Rechtsgeschäfte eines Vertreters

Dass die Kündigung eines Arbeitnehmers gegen die guten Sitten verstoßen und deshalb gemäß **41** § 138 Abs. 1 BGB nichtig sein kann, wird durch **§ 13 Abs. 2 KSchG** bestätigt. Umstände, die das Recht zur Kündigung begründen, dürfen für die Bejahung der Sittenwidrigkeit nicht herangezogen werden. Es bleiben daher insbesondere Fälle, in denen von einem Kündigungsrecht aus besonders verwerflichen Motiven (wie Rachsucht oder Vergeltung) Gebrauch gemacht wird.[17]

Bezieht sich ein einseitiges Rechtsgeschäft auf ein formbedürftiges anderes **42** Rechtsgeschäft, sieht das BGB grundsätzlich vor, dass das einseitige Rechtsgeschäft dieser Formvorschrift nicht unterliegt (Zustimmung, § 182 Abs. 2 BGB, dazu unten § 12 Rdn. 18f, 34; Vollmacht, § 167 Abs. 2 BGB, dazu unten § 13 Rdn. 18ff).

3. Die Wirkungen des einseitigen Rechtsgeschäfts
a. Einseitige Rechtsgeschäfte als tatbestandliche Voraussetzung gesetzlicher Rechtsfolgeanordnungen

Viele einseitige Rechtsgeschäfte betreffen die Wirksamkeit anderer Rechts- **43** geschäfte. Die Zustimmungen (unten § 12) haben das Ziel, die Wirksamkeit des zustimmungsbedürftigen Rechtsgeschäfts herbeizuführen. Die Anfechtung (unten § 14) hat das Ziel, zur Unwirksamkeit des angefochtenen Rechtsgeschäfts zu führen. Da aber nicht kraft Willens bestimmt werden kann, dass ein Rechtsgeschäft wirksam oder unwirksam sein soll,[18] schaffen diese einseitigen Rechtsgeschäfte nur die Voraussetzungen dafür, dass das jeweilige andere Rechtsgeschäft von der Rechtsordnung anerkannt werden kann oder von der Rechtsordnung nicht anerkannt wird. Die letztlich angestrebte Rechtsfolge ergibt sich nicht aus dem Rechtsgeschäft selbst, sondern kraft gesetzlicher Anordnung.

Beispiele: Die Zustimmung des gesetzlichen Vertreters zu einem von einem Minderjährigen ge- **44** schlossenen, diesem rechtlich nicht lediglich vorteilhaften Vertrag schafft die Voraussetzung dafür, dass dieser Vertrag wirksam ist (§ 108 Abs. 1 BGB), nicht aber ordnet der gesetzliche Vertreter durch die Zustimmung die Wirksamkeit des Vertrages an. Dasselbe gilt gemäß § 177 Abs. 1 BGB für die Vollmacht oder die Genehmigung in den Fällen eines von einem Vertreter vorgenommenen Rechtsgeschäfts. Die Nichtigkeit eines angefochtenen Rechtsgeschäfts ergibt sich nicht aus der Anfechtung als solcher, sondern kraft gesetzlicher Anordnung aus § 142 Abs. 1 BGB. Die wirksame Anfechtung ist Tatbestandsvoraussetzung der Rechtsfolgenanordnung des § 142 Abs. 1 BGB.

---

17 MüKo/*Hesse* vor § 620 BGB Rdn. 201 m. Nachweisen.
18 Oben § 7 Rdn. 3, § 9 Rdn. 8; *Leenen* FS Canaris, Bd. 1 (2007), 699 (723f); *ders.* JuS 2008, 577 (578).

b. Die Unterscheidung der Wirkungen eines einseitigen Rechtsgeschäfts von dessen Wirksamkeit

45 Auch bei einseitigen Rechtsgeschäften ist die Unterscheidung zwischen der *Wirksamkeit* des Rechtsgeschäfts und dem Eintritt von dessen *Wirkungen* zu beachten (hierzu bei Verträgen oben Rdn. 1ff vor § 8 und § 10).

46 **Beispiel:**[19] Es macht das Wesen des **Testaments** aus, dass darin Regelungen auf den Todesfall getroffen werden. Daraus folgt aber nicht, dass das Testament – wie gelegentlich zu lesen ist– erst mit dem Tode des Testators wirksam werde, das Versterben also Wirksamkeitsvoraussetzung des Testaments sei.[20] Wäre dem so, könnte man zu Lebzeiten kein wirksames Testament errichten. Das Gesetz hat keinen Anlass, einem Testament die rechtliche Anerkennung vor dem Tod des Testators zu versagen. Lediglich die Wirkungen des (wirksamen!) Testaments treten erst mit dem Tode ein.[21]

47 Werden bei der Vornahme eines einseitigen Rechtsgeschäfts gesetzliche Vorschriften nicht eingehalten, die den Zeitpunkt des Eintritts der Wirkungen des Rechtsgeschäfts betreffen, so kann das einseitige Rechtsgeschäft doch wirksam sein und nur im Zeitpunkt des Eintritts seiner Wirkungen einer Korrektur anhand der gesetzlichen Vorgaben bedürfen.

48 **Beispiel:** Arbeitgeber A ist gegenüber der Arbeitnehmerin N zur ordentlichen **Kündigung** des Arbeitsvertrages mit einer Frist von zwei Monaten zum Monatsende berechtigt (§ 622 Abs. 2 Nr. 2 BGB). Er kündigt mit einer Frist von zwei Wochen. N macht Lohnansprüche für die Zeit bis zum Ablauf der gesetzlichen Kündigungsfrist geltend, ohne in der Drei-Wochen-Frist des § 4 KSchG Feststellungsklage zu erheben (dazu oben Rdn. 22). A wendet ein, dass gemäß § 7 KSchG die Kündigung so, wie erklärt (also: mit einer Frist von zwei Wochen) wirksam geworden sei. Zu Recht hält dem das BAG entgegen,[22] dass die Arbeitnehmerin nicht die Unwirksamkeit der Kündigung geltend mache, vielmehr selbst davon ausgehe, dass das Arbeitsverhältnis beendet worden sei. Im Streit sei lediglich der Zeitpunkt, zu dem diese Wirkung der Kündigung eingetreten sei, und diese Frage werde von den die Wirksamkeit der Kündigung betreffenden §§ 4, 7 KSchG nicht erfasst.[23]

49 Das Gesetz kann sogar die Wirkungen eines einseitigen Rechtsgeschäfts auf einen Zeitpunkt *vor* dessen Vornahme (und somit: Wirksamkeit!) verlegen.

---

19 Näher *Leenen* JuS 2008, 577 (577f).

20 *Flume* AT § 2, 3c a.E. (S. 27); *Hübner* AT Rdn. 613; *Bork* AT Rdn. 404 Fn. 10.

21 *Neuner* AT § 28 Rdn. 6 Fn. 12.

22 BAG vom 15.12.2005, BAGE 116, 336 Rdn. 15 = NJW 2006, 2284; bestätigt durch BAG vom 6.7.2006, NZA 2006, 1405 (1406); vgl. aber auch BAG vom 1.9.2010, NZA 2010, 1409.

23 Zur dogmatischen Ausdeutung der Rechtsprechung des BAG im Lichte der Unterscheidung zwischen Wirksamkeit und Eintritt der Wirkungen der Kündigung *Nord/Linnert-Epple* JURA 2009, 801ff.

Beispiel: § 389 BGB bezieht den Eintritt der Wirkungen der **Aufrechnung** zurück auf den Zeit- 50 punkt, in welchem die Forderungen zur Aufrechnung geeignet einander gegenüber getreten sind. Dies mag lange vor dem Zeitpunkt geschehen sein, zu dem die Aufrechnung erfolgt und wirksam geworden ist.

§ 12 Zustimmungen und Verweigerung der Genehmigung

I. Grundlagen

Unter dem Oberbegriff der Zustimmung fasst das Gesetz **Einwilligung** und **Ge-** 1 **nehmigung** zusammen (§ 182 BGB). Die Einwilligung ist definiert als die *vorheri-ge* Zustimmung (§ 183 Satz 1 BGB), die Genehmigung als die *nachträgliche* Zustim-mung (§ 184 Abs. 1 BGB). Bezugspunkt der Unterscheidung ist die Vornahme des Rechtsgeschäfts, dessen Wirksamkeit von der Zustimmung abhängig ist. Die Ein-willigung bezieht sich auf ein künftiges, die Genehmigung auf ein bereits existen-tes Rechtsgeschäft.

Das BGB hält diese terminologische Festlegung der §§ 183, 184 BGB freilich nicht durch. In den 2 §§ 1643 BGB, 1619 ff BGB ist mit „Genehmigung" die vorherige *oder* nachträgliche Zustimmung gemeint (vgl. § 1829 Abs. 1 BGB!). In einem ebenso umfassenden Sinne wird der Begriff der Ge-nehmigung im öffentlichen Recht verwendet.

Einwilligung und Genehmigung sind Hilfsgeschäfte, deren Wirkung sich darin er- 3 schöpft, eine vom Gesetz vorgesehene Voraussetzung für die **Wirksamkeit eines anderen Rechtsgeschäfts** (sei dies ein Vertrag oder ein einseitiges Rechts-geschäft) zu schaffen. Für das *Zustandekommen* dieses anderen Rechtsgeschäfts sind, wie sich aus § 182 BGB klar ergibt, Einwilligung oder Genehmigung nicht er-forderlich. Da das zustimmungsbedürftige Rechtsgeschäft auch ohne Einwil-ligung vorgenommen werden kann, kommt es für die Wirksamkeit der Willens-erklärungen auf die Zustimmung nicht an (oben § 6 Rdn. 123 ff und Rdn. 130 ff). Wird ein zustimmungsbedürftiges Rechtsgeschäft ohne eine erforderliche Einwil-ligung vorgenommen und später genehmigt, wird dadurch nicht etwa die Wil-lenserklärung wirksam, durch die das Rechtsgeschäft zustande gekommen ist. Bezugspunkt der Genehmigung ist ausschließlich das Rechtsgeschäft, Wirkung der Genehmigung ausschließlich die Wirksamkeit dieses Rechtsgeschäfts.

Wo das Gesetz die Möglichkeit einer Genehmigung vorsieht, sucht es deren 4 Wirkung der der Einwilligung anzugleichen. Im Ergebnis (ex post) soll es keinen Unterschied machen, ob die Wirksamkeit des Rechtsgeschäfts auf einer Einwil-ligung oder Genehmigung beruht. Deshalb sieht § 184 Abs. 1 BGB eine **Rückwir-kung der Genehmigung** auf den Zeitpunkt der Vornahme des Rechtsgeschäfts vor. Ex ante bevorzugt das Gesetz deutlich die Einwilligung als diejenige Modalität der Zustimmung, die es ermöglicht, dass das Rechtsgeschäft sofort mit Vornahme wirksam ist. Die mit der Möglichkeit einer Genehmigung verbundene Unsicherheit darüber, ob das Geschäft noch wirksam wird, läuft den Interessen des Verkehrs an klaren Verhältnissen zuwider. Das Gesetz enthält daher Mechanismen, die es der schutzbedürftigen Seite eines Vertrages ermöglichen, den Schwebezustand in zeitlich kurzer Frist zu beenden (§ 109 BGB, § 177 Abs. 2 BGB). Bei einseitigen Rechtsgeschäften, die einem anderen gegenüber vorzunehmen sind, lässt das Gesetz grundsätzlich nur die Einwilligung als Zustimmung zu (oben § 11 Rdn. 32f). Selbst dort, wo das Gesetz die Möglichkeit einer Genehmigung vorsieht, stellt es doch stets die Einwilligung in den Vordergrund. So spricht das Gesetz in § 107 BGB davon, dass der Minderjährige der Einwilligung bedarf, und schiebt erst in § 108 BGB die Möglichkeit der Genehmigung eines ohne die erforderliche Einwilligung geschlossenen Vertrages nach. § 185 Abs. 1 BGB geht von der Einwilligung als Wirksamkeitsvoraussetzung der Verfügung eines Nichtberechtigten aus und sieht erst in § 185 Abs. 2 BGB vor, dass beim Fehlen der Einwilligung die Verfügung durch Genehmigung wirksam werden kann. Dem entspricht das Verhältnis von § 1365 BGB (Einwilligung) zu § 1366 BGB (Genehmigung).

II. Die Einwilligung

5 Die rechtsgeschäftliche Einwilligung wird erteilt, um zu erreichen, dass ein zustimmungsbedürftiges Rechtsgeschäft sogleich mit seiner Entstehung wirksam werden kann. Ist die Einwilligung erteilt, unterliegt die Wirksamkeit des Rechtsgeschäfts keinen anderen Anforderungen als jedes zustimmungsfreie Geschäft. Bei der einem Minderjährigen erteilten Einwilligung geht es darum „dem Minderjährigen die Möglichkeit zu gewähren, ein Rechtsgeschäft mit voller rechtlicher Wirkung abzuschließen"[1]. Die Wirksamkeit eines von einem Minderjährigen mit Einwilligung geschlossenen Vertrages unterscheidet sich nicht von der Wirksamkeit eines inhaltsgleichen Vertrages, den ein unbeschränkt Geschäftsfähiger schließt. Der mit Einwilligung geschlossene Vertrag kann aus allen Gründen unwirksam oder nichtig sein, aus denen ein inhaltsgleicher Vertrag eines Volljährigen unwirksam sein kann. Durch die Einwilligung wird nur das besondere Wirksamkeitserfordernis bereitgestellt, dem zustimmungsbedürftige Rechtsgeschäfte unterliegen.

---

1 Mot. I, S. 138 = Mugdan I, S. 428.

Eine Einwilligung im Sinne der §§ 182 ff BGB muss also auf ein zustimmungs- **6** bedürftiges künftiges Rechtsgeschäft bezogen sein und den Sinn haben, die sofortige Wirksamkeit dieses Rechtsgeschäftes zu ermöglichen. Zu **unterscheiden** sind hiervon Einwilligungen in ein nicht rechtsgeschäftliches, tatsächliches Handeln eines anderen. Derartige Einwilligungen bilden insbesondere einen wichtigen Rechtfertigungsgrund für Eingriffe in die Körperintegrität des Einwilligenden.[2] Der Chirurg bedarf für eine Blinddarmoperation, die Krankenschwester für eine Blutentnahme der Einwilligung des Patienten, damit die Verletzung der körperlichen Integrität des Patienten nicht rechtswidrig ist. Um Einwilligungen im Sinne rechtsgeschäftlicher Zustimmung (§§ 182 ff BGB) handelt es sich nicht, weil Blinddarmoperation und Blutentnahme rein tatsächliche Vorgänge, keine Rechtsgeschäfte sind. Es geht um die Rechtmäßigkeit dieser tatsächlichen Vorgänge, nicht um die Wirksamkeit von Rechtsgeschäften. Ähnlich verhält es sich bei der Einwilligung i. S. v. Art. 4 Nr. 11, 6 Abs. 1 Satz 1 lit. a) DSGVO. Liegt die erforderliche Einwilligung vor, ist die Verarbeitung personenbezogener Daten (= tatsächliches Handeln) rechtmäßig. Beruht die Datenverarbeitung auf einem Vertrag, z. B. beim Download einer App, muss die datenschutzrechtliche Einwilligung von der Einwilligung nach dem BGB unterschieden werden, die etwa dann erforderlich sein kann, wenn ein Minderjähriger den Vertrag schließt.[3]

Im alltäglichen Bereich werden diese Einwilligungen vielfach konkludent erteilt (Haarschnitt **7** beim Friseur!). Dabei muss das Verhalten das Einverständnis mit einer Körperverletzung zum Ausdruck bringen. Hierfür genügt nicht eine Selbstgefährdung in der Hoffnung, es werde schon gut gehen und nicht zu einer Beeinträchtigung kommen. Deshalb liegt in dem bloßen Mitfahren im Auto eines erkennbar fahruntüchtigen Fahrers keine konkludente Einwilligung in Körperverletzungen, die der Mitfahrende bei einem Unfall erleidet.[4] Da die rechtfertigende Einwilligung erhebliche rechtliche Konsequenzen hat, stellt sie eine geschäftsähnliche Handlung dar (oben § 4 Rdn. 9 f), auf die in einzelnen Hinsichten Rechtsgeschäftsvorschriften analog angewendet werden. So ist z. B. eine Einwilligung in die Amputation eines gesunden Körperteils grundsätzlich sittenwidrig (§ 138 Abs. 1 BGB).

---

2 Medicus/*Petersen* AT Rdn. 199 ff; Palandt/*Sprau* § 823 Rdn. 38 f, 152 ff.
3 Auch die datenschutzrechtliche Einwilligung kann konkludent, nicht aber stillschweigend erteilt werden; s. *Härting*, Internetrecht (6. Aufl. 2017) Rdn. 47 ff. Die Notwendigkeit die Einwilligung nach dem BGB von der nach der DSGVO zu unterscheiden, zeigt sich auch darin, dass die datenschutzrechtliche Einwilligung nach Art. 8 Abs. 1 DSGVO bereits nach Vollendung des sechzehnten Lebensjahres vom Minderjährigen selbst erteilt werden kann.
4 Grundlegend BGH vom 14.3.1961, BGHZ 34, 355 (360 ff) = NJW 1961, 655.

1. Die Erklärung der Einwilligung

8 Die Einwilligung wird durch eine Willenserklärung erteilt. Ist die Erklärung wirksam, kommt hierdurch das einseitige Rechtsgeschäft der Einwilligung zustande.

a. Tatbestand der Einwilligungserklärung

9 Die Erklärung muss dem Inhalt nach das Einverständnis des Einwilligenden mit dem Rechtsgeschäft eines anderen ausdrücken. Dies kann grundsätzlich auch konkludent geschehen. Das Einverständnis kann sich auf ein bestimmtes Geschäft oder auf eine Gruppe von Geschäften beziehen. Welchen genauen Umfang die Einwilligung hat, ist durch Auslegung zu ermitteln (oben § 9 Rdn. 36 ff zur Einwilligung in Verträge Minderjähriger).

b. Wirksamkeit der Einwilligungserklärung

10 Die Einwilligungserklärung ist empfangsbedürftig; sie wird wirksam mit Zugang (oben § 6 Rdn. 9 ff). Bei einem Vertrag kann die Einwilligung dem einen oder anderen Teil gegenüber erklärt werden (§ 182 Abs. 1 BGB).

2. Die Wirksamkeit der Einwilligung

11 Die Wirksamkeit der Einwilligung richtet sich nach Regeln, die mehreren Ebenen angehören. Es gelten die Vorschriften über Rechtsgeschäfte im Allgemeinen, ergänzt um Vorschriften für einseitige Rechtsgeschäfte und speziell für Zustimmungen. Wie stets ist zwischen Wirksamkeitserfordernissen und -hindernissen zu unterscheiden.

a. Wirksamkeitserfordernisse

12 Die Einwilligung muss von einer hierfür zuständigen Person erteilt werden. Zuständig ist für Rechtsgeschäfte Minderjähriger der gesetzliche Vertreter (oben § 9 Rdn. 35), für Verfügungen eines Nichtberechtigten (§ 185 BGB) der Berechtigte (oben § 9 Rdn. 134).

13 Erteilt ein Minderjähriger eine Einwilligung, durch die er rechtlich nicht lediglich einen Vorteil erlangt, bedarf er seinerseits der Einwilligung des gesetzlichen Vertreters (§§ 107, 111 BGB; „Einwilligung in die Einwilligung").

14 **Beispiel:** Der Minderjährige M willigt ein, dass ein Dritter im eigenen Namen eine M gehörende Sache an X übereignet (§ 185 Abs. 1 BGB). Die Einwilligung ist für M rechtlich nicht lediglich vorteilhaft (§ 107 BGB), da sie zum Eigentumsverlust führt. Die Einwilligung des M ist daher unwirk-

sam, wenn M sie ohne Einwilligung des gesetzlichen Vertreters erteilt (§ 111 Satz 1 BGB). Positiv gewendet: Die Einwilligung der Eltern ist Voraussetzung der Wirksamkeit der Einwilligung des M.

Wird eine Einwilligung in fremdem Namen erteilt, ist sie nur wirksam, wenn der **15** Vertreter Vertretungsmacht hat; eine Genehmigung ist ausgeschlossen (§ 180 Satz 1 BGB), sofern nicht die Voraussetzungen des § 180 Satz 2 BGB vorliegen (oben § 11 Rdn. 33).

b. Wirksamkeitshindernisse
aa. Besondere Wirksamkeitshindernisse einseitiger Rechtsgeschäfte

Besondere Wirksamkeitshindernisse ergeben sich aus den für einseitige Rechts- **16** geschäfte geltenden Vorschriften der §§ 111 Satz 2 BGB und 174 Satz 1 BGB (oben § 11 Rdn. 35 ff). § 111 Satz 2 BGB betrifft den (gewiss seltenen) Fall, dass ein Minderjähriger mit Einwilligung des gesetzlichen Vertreters seinerseits einem anderen eine Einwilligung erteilt, die Einwilligung seines gesetzlichen Vertreters aber nicht in schriftlicher Form vorlegt und der andere deshalb das Rechtsgeschäft, also die ihm erteilte Einwilligung zurückweist (wozu er in aller Regel keinen Anlass haben wird). Gemäß § 174 Satz 1 BGB ist eine von einem Vertreter erklärte Einwilligung unwirksam, wenn der Vertreter eine Vollmachtsurkunde (dazu oben § 11 Rdn. 37a) nicht vorlegt und der andere, dem gegenüber die Einwilligung erteilt wurde, die Einwilligung aus diesem Grunde unverzüglich zurückweist.

bb. Allgemeine Nichtigkeitsgründe für Rechtsgeschäfte

Darüber hinaus gelten für die Einwilligung die allgemeinen Vorschriften über die **17** Nichtigkeit von Rechtsgeschäften (oben § 9 Rdn. 143 ff). Freilich dürfte es nur selten vorkommen, dass die Einwilligung in ein Rechtsgeschäft gegen Gesetze (§ 134 BGB) oder die guten Sitten (§ 138 Abs. 1 BGB) verstößt. Die Nichtigkeit einer Einwilligung infolge Anfechtung (§ 142 Abs. 1 BGB) wirft ähnliche rechtliche Fragen wie die Anfechtung einer Vollmacht auf (dazu unten § 13 Rdn. 22 ff).

Eine Nichtigkeit gemäß **§ 125 Satz 1 BGB** kommt grundsätzlich nicht in Be- **18** tracht (anders z. B. in §§ 1516 Abs. 2 Satz 2, 1750 Abs. 1 Satz 2 BGB[5]), da die Einwilligung (wie die Genehmigung) nach **§ 182 Abs. 2 BGB** ausdrücklich selbst dann **nicht formbedürftig** ist, wenn das Geschäft, auf das sie sich bezieht, formbedürftig ist.

---

5 Entgegen Jauernig/*Mansel* § 182 Rdn. 6 ist hiervon die Formvorschrift des § 29 GBO zu unterscheiden; sie statuiert kein materiell-rechtliches Formerfordernis.

19 Die Vorschrift des **§ 182 Abs. 2 BGB** (wie die Parallelregelung des § 167 Abs. 2 BGB zur Vollmacht) ist **kontra-intuitiv** und **wertungsmäßig fragwürdig**. Soll die Form (wie z. B. bei § 311b Abs. 1 Satz 1 BGB) vor übereilten Geschäften schützen und rechtliche Beratung sicherstellen (oben § 9 Rdn. 149), läge es nahe, ihr auch Zustimmungserklärungen zu Rechtsgeschäften zu unterstellen, deren Wirkungen den Zustimmenden treffen. Zu § 167 Abs. 2 BGB erkennt die Rechtsprechung eine Ausnahme an, wenn eine unwiderrufliche Vollmacht zur Vornahme eines formbedürftigen Geschäfts erteilt wird (unten § 13 Rdn. 19). Daher wird gefordert, bei einer unwiderruflich erteilten Einwilligung – anders als bei einer Genehmigung (unten Rdn. 34f) – ebenso zu entscheiden.[6] Wertungsmäßig liegen beide Fallgestaltungen gleich, da die Vollmacht im Recht der Stellvertretung das funktionale Äquivalent zur Einwilligung bildet und in beiden Fällen eine unwiderrufliche Bindung an ein formbedürftiges Rechtsgeschäft eintreten kann, das zu diesem Zeitpunkt noch nicht formgerecht (also: unter dem Schutz der Formvorschrift) vorgenommen worden ist (hierzu unten Rdn. 35). Eine unterschiedliche Behandlung beider Fälle ist somit nicht zu rechtfertigen.

3. Der Widerruf der Einwilligung

20 Gemäß § 183 Satz 1 BGB ist die Einwilligung bis zur Vornahme des Rechtsgeschäfts widerruflich, soweit sich nicht aus dem ihrer Erteilung zugrunde liegenden Rechtsverhältnis ein anderes ergibt. Wird die Einwilligung widerrufen, so erlischt sie.[7] Wird ein Rechtsgeschäft, zu dem Einwilligung erteilt war, erst nach dem Widerruf vorgenommen, so ist es unwirksam (kann aber, sofern Genehmigung möglich ist, hierdurch wirksam werden).

a. Die Vornahme des Rechtsgeschäfts

21 Das Gesetz spricht in vielfältigem Zusammenhang von der „Vornahme" eines Rechtsgeschäfts, ohne zu definieren, was damit gemeint ist. Da Rechtsgeschäfte durch Willenserklärungen geschaffen werden, kommt es darauf an, dass durch die Abgabe wirksamer Willenserklärungen alles geschehen ist, was zum Zustandekommen des Rechtsgeschäfts erforderlich ist. Bei einem Vertrag müssen also die auf den Abschluss des Vertrages gerichteten Erklärungen abgegeben und durch Zugang wirksam geworden sein,[8] sofern nicht ausnahmsweise (wie im Falle der Annahme gemäß § 151 Satz 1 Hs. 2 BGB) der Zugang entbehrlich ist. Ein einseitiges Rechtsgeschäft, das wie die Anfechtung, der Rücktritt, die Kündigung etc. – durch Erklärung gegenüber einem anderen erfolgt, ist vorgenommen, wenn diese Erklärungen abgegeben und wirksam geworden sind.

---

6 So Jauernig/*Mansel* § 182 Rdn. 6; *Bork* AT Rdn. 1701; *Neuner* AT § 54 Rdn. 22; ablehnend Palandt/*Ellenberger* § 182 Rdn. 2.

7 Erman/*Maier-Reimer/Finkenauer* § 183 Rdn. 2.

8 BGH vom 29.6.2017, NJW 2017, 3514 Rdn. 8.

Ist zu einem zustimmungsbedürftigen Rechtsgeschäft eine Einwilligung er- **22** teilt worden, so kann die Einwilligung nur widerrufen werden, solange sie noch nicht zur Wirksamkeit des Rechtsgeschäfts geführt hat. Gleichgültig ist, ob nach dem Inhalt des Rechtsgeschäfts dessen Wirkungen erst später eintreten sollen (Zeitbestimmung, aufschiebende Bedingung). Die auf einer Einwilligung beruhende Wirksamkeit eines Rechtsgeschäfts kann durch einen Widerruf der Einwilligung nicht mehr beseitigt werden. Die Einwilligung ist also nur widerruflich, solange sie – bildlich gesprochen – noch nicht „verbraucht" ist.

Beispiele: Die minderjährige M schließt mit Einwilligung ihres gesetzlichen Vertreters am 10. Au- **23** gust einen Wohnungsmietvertrag zum 1. Oktober. Das Rechtsgeschäft ist am 10. August vorgenommen, die Einwilligung danach nicht mehr widerruflich; auf den Eintritt der Wirkungen des Vertrages (1. Oktober) kommt es nicht an. – Der minderjährige M übereignet mit Einwilligung seines gesetzlichen Vertreters eine Sache unter Eigentumsvorbehalt an N. Bevor N den Kaufpreis vollständig entrichtet hat, widerruft der gesetzliche Vertreter seine Einwilligung. Die Einwilligung ist nicht mehr widerruflich, da das Rechtsgeschäft der Übereignung (= Einigung und Übergabe) bereits vorgenommen worden ist.

Die Antwort auf die Frage, zu welchem Zeitpunkt ein Rechtsgeschäft vorgenom- **24** men ist, kann bei **mehraktigen Geschäften** Probleme bereiten. Zur Übereignung einer beweglichen Sache ist neben der Einigung die Übergabe der Sache erforderlich (§ 929 BGB). Die Übertragung des Eigentums an einem Grundstück erfordert neben der Auflassung die Eintragung des Eigentumsübergangs im Grundbuch (§ 873 Abs. 1 BGB). In diesen Fällen kann zweifelhaft sein, ob eine erteilte Einwilligung nach dem Zustandekommen der rechtsgeschäftlichen Einigung noch bis zur Übergabe der Sache bzw. bis zur Eintragung ins Grundbuch widerruflich ist. Dies wird vielfach mit dem Argument bejaht, dass die Übereignung erst mit der Übergabe der beweglichen Sache bzw. der Eintragung des Eigentumsübergangs an einem Grundstück tatbestandlich vollendet und somit erst zu diesem Zeitpunkt (vollständig) vorgenommen sei.[9] Zustimmungsbedürftig ist allerdings allein der dingliche Vertrag, also die rechtsgeschäftliche Einigung über den Eigentumsübergang. Das spricht dafür, für die Unwiderruflichkeit einer erteilten Einwilligung auf den Zeitpunkt des Zustandekommens des dinglichen Vertrages abzustellen. Allerdings können die auf die dingliche Einigung gerichteten Erklärungen der Parteien ihrerseits auch nach Zustandekommen der Einigung noch widerrufen werden. Solange aber die Einigungserklärungen für die Parteien nicht bindend sind, sollte grundsätzlich auch die Einwilligung widerrufen werden können.

---

9 MüKo/*Bayreuther* § 183 Rdn. 12 m. w. N.

25 Bei beweglichen Sachen ist die dingliche Einigung bis zur Übergabe widerruflich.[10] Die dingliche Einigung über den Eigentumsübergang oder eine sonstige Rechtsänderung an einem Grundstück bindet die Parteien vor der Eintragung nur unter den Voraussetzungen des § 873 Abs. 2 BGB. Da die Parteien der Einigung bis zum Eintritt dieser Bindung ihre Erklärungen widerrufen können, erscheint es sachgerecht, auch den Widerruf einer Einwilligung zuzulassen.[11]

b. Der Ausschluss der Widerruflichkeit

26 Die Widerruflichkeit einer Einwilligung ist in besonderen Fällen kraft Gesetzes ausgeschlossen (Beispiel: § 876 BGB). Eine Unwiderruflichkeit kann sich daraus ergeben, dass der Einwilligende auf die Möglichkeit eines Widerrufs verzichtet. Das Gesetz erwähnt in § 183 BGB darüber hinaus den Fall, dass sich die Unwiderruflichkeit aus dem der Erteilung der Einwilligung zugrunde liegenden Rechtsverhältnis ergibt.

27 Wichtigstes **Anwendungsbeispiel** hierfür ist die Übereignung einer Sache unter Eigentumsvorbehalt (oben § 10 Rdn. 22). Da das Eigentum bis zum Eintritt der aufschiebenden Bedingung beim Veräußerer verbleibt, der andere Teil aber berechtigt sein soll, über die Sache zu verfügen, wird ihm eine Einwilligung („Ermächtigung") im Sinne von § 185 Abs. 1 BGB erteilt. Eine freie Widerruflichkeit dieser Einwilligung wäre mit dem Sinn und wirtschaftlichen Zweck der Vereinbarung eines Eigentumsvorbehalts nicht vereinbar. Der Eigentumsvorbehalt soll den Veräußerer hinsichtlich seiner Forderung absichern; zugleich aber soll der andere Teil die Möglichkeit haben, die unter Eigentumsvorbehalt stehende Ware bestimmungsgemäß weiterzuveräußern.

4. Die Wirkung der Einwilligung

28 Die Wirkung der Einwilligung beschränkt sich darauf, eine Wirksamkeitsvoraussetzung für das zustimmungsbedürftige Geschäft zu bilden. Solange dieses Geschäft (noch) nicht vorgenommen worden ist, bewirkt die Einwilligung (noch) nichts.[12] Wird es vorgenommen, ist es (sofern nicht etwa weitere Wirksamkeitserfordernisse fehlen oder Nichtigkeitsgründe eingreifen), sofort mit seiner Entstehung wirksam. Es wird also jeglicher Schwebezustand hinsichtlich der Wirksamkeit vermieden.

---

10 Das folgt letztlich daraus, dass die Parteien nach § 929 Satz 1 BGB bei der Übergabe über den Eigentumsübergang einig sein müssen; s. nur Staudinger/*Wiegand* (2017) § 929 Rdn. 80 ff.
11 Im Ergebnis ähnlich, wenn auch mit anderer Begründung (§ 878 BGB), BGH vom 27.9.1962, NJW 1963, 36 (37), zustimmend Palandt/*Ellenberger* § 183 Rdn. 1.
12 *Bork* AT Rdn. 1706.

III. Die Genehmigung

1. Die Erklärung der Genehmigung
a. Der Tatbestand der Genehmigungserklärung

Für das tatbestandliche Vorliegen einer Genehmigungserklärung ist ein Verhalten **29** erforderlich, das den Schluss auf das Einverständnis mit einem bestimmten Rechtsgeschäft oder einer Reihe von Rechtsgeschäften zulässt. Auch das Einverständnis kann ausdrücklich oder konkludent erteilt werden.

Insbesondere bei konkludentem Verhalten, das nach außen den Schluss auf **30** ein Einverständnis zulässt, stellt sich die Frage, ob der Erklärende Kenntnis von der schwebenden Unwirksamkeit des Rechtsgeschäfts und dessen Genehmigungsbedürftigkeit haben muss. Im Einklang mit der ganz h.M., wonach das Erklärungsbewusstsein kein subjektives Tatbestandsmerkmal einer Willenserklärung ist (oben § 5 Rdn. 33 f), ist das zu verneinen.

Der Standpunkt der **Rechtsprechung** ist nicht leicht auszumachen. Im Anschluss an BGH vom **31** 7.6.1984, BGHZ 91, 324 = NJW 1984, 2279 (Fall „Sparkasse", Sachverhalt unten § 30) hat BGH vom 2.11.1989, NJW 1990, 454 festgehalten, dass unter gleichen Voraussetzungen auch schlüssiges Verhalten ohne Erklärungsbewusstsein als Genehmigung im Sinne der §§ 362 Abs. 2, 185 BGB gewertet werden könne. Diese Sichtweise bestätigt BGH vom 17.11.2014, MDR 2015, 169 Rdn. 36 und hält fehlendes Erklärungsbewusstsein auf Seiten des nach § 177 Abs. 1 BGB genehmigenden Prinzipals dann für unbeachtlich, wenn der Erklärende bei Anwendung der im Verkehr erforderlichen Sorgfalt hätte erkennen und vermeiden können, dass seine Äußerung nach Treu und Glauben und der Verkehrssitte als Willenserklärung aufgefasst werden durfte, und wenn der Empfänger sie auch tatsächlich so verstanden hat. Nach BGH vom 1.4.1998, NJW 1998, 1857 (1859) kommt es im Falle einer ausdrücklichen Erklärung nicht darauf an, ob der Erklärende weiß oder mit der Möglichkeit rechnet, dass ein Vertrag schwebend unwirksam und somit genehmigungsfähig ist. BGH vom 14.5.2002, NJW 2002, 2325 (2327) lehnt aber eine konkludente Genehmigung (im Sinne von § 177 BGB) ohne Erklärungsbewusstsein ab: Eine Genehmigung setze voraus, „dass der Genehmigende die Unwirksamkeit kennt oder zumindest mit ihr rechnet und in seinem Verhalten der Ausdruck des Willens zu sehen ist, das bisher als unverbindlich angesehene Geschäft verbindlich zu machen".[13]

Ist ein von einem Vertreter geschlossener Vertrag mangels Vertretungsmacht un- **32** wirksam, haben aber beide Seiten weder Kenntnis hiervon noch Anlass, an der Wirksamkeit des Vertrages zu zweifeln, so impliziert die Erbringung der vertraglichen Leistungen nicht die konkludente Genehmigung seitens des Vertretenen, da der Vertragspartner des Vertretenen die Erbringung der vertragsgemäßen Leis-

---

13 Ausführlich hierzu Staudinger/*Klumpp* (2019) § 182 Rdn. 30–32.

tung nicht als Ausdruck des Willens des Vertretenen versteht, dem Vertrag durch Genehmigung Wirksamkeit zu verschaffen.[14]

b. Die Wirksamkeit der Genehmigungserklärung

33 Die Wirksamkeit der Genehmigungs*erklärung* wirft keine besonderen Fragen auf: es kann auf das oben (Rdn. 10) zur Einwilligungserklärung Gesagte verwiesen werden.

2. Die Wirksamkeit der Genehmigung

34 Was die allgemeinen Vorschriften über die Nichtigkeit von Rechtsgeschäften angeht, so hält die Rechtsprechung für die Genehmigung strikt an der Formfreiheit gemäß § 182 Abs. 2 BGB fest und schließt damit eine Nichtigkeit gemäß § 125 Satz 1 BGB aus. Von besonderer Bedeutung ist dies für Grundstücksverträge, die ein Vertreter ohne Vertretungsmacht geschlossen hat; sie können vom Vertretenen formlos genehmigt werden.[15]

35 Dagegen ließe sich einwenden, die Formfreiheit der Genehmigung widerspreche dem Schutzzweck des § 311b Abs. 1 Satz 1 BGB und sei mit der h.M. zur Formbedürftigkeit einer unwiderruflichen Vollmacht zur Vornahme eines Grundstücksgeschäftes (unten § 13 Rdn. 19) unvereinbar. Dies deswegen, weil bei der Erteilung einer unwiderruflichen Vollmacht noch offen bleibt, ob der Vollmachtnehmer hiervon überhaupt Gebrauch machen wird; die Genehmigung dagegen führt unmittelbar dazu, dass den Genehmigenden die Rechtswirkungen des Grundstücksvertrages treffen. Dennoch liegen die Dinge letztlich anders als bei der Vollmacht. Die Genehmigung bezieht sich nämlich auf einen Vertrag, den die Kontrahenten immerhin zuvor unter dem Schutz des Formerfordernisses geschlossen haben. Die Kontrahenten sind also im Bereich des Formerfordernisses des § 311b Abs. 1 BGB (worum es in der Praxis vor allem geht), notariell beraten worden, der Notar hat auf eine Klärung des rechtsgeschäftlichen Willens der Beteiligten hingewirkt. Wer einen solchen Vertrag genehmigt, hat Gelegenheit und Anlass, sich über das Ergebnis der notariellen Beratung informieren zu lassen und hieran seine Entscheidung auszurichten. Er ist insofern in einer besseren Position als derjenige, der eine unwiderrufliche Vollmacht oder Einwilligung zum Abschluss eines entsprechenden Vertrages erteilt.[16]

---

14 BGH vom 17.5.2002, NJW 2002, 2863 (2864); *Neuner* AT § 51 Rdn. 4f.

15 BGH vom 25.2.1994, BGHZ 125, 218 (222ff) = NJW 1994, 1344 (1345f) mit ausführlicher Darstellung und Erörterung des Streitstands; zustimmend MüKo/*Bayreuther* § 182 Rdn. 23; Palandt/*Ellenberger* § 182 Rdn. 2; *Bork* AT Rdn. 1701.

16 *Prölss* JuS 1985, 577 (585).

Hinsichtlich der Sondervorschriften zur Wirksamkeit einseitiger Rechtsgeschäfte 36
ergeben sich keine Unterschiede zur Einwilligung. Zur Zuständigkeit ist im Minderjährigenrecht § 108 Abs. 3 BGB (Erlangung der Volljährigkeit) zu beachten.

3. Die Wirkung der Genehmigung

Die Genehmigung wirkt auf den Zeitpunkt der Vornahme des Rechtsgeschäfts zu- 37
rück (§ 184 Abs. 1 BGB). Das Rechtsgeschäft wird zu dem Zeitpunkt wirksam, zu
dem es beim Vorliegen einer Einwilligung wirksam geworden wäre. Das Gesetz
sucht also die Genehmigung in den Rechtsfolgen der Einwilligung anzugleichen.

IV. Die Verweigerung der Genehmigung

1. Die Verweigerung der Genehmigung als eigenständiges Rechtsgeschäft

Die Verweigerung der Genehmigung ist ein einseitiges Rechtsgeschäft mit dem 38
Ziel, die endgültige Unwirksamkeit eines zustimmungsbedürftigen Rechtsgeschäfts herbeizuführen. Die schwebende Unwirksamkeit wird durch die Verweigerung der Genehmigung zur endgültigen Unwirksamkeit.[17] Durch eine nachfolgende Genehmigung (etwa aus dem Grund, dass der Zuständige es sich
inzwischen anders überlegt hat) kann hieran nichts mehr geändert werden. Vorbehalten bleibt die Möglichkeit einer Bestätigung des endgültig unwirksamen
Rechtsgeschäfts durch die hieran Beteiligten.[18]

Tatbestandlich ist die **Verweigerung** der Genehmigung strikt von der bloßen 39
Nichterteilung der Genehmigung zu **unterscheiden** (oben § 9 Rdn. 50). Bloßes
Nichtstun kann grundsätzlich nicht als Abgabe einer Willenserklärung angesehen
werden. Umgekehrt: Wird die Genehmigung verweigert, liegt darin mehr als bloßes Nichtstun. Das bloße Nichtstun hält den Schwebezustand aufrecht, die Verweigerung der Genehmigung beendet den Schwebezustand und führt zur endgültigen Unwirksamkeit.

2. Die gesetzliche Fiktion der Verweigerung der Genehmigung

In zwei Fällen fingiert das Gesetz, dass die Genehmigung als verweigert *gilt*, wenn 40
sie nicht binnen bestimmter Frist erklärt wird. Wird der gesetzliche Vertreter vom
Vertragspartner des Minderjährigen gemäß § 108 Abs. 2 Satz 1 BGB zur Erklärung

---

17 BGH vom 1.10.1999, NJW 1999, 3704.
18 BGH vom 1.10.1999, NJW 1999, 3704 (3705); oben § 9 Rdn. 290.

über die Genehmigung aufgefordert, so wird hierdurch ein Mechanismus eröffnet, der binnen zwei Wochen ab Empfang der Aufforderung zur Beendigung der Schwebelage führt (§ 108 Abs. 2 Satz 2 BGB). Der Vertrag wird wirksam, wenn der gesetzliche Vertreter innerhalb dieser Frist die Genehmigung erklärt. Geschieht dies nicht, kommt es nicht darauf an, warum der gesetzliche Vertreter untätig geblieben ist. Selbst wenn er eigentlich genehmigen wollte und nur vergessen hat, dies dem Vertragspartner gegenüber zu erklären, gilt die Genehmigung als verweigert. Eine entsprechende Regelung sieht § 177 Abs. 2 BGB für den Fall vor, dass ein Vertreter ohne Vertretungsmacht einen Vertrag geschlossen hat. Fordert der Vertragspartner den Vertretenen zur Erklärung über die Genehmigung auf, so gilt die Genehmigung gemäß § 177 Abs. 2 Satz 2 Hs. 2 BGB als verweigert, wenn sie nicht binnen der Zwei-Wochen-Frist des § 177 Abs. 2 Satz 2 Hs. 1 BGB erklärt wird.

§ 13 Die Erteilung von Vollmacht

I. Grundlagen

1 Von Vollmacht spricht das BGB im Falle einer durch Rechtsgeschäft erteilten Vertretungsmacht (Legaldefinition in § 166 Abs. 2 BGB). Das Rechtsgeschäft selbst bezeichnet das BGB als **Erteilung der Vollmacht** (§ 167 Abs. 1 BGB) oder gleichbedeutend als **Bevollmächtigung** (vgl. § 172 Abs. 1 BGB). Es ist, wie sich aus § 167 Abs. 1 BGB ergibt, ein einseitiges Rechtsgeschäft. Einer Mitwirkung dessen, dem Vertretungsmacht erteilt wird, bedarf es nicht.[1] Die Erklärung, durch die Vollmacht erteilt wird, muss nicht einmal gegenüber demjenigen abgegeben werden, der bevollmächtigt werden soll. Wird die Erklärung gegenüber demjenigen abgegeben, dem gegenüber die Vertretung stattfinden soll (§ 167 Abs. 1 Var. 2 BGB), kann der Bevollmächtigte Vertretungsmacht erlangen, ohne hiervon zu wissen. Dies alles ließe sich nicht rechtfertigen, wenn die Erteilung von Vollmacht für den Bevollmächtigten in irgendeiner Weise nachteilig wäre. Sie ist es nicht. Die Vollmacht bewirkt lediglich, dass Rechtsgeschäfte, die der Bevollmächtigte im Namen des Vollmachtgebers und im Rahmen der Vollmacht vornimmt, von Vertretungsmacht gedeckt sind. Sie schafft die Voraussetzungen dafür, dass die vom Bevollmächtigten im Namen des Vollmachtgebers vorgenommenen Geschäfte wirksam sind (oben § 9 Rdn. 73). *Ob* der Vollmachtnehmer Rechtsgeschäfte im Namen des

---

[1] Selbstverständlich liegt es im Rahmen der Privatautonomie der Beteiligten, Vertretungsmacht im Wege einer vertraglichen Vereinbarung zu begründen.

Vollmachtgebers tätigt, ist eine ganz andere Frage. Die Vollmacht verpflichtet ihn zu nichts.

Häufig wird es so sein, dass der Erteilung von Vollmacht ein schuldrecht- **2** licher Vertrag zugrunde liegt (z. B. ein Auftrag, ein Geschäftsbesorgungsvertrag, ein Arbeitsvertrag). Aus diesen Verträgen können sich Pflichten zum Abschluss von Rechtsgeschäften in fremdem Namen ergeben (z. B. Kassenangestellte im Supermarkt). Das Rechtsverhältnis, aus dem sich etwa solche Pflichten ergeben, ist aber streng von der Vollmacht zu unterscheiden. Die Vollmacht betrifft das **Außenverhältnis** des Bevollmächtigten gegenüber Dritten. Ein der Erteilung der Vollmacht zugrunde liegender Vertrag betrifft das **Innenverhältnis** des Bevollmächtigten zum Vollmachtgeber. Im Außenverhältnis geht es um die Wirksamkeit der vom Vertreter in fremdem Namen vorgenommenen Rechtsgeschäfte, und hierfür kommt es allein auf das Vorliegen von Vertretungsmacht, nicht auf die Frage an, ob der Vertreter zur Vornahme solcher Geschäfte verpflichtet ist. Die Bevollmächtigung ist ein Rechtsgeschäft, dem man nicht ansieht, warum es vorgenommen worden ist. Die Bevollmächtigung ist ein **abstraktes Rechtsgeschäft**, in ihrer Wirksamkeit unabhängig davon, ob ihr ein schuldrechtlicher Vertrag zugrunde liegt oder nicht, und wenn ein solcher Vertrag zugrunde liegt, unabhängig von dessen Wirksamkeit.[2]

Die sehr weit gehende Abkoppelung der Vollmacht von dem ihrer Erteilung **3** zugrunde liegenden Rechtsgeschäft[3] macht sie weniger störungsanfällig. Dies dient der Rechtssicherheit und kommt auch dem Bevollmächtigten selbst zugute, dem beim Fehlen von Vertretungsmacht die Eigenhaftung gemäß § 179 BGB (unten § 16) droht.

II. Die Erklärung der Bevollmächtigung

Die Erteilung von Vollmacht erfolgt durch Erklärung, § 167 Abs. 1 BGB. Erforder- **4** lich ist eine Willenserklärung, die darauf gerichtet ist, das einseitige Rechtsgeschäft der Erteilung von Vollmacht zu schaffen. Erfolgt die Erklärung – wie meist – gegenüber dem zu Bevollmächtigenden (§ 167 Abs. 1 Var. 1 BGB), so spricht man von einer **Innenvollmacht**, erfolgt die Erklärung gegenüber demjenigen, dem gegenüber die Vertretung stattfinden soll (§ 167 Abs. 1 Var. 2 BGB) handelt es sich um eine **Außenvollmacht**. Die Terminologie ist nicht eben glück-

---

2 Es gilt also ein ähnlicher Abstraktionsgrundsatz wie im Verhältnis von obligatorischem Grundgeschäft und dinglichem Erfüllungsgeschäft (oben § 4 Rdn. 29 ff). Ausführlich Staudinger/*Schilken* (2019) Vorbem. zu §§ 164 ff Rdn. 33 f und § 167 Rdn. 2 f; *Lieder* JuS 2014, 393 ff.

3 Vorbehaltlich § 168 Satz 1 BGB; dazu unten Rdn. 29 und oben § 9 Rdn. 84 f.

lich, da sie nichts mit der Unterscheidung von Innenverhältnis und Außenverhältnis (oben Rdn. 2) zu tun hat. Jede Vollmacht betrifft das Außenverhältnis, gleichgültig, ob sie als Innenvollmacht oder als Außenvollmacht erteilt wird.

1. Der Tatbestand der Bevollmächtigungserklärung

5 Die Bevollmächtigung kann **ausdrücklich** oder **konkludent** erklärt werden. Die meisten Vollmachten werden schriftlich (zur Beweissicherung) und ausdrücklich (zur genauen Bestimmung des Umfangs der Vertretungsmacht) erteilt. Die Prokura (oben § 9 Rdn. 100 f) kann nur ausdrücklich erteilt werden (§ 48 HGB). Eine konkludente Erteilung von Vollmacht kann in einem Verhalten liegen, das durch Auslegung darauf schließen lässt, einem anderen solle Vertretungsmacht verliehen werden. Dies kommt insbesondere dann in Betracht, wenn einem anderen Aufgaben übertragen werden, zu deren ordnungsgemäßer Erfüllung dieser darauf angewiesen ist, Rechtsgeschäfte in fremdem Namen abzuschließen.

6 **Beispiele:** Beauftragung (§ 662 BGB) eines Fachmanns F mit dem Kauf eines Gebrauchtwagens für den Auftraggeber A. Da F den Kaufvertrag im Namen des A schließen soll, darf man davon ausgehen, dass ihm A hierzu auch – zumindest konkludent – Vertretungsmacht erteilt hat. – Den Verkaufs- und insbesondere Kassenangestellten von Supermärkten, Kaufhäusern und ähnlichen Einrichtungen ist in aller Regel ausdrücklich Vollmacht erteilt. Fehlt es hieran, kommt eine konkludente Vollmachtserteilung durch Übertragung der spezifischen Verkaufsaufgaben in Betracht, doch macht § 56 HGB Überlegungen hierzu entbehrlich: Die Kassen- und sonstigen Verkaufsangestellten gelten als bevollmächtigt zu den üblichen und typischen Verkäufen (oben § 9 Rdn. 79).

7 Um die konkludente Erteilung von Vertretungsmacht geht es auch in den Fällen der sog. **Duldungsvollmacht** (oben § 9 Rdn. 90 ff). Wer weiß, dass ein anderer in seinem Namen Rechtsgeschäfte abschließt, und den anderen so agieren lässt, bringt damit nach außen zum Ausdruck, dass er hiermit einverstanden ist und die Rechtswirkungen gegen sich gelten lassen will. So sehen dies auch Dritte, die mit dem anderen Geschäfte vornehmen. Darin liegt nach den Grundsätzen der Auslegung (oben § 5 Rdn. 61) die rechtsgeschäftliche Erteilung von Vertretungsmacht, und zwar auch dann, wenn es dem Duldenden am Willen zur Bevollmächtigung fehlt, da ein Erklärungsbewusstsein keine Tatbestandsvoraussetzung einer Willenserklärung ist (oben § 5 Rdn. 33). Selbst die Anscheinsvollmacht ist insofern einer rechtsgeschäftlichen Deutung zugänglich (oben § 9 Rdn. 93 ff).

2. Die Wirksamkeit der Bevollmächtigungserklärung

Die Bevollmächtigungserklärung ist empfangsbedürftig, bedarf also zu ihrer **8** Wirksamkeit des Zugangs (oben § 6 Rdn. 9 ff). Wem die Erklärung zugehen muss, richtet sich danach, ob es sich um eine Innen- oder Außenvollmacht handelt. Bei der Innenvollmacht (§ 167 Abs. 1 Var. 1 BGB) muss die Erklärung dem Vertreter zugehen, bei der Außenvollmacht (§ 167 Abs. 1 Var. 2 BGB) dem Dritten, dem gegenüber die Vertretung stattfinden soll. Dritter im Sinne dieser Alternative können auch unbestimmt viele Personen sein. Wird allerdings durch Aushang in einem Geschäftslokal oder auf der Homepage eines Unternehmens allen Kunden gegenüber erklärt, welche Angestellten in welchem Umfang berechtigt sind, das Unternehmen zu vertreten, handelt es sich dabei in aller Regel um die Kundgabe einer bestehenden Innenvollmacht.

Im Übrigen gelten die allgemeinen Wirksamkeitshindernisse für Willens- **9** erklärungen (oben § 6 Rdn. 74 ff). Auch hier ist zu beachten, dass das BGB nur in seltenen Fällen durch die Unwirksamkeit/Nichtigkeit der Willenserklärung schon verhindert, dass das Rechtsgeschäft zustande kommt (oben § 6 Rdn. 116 ff).

Beispiele: Die *Erklärung der Bevollmächtigung* ist nichtig, wenn sie von einem Geschäftsunfä- **10** higen abgegeben wird (§ 105 Abs. 1 BGB). Dagegen geht es nicht um ein Problem der Wirksamkeit der Erklärung, wenn ein beschränkt Geschäftsfähiger einem anderen Vollmacht erteilt, oder ein Vertreter einem anderen Untervollmacht erteilt, ohne hierzu Vertretungsmacht zu haben. In diesen Fällen ist allein die im Folgenden behandelte *Wirksamkeit der Bevollmächtigung* als Rechtsgeschäft betroffen.

III. Die Wirksamkeit der Bevollmächtigung

Ist die Willenserklärung wirksam, kommt hierdurch das einseitige Rechtsgeschäft **11** der Bevollmächtigung dem Tatbestand nach zustande. Hieran schließt sich die Frage an, ob die Bevollmächtigung wirksam ist. Wie stets ist zwischen Wirksamkeitserfordernissen und -hindernissen zu unterscheiden.

1. Wirksamkeitserfordernisse

Besondere Wirksamkeitserfordernisse für die Vollmachtserteilung durch **Minder-** **12** **jährige** ergeben sich aus den §§ 107, 111 BGB. Ausgangspunkt ist, dass die Erteilung einer Vollmacht dem Minderjährigen rechtlich nicht lediglich vorteilhaft ist. Die Bevollmächtigung ist, da § 111 BGB eine Genehmigung nicht vorsieht, grundsätzlich nur mit Einwilligung des gesetzlichen Vertreters wirksam. Eine Ausnahme wird gemacht, wenn die Bevollmächtigung eine rechtliche Einheit mit einem genehmigungsfähigen Vertrag bildet; dann soll die Genehmigung des Vertrages auch zur Wirksamkeit der Bevollmächtigung führen.[4]

13   Für eine **in fremdem Namen** erteilte Vollmacht gilt § 180 BGB. Wirksamkeitserfordernis ist das Bestehen von Vertretungsmacht bei Abgabe der Bevollmächtigungserklärung (§ 180 Satz 1 BGB). Dieser Schutz steht aber in den Grenzen des § 180 Satz 2 BGB zur Disposition des Bevollmächtigten. Er kann erreichen, dass anstelle des § 180 Satz 1 BGB die Vorschriften über Verträge Anwendung finden und somit die Bevollmächtigung durch einen Vertreter ohne Vertretungsmacht durch Genehmigung wirksam werden kann.

2. Wirksamkeitshindernisse

a. Besondere Regelungen zur Unwirksamkeit einseitiger Rechtsgeschäfte

14   Erteilt ein Minderjähriger mit einer gemäß §§ 107, 111 Satz 1 BGB erforderlichen Einwilligung des gesetzlichen Vertreters einem anderen Vollmacht, kann die Bevollmächtigung doch gemäß § 111 Satz 2 BGB unwirksam sein (oben § 11 Rdn. 36). Erteilt ein Vertreter im Rahmen seiner Vertretungsmacht einem anderen Untervollmacht, kann § 174 Satz 1 BGB (oben § 11 Rdn. 37) zur Unwirksamkeit der Bevollmächtigung führen.

b. Die allgemeinen Vorschriften zur Nichtigkeit von Rechtsgeschäften

15   Es gelten die allgemeinen Vorschriften zur Nichtigkeit von Rechtsgeschäften, doch ist deren praktischer Anwendungsbereich bei Bevollmächtigungen eher gering.

aa. § 138 Abs. 1 BGB

16   Dass die Bevollmächtigung wegen Sittenwidrigkeit (**§ 138 Abs. 1 BGB**) nichtig ist, ist kaum denkbar. Warum sollte es gegen grundlegende Werte einer Rechtsgemeinschaft verstoßen, dass der Vollmachtgeber damit einverstanden ist, dass andere wirksam Rechtsgeschäfte mit Wirkung für oder gegen ihn vornehmen können? Wo dies anstößig erscheint, wie z.B. bei einer Eheschließung, schließt das Gesetz die Möglichkeit der Stellvertretung überhaupt aus (§ 1311 Satz 1 BGB).

---

4 BGH vom 9.3.1990, BGHZ 110, 363 (370) = NJW 1990, 1721 (1723).

bb. § 134 BGB

Ein Gesetzesverstoß (**§ 134 BGB**) kann sich trotz der Abstraktheit der Vollmacht **17** in besonders gelagerten Fällen ergeben, wenn die Vollmacht einer geschäftlichen Tätigkeit dienen soll, gegen die sich das Verbotsgesetz richtet. Der BGH hat dies insbesondere bei Verstößen gegen das Rechtsdienstleistungsgesetz (zuvor: Rechtsberatungsgesetz) bejaht.[5]

cc. § 125 Satz 1 BGB

Einer Nichtigkeit gemäß **§ 125 Satz 1 BGB** wegen Formverstoßes steht im Ansatz **18** die Vorschrift des **§ 167 Abs. 2 BGB** entgegen. Danach bedarf die Vollmachtserklärung nicht der Form, die für das Rechtsgeschäft gilt, auf das sich die Vollmacht bezieht. Über die rechtspolitische Klugheit des § 167 Abs. 2 BGB (wie der Parallelvorschrift des § 182 Abs. 2 BGB, dazu oben § 12 Rdn. 19) lässt sich streiten. Der Gedanke der Gesetzesverfasser war, dass der Schutz von Formvorschriften denen zugute kommen muss, die die Willenserklärungen abgeben, und das ist im Falle der Stellvertretung der Vertreter, nicht der Vertretene. Wo die Form indessen Warnfunktion hat und vor Übereilung schützen soll,[6] vermag diese Überlegung schwerlich zu überzeugen.[7] Da der Vertreter von den Wirkungen des von ihm vorgenommenen Rechtsgeschäfts nicht betroffen wird, muss er die Folgen einer Übereilung nicht tragen. Dennoch ist die Vorschrift geltendes Recht und es kann nur darum gehen, ob in Ausnahmefällen die Verwirklichung der Schutzzwecke einer Formvorschrift zwingend deren Erstreckung auf die Bevollmächtigung erfordert.

Die Rechtsprechung nimmt dies insbesondere an für die Erteilung einer unwiderruflichen Voll- **19** macht zum Abschluss von Verträgen, die eine Verpflichtung zur Übertragung des Eigentums an Grundstücken oder zu dessen Erwerb begründen (§ 311b Abs. 1 Satz 1 BGB).[8] In der Formulierung unbefriedigend ist freilich die Begründung, dass durch die unwiderrufliche Vollmacht hier bereits eine „bindende Verpflichtung" des Vollmachtgebers geschaffen werde.[9] Das ist nicht der Fall. Entscheidend ist, dass die unwiderrufliche Vollmacht die Eingehung solcher Verpflichtungen ermöglicht, ohne dass der Vollmachtgeber hierauf weiter Einfluss nehmen oder dies verhin-

---

5 BGH vom 16.12.2002, BGHZ 153, 214 (220f) = NJW 2003, 1252 (1254); BGH vom 4.12.2007, BGHZ 174, 334 Rdn. 15 = NJW 2008, 845; BGH vom 11.11.2008, BGHZ 178, 271 Rdn. 33 = NJW-RR 2009, 254; BGH vom 20.7.2012, NJW 2012, 3424 Rdn. 9. Ausführlich MüKo/*Armbrüster* § 134 Rdn. 100 ff.
6 Zu den Formzwecken oben § 9 Rdn. 149.
7 Staudinger/*Schilken* (2019) § 167 Rdn. 20.
8 BGH vom 11.7.1952, NJW 1952, 1210; BGH vom 23.2.1979, NJW 1979, 2306; BGH vom 4.12.2007, BGHZ 174, 334 Rdn. 17 = NJW 2008, 845.
9 Palandt/*Grüneberg* § 311b Rdn. 20.

dern kann. Formbedürftig ist die Erteilung einer Vollmacht zur Übernahme einer Bürgschaft,[10] da der Zweck der Formvorschrift des § 766 BGB, den Bürgen vor übereilten Erklärungen zu schützen, sonst leicht unterlaufen werden könnte. Formlos kann dagegen Vollmacht zur Veräußerung von GmbH-Anteilen erteilt werden. § 15 GmbHG schreibt zwar vor, dass der Abtretungsvertrag wie der der Abtretung zugrunde liegende Verpflichtungsvertrag notarieller Beurkundung bedarf, doch geht es hier nicht um Übereilungsschutz des Veräußerers, sondern darum, den leichten und spekulativen Handel mit GmbH-Geschäftsanteilen auszuschließen und die Umlauffähigkeit von GmbH-Anteilen zu beschränken.[11]

20 § 492 Abs. 4 Satz 1 BGB legt – abweichend vom Grundsatz des § 167 Abs. 2 BGB – fest, dass die Erteilung einer Vollmacht zum Abschluss eines **Verbraucherdarlehensvertrages** wie der Vertrag selbst (§ 492 Abs. 1 Satz 1 BGB) schriftlich zu erfolgen und die gemäß § 492 Abs. 2 BGB in Verbindung mit Art. 247 §§ 6–13 EGBGB erforderlichen Angaben zu enthalten hat. Hiervon macht § 492 Abs. 4 Satz 2 BGB eine Ausnahme für eine Vollmacht, die notariell beurkundet ist. Versteht man die Vorschrift als Anwendungsfall des in § 126 Abs. 4 BGB niedergelegten Prinzips, wonach die notarielle Beurkundung die Schriftform „ersetzt", so muss auch die notariell beurkundete Vollmacht die Angaben enthalten, die für die schriftliche Erteilung der Vollmacht gelten. Der Wortlaut des § 492 Abs. 4 Satz 2 BGB spricht freilich gegen eine solche Interpretation, da dort klar gesagt wird, dass das Schriftformerfordernis des § 492 Abs. 1 BGB für eine notariell beurkundete Vollmacht „nicht gilt". Auch die Gesetzesmaterialien deuten darauf hin, dass die notariell beurkundete Vollmacht zum Abschlusse eines Verbraucherdarlehens von den für die schriftliche Erteilung geltenden Anforderungen freigestellt werden soll. Rechtspolitisch ist dies unbefriedigend, da die Belehrungspflichten des Notars (auch in der Konkretisierung für Verbraucherrechtsgeschäfte gemäß § 17 Abs. 2 Satz 2a BeurkG) die konkreten Risiken der Vollmachtserteilung nicht abzudecken vermögen. Im Ergebnis ist der Verbraucher im Falle der notariellen Beurkundung der Vollmacht deutlich weniger geschützt als im Falle der schriftlichen Erteilung. Eine teleologische Rechtfertigung hierfür fehlt.[12]

---

10 BGH vom 29.2.1996, NJW 1996, 1467 (1468); dazu ausführlich Staudinger/*Schilken* (2019) § 167 Rdn. 20 a.

11 BGH vom 24.3.1954, BGHZ 13, 49 (53) = NJW 1954, 1157; BGH vom 17.11.1955, BGHZ 19, 69 (72) = NJW 1956, 58; Staudinger/*Schilken* (2019) § 167 Rdn. 27.

12 Näher zur Problematik des § 492 Abs. 4 BGB (mit vermittelndem Lösungsvorschlag) *Herresthal* JuS 2002, 844.

dd. § 139 BGB

Ein sehr begrenzter Anwendungsbereich kommt auch **§ 139 BGB** zu. Wegen des 21 für die Systematik des BGB grundlegenden Prinzips der Abstraktheit der Vollmacht bildet die Bevollmächtigung mit dem ihrer Erteilung zugrunde liegenden Rechtsgeschäft grundsätzlich keine Geschäftseinheit im Sinne von § 139 BGB (oben § 9 Rdn. 264 ff).[13] Eine etwaige Nichtigkeit des Grundgeschäfts hat daher nicht gemäß § 139 BGB die Nichtigkeit der Bevollmächtigung zur Folge. Auch hier lässt die Rechtsprechung jedoch Ausnahmen zu.[14]

ee. § 142 Abs. 1 BGB (Anfechtung der Bevollmächtigung)

Recht komplexe Fragen wirft die Anfechtung der Bevollmächtigung auf,[15] wenn 22 der Bevollmächtigte auf Grund der ihm erteilten Vollmacht bereits Rechtsgeschäfte vorgenommen hat.[16] Die Anfechtung der Bevollmächtigung richtet sich dann der Sache nach gegen die Wirksamkeit dieser Rechtsgeschäfte. Ist die Bevollmächtigung infolge einer Anfechtung gemäß § 142 Abs. 1 BGB als von Anfang an nichtig anzusehen, waren die Rechtsgeschäfte, die der Bevollmächtigte in Ausübung der Vollmacht vorgenommen hat, nicht von Vertretungsmacht gedeckt. Handelte es sich um Verträge, sind sie gemäß § 177 BGB schwebend unwirksam. Durch die Verweigerung der Genehmigung kann der Vollmachtgeber die endgültige Unwirksamkeit dieser Verträge herbeiführen. Einseitige Rechtsgeschäfte sind beim Fehlen von Vertretungsmacht grundsätzlich unwirksam (§ 180 BGB). Von den Möglichkeiten des § 180 Satz 2 BGB wird der anfechtende Vollmachtgeber gewiss keinen Gebrauch machen. Handelt es sich aufgrund der Anfechtung der Bevollmächtigung rechtlich gesehen um unwirksame Rechtsgeschäfte eines Vertreters ohne Vertretungsmacht, kommt dessen Haftung gemäß § 179 BGB (unten § 16) ins Spiel. Wird der Vertreter ohne Vertretungsmacht von dem Geschäftsgegner aus § 179 BGB in Anspruch genommen, wird er seinerseits bei dem Vollmachtgeber Regress nehmen wollen. Als Anspruchsgrundlage hierfür kommt § 122 BGB (unten § 15) in Betracht, der eine Haftung des Anfechtenden gegenüber dem An-

---

13 Staudinger/*Schilke*n (2019) Vorbem. zu §§ 164 ff Rdn. 33 m. ausf. Nachweisen.

14 Z. B. BGH vom 14.5.2002, NJW 2002, 2325 unter II. 2.; ohne Hinweis auf § 139 BGB hingegen BGH vom 26.3.2003, NJW 2003, 1594 unter II. 2.; dazu *Petersen* JuRA 2004, 829 (830 f).

15 Zum Folgenden *Eujen/Frank* JZ 1973, 232 ff; *Brox* JA 1980, 449 ff; *Prölss* JuS 1985, 577 (582 f); *Petersen* AcP 201 (2001), 375 ff; *Schwarze* JZ 2004, 588 ff; *Becker/Schäfer* JA 2006, 597 ff.

16 Ist dies noch nicht geschehen und will der Vollmachtgeber die Vollmacht für die Zukunft entziehen, bedarf es nur eines Widerrufs (unten Rdn. 31 ff).

fechtungsgegner auf den Schaden vorsieht, der dem Anfechtungsgegner durch das Vertrauen auf die Wirksamkeit des Rechtsgeschäfts entstanden ist.[17]

23   Eine solche Regresskette ist an sich nichts Ungewöhnliches, auch wenn sie im Hinblick auf die Verteilung der Insolvenzrisiken der Rechtfertigung und gelegentlich der Korrektur bedarf. Hier aber ergibt sich eine recht zufällige Besonderheit: Wurde die Vollmacht gegenüber dem Geschäftsgegner (also: als Außenvollmacht) erteilt, ist dieser gemäß § 143 BGB Anfechtungsgegner und somit Anspruchsberechtigter im Sinne von § 122 BGB. Der dem Geschäftsgegner aus der Anfechtung der Vollmacht entstandene Vertrauensschaden deckt sich mit dem Schaden, den der Geschäftsgegner dadurch erlitten hat, dass er auf die Wirksamkeit des vom Vertreter vorgenommenen Rechtsgeschäfts vertraut hat. Also findet hier ein unmittelbarer Schadensausgleich zwischen dem Anfechtenden und dem Geschäftsgegner statt, was durchaus sachgerecht erscheint angesichts des Ausgangspunkts, dass die Anfechtung der Bevollmächtigung eigentlich darauf abzielt, das vom Vertreter im Namen des Anfechtenden vorgenommene Rechtsgeschäft unwirksam zu machen.

24   Die Frage ist, warum sich an diesem Ergebnis etwas ändern soll (und vor allem: ob sich hieran etwas ändern *darf!*) falls dem Vertreter gegenüber eine Innenvollmacht erteilt worden ist. Beide Modalitäten der Erteilung von Vollmacht stehen sich völlig gleich gegenüber, und oft entscheiden reine Zufälligkeiten, welchen Weg der Vollmachtgeber wählt.

25 Derartige Zufälligkeiten ließen sich dadurch ausschalten, dass stets, also auch bei der Innenvollmacht, der Geschäftsgegner als Anfechtungsgegner angesehen oder doch zumindest auch eine Anfechtungserklärung ihm gegenüber gefordert wird.[18] Andere belassen es beim Vertreter als alleinigem Anfechtungsgegner im Falle einer diesem gegenüber („intern") erklärten Bevollmächtigung, gewähren aber dennoch dem Geschäftsgegner als materiell Betroffenem einen Anspruch aus oder analog § 122 Abs. 1 BGB.[19]

26 Von all dem abgesehen, kann sich die Anfechtung einer ausgeübten Vollmacht für den Vollmachtgeber als ein Schuss ins Leere erweisen. Die ganz h.M. nimmt nämlich an, dass bei einer Nichtigkeit der Bevollmächtigung eine Haftung des Vollmachtgebers nach Rechtsscheinsgrundsätzen gegeben sein kann. Das leuchtet vom Ergebnis her insbesondere dann ein, wenn der Bevollmächtigte in Aus-

---

17 Medicus/*Petersen* AT Rdn. 945.
18 *Köhler* AT § 11 Rdn. 28; *Petersen* AcP 201 (2001), 375 (385 ff); *ders.* Examinatorium BGB-AT § 8 Rdn. 31 f.
19 Palandt/*Ellenberger* § 167 Rdn. 3; BeckOK BGB/*Schäfer* § 167 Rn. 57; MüKo/*Schubert* § 167 Rdn. 54 plädiert für eine gesamtschuldnerische Haftung von Vertreter (§ 179 BGB) und Vertretenem (§ 122 analog BGB).

übung der Vollmacht eine Vielzahl von Geschäften getätigt hat, die nun alle rückabgewickelt und haftungsrechtlich über Schadensersatzansprüche gelöst werden müssten. Für Rechtsgeschäfte, die einen „status" als Grundlage einer großen Zahl hierauf aufbauender Folgegeschäfte begründen, wird mit überzeugenden Gründen ein Ausschluss der Anfechtbarkeit oder doch eine Begrenzung der Anfechtungsfolgen auf eine Nichtigkeit ex nunc (also: unter Ausschluss der Rückwirkung) vertreten (unten § 14 Rdn. 140). Daher wird im Schrifttum auch vorgeschlagen, die Anfechtbarkeit einer ausgeübten Vollmacht auszuschließen.[20]

IV. Die Wirkungen der Bevollmächtigung

Die Bevollmächtigung hat die Wirkung, Vertretungsmacht für den Bevollmächtig- **27** ten zu begründen. Genauer geht es in der Entscheidungspraxis und in der Fallbearbeitung um die Frage, ob Vertretungsmacht **besteht** (also: entstanden und nicht wieder fortgefallen ist), sowie, ob das konkrete Rechtsgeschäft, das vom Vertreter in fremdem Namen vorgenommen wurde, vom **Umfang** der Vertretungsmacht gedeckt ist. Zu beiden Fragen ist hier nur insoweit Stellung zu nehmen, als sich die Antworten aus dem Rechtsgeschäft der Bevollmächtigung (und dessen Gegenstück: dem Widerruf der Vollmacht, dazu unten Rdn. 31 ff) ergeben. Die vielfachen ergänzenden gesetzlichen Regelungen sind oben § 9 Rdn. 80 ff berücksichtigt.

1. Rechtsgeschäftliche Bestimmungen zu Entstehung und Fortfall der Vollmacht

Der Vollmachtgeber kann in der Erklärung der Bevollmächtigung Bestimmungen **28** dazu treffen, ab wann und bis wann die Vertretungsmacht bestehen soll. Das ist unproblematisch für Regelungen eines festen Anfangstermins („mit Wirkung vom ...") oder Endtermins („bis zum ..."), gilt aber auch für aufschiebende Bedingungen („für den Fall, dass ...") oder auflösende Bedingungen („... bis zur Bestellung eines Nachfolgers"). Aus § 388 Satz 2 BGB kann nicht entnommen werden, dass einseitige Rechtsgeschäfte schlechterdings nicht unter einer Bedingung vorgenommen werden können. Der Rechtsgedanke des § 388 Satz 2 BGB betrifft nur einseitig *gestaltende* Rechtsgeschäfte, durch die in die *vorhandenen* Rechtsverhältnisse des Betroffenen eingegriffen wird. Die Bevollmächtigung nimmt dem

---

20 So grundsätzlich *Eujen/Frank* JZ 1973, 232 (235 ff); *Brox* JA 1980, 449 (451); Brox/*Walker* AT § 25 Rdn. 40; mit Einschränkungen *Prölss* JuS 1985, 577 (582 f).

Bevollmächtigten nichts. Sie verstärkt dessen Rechtsmacht insofern, als er kraft seines Willens wirksame Rechtsgeschäfte in fremdem Namen vornehmen kann.[21]

29 Eine ausdrückliche Regelung zum Fortfall einer Vollmacht ist entbehrlich, wenn sich dies aus Inhalt und Zweck der Bevollmächtigung ergibt. So erlischt eine nur für ein ganz bestimmtes Rechtsgeschäft erteile Vollmacht durch „Verbrauch", also dadurch, dass der Bevollmächtigte dieses Rechtsgeschäft im Namen des Vollmachtgebers vornimmt. Im Übrigen richtet sich das Erlöschen der Vollmacht nach dem ihrer Erteilung zugrunde liegenden Rechtsverhältnis (§ 168 Satz 1 BGB). Daraus wird sich vielfach ergeben, dass die Vollmacht mit der Beendigung des Grundverhältnisses fortfallen soll (hierzu oben § 9 Rdn. 84f).

2. Rechtsgeschäftliche Bestimmungen zu Inhalt und Umfang der Vertretungsmacht

30 Die wichtigste Bestimmung, die in der Bevollmächtigungserklärung zu treffen ist, ist die über den Umfang der Vollmacht. Der Umfang kann sich auf ein einzelnes Rechtsgeschäft beziehen (**Spezialvollmacht**), eine nach allgemeinen Merkmalen bestimmte Gruppe von Geschäften betreffen (**Artvollmacht**) oder sogar jegliche im Namen des Vertretenen vorgenommene Rechtsgeschäfte decken (**Generalvollmacht**). Ebenso können Beschränkungen vorgesehen werden („Ausgenommen..."; „Nur bis zu Verpflichtungen in Höhe von ..."), die auch darin bestehen können, dass der Bevollmächtigte nur zusammen mit einem anderen Vertretungsmacht haben soll (**Gesamtvollmacht**).

V. Der Widerruf der Vollmacht

31 Der Widerruf der Vollmacht ist ebenso ein einseitiges Rechtsgeschäft wie deren Erteilung, nur mit umgekehrter Wirkung. Der Widerruf führt *ex nunc* zum *Erlöschen* der Vollmacht.

1. Die Erklärung des Widerrufs

32 Der Widerruf erfolgt durch Willenserklärung, für die die für die Erteilung einer Vollmacht geltende Vorschrift des § 167 Abs. 1 BGB entsprechend gilt (§ 168 Satz 3 BGB). Der Widerruf kann also gegenüber dem Bevollmächtigten erklärt werden, oder gegenüber dem Dritten, dem gegenüber die Stellvertretung erfolgen soll.

---

21 Für die Zulässigkeit bedingter Bevollmächtigungen auch Medicus/*Petersen* AT Rdn. 935.

Dies gilt unabhängig davon, wem gegenüber die Bevollmächtigung erklärt worden ist. War dies der Vertreter (Innenvollmacht), kann der Widerruf doch gegenüber dem Dritten erfolgen, und umgekehrt.

2. Die Wirksamkeit des Widerrufs
a. Der Grundsatz der freien Widerruflichkeit

Die Vollmacht ist grundsätzlich jederzeit frei (d.h. ohne Vorliegen besonderer 33 Gründe) widerruflich. Ist der Vollmachtgeber – aus welchen Gründen immer – nicht mehr damit einverstanden, dass ein anderer wirksam Rechtsgeschäfte mit Wirkung für und gegen ihn vornehmen kann, so muss es ihm – von Sonderfällen abgesehen – frei stehen, die Vertretungsmacht zu beenden. Liegt der Erteilung der Vollmacht (wie meist) ein anderes Rechtsverhältnis zugrunde, so muss der Vollmachtgeber nicht etwa (auch) dieses Grundverhältnis beenden, um die Vollmacht wirksam widerrufen zu können. § 168 Satz 2 BGB stellt klar, dass die Vollmacht auch bei Fortbestehen des Grundverhältnisses widerruflich ist (was dem Grundsatz der Abstraktheit der Vollmacht entspricht), macht aber die notwendige Einschränkung, aus dem Inhalt des Grundverhältnisses könne sich etwas anderes ergeben.

b. Einschränkungen der Widerruflichkeit

Eine Vollmacht kann unwiderruflich erteilt werden, was das Gesetz nicht explizit 34 erwähnt, aber Folge der Privatautonomie ist. Hierdurch begibt sich der Vollmachtgeber der Möglichkeit, die Vertretungsmacht jederzeit ohne Vorliegen besonderer Gründe zu beenden. Ein hiergegen verstoßender Widerruf ist wirkungslos. Freilich kennt auch die Unwiderruflichkeit einer Vollmacht Grenzen. Beim Vorliegen eines wichtigen Grundes, der es dem Vollmachtgeber unzumutbar macht, die Vertretungsmacht fortbestehen zu lassen, kann auch eine unwiderruflich erteilte Vollmacht wirksam widerrufen werden.

Liegt der Erteilung der Vollmacht kein anderes Rechtsverhältnis zugrunde (sog. **isolierte Voll-** 35 **macht**), so ist sie stets widerruflich, also auch dann, wenn sie unwiderruflich erteilt wurde;[22] dies deshalb, weil sich das die Unwiderruflichkeit rechtfertigende Schutzbedürfnis des Bevollmächtigten nur aus dessen Grundverhältnis zum Bevollmächtigenden ergeben kann. Der Anwendungsbereich dieses Rechtssatzes ist freilich nicht groß, da unwiderrufliche Vollmachten selten isoliert erteilt werden und in aller Regel die näheren Umstände der Erteilung der unwiderruflichen Vollmacht dahin auszulegen sein werden, dass sie auf einem Grundgeschäft beruht.

---

22 BGH vom 26.2.1988, NJW 1988, 2603 (2604); BGH vom 9.3.1990, BGHZ 110, 363 (367) = NJW 1990, 1721 (1722); BGH vom 13.12.1990, NJW-RR 1991, 439 (441); BGH vom 14.3.1996, NJW-RR 1996, 848 (848f); Palandt/*Ellenberger* § 168 Rdn. 6; Staudinger/*Schilken* (2019) § 168 Rdn. 17.

3. Die Wirkungen des Widerrufs
a. Grundsatz: Erlöschen der Vollmacht

36 Ein wirksamer Widerruf führt grundsätzlich zum Erlöschen der Vollmacht mit Wirkung *ex nunc*. Die Bestimmung eines Zeitpunktes, zu dem diese Wirkung eintreten soll, muss möglich sein („Widerruf der Vollmacht mit Wirkung zum Jahresende"). Dasselbe dürfte für die Hinzufügung einer (aufschiebenden) Bedingung gelten, deren Eintritt allein vom Willen des Vollmachtnehmers abhängt (sog. Potestativbedingung; unten § 14 Rdn. 23).

b. Ausnahme: Fortbestehen von Vertretungsmacht trotz wirksamen Widerrufs

37 Die Möglichkeit, eine „extern" erteilte Vollmacht „intern" zu widerrufen (§ 168 Satz 3 BGB, hierzu oben Rdn. 32), ohne dass der Dritte hiervon erfährt, bedarf der Ergänzung durch Vorschriften zum Schutze des Dritten. Das Gesetz gibt sie in § 170 BGB und § 173 BGB. Die Vertretungsmacht bleibt dem Dritten gegenüber in Kraft, bis ihm das Erlöschen (durch den internen Widerruf) vom Vollmachtgeber angezeigt wird. Dieses Schutzes bedarf der Dritte nicht, wenn der Dritte bei Vornahme des Rechtsgeschäfts den Widerruf kennt oder infolge von Fahrlässigkeit nicht kennt (§ 173 BGB i.V.m. § 122 Abs. 2 BGB). Einen besonderen Verkehrsschutz gewährt § 15 Abs. 1 HGB für die Prokura, die ebenfalls frei widerruflich ist (§ 52 Abs. 1 HGB), aber der Registerpublizität unterliegt, weshalb ihr Erlöschen zum Handelsregister angemeldet werden muss (§ 53 Abs. 2 HGB). Unterbleibt die Eintragung, schadet dem Dritten nur positive Kenntnis vom Widerruf.

§ 14 Die Anfechtung

1 Die Anfechtung ist ein einseitiges Rechtsgeschäft mit dem Ziel, die Nichtigkeit eines anderen Rechtsgeschäfts herbeizuführen. Die Nichtigkeit des angefochtenen Rechtsgeschäfts ist aber keine rechtsgeschäftliche Wirkung der Anfechtung als solcher,[1] sie ergibt sich vielmehr kraft Gesetzes aus § 142 Abs. 1 BGB. Die wirksame Anfechtung des Rechtsgeschäfts ist tatbestandliche Voraussetzung des § 142 Abs. 1 BGB, die ex-tunc-Nichtigkeit des angefochtenen Rechtsgeschäfts die **gesetzliche Rechtsfolge.**

2 Das Rechtsgeschäft, auf das sich die Rechtsfolgeanordnung des § 142 Abs. 1 BGB bezieht, ist der **Gegenstand der Anfechtung**. § 142 Abs. 1 BGB bezeichnet

---

1 Begründung oben § 7 Rdn. 3 und § 9 Rdn. 8: Kraft Willens kann nicht bestimmt werden, dass ein Rechtsgeschäft wirksam oder nicht wirksam sein soll.

zutreffend (und abweichend von den §§ 119 ff BGB) das *Rechtsgeschäft* (nicht: die Willenserklärung) als anfechtbar. Anfechtbar ist das Rechtsgeschäft, das durch eine Willenserklärung zustande kam, die auf einem Willensmangel im Sinne der §§ 119 ff BGB beruhte (oben § 6 Rdn. 139).[2]

> **Abweichend hiervon** geht die ganz **h.M.** davon aus, dass Gegenstand der Anfechtung die   3
> fehlerhafte Willenserklärung sei. Zu dem offensichtlichen Abstimmungsproblem zwischen
> dem Wortlaut der §§ 119 ff BGB und § 142 Abs. 1 BGB oben § 6 Rdn. 135 ff sowie ausführlich zu
> den Konsequenzen für die Methodik der Fallbearbeitung unten § 28 Rdn. 2 ff.

Im Gutachten bildet § 142 Abs. 1 BGB den **Ausgangspunkt** der Anfechtungsprü-   4
fung (unten § 28 Rdn. 19). Aufgehängt an der Rechtsfolgeanordnung des § 142
Abs. 1 BGB wird geprüft, ob die tatbestandlichen Voraussetzungen dieser Norm
gegeben sind, die sich in zwei gedankliche Schritte gliedern: Es muss eine Anfechtung erfolgt sein (unten I., Rdn. 5 ff), und die Anfechtung muss wirksam sein
(unten II., Rdn. 25 ff).

I. Die Erklärung der Anfechtung

Wie jedes einseitige Rechtsgeschäft kommt die Anfechtung durch eine Willens-   5
erklärung zustande, die gemäß § 143 Abs. 1 BGB gegenüber dem Anfechtungsgegner erfolgt.

1. Der Tatbestand der Anfechtungserklärung

Die Rechtsprechung ist streng in den Anforderungen an das tatbestandliche Vor-   6
liegen einer Anfechtungserklärung. Dies dient zum einen dem Schutze des Anfechtungsgegners. Da die Anfechtung zur Nichtigkeit von Rechtsgeschäften führt,
an denen der Anfechtungsgegner beteiligt ist oder deren Wirkungen doch zumindest (auch) ihn betreffen, darf für ihn nicht zweifelhaft bleiben, ob eine Anfechtung erklärt ist oder nicht. Zugleich duldet die Sicherheit und Leichtigkeit des
rechtsgeschäftlichen Verkehrs in der Frage der Wirksamkeit oder Unwirksamkeit
von Rechtsgeschäften keine unklaren Verhältnisse.[3] Die an eine Anfechtungserklärung zu stellenden Anforderungen hat der BGH wie folgt formuliert:

---

2 Wie hier *Boecken* AT Rdn. 443.

3 Um diese Rechtsunsicherheit zu vermeiden, fordern andere Rechtsordnungen teils die gerichtliche Geltendmachung des Anfechtungsrechts; s. für Österreich OGH vom 25.4.2007 – 3 Ob 216/
06w (im Internet frei abrufbar unter https://www.ris.bka.gv.at/Judikatur/).

7 Anfechtungserklärung
BGH vom 15.2.2017, NJW 2017, 1660 Rdn. 29[4]

„Eine Anfechtungserklärung im Sinne des § 143 Abs. 1 BGB ist jede Willenserklärung, die unzweideutig erkennen lässt, dass das Rechtsgeschäft rückwirkend beseitigt werden soll. Dazu bedarf es nicht des ausdrücklichen Gebrauchs des Wortes "anfechten". Es kann vielmehr nach den Umständen genügen, wenn eine Verpflichtung, die nach dem objektiven Erklärungswert der – gegebenenfalls durch schlüssiges Handeln getätigten – Willensäußerung übernommen worden ist, bestritten oder nicht anerkannt wird oder wenn ihr sonst widersprochen wird. Erforderlich ist nur, dass sich unzweideutig der Wille ergibt, das Geschäft gerade wegen des Willensmangels nicht bestehenlassen zu wollen (...).“

8 Das Postulat einer „unzweideutigen" Erklärung[5] kann zu Missverständnissen Anlass geben. Ob es der Sinn einer Erklärung ist, ein Rechtsgeschäft anzufechten, ist eine Frage der Auslegung, und insoweit gilt, dass ein noch so vager Wortlaut nicht schadet, wenn der Erklärungsempfänger dennoch erkennt, was der Erklärende wirklich sagen will (oben § 5 Rdn. 51). Ist dies der Fall, können auch objektiv mehrdeutige Erklärungen für eine Anfechtung genügen. Das Erfordernis der „Unzweideutigkeit" wird relevant, wenn der Erklärungsempfänger die Erklärung anders als vom Erklärenden gemeint versteht. Dann kommt es darauf an, ob der Erklärungsempfänger den Willen des Erklärenden, ein Rechtsgeschäft anzufechten, erkennen musste, oder ob er umgekehrt sein eigenes abweichendes Verständnis der Erklärung für richtig halten durfte (oben § 5 Rdn. 61). In dieser Abgrenzungsfrage wirken sich sprachliche Unklarheiten zu Lasten des Erklärenden aus.

9 Die Erklärung muss zum Ausdruck bringen, dass der Erklärende ein Rechtsgeschäft *wegen eines Willensmangels* nicht gelten lassen will. Dies ist aus zwei Gründen wesentlich. Zum einen dient die Bezugnahme auf einen Willensmangel der Abgrenzung gegenüber anderen einseitigen Rechtsgeschäften, die eine Lösung von den Rechtswirkungen eingegangener Rechtsgeschäfte ermöglichen, wie insbesondere der Rücktritt vom Vertrag (§ 349 BGB) oder der Widerruf im Sinne von § 355 Abs. 1 BGB. Zum anderen ergibt sich aus der Art des geltend gemachten Willensmangels, ob dem die Anfechtung Erklärenden ein Anfechtungsrecht (unten Rdn. 27 ff) zusteht. Fehlt es an jedem Hinweis auf einen Willensmangel, kann

---

4 Fall „E-Bike" (Sachverhalt unten § 30). Nahezu wortgleich bereits BGH vom 7.6.1984, BGHZ 91, 324 (331 f) = NJW 1984, 2279 (2280) – „Sparkasse" (Sachverhalt unten § 30). Vgl. auch BGH vom 22.2.1995, NJW-RR 1995, 859; BGH vom 14.11.2001, NJW-RR 2002, 380.
5 Verneint wurde eine hinreichend deutliche Erklärung etwa von BGH vom 22.9.1983, BGHZ 88, 240 (245) = NJW 1984, 230; OVG Berlin-Brandenburg vom 25.11.2019, NJ 2020, 35 (36).

weder der Anfechtungsgegner noch im Streitfalle ein Gericht beurteilen, ob das Rechtsgeschäft als unwirksam anzusehen ist, das der Erklärende nicht gelten lassen will.

Ob es der Sinn der Erklärung ist, ein Rechtsgeschäft wegen eines Willensmangels nicht gelten zu lassen, ist erforderlichenfalls durch Auslegung zu ermitteln. Von einem Laien kann nicht erwartet werden, dass er sich korrekt der juristischen Fachsprache bedient oder gar weiß, was Juristen unter einem „Willensmangel" verstehen. Wenn dagegen ein Anwalt namens des Mandanten einen Vertrag anficht, wird man ihn grundsätzlich beim Wort zu nehmen haben. Auch insoweit ist freilich der gesamte Kontext der Erklärung zu beachten. **10**

Die Frage wird insbesondere relevant, wenn der Verkäufer einen Mangel der Kaufsache arglistig verschweigt, also z.B. beim Verkauf eines Gebrauchtwagens einen Unfall nicht offen legt, in den der Wagen verwickelt war. Die arglistige Täuschung gewährt einerseits ein Anfechtungsrecht (gemäß § 123 Abs. 1 BGB); andererseits stehen dem Käufer wegen des Mangels vertragliche Ansprüche zu, darunter Ansprüche auf Schadensersatz (§ 437 Nr. 3 BGB). Für den Käufer kann es wesentlich günstiger sein, diese vertraglichen Ansprüche zu verfolgen, als den Vertrag anzufechten und lediglich den bezahlten Kaufpreis (gemäß § 812 Abs. 1 Satz 1 Var. 1 BGB) herauszuverlangen. Schreibt der Käufer dem Verkäufer: „Sie haben mich betrogen! Ich lasse den Vertrag nicht gelten und verlange Schadensersatz!", so wird man dies nicht als Anfechtungserklärung auszulegen haben, da das Verlangen nach Schadensersatz dafür spricht, dass der Kunde seine vertraglichen Ansprüche nicht verlieren will. Erklärt freilich ein Anwalt ausdrücklich die Anfechtung des Vertrages wegen arglistiger Täuschung und verlangt Rückzahlung des Kaufpreises, so kann dies nur als Erklärung der Anfechtung verstanden werden. **11**

Anhand der Anfechtungserklärung ist zu bestimmen, gegen welches Rechtsgeschäft sich die Anfechtung richtet. Im Hinblick auf das Trennungsprinzip (oben § 4 Rdn. 31) kann es insbesondere darum gehen, ob das obligatorische Grundgeschäft oder das Erfüllungsgeschäft (oder beides) angefochten wird. **12**

Erklärt der Verkäufer, er habe bei Erstellung des Angebots infolge eines Tippfehlers einen zu niedrigen Preis genannt und lasse deshalb das Geschäft nicht gelten, so bezieht sich der geltend gemachte Irrtum und damit die Anfechtung allein auf den Kaufvertrag, nicht auf die Übereignung der Kaufsache. – Hat der Käufer den Verkäufer arglistig über Eigenschaften der Kaufsache getäuscht,[6] richtet sich die vom Verkäufer erklärte Anfechtung jedenfalls gegen den Kaufvertrag, in aller Regel auch gegen die unter dem Einfluss der Täuschung vorgenommene Übereignung der Kaufsache, nicht aber gegen das Erfüllungsgeschäft des Käufers, also die Bezahlung des Kaufpreises an den Verkäufer. **13**

---

6 Beispiel: Fall „U-Phone" (Sachverhalt unten § 30).

2. Die Wirksamkeit der Anfechtungserklärung

a. Der Zugang als Wirksamkeitserfordernis

14 Die Anfechtungserklärung ist eine empfangsbedürftige Willenserklärung; sie wird daher wirksam mit Zugang beim Anfechtungsgegner (§ 143 Abs. 1 BGB). Anfechtungsgegner ist bei einem Vertrag der andere Teil (§ 143 Abs. 2 BGB). Bei einem einseitigen Rechtsgeschäft, das einem anderen gegenüber vorzunehmen ist (Beispiele: Kündigung, Rücktritt, Anfechtung), ist der andere der Anfechtungsgegner (§ 143 Abs. 3 Satz 1 BGB).

b. Wirksamkeitshindernisse

aa. Allgemeine Vorschriften

15 Für die Anfechtungserklärung gelten die allgemeinen Vorschriften über die Nichtigkeit von Willenserklärungen (oben § 6 Rdn. 74 ff). Auszugrenzen sind auch hier die Fragen, die die Wirksamkeit einer Willenserklärung nicht beeinträchtigen (oben § 6 Rdn. 116 ff).

16 **Beispiel:** Erklärt ein beschränkt geschäftsfähiger Minderjähriger ohne erforderliche Einwilligung des gesetzlichen Vertreters die Anfechtung eines Vertrages, so berührt dies nicht die Wirksamkeit der Anfechtungs*erklärung*, wie sich aus § 111 BGB ergibt. Da das einseitige Rechtsgeschäft nach dieser Vorschrift immerhin zustande kommt (aber: unwirksam ist), muss die Willenserklärung, durch die die Anfechtung erfolgt, wirksam sein.

bb. Die analoge Anwendung von § 388 Satz 2 BGB

17 Ein wichtiges Wirksamkeitshindernis ergibt sich für die Anfechtungserklärung aus der **analogen Anwendung des § 388 Satz 2 BGB** (oben § 6 Rdn. 112 ff).

(1) Die Unzulässigkeit einer bedingten oder befristeten Anfechtung

18 In der entsprechenden Anwendung besagt die Vorschrift, dass die Erklärung der Anfechtung unwirksam ist, wenn sie unter einer Bedingung oder Zeitbestimmung abgegeben wird. Die Rechtswirkungen der Anfechtung können nicht dahin modifiziert werden, dass ihr Eintritt oder Fortfall von einem ungewissen zukünftigen Ereignis abhängen soll, oder dass sie erst zu einem zukünftigen Zeitpunkt eintreten oder wieder entfallen.[7] Die damit verbundene Unsicherheit sieht das Gesetz als dem Anfechtungsgegner unzumutbar an. Also lässt es das Gesetz nicht zu,

---

7 Dazu nur BGH vom 28.9.2006, NJW-RR 2007, 1282 Rdn. 17.

dass der Anfechtende einseitig ein Rechtsgeschäft mit einem solchen Inhalt schaffen kann. Zwei Abgrenzungen sind zu beachten.

(2) Die Zulässigkeit der Eventualanfechtung

Zulässig ist die sog. **Eventualanfechtung**, die (typischerweise im Prozess) *hilfs-* **19** *weise* für den Fall erklärt wird, dass der Anfechtende nicht mit seiner primären Behauptung durchdringt, das Rechtsgeschäft habe den Inhalt, der seinem wirklichen Willen entspricht, es fehle also an einem Irrtum. Sollte das Geschäft nicht diesen behaupteten Inhalt haben, so will es der Anfechtende wegen eines Willensmangels nicht gelten lassen. Die für die rechtliche Zulässigkeit der Eventualanfechtung sprechenden Gesichtspunkte hat der BGH wie folgt zusammengefasst:

Eventualanfechtung **20**
BGH vom 15.5.1968, NJW 1968, 2099[8]

„Eine Eventualanfechtung, also eine Anfechtung für den Fall, dass das Rechtsgeschäft nicht den in erster Linie behaupteten Inhalt hat oder nicht ohnehin nichtig ist, wird in Rechtsprechung und Schrifttum für zulässig gehalten. Zwar ist eine bedingte Anfechtung nicht statthaft. Hier liegt eine Bedingung im Rechtssinn aber nicht vor. Streiten die Parteien über die Auslegung eines Rechtsgeschäfts, will aber die eine Partei an den Vertrag nur gebunden sein, wenn er in ihrem Sinne ausgelegt wird, und ficht sie andernfalls das Rechtsgeschäft vorsorglich an, so ist die Anfechtungserklärung nicht von einem zukünftigen ungewissen Ereignis, nämlich der Entscheidung des Gerichts, abhängig gemacht. Vielmehr soll die (unbedingte) Anfechtungserklärung nur für den Fall gelten, dass die Auslegung in einem der Auffassung des Anfechtenden widersprechenden Sinne erfolge. Für diesen Fall will der Anfechtende an den Vertrag nicht gebunden sein. Die Wirkung der Anfechtung ergibt sich dann aus der künftigen gerichtlichen Klarstellung eines damals nur für die Parteien ungewissen, aber objektiv bereits feststehenden Rechtszustandes."

In Übereinstimmung mit der im Schrifttum ganz h.M.[9] sieht der BGH die Even- **21** tualanfechtung deshalb als zulässig an, weil sie an die zum Zeitpunkt der Erklärung gegebene und damit bereits feststehende Rechtslage anknüpfe. Da die Rechtswirkungen somit nicht von einem zukünftigen ungewissen Ereignis abhängig gemacht würden, handele es sich nicht um eine Bedingung im Sinne der §§ 158 ff BGB. Das ist indessen nicht ganz treffend.

Im Prozess wird die Anfechtung für den Fall erklärt, dass das Gericht den pri- **22** mär vorgetragenen Rechtsstandpunkt des Anfechtenden nicht teilt. Dieser Fall kann auch dann eintreten, wenn der primär vorgetragene Standpunkt an sich der

---

8 Bestätigt durch BGH vom 15.2.2017, NJW 2017, 1660 Rdn. 31 – „E-Bike" (Sachverhalt unten § 30).
9 Palandt/*Ellenberger* § 143 Rdn. 2; MüKo/*Busche* § 143 Rdn. 6 m.w.N.

Rechtslage entspricht, das Gericht aber den „objektiv bereits feststehenden Rechtszustand" verkennt. Außerhalb einer gerichtlichen Auseinandersetzung wird die Anfechtung für den Fall erklärt, dass der Gegner sich den vom Anfechtenden primär eingenommenen Rechtsstandpunkt nicht zu Eigen macht. Dies ist ebenso ein zukünftiges ungewisses Ereignis wie die Entscheidung, zu der das Gericht aufgrund der gegebenen Umstände kommen wird. Also geht es durchaus um Bedingungen im Rechtssinne.

23   Entscheidend für die Zulässigkeit der Eventualanfechtung spricht, dass in beiden Fällen keine dem Anfechtungsgegner unzumutbare Ungewissheit darüber entsteht, ob die rechtsgestaltenden Wirkungen der Anfechtung zum Zuge kommen oder nicht. Welchen Inhalt ein Vertrag von Rechts wegen hat, entscheidet im Prozess das Gericht. Die Restunsicherheit, die mit jeder Prognose einer Gerichtsentscheidung verbunden ist, lässt sich auf keine Weise beseitigen und begründet somit für den Anfechtungsgegner keine unzumutbare Unsicherheit.

24   Außerhalb eines Rechtsstreits betrifft die Unsicherheit allein die Frage, welchen Rechtsstandpunkt der Anfechtungsgegner einnimmt. Diese Entscheidung liegt bei allein ihm und begründet somit für ihn keine unzumutbare Ungewissheit. Nach h.M. kann die Anfechtung von Umständen abhängig gemacht werden, über deren Eintritt oder Nichteintritt der Anfechtungsgegner nach seinem Willen entscheidet (sog. **Potestativbedingung**; str.[10]).

II. Die Wirksamkeit der Anfechtung

25 Durch eine wirksame Anfechtungserklärung kommt das Rechtsgeschäft der Anfechtung dem Tatbestand nach zustande. Hieran schließt sich die Frage an, ob dieses Rechtsgeschäft wirksam ist. Die Anfechtung ist nur wirksam, wenn dem Anfechtenden ein Anfechtungsrecht zusteht. Das Recht zur Anfechtung ist Wirksamkeitserfordernis[11] der Anfechtung (unten 1, Rdn. 27 ff). Im Übrigen gelten die allgemeinen Vorschriften über die Wirksamkeit und Unwirksamkeit von Rechtsgeschäften im Allgemeinen und von einseitigen Rechtsgeschäften im Besonderen (unten 2, Rdn. 132 ff).

---

10 BGH vom 21.3.1986, BGHZ 97, 264 (sub II 2 a der Gründe) = NJW 1986, 2245 (2246); MüKo/*Westermann* § 158 Rdn. 19; Jauernig/*Mansel* § 158 Rdn. 3; Erman/*Arnold* § 143 Rdn. 5; Erman/Armbrüster Vor § 158 Rdn. 18; *Neuner* AT § 20 Rdn. 39; dagegen BeckOGK/*Beurskens*, 1.10.2020, § 143 BGB Rn. 22; MüKo/*Busche* § 143 Rdn. 5 m.w.N.; Staudinger/*Roth* (2020) § 143 Rdn. 8.
11 Zur Unterscheidung von Wirksamkeitserfordernissen und -hindernissen oben § 6 Rdn. 5 ff und § 9 Rdn. 10 ff.

26

Wirksamkeitserfordernis: Anfechtungsrecht

Entstehung?
Vorliegen eines Anfechtungsgrundes:

- § 119 Abs. 1 Var. 2 BGB (Erklärungsirrtum)
- § 119 Abs. 1 Var. 1 BGB (Inhaltsirrtum)
- § 120 BGB (fehlerhafte Übermittlung)
- § 119 Abs. 2 BGB (Eigenschaftsirrtum)
- § 123 Abs. 1 Var. 1 BGB (arglistige Täuschung)
- § 123 Abs. 1 Var. 2 BGB (widerrechtliche Drohung)

ja	nein	──────────▶	Unwirksamkeit

Fortfall ?

- Ablauf der Anfechtungsfrist (§§ 121, 124 BGB)
- Bestätigung (§ 144 Abs. 1 BGB)
- Verzicht

nein	ja	──────────▶	Unwirksamkeit

Wirksamkeitshindernisse des Rechtsgeschäfts

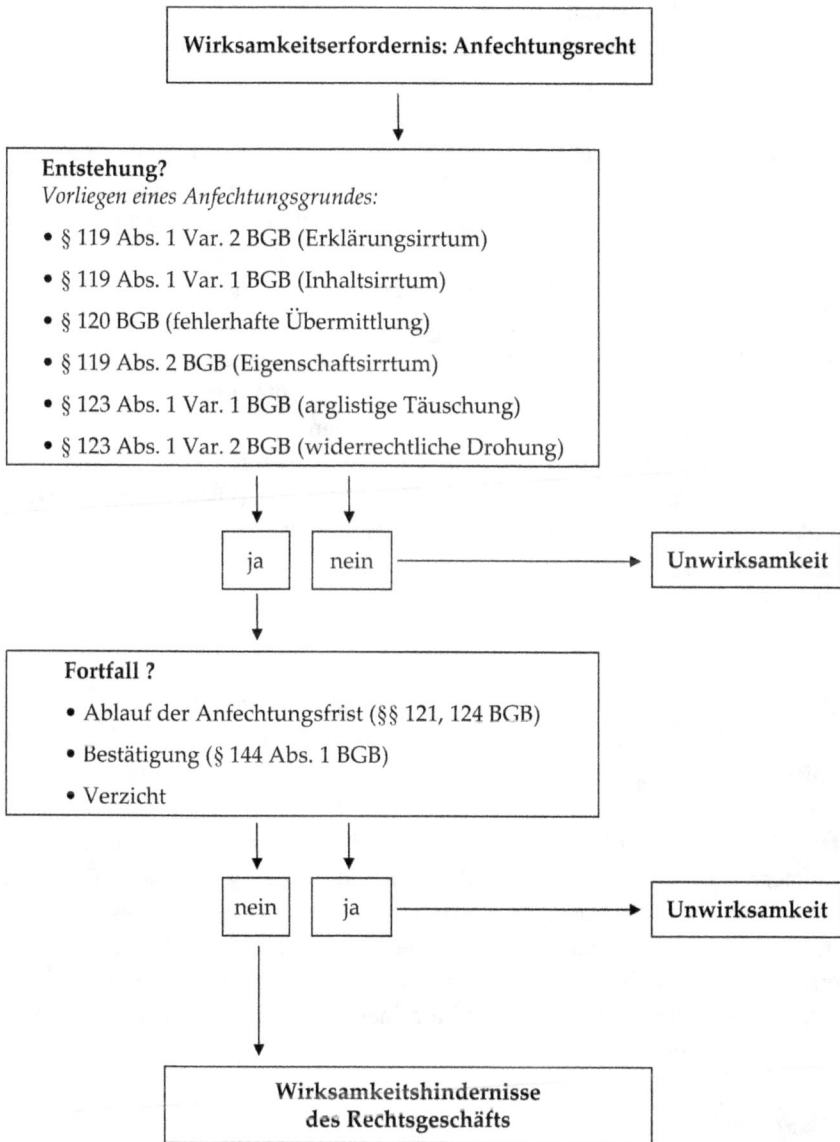

Die Wirksamkeit der Anfechtung

1. Das Recht zur Anfechtung

27 Die Rechtsordnung erkennt nur unter bestimmten gesetzlich geregelten Voraussetzungen an, dass sich jemand von einem Rechtsgeschäft durch Anfechtung lösen kann. Ein freies Recht, jegliche Rechtsgeschäfte durch Anfechtung zu vernichten, kann es nicht geben, da damit eine wesentliche Funktion des Rechtsgeschäfts, nämlich: Planungssicherheit zu gewähren, verloren ginge. Eher kann man darüber nachdenken, ob die Rechtsordnung auf die Möglichkeit der Anfechtung von Rechtsgeschäften ganz verzichten sollte. Andere Rechtsordnungen (wie zum Beispiel das Bürgerliche Gesetzbuch der Niederlande oder das ABGB in Österreich) verfolgen insoweit jedenfalls eine deutlich restriktivere Linie als das deutsche BGB, sehen aber nicht völlig von dieser Möglichkeit ab.[12] Immerhin muss dies zur Vorsicht gegenüber einer großzügigen Interpretation der deutschen Vorschriften zur Anfechtungsberechtigung mahnen.

28 Ein Anfechtungsrecht besteht wie jedes Recht, wenn es entstanden (unten Rdn. 29 ff) und nicht wieder fortgefallen (unten Rdn. 121 ff) ist. Es führt zur Wirksamkeit der Anfechtung, wenn es demjenigen zusteht, der die Anfechtung im eigenen Namen erklärt bzw. in dessen Namen die Anfechtung von einem Stellvertreter erklärt wird (unten Rdn. 129 ff).

a. Die Entstehung des Anfechtungsrechts: Anfechtungsgründe

29 Das Anfechtungsrecht entsteht mit der Abgabe einer im Sinne der §§ 119 ff BGB „anfechtbaren", oder besser: „fehlerhaften" Willenserklärung. Ungeachtet der Frage, ob die *Willenserklärung* (im Sinne des Wortlauts der §§ 119 ff BGB) Gegenstand der Anfechtung ist, oder das aufgrund der Willenserklärung zustande gekommene *Rechtsgeschäft* (im Sinne der Formulierung des § 142 Abs. 1 BGB),[13] besagen die §§ 119 ff BGB, dass unter den dort genannten Voraussetzungen ein Recht zur Anfechtung begründet wird. Die in den §§ 119 ff BGB beschriebenen Voraussetzungen, unter denen ein Recht zur Anfechtung entsteht, werden deshalb als **Anfechtungsgründe** bezeichnet. Im Einzelnen sind in den §§ 119–123 BGB sechs Anfechtungsgründe zu unterscheiden.

---

12 *Kötz*, Europäisches Vertragsrecht (2. Aufl. 2015) § 9 A.
13 Hierzu oben § 6 Rdn. 135 ff.

aa. Der Erklärungsirrtum (§ 119 Abs. 1 Var. 2 BGB)
(1) Definition und Abgrenzung zum Inhaltsirrtum gemäß § 119 Abs. 1 Var. 1 BGB

§ 119 Abs. 1 BGB trifft die in der Formulierung zunächst rätselhafte Unterschei- **30** dung zwischen dem Fall, dass jemand bei Abgabe einer Willenserklärung „über deren Inhalt im Irrtum war" (Var. 1) oder „eine Erklärung dieses Inhalts über- haupt nicht abgeben wollte" (Var. 2). Man möchte auf den ersten Blick meinen, dass jemand, der sich über den Inhalt seiner Erklärung irrt, eben eine Erklärung dieses Inhalts nicht abgeben möchte, beide Alternativen also im Grunde dasselbe besagen. Zweifelhaft erscheint der Sinn der Unterscheidung auch insofern, als für beide Fälle die gleiche Rechtsfolge angeordnet wird: Es entsteht ein völlig gleich ausgestaltetes Anfechtungsrecht. § 119 Abs. 1 BGB bildet ein weiteres Beispiel da- für, dass der rechtlichen Bedeutung des Gesetzes mit einem umgangssprach- lichen Verständnis vielfach nicht beizukommen ist. Unter Juristen ist man sich im Wesentlichen einig, wie zwischen beiden Alternativen zu unterscheiden ist, so- wie, warum diese Unterscheidung nötig ist. Ist die Rechtsfolge zwar dieselbe, setzt deren Eintritt doch immerhin voraus, dass der eine *oder* der andere Fall des § 119 Abs. 1 BGB verwirklicht ist. Also kommt es auf die Tatbestandsvoraussetzun- gen beider Alternativen an.

Der Unterschied liegt in Folgendem. Es kann sein, dass der Erklärende sich **31** schon der Worte oder Ausdrücke nicht bewusst ist, die er verwendet. Er verspricht sich, er verschreibt oder vertippt sich bei einer schriftlichen Erklärung, er vergreift sich bei der Aushändigung einer schriftlichen Erklärung an den Empfänger und sendet ihm unbewusst die Erklärung mit dem Inhalt „b" zu, während er glaubt, es handle sich um die Erklärung mit dem Inhalt „a". Im Zeitalter der E-Mails kann dies leicht dadurch geschehen, dass man versehentlich auf das falsche Dokument als Attachment klickt.[14] Die Gemeinsamkeit dieser Fälle liegt darin, dass der Er- klärende nicht weiß, was er sagt, also schon die Sprachzeichen nicht richtig iden- tifiziert, die er verwendet. Dies ist der Fall des **Erklärungsirrtums** im Sinne von § 119 Abs. 1 Var. 2 BGB: der Erklärende wollte „eine Erklärung dieses Inhalts über- haupt nicht abgeben". In der (unten bb zu erörternden) ersten Variante des § 119 Abs. 1 BGB („Inhaltsirrtum") geht es dagegen darum, dass der Erklärende zwar weiß, welche Worte oder Sprachzeichen er verwendet, sich aber über deren recht- lich maßgebliche (insbesondere: durch „normative" Auslegung nach dem Emp- fängerhorizont ermittelte) Bedeutung irrt. Den Unterschied bringt folgende For- mulierung auf den Punkt:

---

14 *Härting*, Internetrecht (6. Aufl. 2017) Rdn. 785: „Das Internet hat die Lehrbuchfälle des Ver- schreibens, Vertippens, Versprechens und Vergreifens um den Fall des 'Verklickens' bereichert".

32 **Der Unterschied zwischen Erklärungsirrtum und Inhaltsirrtum**
Lessmann JuS 1969, 478 (480)

„Beim Erklärungsirrtum weiß der Erklärende nicht, *was* er sagt; beim Inhaltsirrtum weiß der Erklärende zwar, was er sagt, er weiß aber nicht, was er *damit* sagt."

33 Terminologisch wird der Unterschied teilweise an der Frage festgemacht, ob der „äußere Erklärungstatbestand" mit dem Willen des Erklärenden übereinstimme oder nicht. Beim Erklärungsirrtum entspreche schon der äußere Erklärungstatbestand nicht dem Willen des Erklärenden. Beim Inhaltsirrtum entspreche der äußere Tatbestand der Erklärung dem Willen des Erklärenden, dieser irre aber über Bedeutung oder Tragweite der Erklärung.[15] Wie sich aus diesen Definitionen ergibt, ist mit „äußerem Tatbestand" der Erklärung deren *reiner Wortlaut* gemeint: Beim Erklärungsirrtum entspricht schon der Wortlaut der Erklärung nicht dem Willen des Erklärenden, beim Inhaltsirrtum ist dem Erklärenden der Wortlaut bewusst, er verkennt aber die rechtlich maßgebliche Bedeutung der von ihm verwendeten Worte. Terminologisch ist es wenig hilfreich, ja unglücklich, den einfachen Begriff des Wortlautes der Erklärung durch den Begriff des äußeren Erklärungstatbestands zu ersetzen, drohen doch Verwechslungen mit dem Begriff des „objektiven Tatbestandes" einer Willenserklärung (oben § 5 Rdn. 3 ff).

(2) Irrtum/Vorrang der Auslegung

34 Verspricht oder verschreibt sich der Erklärende, so fehlt es doch an einem Irrtum bei Abgabe der Erklärung, wenn die Erklärung trotz des Fehlers in dem vom Erklärenden gewollten Sinne gilt. Zu dieser Situation kann es kommen, wenn der Erklärungsempfänger weiß oder doch erkennen muss, was der Erklärende in Wirklichkeit meint (oben § 5 Rdn. 51). Handelt es sich um eine auf den Abschluss des Vertrages gerichtete Erklärung, und erkennt der andere Teil den Schreib- oder Tippfehler, so kommt der Vertrag mit dem vom Erklärenden gemeinten und gewollten Inhalt zustande (oben § 8 Rdn. 140 ff). Der Vertrag ist nicht anfechtbar, weil er dem wirklichen Willen der Vertragspartner entspricht.

35 **Beispiel:** A möchte eine kapitalbildende Lebensversicherung über 75.000 Euro abschließen und stellt zunächst einen Antrag auf Abschluss der Versicherung mit einer Laufzeit von 12 Jahren. Angesichts der Höhe der Jahresprämie kommen ihm dann Bedenken. Er lässt sich vom Versicherer

---

15 BGH vom 5.6.2008, NJW 2008, 2442 Rdn. 14 und 15; Palandt/*Ellenberger* § 119 Rdn. 10 und 11 (am Anfang).

über den Zusammenhang zwischen Prämienhöhe und Laufzeit der Versicherung beraten und entscheidet sich für den Vorschlag des Versicherers, die Laufzeit auf 22 Jahre zu erhöhen, wobei sich eine deutlich niedrigere Jahresprämie ergibt. Der ihm auf seinen Antrag zugesandte Versicherungsschein entspricht in Versicherungssumme und Jahresprämie seinem zweiten Antrag, übernimmt aus dem ersten Antrag aber die Laufzeit von lediglich 12 statt 22 Jahren. Hat der Versicherungsnehmer diesen Fehler erkannt, was angesichts der ihm erläuterten Zusammenhänge von Laufzeit und Prämienhöhe sehr nahe liegt, so hat der Versicherungsvertrag eine Laufzeit von 22 Jahren, eine Anfechtung des Vertrages durch den Versicherer ist weder erforderlich noch möglich.[16]

Die Notwendigkeit, im Wege der Auslegung der Erklärung zu ermitteln, ob sie **36** überhaupt in einem anderen als dem vom Erklärenden gemeinten Sinn gilt, wird als **Vorrang der Auslegung vor der Anfechtung** bezeichnet. Im Grunde geht es dabei nur um die Selbstverständlichkeit, Fälle aus dem Anwendungsbereich des § 119 Abs. 1 BGB auszunehmen, in denen es trotz des Fehlers in der Formulierung der Erklärung an einem Irrtum des Erklärenden fehlt. Anders ausgedrückt: Bevor man eine Aussage darüber treffen kann, ob der Erklärende eine „Erklärung dieses Inhalts überhaupt nicht abgeben wollte", muss man zunächst feststellen, was denn überhaupt der rechtlich maßgebliche Erklärungsinhalt ist.

Hinweis zur **Methodik der Fallbearbeitung:** Der Vorrang der Auslegung vor der Anfechtung **37** wird im korrekten Aufbau eines Gutachtens von selbst berücksichtigt. Bevor man nämlich zu der Frage gelangt, ob ein Rechtsgeschäft infolge Anfechtung gemäß § 142 Abs. 1 BGB als nichtig anzusehen ist, muss geklärt sein, dass und mit welchem Inhalt das Rechtsgeschäft zustande gekommen ist. Geht es um einen Vertrag, den eine Seite wegen eines Erklärungsirrtums anficht, muss zunächst geprüft werden, ob die Parteien den für das Zustandekommen des Vertrages notwendigen Konsens erzielt haben. Liegt dem Vertrag ein „faktischer Konsens" zugrunde, weil beide Seiten ihre Erklärungen im gleichen Sinne verstanden haben (oben § 8 Rdn. 140 ff), so wirkt es sich auf den Inhalt des Vertrages nicht aus, dass eine Seite sich versprochen oder verschrieben hat. Die Entscheidung darüber, dass der Vertrag *nicht* wegen eines Erklärungsirrtums anfechtbar ist, fällt also im Aufbau des Gutachtens schon bei der Konsensprüfung. Haben die Vertragspartner eine tatsächliche Übereinstimmung im Willen erzielt, fehlt es an einem Irrtum, und daher kann der Vertrag nicht wegen eines Erklärungsirrtums anfechtbar sein.

(3) Irrtum bei Abgabe der Erklärung

Ein Erklärungsirrtum im Sinne des § 119 Abs. 1 Var. 2 BGB liegt nur vor, wenn der **38** Fehler „*bei Abgabe* der Erklärung" unterläuft. Daran fehlt es, wenn bei der Vor-

---

16 BGH vom 22.2.1995, NJW-RR 1995, 859; zustimmend Staudinger/*Singer* (2017) § 119 Rdn. 39.

bereitung einer Willenserklärung (z. B. eines Angebots) sich Rechenfehler einschleichen, versehentlich falsche Zahlen in die Kalkulation eingestellt oder bei der Berechnung zu berücksichtigende Posten übersehen werden. Wird aufgrund solcher Fehler eine Willenserklärung abgegeben, liegt ein sog. **Kalkulationsirrtum** vor, der **nicht** zur Anfechtung berechtigt. Bei Abgabe der Erklärung weiß und will der Erklärende nämlich, was er erklärt. Die Fehler betreffen die der Abgabe der Erklärung vorausgehende Willensbildung, also den Grund oder das Motiv, warum der Erklärende die Erklärung so abgibt, wie er sie abgibt. Ein solcher **Motivirrtum** gewährt kein Recht zur Anfechtung der Erklärung.

39 **Beispiele:** In BGH vom 7.7.1998, BGHZ 139, 177 (Fall „Kalkulationsirrtum", Sachverhalt unten § 30) hatte ein Werkunternehmer im Rahmen eines Ausschreibungsverfahrens ein Angebot eingereicht und noch vor Eröffnung der Angebote bemerkt, dass er wichtige Rechenposten (Transport- und Montagekosten) bei der Kalkulation übersehen hatte. Er erklärt die Anfechtung, um zu verhindern, dass er den Zuschlag erhält. Der BGH verneint ein Anfechtungsrecht gemäß § 119 Abs. 1 BGB, da ein bloßer Motivirrtum vorliege. – Im Fall **„Papagenos"** (LG Bremen vom 24.5.1991, NJW 1992, 915; Sachverhalt unten § 30) entnimmt die Verkaufsangestellte den der Kundin genannten Preis einer veralteten Preisliste der Galeristin: Kein Erklärungsirrtum bei Abgabe der Erklärung, da die Angestellte weiß, was sie sagt. Dass sie dies nicht gesagt hätte, wenn sie gewusst hätte, dass es sich um eine veraltete, nicht mehr gültige Preisliste handelt, begründet einen typischen bloßen „Motivirrtum", der nicht zur Anfechtung berechtigt.

40 Verlautbarungen und Äußerungen *im Vorfeld* der Abgabe einer Willenserklärung scheiden aus dem gleichen Grund aus dem Anwendungsbereich des § 119 Abs. 1 Var. 2 BGB aus. Das kann zu sehr spitzfindigen, aber notwendigen Abgrenzungen führen.

41 **Beispiel** (Abwandlung des Falles "Papagenos" oben Rdn. 39): Die Galeristin vertippt sich bei der Erstellung der aktuellen Preisliste. Die Verkaufsangestellte verkauft die Graphik zu dem in der aktuellen Preisliste angegebenen Preis an K. Kein Anfechtungsrecht der Galeristin, da das "Vertippen" nicht bei Abgabe der auf Abschluss des Kaufvertrages gerichteten Erklärung (an der Kasse) erfolgte.

42 Der BGH will hiervon eine Ausnahme machen, wenn ein Fehler, der ursprünglich in einer bloßen „invitatio ad offerendum" auftritt, im Ablauf eines Computerprogramms die zum Vertragsabschluss führende Willenserklärung beeinflusst. Ein Erklärungsirrtum, der „bei der Abgabe der invitatio ad offerendum" vorliege und bei Annahme des Angebots des Kunden noch „fortwirke" berechtige zur Anfechtung gemäß § 119 Abs. 1 Var. 2 BGB.[17]

---

17 BGH vom 26.1.2005, NJW 2005, 976; zustimmend MüKo/*Armbrüster* § 119 Rdn. 47; *Köhler* AT § 7 Rdn. 27; *Spindler* JZ 2005, 793 (795); *Kocher* JA 2006, 144 (145).

In dem der Entscheidung des BGH zugrunde liegenden Sachverhalt (Fall: „**Notebook**", Sachver- **43** halt unten § 30) hat der für die Eingabe von Produkten in das Wareninformationssystem des Verkäufers zuständige Mitarbeiter den Preis für das Notebook mit 2650 Euro berechnet und diesen Betrag fehlerfrei in das Computersystem eingegeben. Durch einen Fehler im Ablauf des Computerprogramms enthielt die im Internet aufrufbare Produktbeschreibung die Preisangabe „245 Euro". Der BGH hat ausgeführt, dass „die Verfälschung des ursprünglich richtig Erklärten auf dem Weg zum Empfänger durch eine unerkannt fehlerhafte software (als) Irrtum in der Erklärungshandlung anzusehen" sei, da es keinen Unterschied mache, „ob sich der Erklärende selbst verschreibt bzw. vertippt oder ob die Abweichung vom gewollten Erklärungstatbestand auf dem weiteren Weg zum Empfänger eintritt". Immerhin aber setzt § 119 Abs. 1 Var. 2 BGB voraus, dass die Abweichung „vom gewollten Erklärungstatbestand" doch „bei Abgabe der Erklärung" unterläuft, und hieran fehlt es. Daher erweitert der BGH in einem nächsten Schritt den Anwendungsbereich des § 119 Abs. 1 Var. 2 BGB durch die Gleichstellung des Erklärungsirrtums „bei Abgabe der invitatio" mit einem Erklärungsirrtum „bei der Abgabe der Annahmeerklärung", sofern der Erklärungsirrtum bei Abgabe der invitatio bei Abgabe der auf den Abschluss des Vertrages gerichteten Erklärung noch „fortwirkt".

Der Konstruktion des BGH ist nicht zu folgen.[18] Eine Ausnahme von dem Grundsatz, **44** dass der jeweilige Irrtum bei Abgabe der Willenserklärung unterlaufen muss, ist nicht gerechtfertigt und nicht erforderlich, da sich unter den vom BGH genannten Voraussetzungen das Anfechtungsrecht auf einen *Inhaltsirrtum* bei Abgabe der auf den Abschluss des Vertrages gerichteten Erklärung stützen lässt (unten Rdn. 52).

Gerade bei § 119 Abs. 1 Var. 2 BGB ist die Versuchung groß, Sachverhalte, die **45** unstreitig vom Gesetz erfasst werden, mit solchen zu vergleichen, die etwas darüber hinausgehen, und hieran die Forderung anzuschließen, dass angesichts der Ähnlichkeit der Umstände eine wertungsmäßige Gleichbehandlung geboten sei. Die Gefahr einer solchen Argumentation ist, dass man – wie *Flume* treffend für die Unterscheidung zwischen Kalkulationsirrtum und Erklärungsirrtum formuliert hat – „aus der Erwägung der Ähnlichkeit der Fälle von Grenzfall zu Grenzfall geführt" wird, „mit der schließlichen Folge, dass der Motivirrtum im ganzen beachtlich wäre".[19]

(4) Die Anfechtbarkeit einer ohne Erklärungsbewusstsein abgegebenen Erklärung gemäß § 119 Abs. 1 Var. 2 BGB

Erkennt man mit der Rechtsprechung und der heute im Schrifttum ganz h.M. an, **46** dass auch beim Fehlen des Erklärungsbewusstseins der Tatbestand einer Willenserklärung vorliegen kann (oben § 5 Rdn. 33) und diese Willenserklärung auch wirk-

---

18 *Härting,* Internetrecht (5. Aufl. 2014) Rdn. 796; siehe auch sogleich unten Rdn. 52.
19 *Flume* AT § 23, 2 a (S. 451); zustimmend MüKo/*Armbrüster* § 119 Rdn. 89.

sam ist (oben § 6 Rdn. 133f), so bedarf dies selbstverständlich der Korrektur durch ein Anfechtungsrecht, sollen nicht eklatante Wertungswidersprüche zu den Fällen des § 119 Abs. 1 BGB entstehen. Wenn schon derjenige anfechten kann, der sich „nur" über die Bedeutung seiner Erklärung irrt, muss erst recht derjenige anfechten können, dem gar nicht bewusst ist, überhaupt eine Willenserklärung abzugeben. Zu Recht ist daher anerkannt, dass die ohne Erklärungsbewusstsein abgegebene Erklärung gemäß § 119 Abs. 1 Var. 2 BGB anfechtbar ist,[20] wobei der BGH diese Vorschrift für unmittelbar einschlägig hält,[21] während andere eine *entsprechende* Anwendung des § 119 Abs. 1 Var. 2 BGB befürworten.[22] Den Vorzug verdient die Ansicht des BGH, da auch derjenige, der ohne Erklärungsbewusstsein etwas erklärt, eine „Erklärung dieses Inhalts überhaupt nicht abgeben will". Der Wortlaut des § 119 Abs. 1 Var. 2 BGB ermöglicht die Einbeziehung dieser Fälle; damit bedarf es nicht einer lediglich entsprechenden Anwendung (unten § 23 Rdn. 24f).

bb. Der Inhaltsirrtum (§ 119 Abs. 1 Var. 1 BGB)

47 Der Inhaltsirrtum hat mit dem Erklärungsirrtum gemeinsam, dass rechtlich etwas anderes gilt als das, was der Erklärende sagen will, also ein „Irrtum" vorliegt (unten Rdn. 48). Beruht diese Diskrepanz beim *Erklärungsirrtum* darauf, dass der Erklärende unbewusst andere Sprachzeichen als gewollt verwendet, so geht es beim *Inhaltsirrtum* darum, dass dem Erklärenden zwar bewusst ist, welche Worte er verwendet, er aber die rechtlich maßgebliche Bedeutung dieser Worte verkennt (oben Rdn. 31ff). Dies ist der Fall, wenn eine Erklärung aufgrund der normativen Auslegung (oben § 5 Rdn. 61) vom Empfänger in einem anderen Sinne als vom Erklärenden gemeint verstanden werden darf.

(1) Irrtum/Vorrang der Auslegung

48 An einem Inhaltsirrtum fehlt es, wenn sich der Erklärende zwar über die objektive Bedeutung der von ihm verwendeten Sprachzeichen irrt, der Erklärungsempfänger dies aber erkennt oder erkennen muss. Insofern gilt auch hier der oben (Rdn. 34) erwähnte **Vorrang der Auslegung**. Bei einem Vertrag scheidet eine An-

---

20 MüKo/*Armbrüster* § 119 Rdn. 104 (mit ausf. Nachweisen zum Streitstand in Rdn. 97); Palandt/ *Ellenberger* § 119 Rdn. 22; Brox/*Walker* AT § 18 Rdn. 25. Für § 119 Abs. 1 Var. 1 BGB als Anfechtungsgrund *Bork* AT Rdn. 596.
21 BGH vom 7.6.1984, BGHZ 91, 324 (329) = NJW 1984, 2279, 2280 – „Sparkasse" (Sachverhalt unten § 30) im Anschluss an *F. Bydlinski* JZ 1975, 1 (5); ebenso MüKo/*Armbrüster* § 119 Rdn. 104; NK-BGB/*Feuerborn* § 119 Rdn. 33.
22 *Köhler* AT § 7 Rdn. 5.

fechtung gemäß § 119 Abs. 1 Var. 1 BGB insbesondere aus, wenn den Vereinbarungen ein faktischer Konsens zugrunde liegt. Haben die Parteien eine tatsächliche Übereinstimmung im Willen erzielt, entspricht der Inhalt des Vertrages dem Willen der Vertragspartner; ein Irrtum liegt nicht vor.

Erinnert sei an das schon oben (§ 8 Rdn. 150) genannte Beispiel der Bestellung von „25 Gros Rol- **49** len Toilettenpapier" (Fall „Toilettenpapier en gros", Sachverhalt unten § 30). Wollte die Konrektorin unter dieser Bezeichnung „25 große Rollen" bestellen und haben die Vertreter der Verkäuferin dies erkannt, spielt die objektive Bedeutung der Mengenbezeichnung „Gros" und der Irrtum der Konrektorin hierüber keine Rolle. Der Vertrag kommt mit dem von der Konrektorin gewollten Inhalt zustande, die Frage der Anfechtbarkeit wegen eines Inhaltsirrtums stellt sich nicht.

(2) Inhaltsirrtum und normativer Konsens

Die wichtigste Fallgruppe des Inhaltsirrtums betrifft Verträge, die auf einem **nor-** **50** **mativen Konsens** (§ 8 Rdn. 157 ff) beruhen. Der Inhalt des Vertrages entspricht dann nur dem wirklichen Willen eines Vertragspartners. Der andere Teil wird an einem durch normative Auslegung ermittelten Inhalt der Erklärung festgehalten, der seinem wirklichen Willen nicht entspricht. Der unterlegene Teil ist – in den Worten des § 119 Abs. 1 Var. 1 BGB – bei Abgabe der Erklärung „über deren Inhalt im Irrtum". Liegt einem Vertrag ein normativer Konsens zugrunde, ist der unterlegene Teil (vorbehaltlich der weiteren Voraussetzungen des § 119 Abs. 1 BGB) zur Anfechtung wegen eines Inhaltsirrtums berechtigt.

Beispiele: Im Fall „Toilettenpapier en gros" (Sachverhalt unten § 30) hat das LG Hanau an- **51** genommen, der Vertrag sei über 25 x 144 = 3600 Rollen zustande gekommen. Folgt man dem, kann der Vertrag nur auf einem normativen Konsens beruhen, da die Konrektorin mit ihrer Bestellung keinen Kaufvertrag über diese Menge abschließen wollte. Der normative Konsens muss dann darauf gestützt werden, dass die Vertreter der Verkäuferin die Bestellung in dem von der Konrektorin nicht gewollten Sinne verstehen durften (was in diesem Falle nicht eben nahe liegt, oben § 8 Rdn. 150). Aufgrund dieser normativen Auslegung hat die Erklärung der Konrektorin rechtlich einen anderen Inhalt als von ihr gewollt. Das ist (teilt man die Auslegung des LG) der Fall des Inhaltsirrtums.

Nach diesen Grundsätzen ergibt sich ohne weiteres, dass auch in dem viel erörter- **52** ten Fall **„Notebook"** (Sachverhalt unten § 30) – anders als vom BGH angenommen[23] – ein Inhaltsirrtum vorlag.[24] Der Vertrag kam durch die (ausdrücklich auf 245 Euro lautende) Bestellung der Bekl. und die in der E-Mail vom 1.3. enthaltene

---

23 BGH vom 26.1.2005, NJW 2005, 976 (977); dazu oben Rdn. 43 f.
24 Ebenso *Singer* LMK 2005, 67 (68); Staudinger/*Singer* (2017) § 119 Rdn. 36 a. E.); *Faust* AT § 19 Rdn. 21 (bei Fn. 28); **a. A.** (kein Anfechtungsrecht des Verkäufers) *Härting*, Internetrecht (6. Aufl. 2017) Rdn. 793.

konkludente Annahmeerklärung der Verkäuferin („Sehr geehrter Kunde, Ihr Auftrag wird jetzt unter der Kundennummer ... von unserer Versandabteilung bearbeitet... Wir bedanken uns für den Auftrag") zustande. Der Text der Annahmeerklärung nahm zwar auf die Bestellung der Kundin Bezug, nannte aber nicht explizit einen Kaufpreis für das Notebook. Die Verkäuferin verband mit der Annahmeerklärung die Vorstellung und den Willen, einen Kaufvertrag zu dem ursprünglich in das System eingegebenen „richtigen" Preis von 2650 Euro zu schließen. Die Kundin durfte die Erklärung der Verkäuferin aber in dem Sinne verstehen, dass ihrer Bestellung zum Preis von 245 Euro zugestimmt werde. Das ist genau die Situation des Inhaltsirrtums:[25] Die Verkäuferin ist sich des reinen Wortlauts ihrer Erklärung bewusst, irrt aber über die rechtlich maßgebliche Bedeutung dieser Erklärung.

53   Von einem Inhaltsirrtum können jegliche Vereinbarungen betroffen sein, die die Vertragspartner getroffen haben und die somit Gegenstand einer normativen Auslegung sein können. Der Inhaltsirrtum kann sich auf die Person des Vertragspartners beziehen, auf den Geschäftsgegenstand, auf den Kaufpreis (Beispiel: Fall „E-Bike", Sachverhalt unten § 30), aber auch auf bloße accidentalia negotii (oben § 8 Rdn. 17), wenn sich die Partner in einem solchen Punkt missverstanden haben.

54   Ein auf die Vertragspartei bezogener Inhaltsirrtum liegt an sich auch vor, wenn eine Seite (A) die Erklärungen **im Namen eines anderen** (des Vertretenen V) abgeben will, dies aber für die andere Seite (B) nicht erkennbar wird. Der Vertrag kommt dann zwischen A und B zustande (nicht, wie von A gewollt, zwischen V und B). A kann den Vertrag aber nicht wegen Inhaltsirrtums anfechten, wie sich aus § 164 Abs. 2 BGB ergibt. Da der Mangel des Willens, eine Erklärung in eigenem Namen abzugeben, nicht in Betracht kommt, kann A keinen Willensmangel gemäß § 119 Abs. 1 Var. 1 BGB geltend machen.

(3) Ausgrenzung: Irrtum über gesetzliche Rechtsfolgen des Rechtsgeschäfts

55 Für einen Inhaltsirrtum kommt der gesamte Inhalt des Rechtsgeschäfts, aber auch nur dieser in Betracht. Rechtsfolgen, die das Gesetz an das Rechtsgeschäft knüpft, die also nicht privatautonom kraft Willens geschaffen werden, scheiden als Anknüpfungspunkt eines Inhaltsirrtums aus. Ein Irrtum über solche objektiv-recht-

---

25 Anders *Coester/Servatius* Jura 2006, 296 (299). Dass die Annahmeerklärung schon dem „äußeren Tatbestand" nach auf 245 Euro laute, ist nicht einzusehen, ergibt sich dies doch nicht aus dem reinen Wortlaut der Erklärung (oben Rdn. 33), sondern aus deren normativer Auslegung.

lichen Folgen des Rechtsgeschäfts begründet kein Anfechtungsrecht gemäß § 119 Abs. 1 Var. 1 BGB.[26]

Beispiel: V verkauft einen Hundewelpen an K. Das Tier hat eine bei Übergabe nicht erkennbare **56** Infektion, die kurz darauf ausbricht und das Tier in akute Lebensgefahr bringt. K lässt den Welpen in einer Tierklinik behandeln und verlangt von V Erstattung der Kosten. Als V erfährt, dass der Verkäufer für Mängel der Sache hafte, sofern er diese Haftung nicht wirksam ausgeschlossen habe, ficht er den Vertrag mit der Begründung an, er habe diese Rechtsfolge nicht gekannt und nicht gewollt. V hat sich über gesetzliche Rechtsfolgen des Vertrages, nicht über den Inhalt der im Vertrag getroffenen Vereinbarungen geirrt. Daher besteht kein Anfechtungsrecht gemäß § 119 Abs. 1 Var. 1 BGB.

Die Grenze zwischen Regelungen, die sich aus dem Inhalt der vertraglichen Ver- **57** einbarungen ergeben, und solchen, die das Gesetz an den Vertrag knüpft, ist nicht immer leicht zu ziehen. Das gilt vor allem dann, wenn die vertraglichen Vereinbarungen nach objektiven Maßstäben wie den Erfordernissen von Treu und Glauben (§ 242 BGB) oder der Verkehrssitte ausgelegt werden (§ 157 BGB).

Beispiel: M mietet von V ein Einfamilienhaus. Über Tierhaltung ist im Vertrag nichts bestimmt. M **58** schafft sich einen Zwergdackel an. V meint, hierzu sei M nicht berechtigt, und verlangt, dass M den Dackel aus dem Haus entfernt. M ist empört und belehrt V, dass V ihm den vertragsgemäßen Gebrauch zu gewähren habe (§ 535 BGB), und hierzu gehöre die Haltung jedenfalls eines kleinen Haustieres in einem Einfamilienhaus.[27] V kontert: Wenn sich dies aus dem Inhalt des Vertrages ergebe, habe er sich über die getroffenen Vereinbarungen geirrt, und daher sei er zur Anfechtung gemäß § 119 Abs. 1 Var. 1 BGB (Inhaltsirrtum) berechtigt. Ein solches Anfechtungsrecht steht V nicht zu. Was nach Treu und Glauben sowie der Verkehrssitte (§ 157 BGB) zum „vertragsgemäßen Gebrauch" einer Mietsache gehört, wird wie eine gesetzliche Rechtsfolge des Mietvertrages behandelt, um die hinter dieser Auslegung stehenden objektiven Rechtswerte durchzusetzen.[28]

---

26 BGH vom 29.11.1996, BGHZ 134, 152 (156) = NJW 1997, 653; MüKo/*Armbrüster* § 119 Rdn 84; NK-BGB/*Feuerborn* § 119 Rdn. 50; Medicus/*Petersen* AT Rdn. 751, *Neuner* AT § 41 Rdn. 89; *Musielak* JZ 2014, 64 (72); abweichend *Faust* AT § 19 Rdn. 17. Eine Ausnahme macht die Rechtsprechung, wenn das Rechtsgeschäft wesentlich andere als die beabsichtigten Wirkungen erzeugt, BGH vom 5.7.2006, BGHZ 168, 210 = NJW 2006, 3353 Rdn. 19; BGH vom 5.6.2008, NJW 2008, 2442 Rdn. 19; zu Recht ablehnend Staudinger/*Singer* (2017) § 119 Rdn. 68. Ausführlich und differenzierend zum Irrtum über die Folgen einer Willenserklärung *Musielak* JZ 2014, 64 ff.
27 Zur Tierhaltung in Mietwohnungen MüKo/*Häublein* § 535 Rdn. 108 ff.
28 Dazu *Leenen* MDR 1980, 353 (356 f.); MüKo/*Häublein* § 535 Rdn. 46; abw. Staudinger/*Singer* (2017) § 119 Rdn. 43 a. E.

cc. Fehlerhafte Übermittlung durch Erklärungsboten (§ 120 BGB)

59 § 120 BGB regelt einen besonderen Fall eines Erklärungsirrtums, nämlich die unrichtige Weitergabe einer Erklärung durch einen vom Erklärenden eingesetzten Boten. Die Erklärung geht hierdurch dem Empfänger mit einem anderen als dem vom Erklärenden gewollten Inhalt zu. Ist die Abweichung (wie regelmäßig) dem Empfänger weder bekannt noch erkennbar, gilt die Erklärung mit dem vom Erklärenden nicht gewollten Inhalt; er kann die Erklärung gemäß § 120 BGB anfechten.

60 **Beispiele:** Die Eltern schicken ihre fünfjährige Tochter T zum Schreibwarenhändler mit dem Auftrag, „fünf Packungen Drehbleistift-Minen 0,7 mm" zu besorgen. T bringt die Zahlen durcheinander und sagt der Ladenangestellten S, sie solle für ihre Eltern „Sieben Packungen Drehbleistift-Minen 0,5 mm" kaufen. Geschäftsunfähige Kinder können selbst keine wirksamen Willenserklärungen abgeben (§§ 104 Nr. 1, 105 Abs. 1 BGB), wohl aber Willenserklärungen ihrer Eltern überbringen. Sie bilden daher geradezu das Schulbeispiel eines Erklärungsboten. – Ein früher praktisch wichtiges Beispiel, dem heute kaum mehr Bedeutung zukommt, war die **Übersendung eines Telegramms**, da der Text des Telegramms von Mitarbeitern der Telegraphenanstalt aufgenommen und weitergeleitet wurde, wobei Fehler vorkommen konnten und vorgekommen sind. – Heute werden in großem Umfang Willenserklärungen als **E-Mails** über das Internet an den Empfänger geschickt. Wird die Erklärung durch den vom Absender eingesetzten Internet-Provider verändert, ist § 120 BGB einschlägig. An der unrichtigen Übermittlung einer Willenserklärung **fehlt es** dagegen, wenn **Programmfehler im Vorfeld der Abgabe von Willenserklärungen**, also insbesondere bei der Bereitstellung von Produktbeschreibungen auf den Internetseiten eines Anbieters, unterlaufen. Daher ist der oben erörterte „Notebookfall" (Sachverhalt unten § 30) nicht mithilfe von § 120 BGB zu lösen.[29]

61 Eine **entsprechende Anwendung** des § 120 BGB ist geboten, wenn eine Willenserklärung von einem Dolmetscher falsch übersetzt an den Empfänger weitergegeben wird.[30] Der Dolmetscher gibt nicht lediglich wörtlich weiter, was ihm als Erklärung genannt wird (deshalb scheidet eine unmittelbare Anwendung des § 120 BGB aus, unten § 23 Rdn. 73), sondern gibt der Erklärung eine neue sprachliche Fassung, die auf seiner eigenen gedanklichen Tätigkeit beruht. Das Risiko von Übersetzungsfehlern ist freilich in gleicher Weise vom Erklärenden wie das Risiko von Übermittlungsfehlern zu tragen.

---

29 Oben Rdn. 43 f, 52. Infolge des Programmfehlers enthielt die Produktdarbietung auf der Internetseite des Verkäufers eine falsche Preisangabe. Die auf den Vertragsschluss gerichtete Willenserklärung des Verkäufers gelangte dagegen unverändert zum Empfänger. Für Anwendung des § 120 BGB dennoch Jauernig/*Mansel* § 120 Rdn. 2; *Spindler* JZ 2005, 793 ff; *Kocher* JA 2005, 144 (146: Gleichstellung der zur Erstellung automatisierter Willenserklärungen verwendeten Programme mit Einrichtungen im Sinne des § 120 BGB, die zur Übermittlung von Willenserklärungen eingesetzt werden).
30 BGH vom 19.11.1962, BB 1963, 204 = WM 1963, 165 (166).

Streitig ist, ob § 120 BGB bei der **absichtlichen Verfälschung** einer Willens- 62
erklärung durch den Boten anwendbar ist. Viele verneinen dies. Wer eine fremde
Erklärung absichtlich verfälsche, übermittle nicht die fremde Erklärung, sondern
schaffe eigenmächtig eine neue, andere Erklärung. Von den Wirkungen einer solchen Erklärung müsse sich der angebliche Urheber der Erklärung nicht erst durch
Anfechtung gemäß § 120 BGB (die mit der Haftung gemäß § 122 BGB verbunden
ist!) lösen. Vielmehr sei die absichtlich verfälschte Erklärung wie die eines Vertreters ohne Vertretungsmacht (§§ 177 ff BGB) zu behandeln. Bei einem Vertrag bestehe für den Urheber der ursprünglichen Erklärung die Möglichkeit der Genehmigung; im Übrigen hafte der Bote selbst analog § 179 BGB.[31]

Die Frage lässt sich nur mit Blick auf die Funktion des § 120 BGB lösen. Geht 63
man, wie ua die Vorauflage, davon aus, dass dem Erklärenden durch die Norm
die Risiken zugeordnet werden sollen, die die von ihm veranlasste Übermittlung
der Erklärung durch Dritte begründet, muss sich der Erklärende das Verhalten
des Boten zurechnen lassen; denn auch eine bewusste Verfälschung gehört zu
den Gefahren, die der Erklärende durch die Einschaltung des Boten veranlasst
und durch dessen Auswahl am ehesten steuern kann.[32] Daher sind erhebliche
Teile des Schrifttums der Ansicht, dass derjenige, der einen Erklärungsboten
einsetzt, auch das Risiko einer bewussten Veränderung der Erklärung durch den
Boten trägt; § 120 BGB ist danach anwendbar.[33] **Anders** verhält es sich nach dieser Ansicht aber, wenn ein Dritter **eigenmächtig behauptet**, eine fremde Erklärung zu überbringen. Dieses Risiko ist nicht von demjenigen veranlasst, dessen
Erklärung der Dritte zu überbringen behauptet; § 120 BGB ist nicht anwendbar.[34]
Hier ist es sachgerecht, den Schein-Boten nach den Grundsätzen der Vertretung
ohne Vertretungsmacht (§§ 177 ff BGB) zu behandeln.[35] Die oben bei Rdn. 62 wie-
dergegebene **Gegenansicht** sieht demgegenüber den Zweck des § 120 BGB darauf beschränkt, dem Prinzipal (= Erklärender) das Risiko einer irrtümlichen
Falschübermittlung durch den Boten zuzuweisen. Unterläuft dem Boten ein Irrtum iSv § 119 Abs. 1 BGB, insbesondere wenn er sich verspricht, soll sich der
Prinzipal nicht darauf berufen können, dass die Erklärung nicht von ihm

---

31 Palandt/*Ellenberger* § 120 Rdn. 4; BeckOK BGB/*Wendtland* § 120 Rdn. 5; Jauernig/*Mansel*
§ 120 Rdn. 4; *Flume* AT § 23, 3 (S. 456); *Köhler* AT § 7 Rdn. 22; *Joussen* Jura 2003, 577 (580). S. auch
BGH vom 21.5.2008, NJW 2008, 2702 (2704) zum Widerruf der Botenmacht.
32 Müko/*Armbrüster* § 120 Rdn. 4.
33 Grundlegend *Marburger* AcP 173 (1973), 137 (153); Staudinger/*Singer* (2017) § 120 Rdn. 2 ff; *Bork*
AT Rdn. 1361; Medicus/*Petersen* AT Rdn. 748; *Faust* AT § 27 Rdn. 16; *Neuner* AT § 33 Rdn. 34 und
§ 41 Rdn. 40.
34 Staudinger/*Singer* (2017) § 120 Rdn. 3; Medicus/*Petersen* Bürgerliches Recht Rdn. 80.
35 *Bork* AT Rdn. 1361; *Faust* AT § 27 Rdn. 14 f.

stammt und die irrtümliche Übermittlung ohne Botenmacht erfolgte. Versteht man den Normzweck so, weist § 120 BGB das Risiko einer bewussten Verfälschung durch den Boten nicht dem Erklärenden zu. Gegen die Argumente, der Prinzipal könne das Risiko besser steuern und der Erklärungsempfänger sei zu schützen, lässt sich überdies einwenden, dass sie ohne hinreichende Rechtfertigung im Kontrast zum Stellvertretungsrecht stehen. Nach dessen Wertungen ist es Sache des Erklärungsempfängers, sich des Bestehens der Vertretungsmacht beim Prinzipal zu versichern, sofern kein Rechtsscheintatbestand vorliegt. Hat der Erklärende einen solchen Rechtsschein aber gesetzt, z.B. durch Aushändigung einer Urkunde an den Boten, muss er sich daran freilich auch nach dieser Ansicht konsequent festhalten lassen.

64   § 120 BGB ist von seiner Funktion her einschlägig für alle Übermittlungsrisiken, die der Erklärende durch die Einschaltung dritter Personen und Einrichtungen veranlasst. *Nicht* zu diesen Risiken gehört die Veränderung einer Erklärung durch einen auf der Seite des Empfängers tätigen *Empfangsboten*. Verändert der Empfangsbote die Erklärung vor der Weitergabe an den Empfänger, wird die Erklärung im Rechtssinne nicht verfälscht: Sie ist mit der Aushändigung an den Empfangsboten in den Machtbereich des Empfängers gelangt, also durch Zugang wirksam geworden, und zwar mit dem Inhalt, den sie zum Zeitpunkt des Zugangs hatte (oben § 6 Rdn. 47).

dd. Der Eigenschaftsirrtum (§ 119 Abs. 2 BGB)

65   In § 119 Abs. 2 BGB macht das Gesetz eine Ausnahme vom Grundsatz, dass ein Motivirrtum nicht zur Anfechtung berechtigt. Wer sich über Eigenschaften einer Person oder Sache oder eines sonstigen Gegenstandes des Vertrages irrt, unterliegt einem Irrtum bei der Willensbildung, die der Abgabe der Erklärung vorausgeht. Bei Abgabe der Erklärung weiß der Erklärende, was er sagt, und er will die in der Erklärung genannten Rechtswirkungen herbeiführen.[36] Dennoch hat der Gesetzgeber – nach anfänglichem Zögern[37] – den Eigenschaftsirrtum einem Inhaltsirrtum (§ 119 Abs. 1 Var. 1 BGB) gleichgestellt (§ 119 Abs. 2 BGB). Korrigierend sucht das Gesetz diesen „Sündenfall" durch das Erfordernis in Schranken zu halten, dass es sich um Eigenschaften handeln muss, die im Verkehr als wesentlich angesehen werden. § 119 Abs. 2 BGB hat nicht nur dadurch zahlreiche Streit-

---

36 NK-BGB/*Feuerborn* § 119 Rdn. 63; *Hübner* AT Rdn. 786; *Neuner* AT § 41 Rdn. 52.
37 Die Erste Kommission hatte es noch abgelehnt, den Eigenschaftsirrtum als Anfechtungsgrund anzuerkennen (Mot. I, S. 199 = Mugdan I, S. 462). Die Zweite Kommission glaubte, dass dies „dem Bedürfnisse des Verkehrs, der Billigkeit und der modernen Rechtsentwicklung nicht gerecht" werde (Prot. I, S. 239 = Mugdan I, S. 720).

stände bei der Auslegung gleichsam vorprogrammiert, die bis heute für Probleme sorgen.

(1) Verkehrswesentliche Eigenschaften der Sache

Mit Sache im Sinne des § 119 Abs. 2 BGB ist **jeder Gegenstand** (oben § 3 Rdn. 1) **66** gemeint. Die Vorschrift findet nicht nur auf Sachen im Sinne von § 90 BGB, sondern auch auf unkörperliche Gegenstände (Rechte, Forderungen) Anwendung. Das verwirrt den Leser und die Wortwahl ist – für das BGB an sich untypisch – unglücklich.

Zu den Eigenschaften einer Sache i. S. von § 90 BGB gehört in erster Linie **67** deren **physische Beschaffenheit** (also etwa: ob sie aus Gold oder aus Messing, aus einfachem oder nicht rostendem Stahl hergestellt ist). Bei Kunstwerken und Antiquitäten bildet deren Herkunft (also insbesondere: deren Echtheit) eine verkehrswesentliche Eigenschaft.[38] Darüber hinaus rechnet die Rechtsprechung zu den Eigenschaften einer Sache auch bestimmte tatsächliche und rechtliche Verhältnisse, die auf der Beschaffenheit der Sache beruhen und für deren Wert von erheblicher Bedeutung sind. Bei einem Gemälde gehört hierzu der Umstand, dass ein anerkannter Sachverständiger in einem Gutachten die Echtheit des Bildes bestätigt hat.[39] Bei einem Grundstück in aussichtsreicher Hanglage kann die Unbebaubarkeit des Nachbargrundstücks (z.B. aufgrund eines dauerhaften Bauverbots) zu den verkehrswesentlichen Eigenschaften zählen,[40] obwohl es dabei nicht um die physische Beschaffenheit des Grundstücks geht, sondern um dessen **Beziehungen zur Umwelt**, nämlich zu den rechtlichen Verhältnissen des Nachbargrundstücks.

Nicht zu den Eigenschaften einer Sache gehört deren **Wert** oder üblicher **68** **Preis**. Eigenschaften sind aber die wertbildenden Faktoren der Sache (also z.B. der Umstand, dass ein Ring aus massivem Gold besteht und nicht lediglich vergoldet ist).[41] Wer in Kenntnis der wertbildenden Faktoren einer Sache deren

---

38 BGH vom 8.6.1988, NJW 1988, 2597 (2599) – von Duveneck; OLG Düsseldorf vom 9.8.1991, NJW 1992, 1326 – Andy Warhol.
39 BGH vom 28.6.1972, NJW 1972, 1658 – Peter Paul Rubens.
40 RG vom 5.10.1939, RGZ 161, 330 (333) – Venusberg.
41 Verkannt von AG Coburg vom 24.4.1992, NJW 1993, 938, 939 (Fall „Mozart auf dem Flohmarkt", unten § 30). Das AG führt zwar richtig aus, dass der *Wert* der Notenhefte keine Eigenschaft darstelle, übersieht aber, dass die *Herkunft* der Hefte (authentische Mozart-Handschriften!) eine Eigenschaft im Sinne des § 119 Abs. 2 BGB ist (Palandt/*Ellenberger* § 119 Rdn. 27; *Cziupka* JuS 2009, 887 [889]). Die Anfechtbarkeit kann nur aus anderen Gründen verneint werden (dazu unten Rdn. 80).

Marktwert falsch beurteilt und deshalb die Sache zu billig verkauft, kann den Vertrag nicht anfechten. Dieses allgemein anerkannte Ergebnis wird damit begründet, dass der Preis in einer Marktwirtschaft sich nach Gesetzen von Angebot und Nachfrage bilde und daher nicht einer Sache als solcher anhafte.[42] Man wird zu ergänzen haben, dass der Preisbildungsmechanismus empfindlich gestört würde, wenn die Parteien eines Vertrages nachträglich wegen eines Irrtums über den am Markt erzielbaren Preis die Anfechtung erklären könnten. Der im Vertrag vereinbarte Preis hängt nicht zuletzt von den Informationen ab, die sich beide Seiten vor Abschluss des Vertrages verschafft haben.[43] Ein Käufer, der vor Vertragsschluss diese Kosten scheut, bewilligt u. U. einen zu hohen Preis, darf dies aber nicht durch Anfechtung korrigieren, wenn er nach Vertragsschluss erfährt, dass die Sache anderweitig billiger zu erhalten war.

69   **Nicht** zu den Eigenschaften einer Sache gehört nach (umstrittener) h. M. das **Eigentum** an ihr.[44] Das Eigentum kann jederzeit wechseln und kennzeichnet nicht die Sache als solche. Eine Sache ist nicht anders, weil sie A oder B gehört.

(2) Verkehrswesentliche Eigenschaften der Person

70   Als Personen, auf die sich der Irrtum bezieht, kommen nicht nur der Vertragspartner des Irrenden und dieser selbst, sondern auch **Dritte** in Betracht, sofern die irrtümlicherweise angenommenen Eigenschaften des Dritten für den Abschluss des Vertrages von wesentlicher Bedeutung waren. Ein Beispiel bildet der Irrtum über die Zahlungsfähigkeit eines Bürgen beim Abschluss eines Kreditvertrages mit dem Schuldner.[45] Bei **eigenen Eigenschaften des Anfechtenden** geht es vielfach um dessen Gesundheitszustand,[46] sofern der Irrtum hierüber für den Abschluss eines Vertrages von wesentlicher Bedeutung ist. Das Bestehen einer Schwangerschaft ist als vorübergehender Zustand keine Eigenschaft einer Frau.[47] Die Konsequenz ist, dass eine Arbeitnehmerin, die in Unkenntnis einer bestehen-

---

42 MüKo/*Armbrüster* § 119 Rdn. 139; *Neuner* AT § 41 Rdn. 57.

43 Hierzu *George J. Stigler*, The Economics of Information, The Journal of Political Economy, Band 69 (1961), S. 213 ff.

44 BGH vom 14.12.1960, BGHZ 34, 32 (41) = NJW 1961, 772 (775); Palandt/*Ellenberger* § 119 Rdn. 27; BeckOK BGB/*Wendtland* § 119 Rdn. 44.1; *Neuner* AT § 41 Rdn. 58; anders Staudinger/*Singer* (2017) § 119 Rdn. 100, MüKo/*Armbrüster* § 119 Rdn. 142.

45 *Flume* AT § 24, 4 (S. 490 Fn. 59).

46 *Neuner* AT § 41 Rdn. 59 m.w.N.

47 Palandt/*Ellenberger* § 119 Rdn. 26; Jauernig/*Mansel* § 119 Rdn. 14; *Neuner* AT § 41 Rdn. 59.

den Schwangerschaft einen Aufhebungsvertrag unterzeichnet oder ihrem Arbeitgeber kündigt, nicht nach § 119 Abs. 2 BGB anfechten kann.[48]

Im Kernbereich des § 119 Abs. 2 BGB geht es um Irrtümer über persönliche **Ei-**   **71**
genschaften des *anderen* **Vertragsteils.** Ein Irrtum über Charaktereigenschaften wie Zuverlässigkeit und Vertrauenswürdigkeit kann zur Anfechtung von Verträgen berechtigen, deren Durchführung in hohem Maße eine vertrauensvolle Zusammenarbeit erfordert.[49] Die Zugehörigkeit zu einer **Sekte** kann die Eignung zur Wahrnehmung der Aufgaben eines Personalberaters in Frage stellen und insofern als verkehrswesentliche Eigenschaft anzusehen sein.[50] Für die Zugehörigkeit zu einer die demokratische Grundordnung in Frage stellenden Vereinigung kann nichts anderes gelten. **Vorstrafen** bilden keine Eigenschaft einer Person, können aber Rückschlüsse auf charakterliche Schwächen erlauben; hinzu kommen muss, dass diese Charakterschwächen sich in spezifischer Weise auf die Eignung für die vertraglich geschuldete Tätigkeit auswirken.[51] Vorstrafen wegen Verkehrsdelikten sind für einen Vertrag über die Durchführung von Gartenarbeiten irrelevant. Vorstrafen wegen Vermögensdelikten stellen dagegen die Eignung für eine Tätigkeit als Buchhalter in Frage. Die fachliche Qualifikation für eine Tätigkeit aufgrund einer bestimmten **Ausbildung** kann zu den verkehrswesentlichen Eigenschaften einer Person zählen. Ein Irrtum des Arbeitgebers über eine **Schwangerschaft** der Arbeitnehmerin berechtigt schon deshalb nicht zur Anfechtung des Arbeitsvertrages gemäß § 119 Abs. 2 BGB, weil die Schwangerschaft keine „Eigenschaft" der Arbeitnehmerin ist.[52] Hiervon abgesehen wäre ein solches Anfechtungsrecht diskriminierend im Sinne von §§ 1 ff, 7 AGG.[53]

(3) Irrtum und Kausalität des Irrtums

Der Irrtum über die Eigenschaft der Person oder Sache muss kausal geworden   **72**
sein für die Abgabe der Willenserklärung; Mindestvoraussetzung hierfür ist, dass der Anfechtende sich bei Abgabe der Erklärung über die Eigenschaften überhaupt Gedanken gemacht hat.

---

48 BAG vom 16.2.1983, NJW 1983, 2958 (2958 f.); BAG vom 6.2.1992, NJW 1992, 2173 (2174); ablehnend Staudinger/*Singer* (2017) § 119 Rdn. 87.
49 RG vom 20.6.1917, RGZ 90, 342 (344); BGH vom 9.1.1969, WM 1969, 293; Palandt/*Ellenberger* § 119 Rdn. 26; MüKo/*Armbrüster* § 119 Rdn. 133.
50 LG Darmstadt vom 18.12.1996, NJW 1999, 365 (366) „Scientology"; zustimmend Palandt/*Ellenberger* § 119 Rdn. 26; MüKo/*Armbrüster* § 119 Rdn. 133.
51 MüKo/*Armbrüster* § 119 Rdn. 133.
52 Oben Rdn. 70.
53 Palandt/*Ellenberger* § 119 Rdn. 26; MüKo/*Armbrüster* § 119 Rdn. 137.

73 Beispiel: Über die Frage, ob ein Ring aus massivem Gold besteht oder nur vergoldet ist, macht sich der Verkäufer vor und bei Abschluss des *Kaufvertrages* Gedanken, da im Kaufvertrag die Preisvereinbarung getroffen wird und der erzielbare Preis sich wesentlich nach den Eigenschaften der Sache richtet. Bei der *Übereignung* der verkauften Sache hat der Verkäufer wenig Anlass, sich erneut mit der Frage zu beschäftigen, ob der Ring massiv golden oder vergoldet ist. Für die Übertragung des Eigentums spielt die physische Beschaffenheit der Sache keine Rolle. Hat der Verkäufer fälschlicherweise angenommen, der Ring sei nur vergoldet, so betrifft dieser Irrtum daher grundsätzlich nur den *Kaufvertrag*. Die *Übereignung* ist nicht wegen Eigenschaftsirrtums anfechtbar (str.).[54]

(4) Ausschluss der Anfechtbarkeit

74 Allein von den tatbestandlichen Voraussetzungen des § 119 Abs. 2 BGB her ist die Anfechtung wegen Eigenschaftsirrtums nicht sachgerecht einzugrenzen. Trotz eines Irrtums über verkehrswesentliche Eigenschaften kann die Anfechtbarkeit ausgeschlossen sein, weil gesetzliche Sonderregelungen dem § 119 Abs. 2 BGB vorgehen oder sich ein Ausschluss der Anfechtbarkeit wegen Eigenschaftsirrtums aus dem Inhalt des Vertrages ergibt.

(a) Vorrang gesetzlicher Sonderregelungen

75 Die wichtigsten Sondervorschriften, die dem § 119 Abs. 2 BGB vorgehen, finden sich in den §§ 434 ff BGB. Der Verkäufer, der eine mangelhafte Sache liefert, haftet dem Käufer auf Nacherfüllung durch Beseitigung des Mangels oder Ersatzlieferung einer mangelfreien Sache (§§ 437 Nr. 1, 439 BGB) oder auf Schadensersatz (§ 437 Nr. 3 BGB). Der Käufer kann unter bestimmten Voraussetzungen wegen des Mangels eine Herabsetzung des Kaufpreises verlangen (§§ 437 Nr. 2, 441 BGB) oder vom Vertrag zurücktreten und Rückzahlung des Kaufpreises verlangen (§§ 437 Nr. 2, 346 Abs. 1 BGB). Dieser vertraglichen Haftung darf sich der Verkäufer nicht durch eine Anfechtung des Vertrages entziehen, die er darauf stützt, dass er den Mangel der Sache nicht gekannt und sich somit über eine Eigenschaft der Sache geirrt habe. Aber auch der Käufer darf nicht wegen Eigenschaftsirrtums zur Anfechtung des Vertrages berechtigt sein. Entdeckt er z. B. vier Jahre nach dem Erwerb eines Ringes, der ihm als „massiv Gold" verkauft worden war, dass es sich um eine bloße Legierung handelt, so sind die vertraglichen Ansprüche wegen dieses Mangels (§ 437 Nr. 1 und Nr. 3 BGB) verjährt (§ 438 BGB) und das Recht, wegen des Mangels vom Vertrag zurückzutreten, ist ausgeschlossen (§§ 437 Nr. 2,

---

54 *Grigoleit* AcP 199 (1999), 379 (398); *Köhler* AT § 7 Rdn. 21 (a. E.); *Faust* AT § 19 Rdn. 16; a. A. MüKo/*Armbrüster* § 119 Rdn. 155 m. w. N.

218 BGB). Mit dieser Wertung des Gesetzes wäre es nicht zu vereinbaren, wenn der Käufer jetzt noch anfechten und dadurch erreichen könnte, dass ihm der geleistete Kaufpreis gemäß § 812 Abs. 1 Satz 1 Var. 1 BGB herauszugeben ist.

Umstritten ist, ob der Schuldner einer vertraglich versprochenen Leistung **76** den Vertrag wegen eines Irrtums über die eigene Leistungsfähigkeit anfechten kann. Zwar kann „Person" im Sinne von § 119 Abs. 2 BGB auch der anfechtende Vertragsteil selbst sein (oben Rdn. 70), doch sollte schon verneint werden, dass die Leistungsfähigkeit im Hinblick auf eine bestimmte Schuld überhaupt zu den Eigenschaften einer Person gehört.[55] Zumindest aber bleibt die Wertung des § 311a Abs. 1 BGB zu beachten. Danach steht es der Wirksamkeit eines Vertrages nicht entgegen, dass der Schuldner die versprochene Leistung von Anfang an nicht zu erbringen vermag. Hätte der Schuldner das Leistungshindernis erkennen können, so haftet er dem Gläubiger auf Schadensersatz statt der Leistung (das sog. „positive Interesse"). Mit diesen Regelungen ist eine Anfechtung des Vertrages gemäß § 119 Abs. 2 BGB wegen eines Irrtums des Schuldners über seine eigene Leistungsfähigkeit nicht in Einklang zu bringen.

(b) Vertraglicher Ausschluss der Anfechtbarkeit

Gelegentlich ist beim Abschluss eines Vertrages keiner Seite bekannt, ob die den **77** Gegenstand des Vertrages bildende Sache eine bestimmte Eigenschaft hat oder nicht. Statt ein kostspieliges Gutachten zu dieser Frage in Auftrag zu geben, kommen beide Seiten überein, das Risiko, wie die Sache in Wirklichkeit beschaffen ist, unter sich aufzuteilen. Geht es um einen Kauf, wird dann typischerweise ein Preis vereinbart, der etwa die Mitte wahrt zwischen den angemessenen Preisen, die für die Sache mit und ohne die betreffende Eigenschaft zu erzielen wären. In einer solchen Vereinbarung liegt zugleich die Abrede, dass die Anfechtung wegen eines Eigenschaftsirrtums ausgeschlossen ist, da sie mit der vertraglichen Risikoverteilung nicht zu vereinbaren wäre.

Beispiel: Es geht um den Verkauf eines alten Gemäldes, das entweder von A oder von B stammt. **78** Sollte es ein Gemälde des A sein, hätte es einen Marktwert von 100.000 Euro. Ist es ein Gemälde des B, betrüge der Marktpreis 50.000. Verkäufer und Käufer einigen sich auf einen Preis von 75.000 Euro. Später stellt sich heraus, dass das Bild tatsächlich von A stammt. V kann nicht wegen Eigenschaftsirrtums gemäß § 119 Abs. 2 BGB anfechten.

Verallgemeinert: Ergibt sich aus dem Sinn und Zweck eines Vertrages, dass ein **79** bestimmtes Risiko von einer Seite oder jeweils von der Seite zu tragen ist, zu deren

---

[55] Staudinger/*Singer* (2017) § 119 Rdn. 89.

Nachteil sich die Verwirklichung des Risikos auswirkt, so darf diese Risikoverteilung nicht durch die Möglichkeit einer Anfechtung gemäß § 119 Abs. 2 BGB unterlaufen werden.

80 **Beispiele:** Der **Bürge** soll den Gläubiger einer Schuld gegen das Risiko der Zahlungsunfähigkeit oder -unwilligkeit des Hauptschuldners absichern.[56] Daher kann der Bürge den Bürgschaftsvertrag nicht gemäß § 119 Abs. 2 BGB anfechten, wenn er sich über die Leistungsfähigkeit des Schuldners und dessen Vermögensverhältnisse geirrt hat. – Der Reiz des Bummels auf einem **Flohmarkt** besteht in der Chance, ein „Schnäppchen" zu machen, also in der Fülle der dort zu niedrigen Preisen angeboten Dinge etwas Wertvolles zu entdecken und es (äußerst) günstig zu erwerben. Wer auf einem Flohmarkt Ware anbietet, trägt grundsätzlich das Risiko, durch einen Irrtum über Eigenschaften der angebotenen Stücke den Preis zu niedrig festzulegen; eine Anfechtung gemäß § 119 Abs. 2 BGB ist ausgeschlossen. Deshalb ist der Fall „**Mozart auf dem Flohmarkt**" (Sachverhalt unten § 30) vom AG Coburg im Ergebnis (nicht aber in der Begründung, oben Rdn. 68) richtig entschieden.[57]

81 Fraglich ist, wo und wie die Grenzen einer solchen Einschränkung der Anfechtbarkeit wegen Eigenschaftsirrtums im Hinblick auf die vertragliche Risikoverteilung zu ziehen sind. So erscheint es im Fall „**Stradivarius**" (Sachverhalt unten § 30) ganz unbefriedigend, wenn der Verkäufer den Kaufvertrag mit dem Argument anfechten könnte, er habe sich darüber geirrt, dass es sich um eine echte Stradivarius handle. Der Käufer würde hierdurch „um die Früchte seines Expertenwissens gebracht, das er sich in mühsamer Arbeit angeeignet hat".[58] Muss der Käufer die Stradivarius wegen der Unwirksamkeit des Kaufvertrages zurückgeben, erhält letztlich der Verkäufer die Prämie für die Entdeckung der wirklichen Herkunft der Violine. Dies befriedigt nicht. Wenn ein Fachhändler für Musikinstrumente nicht einmal den Verdacht schöpft, es könne sich bei dem Instrument um ein sehr wertvolles Original handeln, wenn er keinen Experten zu Rate zieht, wenn er sich keine Expertise erstellen lässt, sondern das Instrument zum Preis einer Schülergeige anbietet, geht er das Risiko einer Fehlbeurteilung der wahren Eigenschaften und des wahren Wertes der Geige ein und muss die wirtschaftlichen Konsequenzen tragen, wenn sich dieses Risiko verwirklicht. Man mag bezweifeln, ob sich hieraus im Wege der Vertragsauslegung ein rechts-

---

56 RG vom 5.11.1931, RGZ 134, 126 (129) folgert hieraus, dass der Bürge nach dem Sinn und Zweck des Vertrages das Risiko eines wirtschaftlichen Zusammenbruchs des Hauptschuldners trage.
57 AG Coburg vom 24.4.1992, NJW 1993, 938; Staudinger/*Singer* (2017) § 119 Rdn. 12.
58 *Gerhard Wagner*, in: Reinhard Zimmermann (Hg.), Störungen der Willensbildung bei Vertragsschluss (2007) 59 (94 f) zur ökonomischen Rechtfertigung der Verneinung eines Anfechtungsrechts im Fall AG Coburg vom 24.4.1992, NJW 1993, 938 – „Mozart auf dem Flohmarkt" (oben Rdn. 80; Sachverhalt unten § 30); zustimmend Staudinger/*Singer* (2017) § 119 Rdn. 96.

geschäftlicher Ausschluss des Anfechtungsrechts ergibt; ohne jeden Zweifel verdeutlicht der Fall aber, wie fragwürdig § 119 Abs. 2 BGB rechtspolitisch ist.

Rechtspolitisch ist zu fordern, bei einer Reform der §§ 119 ff BGB die Anfechtung wegen Eigen- **82** schaftsirrtums auszuschließen, wenn sich in der Fehleinschätzung der Eigenschaften einer Sache ein Risiko verwirklicht, das vom Irrenden zu tragen ist.[59] Das Risiko ist vom Irrenden wenigstens dann zu tragen, wenn er weiß oder wissen muss, dass er nur unzureichende Kenntnisse von den Eigenschaften des Vertragsgegenstandes hat, aber doch dieses unzureichende Wissen als ausreichend behandelt und zur Grundlage seiner vertraglichen Dispositionen macht. Dieser Gedanke findet sich überzeugend im US-amerikanischen Vertragsrecht formuliert.[60]

ee. Arglistige Täuschung (§ 123 Abs. 1 Var. 1 BGB)

§ 123 BGB gewährt ein Anfechtungsrecht in zwei Fällen, in denen die Freiheit der **83** Willensbildung des Erklärenden in besonders eklatanter, rechtswidriger Weise beeinträchtigt worden ist. Die erste (in der praktischen Bedeutung überwiegende) Alternative betrifft den Fall, dass jemand durch arglistige Täuschung zur Abgabe einer Willenserklärung bestimmt worden ist. Zu unterscheiden ist die Täuschung durch wahrheitswidrige Behauptungen (aktives Tun) von der Täuschung durch Unterlassen gebotener Aufklärung.

(1) Täuschung durch aktives Tun

Aktiv täuscht, wer ausdrücklich oder konkludent eine wahrheitswidrige Behaup- **84** tung über Tatsachen aufstellt und hierdurch beim Adressaten einen entsprechenden Irrtum erweckt oder aufrecht erhält.

Beispiele: Die Behauptung des für den Ankauf von Modelleisenbahnen zuständigen Angestell- **85** ten im Fall „U-Phone" (Sachverhalt unten § 30), das vom Kunden angebotene Exemplar stamme aus einer Serie ohne Sammlerwert, stellt eine ausdrückliche Täuschung dar. – Wer an einer Selbstbedienungstankstelle in der Absicht tankt, nach dem Tanken einfach davonzufahren, täuscht konkludent über die Bereitschaft zur Bezahlung des Kaufpreises.

---

59 Eine solche Regelung findet sich in PECL Art. 4:103 (2) (b). In Österreich kommt eine Anfechtung nach § 871 Abs. 1 ABGB nur in Betracht, „falls der Irrtum durch den anderen veranlasst war, oder diesem aus den Umständen offenbar auffallen musste oder noch rechtzeitig aufgeklärt wurde." Auch dadurch werden dem Irrenden Risiken seiner Fehlvorstellung zugewiesen.

60 Restatement 2 d of Contracts, § 154: „A party bears the risk of a mistake when (a) the risk is allocated to him by agreement of the parties, or (b) he is aware, at the time the contract is made, that he has only limited knowledge with respect to the facts to which the mistake relates but treats his limited knowledge as sufficient, or (c) ...".

86 Ein Anfechtungsrecht begründen nur **rechtswidrige** Täuschungen.[61] Das ist im Gesetz nicht ausdrücklich ausgesprochen, da der Gesetzgeber der Auffassung war, jede Täuschung, die dazu diene, einen anderen zur Abgabe einer Willenserklärung zu bestimmen, sei per se rechtswidrig.[62] Das aber ist so uneingeschränkt nicht richtig. Zwar gilt im Recht der vorvertraglichen Verhaltenspflichten die sog. **Wahrheitspflicht**.[63] Sie besagt, dass Angaben, die ein Verhandlungspartner mit Bezug auf den in Aussicht genommenen Vertrag macht, inhaltlich richtig sein müssen.[64] Diese Pflicht gilt aber nicht uneingeschränkt. Eine gesetzlich geregelte Ausnahme findet sich z. B. in § 53 Abs. 1 Nr. 2 BZRG, wonach ein Vorbestrafter sich unter bestimmten Voraussetzungen als unbestraft bezeichnen darf.

87 Darüber hinaus hat die Rechtsprechung den allgemeinen Grundsatz entwickelt, dass die Wahrheitspflicht nicht gilt für Antworten auf rechtlich unzulässige Fragen. Unzulässig ist gemäß Art. 140 GG i. V. m. Art. 136 WV die Frage nach der Religionszugehörigkeit. Aus Art. 9 GG wird abgeleitet, dass ein Arbeitgeber den Bewerber um einen Arbeitsplatz nicht nach dessen Gewerkschaftszugehörigkeit fragen darf.[65] Eine Frau, die sich auf einen Arbeitsplatz bewirbt, darf wegen des Diskriminierungsverbots in §§ 1, 2 AGG in aller Regel nicht nach dem Bestehen einer Schwangerschaft gefragt werden.[66] Geschieht dies unzulässigerweise dennoch, darf die Bewerberin die Frage verneinen, selbst wenn sie weiß, dass die Antwort unzutreffend ist.[67] Plakativ spricht man von einem **Recht zur Lüge**.[68]

88 **Beispiel:**[69] Wäschereiinhaberin A schließt mit B am 3. Mai 2000 einen unbefristeten Arbeitsvertrag, der die Beschäftigung der B als Wäschereimitarbeiterin vorsieht. Unter § 8 des Vertrages heißt es: „Der Arbeitnehmer (*sic!*) versichert, dass keine Schwangerschaft vorliegt". Bei B war zu-

---

61 Palandt/*Ellenberger* § 123 Rdn. 10; MüKo/*Armbrüster* § 123 Rdn. 19; NK-BGB/*Feuerborn* § 123 Rdn. 44 ff, 47 mit Nachweisen in Fn. 180.

62 Bericht der XII. Kommission (1896) S. 39 = Mugdan I, S. 965.

63 MüKo/*Armbrüster* § 123 Rdn. 29; *Neuner* AT § 10 Rdn. 53 und § 41 Rdn. 104 f; unten § 17 Rdn. 21 f.

64 BGH vom 20.11.1987, NJW-RR 1988, 458 (459); BGH vom 20.9.1996, NJW-RR 1997, 144 (145); BGH vom 26.9.1997, NJW 1998, 302 (sub II 1 b, aa der Gründe).

65 Medicus/*Petersen* AT Rdn. 793.

66 Näher BAG vom 6.2.2003, BAGE 104, 304 = NZA 2003, 848. Vgl. auch § 7 Abs. 2 des Gesetzes zur Gleichstellung von Frauen und Männern in der Bundesverwaltung und in den Gerichten des Bundes (BGleiG) vom 30.11.2001 (BGBl. I S. 3234): Unzulässig sind auch Fragen nach einer geplanten Schwangerschaft oder nach der Sicherstellung der Betreuung von Kindern.

67 BAG vom 6.2.2003, BAGE 104, 304 = NZA 2003, 848; Palandt/*Ellenberger* § 123 Rdn. 10.

68 MüKo/*Thüsing* § 3 AGG Rdn. 23; *Wisskirchen/Bissels* NZA 2007, 169 (170 ff). Eingehend *Gerhard Wagner*, in: Reinhard Zimmermann (Hg.), Störungen der Willensbildung bei Vertragsschluss (2007) 59 (91 ff).

69 BAG vom 6.2.2003, BAGE 104, 304 = NZA 2003, 848.

vor eine Schwangerschaft ärztlich festgestellt worden. Am 8. Juni 2000 ficht A den Arbeitsvertrag wegen arglistiger Täuschung an. – Die Frage nach der Schwangerschaft bzw. die vorformulierte Versicherung, dass eine solche nicht bestehe, dient dazu, eine Bewerberin bei Bestehen einer Schwangerschaft nicht einzustellen. Hierin liegt eine unzulässige Diskriminierung wegen des Geschlechts. Daher ist die Bewerberin nicht zur wahrheitsgemäßen Antwort verpflichtet. Da die objektiv unrichtige Erklärung somit nicht rechtswidrig war, kann A den Vertrag nicht gemäß § 123 Abs. 1 BGB anfechten.

(2) Die Täuschung durch Unterlassen gebotener Aufklärung

Eine Täuschung kann auch durch Unterlassen begangen werden, wenn das Verschweigen einer bestimmten Information gegen eine **Aufklärungspflicht** verstößt. Die wichtigste Fallgruppe bilden vorvertragliche Pflichten zur Information der anderen Seite über Umstände, die erkennbar für dessen Willensbildung über den Abschluss des Vertrages von wesentlicher Bedeutung sind.[70] **89**

Das Problem solcher Pflichten liegt darin, dass an sich jeder Vertragspartner selbst dafür verantwortlich ist, auf der Grundlage zureichender und zutreffender Informationen seinen Vertragswillen zu bilden. Nur ausnahmsweise kann daher jemand beim Abschluss eines Vertrages erwarten, von der anderen Seite auf Umstände hingewiesen zu werden, deren Mitteilung typischerweise zur Folge hat, dass der Aufgeklärte den Vertrag nicht oder doch nur zu Bedingungen schließt, die für den Aufklärenden ungünstiger sind. **90**

Solche besonderen Umstände sind insbesondere gegeben, wenn die eine Seite Kenntnisse von Umständen hat, die die Eignung der Vertragssache für den vertraglich vorausgesetzten Zweck gefährden oder gar vereiteln, und diese Kenntnisse nicht auf besonderen Nachforschungen oder kostspieligen Untersuchungen beruhen, sondern ganz ohne Aufwand erworben wurden. Schulbeispiel ist der Fall, dass ein Gebrauchtwagen einen dem Verkäufer bekannten Vorunfall erlitten hat. Der Verkäufer ist verpflichtet, von sich aus den Kaufinteressenten hierauf hinzuweisen, da es ganz unwirtschaftlich wäre, wenn jeder Kaufinteressent den Wagen auf einen etwaigen früheren Unfall untersuchen lassen müsste, um sich in dieser Frage Klarheit zu verschaffen, während der Verkäufer über diese Kenntnis als präsentes ohne gesonderten Aufwand erlangtes Wissen verfügt. **91**

Zu Recht wird – verallgemeinert – gefordert, dass der Pflichtige einen spezifischen Informationsvorsprung hat, ein „Informationsgefälle" im Verhältnis zur anderen Seite besteht.[71] Hieran fehlt es, wenn beide Seiten gleich guten Zugang **92**

---

70 Die Verletzung solcher Pflichten liegt Schadensersatzansprüchen wegen Verschuldens beim Vertragsschluss (culpa in contrahendo) zugrunde; dazu unten § 17 Rdn. 24 ff.
71 OLG Brandenburg vom 7.12.1995, NJW-RR 1996, 724, 726; Staudinger/*Olzen* (2019) § 241 Rdn. 448; MüKo/*V. Emmerich* § 311 Rdn. 69; Palandt/*Ellenberger* § 123 Rdn. 5.

zu der Information haben, wie etwa darüber, zu welchem Preis eine bestimmte Ware am Markt gehandelt wird.

93 **Beispiel:** Der Käufer, der im Elektromarkt A einen Staubsauger zum Preis von 139 Euro erwirbt, kann den Vertrag nicht gemäß § 123 Abs. 1 BGB anfechten, wenn er später erfährt, dass derselbe Staubsauger im Kaufhaus B gleich nebenan für 79 Euro verkauft wird, und dies gilt auch dann, wenn der Inhaber des Elektromarktes A von dem niedrigen Angebot der Konkurrenz Kenntnis hat.

94 In einer Marktwirtschaft entscheidet der Kunde, welchen Aufwand er treiben will, um sich über Preise zu informieren, und es wird von ihm erwartet, dass er die von ihm für nötig erachteten Informationen *vor Vertragsschluss* einholt. Begnügt sich der Käufer mit geringem Aufwand, kann er die Konsequenzen dieser von ihm getroffenen Entscheidung nicht nachträglich durch Anfechtung des Vertrages wegen einer vom Gegner unterlassenen Aufklärung über günstigere Einkaufsmöglichkeiten korrigieren.

95 Dogmatischer Anknüpfungspunkt dieser vorvertraglichen Aufklärungspflichten ist § 242 BGB.[72] In der Terminologie des § 241 Abs. 2 BGB handelt es sich um Pflichten zur Rücksichtnahme auf die Interessen des anderen Teils. § 311 Abs. 2 BGB stellt klar, dass diese Pflichten schon im Stadium der Vertragsanbahnung bestehen. Die Rechtsprechung arbeitet mit der Formel, im Stadium der Vertragsanbahnung sei jeder Teil nach Treu und Glauben verpflichtet, die andere Seite über alle Umstände aufzuklären, die erkennbar für die Willensbildung der anderen Seite über den in Aussicht genommenen Vertrag von (erheblicher) Bedeutung seien, dies freilich nur, soweit die andere Seite nach Treu und Glauben Aufklärung gerade durch den Vertragsgegner erwarten dürfe.[73] Was in diesem Sinne wann nach Treu und Glauben geboten ist und vom anderen Teil erwartet werden darf, bedarf näherer Konkretisierung durch die Rechtsprechung.[74]

96 Viele Entscheidungen, in denen eine arglistige Täuschung durch Verschweigen bejaht wird, betreffen dem Aufklärungspflichtigen bekannte Umstände, die die **Erreichung des Vertragszwecks** für die Gegenseite gefährden oder ausschließen. Wer in so desolaten wirtschaftlichen Verhältnissen lebt, dass es ihm in der Vergangenheit nur durch freiwillige Geldzuwendungen von Freunden gelun-

---

72 Palandt/*Ellenberger* § 123 Rdn. 5.

73 BGH vom 2.3.1979, NJW 1979, 2243; BGH vom 14.3.1991, NJW 1991, 1819; BGH vom 19.5.2006, NJW 2006, 3139 (3141); st. Rspr.

74 Vgl. Mot. I, S. 208: „Inwieweit eine Rechtspflicht besteht, dem anderen Teile Umstände mitzuteilen, von denen vorauszusetzen ist, dass sie auf seine Entschließung von Einfluss sein würden, entzieht sich der gesetzlichen Lösung." Nachweise zur Rechtsprechung und Fallgruppenbildungen z.B. bei Staudinger/*Singer/von Finckenstein* (2017) § 123 Rdn. 10 ff.

gen ist, seine Miete zu zahlen, muss beim Abschluss eines neuen Mietvertrages den Vermieter über seine finanzielle Situation aufklären. Unterlässt er dies, verschweigt er arglistig wesentliche Umstände, von denen die Erreichung des Vertragszwecks für den Vermieter abhängt.[75] Eine Beeinträchtigung des Vertragszwecks ist für den Käufer einer Sache gegeben, wenn diese infolge eines Mangels für die vertraglich vorausgesetzte Verwendung nicht geeignet ist. Die wohl praktisch häufigste arglistige Täuschung besteht daher im Verschweigen von Mängeln der Kaufsache, die dem Verkäufer bei Abschluss des Vertrages bekannt sind.[76]

Beispiel: Hat ein **Kraftfahrzeug** einen **Unfall** erlitten, so stellt dies auch dann einen Mangel dar, **97** wenn alle Schäden fachgerecht repariert worden sind. Der Verkäufer, dem der Unfall bekannt ist, hat daher von sich aus den Käufer hierüber aufzuklären. Diese Pflicht entfällt nur dann, wenn die Folgen des Unfalls so minimal waren, dass sie für die Entscheidung des Käufers, ob und zu welchem Preis er den Wagen erwirbt, schlechterdings keine Rolle spielen können. Verkäufer neigen in dieser Hinsicht zu einer Schäden bagatellisierenden Großzügigkeit, die rechtlich nicht zu billigen ist. Es ist nicht Sache des Verkäufers darüber zu befinden, welche Auswirkungen der Unfall des Kfz für die Willensbildung des Käufers haben kann. Unterlässt der Verkäufer es pflichtwidrig, den Käufer über einen Vorunfall des Gebrauchtwagens aufzuklären, ist der Kaufvertrag für den Käufer wegen arglistiger Täuschung anfechtbar. Eine andere Frage ist, ob der Käufer von diesem Recht Gebrauch machen sollte. Vielfach wird es für den Käufer günstiger sein, den Vertrag nicht anzufechten und stattdessen die vertraglichen Mängelansprüche (§ 437 BGB!) geltend zu machen.

Aufklärungspflichten sind dann zu verneinen, wenn es um vertragsrelevante In- **98** formationen geht, deren Erwerb für beide Seiten mit prinzipiell gleichen Kosten möglich ist. Dann geht es nicht an, dass eine Seite diesen Aufwand scheut und von der anderen Seite erwartet, „zum Nulltarif" informiert zu werden.

Beispiel: V verkauft ein Baugrundstück an K. Beiden ist bekannt, dass für eine geplante Bebau- **99** ung der Höhe des Grundwassers erhebliche Bedeutung zukommt. V teilt K mit, dass er zu dieser Frage ein **Bodengutachten** von einem Sachverständigen hat erstellen lassen, und bietet dem K an, dieses Gutachten zu 50 % des von ihm selbst bezahlten Sachverständigen-Honorars weiterzugeben. K lehnt dies ab. Bei der Bebauung entstehen erhebliche Mehrkosten, da das Grundwasser beim Höchststand das Kellerniveau erreicht, was eine Grundwasserabsenkung erforderlich macht. Genau dies hatte auch der Sachverständige ermittelt. Der BGH hat zu Recht entschieden, dass V keine Aufklärungspflicht verletzt hat: „Weiß der Kaufinteressent, dass mit einem bestimmten Risiko zu rechnen ist und dass sein Vertragsgegner hierzu ganz konkrete besondere

---

75 LG Gießen vom 23.3.2001, ZMR 2001, 894; *Neuner* AT § 41 Rdn. 10.
76 Zum arglistigen Verschweigen einer Boden-Kontaminierung beim Verkauf eines Grundstücks BGH vom 20.10.2000, NJW 2001, 64; vgl. auch BGH vom 22.2.2002, NJW 2002, 1867; abgrenzend BGH vom 16.3.2012, NJW-RR 2012, 1078 Rdn. 21.

Kenntnisse gegen Entgelt erworben hat, deren Preisgabe er seinerseits von einer Vergütung abhängig macht, so liegt es an ihm, ob er den Vertragsschluss von der Offenlegung der Kenntnisse abhängig machen oder den Vertrag mit dem vorgesehenen Inhalt schließen und das damit ihm zugeschobene Risiko übernehmen will".[77]

(3) Kausalität

100 Der Anfechtungsgrund der arglistigen Täuschung gemäß § 123 Abs. 1 Var. 1 BGB unterliegt einem doppelten Kausalitätserfordernis.[78] Die Täuschung muss kausal sein für den Irrtum des Adressaten, und dieser Irrtum muss kausal sein für die Abgabe der Willenserklärung, die zum Zustandekommen des angefochtenen Rechtsgeschäfts geführt hat.

101 Täuscht ein Käufer den Verkäufer arglistig über Eigenschaften der Kaufsache (wie im Fall „U-Phone", Sachverhalt unten § 30), so will er durch die Täuschung nicht nur den Anspruch auf Übereignung aus dem Kaufvertrag erwerben, sondern die Sache selbst übereignet erhalten, und entsprechend wird der Käufer durch die Täuschung nicht nur zum Abschluss des Kaufvertrages (zu für ihn ungünstigen Bedingungen), sondern auch zur Vornahme der Übereignung bestimmt.[79] Der Käufer kann daher den Kaufvertrag und die Übereignung der Sache gemäß § 123 Abs. 1 BGB anfechten.[80] Dass hier Verpflichtungsgeschäft und Verfügungsgeschäft anfechtbar sind, ergibt sich schlicht daraus, dass hinsichtlich beider Geschäfte die Voraussetzungen der Anfechtung wegen arglistiger Täuschung vorliegen.[81] In der Fallbearbeitung kann man keinen Fehler machen, wenn man für den Kaufvertrag wie für die Übereignung die Ursächlichkeit der arglistigen Täuschung herausarbeitet. Der im Schrifttum gebräuchliche Begriff der „Fehleridentität" sollte vermieden werden,[82] da es nicht um ein „Übergreifen der Ungültigkeit des Grundgeschäfts auf das Erfüllungsgeschäft"[83] geht.

---

77 BGH vom 29.1.1993, NJW 1993, 1643 (1644).

78 *Bork* AT Rdn. 871.

79 So schon RG vom 24.11.1908, RGZ 70, 55 (57).

80 RG vom 24.11.1908, RGZ 70, 55 (58), bestätigt von BGH vom 8.3.1972, BGHZ 58, 257 (258) = NJW 1972, 872; Palandt/*Ellenberger* Überbl. vor § 104 Rdn. 23; *Medicus* AT Rdn. 234; näher *Grigoleit* AcP 199 (1999), 379 (404 f).

81 *Jauernig* JuS 1994, 721 (724).

82 Zu Recht kritisch *Faust* AT § 5 Rdn. 4: „Der Begriff ‚Fehleridentität' ist ein ganz unglücklicher, der nur zu Verstößen gegen das Abstraktionsprinzip verleitet und besser aus dem juristischen Sprachgebrauch getilgt werden sollte". Vgl. auch *Haferkamp* JURA 1998, 511 (512): Die Bezeichnung „Fehleridentität" sei verwirrend, da es gerade nicht um *einen* Fehler gehe, der automatisch beide Geschäfte erfasse.

83 So aber die Formulierung bei Palandt/*Ellenberger* Überblick vor § 104 Rdn. 23.

(4) Arglist

Arglist in § 123 BGB bedeutet nichts anderes als Vorsatz. Ausreichend ist beding- **102** ter Vorsatz. Bei der Täuschung durch aktives Tun (Verletzung der Wahrheitspflicht) muss der Täuschende wissen oder zumindest für möglich halten, dass die gegebene Information unzutreffend ist und dass diese Information den Getäuschten zur Abgabe einer Willenserklärung bewegen kann. Bei der Täuschung durch Unterlassen (Verletzung von Aufklärungspflichten) muss der Täuschende die Umstände kennen, aus denen sich die Verpflichtung zur Weitergabe der Informationen ergibt. Bei einer Täuschung durch Verschweigen eines offenbarungspflichtigen Mangels handelt arglistig, wer einen Fehler mindestens für möglich hält und gleichzeitig weiß oder damit rechnet und billigend in Kauf nimmt, dass der Vertragsgegner den Fehler nicht kennt und bei Offenbarung den Vertrag nicht oder nicht mit dem vereinbarten Inhalt geschlossen hätte.[84] Bewusstsein oder gar Absicht, den anderen zu schädigen, sind nicht erforderlich, da § 123 BGB nicht das Vermögen, sondern die Freiheit der vertraglichen Willensbildung schützt.

Als vorsätzliche Täuschung sieht es die Rechtsprechung auch an, wenn je- **103** mand ohne hinreichende sachliche Grundlage „**ins Blaue hinein**" bestimmte Angaben macht, die sich als unrichtig erweisen.[85]

Beispiel: Ein gewerblicher Fachhändler erklärt beim Verkauf eines Gebrauchtwagens, das Fahr- **104** zeug habe bisher „nur kleine Blechschäden" erlitten. In Wirklichkeit handelt es sich, wie der Käufer später feststellt, um ein Fahrzeug, das nach einem schweren Unfall in erheblichem Umfang repariert worden war. Die Angabe des Händlers beruhte auf der diesem vom früheren Eigentümer des Fahrzeugs gegebenen Erklärung. Dies hält der BGH zu Recht nicht für eine hinreichende Beurteilungsgrundlage.[86] Da der bisherige Eigentümer eines Gebrauchtwagens beim Verkauf gerne beschönigende Formulierungen verwende, sei der gewerbliche Fachhändler aufgrund seiner eigenen Sachkunde gehalten, diese Aussagen zu überprüfen. Gibt der Händler die Erklärung ungeprüft weiter, ohne wenigstens hierauf hinzuweisen, macht er die Angaben „ins Blaue hinein" und handelt also arglistig.

Hält der Erklärende es für möglich, dass seine Angaben unrichtig sind, so handelt **105** er mit bedingtem Vorsatz, was für Arglist genügt. Ist er von der Richtigkeit seiner Angaben überzeugt, also gutgläubig, scheidet dagegen Vorsatz grundsätzlich aus, und zwar auch dann, wenn die Unkenntnis von der Unrichtigkeit auf grober

---

84 BGH vom 11.5.2001, NJW 2001, 2326 (2327).
85 BGH vom 29.1.1975, BGHZ 63, 382 (388) = NJW 1975, 642; BGH vom 9.9.2003, NJW-RR 2003, 169 (170); BGH vom 7.6.2006, BGHZ 168, 64 Rdn. 13 = NJW 2006, 2839; BGH vom 6.11.2007, NJW 2008, 644 Rdn. 49; BGH vom 15.4.2015, NJW 2015, 1669 Rdn. 16; st. Rspr.; zustimmend MüKo/*Armbrüster* § 123 Rdn. 16; Medicus/*Petersen* AT Rdn. 788.
86 BGH vom 18.3.1981, NJW 1981, 1441 (1442).

Fahrlässigkeit beruht.[87] Anders, wenn dem gutgläubigen Erklärenden bewusst ist, dass ihm jegliche zur sachgemäßen Beantwortung der an ihn gerichteten Frage erforderlichen Kenntnisse fehlen und er die andere Seite nicht wenigstens hierüber informiert.[88] Erklärt der Verkäufer eines Grundstücks, dass ihm versteckte Mängel nicht bekannt seien, obwohl solche in Wirklichkeit vorhanden sind, so ist nach der Rechtsprechung des BGH diese Erklärung nicht ins „Blaue hinein" abgegeben, wenn der Verkäufer sich an den Mangel nicht erinnert.[89]

(5) Einschränkungen der Anfechtbarkeit bei Täuschung durch Dritte (§ 123 Abs. 2 BGB)

106 § 123 Abs. 1 BGB ist passivisch formuliert und erfasst auch vorsätzliche Täuschungen durch andere Personen als den Anfechtungsgegner. Insofern aber schränkt § 123 Abs. 2 Satz 1 BGB das Anfechtungsrecht des Getäuschten ein. Hat ein Dritter die Täuschung verübt, so ist eine empfangsbedürftige Erklärung nur anfechtbar, wenn der Empfänger (= der Anfechtungsgegner) die Täuschung kannte oder kennen musste. Für die Rechtsanwendung ist entscheidend, wer „Dritter" im Sinne des § 123 Abs. 2 Satz 1 BGB ist.

107 Als **Ausgangspunkt** gilt, dass **Dritter** jeder ist, der nicht der Empfänger der Willenserklärung des Getäuschten ist. Da der Empfänger der Erklärung des Getäuschten zugleich der Anfechtungsgegner ist, lässt sich der Ausgangspunkt auch dahin formulieren, dass Dritter jeder ist, der nicht der Anfechtungsgegner ist. Bei einem Vertrag sind im Ausgangspunkt alle Personen Dritte, die nicht der Vertragspartner des Getäuschten sind.

108 Dieser Ausgangspunkt bedarf aber der **Korrektur** im Hinblick auf Personen, die der Anfechtungsgegner als seine Gehilfen beim Abschluss des Vertrages eingesetzt hat, ohne dass es darauf ankommt, ob diese Personen Vertretungsmacht haben oder nicht. Beispiele bilden etwa alle Verkaufsangestellten eines Händlers, oder die für den Ankauf von Kraftfahrzeugen zuständigen Beschäftigten eines Gebrauchtwagenhändlers. Bei der Anbahnung des Vertrages mit dem Kunden bedient sich der Händler dieser Angestellten, um seinen vorvertraglichen Pflichten (Wahrheitspflicht, Aufklärungspflichten) nachzukommen, und haftet daher für Pflichtverletzungen durch diese Gehilfen gemäß § 280 Abs. 1 BGB, § 278 BGB wie für eigenes Verschulden (unten § 17 Rdn. 45f). Folgerichtig wird der Händler so

---

87 BGH vom 8.5.1980, NJW 1980, 2460 (2461).
88 BGH vom 8.5.1980, NJW 1980, 2460 (2461); BGH vom 7.6.2006, NJW 2006, 2839 Rdn. 14f. Nach Medicus/*Petersen* (Bürgerliches Recht Rdn. 150) lässt sich die Arglist hier „mit einer Täuschung über die fehlende Beurteilungsgrundlage rechtfertigen".
89 BGH vom 11.5.2001, NJW 2001, 2326 (2327).

behandelt, als habe er selbst arglistig getäuscht, weshalb er für diese Täuschungen ohne die Beschränkungen des § 123 Abs. 2 BGB einzustehen hat.[90] Es kommt nicht darauf an, ob der Händler die Täuschung kennt oder kennen muss.

Beispiel Fall „U-Phone" (Sachverhalt unten § 30): Der für den Ankauf von gebrauchten Modell- **109** eisenbahnen zuständige Angestellte A des Verkäufers ist nicht Dritter im Sinne von § 123 Abs. 2 Satz 1 BGB, da sich der Verkäufer das Verhalten des A im Rahmen von Schadensersatzansprüchen (§ 280 Abs. 1 BGB) wegen Verletzung vorvertraglicher Pflichten (§§ 311 Abs. 2, 241 Abs. 2 BGB) wie eigenes Verhalten zurechnen lassen muss (§ 278 Satz 1 BGB).

Dritter im Sinne des § 123 Abs. 2 BGB **ist** also **nicht, wer von dem Vertragspart-** **110** **ner des Getäuschten als Gehilfe beim Abschluss des Vertrages eingesetzt wurde.** Personen, für deren Fehlverhalten beim Abschluss des Vertrages (culpa in contrahendo, unten § 17) der Vertragspartner wie für eigenes Fehlverhalten gemäß § 278 BGB einzustehen hat, fallen nicht unter § 123 Abs. 2 BGB.[91]

Hierüber hinaus gehend sieht die Rechtsprechung auch solche am Zustandekommen des Vertra- **111** ges beteiligten Personen nicht als Dritte an, die wegen ihrer engen Beziehungen zum Anfechtungsgegner als dessen Vertrauenspersonen erscheinen oder deren Verhalten aus Billigkeitserwägungen dem Verhalten des Anfechtungsgegners gleichzusetzen sei.[92] Ähnliche Spielräume eröffnet die Formulierung, Dritter sei nicht, wer **„im Lager" des Anfechtungsgegners** stehe.[93]

Ist das Verhalten des Täuschenden dem Vertragspartner nicht gemäß § 278 BGB **112** wie eigenes zurechenbar, kann der Getäuschte nur anfechten, wenn der Vertragspartner die Täuschung kannte oder kennen musste (§ 123 Abs. 2 Satz 1 BGB). Der Vertragspartner *muss* die Täuschung kennen, wenn es hierfür Anhaltspunkte gab, denen der Vertragspartner zur Wahrung der Interessen des anderen Teils (§§ 311 Abs. 2, 241 Abs. 2 BGB) hätte nachgehen müssen, und wenn dadurch die Täuschung hätte aufgedeckt werden können. Der Vertragspartner darf eine erkannte oder bei pflichtgemäßer Anstrengung erkennbare Täuschung nicht zu seinem eigenen Vorteil ausnutzen. Tut er dies dennoch, ist der Vertrag ihm gegenüber anfechtbar, obwohl er die Täuschung nicht selbst begangen hat.

---

90 *Schubert* AcP 168 (1968), 470 (477 f); *Hübner* AT Rdn. 830; krit. MüKo/*Armbrüster* § 123 Rdn. 74.
91 BGH vom 17.4.1986, NJW-RR 1987, 59, 60 (sub II 3 b); BGH vom 8.12.1989, NJW 1990, 1661, LS 2: „Der Personenkreis, für den ein Verhandlungspartner wegen culpa in contrahendo einzustehen hat, ist der gleiche wie bei § 123 Abs. 2 BGB."
92 BGH vom 6.7.1978, NJW 1978, 2144 (2145); BGH vom 6.7.1978, NJW 1978, 2144.
93 *Neuner* AT § 41 Rdn. 114; *Faust* AT § 20 Rdn. 4; MüKo/*Armbrüster* § 123 Rdn. 73.

113 **Beispiel: „Die arglistig erschlichene Bürgschaftserklärung"** (BGH vom 9.4.1992, NJW-RR 1992, 1005). S verhandelt mit seiner Bank G über die Gewährung von Krediten, deren Bereitstellung G davon abhängig macht, dass S geeignete Sicherheiten stellt. G regt konkret an, dass S eine Bürgschaft des B beibringt und händigt zu diesem Zweck dem S eine vorbereitete, auf B lautende Bürgschaftserklärung aus. Als S die von B unterschriebene Erklärung des B überbringt, nimmt G den Antrag ohne weitere Nachforschungen an, obwohl es eine Reihe von Indizien gab, dass die Erklärung auf unredliche Weise erlangt sein könnte. Insbesondere hatte kurz zuvor ein anderer Bürge bei der Bank angerufen und die Bank darauf hingewiesen, dass S seine Bürgschaftserklärung abredewidrig an G weitergegeben habe; er wolle deshalb die Staatsanwaltschaft einschalten. Es stellt sich heraus, dass S auch im Falle des B die Bürgschaftserklärung durch eine arglistige Täuschung erlangt hatte. G nimmt B aus der Bürgschaft in Anspruch, B erklärt die Anfechtung des Bürgschaftsvertrages wegen arglistiger Täuschung. – Teilt man den Ausgangspunkt des BGH, dass der Hauptschuldner nicht als Gehilfe des Gläubigers beim Abschluss des Bürgschaftsvertrages tätig wird[94] und somit „Dritter" im Sinne des § 123 Abs. 2 Satz 1 BGB ist, so kommt es darauf an, ob G die Täuschung durch S kennen musste. Zu Recht stellt der BGH darauf ab, dass sich aufgrund der Vorerfahrungen, die die Bank mit dem Schuldner bei der früher beigebrachten Bürgschaftserklärung gemacht hatte, Nachforschungspflichten ergaben. Für die Frage, ob die Unkenntnis von der Täuschung im Sinne des § 123 Abs. 2 BGB auf Fahrlässigkeit beruht, gelten, wie der BGH ausdrücklich hervorhebt „die gleichen Erwägungen" wie bei der Frage, ob die Bank durch die Unterlassung jeglicher Nachforschungen darüber, ob S die Erklärung auf einwandfreie Weise erlangt habe, ihre Rücksichtnahmepflichten im Rahmen der Vertragsanbahnung (§§ 311 Abs. 2, 241 Abs. 2 BGB) verletzt habe.

114 Grundgedanke dieser Interpretation des § 123 Abs. 2 Satz 1 BGB ist, dass der Getäuschte dann und nur dann das Anfechtungsrecht hat, wenn die Täuschung sich im Verhältnis des Getäuschten zum Anfechtungsgegner als pflichtwidrig darstellt. Dies ist zum einen dann der Fall, wenn Verhandlungsgehilfen des Anfechtungsgegners täuschen, deren Verhalten dem Anfechtungsgegner gemäß § 278 BGB zugerechnet wird. Deshalb sind diese Gehilfen keine „Dritten". Rechtswidrig ist aber auch die Ausnutzung einer von einem Dritten begangenen Täuschung, wenn der Anfechtungsgegner die Täuschung kennt oder infolge von Fahrlässigkeit nicht kennt. Der Anfechtungsgegner verletzt dann die sich aus der vorvertraglichen Sonderbeziehung ergebende Verpflichtung, zur Aufklärung und Ausräumung der Täuschung beizutragen, und verhält sich somit rechtswidrig. Täuscht umgekehrt ein am Rechtsgeschäft ganz Unbeteiligter, und hat der Anfechtungsgegner keinen Anlass zu Zweifeln, ob die ihm gegenüber abgegebene Willenserklärung auf einer Täuschung beruht, so verhält sich der Anfechtungsgegner beim Abschluss des

---

94 Dies ist im Grundsatz zwar richtig, hier aber angesichts der konkreten besonderen Umstände des Falles nichts zweifelsfrei. Schließlich hat sich S auf Initiative der G gerade an B wegen der Bürgschaft gewandt und dem B die schon von G vorformulierte Vertragserklärung vorgelegt.

Vertrages rechtmäßig. Deshalb ist die Anfechtung ihm gegenüber ausgeschlossen.

ff. Widerrechtliche Drohung (§ 123 Abs. 1 Var. 2 BGB)

Als zweite Form der zur Anfechtung berechtigenden Beeinträchtigung der Freiheit **115**
der Willensbildung nennt § 123 BGB die widerrechtliche Drohung.

(1) Die Drohung

Drohung im Sinne des § 123 BGB ist das Inaussichtstellen eines vom Willen des **116**
Drohenden abhängigen Übels, durch die der Bedrohte, in der Formulierung des
§ 124 BGB, in eine Zwangslage versetzt wird, die ihn zur Abgabe einer Willenserklärung bestimmen soll. Die Drohung muss nicht vom Anfechtungsgegner ausgehen, wie sich aus der passivischen Fassung der Vorschrift ergibt.[95] Ziel der Drohung muss nicht der Anfechtende, sondern kann auch eine dritte Person sein,
sofern diese ihm so nahe steht, dass für den Anfechtenden eine psychische
Zwangslage entsteht.

(2) Die Widerrechtlichkeit der Drohung

Durch die ausdrückliche Erwähnung der Widerrechtlichkeit der Drohung in § 123 **117**
Abs. 1 Var. 2 BGB stellt das Gesetz klar, dass die Rechtswidrigkeit nicht schon
durch die Drohung indiziert wird, sondern des *positiven Nachweises in jedem Einzelfall* bedarf. Ist schon die **Zufügung des angedrohten Übels als solche rechtswidrig** („Ich zünde Ihnen das Haus an, wenn Sie nicht unterschreiben"), genügt
dies. Dasselbe gilt an sich, wenn durch die Drohung ein **rechtswidriges Verhalten des Bedrohten** erzwungen werden soll. Da dieses Verhalten hier in der Abgabe einer rechtsgeschäftlichen Willenserklärung besteht, ist der angestrebte Erfolg
rechtswidrig, wenn das Rechtsgeschäft rechtswidrig ist.[96] Meist wird die Rechtswidrigkeit anhand der **Zweck-Mittel-Relation** von angedrohtem Übel und angestrebtem Verhalten des Bedrohten ermittelt. Die Frage lautet, ob der Einsatz gera-

---

95 Eine Drohung kann insbesondere auch durch ein Gericht gegenüber den streitenden Parteien
erfolgen (etwa mit dem Ziel, dass diese einen Prozessvergleich abschließen); hierzu besonders
eklatant BAG vom 12.5.2010, NZA 2010, 1250.
96 Ergibt sich die Rechtswidrigkeit des Rechtsgeschäfts aus einem Verstoß gegen ein gesetzliches Verbot, kommt der Anfechtbarkeit gemäß § 123 BGB keine praktische Bedeutung zu, da das
Rechtsgeschäft gemäß § 134 BGB nichtig ist, vgl. MüKo/*Armbrüster* § 123 Rdn. 118. Zum Verhältnis
zu § 138 BGB oben § 9 Rdn. 259 a. E.

de dieses Mittels zur Erreichung gerade dieses Zweckes rechtlich zu missbilligen ist. Die Frage ist tendenziell umso eher zu bejahen, je weniger das angedrohte Übel mit dem angestrebten Verhalten zu tun hat, doch kann auch bei einem sachlichen Zusammenhang zwischen dem Gegenstand der Drohung und dem abgenötigten Verhalten die Drohung kein angemessenes Mittel zur Erreichung des angestrebten Zwecks sein.

118 **Beispiele:** Die Erhebung einer Klage ist das von der Rechtsordnung vorgesehene Mittel zur Klärung der Frage, ob der Kläger eine Forderung gegen den Beklagten hat. Daher ist die Androhung der Erhebung einer Klage als Druckmittel, um den Schuldner zur Zahlung zu bewegen, rechtlich nicht zu beanstanden, und dies auch dann nicht, wenn die Forderung objektiv nicht besteht.[97] Aus diesem Grund muss es auch ein Wohnungseigentümer „ertragen", wenn der Leiter der Eigentümerversammlung ankündigt, die mit „Nein" stimmenden Eigentümer namentlich zu erfassen, um die mit „Ja" Stimmenden im Falle der mehrheitlichen Ablehnung des Beschlussantrages in die Lage zu versetzen, möglicherweise bestehende Schadensersatzansprüche gegen die Opponenten geltend zu machen.[98] – Droht das Opfer strafbarer Handlungen, Strafanzeige gegen den Täter zu erstatten, falls dieser nicht seine Verpflichtung zum Ersatz des dem Opfer entstandenen Schadens anerkennt, ist dies grundsätzlich wegen des sachlichen Zusammenhanges von Mittel und Zweck rechtlich zu billigen.[99] Unzulässig ist es dagegen, einem Schuldner mit einer Anzeige wegen eines Verkehrsdeliktes zu drohen, um die Bezahlung der noch offenen Forderungen zu erreichen.[100] – Droht ein Anwalt unmittelbar vor einem Prozesstermin mit der Niederlegung des Mandats, falls der Mandant nicht einer Erhöhung der Honorarvereinbarung zustimmt, wird eine dem Mandanten nicht zumutbare Zwangslage geschaffen, die die Zweck-Mittel-Relation rechtswidrig macht.[101]

119 | **Die drei Fallgruppen einer widerrechtlichen Drohung**
BGH vom 4.2.2010, NJW 2010, 1364 Rdn. 33[102]

„Eine Drohung ist nach der Rechtsprechung in drei Fällen widerrechtlich: Dies gilt, wenn das angedrohte Verhalten schon für sich allein widerrechtlich ist (**Widerrechtlichkeit des Mittels**), wenn der erstrebte Erfolg – die vom Bedrohten abzugebende Willenserklärung – schon für sich allein widerrechtlich ist (**Widerrechtlichkeit des Zwecks**) oder wenn Mittel und Zweck zwar für sich allein betrachtet nicht widerrechtlich sind, aber ihre Verbindung – die Benutzung dieses Mittels zu diesem Zweck – gegen das Anstandsgefühl aller billig und gerecht Denkenden verstößt (**Inadäquanz von Mittel und Zweck**)."

---

97 BGH vom 19.4.2005, NJW 2005, 2766 (2768); KG vom 20.10.2017, BeckRS 2017, 149490.

98 AG München vom 10.1.2018, ZWE 2018, 331 Rdn. 36.

99 BAG vom 22.10.1998, NJW 1999, 2059.

100 Jauernig/*Mansel* § 123 Rdn. 15.

101 BGH vom 4.2.2010, BGHZ 184, 209 Rdn. 37 = NJW 2010, 1364; BGH vom 7.2.2013, NJW 2013, 1591 Rdn. 13.

102 Hervorhebungen hinzugefügt. Zur Kritik an der sog. „Anstandsformel" oben § 9 Rdn. 243.

(3) Die Kausalität der Drohung für die Abgabe der Willenserklärung

Die Drohung muss den Anfechtenden zur Abgabe der Willenserklärung bestimmt **120** haben. Dies ist der Fall, wenn der Anfechtende die Erklärung ohne die Drohung nicht oder nicht mit dem konkreten Inhalt abgegeben hätte. Mitursächlichkeit der Drohung genügt.

b. Der Fortfall des Anfechtungsrechts

aa. Fortfall durch Ablauf der Anfechtungsfrist (§§ 121, 124 BGB)

Da die Anfechtbarkeit eines Rechtsgeschäfts den Rechtsverkehr mit der Unsicher- **121** heit belastet, ob das Geschäft wirksam bleibt und also dessen Rechtsfolgen des Rechtsgeschäfts Bestand haben, muss sich der Anfechtungsberechtigte binnen kurzer Fristen entscheiden, ob er von seinem Anfechtungsrecht Gebrauch machen will. Mit Ablauf der Fristen, die in den §§ 121 und 124 BGB getrennt für die Anfechtungsgründe aus den §§ 119 f BGB einerseits, § 123 BGB andererseits geregelt sind, fällt das Recht zur Anfechtung fort.[103]

Das Anfechtungsrecht wegen eines Willensmangels gemäß §§ 119, 120 BGB **122** muss „unverzüglich", d.h. nach der Legaldefinition des § 121 Abs. 1 Satz 1 BGB „ohne schuldhaftes Zögern" ausgeübt werden. Die Frist ist nicht absolut festgelegt, vielmehr so zu bestimmen, dass dem Anfechtungsberechtigten eine je nach den Umständen des Falles angemessene Prüfungs- und Überlegungsfrist gewährt wird.[104] Die Anfechtung muss „sobald wie möglich und nach den Umständen zumutbar" erfolgen.[105]

Die Gerichte stellen **strenge Anforderungen**. Instruktiv ist die „Sparkassen"-Entscheidung:[106] **123**
Die bekl. Bank (B) erkannte aufgrund eines ihr am 21.9. zugegangenen Schreibens, dass die Klägerin das frühere Schreiben der B als Bürgschaftsübernahme verstanden hatte. B reagierte am 24.9. zunächst durch ein klarstellendes Schreiben, in dem sie ihren Standpunkt erläuterte, bevor sie am 6.10. die Anfechtung erklärte. Der BGH sah keinen rechtfertigenden Grund für die durch das Schreiben vom 24.9. eingetretene Verzögerung und hielt die Anfechtung für verspätet. Das ist hart, wenn man bedenkt, dass der BGH erst in dieser Entscheidung höchstrichterlich geklärt hat, dass eine ohne Erklärungsbewusstsein abgegebene Erklärung wirksam ist, und es somit der Anfechtung des Bürgschaftsvertrages bedurfte, um der Haftung aus der Bürgschaft zu entgehen. Es

---

103 Medicus/*Petersen* AT Rdn. 100; *Bork* AT Rdn. 911. Man spricht deshalb von **Ausschlussfristen** im Unterschied insbesondere zu Verjährungsfristen, die den Bestand des Rechts nicht berühren; dazu näher Staudinger/*Peters/Jacoby* (2019) Vorbem. zu §§ 194–225 Rdn. 14 ff.
104 Palandt/*Ellenberger* § 121 Rdn. 3.
105 So die Formulierung von *Neuner* AT § 41 Rdn. 26.
106 BGH vom 7.6.1984, BGHZ 91, 324 (331 f) = NJW 1984, 2279 (2280 f) – „Sparkasse" (Sachverhalt unten § 30).

war nicht fern liegend, dass B zunächst glaubte, sich mit einem klarstellenden Schreiben begnügen zu können.[107]

124 Im Falle von rechtswidrigen Eingriffen in die Freiheit der Willensbildung (§ 123 BGB) gilt gemäß § 124 BGB eine Frist von einem Jahr, die mit der Entdeckung der Täuschung bzw. dem Fortfall der Zwangslage beginnt.

125 Unabhängig davon, ob der Irrende den Irrtum im Sinne der §§ 119, 120 BGB bemerkt, der Getäuschte die Täuschung entdeckt oder die Zwangslage des Bedrohten noch andauert, endet das Anfechtungsrecht spätestens mit Ablauf von 10 Jahren seit Abgabe der Willenserklärung (§ 121 Abs. 2 BGB, § 124 Abs. 3 BGB). Diese „Deckelung" von Fristen mit variablem Beginn durch feste Obergrenzen entspricht der Regelungstechnik insbesondere des § 199 BGB (unten § 19 Rdn. 16 ff).

bb. Fortfall durch Bestätigung (§ 144 BGB) und Verzicht

126 Der Anfechtungsberechtigte kann auf sein Anfechtungsrecht verzichten. Der Verzicht ist ein einseitiges Rechtsgeschäft und erfolgt durch empfangsbedürftige Erklärung gegenüber dem Anfechtungsgegner. Dem steht nicht entgegen, dass nach § 397 Abs. 1 BGB der Gläubiger nicht einseitig auf eine Forderung verzichten kann, sondern ein Erlassvertrag erforderlich ist. Die Zulässigkeit eines Verzichts auf Gestaltungsrechte erkennt das Gesetz hingegen an, wie sich aus §§ 376 Abs. 2 Nr. 1, 671 Abs. 3 BGB ergibt. Der Verzicht führt daher zum Erlöschen des Anfechtungsrechts.

127 Dieselbe Rechtsfolge sieht das Gesetz vor für den Fall, dass der Anfechtungsberechtigte das anfechtbare Rechtsgeschäft gemäß § 144 BGB bestätigt.[108] Ersichtlich kommt dieser Bestimmung gegenüber der Möglichkeit, auf das Anfechtungsrecht zu verzichten, nur dann eine eigenständige Funktion zu, wenn man an das tatbestandliche Vorliegen einer Bestätigung andere Anforderungen stellt. Erforderlich ist ein Verhalten, das nicht an den Anfechtungsgegner gerichtet sein muss (sehr str.),[109] aus dem für einen durchschnittlichen Beobachter zu entnehmen ist, dass der Berechtigte auf die Anfechtungsmöglichkeit nicht zurückkommen will. Da aber Teilnehmer am Rechtsverkehr nicht ohne weiteres auf Gestaltungsmöglichkeiten zu verzichten pflegen, fordert der BGH ein so eindeutiges

---

107 Hierzu *Canaris* NJW 1984, 2281 (2282).
108 Hierzu unbedingt lesenswert BGH vom 4.12.2015, MDR 2016, 315, auch zur Frage der Anfechtbarkeit des Rechtsgeschäfts der Bestätigung; dazu *Regenfus* J URA 2016, 1089.
109 Palandt/*Ellenberger* § 144 Rdn. 2; *Flume* AT § 31, 7 (S. 569); *Neuner* AT § 41 Rdn. 173; a.A. Erman/*Arnold* § 144 Rdn. 2; Staudinger/*Roth* § 144 Rdn. 4; Medicus/*Petersen* AT Rdn. 534.

Verhalten, dass jede andere den Umständen nach einigermaßen verständliche Deutung dieses Verhaltens ausscheidet.[110] Die Bestätigung liegt in einem Verhalten, mit dem eine spätere Ausübung des Anfechtungsrechts schlicht nicht vereinbar wäre.

Daraus folgt umgekehrt: Steht es dem Anfechtungsberechtigten frei, statt der Anfechtung eines **128** Vertrages zunächst zu versuchen, vertragliche Ansprüche zu verfolgen, so darf deren bloße Geltendmachung und selbst deren gerichtliche Verfolgung nicht zum Verlust des Anfechtungsrechts führen und also nicht als Bestätigung gewertet werden. Dies hat besondere Relevanz in Fällen, in denen dem Käufer einer Sache arglistig ein Mangel verschwiegen wird. Hier muss es dem Käufer möglich sein, seine vertraglichen Rechte wegen des Mangels geltend zu machen (§ 437 BGB) und, sollte er damit nicht durchdringen, den Vertrag anzufechten und Rückzahlung des Kaufpreises zu verlangen.[111]

c. Der Inhaber des Anfechtungsrechts

Durch die Anfechtung soll erreicht werden, dass das angefochtene Rechts- **129** geschäft als nichtig anzusehen ist und somit die Wirkungen des Rechtsgeschäfts nicht eintreten. Das Anfechtungsrecht steht daher demjenigen zu, den die Wirkungen des Rechtsgeschäfts treffen, auf deren Beseitigung die Anfechtung gerichtet ist. Das ist bei einer im eigenen Namen abgegebenen Willenserklärung derjenige, von dem die fehlerhafte Willenserklärung stammt, weil ihn die Wirkungen des im eigenen Namen vorgenommenen Rechtsgeschäfts treffen. Wurde die fehlerhafte Willenserklärung in fremdem Namen (also: durch einen Vertreter) abgegeben, so treffen die Wirkungen des Rechtsgeschäfts nicht den Vertreter, sondern den Vertretenen. Das Anfechtungsrecht steht daher dem Vertretenen, nicht dem Vertreter, zu.[112]

Im Schrifttum wird meist gesagt, anfechtungsberechtigt sei grundsätzlich derjenige, von dem die **130** fehlerhafte Willenserklärung stamme.[113] Diese Bestimmung des Anfechtungsberechtigten orientiert sich an der Formulierung der §§ 119 Abs. 1 BGB, 123 Abs. 1 BGB, greift aber im Hinblick auf Willenserklärungen zu kurz, die in fremdem Namen abgegeben werden. Im Grundsatz kommt es

---

110 BGH vom 4.12.2015, MDR 2016, 315 Rdn. 8, wobei hier aus verfahrensrechtlichen Gründen vom BGH nicht zu entscheiden war, ob diese Voraussetzungen tatsächlich vorlagen.
111 BGH vom 2.2.1990, BGHZ 110, 220 = NJW 1990, 1106; zu den Auswirkungen, die die Bestätigung auf Ansprüche des Getäuschten insbesondere aus c.i.c. hat s. BGH, ebenda (vorh. Fn.), Rdn. 20 ff sowie ausführlich *Regenfus* Jura 2016, 1089.
112 Soergel/*Hefermehl* § 143 Rdn. 6; MüKo/*Busche* § 142 Rdn. 6; *Flume* AT § 31, 3 (S. 561); *Faust* AT § 26 Rdn. 15 (ganz h.M.); abweichend fordert *Preiß* JA 2010, 6 (8), dass das Anfechtungsrecht auch dem Vertreter zustehen sollte.
113 NK-BGB/*Feuerborn* § 143 Rdn. 10; Medicus/*Petersen* AT Rdn. 716.

für die Bestimmung des Anfechtungsberechtigten nicht darauf an, von wem die fehlerhafte Willenserklärung stammt, sondern darauf, *wen die Rechtsfolgen des Rechtsgeschäfts treffen*, das auf der fehlerhaften Willenserklärung beruht. Diese Formulierung des Grundsatzes vermag Rechtsgeschäfte zu erfassen, die im eigenen oder in fremden Namen vorgenommen werden, und sie bewährt sich auch im Hinblick auf Spezialregelungen wie § 318 Abs. 2 Satz 1 BGB: Die Rechtswirkungen der von dem Dritten vorgenommenen Bestimmung der Leistung betreffen allein die Vertragspartner, und deshalb ist es völlig konsequent, dass nur ihnen das Anfechtungsrecht zusteht.

131 Das Anfechtungsrecht ist, wenn es sich auf ein vermögenswertes Rechtsgeschäft bezieht, vererblich (§ 1922 BGB).[114] Ob die rechtsgeschäftliche Übertragung an besondere Voraussetzungen gebunden ist, ist streitig.[115] Zumindest muss es möglich sein, das Anfechtungsrecht zusammen mit Ansprüchen oder sonstigen Rechten aus dem anfechtbaren Rechtsgeschäft zu übertragen.[116]

2. Sonstige Wirksamkeitserfordernisse und -hindernisse

132 Im Übrigen richtet sich die Wirksamkeit der Anfechtung nach den für einseitige Rechtsgeschäfte und den für alle Rechtsgeschäfte geltenden Vorschriften. Die Anfechtung durch einen Vertreter ohne Vertretungsmacht ist nur wirksam, falls die Voraussetzungen des § 180 Satz 2 BGB gegeben sind und der Vertretene die Anfechtung genehmigt. Für die Anfechtung eines Rechtsgeschäfts durch Minderjährige ist § 111 BGB zu beachten. Aus den allgemeinen Nichtigkeitsvorschriften für Rechtsgeschäfte kommt § 125 BGB für die Anfechtung keine Bedeutung zu, da die Anfechtung auch dann formfrei erfolgen kann, wenn das angefochtene Rechtsgeschäft formbedürftig ist.[117] In Betracht kommt aber, dass eine erklärte Anfechtung ihrerseits anfechtbar ist und wirksam angefochten wird.[118] Dann ist die angefochtene Anfechtung gemäß § 142 Abs. 1 BGB nichtig und das zunächst angefochtene Rechtsgeschäft gilt als von Anfang an wirksam.

---

114 MüKo/*Busche* § 142 Rdn. 7; *Neuner* AT § 41 Rdn. 19.

115 Eingehend hierzu *Peter Bydlinski*, Die Übertragung von Gestaltungsrechten (1986), S. 45 ff.

116 Enger Palandt/*Grüneberg* § 413 Rdn. 5 (Anfechtungsrecht wegen „höchstpersönlicher Natur" unübertragbar, doch ist die Frage, was eine solche Höchstpersönlichkeit rechtfertigt); überzeugende Differenzierungen bei Staudinger/*Busche* (2017) § 413 Rdn. 14 i.V.m. Rdn. 13.

117 MüKo/*Einsele* § 125 Rdn. 19; *Wufka* DNotZ 1990, 339 (354 f zur Anfechtung von Grundstücksgeschäften).

118 BayObLG vom 29.1.1980, MDR 1980, 492; Palandt/*Ellenberger* § 142 Rdn. 1; Erman/*Arnold* § 142 Rdn. 6; zur Anfechtung der Bestätigung s. oben Rdn. 127 m. Fn. 108.

III. Die Wirkung der Anfechtung

Die Wirkung der Anfechtung regelt das Gesetz in § 142 Abs. 1 BGB. **133**

1. Die ex-tunc-Nichtigkeit des angefochtenen Rechtsgeschäfts (§ 142 Abs. 1 BGB)

§ 142 Abs. 1 BGB ordnet an, dass das angefochtene Rechtsgeschäft als „von An- **134** fang an nichtig anzusehen" ist. Das Gesetz kann zwar an der historischen Tatsache nichts ändern, dass das Rechtsgeschäft vom Zeitpunkt des Zustandekommens bis zum Zeitpunkt der Anfechtung durchaus wirksam war. Die Rechtsfolgen der Anfechtung sollen aber so bestimmt werden, *als sei* das Rechtsgeschäft von Anfang an unwirksam gewesen.

a. Die Rückabwicklung von Verträgen infolge der Nichtigkeit

Ist ein obligatorischer Vertrag angefochten, so hat dies im Rechtssinne nicht zur **135** Folge, dass die Ansprüche aus dem Vertrag fortfallen; vielmehr ist die Rechtslage so anzusehen, als seien diese Ansprüche *nicht entstanden.* Wurden die vertraglich vereinbarten Leistungen bereits erbracht, so ist für die bereicherungsrechtliche Rückabwicklung davon auszugehen, dass es *von Anfang an* am Rechtsgrund gefehlt hat; Rückabwicklungsnorm ist also § 812 Abs. 1 Satz 1 Var. 1 BGB (nicht § 812 Abs. 1 Satz 2 Var. 1 BGB).[119] Ist die Übereignung einer Sache angefochten, ist die Rechtslage so anzusehen, als habe ein Eigentumsübergang auf den Erwerber nicht stattgefunden.

Das kann zu Komplikationen führen, wenn A eine ihm gehörende Sache an B **136** übereignet und B die Sache an C weiterveräußert hat. Ficht A nunmehr, z.B. weil er arglistig getäuscht wurde, wirksam die Übereignung an B an, ist die Rechtslage so anzusehen, als habe B als Nichtberechtigter ohne Einwilligung des Berechtigten verfügt (§ 185 Abs. 1 BGB). Das lässt die Möglichkeit offen, dass C das Eigentum gemäß §§ 932ff BGB gutgläubig erworben hat. Die Vorschriften über den gutgläubigen Erwerb vom Nichtberechtigten passen auf diese Situation aber nicht unmittelbar, da C bei der Übereignung der Sache hinsichtlich des Eigentums des B gar nicht in bösem Glauben sein konnte, schließlich war B ja zu diesem Zeitpunkt Eigentümer und also Berechtigter. Über dieses Problem hilft **§ 142 Abs. 2**

---

119 H. M.: Staudinger/*Roth* (2020) § 142 Rdn. 42; Medicus/*Petersen* AT Rdn. 726; *Faust* AT § 21 Rdn. 11, offenlassend NK-BGB/*Feuerborn* § 142 Rdn. 12; MüKo/*Schwab* § 812 Rdn. 436; *Leipold* AT § 18 Rdn. 55 Fn. 61; für § 812 Abs. 1 Satz 2 BGB *Conrad* JuS 2009, 397 (398).

BGB hinweg: Wer die Anfechtbarkeit eines Rechtsgeschäfts kannte oder kennen musste, wird im Falle der Anfechtung so behandelt, als habe er die Nichtigkeit des Rechtsgeschäfts gekannt oder kennen müssen. Im Beispiel ist C also bösgläubig im Sinne des § 932 BGB, wenn er die Täuschung und damit die Anfechtbarkeit der Übereignung A/B kannte oder infolge grober Fahrlässigkeit nicht gekannt hat. Da die Anfechtbarkeit der Nichtigkeit gleichsteht, muss C sich so behandeln lassen, als habe er gewusst oder infolge grober Fahrlässigkeit nicht gewusst, dass B nicht Eigentümer der Sache war.

b. Die Anfechtung nichtiger Verträge: Doppelwirkungen im Recht

137 § 142 Abs. 2 BGB liefert auch den Schlüssel zur Beantwortung des berühmten juristischen Problems, ob ein nichtiges Rechtsgeschäft angefochten werden könne (oben § 9 Rdn. 273). Rein begrifflich möchte man meinen, dass, was schon nichtig ist, nicht durch Anfechtung nichtig gemacht werden kann, doch greift dieses Argument für die Lösung des Problems zu kurz, wie folgende Fallkonstellation zeigt:[120]

138 A bestimmt die minderjährige M durch arglistige Täuschung dazu, ihm eine Sache zu verkaufen und zu übereignen; die Eltern verweigern die Genehmigung. A veräußert die Sache an B, dem er zwar erzählt, wie er die Sache der M „abgelistet" hat, nicht aber, dass M minderjährig war. M verlangt Herausgabe der Sache von B. B verweigert die Herausgabe mit der Begründung, von der Minderjährigkeit der M nicht gewusst und somit gutgläubig Eigentum an der Sache erworben zu haben. – Der Anspruch der M kann sich nur aus § 985 BGB ergeben und setzt voraus, dass sie noch Eigentümerin der Sache ist. Da die Eltern die Genehmigung der Übereignung der Sache durch M an A verweigert haben, ist diese Übereignung nichtig (§§ 107, 108 BGB), M also Eigentümerin geblieben. A war deshalb bei der Übereignung an B nicht Eigentümer. Das steht einem Eigentumserwerb des B aber nicht entgegen, es sei denn, dass B wusste oder infolge grober Fahrlässigkeit nicht wusste, dass A nicht Eigentümer war (§ 932 BGB). Von der Minderjährigkeit der M und der darauf beruhenden Unwirksamkeit der Übereignung der Sache hatte B keine Kenntnis. Also durfte er insofern davon ausgehen, vom Eigentümer zu erwerben. Fraglich ist, wie sich die Kenntnis der Anfechtbarkeit des Rechtserwerbs des A auswirkt. Da ein anfechtbares Rechtsgeschäft bis zur Anfechtung wirksam ist, wäre B nur bösgläubig, wenn eine Täuschungsanfechtung zulässig und tatsächlich erfolgt ist.

139 Gewährt man hier M das Recht, die schon nach den §§ 107, 108 BGB durch Verweigerung der Genehmigung nichtige Übereignung der Sache wegen arglistiger Täuschung anzufechten, so kann M durch die Anfechtung die Voraussetzungen des § 142 Abs. 2 BGB herbeiführen. B, der die Täuschung kannte, wird dann so behan-

---

120 Das Beispiel findet sich bei *Kipp*, Doppelwirkungen im Recht, FS von Martitz (1911), S. 211 ff; hierzu *Petersen* Jura 2007, 673; *Würdinger* JuS 2011, 769.

delt, als habe er die Nichtigkeit der Übereignung gekannt. Hat er aber gewusst, dass die Übereignung nichtig und A somit nicht Eigentümer ist, scheidet ein gutgläubiger Erwerb des Eigentums gemäß § 932 BGB aus. B muss die Sache an M herausgeben (§ 985 BGB). Die entscheidende Wertung ist also: Man darf der M die ihr vorteilhaften Wirkungen der Anfechtung nicht ausgerechnet deshalb versagen, weil sie auch wegen ihrer Minderjährigkeit rechtlichen Schutz genießt. Dasselbe gilt im Verhältnis mehrerer Anfechtungsgründe zueinander: Wer einen Vertrag wegen arglistiger Täuschung angefochten hat, deren Voraussetzungen aber nur schwer beweisen kann, muss beim Vorliegen der Voraussetzungen des § 119 Abs. 2 BGB die Anfechtung noch hierauf stützen können (und umgekehrt, woran der Anfechtende interessiert sein kann, weil er damit Schadensersatzansprüche gemäß § 122 BGB vermeidet). Derartigen teleologischen Erwägungen kommt rechtlich erheblich höheres Gewicht als rein begrifflich oder gar bildersprachlich formulierten Bedenken („Tote kann man nicht mehr töten") gegen eine doppelt begründete Nichtigkeit von Rechtsgeschäften zu. Für diese Erkenntnis, die zur Zeit der Schaffung des BGB keineswegs so selbstverständlich war wie dies uns heute scheinen möchte, bilden die „Doppelwirkungen im Recht" das Lehrbuchbeispiel.[121]

2. Einschränkungen der ex-tunc-Nichtigkeit

Die Rückwirkung der Anfechtung ist bei Dauerschuldverhältnissen nicht sachge- 140
recht, wenn die Summe der in der Vergangenheit von den Vertragspartnern erbrachten Leistungen und sonstigen vertragsgemäßen Verhaltensweisen sich einer Rückabwicklung nach Bereicherungsrecht schlechterdings entzieht. Für eine infolge arglistiger Täuschung oder widerrechtlicher Drohung eingegangene Ehe sieht das Gesetz deshalb vor, dass der getäuschte oder bedrohte Ehepartner lediglich die Aufhebung der Ehe für die Zukunft verlangen kann (§§ 1313 f BGB); eine Anfechtung gemäß § 123 BGB mit der Wirkung des § 142 Abs. 1 BGB ist also ausgeschlossen. Bei in Vollzug gesetzten Arbeits- und Gesellschaftsverträgen gelten zwar grundsätzlich die §§ 119 ff BGB (da es an Sondervorschriften fehlt, die Abweichendes bestimmen würden), doch ist seit langem anerkannt, dass insoweit § 142 Abs. 1 BGB der Korrektur bedarf. Die Nichtigkeitsfolge tritt hier erst ab Anfechtung ein, wirkt also wie die Beendigung eines Dauerschuldverhältnisses durch Kündigung nur für die Zukunft.[122] Für eine solche richterrechtliche Korrektur der

---

121 Vgl. auch oben § 9 Rdn. 273 f. sowie BGH vom 13.5.2016, NJW-RR 2017, 114 Rn. 22 f. (dazu kritisch § 6 Rdn. 103).
122 Die Einzelheiten sind den einschlägigen arbeitsrechtlichen und gesellschaftsrechtlichen Darstellungen zu entnehmen.

Voraussetzungen und Rechtsfolgen der Anfechtung besteht dagegen kein Anlass und keine Rechtfertigung, wenn ein Mieter (selbst nach Beendigung des Mietverhältnisses) den Mietvertrag wegen arglistiger Täuschung anficht.[123]

3. Die Aufrechterhaltung des angefochtenen Rechtsgeschäfts mit dem vom Irrenden gemeinten Inhalt

141 § 142 Abs. 1 BGB ordnet rigoros die Nichtigkeit des angefochtenen Rechtsgeschäfts an, was dann nicht befriedigt, wenn der Anfechtungsgegner sich bereit erklärt, das Rechtsgeschäft mit dem vom Anfechtenden gewollten, irrtumsfreien Inhalt gelten zu lassen.

142 **Beispiel:** Bei einem Privatverkauf bietet V dem K aufgrund eines Tippfehlers eine Sache zum Preis von 2400 Euro (statt, wie gewollt, für 4200 Euro) an. K nimmt an. Bei der Bezahlung stellt sich der Fehler des V heraus. V ficht den Vertrag wegen Erklärungsirrtums (§ 119 Abs. 1 Var. 2 BGB, dazu oben Rdn. 30 ff) an. K, dem an dem Erwerb der Sache sehr gelegen ist, erklärt sich sofort bereit, den von V eigentlich gemeinten Kaufpreis von 4200 Euro zu bezahlen.

143 Es entspricht fast allgemeiner[124] Überzeugung, dass in Fällen dieser Art § 142 Abs. 1 BGB nicht dazu führen darf, dass der Anfechtende sich dem entziehen kann, was er irrtumsfrei rechtsgeschäftlich regeln wollte. Der Anfechtende darf aufgrund des Irrtums nicht besser stehen als er ohne den Irrtum stünde,[125] das Anfechtungsrecht gewährt kein Reurecht.[126] Nur die Begründungen, die für dieses Ergebnis gegeben werden, schwanken.[127] Vielfach wird angenommen, der Anfechtende verstoße gegen Treu und Glauben (§ 242 BGB), wenn er sich angesichts der Bereitschaft des Anfechtungsgegners, den Vertrag mit dem vom Irrenden gewollten Inhalt gelten zu lassen, auf die Nichtigkeitsfolge des § 142 Abs. 1 BGB berufe.[128] Hierfür spricht, dass der Vertrag von Anfang an den vom Irrenden gemeinten Inhalt hätte, wenn der Vertragsgegner den Irrtum erkannt hätte („falsa demonstratio non nocet", oben § 8 Rdn. 144 ff). Für die Interessen des Irrenden wie für die Wahrung seiner Privatautonomie aber macht es keinen

---

123 BGH vom 6.8.2008, BGHZ 178, 16 Rdn. 33 ff = NJW 2009, 1266; MüKo/*Häublein* § 535 Rdn. 45; a.A. AG Hamburg vom 18.12.1996, NZM 1998, 233.

124 Anders *Spieß* JZ 1985, 593 ff. Ausdrücklich anerkannt wird die Möglichkeit einer Aufrechterhaltung des angefochtenen Vertrages mit dem irrtumsfreien Inhalt von PECL Art. 4:105.

125 *Faust* AT § 21 Rdn. 12.

126 Erman/*Arnold* § 142 Rdn. 2.

127 Hierzu *Lobinger* AcP 195 (1995), 274 (275 ff); *Markus Müller* JuS 2005, 18.

128 Jauernig/*Mansel* § 142 Rdn. 3; *Bork* AT Rdn. 955; *Faust* AT § 21 Rdn. 12.

Unterschied, ob der Vertragspartner den Irrtum sofort erkennt oder davon erst später erfährt.[129]

In der Praxis kommt dieser Frage keine Bedeutung zu, wenn dem Irrenden ein **144** Widerrufsrecht gemäß § 355 BGB zusteht. Der zum Widerruf Berechtigte hat ein Reurecht. Er kann den Vertrag frei widerrufen, und er wird von dieser Möglichkeit Gebrauch machen, wenn er anlässlich der Lieferung der bestellten Sache bemerkt, sich bei seiner Bestellung vertippt zu haben. Auf die Frage, was er wirklich bestellen wollte, kommt es nicht an.

Beispiel: Der Verbraucher K klickt bei der Bestellung eines Ladegerätes auf der Internetseite des **145** Unternehmers U versehentlich ein falsches Kästchen an. Das ihm daraufhin zugeschickte Gerät ist für ihn nicht brauchbar. Es bedarf keiner Anfechtung des Vertrages. K hat gemäß §§ 312c, 312g Abs. 1 BGB das Recht, den Vertrag zu widerrufen. Widerruft er den Vertrag, hat er den Kaufpreis nicht zu bezahlen (§ 355 Abs. 1 BGB). Die Frage, was er wirklich bestellen wollte, ist irrelevant.

---

129 Zu diesem Argument *Flume* AT § 21, 6 (S. 422); *Köhler* AT § 7 Rdn. 31; *Neuner* AT § 41 Rdn. 154.

5. Kapitel: Schadensersatzansprüche aus rechtsgeschäftlichem Verhalten

Vorbemerkungen

Der Allgemeine Teil des BGB enthält weit weniger Anspruchsgrundlagen als die **1** übrigen Bücher des BGB.[1] Die mit Abstand wichtigsten Vorschriften sind § 122 BGB (unten § 15) und § 179 BGB (unten § 16). Außerhalb des Allgemeinen Teils des BGB ist die Haftung für ein Verschulden beim Vertragsschluss (culpa in contrahendo) in § 280 Abs. 1 BGB in Verb. mit §§ 241 Abs. 2, 311 Abs. 2 und 3 BGB geregelt (unten § 17).

I. Die Besonderheiten der Haftung gemäß § 122 und § 179 BGB

§ 122 BGB gewährt dem Anfechtungsgegner einen Anspruch auf Schadensersatz **2** gegen den Anfechtenden, wenn das angefochtene Rechtsgeschäft gemäß § 142 Abs. 1 BGB als von Anfang an nichtig anzusehen ist. § 179 BGB ordnet die Haftung eines Vertreters ohne Vertretungsmacht auf Erfüllung oder Schadensersatz an, wenn der von ihm in fremdem Namen geschlossene Vertrag wegen des Fehlens von Vertretungsmacht unwirksam ist. Beiden Vorschriften ist gemeinsam, dass der Schadensersatzpflicht kein rechtswidriges Verhalten des Haftenden zugrunde liegt. Wer von einem Recht zur Anfechtung Gebrauch macht, verhält sich nicht rechtswidrig. Die Verpflichtung zum Schadensersatz gemäß § 122 BGB ist – wirtschaftlich gesprochen – der Preis, den der Anfechtende für die Möglichkeit zu zahlen hat, die Wirkungen des von ihm vorgenommenen Rechtsgeschäfts unter den gesetzlich bestimmten Voraussetzungen zu beseitigen. Ebenso wenig ist es rechtswidrig, einen Vertrag im Namen eines anderen zu schließen, ohne Vertretungsmacht für diesen zu haben. Dem Vertretenen entstehen hierdurch keine Nachteile, da der Vertrag unwirksam ist (§ 177 BGB). Der Vertretene ist frei in seiner Entscheidung, ob er durch Genehmigung die Voraussetzungen für die Wirksamkeit des Vertrages schaffen will. Schutzbedürftig kann allein der Geschäftsgegner sein, wenn der Vertreter keine Vertretungsmacht hatte und der Ver-

---

1 Zu den Anspruchsgrundlagen des Allgemeinen Teils *Petersen* Jura 2002, 743 ff.

https://doi.org/10.1515/9783110602876-005

tretene die Genehmigung des Vertrages verweigert. Diesem Schutzbedürfnis dient § 179 BGB.

3   Da die §§ 122 und 179 BGB an kein rechts- oder pflichtwidriges Verhalten anknüpfen, kommt es auf ein Verschulden (§ 276 BGB) des Haftenden nicht an. Die §§ 122 und 179 BGB weisen bestimmte **Risiken rechtsgeschäftlichen Verhaltens** demjenigen zu, der diese Risiken verursacht hat und sie am ehesten zu beherrschen vermag.[2] Hieraus erklären sich einige Besonderheiten in der Ausgestaltung der Haftung, insbesondere die Haftungsausschlüsse gemäß § 122 Abs. 2 BGB (unten § 15 Rdn. 6 ff) und § 179 Abs. 3 Satz 1 (unten § 16 Rdn. 15 f) BGB.

II. Die Haftung für Verschulden beim Vertragsschluss (culpa in contrahendo)

4 Von der in den §§ 122 und 179 BGB geregelten Risikohaftung für rechtmäßiges Verhalten zu unterscheiden ist die Haftung für die schuldhafte Verletzung vorvertraglicher Pflichten im Rahmen der Anbahnung eines Vertragsverhältnisses (**culpa in contrahendo**, unten § 17). Gesetzliche Grundlage dieser Pflichten ist § 242 BGB in Verbindung mit 241 Abs. 2 BGB und § 311 Abs. 2 BGB. Ansprüche wegen einer Verletzung solcher Pflichten richten sich nach § 280 Abs. 1 BGB. Diese Materie gehört also zum Allgemeinen Schuldrecht. Ansprüche aus culpa in contrahendo können aber auch im Rahmen von Fallbearbeitungen zum Allgemeinen Teil des BGB eine Rolle spielen, etwa dann, wenn ein Vertragspartner durch arglistige Täuschung zum Abschluss eines Vertrages bestimmt wurde. Im Übrigen lässt sich durch eine Gegenüberstellung der Haftung gemäß §§ 122 und 179 BGB einerseits, der Haftung wegen culpa in contrahendo andererseits die jeweilige Eigenart der Anspruchsgrundlagen leichter verständlich machen. Deshalb wird hier auch die Haftung wegen culpa in contrahendo in den Grundzügen dargestellt (unten § 17).

§ 15 Die Haftung des Anfechtenden gemäß § 122 BGB

I. Tatbestandliche Voraussetzungen gemäß § 122 Abs. 1 BGB

1 § 122 Abs. 1 knüpft in der *ersten Variante* an die Nichtigkeit einer sog. „Scherzerklärung" an (§ 118 BGB, dazu oben § 6 Rdn. 106 ff). Dem kommt so gut wie keine praktische Bedeutung zu, da es zum einen schon sehr selten ist, dass jemand eine

---

[2] *Canaris*, Die Vertrauenshaftung im deutschen Privatrecht (1971) S. 481, S. 535 u. ö.; MüKo/*Armbrüster* § 122 Rdn. 3; *Bork* AT Rdn. 932 m. w. N.

nicht ernstlich gemeinte Erklärung in der Erwartung abgibt, der andere werde dies durchschauen (oben § 6 Rdn. 108). Zum anderen scheidet eine Haftung aus, wenn der Mangel der Ernstlichkeit vom Empfänger hätte erkannt werden können und müssen (§ 122 Abs. 2 BGB), was hier besonders nahe liegt.

In aller Regel geht es bei § 122 Abs. 1 BGB um dessen *zweite Variante*, also um **2** Fälle, in denen (in der Formulierung des Gesetzes) „eine Willenserklärung ... aufgrund der §§ 119, 120 BGB angefochten" worden ist. Wenn das Gesetz die *Willenserklärung* als Bezugspunkt der Anfechtung wählt, entspricht dies dem Wortlaut der §§ 119, 120 BGB, der indessen der Abstimmung mit § 142 BGB bedarf (oben § 6 Rdn. 135 ff). Ist aufgrund der fehlerhaften Willenserklärung ein Rechtsgeschäft zustande gekommen, so ist dieses Gegenstand der Anfechtung, und Rechtsfolge der Anfechtung ist die Nichtigkeit dieses Rechtsgeschäfts gemäß § 142 Abs. 1 BGB. Die Nichtigkeit eines aufgrund der §§ 119, 120 BGB angefochtenen Rechtsgeschäfts gemäß § 142 Abs. 1 BGB ist der für die Haftung des Anfechtenden auf den Vertrauensschaden entscheidende Umstand. Dieser Schaden entsteht dem Anfechtungsgegner, weil er auf die Gültigkeit des Rechtsgeschäfts vertraut hat, das infolge der Anfechtung rechtlich als von Anfang an nichtig anzusehen ist.

Hinweis: In der **Fallbearbeitung** wird hinsichtlich der tatbestandlichen Voraussetzungen **3** des § 122 Abs. 1 BGB in aller Regel nach oben verwiesen. Typischerweise ist nämlich zunächst zu der Frage Stellung zu nehmen, ob die Wirkungen des Rechtsgeschäfts eingetreten sind, auf das sich die Anfechtung bezieht. Gelangt das Gutachten in diesem Punkt zu dem Ergebnis, dass das Rechtsgeschäft wirksam angefochten wurde und somit gemäß § 142 Abs. 1 BGB als von Anfang an nichtig anzusehen ist, ist auf diese Frage im Rahmen des § 122 Abs. 1 BGB nicht erneut einzugehen.

II. Hindernisse

1. Mangelnde Kausalität der Anfechtung

Der Schaden, den der Anfechtende dem Gegner zu ersetzen hat, muss gerade auf **4** der Anfechtung beruhen. Die Haftung gemäß § 122 Abs. 1 BGB ist daher ausgeschlossen, wenn das Rechtsgeschäft (in den Fällen des § 118 BGB: die Willenserklärung) an anderen Mängeln leidet, die auch *abgesehen von der Anfechtung* dazu geführt hätten, dass die angestrebten Wirkungen nicht eintreten. Vielfach wird es insoweit schon an der Nichtigkeit eines Rechtsgeschäfts gemäß § 142 Abs. 1 BGB fehlen, so dass es für eine Haftung gemäß § 122 Abs. 1 BGB bereits an dessen tatbestandlichen Voraussetzungen fehlt.

5 **Beispiele:** Ist ein Kontrahent geschäftsunfähig, oder liegt ein Dissens über ein „essentiale" der beabsichtigten Regelung vor, kommt kein Vertrag zustande. Ein Willensmangel bei Abgabe der Erklärung bleibt folgenlos. Eine Anfechtung mit der Folge des § 122 Abs. 1 BGB scheidet aus.

2. Ausschluss der Haftung gemäß § 122 Abs. 2 BGB

6 Die Haftung gemäß § 122 Abs. 1 BGB ist ausgeschlossen, wenn „der Beschädigte den Grund der Nichtigkeit oder der Anfechtbarkeit kannte oder infolge von Fahrlässigkeit nicht kannte (kennen musste)", § 122 Abs. 2 BGB. Ist dies der Fall, so hat sich nicht das rechtsgeschäftliche Risiko verwirklicht, das § 122 Abs. 1 BGB dem Anfechtenden zuweist. Ist der Willensmangel dem Erklärungsempfänger bekannt oder erkennbar, so erwartet die Rechtsordnung, dass sich der Gegner hierauf einstellt statt auf die Gültigkeit der Erklärung oder des Rechtsgeschäfts zu vertrauen.

7 Die Anwendung des § 122 Abs. 2 BGB bedarf einer genauen Abstimmung mit den Grundsätzen der Auslegung von Willenserklärungen (oben § 5 Rdn. 51 ff).[1] Kennt der Erklärungsempfänger den Grund der Anfechtbarkeit (also: den Willensmangel des Erklärenden) oder musste er ihn doch erkennen, so liegt es nahe, dass der Empfänger zugleich wusste oder wissen musste, was der Erklärende wirklich sagen wollte. Ist dem so, hat die Erklärung den vom Erklärenden gemeinten Sinn und es fehlt somit an einem Irrtum und einem Anfechtungsrecht.[2] Kommt umgekehrt der Vertrag mit dem vom Erklärenden nicht gewollten Inhalt zustande, liegt dem die Annahme zugrunde, dass der Empfänger die Erklärung in „seinem" Sinne verstehen durfte. Damit ist im Hinblick auf § 122 Abs. 2 BGB ausgeschlossen, dass der Empfänger den Willensmangel des Erklärenden kannte oder kennen musste.

8 **Beispiel:** Verkäufer V vertippt sich in seinem Angebot an K und schreibt „890" statt „980" als Preis. **Variante a:** K ist aufgrund der Vorverhandlungen bekannt, dass nur „980" gemeint sein kann und V sich verschrieben haben muss. Erwidert K, er nehme das Angebot an, kommt ein Vertrag zum Kaufpreis von 980 zustande. Da der Vertrag dem wirklichen Willen des V entspricht, hat V kein Anfechtungsrecht. Deshalb stellt sich nicht die Frage, ob K einen Ersatzanspruch gemäß § 122 Abs. 1 BGB hat und dieser Anspruch etwa wegen § 122 Abs. 2 BGB ausgeschlossen ist. – **Variante b:** K hat keine Anhaltspunkte für einen Schreibfehler des V. Der Vertrag kommt zu 890 zustande. V kann wegen Erklärungsirrtums (§ 119 Abs. 1 Var. 2 BGB) anfechten, K gemäß § 122 Abs. 1 BGB Schadensersatz verlangen. § 122 Abs. 2 BGB kann nicht mit dem Argument bejaht werden, K hätte den Willensmangel des V kennen müssen. – **Variante c:** K erkennt den Schreibfehler, antwortet aber „Passt, 890 geht in Ordnung". Hier liegt ein *Dissens* vor, sodass kein Vertrag

---

1 Staudinger/*Singer* (2017) § 119 Rdn. 39 ff.
2 MüKo/*Armbrüster* § 119 Rdn. 63; Staudinger/*Singer* (2017) § 119 Rdn. 39 f; *Bork* AT Rdn. 942; vgl. auch oben § 14 Rdn. 34 ff, 48 f.

zustande kommt. Dies deswegen, weil K das Angebot zum Preis von „980" verstanden hat, die Annahme aber zu „890" erklärte.

§ 122 Abs. 2 BGB gibt eine **Legaldefinition** des Begriffs „**Kennenmüssen**", der **9** sich auch in anderen Vorschriften des BGB findet und dort stets wie in § 122 Abs. 2 BGB zu verstehen ist. Jemand „musste" bestimmte Umstände kennen, wenn er sie „infolge von Fahrlässigkeit nicht kannte". Der Begriff der Fahrlässigkeit ist definiert in § 276 Abs. 2 BGB: „Fahrlässig handelt, wer die im Verkehr erforderliche Sorgfalt außer Acht lässt". Auch diese Definition greift weit über den Regelungszusammenhang hinaus, in dem sie gegeben wird. Während § 276 Abs. 1 BGB die Haftung in einem bestehenden Schuldverhältnis (§ 241 BGB) regelt und insoweit anordnet, dass der Schuldner Vorsatz und Fahrlässigkeit zu vertreten habe, haftet z. B. gemäß § 823 Abs. 1 BGB jedermann gegenüber jedem anderen (also: ohne dass – oder genauer: unabhängig davon ob – ein Schuldverhältnis zu diesem Zeitpunkt zwischen den Beteiligten bestand) für die vorsätzliche und fahrlässige Verletzung bestimmter Rechte und Rechtsgüter des anderen. Fahrlässiges Handeln kann es also außerhalb (unabhängig) von Schuldverhältnissen geben, und in diesem Sinne verwendet das Gesetz den Begriff in § 122 Abs. 2 BGB.

So richtig es ist, dass der Erklärende das Risiko trägt, eine seinem Willen **10** nicht entsprechende Willenserklärung abzugeben und daher bei einer Anfechtung des Rechtsgeschäfts dem anderen zum Ersatz des Vertrauensschadens verpflichtet zu sein, so richtig ist es auch, diesen Anspruch auszuschließen, wenn der Erklärungsempfänger den Willensmangel bei Anwendung der im Verkehr erforderlichen Sorgfalt hätte erkennen können. Es wird damit derselbe Gedanke, der schon der normativen Auslegung von Willenserklärungen zugrunde liegt (oben § 5 Rdn. 51 ff), in das Anfechtungsrecht verlängert.

Auffällig ist, dass § 122 Abs. 2 BGB die Haftung des Anfechtenden bei Kenntnis oder Kennenmüs- **11** sen des Anfechtungsgegners *völlig ausschließt*, während die für das allgemeine Schadensersatzrecht geltende Norm des § 254 BGB bei einem Mitverschulden des Geschädigten lediglich eine *anteilige Minderung* der Schadensersatzpflicht des Haftenden vorsieht. Der Grund für die unterschiedliche Regelung liegt darin, dass in den Fällen des § 254 BGB das mitwirkende Verschulden des Geschädigten den Grund für die Haftung des Verpflichteten nicht entfallen lässt, während dem § 122 Abs. 2 BGB der Gedanke zugrunde liegt, dass das prinzipiell vom Anfechtenden zu tragende Risiko einer fehlerhaften Erklärung entfällt, wenn der Anfechtungsgegner den Willensmangel kennt oder doch kennen muss. Zur Frage einer entsprechenden Anwendung des § 254 BGB bei schuldloser Mitverursachung des Irrtums durch den Geschädigten unten Rdn. 24 f.

III. Inhalt und Umfang des Ersatzanspruchs

12 Die schwierigsten Anwendungsfragen des § 122 Abs. 1 BGB betreffen den Inhalt und Umfang der Verpflichtung zum Schadensersatz.

1. Die Modifizierung des § 249 Abs. 1 BGB durch § 122 Abs. 1 BGB

13 § 122 Abs. 1 BGB modifiziert die allgemeine Regelung über die Verpflichtung zum Schadensersatz, die das Gesetz in § 249 Abs. 1 BGB gibt. Dort heißt es, dass der zum Schadensersatz Verpflichtete grundsätzlich den Zustand herzustellen habe, „der bestehen würde, wenn der zum Ersatz verpflichtende Umstand nicht eingetreten wäre". Damit ist für den Anspruch des Anfechtungsgegners auf Schadensersatz nichts anzufangen. Müsste der Anfechtende nämlich den Zustand herstellen, der ohne die Anfechtung bestehen würde, so müsste er im Wege des Schadensersatzes den Anfechtungsgegner genau so stellen, wie wenn die Anfechtung nicht erfolgt wäre. Das Anfechtungsrecht würde dem Anfechtenden nichts bringen.

14 Abweichend von § 249 Abs. 1 BGB bestimmt § 122 Abs. 1 BGB den Inhalt der Ersatzpflicht deshalb dahin, dass der Schaden zu ersetzen ist, den der andere oder ein bestimmter Dritter „dadurch erleidet, dass er auf die Gültigkeit der Erklärung vertraut". Der Anspruchsberechtigte ist nicht so zu stellen, wie wenn die Anfechtung nicht erfolgt wäre, sondern so, wie er stünde, wenn er von vornherein gewusst hätte, dass die Willenserklärung (§ 118 BGB) oder das Rechtsgeschäft (§§ 119 ff BGB mit § 142 BGB) nichtig ist. Der Grundsatz des § 249 BGB dient lediglich als Kappungsgrenze für diesen Ersatzanspruch. Der Geschädigte soll nicht besser stehen, als er stünde, wenn die Anfechtung unterblieben wäre. Deshalb geht die Ersatzpflicht aus § 122 Abs. 1 BGB „nicht über den Betrag des Interesses hinaus, welches der andere oder der Dritte an der Gültigkeit der Erklärung hat".

2. Der Vertrauensschaden (das „negative Interesse")

15 Der gemäß § 122 Abs. 1 BGB zu ersetzende Schaden wird als **Vertrauensschaden** oder **negatives Interesse** (im Unterschied zum „positiven Interesse" an der Gültigkeit der Erklärung bzw. des Rechtsgeschäfts) bezeichnet. Erfahrungsgemäß tun sich Anfänger mit begrifflichen Definitionen des negativen Interesses sehr schwer. Es ist dringend zu raten, sich für die Beantwortung konkreter Fragen des Inhalts des Ersatzanspruches gemäß § 122 Abs. 1 BGB nicht am Begriff des negativen Interesses (den das Gesetz nicht verwendet!) zu orientieren, sondern mit dem genauen Wortlaut des § 122 Abs. 1 BGB zu arbeiten. Die Frage lautet, ob der Schaden, dessen Ersatz begehrt wird, dem Geschädigten dadurch entstanden ist, dass

er auf die Gültigkeit der Erklärung bzw. des Rechtsgeschäfts vertraut hat. Insoweit lassen sich typische Konstellationen unterscheiden.

Die wichtigsten Fälle betreffen **Aufwendungen**, die der Anfechtungsgegner 16 **nicht vorgenommen hätte**, wenn er die Nichtigkeit des Rechtsgeschäfts gekannt hätte.

Beispiele: Der **Verkäufer** versendet die Kaufsache, wie vereinbart, auf eigene Kosten an den 17 Käufer. Erklärt der Käufer die Anfechtung des Vertrages, kann der Verkäufer gemäß § 122 Abs. 1 BGB Ersatz der Versandkosten fordern. – Der **Käufer** einer Sache hat sich passendes Zubehör angeschafft, für das er nach Anfechtung des Kaufvertrages durch den Verkäufer keine Verwendung mehr hat. Der Vertrauensschaden besteht in dem für das Zubehör entrichteten Kaufpreis, abzüglich eines Erlöses, den der Käufer aus der Weiterveräußerung des Zubehörs erzielen kann (Grund: Schadensersatzansprüche dürfen nicht dazu führen, dass der Ersatzberechtigte besser steht als er stünde, wenn das zum Ersatz verpflichtende Ereignis nicht eingetreten wäre). Hat der Käufer schon den Kaufpreis für die Sache bezahlt, kann er gemäß § 122 Abs. 1 BGB Rückzahlung verlangen, da er seine eigene Leistung im Vertrauen auf die Gültigkeit des Vertrages erbracht hat. Der Anspruch aus § 122 Abs. 1 BGB ist für ihn günstiger als der (ihm auch zustehende) Anspruch gemäß § 812 Abs. 1 Satz 1 Var. 1 BGB (Leistungskondiktion), da gegenüber dem Anspruch auf Ersatz des Vertrauensschadens gemäß § 122 Abs. 1 BGB eine Entreicherung (§ 818 Abs. 3 BGB) nicht eingewendet werden kann.

Der Vertrauensschaden kann in **Mehrkosten** bestehen, die den Anfechtungsgeg- 18 ner treffen, um anderweitig die Leistung zu erlangen, die ihm in dem angefochtenen Vertrag versprochen worden war. Entsprechendes gilt für **niedrigere Erlöse**, die ein Verkäufer für seine Sache aufgrund inzwischen geänderter Marktverhältnisse nur mehr erzielen kann.

Beispiel: Der Marktpreis für Güter, die der Käufer vom Verkäufer gekauft hatte, hat sich in der 19 Zeit bis zur Anfechtung des Vertrages durch den Verkäufer um 10 % erhöht. Hätte der Käufer gewusst, dass sein Vertrag mit dem Verkäufer keinen Bestand haben wird, hätte er damals am Markt eine gleichartige Sache zu einem Preis erhalten können, der um 10 Prozent niedriger war als der von ihm nunmehr aufzuwendende. – *Umgekehrt*: Die Marktpreise sind um 10 % gefallen. Nach Anfechtung des Kaufvertrages durch den Käufer muss der Verkäufer die Sache zurücknehmen (§ 812 Abs. 1 Satz 1 Var. 1 BGB), die er nunmehr nur mit einem Abschlag von 10 % anderweitig veräußern kann.

Der Vertrauensschaden kann auch in einem **entgangenen Gewinn** bestehen, 20 den der Anfechtungsgegner mithilfe der ihm im angefochtenen Vertrag versprochenen Leistung hätte erzielen können. Voraussetzung ist, dass der Anfechtungsgegner bei Kenntnis der Nichtigkeit des Vertrages sich die Leistung anderweitig am Markt hätte beschaffen und damit den geltend gemachten Gewinn erwirtschaften können. Das positive Interesse an der Erfüllung eines solchen anderen Vertrages kann also zum negativen Interesse gehören, dessen Ersatz der Anfechtungsgegner wegen der Anfechtung des primären Vertrages verlangen kann.[3] Gerade im Hinblick auf solche Fallgestaltungen ist es wichtig, mit der exakten Definition des Vertrauensschadens zu arbeiten, die dem § 122 Abs. 1 BGB zu entnehmen ist, während hiervon abweichende Assoziationen, die der Begriff des „negativen" Interesses gerne hervorruft, in die Irre führen können.

21 **Beispiel:** K hat einen seltenen Oldtimer-PKW von V zum Preis von 70.000 Euro gekauft. Für ein solches Fahrzeug hat D dem K 100.000 Euro geboten. Noch vor der Lieferung ficht V den Vertrag gegenüber K an. Ein einzelner weiterer Oldtimer mit den von D gesuchten Merkmalen war zum Zeitpunkt des Vertragsschlusses V/K zu 80.000 Euro für K erhältlich gewesen; inzwischen ist der Markt „leergefegt". K kann seinen Vertrag mit D nicht erfüllen. Hier muss man genau unterscheiden: Das Interesse des K an der Erfüllung des mit V geschlossenen Kaufvertrags betrug 30.000 Euro. Dieses „positive" Interesse ist aber gemäß § 122 Abs. 1 BGB nicht ersatzfähig. Der Vertrauensschaden des K beruht darauf, dass K nicht das einzige andere Fahrzeug mit den von D gesuchten Eigenschaften erworben hat, das als Alternative zum Vertrag mit V am Markt für 80.000 Euro erhältlich war. Hätte K nicht auf die Gültigkeit des Vertrages mit V vertraut, hätte er das andere Fahrzeug für 80.000 Euro erworben und bei der Weiterveräußerung an D immerhin einen Gewinn von 20.000 Euro erzielt. Diesen Betrag kann K von V als Schadensersatz gemäß § 122 Abs. 1 BGB verlangen. **Beachte:** Wäre schon zum Zeitpunkt des Vertragsschlusses V/K kein zweites Fahrzeug mehr zu einem Preis unter 100.000 Euro erhältlich gewesen, hätte K (zumindest im Hinblick auf das Angebot des D) durch die von V erklärte Anfechtung keinen Vertrauensschaden erlitten, da K bei Kenntnis der Unwirksamkeit des mit V geschlossenen Vertrages auf kein anderes Fahrzeug am Markt hätte ausweichen können, das er mit Gewinn an D hätte weiterveräußern können.

3. Die Begrenzung der Ersatzfähigkeit des Vertrauensschadens durch das positive Interesse

22 Die auf den Vertrauensschaden beschränkte Verpflichtung des Anfechtenden zum Schadensersatz darf nicht dazu führen, dass der Anfechtungsgegner besser gestellt wird, als er stünde, wenn die Anfechtung unterblieben und das Rechtsgeschäft wirksam wäre. Deshalb sieht § 122 Abs. 1 BGB vor, dass der Anfechtende nicht haftet „über den Betrag des Interesses hinaus, welches der andere oder der Dritte an der Gültigkeit der Erklärung hat".

23 **Beispiele:** Hat der Käufer die Kaufsache **zu teuer erworben**, weil sie zum Zeitpunkt des Abschlusses des Vertrages am Markt günstiger erhältlich war, und erklärt nun der Verkäufer die Anfechtung des Vertrages, so besteht der Vertrauensschaden des Käufers in der Differenz zwischen dem Einkaufpreis und dem – unterstellt: höheren – derzeit am Markt erzielbaren Verkaufspreis. Sofern davon auszugehen ist, dass K die Sache anderweitig erworben hätte, wenn er nicht auf die Gültigkeit des Vertrages mit V vertraut hätte, hätte er zwar einen geringeren Einkaufspreis und

---

3 BGH vom 17.4.1984, NJW 1984, 1950 (1951); Jauernig/*Mansel* § 122 Rdn. 3; *Köhler* AT § 7 Rdn. 36.

damit einen höheren Gewinn erzielt. Der Ersatzanspruch des K ist aber begrenzt auf die Differenz zwischen dem im angefochtenen Vertrag vereinbarten (höheren) Einkaufspreis und dem erzielbaren Verkaufspreis, da der Käufer im Falle der Erfüllung des Vertrages durch den Verkäufer nur diese Differenz als Gewinn erzielt hätte.[4] – Hat der Käufer einer Sache in dem Weiterveräußerungsvertrag, den er infolge der Anfechtung des Kaufvertrages nicht erfüllen kann, gewisse **Verpflichtungen übernommen** („neuer TÜV" für einen Gebrauchtwagen!), so sind die Kosten, die hierfür entstanden wären, als Abzugsposten vom Vertrauensschaden des Käufers zu berücksichtigen.

4. Entsprechende Anwendung des § 254 BGB?

§ 254 BGB sieht grundsätzlich eine **anteilige Kürzung** von Schadensersatz- 24
ansprüchen vor, wenn bei der Entstehung des Schadens ein Verschulden des Beschädigten mitgewirkt hat. Der Umfang der Kürzung des Ersatzanspruchs richtet sich insbesondere danach, inwieweit der Schaden vorwiegend von dem einen oder dem anderen Teil verursacht worden ist. Abweichend hiervon ordnet § 122 Abs. 2 BGB einen **völligen Ausschluss** der Verpflichtung des Anfechtenden zum Schadensersatz an, wenn der Beschädigte den Grund der Nichtigkeit oder der Anfechtbarkeit kannte oder kennen musste (dazu oben Rdn. 6 ff). Das wirft die Frage auf, ob unterhalb der Schwelle des § 122 Abs. 2 BGB auf den Aufteilungsgedanken des § 254 BGB zurückgegriffen werden darf. Voraussetzung ist, dass der Anfechtungsgegner zwar schuldlos im Sinne des § 122 Abs. 2 BGB ist (weil er den Anfechtungsgrund weder kannte noch kennen musste), aber immerhin durch sein eigenes Verhalten ursächlich für den Irrtum des Anfechtenden geworden ist. Geht es in § 122 BGB darum, das Risiko fehlerhafter Willenserklärungen im Falle der Anfechtung angemessen zu verteilen, ist es durchaus möglich und angemessen, dem Geschädigten ausnahmsweise den vollen Schadensersatz zu versagen, wenn er selbst schuldlos zur Verwirklichung des Risikos beigetragen hat.

Beispiel:[5] B hat A eine objektiv falsche Auskunft über den Vertragsgegenstand gegeben, was B 25
weder wusste noch wissen musste. A hat daraufhin einen Vertrag mit B geschlossen, den er später wegen Eigenschaftsirrtums anficht. B verlangt Schadensersatz gemäß § 122 Abs. 1 BGB. Das RG hat den Anspruch mit einer Begründung verneint, die eher den Charakter einer Verlegenheitslösung trägt: Zwar schließe § 122 Abs. 2 BGB den Anspruch nicht aus, der Kläger, der selbst zum Irrtum beigetragen habe, handle aber treuwidrig (§ 242 BGB, sog. „exceptio doli"), wenn er sich hierauf berufe.[6] Eine überzeugende Begründung für dieses Ergebnis setzte den Nachweis voraus, dass die Haftung des Anfechtenden nur dann gerechtfertigt ist, wenn der Fehler allein aus dessen Sphäre stammt. Dies ist aber selbst dann nicht einsichtig, wenn man die Haftung gemäß § 122

---

4 *Bork* AT Rdn. 938.
5 Sachverhalt vereinfacht aus RG vom 25.2.1913, RGZ 91, 395.
6 RG vom 25.2.1913, RGZ 81, 395 (399).

Abs. 1 BGB als reine Veranlassungshaftung begreift, da hieraus nicht folgt, dass bei einer Mitverursachung durch den Geschädigten jede Form der Veranlassung durch den Anfechtenden haftungsrechtlich irrelevant sei.[7] Umso mehr gilt dies, wenn man § 122 BGB, wie hier vertreten, als Risikoverteilungsnorm versteht.

IV. Die analoge Anwendung des § 122 BGB

26 Die nicht an ein Verschulden gebundene Schadensersatzhaftung gemäß § 122 BGB stellt – auch wenn sie nicht ohne Parallelen ist[8] – doch eine Besonderheit dar, die nur in engen Grenzen eine Erweiterung des Anwendungsbereichs über die in § 122 Abs. 1 BGB genannten Tatbestandsmerkmale erlaubt. Innerhalb dieser Grenzen liegen die Fälle der ohne Erklärungsbewusstsein abgegebenen Willenserklärung (oben § 6 Rdn. 132ff) sowie der sog. abhanden gekommenen Erklärungen (oben § 6 Rdn. 70ff). Hier ist im Grunde nur streitig, ob § 122 BGB unmittelbar gilt oder analog. Den Vorzug verdient die unmittelbare Anwendung sowohl des § 119 Abs. 1 BGB als auch des § 122 BGB (oben § 14 Rdn. 46). Manche sonstige Problemlösungen, die auf eine analoge Anwendung des § 122 BGB gestützt werden,[9] mögen zwar im Ergebnis überzeugen, weil sie Risiken rechtsgeschäftlichen Handels angemessen verteilen, dürften aber doch im Regelungsgehalt des § 122 BGB nur eine schmale oder kaum mehr zureichende Analogiebasis finden.

27 **Beispiel „Abbruch von Vertragsverhandlungen":** Im Zuge von Vertragsverhandlungen zwischen dem Investor I und dem Produzenten P zeigt sich, dass die geplanten Lieferverpflichtungen des P erhebliche Investitionen in neue Produktionsstätten erfordern und die vorgesehenen Liefertermine nur eingehalten werden können, wenn unmittelbar mit der Projektierung und Ausführung der erforderlichen Bauarbeiten begonnen wird. I fordert P auf, ungeachtet der noch nicht abgeschlossenen Vertragsverhandlungen mit der Planung und dem Bau der neuen Produktionsstätten zu beginnen, was P in der Folge macht. Die Vertragsverhandlungen werden später von I erfolglos abgebrochen. P verlangt von I Ersatz der ihm durch die Vorarbeiten für die Produktionsstätte entstandenen Kosten. Mit guten Gründen lässt sich argumentieren, dass das Risiko der gescheiterten Planungs- und Bauarbeiten von I veranlasst war und von ihm zu tragen ist. Ein solches Ergebnis ist aber unter den genannten Umständen besser auf eine rechtsgeschäftliche Übernahme des Risikos durch I als auf eine Analogie zu § 122 BGB zu stützen. Mit dem in § 122 BGB geregelten Risiko der Abgabe fehlerhafter Willenserklärungen hat die Problematik nur wenig gemeinsam.

---

7 BGH vom 14.3.1969, NJW 1969, 1380; zweifelnd Medicus/*Petersen* Bürgerliches Recht Rdn. 145.
8 Am wichtigsten: § 179 BGB (dazu sogleich unten § 16).
9 MüKo/*Armbrüster* § 122 Rdn. 5ff.

§ 16 Die Haftung des Vertreters ohne Vertretungsmacht gemäß § 179 BGB

I. Grundlagen

§ 179 BGB gehört zu den regelungstechnisch komprimiertesten Normen des BGB. **1**
Macht man sich klar, welche Ziele das Gesetz aus welchen Gründen mit welchen
Mitteln verfolgt, gewinnt die Norm durchaus an Transparenz. Der Norm liegt ein
abgestuftes Haftungsschema zugrunde (unten Rdn. 2ff), das durch Beweislastver-
teilungen ergänzt und verstärkt wird (unten Rdn. 5ff).

1. Haftungsgrund und Haftungsschema

Es ist nicht rechtswidrig, Verträge im Namen eines anderen zu schließen, ohne für **2**
diesen Vertretungsmacht zu haben (oben § 4 Rdn. 75ff; vor § 15 Rdn. 2f). Die Möglichkeit, Rechtsgeschäfte mit Wirkung für andere vorzunehmen, gehört zur Privatautonomie des Vertreters. Die Selbstbestimmung des Vertretenen gebietet freilich, dass diese Wirkungen ihn nur treffen, wenn er den vom Vertreter ohne
Vertretungsmacht geschlossenen Vertrag genehmigt, was grundsätzlich im Belieben des Vertretenen steht.[1] Daraus entstehen Unsicherheiten für den Vertragsgegner (den „anderen Teil" in der Sprache des § 179 BGB), vor denen er sich zuverläs-
sig nur dadurch schützen könnte, dass er auf den Abschluss des Vertrages mit
einem Vertreter ganz verzichtet. Verlangt er stattdessen vorab vom Vertreter einen
Nachweis der Vertretungsmacht, erschwert dies vielfach den Vertragsabschluss,
ohne vor allen Risiken (gefälschter Nachweis!) zu schützen. Beide Abwehrstrate-
gien des Vertragspartners beeinträchtigen zudem erheblich die Leichtigkeit und
Leistungsfähigkeit des rechtsgeschäftlichen Verkehrs, der auf den Vertragsschluss durch Stellvertreter schlechthin angewiesen ist (oben § 4 Rdn. 96). Zur
Entlastung des Vertragsgegners ordnet das Gesetz deshalb das Risiko der Unwirksamkeit von Verträgen, die in fremdem Namen ohne Vertretungsmacht geschlossen und vom Vertretenen nicht genehmigt werden, grundsätzlich dem Vertreter
zu. Der Vertreter hat, wenn sich das Risiko verwirklicht, dem Vertragspartner für
Schäden einzustehen, die diesem aus der Unwirksamkeit des Vertrages erwachsen. Das ist sachgerecht, da der Vertreter das Risiko durch den Vertragsschluss in
fremdem Namen schafft und dieses Risiko am besten beherrschen kann.[2]

---

1 BGH vom 9.11.2012, NJW 2013, 928 Rdn. 8 und 11.
2 Näher *Prölss* JuS 1986, 169. Zu § 179 BGB als Risikohaftung oben Rdn. 3 vor § 15.

3   Kennt der Vertragspartner den Mangel der Vertretungsmacht oder muss er diesen kennen (s. § 122 Abs. 2 BGB), liegen die Dinge anders. Dann konnte er sich auf dieses Risiko einstellen und verdient deshalb keinen Schutz (§ 179 Abs. 3 BGB). Der Vertreter, der um den Mangel seiner Vertretungsmacht weiß, kann sich vor einer Haftung schützen, indem er den Vertragspartner darauf hinweist, dass er als Vertreter ohne Vertretungsmacht handelt,[3] und damit die Voraussetzungen des § 179 Abs. 3 BGB herbeiführt. Der Vertragspartner weiß dann, dass die Wirksamkeit des Vertrages von der Genehmigung des Vertretenen abhängt, und es ist nun seine Sache zu entscheiden, ob er sich auf dieses Risiko einlassen will. Verhindert der Vertreter in Kenntnis des Mangels an Vertretungsmacht eine solche eigenständige Risikoentscheidung des Vertragspartners, indem er den Mangel der Vertretungsmacht verschweigt, setzt er sich der Gefahr aus, vom Vertragspartner persönlich auf Erfüllung des Vertrages oder auf das Erfüllungsinteresse in Anspruch genommen zu werden (§ 179 Abs. 1 BGB). Von einer solch strengen Haftung gehen starke Anreize auf den Vertreter aus, den Mangel der Vertretungsmacht offen zu legen. Weiß der Vertreter dagegen selbst nicht um den Mangel der Vertretungsmacht, haftet er dem Vertragspartner lediglich auf das „negative Interesse" (§ 179 Abs. 2 BGB), dies allerdings auch dann, wenn er vom Mangel der Vertretungsmacht gar keine Kenntnis haben kann. Können beide Seiten um den Mangel der Vertretungsmacht nicht wissen, verwirklicht sich genau das Risiko, das § 179 BGB dem Vertreter zuweist.

4   Die **Rechtsprechung** gründet die Haftung des Vertreters gemäß § 179 BGB auf die „zumindest stillschweigend erfolgte Erklärung" des Vertreters, er habe „die für den abgeschlossenen Vertrag erforderliche Vertretungsmacht" und nimmt an, dass „der Vertragsgegner grundsätzlich auf die behauptete Vertretungsmacht vertrauen darf".[4] Die im **Schrifttum** h.M. geht gleichsinnig dahin, dass der Vertreter die Wahrheit seiner Behauptung, Vertretungsmacht zu haben, wegen des damit erweckten Vertrauens zu garantieren habe.[5] Hieran ist indessen schon zweifelhaft, ob in dem bloßen Abschluss von Verträgen in fremdem Namen zugleich die Behauptung liegt, der Vertrag sei von Vertretungsmacht gedeckt. Zudem führt eine unwahre Behauptung nicht zu den Rechtsfolgen des § 179 Abs. 1 BGB (Haftung auf Erfüllung des Vertrages oder Ersatz des Erfüllungsinteresses), sondern grundsätzlich nur unter den Voraussetzungen der culpa in contrahendo (Verschulden!) zu Schadensersatzansprüchen, die auf das negative Interesse gerichtet sind (unten § 17 Rdn. 52ff). Wertet man die angebliche Behauptung des Vertreters, Vertretungsmacht zu ha-

---

3 Dies ist ein in der Praxis geläufiges Verfahren, das insbesondere bei Vertragsabschlüssen durch die öffentliche Hand anzutreffen ist.
4 So BGH vom 9.11.2004, NJW-RR 2005, 268; vgl. auch BGH vom 29.1.1963, NJW 1963, 759 (760), BGH vom 2.2.2000, NJW 2000, 1407 (1408); st. Rspr.
5 Ausführliche Nachweise bei Staudinger/*Schilken* (2019) § 179 Rdn. 2.

ben, zu einer Garantieübernahme auf,[6] müsste Haftungsgrund der auf dieser Erklärung beruhende Garantievertrag zwischen dem Vertreter und dem anderen Teil sein, während § 179 BGB die verschuldensunabhängige Haftung des Vertreters als *gesetzliche Rechtsfolge* anordnet. Gründet man die Haftung auf das beim Vertragsgegner geweckte Vertrauen in die Wahrheit der dem Vertreter unterstellten Behauptung, er habe Vertretungsmacht, ist entscheidend, warum dieses Vertrauen schutzwürdig ist.[7] Die angebliche Behauptung des Vertreters, Vertretungsmacht zu haben oder die Genehmigung des Vertrages sicherstellen zu können, ist für das Verständnis des § 179 BGB weder erforderlich noch hilfreich. Als Anknüpfungspunkt für die gesetzlich angeordnete verschuldensunabhängige Haftung des Vertreters genügt nach dem klaren Wortlaut des § 179 Abs. 1 BGB, dass dieser den Vertrag „als Vertreter", also: in fremdem Namen geschlossen hat. Allein hierdurch hat der Vertreter die Risiken geschaffen, für deren Verwirklichung er gemäß § 179 BGB dem Vertragspartner einzustehen hat.

2. Beweislastverteilung

Die mit vielen Einschränkungen und Ausnahmen arbeitende sprachliche Fassung 5 des § 179 BGB dient der Verteilung der Beweislast.[8]

Beispiel: Würde es in § 179 Abs. 1 BGB heißen: „Wer als Vertreter ohne Vertretungsmacht einen 6 Vertrag schließt, haftet ...", so würde das *Fehlen* von Vertretungsmacht zu den Anspruchsvoraussetzungen gehören, für die der Vertragsgegner (Kläger) die Beweislast trägt. Das würde den Kläger in erhebliche Schwierigkeiten allein deshalb bringen, weil der Beweis negativer Umstände (zudem: in der „Sphäre" eines andern!) nicht leicht zu erbringen ist. Das Gesetz hat bewusst eine „umgekehrte" Fassung gewählt, die die Haftung des Vertreters *ausschließt*, wenn der Vertrag von Vertretungsmacht *gedeckt* ist. Hierfür ist der Vertreter beweispflichtig. Er haftet also nicht nur dann, wenn er keine Vertretungsmacht hatte, sondern schon dann, wenn er zwar Vertretungsmacht hatte, dies aber nicht beweisen kann. – Anders hat das Gesetz in der Frage einer Genehmigung des Vertrages entschieden. § 179 Abs. 1 a.E. BGB macht die Haftung davon abhängig, dass der Vertretene die Genehmigung verweigert. Hierfür ist der Vertragsgegner beweispflichtig. Das ist deshalb gerechtfertigt, weil das Gesetz es ihm durch das in § 177 Abs. 2 BGB vorgesehene Verfahren ermöglicht, eine Entscheidung des Vertretenen über die Erteilung oder Verweigerung der Genehmigung herbeizuführen.

Gegen eine Inanspruchnahme auf Erfüllung des Vertrages oder Ersatz des Erfül- 7 lungsinteresses (§ 179 Abs. 1 BGB) kann sich der Vertreter mit dem Einwand zur Wehr setzen, dass er den Mangel der Vertretungsmacht nicht gekannt habe (§ 179

---

6 Der Gedanke, dass sich die Haftung gemäß § 179 BGB „gewissermaßen auf ein stillschweigendes Garantieversprechen" gründe, findet sich zwar in den Gesetzesmaterialien (Mot. I, S. 244 = Mugdan I S. 488), wird aber zu Recht als Fiktion kritisiert und abgelehnt, *Prölss* JuS 1986, 169 (Fn. 2); Staudinger/*Schilken* (2019) § 179 Rdn. 2.
7 Hierzu *Prölss* JuS 1986, 169.
8 Zur Beweislastverteilung durch § 179 BGB Staudinger/*Schilken* (2019) § 179 Rdn. 26 f. MüKo/*Schubert* § 179 Rdn. 64.

Abs. 2 BGB). Für diesen Einwand trägt der Vertreter die Beweislast. Jegliche Haftung kann der Vertreter mit dem Einwand abwehren, der andere Teil habe den Mangel der Vertretungsmacht gekannt oder doch kennen müssen (§ 179 Abs. 3 BGB). Auch für dieses Haftungshindernis liegt die Beweislast bei dem, der sich darauf beruft, also beim Vertreter. Es handelt sich zwar um einen Umstand in der Sphäre des Gegners, aber immerhin lässt sich hierzu ein positiver Nachweis führen, dessen Voraussetzungen der Vertreter selbst schaffen kann (Offenlegung des Mangels der Vertretungsmacht gegenüber dem Vertragsgegner).

8   **Das Beweislastschema des § 179 BGB**

Haftungsvoraussetzungen **(Beweislast des Klägers = des „anderen Teils")**	Haftungshindernisse **(Beweislast des Beklagten = des Vertreters)**
Vertragsschluss in fremdem Namen	Vertretungsmacht
Verweigerung der Genehmigung durch den Vertretenen	Unwirksamkeit des Vertrages aus anderen Gründen
	Kenntnis oder Kennenmüssen des anderen Teils vom Mangel der Vertretungsmacht (Abs. 3 Satz 1)
	Unkenntnis vom Mangel der Vertretungsmacht (Abs. 2)

II. Die Haftung auf Erfüllung oder das Erfüllungsinteresse (§ 179 Abs. 1 BGB)

9   Ausgangspunkt des § 179 BGB ist die am weitesten reichende Haftung des Vertreters ohne Vertretungsmacht, nämlich die Haftung auf Erfüllung des Vertrages oder auf das Erfüllungsinteresse des Vertragsgegners.

1. Voraussetzungen
a. Abschluss eines Vertrages in fremdem Namen

10   Die Haftung gemäß § 179 Abs. 1 BGB setzt voraus, dass der Beklagte als Vertreter (also: im Namen des Vertretenen, oben § 4 Rdn. 68) einen Vertrag mit dem Anspruchsteller (Kläger) geschlossen hat. Für den Vertragsschluss genügt, dass die für das Zustandekommen des Vertrages erforderlichen Willenserklärungen beider Seiten vorliegen.[9]

Kommt aufgrund der Erklärungen kein Vertrag zustande (Nichtigkeit einer der Erklärungen, Dissens in den Erklärungen), scheitert daran zwar eine Haftung des Vertreters aus § 179 BGB (dazu sogleich unten Rdn. 14), doch ist auch insoweit die Darlegungs- und Beweislast zu beachten. Wer Ansprüche aus einem Vertrag geltend macht, muss nicht beweisen, dass er selbst und sein Kontrahent bei Abgabe der Erklärungen geschäftsfähig waren. Es ist Sache der anderen Partei, die Nichtigkeit einer der auf den Abschluss des Vertrages gerichteten Erklärungen gemäß § 105 Abs. 1 BGB darzutun und zu beweisen (oben § 6 Rdn. 7). Auch der Dissens ist ein Einwand gegen das Zustandekommen eines Vertrages, der von demjenigen zu beweisen ist, der sich hierauf beruft (oben § 8 Rdn. 174). **11**

b. Verweigerung der Genehmigung

Im Übrigen setzt § 179 Abs. 1 BGB voraus, dass der Vertretene die Genehmigung des Vertrages verweigert hat. Damit ist die zur Wirksamkeit des von einem Vertreter ohne Vertretungsmacht geschlossenen Vertrages erforderliche Genehmigung (§ 177 BGB) gemeint. Die Verweigerung der Genehmigung ist ein eigenständiges Rechtsgeschäft (oben § 12 Rdn. 38). Es genügt also nicht, dass die Genehmigung lediglich bisher nicht erteilt wurde und der Vertrag somit (noch) schwebend unwirksam ist, vielmehr muss der Vertrag durch die Verweigerung der Genehmigung endgültig unwirksam geworden sein (dazu oben § 12 Rdn. 39). Der Vertragsgegner hat es in der Hand, den Vertretenen gemäß § 177 Abs. 2 BGB zur Erklärung über die Genehmigung aufzufordern und so den Schwebezustand zu beenden. Dem § 179 Abs. 1 BGB ist genügt, wenn der Vertretene innerhalb der Frist des § 177 Abs. 2 Satz 2 BGB die angeforderte Erklärung nicht abgibt. Sein Schweigen gilt dann als Verweigerung der Genehmigung (§ 177 Abs. 2 Satz 2 Hs. 2 BGB). **12**

2. Hindernisse

a. Nachweis der Vertretungsmacht

Der Vertreter haftet nicht, wenn er nachweist, dass der Vertrag von Vertretungsmacht gedeckt ist (§ 179 Abs. 1 BGB). Worauf die Vertretungsmacht beruht, ist gleichgültig. Insbesondere genügen daher Anscheinsvollmacht und Duldungsvollmacht für einen Ausschluss der Haftung gemäß § 179 BGB.[10] **13**

---

9 Zur Unterscheidung zwischen Abschluss und Zustandekommen eines Vertrages *Leenen* AcP 188 (1988), S. 381 (391 ff).

10 Der Vertragspartner hat kein Wahlrecht, ob er den Vertretenen aus dem Vertrag oder den Vertreter aus § 179 BGB in Anspruch nehmen will (h. M.): BGH vom 20.1.1983, BGHZ 86, 273 (275) =

b. Nicht-Zustandekommen des Vertrages oder Unwirksamkeit des Vertrages aus anderen Gründen als dem Fehlen von Vertretungsmacht

14 Der Vertreter haftet nicht, wenn aufgrund der von ihm in fremdem Namen abgegebenen Erklärung kein Vertrag zustande gekommen oder der Vertrag aus anderen Gründen als dem Fehlen von Vertretungsmacht oder der Verweigerung der Genehmigung unwirksam ist. Das folgt daraus, dass § 179 BGB allein die Risiken regelt, die sich aus den besonderen Wirksamkeitsvoraussetzungen eines in fremdem Namen geschlossenen Vertrages ergeben. Scheitert schon das Zustandekommen des Vertrages (Nichtigkeit einer der auf den Abschluss des Vertrages gerichteten Erklärungen, Dissens), stellt sich die Frage einer Unwirksamkeit mangels Vertretungsmacht nicht. Ist der Vertrag wegen eines Verstoßes gegen Gesetze (§ 134 BGB) oder die guten Sitten (§ 138 BGB) nichtig, könnte der Vertragsgegner hieraus auch dann keine Ansprüche herleiten, wenn der Vertreter vertretungsberechtigt gewesen wäre oder der Vertretene die Genehmigung erteilt hätte. Ist der Vertrag wegen eines Willensmangels anfechtbar, steht das Anfechtungsrecht dem aus § 179 BGB in Anspruch genommenen Vertreter zur Abwehr seiner Haftung selbständig zu.[11]

c. Kenntnis oder Kennenmüssen des anderen Teils vom Mangel der Vertretungsmacht

15 Der Vertreter haftet nicht, wenn der andere Teil (der Vertragsgegner = der Kläger) den Mangel der Vertretungsmacht kannte oder kennen musste (§ 179 Abs. 3 Satz 1 BGB). Für das „Kennenmüssen" gilt die Legaldefinition des § 122 Abs. 2 BGB. Der Anspruch ist also ausgeschlossen, wenn der Vertragsgegner infolge auch lediglich leichter Fahrlässigkeit den Mangel der Vertretungsmacht nicht kannte. Bei der näheren Bestimmung der Verhaltensanforderungen ist die Funktion des § 179 Abs. 3 BGB im Rahmen der Risikohaftung des Vertreters im Auge zu behalten. § 179 BGB soll den Vertragsgegner davor bewahren, in jedem Falle Nachforschungen über das Bestehen von Vertretungsmacht anstellen zu müssen. Die Rechtsprechung verlangt, dass es erkennbare Umstände gab, die den Vertragsgegner an Bestand oder Umfang der Vertretungsmacht hätten zweifeln lassen müssen.

NJW 1983, 1308; *Prütting/Schirrmacher* Jura 2016, 1156 (1158 f); abw. Staudinger/*Schilken* (2019) § 177 Rdn. 26; *Faust* AT § 24 Rdn. 45, beide mit ausf. Nachweisen.

11 BGH vom 22.2.2002, NJW 2002, 1867 (1868); BeckOK BGB/*Schäfer* § 179 Rn. 13; *Flume* AT § 47, 3 a (S. 803); ebenso für andere Gestaltungsrechte OLG Frankfurt a.M. vom 25.5.2016, BeckRS 2016, 17628 Rdn. 44.

Ein **Beispiel** für die gebotene Zurückhaltung bei Anwendung des § 179 Abs. 3 BGB ist BGH vom **16** 9.11.2004, NJW-RR 2005, 268: Nach Eintragung der Liquidation einer GmbH und Bestellung eines Dritten zum Liquidator schließt der frühere Geschäftsführer der GmbH einen Liefervertrag mit dem Kläger. Die genannten Umstände genügen dem BGH für sich allein noch nicht zur Anwendung des Haftungsausschlusses des § 179 Abs. 3 BGB, da durchaus die Möglichkeit bestanden habe, dass der Liquidator dem ehemaligen Geschäftsführer eine auf den Einzelfall bezogene Vollmacht erteilt habe.

d. Unkenntnis des Vertreters vom Mangel der Vertretungsmacht

Der Vertreter haftet nicht gemäß § 179 Abs. 1 BGB auf Erfüllung oder das Erfül- **17** lungsinteresse, sondern nur auf das regelmäßig geringere negative Interesse, wenn er nachweist, dass er den Mangel der Vertretungsmacht nicht gekannt hat (§ 179 Abs. 2 BGB).

3. Rechtsfolgen

Welche Rechtsfolge des § 179 Abs. 1 BGB im konkreten Fall eintritt, richtet sich **18** danach, wie der Kläger/Anspruchsteller von seinem **Wahlrecht** Gebrauch gemacht hat.

a. Erfüllung des Vertrages

Die Pflicht zur Vertragserfüllung gemäß § 179 Abs. 1 BGB ist eine Verpflichtung **19** kraft Gesetzes, nicht kraft Vertrages. Der Vertreter wird also nicht etwa als Vertragspartner gegen den Vertretenen ausgetauscht.[12] Der Vertreter hat den Vertragspartner lediglich so zu stellen, wie dieser im Falle eines wirksamen Vertrages mit dem Vertretenen stünde. Könnte dann der Vertretene die Leistung verweigern (§ 320 BGB!), kann sich der Vertreter hierauf berufen. Erbringt der Vertreter die vertraglich vereinbarte Leistung des Vertretenen, kann er seinerseits verlangen, dass die im Vertrag versprochene Gegenleistung an ihn erfolgt.[13] Ist diese Leistung mangelhaft im Sinne von § 434 BGB (Kauf) oder § 633 BGB (Werkvertrag), stehen dem auf Erfüllung in Anspruch genommenen Vertreter die Rechte zu, die das Gesetz dem Käufer (§ 437 BGB) bzw. Werkbesteller (§ 634 BGB) gewährt.[14]

---

12 Jauernig/*Mansel* § 179 Rdn. 7 mit Nachweisen.
13 Staudinger/*Schilken* (2019) § 179 Rdn. 15 mit Nachweisen.
14 Palandt/*Ellenberger* § 179 Rdn. 5.

b. Schadensersatz

20 Wählt der Vertragspartner des Vertretenen Schadensersatz, so kann er verlangen, vom Vertreter wirtschaftlich so gestellt zu werden, wie er stünde, wenn der Vertretene den Vertrag vereinbarungsgemäß erfüllt hätte („positives Interesse" an der Erfüllung des Vertrages). Die vom Vertretenen versprochene Leistung selbst kann der Vertragspartner auf diesem Wege nicht verlangen. Eine Naturalrestitution (im Sinne von § 249 Abs. 1 BGB) ist als Schadensersatz ausgeschlossen, da das Gesetz zu diesem Zweck ausdrücklich das Wahlrecht des Gläubigers zugunsten der Erfüllung vorsieht. Das positive Interesse des Vertragspartners besteht in der Differenz zwischen dem (höheren) Wert der gegnerischen Leistung und dem Wert der vom Vertragspartner selbst im Vertrag versprochenen Leistung einschließlich eines Gewinnes, den der Vertragspartner aus der Weiterveräußerung oder der sonstigen Verwertung der vom Vertretenen zu erbringenden Leistung hätte erzielen können.

21 **Beispiel:** S hat im Namen des Verkäufers V mit K einen Vertrag über die Lieferung von 1000 Multifunktions-Faxgeräten zum Preis von 199 Euro pro Einheit geschlossen. S hatte keine Vertretungsmacht, V verweigert die Genehmigung des Vertrages. Um sich die gleichen Geräte anderweitig am Markt zu besorgen („Deckungskauf"), muss K pro Einheit 219 Euro bezahlen. K kann auf den Deckungskauf verzichten und den Differenzbetrag von 1000 × 20 Euro = 20.000 Euro von V als Schadensersatz im Sinne von § 179 Abs. 1 BGB verlangen. Hat K die Geräte schon zu 249 Euro pro Einheit weiterveräußert (oder kann er nachweisen, dass es ihm möglich wäre, die Geräte zu diesem Preis weiter zu veräußern[15]), so beträgt sein positives Interesse an der Erfüllung des Vertrages mit V 50 Euro pro Einheit, insgesamt also 50.000 Euro.

22 Wo ein Gläubiger wegen einer Vertragsverletzung das positive Interesse verlangen kann, spricht das Gesetz seit der Schuldrechtsreform von „Schadensersatz statt der Leistung" (§ 280 Abs. 3 BGB, §§ 281–283 BGB, § 311a Abs. 2 BGB).

III. Die Haftung auf den Vertrauensschaden (§ 179 Abs. 2 BGB)

1. Tatbestandliche Abweichung gegenüber § 179 Abs. 1 BGB

23 § 179 Abs. 2 BGB knüpft an die Haftungsvoraussetzungen wie die Haftungshindernisse des § 179 Abs. 1 BGB an (oben Rdn. 9 ff) und füllt die Lücke, die entsteht, wenn der Vertreter nachweisen kann, dass er den Mangel seiner Vertretungsmacht nicht kannte.

24 **Hinweis:** Ist zwischen den Parteien streitig, ob der Vertreter den Mangel der Vertretungsmacht kannte, wird der Kläger zunächst gemäß § 179 Abs. 1 BGB vorgehen und Erfüllung oder Ersatz des Erfüllungsinteresses verlangen. Hiergegen setzt sich Beklagte mit dem Einwand zur Wehr, er ha-

---

15 Hierzu die Beweiserleichterung des § 252 Satz 2 BGB.

be den Mangel der Vertretungsmacht nicht gekannt. Gelingt es ihm, dies zu beweisen, stehen *insoweit* zugleich die Voraussetzungen seiner Haftung auf den Vertrauensschaden fest.

2. Die Rechtsfolge

In der Rechtsfolgenanordnung entspricht § 179 Abs. 2 BGB dem § 122 Abs. 1 BGB. **25**
Auf die dort gegebenen Erläuterungen zum Begriff des Vertrauensschadens und zur Begrenzung der Ersatzfähigkeit des Vertrauensschadens durch das Erfüllungsinteresse wird verwiesen (oben § 15 Rdn. 12ff).

IV. Die entsprechende Anwendung des § 179 BGB

§ 179 BGB wird in nicht geringem Umfang entsprechend angewendet.[16] Die Analo- **26**
gie leuchtet ohne weiteres ein, wenn eine vom Vertretenen erteilte Genehmigung infolge von dessen **Geschäftsunfähigkeit** nichtig ist (§ 105 Abs. 1 BGB).[17] Ferner wendet die Rechtsprechung § 179 BGB analog an, wenn die Person **nicht existiert**, in deren Namen der Vertreter den Vertrag geschlossen hat.[18] Hierin liegt eine sachgerechte Erweiterung des Risikos des Vertreters jedenfalls dann, wenn die Wirksamkeit des Vertrages von rechtsgeschäftlich erteilter Vertretungsmacht oder der Genehmigung des Vertrages durch den Vertretenen abhängt. Da der BGH in der **unbefugten Nutzung eines fremden eBay-Accounts** ein Handeln unter fremdem Namen sieht, auf das die Grundsätze der Stellvertretung entsprechend anwendbar sind,[19] kann sich eine Haftung des unbefugten Nutzers gegenüber dem Höchstbietenden gemäß § 179 BGB analog ergeben.[20]

Handelt der Vertreter aufgrund einer **Untervollmacht**, die ihm vom (Haupt-)Bevollmächtigten **27**
erteilt worden ist, so scheidet seine Haftung aus, wenn er die Abhängigkeit seiner Vertretungsmacht von der Hauptvollmacht dem Vertragsgegner offen gelegt hat.[21] Fehlt ihm Vertretungsmacht, weil die Hauptbevollmächtigung unwirksam war, so gewährt die Rechtsprechung in die-

---

16 Überblick bei Staudinger/*Schilken* (2019) § 179 Rdn. 21ff; MüKo/*Schubert* § 179 Rdn. 10ff.

17 RG vom 16.12.1922, RGZ 106, 68 (73).

18 BGH vom 20.10.1988, NJW 1989, 894; BGH vom 25.10.2012, NJW 2013, 464 Rdn. 34. Entsprechendes gilt, wenn der Vertragsgegenstand außerhalb der Rechtsfähigkeit des Vertragsschließenden liegt, BGH vom 25.10.2012, ebenda, Rdn. 35 (zum Betriebsrat).

19 BGH vom 11.5.2011, BGHZ 189, 346 = NJW 2011, 2421; dazu oben § 4 Rdn. 100.

20 OLG Celle vom 9.7.2014, MMR 2014, 663 (665); *Herresthal* JZ 2011, 1171 (1172), Medicus/*Petersen*, Bürgerliches Recht Rdn. 82.

21 BGH vom 25.5.1977, BGHZ 68, 391 (394) = NJW 1977, 1535. Ausführlich *Petersen* Jura 1999, 401 (402f).

sen Fällen dem Vertragsgegner Ansprüche aus § 179 BGB analog gegen den Hauptbevollmächti-gen. Das ist wertungsmäßig richtig, wenn der Vertragspartner beim Abschluss des Vertrages weiß, dass die Wirksamkeit des vom Vertreter geschlossenen Vertrages vom Bestand der Haupt-vollmacht abhängt. Konstruktiv ergibt sich für Ansprüche des Vertragsgegners gegen den Haupt-bevollmächtigten das Problem, dass nicht dieser, sondern der Unterbevollmächtigte den Vertrag mit ihm geschlossen hat.[22] Dieses Problem lässt sich indessen innerhalb der analogen Anwen-dung des § 179 BGB ohne weiteres bewältigen. Die Haftung soll denjenigen treffen, in dessen Ri-sikobereich es fällt, ob Vertretungsmacht besteht oder nicht. Dies ist, wenn die Abhängigkeit der Untervollmacht von der Hauptvollmacht offen gelegt ist, bei Mängeln der Hauptvollmacht der Hauptbevollmächtigte.

§ 17 Die Haftung aus culpa in contrahendo gemäß §§ 280 Abs. 1, 311 Abs. 2 und 3, 241 Abs. 2 BGB

I. Grundlagen

1 Ohne Rechtsgeschäfte, insbesondere: ohne Verträge, kann eine Marktordnung nicht existieren, ohne Rechtsordnung kann es keinen rechtsgeschäftlichen Güter- und Leistungsaustausch geben (oben § 1 Rdn. 9). Aufgabe der Rechtsordnung ist es nicht nur, die Techniken des Zustandekommens von Verträgen zu regeln, de-ren Durchführung rechtlich abzusichern und die Verletzung rechtsgeschäftlich begründeter Verpflichtungen zu sanktionieren. Auch die **Anbahnung von Ver-trägen** muss schon unter dem besonderen Schutz der Rechtsordnung stehen. Dies in zweierlei Hinsicht. Zum einen geht es darum, die rechtsgeschäftliche Wil-lensbildung der Vertragspartner zu fördern, um möglichst zu verhindern, dass Verträge die Ziele verfehlen, die die Vertragspartner zu erreichen suchen. Zum an-deren bringt es die Anbahnung von Verträgen mit sich, dass jede Seite sich der anderen exponiert, die eigenen Rechtsgüter dem Risiko von Verletzungen durch die andere Seite aussetzt. Diesen gesteigerten Einwirkungsmöglichkeiten muss ein gesteigerter, das heißt: über das allgemeine Deliktsrecht (§§ 823 ff BGB) hi-nausgehender Schutz entsprechen.

2 Die Umsetzung dieser regulatorischen Ziele gehört zu den schwierigsten und anspruchsvollsten Aufgaben einer Rechtsordnung. Jedes „zu viel" an Schutz kann sich als unerwünschte Behinderung und Belastung des rechtsgeschäftlichen Systems auswirken. Anderseits kann ein zu geringes Schutzniveau ein Übermaß an Selbstvorsorge und vorsichtiger Zurückhaltung nach sich ziehen und dadurch den Rechtsverkehr beeinträchtigen.

---

22 Hierzu *Petersen* JURA 2002, 743 (746).

Züge einer Überregulierung tragen die langen Kataloge vorvertraglicher Informationspflichten, **2a** die zur Umsetzung von EU-Richtlinien im Gesetz festgeschrieben worden sind (oben § 8 Rdn. 219). Der Gesetzgeber hat die Systemwidrigkeit solcher umfangreicher Pflichtenkataloge erkannt und sie nicht in das BGB aufgenommen, sondern in das EGBGB ausgelagert (Art. 246 ff EGBGB).[1] Informationen müssen, wenn sie ihren Schutzzweck erreichen sollen, sparsam eingesetzt werden.

Von wenigen Ausnahmen abgesehen verzichtet das BGB darauf, die Verhaltens- **3** erwartungen im Stadium der Vertragsanbahnung inhaltlich detailliert festzulegen. Es beschränkt sich auf die allgemeine Formulierung, dass schon durch die Vertragsanbahnung und ähnliche geschäftliche Kontakte Pflichten begründet werden (§ 311 Abs. 2 BGB), deren Verletzung zu Ansprüchen gemäß § 280 Abs. 1 BGB führen kann. Als Inhalt der Pflichten nennt § 241 Abs. 2 BGB allgemein die „Rücksicht auf die Rechte, Rechtsgüter und Interessen des anderen Teils". Diese Normen wurden durch die Schuldrechtsreform 2002 eingeführt. Der Gesetzgeber konnte sich auf wenige Regeln beschränken, zu deren Ausfüllung und Ergänzung auf eine lange Rechtsprechungstradition und gesicherte Erkenntnisse der Wissenschaft zur Haftung aus **culpa in contrahendo** zurückgegriffen werden kann.

Die Lehre von der culpa in contrahendo („Verschulden beim Vertragsschluss") geht zurück auf **4** *Jhering*, der 1861 aus den römischrechtlichen Quellen nachzuweisen suchte, dass eine Haftung für schuldhaft „nicht zur Perfection gekommene Verträge" anzuerkennen sei.[2] Die wichtigsten Beispiele bildeten ihm Fallgestaltungen, die der Gesetzgeber schließlich in den §§ 122 und 179 BGB anders, nämlich durch Anordnung einer verschulden*unabhängigen* Haftung, geregelt hat. Die Entwicklung eines Haftungssystems für die schuldhafte Verletzung vorvertraglicher Pflichten stellt eine der wichtigsten Rechtsfortbildungen des BGB durch Rechtsprechung und Schrifttum dar, auf die der Gesetzgeber in den oben genannten Vorschriften Bezug genommen hat.

Anspruchsgrundlage für Schadensersatzansprüche wegen culpa in contrahendo **5** ist § 280 Abs. 1 BGB in Verb. mit §§ 311 Abs. 2,[3] 241 Abs. 2 BGB.

---

1 Diese Auslagerung macht die Rechtslage aber nicht transparenter, weshalb EuGH vom 26.3.2020, NJW 2020, 1423 eine verständliche, richtlinienkonforme Widerrufsbelehrung verneint, wenn ein Verbraucherkreditvertrag wegen der notwendigen Pflichtangaben auf § 492 Abs. 2 BGB verweist (sog. Kaskadenverweisung; s. dazu auch § 23 Rdn. 115).
2 *Rudolph von Jhering*, Culpa in Contrahendo, JhJb Bd. 4 (1861), S. 1 ff; Neudruck 1969 (herausgegeben von Eike Schmidt), S. 7 ff.
3 Geht es um eine Haftung Dritter oder um Ansprüche Dritter (unten Rdn. 12 ff), wird man auch § 311 Abs. 3 BGB nennen.

II. Tatbestandliche Voraussetzungen und Hindernisse der Haftung

6   Die Haftung aus § 280 Abs. 1 BGB **setzt voraus**, dass der Schuldner „eine Pflicht aus dem Schuldverhältnis verletzt". Insoweit geht es bei der culpa in contrahendo um die Verletzung von Pflichten aus einem vorvertraglichen Schuldverhältnis gemäß § 311 Abs. 2 BGB (unten Rdn. 7 ff). Gemäß § 280 Abs. 1 Satz 2 BGB haftet der Schuldner nicht, wenn er die Pflichtverletzung nicht zu vertreten hat. Durch die doppelt negative Fassung bringt das Gesetz zum Ausdruck, dass es sich um ein **Hindernis**[4] für das Eingreifen der Haftung handelt, für dessen Vorliegen der Schuldner die Beweislast trägt (unten Rdn. 38 ff).

1. Voraussetzungen
a. Vorvertragliches gesetzliches Schuldverhältnis
aa. Die inhaltlichen Kriterien des § 311 Abs. 2 BGB

7   Durch § 311 Abs. 2 BGB wird die Grenze bestimmt, ab der sich die Rechtsbeziehungen zwischen zwei Personen nicht allein nach dem für alle geltenden Deliktsrecht (§§ 823 ff BGB) richten, sondern – zusätzlich – die für Sonderbeziehungen (Schuldverhältnisse) geltenden Regelungen Anwendung finden.

8   Die wichtigsten **Unterschiede** liegen darin, dass im Recht der Sonderbeziehungen der Schuldner für Erfüllungsgehilfen ohne eigenes Verschulden und ohne Entlastungsmöglichkeit haftet (§ 278 BGB), während die Verantwortlichkeit für Verrichtungsgehilfen im Deliktsrecht (§ 831 Abs. 1 Satz 1 BGB) durch die Möglichkeit des Entlastungsbeweises eingeschränkt ist (§ 831 Abs. 1 Satz 2 BGB). Zudem wird im Rahmen eines Schuldverhältnisses das Vermögen als solches vor Beeinträchtigungen geschützt, während Schadensersatzansprüche gemäß § 823 Abs. 1 BGB an die Verletzung bestimmter Rechte und Rechtsgüter anknüpfen, zu denen das Vermögen als solches nicht gehört. Ein deliktischer Schutz gegenüber reinen Vermögensbeeinträchtigungen besteht nur beim Verstoß gegen dem Schutz des Vermögens dienenden Gesetzen (§ 823 Abs. 2 BGB) oder unter qualifizierten weiteren Voraussetzungen, insbesondere bei vorsätzlicher und sittenwidriger Schadenszufügung (§ 826 BGB).

9   Der über das allgemeine Deliktsrecht hinausgehende Schutz (§ 241 Abs. 2 BGB) ist nicht nur angebracht zwischen Vertragspartnern, die einander zu Leistungen verpflichtet sind (§ 241 Abs. 1 BGB). Im Interesse der Förderung des rechtsgeschäftlichen Verkehrs bezieht § 311 Abs. 2 BGB schon das Stadium der Anbahnung rechtsgeschäftlicher Beziehungen in die Schutzpflichten gemäß § 241 Abs. 2 BGB ein. Geschützt werden Kontaktaufnahmen, die dem Ziel dienen können zu klären,

---

4 Zur Unterscheidung zwischen Erfordernissen und Hindernissen des Eintritts einer Rechtsfolge unten § 23 Rdn. 101 ff.

ob und ggf. mit welchem Inhalt ein Vertrag abgeschlossen werden soll. Das Gesetz nennt als Kriterien die **Aufnahme von Vertragsverhandlungen** (§ 311 Abs. 2 Nr. 1 BGB), die **Anbahnung eines Vertrages,** durch die besondere Einwirkungsmöglichkeiten auf die Rechtsgüter der Beteiligten eröffnet werden (§ 311 Abs. 2 Nr. 2 BGB), sowie **ähnliche geschäftliche Kontakte** (§ 311 Abs. 2 Nr. 3 BGB). Ersichtlich überschneiden sich diese Kriterien (auch die Aufnahme von Vertragsverhandlungen dient der Anbahnung eines Vertrages!), zusätzlich entlastet der Auffangtatbestand der Nr. 3 von Abgrenzungsschwierigkeiten.

Für die Entstehung des vorvertraglichen Schuldverhältnisses ist *unerheblich,* **10** ob es später zum Vertragsschluss kommt. Die Partner eines zustande gekommenen Vertrages haften einander auch für die Verletzung vorvertraglicher Pflichten. Umgekehrt kann ein vorvertragliches Schuldverhältnis mit Personen entstehen, die keineswegs von dem Gedanken geleitet sind, einen Vertrag zu schließen oder einen Vertragsschluss vorzubereiten.

Beispiel: Wer sich im Winter zum Aufwärmen in ein Kaufhaus begibt, tut dies unter dem Schutz **11** der §§ 311 Abs. 2, 241 Abs. 2, 280 Abs. 1 BGB, wenn das Kaufhaus die Bedürfnisse des frierenden Besuchers dazu nützt, ihn mit den Angeboten des Hauses bekannt zu machen. Hiervon wird in der Literatur der Taschendieb unterschieden, der das Kaufhaus betritt, um das Gedränge und die Ablenkung der Besucher für seine diebischen Zwecke auszunutzen. Das ist ein ebenso richtiges wie rein akademisches Beispiel. Kein Taschendieb ist so unprofessionell, nach einem Unfall im Kaufhaus als Zweck seines Besuches „Taschendiebstähle" anzugeben.

bb. Die personelle Erweiterung auf Dritte (§ 311 Abs. 3 BGB)

Ein vorvertragliches Schuldverhältnis im Sinne von § 311 Abs. 2 BGB kann gemäß **12** § 311 Abs. 3 Satz 1 BGB auch zu Personen entstehen, die nicht selbst Vertragspartei werden sollen. Diese personelle Erweiterung des vorvertraglichen Schuldverhältnisses kann Dritte in den **Schutz** vorvertraglicher Pflichten einbeziehen (unten Rdn. 13f) oder eine **Haftung** Dritter (unten Rdn. 15ff) begründen. § 311 Abs. 3 Satz 1 BGB erfasst beide Varianten der Beteiligung Dritter an einem vorvertraglichen Schuldverhältnis.[5] Beim Drittschutz geht es darum, dass die Dritten Ansprüche aus der Verletzung von Pflichten erwerben, die ihnen gegenüber im Rahmen der vorvertraglichen Sonderbeziehung bestehen. Bei der Dritthaftung geht es da-

---

5 Zu § 311 Abs. 3 BGB als Grundlage eines Drittschutzes und einer Dritthaftung *Canaris* JZ 2001, 499 (520); *Looschelders,* Schuldrecht Allgemeiner Teil (17. Aufl. 2019) § 9 Rdn. 1ff mit Rdn. 19ff. Abweichend nimmt das überwiegende Schrifttum an, § 311 Abs. 3 BGB beschränke sich auf die Eigenhaftung Dritter, MüKo/*Gottwald* § 328 Rdn. 171; *Leyens* JuS 2018, 217 (219), der die h.L. in Fn. 22 wie folgt wiedergibt: „§ 311 führt zur Haftung des Dritten, nicht zu einer Haftung ggü. Dritten".

rum, dass Ansprüche gegen Dritte, die nicht Vertragspartner werden sollen, wegen der Verletzung vorvertraglicher Pflichten entstehen.

(1) Drittschutz

13 Schon vor Inkrafttreten der §§ 311 Abs. 2 und 3 BGB, 241 Abs. 2 BGB war anerkannt, dass Dritte, die nicht selbst Vertragspartei werden sollen, unter bestimmten, restriktiv gefassten Voraussetzungen in den Schutzbereich vorvertraglicher Pflichten einbezogen werden können. Die Kriterien waren zunächst für das Stadium der Vertragsdurchführung entwickelt worden (sog. **Vertrag mit Schutzwirkung zugunsten Dritter**)[6] und wurden dann auf die Vertragsanbahnung erstreckt.[7] Hieran ist bei der Auslegung des § 311 Abs. 3 Satz 1 BGB (in der Variante „Drittschutz") anzuknüpfen.[8] Es geht um den Schutz Dritter, deren Rechtsgüter durch die Vertragsanbahnung in gleicher Weise wie die Rechtsgüter des in Aussicht genommenen Vertragspartners selbst gefährdet werden. Hinzukommen muss, dass der Vertragspartner am Schutz der Rechtsgüter dieser Dritten für die Gegenseite erkennbar in gleicher Weise wie an der Sicherheit der eigenen Rechtsgüter interessiert ist. Dies ist von der Rechtsprechung insbesondere bejaht worden, wenn es sich bei den Dritten um Personen handelt, für deren „Wohl und Wehe" der Vertragspartner (wie bei Familienmitgliedern) verantwortlich ist, oder deren Schutz ihm anderweitig rechtlich aufgegeben ist. Die Haftung ist zu verneinen, wenn es an einem Schutzbedürfnis des Dritten fehlt, weil ihm eigene gleichwertige Ansprüche – gleich gegen wen – zustehen.[9]

14 Die Einbeziehung Dritter in das vorvertragliche Schuldverhältnis darf nicht dazu führen, dass für den Verpflichteten das Haftungsrisiko unüberschaubar erweitert, geradezu auf eine prinzipiell unbegrenzte Zahl von Personen erweitert wird. Die Aufgabe, die Haftung gegenüber jedermann angemessen zu begrenzen, obliegt dem Deliktsrecht (§§ 823 ff BGB). Die Erstreckung von Schutzwirkungen aus der Sonderbeziehung der Vertragsanbahnung muss eine eng begrenzte Ausnahme bleiben.

---

6 Grundlegend *Larenz*, Lehrbuch des Schuldrechts, Bd. 1: Allgemeiner Teil (14. Aufl. 1987), § 17 II (S. 224 ff) und III (S. 231 f).

7 Die Leitentscheidung ist BGH vom 28.1.1976, BGHZ 66, 51 = NJW 1976, 712 (Gemüseblatt).

8 Zu den Kriterien der Erstreckung von Schutzpflichten gegenüber Dritten *Petersen* Jura 2013, 893 (894 ff).

9 BGH vom 2.7.1996, BGHZ 133, 168 (173 f) = NJW 1996, 2927 (2929); BGH vom 12.1.2011, NJW-RR 2011, 462 Rdn. 14; PWW/*Stürner* Vorbem. §§ 328–335 Rdn. 10.

(2) Dritthaftung

§ 311 Abs. 3 Satz 2 BGB sieht – ebenfalls in Anknüpfung an in Rechtsprechung 15
und Lehre anerkannte Fallgruppen[10] – vor, dass ein vorvertragliches Schuldverhältnis Grundlage einer Haftung Dritter sein kann, dies insbesondere dann, wenn
„der Dritte in besonderem Maße Vertrauen für sich in Anspruch nimmt und dadurch die Vertragsverhandlungen oder den Vertragsschluss erheblich beeinflusst". Unter den in § 311 Abs. 3 Satz 2 BGB genannten Voraussetzungen können
somit insbesondere, aber eben gerade nicht nur, rechtsgeschäftliche Vertreter einer Eigenhaftung aus culpa in contrahendo unterliegen.

Beispiel: Ein **Kfz-Händler** bietet **Gebrauchtwagen** auf seinem Firmengelände zum Verkauf an 16
und stellt in seiner Werbung seine besondere Sachkunde als Kfz-Händler heraus („Gebraucht-
wagenkauf ist Vertrauenssache – kaufen Sie nur beim Fachhändler"). Der Händler ist im Besitz
der Fahrzeugpapiere, führt die Vertragsverhandlungen, macht Probefahrten mit Kaufinteressenten, beantwortet deren das Fahrzeug betreffende Fragen und gibt sonstige Informationen zu dem
Fahrzeug. Beim Abschluss des Vertrages weist er darauf hin, dass er nur als Vertreter für den Eigentümer des Fahrzeugs tätig werde, der bei ihm ein Neufahrzeug gekauft habe und durch den
Verkauf seines gebrauchten Wagens einen Teil des Kaufpreises für den Neuwagen finanziere.
Zwischen dem Kunden und dem Händler kommt durch die Verkaufsverhandlungen ein vorvertragliches Schuldverhältnis gemäß § 311 Abs. 3 Satz 2 BGB in Verb. mit Abs. 2 BGB zustande.[11] Zusätzlich besteht im Verhältnis zum Eigentümer (und Verkäufer im Rechtssinne) des Fahrzeugs ein
vorvertragliches Schuldverhältnis gemäß § 311 Abs. 2 Nr. 2 BGB (insbesondere bei Durchführung
einer Probefahrt).

Da § 311 Abs. 3 Satz 2 BGB nur exemplarischen Charakter hat, integriert § 311 17
Abs. 3 BGB auch weitere von der Rechtsprechung entwickelte Fallgruppen einer
Eigenhaftung Dritter, die nicht selbst Vertragspartner werden. Hierzu gehören
auch Personen, die die Vertragsverhandlungen führen und ein so erhebliches
wirtschaftliches Eigeninteresse am Zustandekommen des Vertrages haben,
dass sie wirtschaftlich gesehen wie in eigenen Angelegenheiten (als „**procurator
in rem suam**") tätig werden.[12]

---

10 Vgl. BGH vom 22.3.1979, BGHZ 74, 103 (108) = NJW 1979, 1449 (1450); BGH vom 17.6.1991, NJW-
RR 1991, 1241 (1242); BGH vom 25.4.2006, NJW 2006, 2321 Rdn. 12; BT-Drs. 14/6040, S. 163; MüKo/
V. Emmerich § 311 Rdn. 189 m.w.N.; zur Sachwalterhaftung von Organmitgliedern einer Gesellschaft BAG 20.3.2014, NJW 2014, 2669.
11 BGH vom 29.1.1975, BGHZ 63, 382 (384 f) = NJW 1975, 642 (644); BGH vom 28.1.1981, BGHZ 79,
281 (283 f) = NJW 1981, 922; BGH vom 16.12.2009, NJW 2010, 858 Rdn. 24 (ohne Erwähnung von
§ 311 Abs. 3 Satz 2 BGB); Palandt/*Grüneberg* § 311 Rdn. 66; MüKo/*V. Emmerich* § 311 Rdn. 195 f mit
ausführlichen Rechtsprechungsnachweisen.
12 RG vom 1.3.1928, RGZ 120, 249 (253); BGH vom 13.6.2002, NJW-RR 2002, 1309 (1310); Palandt/
Grüneberg § 311 Rdn. 61; Erman/*Dieckmann* § 311 Rdn. 93; MüKo/*Emmerich* § 311 Rdn. 187 ff; kri-

b. Pflichtverletzung

18 Die Haftung im Rahmen des vorvertraglichen Schuldverhältnisses (§ 311 Abs. 2 BGB) setzt voraus, dass der in Anspruch Genommene Pflichten gemäß § 241 Abs. 2 BGB verletzt hat. Gedanklich ist zu unterscheiden zwischen der Frage, welche Pflichten im Stadium der Vertragsanbahnung bestehen (unten Rdn. 19 ff), sowie, wodurch diese Pflichten verletzt werden (unten Rdn. 35 ff).

aa. Pflichten gemäß § 241 Abs. 2 BGB

19 Die vorvertraglichen Pflichten dienen zum einen der Förderung des „**status ad quem**", also des Zieles, auf das die vorvertraglichen Verhandlungen oder die sonstigen Schritte einer Vertragsanbahnung ausgerichtet sind. Dieses Ziel besteht zunächst in einer möglichst wohlinformierten Entscheidung beider Seiten darüber, ob und zu welchen Konditionen sie einen Vertrag schließen wollen, darüber hinaus im Zustandekommen eines wirksamen Vertrages. Man kann diese Pflichten im weitesten Sinne zusammenfassen als Pflichten zur Förderung der Willensbildung des anderen Teils über den in Aussicht genommenen Vertrag (dazu unten Rdn. 20 ff). Anknüpfungspunkt im Wortlaut des § 241 Abs. 2 BGB ist die Verpflichtung zur Rücksichtnahme auf die „Interessen des anderen Teils". Als gesetzliche Konkretisierungen dieser Pflichten lassen sich auch die umfangreichen, dem Verbraucherschutz dienenden Pflichtenkataloge gemäß §§ 312a, 312d BGB, Art. 246 ff. EGBGB (und weiterer Vorschriften, dazu oben § 8 Rdn. 219) begreifen. Die vorvertraglichen Pflichten dienen zum anderen der Sicherung und Erhaltung des „**status quo ante**", also des vorhandenen Bestandes an Rechten und Rechtsgütern, die jede Seite in den Sonderkontakt einbringt (dazu unten Rdn. 32 f).

(1) Pflichten zur Förderung der vertraglichen Willensbildung des anderen Teils

20 Die Willensbildung des anderen Teils kann dadurch beeinträchtigt werden, dass eine Seite vertragsbezogene Angaben macht, die nicht richtig sind, oder es unterlässt, dem anderen Informationen zu geben, die für dessen Entschließung wesentlich sein können. Im ersten Fall geht es um die **Wahrheitspflicht** (unten Rdn. 21 ff), im zweiten Fall um **Aufklärungspflichten** (unten Rdn. 24 ff). Zweifelhaft ist, ob darüber hinaus vorvertragliche Pflichten an die Formulierung des eigenen rechtsgeschäftlichen Willens und die Ermittlung des tatsächlichen Willens des anderen anzuerkennen sind (unten Rdn. 28 ff).

---

tisch Medicus/*Petersen* Bürgerliches Recht Rdn. 200 a. Zur Haftung sog. Influencer nach § 311 Abs. 3 BGB als Sachwalter s. *Benz/Kohler* ZfPW 2020, 490.

(a) Wahrheitspflicht
(aa) Grundsatz

Macht im Vorfeld des Vertragsschlusses eine Seite gegenüber dem anderen Teil **21** Angaben, die für dessen Willensbildung relevant sein können, so müssen diese Angaben richtig sein. Unerheblich ist, ob insoweit eine Aufklärungspflicht bestand. Wer schweigen darf, aber dennoch redet, unterliegt der **Wahrheitspflicht** (vgl. oben § 14 Rdn. 86 zu § 123 BGB): **Wer redet, muss wahr reden.**[13]

Beispiele: BGH vom 20.9.1996, NJW-RR 1997, 144 (145): Macht der Verkäufer „tatsächliche Anga- **22** ben, die für den Kaufentschluss des anderen Teils von Bedeutung sein können, so müssen diese richtig sein, und zwar auch dann, wenn eine Offenbarungspflicht nicht bestand". – BGH vom 26.4.1991, BGHZ 114, 263 (268) = NJW 1991, 2556 (2557): „Wer als Verkäufer für eine Immobilie wirbt und dabei Steuervorteile einer Anlage- oder Kaufentscheidung herausstellt oder in konkrete Finanzierungspläne einbezieht, muss Voraussetzungen, Hinderungsgründe und Ausmaß der Steuervorteile richtig und so vollständig darstellen, dass bei dem Kunden oder Käufer über keinen für seine Entscheidung möglicherweise wesentlichen Umstand eine Fehlvorstellung erweckt wird".[14]

(bb) Ausnahme

Eine wahrheitswidrige Antwort auf eine im Rahmen der Vertragsanbahnung un- **23** zulässige Frage ist nicht rechtswidrig (**Recht zur Lüge**, oben § 14 Rdn. 87 mit Beispielen). Hierin liegt somit keine Verletzung vorvertraglicher Pflichten.

(b) Aufklärungspflichten

Aufklärungspflichten begründen eine Pflicht zum Reden. Sie besagen, dass eine **24** Seite der anderen unter bestimmten Voraussetzungen Informationen zur Verfügung stellen muss, die für deren Entscheidung über Abschluss und Inhalt des in Aussicht genommenen Vertrages wesentlich sind. Inhalt und Umfang dieser Pflicht bedarf sorgfältiger Abwägung mit dem Gegenprinzip der Eigenverantwortlichkeit für die Beschaffung der Informationen, die jede Seite benötigt, um interessengerecht über den Vertragsschluss zu entscheiden.

---

13 MüKo/*V. Emmerich* § 311 Rdn. 65 und 79; BeckOGK/*Herresthal*, 1.1.2021, § 311 BGB Rn. 402.
14 Vgl. auch BGH vom 26.9.1997, NJW 1998, 302; BGH vom 6.4.2001, NJW 2001, 2875 (2876); BGH vom 14.6.2003, NJW-RR 2003, 1192 (1195).

(aa) Kriterien der Statuierung von Aufklärungspflichten

25 Die Ausgangsformel der Rechtsprechung lautet, dass bei Vertragsverhandlungen jede Seite nach Treu und Glauben verpflichtet ist, den anderen über alle Umstände aufzuklären, die für dessen vertragliche Willensbildung erkennbar von wesentlicher Bedeutung sind, sofern der andere die Mitteilung nach der Verkehrsauffassung erwarten kann.[15] In der Konkretisierung dieses recht allgemeinen Ausgangspunktes hat die Rechtsprechung eine Reihe von Kriterien und Gesichtspunkten entwickelt, die – vorbehaltlich besonderer Umstände des Einzelfalls – für und gegen die Bejahung von Aufklärungspflichten sprechen. Eine Aufklärungspflicht setzt grundsätzlich voraus, dass der Pflichtige über einen spezifischen **Informationsvorsprung** vor der anderen Seite verfügt,[16] insbesondere aufgrund arbeitsteiliger Spezialisierung Fachkenntnisse hat, die der anderen Seite (als Laien) fehlen.[17] Aufklärungspflichten sind vor allem über Umstände zu bejahen, die eine **Gefahr einer Vereitelung des Vertragszwecks** begründen.[18] Ein **Interessengegensatz** zwischen den Kontrahenten schließt Aufklärungspflichten **nicht** aus[19] – schließlich verfolgt bei einem entgeltlichen Vertrag jede Partei ihre Interessen gegen die der anderen Seite. Aufklärungspflichten sind zu verneinen, wenn und soweit in einer **marktwirtschaftlichen Ordnung** der anderen Seite die Funktion zukommt, sich die relevanten Informationen selbst zu verschaffen.[20] Dass eine bestimmte Leistung von B günstiger als von A zu erhalten ist, muss nicht A dem Nachfrager mitteilen, sondern dieser selbst herausfinden – auch

---

15 BGH vom 12.11.1969, NJW 1970, 654 (655); OLG Brandenburg vom 28.9.2005, NJW-RR 2006, 51 (52).

16 BGH vom 16.5.2006, BGHZ 168, 1 (22f) = NJW 2006, 2099 (2104) zum Aufklärungspflichten begründenden Wissensvorsprung der einen Immobilienerwerb finanzierenden Bank aufgrund institutionalisierter Zusammenarbeit mit dem Verkäufer; seither ständig, vgl. BGH vom 3.6.2008, NJW 2008, 2572 (2574 m.w.N.); BGH vom 27.6.2008 – V ZR 135/07, BeckRS 2008, 15504, Rdn. 12 (Informationsvorsprung einer Gemeinde gegenüber Grundstückskäufer hinsichtlich der geplanten Errichtung eines Abwasser-Zweckverbands).

17 Hierauf beruhen die vielfältigen und weit reichenden Prüfungs- und Beratungspflichten des Werkunternehmers (Palandt/*Sprau* § 631 Rdn. 14, 17), deren Verletzung freilich in aller Regel nicht zu Schadensersatzansprüchen wegen culpa in contrahendo, sondern zu einer vertraglichen Haftung für Mängel des Werkes führt.

18 BGH vom 14.3.1991, BGHZ 114, 87 (90f) = NJW 1991, 1819; BGH vom 4.4.2001, NJW 2001, 2163 (2165); BGH vom 16.12.2009, NJW 2010, 858 Rdn. 15; BGH vom 11.11.2011, NJW 2012, 846 Rdn. 6; BGH vom 1.2.2013, NJW 2013, 1807 Rdn. 8; MüKo/*V. Emmerich* § 311 Rdn. 74f.; BeckOGK/*Herresthal*, 1.1.2021, § 311 BGB Rn. 405.

19 BGH vom 31.1.1979, MDR 1979, 700 = GRUR 1979, 429 (430) – Daktari; BGH vom 2.3.1979, NJW 1979, 2243; BGH vom 16.10.1987, NJW-RR 1988, 394; BGH vom 4.4.2001, NJW 2001, 2163 (2164); BGH vom 11.11.2011, NJW 2012, 846 Rdn. 6; BGH vom 1.2.2013, NJW 2013, 1807 Rdn. 8.

20 BeckOGK/*Herresthal*, 1.1.2021, § 311 BGB Rn. 389.

wenn A die Preise seiner Konkurrenten (wie meist) genau kennt. Umso mehr gilt: Wer sich beim Kauf einer Sache vertragsrelevante Informationen durch die Einholung von Gutachten gegen Entgelt beschafft hat, muss diese Informationen beim Verkauf der Sache nicht „zum Nulltarif" an die andere Seite weitergeben (Beispiel dazu oben § 14 Rdn. 99).[21]

Ein **Beispiel** für die Handhabung dieser Kriterien bildet die Rechtsprechung **26** zu **Unfallersatztarifen** von Mietwagen-Unternehmen.[22] Ist für die Beschädigung eines Kraftfahrzeugs bei einem Unfall der Unfallgegner verantwortlich, umfasst der Schadensersatzanspruch des Geschädigten die Kosten für die Anmietung eines Ersatzfahrzeugs für die Dauer der Reparaturzeit,[23] und hierfür hat der Haftpflichtversicherer des Unfallgegners aufzukommen.[24] Das hat dazu geführt, dass Mietwagen-Unternehmen spezielle „Unfallersatztarife" anbieten, die deutlich über den Normaltarifen für Selbstzahler liegen. Haftpflichtversicherer haben es abgelehnt, für die überhöhten Kosten von Unfallersatztarifen aufzukommen, da der Schadensersatzanspruch des Geschädigten nur die marktüblichen Kosten eines Mietwagens umfasse.[25] Die Rechtsprechung verlangt einerseits vom Geschädigten, dass er sich vor Anmietung eines Ersatzwagens selbst in zumutbarer Weise über die am Markt geforderten Preise informiert. Das Mietwagen-Unternehmen ist nicht verpflichtet, auf günstigere Angebote anderer Anbieter hinzuweisen. Bietet der Vermieter dem Unfallgeschädigten aber einen Tarif an, der deutlich über dem Normaltarif auf dem örtlich relevanten Markt liegt, und besteht deshalb die Gefahr, dass die Haftpflichtversicherung nicht den vollen Tarif übernimmt, so muss er den Mieter darüber aufklären.[26] Diese Aufklärungspflicht ist durch den spezifischen Informationsvorsprung des Mietwagen-Unternehmens gerechtfertigt, das bei der Abrechnung der Mietverträge mit den Versicherern kraft Gewerbes von deren Regulierungsverhalten Kenntnis erlangt, während der einzelne

---

21 BGH vom 29.1.1993, NJW 1993, 1643 (1644).
22 Hierzu *G. Wagner* NJW 2006, 2289 ff und NJW 2007, 2149 ff.
23 Statt aller: Palandt/*Grüneberg* § 249 Rdn. 31.
24 Zum Direktanspruch des Geschädigten gegen den Haftpflichtversicherer des Unfallgegners siehe § 115 Abs. 1 Satz 1 Nr. 1 VVG.
25 Unter Berufung auf das in § 249 Abs. 2 Satz 1 BGB zum Ausdruck kommende Erforderlichkeitsprinzip hat der BGH seit 2004 die Ersatzfähigkeit von Unfallersatztarifen auf solche höheren Kosten beschränkt, die durch besondere, sich aus der Unfallsituation ergebende Leistungen des Mietwagenunternehmens gedeckt sind, BGH vom 12.10.2004, NJW 2005, 51; BGH vom 26.10.2004, NJW 2005, 135; BGH vom 15.2.2005, NJW 2005, 1041; zusammenfassend BGH vom 28.6.2006, NJW 2006, 2618 Rdn. 21.
26 BGH vom 28.6.2006, NJW 2006, 2618 Rdn. 29; BGH vom 24.10.2007, NJW-RR 2008, 470 Rdn. 9; zum Parallelproblem erhöhter Kosten eines den Unfall begutachtenden Sachverständigen ebenso BGH vom 1.6.2017, NJW 2017, 2403 Rdn. 18 ff; hierzu *M. Schwab* JuS 2018, 482.

Kunde möglicherweise noch keine Vorerfahrungen in der Schadensregulierung hat und jedenfalls davon ausgeht, dass spezielle „Unfallersatztarife" mit den Leistungspflichten der Versicherer abgestimmt sind.[27] Praktisch wird durch die Aufklärungspflicht ein Druck auf die Unternehmen ausgeübt, bei der Vermietung von Unfallersatzwagen die schadensersatzrechtlich gezogenen Grenzen einzuhalten. Geschieht dies, entfällt damit das Bedürfnis für eine Aufklärungspflicht.

(bb) Gegenstand und Inhalt von Aufklärungspflichten

27 Gegenstand von Aufklärungspflichten bei der Vertragsanbahnung können alle Umstände sein, die für die Willensbildung des anderen Teils über den in Aussicht genommenen Vertrag relevant sein können. Das spannt den Bogen sehr weit. Hierunter können Umstände fallen, die zur Unwirksamkeit eines Vertrages führen (Aufklärungspflichten über die Form- oder Genehmigungsbedürftigkeit eines Vertrages)[28] oder dessen Undurchführbarkeit begründen, Umstände, die die Gefahr einer Vereitelung des Vertragszwecks begründen,[29] Umstände in der Person des Kontrahenten selbst (Vorstrafen wegen Vermögensdelikten bei Einstellung als Buchhalter; nicht: Minderjährigkeit,[30] da der Minderjährige nicht durch Schadensersatzansprüche in Bindungen verwickelt werden darf, vor denen ihn die §§ 106 ff BGB schützen wollen). Aufklärungspflichten können die Beschaffenheit des Vertragsgegenstandes und dessen Verwendbarkeit für den vertraglich vorgesehenen oder vorausgesetzten Gebrauch betreffen (oben § 14 Rdn. 91). Ausgegrenzt werden Umstände, die der andere Teil bei seiner Entscheidung über den Vertragsschluss nicht berücksichtigen darf wie die Frage einer Schwangerschaft der Bewerberin um einen Arbeitsplatz (oben § 14 Rdn. 87 f).

(c) Vorvertragliche Pflichten hinsichtlich der Formulierung des eigenen und der Ermittlung des gegnerischen rechtsgeschäftlichen Willens?

28 In der berühmten „Weinsteinsäure"-Entscheidung[31] hat das RG die Möglichkeit einer Haftung der Kontrahenten aus culpa in contrahendo wegen eines verschul-

---

27 BGH vom 28.6.2006, NJW 2006, 2618 Rdn. 18 f; BGH vom 24.10.2007, NJW-RR 2008, 470 Rdn. 15.

28 MüKo/*V. Emmerich* § 311 Rdn. 72 f m. N.

29 MüKo/*V. Emmerich* § 311 Rdn. 74 ff m. N.; BeckOGK/*Herresthal*, 1.1.2021, § 311 BGB Rn. 405.

30 Staudinger/*Klumpp* (2017) Vorbem. zu §§ 104–115 Rdn. 66; MüKo/*Spickhoff* § 106 Rdn. 18; *Neuner* AT § 34 Rdn. 72; Medicus/*Petersen* Bürgerliches Recht Rdn. 177.

31 RG vom 5.4.1922, RGZ 104, 265 – „Weinsteinsäure" (Sachverhalt unten § 30).

deten Dissenses anerkannt.[32] Hieran hält die Rechtsprechung fest,[33] unterstützt von großen Teilen der Lehre.[34] Zu folgen ist dem nicht.[35] Die Schadensersatzhaftung aus culpa in contrahendo führt zu Wertungswidersprüchen gegenüber den Grundsätzen über die Auslegung empfangsbedürftiger Willenserklärungen und den Regeln zu Konsens und Dissens.

Im Weinsteinsäure-Fall dürfte es bei Beachtung dieser Auslegungsregeln überhaupt an einem **29** Dissens fehlen (oben § 5 Rdn. 68). Kommt man dennoch zur Bejahung eines Dissenses, so setzt die Haftung aus culpa in contrahendo eine Rechtspflicht voraus, den rechtsgeschäftlichen Willen so klar, eindeutig und vollständig zu formulieren, dass ein Dissens vermieden wird. Nach der Regelungstechnik des BGB sollen die Kontrahenten gewiss zu einer für den Empfänger verständlichen Formulierung ihres rechtsgeschäftlichen Willens angehalten werden. Das Mittel hierzu sind aber nicht zum Schadensersatz führende Rechtspflichten, sondern die Nachteile, die dem Erklärenden dadurch drohen, dass der Vertrag mit einem von ihm nicht gewollten Inhalt (normativer Konsens) oder nicht zustande kommt (Dissens).

Umgekehrt erwartet die Rechtsordnung, dass der Empfänger einer Erklärung sich **30** Mühe gibt herauszufinden, was der wirkliche Wille des Erklärenden ist. Diese Erwartung wird in die Grundsätze über die Auslegung empfangsbedürftiger Erklärungen eingebunden (oben § 5 Rdn. 51ff). Die Nichtbeachtung dieser Anforderung kann dazu führen, dass die Erklärung nicht in dem Sinne gilt, in dem der Empfänger sie verstanden hat. Um eine Rechtspflicht, deren Verletzung Schadensersatzansprüche nach sich zieht, handelt es sich nicht. Darf der Empfänger die Erklärung nach den Regeln der normativen Auslegung in seinem Sinne verstehen, kann er nicht gleichzeitig gegen eine Rechtspflicht zur Ermittlung des wahren Willens des Erklärenden verstoßen haben.

Beispiel: Im Fall „Mr. Noch Unbekannt"[36] nimmt der BGH an, dass es hinsichtlich des zweiten **31** Passagiers zu keiner Einigung zwischen dem beklagten Luftfahrtunternehmen und dem Kläger gekommen sei und somit ein Teildissens vorliege.[37] Im Schrifttum ist die Frage aufgeworfen worden, ob dem Luftfahrtunternehmen insoweit ein Schadensersatzanspruch wegen eines vom Kläger verschuldeten Dissenses zustehe.[38] Geht man mit dem BGH davon aus, dass das beklagte

---

32 RG a.a.O. (vorige Fn.) S. 268.

33 BGH vom 12.11.1986, BGHZ 99, 101 (sub III 3 b, aa) = NJW 1987, 639 (640); OLG Jena vom 17.9.2003, NZBau 2004, 438 (439).

34 Palandt/*Ellenberger* § 155 Rdn. 5; Staudinger/*Bork* (2020) § 155 Rdn. 17; Erman/*Armbrüster* § 155 Rdn. 6; Medicus/*Petersen* AT Rdn. 439; *Neuner* AT § 38 Rdn. 5; *Faust* AT § 3 Rdn. 27.

35 *Flume* AT § 34, 5 (S. 625f); Staudinger/*Singer* (2017) § 122 Rdn. 6; MüKo/*Busche* § 155 Rdn. 15; Jauernig/*Mansel* § 155 Rdn. 3.

36 BGH vom 16.10.2012, BGHZ 195, 126 = NJW 2013, 598 – „Mr. Noch unbekannt" (Sachverhalt unten § 30); dazu oben § 5 Rdn. 60 und § 8 Rdn. 120, 125, 166.

37 BGH a.a.O. (vorige Fn.) Rdn. 21.

38 *Schinkels* LMK 2013, 343553 (sub 2c); *Sutschet* NJW 2014, 1041 (1046).

Luftfahrtunternehmen die Buchung des Klägers im Sinne eines Antrags auf Einräumung eines Nachbenennungsrechts verstehen musste, so fällt es schwer, ein hiermit kompatibles schuldhaftes Pflichtverletzungsverhalten des Klägers ausfindig zu machen. Es ist nicht pflichtwidrig, einen Antrag auf Einräumung von Sonderkonditionen zu stellen,[39] und der Antrag war nach Ansicht des BGH so formuliert, dass die Fluggesellschaft die Buchung in dem vom Kläger gemeinten Sinne verstehen konnte und musste.

(2) Schutzpflichten zur Erhaltung der Rechte und Rechtsgüter des anderen Teils

32   Eine weitere Gruppe vorvertraglicher Pflichten dient dem Schutz der Rechte und Rechtsgüter (§ 241 Abs. 2 BGB), die jede Seite in die Vertragsanbahnung einbringt (**status quo ante**). Dies sind im Wesentlichen die in § 823 Abs. 1 BGB genannten Schutzgüter Leben, Körper, Gesundheit, Eigentum. Diese Pflichten sollen z. B. verhindern, dass jemand als Besucher eines Kaufhauses, bei der Besichtigung eines Grundstücks oder einer Probefahrt mit einem Auto am Körper verletzt oder in seinem Eigentum beeinträchtigt wird.[40]

33   Das berühmteste **Beispiel** bildet der „**Gemüseblatt-Fall**":[41] Während die Kassenangestellte noch die Preise der einzelnen Waren in die Kasse eingibt, will die Tochter der Kundin schon auf der anderen Seite des Kassenstandes beim Einpacken helfen, rutscht dabei auf einem auf dem Boden befindlichen Gemüseblatt aus und zieht sich komplizierte Brüche zu. Nach geltendem Recht (§ 311 Abs. 3 Satz 1 BGB) kann angenommen werden, dass zwischen dem Supermarktbetreiber und der Tochter, die ihrer Mutter beim Einkauf half, ein eigenes Schuldverhältnis mit Schutzpflichten gemäß § 241 Abs. 2 BGB bestand, für deren Verletzung das Unternehmen der Tochter aus culpa in contrahendo gemäß § 280 Abs. 1 BGB in Verb. mit §§ 311 Abs. 3, 241 Abs. 2 BGB schadensersatzpflichtig ist.

34   Auf diese dem Rechtsgüterschutz dienenden Pflichten und deren Verletzung kann hier nicht näher eingegangen werden.

bb. Verletzung der Pflichten zur Förderung der Willensbildung des anderen Teils

35   Die Wahrheitspflicht wird durch Reden (nämlich: durch wahrheitswidrige Angaben), eine Aufklärungspflicht durch Schweigen (nämlich durch Unterlassung gebotener Hinweise) verletzt.

---

39 *Stadler* JA 2013, 465 (467).
40 Die näheren Einzelheiten sind den Darstellungen zum Allgemeinen Teil des Schuldrechts zu entnehmen.
41 BGH vom 28.1.1976, BGHZ 66, 51 = NJW 1976, 712.

Beispiele: Erfolgt eine arglistige Täuschung durch aktives Tun, so liegt hierin ein Verstoß gegen **36** die Wahrheitspflicht. Eine arglistige Täuschung durch Unterlassen gebotener Aufklärung liegt in der (vorsätzlichen) Verletzung von Aufklärungspflichten.

Setzt der Schuldner andere Personen als Erfüllungsgehilfen (dazu sogleich unten **37** Rdn. 45f) im Rahmen der Vertragsverhandlungen ein (sog. **Verhandlungsgehilfen**), so muss er sich deren Verhalten wie eigenes Verhalten zurechnen lassen (§ 278 BGB). Die Rechtslage ist so anzusehen, als habe sich der Schuldner selbst so verhalten wie der Verhandlungsgehilfe. Der Schuldner verletzt also vorvertragliche Pflichten, wenn das Verhalten des Gehilfen, gedacht als Verhalten des Schuldners selbst, pflichtwidrig wäre.

2. Hindernis: Pflichtverletzung nicht zu vertreten (§ 280 Abs. 1 Satz 2 BGB)

Gemäß § 280 Abs. 1 Satz 2 BGB haftet der Schuldner nicht, wenn er die Pflichtver- **38** letzung nicht zu vertreten hat. Was der Schuldner zu vertreten hat, ergibt sich aus den §§ 276 ff BGB. Danach hat der Schuldner ein eigenes Verschulden (Vorsatz und Fahrlässigkeit) zu vertreten (§ 276 Abs. 1 BGB) und für das Verschulden von Erfüllungsgehilfen und gewissen weiteren Personen ohne eigenes Verschulden einzustehen (§ 278 BGB).

a. Haftung für eigenes Verschulden (§ 276 Abs. 1 Satz 1 BGB)
aa. Inhalt und Bezugspunkt des Verschuldens

Vorsatz liegt bei bewussten und gewollten Pflichtverletzungen vor. Der Schuld- **39** ner muss wissen, dass ihn eine bestimmte Pflicht trifft, und er muss ihr bewusst zuwider handeln oder ein solches Zuwiderhandeln billigend in Kauf nehmen (sog. „bedingter Vorsatz").

Bei Verletzungen der Wahrheitspflicht gehört zum Vorsatz die Kenntnis von **40** der Unrichtigkeit der Angaben und von deren Relevanz für die Willensbildung der anderen Seite. Dem stellt die Rechtsprechung den Fall gleich, dass der Pflichtige ohne hinreichende sachliche Beurteilungsgrundlage „**Angaben ins Blaue hinein**" macht (dazu oben § 14 Rdn. 103ff). Die Rechtsprechung bejaht in diesem Fall den Vorsatz selbst dann, wenn der Pflichtige von der Richtigkeit seiner Angaben überzeugt ist.

Beispiel:[42] Der Verkäufer eines mit einem Gebäude bebauten Grundstücks erklärt gegenüber **41** dem Käufer, dass mit Bezug auf den Kaufgegenstand Rechtsstreitigkeiten weder schwebten noch

---

[42] BGH vom 8.5.1980, NJW 1980, 2460.

angedroht seien. Hiervon ist der Verkäufer auch persönlich überzeugt. Er hat in der Vergangenheit aber das Haus von einer Verwaltungsgesellschaft verwalten lassen und deren Unterlagen nicht eingesehen, so dass ihm für seine Versicherung jegliche tatsächliche Grundlage fehlt.

42 **Fahrlässig** handelt nach der Legaldefinition des § 276 Abs. 2 BGB, wer die im Verkehr erforderliche Sorgfalt außer Acht lässt. Eine fahrlässige Pflichtverletzung setzt voraus, dass der sorgfältige Schuldner erkennen konnte, welche Verhaltenserwartungen die Rechtsordnung an ihn stellt, und dass es ihm bei Anwendung der im Verkehr erforderlichen Sorgfalt möglich gewesen wäre, diesen Anforderungen nachzukommen. Die fahrlässige Verletzung vorvertraglicher Pflichten zur Förderung der Willensbildung erfordert, dass der Verletzer zudem die Relevanz der jeweiligen Umstände für die Willensbildung des anderen Teils erkennen konnte.

43 Insbesondere die Verletzung vorvertraglicher Aufklärungspflichten kann recht anspruchsvolle **Fragen des Verschuldens** aufwerfen. Ob in einer bestimmten Situation eine Aufklärungspflicht besteht, kann noch gänzlich unerörtert oder in Rechtsprechung und Schrifttum umstritten sein.[43] Verneint in solchen Fällen ein Instanzgericht das Bestehen einer Aufklärungspflicht, während der BGH als Revisionsgericht sie bejaht, wird der Pflichtige geltend machen, dass man von ihm als Laien nicht mehr Einsicht in die wahre Rechtslage erwarten könne als von den Richterinnen und Richtern der Vorinstanz. Das Problem stellt sich auch in anderem Kontext.[44] Bei der Verletzung vorvertraglicher Aufklärungspflichten ist zu bedenken, dass es um Anforderungen geht, die nach dem Maßstab von Treu und Glauben an den Schuldner zu stellen sind, und eine Rechtsordnung für sich in Anspruch nehmen muss, dass diese Anforderungen prinzipiell für die Rechtsunterworfenen erkennbar sind.[45] Wird die Frage des Bestehens einer Aufklärungspflicht im

---

43 In den „Unfallersatztarif"-Fällen (oben Rdn. 26) hat der BGH die Aufklärungspflicht der Mietwagenunternehmen ab 2006 bejaht und diese Rechtsauffassung in der Folge Entscheidungen über Sachverhalte aus dem Jahr 2003 ohne Problematisierung des Verschuldens zugrunde gelegt, obwohl 2003 die Entscheidungen noch nicht ergangen waren, die die Grenzen der Ersatzfähigkeit von Unfallersatztarifen abgesteckt haben. Das Verschulden bei einer Rechtsprechungsänderung dagegen verneinend: BGH vom 3.6.2014, NJW 2014, 2947 Rdn. 25 ff.

44 So bei § 286 Abs. 4 BGB, wenn der Schuldner nicht leistet, weil er infolge eines Rechtsirrtums glaubt, zur Leistung nicht verpflichtet zu sein. Die Rechtsprechung stellt ähnlich strenge Anforderungen wie bei der Verletzung von Aufklärungspflichten. Ein Rechtsirrtum vermag den Schuldner in aller Regel nicht zu entlasten (BGH vom 12.7.2006, NJW 2006, 3271 Rdn. 19), selbst für eine Falschberatung durch einen Rechtsanwalt oder Mieterschutzverein hat der Schuldner gemäß § 278 BGB einzustehen (BGH vom 25.10.2006, NJW 2007, 428 Rdn. 21 ff; hiergegen zu Recht *S. Lorenz* WuM 2013, 202 (206)). Großzügiger (in dem Bestreben, Rechtsstreitigkeiten zur Klärung wichtiger Rechtsfragen zu fördern) BGH vom 26.1.2005, NJW 2005, 976 (977) – „Notebook" (Sachverhalt unten § 30). Zu den Gründen, die eine solche Großzügigkeit bei unklarer Rechtslage rechtfertigen können, s. MüKo/*Häublein* § 571 Rdn. 5 f m.w.N.

45 Nach ständiger Rechtsprechung des BGH fordert „der Geltungsanspruch des Rechts, dass der Verpflichtete grundsätzlich das Risiko eines Irrtums über die Rechtslage selbst trägt", BGH vom 12.7.2006, NJW 2006, 3271 Rdn. 19; BGH vom 11.6.2014, NJW 2014, 2717 Rdn. 34.

Schrifttum kontrovers erörtert oder von Gerichten unterschiedlich entschieden, darf der Schuldner sich nicht einfach nach der ihm günstigen Auffassung richten.

bb. Der Haftungsmaßstab

Gesetzlicher Ausgangspunkt ist die Verantwortlichkeit des Schuldners für Vorsatz **44** und jede Form von Fahrlässigkeit (grobe und leichte Fahrlässigkeit). Vorbehalten bleibt, dass etwas anderes „bestimmt" ist oder sich aus der „Natur des Schuldverhältnisses" ergibt (§ 276 Abs. 1 Satz 1 Hs. 2 BGB). Vertragliche Vereinbarungen über einen milderen Haftungsmaßstab des Schuldners sind grundsätzlich ohne Einfluss auf dessen *vorvertragliche* Verantwortlichkeit. Wohl aber kann sich aus der Natur des vorvertraglichen Schuldverhältnisses ein von der Regel des § 276 Abs. 1 Satz 1 Hs. 1 BGB abweichender Haftungsmaßstab ergeben. Dies dürfte insbesondere im Rahmen von Probefahrten mit einem dem Kaufinteressenten unbekannten Wagen anzunehmen sein, sofern dem Kunden leicht fahrlässig ein probefahrtspezifischer Fehler unterläuft.[46]

b. Haftung für fremdes Verschulden (§ 278 BGB)

Setzt jemand für die Anbahnung und/oder den Abschluss von Verträgen andere **45** Personen ein, so sind diese seine Erfüllungsgehilfen im Sinne von § 278 BGB hinsichtlich der vorvertraglichen Pflichten. Für das Verhalten dieser Verhandlungs- oder Abschlussgehilfen hat der Schuldner so einzustehen, wie wenn er sich selbst so wie diese Hilfspersonen verhalten hätte. Grundgedanke ist, dass der Schuldner durch den Einsatz dieser Hilfspersonen kein eigenes Erfüllungsverhalten mehr an den Tag legen muss und deswegen kaum mehr dem Risiko ausgesetzt ist, selbst eine Pflicht zu verletzen. Erweitert er so seine Handlungsmöglichkeiten, muss er in gleichem Maße auch eine Erweiterung seiner Haftung hinnehmen. Die Verantwortlichkeit des Schuldners für Erfüllungsgehilfen setzt kein eigenes Verschulden des Schuldners (etwa: bei der Auswahl oder der Anleitung) voraus; sie ist eine Risikohaftung für das Verhalten dieser Gehilfen.

Für die Verletzung vorvertraglicher Pflichten im Rahmen der Anbahnung und **46** des Abschlusses von Verträgen kommt dem § 278 BGB allergrößte praktische Bedeutung zu, werden doch die meisten Verträge nicht von den Personen selbst geschlossen, die Vertragspartner werden sollen (oben § 4 Rdn. 96). Eine wichtige Gruppe von Erfüllungsgehilfen bilden Personen, denen der Prinzipal rechtsgeschäftliche Vertretungsmacht zum Abschluss von Verträgen verliehen hat,

---

46 Näher *Leenen* FS Schirmer (2005), 369 (374 ff) mit Nachweisen zur Rechtsprechung.

doch reicht der Kreis der Erfüllungsgehilfen weit darüber hinaus. Entscheidend ist, ob und in welcher Funktion der Schuldner die jeweiligen Personen mit der Wahrnehmung von Aufgaben im Rahmen der Anbahnung und des Abschlusses von Rechtsgeschäften betraut hat. Setzt er Reinigungspersonal ein, um die Geschäftsräume stets in einem verkehrssicheren Zustand zu erhalten, sind diese Personen seine Erfüllungsgehilfen bei der Wahrnehmung von Schutz- und Erhaltungspflichten gegenüber den Kunden, sie werden aber nicht im Pflichtenkreis der Förderung der vertraglichen Willensbildung der Kunden tätig. Diese Aufgabe kann Verkaufsangestellten unabhängig davon obliegen, ob sie zum Vertragsschluss bevollmächtigt sind. Kassenangestellte haben diese Vertretungsmacht, sind aber vielfach nicht für die Beratung der Kunden hinsichtlich bestimmter Eigenschaften der zum Kauf ausgestellten Ware zuständig.

III. Kausalität der Pflichtverletzung für den eingetretenen Schaden

47 Wer eine vorvertragliche Pflicht verletzt, hat dem anderen den „hierdurch entstehenden Schaden" zu ersetzen (§ 280 Abs. 1 BGB). Der geltend gemachte Schaden muss auf der Pflichtverletzung beruhen, die Pflichtverletzung muss kausal für den Schaden sein. Die besondere Problematik dieses Kausalitätserfordernisses besteht bei der Verletzung von vorvertraglichen Informationspflichten darin, dass es um eine psychisch vermittelte Kausalität geht, nämlich um die Frage, ob sich der Geschädigte anders verhalten hätte, wenn der Pflichtige die Wahrheit gesagt oder ihn pflichtgemäß aufgeklärt hätte. Individuelle Verhaltensentscheidungen können aber von einer solchen Vielzahl rationaler, sozialer, emotionaler, spontaner, bewusster und unbewusster Determinanten abhängen, dass eine einigermaßen sichere Prognose des faktischen Verhaltens so gut wie ausgeschlossen ist.

48 Das hierauf beruhende Risiko der Unaufklärbarkeit des Kausalverlaufs ist nicht vom Geschädigten, sondern von demjenigen zu tragen, der die Aufklärungspflicht verletzt und damit die Ungewissheit geschaffen hat, wie der Geschädigte sich im Falle ordnungsgemäßer Aufklärung verhalten haben würde. Nach der Rechtsprechung spricht daher eine tatsächliche Vermutung[47] dafür, dass der Geschützte im Falle ordnungsgemäßer Aufklärung unter Beachtung der ihm erteilten Hinweise und Informationen eine andere, ihm günstigere Entscheidung getroffen hätte. Sache dessen, der die Pflicht verletzt hat, ist es, diese **Vermutung**

---

47 Zu Begriff und Technik der Vermutung unten § 23 Rdn. 107 ff.

aufklärungsrichtigen Verhaltens[48] zu widerlegen. Dies gilt, entgegen älterer Rechtsprechung, auch dann, wenn sich der Geschützte in einem Entscheidungskonflikt befand, wie es insbesondere bei Kapitalanlageentscheidungen typischerweise der Fall ist, weil der Hinweis auf Risiken nicht stets zum Verzicht auf das Geschäft führt.[49]

Die der Beweislastumkehr[50] zugrunde liegende Vermutung ist nicht zuletzt deswegen gerechtfertigt, weil Aufklärungspflichten geeignet sein müssen, das Entscheidungsverhalten des Geschützten zu beeinflussen. Hiermit wäre unvereinbar, bei der Prüfung der Kausalität zu unterstellen, die Geschützten verhielten sich im Falle ordnungsgemäßer Aufklärung nicht anders als ohne Aufklärung.   **49**

IV. Ersatzfähigkeit des geltend gemachten Schadens

Die Rechtsprechung geht davon aus, dass die gesetzlichen Vorschriften über die Haftung für Mängel (Kaufvertrag: §§ 434 ff BGB; Mietvertrag: §§ 536 ff BGB; Werkvertrag: §§ 633 ff BGB) grundsätzlich abschließende Sonderregelungen enthalten, die in ihrem Anwendungsbereich Schadensersatzansprüche verdrängen, die auf die Verletzung vorvertraglicher Informationspflichten über die Beschaffenheit des Vertragsgegenstandes gestützt werden. Eine Ausnahme von diesem Grundsatz lässt die Rechtsprechung insbesondere dann zu, wenn dem Verkäufer Arglist zur Last fällt.[51]   **50**

Unterschiedlich hat der BGH die Frage beantwortet, ob ein Grundstück, dessen Begrenzung im Rechtssinne nachteilig von dem Eindruck abweicht, den die Einfriedung erweckt, einen Mangel aufweist mit der Folge, dass Ansprüche des Käufers wegen Verletzung vorvertraglicher Aufklä-   **51**

---

48 BGH vom 5.7.1973, BGHZ 61, 118 = NJW 1973, 1688 (1689); BGH vom 28.5.2002, NJW 2002, 2777 (2778); BGH vom 12.5.2009, NJW 2009, 2298 (2300); BGH vom 8.5.2012, BGHZ 193, 159 Rdn. 28 = NJW 2012, 2427; BGH vom 1.2.2013, NJW 2013, 1807 Rdn. 19; BGH vom 11.2.2014, NZG 2014, 432 Rdn. 10; BGH vom 1.6.2017, NJW 2017, 2403 Rdn. 27; Palandt/*Grüneberg* § 280 Rdn. 39 m.w.N.; ausführlich (und mit anderer dogmatischer Einordnung) *Canaris* FS Hadding (2004), S. 3 ff.
49 BGH vom 15.7.2016, BGHZ 211, 216 Rdn. 20 = MDR 2017, 23 unter Aufgabe der gegenteiligen Judikatur; so in der Sache bereits BGH vom 6.10.1980, BGHZ 79, 337 (346) = NJW 1981, 1449.
50 Teils geht der BGH davon aus, es handele sich nicht lediglich um eine Beweiserleichterung, sondern um eine zur Beweislastumkehr führende widerlegliche Vermutung: BGH vom 8.5.2012, BGHZ 193, 159 Rdn. 29 = NJW 2012, 2427; BGH vom 1.4.2014, BeckRS 2014, 08328 Rdn. 9 (XI. ZS). Andere Senate ließen das offen: BGH vom 15.7.2016, BGHZ 211, 216 Rdn. 16 = MDR 2017, 23 (V. ZS); wohl auch BGH vom 11.2.2014, MDR 2014, 602 Rdn. 10 (II. ZS).
51 BGH vom 27.3.2009, BGHZ 180, 205 (211) = NJW 2009, 2120; BGH vom 16.12.2009, NJW 2010, 858 Rdn. 20.

rungspflichten gesperrt sind. Im „Seegrundstück"-Fall[52] hat der BGH eine solche Sperrwirkung bejaht. Bei ganz parallelem Sachverhalt kommt der BGH nunmehr, nach Inkrafttreten der Schuldrechtsreform, zum abweichenden Ergebnis,[53] ohne die frühere Judikatur zu erwähnen.[54]

V. Inhalt und Umfang des Ersatzanspruchs

1. Inhalt

52 Was der Schuldner als Schadensersatz zu leisten hat, richtet sich nach den §§ 249, 251 BGB.[55] Gemäß § 249 Abs. 1 BGB ist der Geschädigte so zu stellen, wie er stünde, wenn der Schädiger seinen vorvertraglichen Verpflichtungen nachgekommen wäre. Je nach Art der verletzten Pflicht ergeben sich hieraus unterschiedliche Konsequenzen.[56] Im Rahmen dieser Darstellung zur Rechtsgeschäftslehre ist nur auf den Inhalt von Ersatzansprüchen wegen der Verletzung von vorvertraglichen Pflichten zur *Förderung der Willensbildung* des anderen Teils über den in Aussicht genommenen Vertrag einzugehen. Insoweit ist darauf abzustellen, welche *andere* Entscheidung der Verletzte im Falle ordnungsgemäßer Aufklärung getroffen hätte. Insoweit kommen mehrere Möglichkeiten in Betracht.

a. Abschluss eines Vertrages mit einem Dritten

53 Hätte der Verletzte einen **Vertrag mit einem Dritten** geschlossen, ist sein Interesse an der Erfüllung dieses Vertrages zu ersetzen.

54 **Beispiel:** Bei ordnungsgemäßer Aufklärung über die ihrem Abnehmer drohende Zahlungsunfähigkeit hätte die Verkäuferin ihre Waren am Markt anderweitig absetzen können. Sie hat einen Anspruch auf Ersatz dessen, was ihr aus diesen anderen Verträgen zugeflossen wäre.[57]

55 Gerade im Hinblick auf diese Fallgruppe kann die übliche Darstellung, Schadensersatzansprüche aus culpa in contrahendo seien auf das „negative Interesse" gerichtet, zu Missverständnissen Anlass geben.

---

52 BGH vom 16.3.1973, BGHZ 60, 319 = NJW 1973, 1234.
53 BGH vom 11.11.2011, NJW 2012, 846.
54 Zur Kritik der Konkurrenzlehre des BGH *Häublein* NJW 2003, 388; MüKo/*Emmerich* § 311 Rdn. 80ff. In Österreich konkurriert die Haftung aus culpa in contrahendo nach ganz h. M. frei mit dem Recht der Mängelgewährleistung.
55 Ausführlich *Ackermann*, Der Schutz des negativen Interesses (2007), S. 258 ff.
56 *Nirk* FS Möhring (1965), S. 385 (397 ff): *ders.* FS Möhring (1975), S. 71 (86 ff).
57 BGH vom 2.3.1988, NJW 1988, 2234 (2236).

b. Abschluss eines wirksamen Vertrages

Wäre **statt eines unwirksamen Vertrages ein wirksamer Vertrag** (mit dem 56
Pflichtigen oder einem Dritten) zustande gekommen, so ist das Interesse des Geschädigten am Zustandekommen eines solchen wirksamen Vertrages zu ersetzen.

Beispiel:[58] Ein gewerbliches Wohnungsbauunternehmen schließt mit dem Erwerber eines Eigen- 57
heims einen privatschriftlichen Kaufvertrag, ohne darauf hinzuweisen, dass der Vertrag wegen
Formmangels nichtig ist (§§ 125 Satz 1, 311b Abs. 1 Satz 1 BGB; dazu oben § 9 Rdn. 161). Später
verlangt das Unternehmen unter Berufung auf die Vertragsnichtigkeit Herausgabe des Grundstücks. Dem steht ein Schadensersatzanspruch des Erwerbers aus culpa in contrahendo wegen
Verletzung einer Aufklärungspflicht über die Formbedürftigkeit gegenüber. Die Verpflichtung
des Verkäufers zum Schadensersatz hat aber nicht den Inhalt, dass er den Käufer so behandeln
muss, als sei der Vertrag formgültig geschlossen worden – diese Konsequenz widerspräche der
strikten gesetzlichen Anordnung der Nichtigkeit wegen Formmangels und würde das Formerfordernis aushöhlen. Der Verkäufer schuldet als Schadensersatz daher den Geldbetrag, den der Käufer über den Betrag des vereinbarten Kaufpreises hinaus aufwenden muss, um – nach Herausgabe des Grundstücks – eine gleichartige Immobilie nunmehr anderweitig auf dem Markt zu
erwerben.[59] Denn es ist davon auszugehen, dass der Käufer in Kenntnis des Formmangels anderweitig ein Eigenheim erworben hätte.

c. Bloßes Unterbleiben des Abschlusses des Vertrages mit dem Vertragspartner

Hätte der Verletzte den **Vertrag nicht geschlossen**, so kann er von dem Pflichti- 58
gen als Naturalrestitution gemäß § 249 Abs. 1 BGB Freistellung von der Vertrags-
bindung verlangen, soweit der Vertrag noch Pflichten begründet. Sind vertraglich
vereinbarte Leistungen bereits erbracht, sind diese zurückzugewähren.

Schadensersatzansprüche aus culpa in contrahendo können also bei bloß fahrlässiger Verlet- 59
zung vorvertraglicher Pflichten im wirtschaftlichen Erfolg zu ähnlichen Rechtsfolgen wie die **Anfechtung eines Vertrages** wegen arglistiger Täuschung führen. Hierin liegt – entgegen mancher
Kritik im Schrifttum[60] – kein Wertungswiderspruch. § 123 BGB besagt nicht, dass die Lösung von
den Wirkungen eines Vertrages wegen Verletzung vorvertraglicher Pflichten *nur* im Wege der Anfechtung und *nur* unter deren Voraussetzungen erfolgen könne.[61]

Aufwendungen, die der Verletzte nicht gemacht hätte, wenn er ordnungsgemäß 60
aufgeklärt worden wäre, sind zu ersetzen.[62]

---

58 BGH vom 29.1.1965, NJW 1965, 812 (Sachverhalt vereinfacht).
59 BGH vom 29.1.1965, NJW 1965, 812 (814).
60 Brox/*Walker* AT § 19 Rdn. 19; MüKo/*Armbrüster* § 123 Rdn. 103 („Spannungsverhältnis").
61 Dazu methodisch unten § 23 Rdn. 134, 136.
62 BGH vom 25.5.1977, BGHZ 69, 53 (57) = NJW 1977, 1536 (1537); BGH vom 4.4.2001, NJW 2001,
2163 (2164).

61 Beispiel:[63] Der Erwerber eines mit einem Hotelgebäude bebauten Grundstücks investiert erhebliche Summen in die Renovierung und Modernisierung des Gebäudes. Als die erwarteten Gäste ausbleiben, findet der Erwerber heraus, dass das Hotel einen schlechten Ruf als „**Stundenhotel**" hatte und deshalb von regulären Gästen gemieden wird. Den bisherigen Charakter des Etablissements hatte der Verkäufer pflichtwidrig dem Käufer nicht mitgeteilt, vielmehr durch irreführende Objektbeschreibungen beim Erwerber einen falschen Eindruck geschaffen. Der Erwerber kann außer der Rückabwicklung des Vertrages Ersatz der Kosten seiner Investitionen in das Grundstück verlangen.

d. Abschluss des Vertrages mit dem Vertragspartner zu günstigeren Konditionen

62 Hätte der Verletzte den Vertrag mit dem Pflichtigen oder einem Dritten nur zu **günstigeren Konditionen** geschlossen, kann er verlangen, so gestellt zu werden, wie wenn diese günstigeren Konditionen Vertragsinhalt geworden wären. Dies gilt insbesondere dann, wenn der Verkäufer einer Sache pflichtwidrig nicht auf Umstände hingewiesen hat, bei deren Kenntnis der Käufer die Sache nur zu einem niedrigeren Kaufpreis erworben hätte. Der Käufer kann dann die Kaufsache behalten und als Schadensersatz vom Verkäufer den Geldbetrag verlangen, um den er die Sache **zu teuer erworben** hat.[64]

63 Versteht man diesen Anspruch als Herstellung des Zustandes, der sich ergäbe, wenn der Verkäufer den Käufer pflichtgemäß aufgeklärt hätte (§ 249 Abs. 1 BGB), so muss hinzukommen, dass (auch) der Verkäufer zu den für den Käufer günstigeren Konditionen kontrahiert hätte. Dieser Nachweis wird dem Käufer vielfach nicht gelingen. Die mangelnde Vertragsbereitschaft des Verkäufers in diesem Zusammenhang für unbeachtlich zu erklären,[65] heißt, ein Grundprinzip der Privatautonomie – nämlich die Abschlussfreiheit – schadensersatzrechtlich auszuschalten. Das befriedigt nicht, weshalb es nicht um Naturalherstellung im Sinne von § 249 Abs. 1 BGB gehen kann, denn diese bestünde angesichts des nicht zu widerlegenden Einwands des Verkäufers in einer Rückabwicklung des Vertrages. Eine solche Rückabwicklung ist als Schadensersatz aber vielfach für den Käufer interessenwidrig und unzumutbar. Dann kann der Käufer in (direkter oder entsprechender) Anwendung des § 251 Abs. 1 BGB statt der „Herstellung" (= Rückabwicklung) eine „Entschädigung in Geld" verlangen.[66] Die Höhe dieser Entschädigung kann anhand des Betrages bestimmt werden, um den er die Sache „zu teuer erworben" hat. Da es *nicht* um Naturalresti-

---

63 BGH vom 3.7.1992, NJW 1992, 2564 (S. 2565 zur Ersatzfähigkeit frustrierter Aufwendungen).
64 BGH vom 25.7.1977, BGHZ 69, 53 (58) = NJW 1977, 1536 (1538); BGH vom 14.1.1993, NJW 1993, 1323 (1325); BGH vom 6.4.2001, NJW 2001, 2875 (2877); BGH vom 19.5.2006, NJW 2006, 3139 (3141); BGH vom 11.11.2011, NJW 2012, 846 Rdn. 6; BGH vom 1.2.2013, NJW 2013, 1807 Rdn. 15.
65 BGH vom 14.1.1993 a.a.O. (vorige Fn.); BGH vom 19.5.2006, NJW 2006, 3139 (3140 Rdn. 22).
66 Ausführlich zur Anwendbarkeit von § 251 Abs. 1 BGB *Kreutz*, Hypothetische Verträge im Rahmen des Schadensausgleichs (2016). *Kreutz* hält die Naturalrestitution durch Rückgriff auf den hypothetisch mit dem Aufklärungspflichtigen zustande gekommenen Vertrag wegen des Versto-

tution geht, kommt es für die Schadensberechnung nach § 251 BGB *nicht* darauf an, ob der Verkäufer zu einem entsprechend niedrigeren Kaufpreis abgeschlossen hätte.[67]

2. Umfang

Für den Umfang von Schadensersatzansprüchen gilt grundsätzlich § 254 BGB. Danach kann ein Ersatzanspruch zu kürzen sein, wenn zur Entstehung des Schadens ein Mitverschulden des Geschädigten beigetragen hat. Bei Ansprüchen wegen Verletzung vorvertraglicher Aufklärungspflichten ist die Versuchung groß, ein solches Mitverschulden des Geschädigten mit dem Argument zu bejahen, der Geschädigte hätte sich schließlich auch selbst um die Beschaffung der relevanten Informationen kümmern können und sollen. Damit aber setzt sich die Argumentation leicht in Widerspruch zu der Bejahung der Aufklärungspflicht. Wird die Aufklärungspflicht auf einen spezifischen Informationsvorsprung des Pflichtigen und auf sonstige Umstände gestützt, die es dem Geschädigten erschweren, sich die benötigten Informationen selbst zu verschaffen (oben Rdn. 25), schließt dies eine Kürzung des Ersatzanspruchs gemäß § 254 BGB grundsätzlich aus.[68]

64

ßes gegen das Prinzip der Privatautonomie für rechtlich unmöglich und wendet § 251 Abs. 1 Var. 1 BGB an; *Kreutz* a. a. O., S. 195 ff.

67 Diese Interpretation bietet sich insbesondere für die Entscheidung BGH vom 27.6.2008, BeckRS 2008, 15504 (oben Rdn. 25 Fn. 16) an. Der BGH verneint zunächst den geltend gemachten Schadensersatzanspruch mit dem Argument, es sei nicht dargetan, dass die Verkäuferin eine entsprechende vertragliche Regelung mit dem Käufer getroffen hätte, gewährt dann aber aufgrund einer anderweitigen Berechnung des Vertrauensschadens dem Käufer einen Anspruch auf Ersatz des Betrages, um den er die Sache zu teuer erworben habe.

68 BGH vom 25.5.1977, NJW 1977, 1536 (1537 sub I 2 e der Gründe; insoweit in BGHZ 69, 53 nicht abgedruckt); BGH vom 26.9.1997, NJW-RR 1998, 16; BGH vom 13.1.2004, NJW 2004, 1868 (1870); BGH vom 8.7.2010, NJW 2010, 3292 Rdn. 21; BGH vom 1.2.2013, NJW 2013, 1807 Rdn. 21; st. Rspr.

6. Kapitel:
Die Verjährung von Ansprüchen

§ 18 Grundlagen

Die Verjährung führt dazu, dass Ansprüche nach Ablauf bestimmter Fristen nicht 1
mehr durchgesetzt werden können, wenn sich der Schuldner auf die Verjährung
beruft. Der Allgemeine Teil des BGB regelt die Verjährung in den §§ 194–218 BGB.
Daneben finden sich zahlreiche Sondervorschriften in anderen Büchern des BGB
und weiteren Gesetzen.

I. Gegenstand und Wirkung der Verjährung

Gegenstand der Verjährung sind gemäß § 194 Abs. 1 BGB **Ansprüche**, die in die- 2
ser Vorschrift definiert werden als das „Recht, von einem anderen ein Tun oder
Unterlassen zu verlangen". Andere Rechte als Ansprüche unterliegen nach deutschem Recht[1] nicht der Verjährung. Diese Beschränkung der Verjährung auf Ansprüche ergibt sich auch aus § 214 Abs. 1 BGB. Danach besteht die Wirkung der
Verjährung darin, dass der Schuldner berechtigt ist, die Leistung zu verweigern.
Ein solches **Leistungsverweigerungsrecht** ist nur Ansprüchen gegenüber sinnvoll.

Andere Rechte als Ansprüche können ebenfalls zeitlichen Schranken unterliegen, doch geht es 3
insofern typischerweise darum, dass das Recht mit dem Ablauf bestimmter sog. **Ausschlussfristen** entfällt. Ein Beispiel bilden die Anfechtungsfristen gemäß §§ 121, 124 BGB (dazu oben § 14
Rdn. 121). Da das Recht zum Rücktritt nicht verjähren kann, bezieht sich die so wichtige Verjäh-
rungsvorschrift des § 438 BGB allein auf die Ansprüche des Käufers wegen eines Mangels der Sache (also auf § 437 Nr. 1 und Nr. 3 BGB). Das in § 437 Nr. 2 BGB genannte Rücktrittsrecht wegen eines Mangels der Sache hat in § 218 BGB eine (recht komplizierte) Sonderregelung erhalten, die
sich in zeitlicher Hinsicht an die Verjährung des Nacherfüllungsanspruchs gemäß §§ 437 Nr. 1,
439 BGB anlehnt.

Da § 214 Abs. 1 BGB dem Schuldner nur ein Leistungsverweigerungsrecht ge- 4
währt, liegt darin zugleich, dass der Anspruch mit Eintritt der Verjährung nicht etwa entfällt, sondern fortbesteht. Leistet der Schuldner auf eine verjährte Forderung (z.B. infolge Unkenntnis des Verjährungseintritts), so erfolgt diese Leistung

---

[1] Anders in Österreich, wo sich die Verjährung auf Rechte schlechthin bezieht; s. § 1451 ABGB.

https://doi.org/10.1515/9783110602876-006

nicht ohne Rechtsgrund im Sinne des § 812 Abs. 1 BGB, was § 214 Abs. 2 Satz 1 BGB ausdrücklich klarstellt.[2] Da es allein Sache des Schuldners ist darüber zu entscheiden, ob er von seinem Leistungsverweigerungsrecht Gebrauch machen will, muss er die Einrede geltend machen, sich also auf die Verjährung berufen, damit die Rechtswirkungen der Verjährung vom Gericht berücksichtigt werden können. Technisch gesprochen handelt es sich um eine **Einrede**, weil sie sich im Unterschied zur Einwendung (zu diesen Begriffen oben § 3 Rdn. 42) nicht gegen den Bestand des Rechtes richtet, sondern allein gegen dessen Durchsetzbarkeit.

II. Funktionen der Verjährung

5 Als Zwecke der Verjährung werden meist die Förderung von **Rechtssicherheit** und die Wiederherstellung des **Rechtsfriedens** genannt.[3] Beiden Aspekten ist die Vorstellung gemeinsam, dass die Geltendmachung von Ansprüchen mit zunehmendem Zeitablauf sich zu einer Störung und Belastung des Rechtsverkehrs entwickeln kann. Für den Gläubiger mag es immer schwieriger werden, seinen Anspruch zu beweisen, dem Schuldner mag es inzwischen an Unterlagen fehlen, um sich gegen den Anspruch zur Wehr zu setzen. So richtig dies ist, so befremdlich bleibt es doch, der Beweisnot des Gläubigers dadurch abzuhelfen, dass man dem Anspruch die Durchsetzbarkeit nimmt. Wird hierdurch der „Rechtsfriede wiederhergestellt", muss er zuvor durch die Existenz dieser Ansprüche gestört oder beeinträchtigt worden sein, ein wenig passendes Bild. Skepsis ist daher angebracht gegenüber solchen vereinfachenden Formeln.

6 Angesichts der Vielfalt der Fristen und der ganz unterschiedlichen Regelungstechniken, die das Verjährungsrecht kennt (dazu unten Rdn. 8 ff), ist damit zu rechnen, dass die Verjährung von Ansprüchen durchaus **ausdifferenzierten**, sich überlagernden und gelegentlich auch konterkarierenden **Zielen** dient.[4] Dies gilt insbesondere im Verhältnis der allgemeinen Anspruchsverjährung gemäß

---

2 MüKo/*Grothe* § 214 Rdn. 9 („Konsequenz daraus, dass der Anspruch durch Verjährung nicht erlischt"). Dass das Gesetz die in § 813 Abs. 1 Satz 1 BGB vorgesehene Erweiterung der Leistungskondiktion insoweit einschränkt (§ 813 Abs. 1 Satz 2 BGB), soll verhindern, dass nach Eintritt der Verjährung des Anspruchs auf die Leistung noch über deren Rückforderung gestritten werden kann (Medicus/*Petersen* AT Rdn. 120).

3 BGH vom 16.6.1972, BGHZ 59, 72 (74) = NJW 1972, 1460; BGH vom 6.11.2008, NJW 2009, 1806 (1807 Rdn. 12); Palandt/*Ellenberger* Überbl. vor § 194 Rdn. 9.

4 Zu § 438 BGB betont *Canaris* (Karlsruher Forum, 2002, S. 96), dass es *den* Zweck der mängelrechtlichen Sonderverjährung nicht gebe, ihr vielmehr „eine vielschichtige Kombination einer Reihe von Wertungsgesichtspunkten" zu Grunde liege, die „teilweise durchaus heterogenen Charakter" hätten. Vgl. auch NK-BGB/*Budzikiewicz* vor §§ 194–218 Rdn. 32 m.w.N.

den §§ 194 ff BGB zu Sonderverjährungsnormen im Bereich der Haftung für Mängel (§ 438 BGB beim Kaufvertrag, § 634a BGB beim Werkvertrag, u. a.). Im Mängelrecht haben die Verjährungsfristen qualitätssteuernde und risikoverteilende Effekte.[5] Längere Fristen erhöhen die Gefahr des Schuldners, für Mängel einstehen zu müssen. Dieser Gefahr mag er durch die Erhöhung der Produktqualität entgegenwirken. Wo dies nicht möglich oder mit unwirtschaftlichem Aufwand verbunden ist, muss er das Haftungsrisiko kalkulieren und in den Preis einberechnen. So oder so geht die Länge einer Verjährungsfrist für Mängelansprüche in die Bestimmung des vertraglichen Äquivalenzverhältnisses ein, was für gewöhnliche Entgeltforderungen und ähnliche Ansprüche nicht zutrifft.

Die Gefahr, dass Ansprüche verjähren, hält den Gläubiger dazu an, sich zügig **7** um die Durchsetzung seiner Ansprüche zu kümmern. Das entlastet den Rechtsverkehr. Die Erhebung der Einrede im Prozess führt zu vereinfachten Entscheidungen. Die darin liegende Entlastung der Gerichte kann aber nur als ein Nebenzweck[6] der Verjährung gesehen werden, wie sich auch daraus ergibt, dass die Verjährung im Prozess nur berücksichtigt werden darf, wenn sich der Schuldner hierauf beruft.

III. Regelungstechniken der Verjährung

Die Verjährung tritt mit dem Ablauf der Verjährungsfrist ein. Dieser einfache Ausgangspunkt bedarf der Verfeinerung nach verschiedenen Richtungen hin. Wenn immer es um Fristen geht, interessieren zwei Fragen. Die eine betrifft die *Länge* der Frist, die andere deren *Beginn*. Zwei gleich lange Fristen haben völlig unterschiedliche Effekte, wenn der Fristbeginn an unterschiedliche Voraussetzungen geknüpft wird (dazu unten 1). Schließlich ist auch die Frist selbst keine starre Größe: Der Lauf einer Frist kann angehalten werden, der Ablauf der Frist kann verlängert werden, oder es beginnt die Frist beim Eintritt bestimmter Ereignisse überhaupt neu zu laufen (dazu unten 2).

1. Fristbeginn

Die wichtigste Unterscheidung zum Fristbeginn ist die zwischen **objektiven** und **9** **subjektiven** Fristen. Der Lauf einer objektiven Frist beginnt zu einem von Um-

---

5 *Leenen*, § 477 BGB: Verjährung oder Risikoverlagerung? (1997) S. 15 ff; *Mansel*, Die Reform des Verjährungsrechts, in: Ernst/Zimmermann (Hg.), Zivilrechtswissenschaft und Schuldrechtsreform (2001), S. 333 (342 ff); *Rühl* AcP 207 (2007), S. 614 (618 ff).
6 Palandt/*Ellenberger* Überbl. vor § 194 Rdn. 11.

ständen in der Person des Gläubigers unabhängigen Zeitpunkt, wie insbesondere dem der Entstehung des Anspruchs, oder – wie typisch für Mängelansprüche – dem der Lieferung der Kaufsache oder der Abnahme des Werkes. Eine subjektive Frist liegt vor, wenn der Beginn von variablen Umständen abhängig gemacht wird, die in der Person des Gläubigers liegen, wie insbesondere von dessen Kenntnis von den anspruchsbegründenden Umständen oder von der Frage, wann er immerhin hätte Kenntnis haben müssen. Objektive Fristen können dazu führen, dass sie ablaufen, bevor der Gläubiger Kenntnis vom Anspruch erlangen konnte. Sie müssen deshalb typischerweise sehr lang sein, damit der Gläubiger eine faire Chance erhält, sich innerhalb der Frist um die Durchsetzung seines Anspruchs kümmern zu können. Subjektive Fristen können deutlich kürzer sein, da die Zeit, die vergeht, bis der Gläubiger von seinem Anspruch erfährt oder erfahren kann, in die Frist nicht einbezogen wird. Rein subjektive Fristen dieser Art begründen freilich die Gefahr, dass die Verjährung erst sehr lange nach Anspruchsentstehung oder im äußersten Falle überhaupt nicht eintritt (weil der Gläubiger keine Kenntnis erlangt). Dies spricht dafür, subjektive Fristen um objektive Höchstfristen zu ergänzen, innerhalb deren auch dann Verjährung eintritt, wenn die Voraussetzungen des subjektiven Fristbeginns nicht vorliegen. Dieser Ansatz liegt dem Verjährungsrecht des BGB seit der Schuldrechtsreform zugrunde.

2. Lauf der Frist

10 Das Gesetz kann in verschiedener Weise auf den Lauf der Frist Einfluss nehmen. Das wichtigste Mittel hierzu ist die **Hemmung** der Verjährung. Sie bewirkt, dass der Zeitraum, währenddessen die Verjährung gehemmt ist, in die Verjährungsfrist nicht eingerechnet wird (§ 209 BGB). Es wird also – bildlich gesprochen – „die Uhr angehalten". Geschieht dies gleich zu Anfang der Verjährung,[7] spricht man von einer **Anlaufhemmung** (Beispiel: § 208 Satz 1 und Satz 2 BGB, § 207 BGB). Ordnet das Gesetz an, dass die Verjährung nicht vor Ablauf einer bestimmten Frist nach dem Eintritt bestimmter Umstände endet, so handelt es sich um eine **Ablaufhemmung** (Beispiel: § 203 Satz 2 BGB, § 206 BGB). Meist greift die Hemmung in eine bereits angelaufene Frist ein und verzögert so deren Ablauf um den Zeitraum der Hemmung (Beispiel: Hemmung durch Klageerhebung und gleichgestellte Maßnahmen der Rechtsverfolgung gemäß § 204 Abs. 1 BGB).

---

7 Ein Zeitraum, während dessen die Verjährung gehemmt ist (§ 209 BGB), kann nur *der nach Verjährungsbeginn* verstrichene sein; s. BGH vom 25.4.2017, NJW 2017, 3144 Rdn. 12 zu Verhandlungen, die vor Ablauf des Jahres der Anspruchsentstehung (s. § 199 Abs. 1 BGB) endeten.

§ 203 BGB (Hemmung der Verjährung bei Verhandlungen) soll die Bereitschaft der Beteiligten zu **11** Verhandlungen über zwischen ihnen streitige Ansprüche fördern und verhindern, dass sich der Gläubiger gezwungen sieht, vor dem Abschluss der Verhandlungen gerichtliche Schritte der Rechtsverfolgung (im Sinne der Maßnahmen gemäß § 204 Abs. 1 BGB) einzuleiten, weil die Gefahr besteht, dass der Gegner die Verhandlungen dazu nutzt, bis zum Eintritt der Verjährung über die Runden zu kommen und sich dann auf Verjährung zu berufen. Schwierigkeiten kann die Frage bereiten, wie lange die Verhandlungen dauern, wenn sie weder zum Erfolg führen noch als aussichtslos abgebrochen werden, sondern einfach „einschlafen". Nach der Rechtsprechung ist ein Abbruch von Verhandlungen durch ein solches „Einschlafenlassen" dann anzunehmen, wenn der Ersatzberechtigte den Zeitpunkt versäumt, zu dem eine Antwort auf die letzte Anfrage des Ersatzpflichtigen spätestens zu erwarten gewesen wäre, falls die Verhandlungen mit verjährungshemmender Wirkung hätten fortgesetzt werden sollen.[8] An diesen Zeitpunkt (oder das sonstige Ende der Verhandlungen) schließt sich dann – falls die Restlaufzeit der Verjährung nur noch weniger als drei Monate beträgt – die Ablaufhemmung gemäß § 203 Satz 2 BGB an. Sie soll sicherstellen, dass dem Gläubiger ausreichend Zeit für Überlegungen, Einholung von Rechtsrat etc. hinsichtlich des weiteren Vorgehens bleibt.

§ 204 BGB kommt unter allen Hemmungsvorschriften die größte praktische Bedeutung zu. Die **12** Verjährung wird danach insbesondere gehemmt durch Erhebung der Klage auf Leistung oder auf Feststellung des Anspruchs (Abs. 1 Nr. 1), nach h. A. dagegen nicht durch die Erhebung einer negativen Feststellungsklage.[9] Die Erhebung einer Musterfeststellungsklage, die seit dem 1.11.2018, durch den „Dieselskandal" katalysiert, nach Maßgabe der §§ 606 ff ZPO statthaft ist, führt unter den Voraussetzungen des Abs. 1 Nr. 1a[10] gleichfalls zur Hemmung. Weiter nennt § 204 BGB die Zustellung des Mahnbescheids im Mahnverfahren (Abs. 1 Nr. 3), die Zustellung des Antrags auf Durchführung eines selbständigen Beweisverfahrens (Abs. 1 Nr. 7)[11], die Anmeldung des Anspruchs im Insolvenzverfahren (Abs. 1 Nr. 10 BGB), den Beginn eines schiedsrichterlichen Verfahrens (Abs. 1 Nr. 11 BGB) sowie bestimmte Verfahrensschritte in der Beantragung von Prozesskostenhilfe[12] (Abs. 1 Nr. 14). Die Hemmung endet gemäß § 204 Abs. 2 Satz 1 BGB sechs Monate nach der rechtskräftigen Entscheidung oder anderweitigen Beendigung des eingeleiteten Verfahrens. Insbesondere im Hinblick auf Mängelansprüche werden die rigiden Anforderungen, die § 204 BGB für die Verhinderung des Eintritts der Verjährung aufstellt, im Alltag gerne verkannt. Es genügt selbstverständlich nicht, vor Ablauf der Frist gegenüber dem Verkäufer Mängel der Kaufsache zu rügen und eine Frist für deren Beseitigung oder die Ersatzlieferung einer mangelfreien Sache zu setzen. Ein geschickter Verkäufer wird hierauf mit der strikten Verweigerung von Nacherfüllungsmaßnahmen und (im Hinblick auf § 203 Satz 2 BGB) dem Hinweis reagieren, dass dies sein letztes Wort in dieser Sache sei. Lässt der Verkäufer sich darauf ein, den Mangel zu beseitigen oder eine mangelfreie Sache für den Käufer zu besorgen, was schließlich misslingt oder

---

8 BGH vom 6.11.2008, NJW 2009, 1806 (1807 Rdn. 10) im Anschluss an die Rechtsprechung zu § 852 BGB a. F.; BGH vom 5.11.2002, NJW 2003, 895 (896 f) mit weiteren Nachweisen.
9 BGH vom 15.8.2012, NJW 2012, 3633 Rdn. 27; **dagegen** mit beachtlichen Gründen *Gsell*, GS Manfred Wolf (2011) 393 (396 ff); *Thole* NJW 2013, 1192.
10 Näher zu diesen Voraussetzungen Staudinger/*Peters/Jacoby* (2019) § 204 Rdn. 48a ff.
11 Hierzu *Toussaint*, Liber Amicorum Leenen (2012) 279 ff.
12 Dazu insbesondere § 118 Abs. 1 Satz 1 ZPO.

nicht geschieht, so ist in analoger Anwendung des § 203 BGB (einschließlich des Satzes 2!) die Verjährung als gehemmt anzusehen.[13]

3. Neubeginn der Verjährung

13 Das Gesetz kann schließlich vorsehen, dass beim Eintritt bestimmter Ereignisse die „Verjährungs-Uhr" nicht nur angehalten, sondern auf Null zurückgesetzt wird. Die Verjährung beginnt also neu zu laufen. § 212 Abs. 1 Nr. 1 BGB ordnet dies an für bestimmte Handlungen, durch die der Schuldner dem Gläubiger gegenüber den Anspruch anerkennt, wie etwa durch die Leistung von Abschlagszahlungen oder durch die Entrichtung von Zinsen auf eine Schuld. § 212 Abs. 1 Nr. 2 BGB fügt die Vornahme oder Beantragung von Vollstreckungsmaßnahmen gegen den Schuldner hinzu.

14 Eine prominente Streitfrage zu § 212 Abs. 1 Nr. 1 BGB betrifft Fälle, in denen der Verkäufer einer Sache auf Verlangen des Kunden Nacherfüllungsmaßnahmen zur Behebung eines Mangels durchführt. Die Rechtsprechung sieht hierin eine Anerkennung der Mängelbeseitigungspflicht, wenn der Verkäufer aus der Sicht des Käufers nicht nur aus Kulanz oder zur gütlichen Beilegung eines Streits, sondern in dem Bewusstsein handelt, zur Mängelbeseitigung verpflichtet zu sein".[14] Ein Neubeginn der Verjährungsfrist gemäß § 212 Abs. 1 Nr. 1 BGB führt aber bei Mängelansprüchen zu einer erheblichen Ausweitung der Haftung des Verkäufers, im Extremfall sogar zu einer "**Kettengewährleistung**"[15], wenn sich die Nacherfüllung ihrerseits als mangelhaft erweist. Dass die Erbringung geschuldeter Mängelbeseitigungsleistungen eine solche Erweiterung des Umfangs der Mängelhaftung des Verkäufers zur Folge hat, ist nicht einsichtig. Dem sollte durch eine restriktive Auslegung des Begriffs des "Anspruchs" in § 212 Abs. 1 Nr. 1 BGB Rechnung getragen werden.

§ 19 Die regelmäßige Verjährungsfrist und andere Fristen

1 Das BGB unterscheidet zwischen der **regelmäßigen** Verjährungsfrist (§§ 195, 199 BGB) und **anderen** Verjährungsfristen (§ 200 BGB).

---

13 Dazu etwa BeckOGK/*Meller-Hannich*, 1.12.2020, § 203 BGB Rn. 21.

14 BGH vom 5.10.2005, NJW 2006, 47 Rdn. 16; OLG Hamburg vom 15.8.2019, NJW 2020, 1890; anders bei Leistung „aus Kulanz" BGH vom 6.11.2018, BeckRS 2018, 31360; s. auch OLG Karlsruhe 7.11.2019, NJW-RR 2020, 377 Rdn. 34 zur Vornahme einer hoheitlich (vom Kraftfahrt-Bundesamt) angeordneten Maßnahme.

15 MüKo/*H. P. Westermann* § 438 Rdn. 41; *Menges* JuS 2008, 395; *Klaas/Kleesiek* NJW 2010, 3339; *Kleinschmidt* AcP 213 (2013), 538 (567); eingehend *Gsell*, FS Derleder (2015) S. 135 ff.

I. Die regelmäßige Verjährungsfrist (§§ 195, 199 BGB)

Die regelmäßige Verjährungsfrist gemäß §§ 195, 199 BGB gilt für alle privat- **2** rechtlichen Ansprüche, für deren Verjährung nichts anderes bestimmt ist (sei es im BGB, sei es in anderen Gesetzen, sei es in wirksamen abweichenden vertraglichen Vereinbarungen). Die Frist beträgt **drei Jahre (§ 195 BGB)**. Das ist erstaunlich kurz: Die bis zum 31.12.2001 geltende frühere Vorschrift sah als Regelverjährungsfrist dreißig Jahre vor.[1] Die Verkürzung auf ein Zehntel dieser Zeitspanne wurde möglich durch die vom alten Recht abweichende **Subjektivierung** (oben § 18 Rdn. 9) der Frist in § 199 Abs. 1 BGB. Danach beginnt die regelmäßige Verjährungsfrist mit dem Schluss des Jahres, in dem der Anspruch entstanden ist *und* „der Gläubiger von den den Anspruch begründenden Umständen und der Person des Schuldners Kenntnis erlangt oder ohne grobe Fahrlässigkeit erlangen müsste". Ein Gläubiger, der um seine Anspruchsberechtigung weiß oder ohne weiteres wissen muss, wird nicht durch die Notwendigkeit überfordert, sich binnen drei Jahren um die Durchsetzung seines Anspruchs oder eine Verhinderung des Eintritts der Verjährung durch Einleitung von Maßnahmen gemäß § 204 BGB (oben § 18 Rdn. 12) zu kümmern.

Anwendungsbereich: Die regelmäßige Verjährungsfrist gilt insbesondere für **vertragliche Er- 3 füllungsansprüche** wie den Anspruch des Käufers auf Übergabe und Übereignung der Kaufsache, den Anspruch des Verkäufers auf Bezahlung des vereinbarten Kaufpreises.[2] Die Verjährung von Ansprüchen auf Erfüllung oder auf Schadensersatz gemäß § 179 Abs. 1 BGB gegen einen Vertreter ohne Vertretungsmacht (oben § 16 Rdn. 9 ff) richtet sich nach der Verjährung, die für Erfüllungsansprüche im Falle der Wirksamkeit des Vertrages gelten würde.[3] Die regelmäßige Frist gilt auch für Ansprüche aus **culpa in contrahendo** (§§ 280 Abs. 1 i.V.m. §§ 311 Abs. 2, 241 Abs. 2 BGB; oben § 17) und für sonstige Schadensersatzansprüche gemäß § 280 Abs. 1 BGB wegen der Verletzung von Pflichten aus Schuldverhältnissen (mit Ausnahme von Sonderregelungen insbesondere bei Mängelansprüchen, unten Rdn. 29). Die regelmäßige Frist der §§ 195, 199 BGB gilt ferner für Aufwendungsersatzansprüche aus **Geschäftsführung ohne Auftrag** gemäß §§ 683, 670 BGB, für **Bereicherungsansprüche** gemäß §§ 812 ff BGB und für **Deliktsansprüche** gemäß §§ 823 ff BGB.

---

1 So noch immer in Österreich; s. § 1478 ABGB.
2 Vorbehalten bleiben Sonderregelungen wie z.B. in § 196 BGB (unten Rdn. 24). Für Nacherfüllungsansprüche (§§ 437 Nr. 1, 439 BGB, §§ 634 Nr. 1, 635 BGB) finden sich Sondervorschriften in den §§ 438, 634a BGB (unten Rdn. 29).
3 BGH vom 8.2.1979, BGHZ 73, 266 (269 f) = NJW 1979, 1161 (1162); Jauernig/*Mansel* § 179 Rdn. 12; *Leipold* AT § 26 Rdn. 13.

1. Die Entstehung des Anspruchs

4 Auch die subjektive Frist der §§ 195, 199 BGB knüpft zunächst an ein objektives Merkmal an, nämlich die Anspruchsentstehung. Der Begriff der Entstehung des Anspruchs wird hier grundsätzlich als gleichbedeutend mit der Fälligkeit des Anspruchs angesehen.[4] Entstanden im Sinne von § 199 Abs. 1 Nr. 1 BGB ist ein Anspruch in dem Zeitpunkt, in dem er frühestens mit Aussicht auf Erfolg gerichtlich geltend gemacht werden kann.

---

5 **Die Entstehung eines Anspruchs im Sinne von § 199 Abs. 1 BGB**
BGH vom 18.6.2009, BGHZ 181, 310 Rdn. 19 = NJW 2010, 60[5]

„Ein Anspruch ist i. S. des § 199 Abs. 1 BGB entstanden, wenn er geltend gemacht und notfalls im Wege der Klage durchgesetzt werden kann. Das ist grundsätzlich der Zeitpunkt seiner Fälligkeit. Die Möglichkeit der Bezifferung ist nicht notwendig; ausreichend ist die Möglichkeit einer Feststellungsklage."

---

6 Der Anspruchsberechtigte soll durch die drohende Verjährung dazu angehalten werden, sich rechtzeitig und sachgerecht um die Durchsetzung seines Anspruchs zu kümmern. Daher darf der Lauf der Frist nicht beginnen, bevor entsprechende Maßnahmen mit verjährungshemmender Wirkung (§ 204 Abs. 1 Nr. 1 BGB, oben § 18 Rdn. 12) vom Gläubiger ergriffen werden können.

7 **Beispiel:** Ein Vertreter ohne Vertretungsmacht schließt am 1. Dezember 2009 einen Kaufvertrag, der am 15. Januar 2010 vom Vertretenen genehmigt wird. Der für die Entstehung der vertraglichen Erfüllungsansprüche im Sinne von § 199 BGB maßgebliche Zeitpunkt ist (trotz der Rückwirkung der Genehmigung, § 184 Abs. 1 BGB) nicht der 1. Dezember 2009, sondern der 15. Januar 2010, da der Vertrag bis zu diesem Zeitpunkt *im historischen Ablauf der Ereignisse* unwirksam war und die im Vertrag vereinbarten Ansprüche somit nicht durchsetzbar waren.[6]

8 Aufschiebend bedingte Ansprüche entstehen mit dem Eintritt der Bedingung (oben § 10 Rdn. 9). Entsprechendes gilt gemäß § 163 BGB für Ansprüche, für die ein Anfangstermin bestimmt worden ist (oben § 10 Rdn. 8).

9 Die Entstehung eines Anspruchs auf Schadensersatz setzt den **Eintritt eines Schadens** voraus.[7] Zwischen dem Handeln, das zum Schaden führt, und dem Ein-

---

4 MüKo/*Grothe* § 199 Rdn. 4; Staudinger/*Peters/Jacoby* (2019) § 199 *Rdn. 5;* NK-BGB/*Budzikiewicz* § 199 Rdn. 15; *Pohlmann* JURA 2005, 1 (3).
5 Ebenso BGH vom 21.5.2019, NJW 2019, 2461 Rdn. 13 (m. w. N.).
6 Erman/*Schmidt-Räntsch* § 199 Rdn. 4a; *Neuner* AT § 54 Rdn. 16.
7 BGH vom 23.3.1987, BGHZ 100, 228 (231) = NJW 1987, 1887 (1888); BGH vom 21.5.2019, NJW 2019, 2461 Rdn. 13f; Erman/*Schmidt-Räntsch* § 199 Rdn. 8; MüKo/*Grothe* § 199 Rdn. 9.

tritt des Schadens kann eine erhebliche Zeitspanne liegen, die den Verjährungsbeginn zeitlich verlagert.

Beispiel: Durch Verschulden des A dringen 2015 auf seinem Grundstück giftige Substanzen in **10**
das Erdreich ein, erreichen vier Jahre später unterirdisch den Fischteich des B, in dem C eine
Fischzucht betreibt. Alle Fische gehen ein. Der Schadensersatzanspruch des B gegen A wegen der
Kontaminierung seines Grundstücks ist mit dem Eindringen der Substanzen in sein Grundstück,
der Schadensersatzanspruch des C gegen A wegen des Fischsterbens mit dem Verenden der Fische entstanden.

Hiervon zu unterscheiden ist die Fallgestaltung, dass ein (erster) Schaden zwar **11**
sofort eintritt, der aber erst später erkennbar wird oder erst später Maßnahmen
der Schadensbeseitigung erforderlich macht. Hier ist grundsätzlich der Eintritt
des primären Schadens für die Entstehung des Anspruchs maßgeblich, doch können im Hinblick auf die Zwecke des Verjährungsrechts Korrekturen erforderlich
sein.

Beispiel: A erleidet bei einem von B verschuldeten Verkehrsunfall schwere Brüche und sonstige **12**
Verletzungen an einem Bein. Das nach mehreren Operationen wiederhergestellte Bein schont A
in der Folge ihm selbst unbewusst. Hierdurch treten nach Jahren am anderen Bein vorzeitige Ver-
schleißerscheinungen auf, die der Behandlung bedürfen. Der Ersatzanspruch für die hierfür entstehenden Kosten ist im Zeitpunkt des Verkehrsunfalls entstanden, da auf die dabei erlittenen
körperlichen Verletzungen (als primärer Schaden) abzustellen ist. A hatte von diesem Zeitpunkt
an die Möglichkeit, mit Erfolg Klage auf Feststellung (§ 256 ZPO) der Haftung des B für alle sich
aus den bei dem Unfall erlittenen Verletzungen in Zukunft noch ergebenden weiteren Schäden zu
erheben.[8]

2. Kenntnis oder grobfahrlässige Unkenntnis von den anspruchsbegründenden Umständen und der Person des Schuldners

Zu den die Entstehung des Anspruchs begründenden Umständen muss hinzutre- **13**
ten, dass der Anspruchsberechtigte hiervon und von der Person des Verpflichteten Kenntnis erlangt hat oder ohne grobe Fahrlässigkeit erlangt hätte. Es kommt
auf die Kenntnis der Tatsachen an, aus denen sich der Anspruch ergibt. Rechts-
unkenntnis hindert grundsätzlich den Beginn der Verjährung nicht,[9] es sei denn,
dem Gläubiger ist die Erhebung einer Klage angesichts einer ganz unsicheren
Rechtslage oder gar im Hinblick auf eine entgegenstehende höchstrichterliche

---

8 Vgl. BGH vom 26.7.2018, NJW-RR 2018, 1301; Erman/*Schmidt-Räntsch* § 199 Rdn. 9 und 23; NK-
BGB/*Budzikiewicz* § 199 Rdn. 25 (jeweils zur sog. Schadenseinheit).
9 BGH vom 26.2.2013, NJW 2013, 1801 Rdn. 27; differenzierend BGH vom 24.4.2014, NJW 2014,
2345 Rdn. 26. Zu Einzelheiten NK-BGB/*Budzikiewicz* § 199 Rdn. 61f.

Rechtsprechung unzumutbar.[10] Mit „grobfahrlässiger Unkenntnis" sind Fälle gemeint, in denen der Gläubiger es „versäumt, eine geradezu auf der Hand liegende Erkenntnismöglichkeit wahrzunehmen",[11] oder das nicht beachtet, „was im gegebenen Fall jedem hätte einleuchten müssen, wie etwa dann, wenn sich dem Gläubiger die den Anspruch begründenden Umstände förmlich aufgedrängt haben".[12] Die Regelung wirft sehr komplexe Fragen der Zurechnung des Wissens dritter Personen an den Gläubiger auf, zu deren Lösung Rspr. und h. M. insbesondere § 166 BGB in entsprechender Anwendung heranziehen.[13]

3. Jahresschluss

14 Das Gesetz verschiebt den Beginn der regelmäßigen Verjährung über das Vorliegen der oben in Rdn. 4 und 13 genannten Umstände hinaus auf den Jahresschluss (sog. **Ultimo-Verjährung**).[14] Damit wurde einem Anliegen insbesondere der Rechtsanwaltschaft entsprochen, die (zu Recht!) befürchtete, andernfalls bei der Übernahme eines Mandats sofort und als erstes anhand aller Unterlagen taggenau prüfen zu müssen, ob etwa aufgrund des Zeitpunktes der Kenntniserlangung eine Verjährung etwaiger Ansprüche unmittelbar bevorsteht. Zudem könnte eine taggenaue Verjährung Rechtsstreitigkeiten darüber Vorschub leisten, ob in der Abfolge einer Reihe von Ereignissen schon das erste (Bsp.: im Mai) genügte, um grobfahrlässige Unkenntnis zu begründen, oder erst das zweite (Bsp.: im Juli) oder (jedenfalls) das dritte Ereignis (Bsp.: im November). Fallen alle Ereignisse in das gleiche Jahr, macht die Ultimo-Verjährung den Streit hierüber müßig.

15 Im **Beispiel** des nach dem Jahreswechsel genehmigten Kaufvertrages (oben Rdn. 7) beginnt die Verjährung mit Ablauf des 31. Dezember 2010. Hätte der Vertretene den Vertrag drei Wochen früher genehmigt, hätte dies die Verjährung der Ansprüche um ein volles Jahr nach vorne verschoben.

---

10 BGH vom 28.10.2014, NJW 2014, 3713 Rdn. 35. Zum Beginn der Verjährungsfrist bei anwaltlichen Beratungsfehlern BGH vom 6.2.2014, BGHZ 200, 172 Rdn. 15 ff = NJW 2014, 993.
11 BT-Drs. 14/1640, S. 108.
12 BGH vom 8.7.2010, NJW 2010, 3292 Rdn. 28.
13 Näher Erman/*Schmidt-Räntsch* § 199 Rdn. 14 ff; MüKo/*Grothe* § 199 Rdn. 38 f. Zur Kritik an der Heranziehung des § 166 BGB als Grundlage von Wissenszurechnungen oben § 4 Rdn. 84 ff.
14 MüKo/*Grothe* § 199 Rdn. 47. Gleichbedeutend findet sich die Bezeichnung als Silvesterfrist, Medicus/*Petersen* AT Rdn. 110.

4. Die „Deckelung" der subjektiven Frist (§ 199 Abs. 1 BGB) durch objektive Verjährungshöchstfristen (§ 199 Abs. 2–4 BGB)

Um der Gefahr vorzubeugen, dass subjektive Fristen den Verjährungsbeginn allzu **16** lange hinausschieben oder gar auf Dauer verhindern, bedürfen sie einer Begrenzung („Deckelung") durch objektiv ausgestaltete **Höchstfristen** (oben § 18 Rdn. 9). Diesem Ziel dienen die Abs. 2–4 des § 199 BGB, was freilich mehr aus der Überschrift zu § 199 BGB als aus deren Text hervorgeht, der zu Missverständnissen geradezu herausfordert.

Beispiel: § 199 Abs. 2 BGB darf nicht etwa dahin verstanden werden, dass Schadensersatz- **17** ansprüche, die auf der Verletzung des Lebens, des Körpers, der Gesundheit oder der Freiheit beruhen, *abweichend* von § 199 Abs. 1 BGB ohne Rücksicht auf die Kenntnis oder grobfahrlässige Unkenntnis in einer festen Frist von 30 Jahren verjähren. Auch für diese Ansprüche gilt primär die subjektive Frist des § 199 Abs. 1 BGB. Die in § 199 Abs. 2 BGB genannten Schadensersatzansprüche verjähren also (zum Jahresschluss) in drei Jahren ab dem Zeitpunkt der Kenntniserlangung oder der grobfahrlässigen Unkenntnis. Lediglich für den Fall, dass der Verletzte keine Kenntnis erlangt und seine Unkenntnis nicht auf grober Fahrlässigkeit beruht, ergänzt § 199 Abs. 2 BGB eine hiervon unabhängige *Höchstfrist* für die Verjährung dieser Ansprüche. Die unter Juristen eingeführte Sprachregelung, die dies zum Ausdruck bringt, lautet: *„Unbeschadet des Abs. 1 verjähren Ansprüche ...".* Warum sich der Gesetzgeber dieser Sprachregelung nicht bedient hat, bleibt unerfindlich.

Für andere als die in Abs. 2 behandelten Ansprüche sieht § 199 Abs. 3 Satz 1 Nr. 1 **18** BGB von deren Entstehung an eine kenntnisunabhängige Höchstfrist von 10 Jahren vor. Da die Entstehung eines Schadensersatzanspruches den Schadenseintritt (zu dem es erst lange nach dem den Schaden auslösenden Ereignis kommen kann) voraussetzt, ergänzt § 199 Abs. 3 Satz 1 Nr. 2 BGB, dass unabhängig hiervon – also schon vor Entstehung eines Schadens und damit: des Schadensersatzanspruches! – eine 30-jährige Verjährungsfrist „von der Begehung der Handlung, der Pflichtverletzung oder dem sonstigen, den Schaden auslösenden Ereignis an" zu laufen beginnt. Im Verhältnis der beiden Regelungen zueinander gilt der das Verjährungsrecht beherrschende Grundsatz, dass sich diejenige Vorschrift durchsetzt, nach der der Anspruch früher verjährt (§ 199 Abs. 3 Satz 2 BGB).

Unter die Höchstfrist des § 199 Abs. 3 BGB fallen auch Schadensersatzansprüche aus vorsätzlich **19** sittenwidriger Schädigung (§ 826 BGB). Wer die vorsätzlich-sittenwidrige Schädigung eines anderen so raffiniert und ausgeklügelt anlegt, dass der Geschädigte den ihm daraus entstandenen Schaden vor Ablauf von 10 Jahren gar nicht bemerken kann, braucht kein Haftungsrisiko zu fürchten. Rechtspolitisch ist diese Konsequenz des § 199 Abs. 3 BGB schwer nachzuvollziehen. Man sollte meinen, dass ein vorsätzlich-sittenwidrig handelnder Schädiger nur den geringsten Schutz verdient, den die Rechtsordnung über das Institut der Verjährung Schuldnern gewährt. Es sollte also – *de lege ferenda* – die längste Verjährungsfrist gelten, die das Gesetz kennt (30 Jahre).

20 Für andere als Schadensersatzansprüche bedarf es der Sonderregelung des § 199 Abs. 3 Satz 1 Nr. 2 BGB nicht. Deshalb ordnet § 199 Abs. 4 BGB für diese Ansprüche dasselbe an, was im Ausgangspunkt gemäß § 199 Abs. 3 Satz 1 Nr. 1 BGB auch für Schadensersatzansprüche gilt: Sie verjähren in zehn Jahren von ihrer Entstehung an.

21 **Beispiele** für Ansprüche, die gemäß § 199 Abs. 4 BGB spätestens in 10 Jahren seit ihrer Entstehung verjähren, bilden insbesondere die vertraglichen Erfüllungsansprüche, Aufwendungsersatzansprüche, Bereicherungsansprüche.

II. Andere Verjährungsfristen (§ 200 BGB)

22 Bei Ansprüchen, deren Verjährung nicht der regelmäßigen Frist unterliegt, spricht das Gesetz von „anderen Verjährungsfristen" (§ 200 Satz 1 BGB mit Überschrift zu § 200 BGB). Es handelt sich um objektive Fristen, die taggenau mit der Entstehung des Anspruchs beginnen, soweit nicht ein anderes bestimmt ist. Die Länge der Frist richtet sich nach der jeweiligen von der regelmäßigen Verjährung abweichenden Norm. Solche Normen finden sich zum Teil innerhalb der §§ 193 ff BGB selbst (unten Rdn. 23 ff), zu einem erheblichen Teil in anderen Büchern des BGB und außerhalb des BGB in unmittelbarem sachlichen Zusammenhang mit dort geregelten Ansprüchen (unten Rdn. 28 f).

1. Andere Verjährungsfristen in den §§ 193 ff BGB

23 Von der Regelfrist abweichende Bestimmungen treffen die §§ 196 und 197 BGB.

24 **§ 196 BGB** schaltet die subjektive Drei-Jahres-Frist der §§ 195, 199 BGB aus für Ansprüche auf Übertragung des Eigentums an einem Grundstück und eine Reihe weiterer Ansprüche, die Rechte an Grundstücken betreffen, sowie für Ansprüche auf die jeweilige Gegenleistung. Es gilt eine objektive Verjährungsfrist von zehn Jahren. Hintergrund dieser Regelung ist, dass die Abwicklung von Verträgen über Rechte an Grundstücken wegen besonderer Anforderungen an die Erfüllung der Ansprüche erfahrungsgemäß zeitlichen Verzögerungen unterliegt, die von den Parteien nicht oder nicht hinreichend beherrscht werden können.[15] Unerheblich ist, auf welchem Rechtsgrund die in § 196 BGB genannten Ansprüche beruhen. Daher unterliegen auch Rückabwicklungsansprüche aus nichtigen Verträgen (§ 812 Abs. 1 Satz 1 Var. 1 BGB) der Sonderverjährung.[16]

---

15 Hierzu die Gesetzesbegründung BT-Drs. 14/6040, S. 105, kritisch Staudinger/*Peters/Jacoby* (2019) § 196 Rdn. 1.

16 BGH vom 25.1.2008, NJW-RR 2008, 824 Rdn. 20; BGH vom 3.12.2014, NJW 2015, 1014 Rdn. 36.

§ 197 BGB sieht die längste (nämlich: 30-jährige) Verjährungsfrist u. a. vor für **25**
Herausgabeansprüche aus Eigentum und anderen dinglichen Rechten (§ 197
Abs. 1 Nr. 1 BGB). Rechtspolitisch ist zu fragen, ob der Herausgabeanspruch des
Eigentümers gegen den unberechtigten Besitzer gemäß § 985 BGB nicht überhaupt unverjährbar sein sollte, da ein durch die Verjährung des wichtigsten Anspruchs „zahnloses" Eigentum der umfassenden Ausgestaltung der Eigentümer-
befugnisse in § 903 BGB widerspricht.[17]

Der Effekt des § 197 Abs. 1 Nr. 1 BGB wird noch abgesichert und verstärkt durch **§ 198 BGB**. An **26**
sich gilt, dass der Herausgabeanspruch des Eigentümers gemäß § 985 BGB bei jedem Wechsel des
Besitzers gegen den neuen (unberechtigten) Besitzer neu entsteht. Den verjährungsrechtlichen
Konsequenzen dieses Grundsatzes schiebt § 198 BGB einen Riegel in Fällen vor, in denen die Sache im Wege der Rechtsnachfolge den Besitzer wechselt. Dann kommt die während des Besitzes
des Rechtsvorgängers verstrichene Verjährungszeit dem Rechtsnachfolger zugute. Unter „Rechtsnachfolge" ist sowohl die Gesamtrechtsnachfolge (Erbgang, § 1922 BGB) als auch die Einzel-
rechtsnachfolge (willentliche Übertragung des Besitzes im Rahmen einer Veräußerung der Sache)
zu verstehen. Der Eigentümer und Inhaber eines gemäß §§ 197, 198 BGB verjährten Herausgabeanspruchs kann daher nur darauf hoffen, dass die Sache dem derzeitigen Besitzer gestohlen wird
oder in sonstiger Weise unwillentlich abhanden kommt. Dann nämlich erwächst ihm gegen den
neuen unberechtigten Besitzer originär ein neuer Herausgabeanspruch, der gemäß § 197 Abs. 1
Nr. 1 BGB erst in weiteren dreißig Jahren verjährt. – Zu beachten ist, dass §§ 937 ff BGB bei beweglichen Sachen nach 10 Jahren eine Ersitzung des Eigentums zulässt, wodurch Ansprüche des ursprünglichen Eigentümers dem Grunde nach ausgeschlossen werden.

Größte praktische Bedeutung kommt **§ 197 Abs. 1 Nr. 3 und 4 BGB** zu. Danach **27**
verjähren in einer objektiven Frist von dreißig Jahren rechtskräftig festgestellte
Ansprüche sowie Ansprüche aus vollstreckbaren Vergleichen[18] oder vollstreckbaren Urkunden[19] (sog. **titulierte Ansprüche**). Insbesondere Banken beugen der
Verjährung von Darlehensrückzahlungsansprüchen, die sich auf absehbare Zeit
nicht verwirklichen lassen, dadurch vor, dass sie die Ansprüche, z.B. vor einem
Notar, titulieren.

2. Andere Verjährungsfristen außerhalb der §§ 193 ff BGB
Die subjektive Regelfrist gemäß §§ 195, 199 BGB gilt – von Ausnahmen abge- **28**
sehen – nicht für Mängelansprüche des Käufers gegen den Verkäufer. Das ist

---

17 Zu dieser Problematik *Armbrüster* NJW 2001, 3581 (3586); *Finkenauer* JZ 2014, 479 (481 ff); in
Österreich verjährt die rei vidicatio anders als in Deutschland nicht; s. § 1459 ABGB.
18 Dazu § 794 Abs. 1 Nr. 1 ZPO.
19 Dazu § 794 Abs. 1 Nr. 5 ZPO.

sachgerecht.[20] Die subjektive Frist würde nämlich dazu führen, dass der Verkäufer noch für Mängel einzustehen hätte, die sich erst kurz vor Ablauf der „Deckelungsfrist" von zehn Jahren (oben Rdn. 16 ff) zeigen. Eine solche Regelung widerspräche den Interessen beider Seiten, da sie die im Handel erhältlichen Produkte erheblich verteuern würde und im Übrigen nur vertretbar wäre, wenn Verkäufer die Frist im Wege von Allgemeinen Geschäftsbedingungen erheblich reduzieren könnten. Da die Verkäufer hiervon in weitest möglichem Umfang Gebrauch machen würden, ist es richtiger, wenn das Gesetz selbst von vornherein einen angemessen Interessenausgleich vorsieht und die „richtigen" Fristen bereitstellt.

29   Daher setzt **§ 438 BGB** für die Verjährung von Mängelansprüchen des Käufers (§ 437 Nr. 1 und Nr. 3 BGB) objektive (kenntnisunabhängige) Fristen, die bei Grundstücken mit der Übergabe, bei beweglichen Sachen mit deren Ablieferung beginnen (§ 438 Abs. 2 BGB). Die Reihenfolge der im Gesetz genannten Verjährungsfristen (§ 438 Abs. 1 BGB) stellt deren praktische Bedeutung auf den Kopf. Die Länge der Frist beträgt in den häufigsten Fällen, nämlich beim Kauf beweglicher Sachen, grundsätzlich zwei Jahre (§ 438 Abs. 1 Nr. 3 BGB), bei Bauwerken und Baumaterialien fünf Jahre (§ 438 Abs. 1 Nr. 2 BGB) und in dem ganz seltenen Sonderfall, dass der Käufer kein Eigentum an der Sache erwirbt und dem gemäß § 197 BGB erst in dreißig Jahren verjährenden Herausgabeanspruch des Eigentümers ausgesetzt ist (dazu oben Rdn. 25), dreißig Jahre. Hat der Verkäufer einen Mangel der Sache arglistig verschwiegen, entzieht ihm § 438 Abs. 3 BGB die Vergünstigungen der objektiven Fristen des § 438 Abs. 1 Nr. 2 und Nr. 3 BGB und ordnet an, dass stattdessen die regelmäßige Verjährungsfrist (§§ 195, 199 BGB) gilt.

30   Eine im Ausgangspunkt ähnliche Regelung findet sich im Werkvertragsrecht (**§ 634a BGB**), jedoch mit der auffälligen Besonderheit, dass anstelle der den Werkunternehmer begünstigenden objektiven Fristen (§ 634a Abs. 1 Nr. 1 und 2, Abs. 2 BGB) die regelmäßige Verjährungsfrist (§§ 195, 199 BGB) nicht nur bei Arglist des Werkunternehmers (§ 634a Abs. 3 BGB), sondern auch für alle Werkleistungen gilt, die nicht von § 634a Abs. 1 Nr. 1 und Nr. 2 BGB erfasst werden (§ 634a Abs. 1 Nr. 3 BGB).

---

20 *Zimmermann/Leenen/Mansel/Ernst* JZ 2001, 684 (688 f); *Eidenmüller/Jansen/Kieninger/Wagner/Zimmermann* JZ 2012, 269 (284 r. Sp.) mit zutreffender Kritik an dem eine subjektive Verjährungsfrist für Mängelansprüche vorsehenden Vorschlag für eine – letztlich nicht verabschiedete – Verordnung des Europäischen Parlaments und des Rates über ein Gemeinsames Europäisches Kaufrecht (KOM [2011] 635 endg). Noch schärfer hierzu („abwegig") Staudinger/*Honsell* (2018), Einleitung zum BGB, Rdn. 111. Die Kritik blieb nicht ungehört: Art. 10 Warenkauf-Richtlinie (Richtlinie (EU) 2019/771 vom 20.5.2019 über bestimmte vertragsrechtliche Aspekte des Warenkaufs u. a.) knüpft den Lauf der Mängelfristen objektiv an die Lieferung der Ware.

7. Kapitel:
Allgemeine Geschäftsbedingungen

§ 20 Grundlagen des AGB-Rechts

Das BGB regelt Allgemeine Geschäftsbedingungen (AGB) in den §§ 305 ff, also im   1
Allgemeinen Schuldrecht. Der Abschnitt trägt die Überschrift: „Gestaltung rechtsgeschäftlicher Schuldverhältnisse durch Allgemeine Geschäftsbedingungen".
Dies ist in mehrfacher Hinsicht zu eng formuliert. Zum einen nämlich werden
durch AGB nicht nur Schuldverhältnisse ausgestaltet, sondern selbstverständlich
auch dingliche Rechtsgeschäfte (wie etwa die Übereignung einer Sache unter Eigentumsvorbehalt), und sonstige Rechtsverhältnisse.[1] Zum andern geht es bei
den Schuldverhältnissen nicht nur um solche, die rechtsgeschäftlich begründet
worden sind im Sinne von § 311 Abs. 1 BGB, sondern ebenso um solche, die auf
Gesetz beruhen. Wird z.B. in AGB wirksam vereinbart, dass der Schuldner für bestimmte Schäden von der Haftung für leichte Fahrlässigkeit freigestellt sein soll,
so gilt dies nicht nur für die Verletzung vertraglicher Pflichten, sondern auch für
etwaige Ansprüche gemäß §§ 823 ff BGB. Der Titel des zweiten Abschnitts müsste
also richtiger lauten: „Die rechtsgeschäftliche Gestaltung von Rechtsverhältnissen durch Allgemeine Geschäftsbedingungen". Damit würde zugleich deutlich,
dass die Unterbringung der gesetzlichen Regelung im Allgemeinen Schuldrecht
systematisch verfehlt ist. Allgemeine Geschäftsbedingungen betreffen Kernfragen
der Rechtsgeschäftslehre und somit die zentrale Materie des Allgemeinen Teils
des BGB.[2]

I. Definition der AGB

Allgemeine Geschäftsbedingungen sind nach der Definitionsnorm des § 305   2
Abs. 1 BGB „alle für eine Vielzahl von Verträgen vorformulierten Vertragsbedingungen, die eine Vertragspartei (Verwender) der anderen Vertragspartei bei Abschluss eines Vertrages stellt".

---

1 Dies heben auch die Gesetzesmaterialien hervor (BT-Drs. 14/6040, S. 149), doch kommt dies
weder im Text noch in der systematischen Stellung der §§ 305 ff BGB zum Ausdruck.
2 *Wolf/Pfeiffer* ZRP 2001, 303; *Neuner* AT § 7 Rdn. 20.

https://doi.org/10.1515/9783110602876-007

1. Vertragsbedingungen

3 Mit „Vertragsbedingungen" sind „Vertragsbestimmungen" gemeint, also alle Regelungen, die zum Inhalt eines Vertrages gemacht werden sollen. Um Bedingungen im Sinne von § 158 BGB geht es nicht. Ferner wird der weite Anwendungsbereich (dazu bereits oben Rdn. 1; zu den gegenständlichen Ausgrenzungen, die § 310 Abs. 4 BGB vornimmt, unten § 21 Rdn. 5) auf bestimmte **einseitige Rechtsgeschäfte** erstreckt. Das betrifft vor allem Fälle, in denen jemand ein einseitiges Rechtsgeschäft, z. B. die Erteilung einer Vollmacht,[3] die Abgabe einer Zwangsvollstreckungsunterwerfungserklärung[4] oder die Ausübung eines Gestaltungsrechts, auf einem Formular vornimmt, das derjenige vorformuliert hat, demgegenüber die Erklärung abzugeben ist, oder der sonst an der Abgabe Interesse hat.[5]

4 Aus dem Definitionsmerkmal „Vertragsbedingung" folgt nicht, dass Regelungen, die Modalitäten des Vertrags*schlusses* zum Gegenstand haben (sog. **Vertragsabschlussklauseln**), keine AGB sein können. § 308 Nr. 1 BGB unterwirft wichtige Vertragsabschlussklauseln der Inhaltskontrolle (dazu unten § 21 Rdn. 49 f). Mit der Definitionsnorm des § 305 Abs. 1 Satz 1 BGB ist § 308 Nr. 1 BGB vereinbar, weil Regelungen über den Abschluss des eigentlichen Vertrages Gegenstand einer besonderen vertraglichen Vereinbarung (und somit „Vertragsbedingungen") sein können.[6]

2. Vorformulierung

5 Vorformuliert sind für die Verwendung beim Abschluss von Verträgen vorbereitete Texte. Gleichgültig ist gemäß § 305 Abs. 1 Satz 2 BGB, ob die AGB von vornherein in einen vom Verwender ausgearbeiteten Vertragstext integriert werden (sog. **Formularvertrag**) oder ob im Text des Vertrags lediglich auf sie verwiesen wird (Allgemeine Bankbedingungen oder Versicherungsbedingungen etc.). Selbstverständlich kommt es auf den Umfang der AGB nicht an. Auch ein einzelner Satz („Reduzierte Ware ist vom Umtausch ausgeschlossen") stellt eine AGB dar. Ebenso unerheblich ist die Technik („Schriftart") der Reproduzierung von AGB. Wer handschriftlich stets dieselbe Klausel in ein Vertragsformular einfügt,

---

3 BGH vom 9.4.1987, NJW 1987, 2011; ausführlich zu Vollmachtsklauseln *H. Schmidt*, in: Ulmer/Brandner/Hensen, AGB Recht, Teil 2: Besondere Klauseln (60).

4 BGH vom 27.9.2001, NJW 2002, 138 (139) m. Hinw. auf BGH vom 18.12.1986, BGHZ 99, 274 = NJW 1987, 904.

5 BGH vom 25.6.2015, NJW 2015, 3029 Rdn. 6; BeckOGK/*Lehmann-Richter*, 1.12.2020, § 305 BGB Rn. 100, der die Anwendung der §§ 305 ff BGB auf einseitige Geschäfte des Verwenders aber ablehnt, s. ebenda Rdn. 101.

6 BGH vom 11.6.2010, NJW 2010, 2873 Rdn. 7; vom 7.6.2013, NJW 2013, 3434 Rdn. 12; OLG Düsseldorf vom 28.12.2004, NJW 2005, 1515; MüKo/*Wurmnest* § 308 Nr. 1 Rdn. 3; *Ulmer/Habersack*, in: Ulmer/Brandner/Hensen, AGB Recht, § 305 Rdn. 13.

verwendet eine vorformulierte Vertragsbestimmung (nämlich den Text, der den handschriftlichen Ergänzungen zugrunde liegt). Für die Vorformulierung genügt sogar die Übernahme einer „im Kopf" des Verwenders zum Zwecke der Einbeziehung in Verträge gespeicherten Klausel.[7] Eine schriftliche Fixierung ist nicht erforderlich.

Beispiel:[8] Ein Telekommunikationsunternehmen bringt **Telefonkarten** auf den Markt, die ein **6** Verfalldatum (drei Jahre nach Freischaltung der Karte) enthalten. Unter Berufung auf dieses Verfalldatum verweigert das Unternehmen die Erstattung unverbrauchter Restguthaben. Eine solche Verkürzung der Rechte des Kunden ergibt sich nicht aus der Karte selbst (das Verfalldatum besagt nur, dass eine weitere Benutzung der Karte über diesen Zeitpunkt hinaus nicht möglich ist), sondern kann nur auf dem zugrunde liegenden sog. „Begebungsvertrag" beruhen, der die schuldrechtlichen Beziehungen zwischen dem Aussteller und dem (ersten) Erwerber der Karte regelt.[9] Dieser Begebungsvertrag kommt mit der Aushändigung der Karte an den Erwerber konkludent zustande, auch wenn dessen Inhalt – wie hier – nicht schriftlich fixiert ist. Vertritt das Telekommunikationsunternehmen die Auffassung, dass eine Rückforderung unverbrauchter Guthaben nach dem Inhalt des konkludent abgeschlossenen Begebungsvertrages ausgeschlossen sei, so beruft es sich auf einen nirgends schriftlich festgelegten Vertragsinhalt. Das Unternehmen macht aber geltend, dass der Veräußerung der Karten stets eine vertragliche schuldrechtliche Vereinbarung mit einem bestimmten Inhalt zugrunde liege. Zu Recht bejaht der BGH, dass es sich insoweit um eine vorformulierte Bestimmung handle.

3. Vielzahl von Verträgen

Die vor dem Hintergrund der Privatautonomie erforderliche Rechtfertigung der **7** gesetzlichen Sonderregelungen für AGB (dazu Rdn. 18) knüpft an die „massenhafte" Verwendung dieser Vertragsbestimmungen an. In § 305 Abs. 1 BGB hat das im Vielzahlkriterium Niederschlag gefunden. Für eine Vielzahl von Verträgen ist die Klausel nach h.M. vorformuliert, wenn deren Verwendung in mindestens drei Verträgen geplant ist.[10] Ist dem genügt, stellt die Klausel schon bei ihrer ersten Verwendung eine Allgemeine Geschäftsbedingung dar. Gemäß § 310 Abs. 3 Nr. 2 BGB fallen freilich auch Einmalklauseln in Verbraucherverträgen unter den Anwendungsbereich vieler AGB-Regelungen, sofern der Verbraucher (§ 13 BGB) aufgrund der Vorformulierung der Klausel durch den Unternehmer (§ 14 BGB) auf de-

---

7 BGH vom 10.3.1999, BGHZ 141, 108 (109f) = NJW 1999, 2180 (2181); BGH vom 18.4.2002, NJW 2002, 2388 (2389); BGH vom 19.5.2005, NJW 2005, 2543 (2544); BGH vom 13.5.2014, NJW-RR 2014, 1133 Rdn. 20; instruktiv *Ulmer/Habersack* (vorh. Fn.) § 305 Rdn. 36.
8 BGH vom 12.6.2001, BGHZ 148, 74 = NJW 2001, 2635.
9 Vgl. MüKo/*Habersack* vor § 793 Rdn. 26.
10 BGH vom 27.9.2001, NJW 2002, 138 (139); BGH vom 11.12.2003, NJW 2004, 1454 (1454f).

ren Inhalt keinen Einfluss nehmen konnte. Dies deswegen, weil hier bereits die strukturelle Unterlegenheit der Verbraucher die Sonderregeln rechtfertigt.

4. Stellen der Bedingungen

8 § 305 Abs. 1 Satz 1 BGB verlangt schließlich, dass der Verwender[11] die Bedingungen beim Abschluss eines Vertrages der anderen Vertragspartei „stellt". Das ist ein einseitiger Vorgang.[12] Der Verwender bringt darin zum Ausdruck, dass er durch die Einbeziehung der Bedingungen in den Vertrag insoweit die Vertragsgestaltungsmacht für sich beansprucht. Hierfür genügt, dass der Verwender oder sein Abschlussgehilfe[13] einem anderen den Abschluss eines Vertrages unter Zugrundelegung seiner AGB anträgt.

9 Verwenden die Vertragspartner ein von dritter Seite vorformuliertes Vertragsformular, wie z.B. einen der im Handel erhältlichen Musterverträge für den Verkauf von Gebrauchtfahrzeugen, so sind die darin enthaltenen Klauseln zwar für eine Vielzahl von Fällen vorformuliert und können daher AGB-Qualität haben, und zwar auch dann, wenn das Formular nur mit der Absicht einmaliger Verwendung benutzt wird.[14] Die Bedingungen werden aber nicht von einer Seite der anderen „gestellt", wenn jede Seite die Chance hatte, ein Muster ihrer Wahl beizubringen und beide Seiten sich darauf einigen, wessen Formular verwendet werden soll.[15] Besorgt die eine Partei (z.B. ein Mieter) auf Wunsch der anderen Partei (Vermieter) ein bestimmtes Formular, ist letztere dessen Verwender.[16]

5. Ausgrenzung von Individualvereinbarungen

10 § 305 Abs. 1 Satz 3 BGB ergänzt die Definitionsmerkmale von AGB um ein negatives Kriterium: AGB liegen nicht vor, „soweit die Vertragsbedingungen zwischen den Vertragsparteien im Einzelnen ausgehandelt worden sind". Das ist an sich selbstverständlich, weil das Aushandeln sowohl eine vorformulierte Vertragsbedingung und das Vielzahlkriterium ausschließt als auch das Stellen durch eine Partei. Bedeutung erlangt Abs. 1 S. 3 daher vor allem, wenn eine Partei Vertrags-

---

11 Verwender ist derjenige, auf dessen Veranlassung die Einbeziehung der AGB-Klausel in den Vertrag zurückgeht, BGH vom 1.3.2013, NJW-RR 2013, 1028 Rdn. 17.

12 MüKo/*Basedow* § 305 Rdn. 21; Jauernig/*Stadler* § 305 Rdn. 6.

13 S. BGH vom 4.2.2015, NJW-RR 2015, 738 Rdn. 14; vom 8.5.2018, NJW-RR 2018, 843 Rdn. 10.

14 BGH vom 4.2.2015, NJW-RR 2015, 738 Rdn. 15; *Petersen* Jura 2010, 667 (668).

15 BGH vom 17.2.2010, BGHZ 184, 259 = NJW 2010, 1131; dazu *Pfeiffer* LMK 2010, 304510; *Faust* JuS 2010, 538; *Häublein/Moussa* MittBayNot 2011, 46ff.

16 BGH vom 8.5.2018, NJW-RR 2018, 843 Rdn. 11 zum Muster eines Grundeigentümerverbandes.

bedingungen, die den Charakter von AGB haben, in den Verhandlungsprozess einbringt, die Parteien dann aber über diese verhandeln und deren Inhalt letztendlich übereinstimmend festlegen (unten § 21 Rdn. 18).

Zu Recht stellt die Rechtsprechung an das Vorliegen von im Sinne des § 305 **11** Abs. 1 Satz 3 BGB ausgehandelten Bedingungen aber strenge Anforderungen. Für ein Aushandeln im Sinne von § 305 Abs. 1 Satz 3 BGB genügt nicht, dass der Verwender auf die Bedingung hinweist oder der anderen Vertragspartei formularmäßig die Befugnis einräumt, einzelne nicht gewollte Klauseln zu streichen.[17] Da die andere Seite die AGB des Verwenders nicht lesen muss (und vielfach nicht lesen wird), könnten andernfalls durch die bloße Hinzufügung eines solchen Vorbehalts, von dem der Gegner aus Unkenntnis keinen Gebrauch macht, die Schutzzwecke des AGB-Rechts unterlaufen werden.

Ausgehandelte Vertragsbedingungen (§ 305 Abs. 1 Satz 3 BGB) **12**
BGH vom 22.11.2012, NJW 2013, 856 Rdn. 10[18]

„Nach der Rechtsprechung des Bundesgerichtshofs erfordert Aushandeln gemäß § 305 Abs. 1 Satz 3 BGB mehr als Verhandeln. Von einem Aushandeln in diesem Sinne kann nur dann gesprochen werden, wenn der Verwender zunächst den in seinen Allgemeinen Geschäftsbedingungen enthaltenen gesetzesfremden Kerngehalt, also die den wesentlichen Inhalt der gesetzlichen Regelung ändernden oder ergänzenden Bestimmungen, inhaltlich ernsthaft zur Disposition stellt und dem Verhandlungspartner Gestaltungsfreiheit zur Wahrung eigener Interessen einräumt mit zumindest der realen Möglichkeit, die inhaltliche Ausgestaltung der Vertragsbedingungen zu beeinflussen. Er muss sich also deutlich und ernsthaft zur gewünschten Änderung einzelner Klauseln bereit erklären. In aller Regel schlägt sich eine solche Bereitschaft auch in erkennbaren Änderungen des vorformulierten Textes nieder. Allenfalls unter besonderen Umständen kann eine Vertragsklausel auch dann als Ergebnis eines Aushandelns gewertet werden, wenn es schließlich nach gründlicher Erörterung bei dem gestellten Entwurf verbleibt."

Liegen die Voraussetzungen des § 305 Abs. 1 Satz 3 BGB nicht vor, können die **13** Vertragsparteien die Anwendbarkeit der §§ 305 ff BGB nicht durch eine indivi-

---

17 BGH vom 9.4.1987, NJW 1987, 2011. Bei sog. Wahlklauseln, bei denen der Kunde zwischen verschiedenen vom Verwender vorgesehenen Gestaltungen wählen kann, nimmt der BGH aber zum Teil eine individuelle Vereinbarung an, wenn sich der Kunde frei zwischen den verschiedenen Varianten entscheiden kann, s. zuletzt BGH vom 20.3.2018, NJW 2018, 2039 Rdn. 13; krit. dazu Beck-OGK/*Lehmann-Richter*, 1.12.2020, § 305 BGB Rn. 171 ff.
18 Zitat um Rechtsprechungsnachweise des BGH gekürzt.

dualvertragliche Erklärung ausschalten, es handle sich um einen im Einzelnen ausgehandelten Vertrag.[19] Die §§ 305 ff BGB sind **zwingendes Recht**.[20]

II. Funktionen von AGB

14 Die Verwendung von AGB ist für hoch entwickelte Wirtschaftssysteme schlechthin unverzichtbar.[21] Insbesondere bedürfen sehr abstrakt-allgemein gefasste gesetzliche Regelungen, wie sie für das BGB kennzeichnend sind, einer Ergänzung durch Vereinbarungen, die auf die spezifischen Besonderheiten des konkreten Vertrags oder Vertragstyps zugeschnitten sind. Die Errichtung eines Hochhauses wirft andere Probleme auf als die Reinigung eines Kleidungsstücks – in beiden Fällen aber handelt es sich um Werkverträge im Sinne der §§ 631 ff BGB.

15 Viele auf dem Markt angebotene Leistungen (wie insbesondere Versicherungsverträge) können überhaupt nur im Wege von AGB (Allgemeine Versicherungsbedingungen für das jeweils versicherte Risiko) rechtlich näher ausgeformt werden. Die Vermarktung neuartiger Geschäftsideen (man denke an die vielfältigen Dienstleistungen, die z.B. durch Apps angeboten werden) erfolgt durch AGB, aus denen sich – kontrolliert durch die Gerichte – schließlich die rechtlichen Regelungen neuartiger Vertragstypen entwickeln können. Als Beispiele hierzu seien das Franchising und das Finanzierungsleasing genannt. Weiter dienen AGB dazu, von der Möglichkeit einer Abweichung von gesetzlichen Vorschriften Gebrauch zu machen, also das dispositive Gesetzesrecht im Sinne einer dem Verwender günstigeren Regelung abzuändern. Stets haben AGB den Effekt einer Standardisierung von Verträgen, deren Abwicklung damit vereinfacht wird, da es in allen Verträgen um grundsätzlich dieselbe Leistung und im Streitfalle um die gleichen Rechtsfragen geht.

III. Vorteile von AGB für den Verwender

16 Ungeachtet des Inhalts bringen AGB dem Verwender Effizienzgewinne allein aufgrund der Standardisierung seiner Vertragsbeziehungen zu allen Kunden. Ge-

---

19 BGH vom 20.3.2014, NJW 2014, 1725 Rdn. 28; hierzu *Kaufhold* NJW 2014, 3488.

20 Zur Absicherung dieser Auslegung der §§ 305 ff BGB im Hinblick auf Art. 2 Abs. 1 GG (Gewährleistung der Privatautonomie, oben § 1 Rdn. 13) überzeugend BGH vom 20.3.2014, NJW 2014, 1725 Rdn. 31.

21 Zum Folgenden MüKo/*Basedow* vor § 305 Rdn. 1 ff; *Kötz*, JuS 2003, 209 ff; *Faust* AT § 15 Rdn. 7 f.

naue und detailreiche AGB ermöglichen es ihm, denkbare Störungsfälle vorab zu erfassen und zu regeln, hierdurch sein Risiko zu begrenzen oder doch besser kalkulierbar zu machen. Unmittelbare Vorteile bringt ihm die Abänderung dispositiver Gesetzesvorschriften zu seinen Gunsten. Dabei hilft es ihm, dass er nicht über jede beabsichtigte Abweichung mit jedem einzelnen Kunden verhandeln muss, sondern mit den vorformulierten AGB die Verhandlungslast umkehrt: Der Kunde, der die Abweichungen von der gesetzlichen Regelung nicht akzeptieren will, muss hierüber mit dem Verwender verhandeln. Das aber unterbleibt in aller Regel, da es selten Erfolg verspricht, vor allem weil der Verwender ja gerade eine Standardisierung *aller* seiner Verträge anstrebt; denn das vereinfacht die Vertragsabwicklung und den Umgang mit Kundenanliegen, der oft in Call-Center ausgelagert ist, enorm. AGB sind daher oft „in Stein gemeißelt" (im Englischen spricht man von „boilerplate language/clause") oder hinterlassen jedenfalls beim Kunden den Eindruck, es sei so.

Selbst die Verwendung unzulässiger und damit unwirksamer Klauseln mag **17** vielen Kunden nicht auffallen oder doch von ihnen nicht beanstandet werden, weil sie den Aufwand und die Kosten einer rechtlichen Auseinandersetzung mit dem Verwender scheuen. Das erhöht die faktischen Chancen einer Durchsetzung zweifelhafter oder unwirksamer Klauseln gegenüber der Mehrzahl der Kunden (sofern nicht andere Mechanismen zur Verhinderung dieses Effekts eingreifen, dazu unten Rdn. 22 a. E.).

IV. Gefahren von AGB für den Kunden

Das sog. AGB-Recht dient dazu, spezifischen Gefahren entgegenzuwirken, die die **18** Verwendung von AGB gegenüber den Kunden begründet. Um diese Schutzvorschriften zu verstehen und angemessen zu interpretieren, muss man sich dieser Gefahren vergewissern und dabei zunächst deren Bekämpfung durch das Gesetz außer Betracht lassen.

Die Gefahren beginnen damit, dass Kunden AGB in aller Regel nicht oder **19** doch nicht vollständig lesen. Je länger das Klauselwerk ist, desto mehr Zeit und Mühe kostet es, sich damit aufmerksam zu beschäftigen. Bei vielen Anschaffungen von alltäglichen Gebrauchsgütern sagt sich der Kunde, dass dieser Aufwand den Ertrag nicht lohnt, in der Hoffnung, es werde schon alles gut gehen. Hinzu kommt, dass die Lektüre von AGB nicht selten durch deren drucktechnische Gestaltung erschwert wird. Wegen der typischen besonders geringen Schriftgröße (die nicht selten mit blassem Druck kombiniert wird) haben sich AGB im Alltag die Bezeichnung „das Kleingedruckte" („fine print") eingehandelt. Kann der Verwender davon ausgehen, dass AGB nicht gelesen werden, kann er darin Regelungen verstecken, mit denen der Kunde schlechterdings nicht rechnet.

20   Andere Gefahren gehen von der für den Verwender vorformulierter Bedingungen erleichterten Möglichkeit aus, das dispositive Gesetzesrecht in weitestem Umfang zu seinen Gunsten abzuändern. Beschränken sich AGB auf wenige Bestimmungen dieser Art, ist es kein Problem für den Kunden, diese Bestimmungen zur Kenntnis zu nehmen. Das Problem liegt darin, dass er wenig tun kann, um sich hiergegen zur Wehr zu setzen. Das Ausweichen auf andere Anbieter der gesuchten Leistung oder des gesuchten Produkts hilft vielfach nicht weiter, weil diese anderen Anbieter inhaltsgleiche AGB verwenden. Im Verhandlungswege lässt sich für den Kunden eine Rückkehr zur gesetzlichen Regelung selten erreichen. Den Verkaufsangestellten in Warenhäusern, Supermärkten und ähnlichen Geschäften ist es in aller Regel nicht nur arbeitsvertraglich untersagt, die AGB des Unternehmens im Einzelfall gegenüber Kunden abzuändern, ihnen fehlt hierzu auch Vertretungsmacht. Also bleibt es bei der AGB-Regelung. Der gesetzliche Leitgedanke des dispositiven Rechts wird dadurch verfehlt. Erhebt das Gesetz den Anspruch, in dispositiven Normen für den Normalfall einen angemessenen Interessenausgleich zwischen beiden Seiten herzustellen, setzen AGB für die Regel aller Fälle dem Bestimmungen entgegen, die sich allein oder vorrangig an den Interessen des Verwenders ausrichten.

V. Die Entwicklung eines eigenständigen AGB-Rechts

21 Die Besonderheiten der unter Verwendung von AGB abgeschlossenen Verträge im Vergleich zu dem individuell ausgehandelten Vertrag wurden in Deutschland schon recht früh gesehen. Die Rechtsprechung des Reichsgerichts behalf sich damit, besonders anstößige Klauseln mithilfe der Generalklausel des § 138 BGB unter dem Gedanken eines „Monopolmissbrauchs" zu bekämpfen. Der BGH zog stattdessen § 242 BGB heran und baute auf dieser Grundlage die Klauselkontrolle immer stärker und differenzierter aus. Eine legislative Großtat war die Schaffung des AGB-Gesetzes, das 1977 in Kraft trat.[22] Es brachte die genaue Unterscheidung zwischen überraschenden Klauseln einerseits, die nicht Vertragsbestandteil werden (**Einbeziehungskontrolle**), und inhaltlich anstößigen Klauseln andererseits, denen von Gesetzes wegen die Wirksamkeit versagt wird (**Inhaltskontrolle**). Die Inhaltskontrolle wurde an einer Generalklausel festgemacht und durch konkrete

---

[22] Gesetz zur Regelung des Rechts der Allgemeinen Geschäftsbedingungen vom 9.12.1976, BGBl. I S. 3317; hierzu *Ulmer/Habersack*, in: Ulmer/Brandner/Hensen, AGB Recht, Einl. Rdn. 16 ff.

Klauselverbote ergänzt, die die Verfasser des AGBG recht lebensnah durch eine umfassende Auswertung der seinerzeit gebräuchlichen AGB-Bestimmungen gewonnen haben. Dieser der Kontrolle von AGB im konkreten Einzelfall dienende Teil des Gesetzes umfasste lediglich 11 Paragraphen. Er wurde ergänzt durch verfahrensrechtliche Vorschriften, die die Möglichkeit einer abstrakten Kontrolle von AGB durch bestimmte Verbände und Organisationen vorsahen und näher regelten.

Das AGBG war zum Zeitpunkt seines Inkrafttretens zukunftsweisend, und es **22** erwies sich als zukunftssicher. Bei Erlass der europäischen Klauselrichtlinie[23] bedurfte das Gesetz nur weniger Ergänzungen.[24] Im Zuge der Schuldrechtsreform wurde der erste Teil des AGBG mit einigen wenigen inhaltlichen Aktualisierungen in das BGB übernommen. Verändert wurde die systematische Abfolge eines Teiles der Vorschriften, was indessen eher einen Verlust an Transparenz bewirkt als einen Gewinn gebracht hat. Das Verfahren der abstrakten AGB-Kontrolle ist nunmehr im Unterlassungsklagengesetz geregelt.[25]

Die starken, historisch betrachtet durchaus nicht zufälligen Gemeinsamkei- **23** ten zwischen der Klauselrichtlinie und den §§ 305 ff BGB drohen den Blick für einen **gravierenden Unterschied** im Hinblick auf den **Schutzzweck** zu verstellen: Während es der Klauselrichtlinie um den Schutz von Verbrauchern geht, bei denen eine strukturelle Unterlegenheit gegenüber Unternehmern angenommen wird, geht es dem deutschen Recht darum, den Gefahren zu begegnen, die sich aus der Verwendung von AGB ergeben (s. oben Rdn. 18 ff). Für den Anwendungsbereich der Klauselrichtlinie folgt daraus, dass die Verwendung von Vertragsbedingungen, die für eine Vielzahl von Verträgen formuliert sind, keine Anwendungsvoraussetzung ist; es handelt sich mithin nicht um reines AGB-Recht, auch wenn die von den Unternehmern verwendeten Klauseln in aller Regeln die Voraussetzungen von AGB erfüllen. Art. 3 Abs. 1 KlauselRiL formuliert lediglich (maßgeblich auf deutsche Initiative hin) einen Vorbehalt für individuell ausgehandelte Abreden. Zur Umsetzung der Richtlinie in das nationale Recht war es daher notwendig, in § 310 Abs. 3 Nr. 2 BGB eine Regelung aufzunehmen, die den Anwendungsbereich der §§ 305 ff BGB auf zur einmaligen Verwendung bestimmte Vertragsbedingungen erweitert (dazu bereits oben Rdn. 5 und unten § 21 Rdn. 5). Wenn man es genau nimmt, passt die Überschrift des Abschnitt 2 vor § 305 BGB (Gestaltung rechtsgeschäftlicher Schuldverhältnisse *durch AGB*) dazu nicht.

---

23 Richtlinie 93/13/EWG des Rates vom 5.4.1993 über missbräuchliche Klauseln in Verbraucherverträgen (ABl. EG Nr. L 95 S. 29).
24 Gesetz zur Änderung des AGB-Gesetzes vom 19.7.1996, BGBl. I S. 1013.
25 Unterlassungsklagengesetz i.d.F. der Bekanntmachung vom 27.8.2002 (BGBl. I S. 3422, 4346).

§ 21 Die rechtliche Kontrolle von AGB

1 In der rechtlichen Kontrolle von AGB verfolgt das Gesetz verschiedene aufeinander aufbauende Strategien. Sie betreffen (I) die Einbeziehung von AGB in den Vertrag, (II) die Bestimmung von deren rechtlich maßgeblicher Bedeutung durch spezifische Grundsätze der Auslegung, (III) die Anordnung der Unwirksamkeit einbezogener AGB, die den Kunden wider Treu und Glauben unangemessen benachteiligen, und schließlich (IV) die Rechtsfolgen der Nicht-Einbeziehung oder der Unwirksamkeit von AGB.

I. Die Einbeziehung von AGB in den Vertrag

2 Geltungsgrund Allgemeiner Geschäftsbedingungen ist der Vertrag zwischen dem Verwender und dem Kunden. AGB sind keine Normen, auch wenn sie für eine Vielzahl von Fällen vorformuliert sind, weil der Verwender keine hoheitlichen Kompetenzen zur Regelung seiner Rechtsverhältnisse im Verhältnis zu anderen hat. Damit AGB kraft vertraglicher Vereinbarung Geltung erlangen, müssen sie Inhalt des Vertrages werden, d. h. in den Vertrag einbezogen werden oder, wie das Gesetz formuliert, Bestandteil des Vertrages werden (§ 305 Abs. 2 BGB). Insoweit begnügt sich das Gesetz nicht mit den allgemeinen Anforderungen an die Erzielung eines vertraglichen Konsenses (oben § 8), sondern enthält eine Reihe darüber hinausgehender Regelungen. Zu unterscheiden ist zwischen Voraussetzungen (Erfordernissen) und Hindernissen der Einbeziehung.[1]

3 Auch **Vertragsabschlussklauseln** (oben § 20 Rdn. 4) erlangen Geltung nur kraft vertraglicher Vereinbarung. Der Vertrag, um den es insoweit geht, kann aber nicht der Vertrag sein, auf dessen Abschluss sich die Klausel bezieht, da dieser Vertrag ja noch nicht zustande gekommen ist und die Klausel in diesen Vertrag somit nicht einbezogen sein kann. Vertragsabschlussklauseln sind Gegenstand einer besonderen vorab getroffenen vertraglichen Vereinbarung zwischen den Kontrahenten des in Aussicht genommenen („eigentlichen") Vertrages.[2] Für die Einbeziehung in diese besondere Vereinbarung gelten die allgemeinen Regeln.

---

1 Zu dieser Unterscheidung unten § 23 Rdn. 101 ff. Statt von Einbeziehungs*hindernissen* sprechen Palandt/*Grüneberg* (§ 305c Rdn. 2), *Stoffels* (AGB-Recht [3. Aufl. 2015] Rdn. 264) und andere sachlich gleichbedeutend von „negativen Einbeziehungsvoraussetzungen".

2 BGH vom 11.6.2010, NJW 2010, 2873 Rdn. 7; OLG Düsseldorf vom 28.12.2004, NJW 2005, 1515; MüKo/*Wurmnest* § 308 Nr. 1 Rdn. 3. Vgl. auch das Beispiel zu § 308 Nr. 1 BGB unten Rdn. 49 f.

1. Erfordernisse der Einbeziehung (§ 305 Abs. 2 BGB)

Die besonderen Erfordernisse der Einbeziehung sind in § 305 Abs. 2 BGB geregelt. **4**

a. Anwendungsbereich des § 305 Abs. 2

Die Einbeziehungsvoraussetzungen des § 305 Abs. 2 BGB gelten für AGB im Sinne **5** der Definition des 305 Abs. 1 BGB (oben § 20 Rdn. 2ff), für Verbraucherverträge ergänzt um die Erweiterung auf Einmalklauseln gemäß § 310 Abs. 3 Nr. 2 BGB (dazu oben § 20 Rdn. 7 und Rdn. 23). Hiervon grenzt das Gesetz aber gewisse **persönliche und sachliche Ausnahmebereiche** aus. In persönlicher Hinsicht findet § 305 Abs. 2 BGB keine Anwendung auf AGB, die gegenüber einem Unternehmer (§ 14 BGB), einer juristischen Person des öffentlichen Rechts oder einem öffentlich-rechtlichen Sondervermögen verwendet werden (§ 310 Abs. 1 Satz 1 BGB). In sachlicher Hinsicht stellt das Gesetz bestimmte Verträge über Beförderungs- und Telekommunikationsleistungen von den Anforderungen des § 305 Abs. 2 Nr. 1 und Nr. 2 BGB (nicht aber von dem Erfordernis des Einverständnisses des Kunden) frei (§ 305 a BGB). Hintergrund ist zum einen, dass die für diese Leistungen geltenden Tarife öffentlich bekannt gemacht werden, zum anderen auch die Schwierigkeit, bei Abschluss eines Vertrages über diese Leistungen (Beispiel: Einwurf eines frankierten Briefes in den Postbriefkasten an der Straßenecke, § 305 a Nr. 2 a BGB) den Anforderungen des § 305 Abs. 2 Nr. 1 und Nr. 2 BGB zu genügen. Das gesamte AGB-Recht findet keine Anwendung bei Verträgen auf dem Gebiet des Erb-, Familien- und Gesellschaftsrechts sowie auf Tarifverträge, Betriebs- und Dienstvereinbarungen (§ 310 Abs. 4 Satz 1 BGB). Der Abschluss von Arbeitsverträgen unterliegt nicht § 305 Abs. 2 und Abs. 3 BGB.

b. Die kumulativen Anforderungen des § 305 Abs. 2 BGB

§ 305 Abs. 2 BGB stellt für die Einbeziehung von AGB drei kumulative Erfordernis- **6** se auf.

aa. Ausdrücklicher Hinweis oder deutlich sichtbarer Aushang (§ 305 Abs. 2 Nr. 1 BGB)

Der Verwender muss die andere Vertragspartei bei Vertragsschluss ausdrücklich **7** auf die AGB hinweisen (Bsp.: „Es gelten unsere Lieferbedingungen" oberhalb der Unterschriftszeile eines Bestellformulars). Wo dies „wegen der Art des Vertragsschlusses nur unter unverhältnismäßigen Schwierigkeiten möglich ist" (Beispiele: Parkscheinautomat in einem Parkhaus, Kauf einer Theaterkarte an der Abendkasse), kann der Hinweis durch einen „deutlich sichtbaren Aushang am Ort des

Vertragsschlusses" erfolgen (§ 305 Abs. 2 Nr. 1 BGB). Wird dem nicht genügt, werden AGB nicht Vertragsbestandteil.

8 **Beispiel:** K kauft bei Händler H ein, der in seinem Geschäft mit dem Slogan wirbt: „Wenn Sie es sich anders überlegen: Wir nehmen jeden bei uns gekauften Artikel binnen einer Woche zurück". Als K von dieser Möglichkeit Gebrauch machen und den Kaufpreis zurückerhalten will, erklärt ihr der Kassenangestellte, er könne ihr nur einen Gutschein über den Kaufpreis geben, so stehe dies ausdrücklich in den AGB. K findet im Umfeld der Kasse keinen derartigen deutlich sichtbaren Hinweis und fragt deshalb, ob sie die AGB einsehen dürfe. Der Kassenangestellte bückt sich tief unter den Ladentisch und zieht nach einigem Suchen von dort ein gedrucktes Exemplar der AGB hervor. Was immer zum Gutschein in diesen AGB steht, ist rechtlich irrelevant, weil es schon an der primären Einziehungsvoraussetzung des § 305 Abs. 2 Nr. 1 BGB fehlt: Kein Hinweis, kein Aushang.

9 Die Verschärfung, die § 305 Abs. 2 Nr. 1 BGB in den Voraussetzungen der Einziehungsvereinbarung gegenüber dem allgemeinen Vertragsrecht bringt, zeigt ein Vergleich mit Vertragsabschlüssen unter Verwendung von AGB in den Ausnahmebereichen (oben Rdn. 5). Wird einem Unternehmer ein Vertragsangebot gemacht, das keinen ausdrücklichen Hinweis auf AGB enthält, muss der Unternehmer aber aufgrund der bisherigen Geschäftsbeziehungen zum Anbieter oder aufgrund sonstiger Umstände davon ausgehen, dass der Anbieter seine AGB dem Vertrag zugrunde legen will, so kommt durch die Annahme des Angebots ein Vertrag unter Einbeziehung der AGB zustande. Die Offerte darf und muss dann nämlich dahin ausgelegt werden, dass sie eine stillschweigende Verweisung auf die AGB des Offerenten enthält. Genau dies ist im Anwendungsbereich des § 305 Abs. 2 BGB ausgeschlossen.

bb. Zumutbare Möglichkeit der Kenntnisnahme (§ 305 Abs. 2 Nr. 2 BGB)

10 Ist § 305 Abs. 2 Nr. 1 BGB genügt, so muss der anderen Vertragspartei darüber hinaus die zumutbare Möglichkeit verschafft werden, vor dem Vertragsschluss vom Inhalt der AGB Kenntnis zu nehmen.[3] Im Rahmen der Zumutbarkeit ist auch eine für den Verwender erkennbare körperliche Behinderung der anderen Vertragspartei zu berücksichtigen (§ 305 Abs. 2 Nr. 2 BGB). Ob die andere Vertragspartei von der Möglichkeit der Kenntnisnahme Gebrauch machen will, liegt bei ihr. Tatsächliche Kenntnisnahme ist nicht erforderlich.

11 Aus § 305 Abs. 2 Nr. 2 BGB ergeben sich gewisse Mindestanforderungen an die **drucktechnische Gestaltung** von AGB. Die Rechtsprechung verlangt, dass

---

3 Hierzu BGH vom 11.11.2009, NJW 2010, 864 Rdn. 38; BeckOGK/*Lehmann-Richter*, 1.12.2020, § 305 BGB Rn. 222 ff.

die AGB für einen Durchschnittskunden mühelos lesbar sein müssen,[4] ist in der Umsetzung dieses Postulats aber recht nachlässig.[5] Dass AGB, die „nur mit der Lupe und selbst dann nicht ohne Mühe zu lesen sind", nicht Vertragsbestandteil werden,[6] ist selbstverständlich und nicht das Problem. Das eigentliche Ärgernis ist die verbreitete Praxis, AGB deutlich kleiner und enger als den Vertragstext selbst zu setzen und in blasser, kontrastarmer Schrift zu drucken. Die Mühe, die der Leser auf die rein optische Entzifferung dieser AGB verwenden muss, beeinträchtigt unnötig die Konzentration auf deren Inhalt und ist damit ein gewichtiger Faktor, der bei der Zumutbarkeitsprüfung im Rahmen des § 305 Abs. 2 Nr. 2 BGB zu berücksichtigen ist.[7]

Auch der **Umfang** der AGB muss nach dem Maßstab des § 305 Abs. 2 Nr. 2 **12** BGB in einem angemessenen Verhältnis zur wirtschaftlichen Bedeutung des Vertrages stehen.[8] Wird der Erwerb eines Konsumgegenstandes in der Werbung als müheloser, unkomplizierter Vorgang dargestellt („Hol' Dir Dein neues Handy!"), kann der Anbieter nicht erwarten, dass Kunden sich Geschäftsbedingungen durchlesen, die bei normaler Druckgestaltung zehn oder mehr DIN-A-4 Seiten umfassen.[9]

Schließlich ergeben sich aus § 305 Abs. 2 Nr. 2 BGB Anforderungen an die **13** **Verständlichkeit** von AGB. Daher werden AGB nicht Vertragsbestandteil, die sich auf einen anderen Vertragsgegenstand beziehen und es dem Kunden überlassen herauszufinden, welche Konsequenzen sich hieraus für seinen Vertrag ergeben.[10] Die Verständlichkeit von AGB kann im Verhältnis zum Kunden auch ein **Sprachproblem** sein. Insoweit genügt es, wenn die AGB in der Verhandlungs- und Vertragssprache abgefasst sind, auf die sich der andere Vertragsteil eingelassen hat.[11]

---

4 BGH vom 3.2.1986, WM 1986, 769 (770).

5 AG Hannover vom 26.2.2008, MMR 2008, 495. Das Gericht bezeichnet die kleingedruckten AGB als „nahezu unlesbar" (!), zieht daraus aber keine Folgerungen für die Frage von deren Einbeziehung, sondern verneint aus anderen Gründen deren Relevanz für die Streitentscheidung.

6 BGH vom 30.5.1983, NJW 1983, 2772 (2773); hierzu auch die folgende Fußnote.

7 Vgl. die Klarstellung zu BGH vom 30.5.1983 (vorige Fn.) in BGH vom 3.2.1986, NJW-RR 1986, 1311 (Bedingungen in blassblauer Farbe auf einem leicht grauen, dünnen Papier). Ebenso OLG Saarbrücken vom 12.6.2008, NJW-RR 2009, 989.

8 Palandt/*Grüneberg* § 305 Rdn. 37; MüKo/*Basedow* § 305 Rdn. 71.

9 Zweifelhaft daher OLG Köln vom 19.2.2020, ZIP 2020, 2075 (2077f), das die 83 DIN-A-4 Seiten umfassenden AGB von PayPal deswegen als einbezogen ansah, weil sich der Kunde, der einen Vertrag über das Internet abschließe, die erforderliche Zeit nehmen könne.

10 BGH vom 3.7.1981, ZIP 1981, 1220 (1221f).

11 Instruktiv hierzu BeckOGK/*Lehmann-Richter*, 1.12.2020, § 305 BGB Rdn. 259ff m. Nachw.

14 Bei online Vertragsabschlüssen über das Internet besteht die zumutbare Möglichkeit der Kenntnisnahme, wenn die AGB über einen auf der Bestellseite gut sichtbaren Link aufgerufen und ausgedruckt werden können.[12] Der bloße Hinweis des Verwenders, dass der Kunde die AGB auf Anforderung gerne zugeschickt erhalte, genügt dagegen nicht.[13] Zu unterscheiden sind die Anforderungen, die § 305 Abs. 2 Nr. 2 BGB an den Unternehmer stellt, von den für Verbrauchverträge geltenden des § 312i Abs. 1 S. 1 Nr. 4 BGB. Danach muss der Kunde die AGB in wiedergabefähiger Form speichern können, was § 305 Abs. 2 Nr. 2 BGB nach zutreffender Ansicht nicht fordert.[14]

cc. Einverständniserklärung der anderen Vertragspartei

15 Auf der Grundlage der in § 305 Abs. 2 Nr. 1 und 2 BGB genannten Anforderungen muss schließlich eine **Einbeziehungsvereinbarung** zwischen dem Verwender und der anderen Vertragspartei zustande kommen. Da aus den in Nr. 1 genannten Umständen der dahingehende Wille des Verwenders klar hervorgeht, muss (nur) noch hinzukommen, dass die andere Vertragspartei ihr Einverständnis mit der Geltung der AGB erklärt. Das Einverständnis kann ausdrücklich gegeben werden oder im Wege der Auslegung dem Verhalten der anderen Vertragspartei zu entnehmen sein. Eine konkludente Einverständniserklärung genügt. Als eine solche konkludente Einverständniserklärung ist es in aller Regel zu werten, wenn der Kunde, dem gegenüber die Voraussetzungen des § 305 Abs. 2 Nr. 1 und 2 BGB erfüllt sind, die auf den Abschluss des Vertrages gerichtete Willenserklärung abgibt.[15]

2. Hindernisse der Einbeziehung

16 Auch wenn die Einbeziehungs*voraussetzungen* gemäß § 305 Abs. 2 BGB vorliegen, kann es sein, dass Klauseln nicht Vertragsbestandteil werden, weil Einbeziehungs*hindernisse* eingreifen.

a. Der Vorrang von Individualabreden (§ 305b BGB)

17 AGB haben die Funktion, im Verhältnis zu einer Vielzahl von Vertragspartnern des Verwenders inhaltsgleiche vertragliche Regelungen zu schaffen. Sie treten

---

12 BGH vom 14.6.2006, NJW 2007, 2976 (2977).
13 LG Frankfurt a. M. vom 3.12.1991, NJW-RR 1992, 44.
14 BeckOGK/*Lehmann-Richter*, 1.12.2020, § 305 BGB Rdn. 257 m. N. auch zur Gegenansicht.
15 Erman/*Roloff/Looschelders* § 305 Rdn. 41.

deshalb zurück, wenn und soweit der Verwender mit einem Vertragspartner zu einem in den AGB enthaltenen Punkt eine einzelvertragliche abweichende Vereinbarung trifft. Diese einzelvertragliche Vereinbarung enthält dann im Verhältnis der Vertragspartner zueinander die speziellere Regelung und geht deshalb der allgemeinen Regelung in den AGB vor, § 305b BGB. Dieser Vorrang der individuellen Vertragsabrede ist auch zum Schutze der anderen Vertragspartei geboten. Sie muss sich darauf verlassen können, dass die individuell getroffene Vereinbarung nicht durch Bestimmungen in den AGB ausgehebelt oder entwertet wird.

Ungeklärt ist, auf welchem dogmatischen Weg, insbesondere durch welche **Rechtsfolgenanord-** **17a**
nung § 305b BGB dieses Ziel erreicht: Nach der bislang in diesem Buch vertretenen Ansicht handelt es sich um ein Einbeziehungshindernis.[16] Andere sehen in der Norm eine Auslegungsregel[17] und wieder andere meinen, sie ordne ein „funktionales Rangverhältnis" zwischen Individualabrede und AGB an.[18] Weit wichtiger als diese kategoriale Zuordnung erscheint allerdings die Frage, ob die Teilaufrechterhaltung der AGB (soweit sie nicht der Individualabrede widerspricht) ein Verstoß gegen das Verbot der geltungserhaltenden Reduktion (dazu unten Rdn. 56) darstellt. Das dürfte zu verneinen sein, weil andernfalls für den Klauselverwender die Obliegenheit begründet würde, seine AGB jeweils an den Inhalt des individuell Ausgehandelten anzupassen. § 305b BGB steht schon vom Wortlaut her („Vorrang") einer Ansicht nicht entgegen, die die Einbeziehung ermöglicht und die Abstimmung auf der Ebene der Auslegung vornimmt.

Der Begriff der „individuellen Vertragsabrede" in § 305b BGB umfasst Vertrags- **18** bedingungen, die im Sinne des § 305 Abs. 1 Satz 3 BGB zwischen den Vertragsparteien im Einzelnen ausgehandelt worden sind, geht aber hierüber weit hinaus.[19] § 305 Abs. 1 Satz 3 BGB nimmt Bestimmungen, die vom Verwender an sich für eine Vielzahl von Fällen vorformuliert worden sind, den Charakter einer AGB (dazu bereits oben § 20 Rdn. 10), wenn sie zum Gegenstand von Verhandlungen gemacht worden und als deren Ergebnis (insbesondere unter Nachgeben des Verwenders in anderen Punkten) aufrechterhalten worden sind. Die typische Situation des § 305b BGB ist eine andere: Hier treffen Verwender und Kunde eine Vereinbarung, die nur in ihrem Verhältnis zueinander gelten soll und daher in den Hauptvertrag aufgenommen wird.

Die individuelle Vertragsabrede setzt sich gegen AGB durch, die in einem un- **19** mittelbaren oder einem mittelbaren Widerspruch zu ihr stehen.[20] Ein **unmittel-**

---

16 So auch *Schwab* AGB-Recht (3. Aufl. 2019) 2. Teil Rdn. 170; *Lindacher/Hau*, in: Wolf/Lindacher/Pfeiffer, 7. Aufl. 2020, § 305b Rdn. 2.
17 BeckOGK/*Lehmann-Richter*, 1.12.2020, § 305 BGB Rdn. 3; *Ulmer/Schäfer*, in: Ulmer/Brandner/Hensen, AGB Recht, § 305b Rdn. 7f.
18 BeckOK BGB/*H. Schmidt*, 1.11.2020, § 305b Rdn. 2.
19 Vgl. BAG vom 24.8.2016, NZA 2017, 58 Rdn. 19.
20 Kritisch zu dieser Unterscheidung MüKo/*Basedow* § 305b Rdn. 7.

barer Widerspruch ist gegeben, wenn Individualabrede und AGB zum gleichen Sachverhalt unterschiedliche Regelungen vorsehen (Beispiel: „Gewährleistung zwei Jahre"/„Gewährleistung ein Jahr"). Ein **mittelbarer Widerspruch** liegt vor, wenn die AGB eine Regelung enthalten, die die Rechtsfolgen der Individualabrede beseitigt oder einschränkt.

20 **Beispiel** für einen mittelbaren Widerspruch:[21] Der Verkäufer garantiert die Verwendbarkeit der Kaufsache für einen bestimmten Zweck. In den AGB werden Schadensersatzansprüche wegen eines Mangels der Sache ausgeschlossen. Ohne eine Haftung des Verkäufers auf Schadensersatz ist die Garantiezusage wertlos, also ist die AGB-Klausel mit der einzelvertraglichen Absprache nicht kompatibel. Der Verkäufer „darf nicht das, was er im Vertragsangebot versprochen hat, durch Beifügung einer Freizeichnungsklausel in seinen Allgemeinen Geschäftsbedingungen zunichte machen".[22] Auf die Frage, ob die Klausel *wirksam* ist, ist nicht einzugehen, da die Klausel nicht Vertragsbestandteil geworden und somit einer Inhaltskontrolle (unten Rdn. 37 ff) nicht zugänglich ist.

b. Überraschende Klauseln (§ 305c BGB)

21 Gemäß § 305c Abs. 1 BGB werden in AGB enthaltene Bestimmungen nicht Vertragsbestandteil, die „nach den Umständen, insbesondere nach dem äußeren Erscheinungsbild des Vertrags, so ungewöhnlich sind, dass der Vertragspartner des Verwenders mit ihnen nicht zu rechnen braucht".[23] Das soll den Vertragspartner von der Notwendigkeit entlasten, AGB stets vollständig lesen zu müssen, um sich vor darin versteckten Überraschungen zu schützen. Erfasst werden Klauseln, denen ein „Überrumpelungs-" bzw. „Übertölpelungseffekt" innewohnt,[24] weil der Vertragspartner erwarten darf, dass die vorformulierte Erklärung ihrem Gegenstand und Inhalt nach individueller Absprache mit ihm bedarf.

22 Das Schulbeispiel sind dem Verkauf einer Kaffeemaschine zugrunde liegende AGB, die vorsehen, der Käufer müsse monatlich eine gewisse Menge eines Kaffees zu einem bestimmten Preis beziehen. Eine solche Klausel ist objektiv ungewöhnlich und in AGB nicht zu erwarten, weil sich der Bedarf an Kaffee, die Wahl der Sorte etc. nach dem individuellen Bedarf und Geschmack richtet. – Eine vorformulierte Versicherung des Kunden, Vollkaufmann zu sein, kann eine überraschende Klausel sein, wenn der Verwender oder dessen Abschlussgehilfen Kenntnis von Art und Größe des Gewerbetriebes des Kunden haben.[25] – Wer sich bereit erklärt, für eine bestimmte Schuld eine

---

21 In Anlehnung an BGH vom 29.5.1968, BGHZ 50, 200 = NJW 1968, 1622.
22 BGH vom 29.5.1968, BGHZ 50, 200 (207) = NJW 1968, 1622 (1625).
23 Zum Schutz vor überraschenden Vertragsbestimmungen *Stoffels*, GS M. Wolf (2011) S. 157 ff.
24 BGH vom 1.6.1989, NJW 1989, 2255; BGH vom 10.11.1989, NJW 1990, 576 (577); BGH vom 22.11.2005, NJW 2006, 490 Rdn. 17; BGH vom 6.3.2019, NJW-RR 2019, 605 Rn. 19 ff.
25 BGH vom 17.5.1982, BGHZ 84, 109 (112 f) = NJW 1982, 2309 (2310).

Bürgschaft gegenüber der kreditgebenden Bank zu übernehmen, muss nicht damit rechnen, dass der Umfang seiner Haftung in den AGB des Bürgschaftsvertrages auf sämtliche gegenwärtigen und zukünftigen Zahlungsverpflichtungen des Schuldners erweitert wird.[26] – Klauseln, die den widerrufenden Verbraucher statt der Rückzahlung auf einen Gutschein festlegen, sind gleichfalls überraschend.[27]

Ein Überraschungseffekt im Sinne von § 305c BGB kann sich aus der Stellung ei- **23** ner Klausel im Gesamtwerk der AGB ergeben, wenn sie in einem systematischen Zusammenhang steht, in dem der Vertragspartner die Klausel nicht zu erwarten braucht.[28]

Beispiel:[29] In einem Mietvertragsformular wird die gesetzlich vorgesehene verschuldensunab- **24** hängige Haftung des Vermieters für anfängliche Mängel der Mietsache (§ 536a Abs. 1 BGB) ausgeschlossen. Die Klausel findet sich unter der Überschrift „Aufrechnung, Zurückbehaltung" im Regelungszusammenhang von Bedingungen, die das Recht des Mieters zur Aufrechnung und zur Zurückbehaltung des Mietzinses betreffen.

Das Überraschungsmoment kann sich auch aus der graphischen Gestaltung eines **25** Dokuments ergeben, das eine AGB-Klausel geradezu versteckt.

Ein unrühmliches **Beispiel** bildeten Internet-Seiten, die gezielt so gestaltet waren, dass die vom **26** Betreiber der Seite angestrebte Entgeltpflichtigkeit der von ihm angebotenen Leistung außerhalb des üblichen Browserformats in AGB versteckt wurde. Derartigen Kostenfallen im Internet schiebt inzwischen § 312j Abs. 3 Satz 2 BGB im Verhältnis zu Verbrauchern einen Riegel vor. Ohne eine solche Sonderregelung – also insbesondere im Verkehr zwischen Unternehmern – sind derart versteckte Entgeltklauseln als überraschend im Sinne von § 305c Abs. 1 BGB anzusehen.[30]

Eine Klausel ist **nicht überraschend** im Sinne von § 305c Abs. 1 BGB, wenn der **27** Verwender bei den Vertragsverhandlungen oder im Vertrag selbst für den Kunden unübersehbar auf die Klausel hinweist. Daher kann bei online abgeschlossenen Geschäften eine bestimmte voreingestellte Regelung, die der Kunde, der sie nicht möchte, ablehnen muss („Opt-out"), überraschend sein, während der Kunde durch die selbe Regelung nicht überrumpelt wird, wenn er sich aktiv für sie entscheiden muss („Opt-in"). Durch formularmäßig vorgesehene Erklärungen des Kunden („Ich bestätige, die AGB gelesen zu haben") kann der Verwender dagegen am überraschenden Charakter einer Klausel nichts ändern, da er sonst – entgegen der Wertung des § 305c Abs. 1 BGB – einen indirekten Zwang für den Kunden

---

26 BGH vom 1.6.1994, BGHZ 126, 174 (177 f) = NJW 1994, 2145 (2145).
27 Vgl. *Willems* NJW 2018, 1049 (1052) m. Hinw. auf die Regel des § 357 Abs. 3 Satz 1 BGB.
28 BGH vom 9.12.2009, NJW 2010, 671 Rdn. 17; BGH vom 21.7.2010, NJW 2010, 3152 Rdn. 27.
29 BGH vom 21.7.2010 (vorige Fn.).
30 BGH vom 26.7.2012, NJW-RR 2012, 1261 Rdn. 9.

schaffen würde, die AGB zu lesen. Nicht unter § 305c Abs. 1 BGB fallen Klauseln, die bei Verträgen der betreffenden Art ganz üblich sind, und zwar auch dann nicht, wenn die Klauseln die andere Vertragspartei unangemessen benachteiligen.

28 **Beispiel**: M mietet eine Wohnung und unterschreibt ungelesen den Mietvertrag. Später kommt es zum Streit über die Durchführung von **Schönheitsreparaturen**, die nach den AGB des Mietvertrages dem M obliegen. M hält diese Klausel angesichts der gegenteiligen gesetzlichen Regelung der §§ 535 Abs. 1 Satz 2, 538 BGB[31] für überraschend im Sinne des § 305c Abs. 1 BGB. Zu Unrecht. Die Abwälzung der Schönheitsreparaturen auf den Mieter entspricht ganz üblicher Praxis, hiermit kann und muss der Mieter also rechnen. Dies gilt auch dann, wenn die AGB vorsehen, dass die Schönheitsreparaturen nach einem sog. starren Fristenplan durchzuführen sind. Nach der Rechtsprechung des BGH sind solche Klauseln unwirksam.[32] Sie werden dadurch aber nicht zu überraschenden Klauseln. Der Schutz des Mieters erfolgt über die Inhalts- (unten Rdn. 37 ff), nicht über die Einbeziehungskontrolle. Überraschend kann demgegenüber eine Klausel sein, die den Mieter bei der Ausführungen der Reparaturarbeiten auf die bisherige Ausführungsart festlegt.[33]

c. Kollidierende AGB

29 Ein besonderes Problem der Einbeziehung von AGB entsteht, wenn beide Vertragspartner ihre auf den Abschluss des Vertrages gerichteten Willenserklärungen unter Bezugnahme auf ihre je eigenen AGB abgeben und diese AGB (wie zu erwarten) inhaltlich nicht übereinstimmen. Der Käufer macht ein Vertragsangebot unter Verweis auf seine Einkaufsbedingungen („Zahlungsziel drei Monate"), der Verkäufer nimmt auf der Grundlage seiner (abweichenden) Lieferbedingungen an („Der Kaufpreis ist sofort fällig.").

30 Man hat ursprünglich versucht, das Problem mithilfe des § 150 Abs. 2 BGB (abändernde Annahme eines Angebots) zu lösen. Dies befriedigt aber nicht. Es gewinnt dann nämlich immer diejenige Partei, deren Verhalten als Abgabe der letzten auf den Vertragsschluss gerichteten Erklärung gedeutet werden kann (sog. **Theorie des letzten Wortes**). Die überzeugende Lösung des Problems liegt darin, die Einbeziehung der jeweiligen AGB nur insoweit zu bejahen, als sie inhaltlich miteinander kompatibel sind (**Prinzip der Kongruenzgeltung**), im Übrigen deren Einbeziehung zu verneinen und anstelle der inhaltlich kollidierenden AGB

---

31 Für eine abweichende Regelung de lege lata aber *Häublein* VuR 2021, 214 (218 ff).

32 BGH vom 23.6.2004, NJW 2004, 2586 (2587); BGH vom 22.9.2004, NJW 2004, 3775; BGH vom 5.4.2006, NJW 2006, 2113 (2114). Hierzu ausführlich MüKo/*Häublein* § 535 Rdn. 120 ff; vgl. auch schon *ders.* ZMR 2000, 139 (141).

33 LG Berlin vom 22.6.2006, MM 2006, 297.

das dispositive Gesetzesrecht anzuwenden.[34] Diese Regel durchkreuzt sehr effektiv die je egoistische Taktik der Parteien und setzt hohe Anreize, kollidierende AGB vor Vertragsschluss miteinander abzustimmen. Sie ist zudem Ausdruck eines allgemeinen Grundsatzes des europäischen Vertragsrechts.[35]

Als Reaktion auf die Rechtsprechung setzen AGB-Verwender gerne **Abwehrklauseln** ein, die aus- **31** drücklich vorsehen, dass allein die AGB des Verwenders gelten sollen und die AGB des Vertragspartners nicht anerkannt werden. Verwenden beide Seiten solche Abwehrklauseln, heben sich die widersprechenden Klauseln gegenseitig auf und erlangen keine Geltung im Vertrag. Verwendet nur ein Vertragspartner die Klausel, hat er damit Erfolg.[36]

II. Die rechtlich maßgebliche Bedeutung von AGB

Für die Ermittlung des rechtlich maßgeblichen Inhalts von AGB gelten im Aus- **32** gangspunkt die allgemeinen Regeln über die Auslegung von Willenserklärungen und vertraglichen Vereinbarungen (unten 1, Rdn. 33f). Führen diese Regeln zu keinem bestimmten Ergebnis, greift zur Behebung der verbleibenden Zweifel die sog. Unklarheitenregel des § 305c Abs. 2 BGB ein (unten 2, Rdn. 35f).

1. Die allgemeinen Auslegungsregeln
a. Die natürliche Auslegung
Geht es allein darum, die rechtlich maßgebliche Bedeutung einer Klausel im Ver- **33** hältnis der konkreten Vertragspartner zueinander zu bestimmen (aus der Warte des Prozessrechts: im „Individualprozess"), so ist zunächst zu fragen, ob beide Seiten die Klausel im gleichen Sinne verstanden haben. Lässt sich dies feststellen, hat die Klausel die Bedeutung, die ihr beide Seiten übereinstimmend zugeschrieben haben. Die tatsächliche Übereinstimmung im Willen geht wie bei Individualvereinbarungen (oben § 8 Rdn. 140 ff) so auch bei Allgemeinen Geschäftsbedingungen jeder anderweitigen Auslegung vor.[37]

---

34 *Flume* AT § 37, 3 (S. 676); *Neuner* AT § 47 Rdn. 35; *Medicus/Petersen* AT Rdn. 435; ausf. *Ulmer/Habersack*, in: Ulmer/Brandner/Hensen, AGB Recht, § 305 Rdn. 182 ff.
35 Art. 2: 209 PECL; Art. 2.1.22 Unidroit Principles; MüKo/*Basedow* § 305 Rdn. 117.
36 BGH vom 24.10.2000, NJW-RR 2001, 484 (485); MüKo/*Basedow* § 305 Rdn. 111.
37 BGH vom 22.3.2002, NJW 2002, 2102 (2103); BGH vom 16.6.2009, BGHZ 181, 278 Rdn. 16 = NJW 2009, 3422; BGH vom 2.7.2019, NJW-RR 2019, 1202 Rdn. 20.

b. Die normative Auslegung

34 Für die normative Auslegung (oben § 5 Rdn. 43, 56 ff, 61 ff) von Allgemeinen Geschäftsbedingungen kommt es darauf an, wie die Kunden, denen gegenüber sie eingesetzt werden, sie verstehen können und müssen (§ 157 BGB). Es gilt – im Unterschied zur Auslegung individueller Vertragsvereinbarungen – ein *genereller*, auf die typischen Vertragspartner bezogener Maßstab.[38] Zu ermitteln ist, in der Formulierung des BGH, „wie die AGB vom angesprochenen Kundenkreis vernünftigerweise aufgefasst werden dürfen, wobei von den Verständnismöglichkeiten des durchschnittlichen Kunden auszugehen ist".[39] Auch für die Auslegung von AGB gilt der Grundsatz der nach beiden Seiten hin interessengerechten Auslegung (oben § 5 Rdn. 74),[40] wobei insofern auf die Interessen der typischen Kundenkreise abzustellen ist.

2. Die Ausräumung verbleibender Zweifel (§ 305c Abs. 2 BGB)

35 Bleibt nach Ausschöpfung der oben 1 genannten Regeln unklar, wie die Klausel zu verstehen ist, so greift ergänzend § 305c Abs. 2 BGB ein. Zweifel bei der Auslegung Allgemeiner Geschäftsbedingungen gehen zu Lasten des Verwenders. Diese auch international anerkannte sog. **contra proferentem rule** geht auf das römische Recht zurück.[41] Der zutreffende Gedanke ist: Wenn eine Seite es übernimmt, den Vertragstext zu formulieren, ist es deren Verantwortung sich so auszudrücken, dass keine Zweifel verbleiben. Gelingt dies nicht, setzt sich diejenige denkbare Auslegung durch, die den Interessen der Gegenseite besser entspricht. Von einer solchen Regel gehen erhebliche Anreize aus, AGB unmissverständlich zu formulieren.[42] Gibt es mehrere Möglichkeiten, die Klausel gegen den Verwender zu interpretieren, ist diejenige zu wählen, die eine gerichtliche Feststellung **von deren Unwirksamkeit ermöglicht**.[43] Das gilt nicht nur im Unterlassungsklageverfahren, sondern richtiger Ansicht nach auch im Individual-

---

38 BGH vom 30.3.2006, BGHZ 167, 64 (69 f) = NJW-RR 2006, 1210 (1211 Rdn. 17); BGH vom 10.6.2020, ZIP 2020, 2068 Rdn. 26; Palandt/*Grüneberg* § 305c Rdn. 16.

39 BGH vom 17.12.2008, BGHZ 179, 186 Rdn. 14 = NJW 2009, 578; BGH vom 5.5.2011, NJW 2011, 1954 Rdn. 19; BGH vom 20.6.2013, NJW 2013, 2583 Rdn. 12.

40 BGH vom 15.11.2001, BGHZ 149, 337 (353) = NJW 2002, 3106 (3109).

41 D. 34, 5, 26: Cum quaeritur in stipulatione, quid acti sit, ambiguitas contra stipulatorem est.

42 Die Anreizwirkung gilt nicht nur für AGB, sondern für jede Regelung, deren Formulierung in den Händen einer Partei liegt. Deswegen verallgemeinern andere Rechtsordnungen (für Österreich s. § 915 ABGB) diese Auslegung, nicht aber die deutsche; s. hierzu MüKo/*Busche* § 157 Rdn. 8.

43 MüKo/*Basedow* § 305c Rdn. 49 ff; Palandt/*Grüneberg* § 305c Rdn. 18.

prozess.[44] Anders nur, wenn eine mehrdeutige Klausel auch bei kundenfeindlicher Auslegung nicht gegen die §§ 307 ff BGB verstößt, also bei jeder Auslegung wirksam ist. Dann ist die Klausel im kundengünstigsten Sinn gegen den Verwender auszulegen.[45]

Beispiel: Häufig liest man in Geschäften: „Reduzierte Ware vom Umtausch ausgeschlossen!". **36** Was mit „Umtausch" gemeint ist, ist zweifelhaft. Die Klausel kann besagen, dass der Verkäufer reduzierte Ware nicht freiwillig zurücknimmt oder gegen andere Artikel ersetzt. Hat die Klausel diese Bedeutung, schließt sie einen sog. Kulanz-Umtausch aus, zu dem der Verkäufer gesetzlich nicht verpflichtet ist. Die Klausel kann auch dahin interpretiert werden, dass reduzierte Ware im Falle von Mängeln nicht zurückgenommen wird. Macht der Käufer im konkreten Fall Mängelansprüche geltend, würde jede der beiden Interpretationen ihm zum Erfolg verhelfen. Betrifft die Klausel lediglich den Kulanz-Umtausch, sperrt sie Mängelansprüche nicht. Bezieht sie sich auf Mängelansprüche, ist sie gemäß § 476 Abs. 1 BGB unwirksam (unten Rdn. 45). Der schnelle Weg zum Erfolg für den Kunden besteht in der ersten Interpretationsvariante (sog. **kundengünstigste Auslegung**). Langfristig ist dem Schutz der anderen Vertragspartei aber besser durch die zweite Interpretationsvariante (sog. **kundenfeindlichste Auslegung**) gedient, die zu einer gerichtlichen Klärung der Unwirksamkeit der Klausel führt und daher dafür sorgt, dass die Klausel in der mehrdeutigen Formulierung nicht weiter verwendet wird. Daher ist die zweite Interpretationsvariante vorzuziehen. – Das Gegenbeispiel bildet die oben Rdn. 8 genannte Rücknahmeklausel (Einbeziehung unterstellt): Selbst wenn man sie kundenfeindlich dahin auslegt, dass der Unternehmer Ware freiwillig nur gegen Ausstellung eines Gutscheins zurücknimmt, ist hiergegen im Wege der Inhaltskontrolle nichts einzuwenden, da der Unternehmer ohne eine solche Vereinbarung zu einer Rücknahme überhaupt nicht verpflichtet ist. Hier ist der kundengünstigen Auslegung der Vorzug zu geben, wonach der Unternehmer sich zur Rücknahme der Ware gegen Erstattung des Kaufpreises verpflichtet.

III. Die Unwirksamkeit von AGB (§§ 307 ff BGB)

Bestimmungen in AGB sind unwirksam, wenn sie den Vertragspartner entgegen **37** den Geboten von Treu und Glauben unangemessen benachteiligen, § 307 Abs. 1 Satz 1 BGB. Diesen obersten Grundsatz der Inhaltskontrolle von AGB konkretisiert das Gesetz in § 307 Abs. 2 BGB im Hinblick auf wesentliche Grundgedanken der gesetzlichen Regelung, von denen abgewichen wird (Nr. 1), und im Hinblick auf wesentliche Rechte und Pflichten, die sich aus dem Vertrag ergeben und durch AGB eingeschränkt werden sollen (Nr. 2). Die §§ 308 und 309 BGB fügen konkrete Klauselverbote hinzu.

---

44 BGH vom 20.12.2007, NJW 2008, 987 Rdn. 9; BGH vom 29.4.2008, BGHZ 176, 244 Rdn. 19 = NJW 2008, 2172; BGH vom 5.10.2016, BGHZ 212, 140 = NJW 2017, 1596 Rdn. 39.
45 Palandt/*Grüneberg* § 305c Rdn. 18; *Stoffels*, AGB-Recht (3. Aufl. 2015) Rdn. 375.

1. Der Anwendungsbereich der Vorschriften über die Inhaltskontrolle von AGB

38 Die Vorschriften über die Inhaltskontrolle in den §§ 307 Abs. 1 und Abs. 2, 308, 309 BGB gelten „nur für Bestimmungen in Allgemeinen Geschäftsbedingungen, durch die von Rechtsvorschriften abweichende oder diese ergänzende Regelungen vereinbart werden", § 307 Abs. 3 BGB. Hieraus ergibt sich vor allem, dass die unmittelbare Festlegung des Vertragsgegenstandes und die Bestimmung des vertraglichen Äquivalenzverhältnisses (also der wertmäßigen Relation von Leistung und Gegenleistung) kontrollfrei ist, da es hierzu keine gesetzlichen Bestimmungen geben kann.[46] Welcher Preis für welche Leistung gefordert und bewilligt wird, richtet sich allein nach dem Willen der Parteien des Vertrages. Das Gesetz sieht insoweit nur eine Transparenzkontrolle vor (§ 307 Abs. 3 Satz 2 BGB in Verb. mit § 307 Abs. 1 Satz 2 BGB).

39 Die Grenzen der kontrollfreien Zone zu bestimmen, ist nicht einfach. Nebenabreden eines Vertrages, z.B. über Skonti, können Auswirkungen auf das Preis-Leistungsverhältnis haben. Dennoch unterliegen **Preisnebenabreden** einer Kontrolle gemäß § 307 Abs. 1 und Abs. 2 BGB (hierzu unten Rdn. 52).[47] Manche Produkte (wie insbesondere Versicherungsleistungen) lassen sich nur mit einer Vielzahl von Regelungen inhaltlich fixieren, und die Frage ist dann, ob diese Regelungen als Leistungsbeschreibung aus der Inhaltskontrolle ausgenommen sind oder als Einschränkung des Leistungsversprechens, das ohne die Klausel weiter reichen würde, zu kontrollieren sind. Existiert zu der jeweiligen Klausel dispositives Gesetzesrecht, an dessen Stelle die Klausel treten soll, so unterliegt sie jedenfalls der Inhaltskontrolle.

40 Auf die Inhaltskontrolle von AGB, die insbes. **gegenüber einem Unternehmer** (§ 14 BGB) verwendet werden, finden die Klauselverbote in §§ 308 und 309 BGB **keine Anwendung** (§ 310 Abs. 1 Satz 1 BGB). Es bleibt aber bei der Inhaltskontrolle auf der Grundlage der Generalklausel des § 307 BGB, wobei die Klauselkataloge der §§ 308 und 309 BGB oftmals eine unangemessene Benachteiligung der Gegenseite indizieren.[48] Deshalb stellt § 310 Abs. 1 Satz 2 BGB klar, dass der Ausschluss einer unmittelbaren Anwendbarkeit der §§ 308, 309 BGB die Möglichkeit

---

46 BGH vom 7.6.2011, BGHZ 190, 66 Rdn. 19 = NJW 2011, 2640; BGH vom 13.5.2014, NJW 2014, 2420 Rdn. 24.

47 BGH vom 6.7.2011, NJW 2011, 3510 Rdn. 16ff; BGH vom 7.12.2010, BGHZ 187, 360 Rdn. 26 = NJW 2011, 1801; BGH vom 7.6.2011, BGHZ 190, 66 Rdn. 19 = NJW 2011, 2640; BGH vom 13.11.2012, BGHZ 195, 298 Rdn. 13 = NJW 2013, 995; BGH vom 25.9.2013, NJW 2014, 209 Rdn. 18; BGH vom 13.5.2014, NJW 2014, 2420 Rdn. 24.

48 BGH vom 19.9.2007, BGHZ 174, 1 Rdn. 12 = NJW 2007, 3774; BGH vom 10.10.2013, NJW 2014, 206 Rdn. 21; BGH vom 10.9.2014, NJW 2014, 3722 Rdn. 32; anders zu § 309 Nr. 9 BGB aber BGH vom 8.12.2011, NJW-RR 2012, 626 Rdn. 13; in Bezug auf § 309 Nr. 12 Buchst. b) BGB ist die Rechtlage kontrovers; s. BeckOGK/*Weiler*, 1.12.2020, § 309 Nr. 12 BGB Rn. 123.

offen lässt, die darin genannten Klauseln gemäß § 307 Abs. 1 oder Abs. 2 BGB als unwirksam anzusehen.

2. Das systematische Verhältnis der Vorschriften über die Inhaltskontrolle zueinander

In der praktischen Arbeit mit den Vorschriften zur Inhaltskontrolle sind die **41** §§ 307–309 BGB rückwärts zu lesen. Man beginnt mit den Klauselverboten „ohne Wertungsmöglichkeit" des § 309 BGB. Dies deshalb, weil die Wirksamkeit einer Klausel, die in dem Katalog der Klauselverbote des § 309 BGB enthalten ist, vom Gericht oder dem sonstigen Rechtsanwender nicht anhand der Generalklausel des § 307 BGB ermittelt werden darf. Das Ergebnis einer solchen Prüfung ist in § 309 BGB durch den Gesetzgeber festgeschrieben worden. Diese gesetzgeberische Entscheidung ist zu respektieren und in der Anwendung des § 309 BGB auf die Klausel umzusetzen. Hier gibt es keinen Spielraum, was letztlich Wertungen durch die Gerichte minimiert und so der **Rechtssicherheit** dient.

Anders verhält es sich mit Klauseln, die in den Bereich der Klauselverbote des **42** § 308 BGB („mit Wertungsmöglichkeit") fallen. Hier geht es z.B. darum, ob eine Frist „unangemessen lang" oder eine Nutzungsentschädigung „unangemessen hoch" ist, ob eine Klausel ohne „sachlich gerechtfertigten Grund" dem Verwender eine Lösung vom Vertrag ermöglicht oder eine Zugangsfiktion eine Erklärung des Verwenders „von besonderer Bedeutung" betrifft. Die Entscheidung über die Wirksamkeit solcher Klauseln erfordert eine richterliche Bewertung und kann daher nicht abschließend vom Gesetz selbst getroffen werden. Immerhin aber gibt das Gesetz Hinweise, unter welchen Aspekten die jeweiligen Klauseln einer inhaltlichen Überprüfung bedürfen.

Nur Klauseln, die weder unter § 309 BGB noch unter § 308 BGB fallen, kön- **43** nen an der Generalklausel des § 307 BGB gemessen werden, und auch insoweit hat dessen Abs. 2 als inhaltliche Konkretisierung des Grundgedankens von Abs. 1 Vorrang.

3. Beispiele zur Inhaltskontrolle

Die meisten Vorschriften zur Inhaltskontrolle beziehen sich auf Klauseln, durch **44** die von dispositiven Vorschriften des Schuldrechts abgewichen wird und deren Einzelheiten daher im Schuldrecht zu behandeln sind. Hier können nur anhand einiger Beispiele die Grundzüge der Inhaltskontrolle erläutert werden.

a. § 309 BGB

45 Ein klassisches Gebiet der Inhaltskontrolle stellen Regelungen dar, durch die der Verwender (Verkäufer, Werkunternehmer) seine **Haftung für Mängel** begrenzen oder gar ganz ausschließen will. Entsprechende Klauselverbote hat § 309 Nr. 8 lit. b BGB aus dem AGBG übernommen, doch werden diese Regelungen bei einem Verbrauchsgüterkauf (§ 474 Abs. 1 BGB) durch die wesentlich weiter reichenden Vorschriften des § **476 Abs. 1 und Abs. 2 BGB** überlagert. Von weitesten Teilen des gesetzlichen Kaufrechts kann danach selbst in Individualvereinbarungen nicht abgewichen werden.

46 Eine – auf den ersten Blick überraschende – Ausnahme sieht § 476 Abs. 3 BGB für den Ausschluss oder die Beschränkung des Anspruchs auf Schadensersatz vor und stellt klar, dass es für solche Klauseln bei der Inhaltskontrolle gemäß §§ 307–309 BGB bleibt. Hintergrund ist der Umstand, dass Schadensersatzansprüche des Käufers wegen eines Mangels der Sache nicht von der Verbrauchsgüterkaufrichtlinie[49] erfasst werden und daher auch die weithin zwingende Ausgestaltung der der Umsetzung der Richtlinie dienenden Vorschriften zum Kaufrecht hierauf nicht erstreckt werden musste.

47 Erhebliche praktische Bedeutung kommt **§ 309 Nr. 7 lit. a BGB** zu. Danach ist in AGB unwirksam „ein Ausschluss oder eine Begrenzung der Haftung für Schäden aus der Verletzung des Lebens, des Körpers oder der Gesundheit, die auf einer fahrlässigen Pflichtverletzung des Verwenders oder einer vorsätzlichen oder grob fahrlässigen Pflichtverletzung eines gesetzlichen Vertreters oder Erfüllungsgehilfen des Verwenders beruhen". Hierunter können Klauseln fallen, deren Text man auf den ersten Blick einen Verstoß gegen § 309 Nr. 7 lit. a BGB nicht ansieht.

48 **Beispiel:** In dem Formularvertrag eines **Gebrauchtwagenhändlers** heißt es: „Ansprüche des Käufers wegen Mängeln des gekauften Fahrzeugs verjähren in einem Jahr ab Auslieferung". Damit will der Händler die in § 476 Abs. 2 BGB vorgesehene Möglichkeit nutzen, die gesetzliche Gewährleistungsfrist von zwei Jahren (§ 438 Abs. 1 Nr. 3 BGB) beim Verkauf gebrauchter Sachen zu verkürzen.[50] Zu den Ansprüchen des Käufers wegen eines Mangels gehören aber auch Schadensersatzansprüche (§ 437 Nr. 3 BGB), und diese können auf einer Verletzung von Leben, Körper und Gesundheit beruhen, die der Käufer aufgrund eines Mangels des Fahrzeugs erleidet. Die Verkürzung der Verjährungsfrist für solche Ansprüche stellt eine „Begrenzung der Haftung" im Sinne des § 309 Nr. 7 lit. a BGB dar. Da von der Verkürzung der Verjährungsfrist die in § 309 Nr. 7 lit. a

---

49 Richtlinie 1999/44/EG zu bestimmten Aspekten des Verbrauchsgüterkaufs und der Garantien für Verbrauchsgüter. Mit dem 1.1.2022 wird diese durch die Warenkaufrichtlinie (vgl. oben Fn. 1 Vorbem. § 8) abgelöst, die aber in Art. 3 Abs. 6 Schadensersatzansprüche ebenfalls nicht erfasst.
50 Die bis zum 1.1.2022 bestehende (s. vorige Fn. und unten § 23 Rdn. 95) Richtlinienwidrigkeit des § 476 Abs. 2 BGB ändert hieran nichts; BGH vom 18.11.2020, NJW 2021, 1008 Rdn. 46.

BGB genannten Ansprüche nicht ausdrücklich ausgenommen werden, ist die Klausel unwirksam.[51]

b. § 308 BGB

Gemäß § 308 Nr. 1 BGB ist eine AGB-Klausel unwirksam, durch die sich der Verwender eine unangemessen lange Frist für die Annahme oder Ablehnung eines Angebots vorbehält. Die Klärung der Frage, ob die in einer Klausel vorgesehene Frist „unangemessen" ist, erfordert eine Bewertung und Abwägung der Interessen beider Vertragspartner unter Berücksichtigung der für den Vertragsgegenstand typischen Umstände.[52] Daher kann der Gesetzgeber nicht feste zeitliche Grenzen bestimmen, deren Überschreitung solche Bindungsklauseln unwirksam macht. Was unangemessen ist, bedarf einer wertenden Bestimmung durch die Gerichte. **49**

Beispiel „Verspätete Annahme":[53] Die vorformulierte (gemäß § 310 Abs. 3 Nr. 1 BGB dem Verkäufer zuzurechnende und gemäß § 310 Abs. 3 Nr. 2 BGB kontrollfähige) Bestimmung sah vor, dass der Kaufinteressent an sein Angebot zum Kauf einer Eigentumswohnung knapp fünf Monate gebunden sein sollte. Für eine derart lange Bindungsfrist sieht der BGH keine rechtfertigenden Gründe. Unter Berücksichtigung des Interesses des Angebotsempfängers, die Zahlungsfähigkeit/Kreditwürdigkeit (Bonität) des Antragenden zu prüfen, und im Hinblick auf die Notwendigkeit einer notariellen Beurkundung der Annahmeerklärung sei eine Annahmefrist von vier Wochen sachgerecht (oben § 8 Rdn. 46). Die vorformuliert vorgesehene Einräumung einer fünffach (!) längeren Annahmefrist ermöglicht es dem Verkäufer, die weitere Entwicklung der Marktlage abzuwarten und zu Lasten des Antragenden auszunutzen. Steigen die am Markt erzielbaren Preise, lehnt er das Angebot ab, fallen die am Markt erzielbaren Preise, nimmt er das Angebot an. Hierdurch wird der Antragende unangemessen benachteiligt.[54] Dieser Bewertung des BGH ist zu folgen, wenn es, wie im entschiedenen Fall, um die Veräußerung einer bereits fertiggestellten Wohnung geht. Oft ist es aber so, dass Wohnungseigentum „vom Reißbrett", d.h. allein **auf der Grundlage der Pläne** veräußert wird. Ob der Bauträger eine Bank findet, die sein Projekt finanziert, hängt dann meist vom Verkaufsstand ab. Erst wenn eine bestimmte Anzahl der Wohnungen **50**

---

51 BGH vom 15.11.2006, BGHZ 170, 31 Rdn. 18 ff = NJW 2007, 674, dazu *Leenen* DStR 2007, 214; BGH vom 19.9.2007, BGHZ 174, 1 Rdn. 10 = NJW 2007, 3774; BGH vom 26.2.2009, NJW 2009, 1486 Rdn. 17; BGH vom 29.5.2013, NJW 2013, 2584 Rdn. 15. Dies gilt auch im unternehmerischen Verkehr: BGH vom 19.9.2013, NJW 2014, 211 Rdn. 30 m.w.N.
52 BGH vom 11.6.2010, NJW 2010, 2873 Rdn. 8 – „Verspätete Annahme" (Sachverhalt unten § 30).
53 BGH vom 11.6.2010, NJW 2010, 2873 (Sachverhalt unten § 30); s. ferner BGH vom 13.5.2016, NJW-RR 2017, 114 Rdn. 12 – „Eigenprovisionsabrede" (Sachverhalt unter § 30).
54 Diese Bewertung hat der BGH mehrfach bestätigt und auf Klauseln erstreckt, die zwar eine feste Bindung an das Angebot auf vier Wochen begrenzen, das Angebot aber darüber hinaus fortgelten lassen, bis es widerrufen wird, BGH vom 7.6.2013, NJW 2013, 3434; BGH vom 13.5.2016, NJW-RR 2017, 114 Rdn. 12 – „Eigenprovisionsabrede" (Sachverhalt unter § 30); st. Rspr.

veräußert werden konnte, kommt das Projekt zustande. Hier gibt es einen sachlichen Grund für eine längere Bindungsfrist.[55] Dagegen lässt sich auch nicht einwenden, es sei Sache des Bauträgers, seine Finanzierung vor Abschluss des ersten Vertrages sicherstellen, weil darin eine Beschränkung der Privatautonomie liegt, die auch für die Erwerber mit Nachteilen verbunden ist. Man würde auf diese Art nämlich zugunsten einiger weniger finanzstarker Bauträger, die Projekte aus eigener Kraft vorfinanzieren können, in den Markt eingreifen, was zu einem Rückgang des Wettbewerbs und damit auf lange Sicht zu steigenden Preisen führt.

c. § 307 BGB

51 § 307 Abs. 1 Satz 1 BGB enthält die Generalklausel zur Unwirksamkeit von AGB. Eine Klausel ist unangemessen im Sinne des § 307 Abs. 1 Satz 1 BGB, wenn „der Verwender die Vertragsgestaltung einseitig für sich in Anspruch nimmt und eigene Interessen missbräuchlich auf Kosten des Vertragspartners durchzusetzen sucht, ohne von vornherein die Interessen seines Partners hinreichend zu berücksichtigen und ihm einen angemessenen Ausgleich zuzugestehen".[56] Wichtige Konkretisierungen der Generalklausel des § 307 Abs. 1 Satz 1 BGB ergeben sich aus § 307 Abs. 2 BGB. In § 307 Abs. 2 Nr. 1 BGB ist ausgedrückt, dass das dispositive Gesetzesrecht eine Ordnungs- und Leitbildfunktion für die Inhaltskontrolle hat, sich also nicht negativ in der Abdingbarkeit erschöpft.[57] § 307 Abs. 2 Nr. 2 BGB ist insbesondere für atypische, gesetzlich nicht geregelte Vertragstypen von Bedeutung, ermöglicht es aber auch, den Besonderheiten von Verträgen Rechnung zu tragen, die zwar einem der gesetzlich geregelten Vertragsmuster zuzuordnen sind, aber doch in bestimmten Hinsichten eine besondere Interessenlage aufweisen. Beispiele:

52 **Beispiel zu § 307 Abs. 2 Nr. 1 BGB:** Nach der Rechtsprechung des BGH sind kontrollfähige Klauseln über Nebenentgelte (Preisnebenabreden, oben Rdn. 39) „mit wesentlichen Grundgedanken der Rechtsordnung unvereinbar, wenn Aufwand für Tätigkeiten auf den Kunden abgewälzt wird, zu denen der Verwender gesetzlich oder nebenvertraglich verpflichtet ist oder die er überwiegend im eigenen Interesse erbringt. Denn es gehört zu den wesentlichen Grundgedanken des dispositiven Rechts, dass jeder Rechtsunterworfene solche Tätigkeiten zu erfüllen hat, ohne dafür ein ge-

---

55 Vgl. § 6 Abs. 1 Nr. 1 Bauträgervertragsgesetz (BTVG) in Österreich, der ein Recht des Bauträgers zum Vertragsrücktritt aus diesem Grund zulässt, aber auf „längstens sechs Monate" begrenzt.

56 BGH vom 8.2.2012, NJW 2012, 1431 Rdn. 20; BGH vom 4.7.2013, BGHZ 198, 23 Rdn. 23 = NJW 2013, 2502.

57 BGH vom 7.3.2013, NJW 2013, 1431 Rdn. 24 und 25 (zur Leitbildfunktion der §§ 641 Abs. 1 Satz 1 BGB und 320 Abs. 1 Satz 1 BGB; Unwirksamkeit der Vereinbarung einer Vorleistungspflicht des Bestellers in AGB); BGH vom 13.5.2014, NJW 2014, 2420 Rdn. 67.

sondertes Entgelt verlangen zu können. ... Derartige Entgeltklauseln stellen eine Abweichung von Rechtsvorschriften dar und sind deshalb grundsätzlich nach § 307 II Nr. 1 BGB unwirksam".[58]

Als **Beispiel zu § 307 Abs. 2 Nr. 2 BGB** kann der Ausschluss einer Haftung für leicht fahrlässig ver- **53** ursachte Lack- und Schrammschäden in den AGB des Betreibers einer Autowaschstraße dienen. Gegen die Wirksamkeit der Klausel spricht, dass der Kunde erwarten darf, sein Fahrzeug werde nicht nur sauber, sondern vor allem unbeschädigt die Waschstraße verlassen. Der Haftungsausschluss für leicht fahrlässig beim Waschvorgang verursachte Beschädigungen gefährdet den Vertragszweck. Zu Recht hält der BGH die Klausel gemäß § 307 Abs. 2 Nr. 2 BGB für unwirksam.[59]

Schließlich kann sich gemäß **§ 307 Abs. 1 Satz 2 BGB** eine unangemessene Be- **54** nachteiligung des Kunden (allein) daraus ergeben, dass die Bestimmung nicht klar und verständlich (also: **intransparent**) ist. Diese Bestimmung gehört zu den wenigen Änderungen, die der Gesetzgeber bei der Überführung des AGB-Gesetzes in das BGB zum 1.1.2002 vorgenommen hat. Bereits vorher war das Transparenzgebot als Rechtsprechungsgrundsatz zwar etabliert.[60] Jedoch hatte **Art. 5 Klauselrichtlinie** das Gebot aufgegriffen und es musste – an sich bereits zum 1.1.1995 – transparent (!) in das deutsche Recht umgesetzt werden. Aus diesem Grund entschied sich der Gesetzgeber, es im Rahmen der Schuldrechtsmodernisierung explizit im Wortlaut des Gesetzes zu verankern.

Beispiel: Die Kläger haben mit dem bekl. Energieversorgungsunternehmen einen Vertrag über **55** den Bezug von Erdgas zu einem bestimmten Preis pro Kubikmeter geschlossen. In dem von der Bekl. vorformulierten Vertrag findet sich folgende **Preisanpassungsklausel:** „Der vorstehende Gaspreis ändert sich, wenn eine Änderung der allgemeinen Tarifpreise eintritt." Im Wege der Auslegung kann der Klausel nur entnommen werden, dass bei einer Änderung des Tarifpreises das Unternehmen den Gaspreis in derselben Richtung anpassen darf. Völlig unklar ist aber, nach welchem Modus und in welcher Relation zur Änderung des Tarifpreises die Neuberechnung des Gaspreises zu erfolgen hat. Die Klausel ist gemäß § 307 Abs. 1 Satz 2 BGB unwirksam.[61]

Bei Anwendung des Transparenzgebotes muss man deswegen mit viel „Fingerspitzengefühl" vor- **55a** gehen, weil der Sprache Unklarheiten inhärent sind und die Gefahr besteht, dass die Privatautonomie, die auch der Verwender von AGB für sich beanspruchen darf, über Gebühr beschränkt

---

58 BGH vom 13.5.2014, NJW 2014, 2420 Rdn. 66 (Bearbeitungsentgelt in Privatdarlehens-AGB).
59 BGH vom 30.11.2004, NJW 2005, 422; ebenso schon KG vom 14.11.1990, NJW-RR 1991, 698 (zu § 9 Abs. 2 Nr. 2 AGBG).
60 S. dazu bereits BGH vom 24.11.1988, BGHZ 106, 42 (49) = NJW 1989, 222, wobei der Begriff hier noch etwas distanzierend in Anführungszeichen gesetzt wird; ohne diese dann bereits BGH vom 17.1.1989, BGHZ 106, 259 = NJW 1989, 582.
61 BGH vom 17.12.2008, BGHZ 179, 186 (190) = NJW 2009, 578. Zur Kontrolle von Preisanpassungsklauseln von Energieversorgungsunternehmen auch BGH vom 15.7.2009, BGHZ 182, 59 Rdn. 18 ff = NJW 2009, 2662 (2665); BGH vom 15.7.2009, NJW 2009, 2667.

wird, wenn man nur noch vollkommen eindeutige Regelungen zulässt.[62] Den Vorwurf, eine bestimmte Klausel sei auslegungsbedürftig und daher i. S. v. § 307 Abs. 1 S. 2 BGB „nicht klar", kann der Verwender ex ante oft nicht oder zumindest nicht mit vertretbarem Aufwand ausschließen. Ein einfacher Satz wie „Die Betriebskosten trägt der Mieter" wirft etwa die Frage auf, was Betriebskosten sind. Muss man das erläutern, damit auch ein rechtlich nicht bewanderter Mieter weiß, was ihn erwartet? Der BGH verneint eine solche Obliegenheit des Klauselverwenders zutreffend.[63] Dabei werden nicht nur Risiken verteilt, wie das der Kenntnis bestimmter feststehender Rechtsbegriffe (s. § 556 Abs. 1 S. 2 BGB i. V. m. der BetriebskostenV).[64] Vielmehr wird auch verhindert, dass Vertragswerke deswegen unübersichtlich werden, weil der Verwender zur Abwendung des Vorwurfs der Intransparenz seitenweise Erläuterungen liefert, die den anderen Vertragsteil allein wegen der schieren Menge von der Lektüre abhalten (Schilderwaldeffekt). Der BGH formuliert daher zu Recht ein Abwägungserfordernis dahingehend, dass der Verwender Klarheit und Verständlichkeit **nur im Rahmen des** tatsächlich und rechtlich **Möglichen und Zumutbaren** schuldet.[65] Das nicht jede Unklarheit einer Klausel zur Unwirksamkeit nach § 307 Abs. 1 S. 2 BGB führen kann, folgt ferner systematisch bereits aus § 305b BGB, der für Auslegungsfragen eine andere Rechtsfolge vorsieht (dazu oben Rdn. 35).

4. Das Verbot der geltungserhaltenden Reduktion

56 Die Klauselverbote der §§ 307 ff BGB besagen jeweils, dass eine Bestimmung unwirksam ist, die den Kunden in bestimmter Hinsicht unangemessen benachteiligt, nicht, dass die Klausel „insoweit" unwirksam ist, als sie gegen das Gesetz verstößt. Daher ist es grundsätzlich ausgeschlossen, nur einen Teil einer Klausel für unwirksam zu erachten und den nicht gegen ein Klauselverbot verstoßenden restlichen Teil aufrechtzuerhalten. Das eingeführte Schlagwort hierfür lautet **Verbot der geltungserhaltenden Reduktion.**[66] Ein ganz entsprechender Grundsatz ergibt sich aus Art. 6 Abs. 1 der Richtlinie 93/13/EWG über missbräuchliche Klauseln in Verbraucherverträgen.[67]

57 Für dieses Verbot lassen sich – neben dem Wortlaut des Gesetzes – überzeugende teleologische Erwägungen anführen. Ließe man nämlich eine geltungserhaltende Reduktion zu, würde dies Anreize für den Verwender setzen, mit der

---

62 Dazu eindringlich am Beispiel des Mietrechts *Häublein* WuM 2016, 468.

63 BGH vom 10.2.2016, NJW 2016, 1308 Rdn. 18 ff.

64 Dort, wo solche klaren Vorgaben hingegen fehlen, etwa bei der Überwälzung der Kosten des „Centermanagements" auf einen Geschäftsraummieter in einem Einkaufszentrum, wird eine Intransparenz hingegen angenommen; BGH vom 8.3.2011, NJW 2012, 54.

65 BGH vom 26.10.2005, BGHZ 165, 12 = NJW 2006, 996; BGH vom 18.3.2015, BGHZ 204, 316 Rdn. 29 = NJW 2015, 1871; BeckOK BGB/*H. Schmidt*, 1.11.2020, BGB § 307 Rdn. 48.

66 BGH vom 8.12.2010, NJW 2011, 597 Rdn. 16; BGH vom 7.4.2011, NJW 2011, 1729 Rdn. 21; BGH vom 17.12.2013, NJW 2014, 922 Rdn. 27; st. Rspr.

67 Hierzu EuGH vom 14.6.2012, Rs. C-618/10, NJW 2012, 2257 Rdn. 65, 71, 73 – Banco Español; EuGH vom 21.1.2015, BeckRS 2015, 80134 Rn. 33 – Unicaja Banco.

Klausel über das rechtlich Zulässige hinauszugehen. Es kann ihm ja nicht mehr passieren, als dass ein Gericht den überschießenden Teil der Klausel wieder streicht. Dem AGB-Recht liegt der Gedanke zu Grunde, dass Verwender in bestimmten Grenzen vom dispositiven Recht abweichen und sich hierdurch Vorteile sichern dürfen. Gehen sie aber zulasten des Kunden zu weit in der Verfolgung ihrer Eigeninteressen, ist die Klausel insgesamt unwirksam, und der Verwender erreicht mit ihr nicht den Vorteil, den er sich bei Einhaltung der rechtlichen Grenzen hätte sichern können. Eine solche Strategie des Gesetzes setzt einen **Selbststeuerungsmechanismus** in Gang, der tendenziell dafür sorgt, dass Verwender in ihrem eigenen Interesse Klauseln so formulieren, dass sie vor den Klauselverboten Bestand haben.

Dieses Ziel zu erreichen, ist nicht zuletzt im Interesse der **Transparenz** der Klauseln wünschenswert. Der Kunde soll deren Text entnehmen können, welche rechtliche Regelung im Verhältnis zu ihm gilt. Hat eine Klausel aufgrund einer geltungserhaltenden Reduktion einen vom Wortlaut abweichenden Anwendungsbereich, ist dies dem Kunden in aller Regel nicht erkennbar. **58**

Beispiel: Im Fall der **Verjährungsklausel des Gebrauchtwagenhändlers** (oben Rdn. 48) verstößt die Verkürzung der Frist an sich nur insoweit gegen das Klauselverbot des § 309 Nr. 7 lit. a BGB, als sie die dort genannten Schadensersatzansprüche erfasst. Für den Nachbesserungsanspruch darf bei Gebrauchtwagen eine Verjährungsfrist von einem Jahr vorgesehen werden (mit der weiteren Wirkung, dass Rücktritt und Minderung nur in dieser Frist wirksam erklärt werden können, § 218 BGB). Der Wortlaut der Klausel lässt aber eine Aufteilung in einen unwirksamen und einen wirksamen Teil nicht zu. Das Verbot der geltungserhaltenden Reduktion führt dazu, dass die Klausel in toto unwirksam ist.[68] Es gilt also für alle Mängelansprüche des Käufers die gesetzliche Verjährung (§ 438 BGB).[69] Diese Rechtslage bleibt erheblich hinter dem zurück, was der Verkäufer durch eine die Grenzen des § 309 Nr. 7 lit. a BGB beachtende Klausel zu seinen Gunsten hätte erreichen können. **59**

Anders entscheidet die Rechtsprechung bei Klauseln, die sachlich und sprachlich in mehrere einzelne Regelungen aufteilbar sind. Hier lässt die Rechtsprechung es zu, das Klauselverbot nur auf den abtrennbaren Teil der Gesamtklausel zu beziehen, der hiervon betroffen ist. Der Sache nach wird der Begriff der „Bestimmung" in Allgemeinen Geschäftsbedingungen enger gefasst. **60**

Beispiel:[70] Ein Mietvertragsformular sieht vor, dass der Mieter eine Kaution in bestimmter Höhe zu leisten hat, und schließt hieran einige zusätzliche Regelungen über die Kaution an. Sodann **61**

---

68 Nachweise wie oben zu Rdn. 48.
69 Zu § 438 BGB oben § 19 Rdn. 29.
70 BGH vom 25.6.2003, NJW 2003, 2899; Vorinstanz: LG Leipzig vom 6.11.2002, NZM 2002, 1024 (mit vollem Wortlaut der Klausel).

heißt es: „Die Sicherheitsleistung ist mit Abschluss des Mietvertrags zu erbringen". Diese Regelung verstieß gegen § 550b Abs. 1 Satz 3 BGB damaliger Fassung (jetzt: § 551 Abs. 2 BGB), wonach der Mieter berechtigt ist, die Kaution in drei Raten zu entrichten, und die erste Rate erst bei Beginn des Mietverhältnisses[71] fällig wird. Eine zum Nachteil des Mieters abweichende Vereinbarung ist unwirksam (§ 550b Abs. 3 BGB a.F., jetzt § 551 Abs. 4 BGB). Der BGH hält dafür, dass nach Wegfall der Fälligkeitsvereinbarung die übrigen Bestimmungen zur Kautionsleistung ihren Sinn behalten. Also handle es sich um eine sprachlich und sachlich abtrennbare Regelung, auf die sich die Anwendung der Unwirksamkeitssanktion des § 550b Abs. 3 BGB a.F. beschränke.

62 Die beiden Rechtsprechungslinien (Verbot der geltungserhaltenden Reduktion einerseits, Beschränkung der Unwirksamkeit auf sachlich und sprachlich abtrennbare Teile andererseits) bringen erhebliche Abgrenzungsschwierigkeiten mit sich. Aus dem Common Law stammt der sog. **blue pencil test** als Abgrenzungskriterium. Danach liegt Teilbarkeit vor, wenn der Richter mit einem Korrekturstift einzelne Worte aus der Klausel streichen kann und ein sprachlich und sachlich sinnvoller Rest bestehen bleibt.[72] Auch dieser Test erlaubt es freilich kaum, einigermaßen sicher vorherzusagen, wie im Einzelfall entschieden wird.

63 **Beispiel:**[73] Ein Mietvertrag enthält die Klausel „Schönheitsreparaturen trägt der Mieter, einschließlich Streichen von Außenfenstern, Balkontür und Loggia". Nach der Rechtsprechung können Schönheitsreparaturen formularmäßig nur in dem in der II. BerechnungsVO (Zweite Berechnungsverordnung in der Fassung der Bekanntmachung vom 12. Oktober 1990, BGBl. I S. 2178) genannten Umfang auf den Mieter abgewälzt werden. Der Außenanstrich von Türen und Fenstern gehört hierzu nicht. Legt man den blue-pencil test an, möchte man die entsprechende Passagen der Klausel streichen und den (sinnvollen, aus sich verständlichen) Rest aufrechterhalten. Der BGH hat dies nicht zugelassen. Bei der dem Mieter auferlegten Pflicht zur Vornahme von Schönheitsreparaturen handle es sich um eine einheitliche Rechtspflicht, die sich nicht in Einzelmaßnahmen und Einzelaspekte aufteilen lasse.[74] Daher sei die Klausel insgesamt unwirksam. Der Mieter muss Schönheitsreparaturen überhaupt nicht durchführen.

IV. Die Rechtsfolgen der Nichteinbeziehung und Unwirksamkeit von AGB

64 Die Rechtsfolgen der Nichteinbeziehung oder der Unwirksamkeit von Bestimmungen in AGB sind in § 306 BGB geregelt.

---

71 Zur Unterscheidung zwischen dem Zeitpunkt des Abschlusses des Mietvertrages und dem des Beginns des Mietverhältnisses oben § 10 Rdn. 14.

72 Zur Verwendung des blue-pencil-test in der Rechtsprechung vgl. BGH vom 10.10.2013, NJW 2014, 141 Rdn. 14; BGH vom 9.10.2014, NJW 2015, 328 Rdn. 33; BAG vom 6.5.2009, NZA 2009, 783 (784). Weitere Nachweise bei *Stoffels*, AGB-Recht (3. Aufl. 2015) Rdn. 600.

73 BGH vom 18.2.2009, NJW 2009, 1408.

74 BGH aaO (vorige Fn.) Rdn. 15; krit. zur Annahme einer „einheitlichen Reparaturpflicht" durch den BGH MüKo/*Häublein* § 535 Rdn. 154f.

1. Zustandekommen und Wirksamkeit des Vertrages

Sind Klauseln nicht einbezogen worden oder nicht wirksam, so bleibt gemäß der **65** Grundregel des § 306 Abs. 1 BGB der Vertrag im Übrigen wirksam. Hierin liegt eine Abweichung von der Regel des § 139 BGB, wonach die Nichtigkeit eines Teiles eines Rechtsgeschäfts grundsätzlich dessen Gesamtnichtigkeit nach sich zieht. Im AGB-Recht wird die Regel des § 139 BGB dem Schutzbedürfnis der anderen Vertragspartei nicht gerecht, der an der Durchführung des Vertrages ohne die unangemessene Klausel gelegen ist. Würde man an der Unwirksamkeit einer Klausel oder an deren Nichteinbeziehung den ganzen Vertrag scheitern lassen, gäbe man dem geschützten anderen Vertragsteil Steine statt Brot.

§ 306 Abs. 3 BGB sieht zwar vor, dass der Vertrag – abweichend von Abs. 1 – **66** **insgesamt unwirksam** ist, „wenn das Festhalten an ihm auch unter Berücksichtigung der nach Absatz 2 vorgesehenen Änderung eine unzumutbare Härte für eine Vertragspartei darstellen würde". Dieser Vorbehalt hat jedoch kaum einen praktischen Anwendungsbereich.[75] Da an die Stelle der nicht einbezogenen oder unwirksamen Klauseln gemäß § 306 Abs. 2 BGB das einem angemessenen Interessenausgleich verpflichtete Gesetzesrecht tritt (dazu sogleich Rdn. 69), ist kaum vorstellbar, dass die Durchführung des auf diese Weise normativ ergänzten Vertrages für eine Seite unzumutbar sein könnte. Hinzu kommt, dass die Unzumutbarkeit in aller Regel auf Seiten des Verwenders der AGB vorliegen wird (der andere Vertragsteil steht ja durch das Entfallen der Klausel grundsätzlich besser) und es ist für Verbraucherverträge vor dem Hintergrund der **Klauselrichtlinie** (dazu oben Rdn. 54 und § 20 Rdn. 23) zweifelhaft, ob es der EuGH zulassen würde, zur Vermeidung von Nachteilen auf Seiten des Verwenders den Vertrag insgesamt für unwirksam zu erklären und damit (auch) den Kunden zu benachteiligen.[76] Zutreffender Ansicht[77] nach schließt die Klauselrichtlinie es zwar nicht aus, auf eine grobe Unausgewogenheit zu Lasten des Unternehmers/Verwenders durch die Unwirksamkeit des gesamten Vertrages zu reagieren; jedoch können die Verwender wohl **allenfalls in Extremfällen** darauf hoffen, dass der EuGH ihnen einen solchen Schutz vor dem unausgewogenen Vertrag gewährt.

Da das Gesetz anordnet, dass der Vertrag trotz der Nichteinbeziehung oder **67** Unwirksamkeit einer Klausel „wirksam bleibt" oder im Falle von § 306 Abs. 3 BGB ausnahmsweise „unwirksam" ist, liegt darin zugleich, dass der Vertrag jedenfalls

---

75 S. hierzu mit Beispielen aus der Rspr. BeckOGK/*Bonin*, 1.12.2020, § 306 BGB Rn. 77 ff.
76 Zum Gebot, ein „Bestrafen" des Verbrauchers zu vermeiden: EuGH vom 30.4.2014, NJW 2014, 2335 Rdn. 81 ff – Kásler; EuGH vom 21.1.2015, BeckRS 2015, 80134 Rn. 33 – Unicaja Banco; EuGH vom 7.8.2018, NZM 2018, 1029 Rn. 74 – Demba.
77 Hierzu *Gsell* JZ 2019, 751 (754 f, 758).

zustande kommt.[78] Damit wird insbesondere ausgeschlossen, dass etwa mangels einer Einigung über eine überraschende Klausel ein Dissens das Zustandekommen des Vertrages hindern könnte.

68 **Beispiel:** In den Fällen einer in AGB versteckten Entgeltklausel, die nicht einbezogen wird (oben Rdn. 26), kommt dennoch ein unentgeltlicher Vertrag zustande. Das Argument, dass es aber doch an einer Einigung über ein „essentiale" des Vertrages fehle, kommt trägt nicht, wenn das Leistungsangebot ohne die versteckte Klausel aus der Sicht des Kunden unentgeltlich ist. Da der Vertrag in diesen Fällen als unentgeltlicher zustande kommt (und gemäß § 306 Abs. 1 BGB mit diesem Inhalt wirksam ist), kann der Anbieter der bereits erbrachten Dienstleistung (Ermittlung der Lebenserwartung, des IQ der anderen Vertragspartei, etc.) auch nicht etwa Wertersatz gemäß § 818 Abs. 2 BGB wegen einer „ohne Rechtsgrund" erbrachten Leistung verlangen.

2. Der Inhalt des Vertrages
a. Ergänzung des Vertrages durch gesetzliche Vorschriften

69 Soweit Bestimmungen nicht Vertragsbestandteil geworden oder unwirksam sind, bestimmt das Gesetz den Vertragsinhalt, **§ 306 Abs. 2 BGB.**[79] Für die Inhaltskontrolle von AGB steht die Vorschrift in engstem Zusammenhang mit § 307 Abs. 3 Satz 1 BGB. Findet eine Inhaltskontrolle nur statt, soweit durch Bestimmungen in AGB „von Rechtsvorschriften abweichende oder diese ergänzende Regelungen" getroffen werden, steht in den verdrängten oder ergänzten gesetzlichen Vorschriften eine Auffangregelung bereit, die die durch die Unwirksamkeit der Klausel entstandene Lücke zu schließen vermag.

b. Lückenfüllung durch ergänzende Vertragsauslegung

70 Die ergänzende Vertragsauslegung (oben § 8 Rdn. 187 ff) dient dazu, planwidrige Unvollständigkeiten (Lücken) eines Vertrages zu schließen. Ist eine Klausel aufgrund der Inhaltskontrolle unwirksam, verhindert die Auffüllung des Vertrages durch das dispositive Gesetzesrecht in aller Regel, dass eine planwidrige Unvollständigkeit der vertraglichen Regelung eintritt. Der Inhalt des dispositiven Gesetzesrechts entspricht zwar nicht dem, was der Verwender vereinbaren wollte, durch die Ergänzungsfunktion des dispositiven Rechts liegt aber immerhin zu dem fraglichen Punkt eine Regelung vor, und damit fehlt es grundsätzlich an einer Vertragslücke, die im Wege der ergänzenden Vertragsauslegung zu schließen wäre.[80]

---

78 Zu Zustandekommen und Wirksamkeit des Vertrages oben §§ 8 und 9.
79 Zur zweifelhaften Richtlinienkonformität dieser Norm vor dem Hintergrund der in Fn. 76 zitierten Judikatur etwa *Gsell* JZ 2019, 751 (757) und v. *Westphalen* EuZW 2019, 121.
80 BGH vom 3.11.1999, NJW 2000, 1110 (1114).

Dieses Grundkonzept gerät (in freilich wohl nur seltenen Fällen) an seine **71** Grenzen, wenn das dispositive Gesetzesrecht keine sachgerechte Regelung zur Schließung der Lücke bereithält. Dann kann es geboten sein, die entstandene Lücke des Vertrages durch eine im Wege ergänzender Vertragsauslegung gewonnene Regelung zu ersetzen. Dies gilt insbesondere für unwirksame Preisanpassungsklauseln.[81]

Beispiel: Ein Kfz-Hersteller verkauft seine Fahrzeuge an Kunden mit einer Preisvereinbarung auf **72** der Grundlage der zum Zeitpunkt des Abschlusses des Vertrages geltenden Preislisten. Diese Regelung wird durch eine formularmäßige Bestimmung ergänzt, wonach bei einer Lieferung des Fahrzeugs nach mehr als vier Monaten sich der Kaufpreis nach dem dann geltenden Listenpreis richte. Derartige **Tagespreisklauseln** hat der BGH für unwirksam erklärt.[82] Die hierdurch entstandene Lücke des Vertrages betrifft die vertragliche Äquivalenzvereinbarung, also das „Herzstück" eines Austauschvertrages. Gesetzesrecht steht zur Auffüllung der Lücke nicht zur Verfügung. Es fragt sich daher, ob durch die Unwirksamkeit der Anpassungsklausel für alle bereits geschlossenen Verträge der bei Abschluss des Vertrages geltende Listenpreis eingefroren wird. Der BGH hält das für unangemessen und hat entschieden, dass die durch die Unwirksamkeit der Tagespreisklausel entstandene Lücke im Wege der ergänzenden Vertragsauslegung gefüllt werden könne und müsse.[83] Der BGH hat den Vertrag dahin ergänzt, dass dem Verkäufer eine an dem neuen Listenpreis orientierte, am Maßstab des § 315 Abs. 1 und 3 BGB kontrollierte Erhöhung des Kaufpreises zugestanden wird, dem Käufer aber zugleich das Recht zum Rücktritt vom Vertrag eingeräumt wird, wenn die Erhöhung des Kaufpreises den Anstieg der allgemeinen Lebenshaltungskosten in der fraglichen Zeit nicht unerheblich übersteigt.[84] Mit der Rechtsprechung des EuGH (dazu oben Rdn. 66) steht das schwerlich im Einklang und die Vereinbarkeit dieser Schutzerwägungen mit der Klauselrichtlinie wäre heute nach Art. 267 Abs. 3 AEUV zum Gegenstand einer Vorabentscheidung zu machen.[85]

---

81 BGH vom 13.4.2010, BGHZ 185, 166 Rdn. 18 = NJW 2010, 1742; BGH vom 14.3.2012, BGHZ 192, 372 Rdn. 21 = NJW 2012, 1865. Zur Vereinbarkeit dieser Rechtsprechung mit Art. 6 Abs. 1 der Richtlinie 93/13/EWG über missbräuchliche Klauseln in Verbraucherverträgen siehe BGH vom 23.1.2013, NJW 2013, 991 Rdn. 24 ff. Spätestens seit EuGH vom 3.10.2019, BeckRS 2019, 23099 Rdn. 61 f – Dziubak, ist die Zulässigkeit einer Lückenfüllung durch ergänzende Vertragsauslegung (zu deren Bedeutung bei der Vermeidung einer Unzumutbarkeit des Restvertrages etwa BeckOGK/*Bonin*, 1.12.2020, § 306 BGB Rdn. 79) massiv in Frage gestellt. Siehe nunmehr aber auch *EuGH* vom 25.11.2020, NJW 2021, 611 – Banca B; dazu die (recht weit gehende) Interpretation der Entscheidung von *Herresthal* NJW 2021, 589 ff.
82 BGH vom 7.10.1981, BGHZ 82, 21 (25 ff) = NJW 1982, 331 (332); BGH vom 18.5.1983, NJW 1983, 1603 (1604); vgl. hierzu oben § 8 Rdn. 188, 192.
83 BGH vom 1.2.1984, BGHZ 90, 69 (73 f, 78) = NJW 1984, 1177 (1178 f).
84 BGH vom 1.2.1984, BGHZ 90, 69 (78) = NJW 1984, 1177 (1179).
85 Daran ändert es nichts, dass sich BGH vom 6.4.2016, BGHZ 209, 337 = NJW 2017, 320 Rdn. 22 ff selbst die Übereinstimmung mit der Judikatur des EuGH bescheinigt. Die Voraussetzungen eines die Vorlagepflicht ausschließenden acte claire liegen nicht vor (vgl. oben Fn. 79).

8. Kapitel: Methoden

§ 22 Die Arbeit am Fall: Die Gutachtenmethode

I. Grundlagen

1. Der Gutachtenstil als Gegensatz zum Urteilsstil

Die Bearbeitung von Fällen erfolgt im Studium (und im ersten Examen) grund- **1** sätzlich in der Weise, dass zu einem in der Aufgabenstellung mitgeteilten Sachverhalt ein **Gutachten** zu erstellen ist. Die Fragestellung lautet meist, welche Ansprüche zwischen den im Sachverhalt genannten Personen bestehen. Im Gutachten ist dann zu erörtern, welche Ansprüche in Betracht kommen, an welche Voraussetzungen diese Ansprüche gebunden sind, ob diese Voraussetzungen im konkreten Fall erfüllt sind, sowie, was diesen Ansprüchen entgegenstehen kann und ob solche Hindernisse im konkreten Fall vorliegen. Werden in einer für die Entscheidung des Falles relevanten Frage verschiedene Auffassungen vertreten, muss der Bearbeiter hierauf eingehen und sich mit einer begründeten Stellungnahme für eine dieser Auffassungen entscheiden oder in einer (besonders!) gut begründeten Ablehnung aller bisher vertretenen Ansichten seine eigene entwickeln. Sind alle für die Entscheidung des Falles relevanten Fragen in dieser Weise abgearbeitet, kommt das Gutachten am Ende zu einem Ergebnis: A hat gegen B einen bestimmten Anspruch, oder der von C gegen D geltend gemachte Anspruch besteht nicht.

Ein Gericht, das einen Fall durch **Urteil** zu entscheiden hat, geht anders vor. **2** Es trifft im ersten Schritt die Entscheidung, gibt dem Kläger Recht („A wird verurteilt, an B 1000 Euro zu zahlen") oder weist die Klage ab. Für diese Entscheidung gibt das Gericht im zweiten Schritt eine Begründung. Diese Begründung kann sich auf den Nachweis beschränken, dass sich der Anspruch aus einer bestimmten Anspruchsgrundlage ergibt. Ob weitere Anspruchsgrundlagen zum gleichen Ergebnis führen, spielt keine Rolle. Das Urteil ist richtig und korrekt begründet, wenn es sich auf eine einzige Anspruchsgrundlage stützen lässt. Das Gericht muss nicht die Rechtslage umfassend erörtern, sondern eine Entscheidung treffen und dieser Entscheidung eine einzige tragfähige Grundlage geben.

Die **Gutachtenmethode** besteht somit in einer umfassenden Würdigung der **3** für die Entscheidung eines Falles rechtlich relevanten Aspekte, die am Ende in eine Entscheidung einmündet. Der **Urteilsstil** ist gekennzeichnet durch die Vorwegnahme des Ergebnisses und die Verkürzung der rechtlichen Fragestellungen auf eine einzige das Ergebnis tragende Begründung.

https://doi.org/10.1515/9783110602876-008

2. Die „konstruktive" Methode als Regel, die „historische" Methode als seltene Ausnahme

4 Im Gutachten sind vom zeitlichen Endpunkt des Geschehens aus die Ereignisse in der Reihenfolge abzuarbeiten, die sich aus der inneren Ordnung der Anspruchsgrundlagen und der zu deren Prüfung heranzuziehenden weiteren Normen ergibt. Das Primat haben also normative, konstruktive Vorgaben (unten Rdn. 7ff, 13ff). Sie bestimmen, in welcher Reihenfolge auf welche tatsächlichen Ereignisse einzugehen ist (sog. **konstruktive** Methode[1]). Das schließt nicht aus, dass in einem grundsätzlich der konstruktiven Methode folgenden Gutachten einzelne Rechtsfragen (aufgrund rechtlicher Vorgaben, gelegentlich auch aus Zweckmäßigkeitserwägungen) anhand der zeitlichen Abfolge der Ereignisse zu behandeln sind (sog. **historische** Prüfung). Eine historische Prüfungsreihenfolge kann also durchaus in die konstruktive Methode einzubinden sein.[2] Ob und wann dies angebracht ist, unterliegt normativer Kontrolle anhand gesetzlicher Vorgaben.

5 **Beispiel Anfechtung eines Kaufvertrages:** V und K haben am 1. März einen Kaufvertrag geschlossen. K erklärt am 20. März die Anfechtung des Vertrages wegen arglistiger Täuschung (§ 123 BGB). V besteht auf Bezahlung des Kaufpreises. Der Kaufpreisanspruch besteht, wenn er entstanden und nicht wieder weggefallen ist (unten Rdn. 23). Also ergibt sich in der konstruktiven Methode eine an der Abfolge der Ereignisse („Entstehung/Fortfall") ausgerichtete Prüfungsreihenfolge. Dennoch wäre es hier verfehlt zu fragen, ob am 1. März der Kaufpreisanspruch entstanden und am 20. März infolge der Anfechtung fortgefallen ist. Als Rechtsfolge einer wirksamen Anfechtung sieht das Gesetz nämlich vor, dass der angefochtene Vertrag als von Anfang an nichtig anzusehen ist (§ 142 Abs. 1 BGB), und diese normative Vorgabe des Gesetzes gilt auch für das Gutachten. Eine wirksame Anfechtung führt *rechtlich gesehen* nicht zum Fortfall des Anspruchs, sondern verhindert, dass der Anspruch entstanden ist (oben § 14 Rdn. 135).

6 **Beispiel Eigentumsprüfung:** Für den Anspruch aus § 985 BGB (unten § 24 Rdn. 8ff) kommt es darauf an, ob der Kläger Eigentümer der Sache ist. Diese Frage wird grundsätzlich historisch geprüft: Man fragt, wer nach den Vorgaben des Sachverhalts ursprünglich Eigentümer war, und klärt dann, welche Veränderungen sich in der Eigentumslage seither ergeben haben (z.B. durch rechtsgeschäftliche Übereignungen der Sache, §§ 929ff BGB, durch Erbgang, § 1922 Abs. 1 BGB, etc.). Hat allerdings ein originärer Eigentumserwerb stattgefunden (z.B. durch Verarbeitung gemäß § 950 BGB), kommt es zur Klärung der jetzigen Eigentumsverhältnisse nicht darauf an, wer vor der Verarbeitung Eigentümer des verarbeiteten Materials war (§ 950 Abs. 2 BGB). Daher ist eine historische Prüfung der früheren Vorgänge insoweit[3] nicht angebracht.

---

1 *Mann*, Einführung in die juristische Arbeitstechnik (5. Aufl. 2015; e-book 2018) Rdn. 196.

2 Medicus/*Petersen* Bürgerliches Recht Rdn. 18.

3 Sie kann zur Klärung anderer Fragen (und damit: an anderem Ort im Aufbau des Gutachtens!) erforderlich sein, so insbesondere, wenn Entschädigungsansprüche dessen, der einen Rechtsverlust erlitten hat, gemäß § 951 BGB zu erörtern sind.

II. Von der Rechtsfolgeanordnung zurück zu deren Voraussetzungen

Im Gutachten wird zunächst eine Rechtsgrundlage genannt, aus der sich eine für **7** die Entscheidung des Falles relevante Rechtsfolge ergeben kann, dann wird geprüft, ob die tatbestandlichen Voraussetzungen erfüllt sind, von denen der Eintritt der Rechtsfolge abhängt. Das gedankliche Schema lautet also: Von der Rechtsfolgeanordnung zurück zu deren Voraussetzungen.[4]

1. Die Anspruchsgrundlage als Ausgangspunkt der Anspruchsprüfung

Die Rechtsgrundlage, aus der sich ein Anspruch ergeben kann, heißt **Anspruchs-** **8** **grundlage**. Sie bildet den Ausgangspunkt der Prüfung. Ansprüche können sich unmittelbar aus vertraglicher Vereinbarung ergeben (sog. vertragliche Erfüllungsansprüche). Anspruchsgrundlage ist dann der Vertrag (oben § 4 Rdn. 27; unten § 25 Rdn. 4). Im Übrigen handelt es sich um gesetzliche Vorschriften, die beim Vorliegen bestimmter tatbestandlicher Voraussetzungen jemandem (dem Anspruchsberechtigten) das Recht gewähren, von einem anderen ein Tun oder Unterlassen zu verlangen. Wichtige **Beispiele aus dem BGB** sind § 122 Abs. 1 (oben § 15), § 179 Abs. 1 (oben § 16), § 280 Abs. 1 (oben § 17), § 812 Abs. 1 Satz 1 Var. 1 (unten § 24 Rdn. 35 ff), § 823 Abs. 1, § 985 (unten § 24 Rdn. 8 ff).

Die Anspruchsgrundlage wird ohne irgendwelche erläuternden Erörterungen **9** in das Gutachten eingeführt. Insbesondere dürfen der Nennung der Anspruchsgrundlage nicht Überlegungen zur Frage vorangestellt werden, warum auf diese Anspruchsgrundlage einzugehen ist. Einziges Kriterium für die Nennung einer Anspruchsgrundlage ist, dass sich der geltend gemachte Anspruch hieraus ergeben *kann*. Ausgeschieden werden damit insbesondere Anspruchsgrundlagen, die ihrem Inhalt nach etwas anderes gewähren als das, was vom Anspruchsteller geltend gemacht wird. Nicht einschlägig sind diese Normen, weil selbst dann, wenn deren tatbestandliche Voraussetzungen erfüllt sind, sich nicht die gesuchte Rechtsfolge ergibt.

Beispiel: „Als Anspruchsgrundlage für einen Anspruch des G gegen S kommt § 122 Abs. 1 BGB in **10** Betracht". Das ist eine zutreffende Formulierung, wenn es um den Ersatz eines Vertrauensschadens (oben § 15 Rdn. 15 ff) geht. Macht G dagegen sein Interesse an der Erfüllung des angefochtenen Vertrages geltend, kommt § 122 Abs. 1 BGB als Anspruchsgrundlage nicht in Betracht.

---

4 Medicus/*Petersen* Bürgerliches Recht Rdn. 3; *Kuhn* JuS 2008, 956 (956 f).

2. Rechtsfolgeanordnungen als Aufhänger der Prüfung von Einzelfragen

11 Auch innerhalb der einzelnen Schritte der Anspruchsprüfung wird zunächst eine Norm genannt, aus der sich die zu erörternde Rechtsfolge ergeben kann, dann erst werden deren tatbestandliche Voraussetzungen abgearbeitet.[5] Wichtige solche „Einstiegsnormen" sind die Vorschriften des BGB über die Nichtigkeit von Rechtsgeschäften. Geht es um die Wirksamkeit eines Vertrages, und kommt eine Nichtigkeit infolge Anfechtung in Betracht, so ist bei **§ 142 Abs. 1 BGB** einzusetzen (dazu unten § 28 Rdn. 19). Die Formbedürftigkeit eines Vertrages interessiert im Anspruchsaufbau im Hinblick auf die Frage, ob der Vertrag etwa gemäß **§ 125 Satz 1 BGB** nichtig ist (dazu unten § 29 Rdn. 11). Wichtige Aufhänger für die Prüfung der Frage, ob ein Anspruch fortgefallen ist, bilden **§ 275 BGB** (Unmöglichkeit) und **§ 362 Abs. 1 BGB** (Bewirkung der Leistung). Gutachtentechnisch stehen beide Normen auf einer Stufe („Fortfall des Anspruchs"), obwohl § 275 BGB einerseits, § 362 Abs. 1 BGB andererseits in Lehrbüchern (selbstverständlich) in ganz unterschiedlichem Zusammenhang zu behandeln sind.

12 Dieses Denken **von der Rechtsfolgeanordnung zurück zu deren Voraussetzungen** fällt Anfängern erfahrungsgemäß schwer, nicht zuletzt deshalb, weil in Lehrveranstaltungen und Lehrbüchern grundsätzlich umgekehrt verfahren wird, also z.B. zunächst die Anfechtungsgründe und -fristen erläutert werden, bevor auf die Rechtsfolgen der Anfechtung eingegangen wird, wobei dann nicht nur § 142 Abs. 1 BGB genannt, sondern auch § 122 BGB behandelt wird. Im Gutachten werden diese beiden Vorschriften in aller Regel in unterschiedlichem Zusammenhang relevant, da es sich bei § 122 Abs. 1 BGB um eine Anspruchsgrundlage handelt, während § 142 Abs. 1 BGB (meist: zuvor) beim vertraglichen Erfüllungsanspruch oder bei § 812 Abs. 1 Satz 1 Var. 1 BGB abzuarbeiten ist (unten § 28 Rdn. 8 ff, 13).

III. Der Aufbau des Gutachtens: Die Prüfung am richtigen Ort

13 Ein wesentliches Gütekriterium eines Gutachtens ist dessen Aufbau. Jede Frage muss am richtigen Ort geprüft werden. Die „richtige" Prüfungsreihenfolge und Anordnung ergibt sich insbes. aus systematischen Vorgaben des Gesetzes, aus der dem Gesetz zugrunde liegenden Dogmatik, aus Denkgesetzen, schließlich auch aus Zweckmäßigkeitserwägungen.

---

5 *Faust* AT § 8 Rdn. 10 und § 21 Rdn. 8; *Fleck/Arnold* JuS 2009, 881 (883).

1. Die Reihenfolge von Anspruchsprüfungen
a. Vorrang- und Nachrang-Regeln
aa. Der Vorrang von Ansprüchen im Rahmen von Sonderbeziehungen

Sind im Gutachten mehrere Ansprüche zu untersuchen, so sind Ansprüche inner- 14
halb einer Sonderbeziehung (vorvertragliches Schuldverhältnis, vertragliches
Schuldverhältnis) vor Ansprüchen zu untersuchen, die zwischen jedermann bestehen können. Der Grund hierfür liegt darin, dass in der Sonderbeziehung Regelungen gelten können, die die allgemeinen Vorschriften modifizieren.

Beispiel: Wer sich verpflichtet, einem anderen unentgeltlich den Gebrauch einer Sache zu ge- 15
währen (Leihvertrag, §§ 598 ff BGB) haftet gemäß § 599 BGB nicht für leichte Fahrlässigkeit. Diese
Haftungserleichterung gilt nicht nur für Ansprüche des Entleihers aus der Verletzung vertraglicher Pflichten (§ 280 Abs. 1 BGB), sondern ebenso für dessen Ansprüche aus Delikt (§§ 823 ff
BGB). Würde man letztere zuerst prüfen, käme die Haftungserleichterung aus der Leihe nicht in
den Blick, oder es müsste im Rahmen des Deliktes das Bestehen eines Leihvertrages untersucht
werden.

bb. Der Vorrang von Spezialregelungen

Besteht im Verhältnis zweier Normen zueinander das Verhältnis der Spezialität 16
(unten § 23 Rdn. 140 f), so ist zunächst die speziellere Norm zu behandeln (auch
der Vorrang von Ansprüchen aus einer Sonderverbindung, oben Rdn. 14, ist deren Spezialität geschuldet). Zeigt sich, dass deren tatbestandliche Voraussetzungen nicht vorliegen, ist der Rückgriff auf die generelle Norm versperrt, wenn die
Rechtsfolge der Spezialnorm *nur* bei Vorliegen von deren Voraussetzungen eingreifen soll. Kommt der spezielleren Norm dagegen nur beispielhafter ("exempli-
fizierender") Charakter zu, bleibt außerhalb von deren tatbestandlichen Voraussetzungen der Anwendungsbereich der generellen Norm eröffnet.

Beispiel: Die Inhaltskontrolle von AGB (§§ 307 ff BGB) erfolgt „rückwärts" von § 309 BGB her (als 17
der speziellsten Norm im Verhältnis zu § 308 und § 307 Abs. 2 und Abs. 1 BGB, oben § 21 Rdn. 41).
Fällt eine Klausel nicht unter ein Klauselverbot gemäß § 309 BGB, bleibt der Zugriff auf die all-
gemeineren Klauselverbote offen.

b. Nachrangregelungen

Ist eine Anspruchsgrundlage subsidiär (unten § 23 Rdn. 142 f) im Verhältnis zu an- 18
deren Anspruchswegen, so darf auf sie erst eingegangen werden, wenn geklärt
ist, dass dem Anspruchsteller aufgrund der anderen Anspruchsgrundlagen keine
Ansprüche zustehen. Dieses negative Ergebnis der Prüfung der anderen An-
spruchswege ist Voraussetzung für die Anwendbarkeit der subsidiären Norm.

19 **Beispiel:** § 823 Abs. 1 BGB stellt hinsichtlich von Ansprüchen wegen einer Verletzung des Rechts am eingerichteten und ausgeübten Gewerbebetrieb (als „sonstigem Recht") eine subsidiäre Anspruchsgrundlage dar, die nur eingreift, wenn der Verletzte nicht auf anderem Wege Ersatz des geltend gemachten Schadens verlangen kann. Insoweit kommen insbesondere Ansprüche aus § 823 Abs. 1 BGB wegen Eigentumsverletzung oder aus § 823 Abs. 2 BGB wegen Verletzung eines den Geschädigten schützenden Gesetzes in Betracht. In einem solchen Fall wird im Gutachten zunächst der Anspruch aus § 823 Abs. 1 BGB wegen Eigentumsverletzung, dann der Anspruch aus § 823 Abs. 2 BGB in Verb. mit dem Schutzgesetz geprüft. Steht dem Geschädigten aus diesen Anspruchsgrundlagen kein Anspruch zu, wird erneut auf § 823 Abs. 1 BGB, nunmehr unter dem Aspekt der Verletzung des Rechts am Gewerbebetrieb eingegangen.

c. Vermeidung von Inzidentprüfungen

20 Lassen sich im Rahmen der Prüfung einer Anspruchsgrundlage Fragen klären, die ihrerseits Vorfragen für das Bestehen oder Nichtbestehen anderer Ansprüche sind, ist dem möglichst in der Prüfungsreihenfolge der Ansprüche untereinander Rechnung zu tragen.[6]

21 **Beispiel:** Der Veräußerer V einer Sache verlangt diese von der Erwerberin E heraus. Als Anspruchsgrundlagen kommen nach dem Sachverhalt § 985 BGB (Vindikation) und § 812 Abs. 1 Satz 1 Var. 1 (Leistungskondiktion) in Betracht (dazu unten § 24). Für den Anspruch aus § 812 Abs. 1 Satz 1 Var. 1 BGB kommt es darauf an, was genau E „erlangt" hat, nämlich, ob sie nur Besitzerin oder auch Eigentümerin der Sache wurde. Die Frage, ob V Eigentümer geblieben ist oder durch wirksame Übereignung an E das Eigentum verloren hat, steht im Mittelpunkt der Fragen des Herausgabeanspruchs gemäß § 985 BGB. Also wird man zunächst diesen Anspruch prüfen (unten § 24 Rdn. 7).

2. Die Umsetzung denkgesetzlicher, materiell-rechtlicher und dogmatischer Vorgaben im Aufbau des Gutachtens
a. Denkgesetze

22 Gliederungsgesichtspunkte für den Aufbau eines Gutachtens können sich schon aus allgemeinen Denkgesetzen ergeben.

23 **Beispiele:** Ein Anspruch besteht, wenn er entstanden und nicht wieder fortgefallen ist. Also gliedert sich die Anspruchsprüfung in **Entstehung** und **Fortfall** des Anspruchs. Ein entsprechender gedanklicher Doppelschritt liegt der Klärung von Eigentumsfragen zugrunde. Eigentümer ist, wer das Eigentum an einer Sache erworben und nicht wieder verloren hat. Es ist also nach **Erwerb** und **Verlust** des Eigentums zu gliedern. Gibt der Sachverhalt vor, dass E Eigentümer war, und geht es nur darum, ob er das Eigentum verloren hat, so muss der Erwerb nicht erörtert werden. Es

---

6 Medicus/*Petersen* Bürgerliches Recht Rdn. 7.

wird als Ausgangspunkt („historisch") festgehalten, dass E „ursprünglich" Eigentümer der Sache war. Das gedankliche Schema ist im Übrigen das Gleiche. – Zur Wirksamkeit eines Vertrages lassen sich nur Aussagen machen, wenn immerhin ein Vertrag dem Tatbestand nach vorliegt. Daraus leitet sich die für Verträge grundlegende Prüfungsreihenfolge von **Zustandekommen** und **Wirksamkeit** des Vertrages ab (Beispiel: unten § 25 Rdn. 8 ff, 26 ff).

b. Materielles Recht

Wichtigste Vorgaben für den Gutachten-Aufbau sind dem materiellen Recht zu entnehmen.[7] **24**

Beispiele: Aus § 108 BGB ergibt sich, dass ein von einem Minderjährigen geschlossener Vertrag **25** auch dann zustande kommt, wenn dem Minderjährigen eine im Sinne von § 107 BGB erforderliche Einwilligung nicht erteilt ist. Daher ist die Einwilligung nicht beim Zustandekommen des Vertrages, sondern (erst) bei dessen Wirksamkeit zu prüfen (unten § 26 Rdn. 10). – Aus § 130 Abs. 1 BGB folgt nicht abschließend, dass die Willenserklärung wirksam ist; vorbehalten bleibt, dass ein Nichtigkeitsgrund eingreift. Darauf beruht die Unterscheidung zwischen **Wirksamkeitserfordernissen** und **Wirksamkeitshindernissen** (oben § 6 Rdn. 5 ff, § 9 Rdn. 10 ff; unten § 23 Rdn. 101 ff).

Im Aufbau des Gutachtens sind insbesondere spezielle Regelungstechniken des **26** Gesetzes (unten § 23 Rdn. 98 ff) nachzuvollziehen.

Beispiel: Gemäß § 280 Abs. 1 Satz 1 BGB hängt die Haftung des Schuldners auf Schadensersatz **27** nicht davon ab, dass er die Pflichtverletzung zu vertreten hat. § 280 Abs. 1 Satz 1 BGB lässt vielmehr im Ausgangspunkt für die Haftung die Pflichtverletzung als solche genügen, und schränkt dann in § 280 Abs. 1 Satz 2 BGB ein, der Schuldner hafte *nicht*, wenn er die Pflichtverletzung *nicht* zu vertreten habe. Die Pflichtverletzung ist **Haftungserfordernis**, fehlendes Verschulden **Haftungshindernis** (oben § 17 Rdn. 6). – Entsprechendes gilt für § 122 Abs. 1 und Abs. 2 BGB (oben § 15 Rdn. 1 ff, 4 ff), § 179 Abs. 1 und Abs. 2 BGB einerseits, § 179 Abs. 3 BGB andererseits (oben § 16 Rdn. 10, 15) und für viele andere Vorschriften.

c. Dogmatik

Größte Bedeutung für den Anspruchsaufbau kommt dogmatischen Vorgaben zu. **28** Vielfach stellt sich der gutachtliche Aufbau einer Anspruchsprüfung (oder der Prüfung einer sonstigen Rechtsfrage) als Rekonstruktion der inneren Systematik des Gesetzes und als Umsetzung der hierzu entwickelten dogmatischen Positionen dar.[8]

---

7 Medicus/*Petersen* Bürgerliches Recht vor Rdn. 1; *Leenen* Jura 2011, 723.
8 Hierzu eingehend *Petersen* FS Medicus (2009) S. 295 ff.

29 **Beispiel § 823 Abs. 1 BGB:** Die Prüfung der einzelnen Haftungsvoraussetzungen des § 823 Abs. 1 BGB kann sich nicht einfach an der Reihung der Merkmale im Wortlaut der Norm orientieren. Vorsatz und Fahrlässigkeit werden nämlich als Formen der Vorwerfbarkeit eines *rechtswidrigen* Verhaltens verstanden, die Rechtswidrigkeit bezieht sich in § 823 Abs. 1 BGB auf die Verletzung der genannten Rechtsgüter und Rechte. Also muss die Prüfung des § 823 Abs. 1 BGB hier ansetzen. Ist eines der Rechte oder Rechtsgüter verletzt, indiziert dies grundsätzlich die Rechtswidrigkeit, woran sich die Frage des Verschuldens (Vorsatz/Fahrlässigkeit) anschließt.

30 **Beispiel § 142 Abs. 1 BGB:** Für die Frage, ob ein Vertrag infolge Anfechtung gemäß § 142 Abs. 1 BGB nichtig ist, kommt es zunächst darauf an, ob eine Anfechtung erfolgt ist, also die Anfechtung erklärt worden ist (§ 143 Abs. 1 BGB). Ist hierdurch das einseitige Rechtsgeschäft der Anfechtung geschaffen worden, kommt es für dessen Wirksamkeit darauf an, ob ein Anfechtungsrecht besteht, insbesondere also, ob ein Anfechtungsgrund vorliegt (oben § 14 Rdn. 29 ff; unten § 28 Rdn. 21). Also muss die Anfechtungserklärung vor dem Anfechtungsgrund geprüft werden.[9]

31 Aufbaufragen als solche dürfen im Gutachten nicht thematisiert werden.[10] Es gilt: „Der richtige Aufbau spricht für sich selbst". Werden zu einer Frage unterschiedliche dogmatische Positionen vertreten, die zwar nicht zu verschiedenen Ergebnissen führen, wohl aber Auswirkungen darauf haben, *wo* die Frage zu behandeln ist, so gibt es nicht nur „einen" richtigen Aufbau, vielmehr ist der Aufbau zu wählen, der sich aus der dogmatischen Position ergibt, der der Bearbeiter folgt. Vielfach wird sich ein Hinweis zum materiellen Recht geben lassen, der die eingenommene Position verdeutlicht.

32 **Beispiel:** Nach der hier vertretenen Dogmatik steht das Fehlen einer gemäß § 107 BGB erforderlichen Einwilligung der Wirksamkeit der von einem Minderjährigen abgegebenen Willenserklärung und somit dem Zustandekommen des Vertrages nicht entgegen (oben § 6 Rdn. 124). Da die Frage indessen häufig als Problem der Wirksamkeit der auf den Vertragsschluss gerichteten Willenserklärung des Minderjährigen gesehen und behandelt wird (unten § 26 Rdn. 2 ff), empfiehlt es sich, unter dem Gliederungspunkt „Wirksamkeit der Erklärung" einen Hinweis zu geben, dass § 107 BGB keine Rechtsfolgeanordnung für den Fall fehlender Einwilligung enthält und aus § 108 BGB zu entnehmen ist, dass die Erklärung vom Gesetz als wirksam angesehen wird (vgl. unten § 26 Rdn. 11).

3. Zweckmäßigkeitserwägungen

33 Besteht im Verhältnis mehrerer Punkte, die der Prüfung bedürfen, kein vorgegebenes Rangverhältnis (im Sinne von oben Rdn. 22 ff), können sie insoweit also in

---

9 Anders selbstverständlich, wenn nur danach gefragt ist, ob erfolgreich angefochten werden kann.
10 *Mann,* Einführung in die juristische Arbeitstechnik (5. Aufl. 2015; e-book 2018) Rdn. 211.

einer austauschbaren Reihenfolge erörtert werden, so wird man – anders als es ein Gericht im Urteil tun würde (oben Rdn. 2) – nicht an erster Stelle sofort den Umstand behandeln, an dem der Anspruch scheitert, sondern zunächst die anderen, die einer Bejahung des Anspruchs nicht entgegenstehen. Dies ermöglicht es, auf alle in Betracht kommenden rechtlichen Fragen einzugehen, was besonders wichtig ist, falls der Leser der im Gutachten letztlich vertretenen Lösung nicht folgen will.

Sehr sorgfältig muss man sich freilich Rechenschaft darüber geben, ob es sich **34** wirklich um gleichrangige, in der Reihenfolge grundsätzlich austauschbare Prüfungspunkte handelt. Hieran fehlt es z.B. im Verhältnis von Anfechtungserklärung und Anfechtungsgrund (oben Rdn. 30). Ist die Anfechtung nicht erklärt, obwohl möglicherweise ein Anfechtungsgrund vorliegt, darf man daher nicht nach dem Prinzip größtmöglicher Spannung zunächst ausführlich die denkbaren Anfechtungsgründe abhandeln, um daran den kurzen Satz anzuschließen: „Es fehlt aber an einer Anfechtungserklärung, also ist der Vertrag nicht nach § 142 Abs. 1 BGB nichtig".

IV. Überflüssiges ist falsch

Ein gutes Gutachten zeichnet sich nicht nur durch das aus, was es behandelt, son- **35** dern nicht minder durch das, was es nicht erörtert. Kommt es für die Entscheidung des Falles auf bestimmte Fragen nicht an, so ist hierauf nicht einzugehen. Geschieht dies doch, schlägt dies in der Bewertung negativ zu Buche: *Überflüssiges ist falsch.*[11] Die Kunst des Gutachten-Schreibens besteht auch darin zu erkennen, was behandelt und entschieden werden muss und was **dahingestellt bleiben** kann. Das Studium der Rechtswissenschaft soll nicht zuletzt eine Ausbildung in der Fähigkeit sein, entscheidungsrelevante Fragen von nicht erheblichen Problemen zu trennen und dadurch Rechtsstreitigkeiten zu entlasten.

Eine erste und recht einfache Konsequenz dieses Grundsatzes liegt in dem Ge- **36** bot, **Sachverhaltsvorgaben** in der Fallbearbeitung strikt zu beachten. Was der Sachverhalt unstreitig stellt, darf das Gutachten nicht problematisieren.

Beispiel: Laut Sachverhalt hat V dem K ein gebrauchtes KFZ, Marke ..., Baujahr ... verkauft. Spä- **37** ter ficht K den Vertrag wegen arglistiger Täuschung durch V an. Über die Wirksamkeit der Anfechtung streiten die Parteien. Hier wäre es ganz verfehlt auszuführen: „Ein Vertrag kommt durch Antrag und Annahme zustande. Fraglich ist, von wem hier das Angebot ausgegangen ist ..." etc.

---

11 Medicus/*Petersen* Bürgerliches Recht Rdn. 2; *Körber* JuS 2008, 289 (296); *Drehsen* BJR 2014, 50 (53).

Von wem das Angebot ausgegangen ist, ist hier nicht fraglich, sondern unerheblich. Die Frage darf weder angesprochen noch in irgendeiner Weise beantwortet werden. Der Sachverhalt *gibt vor*, dass (in welcher Vertragstechnik immer, dazu oben § 8 Rdn. 2ff) ein KFZ verkauft, mithin ein Vertrag abgeschlossen wurde. K und V streiten nur über die Wirksamkeit des Vertrages im Hinblick auf die Anfechtung, und allein zu dieser Frage sind gutachtliche Ausführungen angebracht.

38 Häufig geht es darum herauszufinden, welche rechtlichen Fragen für die Entscheidung des Falles *keine* Rolle spielen. So kommt in Betracht, dass durch genaue rechtliche Unterscheidungen sich gewisse Fragen erledigen, auf die es beim ersten Blick anzukommen scheint. Man spricht diese Fragen dann kurz an, ohne dazu Stellung zu nehmen, erläutert stattdessen die rechtliche Differenzierung, die zu treffen ist, und nimmt zu deren Folgen für die Entscheidung des Falles Stellung.

39 Ein gutes **Beispiel** findet sich in der Entscheidung des LG Bremen vom 24.5.1991, NJW 1992, 915 („Papagenos", Sachverhalt unten § 30). Die Klägerin hat vorgetragen, sie habe die Vertretungsmacht ihrer Verkaufsangestellten auf Abschlüsse zu den in der aktuellen Preisliste von ihr festgesetzten Preisen beschränkt und die Kundin habe diese Beschränkung der Vertretungsmacht kennen müssen (analoge Anwendung des § 54 Abs. 3 HGB im Rahmen des § 56 HGB, oben § 9 Rdn. 102). Das Gericht erkennt zutreffend, dass es darauf nicht ankommt. Selbst wenn die Kundin die Beschränkung der Vertretungsmacht auf die in der aktuellen Preisliste genannten Preise kennen musste, konnte sie doch nicht erkennen, dass die Verkaufsangestellte den genannten Preis einer veralteten Preisliste entnommen hatte und es ihr deshalb an rechtsgeschäftlich erteilter Vertretungsmacht fehlte.[12]

40 Überflüssige Ausführungen geraten oft dadurch in ein Gutachten, dass Bearbeiter zur Bedeutung bestimmter Begriffe ausführlich nach Art eines Lehrbuchs oder Kommentars Stellung nehmen und dabei den zu begutachtenden Sachverhalt aus den Augen verlieren. Es geht in der Fallbearbeitung nicht darum, *was alles* unter einen Begriff fällt, sondern allein darum, ob der Begriff *eine Bedeutung* hat, die den konkreten Sachverhalt erfasst.

41 **Beispiel:** Im Fall „Mozart auf dem Flohmarkt" (AG Coburg vom 24.4.1992, NJW 1993, 938, Sachverhalt unten § 30) ist u.a. zu erörtern, ob die Verkäuferin gegen den Käufer einen Schadensersatzanspruch (§ 280 Abs. 1 BGB) wegen der Verletzung vorvertraglicher Rücksichtnahmepflichten (§§ 311 Abs. 2, 241 Abs. 2 BGB) hat. Es darf nun nicht etwa insgesamt auf die kaum mehr zu überschauende Kasuistik zu vorvertraglichen Aufklärungspflichten (oben § 17 Rdn. 24ff) eingegangen werden, vielmehr muss streng auf den **Bezug zum Sachverhalt** geachtet werden. Der rechtlich entscheidende Aspekt liegt in der Frage, ob von einem Käufer, der aus privaten Gründen ein Experte ist, auf einem Flohmarkt erwartet werden kann, dass er den Verkäufer über die von ihm erkannte Herkunft der Handschriften informiert. Hierauf kann und muss sich die Erörterung konzentrieren.

---

12 Hierzu auch *Habersack* JuS 1992, 548 (549f).

V. Die sprachliche Gestaltung des Gutachtens

Das Gutachten soll klar verständlich und gut lesbar sein. Die sprachliche Gestal- **42** tung dient der Unterstützung der inhaltlichen Aussagen. Was einleuchtend, anschaulich, treffend formuliert ist, überzeugt.

1. Fachsprache: ja! – Juristendeutsch: nein!

Jede wissenschaftliche Disziplin arbeitet mit Fachausdrücken, deren Bedeutung **43** sie genau festlegt (**Fachsprache**). Diese Bedeutung unterscheidet sich nicht selten erheblich von der umgangssprachlichen Verwendung des betreffenden Wortes. Berühmte Beispiele aus dem Bereich des Rechts bilden die Begriffe „Besitz" und „Eigentum" (oben § 3 Rdn. 9 f), „Verfügung" (oben § 9 Rdn. 127 f), „Willenserklärung" (oben § 5 Rdn. 17), „Kauf" (oben § 4 Rdn. 31). Verwendet das Gesetz fachsprachlich festgelegte Begriffe (was im Wege der Auslegung zu ermitteln ist, dazu unten § 23 Rdn. 11, 26), darf es nicht umgangssprachlich angewendet werden. Wer Fachsprache des Gesetzes umgangssprachlich versteht, versteht das Gesetz falsch.[13] Dasselbe gilt umgekehrt: Wo ein fachsprachlicher Begriff zur präzisen Bezeichnung eines rechtlichen Inhalts zur Verfügung steht, muss dieser Begriff verwendet werden. Man ist nicht frei, aus Gründen sprachlicher Abwechslung nach umgangssprachlichen Alternativen zu greifen. Ein Rechtsgutachen ist kein Deutschaufsatz!

Der notwendige Zugriff auf Fachsprache sollte im Übrigen mit möglichst ein- **44** fachen, anschaulichen und lebensnahen Formulierungen verbunden werden. Zu vermeiden ist ein künstlich gespreizter Stil, der besonders juristisch wirken soll (**Juristendeutsch**), in Wirklichkeit aber lediglich unnötig kompliziert formuliert, was sich auch einfacher und treffender sagen lässt („Jeder Diebstahl wird zur Anzeige gebracht"). Auch Juristen sollten – mit *Luther* – „dem Volke aufs Maul schauen" und ihren guten Argumenten mit klaren Worten Nachdruck verleihen.

2. Vermeidung starrer Schematismen und leerer Floskeln

Ein professionell geschriebenes Gutachten verzichtet auf starre, stets gleichför- **45** mig sich wiederholende Formulierungen und auf leere Floskeln.

---

13 Viele anschauliche Beispiele bei *Schnapp* JZ 2004, 373 (373 f).

a. Die Einleitungssätze einer Anspruchsprüfung

46 Anspruchsprüfungen werden, so lernt man dies im ersten Semester, mit zwei Sätzen in der Möglichkeitsform eingeleitet: „A könnte gegen B einen Anspruch auf Schadensersatz gemäß § 122 Abs. 1 BGB haben. Dann müsste B den mit A geschlossenen Vertrag wirksam angefochten und A hierdurch einen Vertrauensschaden erlitten haben." Oder: „V könnte gegen K einen Anspruch auf Zahlung des Kaufpreises in Höhe von ... Euro gemäß § 433 Abs. 2 BGB haben.[14] Dann müsste zwischen V und K ein wirksamer Kaufvertrag zustande gekommen sein".

47 Das Schema stellt sicher, dass die Anspruchsprüfung mit der Nennung der Anspruchsgrundlage beginnt, und dass der Bearbeiter sich der Merkmale vergewissert, die erfüllt sein müssen oder nicht vorliegen dürfen, damit der Anspruch bejaht werden kann. Es wird damit auch für den Leser deutlich, welches Prüfungsprogramm im Folgenden noch abgearbeitet werden muss, damit über die Anwendbarkeit der Norm entschieden werden kann. Dieses Prüfungsprogramm besteht in aller Regel darin, durch eine *Auslegung* der tatbestandlichen Merkmale der Norm die Subsumtion des Sachverhalts unter die Norm vorzubereiten (dazu unten § 23 Rdn. 9 ff). Die Notwendigkeit einer solchen Auslegungsarbeit wird deutlich, wenn sich aus der Nennung der anspruchsbegründenden Merkmale keinesfalls von selbst ergibt, dass die Norm im konkreten Fall einschlägig oder nicht einschlägig ist.

48 So richtig dies alles ist, so ermüdend liest sich indessen ein Gutachten, das zu jedem Anspruch mit der immer gleichen Formulierung „Es könnte, ..." – „Dann müsste ..." beginnt. Zum bloßen Leerlauf verkommt dieser an sich richtige gedankliche Einstieg, wenn gar formuliert wird: „A könnte gegen B einen Anspruch auf Schadensersatz gemäß § 122 Abs. 1 BGB haben. Dann müssten die Voraussetzungen des § 122 Abs. 1 BGB vorliegen". Diese Aussage ist eine bare Selbstverständlichkeit. Genauer besehen ist sie aber nicht einmal richtig, da sie z. B. einen denkbaren Haftungsausschluss aufgrund des § 122 Abs. 2 BGB nicht berücksichtigt. Ein vollständiges Bild ergibt sich also nur, wenn man nach Haftungs*voraussetzungen* und Haftungs*hindernissen* unterscheidet (oben Rdn. 27) und diese im Einzelnen aufführt. Dies sprengt aber das Zwei-Satz-Schema der Einleitungsformel und begründet zudem die Gefahr, dass man im Interesse der Erfassung aller haftungsrelevanten Merkmale schließlich im Wesentlichen den Wortlaut des Gesetzes wiederholt. Dem steht entgegen, dass das Gesetz grundsätzlich als dem Leser bekannt anzusehen ist. Das Gesetz wird zitiert und interpretiert, nicht im Wortlaut referiert.

---

14 Zur Kritik der Behandlung des § 433 Abs. 2 BGB als Anspruchsgrundlage oben § 4 Rdn. 27, unten § 25 Rdn. 4.

Bei einem einfachen und rechtlich in keiner Weise problematischen Vorgang **49** kann es geradezu komisch wirken, wenn die auf der Hand liegende Subsumtion mit dem Zwei-Satz-Schema eingeleitet wird. Macht man sich klar, dass das Schema der Vorbereitung einer Auslegung der gesetzlichen Merkmale dient, ist die Einleitung ersichtlich entbehrlich (und somit „überflüssig"), wenn es – was freilich selten vorkommt – im Hinblick auf den Sachverhalt nichts auszulegen gibt.

Beispiel: A schlägt B mit einem Holzhammer auf den Kopf und verletzt B schwer. Ansprüche des **50** B gegen A? – Hier darf abgekürzt formuliert werden: „Als Anspruchsgrundlage kommt § 823 Abs. 1 BGB in Betracht. A hat den Körper des B verletzt, was die Rechtswidrigkeit indiziert. A handelte vorsätzlich und haftet somit auf Schadensersatz gemäß § 823 Abs. 1 BGB". Diese abgekürzte Prüfung verstößt nicht gegen den Gutachtenstil, da keines der Merkmale des § 823 Abs. 1 BGB einer Auslegung bedarf. Dass der Körper eines Menschen verletzt ist, wenn ihm der Schädel zertrümmert wird, bezweifelt niemand.

Mit zunehmender Einübung in den Gutachtenstil wird man anstreben, das starre **51** einleitende Zwei-Satz-Schema in der doppelten Möglichkeitsform[15] zu überwinden und durch verschiedene Formulierungen zu ersetzen, die im Indikativ formuliert und dem jeweiligen Prüfungsprogramm angepasst sind.

Beispiel: „Als Grundlage für einen Schadensersatzanspruch des B gegen A kommt § 122 Abs. 1 **52** BGB in Betracht. Zu unterscheiden ist zwischen den Haftungserfordernissen gemäß § 122 Abs. 1 BGB und dem Haftungshindernis gemäß § 122 Abs. 2 BGB". Aus diesen Einleitungssätzen ergibt sich die Gliederung des sich anschließenden Gutachtens.

b. Die Floskel „Es ist zu prüfen, ob ..."

Erörterungen zu Einzelpunkten sollen nicht mit der Floskel „Es ist zu prüfen, ob **53** ..." eingeleitet werden. Alles, was im Gutachten behandelt wird, betrifft Fragen, die der Prüfung bedürfen. Dass etwas geprüft werden muss, ist also keine spannende Information für den Leser. Sie wirkt zudem irritierend, weil sie aus der argumentativen Ebene der Erörterung der Probleme des Falles heraustritt und sich mit der Mitteilung an den Leser wendet, was im Folgenden zu geschehen hat („Regieanweisung"). Diesen Aspekt vermeiden Formulierungen wie „Zweifelhaft kann sein, ..." oder „Umstritten ist ..." etc.

---

15 Berechtigte Einwände gegen die schematische Verwendung des Konjunktivs bei *G. Wolf* JuS 1996, 30 (31 ff); *Fleck/Arnold* JuS 2009, 881 (884); vgl. auch *Schneider* DRiZ 1986, 384.

3. Kraftausdrücke und Evidenzbehauptungen

54 Kraftausdrücke („abwegig!", „absurd!") und Evidenzbehauptungen („zweifellos") können keine Sachargumente ersetzen und gehören deshalb nicht ins Gutachten. Treffen Evidenzbehauptungen zu (weil es z. B. wirklich keinen Zweifel am Zweck eines Gesetzes gibt, aber wann ist das schon der Fall?), kann man sie weglassen („Zweck des Gesetzes ist ..."). Im anderen Falle sind sie geradezu eine Aufforderung an den Leser darüber nachzudenken, ob der Bearbeiter deshalb keine Zweifel hat, weil er etwas übersehen hat, was zu Zweifeln Anlass gibt.

§ 23 Die Arbeit am Gesetz: Grundwissen Methodenlehre

1 In der Fallbearbeitung ist es vielfach erforderlich, methodische Argumente zu überprüfen, die von Rechtsprechung und Schrifttum eingesetzt werden, oder auch eigenständig methodische Argumente zu entwickeln. Deshalb ist schon für den Anfänger ein Grundwissen zur juristischen Methodenlehre[1] unerlässlich. Erfahrungsgemäß werden vielfach die Einführungskurse zum BGB und die sie begleitenden Kleingruppenveranstaltungen dazu genutzt, Grundkenntnisse der Methodenlehre zu vermitteln. Dieses Ziel sucht die nachfolgende Darstellung dadurch zu unterstützen, dass sie zur Veranschaulichung einzelner methodischer Argumente und Fragestellungen möglichst auf Beispiele zurückgreift, die im ersten Teil des Buches als Sachprobleme behandelt wurden.

I. Was leistet die Methodenlehre – was leistet sie nicht?

2 Von einer juristischen Methodenlehre möchte man erwarten, dass sie den Weg zum richtigen Ergebnis weist.

3   Dieser Ansatz ist schon deshalb problematisch, weil es in allen auch nur einigermaßen anspruchsvollen juristischen Fragen möglicherweise das „eine richtige Ergebnis" nicht gibt. Wo es kritisch wird, lassen sich konträre Ergebnisse auf methodisch unterschiedlichen Wegen erreichen, und es fehlt eine Instanz, die darüber entscheiden könnte, welcher Weg der richtige ist.[2] Gewiss hat das höchste Ge-

---

1 Eine gut verständliche Darstellung der Grundzüge zivilrechtlicher Methodik geben *Bitter/Rauhut* JuS 2009, 289 ff; anregend die Methodenregeln von *Rückert/Seinecke* JURA 2012, 775.

2 Eindrucksvoll das Gedankenspiel von *Richard Hyland* (Liber Amicorum Leenen [2012] S. 109 ff) dazu, wie unterschiedlich herausragende Rechtsdenker ein und denselben Fall entschieden hätten. Vgl. zur "One-right-answer"-Problematik *Möllers*, Juristische Methodenlehre (3. Aufl. 2020) § 1 Rdn. 64 ff.

richt im Einzelfall das letzte Wort. Aber darin liegt keine Garantie dafür, dass das Ergebnis das allein richtige ist. Auch höchste Gerichte korrigieren gelegentlich die früheren Entscheidungen zugrunde gelegte Argumentation aus besserer Einsicht.

Ein Weiteres kommt hinzu.[3] Wir erwarten von juristischen Entscheidungen, 4 dass sie methodisch ordentlich *begründet* sind. Wir erwarten nicht, dass sie mithilfe der juristischen Methodenlehre *gefunden* worden sind. Wer sich als Anwalt entschieden hat, einen Mandanten in einer bestimmten Rechtsstreitigkeit zu vertreten, hat nicht die freie Auswahl in der Suche nach dem „richtigen" Ergebnis, und ebenso geht es – mit umgekehrten Vorzeichen – der Anwältin, die die Gegenseite vertritt. Gerichte schildern nicht, auf welchem Wege und aufgrund welcher Überlegungen sie eine bestimmte Entscheidung gefunden haben. Sie treffen diese Entscheidung und versehen sie mit „Gründen", also mit einer „Begründung". Die Kriterien der Entscheidungsbegründung können, müssen aber nicht mit denen der Entscheidungsfindung identisch sein.[4] In der juristischen Argumentation spielen allein die Kriterien der Entscheidungs*begründung* eine Rolle. Eine Revision kann nur darauf gestützt werden, dass eine Rechtsnorm nicht oder nicht richtig angewandt wurde (§ 546 ZPO mit § 545 ZPO). Ob die Norm richtig angewandt wurde, überprüft das Revisionsgericht anhand der Entscheidungsbegründung der Vorinstanz. In dieser Überprüfung spielen anerkannte Grundsätze der juristischen Methodenlehre eine herausragende Rolle. Greift die Begründung zu kurz, weil sie methodische Aspekte des Falles verkennt oder unzulänglich gewichtet, kann das die Aufhebung des Judikats rechtfertigen.

Die Methodenlehre hilft, überzeugende Argumente für die Begründung juris- 5 tischer Entscheidungen zu finden. Die Methodenlehre strukturiert die juristische Argumentation, lenkt sie in Bahnen, die auch dem Gegner vertraut sind (oder doch: sein sollten). Die Methodenlehre begrenzt den Spielraum für vertretbare Entscheidungen.[5] Was sich bei allem guten Willen methodisch nicht begründen lässt, muss als Entscheidungshypothese verworfen werden. Damit erweist sich die Methodenlehre immerhin als wichtige rechtsstaatliche Institution, um willkürliche Entscheidungen hintan zu halten.

---

3 Zum Folgenden *E. A. Kramer,* Juristische Methodenlehre (6. Aufl. 2019) S. 44 ff und 359 ff.
4 Zur Unterscheidung zwischen Determinanten der Entscheidungsfindung und Kriterien der Entscheidungsbegründung grundlegend *Esser,* Vorverständnis und Methodenwahl (1972). *Esser* spricht der Methodenlehre jeden praktischen Wert für die *Entscheidungsfindung* ab. Seine These: „Die Praxis ... geht nicht von doktrinären ‚Methoden' der Rechtsfindung aus, sondern benutzt sie nur, um die nach ihrem Rechts- und Sachverständnis angemessenste Entscheidung lege artis zu begründen" (aaO S. 7).
5 Näher *Rüthers* JuS 2011, 865.

II. Die Subsumtion

6 Was macht der Jurist? Er „subsumiert". So heißt es in einer klassischen Darstellung des Allgemeinen Teils des BGB: „Die Rechtsanwendung besteht darin, dass ein Lebenstatbestand unter die maßgebende Rechtsregel subsumiert wird, so dass sich eine bestimmte Rechtsfolge ergibt."[6] Das klingt einfacher als es ist, und bedarf der Erläuterung.

7 Der Grundgedanke der Subsumtion beruht auf einem gedanklichen Verfahren, das als **Syllogismus** bezeichnet wird.[7] Beispiel: (1) „Alle Menschen sind sterblich". (2) „Sokrates ist ein Mensch". (3) „Also ist Sokrates sterblich". Besagt ein Rechtssatz, dass für *alle* im Tatbestand T beschriebenen Fall-Situationen die Rechtsfolge R gelten soll, so bedarf nur mehr der Feststellung, dass ein bestimmter Lebenssachverhalt S, um dessen Entscheidung es geht, „ein Fall von T" ist. Unterfällt der Lebenssachverhalt S dem allgemein formulierten Tatbestand des Gesetzes, so gilt für S die Rechtsfolge R.[8]

8 Die Schwachstelle in diesem logisch so zwingend erscheinenden Verfahren ist die Aussage „S ist ein Fall von T", und genau um diese Frage geht es zentral bei der Anwendung von Gesetzen auf bestimmte Einzelfälle. Schon das Wort „Anwendung" ist nicht richtig, weil es assoziiert, dass durch den Rechtssatz alle Fälle abschließend festgelegt sind, auf die die Rechtsfolge zutrifft. Die Anwendung einer mathematischen Regel lässt den Inhalt der Regel unberührt. So ist es aber nicht bei der „Anwendung" von Gesetzen. Jede Entscheidung eines Gerichts, die die Norm auf einen konkreten, bislang zweifelhaften Sachverhalt anwendet, hat Rückwirkungen auf den Inhalt der Regel. Wer in Zukunft anders entscheiden will, kann sich nicht mehr allein auf die Regel berufen, sondern muss sich mit deren abweichender Interpretation durch das Gericht auseinandersetzen. Entsprechendes gilt für Inhaltsbestimmungen, die einer Norm im rechtswissenschaftlichen Schrifttum gegeben werden. Deshalb muss auch von den Bearbeitern rechtlicher Aufgaben im Studium verlangt werden, dass sie nicht einfach nach ihrer eigenen Überzeugung über die Anwendung einer Norm auf den vorgegebenen Sachverhalt entscheiden, sondern diese Überzeugung anhand etwaiger anderweitiger Ausdeutungen der Norm überprüfen und gegen diese Ausdeutungen argumentativ absichern.

---

6 Enneccerus/*Nipperdey*, Allgemeiner Teil des Bürgerlichen Rechts (15. Aufl. 1960) § 51 I.

7 S. Adomeit/*Hähnchen*, Rechtstheorie mit Juristischer Methodenlehre (7. Aufl. 2018) Rdn. 47 f.

8 Zum sog. „Syllogismus der Rechtsfolgenbestimmung" Larenz/*Canaris*, Methodenlehre der Rechtswissenschaft (3. Aufl. 1995) S. 92 f.

III. Die Auslegung des Gesetzes

Die Entscheidung, ob der konkrete Sachverhalt unter den Tatbestand der Norm **9** fällt (oben Rdn. 8), wird durch die **Auslegung** der Norm vorbereitet. Die Auslegung stellt Hilfssätze (**Mittelsätze**) bereit, die die Brücke schlagen zwischen der abstrakt-allgemeinen Formulierung des Tatbestands der Norm und dem konkreten Sachverhaltsgeschehen.

Hinweis: Der fallbezogene Ausgangspunkt der Auslegung ist strikt im Gutachten zu beach-   **10** ten. Ein Kommentar kann versuchen, den gesamten Bedeutungsspielraum eines Gesetzesbegriffes auszuloten und somit alle Fälle zu erfassen, die unter die Norm subsumiert werden können. Darum geht es im Gutachten nicht. Hier ist einzig und allein zu klären, wie über den konkreten Sachverhalt zu entscheiden ist. Es interessieren also nur Auslegungshypothesen, die den Sachverhalt möglicherweise erfassen (sonst droht die Gefahr des „Lehrbuch-Schreibens", dazu oben § 22 Rdn. 40f).

1. Die Auslegungsbedürftigkeit des Gesetzes

Die Auslegungsbedürftigkeit des Gesetzes hat viele Gründe. Zu den wichtigsten **11** zählt der Unterschied zwischen Alltags- und Gesetzessprache. In aller Regel verwendet das Gesetz Worte, die es der Alltagssprache entnimmt, die als Rechtsbegriffe (d.h. **fachsprachlich**) eine spezifische, oft weit vom Alltagssprachgebrauch abweichende Bedeutung annehmen.

Beispiele: Umgangssprachlich wird als „Hausbesitzer" bezeichnet, wem ein Haus gehört. In der **12** Fachsprache ist **„Besitzer"** derjenige, der (§ 854 BGB) die „tatsächliche Sachherrschaft" hat, das ist bei einem vermieteten Haus – zumindest auch – der Mieter. Denjenigen, dem umgangssprachlich „das Haus gehört", bezeichnet das Gesetz als den **Eigentümer** (§ 903 BGB) des **Grundstücks**, auf dem das Haus steht (§ 94 Abs. 1 Satz 1 BGB, oben § 3 Rdn. 8[9]). In der Umgangssprache kann jemand „Eigentümer eines riesigen Vermögens", „einer Firma" oder „von Patenten" sein – rechtlich ist dies alles nicht richtig, da Eigentum nach deutschem Privatrecht nur an *Sachen* bestehen kann (oben § 3 Rdn. 19), und Sachen sind definiert als „körperliche Gegenstände" (§ 90 BGB). Ein Vermögen, eine Firma (s. § 17 HGB), ein Patent kann man nicht „anfassen" (oben § 3 Rdn. 18f), also handelt es sich nicht um körperliche Gegenstände. – Das Musterbeispiel für die Verwendung von Fachsprache im Allgemeinen Teil ist § 185 BGB. Kein Laie kann der Vorschrift auch nur annähernd entnehmen, was rechtlich mit der **„Verfügung"** eines **„Nichtberechtigten"** gemeint ist, die mit **„Einwilligung"** des **„Berechtigten"** vorgenommen wird (oben § 4 Rdn. 25, § 9 Rdn. 127f). Die größte Aufgabe besteht für juristische Anfänger darin, auf die Unterschiede zwischen Umgangssprache und Fachsprache zu achten und Fachsprache korrekt einzusetzen (oben § 22 Rdn. 43).

---

9 Dort auch das Beispiel zu den „wesentlichen Bestandteilen" (§ 93 BGB) eines Kraftfahrzeugs.

13 Die Auslegungsbedürftigkeit von Gesetzen ist ferner eine Folge des sozialen und politischen Wandels, den sie durchleben. Der Allgemeine Teil des BGB entstand im letzten Drittel des 19. Jahrhunderts. Wir wenden die Vorschriften, die damals gemacht wurden, heute auf den Vertragsschluss im Internet (oben § 8 Rdn. 120 ff), auf die Abgabe von Willenserklärungen per E-Mail (oben § 6 Rdn. 25, § 8 Rdn. 45) und auf sonstige Formen moderner Kommunikationstechnik („Chatten", oben § 8 Rdn. 44) an. Außerhalb des Allgemeinen Teils des BGB werfen moderne Vertragstypen die Frage auf, inwieweit sie in das Korsett der von den Verfassern des BGB geregelten Vertragsmuster gepresst werden dürfen (oben § 1 Rdn. 43 zum Finanzierungsleasing).

14   Fast ebenso spektakulär wie die Änderung des technischen Umfelds des BGB ist der Wertewandel, der insbesondere bei der Auslegung und Anwendung des § 138 BGB zu berücksichtigen ist. Manches, was im Jahre 1900 als Verstoß gegen die guten Sitten angesehen wurde, wird heute mit Unverständnis als historische Anekdote registriert.[10] Bereits ein Bruchteil dieses Zeitraums kann für einen grundlegenden Wertewandel genügen: Bis zum Jahr 1994 standen homosexuelle Handlungen zwischen einem volljährigen und einem minderjährigen Mann nach § 175 StGB a. F. unter Strafe, während das BGB (s. § 1353 Abs. 1 BGB[11]) seit dem 1.10.2017 die Ehe von Menschen gleichen Geschlechts zulässt, was in den Grenzen des § 1303 BGB auch die Heirat eines/r Minderjährigen einschließt. Stets neuer Anpassungsbedarf entsteht aus Änderungen des rechtlichen Umfeldes, in das eine Norm eingebettet ist. So musste z. B. der Erlass des Gesetzes zur Regelung der Rechtsverhältnisse der Prostituierten (ProstG) Rückwirkungen auf die Auslegung des § 138 BGB haben (oben § 9 Rdn. 261). Schließlich bedarf das BGB immer wieder der Abstimmung mit verfassungsrechtlichen Vorgaben (dazu unten Rdn. 56 ff).

2. Das Ziel der Auslegung des Gesetzes

15 In der Bestimmung des Zieles der Auslegung[12] stehen sich zwei Positionen gegenüber. Die **subjektive Theorie** möchte auf die Regelungsabsichten des histori-

---

10 Noch im Jahr 1975 hat das AG Emden (Urteil vom 11.2.1975, NJW 1975, 1363) entschieden, dass die Anmietung eines Doppelzimmers in einer Ferienpension durch einen Rechtsreferendar, der mit seiner Verlobten zusammen in Urlaub fahren und dort wohnen will, gegen die guten Sitten verstoße und der Vertrag deshalb nichtig sei. Ablehnend *Leenen* MDR 1980, 353 ff.

11 Damit wurde das LPartG, das zwischen August 2001 und September 2017 das Eingehen einer eingetragenen Lebenspartnerschaft zwischen Menschen gleichen Geschlechts zuließ, zur (wichtigen) „historischen Anekdote", die freilich für bestehende Partnerschaften fortwirkt.

12 Einführend *Staake* JURA 2011, 177. Zum Streitstand *Möllers*, Juristische Methodenlehre (3. Aufl. 2020) § 6 Rdn. 60 ff, zur „Vereinigungstheorie" ebenda Rdn. 77 ff.

schen Gesetzgebers abstellen, die **objektive Theorie** hält für maßgeblich, welchen vernünftigen Sinn das Gesetz heute hat. Der Unterschied zwischen den beiden Auffassungen wird dadurch relativiert, dass der Wille des historischen Gesetzgebers durchaus auch spätere sachgerechte Anpassungen an veränderte oder neuartige Umstände umfassen kann, wie sich umgekehrt der „vernünftige" Sinn des Gesetzes überzeugend nur in einer kritischen Auseinandersetzung mit etwaigen dokumentierten Regelungsabsichten des historischen Gesetzgebers ermitteln lässt.[13] In der Praxis herrschen zu Recht vermittelnde Formeln und Verfahren.

Für die objektive Theorie wird gerne zitiert **BVerfG** vom 21.5.1952, BVerfGE 1, 299 (312): „Maß- **16** gebend für die Auslegung einer Gesetzesvorschrift ist der in dieser zum Ausdruck kommende objektivierte Wille des Gesetzgebers, so wie er sich aus dem Wortlaut der Gesetzesbestimmung und dem Sinnzusammenhang ergibt, in den diese hineingestellt ist. Nicht entscheidend ist dagegen die subjektive Vorstellung der am Gesetzgebungsverfahren beteiligten Organe oder einzelner ihrer Mitglieder über die Bedeutung der Bestimmung." Dem hält **BGH** vom 7.7.1960, BGHZ 33, 321, 330 entgegen: „Trotz mancher gegenteilig klingender Sätze hat die höchstrichterliche Rechtsprechung ... die Entstehungsgeschichte immer wieder dann maßgeblich herangezogen, wenn aus ihr – und vor allem, wenn nur aus ihr – Wesentliches für die Auslegung einer Gesetzesvorschrift zu entnehmen war."

3. Die vier klassischen Auslegungskriterien

Die Auslegung orientiert sich – von Sonderfragen zunächst abgesehen (dazu un- **17** ten Rdn. 56 ff, 62 ff) – an vier Kriterien, die auf den von *Savigny* entwickelten „**Methodenkanon**" zurückgehen. *Savigny* unterschied das „grammatische", „logische", „historische" und das „systematische Element" der Auslegung.[14] Dem „logischen" Element wird heute keine eigenständige Bedeutung mehr beigemessen. Großes Gewicht kommt dagegen der Orientierung am Gesetzeszweck zu („teleologische" Auslegung), der *Savigny* zwar nicht völlig ablehnend, wohl aber skeptisch gegenüberstand (unten Rdn. 51). Setzt man anstelle der „logischen" die „teleologische" Auslegung, entspricht dies dem heutigen Verständnis des weiterhin aus vier Elementen zusammengesetzten Methodenkanons.

Zu Recht betont *Savigny*, es seien „nicht vier Arten der Auslegung, unter denen man nach Ge- **18** schmack und Belieben wählen könnte", sondern „verschiedene Thätigkeiten, die vereinigt wirken müssen, wenn die Auslegung gelingen soll".[15] Am überzeugendsten ist eine Auslegungs-

---

13 *Larenz*, Methodenlehre der Rechtswissenschaft (6. Aufl. 1991) S. 318; Larenz/*Canaris*, Methodenlehre der Rechtswissenschaft (3. Aufl. 1995) S. 139.
14 *Fr. C. von Savigny*, System des heutigen Römischen Rechts, Band 1 (1840, Neudruck 1981), S. 213 ff.
15 *Savigny* aaO S. 215.

hypothese abgesichert, wenn sich hierfür unter allen Gesichtspunkten des Methodenkanons Argumente finden lassen.[16] Freilich muss man damit rechnen, dass im konkreten Fall die eine oder andere Methode wenig weiterführend sein kann oder auch gar nichts hergibt. Gerade die vernünftige Gewichtung (und Relativierung) der sich unter den verschiedenen Kriterien ergebenden Argumente gehört zu den anspruchsvollen Aufgaben und kreativen Aspekten der Auslegung. Hierzu hält *Savigny* eine Ermutigung für junge Studierende bereit: „Wir finden ... nicht selten bei gelehrten und berühmten Schriftstellern Interpretationen von fast unbegreiflicher Verkehrtheit, während talentvolle Schüler, denen wir denselben Text vorlegen, vielleicht das Rechte treffen".[17]

a. Die grammatische Auslegung

19 Die grammatische Methode der Auslegung setzt bei dem Wortsinn eines Begriffes im allgemeinen Sprachgebrauch ein.

20 **Beispiel** (zu § 305 Abs. 1 Satz 3 BGB): „Aushandeln" bedeutet mehr als Verhandeln.[18]

aa. Der mögliche Wortsinn als Grenze der Auslegung

21 So gewiss die lexikalische Bedeutung im weiteren Verlauf der Auslegung der Korrektur bedürfen kann, bildet der **mögliche Wortsinn** doch in unserem Rechtskreis die **Grenze der Auslegung** und damit deren **Ausgangspunkt**.[19] Was mit dem sprachlich möglichen Wortsinn nicht zu vereinbaren ist, kann im Wege der Auslegung einem Gesetzesbegriff nicht als rechtlich maßgebliche Bedeutung entnommen werden.[20]

22 **Beispiel Oberschrift:**[21] Gemäß § 416 ZPO begründen Privaturkunden, sofern sie von den Ausstellern „unterschrieben" sind, vollen Beweis dafür, dass die in ihnen enthaltenen Erklärungen von den Ausstellern abgegeben sind. § 440 Abs. 2 ZPO ergänzt: Steht die Echtheit der Namensunterschrift fest, so hat „die über der Unterschrift ... stehende Schrift die Vermutung der Echtheit für sich". Das Überweisungsformular einer Bank sah für die Unterschrift ein Feld am *oberen* Rand vor, das die Erläuterung trug „Unterschrift für den nachfolgenden Auftrag". Der BGH lässt dies

---

16 *Savigny* aaO S. 215; Larenz/*Canaris*, Methodenlehre der Rechtswissenschaft (3. Aufl. 1995) S. 140; näher differenzierend *Canaris* FS Medicus (1999), S. 25 (33 ff). Als ein Beispiel für das Zusammenwirken der vier klassischen Auslegungskriterien mag die oben § 6 Rdn. 124 ff entwickelte Interpretation des § 107 BGB dienen.

17 *Savigny* aaO S. 215 f.

18 BGH vom 3.11.1999, BGHZ 143, 103 (111) = NJW 2000, 1110; BGH vom 20.3.2014, NJW 2014, 1725 Rdn. 27. Dazu oben § 20 Rdn. 11 f.

19 Larenz/*Canaris*, Methodenlehre der Rechtswissenschaft (3. Aufl. 1995) S. 163.

20 Zu den Voraussetzungen einer analogen Anwendung der vom Wortlaut her nicht einschlägigen Norm unten Rdn. 67 ff. Abweichende Grenzziehung bei *Bitter/Rauhut* JuS 2009, 289 (295).

21 BGH vom 20.11.1990, BGHZ 113, 48 = NJW 1991, 487; dazu oben § 9 Rdn. 174.

für die in den §§ 416, 440 Abs. 2 ZPO geregelten Rechtswirkungen nicht genügen. „Der Gesetzeswortlaut ist insoweit eindeutig. Eine Auslegung dahin, die Echtheitsvermutung gelte auch für einen unter der Unterschrift stehenden Text, ist nicht möglich."

Beispiel Ladenvollmacht: Gemäß § 56 HGB haben Ladenangestellte Vertretungsmacht „zu Ver- **23** käufen und Empfangnahmen" – nicht zu Ankäufen (oben § 9 Rdn. 79). BGH vom 4.5.1988, NJW 1988, 2109: Die Einbeziehung von Ankäufen in eine Vorschrift, die als Vertrag nur Verkäufe nennt, „überschreitet die Grenzen des sprachlich möglichen Wortsinns und verlässt damit den Bereich einer zulässigen Auslegung".

Umgekehrt gilt: Was mit dem möglichen Wortsinn des Gesetzes zu vereinbaren **24** ist, kann als dessen maßgeblicher Sinn im Wege der Auslegung bestimmt werden und zur unmittelbaren Anwendbarkeit der Norm führen. Eine lediglich entsprechende Anwendung ist dann nicht angebracht.

Beispiel: Das Anfechtungsrecht dessen, der eine Willenserklärung ohne Erklärungsbewusstsein **25** abgegeben hat, lässt sich auf den Wortlaut des § 119 Abs. 1 Alt. 2 BGB stützen; die Norm ist daher nicht lediglich entsprechend anwendbar (oben § 14 Rdn. 46).

bb. Fachsprache und Legaldefinitionen

Auf die umgangssprachliche Bedeutung eines Begriffes kommt es nicht an, wo **26** das Gesetz fachsprachliche Festlegungen trifft. Dabei sind gesetzliche Begriffsumschreibungen (§ 854 BGB: „Besitzer") und insbesondere Legaldefinitionen (§ 194 BGB: „Anspruch"; § 122 Abs. 2 BGB: „Kennen-Müssen") zu beachten. Nach der Rechtsprechung des BGH beansprucht die Legaldefinition eines Rechtsbegriffs „grundsätzlich für den gesamten Geltungsbereich des Gesetzes, in dem sie erfolgt, Geltung, wenn nicht der Gesetzgeber für einen Einzelfall erkennbar davon abgewichen ist".[22]

Beispiel 1: Die Legaldefinition des Kennen-Müssens in § 122 Abs. 2 BGB gilt auch für § 123 Abs. 2 **27** BGB, § 142 Abs. 2 BGB, § 166 Abs. 2 Satz 2 BGB, § 179 Abs. 3 BGB, § 254 Abs. 2 BGB, § 405 Hs. 2 BGB, und weitere Fälle. Wo das Gesetz nicht jede Form von Fahrlässigkeit genügen lassen will, darf es den Begriff nicht verwenden (§ 199 Abs. 1 Nr. 2 BGB, § 932 Abs. 2 BGB).

Beispiel 2: Das Privileg des § 474 Abs. 2 Satz 2 BGB, das von zwingenden Vorschriften des Ver- **28** brauchsgüterkaufs freistellt, gilt nicht für Privatauktionen, an denen die Verbraucher persönlich teilnehmen können, sondern nur für Versteigerungen im Sinne der Legaldefinition der „**öffentlichen Versteigerung**" des § 383 Abs. 3 Satz 1 BGB. Erforderlich ist, dass die Versteigerungen von den dort genannten qualifizierten Personen durchgeführt werden.[23]

---

22 BGH vom 9.11.2005, NJW 2006, 613 (614 in Rdn. 10).
23 BGH vom 9.11.2005, NJW 2006, 613 (614); dazu auch unten Rdn. 65.

29 Es muss aber auch damit gerechnet werden, dass das Gesetz gleichlautende Begriffe in durchaus unterschiedlichem Sinn verwendet.

30 **Beispiel:** Die Legaldefinition des **Unternehmers** in § 14 BGB hat nichts mit dem überlieferten Begriff des Unternehmers im Recht des Werkvertrages (§§ 631ff BGB) zu tun.

b. Die historische Auslegung

31 Die historische Methode der Auslegung zieht die Entstehungsgeschichte eines Gesetzes, insbesondere die in den Gesetzesmaterialien zugänglichen Erwägungen, Stellungnahmen und Begründungen der am Gesetzgebungsverfahren beteiligten Kommissionen, Ausschüsse oder Personen zur Interpretation des Gesetzeswortlauts heran.[24] Hintergrund ist die plausible Annahme, dass jedenfalls zur Zeit des Inkrafttretens des Gesetzes sich niemand sonst eingehender mit dem Inhalt und Sinn der gesetzlichen Vorschriften befasst hat und der Gesetzgeber (das Parlament) sich im Zweifel das Verständnis derer zu eigen machen wollte, die das Gesetz ausgearbeitet und begründet haben. Die Vorstellungen der am Gesetzgebungsverfahren Beteiligten müssen, um für die Auslegung relevant zu sein, im Gesetz selbst Ausdruck gefunden haben.[25]

32 Als **Beispiele** für prominente Aussagen der Motive zum Allgemeinen Teil des BGB vgl. die oben wörtlich wiedergegebenen Auszüge zur Trennung zwischen obligatorischem und dinglichem Vertrage (Mot. I, S. 127f; oben § 4 Rdn. 30), zu den Zugangstheorien (Mot. I, S. 156f; oben § 6 Rdn. 21), zu dem „auf dem Schreibtisch liegen gebliebenen Brief" (Mot. I, S. 156f; oben § 6 Rdn. 71), zum Inhalt des Antrags (Mot. I, S. 167; oben § 8 Rdn. 8), zum „Spruch der Rechtsordnung" in Anerkennung des privaten Willens (Mot. I, S. 126; oben § 9 Rdn. 2) und zu Vor- und Nachteilen der Formbedürftigkeit von Rechtsgeschäften (Mot. I, S. 179f; oben § 9 Rdn. 147).

33 So hilfreich die Gesetzesmaterialien für das Gesetzesverständnis sein können, muss doch im Auge behalten werden, dass sie nicht die Autorität des Gesetzes teilen. Im Konflikt zwischen Gesetz und Materialien setzt sich das Gesetz gegen die Materialien durch. Ein solcher Konflikt kann insbesondere auftreten, wenn die Stellungnahmen der Gesetzesmaterialien **(1)** im Wortlaut des Gesetzes keinen Ausdruck gefunden haben,[26] **(2)** durch die gesetzlichen Vorschriften selbst wider-

---

24 Rechtsvergleichend zur Rolle der Gesetzesmaterialien bei der Gesetzesauslegung *Fleischer* AcP Bd. 211 (2011), 317ff.

25 BVerfG vom 11.6.1980, BVerfGE 54, 277 (297) = NJW 1981, 39 (42); BGH vom 12.3.2013, BGHZ 197, 21 Rdn. 37 = NJW 2013, 3437.

26 BGH vom 13.5.2014, NJW 2014, 2420 Rdn. 70 („Äußerungen im Gesetzgebungsverfahren nur maßgebend, soweit sie im Gesetz einen hinreichenden Niederschlag gefunden haben").

legt werden, **(3)** mit einem gewandelten Verständnis des Gesetzes nicht kompatibel sind, oder **(4)** auf verfehlten oder nicht hinreichend abgeklärten rechtlichen Auffassungen der am Gesetzgebungsverfahren Beteiligten beruhen.

Beispiel zu **(1)**: Zu § 521 BGB ist streitig, ob die Haftungsprivilegierung auch für Schadensersatz- **34** ansprüche gilt, die darauf beruhen, dass der Beschenkte durch die Beschaffenheit der ihm unentgeltlich zugewendeten Sache in seinen Rechtsgütern verletzt wurde. Der BGH räumt ein, dass sich in den Gesetzesmaterialien gewichtige Hinweise gegen die Einbeziehung solcher Ansprüche finden, setzt sich hierüber aber mit dem Argument hinweg, dass der weit gefasste Wortlaut des § 521 BGB in die umgekehrte Richtung weise.[27]

Beispiel zu **(2)**: Nach dem Zeugnis der Motive[28] werden die Ausdrücke Willenserklärung und **35** Rechtsgeschäft im BGB „der Regel nach als gleichbedeutend gebraucht" (oben § 4 Rdn. 103). Das Gesetz bestätigt diese Aussage der Motive indessen nicht. Den Regelungen, die an Willenserklärungen anknüpfen, und den Vorschriften, die sich auf Rechtsgeschäfte beziehen, lassen sich sachgerechte Unterscheidungen in der Verwendung der beiden Begriffe entnehmen (oben § 4 Rdn. 109). Einer solchen Interpretation des Gesetzes steht die Aussage der Motive nicht entgegen.[29] Die Motive widerlegen nicht das BGB, das BGB widerlegt die Motive.

Beispiel zu **(3)**: Für die Verfasser des BGB war „selbstverständlich", dass „die Willenserklärung **36** dem anderen Teile in Folge des Willens des Erklärenden zugekommen", also willentlich abgegeben sein müsse (oben § 6 Rdn. 71). Erkennt man mit dem BGH und der heute ganz herrschenden Lehre an, dass auch eine ohne Erklärungsbewusstsein abgegebene Willenserklärung wirksam und lediglich anfechtbar ist (oben § 6 Rdn. 133 f), kann die Aussage der Motive das Problem des „liegen gebliebenen Briefes" (oben § 6 Rdn. 71) nicht mehr befriedigend lösen (oben § 6 Rdn. 73).

Beispiel zu **(4)**: Für den Beginn der Verjährung des Ausgleichsanspruchs eines Gesamtschuld- **37** ners gemäß **§ 426 Abs. 1 BGB** kommt es darauf an, wann der Anspruch „entstanden" ist im Sinne von § 199 Abs. 1 BGB (oben § 19 Rdn. 4 ff). Hierzu heißt es in den Gesetzesmaterialien, die regelmäßige Verjährungsfrist beginne bei diesem Anspruch „nicht vor dem Zeitpunkt, in dem der begünstige Gesamtschuldner an den Gläubiger geleistet hat".[30] Dies leuchtet nicht ein, da der Anspruch eines Gesamtschuldners gegen den anderen gemäß § 426 Abs. 1 BGB mit Begründung der Gesamtschuld als Mitwirkungs- und Befreiungsanspruch entsteht und sich bei der Befriedigung des Gläubigers durch den Gesamtschuldner in einen Zahlungsanspruch gegen die übrigen Gesamtschuldner in Höhe von deren Anteilen umwandelt.[31] Der BGH hat daher zu Recht entschieden, dass die Verjährung des Anspruchs eines Gesamtschuldners gemäß § 426 Abs. 1 BGB nicht erst im Zeitpunkt von dessen Leistung an den Gläubiger, sondern bereits mit Entstehung der Gesamtschuld beginne.[32] Die gegenteilige Stellungnahme in den Gesetzesmaterialien sei „ohne

---

27 BGH vom 20.11.1984, BGHZ 93, 23 (28) = NJW 1985, 794 (795) – Kartoffelpülpe.

28 Mot. I, S. 126 = Mugdan I, S. 426.

29 Hierzu *Leenen* FS Canaris, Bd. 1 (2007), 699 (721); *Jens Petersen*, Freiheit unter dem Gesetz (2014) 28.

30 Beschlussempfehlung und Bericht des Rechtsausschusses, BT-Drs. 14/7052, S. 195 (r. Sp.).

31 BGH vom 18.6.2009, BGHZ 181, 310 Rdn. 12 = NJW 2010, 60; Palandt/*Grüneberg* § 426 Rdn. 4.

32 BGH aaO (vorige Fn.) Rdn. 13; BGH vom 8.11.2016, MDR 2017, 149 Rdn. 11 f.

Belang"; sie habe „im Gesetz keinen Ausdruck gefunden" und beruhe „nicht erkennbar auf einer fundierten Analyse der Rechtslage".[33]

c. Die systematische Auslegung

38 Die systematische Methode der Auslegung sucht den rechtlich maßgeblichen Sinn einer Norm oder eines darin enthaltenen Begriffes aus dem Regelungszusammenhang zu ermitteln, in dem die Norm steht. Im einfachsten Fall ergeben sich schon aus der Stellung der Norm im Aufbau des Gesetzes klare Hinweise für deren Auslegung.

39 **Beispiel: § 253 Abs. 2 BGB** fand sich bis 2002[34] fast wortgleich in § 847 BGB a. F. Allein dadurch, dass die Vorschrift aus den Sondernormen des Deliktsrechts (§§ 842 ff BGB) herausgenommen und in die allgemeinen Regelungen zur Verpflichtung zum Schadensersatz (§§ 249 ff BGB) eingestellt wurde, wurde der Anwendungsbereich der Norm erheblich erweitert, insbesondere auf vertragliche Schadensersatzansprüche (§ 280 BGB!) wegen einer Verletzung der genannten Rechtsgüter erstreckt.

40 Enthält eine Norm mehrere Regelungen, die an verschiedene Tatbestände dieselbe Rechtsfolge knüpfen, so spricht der systematische Zusammenhang dafür, dass die Tatbestände der Regelungen eine Gemeinsamkeit aufweisen.

41 **Beispiel:** § 154 Abs. 1 wie Abs. 2 BGB sehen vor, dass ein Vertrag unter den genannten Voraussetzungen „im Zweifel nicht geschlossen" ist. Dem lässt sich entnehmen, dass es in beiden Absätzen des § 154 BGB um Fragen geht, die den Rechtsbindungswillen der Parteien (also: das Vorliegen der auf den Abschluss des Vertrages gerichteten Willenserklärungen) betreffen (oben § 8 Rdn. 103, 168).

42 Den Kern der systematischen Auslegung bildet die Bestimmung des Verhältnisses mehrerer Normen zueinander. Eine konkrete Auslegungshypothese wird durch die Systematik des Gesetzes bestätigt, wenn sich die so ausgelegte Norm gut mit anderen Vorschriften harmonisieren lässt. Hat die Auslegungshypothese dagegen zur Folge, dass andere Normen keinen sinnvollen Anwendungsbereich haben, oder dass hierzu Wertungswidersprüche entstehen oder sich dogmatische Ungereimtheiten ergeben, so ist dies ein systematisches Argument *gegen* die Auslegungshypothese, man wird sie verwerfen müssen. In der Arbeit mit der systematischen Methode werden möglichst beide Strategien miteinander verbunden. Man

---

33 BGH aaO (vorige Fn.) Rdn. 18.
34 Zweites Gesetz zur Änderung schadensersatzrechtlicher Vorschriften vom 19. Juli 2002 (BGBl. I S. 2674) mit Wirkung zum 1. August 2002.

zeigt, dass eine bestimmte Auslegungshypothese systematisch befriedigt, während denkbare Gegenpositionen zu Unverträglichkeiten führen.

Beispiele: Zur systematischen Auslegung des **§ 133 BGB** in Abstimmung mit **§ 119 Abs. 1 BGB** 43
siehe oben § 5 Rdn. 64: Wäre für die Auslegung von Willenserklärungen allein der wirkliche Wille des Erklärenden entscheidend, könnte es die in § 119 Abs. 1 BGB geregelten Irrtumsfälle nicht geben. – **§ 107 BGB** bedarf einer systematisch konformen Auslegung im Hinblick auf **§ 108 BGB** (oben § 6 Rdn. 124): Die ohne erforderliche Einwilligung des gesetzlichen Vertreters abgegebene Willenserklärung des Minderjährigen muss wirksam sein, sonst könnte nicht ein Vertrag zustande kommen, dessen Wirksamkeit von der Genehmigung des gesetzlichen Vertreters abhängt. Entsprechendes gilt im Verhältnis von **§ 164 BGB** zu **§ 177 BGB** (oben § 6 Rdn. 130): Die von einem Vertreter ohne Vertretungsmacht abgegebene, auf den Abschluss eines Vertrages gerichtete Willenserklärung ist wirksam, weil andernfalls § 177 BGB (mangels Zustandekommen des Vertrages) keinen Anwendungsbereich hätte.

Zur systematischen Methode gehört auch die Maxime, **Ausnahmevorschriften** 44
seien **eng auszulegen** („singularia non sunt extendenda"). Stellt sich eine Norm als Ausnahme zu einer übergeordneten Regel dar, spricht dies gewiss dagegen, den Ausnahmebereich so auszudehnen, dass für die Regel kaum mehr ein Anwendungsbereich bleibt. Im Übrigen ist aber im Umgang mit dieser Maxime größte Vorsicht geboten. Sie stellt nicht mehr als einen ersten Anhaltspunkt für die Interpretation dar und bedarf besonders sorgfältiger teleologischer Absicherung. Die Maxime entbindet nicht von der Aufgabe, unter Ausschöpfung aller Auslegungskriterien den Ausnahmebereich sachgerecht abzustecken.[35]

Es kommt hinzu, dass es vielfach eine Frage des Blickwinkels ist, ob man eine bestimmte Vor- 45
schrift als Regel oder als Ausnahme ansieht. Die Widerrufsrechte des Verbrauchers bei bestimmten Verträgen (oben § 6 Rdn. 143) stellen eine Ausnahme zu dem Grundsatz dar, dass man sich nicht einseitig von Verträgen lösen kann. Schließt das Gesetz für bestimmte Fälle das Widerrufsrecht aus (Beispiel: § 312g Abs. 2 BGB), wird durch die Ausnahme von der Ausnahme die Regel wiederhergestellt. Mit dem Satz, dass Ausnahmevorschriften eng auszulegen seien, ist hier wenig anzufangen.

Zur systematischen Methode kann man auch die Auslegung des einfachen Rechts 46
im Lichte der Verfassung oder die Auslegung von nationalen Normen rechnen, die der Umsetzung von EU-Richtlinien dienen. Dabei ergeben sich aber doch Besonderheiten, die eigener Darstellung bedürfen (unten Rdn. 56 ff, 62 ff).

---

35 Müko/*Säcker*, Einl. BGB Rdn. 121 ff.

d. Die teleologische Auslegung

47 Die teleologische Methode der Auslegung orientiert sich an dem Zweck oder, wo erforderlich, an *den Zwecken* (Plural!) des Gesetzes. Der Begriff leitet sich ab von dem altgriechischen Wort *„to telos"* („das Ziel"). Die teleologische Methode beruht auf der Prämisse, dass Gesetze erlassen werden, um bestimmte Zielsetzungen zu erreichen. Die Notwendigkeit einer Zweckorientierung der Gesetzgebung ergibt sich vor allem aus dem verfassungsrechtlichen Prinzip der Verhältnismäßigkeit. Die Auslegung hat dem zu folgen. Unter mehreren möglichen Bedeutungen eines Gesetzesbegriffs verdient diejenige den Vorzug, die den Zweck oder die Zwecke der Norm am besten fördert.

48 **Beispiele:** Das Wirksamkeitserfordernis des Zugangs empfangsbedürftiger Erklärungen (**§ 130 Abs. 1 BGB**) dient dazu, bestimmte typische Risiken der Übermittlung von Willenserklärungen sachgerecht zwischen Erklärendem und Empfänger zu verteilen (oben § 6 Rdn. 40 ff); auf diese Zwecke ist die Formel vom „Machtbereich des Empfängers" (oben § 6 Rdn. 24 ff) ausgerichtet. – Ob der Verstoß gegen eine Verbotsnorm zur Nichtigkeit des Rechtsgeschäfts führt (**§ 134 BGB**), richtet sich nach den Zwecken der Verbotsnorm (oben § 9 Rdn. 209 ff). – Der Begriff der Entstehung eines Anspruchs ist in **§ 199 Abs. 1 BGB** aus teleologischen Gründen grundsätzlich im Sinne einer Fälligkeit des Anspruchs auszulegen (oben § 19 Rdn. 4 f).

aa. „Der Zweck" oder „die Zwecke" des Gesetzes?

49 Vielfach greift die Frage nach „dem Zweck" des Gesetzes zu kurz. Der Gesetzgeber steht oft vor der Aufgabe, beim Erlass einer Regelung *mehrere* Zielsetzungen miteinander abzugleichen. Die teleologische Auslegung hat dann *alle* mit der Norm verfolgten Zwecke in Rechnung zu stellen.

50 **Beispiele:** Die Regelungen zur beschränkten Geschäftsfähigkeit (§§ 106 ff BGB) stellen nicht auf die konkrete Schutzbedürftigkeit des Minderjährigen im Einzelfall, sondern auf das Lebensalter ab. Beschränkt geschäftsfähig sind daher auch Minderjährige, die geschäftlich bereits erfahren und somit nicht schutzbedürftig sind. Die Anwendung des Gesetzes wird in diesen untypischen Fällen durch das Streben nach Praktikabilität und Rechtssicherheit gerechtfertigt (oben § 2 Rdn. 17). – § 181 BGB enthält eine allgemeine Schranke für die Vertretungsmacht, sofern der Vertreter auf beiden Seiten des Rechtsgeschäfts beteiligt ist. Damit soll der *Gefahr* einer Interessenkollision vorgebeugt werden, doch kommt es für die Begrenzung der Vertretungsmacht nicht darauf an, ob eine solche im konkreten Fall besteht (oben § 9 Rdn. 114, 119). Der primäre Schutzzweck der Norm wird also durch sekundäre Wertungen überlagert, die deren sichere Handhabbarkeit gewährleisten sollen.

51 Die Möglichkeit einer Überlagerung der primären, sachlichen Normzwecke durch hinzutretende Wertungen, die den Anwendungsbereich der Norm im Interesse der Rechtssicherheit an „Ersatzmerkmalen" festmachen, ist der Grund, warum *Savigny* den Gebrauch des Gesetzesgrundes zur Auslegung der Gesetze „nur mit

großer Vorsicht" für zulässig hielt.[36] Die Bedenken sind begründet, wenn man bei der Auslegung von Normen wie den §§ 106ff BGB oder § 181 BGB nur auf deren sachlichen (primären) Schutzzweck abstellen würde. Die Bedenken sind dagegen überwindbar, wenn man in der Auslegung solcher Normen die Überlagerung und Verschränkung mehrerer Zielsetzungen beachtet.

bb. Die Ermittlung der Zwecke des Gesetzes

Die wichtigste und zugleich schwierigste Frage der teleologischen Auslegung von Gesetzen besteht darin, wie sich die Zwecke eines Gesetzes bestimmen lassen.[37] **52**

Gelegentlich nehmen (neuere) Gesetze einleitend zum Zweck der Regelung Stellung. **53**

Beispiel: § 1 des Gesetzes über die **Preisbindung für Bücher** (BuchPrG vom 2.9.2002, BGBl. I 3448) lautet: „Das Gesetz dient dem Schutz des Kulturgutes Buch. Die Festsetzung verbindlicher Preise beim Verkauf an Letztabnehmer sichert den Erhalt eines breiten Buchangebots. Das Gesetz gewährleistet zugleich, dass dieses Angebot für eine breite Öffentlichkeit zugänglich ist, indem es die Existenz einer großen Zahl von Verkaufsstellen fördert." **54**

Darin liegt gewiss eine wichtige Hilfe, mit der sich die Auslegung auseinanderzusetzen hat. Doch schließt selbst die positivrechtliche Festschreibung von Gesetzeszwecken nicht aus, dass die mitgeteilten Gründe nicht überzeugen,[38] dass sich der Gesetzgeber auch von anderen Erwägungen hat leiten lassen, oder dass sich die Ziele eines Gesetzes im Laufe der Zeit ändern. Vielfach steht das Gericht vor der Aufgabe, selbst darlegen zu müssen, worin es den Zweck der gesetzlichen Regelung sieht. Setzt das Gericht sich mit denkbaren (insbesondere: von der anderen Seite im Prozess vorgetragenen, in der Literatur vertretenen) Gegenpositionen auseinander, liegt hierin ein Gewinn für die Rechtsfindung, auch wenn sich Gewissheit über die Zwecke des Gesetzes nicht erreichen lässt. **55**

4. Die verfassungskonforme Auslegung

Eine besondere, über eine bloße systematische Auslegung von Gesetzen hinausgehende Bedeutung kommt der Verfassung für die Auslegung des einfachen **56**

---

36 *Savigny*, System des heutigen Römischen Rechts, Bd. 1 (1840, Neudruck 1981), S. 216ff. Dazu *Leenen*, Typus und Rechtsfindung (1971), S. 113.
37 Zur Vorgehensweise der Rechtsprechung *Muna Reichelt*, Die Absicherung teleologischer Argumente in der Zivilrechtsprechung des Bundesgerichtshofs (2011, zugleich Diss. FU Berlin 2009).
38 Zur Kritik an der hergebrachten Begründung der Notwendigkeit und Rechtfertigung einer Preisbindung für Bücher *Emmerich/Lange*, Kartellrecht (14. Aufl. 2019) § 25 Rdn. 6.

Rechts zu. Alle Normen des einfachen Rechts sind, wenn sich ein wertungsmäßiger Bezug zur Verfassung ergibt, im Lichte des Grundgesetzes auszulegen (Gebot der **verfassungskonformen Auslegung**). Auch hierfür gilt die Wortlautgrenze (oben Rdn. 21).[39] Lässt der Wortlaut mehrere Auslegungen zu, von denen nur eine mit der Verfassung vereinbar ist, hat das Gericht das Gesetz in der der Verfassung gemäßen Bedeutung anzuwenden. In aller Regel geht es aber nicht darum, ob eine Norm insgesamt gegen die Verfassung verstößt, sondern darum, bei der Auslegung und Anwendung des einfachen Rechts die Wertordnung zu berücksichtigen, die insbesondere im Grundrechtskatalog der Verfassung zum Ausdruck kommt.[40]

57 **Beispiel:**[41] Die Klägerin ist mit schwersten Behinderungen zur Welt gekommen. Ursache hierfür ist eine Geschlechtskrankheit, die sich ihre Mutter vor der Schwangerschaft bei einer Bluttransfusion in der Klinik der Beklagten zugezogen hatte. Der auf § 823 Abs. 1 BGB (Verletzung von Körper und Gesundheit) gestützten Klage hält die Beklagte entgegen, dass die Klägerin sich niemals in einem unbeeinträchtigten körperlichen Zustand befunden habe und somit nicht durch sie „verletzt" worden sei. Eine solche Auslegung des § 823 Abs. 1 BGB ist, wie der BGH zu Recht entschieden hat, mit Art. 2 Abs. 2 Satz 1 GG (Recht *auf* körperliche Unversehrtheit) nicht vereinbar.

58 Das Einfallstor für die Wertungen des Grundrechtskatalogs sind vor allem die Generalklauseln des BGB,[42] aus dem Bereich des Allgemeinen Teils ganz überragend § 138 BGB.

59 Ein **Beispiel** bildet die oben (§ 9 Rdn. 249 ff) behandelte Judikatur zu wirtschaftlich nicht werthaltigen Bürgschaften naher Familienangehöriger. In der Leitentscheidung des BVerfG vom 19.10.1993 (BVerfGE 89, 214 = NJW 1994, 36) heißt es: „Die Zivilgerichte müssen – insbesondere bei der Konkretisierung und Anwendung von Generalklauseln wie § 138 BGB und § 242 BGB – die grundrechtliche Gewährleistung der Privatautonomie in Art. 2 Abs. 1 GG beachten. Daraus ergibt sich ihre Pflicht zur Inhaltskontrolle von Verträgen, die einen der beiden Vertragspartner ungewöhnlich stark belasten und das Ergebnis strukturell ungleicher Verhandlungsstärke sind". Neben Art. 2 Abs. 1 GG hätte das BVerfG auch Art. 6 (Schutz von Ehe und Familie) ins Spiel bringen können (oben § 9 Rdn. 251 am Ende).

---

39 BGH vom 12.3.2014, BGHZ 200, 310 Rdn. 10 = NJW 2014, 1663; BGH vom 6.12.2017, NJW-RR 2018, 321 Rdn. 19.

40 Zur Konstitutionalisierung des Privatrechts *Maultzsch* JZ 2012, 1040 (rechtsvergleichend); *Leenen*, Annales de la Faculté de Droit d'İstanbul, Bd. 43 (2011) S. 23.

41 BGH vom 20.12.1952, BGHZ 8, 243 = NJW 1953, 417 (Lues). – Zur Auslegung der §§ 305 ff BGB im Hinblick auf Art. 2 Abs. 1 GG vgl. BGH vom 20.3.2014, NJW 2014, 1725 Rdn. 31 (dazu oben § 20 Rdn. 13).

42 BVerfG vom 15.1.1958, BVerfGE 7, 198 – Lüth = NJW 1958, 257; BVerfG vom 23.4.1986, BVerfGE 73, 261 (269).

Methodisch besonders interessante Fragen werfen Auslegung und Anwendung zi- **60** vilrechtlicher Generalklauseln im Hinblick auf Grundrechte auf, die unter einem einfachen Gesetzesvorbehalt stehen. Hier findet eine Wechselwirkung zwischen Grundrecht und allgemeinem Gesetz statt (sog. **Wechselwirkungslehre**,[43] plakativ auch „Schaukeltheorie").

Grundlegend ist die **„Lüth"-Entscheidung**:[44] Das Recht, seine Meinung in Wort, Schrift und Bild **61** frei zu äußern und zu verbreiten (Art. 5 Abs. 1 GG) wird durch die Vorschriften der allgemeinen Gesetze beschränkt (Art. 5 Abs. 2 GG). Zu den allgemeinen Gesetzen gehört das Verbot vorsätzlich-sittenwidriger Schädigung (§ 826 BGB). Der Beschwerdeführer hatte zum Boykott eines Filmes aufgerufen, dessen Regisseur während des NS-Regimes antisemitische, von der NS-Propaganda stark herausgestellte Filme („Jud Süß") gedreht hatte. Die Filmverleiher sahen in dem Boykottaufruf eine Verletzung des § 826 BGB, das Zivilgericht folgte dem, das BVerfG hob die Entscheidung auf. Die gegenseitige Beziehung zwischen Grundrecht und allgemeinem Gesetz sei „nicht als einseitige Beschränkung der Geltungskraft des Grundrechts durch die ‚allgemeinen Gesetze' aufzufassen"; vielmehr finde „eine Wechselwirkung in dem Sinne statt, dass die ‚allgemeinen Gesetze' zwar dem Wortlaut nach dem Grundrecht Schranken setzen, ihrerseits aber aus der Erkenntnis der wertsetzenden Bedeutung dieses Grundrechts im freiheitlichen demokratischen Staat ausgelegt und so in ihrer das Grundrecht begrenzenden Wirkung selbst wieder eingeschränkt werden müssen."[45]

5. Die richtlinienkonforme Auslegung

Viele Vorschriften des BGB aus den letzten Jahrzehnten setzen Richtlinien der Eu- **62** ropäischen Union (EU) und ihrer Vorgängerinnen (EG, EWG) um. Aus der Pflicht der Mitgliedstaaten zur Umsetzung der Richtlinien (Art. 288 Abs. 3 AEUV) ergibt sich, dass die Gerichte als Organe der Staaten die ihnen nach nationalem Recht zustehenden Kompetenzen auszuschöpfen haben, um bei der Anwendung des nationalen Rechts die Zielsetzungen der Richtlinien zu verwirklichen.[46] Hierauf beruht das **Gebot der richtlinienkonformen Auslegung** des nationalen Rechts.[47] Es bezieht sich nicht nur auf Vorschriften, die Richtlinien umsetzen,

---

[43] *Wendt*, in: von Münch/Kunig, Grundgesetz-Kommentar (7. Aufl. 2021) Art. 5 Rdn. 119.

[44] BVerfG vom 15.1.1958, BVerfGE 7, 198 = NJW 1958, 257. Eine Würdigung dieser klassischen Entscheidung des BVerfG aus der Sicht nach 50 Jahren gibt *Schulze-Fielitz* Jura 2008, 52 ff.

[45] BVerfG vom 22.11.1951, BVerfGE 7, 198 (208 f) = NJW 1958, 257 (258).

[46] EuGH vom 4.7.2006, Rs. C-212/04, NJW 2006, 2465 Rdn. 108–111 m.w.N. – Adeneler; EuGH vom 15.1.2014, Rs. C-176/12, NZA 2014, 193 Rdn. 38; *Schroeder*, in: Streinz, EUV/AEUV (3. Aufl. 2018) AEUV Art. 288 Rdn. 110.

[47] EuGH vom 5.10.2004, NJW 2004, 3547 Rdn. 113 ff – Pfeiffer; BGH vom 9.4.2002, NJW 2002, 1881 (1882) – Heininger; *Schroeder*, Grundkurs Europarecht (6. Aufl. 2019) § 6 Rdn. 64 ff; *Möllers*, Juristische Methodenlehre (3. Aufl. 2020), § 12 Rdn. 46 ff.

sondern im Anwendungsbereich der Richtlinie auf das gesamte nationale (insbesondere: ältere) Recht.[48] Es beschränkt sich nicht auf die *Auslegung* von Rechtsvorschriften im engeren Sinn der deutschen Methodenlehre (oben Rdn. 21), sondern umfasst auch die anerkannten Verfahren der Rechtsfortbildung (unten Rdn. 67 ff).[49]

63   Die richtlinienkonforme Auslegung des nationalen Rechts hängt primär davon ab, wie die Richtlinie selbst zu verstehen ist.[50] Die Auslegung der Richtlinie bestimmt die Vorgaben, die in der Auslegung des nationalen Rechts umzusetzen sind. Die entscheidenden Weichen für die Auslegung und Anwendung des nationalen Rechts werden daher durch die Auslegung der Richtlinie gestellt.[51] Kommt es für die Entscheidung eines Rechtsstreits darauf an, ob eine bestimmte Auslegung einer Vorschrift des nationalen Rechts mit der Richtlinie vereinbar ist, so sind die obersten Fachgerichte verpflichtet, die Frage dem EuGH zur Vorabentscheidung vorzulegen (Art. 267 Abs. 3 AEUV; vgl. oben § 21 Rdn. 71 f), jedes im Instanzenzug vorgeordnete Gericht ist hierzu berechtigt (Art. 267 Abs. 2 AEUV).[52] Hierdurch wird eine Bündelung der Auslegung von Richtlinien beim EuGH erreicht. In der Rechtsprechung des EuGH entwickelt sich ein eigenständiges Methodenrecht[53] mit durchaus unterschiedlichen Gewichtungen der aus den Methodenlehren des deutschsprachigen Raumes bekannten Auslegungskriterien. Zu Spannungen mit den nationalen Rechtsordnungen kommt es vor allem dadurch, dass Richtlinien unabhängig von den in den jeweiligen nationalen Rechtsordnungen geltenden Regelungen, dogmatischen Konzepten und Methodenlehren auszulegen sind (sog. „autonome Auslegung").[54]

---

48 EuGH vom 13.11.1990 Rs. C-106/89, Slg. 1990, I-4135 Rdn. 8 – Marleasing; *Schroeder,* Grundkurs Europarecht (6. Aufl. 2019) § 6 Rdn. 64.

49 BGH vom 26.11.2008, BGHZ 179, 27 Rdn. 21 (Quelle) = NJW 2009, 427; BGH vom 21.12.2011, NJW 2012, 1073 Rdn. 30 (Weber Putz); *Canaris* FS Bydlinski (2002), S. 47 (81); *ders.,* FS Reiner Schmidt (2006), S. 41 (52); *Herresthal* JuS 2014, 289 (290).

50 Zum Folgenden *Leenen* JURA 2012, 753 ff. Zur Auslegung von Richtlinien *Riesenhuber,* in: Riesenhuber (Hg.), Europäische Methodenlehre (3. Aufl. 2015) § 10.

51 Prominente Beispiele sind: EuGH vom 17.4.2008, Rs. C-404/06 (Quelle AG), NJW 2008, 1433, umgesetzt durch BGH vom 26.11.2008, BGHZ 179, 27 = NJW 2009, 427 (Herd-Set); EuGH vom 16.6.2011, verb. Rs. C-65/09 und C-87/09 (Weber und Putz), NJW 2011, 2269, umgesetzt durch BGH vom 21.12.2011, NJW 2012, 1073 (Bodenfliesen).

52 Vgl. die Vorlagebeschlüsse AG Schorndorf vom 25.2.2009, BeckRS 2009, 88603; ArbG Berlin vom 30.4.2003, BeckRS 2010, 69819.

53 *Leenen,* in: Hähnchen (Hg.), Methodenlehre zwischen Wissenschaft und Handwerk (2019), 65.

54 *Riesenhuber,* in: Riesenhuber, Europäische Methodenlehre (3. Aufl. 2015) § 10 Rdn. 4 ff; *Möllers,* Juristische Methodenlehre (3. Aufl. 2020), § 1 Rdn. 29, § 2 Rdn. 71 ff; *Leenen* (vorige Fn.) 66 ff m.w.N.

Bei der Auslegung von Vorschriften, die Richtlinien umsetzen, darf grund- **64**
sätzlich nicht unmittelbar auf die Richtlinie zugegriffen und die richtlinienkonforme Bedeutung als die rechtlich maßgebliche ermittelt werden. Die Auslegung muss der Möglichkeit Rechnung tragen, dass die Vorschrift von der Richtlinie abweicht, sei es, dass sie gegen die Richtlinie verstößt, sei es, dass sie zulässigerweise hiervon abweicht, insbesondere Verbrauchern mehr Schutz gewährt als von der Richtlinie gefordert wird. Ob dies der Fall ist, ist mit den herkömmlichen Verfahren der Methodenlehre zu bestimmen.

Beispiel: Gemäß § 474 Abs. 2 Satz 2 BGB gelten die Sonderregelungen der §§ 474 ff BGB zum Ver- **65**
brauchsgüterkauf nicht für gebrauchte Sachen „die in einer öffentlichen Versteigerung verkauft werden, an der der Verbraucher persönlich teilnehmen kann". Fraglich ist, ob der Begriff der „öffentlichen Versteigerung" im Sinne der Legaldefinition des § 383 Abs. 3 Satz 1 BGB zu verstehen ist, die Versteigerung also insbesondere „durch einen für den Versteigerungsort bestellten Gerichtsvollzieher oder öffentlich angestellten Versteigerer" durchzuführen ist. Eine solche Einschränkung ergibt sich aus der Richtlinie nicht. Das LG Berlin hat § 474 BGB deshalb im Sinne der Richtlinie und abweichend von § 383 BGB ausgelegt.[55] Zu Recht hat der BGH dies beanstandet.[56] Nach den anerkannten Regeln der Methodenlehre sei davon auszugehen, dass eine gesetzliche Legaldefinition Geltung für das gesamte Gesetzeswerk beanspruche, in dem sie enthalten sei (oben Rdn. 28). § 474 Abs. 2 Satz 2 BGB sei daher dahin auszulegen, dass der Ausnahmevorbehalt nur für den Verkauf von gebrauchten Sachen im Rahmen einer Versteigerung gelte, die den Anforderungen des § 383 Abs. 3 BGB genüge. Dies führe zu einem gegenüber der Richtlinie erweiterten Schutz des Verbrauchers, was gemäß Art. 8 Abs. 2 der Richtlinie zulässig sei.

Schreibt die Richtlinie das Verbraucherschutzniveau abschließend fest, so dass **66**
die Mitgliedstaaten keine hiervon abweichenden Bestimmungen im nationalen Recht treffen können („**Vollharmonisierung**"), so ist ein direkter Zugriff auf die der Richtlinie entsprechende Bedeutung der nationalen Norm methodisch zulässig,[57] da ein abweichendes Ergebnis, das die übrigen Auslegungskriterien etwa nahelegen, zurücktreten muss, wenn es mit der Richtlinie nicht vereinbar ist (sog. „interpretatorischer Vorrang" der richtlinienkonformen Auslegung).[58] Freilich bedarf genauer Bestimmung, welcher Regelungsbereich von der Richtlinie erfasst wird und wie weit demgemäß die Vollharmonisierung reicht. Entscheidend kommt es also wiederum auf die Auslegung der Richtlinie an.

Beispiel: Zu § 241a BGB ist streitig, ob dessen weiter Wortlaut dahin verstanden werden darf, **66a**
dass nicht nur ein vertraglicher Entgeltanspruch, sondern jeglicher Anspruch des Unternehmers

---

55 LG Berlin vom 8.4.2005, Az. 56 S 80/04 (bei juris).
56 BGH vom 9.11.2005, NJW 2006, 213.
57 *Herresthal* JuS 2014, 289 (291).
58 *Canaris* FS Bydlinski (2002) 47 (67 ff); *Herresthal* JuS 2014, 289 (291).

ausgeschlossen ist (dazu oben § 8 Rdn. 67). Für eine Beschränkung des Regelungsgehalts von Art. 27 VRRL auf die vertraglichen Folgen der Zusendung unbestellter Waren lässt sich der Wortlaut der Richtlinie anführen, da der in Art. 27 Satz 1 VRRL genannte Entgeltanspruch wie die in Art. 27 Satz 2 VRRL genannte Zustimmung allein für das Entstehen von Vertragsansprüchen relevant sind. Rückschlüsse auf einen entsprechenden Regelungswillen des Richtliniengebers ermöglicht Erwägungsgrund 60 der Richtlinie, wonach durch Art. 27 VRRL lediglich ein vertraglicher Rechtsbehelf für die gemäß Art. 5 Abs. 5, Anhang 1 Nr. 29 UGPRL[59] unerlaubte Zusendung unbestellter Waren geschaffen werden soll. Die Mitgliedstaaten sind verpflichtet, geeignete und wirksame Mittel zur Bekämpfung solcher unlauterer Geschäftspraktiken vorzusehen (Art. 11 Abs. 1 UGPRL). Hiermit wäre unvereinbar, wenn die VRRL es den Mitgliedstaaten verwehren würde, gesetzliche Ansprüche des Unternehmers auf Herausgabe oder Wertersatz auszuschließen. Ein solcher Ausschluss von Ansprüchen stellt ein Mittel dar, um Unternehmer wirkungsvoll davon abzuhalten, Verbraucher mit der Zusendung unbestellter Waren zu belästigen. Für solche Umsetzungsakte nationaler Gesetzgeber, die über die Vorgaben der Richtlinie hinausgehen, hat sich der Begriff „gold-plating" etabliert (s. zum Vergleich die abweichende Umsetzung der Richtlinie in Österreich durch § 864 Abs. 2 ABGB).

IV. Rechtsfortbildung

67 Der mögliche Wortsinn markiert die *Grenze der Auslegung* (oben Rdn. 21), nicht die Schranken methodisch kontrollierter Rechtsfindung. Werden vom Wortlaut einer Norm Fälle *nicht* erfasst, die nach deren Sinn und Zweck der gleichen Rechtsfolge unterliegen müssen, kommt eine *entsprechende* Anwendung der Norm in Betracht. Erfasst eine Norm dem Wortlaut nach Fälle, die von Sinn und Zweck der Norm nicht gedeckt sind, kann die Norm gegen deren sprachlich möglichen Wortsinn *einzuschränken* sein.

1. Die Lücke des Gesetzes als Voraussetzung der Rechtsfortbildung

68 Eine Anwendung des Gesetzes jenseits des möglichen Wortsinns oder eine Nichtanwendung der Norm auf Fälle, die von deren Wortlaut umfasst sind, bedarf besonderer Rechtfertigung. Sie liegt in dem Nachweis, dass das Gesetz eine **Lücke** aufweist.

---

59 Richtlinie 2005/29/EG vom 11.5.2005 (Unlautere Geschäftspraktiken).

a. Die Lücke als planwidrige Unvollkommenheit des Gesetzes

Die Lücke im methodologischen Sinn ist definiert als eine „planwidrige Unvoll- 69
kommenheit" des Gesetzes.[60] Dies bedeutet: Es fehlt eine Regelung, die „vom
Standpunkt des Gesetzes selbst, der ihm zugrunde liegenden Regelungsabsicht,
der mit ihr verfolgten Zwecke"[61] enthalten sein sollte.

aa. Normlücken

Besonders eklatant ist die immanente Planwidrigkeit des Fehlens einer Regelung, 70
wenn ein Gesetz ohne eine Ergänzung gar nicht angewendet werden kann. Man
spricht insoweit von einer „Normlücke".[62]

Beispiel: § 904 Satz 1 BGB bestimmt, dass der Eigentümer einer Sache nicht berechtigt ist, die 71
Einwirkung eines anderen auf seine Sache zu verbieten, wenn die Einwirkung zur Abwendung einer gegenwärtigen Gefahr notwendig und der drohende Schaden gegenüber dem aus der Einwirkung dem Eigentümer entstehenden Schaden unverhältnismäßig groß ist. Konkret geht es etwa
darum, dem sich sperrenden Eigentümer ein Motorboot wegzunehmen, um damit einen Ertrin-
kenden zu retten. Wird das Boot bei diesem Einsatz beschädigt, kann der Eigentümer gemäß
§ 904 Satz 2 BGB Schadensersatz verlangen. Was das Gesetz nicht sagt, ist, gegen wen sich der
Anspruch richtet: Gegen den Handelnden, der das Boot zur Rettung verwendet, oder gegen den
(hoffentlich!) Geretteten? Man wird kaum behaupten können oder wollen, dass der Gesetzgeber
die Regelungsbedürftigkeit dieser Frage übersehen habe. Er hat sie nicht geregelt und die Entscheidung damit, wie so häufig, Rechtsprechung und Schrifttum überlassen.

bb. Offene Lücken

Die meisten Lücken ergeben sich daraus, dass der vom möglichen Sprachsinn ab- 72
gedeckte Regelungsbereich der Norm – gemessen an deren Zweck – zu eng ist.
Gleichgelagerte Fälle werden von der Norm nicht erfasst, obwohl das Gerechtig-
keitsgebot der Gleichbehandlung des Gleichsinnigen eine entsprechende Regelung gebietet.[63] Man spricht insoweit von **offenen Lücken**, weil es nach dem

---

60 BGH vom 8.6.1978, BGHZ 72, 23 (28) = NJW 1978, 1975 (1976); BGH vom 14.12.2006, BGHZ 170,
187 (Rdn. 15) = NJW 2007, 992 (993); *Larenz*, Methodenlehre der Rechtswissenschaft (6. Aufl. 1991)
S. 258 ff; *Franz Bydlinski*, Juristische Methodenlehre und Rechtsbegriff (2. Aufl. 1991) S. 473, *E. A.
Kramer*, Juristische Methodenlehre (6. Aufl. 2019) S. 214; ausführlich *Canaris*, Die Feststellung
von Lücken im Gesetz (2. Aufl. 1983) S. 16 ff, 31 ff.
61 *Larenz*, Methodenlehre der Rechtswissenschaft (6. Aufl. 1991) S. 373.
62 *Larenz*, Methodenlehre der Rechtswissenschaft (6. Aufl. 1991) S. 377.
63 *Canaris*, Die Feststellung von Lücken im Gesetz (2. Aufl. 1983) S. 71 ff.

Wortlaut des Gesetzes für eine bestimmte Fallgruppe an einer Regel fehlt, die auf sie anwendbar wäre.[64]

73 **Beispiel Übersetzungsfehler:** Eine Willenserklärung des A wird durch den Dolmetscher D in die Sprache des Empfängers B übersetzt. Dabei unterläuft dem D ein Übersetzungsfehler. Die übersetzte Erklärung, die dem B zugeht, besagt etwas anderes als der Originaltext. Ein Anfechtungsrecht des A lässt sich nicht unmittelbar auf § 120 BGB stützen, da die Übertragung des Textes einer Willenserklärung in eine andere Sprache sich nicht in der bloßen „Übermittlung" der Erklärung erschöpft (oben § 14 Rdn. 61). Beide Fälle können aber wertungsmäßig nicht unterschiedlich behandelt werden. Also stellt das Fehlen einer dem § 120 BGB entsprechenden Regelung, die ein Anfechtungsrecht im Falle von Übersetzungsfehlern gewährt, eine offene Lücke des Gesetzes dar.

74 **Beispiel Aufhebungsvertrag:** V hat vor Jahren sein mit einem Wohnhaus bebautes Grundstück mit notariellem Vertrag (§ 311b Abs. 1 Satz 1 BGB) an K verkauft und übereignet. Beide Parteien sind mit diesem Geschäft nicht glücklich geworden. Sie kommen überein, alles rückgängig zu machen und heben deshalb den damals geschlossenen Kaufvertrag formlos auf. Damit entfällt im Sinne von § 812 Abs. 1 Satz 2 Var. 1 BGB der Rechtsgrund dafür, dass K das Grundstück und V den Kaufpreis behalten darf. Der Aufhebungsvertrag führt insbesondere zu einer rechtlichen Verpflichtung des K, das Eigentum an dem Grundstück auf V zu übertragen. Diese Verpflichtung haben V und K aber nicht in den Vertrag aufgenommen, wie § 311b Abs. 1 Satz 1 BGB dies vorsieht. Sie mussten eine solche Verpflichtung (wie die Verpflichtung der anderen Seite), auf die es ihnen entscheidend ankam, nicht im Vertrag rechtsgeschäftlich begründen, da sich diese Rechtsfolgen aus § 812 Abs. 1 Satz 2 BGB, also aus Gesetz ergeben. Die Frage ist, ob dies für die Formbedürftigkeit des Vertrages eine Rolle spielen darf. Zu Recht verneinend der BGH:[65] Dass diese Fallgestaltung vom Wortlaut des § 311b Abs. 1 BGB nicht erfasst wird, stellt im Hinblick auf die Schutzzwecke der Formvorschrift und die völlige Gleichheit der Interessenlage eine Lücke des Gesetzes dar.

cc. Verdeckte Lücken

75 Die umgekehrte Fallgestaltung, die zu einer Lücke führt, ist gegeben, wenn der Wortlaut einer Norm gemessen an deren Zwecken zu *weit* ist. Im überschießenden Teil der Norm liegen Fälle, die wertungsmäßig abweichend zu behandeln sind. Die Norm bedarf also einer Einschränkung. Dass diese Einschränkung fehlt, stellt eine **verdeckte Lücke** dar.

76 **Beispiel Insichgeschäft:** § 181 BGB (oben § 9 Rdn. 109 ff) erfasst dem Wortlaut nach auch Rechtsgeschäfte, die dem Vertretenen rechtlich lediglich vorteilhaft sind, bei denen also ein Konflikt zwischen den Interessen des Vertreters und denen des Vertretenen schon abstrakt nicht auftreten kann. Auch die praktischen Bedürfnisse des Verkehrs und das Ziel der Rechtssicherheit er-

---

64 *Larenz*, Methodenlehre der Rechtswissenschaft (6. Aufl. 1991) S. 377.
65 BGH vom 30.4.1982, BGHZ 83, 395 (397 f) = NJW 1982, 1639; dazu ergänzend BGH vom 7.10.1994, NJW 1994, 3346 (3347).

fordern nicht, dass diese Fälle in das Verbot einbezogen werden, weshalb sich die von § 181 BGB vorgesehene allgemeine Schranke der Vertretungsmacht nicht rechtfertigen lässt. Gegen die Annahme einer verdeckten Lücke lässt sich auch nicht einwenden, dass das Gesetz die Kategorie des rechtlich lediglich vorteilhaften Geschäftes im Minderjährigenrecht (§ 107 BGB) verwendet, nicht aber in § 181 BGB. Ein solcher Umkehrschluss (dazu unten Rdn. 133) wäre teleologisch verfehlt. Wer so argumentiert, muss belegen, dass darin eine bewusste Entscheidung des Gesetzgebers liegt. Außerdem ist zu beachten, dass das Minderjährigenrecht in besonders hohem Maße der Verschränkung von Schutz- und Verkehrssicherheitszielen verpflichtet ist (s. oben Rdn. 50) und es gibt keinen Grund anzunehmen, der Vertretene oder der Rechtsverkehr müssten vor der hier bejahten teleologischen Reduktion des § 181 BGB bewahrt werden.

b. Ausgrenzungen

Abzugrenzen ist die Lücke von einem rechtspolitischen **Fehler**, der zu Kritik he- 77
rausfordert, im Wege der Rechtsfortbildung aber nicht gegen das Gesetz korrigiert
werden darf.

Beispiel § 182 Abs. 2 BGB: Wird ein formbedürftiger Vertrag von einem Vertreter ohne Vertre- 78
tungsmacht abgeschlossen, bedarf die zur Wirksamkeit des Vertrages erforderliche Genehmigung durch den Vertretenen nicht der für den Vertrag vorgesehenen Form (§ 182 Abs. 2 BGB). Soll
die Formvorschrift vor einer voreiligen oder unbedachten Eingehung der vertraglichen Verpflichtungen schützen, leuchtet dies wertungsmäßig nicht ein. Dennoch ist an der Entscheidung des
Gesetzgebers nicht zu rütteln.[66] Es stellt keine Lücke des Gesetzes dar, dass die Genehmigung
formlos wirksam ist.

Beispiel § 1771 Satz 1 BGB: Ist ein Volljähriger als Kind angenommen worden, so sieht § 1771 79
Satz 1 BGB die Möglichkeit vor, das Annahmeverhältnis, das zu dem Volljährigen begründet wurde, aus wichtigem Grund aufzuheben. Eine entsprechende Regelung gibt es für Volljährige, die
als Minderjährige adoptiert worden sind, nicht. Im Schrifttum ist dies kritisiert und gefordert worden, die Aufhebung einer Minderjährigenadoption müsse nach Eintritt der Volljährigkeit des Angenommenen „in krassen Fällen materiellen Unrechts" (wie etwa: jahrelangem sexuellen Missbrauch) in entsprechender Anwendung des § 1771 Satz 1 BGB möglich sein.[67] Dem hat der BGH
entgegengehalten, dass keine Regelungslücke vorliege.[68] Der Gesetzgeber habe sich bewusst dafür entschieden, eine Aufhebung der Annahme nach Erreichung des Volljährigkeitsalters auszuschließen, da es auch bei einem auf Geburt beruhenden Eltern-Kind-Verhältnis in Bezug auf
die familiäre Zuordnung keine Einschränkungen gebe, nachdem das Kind volljährig geworden
ist. Dem BGH ist zuzustimmen: Die gegen die Regelung des § 1771 Satz 1 BGB vorgetragene Kritik

---

66 BGH vom 25.2.1994, BGHZ 125, 218 = NJW 1994, 1344; hierzu näher oben § 12 Rdn. 34 f.
67 *Bosch* FamRZ 1978, 656; *ders.* FamRZ 1984, 829 (842); *ders.* FamRZ 1986, 1149.
68 BGH vom 12.3.2014, NJW 2014, 1663 Rdn. 11; dazu *Wellenhofer* JuS 2014, 749. Die gegen das Urteil des BGH gerichtete Verfassungsbeschwerde wurde nicht zur Entscheidung angenommen:
BVerfG vom 8.6.2015, BeckRS 2015, 14279.

mag einen rechtspolitischen Fehler des Gesetzes betreffen, vermag aber nicht eine „Lücke" des Gesetzes aufzudecken.

80 An einer Lücke fehlt es auch, wo das Gesetz zwar für eine Fallkonstellation keine ausdrückliche Rechtsfolge anordnet, die getroffene Regelung aber **abschließend** sein soll. In der positiv getroffenen Regelung liegt dann zugleich negativ, dass *nicht* genannte Fälle *nicht* so geregelt sein sollen. Man spricht von **beredtem Schweigen** des Gesetzes.

81 **Beispiele:** Der Verwendung des Ausdrucks „Verkäufe" in § 56 HGB ist im Gesetzeszusammenhang der §§ 48 ff HGB „ein beredtes Schweigen des Gesetzgebers in dem Sinne zu entnehmen, dass zu Ankäufen der Ladenangestellte nicht als bevollmächtigt gelten soll".[69] – Die Verjährung eines Anspruchs wird gemäß **§ 204 Abs. 1 Nr. 1 BGB** durch die Erhebung der Klage und einige gleich gestellte Maßnahmen der Rechtsverfolgung gehemmt (oben § 18 Rdn. 12). Nicht genannt ist der Fall, dass der Gläubiger sich gegen eine negative Feststellungsklage zur Wehr setzt, mit der der Schuldner die Feststellung erreichen will, dass ein bestimmter Anspruch gegen ihn nicht bestehe. Auch hier ist das Schweigen des Gesetzes „beredt":[70] Es lässt erkennen, dass nur aktive Maßnahmen der Rechtsverfolgung durch den Gläubiger die Verjährungshemmung auslösen sollen.

82 Gelegentlich stellt das Gesetz selbst klar, dass es eine abschließende Regelung trifft. Eine besonders prominente Bestimmung dieser Art ist § 253 Abs. 1 BGB: Wegen eines Schadens, der nicht Vermögensschaden ist, kann Ersatz *nur in den durch das Gesetz bestimmten Fällen* verlangt werden.

83 Eine solche Bestimmung trifft **§ 253 Abs. 2 BGB** (oben Rdn. 39). Anknüpfungspunkte sind eine „Verletzung des Körpers, der Gesundheit, der Freiheit oder der sexuellen Selbstbestimmung". Nicht genannt wird das sog. „Allgemeine Persönlichkeitsrecht", dessen Verletzung nach der Rechtsprechung des BGH aber ebenfalls Ansprüche auf Ersatz eines immateriellen Schadens nach sich ziehen kann.[71] Das BVerfG hat dies mit der methodisch recht kühnen Begründung gebilligt, der BGH habe „das in der Bestimmung des § 253 BGB zum Ausdruck kommende Enumerationsprinzip unangetastet gelassen und lediglich die Fälle, in denen der Gesetzgeber bereits die Erstattung immateriellen Schadens verfügt hat, um einen Fall erweitert, in dem ihm die Entwicklung der Lebensverhältnisse, aber auch ein *ius superveniens* von höherem Rang, nämlich die Art. 1 und 2 des Grundgesetzes, diese Entscheidung als zwingend gefordert erscheinen ließ".[72] Der Kunstgriff dieser Argumentation besteht darin, dass der Regelungsgehalt des § 253 Abs. 2 BGB um einen Abstraktionsgrad erhöht wird (nicht: abschließende Aufzählung bestimmter

---

69 BGH vom 4.5.1988, NJW 1988, 2109 (2111). Hierzu auch oben Rdn. 23.

70 BGH vom 8.6.1978, BGHZ 72, 23 (30) = NJW 1978, 1975 (1976); BGH vom 7.7.1994, NJW 1994, 3107 (3108); BGH vom 15.8.2012, NJW 2012, 3633 Rdn. 27.

71 BGH vom 14.2.1958, BGHZ 26, 349 = NJW 1958, 827; BGH vom 15.11.1994, BGHZ 128, 1 = NJW 1995, 861; st. Rspr.

72 BVerfG vom 14.2.1973, NJW 1973, 1221 (1226).

Rechtsgutsverletzungen, sondern: „Enumerationsprinzip"!) so dass die Hinzufügung eines weiteren Einzelfalles als methodisch ganz unproblematischer und teleologisch geradezu gebotener Vorgang erscheint.

Die Frage, ob der gesetzlichen Regelung abschließender Charakter zukommt, ist **84** auch bei Vorschriften zu stellen, die eine **Ausnahme zu einer Regel** enthalten. Keineswegs kann (nach der Maxime „*singularia non sunt extendenda*", oben Rdn. 44) anerkannt werden, dass Ausnahmevorschriften generell einer analogen Anwendung nicht zugänglich seien.[73] Greift eine Ausnahmevorschrift, gemessen an ihrem die Ausnahme begründenden Zweck, im Wortlaut zu kurz, liegt hierin ein wichtiges Argument für die Bejahung einer Lücke.

2. Die Ausfüllung offener Lücken im Wege der Analogie

Ist das *Vorliegen* einer Lücke, d. h. einer planwidrigen Unvollständigkeit des Ge- **85** setzes dargetan, bereitet die *Ausfüllung* der Lücke im Allgemeinen[74] wenig Probleme. Offene Lücken werden im Wege der **entsprechenden (analogen)** Anwendung derjenigen Norm oder Normen ausgefüllt, anhand deren der Nachweis der Lücke geführt wurde. Dient eine einzelne gesetzliche Vorschrift als Analogiebasis, spricht man von **Gesetzesanalogie**.[75]

Beispiele: Auf die Aufhebung eines beiderseits erfüllten Grundstückskaufvertrages (oben **86** Rdn. 74) ist die Formvorschrift des **§ 311b Abs. 1 BGB** analog anzuwenden. – **§ 120 BGB** ist analog anwendbar auf Willenserklärungen, die durch den Übersetzungsfehler eines Dolmetschers dem Empfänger mit einem vom Original abweichenden Inhalt übermittelt werden (oben Rdn. 73).[76] – **§ 54 Abs. 3 HGB** wird analog auf § 56 HGB (Ladenvollmacht) angewendet (oben § 9 Rdn. 102).

Wird der Rechtsgedanke, der zur Ausfüllung der Lücke dienen soll, einer Mehr- **87** zahl rechtlicher Vorschriften entnommen, handelt es sich um eine **Rechtsanalogie**.

---

73 *Canaris*, Die Feststellung von Lücken im Gesetz (2. Aufl. 1983) S. 181 („verheerende Regel"); *Franz Bydlinski*, Juristische Methodenlehre und Rechtsbegriff (2. Aufl. 1991) S. 440; *David Schneider* JA 2008, 174 ff.; s. hierzu auch *Häublein* WuM 2010, 391 (395) m. w. N.
74 Anders insbesondere bei Normlücken, oben Rdn. 70.
75 Wesentlich umfassender der Gebrauch von Analogien im Common Law; hierzu *Stephen Utz*, Liber Amicorum Leenen (2012) 295 ff.
76 BGH vom 19.11.1962, BB 1963, 204; dazu oben § 14 Rdn. 61.

88 **Beispiel:** Die **§§ 548 Abs. 1 Satz 1 BGB, 581 Abs. 2 BGB i.V.m. 548 Abs. 1 Satz 1 BGB, 606 Satz 1 BGB, § 1057 Satz 1 BGB** sehen vor, dass Schadensersatzansprüche des Vermieters, Verpächters, Verleihers sowie des Eigentümers gegen den Nießbraucher wegen Verschlechterungen der Sache in sechs Monaten ab deren Rückgabe verjähren. Dies gilt entsprechend für andere Gebrauchsüberlassungsverhältnisse[77] wie insbesondere beim **Kauf auf Probe**[78] (§§ 454 ff BGB) sowie bei Beschädigungen eines Kraftfahrzeugs im Rahmen einer **Probefahrt**.[79]

89 Besonders sorgfältiger Prüfung bedarf hierbei, ob es sich wirklich um einen durchgängigen Rechtsgedanken handelt, der sich stets bei ähnlichen Fallgestaltungen im Gesetz verwirklicht findet. Ist das nicht der Fall, kommt eine Rechtsanalogie nicht in Betracht.

90 **Beispiel:** Verfehlt wäre es, den §§ 521 BGB (Schenkung), 599 BGB (Leihe), 690 BGB (unentgeltliche Verwahrung) einen allgemeinen Rechtsgedanken der Haftungsprivilegierung bei unentgeltlich versprochenen Leistungen entnehmen zu wollen. Im Auftragsrecht (§§ 662 ff BGB) gilt der reguläre Haftungsmaßstab, also betreffen die §§ 521, 599, 690 BGB nur Einzelfälle.

3. Die Ausfüllung verdeckter Gesetzeslücken im Wege der teleologischen Reduktion

91 Eine verdeckte Lücke wird im Wege der **teleologischen Reduktion** ausgefüllt, indem der Norm ein Ausnahmetatbestand hinzugefügt wird.

92 **Beispiele:** Das Verbot des Selbstkontrahierens (**§ 181 BGB**) gilt nicht für Insichgeschäfte des Vertreters, die dem Vertretenen lediglich einen rechtlichen Vorteil bringen.[80] – **§ 111 Satz 1 BGB** ist trotz fehlender Einwilligung des gesetzlichen Vertreters nicht anzuwenden, wenn der Geschäftsgegner mit der Vornahme des einseitigen Rechtsgeschäfts ohne die erforderliche Einwilligung einverstanden ist.[81] – Soweit zu den Pflichten eines Gesellschafters (§§ 705 ff BGB) das Lenken eines Kraftfahrzeugs gehört, wird seine Haftung nicht durch **§ 708 BGB** auf konkrete Fahrlässigkeit beschränkt.[82] Dasselbe gilt für das Ehegattenprivileg des **§ 1359 BGB**.[83]

---

77 Näher mit Nachweisen MüKo/*Häublein* § 606 Rdn. 8.

78 BGH vom 24.6.1992, BGHZ 119, 35 = NJW 1992, 2413.

79 BGH vom 18.2.1964, NJW 1964, 1225; BGH vom 21.5.1968, NJW 1968, 1472.

80 BGH vom 27.9.1972, BGHZ 59, 236. Zur teleologischen Reduktion des § 181 BGB oben § 9 Rdn. 117 ff.

81 BGH vom 9.3.1990, BGHZ 110, 363, 370 = NJW 1990, 1721 (1723); Jauernig/*Mansel* § 111 Rdn. 4; oben § 11 Rdn. 32.

82 BGH vom 20.12.1966, BGHZ 46, 313 = NJW 1967, 558; BGH vom 10.2.2009, NJW 2009, 1482 Rdn. 13.

83 BGH vom 11.3.1970, BGHZ 53, 352 (355) = NJW 1970, 1271.

4. Die richtlinienkonforme Rechtsfortbildung

Speziell im Bereich der Umsetzung von EG-Richtlinien kann eine Lücke des Geset- **93** zes auch dadurch entstehen, dass der Gesetzgeber eine Regelung in der Absicht und in der Überzeugung erlässt, damit die Vorgaben der Richtlinie zu treffen, während dies in Wirklichkeit nicht der Fall ist. Hier kommt eine **richtlinienkonforme Rechtsfortbildung** in Betracht, die durch die entsprechende Anwendung der Norm oder durch die Hinzufügung einer Einschränkung einen Verstoß gegen die Richtlinie ausräumt.

Beispiele: Vor der Neuregelung des (jetzigen) § 475 Abs. 3 Satz 1 BGB[84] hatte der BGH über die **94** Frage zu entscheiden, ob ein Verkäufer, der wegen eines Mangels der Kaufsache eine Ersatzsache liefert (§§ 437 Nr. 1, 439 Abs. 1 BGB), bei einem Verbrauchsgüterkauf (§ 474 Abs. 1 Satz 1 BGB) vom Kunden gemäß (jetzt) § 439 Abs. 5 BGB in Verb. mit §§ 346 ff BGB nicht nur Rückgabe der mangelhaften Sache, sondern auch Wertersatz für die bisherige Nutzung der Kaufsache verlangen kann (Fall „**Herd-Set**"[85]). Der BGH legte die Frage dem EuGH vor,[86] der erwartungsgemäß einen Richtlinienverstoß rügte.[87] Daraufhin hat der BGH im Wege der richtlinienkonformen Rechtsfortbildung den Anspruch auf Wertersatz für die Nutzung der mangelhaften Sache aus der Verweisung des § 439 Abs. 4 BGB a. F. auf die §§ 346 ff BGB ausgenommen.[88] Der Gesetzgeber zog unmittelbar mit der Neuregelung des (damaligen) § 474 Abs. 5 Satz 1 BGB (jetzt § 475 Abs. 3 Satz 1 BGB) nach.

Die umstrittenen Grenzen einer zulässigen richtlinienkonformen Rechtsfortbild- **95** dung werden durch die Kompetenzabgrenzung zwischen Judikative und Legislative abgesteckt. Hierzu hat der BGH jüngst sehr klar Stellung genommen[89] und eine Rechtsfortbildung insbesondere ausgeschlossen, wenn dem Gesetzgeber verschiedene Gestaltungsmöglichkeiten zur Behebung einer Richtlinienwidrigkeit zur Verfügung stehen oder vom Gesetzgeber bewusst nicht verwendete Gestaltungsmöglichkeiten eingeführt würden.[90] Die sich aus der Rechtsprechung des EuGH ergebende Richtlinienwidrigkeit des § 476 Abs. 2 BGB[91] könne daher

---

84 Die Vorschrift wurde zunächst als § 474 Abs. 5 Satz 1 in das BGB eingefügt durch Gesetz vom 10.12.2008 mit Wirkung zum 16.12.2008 (BGBl I S. 2399).
85 BGH vom 16.8.2006, NJW 2006, 3200; Vorinstanz: OLG Nürnberg vom 23.8.2005, NJW 2005, 3000; Vorinstanz: LG Nürnberg-Fürth vom 22.4.2005, NJW 2005, 2558.
86 BGH, Beschluss vom 16.8.2006, NJW 2006, 3200; dazu erläuternd *Riesenhuber* LMK 2006, 199730.
87 EuGH vom 17.4.2008, NJW 2008, 1433 – Quelle AG.
88 BGH vom 26.11.2008, NJW 2009, 427; dazu erläuternd *S. Lorenz* LMK 2009, 273611.
89 BGH vom 18.11.2020, BeckRS 2020, 35578.
90 BGH aaO (vorige Fn.), Rdn. 30 ff.
91 EuGH vom 13.7.2017, JZ 2018, 298 – Ferenschild; hierzu *Leenen*, JZ 2018, 284.

nur durch den Gesetzgeber behoben werden.[92] Hierzu wird es freilich kaum mehr kommen.[93] Aufgrund einer Änderung der Richtlinien-Vorgaben[94] ist ab 1.1.2022 die Bestimmung des § 476 Abs. 2 BGB grundsätzlich wieder richtlinienkonform.

5. Die allgemeine Rechtsfortbildung

96 Viele (sehr gewichtige!) richterliche Rechtsfortbildungen sind mit einem Lückenbegriff, der sich eng am Regelungsplan und den Zwecken bestimmter Gesetzesvorschriften orientiert, nicht zu erfassen. Dem trägt ein weiter Begriff der Lücke Rechnung, der die Planwidrigkeit an der Gesamtrechtsordnung ausrichtet und die darin enthaltenen Prinzipien erfasst.[95] Versteht man den Begriff der Lücke im engeren Sinn, muss man anerkennen, dass damit der Bereich methodisch zulässiger Rechtsfortbildung nicht abgesteckt wird.[96]

97 **Beispiele:** Die Rechtsprechungsgrundsätze über Wirkungen eines **kaufmännischen Bestätigungsschreibens** (oben § 8 Rdn. 204 ff) weisen weit über eine etwaige planwidrige Unvollkommenheit einzelner gesetzlicher Normen hinaus. – Die Rechtssätze zur Haftung für ein **Verschulden bei Vertragsschluss** (culpa in contrahendo) wurden von der Judikatur entwickelt, bevor der Gesetzgeber in § 311 Abs. 2 BGB hierzu eine (karge) gesetzliche Regelung gegeben hat (oben § 17 Rdn. 3 f).

V. Regelungstechniken des Gesetzes

98 Das BGB arbeitet mit einer Reihe von Regelungstechniken, die bei der Anwendung des Gesetzes nachzuvollziehen sind.

---

92 So im Schrifttum BeckOGK/*Augenhofer*, 1.1.2021, § 476 BGB Rdn. 67; BeckOK/*Faust*, § 476 Rdn. 4; MüKo/*Lorenz*, § 476 Rdn. 26 f; abw. *Leenen* JZ 2018, 284 (289), *Ball*, in: jurisPK-BGB, § 476 Rdn. 26.2.

93 Regierungsentwurf eines Gesetzes zu fairen Verbraucherverträgen vom 16.12.2020, S. 2 (sub C).

94 Siehe Art. 10 Abs. 5 und 6, Art. 23 RL (EU) 2019/771 (Warenkauf).

95 Für einen solchen weiten Begriff der Lücke *Canaris*, Die Feststellung von Lücken im Gesetz (2. Aufl. 1983) S. 16, 31; *Franz Bydlinski*, Juristische Methodenlehre und Rechtsbegriff (2. Aufl. 1991) S. 473.

96 Palandt/*Grüneberg* (Einleitung Rdn. 55 und 57) unterscheidet in diesem Sinne zwischen der Ausfüllung von Gesetzeslücken und einer allgemeinen Rechtsfortbildung.

1. Normative Festlegungen von Regel-Ausnahme-Verhältnissen

Das Gesetz ist vielfach nach dem Schema von Grundsatz und Ausnahme auf- **99** gebaut. Nicht selten bleibt der Grundsatz unerwähnt, nur die Ausnahme ist ausdrücklich geregelt. Was dem Grundsatz entspricht, bedarf in der Fallbearbeitung keiner Erläuterung. Zum Ausnahmefall muss nur Stellung genommen werden, wenn sich aus dem Sachverhalt hierzu tatsächliche Hinweise ergeben.

Beispiele: Der Grundsatz der Formfreiheit ist im Gesetz nicht ausgesprochen; es finden sich nur **100** einzelne Regelungen, die *ausnahmsweise* eine Formbedürftigkeit anordnen (oben § 9 Rdn. 146). – Das BGB geht grundsätzlich von der Geschäftsfähigkeit des Menschen aus und trifft nur Bestimmungen zu den Ausnahmefällen der Geschäftsunfähigkeit und der beschränkten Geschäftsfähigkeit.[97] – Verträge, die von Volljährigen in eigenem Namen geschlossen werden, sieht das Gesetz grundsätzlich als wirksam an. Es regelt nicht die Voraussetzungen der Wirksamkeit solcher Verträge, sondern trifft Bestimmungen dazu, wann diese Verträge ausnahmsweise nichtig sind (oben § 9 Rdn. 11). – Haben die Kontrahenten die für den Abschluss eines Vertrages erforderlichen Willenserklärungen abgegeben, geht das Gesetz *grundsätzlich* davon aus, dass der Vertrag zustande gekommen ist (§ 151 Satz 1 Hs. 1 BGB). *Ausnahmsweise* kommt in Betracht, dass ein Dissens das Zustandekommen des Vertrages hindert (oben § 8 Rdn. 174).

2. Erfordernisse und Hindernisse des Eintritts einer Rechtsfolge

Eine weitere wichtige Unterscheidung betrifft die Erfordernisse (Voraussetzun- **101** gen) und die Hindernisse des Eintritts von Rechtsfolgen.[98] Die *Erfordernisse* müssen stets vorliegen, damit die Rechtsfolge eintritt. Sie tritt dennoch nicht ein, falls ein *Hindernis* eingreift. Allein anhand der Erfordernisse lässt sich daher noch kein endgültiges Urteil über den Eintritt der Rechtsfolge treffen.

Für rechtstheoretisch Interessierte: Die Erfordernisse sind eine *notwendige Bedingung* für den **102** Eintritt der Rechtsfolge, die Hindernisse sind eine *hinreichende Bedingung* dafür, dass die Rechtsfolge nicht eintritt.

Ein Beispiel bilden die Erfordernisse und Hindernisse der Wirksamkeit einer Wil- **103** lenserklärung: Eine empfangsbedürftige Willenserklärung ist nur wirksam, wenn sie dem anderen zugegangen ist (§ 130 Abs. 1 Satz 1 BGB; oben § 6 Rdn. 9ff). Die Willenserklärung ist trotz Zugangs nichtig, wenn sie von einem Geschäftsunfähigen abgegeben wurde (§ 105 Abs. 1 BGB; oben § 6 Rdn. 76ff).

---

97 Palandt/*Ellenberger* Einf. vor § 104 Rdn. 2; *Mankowski* AcP Bd. 211 (2011), 153 (187).
98 Dazu schon oben § 6 Rdn. 5ff und § 9 Rdn. 10ff.

104   Der Regelungstechnik von „Erfordernis/Hindernis" bedient sich der Gesetzgeber insbesondere, um die Beweislast zu verteilen.

105 **Beispiel**: Gemäß § 280 Abs. 1 Satz 2 BGB tritt die in § 280 Abs. 1 Satz 1 BGB angeordnete Schadensersatzhaftung nicht ein, wenn der Schuldner die Pflichtverletzung nicht zu vertreten hat. Das
Gesetz verlangt also nicht als Haftungsvoraussetzung (die vom Kläger zu beweisen ist), dass der
Schuldner die Pflichtverletzung zu vertreten hat. Der Kläger muss hierzu überhaupt nichts sagen,
er stützt sich allein auf die in § 280 Abs. 1 Satz 1 BGB genannten Haftungsvoraussetzungen. Sache
des Beklagten (des Schuldners) ist es ggf. dazutun und zu beweisen, dass er die Pflichtverletzung
nicht zu vertreten hat (oben § 17 Rdn. 6). – Ebenso ist für einen **gutgläubigen Erwerb** des Eigentums an einer Sache vom Nichteigentümer (§ 932 Abs. 1 BGB, oben § 3 Rdn. 15) technisch gesprochen nicht guter Glaube Voraussetzung, sondern böser Glaube ein Hindernis („es sei denn, dass").

106   Der Nachvollzug dieser Regelungstechnik hat Bedeutung für die **Methodik der Fallbearbeitung**: Die *Erfordernisse* (Voraussetzungen) des Eintritts einer bestimmten Rechtsfolge müssen
im Gutachten anhand der Sachverhaltsangaben positiv nachgewiesen werden. Zu *Hindernissen* ist nur Stellung zu nehmen, wenn es hierfür Anhaltspunkte im Sachverhalt gibt. Fehlen
solche, ist der Sachverhalt nicht etwa unvollständig, sondern so zu verstehen, dass keine Hindernisse eingreifen.

3. Vermutungen

107 Vermutungen besagen, beim Vorliegen eines Umstandes a kann angenommen
werden, es liege der rechtserhebliche Umstand b vor. Zu unterscheiden ist zwischen gesetzlichen Vermutungen und sog. tatsächlichen Vermutungen. Gesetzliche Vermutungen können widerlegbar oder unwiderlegbar sein. Tatsächliche
Vermutungen sind stets widerlegbar.

a. Gesetzliche Vermutungen
aa. Widerlegliche Vermutungen

108 Widerlegliche (synonym: widerlegbare) gesetzliche Vermutungen (§ 292 ZPO) gehören zu den Rechtssätzen, die die Beweislast regeln. Tatsachen und Rechte, für
die eine gesetzliche Vermutung besteht, sind nicht beweisbedürftig. Beweisbedürftig sind nur die Tatsachen, von denen die Vermutung abhängt (die sog.
Vermutungsbasis). In der Fallbearbeitung müssen gesetzliche Vermutungen typischerweise zur Ergänzung des Sachverhalts herangezogen werden.[99] Die Ver-

---

[99] Zur Behandlung von Vermutungen in der Fallbearbeitung Medicus/*Petersen* Bürgerliches
Recht Rdn. 546.

mutungsbasis wird mitgeteilt, die vermutete Tatsache (**Tatsachenvermutung**)[100] oder das vermutete Recht (**Rechtsvermutung**)[101] ist anhand der gesetzlichen Vorschriften zu gewinnen. Dabei ist darauf zu achten, ob der Sachverhalt Hinweise auf Tatsachen enthält, die die Vermutung entkräften.

Beispiel: Der Verkäufer haftet dafür, dass die Kaufsache bei Gefahrübergang (typischerweise: bei **109** Übergabe, § 446 BGB) frei von Mängeln ist (§ 433 Abs. 1 Satz 2 BGB, § 434 BGB, §§ 437 ff BGB). Hierzu ergänzt § 477 BGB: Zeigt sich innerhalb von sechs Monaten seit Gefahrübergang ein Sachmangel, so wird vermutet, dass die Sache bereits bei Gefahrübergang mangelhaft war, es sei denn, diese Vermutung ist mit der Art der Sache oder der Natur des Mangels unvereinbar. Die Vermutung erleichtert den für den Käufer u. U. nur sehr schwer zu erbringenden Nachweis der Existenz des Mangels bei der Übergabe. Die Vermutung ist aber z.B. widerlegt, wenn ein Hundewelpe vier Wochen nach Übergabe an einer Infektion erkrankt, deren Inkubationszeit wenige Tage beträgt.[102]

bb. Unwiderlegliche Vermutungen

Unwiderlegliche gesetzliche Vermutungen regeln nicht lediglich die Beweislast, **110** sondern sind funktionsgleich mit materiellen Rechtssätzen, die beim Vorliegen der Vermutungsbasis den Eintritt der Rechtsfolge anordnen.

Beispiel: Gemäß § 1565 Abs. 1 Satz 1 BGB kann eine Ehe geschieden werden, wenn sie gescheitert **111** ist. Das Scheitern der Ehe wird unwiderlegbar vermutet, wenn die Ehegatten seit einem Jahr getrennt leben und beide die Scheidung beantragen oder der Antragsgegner der Scheidung zustimmt (§ 1566 Abs. 1 BGB) oder wenn die Ehegatten seit drei Jahren getrennt leben (§ 1566 Abs. 2 BGB).

b. Abgrenzung: Tatsächliche Vermutungen

Tatsächliche Vermutungen[103], die (wie meist) nicht auf gesetzlicher Anordnung, **112** sondern auf Erfahrungssätzen beruhen, sind widerlegbar, begründen lediglich einen Anscheins- oder Indizienbeweis für die behauptete Tatsache.[104]

Beispiele: Ist über ein Rechtsgeschäft eine Urkunde aufgenommen (einfachster und häufigster **113** Fall: schriftlicher Vertrag) so hat die **Urkunde** die tatsächliche **Vermutung der Vollständigkeit**

---

100 Beispiel: § 476 BGB (dazu sogleich unten Rdn. 109).
101 Beispiele: § 891 Abs. 1 BGB, § 1006 BGB.
102 Zur Anwendbarkeit der Vermutung auf Tiere BGH vom 29.3.2006, BGHZ 167, 40 (48 ff) = NJW 2006, 2250; BGH vom 11.7.2007, NJW 2007, 2619 (2620).
103 Hierzu *Musielak* JA 2010, 561 ff.
104 BGH vom 9.10.2009, NJW 2010, 363 Rdn. 15.

und Richtigkeit für sich (oben § 8 Rdn. 202f). Die Vermutung, dass alle in der Urkunde auf-geführten Regelungen und Vereinbarungen getroffen wurden und Nebenabreden außerhalb der Urkunde nicht bestehen, kann zwar widerlegt werden, doch unterliegt der Beweis der Unrichtig-keit oder Unvollständigkeit strengen Anforderungen.[105] – Bei **wucherähnlichen Verträgen** (§ 138 Abs. 1 BGB) begründet ein besonders grobes Missverhältnis von Leistung und Gegenleis-tung die tatsächliche Vermutung, dass die begünstigte Partei in **verwerflicher Gesinnung** han-delte (oben § 9 Rdn. 247f).

4. Verweisungen

114 Verweisungen sind „ein gesetzestechnisches Mittel, um umständliche Wieder-holungen zu vermeiden".[106] Der verweisende Rechtssatz ist unvollständig und bedarf der Ergänzung aus der Norm, auf die verwiesen wird (sog. „Bezugsnorm").

115 Das einfachste **Beispiel** bildet § 823 Abs. 2 BGB: „Die *gleiche* Verpflichtung trifft denjenigen, wel-cher ...". Um welche Verpflichtung es geht, ist § 823 Abs. 1 BGB zu entnehmen. Die gut verständ-liche kurze Verweisung von Abs. 2 auf Abs. 1 entlastet den Gesetzestext. Das BGB enthält freilich auch abschreckende Beispiele von Verweisungsketten. Man lese § 819 Abs. 1 BGB → § 818 Abs. 4 BGB → § 292 BGB → §§ 987 ff BGB (eine klassische Kaskadenverweisung; zu den damit verbunde-nen Transparenzproblemen oben § 17 Rdn. 2a mit Fn. 1).

a. Rechtsfolgeverweisungen

116 Meistens bezieht sich die Verweisung auf die Rechtsfolgen einer anderen Norm (**Rechtsfolgenverweisung**). Häufig wird die **entsprechende Anwendung** der Bezugsnorm angeordnet (sog. Analogieverweisung). Um eine entsprechende An-wendung geht es deshalb, weil die verweisende Norm sich in ihren tatbestandli-chen Voraussetzungen von der Bezugsnorm unterscheidet. Also muss in der An-wendung der Verweisungsnorm zunächst der Punkt der Entsprechung beider Normen ausgemacht werden.

117 **Beispiele:** Ist für die Wirkungen eines Vertrages ein **Anfangstermin** bestimmt worden (dazu oben § 10 Rdn. 13), so finden gemäß **§ 163 BGB** die für die aufschiebende Bedingung geltenden Vorschriften der §§ 158, 160, 161 BGB entsprechende Anwendung. In der entsprechenden Anwen-dung der §§ 158, 160, 161 BGB wird der Eintritt der aufschiebenden Bedingung gegen den An-fangstermin ausgetauscht. Entsprechend ist mit den Bestimmungen der §§ 158, 160, 161 BGB über die auflösende Bedingung zu verfahren, wenn im Vertrag ein Endtermin bestimmt ist (§ 163 BGB). – Auf die **Erklärung des Widerrufs einer Vollmacht** (oben § 13 Rdn. 32) findet gemäß **§ 168 Satz 2 BGB** die Vorschrift des § 167 Abs. 1 BGB entsprechende Anwendung. Für die Erklä-rung des Widerrufs soll also dieselbe Regelung gelten, wie sie in § 167 Abs. 1 BGB für die Voll-

---

105 Palandt/*Ellenberger* § 125 Rdn. 21; vgl. oben § 8 Rdn. 202.
106 *Larenz*, Methodenlehre der Rechtswissenschaft (6. Aufl. 1991) S. 261.

machtserklärung vorgesehen ist. – Weitere Beispiele von Rechtsfolgenverweisungen, die eine entsprechende Anwendung der Bezugsnormen vorsehen, finden sich im Allgemeinen Teil des BGB insbesondere in § 135 Abs. 2 BGB, § 161 Abs. 3 BGB, § 180 Satz 2 BGB (entsprechende Anwendung von Vertragsvorschriften auf ein einseitiges Rechtsgeschäft!), § 182 Abs. 3 BGB, § 218 Abs. 2 BGB.

b. Rechtsgrundverweisungen

In seltenen Fällen bezieht sich eine Verweisung nicht nur auf die Rechtsfolgen der 118
Bezugsnorm, sondern auch auf deren tatbestandliche Voraussetzungen (**Rechts-
grundverweisung**). Es müssen also die Tatbestandsmerkmale der Verweisungsnorm wie der Bezugsnorm erfüllt sein, damit die in der Verweisungsnorm vorgesehene (und in der Bezugsnorm näher ausgestaltete) Rechtsfolge eintritt.

> **Hinweis:** Ob eine Verweisung als „Rechtsfolgenverweisung" oder „Rechtsgrundverweisung" 119
> zu verstehen ist, ist durch **Auslegung** zu ermitteln. Sieht das Gesetz eine entsprechende An-
> wendung der Bezugsnorm vor, kann es sich *nur* um eine Rechtsfolgenverweisung handeln, da
> das Gesetz ja selbst davon ausgeht, dass die tatbestandlichen Merkmale der Bezugsnorm
> nicht erfüllt sind.

Insbesondere bei Verweisungen auf die Vorschriften der ungerechtfertigten Berei- 120
cherung (§§ 812 ff BGB) ist mit Rechtsgrundverweisungen zu rechnen. Dies deshalb, weil sich sonst nicht hinnehmbare Wertungswidersprüche mit Fällen ergeben würden, in denen die §§ 812 ff BGB unmittelbar anwendbar sind.[107]

5. Fiktionen

Wenn das Gesetz vorsehen will, dass eine bestimmte Rechtsfolge, die für den Fall 121
a angeordnet ist, auf den Fall b erstreckt wird, kann es kurz sagen: „b gilt als a".
Das Gesetz hat damit eine **Fiktion** aufgestellt. Der Sache nach handelt es sich um
eine besondere Form der Rechtsfolgenverweisung. Das Gesetz setzt nicht etwa die
beiden Sachverhalte tatbestandlich gleich, sondern ordnet an, dass sie, *obwohl
tatbestandlich verschieden*, in den Rechtsfolgen gleich behandelt werden sollen.

Beispiele: 1923 Abs. 2 BGB ordnet an, dass ein nasciturus (oben § 2 Rdn. 7) als vor dem Erbfall 122
geboren gilt. Der Fiktion unterliegt, wer zur Zeit des Erbfalls noch nicht lebte, aber bereits gezeugt
war. Da gemäß § 1923 Abs. 1 BGB Erbe nur werden kann, wer zur Zeit des Erbfalls lebt, wird durch
die Fiktion des § 1923 Abs. 2 BGB erreicht, dass in dem dort genannten Fall Erbe auch werden

---

107 Das wichtigste Beispiel bildet § 951 BGB. Hierzu BGH vom 11.1.1971, BGHZ 55, 176 (177) = NJW
1971, 612 (613); MüKo/*Füller* § 951 Rdn. 3; Jauernig/*Berger* § 951 Rdn. 1.

kann, wer zur Zeit des Erbfalls noch nicht lebt. – **§ 162 BGB** setzt tatbestandlich voraus, dass die Bedingung *nicht* eingetreten ist, und ordnet als Rechtsfolge an, dass die Bedingung dennoch als eingetreten gilt. – Der Eigenschaftsirrtum betrifft an sich einen bloßen Motivirrtum (oben § 14 Rdn. 65), gilt aber gemäß **§ 119 Abs. 2 BGB** als Irrtum über den Inhalt der Erklärung im Sinne von § 119 Abs. 1 BGB und berechtigt somit zur Anfechtung.

123 Durch eine **negative Fiktion** werden – umgekehrt – für gleiche Sachverhalte unterschiedliche Rechtsfolgen angeordnet.

124 Das berüchtigtste **Beispiel** gehört glücklicherweise der Rechtsgeschichte an. Gemäß § 1589 Abs. 1 Satz 1 BGB sind Personen, deren eine von der anderen abstammt, in gerader Linie verwandt. Bis 1969 schloss sich hieran die Fiktion an (§ 1589 Abs. 2 BGB a.F.): „Ein uneheliches Kind und dessen Vater gelten als nicht verwandt". Hierdurch wurden die an die Verwandtschaft geknüpften Rechtsfolgen (Unterhaltsrecht! Erbrecht!) ausgeschaltet. – Ganz harmlose negative Fiktionen finden sich z.B. in § 212 Abs. 2 und 3 BGB. Rechtsfolgen, die an sich eingetreten sind (Neubeginn der Verjährung, oben § 18 Rdn. 13), gelten unter bestimmten Voraussetzungen als nicht eingetreten.

125 Vielfach werden Fiktionen eingesetzt, um Streitfragen tatsächlicher Art abzuschneiden und für klare Verhältnisse zu sorgen.

126 **Beispiele:** Unter den in § 108 Abs. 2 Satz 2 BGB und § 177 Abs. 2 Satz 2 BGB genannten Voraussetzungen **gilt die Genehmigung als verweigert**, wenn sie nicht in der vorgesehenen Frist von zwei Wochen erteilt wird (dazu oben § 12 Rdn. 40). – Nach den von der Rechtsprechung entwickelten Grundsätzen zum kaufmännischen Bestätigungsschreiben (oben § 8 Rdn. 205) **gilt der Inhalt des Bestätigungsschreibens als Vertragsinhalt**, sofern der Empfänger nach Treu und Glauben mit diesem Inhalt rechnen musste und dem Schreiben nicht unverzüglich widersprochen hat. – Bei einem Kauf, der für beide Teile ein Handelsgeschäft (§ 343 Abs. 1 HGB) ist (§§ 373 ff HGB), gilt gemäß § 377 Abs. 2 HGB die **gelieferte Ware als genehmigt**, wenn der Käufer – vorbehaltlich des § 377 Abs. 5 HGB – sie nicht unverzüglich nach Lieferung als nicht vertragsgemäß gerügt hat. Unterbleibt die Rüge, wird fingiert, dass die gelieferte Sache mangelfrei ist.[108]

127 Von Fiktionen der zuletzt genannten Art gehen starke Anreize auf die Betroffenen aus, den ihnen nachteiligen Fiktionswirkungen zu entgehen und sich so zu verhalten (z.B. durch unverzügliche Rüge gemäß § 377 Abs. 1 HGB; durch Widerspruch gegen ein Bestätigungsschreiben), dass die Fiktion *nicht* eingreift. Auch insofern haben Fiktionen die Wirkung, zur Schaffung klarer Verhältnisse beizutragen.

---

108 Zu den Konsequenzen für die Fallbearbeitung *Leenen* JURA 2011, 723 (728 f); *Petersen* JURA 2012, 796 (797).

VI. Juristische Schlusstechniken

Juristen legen Gesetze nicht nur aus, sie ziehen aus ihnen auch Schlüsse, die weit **128** über das hinausgehen, was die Vorschriften ihrem Wortlaut nach besagen. Oft wird etwa gefolgert, jenseits des geregelten Tatbestandes müsse die Rechtsfolge „erst recht" in anderen Fällen gelten (unten 1, Rdn. 129 ff), oder dass „im Gegenschluss" zu einer gesetzlichen Regelung („*e contrario*") die Rechtsfolge in anderen Fällen *nicht* eingreifen dürfe (unten 2, Rdn. 133 ff). Fast unschlagbar ist das Argument, eine bestimmte Gesetzesauslegung führe zu unhaltbaren Ergebnissen („argumentum ad absurdum", unten 3, Rdn. 137 f).

1. Der Erst-recht-Schluss

Der Grundgedanke des Erst-recht-Schlusses ist: Trifft die einer Regelung zugrun- **129** de liegende Wertung in noch stärkerem Maße auf einen gesetzlich nicht unmittelbar erfassten Tatbestand zu, dann muss für diesen anderen Tatbestand dieselbe Rechtsfolge gelten.

Beispiele: Wenn das Gesetz einen gutgläubigen Erwerb vom Nichteigentümer zulässt (§§ 932 ff **130** BGB), muss dasselbe erst recht für den Erwerb vom Eigentümer gelten, der die Sache zuvor einem Dritten aufschiebend bedingt übereignet hat (§ 161 Abs. 3 BGB, oben § 10 Rdn. 44). – Wenn das Gesetz in § 118 BGB eine Erklärung, die *bewusst* ohne Erklärungswillen abgegeben wurde, als Willenserklärung bezeichnet, dann „liegt bei *unbewusstem* Fehlen erst recht der Tatbestand einer Willenserklärung vor".[109] – Zu § 818 Abs. 3 BGB ist anerkannt, dass die Vorschrift „auch und erst recht gilt, wenn der Empfänger durch das Erlangte von vornherein nicht bereichert war".[110]

Die Überzeugungskraft des Erst-recht-Schlusses steht und fällt mit den Prämis- **131** sen, auf denen er aufbaut.

Beispiel: Zur Frage, ob eine ohne Erklärungsbewusstsein abgegebene Willenserklärung nichtig **132** oder wirksam, aber anfechtbar sei, wird im Schrifttum ein Erst-recht-Argument aus § 118 BGB eingesetzt: Wenn nicht einmal derjenige, der bewusst den äußeren Erklärungstatbestand setzt, anzufechten brauche, dann auch und erst recht nicht derjenige, der dies unbewusst tue.[111] Diesen Erst-recht-Schluss relativiert der BGH mit dem Argument, in den Fällen des § 118 BGB entspreche die Nichtigkeit der Erklärung dem Willen des Erklärenden, eine Wahlmöglichkeit im Sinn einer bloßen An-

---

109 Jauernig/*Mansel* Vorbem. §§ 116–144 Rdn. 5; vgl. auch den abweichenden Erst-recht-Schluss aus § 118 BGB unten in Rdn. 132.

110 MüKo/*Schwab* § 818 Rdn. 134.

111 *Canaris* NJW 1984, 2281 (Erst-recht-Schluss aus § 118 BGB „geradezu unwiderlegbar"); *ders.*, Die Vertrauenshaftung im deutschen Privatrecht (1971) S. 550; ebenso *Singer*, Selbstbestimmung und Verkehrsschutz im Recht der Willenserklärungen (1995) S. 173 f, 177 f; *Neuner* AT § 32 Rdn. 23.

fechtbarkeit der Erklärung müsse ihm daher nicht eröffnet werden. Das Fehlen des Erklärungsbewusstseins sei damit nicht vergleichbar. Wer nicht wisse, dass sein Verhalten als Willenserklärung verstanden wird und verstanden werden darf, befinde sich in einer den Fällen des § 119 Abs. 1 BGB ganz ähnlichen Lage, so dass das durch die Anfechtbarkeit eröffnete Wahlrecht sachgerecht sei.[112]

2. Der Umkehrschluss

133 Der Umkehrschluss ist das Gegenstück zur Analogie.[113] Eine gesetzliche Regelung, die eine Rechtsfolge für einen bestimmten Fall anordnet, wird dahin ausgelegt, dass die Rechtsfolge *nur* in diesem Fall gelten soll. Dem Gesetz wird also entnommen, dass es zusätzlich zu der für den geregelten Tatbestand getroffenen Regelung eine negative Rechtsfolgeanordnung für die vom gesetzlich geregelten Tatbestand nicht erfassten Fälle enthält.

134 Das wichtigste **Beispiel** bilden nach ganz h. M. Vorschriften, die an ein arglistiges Verhalten anknüpfen, wie z. B. § 123 BGB, § 438 Abs. 3 Satz 1 BGB, § 444 BGB, § 634a Abs. 3 Satz 1 BGB, § 639 BGB. Diesen Vorschriften wird *e contrario* entnommen, dass die vorgesehene Rechtsfolge nur im Falle von Arglist gelten solle, ein grob fahrlässiges Verhalten also nicht ausreiche.

135 Der Umkehrschluss hat eine hohe, geradezu suggestive Überzeugungskraft. Das darf nicht darüber hinweg täuschen, dass alles auf die dem Umkehrschluss zugrunde liegende Prämisse einer negativen Rechtsfolgeanordnung („nur") ankommt, die stets sorgfältiger Überprüfung und Begründung bedarf (s. hierzu bereits oben Rdn. 76). Vor allem das Argument, der Gesetzgeber habe sich „bewusst dafür entschieden", *nur* den gesetzlich geregelten Fall zu normieren (beredtes Schweigen; oben Rdn. 80), ist oft nicht mehr als eine Behauptung des Interpretierenden. Die mit der Ausarbeitung der Gesetze befassten Behörden haben regelmäßig weder die Zeit noch die Ressourcen, die Rechtsordnung umfassend nach vergleichbaren Sachverhalten zu durchforsten. Nicht selten beschränkt man sich auf die den Anlass der Regelung bildenden drängenden praktischen Fragen, ohne den Anspruch zu erheben, die betreffenden Lebenssachverhalte umfassend zu regeln.

136 So bedeutete die kurz nach dem ersten pandemiebedingten Lockdown im Frühjahr 2020 in Kraft gesetzte Beschränkung des Kündigungsrechts des Vermieters wegen Zahlungsverzuges nicht im Umkehrschluss, Geschäftsraummieter blieben während der behördlich angeordneten Schließung ihrer Läden verpflichtet, Miete zu zahlen, auch wenn Vermieter und ihre Rechtsbeistände teilweise

---

112 BGH vom 7.6.1984, BGHZ 91, 324 (329) = NJW 1984, 2279 (2280) – „Sparkasse" (Sachverhalt unten § 30); ebenso *Flume* AT § 20, 3 (S. 414f); Medicus/*Petersen* AT Rdn. 607; MüKo/*Armbrüster* § 119 Rdn. 99; Jauernig/*Mansel* Vorbem. §§ 116–144 Rdn. 5.
113 Palandt/*Grüneberg* Einleitung Rdn. 50.

so argumentierten.[114] Dem Gesetzgeber ging es allein darum, Mieter rasch vor dem Verlust des Mietobjekts zu schützen; zu einer umfassenden Bewertung der Auswirkungen der Pandemiefolgen auf die Mietzahlungspflicht sah er sich außerstande.[115] Erst Ende Dezember 2020 nahm sich der Gesetzgeber dann der Frage der Auswirkungen auf die Mietzahlungspflicht an (s. Art. 240 § 7 EGBGB).[116] – Auch im Falle der **Arglist-Normen** (oben Rdn. 134) ist der Umkehrschluss schlechter abgesichert als es auf den ersten Blick scheint. So war sich zu **§ 123 BGB** der Gesetzgeber sicher, dass die wissentliche Lüge nicht hingenommen werden könne. Unterhalb dieser Schwelle komme es darauf an, „inwieweit eine Rechtspflicht besteht, dem anderen Teile Umstände mitzuteilen, von denen vorauszusetzen ist, dass sie auf seine Entschließung von Einfluss sein würden". Diese Frage, so die Motive, „entzieht sich der gesetzlichen Lösung",[117] was eher *gegen* die Annahme spricht, dass der Gesetzgeber unterhalb der Schwelle der Arglist eine abschließende negative Rechtsfolgenanordnung treffen wollte.[118] Insofern sind Grenzüberschreitungen verständlich, wie sie etwa in der Rechtsprechung zu „Angaben ins Blaue hinein" (oben § 14 Rdn. 103) zum Ausdruck kommen.

3. Der Rückschluss aus sinnwidrigen Ergebnissen (reductio ad absurdum)

Eine Auslegungshypothese kann mit dem Argument angegriffen werden, dass sie **137** zu sinnwidrigen Ergebnissen führe („reductio ad absurdum").[119] So wird man insbesondere eine Auslegung nicht akzeptieren können, die einer Norm den Anwendungsbereich nimmt.

Beispiele: Zu **§ 110 BGB** ist streitig, ob die Wirksamkeit des schuldrechtlichen Vertrages auf einer **138** Einwilligung des gesetzlichen Vertreters beruht (oben § 9 Rdn. 41) oder sich ohne Einwilligung aus dem Gesetz ergibt (oben § 9 Rdn. 51). Gegen die zuerst genannte Interpretation des § 110 BGB spricht, dass sie die Norm überflüssig macht. Liegt in der Überlassung der Mittel zugleich eine konkludente Einwilligung in den schuldrechtlichen Vertrag, ergibt sich dessen Wirksamkeit aus § 108 BGB und die Rechtsfolgeanordnung des § 110 BGB geht ins Leere. – **§ 105 Abs. 2 Var. 1 BGB** („Bewusstlosigkeit") hat in der Interpretation der Vorschrift durch die h.M. keinen Anwendungsbereich (oben § 6 Rdn. 89). – Zu **§ 1 Abs. 1 Satz 2 ProdHG** ist überlegt worden, die fehlerfreien Teile einer Sache, die durch ein fehlerhaftes Teil beschädigt oder zerstört werden, als eine „andere Sache als das fehlerhafte Produkt" anzusehen (und damit zur Ersatzfähigkeit solcher Schäden zu gelangen). Hiergegen wird zu Recht eingewandt, dass „eine solche Interpretation § 1 Abs. 1 Satz 2 ProdHG jeglichen praktischen Anwendungsbereich nehmen würde".[120]

---

114 Dagegen ausführlich MüKo/*Häublein* Art. 240 § 2 EGBGB Rdn. 4 ff.
115 Dazu, stark auf § 313 BGB abstellend, *Häublein/Müller* NZM 2020, 481.
116 Ob diese Norm gelungen ist, darf bezweifelt werden; s. *Brinkmann/Thüsing* NZM 2021, 5.
117 Mot. I, S. 209 = Mugdan I, S. 467.
118 Anders *Grigoleit*, Vorvertragliche Informationshaftung (1997), S. 37 und *passim*.
119 *Diederichsen* FS Larenz (1973) S. 155 ff; *Franz Bydlinski*, Juristische Methodenlehre und Rechtsbegriff (2. Aufl. 1991) S. 457 ff; *Stellhorn* ZJS 2014, 467; *Möllers*, Juristische Methodenlehre (3. Aufl. 2020), § 5 Rdn. 62 ff.
120 MüKo/*Wagner* § 1 ProdHG Rdn. 10.

VII. Die Lehre von den Konkurrenzen

139 Die Lehre von den Konkurrenzen betrifft das Verhältnis mehrerer Rechtssätze zueinander. Zu erwähnen sind hier nur die Spezialität und die Subsidiarität.[121]

1. Die Spezialität

140 Die speziellere Norm verdrängt die allgemeinere: *„Lex specialis derogat legi generali".* Das ist sachgerecht, weil die speziellere Norm genauer auf die jeweilige Problematik zugeschnitten ist als die allgemeine Norm. Eine Norm steht im Verhältnis der Spezialität zu einer anderen Norm, wenn sie alle Merkmale der allgemeinen Norm und mindestens ein weiteres Merkmal enthält.[122]

141 **Beispiele:** § 122 Abs. 1 BGB ist Spezialnorm im Verhältnis zu § 249 Abs. 1 BGB hinsichtlich des zu ersetzenden Schadens (oben § 15 Rdn. 13 f). – § 626 BGB ist lex specialis gegenüber § 314 Abs. 1 BGB.[123]

2. Die Subsidiarität

142 Eine Norm ist subsidiär im Verhältnis zu anderen Normen, wenn sie nur zur Anwendung kommen soll, falls sich die jeweilige Rechtsfolge nicht auf anderen Wegen erzielen lässt. Ein solches Verhältnis der Subsidiarität kann auch innerhalb einzelner Merkmale ein- und derselben Norm gegeben sein.

143 **Beispiel:** § 823 Abs. 1 BGB gewährt Schadensersatzansprüche bei Verletzung bestimmter einzeln benannter Rechtsgüter, bei Verletzung des Eigentums oder eines sonstigen Rechts. Zu den „sonstigen Rechten" zählt die Rechtsprechung auch das „Recht am eingerichteten und ausgeübten Gewerbebetrieb". Dieser Haftungstatbestand ist aber subsidiär.[124] Steht dem Geschädigten ein Anspruch wegen Eigentumsverletzung (oder aufgrund anderer Anspruchsgrundlagen) zu, tritt der Anspruch wegen Verletzung des Rechts am Gewerbebetrieb zurück (dazu bereits oben § 22 Rdn. 19).

---

121 Zur Anspruchsverdrängung *Thomale* JuS 2013, 296; zur Sperrwirkung von Ansprüchen *Kuhn* Jura 2013, 975.

122 *Larenz,* Methodenlehre der Rechtswissenschaft (6. Aufl. 1991) S. 267; *Franz Bydlinski,* Juristische Methodenlehre und Rechtsbegriff (2. Aufl. 1991) S. 465; *E. A. Kramer,* Juristische Methodenlehre (6. Aufl. 2019) S. 126 ff.

123 Jauernig/*Mansel* vor §§ 611–630 Rdn. 4.

124 BGH vom 24.1.2006, BGHZ 166, 84 Rdn. 93 = NJW 2006, 830 (mit Nachweisen zur älteren Rspr.); Jauernig/*Teichmann* § 823 Rdn. 97.

9. Kapitel:
Einzelne Rechtsgebiete in der Methodik der Fallbearbeitung

Vorbemerkung

In der deutschen Juristenausbildung entscheidet über den Erfolg des Studiums, **1** inwieweit es Studierenden gelingt, Kenntnisse des geltenden Rechts in ordnungsgemäß aufgebauten Falllösungen abzuarbeiten. Die Anforderungen der Fallbearbeitung stellen daher eine wichtige Lernkontrolle dar. Bei allem, was man lernt, sollte man sich (auch) fragen: Welche Konsequenzen hat dies für die Methodik der Fallbearbeitung? Der Test aus der Perspektive der Fallbearbeitung hilft, dogmatische Konzepte besser zu verstehen wie auch dogmatische Unzulänglichkeiten zu erkennen, die in der strengen gedanklichen Schule des Gutachtens nicht umsetzbar sind.

§ 24 Das Trennungs- und Abstraktionsprinzip in der Fallbearbeitung

Die sichere Beherrschung des Trennungs- und Abstraktionsprinzips (oben § 4 **1** Rdn. 29ff) gehört zu den wichtigsten Voraussetzungen erfolgreicher Bearbeitung von Fällen. Verstöße gegen das Trennungs- und Abstraktionsprinzip dürften die am schwersten wiegende einzelne Fehlerquelle in zivilrechtlichen Klausuren bilden. Nicht selten führen sie dazu, dass eine Arbeit insgesamt als nicht ausreichend bewertet wird. Wer hier Fehler macht, setzt sich dem Verdacht aus, ein grundlegendes Strukturprinzip der deutschen Rechtsordnung, nämlich die strikte Unterscheidung zwischen der obligatorischen und der dinglichen Ebene rechtlicher Fragestellungen (oben § 4 Rdn. 19, 30), nicht verstanden zu haben. Man kann sich daher kaum früh genug und kaum intensiv genug mit den Konsequenzen des Trennungs- und Abstraktionsprinzips für die Fallbearbeitung vertraut machen.[1]

---

1 Zum Trennungs- und Abstraktionsprinzip in der Fallbearbeitung auch *Bayerle* JuS 2009, 1079.

https://doi.org/10.1515/9783110602876-009

I. Die typischen Fallkonstellationen

2 In den typischen Fallgestaltungen zum Trennungs- und Abstraktionsprinzip ist ein Kaufvertrag von beiden Seiten erfüllt worden. Nunmehr lässt eine Seite das Geschäft aufgrund bestimmter Umstände nicht gelten, und es geht um die Ansprüche beider Seiten gegeneinander. Im Näheren lassen sich zwei Arten von Aufgabenstellungen unterscheiden. Der Sachverhalt kann so gebildet sein, dass (wie zu klären ist) nur der Kaufvertrag unwirksam ist, die Wirksamkeit der Übereignung hiervon nicht berührt wird (unten Beispiel 1, Rdn. 3). Das ist die „Urkonstellation", auf die das Abstraktionsprinzip zielt. Es finden sich aber auch Aufgabenstellungen, bei denen der geltend gemachte Mangel ausnahmsweise sowohl den Kaufvertrag wie die Übereignung der Kaufsache betrifft (unten Beispiel 2, Rdn. 4). Hier kommt es in der Fallbearbeitung auf die genaue Beachtung des Trennungsprinzips an.

3 **Beispiel 1:** V und K haben einen Kaufvertrag geschlossen. Nach Lieferung der Kaufsache und Bezahlung des Kaufpreises bemerkt V, dass der vereinbarte Kaufpreis auf einem Tippfehler in seinem Angebot beruhte. V ficht das Geschäft wegen Irrtums an und verlangt von K die Kaufsache zurück.[2]

4 **Beispiel 2:** V bemerkt, dass K ihn durch arglistige Täuschung zur Veräußerung einer Sache bestimmt hat. Er ficht das Geschäft deshalb an und verlangt die Sache zurück.[3]

II. Anspruchsgrundlagen und Prüfungsreihenfolge

5 Als **Grundlage** für Herausgabeansprüche des V gegen K kommen § 812 Abs. 1 Satz 1 Var. 1 BGB (Leistungskondiktion) einerseits (unten Rdn. 35 ff), § 985 BGB (Vindikation) andererseits (unten Rdn. 8 ff) in Betracht. Nicht ganz einfach zu entscheiden ist, in welcher **Reihenfolge** diese Ansprüche zu prüfen sind. Beginnt man mit § 812 Abs. 1 Satz 1 Var. 1 BGB (Leistungskondiktion), so ist als erstes zu klären, was K „erlangt" hat (unten Rdn. 37). Insofern kommt es insbesondere darauf an, ob K nur Besitzer oder auch Eigentümer der Kaufsache geworden ist. Diese Frage steht im Mittelpunkt des Herausgabeanspruchs gemäß § 985 BGB. Also empfiehlt sich der Einstieg bei § 985 BGB. Andererseits steht der Herausgabeanspruch dem Eigentümer nicht zu, wenn der Besitzer dem Eigentümer gegenüber zum Besitz berechtigt ist (§ 986 BGB). Ein wirksamer Kaufvertrag begründet

---

2 Dazu oben § 14 Rdn. 31 ff.
3 Vgl. aus der Fallsammlung den Fall „U-Phone" (Sachverhalt unten § 30).

für den Käufer ein Besitzrecht gegenüber dem Verkäufer/Eigentümer. Also muss zu § 986 BGB auf die Wirksamkeit des Kaufvertrages und somit auf ein Hauptproblem des Anspruchs gemäß § 812 Abs. 1 Satz 1 Var. 1 BGB eingegangen werden.

Mit welchem Anspruch immer man beginnt, lassen sich vorgreifliche Erörterungen (oben § 22 Rdn. 20 f) zu wesentlichen Fragen des anderen Anspruchs nicht vermeiden. Für eine vorrangige Prüfung des § 985 BGB spricht, dass der dingliche Herausgabeanspruch schlagkräftiger und für den Berechtigten günstiger ist als ein bloßer Bereicherungsanspruch.[4] In der Praxis interessiert daher stets an erster Stelle, ob die Herausgabe einer Sache gemäß § 985 BGB verlangt werden kann, und erst an zweiter Stelle, ob ein Bereicherungsanspruch besteht. Dies spricht dafür, auch im Aufbau des Gutachtens so zu verfahren.   6

Hinweis: Die Entscheidung wird, weil sie ein Aufbauproblem betrifft, im Gutachten nicht begründet.   7

III. Die dingliche Ebene: Der Herausgabeanspruch gemäß § 985 BGB (Vindikation)

In der Prüfung des dinglichen Herausgabeanspruchs ist zwischen Anspruchsvoraussetzungen (-erfordernissen) und Anspruchshindernissen (oben § 23 Rdn. 101) zu unterscheiden.   8

1. Anspruchsvoraussetzungen gemäß § 985 BGB

§ 985 BGB nennt als Anspruchsvoraussetzungen das Eigentum des Klägers (Anspruchsstellers) und den Besitz des Beklagten (Anspruchsgegners).   9

Hinweis: Die **Prüfungsreihenfolge** ist nicht vorgegeben. Ist der Besitz des Beklagten unproblematisch zu bejahen, während das Eigentum ausführlicher Erörterungen bedarf, ist es zweckmäßig, zunächst den Besitz des Beklagten kurz darzutun.   10

---

4 Das gilt vor allem in der Insolvenz des Schuldners, vgl. § 47 InsO.

a. Eigentum des Klägers

11 Der Kläger ist Eigentümer, wenn er das Eigentum an der Sache erworben und nicht wieder verloren hat (oben § 22 Rdn. 23).

aa. Ursprüngliches Eigentum des Klägers

12 Vielfach ist auf den *Erwerb* des Eigentums nicht einzugehen, da der Sachverhalt vorgibt, dass es sich ursprünglich um eine Sache des Klägers handelt.

13 **Beispiel:** Sachverhalt: „V verkauft und übereignet sein gebrauchtes Rennsportrad am ... an K". Klausurformulierung zum Ausgangspunkt der Eigentumsprüfung: „Ursprünglich war V lt. Sachverhalt Eigentümer des Fahrrades".

bb. Verlust des Eigentums durch Übereignung

14 Fraglich und erörterungsbedürftig ist typischerweise, ob der Kläger das Eigentum verloren hat. Als Grund für einen solchen Eigentumsverlust kommt in den eingangs genannten typischen Fallgestaltungen nur die Übereignung der Sache an den gegenwärtigen Besitzer (den Beklagten) gemäß § 929 BGB (oben § 3 Rdn. 11 ff) in Betracht.

(1) Übergabe der Sache

15 Die Übergabe im Sinne von § 929 BGB erfordert, dass der Erwerber die tatsächliche Sachherrschaft (§ 854 BGB) erlangt und der Veräußerer jeglichen Besitz verliert.

16 **Hinweis:** Hat man den Besitz des Beklagten bereits *vor* dem Eigentum des Klägers behandelt (oben Rdn. 10), kann insoweit nach oben verwiesen werden. Es genügt dann die Ergänzung, dass der Eigentümer (oder auf dessen Veranlassung ein Dritter) dem Erwerber Besitz verschafft hat.

(2) Einigung über den Eigentumsübergang

17 Die Einigung im Sinne von § 929 BGB (zur Terminologie oben § 3 Rdn. 13) ist ein dinglicher Vertrag, dessen alleiniger Inhalt die Übertragung des Eigentums ist (oben § 4 Rdn. 22). Er ist also strikt von dem Kaufvertrag zu unterscheiden, der lediglich Verpflichtungen begründet, aber an der Eigentumslage (um die es hier allein geht) nichts ändert. Für das Zustandekommen und die Wirksamkeit der dinglichen Einigung gelten die allgemeinen Vorschriften.

(a) Zustandekommen der dinglichen Einigung

Für das Zustandekommen der dinglichen Einigung sind Willenserklärungen des 18
Veräußerers und des Erwerbers (bzw. in deren Namen von Stellvertretern abgegebene Erklärungen) erforderlich.

(aa) Tatbestand der Einigungserklärungen

Die Willenserklärungen müssen auf den Abschluss eines Vertrages gerichtet sein, 19
dessen alleiniger Inhalt und dessen unmittelbare Wirkung die Eigentumsübertragung an einer bestimmten Sache (in den Beispielsfällen oben: das Eigentum an
der übergebenen Sache) ist.

Warnung: Hier lauert in der Fallbearbeitung die **Gefahr von Verstößen gegen das Tren-** 20
nungs- und Abstraktionsprinzip. Bei der Erörterung der auf die Einigung über den Eigentumsübergang gerichteten Willenserklärungen hat **jede Bezugnahme auf die zum Zwecke**
des Abschlusses des Kaufvertrages abgegebenen Erklärungen zu unterbleiben. Die auf
den Abschluss des Kaufvertrages gerichteten Willenserklärungen haben einen völlig anderen
Inhalt als die Einigungserklärungen. Erstere sind auf das Zustandekommen eines obligatorischen Vertrages gerichtet, also auf den Abschluss eines Vertrages, der lediglich Verpflichtungen begründet, letztere dienen dem Zustandekommen eines dinglichen Vertrages, der unmittelbar die Eigentumszuordnung ändert. Auch wenn diese Verträge lebensmäßig in ein- und
dem selben Vorgang zusammenfallen, ist rechtlich streng zwischen beiden Ebenen zu trennen.
Lediglich in Fällen, in denen das die Übergabe einer Sache begleitende Verhalten beider Seiten daraufhin geprüft werden muss, ob hierin konkludent der Wille zur rechtsgeschäftlichen
Einigung über den Eigentumsübergang zum Ausdruck kommt, kann die sich aus dem Kaufvertrag ergebende Verpflichtung des Verkäufers zur Übereignung der Sache (§ 433 Abs. 1
Satz 1 BGB) und die Verpflichtung des Käufers zu Abnahme der Sache (§ 433 Abs. 2 BGB) als
Auslegungshilfe dienen. Mangels anderer Anhaltspunkte kann davon ausgegangen werden,
dass die Parteien eines Kaufvertrages mit der Übergabe der Sache den gemeinsamen Willen
zur Übertragung des Eigentums an der Sache verbinden. Um jedem Missverständnis vorzubeugen, kann freilich nicht dringend genug geraten werden, bei der Prüfung der dinglichen
Einigung das Reizwort „Kaufvertrag" in keinem wie immer gearteten Zusammenhang zu erwähnen.[5] Formulierungsvorschlag: „V und K haben mit der Übergabe der Sache den Willen
verbunden und zum Ausdruck gebracht, dass das Eigentum an der Sache von V auf K übergehen soll. Die für die dingliche Einigung im Sinne von § 929 BGB erforderlichen Willenserklärungen liegen also vor."

---

[5] Ähnlich rigide *Faust* AT § 5 Rdn. 3.

21 Wird die Kaufsache von V an K versandt, liegt in der Zusendung der Sache zugleich die konkludente Erklärung des Absenders, die Sache an den Erwerber übereignen zu wollen.

(bb) Wirksamkeit der Einigungserklärungen

22 Bei der Übereignung einer Sache unter Anwesenden ist der Zugang der Erklärungen (§ 130 BGB, oben § 6 Rdn. 9 ff) kein Problem und in aller Regel nicht zu erörtern. Liegt die Übereignungserklärung in der Zusendung der Kaufsache (oben Rdn. 21), geht sie dem Empfänger zu, wenn die Sache in den Herrschaftsbereich des Käufers gelangt.

(b) Wirksamkeit der dinglichen Einigung

23 Die Wirksamkeit der dinglichen Einigung gehört typischerweise zu den Problemschwerpunkten einer Aufgabenstellung, die auf die genaue Beachtung des Trennungs- und Abstraktionsprinzips zielt. Alle etwaigen Fragen des Eingreifens von Wirksamkeitserfordernissen oder -hindernissen sind allein auf die dingliche Einigung zu beziehen.

(aa) Wirksamkeitserfordernisse

24 Erfolgt die Übereignung durch einen **Stellvertreter** im Namen des Eigentümers, ist zur Wirksamkeit der Übereignung Vertretungsmacht oder die Genehmigung der Übereignung durch den vertretenen Eigentümer erforderlich (§ 177 BGB, oben § 9 Rdn. 67). Bei Verkaufsangestellten deckt die „Ladenvollmacht" gemäß § 56 HGB auch die Übereignung der verkauften Sache (oben § 9 Rdn. 79). Ist ein **Minderjähriger** an der Übereignung beteiligt, so ist zu unterscheiden: Der Erwerb des Eigentums an einer Sache ist grundsätzlich rechtlich lediglich vorteilhaft (oben § 9 Rdn. 29), daher ist die Übereignung einer Sache an einen Minderjährigen in aller Regel zustimmungsfrei (§§ 107, 108 BGB). Übereignet der Minderjährige eine ihm gehörende Sache, so hängt die Wirksamkeit der dinglichen Einigung von der Zustimmung des gesetzlichen Vertreters ab. Übereignet ein Minderjähriger im eigenen Namen eine nicht ihm, sondern einem Dritten (D) gehörende Sache, so handelt es sich im Hinblick auf die Minderjährigkeit um ein „neutrales" Geschäft (oben § 9 Rdn. 33), im Hinblick auf § 185 BGB um die **Verfügung eines Nichtberechtigten**, die nur mit Zustimmung des Eigentümers wirksam ist (oben § 9 Rdn. 126 ff).

(bb) Wirksamkeitshindernisse

Bei den Nichtigkeitsgründen eines Vertrages (oben § 9 Rdn. 143ff) wirkt sich das **25** Trennungs- und Abstraktionsprinzip am stärksten aus, geht es doch gerade darum zu verhindern, dass Mängel des obligatorischen Geschäfts auf das Verfügungsgeschäft durchschlagen. Viele Formvorschriften gelten nur für obligatorische Geschäfte (§ 311b Abs. 1 Satz 1, Abs. 3, § 518 Abs. 1 Satz 1 BGB), so dass eine Nichtigkeit (**§ 125 Satz 1 BGB**) von Verfügungen nach diesen Vorschriften ausscheidet. Ob sich ein gesetzliches Verbot (**§ 134 BGB**) auch gegen Verfügungsgeschäfte richtet und zu deren Unwirksamkeit führt, ist anhand des Zweckes des Verbots zu bestimmen (oben § 9 Rdn. 209). Die Übertragung von Eigentum ist grundsätzlich auch dann nicht gemäß **§ 138 Abs. 1 BGB** nichtig, wenn der zugrunde liegende obligatorische Vertrag gegen die guten Sitten verstößt.[6]

Eine Übereignung kann infolge Anfechtung als von Anfang an nichtig an- **26** zusehen sein (**§ 142 Abs. 1 BGB**). Dabei ist aber sehr genau darauf zu achten, ob der Anfechtungsgrund sich gerade auf die Eigentumsübertragung bezieht. Tippfehler bei Preisangaben betreffen allein den Kauf- oder sonstigen gegenseitigen Vertrag, weil nur darin eine Entgeltvereinbarung getroffen wird. Daher wird sich die Anfechtung wegen eines solchen *Erklärungsirrtums* (§ 119 Abs. 1 Var. 2 BGB) auf den Kaufvertrag beschränken. Wird auch die Übereignung angefochten, fehlt es insoweit an einem Anfechtungsgrund. Ein *Eigenschaftsirrtum* (§ 119 Abs. 2 BGB) führt grundsätzlich nur zur Anfechtbarkeit des Kaufvertrages. Die Übereignungserklärung bezieht sich allein auf das Recht an der Sache, nicht auf deren Beschaffenheit. Dagegen wird beim Anfechtungsgrund der arglistigen Täuschung (§ 123 BGB) vielfach anzunehmen sein, der Veräußerer habe (auch) die Übereignungserklärung infolge der Täuschung abgegeben (oben § 14 Rdn. 101). Dasselbe gilt, wenn eine Sache unter dem Einfluss einer widerrechtlichen Drohung übereignet wird.

Hinweis: In den Fällen, in denen eine Übereignung gemäß § 123 BGB angefochten werden **27** kann, wird im Schrifttum gerne von „Fehleridentität" gesprochen, womit zum Ausdruck gebracht werden soll. dass hier der den obligatorischen Vertrag betreffende Anfechtungsgrund ausnahmsweise auch das dingliche Geschäft erfasst. Zu Recht kritisiert *Faust* diesen Begriff.[7] Entscheidend ist allein, dass die rechtswidrige Willensbeeinflussung die Übereignung betrifft. Ob auch ein anderes Rechtsgeschäft (der obligatorische Vertrag) hiervon betroffen ist, spielt für die Anfechtbarkeit der Übereignung keinerlei Rolle.

---

6 Vgl. den Fall „Radarwarngerät" (oben § 4 Rdn. 36 Fn. 20; § 9 Rdn. 255).
7 *Faust* AT § 5 Rdn. 4; hierzu auch oben § 14 Rdn. 101.

28 Ist die Übereignung wirksam (was als Konsequenz des Abstraktionsprinzips oft der Fall sein wird), fehlt es für § 985 BGB am Eigentum des Klägers. Der Anspruch besteht also nicht. Lediglich in den Fällen, in denen die Übereignung der Sache sich als unwirksam erweist, ist mit der Prüfung des Herausgabeanspruchs gemäß § 985 BGB fortzufahren.

b. Besitz des Beklagten

29 Der Besitz des Beklagten ist meist ganz unproblematisch zu bejahen (und wird deshalb vielfach schon an erster Stelle abgehandelt worden sein, dazu oben Rdn. 10).

2. Anspruchshindernis gemäß § 986 (Recht des Bekl. zum Besitz)

30 Der Herausgabeanspruch gemäß § 985 BGB besteht nicht, wenn der Beklagte (Besitzer) dem Kläger (Eigentümer) gegenüber zum Besitz berechtigt ist (§ 986 BGB). Ein Recht zum Besitz der Kaufsache gewährt im Verhältnis des Käufers zum Verkäufer der Kaufvertrag. Also muss zu § 986 BGB Zustandekommen (oben § 8) und Wirksamkeit (oben § 9) des Kaufvertrages geprüft werden.

a. Zustandekommen des Kaufvertrages

31 Es müssen die auf den Abschluss des *Kaufvertrages* gerichteten Willenserklärungen anhand des Sachverhalts bestimmt werden. Peinlich genau ist darauf zu achten, dass es hier um den Kaufvertrag geht, der von der zuvor geprüften Einigung über den Eigentumsübergang strikt zu unterscheiden ist. Einzelheiten im Übrigen wie unten § 25 Rdn. 8 ff.

b. Wirksamkeit des Kaufvertrages

32 Da man in der Prüfung des Herausgabeanspruchs gemäß § 985 BGB zum Anspruchshindernis des § 986 BGB nur gelangt, wenn (ausnahmsweise) die Übereignung nichtig ist, scheiden Nichtigkeitsgründe aus, die sich allein auf den Kaufvertrag beziehen. Es bleibt vor allem die Nichtigkeit des Kaufvertrages gemäß §§ 123, 142 Abs. 1 BGB.

33 **Beispiel:** In den eingangs genannten typischen Fallkonstellationen ist im **Beispiel 1** (Rdn. 3) zwar der Kaufvertrag anfechtbar (Erklärungsirrtum, § 119 Abs. 1 Var. 2 BGB), die Nichtigkeit infolge Anfechtung (§ 142 Abs. 1 BGB) beschränkt sich aber auf den Kaufvertrag. Die Übereignung ist wirksam, V nicht mehr Eigentümer und § 985 BGB deshalb ausgeschlossen. – **Anders im Bei-**

spiel 2 (Rdn. 4). K wurde durch die arglistige Täuschung zum Abschluss des Kaufvertrages und zur Einigung über den Eigentumsübergang bestimmt. Da die Übereignung infolge der Anfechtung gemäß §§ 123, 142 Abs. 1 BGB nichtig ist, blieb V Eigentümer und kann einen Herausgabeanspruch gemäß § 985 gegen K haben. Ein Recht des V zum Besitz der Sache (§ 986 BGB) kann sich nur aus dem mit V geschlossenen Kaufvertrag ergeben. Der Kaufvertrag ist gemäß § 123 Abs. 1 BGB angefochten und somit gemäß § 142 Abs. 1 BGB als von Anfang an nichtig anzusehen. Also hat K gegenüber V kein Recht zum Besitz und ist gemäß § 985 BGB zur Herausgabe der Kaufsache an V verpflichtet.

3. Anspruchsinhalt

Der Anspruch gemäß § 985 ist auf die Herausgabe des *Besitzes* gerichtet. **34**

IV. Die obligatorische Ebene: Der Bereicherungsanspruch gemäß § 812 Abs. 1 Satz 1 Var. 1 BGB (Leistungskondiktion)

Ist aufgrund eines unwirksamen obligatorischen Vertrages (hier soll zur Verein- **35** fachung nur von einem Kaufvertrag gesprochen werden), eine Leistung erbracht worden, so kommt ein Anspruch gegen den Empfänger auf Herausgabe des Erlangten gemäß **§ 812 Abs. 1 Satz 1 Var. 1 BGB** (sog. **Leistungskondiktion**) in Betracht.

1. Anspruchsvoraussetzungen

Voraussetzung des Herausgabeanspruchs ist, dass der Bekl. „etwas erlangt" hat **36** (unten a, Rdn. 37 f), und zwar „durch Leistung" des Klägers (unten b, Rdn. 39 ff), sowie, dass die Leistung „ohne rechtlichen Grund" erfolgte (unten c, Rdn. 42 ff).

a. „Etwas erlangt"

Die Frage, was der Beklagte „erlangt" hat im Sinne von § 812 Abs. 1 Satz 1 Var. 1 **37** BGB, bildet den Ausgangspunkt der Anspruchsprüfung. Das, was vom Bekl. erlangt wurde, ist zugleich das, was er, wenn der Anspruch durchgreift (vorbehaltlich § 818 Abs. 2 BGB), an den Kläger herauszugeben hat. Hier ist größte Genauigkeit angebracht. So wird im Rechtssinne nicht einfach „eine Sache" erlangt. Vielmehr ist zu klären, ob der Beklagte nur den Besitz an der Sache oder auch das Eigentum erlangt hat.

Beispiel: Geht es um die Rückabwicklung des Kaufes einer gebrauchten Violine, so darf nicht for- **38** muliert werden, der Käufer habe „die Violine" erlangt. Es muss (je nach Rechtslage) heißen, der

Käufer habe Besitz und Eigentum oder nur Besitz an der Violine erhalten. Hat K Besitz und Eigentum erlangt, so würde es ja nicht genügen, wenn K nur die Violine an den V „herausgibt", also dem V die tatsächliche Sachherrschaft verschafft. Es muss deutlich sein, dass die Herausgabe auch die Rück*übereignung* der Sache umfasst.

b. „durch Leistung" des Klägers

39 Herauszugeben ist, was der Bekl. „durch Leistung" des Kl. erlangte. „Leistung" i. S. von § 812 Abs. 1 Satz 1 Var. 1 BGB ist die zweckgerichtete Mehrung fremden Vermögens.[8]

40 **Hinweis:** Oft wird eine zweckgerichtete *und **bewusste*** Mehrung fremden Vermögens gefordert. Dass Leistungen zwar in Verfolgung eines Leistungszwecks, aber unbewusst erbracht werden, ist nicht denkbar.[9] Daher sollte in der Fallbearbeitung nicht stets das Merkmal der „bewussten" Vermögensmehrung in der Definition mitgeschleppt und jeweils als selbstverständlich bejaht werden.

41 Der wichtigste **Leistungszweck** besteht in dem Bestreben, eine Verbindlichkeit (Pflicht) zu erfüllen (**Leistung „solvendi causa"**). Der Verkäufer übergibt und übereignet die Kaufsache an den Käufer, um sich von Verpflichtungen aus dem Kaufvertrag zu befreien (vgl. § 362 BGB!), der Käufer bezahlt den vereinbarten Kaufpreis, um seine Verpflichtung aus dem Kaufvertrag zum Erlöschen zu bringen. Für die Zweckbestimmung einer Leistung, der Erfüllung von Pflichten zu dienen, kommt es auf die subjektive Zielsetzung des Leistenden an. Dass die Pflichten objektiv in den Fällen des § 812 Abs. 1 Satz 1 Var. 1 BGB nicht bestehen (unten c), ändert an dieser Zielrichtung nichts.

c. „ohne rechtlichen Grund"

42 Die Leistung erfolgt „ohne rechtlichen Grund", wenn die Verpflichtung nicht besteht, auf die hin geleistet wurde. Geht es darum, Vertragspflichten zu erfüllen, fehlt es am Rechtsgrund für die Leistung, wenn der Vertrag nicht zustande gekommen ist oder seinem Inhalt nach nicht die erbrachte Leistung erfasst, oder wenn der Vertrag unwirksam (nichtig) ist.

---

8 BGH vom 31.10.1963, BGHZ 40, 272 (277) = NJW 1964, 399; BGH vom 23.10.2003, NJW 2004, 1169; BGH vom 20.3.2019, NJW 2019, 2608 Rdn. 14.
9 MüKo/*Schwab* § 812 Rdn. 47.

Hinweis: In der Fallbearbeitung ist die **negative Formulierung** („ohne rechtlichen Grund") **43** zu beachten. Es geht nicht darum, ob ein Rechtsgrund *besteht*, der den Bereicherungsanspruch *ausschließen* würde. Vielmehr ist das *Fehlen eines Rechtsgrundes* Voraussetzung für die Entstehung des Bereicherungsanspruchs. Das hat auch Bedeutung für die Verteilung der Beweislast im Prozess: Der Kläger muss darlegen und beweisen, dass der Vertrag unwirksam ist oder die Verpflichtung, auf die hin geleistet worden ist, aus einem sonstigen Grund nicht bestand.

Dass ein Vertrag, auf den hin beide Seiten Leistungen erbringen, rechtlich nicht **44** einmal zustande gekommen ist, ist – insbesondere angesichts der Regelungen zum normativen Konsens, oben § 8 Rdn. 157 ff – eine Rarität. Dass der Vertrag die konkret erbrachte Leistung nicht deckt, kommt vor (Verwechslung von Käuferbestellungen, Versendung der Ware an den jeweils falschen Kunden), spielt aber nur eine geringe Rolle. Im Schwerpunkt geht es beim Merkmal „ohne rechtlichen Grund" um den Nachweis der Unwirksamkeit (Nichtigkeit) des obligatorischen Vertrages. Insoweit kommen alle Wirksamkeitserfordernisse und -hindernisse eines obligatorischen Vertrages als Prüfungspunkte in Betracht (oben § 9 Rdn. 16 ff, 143 ff).

In **Aufgabenstellungen für Studienanfänger** können am Merkmal „ohne rechtlichen **45** Grund" des § 812 Abs. 1 Satz 1 Var. 1 BGB wichtigste Regelungsgebiete des Allgemeinen Teils des BGB festgemacht und abgefragt werden. Es kann darum gehen, dass der gesetzliche Vertreter eines Minderjährigen die erforderliche Zustimmung zum Kaufvertrag nicht erteilt oder der Minderjährige den vereinbarten Kaufpreis nicht vollständig mit Mitteln bewirkt hat, die ihm im Sinne des § 110 BGB überlassen waren, oder darum, dass ein Vertreter ohne Vertretungsmacht den Vertrag geschlossen hat, oder der Vertrag gegen ein gesetzliches Verbot (§ 134 BGB) oder gegen die guten Sitten (§ 138 BGB) verstößt. Besonders lehrreich und beliebt sind Fallgestaltungen, in denen die etwaige Nichtigkeit des Vertrages anhand von § 142 Abs. 1 BGB zu prüfen ist, da dann das gesamte Recht der Anfechtung (oben § 14) eingebunden werden kann.

2. Anspruchshindernisse

Auch wenn die Voraussetzungen des § 812 Abs. 1 Satz 1 Var. 1 BGB vorliegen, ent- **46** steht der Anspruch nicht, wenn ein Anspruchshindernis eingreift. Dies ist insbesondere der Fall, wenn der Leistende gewusst hat, dass er zur Leistung nicht verpflichtet war (§ 814 BGB).

3. Anspruchsinhalt

47 Der Bereicherungsanspruch ist primär auf Herausgabe des Erlangten (oben Rdn. 37 f) gerichtet. Hat der Bereicherungsschuldner das Eigentum an einer Sache ohne rechtfertigenden Grund erlangt, ist er zur Übereignung der Sache an den Bereicherungsgläubiger verpflichtet. Hat er nur Besitz erlangt, besteht die Herausgabe in der Übergabe der Sache an den Gläubiger. Ist die Herausgabe des primär Erlangten nicht möglich, ist Wertersatz zu leisten (§ 818 Abs. 2 BGB). Die Verpflichtung zum Wertersatz beschränkt sich grundsätzlich auf die beim Bereicherungsschuldner (noch) vorhandene Bereicherung (§ 818 Abs. 3 BGB). Dies gilt nicht, wenn der Bereicherungsschuldner gemäß § 818 Abs. 4 BGB verschärft haftet. Die Einzelheiten gehören in das Besondere Schuldrecht.

§ 25 Die Entstehung vertraglicher Erfüllungsansprüche in der Fallbearbeitung

1 Vertragliche Erfüllungsansprüche sind Ansprüche auf die Erbringung einer im Vertrag versprochenen Leistung.

2 **Beispiele:** Der Anspruch des Käufers gegen den Verkäufer auf Übergabe und Übereignung der Kaufsache; der Anspruch des Verkäufers gegen den Käufer auf Bezahlung des im Vertrag vereinbarten Kaufpreises. – Hat der Verkäufer im Vertrag versprochen, die Kaufsache zum Käufer zu bringen und ihm an dessen Wohn- oder Geschäftssitz zu übereignen, so erwirbt der Käufer aus dieser Vereinbarung einen Anspruch gegen den Verkäufer auf Anlieferung der Kaufsache.

3 Vertragliche Erfüllungsansprüche spielen für die Einübung in die Methodik der Fallbearbeitung zum Studienbeginn eine zentrale Rolle. Für die Entstehung dieser Ansprüche ist erforderlich, dass ein Vertrag zwischen den Beteiligten zustande gekommen ist (unten II, Rdn. 8 ff), dass dieser Vertrag wirksam ist (unten III, Rdn. 26 ff) und die Wirkungen des Vertrages eingetreten sind (unten IV, Rdn. 30 f). Somit lassen sich fast alle Fragen der Rechtsgeschäftslehre des Allgemeinen Teils des BGB in Aufgabenstellungen einarbeiten, die die Entstehung vertraglicher Erfüllungsansprüche zum Gegenstand haben.

I. Die Anspruchsgrundlage

4 Anspruchsgrundlage für die im Vertrag vereinbarten Erfüllungsansprüche ist der Vertrag (oben § 3 Rdn. 31, § 4 Rdn. 27). Der Käufer schuldet Bezahlung des vereinbarten Kaufpreises, weil er sich hierzu im Vertrag verpflichtet hat. Dasselbe gilt für die Verpflichtung des Verkäufers zur Übereignung und Übergabe der Sache.

Abweichend hiervon wird im Schrifttum überwiegend angenommen, Anspruchsgrundlage 5
für den Kaufpreisanspruch sei § 433 Abs. 2 BGB, und entsprechend folge der Anspruch des
Käufers gegen den Verkäufer auf Lieferung der Kaufsache aus § 433 Abs. 1 Satz 1 BGB (oben
§ 4 Rdn. 28). Um Fallbearbeitungen nicht mit diesem leidigen Problem zu belasten, mag man
formulieren: „Anspruch des Käufers gegen den Verkäufer auf Übergabe und Übereignung der
Kaufsache aus Kaufvertrag gemäß § 433 Abs. 1 Satz 1 BGB".[1]

Da es für die Anspruchsgrundlage vertraglich vereinbarter Erfüllungsansprüche 6
nicht darauf ankommt, ob der Vertrag einem der gesetzlich geregelten Vertragstypen zuzuordnen ist, ist es in der Fallbearbeitung nicht notwendig (und somit:
verfehlt!),[2] zur Klärung der Anspruchsgrundlage des vertraglichen Erfüllungsanspruchs auf diese Frage einzugehen.[3] Dies entlastet die Fallbearbeitung insbesondere dann erheblich, wenn zweifelhaft sein kann, ob der konkrete Vertrag
einem der gesetzlich geregelten Vertragstypen entspricht oder ob es sich um einen im BGB nicht näher geregelten Vertrag *sui generis* handelt.

Beispiel: Der Informatiker I schließt mit dem Unternehmer U einen Vertrag über die Erstellung ei- 7
nes Computerprogramms zur Steuerung bestimmter Betriebsabläufe. Das Entgelt soll
20.000 Euro betragen. Grundlage des Anspruchs des I gegen U auf Bezahlung der 20.000 Euro ist
der Vertrag. Auf die Frage, ob es sich bei dem Vertrag um einen Kaufvertrag (§ 433 BGB) oder einen Werkvertrag (§ 631 BGB) oder einen im Gesetz nicht geregelten Vertrag *sui generis* handelt,
kommt es zur Bestimmung der Grundlage des Entgeltanspruchs des I nicht an.

II. Das Zustandekommen des Vertrages

Voraussetzung für die Entstehung vertraglicher Erfüllungsansprüche (und sons- 8
tiger Ansprüche aus Vertrag) ist nach verbreiteter Darstellung das „Zustandekommen eines wirksamen Vertrages". Das ist gewiss richtig, bedarf aber der Differenzierung. Für die Zwecke der Fallbearbeitung ist genau zwischen Fragen zu
trennen, die das *Zustandekommen* des Vertrages einerseits, dessen *Wirksamkeit*
andererseits betreffen. *Keine Vorschrift des BGB bezieht sich auf beide Fragestellungen zugleich* (oben § 4 Rdn. 105 ff). Hier haben die Verfasser des BGB keinen
Fehler gemacht. Die Frage nach der Wirksamkeit eines Vertrages stellt sich erst,

---

1 Diese Kompromissformel geht zurück auf *Velte* JURA 1980, 193 (198). Ebenso *Petersen* JURA
2008, 180 (182); *Drehsen* BRJ 2013, 106 (108).
2 Oben § 22 Rdn. 35: „Überflüssiges ist falsch!".
3 Medicus/*Petersen* Grundwissen zum Bürgerlichen Recht (10. Aufl. 2014) Rdn. 76; Medicus/*Petersen* Bürgerliches Recht Rdn. 14; *Petersen* Examinatorium BGB-AT § 3 Rdn. 12.

wenn ein Vertrag immerhin zustande gekommen ist. Die Anforderungen an das Zustandekommen eines Vertrages sind oben in § 8 dargestellt.

1. Die auf den Abschluss des Vertrages gerichteten Willenserklärungen

9   Die auf den Abschluss des Vertrages gerichteten Willenserklärungen sind nicht zu erörtern, wenn der Vertragsschluss durch den Sachverhalt vorgegeben ist (oben § 22 Rdn. 36 f).

a. Der Tatbestand der Erklärungen

10   Bei der Prüfung, ob die für den Abschluss eines Vertrages erforderlichen Willenserklärungen vorliegen, können unterschiedliche Techniken des Vertragsschlusses (Übersicht oben § 8 Rdn. 2–4) zu berücksichtigen sein.

aa. Antrag und Annahme

11   In Anlehnung an § 151 BGB wird die Prüfung vertraglicher Ansprüche gerne mit der Formulierung eingeleitet, ein Vertrag komme durch Antrag und Annahme zustande. Sodann wird nach Willenserklärungen gesucht, die den Erfordernissen eines Antrags und einer Annahme entsprechen. Dem ist zu folgen, wenn sich aus dem Sachverhalt der Aufgabenstellung Anhaltspunkte dafür ergeben, dass der Vertrag in der Technik der Annahme eines Antrags (§§ 145–153 BGB) geschlossen worden ist und die Reihenfolge der Erklärungen für die rechtliche Beurteilung des Falles relevant ist.

12   Ein **Beispiel** bildet der Fall „Notebook zum Schnäppchenpreis?“, (Sachverhalt unten § 30; zu Antrag und Annahme in diesem Fall § 14 Rdn. 52).

13   Das wichtigste Kriterium, anhand dessen Antrag wie Annahme identifiziert und von bloßen vorbereitenden Erklärungen abgegrenzt werden, ist der sog. **Rechtsbindungswille** (oben § 5 Rdn. 14, 20). Es ist nach Erklärungen zu suchen, deren dem Empfänger erkennbarer Sinn darin liegt, dass unmittelbar hierdurch eine „annahmefähige Position" (oben § 8 Rdn. 22) geschaffen (Antrag) oder von einer solchen Position Gebrauch gemacht werden soll (Annahme).

14   Üblich ist, die beiden Erklärungen in deren zeitlicher Abfolge zu behandeln, also mit dem Antrag zu beginnen und hieran anschließend die Annahme zu erörtern. Zwingend vorgeschrieben ist diese historische Prüfung aus Rechtsgründen aber nicht. Das Gesetz spricht von der „Annahme des Antrags" (§ 151 Satz 1 BGB) in einer Formulierung, die an die Ausübung von Gestaltungsrechten durch Erklä-

rung erinnert.[4] Dementsprechend kann man durchaus *im ersten Schritt* fragen, ob es der Sinn einer Erklärung ist, von einer annahmefähigen Position Gebrauch zu machen und dadurch das Zustandekommen des Vertrages zu bewirken, und *im zweiten Schritt* anhand des Antrags prüfen, ob im Zeitpunkt der Annahmeerklärung (noch) eine „annahmefähige Position" bestand. Erleichtert dies die Bearbeitung der anstehenden Probleme, ist gegen eine solche „umgekehrte" Prüfungsreihenfolge nichts einzuwenden (dazu auch oben § 8 Rdn. 31).

Beispiel: Im Gutachten interessiert nicht, wie lange die Annahmefrist gemäß § 147 BGB (oben § 8 **15** Rdn. 43) *absolut* reicht, sondern nur, ob eine *erklärte* Annahme *fristgerecht* erfolgte. Dies verkürzt die rechtlich relevante Fragestellung erheblich, wenn die Annahme nicht erst in letzter Minute erklärt wurde. Vielfach kann dahingestellt bleiben, wann die Frist endete; es genügt die Feststellung, dass der tatsächliche Termin jedenfalls innerhalb der Frist lag. Ohne Vorgriff auf die Annahmeerklärung (und deren Zeitpunkt) lassen sich diese Erörterungen indessen nicht am Antrag festmachen. Setzt man stattdessen bei der Annahmeerklärung ein, ist deren Zeitpunkt in das Gutachten eingeführt. Beim Antrag lässt sich dann prüfen, ob der konkrete Zeitpunkt innerhalb der Annahmefrist lag (ob also zum Zeitpunkt der Annahmeerklärung eine „annahmefähige Position" bestand). Ist dies zu bejahen, ist der Vertrag gemäß § 151 BGB durch Annahme des Antrags zustande gekommen. Ist dies zu verneinen, ist die verspätete Annahme als neuer Antrag zu behandeln (§ 150 Abs. 1 BGB) und nach einer Annahmeerklärung der anderen Seite zu suchen.

bb. Gemeinsame Zustimmung zu einem Vertragstext

Vielfach werden Verträge nicht nach dem Schema des § 151 BGB abgeschlossen **16** (oben § 8 Rdn. 97). Dann ist es in der Fallbearbeitung verfehlt, nach Antrag und Annahme zu suchen. Dies gilt insbesondere für den Abschluss von Verträgen, für die gesetzliche Formerfordernisse bestehen oder eine Beurkundung verabredet worden ist, sofern anzunehmen ist (§ 154 Abs. 2 BGB!), dass nach dem Willen der Parteien der Vertrag erst geschlossen werden soll, wenn dem Formerfordernis genügt wird. Dann bringt erst die Einhaltung der Form den Rechtsbindungswillen zum Ausdruck (oben § 8 Rdn. 28, 103). Die zufällige zeitliche Abfolge, in der die den Vertragstext enthaltende Urkunde von beiden Seiten unterschrieben wird, ist rechtlich irrelevant und hat mit der Unterscheidung von Antrag und Annahme im Sinne von § 151 BGB nichts zu tun.

Beispiele: Abschluss eines Grundstückskaufvertrages durch Unterzeichnung der notariellen Nie- **17** derschrift. – Abschluss eines Unternehmenskaufvertrages durch Unterzeichnung der Vertragsurkunden.

---

4 Zu der in Teilen des Schrifttums vertretenen Deutung der Annahme eines Antrags als Ausübung eines Gestaltungsrechts oben § 8 Rdn. 41.

b. Die Wirksamkeit der Erklärungen

18 Ob auf die Wirksamkeit der Erklärungen näher einzugehen ist, richtet sich nach den jeweiligen Angaben des Sachverhalts. Grundsätzlich gilt (oben § 23 Rdn. 106): Zu Wirksamkeits*erfordernissen* (Beispiel: Zugang, § 130 BGB) ist Stellung zu nehmen, da die Erklärung nur wirksam ist, wenn diese Erfordernisse gegeben sind. Wirksamkeits*hindernisse* (Nichtigkeitsgründe einer Willenserklärung, Beispiel: § 105 Abs. 1 BGB) bedürfen nur der Erörterung, wenn der Sachverhalt Hinweise auf Umstände enthält, bei deren Vorliegen ein Nichtigkeitsgrund eingreift.

19 **Hinweis**: Spricht der Sachverhalt ohne nähere Angaben unter Buchstaben- oder Namensbezeichnungen von den beteiligten Personen, ist von deren Volljährigkeit als gesetzlicher Regel (oben § 23 Rdn. 99 f) auszugehen. Das bedarf keiner Begründung. Insbesondere darf **nicht** formuliert werden: „Da es im Sachverhalt an Hinweisen auf eine etwaige altersbedingte Geschäftsunfähigkeit (§ 104 Nr. 1 BGB) des A fehlt, ist von dessen Volljährigkeit auszugehen." Der Satz enthält eine bare Selbstverständlichkeit, die sich schon aus der Regelungstechnik des BGB ergibt. Daher gilt: „Überflüssiges ist falsch" (oben § 22 Rdn. 35).

20 Vorschriften, die Fragen der Wirksamkeit von *Rechtsgeschäften* betreffen (dazu oben § 9 Rdn. 16 ff, 143 ff), scheiden als Kontrollnormen für die auf den Abschluss des Vertrages gerichteten *Willenserklärungen* aus. Solchen Vorschriften (z. B.: §§ 125, 134, 138, 142 BGB) ist nur indirekt zu entnehmen, dass der Grund, der zur Unwirksamkeit des Rechtsgeschäfts führt, die Wirksamkeit der Erklärung unberührt lässt (oben § 6 Rdn. 116 ff).

21 **Hinweis**: In diesem Punkt weicht die hier gegebene Darstellung der Rechtsgeschäftslehre von weiten Teilen des Schrifttums ab. Im Schrifttum wird nicht immer strikt zwischen Nichtigkeitsgründen für *Willenserklärungen* und Nichtigkeitsgründen für *Rechtsgeschäfte* getrennt (dazu oben § 4 Rdn. 103) und es wird nicht selten von der Unwirksamkeit einer Willenserklärung ausgegangen, obwohl es an einer Vorschrift fehlt, die dies anordnet (Beispiel: § 107 BGB, dazu oben 6 Rdn. 123 ff). Die hier vertretene Ansicht entlastet die Willenserklärung von vielen Fragen, die im Schrifttum als Problem der Wirksamkeit von Willenserklärungen behandelt werden (Übersicht oben § 6 Rdn. 116 ff). Konsequenz für die Fallbearbeitung ist, dass diese Fragen (wie z. B. die fehlende Einwilligung des gesetzlichen Vertreters zu einem von einem Minderjährigen abgeschlossenen verpflichtenden Vertrag) nicht beim Zustandekommen des Vertrages, sondern bei dessen Wirksamkeit zu erörtern sind.

2. Konsens/Dissens

22 Fragen der vertraglichen Einigung können entweder als „Konsens"- oder als „Dissens"-Problem zu behandeln sein. Beim Konsens geht es um die Bestimmung des In-

halts der vertraglichen Regelung, beim Dissens darum, ob eine erforderliche Einigung verfehlt wurde mit der Folge, dass ein Vertrag nicht zustande gekommen ist.

a. Konsens

Wie § 151 Satz 1 Hs. 1 BGB zeigt, sieht es das Gesetz als Regel an, dass die Parteien **23** in den auf den Abschluss des Vertrages gerichteten Erklärungen den erforderlichen Konsens über den Vertragsinhalt erzielen (oben § 23 Rdn. 100). Daher ist in der Fallbearbeitung der Konsens nicht jeweils positiv nachzuweisen. Etwas anderes gilt für die Stellvertretung. Da das Gesetz im Zweifel davon ausgeht, dass die Wirkungen eines Rechtsgeschäfts auf denjenigen bezogen sein sollen, von dem die Willenserklärung stammt (§ 164 Abs. 2 BGB), ist die Einigung auf eine andere Person als Vertragspartner darzulegen (unten § 27 Rdn. 15 ff). Im Übrigen ist eine Konsensprüfung erforderlich, wenn und insoweit die Parteien über den Inhalt ihrer Vereinbarungen streiten.

Einzusetzen ist beim „faktischen" Konsens (oben § 8 Rdn. 140 ff). Ergibt sich **24** aus dem Sachverhalt, dass die Personen, von denen die Willenserklärungen stammen, in dem fraglichen Punkt eine tatsächliche Übereinstimmung im Willen erzielt haben, hat der Vertrag diesen Inhalt. Auf eine etwa abweichende normative Bedeutung der Erklärungen kommt es nicht an; Erwägungen hierzu sind verfehlt (oben § 22 Rdn. 35 ff). Lässt sich ein faktischer Konsens nicht feststellen, bleibt die Frage eines normativen Konsenses (oben § 9 Rdn. 157 ff) zu klären. Ausgangspunkt ist dabei der tatsächliche Wille eines Kontrahenten (also die Bedeutung, die dieser Kontrahent seiner Erklärung beigemessen hat); untersucht wird, ob er die Erklärung des anderen in diesem („seinem") Sinne verstehen durfte.

b. Der Dissens als Hindernis für das Zustandekommen des Vertrages

Der Dissens ist ein Hindernis für das Zustandekommen des Vertrages. Hierauf ist **25** nur einzugehen, wenn der Sachverhalt Hinweise darauf enthält, dass die Parteien in einem Punkt die erforderliche Einigung nicht erzielt haben. Zu prüfen ist im ersten Schritt, ob der streitige Punkt zum Umfang des erforderlichen Konsenses gehört. Das ist stets zu bejahen für sog. „essentialia negotii", im Übrigen abhängig vom Parteiwillen (oben § 8 Rdn. 17, 136). Im nächsten Schritt ist auszuschließen, dass die Kontrahenten (also diejenigen Personen, die die Willenserklärungen abgegeben haben) einen faktischen oder normativen Konsens in dem fraglichen Punkt erzielt haben. Schließlich können noch Vorschriften des Gesetzes zu beachten sein, die trotz eines Einigungsmangels zu einem *essentiale negotii* verhindern, dass der Vertrag wegen Dissenses nicht zustande kommt (§ 164 Abs. 2 BGB, dazu unten § 27 Rdn. 18; § 632 Abs. 1 und 2 BGB).

III. Die Wirksamkeit des Vertrages

26 Für die Fall-Bearbeitung hat die Unterscheidung zwischen Wirksamkeits*erfordernissen* und Wirksamkeits*hindernissen* eines Vertrages (oben § 9 Rdn. 10) erhebliche Bedeutung.

1. Wirksamkeitserfordernisse

27 Wo das Gesetz Wirksamkeitserfordernisse aufstellt, ist der Vertrag *nur* wirksam, wenn diese erfüllt sind. Also muss dazu Stellung genommen werden.

28 Die wichtigsten **Beispiele** sind: Rechtlich nicht lediglich vorteilhafte Verträge Minderjähriger (oben § 9 Rdn. 17 ff), in fremdem Namen geschlossene Verträge (Stellvertretung, oben § 9 Rdn. 66 ff), Verfügungen eines Nichtberechtigten (§ 185 BGB, oben § 9 Rdn. 126 ff). Stammt eine der auf den Abschluss des Vertrages gerichteten Erklärungen von einem Minderjährigen, oder von einem Stellvertreter, oder geht es um die Verfügung eines Nichtberechtigten, merkt man sich in der Ausarbeitung der Lösungsgliederung sogleich vor, dass bei der Frage der Wirksamkeit des Vertrages auf die jeweiligen besonderen Wirksamkeitserfordernisse einzugehen ist.

2. Wirksamkeitshindernisse

29 Wirksamkeitshindernisse werden anhand von Normen geprüft, die unter bestimmten tatbestandlichen Voraussetzungen die Nichtigkeit des Vertrages anordnen. Sie sind im Einzelnen oben in § 9 Rdn. 143 ff dargestellt. Wesentlich ist für die Fallbearbeitung, zunächst die Sanktionsnorm zu nennen und dann deren tatbestandliche Merkmale zu prüfen („Von der Rechtsfolgenanordnung zurück zu deren Voraussetzungen", oben § 22 Rdn. 7, 11 ff).

IV. Die Wirkungen des Vertrages

30 Die Entstehung vertraglicher Erfüllungsansprüche ist die wichtigste Wirkung obligatorischer Verträge. Vertragliche Erfüllungsansprüche entstehen grundsätzlich mit Abschluss eines wirksamen obligatorischen Vertrages.[5]

31 Die „Wirkungen des Vertrages" sind der dogmatische Ort für die Prüfung von Fragen, die durch die Vereinbarung einer Bedingung (§§ 158 ff BGB) oder einer Zeitbestimmung (§ 163 BGB) aufgeworfen werden (oben § 10 Rdn. 7 ff). Eine auf-

---

5 BGH vom 19.5.2006, NJW 2006, 2773 Rdn. 12.

schiebende Bedingung hat zur Folge, dass die Wirkungen des Vertrages erst beim Eintritt der Bedingung einsetzen. Ist der vertragliche Erfüllungsanspruch unter eine aufschiebende Bedingung gestellt worden, so entsteht der Anspruch erst mit Eintritt der Bedingung. Im Fall einer auflösenden Bedingung (§ 158 Abs. 2 BGB) fällt der Anspruch mit Eintritt der Bedingung fort.

§ 26 Das Recht der beschränkten Geschäftsfähigkeit in der Fallbearbeitung

Die Vorschriften des BGB über die beschränkte Geschäftsfähigkeit Minderjähriger 1 (§§ 106 ff BGB) bereiten in der Fallbearbeitung erfahrungsgemäß besondere Schwierigkeiten, und ein nicht geringer Teil dieser Schwierigkeiten rührt aus Aufbaufragen, die das Verhältnis von Willenserklärung und Rechtsgeschäft betreffen.[1]

I. Verträge Minderjähriger

1. Probleme herkömmlicher Darstellungen
a. Die auf den Abschluss des Vertrages gerichtete Erklärung des Minderjährigen

Schließt ein Minderjähriger einen Vertrag, so ist nach ganz überwiegender Dar- 2 stellung bei der auf den Abschluss des Vertrages gerichteten Willenserklärung des Minderjährigen zu prüfen, ob ihm die Erklärung rechtliche Nachteile bringt und er daher gemäß § 107 BGB zu dieser Erklärung der Einwilligung seines gesetzlichen Vertreters bedarf.

Gutachtentechnisch führt dies zu einer Reihe von Problemen. Unklar ist 3 schon, an welcher Rechtsfrage der Willenserklärung die Behandlung der Einwilligungsbedürftigkeit festgemacht werden soll. Vielfach wird hierin eine Frage der Wirksamkeit der Willenserklärung des Minderjährigen gesehen. Will man dem im Gutachten folgen, braucht man als Aufhänger eine Norm, die die Unwirksamkeit der Willenserklärung anordnet (oben § 22 Rdn. 7, 11). Eine solche Norm fehlt aber. § 107 BGB besagt weder dem Wortlaut noch dem Sinne nach, dass die Willenserklärung des Minderjährigen beim Fehlen der erforderlichen Einwilligung unwirksam ist (oben § 6 Rdn. 124).

Geht man dennoch von der Unwirksamkeit der Erklärung aus, stellt sich im 4/5 Gutachten das Problem, wie man noch zu § 108 BGB und der dort vorgesehenen Möglichkeit der Genehmigung des Vertrages gelangt. Offensichtlich sieht das Ge-

---

1 Hierzu *Leenen* Jura 2007, 721 (724 f).

setz im Fehlen der erforderlichen Einwilligung kein Hindernis dafür, dass ein schwebend unwirksamer Vertrag zustande kommt und durch Genehmigung wirksam werden kann.[2] Nun kann man aber im Gutachten nicht unter dem Gliederungspunkt „Zustandekommen des Vertrages" die Wirksamkeit der auf den Abschluss des Vertrages gerichteten Erklärungen prüfen, die Wirksamkeit der Erklärung des Minderjährigen *verneinen* und dennoch das Zustandekommen des Vertrages *bejahen*.

6   Sieht man die ohne erforderliche Einwilligung des gesetzlichen Vertreters abgegebene Erklärung des Minderjährigen als unwirksam an, bleibt also nur, schon das Zustandekommen des Vertrages zu verneinen. Diese Konsequenz wird in der Tat in manchen Vorschlägen zur Fallbearbeitung gezogen. Damit ist im Gutachten aber der Zugriff auf die Normen versperrt, die das BGB zur Wirksamkeit eines vom Minderjährigen ohne die erforderliche Einwilligung geschlossenen Vertrages (§ 108 BGB, § 110 BGB!) gibt, es sei denn, man bezieht diese Normen – entgegen deren klarem Wortlaut – statt auf den Vertrag des Minderjährigen auf dessen Willenserklärung.

b. Die an den Minderjährigen gerichtete Erklärung des anderen Teils

7   Die Probleme herkömmlicher Darstellungen beschränken sich aber nicht auf Fragen der Wirksamkeit der vom Minderjährigen abgegebenen Erklärung. Ein Teil der Lehre meint, der Zugang von Willenserklärungen, die auf den Abschluss eines Vertrages gerichtet sind, unterliege den Beschränkungen des § 131 Abs. 2 BGB (oben § 6 Rdn. 60). Daraus wird gefolgert, dass für einen an den Minderjährigen gerichteten Vertragsantrag Zugang an den Minderjährigen genüge, weil ihm durch den Antrag kein rechtlicher Nachteil entstehe. Anders verhalte es sich mit der Annahme eines vom Minderjährigen stammenden Antrags auf Vertragsschluss: Die Annahmeerklärung gehe gemäß § 131 Abs. 2 Satz 2 BGB nur zu, wenn der Vertrag für den beschränkt Geschäftsfähigen rechtlich lediglich vorteilhaft sei.[3]

8   Wie ist es aber, wenn der Sachverhalt nicht mitteilt, ob der Minderjährige das Angebot gemacht oder empfangen hat,[4] oder wenn der Vertrag gar nicht im Wege von Antrag und Annahme, sondern in der Technik der gemeinsamen Zustimmung zu einem Vertragstext (oben § 8 Rdn. 97 ff) geschlossen wurde? § 108 BGB differenziert nicht nach solchen Technizitäten des Vertragsschlusses, und also darf hiervon nicht der Zugriff auf § 108 BGB abhängen (oben § 6 Rdn. 59).

---

2 *Armbrüster* Jura 2007, 321; *Petersen* Examinatorium BGB-AT § 20 Rdn. 15; oben § 6 Rdn. 124 f.
3 Siehe oben § 6 Rdn. 60.
4 Ausführliche Hinweise zur Bearbeitung dieser Probleme bei *Faust* AT § 16 Rdn. 40.

2. Aufbauvorschlag: Verträge Minderjähriger

Vom hier vertretenen Standpunkt aus (dazu oben § 6 Rdn. 123 ff; § 9 Rdn. 17 ff) lö- 9
sen sich die geschilderten Probleme in einfacher Weise.

Vgl. zum Folgenden zunächst die Graphik oben § 9 Rdn. 18.

Die Minderjährigkeit eines Vertragsschließenden hat keine Auswirkungen auf das 10
Zustandekommen des Vertrages, sondern ist lediglich in der dogmatischen Ebene
der Wirksamkeitserfordernisse des Vertrages zu berücksichtigen.[5] Das vereinfacht
den Gutachtenaufbau gegenüber herkömmlichen Darstellungen ungemein: Nur
in einer einzigen Gliederungsebene des Gutachtens („Wirksamkeitserfordernisse
des Vertrages") besteht ein Unterschied zu Verträgen unbeschränkt geschäftsfähiger Personen.[6] Freilich können zur Absicherung dieses dogmatischen Konzepts
auch an anderen Stellen des Gutachtenaufbaus kurze Erläuterungen angebracht
sein.

a. Zustandekommen des Vertrages
aa. Die Willenserklärung des Minderjährigen

Es empfiehlt sich, unter dem Gliederungspunkt der Wirksamkeit der auf den Ab- 11
schluss des Vertrages gerichteten Erklärung des Minderjährigen kurz § 107 BGB
anzusprechen und klarzustellen, dass es nicht darauf ankommt, ob eine Einwilligung erforderlich und ggf. erteilt worden ist. § 107 BGB besagt nämlich nicht,
dass eine ohne erforderliche Einwilligung abgegebene Willenserklärung des Minderjährigen unwirksam ist (oben § 6 Rdn. 124 ff), vielmehr zeigt § 108 BGB, dass
die Wirksamkeit der Erklärung hiervon unabhängig ist, da andernfalls nicht ein
(genehmigungsfähiger) Vertrag zustande kommen könnte. Auch die Verweigerung der Genehmigung ändert nichts an der Wirksamkeit der ohne erforderliche
Einwilligung abgegebenen Willenserklärung des Minderjährigen. Also ist auch
hierauf an dieser Stelle des Gutachtens nicht einzugehen.

---

[5] Ebenso *Armbrüster* JURA 2007, 321; *Boecken* AT Rdn. 558 f; vgl. auch die Nachweise oben § 6
Rdn. 124 am Ende.
[6] Zudem findet dieser Gutachtenaufbau eine Parallele im Stellvertretungsrecht; vgl. *Häublein* JU-
RA 2007, 728 (729); unten § 27 Rdn. 6 und 19 ff.

bb. Die Willenserklärung des anderen Teils

12 Im Hinblick auf § 131 Abs. 2 BGB bedarf der Erörterung, ob für die Wirksamkeit der Erklärung des anderen Teil der Zugang beim Minderjährigen genügt. Die Frage ist, wiederum gestützt auf § 108 BGB, zu bejahen (oben § 6 Rdn. 59 f), ohne dass es darauf ankäme, ob der andere Teil dem Minderjährigen einen Antrag zum Abschluss eines Vertrages macht oder einen Antrag des Minderjährigen annimmt.

b. Die Wirksamkeit des Vertrages

13 Bei der Prüfung der Wirksamkeit eines von einem Minderjährigen geschlossenen Vertrages ist zwischen besonderen, sich aus der Minderjährigkeit ergebenden Wirksamkeitserfordernissen (unten aa, Rdn. 14 ff) und den für alle Verträge geltenden Wirksamkeitshindernissen (unten bb, Rdn. 20) zu unterscheiden (oben § 9 Rdn. 10 ff). Greifen keine besonderen Wirksamkeitserfordernisse ein, oder ist diesen genügt, so kann der Vertrag doch aus anderen Gründen, die nichts mit der Minderjährigkeit zu tun haben (Wirksamkeitshindernisse), nichtig sein. Der Schwerpunkt der Bearbeitung liegt in typischen Aufgabenstellungen bei den besonderen Wirksamkeitserfordernissen des Vertrages.

Vgl. zum Folgenden die Graphik oben § 9 Rdn. 22.

aa. Besondere Wirksamkeitserfordernisse im Hinblick auf die Minderjährigkeit
(1) Anwendungsbereich der Sondervorschriften (§ 107 BGB)

14 Abgesehen von den §§ 112, 113 BGB, die eine gegenständlich begrenzte unbeschränkte Geschäftsfähigkeit Minderjähriger vorsehen, richtet sich der Anwendungsbereich der besonderen Wirksamkeitserfordernisse für Verträge Minderjähriger nach § 107 BGB (oben § 9 Rdn. 23 ff). Für die Frage des rechtlichen Vorteils oder Nachteils kommt es nicht auf die Rechtsfolgen der Willenserklärung des Minderjährigen, sondern auf die rechtlichen Wirkungen des durch seine Willenserklärung zustande gekommenen Vertrages an (oben § 9 Rdn. 25 ff). Sind die Wirkungen des Vertrages für den Minderjährigen rechtlich lediglich vorteilhaft (Erwerb von Eigentum, Erlass von Schulden, oben § 9 Rdn. 29) oder zumindest nicht nachteilig („indifferent", oben § 9 Rdn. 32 ff), unterliegt die Wirksamkeit des Vertrages im Hinblick auf die Minderjährigkeit keinen besonderen Anforderungen.

15 Handelt es sich um einen gegenseitigen Vertrag oder wird ein sonstiger vertraglicher Erfüllungsanspruch gegen einen Minderjährigen geprüft, ist der Anwendungsbereich der Sondervorschriften stets eröffnet.

(2) Die Wirksamkeitserfordernisse im Einzelnen

Die Wirksamkeit von rechtlich nachteiligen Verträgen Minderjähriger kann sich 16
aus der Zustimmung des gesetzlichen Vertreters (Einwilligung, Genehmigung,
§ 108 BGB) oder aus der Bewirkung der Leistung durch den Minderjährigen (§ 110
BGB) ergeben (oben § 9 Rdn. 17 ff). Dabei gilt für die Fallbearbeitung:

Wird geprüft, ob ein **vertraglicher Erfüllungsanspruch** gegen einen Minder- 17
jährigen besteht, kommt als Grundlage der Wirksamkeit des Vertrages nur die Zustimmung (Einwilligung, Genehmigung) des gesetzlichen Vertreters in Betracht.
Eine Wirksamkeit des Vertrages gemäß § 110 BGB kann nicht zu einer Verpflichtung
des Minderjährigen zur Erbringung der vertragsmäßigen Leistung führen (oben § 9
Rdn. 57 f). Die Überlassung von Barmitteln im Sinne des § 110 BGB enthält grundsätzlich keine Einwilligung in Verpflichtungsgeschäfte (oben § 9 Rdn. 42).

Wird ein **Bereicherungsanspruch** gemäß § 812 Abs. 1 Satz 1 Var. 1 BGB 18
(Leistungskondiktion) geprüft, kommt es für die Frage, ob die Leistung „ohne
Rechtsgrund" erfolgte, darauf an, ob der der Leistung zugrunde liegende obligatorische Vertrag (Hauptfall: Kaufvertrag) unwirksam ist (oben § 24 Rdn. 43 ff). Eine den Bereicherungsanspruch ausschließende Wirksamkeit des Vertrages kann
auf Einwilligung, Genehmigung (§ 108 BGB) oder der vollständigen Bewirkung
der Leistung im Sinne des § 110 BGB beruhen. Fehlt es an einer Einwilligung,
schließt eine etwaige Genehmigung vor vollständiger Bewirkung der Leistung
§ 110 BGB aus (Wortlaut des § 110 BGB: „ohne Zustimmung"). Verweigert der gesetzliche Vertreter die Genehmigung, bevor der Minderjährige die Leistung vollständig bewirkt hat, kann der Vertrag noch gemäß § 110 BGB wirksam werden.[7]
Hat der Minderjährige die Leistung vollständig bewirkt, bevor der gesetzliche Vertreter die Genehmigung verweigert, geht die Verweigerung der Genehmigung ins
Leere, da der Vertrag schon zuvor wirksam geworden ist.[8]

Ob ein Minderjähriger wirksam Sachen (einschließlich Bargeld) **übereignet** 19
hat, ist allein anhand von Einwilligung und Genehmigung zu erörtern. Die als
Rechtsfolge des § 110 BGB vorgesehene Wirksamkeit des Vertrages betrifft allein
den *obligatorischen* Vertrag des Minderjährigen, in dem dieser sich zu einer „vertragsmäßigen Leistung" verpflichtet (oben § 9 Rdn. 51).

---

7 So *v. Tuhr*, Der Allgemeine Teil des Deutschen Bürgerlichen Rechts, Bd. II/1 (1914) S. 352 Fn. 117.
Vorausgesetzt wird dabei, dass die Verweigerung der Genehmigung nur die Entstehung vertraglicher Pflichten des Minderjährigen verhindern soll, während er die ihm überlassenen Mittel weiterhin zur Bewirkung der vertragsmäßigen Leistung verwenden darf. Abweichend die im Schrifttum
h.M.: Durch die Verweigerung der Genehmigung werde der Vertrag endgültig unwirksam und sei
einer Konvaleszenz nicht mehr zugänglich, vgl. *Fleck/Schweinfest* JuS 2010, 885 (889).
8 Mot. I, S. 147 f = Mugdan I, S. 433: Kaufvertrag im Hinblick auf eine Verweigerung der Genehmigung nach Bewirkung der Leistung „unantastbar".

bb. Allgemeine Wirksamkeitshindernisse (Nichtigkeitsgründe)

20 Im Übrigen richtet sich die Wirksamkeit des Vertrages nach den für alle Rechtsgeschäfte geltenden Vorschriften, insbesondere sind also etwaige Nichtigkeitsgründe (§§ 125, 134, 138, 142 BGB etc.) zu beachten. Dass der gesetzliche Vertreter seine Zustimmung zu Verträgen Minderjähriger gibt, die gegen Gesetze (§ 134 BGB) oder die guten Sitten (§ 138 BGB) verstoßen, dürfte die Ausnahme sein. Wohl aber spielt § 142 Abs. 1 BGB in Übungsfällen gerne eine Rolle: Der Minderjährige erklärt die Anfechtung eines Vertrages, dem der gesetzliche Vertreter zugestimmt hat oder der gemäß § 110 BGB durch vollständige Bewirkung der Leistung wirksam geworden ist.

II. Einseitige Rechtsgeschäfte

1. Probleme herkömmlicher Darstellungen

21 Im Aufbau der Prüfung einseitiger Rechtsgeschäfte wirkt sich in besonderem Maße die herkömmliche weitgehende Gleichsetzung von Willenserklärung und Rechtsgeschäft aus. So werden insbesondere Vorschriften, die die Wirksamkeit einseitiger Rechtsgeschäfte regeln, auf die Willenserklärungen angewendet, die zum Zustandekommen des einseitigen Rechtsgeschäfts führen. Dem ist nicht zu folgen.

2. Aufbauhinweise: Einseitige Rechtsgeschäfte

22 Zu unterscheiden ist zwischen einseitigen Rechtsgeschäften, die ein Minderjähriger vornimmt, und solchen, die einem Minderjährigen gegenüber vorgenommen werden.

a. Die Vornahme einseitiger Rechtsgeschäfte durch Minderjährige
aa. Die Willenserklärung

23 Für die Willenserklärung eines Minderjährigen, durch die das einseitige Rechtsgeschäft zustande kommt, gelten keine Besonderheiten. Die Erklärung der Anfechtung (§ 143 Abs. 1 BGB), der Aufrechnung (§ 388 Satz 1 BGB), des Rücktritts (§ 349 BGB) sind empfangsbedürftige Willenserklärungen, die mit Zugang wirksam werden. Für die Wirksamkeit dieser *Willenserklärungen* ist unerheblich, ob das *Rechtsgeschäft* (die Anfechtung, die Aufrechnung, der Rücktritt) rechtliche Nachteile für den Minderjährigen begründet. § 107 BGB ordnet nicht die Unwirksamkeit der Erklärung beim Fehlen einer erforderlichen Einwilligung an (oben § 6 Rdn. 124 ff). § 111 BGB regelt nach dem klaren Wortlaut der Vorschrift nicht die

Wirksamkeit der Willenserklärung, sondern die Wirksamkeit des einseitigen Rechtsgeschäfts des Minderjährigen. Also fehlt es in der Fallbearbeitung an einem „Aufhänger" (oben § 22 Rdn. 11) für die Erörterung einer Unwirksamkeit der Erklärung im Hinblick auf die Minderjährigkeit des Erklärenden.

Da dies in der Literatur vielfach anders gesehen wird, mag es immerhin rat- **24** sam sein, kurz die Frage anzusprechen und zu erläutern, dass und warum an dieser Stelle auf § 107 BGB nicht einzugehen ist (wie oben Rdn. 11; vgl. auch oben § 22 Rdn. 32).

bb. Die Wirksamkeit des einseitigen Rechtsgeschäfts
(1) Wirksamkeitserfordernisse

Für einseitige Rechtsgeschäfte Minderjähriger stellt § 111 Satz 1 BGB die Sankti- **25** onsnorm zu § 107 BGB dar (oben § 6 Rdn. 124, oben § 11 Rdn. 32 mit Graphik Rdn. 39). Das Gesetz macht die Wirksamkeit des einseitigen Rechtsgeschäfts davon abhängig, dass der gesetzliche Vertreter eine gemäß § 107 BGB erforderliche Einwilligung erteilt hat. In der Fallbearbeitung sind daher die Fragen des § 107 BGB (ist eine Einwilligung erforderlich und erteilt?) als Problem der Wirksamkeit der Anfechtung, des Rücktritts oder des sonstigen einseitigen Rechtsgeschäfts abzuarbeiten. Die Besonderheit einseitiger Rechtsgeschäfte besteht darin, dass eine fehlende Einwilligung (grundsätzlich; vgl. aber oben § 11 Rdn. 32) nicht durch eine Genehmigung kompensiert werden kann.

(2) Wirksamkeitshindernisse

Für einseitige Rechtsgeschäfte eines Minderjährigen stellt § 111 Satz 2 BGB ein be- **26** sonderes Wirksamkeitshindernis auf (oben § 11 Rdn. 35f): Das Rechtsgeschäft des Minderjährigen ist unwirksam, wenn der Minderjährige die ihm erteilte Einwilligung „nicht in schriftlicher Form vorlegt und der andere das Rechtsgeschäft aus diesem Grund unverzüglich zurückweist". Hierzu wiederum enthält § 111 Satz 3 BGB eine Ausnahme.

Die allgemeinen Wirksamkeitshindernisse (Nichtigkeitsgründe) von Rechts- **27** geschäften (oben § 11 Rdn. 38) spielen in der Fallbearbeitung bei einseitigen Rechtsgeschäften, die ein Minderjähriger mit Einwilligung des gesetzlichen Vertreters vornimmt, eine ganz untergeordnete Rolle. Dass ein Minderjähriger die Anfechtung eines Vertrages erklärt und später die Anfechtung anficht mit der Wirkung des § 142 Abs. 1 BGB, ist zwar denkbar, aber ohne praktische Relevanz.

b. Die Vornahme einseitiger Rechtsgeschäfte gegenüber Minderjährigen
aa. Die Willenserklärung

28 Wird *gegenüber* einem Minderjährigen ein einseitiges Rechtsgeschäft vorgenommen, so unterliegt die Wirksamkeit der Willenserklärung, die auf die Vornahme dieses Rechtsgeschäfts gerichtet ist, den besonderen Erfordernissen des § 131 Abs. 2 BGB (oben § 6 Rdn. 57).

29 **Beispiel:** Erklärt der Verkäufer V gegenüber dem Minderjährigen Käufer K den Rücktritt vom Kaufvertrag, so ist unter dem Gliederungspunkt „Wirksamkeit der Rücktrittserklärung" auf § 130 Abs. 1 BGB (Zugang als Wirksamkeitserfordernis der Erklärung) und speziell auf § 131 Abs. 2 BGB einzugehen. Die Rücktrittserklärung des V wird gemäß § 131 Abs. 2 Satz 1 BGB erst mit Zugang beim gesetzlichen Vertreter wirksam (§ 131 Abs. 2 Satz 1 BGB). Da der Rücktritt des V vom Kaufvertrag zur Folge hat, dass der minderjährige K rechtliche Nachteile erleidet (nämlich: Ansprüche aus dem Vertrag verliert oder zur Rückgewähr bereits erhaltener Leistungen des V verpflichtet ist, § 346 Abs. 1 BGB), greift die Ausnahmeregelung des § 131 Abs. 2 Satz 2 BGB nicht ein.

bb. Die Wirksamkeit des einseitigen Rechtsgeschäfts

30 Für die Wirksamkeit eines einseitigen Rechtsgeschäfts, das gegenüber einem Minderjährigen vorgenommen wird, ergeben sich keine Besonderheiten.

§ 27 Das Recht der Stellvertretung in der Fallbearbeitung

1 Zur Veranschaulichung der methodischen Fragen, die das Recht der Stellvertretung in der Fallbearbeitung aufwirft, mag eine typische Fallkonstellation dienen: Es geht um Ansprüche des Käufers K gegen den Verkäufer V, sei es auf Übereignung und Übergabe der Kaufsache (vertraglicher Erfüllungsanspruch), sei es auf Nacherfüllung (§§ 437 Nr. 1, 439 BGB) oder Schadensersatz wegen eines Mangels der gelieferten Sache (§ 437 Nr. 3 BGB mit Weiterverweisungen). Voraussetzung ist ein wirksamer Kaufvertrag zwischen V und K. Nach den Angaben des Sachverhalts stammen die auf den Abschluss des Vertrages gerichteten Erklärungen von K und von S (z.B. als des Kassenangestellten eines Supermarktes, der von V betrieben wird) oder von V und S (z.B. als einer sachkundigen Freundin, die für K die Kaufsache erwerben soll).

I. Kennzeichen und Probleme herkömmlicher Darstellungen

1. Die Feststellung des Fehlens einer eigenen Willenserklärung des Vertretenen als Ausgangspunkt

Ausgangspunkt für die Prüfung von Fragen der Stellvertretung beim Vertrags- **2** schluss ist üblicherweise die Feststellung, dass es an einer eigenen Willenserklärung des Vertretenen fehle. Dies spricht nicht mehr als eine bare Selbstverständlichkeit aus, da es gerade das Wesen der Stellvertretung ausmacht, dass andere im Namen des Vertretenen handeln. Zudem werden die meisten Verträge nicht von den Vertragspartnern persönlich geschlossen (oben § 4 Rdn. 96). Die unterschwellige Erwartungshaltung, dass ein Vertrag zwischen V und K „an sich" nur durch Willenserklärungen von V und K zustande kommen könne, ist verfehlt. Wer bei einem Lebensmitteldiscounter, einem Elektronik-Markt oder in einem Kaufhaus einkauft, erwartet nicht, den Vertrag mit einer natürlichen Person als dem Verkäufer im Rechtssinne zu schließen und schon gar nicht, dass ausgerechnet diese Person persönlich am Kassenstand sitzt und die Kunden bedient (oben § 4 Rdn. 97). Schließlich sind Erörterungen zur Frage, ob der Vertretene eine eigene Willenserklärung abgegeben habe, sachverhaltswidrig, wenn der Sachverhalt ausdrücklich mitteilt, dass die Willenserklärung von einer anderen Person abgegeben wurde.

2. Die Am-Stück-Prüfung der „Voraussetzungen wirksamer Stellvertretung"

Ist festgestellt, dass es an einer eigenen Willenserklärung des Vertragspartners **3** fehle, schließt das Schrifttum hieran die Frage an, ob dem Vertragspartner die Willenserklärung des S gemäß den §§ 164 ff BGB zugerechnet werden könne. Erforderlich sei insoweit, dass die „Voraussetzungen wirksamer Stellvertretung" vorlägen. Als diese Voraussetzungen werden im Einzelnen genannt: Die Zulässigkeit von Stellvertretung, die Abgabe einer eigenen Willenserklärung durch S, die Abgabe der Erklärung im Namen des Vertretenen (Offenkundigkeitsprinzip), das Vorliegen von Vertretungsmacht. Diese Prüfungspunkte werden anhand der Willenserklärung des S abgearbeitet.

Auffällig ist hieran, dass vom methodischen Grundkonzept der Prüfung ver- **4** traglicher Ansprüche (oben § 25) abgewichen wird. Die einzelnen Fragestellungen, die unter den „Voraussetzungen wirksamer Stellvertretung" zusammengefasst werden, sind dogmatisch und methodisch nicht auf einen Nenner zu bringen. Sie lassen sich nicht an den einzelnen Prüfungspunkten der auf den Abschluss eines Vertrages gerichteten Willenserklärungen festmachen. Die Frage, in wessen Namen die Erklärung abgegeben wurde, spielt weder für das tatbestandliche Vorliegen einer Erklärung noch für deren Wirksamkeit eine Rolle. Es geht insoweit allein darum, wen die Wirkungen des Rechtsgeschäfts treffen sollen. Wird eine Willenserklärung von einem Vertreter ohne Vertretungsmacht abgegeben, berührt dies nicht die Wirksamkeit der Erklärung, sondern allein die Wirksamkeit des durch die Erklärung zustande gekommenen Rechtsgeschäfts (oben § 6 Rdn. 130 f).

5 Die Unzulänglichkeiten des herkömmlichen Aufbaus zeigen sich, wenn die sog. Voraussetzungen wirksamer Stellvertretung *nicht* vorliegen. Fehlt die Vertretungsmacht, hindert das nicht das Zustandekommen des Vertrages zwischen dem Vertretenen und dem Dritten (§ 177 BGB). Also ist es nicht sinnvoll, diesen Punkt bei den auf den Abschluss des Vertrages gerichteten Willenserklärungen zu erörtern. Es gilt dasselbe wie für die herkömmliche Prüfung der Einwilligung bei der auf den Abschluss eines Vertrages gerichteten Willenserklärung eines Minderjährigen (dazu oben § 26 Rdn. 4).

II. Die gestreckte Prüfung von Stellvertretungsfragen als Gegenmodell

6 Alle Fragen, die die Vornahme von Rechtsgeschäften durch Stellvertreter aufwirft, lassen sich in dasselbe gedankliche Grundschema einordnen, das für Eigengeschäfte gilt. Geringfügige Anpassungen und Erweiterungen fügen sich ohne weiteres in die bekannten Kategorien ein. Erforderlich ist eine Aufteilung der einzelnen Prüfungspunkte und eine Zuweisung zu den dogmatisch jeweils relevanten Orten. Insoweit wird hier – im Anschluss an *Häublein*[1] – von einer „gestreckten" Prüfung der Stellvertretung gesprochen.

Vgl. zum Folgenden zunächst die Graphik oben § 9 Rdn. 69.

1. Verträge
a. Das Zustandekommen des Vertrages
aa. Die auf den Abschluss des Vertrages gerichteten Willenserklärungen
(1) *Tatbestand*

7 Aufgrund der konkreten Angaben des Sachverhalts ist zunächst nach den auf den Abschluss des Vertrages gerichteten Willenserklärungen zu suchen. Eine Selbstverständlichkeit ist, dass diese Willenserklärungen nicht von den Personen stammen müssen, die Vertragspartner werden sollen (oben § 4 Rdn. 66 ff). Geht es um

---

1 *Häublein* Jura 2007, 728 (730). Diesem Prüfungsschema zustimmend *Boecken* AT Rdn. 603 f; *Moussa*, Das Dogma vom formgerechten Zugang (erscheint demnächst) § II I 3 a.

die Frage, ob ein Vertrag zwischen V und K zustande gekommen ist, darf in der Ebene der auf den Abschluss des Vertrages gerichteten Willenserklärungen ohne weiteres auf Willenserklärungen Dritter zugegriffen werden. Es bedarf an dieser Stelle keiner Erläuterung dazu, dass der Dritte möglicherweise als Stellvertreter für V oder K handelt. Für die Frage, ob seine Erklärung den Sinn hat, im Verein mit der Erklärung der Gegenseite unmittelbar zum Zustandekommen eines Vertrages zu führen, spielt dies keine Rolle.

Beispiel: Beim Abschluss eines Kaufvertrages in einem Supermarkt lässt sich formulieren: „Die **8** auf den Abschluss des Kaufvertrages zwischen V und K gerichteten Willenserklärungen können hier nur von K einerseits, der/dem Kassenangestellten A des V andererseits stammen."

Der Klärung kann bedürfen, ob eine auf den Abschluss eines Vertrages zielende **9** Äußerung sich rechtlich als Willenserklärung dessen darstellt, der sie ausspricht, oder ob diese Person lediglich (als Bote) eine fremde Willenserklärung überbringt. Ist letzteres der Fall, handelt es sich um eine Willenserklärung dessen, der sich zur Überbringung der Erklärung des Boten bedient. Um ein Problem der Stellvertretung geht es insoweit nicht.[2]

Beispiel: Das fünfjährige Kind K geht auf Bitte seiner Eltern E zum Supermarkt und „holt" Bröt- **10** chen, Milch, und Himbeer-Marmelade. Tatbestandlich handelt es sich nicht um Willenserklärungen des K (die gemäß § 105 Abs. 1 BGB nichtig wären), sondern um Willenserklärungen der E, die von K als deren Erklärungsboten übermittelt werden (oben § 6 Rdn. 80).

(2) *Wirksamkeit*

Die Wirksamkeit der von einem Vertreter abgegebenen Willenserklärung wird im **11** Schrifttum vielfach als der Ort angesehen, an denen im Aufbau eines Gutachtens die Fragen der Stellvertretung abzuarbeiten sind.[3] Dem ist nicht zu folgen. Insbesondere berührt das Fehlen von Vertretungsmacht nicht die Wirksamkeit der von einem Vertreter abgegebenen Erklärung (oben § 6 Rdn. 130 f).[4]

Wirksamkeitserfordernis der auf den Abschluss des Vertrages gerichteten **12** Willenserklärungen ist deren **Zugang**. Genügend ist der Zugang jeweils bei demjenigen, der die andere auf den Abschluss des Vertrages gerichtete Erklärung abgibt. Ob diese Personen aktive oder passive Vertretungsmacht für diejenigen ha-

---

2 Zutreffend bemerkt *Faust* (AT § 22 Rdn. 3), dass die Frage, um wessen Willenserklärung es sich handelt, geklärt ist, *bevor* sich Fragen der Stellvertretung stellen.
3 S. *Lorenz* JuS 2010, 382 (385); zutreffende Kritik hieran bei *Petersen* JURA 2010, 904 (904 f).
4 *Boecken* AT Rdn. 601; oben § 6 Rdn. 130 f.

ben, die Vertragspartner werden sollen, ist für den Zugang der Erklärungen unerheblich[5] und also nicht zu erörtern.[6]

13 **Anders,** wenn eine der auf den Vertragsschluss zielenden Erklärungen an eine andere Person gerichtet wird als diejenige, von der die Gegenerklärung stammt. Erhält K einen Antrag zum Abschluss eines Vertrages von V und schickt er seine Annahmeerklärung an X, so wird diese mit Zugang bei X wirksam, falls X Empfangsvertreter des V ist. Ist er „Empfangsbote", wird sie zu dem Zeitpunkt wirksam, zu dem mit einer Kenntnisnahme durch V zu rechnen ist. Ist X weder das eine noch das andere, also eine dritte Person, wird die Erklärung mangels Zugangs nicht wirksam.

14 Für **Wirksamkeitshindernisse,** die an die Person des Erklärenden anknüpfen (§ 105 Abs. 1 BGB, Geschäftsunfähigkeit; § 118 BGB, Scherzerklärung, etc.), spielt es keine Rolle, in wessen Namen die Erklärung abgegeben wird. Also ist auch insoweit auf Fragen der Stellvertretung nicht einzugehen. Eine etwaige Nichtigkeit der Erklärung wegen Geschäftsunfähigkeit wird anhand der Person geprüft, die die auf den Abschluss des Vertrages gerichtete Willenserklärung abgegeben hat. Wer diese Erklärung abgegeben hat, ist an dieser Stelle im Aufbau des Gutachtens geklärt (oben Rdn. 9f).

bb. Das Zustandekommen des Vertrages mit dem Vertretenen

15 Wer Vertragspartner werden soll, ist eine notwendige Regelung, über die die Vertragsschließenden (also diejenigen Personen, von denen die auf den Abschluss des Vertrages gerichteten Willenserklärungen stammen) einen Konsens in ihren Erklärungen erreichen müssen (oben § 8 Rdn. 136). Das „Handeln in fremdem Namen" als Erfordernis der Stellvertretung gehört zur Frage, ob die Kontrahenten darüber Einigung erzielt haben, dass die Wirkungen des Vertrages nicht die Kontrahenten selbst, sondern denjenigen treffen sollen, in dessen Namen die Erklärung abgegeben wurde.

(1) *Faktischer Konsens über den Vertretenen als Vertragspartner*

16 Primär ist zu fragen, ob die Kontrahenten (also diejenigen, die die auf den Abschluss des Vertrages gerichteten Willenserklärungen abgegeben haben) eine tatsächliche Übereinstimmung im Willen über den Vertretenen als Vertragspart-

---

5 *Häublein* JURA 2007, 728 (729); dazu oben § 6 Rdn. 14 ff.
6 Anders *S. Lorenz* JuS 2010, 382 (385).

ner erzielt haben (oben § 8 Rdn. 140 ff). Das dürfte insbesondere anzunehmen sein, wenn die Erklärung des Vertreters ausdrücklich in fremdem Namen abgegeben wurde und der andere Vertragsteil uneingeschränkt dieser Erklärung zustimmt. Entsprechendes gilt für den Abschluss von Verträgen mit Kassen- und sonstigen Verkaufsangestellten eines Unternehmens (oben § 4 Rdn. 91). Auch das nachvertragliche Verhalten (oben § 5 Rdn. 76) gibt vielfach Hinweise, dass zwischen den Kontrahenten unstreitig ein faktischer Konsens über den Vertretenen als Vertragspartner erzielt wurde. Ist dies der Fall, erübrigen sich Ausführungen zur Frage, ob die Erklärung des Vertreters so formuliert war, dass sie als in fremdem Namen abgegeben verstanden werden *durfte*. Der faktische Konsens geht jeder normativen Erklärungsbedeutung vor (oben § 8 Rdn. 144 f).

(2) *Normativer Konsens über den Vertretenen als Vertragspartner*
Lässt sich eine tatsächliche Übereinstimmung der Kontrahenten darüber nicht **17** feststellen, dass eine bestimmte dritte Person (der Vertretene) Vertragspartner werden soll, so ist zu fragen, ob hierüber immerhin ein normativer Konsens (oben § 8 Rdn. 157 ff) erzielt wurde. Das ist der Fall, wenn ein Kontrahent, der den Willen hatte, dass der Vertrag mit dieser dritten Person (dem Vertretenen) zustande kommen soll, die Erklärung des anderen Kontrahenten im gleichen Sinne verstehen *durfte*. Ob er die Erklärung des anderen so verstehen durfte, ist im Wege der normativen Auslegung von dessen Erklärung zu ermitteln (oben § 5 Rdn. 45, 50 ff).

(3) *Abgrenzung zum Eigengeschäft*
Lässt sich weder ein faktischer noch ein normativer Konsens darüber feststellen, **18** dass ein anderer als die am Abschluss des Vertrages beteiligten Personen Vertragspartner werden soll, so kommt der Vertrag zwischen den Personen zustande, die die auf den Abschluss des Vertrages gerichteten Willenserklärungen abgegeben haben. Der Mangel des Willens eines Kontrahenten, den Vertrag im eigenen Namen zu schließen, ist gemäß § 164 Abs. 2 BGB unbeachtlich. Hierdurch wird verhindert, dass das Zustandekommen des Vertrages an einem Dissens scheitert.

b. Die Wirksamkeit des Vertrages
aa. Wirksamkeitserfordernisse

19 Ein in fremdem Namen geschlossener Vertrag ist nur wirksam, wenn dem Vertreter hierfür Vertretungsmacht zustand oder der Vertretene den von einem Vertreter ohne Vertretungsmacht geschlossenen Vertrag genehmigt (§ 177 BGB).[7]

> Vgl. zum Folgenden zunächst die Graphik oben § 9 Rdn. 71!

(1) *Vertretungsmacht*

20 Ob der Vertrag von Vertretungsmacht gedeckt ist, wird (wo im Näheren erörterungsbedürftig) in zwei Schritten geklärt: Dem Vertreter muss (1) Vertretungsmacht zustehen, und es muss (2) der Vertrag vom Umfang der Vertretungsmacht gedeckt sein. Die Frage (1), ob Vertretungsmacht besteht, wird bei komplexeren Sachverhalten in dem gedanklichen Schema von „Entstehung" und „Fortfall" von Vertretungsmacht abgearbeitet. Im Aufbau einer Anspruchsprüfung können recht verschachtelte Gliederungsebenen entstehen, und es gilt, den Überblick nicht zu verlieren.

21 **Beispiele:** Ist dem S von K Vollmacht zum Abschluss eines Kaufvertrages mit V erteilt, die Bevollmächtigung aber später angefochten worden, und verlangt V Zahlung des vereinbarten Entgelts, so ist als Frage der *Wirksamkeit des Kaufvertrages* die Vertretungsmacht des S zu behandeln. Die Vertretungsmacht kann sich nur aus der Bevollmächtigung durch K ergeben. Der *Wirksamkeit der Bevollmächtigung* kann die Anfechtung durch K entgegenstehen. Die *Wirksamkeit der Anfechtung* hängt davon ab, dass sie überhaupt zulässig ist (was für die Anfechtung einer ausgeübten Vollmacht streitig ist, oben § 13 Rdn. 22 ff), dass dem K ein Anfechtungsgrund zustand und die Anfechtung innerhalb der Frist erklärt wurde. – Hat K die Vollmacht extern erteilt und intern widerrufen, ist unter dem Aspekt des Fortfalls von Vertretungsmacht einerseits klarzustellen, dass der Widerruf zum Erlöschen der Vollmacht führt, andererseits aber zu beachten, dass die Vollmacht gemäß § 170 BGB dem Dritten gegenüber in Kraft bleibt, bis ihm das Erlöschen angezeigt wird (oben § 9 Rdn. 86).

(2) *Genehmigung*

22 Zum einseitigen Rechtsgeschäft der Genehmigung zunächst oben § 12 Rdn. 29 ff.

---

7 Zu Wirksamkeitserfordernissen eines Vertrages oben § 9 Rdn. 10 ff; zur Gutachtentechnik oben § 23 Rdn. 106.

(a) *Die Erklärung der Genehmigung*

Beim **Tatbestand** der Genehmigungserklärung kann auf die Frage einzugehen **23** sein, ob der Erklärende sich der Genehmigungsbedürftigkeit des Vertrages wegen fehlender Vertretungsmacht bewusst sein muss (hierzu oben § 12 Rdn. 30 f). Dies ist richtigerweise zu verneinen, da ein Erklärungsbewusstsein kein tatbestandliches Erfordernis einer Willenserklärung ist (oben § 5 Rdn. 33). Ist jedoch auch der Vertragspartner davon überzeugt, dass dem Vertreter aufgrund einer wirksam erteilten Vollmacht Vertretungsmacht zustand, hat er nach den Grundsätzen der normativen Auslegung keinen Anlass, das nachfolgende Verhalten des Vertretenen (insbesondere: die Erbringung der vertragsmäßigen Leistung) als konkludente Genehmigung des Vertrages zu deuten.[8] Für den Zugang als **Wirksamkeitserfordernis** der Genehmigungserklärung ergeben sich Besonderheiten, wenn der Vertragspartner den Vertretenen zur Erklärung über die Genehmigung aufgefordert hat (§ 177 Abs. 2 Satz 1 BGB).

(b) *Die Wirksamkeit der Genehmigung*

Eine Unwirksamkeit der Genehmigung gemäß § 125 BGB wegen Formmangels **24** kommt wegen § 182 Abs. 2 BGB grundsätzlich nicht in Betracht. Nach der Rechtsprechung kann selbst in Fällen, in denen entgegen § 167 Abs. 2 BGB die Erteilung einer Vollmacht als formbedürftig angesehen wird und die der Form nicht genügende Bevollmächtigung gemäß § 125 Satz 1 nichtig ist (oben § 13 Rdn. 18 f), der ohne Vertretungsmacht geschlossene Vertrag durch formlose Genehmigung wirksam werden.[9]

Bei einer solchen Fallgestaltung bedarf besonders sorgfältiger Begründung, warum die (im Auf- **25** bau des Gutachtens zunächst erläuterten) Grundsätze, die für eine Durchbrechung des § 167 Abs. 2 BGB anzuführen sind, nicht in gleicher Weise für die Genehmigung (und damit für eine Korrektur des § 182 Abs. 2 BGB) sprechen (hierzu oben § 12 Rdn. 35).

bb. Wirksamkeitshindernisse

Es gelten die allgemeinen Vorschriften über die Nichtigkeit von Rechtsgeschäften **26** (oben § 9 Rdn. 143 ff).

---

8 BGH vom 17.5.2002, NJW 2002, 2863 (2864); dazu oben § 12 Rdn. 32.
9 BGH vom 25.2.1994, NJW 1994, 1344 (1345); BGH vom 29.3.2000, NJW 2000, 2272 (2274).

(1) *Die Bedeutung des § 166 Abs. 1 BGB für die Anwendung von Nichtigkeitsnormen*

27 Kommt es bei der Anwendung der Nichtigkeitsnorm auf subjektive Merkmale an (Wissen, Kennenmüssen, Beweggründe, Willensmängel), ist auf die Person abzustellen, die die auf den Abschluss des Vertrages gerichteten Willenserklärungen abgegeben hat. Bei Erklärungen, die in fremdem Namen abgegeben werden, ist dies der Vertreter; also kommt es auf dessen Wissen etc. an, nicht auf den Vertretenen. Dies ist angesichts der dem BGB zugrunde liegenden Repräsentationstheorie (oben § 4 Rdn. 79 ff) selbstverständlich; § 166 Abs. 1 BGB stellt das ausdrücklich klar. Zu beachten sind die Einschränkungen dieses Ausgangspunktes, die sich aus § 166 Abs. 2 BGB für den Fall ergeben, dass ein Bevollmächtigter nach bestimmten Weisungen des Vollmachtgebers gehandelt hat.

28 Subjektive Kriterien finden sich in § 138 Abs. 2 BGB (Ausbeutungs-Merkmale, oben § 9 Rdn. 234 ff). Für die Anwendung des § 138 Abs. 1 BGB sind subjektive Merkmale vielfach, wenn auch nicht notwendig, relevant (Beispiele oben § 9 Rdn. 245 ff). Die größte praktische Bedeutung kommt § 166 BGB im Rahmen des § 142 BGB zu: Das Anfechtungsrecht des Vertretenen stützt sich auf einen Willensmangel des *Vertreters* bei Abgabe der Erklärung (oben § 14 Rdn. 129).

(2) *Die Bedeutung des § 164 Abs. 2 BGB für § 142 Abs. 1 BGB in Verb. mit § 119 Abs. 1 BGB*

29 Wollte ein Kontrahent den Vertrag in fremdem Namen schließen, kommt der Vertrag aber mit ihm persönlich zustande, weil der Fremdbezug für den anderen Teil nicht erkennbar war (oben Rdn. 18), so liegt tatbestandlich an sich ein Willensmangel gemäß § 119 Abs. 1 Var. 1 BGB (Inhaltsirrtum) vor. Gemäß § 164 Abs. 2 BGB kommt aber „der Mangel des Willens, im eigenen Namen zu handeln, nicht in Betracht". Damit wird ein auf § 119 Abs. 1 BGB gestütztes Anfechtungsrecht ausgeschlossen. Wer beim Vertragsschluss nicht für den anderen Teil erkennbar zum Ausdruck bringt, dass ein anderer Vertragspartner werden soll, ist unanfechtbar an den Vertrag persönlich gebunden.

2. Einseitige Rechtsgeschäfte

30 Wird ein einseitiges Rechtsgeschäft in fremdem Namen vorgenommen, so sollen die Wirkungen auf den Vertretenen bezogen werden. Die Kündigung, Anfechtung, Aufrechnung etc. durch einen Stellvertreter soll dieselben Wirkungen haben wie wenn der Vertretene selbst diese Rechtsgeschäfte vorgenommen hätte. Im Aufbau der Prüfung des einseitigen Rechtsgeschäfts ergeben sich keine grundsätzlichen Unterschiede gegenüber einem im eigenen Namen vorgenommenen Rechtsgeschäft (dazu zunächst oben § 11 Rdn. 11 ff).

a. Die auf Vornahme des einseitigen Rechtsgeschäfts gerichtete Willenserklärung

Das in fremdem Namen vorgenommene einseitige Rechtsgeschäft erfolgt durch **31** die Willenserklärung des Stellvertreters. Der Bezug auf den Vertretenen muss im Wege der Auslegung der Erklärung zu ermitteln sein. Erkennt der Empfänger diesen Fremdbezug, ist gleichgültig, wie die Erklärung formuliert ist (oben § 5 Rdn. 52). Hat der Empfänger den Fremdbezug nicht erkannt, kommt es darauf an, ob er nach den Grundsätzen der normativen Auslegung empfangsbedürftiger Willenserklärungen die Erklärung als in fremdem Namen abgegeben verstehen musste (oben § 5 Rdn. 57) oder sein eigenes Verständnis für richtig halten durfte (oben § 5 Rdn. 62).

b. Die Wirksamkeit des einseitigen Rechtsgeschäfts

Da das Rechtsgeschäft in fremdem Namen vorgenommen wird, unterliegt es be- **32** sonderen Wirksamkeitserfordernissen (oben § 11 Rdn. 29 ff mit Graphik Rdn. 40). Abweichend von der Regelung für Verträge sieht § 180 BGB vor, dass bei einseitigen Rechtsgeschäften Vertretung ohne Vertretungsmacht „unzulässig" ist. Das bedeutet, dass das einseitige Rechtsgeschäft nur wirksam ist, wenn es mit Vertretungsmacht vorgenommen wurde; eine Genehmigung scheidet grundsätzlich aus. Ausnahmen hierzu ergeben sich aus § 180 Satz 2 und 3 BGB.

§ 28 Das Recht der Willensmängel in der Fallbearbeitung

Willensmängel regelt das Gesetz insbesondere in den §§ 116 ff BGB und §§ 119 ff **1** BGB (einschließlich §§ 142 ff BGB). Für die Fallbearbeitung kommt dem Recht der Anfechtung (§§ 119 ff BGB) herausragende Bedeutung zu (unten I, Rdn. 2 ff). Zu § 117 BGB (Scheingeschäft) muss die Fallkonstellation der sog. Unterverbriefung (Schwarzbeurkundung) gutachtentechnisch beherrscht werden (unten II, Rdn. 32 ff).

I. Das Recht der Anfechtung in der Fallbearbeitung

1. Probleme herkömmlicher Darstellungen

Auch für die Bearbeitung von Fällen zum Anfechtungsrecht kommt es wesentlich **2** darauf an, zwischen Fragestellungen zu unterscheiden, die die Willenserklärung betreffen, und solchen, die sich auf das Rechtsgeschäft beziehen. Daher wirkt sich auch hier die herkömmliche dogmatische Überfrachtung der Willenserklärung (oben § 6 Rdn. 116 ff) als Belastung für einen überzeugenden Gutachtenaufbau aus. Das zentrale Problem ergibt sich aus der ganz herrschenden Auffassung, dass Bezugspunkt der Anfechtung die fehlerhafte Willenserklärung und Rechtsfolge der Anfechtung deren Nichtigkeit sei. Mag man sich im ersten Punkt (Willenserklärung als Gegenstand der Anfechtung) noch auf den Wortlaut der §§ 119 ff BGB stützen können,[1] so fehlt es doch zum zweiten Punkt an einer gesetzlichen Bestimmung, die die Nichtigkeit der angefochtenen Willenserklärung anordnen würde. Gerade eine solche Norm ist für den Aufbau des Gutachtens indessen von zentraler Bedeutung, da die Rechtsfolgeanordnung den „Aufhänger" für die Erörterung von deren Voraussetzungen bildet (oben § 22 Rdn. 11).

3   Stützt man die angebliche Rechtsfolge der Nichtigkeit der Willenserklärung auf § 142 Abs. 1 BGB, muss man sich über den anders lautenden Wortlaut dieser Vorschrift hinweg setzen. Das ist irritierend, wenn man zuvor die These, Gegenstand der Anfechtung sei allein die Willenserklärung, nicht das Rechtsgeschäft, auf den Wortlaut der §§ 119 ff BGB gestützt hat. Man ist dem Leser des Gutachtens dann bei § 142 Abs. 1 BGB eine Erklärung schuldig, warum es auf den Wortlaut *dieser* Vorschrift nicht so genau ankommen soll, ist doch hier ausdrücklich vom anfechtbaren *Rechtsgeschäft* die Rede und als Rechtsfolge der Anfechtung die Nichtigkeit des angefochtenen *Rechtsgeschäfts* (nicht der dem Rechtsgeschäft zugrunde liegenden Willenserklärung) vorgesehen. Es hilft nichts, sich insoweit auf den durch die Motive belegten Standpunkt zurückzuziehen, das BGB verwende die beiden Begriffe im Wesentlichen synonym, da dies ja dann in gleicher Weise für die §§ 119–123 BGB gelten müsste und also der Ausgangspunkt der Argumentation in Frage gestellt würde.

4   Wäre die Rechtsfolgenanordnung des § 142 Abs. 1 BGB auf die fehlerhafte Willenserklärung anzuwenden, so hätte dies gutachtentechnisch zudem zur Folge, dass die gesamte Anfechtungsprüfung als Problem der Wirksamkeit der Willenserklärung abgearbeitet werden müsste. Das ist insbesondere bei der Prüfung von vertraglichen Ansprüchen misslich. Nimmt ein Bearbeiter an, dass der Antrag infolge Anfechtung als von Anfang an nichtig anzusehen sei, kann er im Grunde nur mehr in einem Hilfsgutachten auf etwaige Fragen der Wirksamkeit der Annahmeerklärung (Zugang, Rechtzeitigkeit!) eingehen. Dasselbe gilt für sonstige Fragen des Zustandekommens des Vertrages (Konsens/Dissens). Welchen Inhalt der Vertrag hat, ist aber vorgreiflich für die Frage nach dem Vorliegen bestimmter Anfechtungsgründe (oben § 14 Rdn. 34 und § 14 Rdn. 48).

---

1 Zur Relativierung des Wortlauts dieser Bestimmungen durch die Gesetzessystematik oben § 6 Rdn. 138.

Wo im Schrifttum auf derartige Probleme der gutachtentechnischen Umset- **5** zung herkömmlicher dogmatischer Positionen zum Anfechtungsrecht eingegangen wird, vermögen die Lösungsvorschläge nicht zu überzeugen. Ist die auf den Abschluss des Vertrages gerichtete Willenserklärung Gegenstand der Anfechtung und die Nichtigkeit dieser Erklärung die Folge der Anfechtung, kann nicht zunächst unter Ausklammerung der Anfechtungsproblematik das Zustandekommen des Vertrages geprüft werden.[2] Wird nämlich das Zustandekommen des Vertrages bejaht, liegt darin zugleich, dass die auf den Abschluss des Vertrages gerichteten Erklärungen wirksam sind.

Auch die häufig anzutreffende Formulierung, infolge der Anfechtung sei die **6** auf den Abschluss des Vertrages gerichtete Willenserklärung „und somit auch der Vertrag" nichtig, lässt sich gutachtentechnisch nicht umsetzen. Es kann nicht die auf den Abschluss des Vertrages gerichtete Erklärung *und zugleich der Vertrag* nichtig sein, weil der Vertrag nur zustande kommt, wenn die Erklärung wirksam ist und ein Vertrag, der nicht zustande gekommen ist, nicht unwirksam/nichtig sein kann.

Diese Probleme herkömmlicher Darstellungen lassen sich überwinden, wenn **7** man der hier vertretenen strikten Unterscheidung zwischen Willenserklärung und Rechtsgeschäft (oben § 4 Rdn. 105 ff) folgt. Mit der Anfechtung will der Anfechtende in aller Regel erreichen, dass ein aufgrund einer fehlerhaften Willenserklärung zustande gekommenes Rechtsgeschäft als von Anfang an nichtig anzusehen ist und daher die Wirkungen dieses Rechtsgeschäfts nicht eintreten. Das Mittel hierzu ist die Anfechtung des Rechtsgeschäfts, bei einem Vertrag also die Anfechtung des Vertrages (oben § 6 Rdn. 136 ff mit Nachweisen zum Streitstand). Methodischer Ort der Anfechtungsprüfung ist die Wirksamkeit des Rechtsgeschäfts, die anhand des § 142 Abs. 1 BGB zu untersuchen ist (unten 2, Rdn. 8 ff, 19). Nur in ganz seltenen Ausnahmefällen erfolgt die Anfechtung vor Zustandekommen des Rechtsgeschäfts. Hat jemand einen bindenden Antrag zum Abschluss eines Vertrages abgegeben, bei dem ihm ein zur Anfechtung berechtigender Irrtum unterlaufen ist, so kann es ihm darum gehen, die durch den Antrag für den Gegner geschaffene „annahmefähige Position" zu beseitigen. Das Mittel hierzu ist dann die Anfechtung der Willenserklärung, wobei als Rechtsfolgeanordnung nur eine *analoge Anwendung* des § 142 Abs. 1 BGB in Betracht kommt (oben § 6 Rdn. 142).

---

2 So aber *Coester-Waltjen* Jura 2006, 348 (in Fn 4).

2. Der Normalfall: Anfechtung eines Rechtsgeschäfts

a. Der methodische Ort der Anfechtungsprüfung im Aufbau der jeweiligen Anspruchsgrundlage

8 Nur ganz selten wird in Fallbearbeitungen die isolierte Aufgabe gestellt, gutachtlich zu würdigen, ob ein Rechtsgeschäft (insbesondere: Vertrag) anfechtbar oder wirksam angefochten ist. In aller Regel geht es um die Frage, ob bestimmte Ansprüche bestehen, und dann ist im Aufbau der jeweiligen Anspruchsgrundlage der Ort zu bestimmen, an dem es auf die Wirksamkeit eines angefochtenen Rechtsgeschäfts ankommt.

aa. Vertraglicher Erfüllungsanspruch

9 Die einfachste und praktisch häufigste Konstellation, in der es auf die Wirksamkeit eines Vertrages ankommt, ist die Prüfung vertraglicher Erfüllungsansprüche.

10 Ein **Beispiel** bildet die Klage der Kundin im Fall „**Papagenos**" (LG Bremen vom 24.5.1991, NJW 2002, 915; Sachverhalt unten § 30) auf Lieferung der Graphik zum vereinbarten Preis, der die beklagte Verkäuferin mit dem Argument begegnet, sie habe den Kaufvertrag – falls er überhaupt den von der Käuferin behaupteten Inhalt habe – wirksam angefochten.

11 Im Aufbau der Bearbeitung des vertraglichen Erfüllungsanspruchs (oben § 25) ist die Gliederungsebene „Zustandekommen des Vertrages" von allen Anfechtungsfragen entlastet. Insbesondere spielt die Anfechtung für die Wirksamkeit der auf den Abschluss des Vertrages gerichteten Willenserklärungen keine Rolle. Das BGB enthält keine Norm, die als Rechtsfolge der Anfechtung die Nichtigkeit einer der auf den Abschluss eines Vertrages gerichteten Willenserklärungen vorsähe. Also fehlt es schon an einem gesetzlichen „Aufhänger" (oben § 22 Rdn. 11), um in der Fallbearbeitung bei der Wirksamkeit der auf den Abschluss des Vertrages gerichteten Willenserklärungen auf die Anfechtung einzugehen. Die für die Rechtsfolgen der Anfechtung einschlägige Norm ist § 142 Abs. 1 BGB, und diese Vorschrift ordnet die Nichtigkeit des angefochtenen *Rechtsgeschäfts* an. Erst beim Gliederungspunkt „Wirksamkeit des Vertrages" ist also zu klären, ob der zustande gekommene Vertrag infolge Anfechtung gemäß § 142 Abs. 1 BGB als von Anfang an nichtig anzusehen ist.

12 Wird als Grund für die Anfechtung eines Vertrages ein Irrtum gemäß § 119 Abs. 1 BGB (wie im Fall LG Bremen vom 24.5.1991, NJW 2002, 915 – „Papagenos", Sachverhalt unten § 30) geltend gemacht, so werden die entscheidenden Weichen für die Bejahung oder Verneinung dieses Anfechtungsgrundes im Gutachten schon unter dem Gliederungspunkt „Zustandekommen des Vertrages" bei der Erörterung des dem Vertrag zugrunde liegenden Konsenses gestellt (oben § 8 Rdn. 159): Haben die Parteien eine tatsächliche Übereinstimmung im Willen er-

zielt („faktischer Konsens", oben § 8 Rdn. 140 ff), kann bei der sich anschließenden Prüfung einer Nichtigkeit des Vertrages gemäß § 142 Abs. 1 BGB eine Anfechtbarkeit gemäß § 119 Abs. 1 BGB nicht mehr bejaht werden, da es an einem Irrtum fehlt (oben § 14 Rdn. 34 ff, 48 f). Nur wenn der tatsächliche Wille des Anfechtenden sich nicht mit dem rechtlich maßgeblichen Inhalt des Vertrages deckt („normativer Konsens", oben § 8 Rdn. 157 ff), kann ein Erklärungs- oder Inhaltsirrtum vorliegen.

bb. Bereicherungsanspruch gemäß § § 812 Abs. 1 Satz 1 Var. 1 BGB

Sind aufgrund eines später angefochtenen Kaufvertrages Leistungen erbracht **13** worden, so sind typischerweise Bereicherungsansprüche gemäß § 812 Abs. 1 Satz 1 Var. 1 BGB (Leistungskondiktion) auf Herausgabe des Erlangten zu erörtern.

Ein **Beispiel** bildet der Sachverhalt der „**Notebook**"-Entscheidung des BGH (unten § 30): Die Klä- **14** gerin verlangt Rückgabe des Notebooks mit der Begründung, sie habe den Kaufvertrag wegen eines Irrtums wirksam angefochten.

Beim Prüfungspunkt „ohne Rechtsgrund" ist zu klären, ob der Rechtsgrund fehlt, **15** weil die Verpflichtung nicht bestand, auf die hin geleistet worden ist (oben § 24 Rdn. 42). Die Verpflichtung bestand nicht, wenn der Kaufvertrag infolge Anfechtung gemäß § 142 Abs. 1 BGB als von Anfang an nichtig anzusehen ist.

cc. Herausgabeanspruch aus Eigentum gemäß § 985 BGB

Bei der Prüfung eines Herausgabeanspruchs gemäß § 985 BGB (Aufbauhinweise **16** oben § 24 Rdn. 8 ff) kann sich beim Erfordernis des „Eigentums des Klägers" in zweifacher Hinsicht die Frage stellen, ob eine Übereignung der Sache infolge Anfechtung unwirksam ist. Wurde die Sache, deren Herausgabe der Kläger verlangt, dem Kläger übereignet, so fehlt es am Eigentum des Klägers, wenn diese Übereignung gemäß § 142 Abs. 1 BGB nichtig ist. Hat der Kläger die Sache, deren Herausgabe er verlangt, an den Beklagten übereignet, so ist er doch Eigentümer geblieben, falls diese Übereignung infolge Anfechtung gemäß § 142 Abs. 1 BGB nichtig ist.

Ein **Beispiel** findet sich im Fall „**U-Phone**" (Sachverhalt unten § 30): Der Anspruch des Jugend- **17** lichen J gegen den Modelleisenbahnhändler X auf Herausgabe der von J an X übereigneten Modelleisenbahn gemäß § 985 BGB hängt davon ab, ob J (noch) Eigentümer der Bahn ist. Dies ist zu bejahen, wenn J die Übereignung der Bahn an X wirksam angefochten hat.

18 Ist der Kläger Eigentümer, so steht ihm dennoch kein Herausgabeanspruch zu, wenn der Beklagte ihm gegenüber zum Besitz berechtigt ist (§ 986 BGB). Ein solches Recht zum Besitz ergibt sich für den Käufer einer Sache aus einem wirksamen Kaufvertrag mit dem Kläger (oben § 24 Rdn. 30). Also kann hier auf die Frage einzugehen sein, ob (im Falle des Verkaufs der Sache durch den Kläger an den Beklagten) der Kaufvertrag wirksam angefochten und daher gemäß § 142 Abs. 1 BGB als von Anfang an nichtig anzusehen ist.

b. § 142 Abs. 1 BGB als „Aufhänger" der Anfechtungsprüfung

19 Im Gutachten ist § 142 Abs. 1 BGB der Ausgangspunkt für die Erörterung von Anfechtungsfragen.[3] Dies entspricht dem Grundsatz, dass das Gutachten stets gedanklich bei der Rechtsfolgenanordnung ansetzt und dann nach dem Vorliegen von deren Voraussetzungen fragt (oben § 22 Rdn. 11). Materiellrechtlich ist es geboten, bei § 142 Abs. 1 BGB einzusetzen, weil sich die gesuchte (oder jedenfalls: zu untersuchende) Rechtsfolge der Unwirksamkeit nicht aus der Anfechtung als solcher, sondern daraus ergibt, dass durch eine wirksame Anfechtung die tatbestandlichen Voraussetzungen der gesetzlichen Nichtigkeitssanktion des § 142 Abs. 1 BGB geschaffen worden sind (oben § 14 Rdn. 1).

20 Im **Gutachten** darf also **nicht** unmittelbar unter dem Gliederungspunkt „Wirksamkeit des Vertrages" formuliert werden: „Fraglich ist, ob der Vertrag anfechtbar ist", oder „ob der Vertrag wirksam angefochten worden ist". Wird nicht zuvor die Rechtsfolgeanordnung des § 142 Abs. 1 BGB genannt, weiß der Leser nicht, warum die Anfechtbarkeit des Vertrages oder dessen wirksame Anfechtung fraglich sein sollen. Der Einleitungssatz lautet also korrekt formuliert: „In Betracht kommt, dass der Vertrag infolge Anfechtung gemäß § 142 Abs. 1 BGB als von Anfang an nichtig anzusehen ist".

c. Der Aufbau der Prüfung des § 142 Abs. 1 BGB

21 § 142 Abs. 1 BGB hat eine einfache tatbestandliche Voraussetzung, nämlich die wirksame Anfechtung des Rechtsgeschäfts, dessen Wirksamkeit anhand des § 142 Abs. 1 BGB geprüft wird. Somit entspricht der gutachtliche Aufbau der Prüfung des § 142 Abs. 1 BGB völlig der Dogmatik des Rechtsgeschäfts „Anfechtung", die oben § 14 dargestellt wurde. Die Gliederung von § 14 stellt zugleich ein umfassendes Klausurschema für die Prüfung der tatbestandlichen Voraussetzungen des § 142 Abs. 1 BGB dar (hierzu unten bb, Rdn. 26ff). In vielen Fällen genügt freilich

---

3 *Faust* AT § 21 Rdn. 8; *Petersen* Examinatorium BGB-AT § 23 Rdn. 1.

ein vereinfachtes Prüfungsprogramm, das sich auf die Gliederungspunkte „Anfechtungserklärung", „Anfechtungsgrund", „Anfechtungsfrist" beschränkt; hierzu zunächst (unten aa, Rdn. 22 ff).

aa. Das Kurzschema: Anfechtungserklärung, Anfechtungsgrund, Anfechtungsfrist

Das auf die Gliederungspunkte „Anfechtungs**erklärung**", „**-grund**" und „**-frist**" 22 reduzierte Schema fügt sich systematisch ohne Weiteres in das umfassendere dogmatische Konzept ein, das der Darstellung der Anfechtung oben (§ 14) zugrunde liegt. Bei der **Anfechtungserklärung** geht es um die Frage, ob eine Anfechtung erfolgt ist (§ 143 Abs. 1 BGB), ob also durch eine entsprechende Willenserklärung der Tatbestand des Rechtsgeschäftes Anfechtung geschaffen worden ist (hierzu oben § 14 Rdn. 5 ff). **Anfechtungsgrund** und **Anfechtungsfrist** betreffen das Anfechtungsrecht, von dem die Wirksamkeit der Anfechtung abhängt (oben § 14 Rdn. 25 ff). Das Vorliegen eines Anfechtungsgrundes ist Voraussetzung für die Entstehung des Anfechtungsrechts (oben § 14 Rdn. 29), der Ablauf der Frist hat den Fortfall des Anfechtungsrechts zur Folge (oben § 14 Rdn. 121).

Im Schrifttum finden sich Fallbearbeitungen, die die **Reihenfolge** dieser Prü- 23 fungspunkte variieren, insbesondere zunächst untersuchen, ob ein Anfechtungs*grund* gegeben ist und erst dann darauf eingehen, ob die Anfechtung *erklärt* ist. Gelegentlich wird sogar die Einhaltung der Anfechtungs*frist* als Gliederungspunkt nach vorne gezogen. Dem ist nicht zu folgen. Für die Anfechtungsfrist folgt dies schon daraus, dass die Entscheidung, welche Frist einschlägig ist (§ 121 BGB, § 124 BGB) davon abhängt, auf welchen Anfechtungsgrund die Anfechtung gestützt wird. Im Übrigen kann der Ablauf der Anfechtungsfrist nur zum Fortfall eines Anfechtungsrechtes führen, das, weil ein Anfechtungsgrund vorliegt, immerhin entstanden ist. Also ist die Prüfungsreihenfolge „Anfechtungsgrund vor Anfechtungsfrist" nicht variabel.

Die Frage kann nur sein, ob man im Gutachten auf die Erörterung des Anfechtungsgrundes ver- 24 zichten darf, wenn die Anfechtung zu einem Zeitpunkt erklärt wird, zu dem die in Frage kommenden Fristen *unzweifelhaft* abgelaufen sind. Derartige Aufgabenstellungen dürften freilich selten sein. In aller Regel wird der Zeitpunkt der Anfechtung so gewählt, dass man über die Einhaltung der Frist streiten kann, und dann ist selbstverständlich, dass auf eine Klärung des Anfechtungsgrundes nicht verzichtet werden kann, selbst wenn das Gutachten letztlich zu dem Ergebnis kommt, dass die Anfechtung verfristet sei. Dies sieht derjenige, für den das Gutachten erstellt wird, möglicherweise anders, und dann ist das Gutachten für ihn wertlos, wenn es zum Anfechtungsgrund keine Ausführungen enthält. Anders nur, wenn es keinen Zweifel am Ablauf der Frist geben kann (eine Anfechtung gemäß § 119 Abs. 1 BGB wird ein Jahr nach Entdeckung des Irrtums erklärt). Dann kann der Sinn einer solchen Aufgabenstellung gerade darin liegen, die Technik des „Dahingestellt-Lassens" (oben § 22 Rdn. 35) herauszufordern: „Als Anfechtungsgrund kommt nur ein Eigenschaftsirrtum gemäß § 119 Abs. 2 BGB in Betracht. Ob die Voraussetzungen eines solchen Irrtums vorliegen, kann indessen dahingestellt bleiben, da die erst ein Jahr nach Entdeckung des Irrtums erklärte Anfechtung nicht ‚unverzüglich' im Sinne von § 121 BGB erfolgte und ein etwaiges Anfechtungsrecht zu diesem Zeitpunkt somit jedenfalls erloschen war."

25 Auch im Verhältnis von „Anfechtungs**erklärung**" zu „Anfechtungs**grund**" gibt es systematische Vorgaben, die in der Methodik der Fallbearbeitung zu beachten sind. Ist eine Anfechtung nicht erfolgt, weil es an einer Anfechtungserklärung fehlt (§ 143 Abs. 1 BGB), stellt sich nicht die Frage, ob ein Anfechtungsgrund vorliegt, weil hiervon allein die Wirksamkeit der Anfechtung abhängt. Es hat keinen Sinn, die *Wirksamkeit* einer Anfechtung zu untersuchen, bevor festgestellt ist, dass eine Anfechtung immerhin dem *Tatbestand* nach vorliegt. Also ist die Prüfungsreihenfolge „Anfechtungserklärung vor Anfechtungsgrund" nicht variabel.

bb. Das erweiterte Schema

26 Gewisse Fallkonstellationen werfen Fragen auf, die sich an den drei Stichworten des Kurzschemas nicht festmachen lassen.

27 **Beispiele:** Die Anfechtung erfolgt durch einen Minderjährigen (§ 111 BGB!) oder durch einen Vertreter ohne Vertretungsmacht (§ 180 BGB!). Jede Erklärung der Anfechtung in fremdem Namen wirft die Frage nach der Vertretungsmacht auf, die sich nur als Problem der Wirksamkeit des Rechtsgeschäftes der Anfechtung, nicht bei der Anfechtungserklärung behandeln lässt. Dasselbe gilt, wenn die Anfechtung erklärt, aber ihrerseits angefochten worden ist.

28 In solchen Fällen muss auf das erweiterte gedankliche Konzept zurückgegriffen werden, das dem „Kurzschema" zugrunde liegt (dazu oben aa, Rdn. 22ff). Zu gliedern ist nach (I) Erklärung der Anfechtung und (II) Wirksamkeit der Anfechtung. Zu (I) ergeben sich keine Unterschiede gegenüber dem Kurzschema. Zu (II) sind – erforderlichenfalls gegliedert nach Wirksamkeitserfordernissen und -hindernissen – die durch den jeweiligen Sachverhalt aufgeworfenen besonderen Fragen der Wirksamkeit der Anfechtung abzuarbeiten.

29 **Beispiele:** Hat ein **Minderjähriger** einen von ihm geschlossenen Vertrag angefochten, so hängt die Wirksamkeit der Anfechtung nicht allein davon ab, ob ihm ein Anfechtungsrecht zusteht. Weil es sich bei der Anfechtung um ein einseitiges Rechtsgeschäft handelt, richtet sich die Wirksamkeit der Anfechtung darüber hinaus nach § 111 BGB (oben § 11 Rdn. 32, § 14 Rdn. 132). Eine Einwilligung des gesetzlichen Vertreters ist nicht erforderlich, wenn die Anfechtung dem Minderjährigen rechtlich lediglich vorteilhaft ist. Dies ist zu bejahen für die Anfechtung der Übereignung einer beweglichen Sache durch den Minderjährigen an einen Dritten.[4] Die Anfechtung hat hier

---

4 Ein Beispiel hierfür findet sich im Fall „U-Phone", Sachverhalt unten § 30.

die Wirkung, dass der Verlust des Eigentums rückgängig gemacht wird und die Rechtslage so anzusehen ist, als habe der Minderjährige das Eigentum nie verloren (§ 142 Abs. 1 BGB). Anders bei der Anfechtung eines gegenseitigen Vertrages, die dazu führt, dass der Erwerb der vertraglichen Erfüllungsansprüche als ungeschehen anzusehen ist. – Erklärt jemand die Anfechtung eines Rechtsgeschäfts in fremdem Namen (also: als **Vertreter**), so ist unter dem Gliederungspunkt „Wirksamkeit der Anfechtung" auf § 180 BGB einzugehen (dazu oben § 11 Rdn. 33). – Ist die **Anfechtung**, deren Wirksamkeit geprüft wird, ihrerseits **angefochten** worden, so ist gliederungstechnisch zwischen Erfordernissen und Hindernissen der Wirksamkeit der angefochtenen Anfechtung zu trennen. Zu den Erfordernissen der Wirksamkeit der angefochtenen Anfechtung gehört, dass sie von einem Anfechtungsrecht gedeckt ist. Wirksamkeitshindernis der angefochtenen Anfechtung ist gemäß § 142 Abs. 1 BGB die wirksame Anfechtung der Anfechtung. Insoweit kommt es nun darauf an, ob ein Recht zur Anfechtung der Anfechtung besteht. Das ist gedanklich und gliederungstechnisch ein Hochseilakt!

3. Der Sonderfall: Anfechtung einer Willenserklärung

Nur in den seltenen Fällen, in denen der Anfechtende eine Erklärung abgegeben 30 hat, hierdurch aber noch kein Rechtsgeschäft zustande gekommen ist (oben § 6 Rdn. 140 ff), geht es ihm darum, sich von den Wirkungen der Willenserklärung loszusagen. Dieser Fall kann bei einem Antrag auf Abschluss eines Vertrages vor Annahme des Antrags eintreten.

So hatte im Fall BGH vom 7.7.1998, BGHZ 139, 177[5] der bekl. Unternehmer im Rahmen einer Aus- 31 schreibung ein Angebot gemacht, dem ein Kalkulationsirrtum zugrunde lag. Er bemerkte dies noch während der Angebotsfrist, also bevor der Kläger (= die ausschreibende Behörde) einem der Bieter den Zuschlag erteilte, und wollte erreichen, dass das angefochtene Angebot „aus der Wertung genommen", also als nichtig angesehen wird. Der Kläger ließ die Anfechtung des Gebots nicht gelten und erteilte dem Bekl. den Zuschlag. Der BGH sieht richtig, dass eine wirksame Anfechtung des Gebots dazu geführt hätte, dass durch den späteren Zuschlag kein Vertrag zustande gekommen wäre,[6] verneint aber eine wirksame Anfechtung, da es an einem Anfechtungsgrund fehle.

II. Scheinerklärung (§ 117 Abs. 1 BGB) und Scheingeschäft (§ 117 Abs. 2 BGB) in der Fallbearbeitung

Hauptanwendungsfall des § 117 BGB ist die sog. **Unterverbriefung** (oben § 6 32 Rdn. 99 ff; Fallbeispiel unten § 30). Die fast allgemein für richtig gehaltene Lösung dieser Fall-Konstellation beruht auf der Unterscheidung zwischen dem „si-

---

5 Fall „Kalkulationsirrtum" (Sachverhalt unten § 30). Dazu oben § 6 Rdn. 141.
6 BGH vom 7.7.1998, BGHZ 139, 177 = NJW 1998, 3192 sub IV 1 der Gründe.

mulierten" Vertrag mit dem vom Notar beurkundeten Kaufpreis (im Beispiel:[7] 600.000 Euro) einerseits, dem hinter diesem Vertrag „verdeckten" oder „dissimulierten" Vertrag mit dem übereinstimmend gewollten Kaufpreis (im Beispiel: 750.000 Euro). Die herrschende Meinung geht davon aus, dass der vom Notar beurkundete („simulierte") Vertrag als Scheingeschäft gemäß § 117 Abs. 1 BGB nichtig sei und der durch dieses Scheingeschäft verdeckte („dissimulierte") Vertrag mangels Beurkundung des übereinstimmend gewollten Kaufpreises gemäß §§ 125 Satz 1, 311b Abs. 1 Satz 1 BGB wegen Formmangels nichtig sei.[8]

33   Die Problematik dieser Lösung wird deutlich, wenn man sich ihr auf schulmäßigem Wege, also im genauen Aufbau der Anspruchsprüfung nähert. Nehmen wir an, es sei nach dem Erfüllungsanspruch des Käufers (also: auf Übereignung des Grundstücks, insbesondere auf Abgabe der für die Auflassung erforderlichen Erklärungen) gefragt.[9] Der Anspruch setzt voraus, dass (1) ein Kaufvertrag über das Grundstück zustande gekommen ist, und dass (2) dieser Vertrag wirksam ist. Zu (1) sind zunächst die auf den Vertragsschluss gerichteten Erklärungen zu suchen. Man darf insoweit die vor dem Gang zum Notar erzielte Einigkeit darüber, dass V das Grundstück an K zu einem Preis von 750.000 Euro verkauft nicht so deuten, dass V und K schon hiermit die für das Zustandekommen des Kaufvertrages erforderlichen Erklärungen abgegeben haben (Frage des tatbestandlichen Vorliegens von Willenserklärungen). Beiden Seiten ist klar, dass mit dieser mündlich erzielten (oder selbst: schriftlich fixierten) Einigkeit noch nicht das letzte Wort gesprochen ist, das für das Zustandekommen des Vertrages erforderlich ist. Sie wissen, dass der Vertrag notarieller Beurkundung bedarf, und sie verabreden deshalb, zum Notar zu gehen, um dort die auf den Abschluss des Vertrages gerichteten Willenserklärungen abzugeben.

34   V und K bringen vor dem Notar ihren Vertragswillen durch gemeinsame Zustimmung zu dem ihnen vom Notar verlesenen Text zu Ausdruck (oben § 8 Rdn. 104). Hierin liegen die auf den Abschluss des Kaufvertrages gerichteten Willenserklärungen von V und K. Die Wirksamkeit dieser Erklärungen kann im Hinblick auf § 117 Abs. 1 BGB fraglich sein. Jedoch hatten K wie V durchaus den Willen, durch ihre Erklärungen ein Rechtsgeschäft zu schaffen (wenn auch mit anderem Inhalt als vor dem Notar angegeben). Somit sind die Erklärungen nicht, wie für § 117 Abs. 1 BGB erforderlich, „nur" zum Schein abgegeben (oben § 6 Rdn. 94); § 117 Abs. 1 BGB ist nicht anwendbar.

---

7 Sachverhalt unten § 30 Fall „Unterverbriefung".
8 Nachweise oben § 6 Rdn. 103.
9 Üblicherweise werden die erforderlichen Erklärungen freilich im gleichen Termin beim Notar abgegeben und von diesem beurkundet werden.

Im nächsten Schritt ist zu fragen, ob die Kontrahenten in ihren Erklärungen 35 eine Einigung über den Kaufpreis (als *essentiale negotii*) erzielt haben, und wenn, auf welchen Betrag sie sich geeinigt haben. Insoweit kommt es in erster Linie darauf an, ob eine tatsächliche Übereinstimmung im Willen bestand; ist das der Fall, verbietet sich jede andersartige Auslegung der Erklärungen und ein abweichender Wortlaut des Vertrages ist rechtlich irrelevant („falsa demonstratio non nocet", oben § 8 Rdn. 144). Hier waren sich V und K bei ihren Zustimmungserklärungen zu dem vom Notar verlesenen, nach ihren Wünschen auf einen Kaufpreis von 600.000 Euro lautenden Vertragstext einig, dass der Kaufpreis in Wirklichkeit 750.000 Euro betragen solle. Also ist durch die beim Notar abgegebenen Willenserklärungen zwischen V und K ein Kaufvertrag über das Grundstück zum Preis von 750.000 Euro zustande gekommen.

Hieran schließt sich die Frage an, ob dieser Vertrag wirksam ist. Diese Frage 36 richtet sich, wie § 117 Abs. 2 BGB klarstellt, nach den für das dissimulierte Geschäft geltenden Vorschriften. Da der zwischen V und K vereinbarte Kaufpreis nicht beurkundet ist (§ 311b Abs. 1 Satz 1 BGB), ist der Vertrag gemäß § 125 Satz 1 BGB nichtig (oben § 9 Rdn. 194). K hat also keinen vertraglichen Erfüllungsanspruch auf Abgabe der zur Auflassung des Grundstücks an ihn erforderlichen Erklärungen.

Die auffällige Abweichung der hier skizzierten Fall-Lösung gegenüber der 37 ganz üblichen Darstellung besteht darin, dass man nicht zu dem Nebeneinander zweier Verträge gelangt, deren *einer* als Scheingeschäft und deren *anderer* wegen Formmangels nichtig sein soll. Der Grund hierfür liegt darin, dass **aufgrund ein- und derselben Willenserklärungen nicht zwei Verträge mit verschiedenem Inhalt zustande kommen können.** Man kann im Fall der Unterverbriefung die vom Notar beurkundeten Erklärungen nicht dahin auslegen, dass ein Vertrag mit dem beiderseits nicht gewollten, aber erklärten Kaufpreis *und* ein Vertrag mit dem beiderseits gewollten, aber dem Wortlaut der Erklärungen nicht entsprechenden Kaufpreis zustande gekommen sei.[10]

Ein zweites Problem der herrschenden Sicht liegt in der Anwendung des § 117 38 Abs. 1 BGB auf den simulierten *Vertrag*, obwohl die Vorschrift nicht das *Rechtsgeschäft*, sondern die *Willenserklärung* für nichtig erklärt. Nimmt man § 117 Abs. 1 BGB beim Wort und bezieht die Nichtigkeit auf die Willenserklärung, kann auf eine bestimmte Sachverhaltskonstellation nicht *sowohl* § 117 Abs. 1 BGB *wie* § 117 Abs. 2 BGB anzuwenden sein, da § 117 Abs. 1 BGB die Nichtigkeit der Willenserklärung vorsieht und § 117 Abs. 2 BGB von der Wirksamkeit der Willenserklärung ausgeht, da sonst das dissimulierte Geschäft nicht zustande käme (oben § 6 Rdn. 100).

---

10 Oben § 6 Rdn. 102f; ebenso *Boecken* AT Rdn. 230; *Faust* AT § 18 Rdn. 4.

§ 29 Formvorschriften in der Fallbearbeitung

1 Formvorschriften können an verschiedenen Stellen im Gutachtenaufbau relevant werden. Auch hier spielt die Unterscheidung zwischen Willenserklärungen und Rechtsgeschäften (oben § 4 Rdn. 105 ff) eine wichtige Rolle. Im Gutachten geht es darum, ob ein Vertrag oder ein einseitiges Rechtsgeschäft zustande gekommen und wirksam ist. Im Rahmen des Zustandekommens des Rechtsgeschäfts ist auf die hierfür erforderliche(n) Willenserklärung(en) einzugehen. Dabei ist genau darauf zu achten, ob sich das Formerfordernis auf die Willenserklärung(en) oder auf das Rechtsgeschäft bezieht. Hiervon zu trennen ist die Frage, ob sich ein etwaiger Formmangel in der dogmatischen Ebene der Willenserklärung oder der des Rechtsgeschäfts auswirkt.

I. Verträge

1. Zustandekommen des Vertrages
a. Die auf den Abschluss des Vertrages gerichteten Willenserklärungen
aa. Tatbestandliches Vorliegen der Willenserklärungen

2 Wesentliches Kriterium für das tatbestandliche Vorliegen einer Willenserklärung ist der sog. Rechtsbindungswille (oben § 5 Rdn. 14, 18 ff; § 8 Rdn. 22 ff). An diesem fehlt es nach der Regel des § 154 Abs. 1 Satz 1 BGB grundsätzlich, wenn eine Beurkundung des beabsichtigten Vertrages erfolgen soll und die Erklärungen der Parteien noch nicht in dieser Form abgegeben worden sind. Der Vertrag ist im Zweifel erst geschlossen, wenn die Beurkundung erfolgt ist. Die Einhaltung des verabredeten Formerfordernisses ist also schon bei der Frage zu berücksichtigen, ob die auf den Abschluss des Vertrages gerichteten Willenserklärungen dem Tatbestand nach vorliegen. Im Zweifel ist die Frage bis zur Vornahme der gemäß § 154 Abs. 1 Satz 1 BGB vorgesehenen Beurkundung zu verneinen.

3 **Beachte:** § 154 Abs. 1 Satz 1 BGB enthält nur eine Auslegungsregel. Sie kommt nicht zum Zuge, wenn sich dem Verhalten der Kontrahenten entnehmen lässt, dass der Beurkundung nicht konstitutive, sondern lediglich deklaratorische Bedeutung zukommen soll (oben § 9 Rdn. 203). Hierauf wird in der Fallbearbeitung in aller Regel einzugehen sein.

4 Der Grundgedanke des § 154 Abs. 1 Satz 1 BGB lässt sich auch auf gesetzliche Formerfordernisse übertragen. Daher kann grundsätzlich nicht davon ausgegangen werden, dass die auf den Abschluss eines Grundstückskaufvertrages gerichteten Erklärungen schon vor der Verhandlung beim Notar mündlich oder schriftlich abgegeben werden.

Das ist insbesondere von Bedeutung für die gutachtliche Behandlung der **Unterverbriefungs-** 5
Fälle (oben § 6 Rdn. 99 ff; § 28 Rdn. 32 ff, Sachverhalt unten § 30). Die Parteien wissen, dass der
Vertrag der notariellen Beurkundung bedarf (deshalb verabreden sie ja, welchen Kaufpreis sie *vor
dem Notar* übereinstimmend angeben werden). Sie wissen auch, dass erst vor dem Notar alle die
Punkte geklärt werden, die nach ihrem gemeinsamen Verständnis noch einer Regelung bedürfen.
Das alles spricht dafür, dass sie erst anhand des mit dem Notar besprochenen Vertragstextes ihre
auf den Abschluss des Vertrages gerichteten Willenserklärungen abgeben wollen. Daher sind allein die vor dem Notar abgegebenen Erklärungen für die Klärung der Frage relevant, ob und ggf.
mit welchem Inhalt ein Grundstückskaufvertrag zwischen den Beteiligten zustande gekommen
ist.

bb. Wirksamkeit der formwidrigen Willenserklärung

(1) Wirksamkeitserfordernis: Zugang (§ 130 BGB)

Die in der Literatur ganz h. A. fordert, gestützt auf den BGH, dass eine formbedürf- 6
tige Erklärung nur zugehen kann, wenn sie in einer dem Formerfordernis entsprechenden Verkörperung in den Machtbereich des Empfängers gelangt (oben § 6
Rdn. 61). Dem ist nicht zuzustimmen (oben § 6 Rdn. 63). Führt der Formmangel
der Erklärungen zur Nichtigkeit des Rechtsgeschäfts gemäß § 125 Satz 1 BGB, ist
allgemein anerkannt, dass die Erklärungen wirksam sind. Die Frage des Zugangs
der nicht formgemäßen Erklärung wird in Entscheidungen und Lehrbuchbeispie-
len zu § 125 Satz 1 BGB nicht einmal gestellt und bedarf daher auch in der Fallbearbeitung allenfalls einer kurzen Klarstellung.

Ist die auf den Abschluss eines formbedürftigen Vertrages gerichtete Willens- 7
erklärung formgerecht erstellt worden, dem Empfänger aber nur in einer der
Formvorschrift nicht entsprechenden Verkörperung (als Kopie, Abschrift, Fax)
übermittelt worden, kann die Erklärung nach h. A. gemäß § 130 BGB nur wirksam
werden, wenn die Parteien eine entsprechende Zugangserleichterung (zumindest:
konkludent) vereinbart haben (oben § 6 Rdn. 61). Angesichts dieser ganz h. A.
muss das Problem behandelt werden. Nach der hier vertretenen Ansicht bedarf es
zur Wirksamkeit der Erklärungen solcher Zusatzvereinbarungen über Zugangserleichterungen nicht (oben § 6 Rdn. 63 ff).

(2) Wirksamkeitshindernisse?

Für eine Erörterung der Frage, ob eine Formerfordernissen nicht entsprechende 8
Willenserklärung nichtig ist, fehlt es an einer gesetzlichen Vorschrift als „Aufhänger" (oben § 22 Rdn. 11). Das BGB enthält keine Vorschrift, die die Nichtigkeit einer Willenserklärung anordnet, die einer gesetzlich oder privatautonom bestimmten Form nicht entspricht.

9   Die auf Willenserklärungen bezogenen Formvorschriften der §§ 518 Abs. 1 Satz 1 BGB, 766 Satz 1 BGB enthalten keine Sanktion für den Fall der Nichteinhaltung der Form. § 125 Satz 1 BGB bezieht die Nichtigkeitssanktion eines Formmangels auf das Rechtsgeschäft und geht damit von der Wirksamkeit der für das Zustandekommen des Rechtsgeschäfts erforderlichen (wenn auch: formwidrigen) Willenserklärungen aus (oben § 6 Rdn. 120 ff). Da die Wirksamkeit der gemäß §§ 518 Abs. 1 Satz 1 BGB, 766 Satz 1 BGB formbedürftigen Erklärungen nicht von der Beachtung der Form abhängt, sind Erörterungen hierzu an dieser Stelle nicht weiterführend und damit grundsätzlich (weil „überflüssig", oben § 22 Rdn. 35) nicht angebracht.

b. Inhalt des Vertrages

10   Folge der Nichteinhaltung der Form kann in seltenen Fällen sein, dass der Vertrag kraft Gesetzes in bestimmten Punkten einen anderen Inhalt als vereinbart hat (Beispiel: § 550 Satz 1 BGB, oben § 8 Rdn. 195 ff). Das Zustandekommen des Mietvertrages wird durch diese gesetzliche Änderung des Vertragsinhalts nicht berührt, weshalb die Frage, entgegen der Vorauflage, beim Zustandekommen des Vertrages nicht anzusprechen ist.

2. Wirksamkeit des Vertrages
a. Die Rechtsfolgeanordnung des § 125 Satz 1 BGB

11   Ausgangspunkt für die Erörterung von Formfragen eines Vertrages ist in der Fallbearbeitung **§ 125 Satz 1 BGB**.[1] Geprüft wird die Wirksamkeit des Vertrages, und insoweit kommt eine Nichtigkeit des Vertrages gemäß § 125 Satz 1 BGB in Betracht. Ist auch auf weitere Fragen der Wirksamkeit des Vertrages einzugehen, kann zwischen Wirksamkeitserfordernissen und -hindernissen (oben § 9 Rdn. 10) zu unterscheiden sein. § 125 Satz 1 BGB betrifft ein Wirksamkeitshindernis.

b. Die Formbedürftigkeit

12   Darzulegen ist zunächst die **Formbedürftigkeit** des Vertrages. Die einschlägigen Vorschriften finden sich ganz überwiegend außerhalb des Allgemeinen Teils des BGB. Die durch das Gesetz vorgeschriebene Form kann darin bestehen, dass nur eine der auf den Abschluss des Vertrages gerichteten Willenserklärungen formbedürftig ist.

---

1 *Faust* AT § 8 Rdn. 12.

c. Der Formmangel

Anschließend ist zu klären, ob im konkreten Fall die gesetzlichen Vorgaben nicht 13 eingehalten sind, also ein „**Formmangel**" vorliegt. Sieht das Gesetz die Möglichkeit der Heilung eines Formmangels vor (oben § 9 Rdn. 162), ist beim Vorliegen entsprechender Anhaltspunkte im Sachverhalt zwischen dem ursprünglich gegebenen Formmangel und dessen Heilung aufgrund der weiteren Ereignisse zu unterscheiden.

d. Der Verstoß gegen die Formvorschrift im Übrigen

In den Fällen, in denen eine Willenserklärung an sich formgerecht erstellt wird 14 (eigenhändig unterzeichnete schriftliche Urkunde, notarielle Urkunde), dem Empfänger aber lediglich eine nicht formgerechte Reproduktion übermittelt wird (oben Rdn. 7), kann in einem eigenen Punkt auf die Frage einzugehen sein, ob der Formvorschrift hiermit genügt ist. So erfordern Wortlaut und Zweck des § 766 Satz 1 BGB, dass die die Bürgschaftserklärung enthaltende, eigenhändig unterzeichnete Urkunde dem Gläubiger zugänglich gemacht wird (oben § 9 Rdn. 179).

II. Einseitige Rechtsgeschäfte

Bei einseitigen Rechtsgeschäften kann ein Problemschwerpunkt auf der Frage der 15 *Formbedürftigkeit* liegen, dies insbesondere im Hinblick auf § 167 Abs. 2 BGB (oben § 13 Rdn. 18 ff) und § 182 Abs. 2 BGB (oben § 12 Rdn. 18 f).

§ 30 Fallsammlung

Hinweis: Die Entscheidungen sind alphabetisch nach den Kurzbezeichnungen geordnet, die im Text des Buches verwendet werden.

Bürgschaften vermögensloser Familienangehöriger
BVerfG vom 19.10.1993, BVerfGE 89, 214 = NJW 1994, 36

Der Vater der Bf. war zunächst als Immobilienmakler, später als Reeder tätig. Im Jahre 1982 begehrte er von der klagenden Stadtsparkasse eine Verdoppelung seines Kreditlimits von 50.000 DM auf 100.000 DM. Als die Stadtsparkasse eine Sicherheit verlangte, unterzeichnete die damals 21-jährige Bf. eine vorgedruckte Bürgschaftsurkunde mit einem Höchstbetrag von 100.000 DM zzgl. Nebenleistungen, in der es u.a. heißt:

(1) Die Bürgschaft wird zur Sicherung aller bestehenden und künftigen, auch bedingten oder befristeten Forderungen der Sparkasse gegen den Hauptschuldner ... aus ihrer Geschäftsverbindung ... übernommen. (3) Die Bürgschaft ist selbstschuldnerisch unter Verzicht auf die Einrede der Vo-

rausklage übernommen. Der Bürge verzichtet auf die Einreden der Anfechtbarkeit und der Anrechenbarkeit ... sowie auf die Einrede der Verjährung der Hauptschuld ... Der Bürge kann keine Rechte aus der Art oder dem Zeitpunkt der Verwertung oder der Aufgabe anderweitiger Sicherheiten herleiten. Die Sparkasse ist nicht verpflichtet, sich an andere Sicherheiten zu halten, bevor sie den Bürgen in Anspruch nimmt.

Bei der Unterzeichnung der Bürgschaftsurkunde erklärte ein Vertreter der Sparkasse gegenüber der Bf. sinngemäß: „Hier bitte, unterschreiben Sie mal, Sie gehen dabei keine große Verpflichtung ein, ich brauche das für meine Akten".

Die Krediterhöhung wurde nach Abgabe der Bürgschaftserklärung bewilligt. Die Bf. erhielt für das Kreditkonto ihres Vaters ein Zeichnungsrecht, verfügte aber selbst über kein Vermögen. Sie hatte keine Berufsausbildung, war überwiegend arbeitslos und verdiente zur Zeit der Bürgschaftserklärung in einer Fischfabrik 1150 DM monatlich netto.

Ende Dezember kündigte die Stadtsparkasse alle dem Vater der Bf. gewährten Kredite und nahm die Bf. aus der Bürgschaft auf Zahlung von 100.000 DM zuzüglich Zinsen in Anspruch. Der BGH hat das die Klage abweisende Urteil des Berufungsgerichts aufgehoben und das der Klage stattgebende Urteil des Landgerichts wiederhergestellt (BGH vom 16.3.1989, NJW 1989, 1605).[1]

Gegen dieses Urteil richtet sich die Verfassungsbeschwerde. Die Bf. rügt die Verletzung ihrer Grundrechte aus Art. 1 Abs. 1 und Art. 2 Abs. 1 GG in Verbindung mit dem Sozialstaatsprinzip. Der BGH habe die in diesen Grundrechtsnormen begründeten Schutz- und Fürsorgepflichten des Staates verletzt. Bei einer Bürgschaftssumme i. H. von 100.000 DM und einem Zinssatz von 8.5 vom Hundert ergebe sich eine jährliche Zinslast von 8.500 DM, mithin monatlich etwa 708 DM. Allein um diese Zinslast tragen zu können, müsste die Bf. etwa 1.800 DM im Monat verdienen. Ein solches Einkommen habe sie noch nie erzielt. Zur Zeit der Bürgschaftserklärung habe ihr pfändbares Einkommen 413,70 DM betragen. Bis Januar 1992 sei ein rechnerischer Schuldsaldo von 160.000 DM aufgelaufen. Es sei nicht damit zu rechnen, dass sie eine derartige Verbindlichkeit jemals ablösen könne.

Hierzu § 1 Rdn. 13; § 9 Rdn. 242, Rdn. 250, Rdn. 251; § 23 Rdn. 59.

---

[1] Nach Aufhebung dieser Entscheidung durch das BVerfG hat der BGH mit Urteil vom 24.2.1994, NJW 1994, 1341 den Bürgschaftsvertrag gemäß § 138 Abs. 1 BGB für nichtig erkannt.

E-Bike
BGH vom 15.2.2017, NJW 2017, 1660[2]

Der Bekl. bot im Oktober 2014 über die Internet-Plattform eBay unter Nutzung der Festpreis- Funktion „Sofort-Kaufen" ein E-Bike zum Kauf an. An der dafür vom Plattformbetreiber auf der Angebotsseite vorgesehenen Stelle trug der Bekl. einen Sofortkaufpreis von 100 Euro und Versandkosten von 39,90 Euro ein. Die auf der Angebotsseite vom Bekl. unter Verwendung von Großbuchstaben und Fettdruck der Preisangabe unmittelbar vorangestellte Artikelbezeichnung lautete: „Pedelec neu einmalig 2600 Euro Beschreibung lesen!!". Am Ende der Artikelbeschreibung hatte der Bekl. – wiederum in Großbuchstaben – folgende Angaben hinzugefügt: „Das Fahrrad ist noch original verpackt, kann aber auf Wunsch zusammengebaut werden. Bitte Achtung, da ich bei der Auktion nicht mehr als 100 Euro eingeben kann (wegen der hohen Gebühren), erklären Sie sich bei einem Gebot von 100 Euro mit einem Verkaufspreis von 2600 + Versand einverstanden. Oder machen Sie mir einfach ein Angebot! Danke."

Der auf das Angebot aufmerksam gewordene Kl. betätigte am 16.10.2014 die Schaltfläche („Button") „Sofort-Kaufen" auf der Angebotsseite, um das E-Bike zu erwerben. In einer noch am gleichen Tag durch E-Mails über die Höhe des Kaufpreises geführten Korrespondenz wies der Bekl. den Kl. auf den in der Artikelbeschreibung angegebenen Kaufpreis von 2600 Euro als aus seiner Sicht maßgeblich hin, während sich der Kl. auf den eingegebenen und ihm auch in der Kaufbestätigung von eBay einschließlich der Versandkosten angezeigten Kaufpreis von 139,90 Euro berief. Auf die am Folgetag übersandte Aufforderung des Bekl., den nach seiner Auffassung angefallenen Kaufpreis binnen fünf Tagen zu bezahlen, zahlte der Kl. nur 139,90 Euro und bat um den Versand des E-Bikes an seine Anschrift. Als der Bekl. dem nicht nach kam, verlangte der Kl. von diesem mit Anwaltsschreiben vom 31.10.2014 unter Hinweis auf das von ihm durch Betätigung des Buttons lediglich zu 100 Euro zuzüglich Versandkosten angenommene Angebot erneut die Übersendung des E-Bikes.

Hierzu § 5 Rdn. 63; § 14 Rdn. 7; § 14 Rdn. 20 Fn. 8.

---

[2] Urteilsbesprechungen: *Sutschet* NJW 2017, 1663; *J. Wittmann* LMK 2017, 389327; *Dornis* JZ 2017, 637; *Lindacher* EWiR 2017, 465.

Eigenprovisionsvereinbarung
BGH vom 13.5.2016, NJW-RR 2017, 114[3]

Im März 2006 entschloss sich der Kl. zum Kauf einer noch zu sanierenden Eigentumswohnung. Vor der Beurkundung schlossen der Kl. und die Verkäuferin eine „Eigenprovisionsvereinbarung", wonach dem Kl. vom zu zahlenden Kaufpreis 13.004,64 Euro zustehen sollten. Am 29.5.2006 gab der Kl. vor einem Notar ein „Angebot über einen Kauf- und Werkvertrag über eine Eigentumswohnung in einem zu sanierenden Altbau" zum Preis von 81.279 Euro ab. Die Eigenprovisionsabrede ging daraus nicht hervor. In der Urkunde heißt es, dass der Käufer sich bis zum 4.7.2006 an das Angebot gebunden halte. Danach sollte das Angebot bis zu einem Widerruf des Käufers weitergelten. Am 10.8.2006 nahm die Verkäuferin das Angebot an und erklärte – zugleich als Vertreterin des Kl. – die Auflassung. Der Kl. wurde als Eigentümer in das Grundbuch eingetragen. Mit der Klage erstrebt der Kl. die Rückabwicklung des Vertrages.
     Hierzu § 6 Rdn. 103, Rdn. 104, Rdn. 122a, Rdn. 122b; § 8 Rdn. 53, Rdn. 79; § 9 Rdn. 52, Rdn. 156, Rdn. 194, Rdn. 273; § 21 Rdn. 50.

Haakjöringsköd
RG vom 8.6.1920, RGZ 99, 147[4]

Am 18. November 1916 verkaufte der Beklagte dem Kläger etwa 214 Fass Haakjöringsköd per Dampfer Jessica abgeladen á 4,30 Mark per Kilo *cif* Hamburg netto Kasse gegen Konnossement und Police. Ende November zahlte der Kläger dem Beklagten gegen Aushändigung der Dokumente den in den vorläufigen Fakturen berechneten Kaufpreis. Beim Eintreffen in Hamburg wurde die Ware von der Zentral-Einkaufsgesellschaft m. b. H. in Berlin beschlagnahmt und demnächst auch übernommen. Der Kläger machte geltend, die Ware sei ihm als Walfleisch verkauft worden, während sie Haifischfleisch sei. Als Walfleisch würde sie der Beschlagnahme nicht unterlegen haben. Der Beklagte, der vertragswidrige Ware geliefert habe, müsse ihm deshalb den Unterschied zwischen dem Kaufpreis und dem von der Zentral-Einkaufsgesellschaft gezahlten, erheblich niedrigeren Übernahmepreis erstatten. Er klagte auf Zahlung von 47.515,90 Mark. Das Landgericht erklärte den Klaganspruch für dem Grunde nach gerechtfertigt. Es stellte fest, dass beide Teile beim Vertragsschluss angenommen hätten, Haakjöringsköd sei

---

3 Urteilsbesprechungen: *Riehm* JuS 2016, 935; *Wais* LMK 2016, 381388.
4 Hierzu *Cordes* JURA 1991, 352ff; *Martinek* JuS 1997, 136ff.

Walfleisch, und folgerte daraus, dass der Kläger, weil der Beklagte Haifischfleisch geliefert habe, den gezahlten Kaufpreis abzüglich des von der Zentral-Einkaufsgesellschaft empfangenen Übernahmepreises zurückfordern könne.

Hat das Landgericht richtig entschieden?

Hierzu § 8 Rdn. 146.

Hamburger Parkplatzfall
BGH vom 14.7.1956, BGHZ 21, 319 = NJW 1956, 1475

Die Freie und Hansestadt Hamburg hat im Jahre 1953 u. a. einen Teil des Rathausmarktes zu parkgeldpflichtigen Parkplätzen bestimmt und große Schilder mit der Aufschrift angebracht: »PARKGELDPFLICHTIG UND BEWACHT«. Das Recht, diesen Parkplatz zu betreiben und ein Entgelt für die Bewachung der dort abgestellten Fahrzeuge zu erheben, übertrug sie der Klägerin.

Die Beklagte ist Halterin eines Kraftfahrzeuges. Sie hat es in der Zeit vom 3. September bis 12. Oktober 1953 mehrfach auf dem Rathausmarkt abgestellt. Den dort eingesetzten Ordnern der Klägerin hat die Beklagte von vornherein erklärt, dass sie die Bewachung ihres Fahrzeuges und die Bezahlung eines Entgeltes ablehne. Sie ist der Meinung, dass ihr weiterhin das Recht zustehe, auf öffentlichem Grund und Boden ohne Entrichtung eines Entgelts zu parken.

Die Klägerin verlangt von der Beklagten unter Zugrundelegung des Parkgeldtarifs die Zahlung von 25 DM.

Hierzu § 8 Rdn. 60f, 76.

Kalkulationsirrtum
BGH vom 7.7.1998, BGHZ 139, 177 = NJW 1998, 3192

Der Kl. schrieb im Frühjahr 1993 durch das Staatliche Bauamt B Tischlerarbeiten für einen Neubau öffentlich zu Einheitspreisen aus. Die Angebotsfrist endete am 15.4.1993, die Zuschlagsfrist am 15.5.1993. Der Kl. hatte die Angebotssumme auf 350.758 DM geschätzt. Am 13.–15.4.1993 reichte die Bekl. ein Angebot ein, das mit einer Endsumme von 305.812,60 DM abschloss. Die nächstfolgenden Angebote lauteten auf 312.094,70 DM, 349.014,10 DM, 403.344,10 DM, 405.202,50 DM und auf 476.209,83 DM. Nach Eröffnung der Angebote erklärte die Bekl. mit Schreiben vom 28.4.1993 dem staatlichen Bauamt B: „Wir müssen Ihnen zu unserem Bedauern mitteilen, dass uns bei der Kalkulation des Angebots zum o. a. Bauvorhaben ein Fehler unterlaufen ist. Die Transport- und Montagekosten wurden irrtümlich nicht einberechnet infolge einer momentanen Umstellung unserer EDV-Anlage.

Wir bitten Sie deshalb, unser Angebot aus der Wertung zu nehmen und den Auftrag anderweitig zu vergeben." Das Bauamt entsprach dem nicht. Nach Abstimmung mit dem Regierungspräsidenten in D. erteilte es der Bekl. mit Schreiben vom 13.5.1993 den Auftrag mit der Begründung, der geltend gemachte interne Kalkulationsirrtum sei unbeachtlich und auch nicht zu erkennen. Da die Bekl. sich weigerte, die Arbeiten auszuführen, wurde der Auftrag an ein anderes Unternehmen vergeben. Dem Kl. entstanden hierdurch Mehrkosten in Höhe von 248.254,19 DM, deren Erstattung er von dem Bekl. verlangt.

Hierzu § 6 Rdn. 141, Rdn. 142; § 14 Rdn. 39; § 28 Rdn. 31.

Lotterielos
RG vom 29.9.1910, RGZ 74, 234[5]

Der Kläger, ein damals im 17. Lebensjahr stehender Schüler, hat ohne Zustimmung seines Vaters von der verklagten Firma ein Kraftfahrzeug nebst Zubehör für 3200 Mark gekauft und bar bezahlt. Die Mittel hierzu stammten aus einem Lotteriegewinn von 4000 Mark, den der Kläger gemacht hatte. Das Gewinnlos hatte er sich mit einem Taschengeld von wöchentlich 3 Mark erworben, das er von seiner Großmutter gewährt und von seinem Vater zur freien Verfügung überlassen erhalten hatte. Der Kläger fordert die gezahlten 3200 Mark nebst Zinsen zurück.

Hierzu § 9 Rdn. 51, Rdn. 62.

Mozart auf dem Flohmarkt
AG Coburg vom 24.4.1992, NJW 1993, 938

Die Parteien streiten um die Rückgabe antiquarischer Notenhefte. Am 13.10.1991 erwarb der Beklagte auf einem sog. offenen Flohmarkt von der Klägerin gegen Zahlung von 10 DM verschiedene Notenhefte, Notenblätter und Musikzeitschriften. Nachdem am 16./17.10.1991 die örtliche Presse von einem „sensationellen Mozart-Fund" von „beachtlichem Seltenheitswert" berichtet hatte, der dem Beklagten beim Flohmarkt gelungen sei, erklärte die Klägerin mit dem spätestens am 20.10.1991 dem Beklagten zugegangenen Schreiben vom 18.10.1991 diesem gegenüber die Anfechtung des Kaufvertrages „bezüglich der Ihnen am 13.10.1991

---

5 Nach der Rechtslage zur Zeit der Entscheidung war der Vater alleiniger Vertreter eines minderjährigen ehelichen Kindes. Die Volljährigkeit trat mit 21 Jahren ein. Zu dieser Entscheidung *Leenen* FamRZ 2000, 863, 864 (bei und in Fn. 13); *Kalscheuer* JURA 2011, 44.

übergebenen Sammlung von Notenmanuskripten (u. a. Mozart) wegen Irrtums" und forderte die Rückgabe der übergebenen Stücke gegen Rückerstattung des Kaufpreises. Die Klägerin behauptet, am 12.10.1991 aus ihrem umfangreichen Bestand an Notenheften die vor 1906 erschienenen Exemplare, weil nicht zum Verkauf bestimmt, aussortiert zu haben, während sie alle übrigen für den Verkauf auf dem Flohmarkt zusammenlegte. Aus ihr nicht erklärlichen Gründen seien in nicht näher feststellbarer Weise offenbar die aussortierten Exemplare wieder unter die zum Verkauf bestimmten Hefte geraten. Als der Beklagte bei ihr Notenhefte kaufte, habe sie nicht darauf geachtet, um welche Hefte es sich im Einzelnen handle. Der Beklagte meint, ein zur Anfechtung berechtigender Irrtum liege nicht vor. Wie ist zu entscheiden?

Hierzu § 14 Rdn. 68 Fn. 41, Rdn. 80, Rdn. 81; § 22 Rdn. 41.

„Mr. Noch unbekannt"
BGH vom 16.10.2012, BGHZ 195, 126 = NJW 2013, 598[6]

Der Kl. buchte am 7.9.2009 über das Internetportal der Bekl. Flüge von Dresden über Frankfurt a.M. nach Larnaca und zurück für zwei Personen. In die Buchungsmaske gab er unter der Rubrik „Person 1" seinen Vor- und Zunamen ein. Unter der Rubrik „Person 2" trug er in die Felder für die Eingabe des Vor- und Zunamens jeweils „noch unbekannt" ein. Die Buchungsmaske der Bekl. enthielt folgenden Hinweis: „Bitte beachten Sie, dass eine Namensänderung nach erfolgter Buchung nicht mehr möglich ist und der Name mit dem Namen in Ihrem Ausweis übereinstimmen muss." Die Bekl. übermittelte dem Kl. am selben Tag eine Buchungsbestätigung und zog den Preis für zwei Hin- und Rückflüge in Höhe von insgesamt 365,42 Euro per Lastschrift vom Konto des Kl. ein. Als der Kl. der Bekl. telefonisch den Namen der zweiten mit ihm reisenden Person angeben wollte, teilte ihm die Bekl. mit, dass die Nachbenennung eine zu diesem Zeitpunkt nicht mehr mögliche Namensänderung darstelle; der Kl. könne lediglich die Buchung stornieren und für die zweite Person neu buchen. Von dieser Möglichkeit machte der Kl. keinen Gebrauch. Er trat die Reise alleine an und verlangt wegen der zweiten Buchung Rückzahlung des Flugpreises.

Hierzu § 5 Rdn. 60; § 8 Rdn. 120, 125, 166; § 17 Rdn. 31.

---

6 Lit.: *Hopperdietzel* NJW 2013, 600; *Palzer* Jura 2013, 934 (938 ff); *Stadler* JA 2013, 465; *dies.* NJW 2017, 3092; *Bayer/Ritter/Weiß* JuS 2013, 996; *Sutschet* NJW 2014, 1041 (1045 ff); *Faust* AT § 2 Rdn. 8.

Notebook zum Schnäppchenpreis?
BGH vom 26.1.2005, NJW 2005, 976[7]

Die Klägerin (K) veräußert Computer nebst Zubehör über eine Website im Internet. Im Januar 2003 legte der zuständige Mitarbeiter der Klägerin für das Notebook der Firma S., Typ V. S. einen Verkaufspreis von 2.650 Euro fest und gab diesen in das EDV-gesteuerte Warenwirtschaftssystem der K ein. Mittels einer von der K verwendeten Software wurden diese Daten anschließend automatisch in die Produktdatenbank ihrer Internetseite übertragen. Als Ergebnis dieses Vorgangs enthielt die Datenbank jedoch nicht den eingegebenen Betrag von 2.650 Euro, sondern einen Verkaufspreis von 245 Euro. Der K wurden im Februar 2003 mehrere Fälle bekannt, in denen es zu einem Fehler im Datentransfer durch die im übrigen beanstandungsfrei laufende Software gekommen war; die Ursache konnte nicht festgestellt werden.

Die Beklagte (B) bestellte am 1. Februar 2003 ein Notebook des vorgenannten Typs zu dem auf der Internetseite der Klägerin angegebenen Verkaufspreis von 245 Euro. Die Klägerin bestätigte der Beklagten mittels einer automatisch verfassten E-Mail vom gleichen Tage den Eingang der Bestellung zu diesem Preis. Eine weitere automatisch verfasste E-Mail der Klägerin vom gleichen Tage (15.36 Uhr) hatte folgenden Inhalt:

„Sehr geehrter Kunde,

Ihr Auftrag wird jetzt unter der Kundennummer ... von unserer Versandabteilung bearbeitet... Wir bedanken uns für den Auftrag ...".

Das Notebook wurde mit Rechnung/Lieferschein der K vom 5. Februar 2003 zum Verkaufspreis von 245 Euro zuzüglich Versandkosten von 12,80 Euro an die B ausgeliefert. Mit Schreiben vom 11. Februar 2003 erklärte die K die Anfechtung des Kaufvertrags mit der Begründung, das Notebook sei aufgrund eines Systemfehlers irrtümlich mit dem Preis von 245 Euro versehen worden. B lehnte mit Schreiben ihres Anwalts vom 18. Februar 2003 die Herausgabe des Notebooks ab. Die K setzte B mit Schreiben vom 28. Februar 2003 für die Rückgabe des Notebooks vergeblich eine Frist bis zum 8. März 2003.

K begehrt die Herausgabe und Rückübereignung des Notebooks, Zug um Zug gegen die Rückzahlung des Kaufpreises, sowie die Feststellung, dass B verpflichtet sei, den aus der Verweigerung der Herausgabe entstandenen und noch entstehenden Schaden zu ersetzen.

---

7 = JZ 2005, 791 m. Anm. *Spindler* S. 793. Zu dieser Entscheidung *Kocher* JA 2006, 144 ff; *Coester/Servatius* JURA 2006, 296 ff (Fallbearbeitung).

B ist der Meinung, die geltend gemachten Ansprüche stünden der K nicht zu, hilfsweise verlangt sie Rückzahlung des Kaufpreises und Erstattung der Versandkosten.

Wie ist die Rechtslage?

Hierzu § 8 Rdn. 57; § 14 Rdn. 42–44, Rdn. 52, Rdn. 60; § 17 Rdn. 43.

Original-IBM-Druckkassetten
OLG Hamm vom 8.9.1997, NJW-RR 1998, 1747

Ende 1995 führte die Bekl. eine öffentliche Ausschreibung durch wegen der Lieferung von „1500 Stück Original IBM Druckkassetten Art.-Nr. 1380520 für IBM-Drucker 4028 – auf Abruf innerhalb eines Jahres". Mit Schreiben vom 31.1.1996 unterbreitete die Kl. ohne Verwendung des der Ausschreibung beigefügten Formulars der Bekl. „das gewünschte Angebot: 1500 Stück Druckkassetten: IBM-Drucker 4028 Preis: 225 DM pro Stück + MwSt", und zwar unter Verwendung des den Ausschreibungsunterlagen beigefügten Rücksendungsumschlags, in dem es wiederum heißt: „Angebot über 1500 Original IBM Druckkassetten". Mit Schreiben vom 20.2.1996 erteilte die Bekl. der Kl. den Auftrag zur Lieferung von „1500 Original-IBM-Druckkassetten – wie in der Anlage näher bezeichnet –". Diesem „Bestellschein" Nr. 5158 fügte die Bekl. die nunmehr von ihr ausgefüllte und mit den Angebotspreisen der Kl. ergänzte Originalanlage, die schon der öffentlichen Ausschreibung beigefügt war, bei. Hierin heißt es: „1500 Original-IBM-Druckkassetten, Art.-Nr. 1380520 für IBM Drucker 4028 NS1, Einheitspreis pro Stück 225 DM, insgesamt 337.500 DM + 15 % MwSt. – 2 % Skonto = 380.362,50 DM." In der Folgezeit rief dann die Bekl. Teillieferungen von „Druckkassetten Original IBM" ab. Die Kl. lieferte daraufhin insgesamt 350 Kassetten der Firma DP an verschiedene Dienststellen der Bekl. aus. Mit Schreiben vom 9.4.1996 rügte die Bekl. die „Falschlieferung" unter Fristsetzung mit Ablehnungsandrohung. Mit ihrer Klage hat die Kl. Zahlung für die Lieferung von insgesamt 350 Druckkassetten zum Gesamtpreis von 90.562,50 DM begehrt. Wie ist über die Klage zu entscheiden?

Hierzu § 8 Rdn. 85, 166.

Papagenos

LG Bremen vom 24.5.1991, NJW 1992, 915[8]

K erkundigte sich in der Galerie der V nach dem Preis für die Graphik „Papagenos". Die angestellte Verkäuferin A sah in der Preisliste der V nach und nannte daraufhin den Betrag von 420 Euro. K akzeptierte diesen Preis und einigte sich mit A, dass das Bild noch für 160 Euro gerahmt und von ihr am nächsten Tag abgeholt werden sollte. Am darauf folgenden Tag rief V die K an und teilte ihr mit, dass sie das Bild nur zu 1.250 Euro zuzüglich der Rahmungskosten bekommen könne. Den am Vortag mit A abgeschlossenen Vertrag focht sie hiermit an. Ihre angestellte Verkäuferin A habe versehentlich die Preisliste des Vorjahres verwendet. Die aktuell gültige Preisliste, aufgrund deren A allein zu Verkäufen berechtigt sei, weise als Preis für die Graphik 1.250 Euro aus. Dass A an die Preisfestsetzungen der V gebunden sei, habe K auch erkennen können und müssen, da A auf die Frage der V nach dem Preis geantwortet habe, sie müsse erst in der Preisliste der V nachsehen.

K erhebt Klage gegen V auf Lieferung des gerahmten Bildes zum vereinbarten Preis von 420 Euro zuzüglich 160 Euro Rahmungskosten = 580 Euro. Wie ist zu entscheiden?

Hierzu § 9 Rdn. 102, Rdn. 267; § 14 Rdn. 39; § 22 Rdn. 39; § 28 Rdn. 10, Rdn. 12.

Shill Bidding

BGH vom 24.8.2016, BGHZ 211, 331 = NJW 2017, 468 = JZ 2017, 249[9]

Der Beklagte bot in einer auf der Internet-Plattform eBay durchgeführten Auktion unter dem Benutzerkonto „g." unter Vorgabe eines Startpreises von 1 Euro und einer Auktionsdauer von zehn Tagen einen gebrauchten Pkw VW Golf 6 zum Verkauf an. Das erste Gebot in Höhe von 1 Euro gab ein namentlich nicht bekannter Dritter ab. Der Kl. gab über sein Benutzerkonto „m." im Laufe des ersten Tages der Auktionslaufzeit mehrere Maximalgebote ab. Nach den Nutzungsbedingungen von eBay setzten die im Rahmen des Maximalgebots abgegebenen Gebote des Klägers mit einer Erhöhung des vorhandenen Gebots von 1 Euro um 0,50 Euro, also bei 1,50 Euro ein. Das letzte Maximalgebot des Klägers auf das zum Verkauf stehende Fahrzeug betrug 17.000 Euro. Als einziger weiterer Bieter neben dem Kl. beteiligte sich der Bekl. in verdeckter Form selbst an der Auktion, indem er über

---

8 Hierzu *Habersack* JuS 1992, 548 ff. Preisangaben auf Euro umgestellt.

9 Urteilsbesprechungen: *Linardatos* LMK 2017, 385307; *Jerger* GWR 2017, 13; *Wagner/Zenger* MMR 2017, 176; *Mankowski* JZ 2017, 253.

sein weiteres Benutzerkonto „k***k" nacheinander eine Reihe jeweils erhöhter Maximalgebote abgab.

Der Kläger ist der Auffassung, dass er das Fahrzeug zum Preis von 1,50 Euro erworben habe, da alle seine automatisch generierten höheren Gebote aufgrund von Geboten ergingen, die vom Beklagten selbst abgegeben wurden und somit unwirksam seien. Da der Beklagte das Fahrzeug inzwischen anderweitig veräußert hat, fordert der Kläger Schadensersatz in Höhe des Marktwerts von 16.500 Euro.

Hierzu § 8 Rdn. 1, § 8 Rdn. 128 Fn. 108; § 9 Rdn. 247 Fn. 237.

Sparkassenfall
BGH vom 7.6.1984, BGHZ 91, 324 = NJW 1984, 2279

Die Fa. SVG schuldete der Klägerin erhebliche Summen aus laufenden Verträgen. Die Klägerin verlangte von der Fa. SVG deshalb, eine Bankbürgschaft beizubringen. Das sagte der Geschäftsführer der SVG auch zu. Am 8. Sept. 1981 erhielt die Klägerin von der beklagten Sparkasse ein Schreiben mit folgendem Inhalt:

„Unsere Bürgschaft in Höhe von 150.000 DM zugunsten Firma SVG. Sehr geehrte Damen, sehr geehrte Herren, zugunsten der Firma SVG haben wir gegenüber Ihrer Firma die selbstschuldnerische Bürgschaft in Höhe von 150.000 DM übernommen. Wir wären Ihnen für eine kurze Mitteilung sehr verbunden, wie hoch sich die Verpflichtungen der Firma SVG bei Ihnen derzeit belaufen ..."

Die Klägerin antwortete unter dem 17.9.1981:

„Wir danken für Ihr Schreiben vom 8.9.1981 und haben gerne zur Kenntnis genommen, dass Sie gegenüber der Fa. SVG-GmbH ... die selbstschuldnerische Bürgschaft gegenüber unserer Firma in Höhe von 150.000 DM übernommen haben... Unsere Forderungen an die oben genannte Firma betragen mit heutigem Stand 236.102,54 DM..."

Am 24.9.1981 schrieb die Bekl. an die Klägerin:

„Zu Ihrem Schreiben vom 17.9.1981 teilen wir Ihnen mit, dass wir an Sie gegenüber der oben bezeichneten Fa. (SVG-GmbH) keine selbstschuldnerische Bürgschaft in Höhe von 150.000 DM übernommen haben. Die in Ihrem Schreiben angeführten Ausführungen treffen daher nicht zu."

Nachdem die Klägerin am 28.9.1981 auf den Widerspruch zu dem Schreiben vom 8.9.1981 hingewiesen hatte, entgegnete die Beklagte unter dem 6.10.1981:

„Bei dem Schreiben vom 8. September 1981 ging unsere Zweigstelle davon aus, dass gegenüber der Fa. SVG-GmbH. eine Bürgschaft besteht. Diese Annahme beruhte auf einem Irrtum ..."

Mit Schreiben vom 17.11.1981 focht die Beklagte „eine etwa erteilte Bürg-schaftserklärung nochmals wegen Irrtums vorsorglich an."

In der Folge konnte die Fa. SVG eine Wechselverbindlichkeit gegenüber der Klägerin nicht erfüllen. Die Klägerin verklagte deshalb die Bank aus der Bürg-schaft auf Zahlung von 150.000 DM.

Hierzu § 5 Rdn. 33, Rdn. 34, Rdn. 73; § 6 Rdn. 133; § 8 Rdn. 23; § 9 Rdn. 92; § 12 Rdn. 31; § 14 Rdn. 7, Rdn. 46, Rdn. 123; § 23 Rdn. 132.

Stradivarius[10]

K verfügt aus beruflichen Gründen wie aus privatem Interesse über ganz außerge-wöhnliche Kenntnisse über antike Violinen aus Meisterhand. Im Geschäft des V, der mit gebrauchten Musikinstrumenten handelt, entdeckt er eine Violine, die er kraft seiner Sachkunde und Erfahrungen sogleich als eine echte Stradivarius-Vio-line identifiziert. Die Violine wird von V, der von der wahren Herkunft der Violine nicht weiß, zu einem Preis von 300 Euro angeboten. Sie hat in Wirklichkeit einen Marktwert von einer Million Euro. K klärt V mit keinem Wort über den Sachverhalt auf und erwirbt die Violine zu 300 Euro. Als kurz darauf in der Presse über einen „sensationellen Stradivarius-Fund" berichtet wird, erkennt V, dass es sich um die aus seinem Geschäft stammende Violine handelt. V erklärt umgehend die Anfech-tung wegen Eigenschaftsirrtums wie wegen arglistiger Täuschung und verlangt „unter allen in Betracht kommenden rechtlichen Gesichtspunkten" von K die He-rausgabe der Violine. K lehnt dies strikt ab. Es sei schließlich seiner besonderen Expertise zu verdanken, dass die wahre Herkunft der Violine entdeckt worden sei. Wenn V hierzu nicht in der Lage war und auch die Kosten der Einholung von sachverständigem Rat gescheut habe, könne er jetzt nicht verlangen, „zum Null-tarif" von der Sachkunde des K zu profitieren.

Hierzu § 14 Rdn. 81.

---

10 Als Vorlage dient das US-amerikanische Restatement 2 d of Torts § 551 illus. 6: „A is a violin expert. He pays a casual visit to B's shop, where secondhand musical instruments are sold. He finds a violin which, by reason of his expert knowledge and experience, he immediately recogni-zes as a genuine Stradivarius, in good condition and worth at least $ 50,000. The violin is prized at $ 100. Without disclosing his information or his identity, A buys the violin for $ 100."

Tattoo

AG München vom 17.3.2011, NJW 2012, 2452[11]

Die Kl beauftragte ohne Einwilligung ihrer Eltern den Bekl., der ein Tätowierstudio betreibt, ihr gegen ein Entgelt von 50 Euro auf die Innenseite eines Handgelenks ein so genanntes koptisches Kreuz zu tätowieren. Die Kl. entrichtete das Entgelt von 50 Euro aus Einkünften, die sie aus einer Tätigkeit in einer Eisdiele bezog und die ihr nach dem Willen der Eltern zur freien Verfügung standen. Die Tätowierung erwies sich als missglückt. Die Kl. verlangte vom Bekl. die Entfernung der Tätowierung mittels eines Lasers, was der Bekl. ablehnte. Der Vertragsschluss wurde weder durch die Eltern noch durch die Kl. nach Eintritt der Volljährigkeit genehmigt.

Hierzu § 9 Rdn. 51 Fn. 35; § 9 Rdn. 56.

Toilettenpapier en gros

LG Hanau vom 30.6.1978, NJW 1979, 721[12]

Die Beklagte (B), Konrektorin einer privaten Mädchenrealschule, bestellte als deren Vertreterin am 20.10.1976 unter anderem „25 Gros Rollen" Toilettenpapier der Marke „Tschüss" zu je 1000 Blatt zum Einzelpreis von 1,98 DM. Dabei unterzeichnete sie einen von den Vertretern der Klägerin (K) ausgefüllten Bestellschein, auf dem neben anderen Einzelheiten die Angabe „Gros = 12 x 12" zu finden war. Als K die Ware im Januar 1977 anliefern wollte, verweigerte die Schule die Annahme des überwiegenden Teils und beglich auf die klägerische Rechnung über 8.045,83 DM lediglich 170,08 DM. Daraufhin nahm K die B in Anspruch und ließ ihr am 18.5.1977 einen Zahlungsbefehl[13] zustellen, dem diese form- und fristgerecht widersprach. Darüber hinaus focht B mit Schreiben vom 6.6.1977 das fragliche Rechtsgeschäft mit der Begründung an, sie habe keine Kenntnis von der Bedeutung der Mengenbezeichnung „Gros" gehabt, vielmehr lediglich „25 Doppelpack Toilettenpapier" bestellen wollen und bestellt. Bei der Bestellung sei zwar die Bezeichnung „Gros" genannt worden, die Vertreter der Klägerin hätten „diese jedoch in Verbindung mit der Maßangabe 12 x 12 als Verpackungsart bezeichnet."

---

11 Hierzu *Mäsch* JuS 20112, 748; *Hauck* NJW 2012, 2398.
12 Sachverhalt nach *Kornblum* JuS 1980, 258. Siehe auch die Fallabwandlung von *Singer/Müller* JURA 1988, 485.
13 Heute: „Mahnbescheid", §§ 688 ff ZPO.

K behauptet demgegenüber, B habe bei Vertragsschluss „gewusst, was ein ‚Gros'
sei", und hafte folglich gemäß § 179 BGB auf Erfüllung.
Hierzu § 8 Rdn. 150; § 14 Rdn. 49, Rdn. 51.

Trierer Weinversteigerung[14]

Der ortsfremde A betritt in Trier eine Kellerwirtschaft, in der gerade eine Weinversteigerung stattfindet. A sieht unter den Gästen einen Bekannten, dem er zuwinkt.
Dies wird vom Versteigerer als Gebot aufgefasst. Dem A wird zu seiner Über-
raschung ein Fass Wein zugeschlagen.
Hierzu § 5 Rdn. 26; § 6 Rdn. 133.

Unterverbriefung
(Übungsfall)

V und K einigen sich darauf, dass V sein mit einem Wohnhaus bebautes Grundstück
zum Preis von 750.000 Euro an K verkauft. Zugleich verabreden sie, dass sie bei der
notariellen Beurkundung des Kaufvertrages den Kaufpreis mit 600.000 Euro angeben werden. K verspricht, den Differenzbetrag von 150.000 Euro dem V vor dem
Notartermin in bar auszuhändigen. So geschieht es.
1. Kann K von V Übereignung des Grundstücks Zug um Zug gegen Bezahlung
   (weiterer) 600.000 Euro verlangen?
2. Kann K Rückzahlung der an V bar ausgehändigten 150.000 Euro verlangen?

Abwandlung:[15] V und K einigen sich ein Jahr später darauf, den Kaufvertrag aufzuheben. In dem notariell beurkundeten Aufhebungsvertrag heißt es u. a.: „Die
Beurkundungskosten für den Kaufvertrag hat der Käufer bereits entrichtet. Aus-
gleichszahlungs- oder Regressansprüche erheben die Vertragsparteien nicht gegeneinander." Unter Berufung auf diese Bestimmung des Aufhebungsvertrages
verweigert V die Rückzahlung der an ihn von K geleisteten „Anzahlung". K macht
geltend, dass die Klausel so nicht gemeint sei. Man habe aus nahe liegenden
Gründen davon abgesehen, vor dem Notar die Unterverbriefungsabrede und die
getätigte Schwarzgeldzahlung zur Sprache zu bringen.
Hierzu § 6 Rdn. 99–104; § 9 Rdn. 194; § 28 Rdn. 32–38; § 29 Rdn. 5.

---

14 Das Lehrbuchbeispiel geht zurück auf *Isay*, Die Willenserklärung im Tatbestande des Rechtsgeschäfts (1899) S. 25. Hier wird der Sachverhalt der Darstellung bei *Brehm* AT Rdn 132 entnommen.
15 Vorlage: BGH vom 9.7.1999, NJW-RR 2000, 130.

U-Phone
(Übungsfall)[16]

J, 17 Jahre alt, ist begeistert von dem neuen Mobiltelefon „U-Phone" und möchte es unbedingt haben. Von dem Kaufpreis von 500 Euro kann er 250 Euro aus seinem angesparten Taschengeld bezahlen. Um die restlichen 250 Euro zusammenzubekommen, beschließt J, seine seit langer Zeit unbenutzte Modelleisenbahn zu verkaufen. Er weiht seine Eltern in den Plan, die Eisenbahn zu verkaufen, ein. Sie sind damit einverstanden, weil sie erkennen, dass die Zeit, mit Modell-Eisenbahnen zu spielen, für J vorbei ist. Da die Eltern sichtlich davon ausgehen, dass J sich das Geld für seine weitere Ausbildung zurücklegen will, sagt J vorsichtshalber nichts von seinem Plan, ein „U-Phone" zu kaufen.

J geht zum Modelleisenbahngebrauchtladen „Schiene und Lok" des X. Dort erklärt er dem für Ankäufe von gebrauchten Modelleisenbahnen zuständigen Angestellten Y, er wolle die Eisenbahn zum bestmöglichen Preis verkaufen. Y erkennt, dass es sich bei der Eisenbahn um eine wertvolle Original-Jubiläumskollektion handelt, die unter Sammlern einen Preis von mindestens 1000 Euro erzielt. Dem unbedarften J erklärt Y aber wahrheitswidrig, die Eisenbahnen dieser Serie seien in so großer Zahl hergestellt worden, dass ihnen überhaupt kein Sammlerwert zukomme. Daraufhin einigen sich beide auf einen Kaufpreis von 250 Euro.

J lässt die Eisenbahn beim X und erhält den Kaufpreis von 250 Euro in bar ausbezahlt. Glücklich, nun das Geld für das U-Phone zusammen zu haben, läuft J schnurstracks zum MultiMarkt M, bezahlt das U-Phone bei der Kassen-Angestellten A bar und nimmt es mit nach Hause.

Noch am selben Tag finden die Eltern das neue Handy und J berichtet ihnen, wie er an das Geld gekommen ist. Die ärgerlichen Eltern, die für ein Mobiltelefon 500 Euro als viel zu teuer empfinden, rufen empört bei dem Multimarkt M an und erklären, dass sie das Geschäft nicht gelten lassen, es sei unverantwortlich, einem Jugendlichen derlei teuren Schnickschnack zu verkaufen. Als die Eltern J klar machen, dass die von ihm „für ein Spottgeld" an X verkaufte Modelleisenbahn ein Original von sogar besonderem Sammlerwert sei, schreibt er empört an X: „Ihr Angestellter Y hat mich betrogen! Die Eisenbahn ist ein seltenes Stück aus einer kleinen, von Sammlern gesuchten Sonderserie, kein Massenartikel, wie von Y behauptet. Ich lasse den Verkauf nicht gelten und verlange die Bahn zurück!" Die Eltern setzen den Vermerk „Einverstanden" hinzu.

---

16 Modernisierte Sachverhaltsvariante zu dem lehrreichen Fall „Der gescheiterte Motorradkauf" von *Wittkowski* JuS 1989, L 20.

1. Kann J von X Herausgabe der Eisenbahn verlangen?
2. Kann M von J Herausgabe des U-Phone verlangen?

Hierzu § 14 Rdn. 13, Rdn. 85, Rdn. 109; § 24 Rdn. 4.

Verspätete Annahme
BGH vom 11.6.2010, NJW 2010, 2873

Am 4. Mai 2004 gab der Kläger gegenüber der Beklagten ein notariell beurkundetes Angebot zum Kauf einer Eigentumswohnung ab. Danach sollte der Kauf unter Ausschluss der Haftung für Sachmängel erfolgen und das Angebot bis zum 30. September 2004 bindend sein. Mit notarieller Urkunde vom 22. Juni 2004 erklärte die Beklagte die Annahme des Angebotes. Nach Zahlung des Kaufpreises von 108.200 Euro und erklärter Auflassung wurde der Kläger als Eigentümer in das Grundbuch eingetragen. Mit Schreiben vom 12. Oktober 2006 erklärte der Kläger die Anfechtung des Kaufvertrages und stützte diese u.a. auf von der Beklagten angeblich arglistig verschwiegene Mängel. Davon abgesehen ist es nach Auffassung des Klägers schon nicht zu einem Vertragsschluss gekommen. Die in dem Angebot enthaltene Annahmefrist sei als Allgemeine Geschäftsbedingung zu qualifizieren und als solche wegen zu langer Bindungsfrist unwirksam.

Hierzu § 5 Rdn. 8; § 8 Rdn. 45, Rdn. 46; Rdn. 53, Rdn. 79; § 21 Rdn. 49, Rdn. 50.

Weinsteinsäure
RG vom 5.4.1922, RGZ 104, 265[17]

Die Kl. hatte im März 1920 der Beklagten ein Preisverzeichnis, enthaltend ein freibleibendes Angebot über die von ihr geführten Waren geschickt. Darin war Weinsteinsäure, kristallisiert, mit einem Preise von 68,50 M aufgeführt. Am 20. März telegraphierte die Bekl. der Kl.: „Erbitten Limit über hundert Kilo Weinsteinsäure Gries bleifrei…" Die Kl. antwortete am 22. März: „Weinsteinsäure Gries bleifrei Kilogramm 128 M Nettokasse bei hiesiger Übernahme." Darauf telegraphierte die Bekl.: „Hundert Kilo Weinsteinsäure Gries bleifrei Kilogramm 128 M geordert, briefliche Bestätigung unterwegs." Als die schriftliche Bestätigung erfolgte, stellte sich heraus, dass jeder der beiden Teile hatte verkaufen wollen und demgemäß die Gegenseite als Käufer angesehen hatte.

Hierzu § 5 Rdn. 68; § 17 Rdn. 28.

---

17 Dazu Medicus/*Petersen* AT Rdn. 438f.

Zwei Zimmer mit drei Betten

Larenz, Allgemeiner Teil des deutschen Bürgerlichen Rechts (7. Aufl. 1989) § 19 II; *Neuner* AT § 35 Rdn. 18.

G bestellt in einem Hotel telegraphisch „zwei Zimmer mit drei Betten" für eine bestimmte Nacht. Er meint ein Zimmer mit zwei Betten und eines mit einem Bett, also insgesamt drei Betten. Der Hotelwirt W versteht aber zwei Zimmer mit jeweils drei, also insgesamt sechs Betten. Er reserviert für den G seine zwei größten Doppelzimmer und lässt in jedes ein drittes Bett hineinstellen. Bis der Gast am späten Abend eintrifft, hat er, da inzwischen alles besetzt ist, verschiedene andere Gäste abgewiesen. Der Gast will nur den Preis für drei Betten bezahlen, da er nicht mehr bestellt habe. Der Wirt berechnet ihm sechs Betten, da er aufgrund des Telegramms zwei Dreibettzimmer reserviert habe. Zu Recht?

Hierzu § 5 Rdn. 39; § 8 Rdn. 19, Rdn. 146.

ANHANG

§ 31 Begriffe, Definitionen, Erläuterungen[1]

Abschlussfreiheit: Freiheit der Person, nach eigenem Willen zu entscheiden, ob und mit wem sie Verträge schließt. Gegenbegriff: → *Kontrahierungszwang*.

Abstraktionsprinzip: Loslösung und Unabhängigkeit der Wirksamkeit von → *Verfügungsgeschäften* von der Wirksamkeit der ihnen zugrunde liegenden → *Verpflichtungsgeschäfte*.

Accidentalia negotii: Vertragliche Vereinbarungen, die nicht zum notwendigen Mindestprogramm eines Vertrages (→ *essentialia negotii*) gehören, sondern über diese notwendigen Regelungen hinausgehen und diese ergänzen.

Allgemeine Geschäftsbedingungen (AGB) sind „alle für eine Vielzahl von Verträgen vorformulierten Vertragsbedingungen, die eine Vertragspartei (Verwender) der anderen Vertragspartei bei Abschluss eines Vertrages stellt" (§ 305 Abs. 1 Satz 1 BGB).

Anfechtung ist ein → *einseitiges Rechtsgeschäft* mit der Wirkung, dass das angefochtene Rechtsgeschäft als von Anfang an nichtig anzusehen ist (§ 142 Abs. 1 BGB).

Anfechtungserklärung ist eine Willenserklärung, die unzweideutig erkennen lässt, dass der Erklärende ein bestimmtes Rechtsgeschäft wegen eines Willensmangels nicht gelten lassen will.

Angebot: → *Antrag*.

Annahme: **(1)** Die vorbehaltlose Zustimmung zu einem → *Antrag*. Durch die Annahme des Antrags kommt der Vertrag zustande (§ 151 BGB). – **(2)** Die Entgegennahme einer vom Schuldner angebotenen Leistung (§ 293 BGB).

Anspruch ist das Recht, von einem anderen ein Tun oder Unterlassen zu verlangen, § 194 Abs. 1 BGB (→ *Legaldefinition*).

Antrag: Eine auf den Abschluss eines Vertrages gerichtete → *Willenserklärung*, die den Inhalt des Vertrages bestimmt und dem Empfänger die Möglichkeit der → *Annahme* verschafft.

Ausschlussfristen: Fristen, mit deren Ablauf ein Recht endet. Beispiel: §§ 121, 124 BGB (Anfechtungsfristen). Abgrenzung: → *Verjährungsfristen*.

Außenvollmacht ist eine Vollmacht, die durch Erklärung gegenüber dem Dritten, dem gegenüber die Vertretung stattfinden soll, erteilt wird (§ 167 Abs. 1 Var. 2 BGB). Gegenbegriff: → *Innenvollmacht*.

Bedingung ist (1) ein zukünftiges ungewisses Ereignis, von dem der Eintritt oder der Fortfall der Wirkungen eines Rechtsgeschäfts (nicht: die Wirksamkeit des

---

1 Vgl. auch die Zusammenstellungen bei *Leipold* AT § 40; *Boecken* AT S. 492ff; *Faust* AT, nach § 31 (S. 275ff).

https://doi.org/10.1515/9783110602876-010

Rechtsgeschäfts!) abhängt; **(2)** die rechtsgeschäftliche Vereinbarung, durch die der Eintritt oder Fortfall der Wirkungen des Rechtsgeschäfts vom Eintritt des Ereignisses gemäß (1) abhängig gemacht wird.

Contra proferentem: Kurzbezeichnung für die Regel, dass vorformulierte Vertragsbedingungen im Zweifel gegen denjenigen auszulegen sind, der sie aufgestellt hat, § 305c Abs. 2 BGB.

Culpa in contrahendo: Verschulden beim Vertragsschluss. Vgl. § 311 Abs. 2 und Abs. 3 BGB in Verbindung mit § 280 Abs. 1 BGB

Deklaratorisch: zur Herbeiführung einer bestimmten Rechtsfolge nicht erforderlich, sondern allein Beweiszwecken dienend. Gegenbegriff: → *konstitutiv*.

De lege ferenda: „im Hinblick auf ein zu schaffendes Gesetz", also: als rechtspolitische Forderung an den Gesetzgeber.

De lege lata: „im Hinblick auf das geltende Recht", also: nach derzeitiger Rechtslage.

Dingliches Recht: Gegen jedermann wirkendes (absolutes) Recht an einer → *Sache*.

Dingliches Rechtsgeschäft → *Verfügung*.

Dissens: mangelnde Übereinstimmung im Willen. Meist: Verfehlung von → *Konsens* in den auf den Abschluss eines Vertrages gerichteten Willenserklärungen.

Do ut des: „Ich gebe, damit du gibst" (das Grundprinzip des → *gegenseitigen* Vertrages).

Dritter im Sinne von § 123 Abs. 2 BGB ist *nicht*, wer „im Lager" des Anfechtungsgegners steht.

Die **Einbeziehungskontrolle** entscheidet darüber, ob → *Allgemeine Geschäftsbedingungen* Bestandteil des Vertrages werden (vgl. insbes. §§ 305 Abs. 2, 305c Abs. 1 BGB).

Einigung: **(1)** Vertrag, in dem beide Seiten übereinstimmen, dass hierdurch das Eigentum an einer Sache übertragen (vgl. § 929 BGB) oder eine sonstige dingliche Rechtsänderung herbeigeführt werden soll. – **(2)** Synonymbegriff zu → *Konsens*.

Einigungsmangel: Mangel an vertraglicher Willensübereinstimmung. Gesetzliche Verwendung des Begriffes in § 154 BGB („offener Einigungsmangel") und § 155 BGB („versteckter Einigungsmangel").

Einseitige Rechtsgeschäfte kommen durch lediglich *eine* → *Willenserklärung* zustande. Beispiele: Anfechtung (§ 143 Abs. 1 BGB), Rücktritt (§ 349 BGB), Testament (§ 2247 BGB). Gegenbegriff → *Mehrseitige Rechtsgeschäfte*.

Einseitige Willenserklärungen gibt es nach dem Sprachgebrauch des BGB nicht. Das BGB kennt nur einseitige Rechtsgeschäfte.

Einwilligung ist die vorherige → *Zustimmung* zu einem → *Rechtsgeschäft* (§ 183 Abs. 1 Satz 1 BGB).

Empfangsbedürftig sind → *Willenserklärungen*, die einem anderen gegenüber abzugeben sind (§ 130 Abs. 1 Satz 1 BGB).

Empfangsbote: Eine Person, die im Organisationsbereich des Empfängers einer Willenserklärung zur Entgegennahme von Willenserklärungen eingesetzt ist, ohne → *passiver Vertreter* zu sein. Gegenbegriff → *Erklärungsbote*.

Entsprechende Anwendung: Sinngemäße Anwendung einer Norm auf einen Sachverhalt, der vom Wortlaut der Norm nicht erfasst wird.

Erklärungsbote: Eine Person, die vom Erklärenden zur Überbringung seiner Erklärung an den Empfänger eingesetzt wird. Gegenbegriff: → *Empfangsbote*.

Erklärungsbewusstsein: Das Erklärungsbewusstsein fehlt, wenn das Verhalten einer Person als Abgabe einer → *Willenserklärung* verstanden werden kann, ohne dass dies dieser Person bewusst ist und ohne dass sie rechtsgeschäftliche Rechtsfolgen durch ihr Verhalten herbeiführen will.

Essentialia negotii: Vertragliche Vereinbarungen zu Punkten, zu denen eine Regelung getroffen werden muss, damit ein Vertrag zustande kommen kann. Abgrenzung: → *accidentalia negotii*.

Eventualanfechtung: Anfechtung für den Fall, dass das → *Rechtsgeschäft* nicht den in erster Linie behaupteten Inhalt hat oder nicht ohnehin nichtig ist (BGH vom 15.5.1968, NJW 1968, S. 2099).

Ex nunc: mit Wirkung zum jetzigen Zeitpunkt. Gegenbegriff: → „*ex tunc*".

Ex tunc: rückwirkend zum damaligen Zeitpunkt. Gegenbegriff: → „*ex nunc*".

Fahrlässig handelt, wer die im Verkehr erforderliche Sorgfalt außer Acht lässt (§ 276 Abs. 2 BGB).

Faktischer Konsens: Tatsächliche Übereinstimmung im rechtsgeschäftlichen Willen, Übereinstimmung des wirklichen Willens beider Vertragspartner. Gegenbegriff: → *Normativer Konsens*.

Falsa demonstratio: Unrichtige Bezeichnung des von den Beteiligten übereinstimmend Gewollten, BGH vom 25.3.1983, BGHZ 87, 150 (152).

Falsa demonstratio non nocet: Die bloße Falschbezeichnung des von den Beteiligten übereinstimmend Gewollten schadet nicht. Nach dem Grundsatz *falsa demonstratio non nocet* „geht ein von dem objektiven Erklärungsinhalt einer Formulierung übereinstimmend abweichendes Verständnis der Vertragsparteien nach §§ 133, 157 BGB dem objektiven Erklärungsinhalt vor"; BGH vom 19.5.2006, BGHZ 168, 35 (Rdn. 13) = NJW 2006, 3139 (3140).

Falsus procurator: → *Vertreter* ohne → *Vertretungsmacht*.

Gegenseitiger Vertrag: Ein Vertrag, in dem jede Seite eine Verpflichtung eingeht, um einen Anspruch auf die Leistung der anderen Seite zu erwerben. (→

do ut des). Hauptbeispiel: Kaufvertrag. Synonyme Begriffe: Entgeltlicher Vertrag, synallagmatischer Vertrag.

Gegenstand: Oberbegriff zu → *Sachen* (= körperliche Gegenstände, § 90 BGB) und Rechten und sonstigen Rechtsobjekten (unkörperliche Gegenstände).

Geltungserhaltende Reduktion: Zurückführung einer gegen gesetzliche Vorschriften verstoßenden rechtsgeschäftlichen Regelung auf einen zulässigen Inhalt mit dem Ziel, deren Wirksamkeit zu sichern. Grundsätzlich unzulässig (**Verbot der geltungserhaltenden Reduktion**), um zu erreichen, dass die Parteien von sich aus rechtliche Schranken der Gestaltungsfreiheit beachten und die getroffenen Regelungen, so wie sie formuliert sind, dem entsprechen, was rechtlich zulässig ist.

Genehmigung ist die nachträgliche → *Zustimmung* zu einem Rechtsgeschäft, § 184 Abs. 1 BGB.

Geschäftsfähigkeit ist die Fähigkeit, Rechtsgeschäfte vorzunehmen (Mot. I S. 129 = Mugdan I S. 423). Abweichend viele Lehrbuch-Definitionen: Fähigkeit, Rechtsgeschäfte *wirksam* vorzunehmen.

Geschäftsherrentheorie: Dogmatisches Modell zur Erklärung der Stellvertretung beim Rechtsgeschäft, wonach die Willensbildung beim Vertretenen liegt und der Vertretene seinen Willen durch den Vertreter erklären lässt. Das (ganz herrschende) Gegenmodell bildet die → *Repräsentationstheorie*.

Hemmung der Verjährung: Der Zeitraum, während dessen die → *Verjährung* gehemmt ist, wird in die → *Verjährungsfrist* nicht eingerechnet, § 209 BGB.

Inhaltsfreiheit: Die Freiheit, Verträge mit jedem rechtlich zulässigen Inhalt zu schließen, ohne auf bestimmte gesetzlich geregelte Vertragstypen festgelegt zu sein. Gegenbegriff: → *Typenzwang*.

Die **Inhaltskontrolle** von → *Allgemeinen Geschäftsbedingungen* entscheidet darüber, ob in den Vertrag einbezogene Klauseln wirksam sind (§§ 307–309 BGB).

Innenvollmacht: Eine → *Vollmacht*, die durch Erklärung gegenüber dem zu Bevollmächtigenden erteilt wird (§ 167 Abs. 1 Var. 1 BGB). Gegenbegriff: → *Außenvollmacht*.

Insichgeschäft: Ein Rechtsgeschäft, an dessen Zustandekommen dieselbe Person auf beiden Seiten beteiligt ist.

Invitatio ad offerendum: Einladung, einen Antrag zum Abschluss eines Vertrages zu machen. Beispiele: Prospekte, Werbeanzeigen, Schaufensterauslagen.

Kennenmüssen bedeutet „infolge von Fahrlässigkeit nicht kennen" (Legaldefinition des § 122 Abs. 2 BGB). Beachte: *Jede* Fahrlässigkeit, auch einfache Fahrlässigkeit, genügt.

Kollusion, kollusiv: Vorsätzliches Zusammenwirken mehrerer Personen zur Schädigung eines Dritten.

Kondiktion: Anspruch aus → *Ungerechtfertigter Bereicherung*.

Konsens: Vertragliche Übereinstimmung, sei es als → *faktischer Konsens* oder als → *normativer Konsens.*

Konstitutiv: Zur Herbeiführung einer bestimmten Rechtsfolge erforderlich, nicht allein Beweiszwecken dienend. Gegenbegriff: → *deklaratorisch.*

Kontrahierungszwang: Rechtliche Verpflichtung zum Abschluss von Verträgen (als Ausnahme vom Grundsatz der → *Abschlussfreiheit*).

lege artis: kunstgerecht, den anerkannten Regeln eines Fachs entsprechend.

Legaldefinition: Gesetzliche Festlegung der rechtlichen Bedeutung eines Begriffes. Die „Legaldefinition eines Rechtsbegriffs beansprucht grundsätzlich für den gesamten Anwendungsbereich des Gesetzes, in dem sie erfolgt, Geltung, wenn nicht der Gesetzgeber für einen Einzelfall erkennbar davon abgewichen ist" (BGH vom 9.11.2005, NJW 2006, 613, 614 (Rdn. 10)).

Lücke des Gesetzes ist eine planwidrige Unvollkommenheit des Gesetzes.

Mehrfachvertretung: Der Abschluss eines Vertrages durch einen → *Vertreter*, der im Namen der einen Vertragspartei wie im Namen der anderen Vertragspartei handelt. Gesetzliche Regelung: § 181 BGB. Abgrenzung: → *„Selbstkontrahieren".* Oberbegriff: → *„Insichgeschäfte".*

Mehrseitige Rechtsgeschäfte sind darauf gerichtet, eine einverständliche Regelung zwischen mehreren Personen zu treffen und erfordern daher für ihr Zustandekommen zumindest zwei → *Willenserklärungen* (wichtigstes Beispiel: der Vertrag).

Minderjährig ist (allgemein) eine Person, die nicht volljährig ist, also das achtzehnte Lebensjahr noch nicht vollendet hat (§ 2 BGB). Meist ist (enger) eine Person gemeint, die das siebente Lebensjahr, nicht aber das achtzehnte Lebensjahr vollendet hat (§ 106 BGB).

Motive: Erläuterungen der Ersten Kommission zum Entwurf des BGB.

Motivirrtum: Irrtum über Umstände, die der der Abgabe einer Willenserklärung vorausgehenden Willensbildung zugrunde gelegt wurden.

Negatives Interesse: → *Vertrauensschaden.* Gegenbegriff: → *Positives Interesse.*

Nichtberechtigter im Sinne von § 185 BGB ist, wer nicht Inhaber des Rechts ist, über das verfügt wird.

Normative Auslegung: Auslegung empfangsbedürftiger Willenserklärungen nach den Verständnismöglichkeiten des Empfängers.

Normativer Konsens: Übereinstimmung des wirklichen Willens eines Vertragspartners mit der durch normative Auslegung ermittelten Bedeutung der Erklärung des anderen Teils. Gegenbegriff: → *Faktischer Konsens.*

Objektives Recht: Die Summe der geltenden Rechtssätze einer Rechtsordnung, seien sie „geschrieben" (Gesetze, Verordnungen) oder „ungeschrieben" (Gewohnheitsrecht, insbesondere Richtergewohnheitsrecht).

Pacta sunt servanda: Verträge müssen eingehalten werden.

Paraphe: Namenskürzel im Unterschied zur Unterschrift. Siehe auch → *Punktation.*

Passive Vertretung: Vertretung bei der Entgegennahme von Willenserklärungen, § 164 Abs. 3 BGB. Gegenbegriff: Aktive → *Stellvertretung.*

Positives Interesse (synonym: „Schadensersatz statt der Leistung"): Inhalt von Schadensersatzansprüchen, die darauf gerichtet sind, den Ersatzberechtigten vermögensmäßig so zu stellen, wie er stünde, wenn der zum Ersatz verpflichtete Vertragspartner seiner vertraglichen Leistungspflicht ordnungsgemäß nachgekommen wäre.

Privatautonomie: Die von der Rechtsordnung dem einzelnen gewährte „Möglichkeit, innerhalb gewisser, durch höhere Rücksichten bedingter Schranken seine rechtlichen Verhältnisse frei zu gestalten" (Mot. I, S. 190).

Prokura ist eine rechtsgeschäftlich von einem Vollkaufmann erteilte Vertretungsmacht, deren Umfang § 49 HGB festlegt.

Protestatio facto contraria non valet: Ein mit dem tatsächlichen Verhalten nicht zu vereinbarender verbaler Vorbehalt ist unbeachtlich.

Protokolle zum zweiten Entwurf des BGB: Stellungnahmen der Zweiten Kommission zu den aufgrund des ersten Entwurfs eingebrachten Änderungsvorschlägen nebst Begründung der getroffenen Entscheidungen. Zusammen mit den Motiven zum ersten Entwurf bilden die Protokolle die am häufigsten zitierten Gesetzesmaterialien zum BGB.

Punktation: Schriftliche Feststellung des Ergebnisses von Vertragsverhandlungen zu einzelnen Vereinbarungen, typischerweise durch Abzeichnung des Textes mit den Namenskürzeln (→ *Paraphe*) der Verhandlungsführer. Hierzu § 154 Abs. 1 Satz 2 BGB.

Qui tacet consentire non videtur: Schweigen gilt nicht als Zustimmung, Schweigen hat grundsätzlich nicht den Erklärungswert einer Zustimmung.

Der **Rechtsbindungswille** ist zu bejahen, wenn eine Erklärung oder ein sonstiges Verhalten als Ausdruck des Willens zu verstehen ist, dass unmittelbar hierdurch ein Rechtsgeschäft geschaffen werden oder (wie im Falle eines → *Antrags*) damit doch alles getan sein soll, was von Seiten des Erklärenden für das Zustandekommen des Rechtsgeschäfts erforderlich ist. Nicht zu verwechseln mit → *Erklärungsbewusstsein.*

Rechtsfähigkeit ist die allen Personen zukommende Fähigkeit, Träger von Rechten und Pflichten zu sein.

Ein Rechtsgeschäft ist das von der Rechtsordnung vorgesehene Mittel (Instrument), um die in → *Willenserklärungen* bestimmten Rechtsfolgen herbeizuführen.

Repräsentationstheorie: Die (dem BGB zugrunde liegende: Mot. I, S. 226) Repräsentationstheorie besagt, dass bei der → *Vertretung* die Willenserklärung eine solche des → *Vertreters* ist und nur die Wirkungen des Rechtsgeschäfts auf den Vertretenen bezogen werden. Gegenbegriff: → *Geschäftsherrentheorie*.

Sachen im Sinne des BGB sind nur körperliche → *Gegenstände* (§ 90 BGB).

Scheingeschäft: Ein Scheingeschäft i. S. des § 117 BGB liegt nach der Rspr. vor, wenn die Parteien einverständlich nur den äußeren Schein des Abschlusses eines Rechtsgeschäft hervorrufen, dagegen die mit dem betreffenden Rechtsgeschäft verbundene Rechtswirkung nicht eintreten lassen wollen (BGH vom 25.10.1961, BGHZ 36, 84, 87 = NJW 1962, 295, 297; st. Rspr.).

Schwebende Unwirksamkeit: Behebbare Unwirksamkeit eines Vertrages aufgrund des Fehlens eines Wirksamkeitserfordernisses. Beispiele: Fehlende Einwilligung (§ 108 BGB), fehlende Vertretungsmacht (§ 177 BGB).

Selbstkontrahieren: Abschluss eines Vertrages durch eine Person, die im eigenen Namen und zugleich als *Vertreter* des anderen Vertragsteils handelt. Gesetzliche Regelung: § 181 BGB.

Stellvertreter → *Vertreter* (da das BGB den Begriff „Stellvertreter" nicht verwendet).

Sui generis: Eigener Art. Ein Vertrag sui generis ist ein Vertrag, der keinem der im besonderen Teil des Schuldrechts (§§ 433 ff BGB) geregelten typischen Verträge zugeordnet werden kann.

Taschengeldparagraph: § 110 BGB, der die Unwirksamkeit von schuldrechtlichen Verträgen Minderjähriger heilt, wenn die vertragsmäßige Leistung vollständig mit Mitteln erbracht wird, die den Minderjährigen vom gesetzlichen Vertreter zu diesem Zweck oder zur freien Verfügung überlassen worden sind.

Teleologische Reduktion: Einschränkung einer Norm auf den von den Zwecken der Norm her gebotenen und gerechtfertigten Anwendungsbereich jenseits des möglichen Wortsinns durch Hinzufügung einer Ausnahme.

Textform erfordert gemäß § 126b BGB, dass eine lesbare Erklärung, in der die Person des Erklärenden genannt ist, auf einem dauerhaften Datenträger (ausreichend: E-Mail) abgegeben wird.

Trennungsprinzip: Aufteilung eines wirtschaftlich einheitlichen Vorgangs wie dem der Veräußerung einer Sache in mehrere → *Rechtsgeschäfte*, nämlich einen → *obligatorischen Vertrag*, der lediglich Verpflichtungen begründet, und → *dingliche Rechtsgeschäfte*, die die angestrebte Rechtsänderung herbeiführen. Auf dem Trennungsprinzip baut das → *Abstraktionsprinzip* auf.

Typenzwang: Beschränkung privatautonomer Regelungsmacht auf bestimmte von der Rechtsordnung vorgesehene und näher ausgestaltete → *Rechtsgeschäfte*. Gegenbegriff → *Typenfreiheit*.

Ultimo-Verjährung: Aufschub des Beginns einer → *Verjährungsfrist* auf das Ende des Jahres, in dem der Anspruch entstanden ist und etwaige weitere Voraussetzungen für den Beginn der Verjährung eingetreten sind, § 199 Abs. 1 BGB.

Unbeschadet einer gesetzlichen Vorschrift *x* gilt eine Norm *y*, wenn *y* die Vorschrift *x* nicht verdrängt. Beispiel: § 476 Abs. 3 BGB.

Ungerechtfertigte Bereicherung: Vermögensmehrungen, die nicht durch einen sie rechtfertigenden Grund („causa") gedeckt sind. Wichtigste Rechtsfolge: Ansprüche auf Herausgabe einer ungerechtfertigten Bereicherung gemäß §§ 812ff BGB.

Unternehmer: (1) Als Unternehmer bezeichnet § 14 BGB eine natürliche oder juristische Person oder eine rechtsfähige Personengesellschaft, die bei Abschluss eines Rechtsgeschäfts in Ausübung ihrer gewerblichen oder selbständigen beruflichen Tätigkeit handelt. – **(2)** Unternehmer im Sinne der §§ 631ff BGB (Werkvertrag) ist der Hersteller eines Werkes. – Beide Begriffe haben nichts miteinander zu tun.

Unterverbriefung: Einverständliche Angabe eines niedrigeren als des von Verkäufer und Käufer übereinstimmend gewollten Kaufpreises bei der notariellen Beurkundung eines Grundstückskaufvertrages.

Unverzüglich: „ohne schuldhaftes Zögern" (§ 121 Abs. 1 Satz 1 BGB).

Urkunde ist "eine schriftlich verkörperte und vom Aussteller unterzeichnete Gedankenerklärung" (BGH vom 24.9.1997, BGHZ 136, 357 (362) = NJW 1998, 58 (59))

Veräußerung: Zusammenfassende Bezeichnung für Verkauf (§ 433 BGB) **und** Übereignung (§ 929 BGB) einer Sache.

Verbraucher ist jede natürliche Person, die ein → *Rechtsgeschäft* zu Zwecken abschließt, die überwiegend weder ihrer gewerblichen noch ihrer selbständigen beruflichen Tätigkeit zugerechnet werden können, § 13 BGB.

Verfügung ist ein → *Rechtsgeschäft*, durch das der Verfügende auf ein Recht unmittelbar einwirkt, es also entweder auf einen Dritten überträgt oder mit einem Recht belastet oder das Recht aufhebt oder es sonstwie in seinem Inhalt ändert (BGH vom 4.5.1987, BGHZ 101, 24 (26) = NJW 1987, 3177).

Die **Verjährung** eines Anspruchs (§§ 194ff BGB) berechtigt den Schuldner, die Leistung zu verweigern (§ 214 Abs. 1 BGB).

Verjährungsfristen: Der Ablauf von Verjährungsfristen führt (im Unterschied zu → *Ausschlussfristen*) nicht zum Erlöschen des Anspruchs, sondern begründet lediglich ein Leistungsverweigerungsrecht des (weiterhin) Verpflichteten.

Verpflichtungsgeschäfte begründen eine Verpflichtung zu einer Leistung. Die wichtigsten Verpflichtungsgeschäfte sind → *gegenseitige Verträge*.

Vertraglicher Erfüllungsanspruch: Anspruch auf eine vertraglich vereinbarte Leistung.

Die **Vertragsfreiheit** ist durch die → *Abschlussfreiheit* und die → *Inhaltsfreiheit* gekennzeichnet.

Vertrauensschaden: Ein Schaden, den der Ersatzberechtigte nicht erlitten hätte, wenn er gewusst hätte, dass ein Rechtsgeschäft nicht zustande gekommen oder nicht wirksam ist. Gleichbedeutend: *„negatives Interesse".*

Vertreter ist, wer eine eigene Willenserklärung in fremdem Namen abgibt. *Beachte:* Das Bestehen von → *Vertretungsmacht* ist kein Definitionsmerkmal der Vertretung, wie die Regelungen zu Vertretung ohne Vertretungsmacht (§ 177–180 BGB) zeigen.

Vertretungsmacht ist ein Erfordernis für die Wirksamkeit von Rechtsgeschäften, die ein Vertreter im Namen des Vertretenen vornimmt.

Vindikation: Auf das Eigentum an einer Sache gestützter Herausgabeanspruch (§ 985 BGB).

Vollmacht ist die durch Rechtsgeschäft erteilte Vertretungsmacht (→ *Legaldefinition* in § 166 Abs. 2 BGB).

Vornahme eines Rechtsgeschäfts: Abgabe der auf das Zustandekommen des → *Rechtsgeschäfts* gerichteten → *Willenserklärung(en).*

Widerruf: Der Begriff des Widerrufs wird im BGB nicht einheitlich verwendet. Als Widerruf bezeichnet das BGB insbesondere die Erklärung, die gemäß § 130 Abs. 1 Satz 2 BGB verhindert, dass eine → *empfangsbedürftige* → *Willenserklärung* durch → *Zugang* wirksam wird, sowie den sog. „verbraucherschützenden Widerruf" (§ 355 BGB). Darüber hinaus findet sich der Begriff in vielen anderen Zusammenhängen (Widerruf einer Schenkung, § 530 Abs. 1 BGB; Widerruf eines Testaments, § 2253 BGB).

Willenserklärung: Die Willenserklärung ist „das Mittel privater Setzung einer rechtlichen Regelung kraft Parteiwillens" (BGH vom 26.10.1983, NJW 1984, 721), also das rechtliche Instrument zur → *Vornahme* von → *Rechtsgeschäften.*

Wirksamkeit: (1) Eine → *Willenserklärung* ist wirksam, wenn die Rechtsordnung anerkennt, dass sie zum Zustandekommen des → *Rechtsgeschäfts* führen kann. – Ein → *Rechtsgeschäft* ist wirksam, wenn die Rechtsordnung anerkennt, dass dem Eintritt der Wirkungen des Rechtsgeschäfts nichts entgegensteht.

Zubehör einer Sache sind „bewegliche Sachen, die, ohne Bestandteile der Hauptsache zu sein, dem wirtschaftlichen Zwecke der Hauptsache zu dienen bestimmt sind" (§ 97 Abs. 1 BGB).

Zugang → *empfangsbedürftiger* → *Willenserklärungen* (§ 130 Abs. 1 BGB): Zugegangen ist eine Willenserklärung dann, wenn sie so in den Bereich des Empfängers gelangt ist, dass dieser unter normalen Verhältnissen die Möglichkeit hat, vom Inhalt der Erklärung Kenntnis zu nehmen (BGH vom 21.1.2004, NJW 2004, 1320).

Zustandekommen des Vertrages: Tatbestandliches Vorliegen (= rechtliche Existenz) eines Vertrages, ungeachtet aller Fragen der Wirksamkeit des Vertrages.

Zustimmung: Oberbegriff zu → *Einwilligung* (= vorherige Zustimmung, § 183 Satz 1 BGB) und → *Genehmigung* (= nachträgliche Zustimmung, § 184 Abs. 1 BGB).

Sachverzeichnis

Fett gesetzte Randnummern beziehen sich auf die Hauptfundstellen.

https://doi.org/10.1515/9783110602876-011

Gesetzesregister

Gesetzesparagraph, **Paragraph des Werkes**, Randnummer

https://doi.org/10.1515/9783110602876-012